FORT WORTH PUBLIC LIBRARY

3 1668 03348 0150

W9-ATZ-424

Costa Rica

Carolina A. Miranda, Paige R. Penland

geoPlaneta

Sumario

Tierras bajas
del norte
p. 443

Noroeste de
Costa Rica
p. 143

Valle Central
y tierras altas
p. 106

San José
p. 57

Costa
caribeña
p. 387

Península
de Nicoya
p. 221

Costa central
del Pacífico
p. 274

Sur de
Costa Rica
p. 321

Península de Osa
y golfo Dulce
p. 350

El objetivo de Lonely Planet es responder, desde su independencia, a las necesidades de los viajeros que se mueven libremente por el mundo. Lonely Planet no admite publicidad en sus libros ni el mecenazgo de firmas comerciales.
Las recomendaciones de lugares y establecimientos que se incluyen en sus guías se realizan de manera independiente y sin compensación alguna. Este mismo criterio es seguido por GeoPlaneta en todas sus publicaciones.

Destino: Costa Rica

Surfistas, ornitólogos, fanáticos excursionistas, escaladores, buscadores de lo auténtico, incondicionales de la playa y de la fiesta, todos encuentran lo que buscan en Costa Rica. Las olas son excelentes, la belleza natural es impresionante, la vida transcurre con calma, la cerveza abunda y los lugareños son acogedores. Este pequeño país, reducto de paz en una región desgarrada por los conflictos, atrae a más de un millón de ávidos visitantes al año.

El país presenta varias diferencias con respecto a sus vecinos centroamericanos. La primera es que no tiene ejército. Las fuerzas armadas fueron abolidas tras la guerra civil de 1948 y Costa Rica ha evitado las despóticas dictaduras, los golpes militares y los conflictos internos tan frecuentes en otros países de la región.

Costa Rica también es única en el mundo por sus esfuerzos para la conservación de la naturaleza. Más del 27% del país está protegido de un modo u otro, y más del 14% forma parte del sistema de parques nacionales. Las frondosas selvas albergan juguetones monos, lánguidos perezosos, cocodrilos, innumerables lagartos, ranas venenosas y una asombrosa variedad de aves exóticas, insectos y mariposas. Las tortugas marinas, en peligro de extinción, anidan en ambas costas y los bosques nubosos cobijan a las aves y a los felinos más esquivos.

Quienes busquen emociones pueden sobrevolar la jungla en tirolina, asomarse a volcanes en activo, practicar surf sobre olas enormes, bucear entre delfines y ballenas, y encontrarse cara a cara con serpientes venenosas, todo ello en el transcurso de un día normal. Por otra parte, quien sienta la ineludible necesidad de relajarse puede tumbarse en una hamaca y disfrutar de la "pura vida", como dice la expresión nacional, que transmite el deseo de vivir al máximo dejando de lado cualquier agobio.

ALFREDO MAIQUEZ

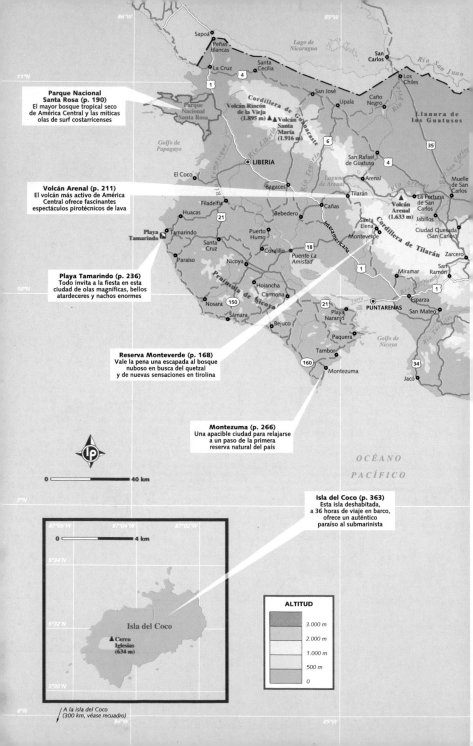

Parque Nacional Santa Rosa (p. 190)
El mayor bosque tropical seco de América Central y las míticas olas de surf costarricenses

Volcán Arenal (p. 211)
El volcán más activo de América Central ofrece fascinantes espectáculos pirotécnicos de lava

Playa Tamarindo (p. 236)
Todo invita a la fiesta en esta ciudad de olas magníficas, bellos atardeceres y nachos enormes

Reserva Monteverde (p. 168)
Vale la pena una escapada al bosque nuboso en busca del quetzal y de nuevas sensaciones en tirolina

Montezuma (p. 266)
Una apacible ciudad para relajarse a un paso de la primera reserva natural del país

Isla del Coco (p. 363)
Esta isla deshabitada, a 36 horas de viaje en barco, ofrece un auténtico paraíso al submarinista

OCÉANO PACÍFICO

0 — 40 km

Isla del Coco

▲ Cerro Iglesias (634 m)

0 — 4 km

A la isla del Coco (300 km, véase recuadro)

ALTITUD

| 3.000 m |
| 2.000 m |
| 1.000 m |
| 500 m |
| 0 |

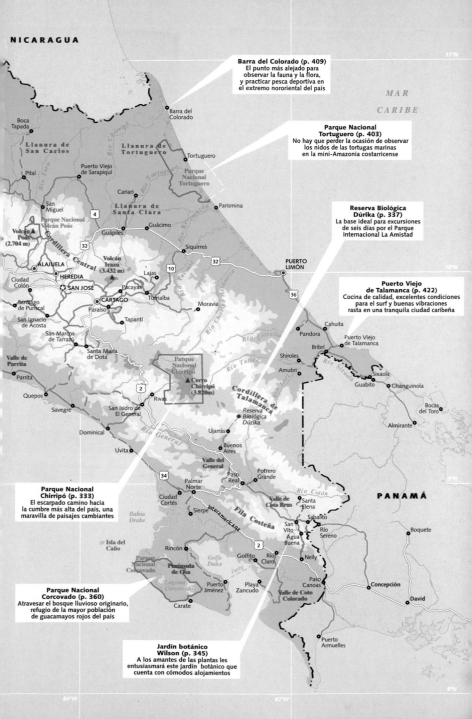

NICARAGUA

MAR
CARIBE

Barra del Colorado (p. 409)
El punto más alejado para
observar la fauna y la flora,
y practicar pesca deportiva en
el extremo nororiental del país

**Parque Nacional
Tortuguero (p. 403)**
No hay que perder la ocasión de observar
los nidos de las tortugas marinas
en la mini-Amazonia costarricense

**Reserva Biológica
Dúrika (p. 337)**
La base ideal para excursiones
de seis días por el Parque
Internacional La Amistad

**Puerto Viejo
de Talamanca (p. 422)**
Cocina de calidad, excelentes condiciones
para el surf y buenas vibraciones
rasta en una tranquila ciudad caribeña

PANAMÁ

**Parque Nacional
Chirripó (p. 333)**
El escarpado camino hacia
la cumbre más alta del país,
una maravilla de paisajes cambiantes

**Parque Nacional
Corcovado (p. 360)**
Atravesar el bosque lluvioso originario,
refugio de la mayor población
de guacamayos rojos del país

**Jardín botánico
Wilson (p. 345)**
A los amantes de las plantas les
entusiasmará este jardín botánico que
cuenta con cómodos alojamientos

Boca
Tapada

Llanura de
San Carlos

Pital

Río Toro

San
Miguel

Parque Nacional
Volcán Poás

Volcán
Poás
(2.704 m)

Cordillera Central

ALAJUELA

HEREDIA

SAN JOSÉ

Ciudad
Colón

Santiago
de Puriscal

San Ignacio
de Acosta

San Marcos
de Tarrazú

Valle de
Parrita

Parrita

Quepos

Savegre

Dominical

Uvita

Puerto Viejo
de Sarapiquí

Cariari

Llanura de
Santa Clara

Guácimo

Guápiles

Río Toro

Volcán
Irazú
(3.432 m)

Lajas

Pacayas

CARTAGO

Paraíso

Tapantí

Santa María
de Dota

Parque
Nacional
Chirripó

Cerro
Chirripó
(3.820m)

Rivas

San Isidro de
El General

Barra del
Colorado

Río Chirripó

Llanura de
Tortuguero

Tortuguero

Parque
Nacional
Tortuguero

Parismina

Río Tortuguero

Siquirres

Río Reventazón

Turrialba

Moravia

Río Chirripó

Río Pacuare

Río Estrella

Reserva
Biológica
Dúrika

Cordillera de
Talamanca

Ujarrás

Buenos
Aires

Valle del
General

Paso
Real

Palmar
Norte

Ciudad
Cortés

Sierpe

Bahía
Drake

Isla del
Caño

Rincón

Golfo
Dulce

Parque
Nacional
Corcovado

Península
de Osa

Laguna
Corcovado

Puerto
Jiménez

Carate

Playa
Zancudo

Golfito

Río Claro

Neily

Río Térraba

PUERTO
LIMÓN

Cahuita

Pandora

Puerto Viejo
de Talamanca

Bribrí

Shiroles

Amubri

Río Sixaola

Sixaola

Guabito

Changuinola

Bocas
del Toro

Almirante

Potrero
Grande

Río Cotón

Valle de
Coto Brus

Santa
Elena

Sabalito

San
Vito

Agua
Buena

Río
Sereno

Boquete

Paso
Canoas

Concepción

David

Valle de Coto
Colorado

Puerto
Armuelles

Interamericana

Fila Costeña

Río General

Río Telire

Sin duda, la principal atracción de Costa Rica son sus numerosos y exuberantes parques y reservas nacionales, que cubren infinidad de hábitats diferentes y donde se puede llevar a cabo una gran cantidad de actividades. Además de los parques descritos más adelante, se puede ascender por las laderas del **cerro Chirripó** (p. 333), admirar las densas bandadas de aves en **Caño Negro** (p. 450), practicar espeleología en **Barra Honda** (p. 249), pasear por las populares playas de **Manuel Antonio** (p. 309) o por el bosque tropical seco de **Santa Rosa** (p. 190), y disfrutar de la paz del poco frecuentado **Parque Internacional La Amistad** (p. 345), que se prolonga en Panamá.

Vale la pena hacer una pausa junto al río Colorado, en el Parque Nacional Rincón de la Vieja (p. 187).

LUKE HUNTER

LUKE HUNTER

Excursión junto a las palmeras de la costa del Parque Nacional Corcovado (p. 360).

LUKE HUNTER

En el Parque Nacional Volcán Arenal se puede admirar el turbulento cono volcánico (p. 211).

¿Para qué dedicarse a ver documentales de *National Geographic* cuando se puede ser el protagonista? Estas fotografías muestran algunos de los animales que se pueden observar. También hay tortugas laúd, que ponen sus huevos en la **playa Grande** (p. 235) y en las proximidades de la densa jungla de **Tortuguero** (p. 403). Cerca de **Cabo Blanco** (p. 273) conviene estar atento a la profunda voz de los monos aulladores, así como al canto del tucán en **Río Nuevo** (p. 365). Es posible avistar al quetzal en los bosques nubosos de **Monteverde** (p. 168) y admirar las ballenas frente a la costa de la **bahía Drake** (p. 354).

Lapas rojas *(Ara macao)* en el Parque Nacional Corcovado (p. 360).

Conviene tomarse las cosas con calma, como hace el perezoso de tres dedos *(Bradypus variegatus)* en el Parque Nacional Cahuita (p. 421).

Con un poco de suerte, se puede avistar algún jaguar *(Panthera onca)* en el Parque Internacional La Amistad (p. 345).

Existe una amplia gama de actividades para los que no tengan miedo a mojarse. Los surfistas podrán remontar unas olas inmensas en **Peña Bruja / Witch's Rock** (p. 192), en el Parque Nacional Santa Rosa; plantar cara a las de **Salsa Brava** (p. 426) o cabalgar sobre las izquierdas de **Pavones** (p. 383). Para descargar adrenalina, nada mejor que un descenso en *rafting* por los ríos del valle Central, como el **río Reventazón** (p. 141). Los windsurfistas disponen de la **laguna de Arenal** (p. 214). Los amantes del buceo sabrán apreciar los acantilados de **Manzanillo** (p. 436) y de la **isla del Caño** (p. 360), mientras que quien se sumerja en las aguas del **norte de la península de Nicoya** (p. 227) o de la remota **isla del Coco** (p. 363) quedará maravillado ante la fauna marina.

Travesía en kayak hasta la playa de la isla del Caño (p. 360).

LEE FOSTER

BRENT WINEBRENNER

Las olas de la playa Tamarindo (p. 236) son espléndidas para el surf.

El río Pacuare (p. 141), un lugar excelente para descargar adrenalina.

MARK NEWMAN

Puesta a punto

Costa Rica puede acoger sin problemas al aventurero impulsivo que decide ponerse en marcha de pronto, así como al visitante más metódico que prefiere trazar cuidadosamente su itinerario antes de partir. Para quienes cuenten con un presupuesto ajustado, el transporte público por el país abunda y los autobuses locales llegan prácticamente hasta el último rincón que se puede visitar. Y a donde no llegan los autobuses, se puede ir en barco.

Para los que decidan planificar el viaje o dispongan de menos tiempo, la densa red de transporte turístico, que incluye desde furgonetas con aire acondicionado a vuelos nacionales regulares y *charter*, ofrece la posibilidad de efectuar reservas anticipadas. El alojamiento abunda y resulta bastante fácil llegar a una población y encontrar dónde dormir. Las excepciones a la regla son las semanas entre Navidad y Año Nuevo, así como los días anteriores y durante la Semana Santa, cuando los medios de transporte van abarrotados –si es que funcionan– y los hoteles se llenan de turistas nacionales que disfrutan sus merecidas vacaciones. También es aconsejable efectuar reserva previa si se va a llegar al país durante las vacaciones escolares, en enero y febrero.

Hay para todos los bolsillos, tanto para el mochilero que precise comida y alojamiento económicos como para los amantes del lujo más exigentes que busquen hoteles de primera clase con todos los servicios imaginables. Hay que tener en cuenta que, debido a que Costa Rica tiene un nivel de vida alto, los precios suelen ser mucho más elevados que los de otros países de América Central y del Sur.

Véase *Datos prácticos* para más información sobre clima (p. 469) y fiestas (p. 473).

CUÁNDO IR

Tradicionalmente se considera que el mejor momento para visitar Costa Rica es durante la temporada alta, la estación seca, período que va de diciembre a abril y que para los lugareños es el "verano". Los escolares costarricenses tienen vacaciones de diciembre a febrero y, durante este tiempo, las localidades costeras suelen tener mucho público y se llenan los fines de semana y los días de fiesta. En Semana Santa los hoteles suelen tener todas las habitaciones reservadas desde meses antes.

INDISPENSABLE

- Comprobar la actualidad en cuanto a visados (p. 478) y recomendaciones gubernamentales para el viaje (p. 470).

- Repelente de insectos con DEET (p. 499) y, si se piensa emprender alguna aventura larga por la jungla o se va a dormir en alojamientos económicos, una mosquitera.

- Peptobismol o un antidiarreico (p. 498).

- Protector solar para no quemarse bajo el sol tropical (p. 500).

- Ropa que no importe estropear y que se pueda mojar sin problemas.

- Un par de sandalias de río o calzado de caña corta de neopreno y botas resistentes para la jungla (p. 44).

- Chaqueta para protegerse del viento y ropa de abrigo para el ascenso a las cumbres.

- Una toalla, por si no la hay en el hotel.

- Accesorios varios: un paraguas, binoculares, una linterna, un candado, cerillas, una navaja.

- Espíritu aventurero.

En mayo empieza la temporada húmeda, la estación lluviosa o "invierno", como se le llama en el país, aunque el Ministerio de Turismo ha creado la denominación de "temporada verde", mucho más atractiva. En realidad, los primeros meses de la estación húmeda son un buen momento para viajar a Costa Rica si se quiere evitar las masificaciones y, además, el alojamiento puede ser algo más barato. No obstante, en esta época los ríos empiezan a crecer y las carreteras de tierra se llenan de barro, lo cual plantea dificultades para los desplazamientos. Puede que algunas de las carreteras más remotas queden cerradas al transporte público, de modo que siempre es conveniente preguntar antes de ponerse en marcha. Llevando paraguas y con un poco de paciencia no se tendrán problemas.

Debido a la gran afluencia de turistas estadounidenses y europeos durante las vacaciones del hemisferio norte, algunas poblaciones tienen una mini-temporada alta en junio y julio. En estas localidades hay que contar con que los precios sean de temporada alta.

Para los aficionados al surf, el calendario varía ligeramente. En su mayor parte, la costa del Pacífico empieza a presentar olas más altas y rápidas durante la temporada húmeda, a partir de finales de junio y sobre todo durante los meses de lluvias más intensas: septiembre y octubre. En cambio, la costa del Caribe ofrece mejores olas de noviembre a mayo y en algunos lugares el oleaje se mantiene estable todo el año.

DINERO

Los gastos de viaje en Costa Rica son significativamente mayores que en la mayoría de los países de América Central, pero suelen ser menores que en Europa o Estados Unidos, aunque no siempre. Los precios suelen estar indicados en dólares estadounidenses, especialmente en los hoteles y restaurantes más caros, donde es normal encontrar precios internacionales.

Algunas de las zonas turísticas más populares, como Monteverde, Jacó, Manuel Antonio y muchas playas de la península de Nicoya son más caras que el resto del país, y los precios aumentan en todas partes durante la temporada seca (de diciembre a abril). La mayor parte de excursiones y circuitos naturales y de aventura se cobran en dólares estadounidenses.

Los viajeros de presupuesto reducido pueden sobrevivir con unos 35 US$ al día, con los que cubrirán las necesidades básicas de alimentación, alojamiento y transporte público. En los hoteles más económicos se puede encontrar una cama entre cuatro paredes con baño compartido a partir de 5 US$. A partir de unos 10 US$ por persona se puede conseguir habitaciones mejores con baño propio, según la zona. Una buena opción para comer barato son las numerosas sodas (restaurantes sencillos) donde se pueden encontrar sabrosos casados (platos combinados muy completos) por unos 2 o 3 US$.

Los viajeros de presupuesto medio podrán elegir entre una amplia gama de posibilidades para alojarse y comer. Los hoteles de esta categoría salen muy a cuenta y las habitaciones dobles cuentan con cómodas camas, baño propio, agua caliente (la mayor parte del tiempo) e incluso desayuno, todo ello por 30-80 US$ por noche. Muchos hoteles de esta franja de precios también disponen de cocinas privadas o comunitarias, lo que da al viajero la posibilidad de prepararse sus propias comidas (una gran ventaja para las familias). Hay muchos restaurantes orientados al viajero de presupuesto medio donde se sirven entrantes, a menudo tan sustanciosos como un plato principal, por entre 5 y 10 US$.

Los viajeros de presupuesto alto encontrarán una buena oferta de restaurantes y hoteles en las poblaciones más visitadas y en algunos

PRECIOS DE REFERENCIA

Litro de gasolina: 0,65 US$

Litro de agua: 0,75 US$

Botella de cerveza *Imperial*: 1,25 US$

Pipa fría (agua de coco fría): 0,50 US$

Camiseta de recuerdo: 8 US$

¿CUÁNTO CUESTA?

Circuito en tirolina de *SkyTtrek* en Monteverde: 40 US$

Entrada al Parque Nacional Manuel Antonio: 7 US$

Autobús desde San José a Puerto Viejo de Talamanca: 5,50 US$

Taxi del aeropuerto internacional al centro de San José: 12 US$

Dos horas de clase de surf en Tamarindo: 30 US$

MEJORES PROPUESTAS
LOS ANIMALES MÁS CURIOSOS

Los enamorados de la naturaleza pueden encontrar más información en la sección especial *Guía de la fauna.*

- **Mariposa morfo** (p. I) La mariposa más espectacular que se puede imaginar.

- **Perezoso** (p. V) El mamífero aletargado inseparable de los árboles del neotrópico.

- **Hormigas cortadoras de hojas** Se pueden ver desfilando por el suelo en perfecta formación en Hacienda Barú (p. 312).

- **Tucán** (p. IV) En los bosques de las tierras bajas se pueden ver incluso bandadas.

- **Mono tití** (p. VII) Especie en peligro de extinción que aún se balancea entre los árboles de Manuel Antonio (p. 309).

- **Manatí** (p. V) El mejor modo de verlo es paseando en canoa por Tortuguero (p. 403).

- **Tortuga laúd** (p. V) Muchas desovan en la playa Grande (p. 235).

- **Quetzal** (p. III) La mítica ave que se puede ver cerca de San Gerardo de Dota (p. 323).

- **Serpiente terciopelo o *fer- de- lance*** (p. I) Su veneno podría matar a 10 hombres; cuidado con lo que se pisa en las tierras bajas.

- **Jaguar** (p. VII) Hace falta suerte para verlo, pero vale la pena intentarlo en La Amistad (p. 345).

LAS MEJORES PUESTAS DE SOL

Naturaleza exuberante + entorno tranquilo + espléndidas vistas = Fuera preocupaciones.

- El albergue en la cima del cerro Chirripó (p. 333).

- Sentado en el muelle de la Banana Company en Golfito (p. 372).

- Contemplando el volcán Arenal desde La Fortuna (p. 199).

- Desde una embarcación, frente a la playa del Coco (p. 223).

- El Bar La Culebra de Tortuguero (p. 409).

- El Avión, en Manuel Antonio (p. 306).

- Desde el restaurante Tiquicia, con vistas a Escazú y el valle Central (p. 102).

- Oyendo música *reggae* junto a la playa de Puerto Viejo de Talamanca (p. 422).

- El Margarita Sunset Bar del Casa Corcovado Jungle Lodge (p. 360), cerca de la bahía Drake.

- En una excursión al atardecer por la Finca Ecológica (p. 156), en Monteverde.

LAS PEORES CARRETERAS

Para algunos viajeros es casi un honor presumir de las carreteras más desastrosas a las que han sobrevivido en Costa Rica. Éstas son algunas de las más duras:

- **Una vieja gloria.** La carretera de Tilarán a Monteverde (p. 167).

- **La castigadora.** De Puerto Jiménez a Río Nuevo (p. 364).

- **¿Qué le ha pasado a la transmisión?** Baches y más baches para alcanzar las olas de la playa Naranjo (p. 192).

- **Al otro lado del río.** La azarosa aventura de vadear el río Ora de la playa Carrillo a Islita (p. 259).

- **¿A esto le llaman carretera?** De Golfito a Pavones (p. 383).

- **La quebrantahuesos.** De Buenos Aires a la reserva Dúrika (p. 337).

- **La tragacoches.** El tramo entre Tamarindo y Avellana engulle vehículos como si fueran caramelos (p. 243).

- **La menos transitada.** Rocas, grava y pendientes de 45°: un día cualquiera en la zona de Escaleras (p. 315).

- **Camino a la muerte.** Curvas cerradas hacia el cerro de la Muerte (p. 327).

- **El monstruo del lago.** La destrozaejes junto al lago, de Arenal a Tronadora (p. 209).

de los principales centros turísticos. Un apartamento de lujo junto al mar o una habitación en un hotel elegante pueden costar entre 100 y 400 US$ por noche, o incluso más. En estos lugares se sirven comidas a partir de 20 US$.

LITERATURA DE VIAJES

El viejo expreso de la Patagonia (The Old Patagonian Express: By Train Through the Americas), de Paul Theroux, explica con todo detalle el viaje del autor en tren desde un barrio periférico de Boston hasta la Patagonia. Por desgracia, muchas de las líneas férreas que él siguió ya no funcionan, pero aun así es un gran libro.

Viaje al fin del mundo con la tuna y sin un duro, de Josep Bertran, recoge las crónicas de viaje de un universitario que, junto con unos amigos componentes de una tuna de Barcelona, emprende un viaje alrededor del mundo en el que también visitará Costa Rica.

Sobre el volcán, de Manuel Leguineche, es la historia de un viaje desde Guatemala a Panamá, pasando por el Salvador, Honduras y Costa Rica, y es un buen testimonio de la situación en los años ochenta en América Central. Aunque no ocurran en la misma Costa Rica, Javier Reverte escribió una Trilogía de Centroamérica formada por tres novelas independientes pero que comparten un mismo tiempo, la década de los ochenta, y un mismo espacio, América Central.

Pura vida, de Jose María Mendiluce, es una historia de amor desgarradora entre una barcelonesa que trabaja en la ONU y pide un traslado a Costa Rica, y un mulato costarricense.

En la obra de Lonely Planet *Green Dreams: Travels in Central America (Sueños en verde: Viajes por América Central)*, de Stephen Benz, el autor hace un agudo análisis sobre el impacto que ejercen los visitantes sobre la región y su pueblo.

INFORMACIÓN EN LA RED

Costa Rica Link (www.1costaricalink.com). Directorio que ofrece gran cantidad de información sobre transportes, hoteles, actividades, etc.

Costa Rica Map (www.costaricamap.com). Página web bien organizada con mapas e información de viajes de cada región.

Guías Costa Rica (www.guiascostarica.com). Vínculos que conectan con todo lo que se pueda necesitar saber: desde ocio o salud o páginas web gubernamentales.

Lanic (www.lanic.utexas.edu/la/ca/cr/). Excepcional colección de vínculos a sitios web de muchas organizaciones costarricenses (la mayoría en español), de la Universidad de Texas.

Lonely Planet (www.lonelyplanet.com). Ofrece comentarios sobre viajes a casi todos los lugares del mundo e incluye el imprescindible tablón de anuncios Thorn Tree, donde se pueden hacer preguntas a viajeros que hayan estado recientemente en Costa Rica; la sección subwwway ofrece vínculos a útiles recursos de viajes de otros sitios web.

Itinerarios
CLÁSICOS

SURF Y NATURALEZA

Ocho días/ De San José a la playa Tamarindo

Desde San José hay que dirigirse al norte, hacia **La Fortuna** (p. 199), en el extremo este de la cordillera de Tilarán, donde se pueden hacer excursiones por la jungla a los pies del **volcán Arenal** (p. 211), para acabar con un chapuzón en las aguas termales. A continuación se puede cruzar la laguna de Arenal hasta **Monteverde** (p. 149) y emprender la búsqueda del tímido quetzal en la **Reserva Biológica Bosque Nuboso Monteverde** (p. 168). Como broche final, una excursión deslizándose por los cables de *canopy*.

Después se puede emprender la ardua travesía por carretera hasta **Tilarán** (p. 218), pasando por **Cañas** (p. 174) y el nuevo **Puente La Amistad** (p. 250). En **Guaitil** (p. 245) vale la pena hacer una parada para comprar alguna pieza de cerámica de estilo precolombino, antes de llegar a **Santa Cruz** (p. 245) para disfrutar del ambiente vaquero y la sabrosa cocina local.

Ya sólo queda buscar las olas de la **playa Tamarindo** (p. 236), donde se puede tomar el sol o lanzarse a la aventura acuática o terrestre. Los aficionados a la naturaleza no querrán perderse el desove de la tortuga laúd, en el **Parque Nacional Marino Las Baulas** (p. 235), antes de regresar a San José.

Para recorrer este bucle de 605 km se pueden emplear más de tres semanas si se quiere colaborar en Monteverde, hacer alguna parada para practicar el *windsurf* en la laguna de Arenal, celebrar el día de Guanacaste en Santa Cruz o explorar las playas al sur de Tamarindo.

DE LAS CUMBRES A LA PLAYA   12 Días / De San José a Manuel Antonio

Una ruta de 675 km conduce desde San José al interior, hasta San Isidro y luego hasta la costa del Pacífico por Dominical. Al seguir la costa hacia el norte se evita tener que volver atrás. Hay que calcular una semana más si se decide usar Dominical como base para explorar las maravillas de la costa sur.

Desde la cima más alta a las playas tropicales, este itinerario permite admirar las cumbres y los llanos sin perderse todo lo que hay en medio.

Para empezar, hay que salir de San José hacia el sur por la Interamericana para atravesar **Cartago** (p. 129) e iniciar la escarpada ascensión a las montañas en busca de quetzales cerca de **San Gerardo de Dota** (p. 323). Pasado el imponente **cerro de la Muerte** (p. 327), se desciende la montaña para llegar a la agradable población agrícola de **San Isidro de El General** (p. 327). Desde aquí hay que tomar la sinuosa carretera de tierra que lleva al nordeste hasta **San Gerardo de Rivas** (p. 331) y prepararse para el ascenso de dos días a la montaña más alta de Costa Rica, el **cerro Chirripó** (p. 333). En la cumbre se pueden pasar unos días inolvidables haciendo excursiones antes de emprender el descenso.

Desde aquí se vuelve por San Isidro hasta **Dominical** (p. 313), donde se puede disfrutar de la tranquilidad de la vida y de unas olas ideales para el surf. Los adictos a las puestas de sol del Pacífico pueden detenerse en **Escaleras** (p. 315) para no perderse las impresionantes vistas. Siguiendo hacia el norte se llega a **Hacienda Barú** (p. 312), donde se puede trepar a una plataforma de *canopy* para observar a los perezosos entre los árboles. Siguiendo por la costa se llega al puerto de **Quepos** (p. 295), desde donde es preciso desviarse hacia el sur para llegar al parque nacional más popular del país, **Manuel Antonio** (p. 309), lugar que invita al reposo, con alojamientos de categoría, relajantes excursiones y preciosas playas de arena blanca para dorarse al sol. San José está a 3½ horas en coche.

ALTERNATIVOS

AVENTURA POR EL RÍO SAN JUAN
Ocho días / De Puerto Viejo de Sarapiquí a Tortuguero

El viaje se inicia en **Puerto Viejo de Sarapiquí** (p. 459), donde se puede dedicar uno o dos días a pasear entre las plantaciones de bananos, a observar animales o a conocer la atareada vida de los científicos de la **Estación Biológica La Selva** (p. 462). Hay que tomar el barco de la mañana que surca el río Sarapiquí hasta **Trinidad** (p. 460), en la orilla sur del río San Juan, donde es posible alojarse en una granja. Esto da la oportunidad de montar a caballo o salir a avistar aves antes de ponerse otra vez en marcha, por el **río San Juan** (p. 460), hacia la costa caribeña.

La travesía por este río, que discurre en territorio nicaragüense, es increíble: pasa por una serie de granjas, bosques, parajes llenos de fauna salvaje y antiguas zonas de guerra (de cuando la Contra dominaba el lugar), y después, junto al **Refugio Nacional de Vida Silvestre Barra del Colorado** (p. 409), un rincón apartado con una variada oferta de alojamiento. Aquí se puede practicar la pesca deportiva o dedicarse a observar pájaros o cocodrilos. A continuación hay que dirigirse a la población turística de **Tortuguero** (p. 405), para contemplar las vistas del verde mar y espiar el desove de las tortugas laúd en las playas, o remar por los infinitos canales del **Parque Nacional Tortuguero** (p. 403), la Amazonia en miniatura de Costa Rica. Desde aquí se puede llegar hasta San José en taxi acuático y autobús, pasando por **Cariari** (p. 392) y **Guápiles** (p. 389).

Este recorrido sólo tiene 175 km y podría completarse en cinco días si las mareas, el tiempo y los diferentes barqueros cooperan. Pero si se quiere evitar riesgos y se dispone de presupuesto, se puede dedicar más tiempo a observar la fauna y la flora del increíble entorno natural.

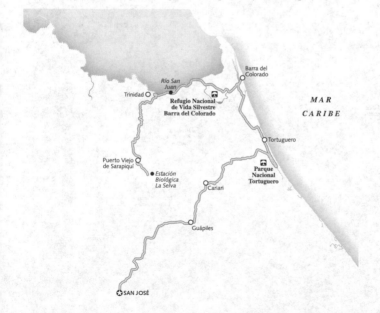

EXCURSIONES POR LAS MONTAÑAS DE TALAMANCA
Dos semanas / De San Isidro al Parque Internacional La Amistad

Son 210 km subiendo y bajando montañas por la cordillera de Talamanca, una de las zonas más apartadas del país, donde viven varias comunidades indígenas y una fauna y una flora vírgenes. Las vistas son espectaculares. Se puede incluso pasar unos días colaborando como voluntario en la reserva Dúrika.

Esta ruta sumerge al viajero en las montañas menos exploradas de Costa Rica. Las diferentes excursiones se pueden hacer por separado, si se ha previsto un viaje corto, o se pueden unir en una sola ruta completa, si se dispone de más tiempo.

Hay que equiparse en **San Isidro de El General** (p. 327) antes de dirigirse hacia el sudeste atravesando las plantaciones de piñas de la pequeña población agrícola de **Buenos Aires** (p. 336). Aquí se puede buscar transporte para llegar por la carretera de tierra hasta la maravillosa **Reserva Biológica Dúrika** (p. 337), donde se puede visitar la **Finca Anael** (p. 337), una comunidad autosuficiente en plena cordillera de Talamanca. Desde este punto se parte para una excursión de seis días (ida y vuelta) con subida incluida al **cerro Dúrika** (3.280 m), situado en el Parque Internacional La Amistad. También se puede visitar la comunidad indígena de **Ujarrás** (p. 337), cerca de allí.

Quien aún no haya saciado su sed de naturaleza puede seguir hacia el sur desde Buenos Aires por la carretera que sigue la Fila Costeña hasta Guácimo y continuar hacia el interior por Altamira hasta llegar a las oficinas del **Parque Internacional La Amistad** (p. 345). Desde aquí se puede hacer la excursión guiada de 20 km a pie por el **Valle del Silencio**, una de las regiones más aisladas y recónditas de toda Costa Rica, para acabar en un pequeño refugio al pie del **cerro Kamuk**, desde donde se puede iniciar el regreso por Altamira y las frecuentadas carreteras que llevan a la Interamericana.

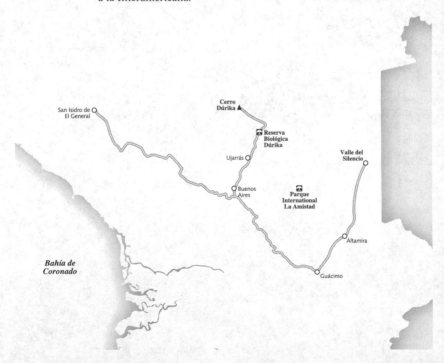

A LA CARTA

SURF EN COSTA RICA

Todo el tiempo que se desee

Playa Tamarindo (p. 236) es un buen punto de partida para visitar múltiples lugares magníficos para el surf. Se puede empezar con un viaje en barco hasta las playas más legendarias, **Peña Bruja/Witch's Rock** y **Potrero Grande/ Ollie's Point** (ambas en p. 192). Luego, vale la pena probar las recónditas **playas Avellana** y **Negra** (p. 243), no menos célebres. Siguiendo la costa, la **playa de Nosara** (p. 250) funciona todo el año, y desde aquí sólo hay un salto hasta las de **Mal País**, tan de moda, y **Santa Teresa** (ambas en p. 270).

La siguiente parada ineludible es **Jacó** (p. 285) y la **playa Hermosa** (p. 293), en la costa central del Pacífico, que ofrecen olas constantes, pero hay que ir hacia el sur para encontrar buenas rompientes en **Dominical** (p. 313). Después, se puede continuar hacia el sur hasta el **cabo Matapalo** (p. 369) antes de volver hacia la costa continental para disfrutar de unas de las mayores izquierdas en **Pavones** (p. 383).

Y no hay que olvidarse del Caribe. La famosa Salsa Brava de **Puerto Viejo de Talamanca** (p. 412) es un valor seguro durante toda la estación seca.

SAFARI POR AGUAS BRAVAS

10 días

Desde San José hay que dirigirse al este hasta el **río Pacuare** (p. 141) para disfrutar de dos días de descensos por unas increíbles aguas bravas de clase IV. Es preciso seguir hasta el cercano tramo de Pascua del **río Reventazón** (p. 141) para gozar de 24 km de vertiginosas aguas de clase IV+. Luego se puede ir hacia el sur de Costa Rica para dedicar tres días a las caudalosas aguas del espectacular **río General**, con descensos de clase III-IV (pp. 46-47), que nace en el pico más alto del país, el cerro Chirripó. Si se continúa el viaje hasta la costa oeste del Pacífico, se puede pasar un día en aguas más tranquilas junto al bosque lluvioso del **Parque Nacional Manuel Antonio** (p. 309) que bordea la costa y donde viven más de 350 especies de aves. Después, vuelta a la acción en un descenso rápido de media jornada por el cercano **río Naranjo**, todo un desafío. Para rematarlo, hay que dedicar dos días al **río Savegre**, aún inexplorado en parte, con una escapada al tramo superior del **río División**, de clase IV+, el principal afluente del Savegre. Al día siguiente se continúa río abajo hasta el puente de acceso a la Costanera, la autopista de la costa del Pacífico que sigue hacia el norte hasta San José.

Las autoras

CAROLINA A. MIRANDA

Coordinadora, San José,
Península de Nicoya, Costa central del Pacífico, Sur de Costa Rica,
Península de Osa y golfo Dulce

Durante sus viajes a Costa Rica, Carolina se ha dejado conquistar por todo lo tico (especialmente el gallo pinto). Ha pasado meses trabajando en autobuses escolares, coches y embarcaciones para este libro y para su compañero de colección *Central America on a shoestring*. Sus padres son de Chile y Perú, pero Carolina creció en California y ha pasado temporadas en Chile, Irán y Sudáfrica. Se licenció en Estudios Latinoamericanos en el Smith College de Northampton (Massachusetts, EE UU) y actualmente trabaja como reportera para la revista *Time*. Vive con su marido, Ed Tahaney, en Nueva York.

Mi recorrido favorito

La costa sur del Pacífico es un lugar al que volvería una y otra vez. Siempre empiezo el viaje en Golfito (p. 372), para visitar después uno de los exquisitos hoteles que bordean la costa norte del golfo Dulce (p. 372). No hay que perderse el jardín de Casa de Orquídeas (p. 379).

La travesía en *ferry* hasta Puerto Jiménez (p. 366) es muy bonita. Desde allí, no me perdería una excursión hasta Río Nuevo (p. 365), por las laderas de la vertiente este de Corcovado (p. 360). Desde Puerto Jiménez se puede iniciar una excursión por Corcovado y, tras muchos sudores, llegar a la bahía Drake (p. 354), una de las regiones más bellas del país.

PAIGE R. PENLAND

Valle Central y tierras altas, Noroeste
de Costa Rica, Costa caribeña, Tierras bajas del norte

Paige trabaja como redactora independiente especializada en automoción, ciencias y viajes. Aunque ha cubierto destinos desde Alaska a Florida para Lonely Planet, éste ha sido su primer viaje de trabajo fuera de su Estados Unidos natal. Todo lo que ha visto de las carreteras y ríos de la bella Costa Rica no ha hecho más que reafirmar su primera impresión: quizá, si en esta vida eres una buena persona, te reencarnarás en Costa Rica, y eso es algo por lo que vale la pena el reciclaje.

CONTRIBUCIONES ESPECIALES

Bridget Crocker escribió el recuadro "Deportes acuáticos" (pp. 46-47). Tras pasar su infancia a orillas del Snake River, en Jackson Hole (Wyoming, EE UU), ha surcado ríos de aguas bravas por Costa Rica, Zambia, Etiopía, Perú, Chile, Filipinas y EE UU. Es monitora profesional de kayak por río y en aguas abiertas, y escribe reportajes sobre temas relacionados para revistas. Actualmente trabaja en una colección de cuentos sobre ríos desde su casa en Ventura (California, EE UU).

El **Dr David Goldberg,** responsable del capítulo *Salud* (p. 493), completó su formación en medicina interna y enfermedades infecciosas en el Columbia-Presbyterian Medical Center de Nueva York, donde también ejerció de profesor voluntario. En la actualidad, trabaja como especialista en enfermedades infecciosas en Scarsdale (Nueva York, EE UU), y es redactor jefe de la web MDTravelHealth.com.

David Lukas escribió el capítulo *Medio ambiente* (p. 34) y la sección especial *Guía de la fauna*. Es un ávido estudioso de historia natural y ha realizado numerosos viajes para estudiar los ecosistemas tropicales, entre otros lugares a Borneo y el Amazonas. También ha pasado varios años organizando safaris de historia natural por todos los rincones de Costa Rica, Belice y Guatemala. Actualmente trabaja como naturalista y escritor. Ha colaborado en los capítulos de *Medio ambiente* y *Geología* de las guías de Lonely Planet *Yosemite National Park*, *Grand Canyon National Park* y *Banff, Jasper & Glacier National Parks*.

Panorama

Al tener el país un nivel de vida superior, los costarricenses llevan una existencia más cómoda que otros centroamericanos. No obstante, el país tiene otros muchos temas de que preocuparse.

El más significativo es la deuda. Los amplios servicios sociales, como la atención sanitaria gratuita, han generado una presión insoportable sobre las arcas nacionales. La deuda interna y externa de Costa Rica está creciendo a un índice de dos cifras, un indicador económico poco tranquilizador. La administración destina casi una cuarta parte del presupuesto al pago de la deuda externa, lo que deja escaso margen para programas educativos o regulaciones medioambientales.

El Gobierno también se enfrenta a las secuelas del Acuerdo de Libre Comercio Centroamericano (CAFTA), negociado recientemente con otros países latinoamericanos y EE UU. Aunque el acuerdo no ha sido aún ratificado por ninguna de las partes, los pequeños comerciantes ya están preocupados ante la competencia que supondrá la invasión de productos importados de EE UU. El tratado también exige la apertura de las telecomunicaciones, en manos del Estado, y de los monopolios de los seguros a la competencia internacional, iniciativa que hace pensar a algunos expertos locales que el coste de los servicios públicos subirá. Los críticos extranjeros dicen que el CAFTA no conseguirá regular el trabajo y que se desconoce el impacto medioambiental que tendrá. Habrá que ver si el CAFTA se convierte en realidad. El Gobierno proclama que hay que esperar a ver los efectos beneficiosos, pero si los resultados obtenidos por Costa Rica son tan míseros como los que ha dado el acuerdo de libre comercio norteamericano a México, mejor esperar sentado.

Mientras tanto, el turismo sigue siendo una de las mayores fuentes de capital exterior del país. La llegada de un turismo relativamente rico que gasta dólares estadounidenses ha hecho que el nivel de vida sea relativamente alto, aunque los otros dos sectores económicos más productivos del país hayan bajado el ritmo (el café y el procesamiento de microchips). No obstante, gran parte de los ingresos obtenidos con el turismo va a parar a los europeos y estadounidenses que han invadido el país con sus hoteles. El resultado es que los precios se han disparado y muchos ticos (costarricenses) no pueden costearse la vida en sus propias poblaciones de origen.

Además, la gran cantidad de visitantes y hoteles está suponiendo una gran presión para el entorno natural, que es precisamente lo que viene la gente a ver. Costa Rica ha evitado la creación de enormes centros turísticos al estilo de Cancún, pero el resultado ha sido la proliferación de cientos de hoteles más pequeños y peor controlados que no siempre son respetuosos con el medio ambiente. El Gobierno ha aprobado leyes para proteger el medio ambiente, pero con el poco dinero de que se dispone para aplicarlas, en muchos casos no tienen ningún efecto. Las comunidades también se enfrentan a otros efectos colaterales del *boom* turístico, como la prostitución infantil o la drogadicción.

Afortunadamente, las ONG han entrado en acción. Algunas organizaciones conservacionistas, educativas y culturales contribuyen a proteger el entorno, conservar la cultura local y a dar apoyo a los necesitados. Los viajeros que lo deseen encontrarán amplias oportunidades para echar una mano (más detalles en la p. 480).

DATOS BÁSICOS

Población: 4.100.000 hab.

Esperanza de vida: 76 años

Tasa de alfabetización en adultos: 96 %

Población que vive por debajo del límite de la pobreza: 21 %

Tasa de natalidad: 2,4

Mortalidad infantil por cada 1.000 nacimientos: 11

Emisiones anuales de dióxido de carbono por persona (toneladas métricas): 1,2

Consumo anual de café por persona: 4,1 kg

Automóviles por cada 1.000 personas: 82,2

Historia

PERÍODO PRECOLOMBINO

El 18 de septiembre de 1502, fecha en que Cristóbal Colón fondeó frente a lo que es actualmente Puerto Limón, había unas 19 tribus indígenas con una población de unos 400.000 habitantes en el territorio que ocupa actualmente Costa Rica. Al carecer de una lengua escrita, estas civilizaciones (y los colonizadores españoles) dejaron pocos testimonios de su vida; por otra parte, Costa Rica carece de las grandes pirámides y templos que salpican México, Guatemala y Honduras.

Lo más significativo de la región es que representaba un vínculo vital –o un puente– entre las culturas mesoamericanas, al norte, y las andinas, al sur, originarias de los primeros tiempos de presencia humana en el continente. Cuando llegaron los españoles, los habitantes de la zona practicaban ritos religiosos parecidos a los de las culturas azteca o maya, pero también mascaban hojas de coca, prueba del contacto con las civilizaciones inca y aymara.

A pesar de la escasez de referencias históricas, han ido apareciendo pequeñas joyas de la cultura precolombina. El yacimiento arqueológico más importante es el de Guayabo (p. 139), en el valle Central, sólo 85 km al este de San José. Los arqueólogos han descubierto calles de piedra, acueductos, pasos elevados y algunos objetos de oro y piedra. No está claro cuál era la función de estas construcciones, pero los expertos suponen que el lugar servía como centro ceremonial y se cree que pudo estar habitado aproximadamente desde 1.000 a.C. hasta 1.400 d.C.

Pero los hallazgos arqueológicos no se limitan al valle Central. En el sur de Costa Rica los arqueólogos aún se formulan preguntas sobre las docenas de impresionantes esferas de granito perfectamente talladas y cuya función sigue siendo un misterio. Algunas de estas esferas, talladas con gran maestría por las culturas precolombinas del valle Diquís a partir de 800 d.C. aproximadamente, no son mayores que un pomelo, mientras que otras miden más de dos metros de altura. Se pueden contemplar en el Museo Nacional de Costa Rica, en San José (p. 69) y en los alrededores de Palmar (p. 338). También hay algunas en la isla del Caño (p. 360), frente a la costa de la península de Osa.

En la costa norte del Pacífico, la zona de Nicoya y sus alrededores (la península de Nicoya y la costa norte, hasta la frontera con Nicaragua) siguen siendo objeto de estudio. En esta zona se ha hallado un tesoro en piezas de cerámica, piedra y jade, que han contribuido a profundizar en el conocimiento de los pueblos precolombinos que vivieron en la zona.

Un buen lugar para hacerse una idea general de lo que se ha encontrado es el Museo del Jade (p. 65) y el Museo de Oro Precolombino (p. 68) de San José, donde se pueden admirar muchas piezas, sobre todo joyas y artículos de uso personal. Este último museo exhibe una colección de más de 2.000 piezas increíbles, aunque se sabe poco de las culturas que las crearon.

PARA SABER MÁS

Los escasos grupos indígenas que quedan suelen ser conocidos por el nombre de su último jefe, tal como se registró en las crónicas españolas.

Los interesados en la historia costarricense encontrarán en la *Historia de Costa Rica*, de Iván Molina y Steven Palmer, un panorama sintético y actualizado del devenir del país.

CRONOLOGÍA	1000 a.C.	800 d.C.
	Empieza la construcción y la población de Guayabo	Empieza la elaboración de las esferas de granito de la región de Diquís

LA CONQUISTA Y LA COLONIZACIÓN

Colón sólo pasó 17 días en Costa Rica en su cuarto y último viaje, pero el impacto de su llegada se dejaría notar durante siglos. Su "descubrimiento" del Nuevo Mundo acabaría diezmando las civilizaciones indígenas de toda América y supuso el establecimiento de una cultura criolla de influencia europea que ha mantenido su dominio en la política y la sociedad de América Latina durante más de 500 años.

PARA SABER MÁS

Se pueden comprar piezas similares a las creadas por las culturas precolombinas a sus descendientes en Guaitil (p. 245).

En 1506 el rey Fernando el Católico nombró a Diego de Nicuesa gobernador de la región y lo envió a colonizarla. La mitad de la expedición española murió y el resto volvió a casa. Los españoles conseguirían finalmente colonizar la región, pero no fue fácil. Se vieron obstaculizados por la jungla, las enfermedades tropicales y los pequeños grupos de indios que usaban tácticas de guerrilla para combatir contra ellos. Uno de esos indios fue Garabito (véase recuadro en p. 23).

Posteriormente se emprendieron otras expediciones. La que tuvo mayor éxito, desde el punto de vista de la Corona, fue un viaje al golfo de Nicoya dirigido en 1522 por el capitán Gil González Dávila. Fue una expedición bañada en sangre, y un gran número de indígenas murieron o fueron torturados por diferentes motivos, sobre todo a causa del oro. A pesar de sus brutales tácticas, González no logró establecer una colonia permanente y muchos miembros de la expedición murieron de hambre y enfermedades. González volvió a España con un cargamento de oro, asegurando que había convertido a miles de indios al catolicismo.

La cantidad de oro que Gil González Dávila "descubrió" en la región de Nicoya hizo que la bautizara como *"la costa rica"*.

Aunque la zona se daría a conocer como "la costa rica", tenía una riqueza mineral limitada y los españoles se dedicaron a saquear las poblaciones indígenas más prósperas, al norte y al sur. En los primeros 60 años a partir de que Nicuesa recibiera órdenes de colonizarla, Costa Rica fue la hijastra olvidada de la región.

Hubo que esperar hasta 1561 para que la Corona española hiciera un esfuerzo significativo para establecer una presencia duradera. Juan Vázquez de Coronado fundó en 1564 el primer asentamiento permanente en la localidad interior de Cartago, y la fértil tierra volcánica permitió que la colonia prosperara. Esto era algo poco habitual en los españoles, puesto que normalmente preferían asentarse primero en zonas costeras, pero el Caribe había demostrado dar problemas debido a las enfermedades, y Vázquez y sus hombres buscaron un clima más fresco.

Mientras tanto, la población indígena había sido diezmada. Al principio quedaron algunas bolsas de resistencia, pero las tribus, pequeñas y fragmentadas, eran incapaces de detener los continuos ataques de los conquistadores españoles y sus mortíferas enfermedades europeas. Los pocos nativos que consiguieron sobrevivir fueron sometidos enseguida a esclavitud o buscaron refugio en las tierras altas.

Durante los 150 años siguientes la colonia se mantuvo en segundo plano con respecto a la capitanía de Guatemala. Cartago resultó ser diferente de otras colonias españolas en diversos aspectos. La escasez de indios en la zona que pudieran usarse como mano de obra o con los que fomentar el mestizaje daba pocas oportunidades de establecer las grandes civilizaciones que España tenía en mente. Es más, el aislamiento con respecto a las rutas comerciales importantes suponía un distanciamiento de las vías más importantes de enriquecimiento, pero también un

1400	1502
Guayabo es abandonado por razones desconocidas	Cristóbal Colón fondea en Puerto Limón durante su cuarto y último viaje

GARABITO

La zona que ocupa actualmente el Parque Nacional Carara (p. 282) fue en su día el hogar de uno de los héroes indígenas más legendarios de Costa Rica, un cacique local llamado Garabito. Controlaba un territorio que se extendía desde Carara hacia el norte por el golfo de Nicoya y hasta la meseta Central. Él y sus súbditos opusieron una férrea resistencia al dominio colonial español.

En 1560, dos españoles recibieron la orden de capturar al jefe, pero el profundo conocimiento del terreno que tenía Garabito le dio ventaja y consiguió eludir la captura. Entonces, los españoles decidieron apoderarse de su mujer, Biriteka. Cuando la apresaron, Garabito convenció a uno de sus hombres para que se vistiera como un jefe y se dejara prender. Mientras los españoles celebraban su captura, Garabito se coló en el campamento y liberó a su mujer. (No se dice nada de lo que le pasó al otro tipo...)

Desgraciadamente, las enfermedades consiguieron lo que no lograron los españoles, y el jefe y muchos de sus súbditos murieron a causa de las numerosas epidemias que acompañaron a los colonizadores. Actualmente, un cantón de la provincia de Puntarenas, donde se encuentra Carara, lleva el nombre del célebre Garabito.

alejamiento de las cada vez más frecuentes batallas que asolaban otras administraciones coloniales. Y en estas circunstancias emergió Costa Rica como una nación con una economía agrícola de subsistencia. Aunque la esclavitud y las diferencias sociales seguían existiendo, no era tan acusada la estratificación social que caracterizaba otros centros coloniales, lo que generaba menos ocasiones de agitación política.

Con todo, la colonia también sufrió reveses. Gran parte de Cartago quedó destruida por la erupción del volcán Irazú (p. 131) en 1723, pero los supervivientes reconstruyeron la ciudad y durante todo el s. XVIII la colonia continuó creciendo. Se establecieron asentamientos en el área central de las tierras altas, como Heredia (1706), San José (1737) y Alajuela (1782). Sin embargo, a pesar de la expansión, siguió siendo una de las colonias más pobres del Imperio.

EL NACIMIENTO DE UNA NACIÓN

Su alejamiento político de la metrópoli hizo que hubiera pocos costarricenses lo suficientemente indignados como para jugarse la vida por la autodeterminación. De hecho, la mayoría de los habitantes se sorprendieron al enterarse de que el 15 de septiembre de 1821 Guatemala había declarado la independencia de toda América Central. México, Guatemala y Nicaragua se dispusieron a dominar la política de Costa Rica, aunque no había gran cosa que controlar. Era una federación de provincias inconexas que habían acordado emitir una opinión común a propósito de la independencia. (Algunos historiadores bromean con el hecho de que, ya entonces, la voluntad de evitar los conflictos formaba parte del carácter nacional). En 1823 Costa Rica se unió a la Federación Centroamericana, y en 1824, la provincia de Guanacaste-Nicoya, que formaba parte de Nicaragua, fue anexionada por voluntad propia, con lo que se establecieron la mayoría de las fronteras actuales.

El primer presidente electo, Juan Mora Fernández (1824-1833), demostró una gran voluntad de desarrollo al ofrecer recompensas a todo el que construyera carreteras o puertos. Mientras tanto, el café, que se había

PARA SABER MÁS

San José se convirtió en sede del Gobierno en 1823 tras unas escaramuzas con los habitantes de Cartago.

El capitán Gil González Dávila define la región de la península de Nicoya como *"la costa rica"*

Primer asentamiento colonial permanente en Cartago por Juan Vázquez de Coronado introducido desde Cuba en 1808, empezaba a ganar importancia como cultivo lucrativo. Braulio Carrillo, presidente de 1835 a 1842, fomentó la producción de café. Durante el resto del s. xix se produjo un crecimiento continuado de las exportaciones de café, lo que convertiría a Costa Rica en la nación más próspera de América Central. Apareció una rica clase empresarial, y en 1849, un productor de café, Juan Rafael Mora, alcanzó la presidencia y gobernó durante 10 años.

La presidencia de Mora se recuerda sobre todo por el crecimiento económico y cultural, además de por un curioso incidente militar que se ha ganado un lugar en los libros de historia de los niños del país. En junio de 1855, un aventurero desertor del ejército estadounidense llamado William Walker llegó a Nicaragua con un grupo de seguidores. Su intención era conquistar América Central y convertir la zona en tierra de esclavos para usarlos en la construcción de un canal que atravesaría Nicaragua y uniría el Atlántico y el Pacífico. Tras derrotar a los nicaragüenses, emprendió la marcha hacia al sur, entró en Costa Rica prácticamente sin oposición y llegó a una hacienda de Santa Rosa (actualmente parque nacional, véase p. 190).

Entonces, como ahora, Costa Rica no tenía ejército, de modo que en febrero de 1856 Mora organizó una fuerza de 9.000 civiles para que tomaran las armas y expulsaran a Walker. En una decisiva batalla librada en Santa Rosa, los costarricenses derrotaron al intruso Walker, que se retiró a Rivas (Nicaragua). Los vencedores le persiguieron, y Walker y sus hombres se refugiaron en un fuerte de madera. Un tamborilero de Alajuela llamado Juan Santamaría prendió fuego al edificio y obligó a Walker a huir. Santamaría, que murió en esta acción, ha sido honrado desde entonces como uno de los mayores héroes de Costa Rica. (El monumento erigido en honor de esta batalla se puede ver en el parque Nacional de San José, p. 69).

Walter sobrevivió al ataque, pero sin proponérselo había unido a todos los costarricenses en una causa nacional común. No aprendió la lección la primera vez y repitió los intentos infructuosos de invasión hasta acabar ante un pelotón de fusilamiento hondureño en 1860. Mientras tanto, la desordenada vida del presidente Mora y una epidemia de cólera (que, según se dice, trajeron él y sus hombres al volver al país) supondrían su fin. Fue depuesto en 1859, encabezó un golpe de estado fallido en 1860 y fue ejecutado el mismo año que Walker.

LAS RAÍCES DE LA DEMOCRACIA

Las tres décadas siguientes se caracterizaron por la violencia, por unas elecciones amañadas decididas sólo por los ricos y los poderosos, y por una continua lucha de poder entre la Iglesia, el estado y los cafetaleros. En 1869 se instauró la educación elemental obligatoria y gratuita, aunque tuvo poco efecto entre las familias de las regiones más apartadas, que no tenían escuelas cerca. En 1889 se celebraron las primeras elecciones democráticas aunque, como era de esperar, ni las mujeres ni los negros tenían derecho al voto.

Desde entonces la democracia ha sido la tónica (aunque a veces haya flaqueado) en la política costarricense. Hubo un lapso en que se perdió, cuando en 1917 el ministro de guerra Federico Tinoco derrocó al presi-

PARA SABER MÁS

El terreno de Santa Rosa donde fue derrotado William Walker en 1856 perteneció al dictador nicaragüense Anastasio Somoza en la década de 1950. Fue expropiado en 1978, cuando el Gobierno costarricense rompió sus relaciones diplomáticas con Nicaragua.

dente democráticamente elegido y estableció una dictadura. La resistencia de su propio pueblo y la oposición del Gobierno de EE UU pusieron fin a su régimen muy pronto. Al año siguiente, Tinoco huyó a Europa.

En 1940, Rafael Ángel Calderón Guardia fue nombrado presidente y reguló por ley el salario mínimo, la jornada laboral de ocho horas y el derecho a sindicarse. Para ganarse apoyos para las nuevas leyes, formó una extraña alianza entre el partido comunista y la Iglesia católica, creando un grupo de socialistas católicos. Las reformas que introdujo recibieron el apoyo de los obreros, los pobres y una creciente clase media, pero también la oposición de los terratenientes, los hombres de negocios, los conservadores y los intelectuales. La mala gestión fiscal y la corrupción aumentaron el descontento. En las elecciones de 1944, le sucedió Teodoro Picardo, partidario de la política de Calderón, pero los conservadores sostuvieron que las elecciones habían sido un fraude.

En 1948 Calderón volvió a presentarse a las elecciones, pero fue derrotado por Otilio Ulate. No obstante, no quiso aceptar la derrota y declaró que había vencido, afirmando que parte de los votos se habían destruido. La tensa situación desencadenó una guerra civil, con José (Don Pepe) Figueres Ferrer a la cabeza de las fuerzas de la oposición. Tras semanas de guerra y más de 2.000 muertos, Figueres se proclamó vencedor. Dirigió un gobierno interino durante 18 meses y en 1949 cedió la presidencia a Ulate.

Aquel año marcó la formación de la actual constitución de Costa Rica. Las mujeres y los negros consiguieron el derecho al voto y se decretó que los presidentes no podían presentarse para más de una legislatura seguida. Además, se estableció un tribunal electoral neutral para garantizar elecciones libres y justas, y el voto fue declarado obligatorio para todos los ciudadanos mayores de 18 años. (Esta última ley no se aplica, pero Costa

Para más detalles sobre el papel que tuvieron Minor Keith y la United Fruit en la financiación del golpe instigado por la CIA en Guatemala, un libro imprescindible es *Fruta amarga (Biitter fruit)*, de Stephen Schlesinger y Stephen Kinzer.

PARA SABER MÁS

En la década de 1940 los niños aprendían a leer con un texto que decía: "El café es bueno para mí. Bebo café cada mañana".

EL NEGOCIO DEL PLÁTANO *Paige R. Penland*

Cuando Minor C. Keith, un estadounidense de 23 años procedente de una familia de empresarios del ferrocarril, fue contratado en 1871 para que conectara Puerto Limón con San José por ferrocarril (véase p. 394), subestimó el coste: sólo los primeros 40 km enviaron a la tumba a más de 5.000 hombres, entre ellos a sus dos hermanos. Para recortar gastos, Keith plantó bananas junto a las vías para alimentar a sus obreros, en su mayoría convictos estadounidenses, chinos obligados por contrato y esclavos jamaicanos; los hombres libres no se arriesgarían con una tasa de mortalidad tan alta.

Una vez construido el ferrocarril, el café por sí sólo no podía cubrir los gastos. Keith, desesperado, decidió llenar sus vagones con los plátanos que tenía tan cerca y los envió a EE UU para hacer la prueba. Fueron un éxito, y en 1900 las empresas bananeras de Keith ya se extendían de Colombia a Guatemala, se había casado con la hija del futuro presidente León Cortés Castro y se decía que era el hombre más poderoso de América Central.

Cuando Keith fundó la United Fruit en 1909, ya no quedaba duda.

La United Fruit hizo algo más que transformar la economía y la cultura de Costa Rica: también influyó en la historia del resto del continente. Esta enorme multinacional, también conocida como "El Pulpo", extendió sus tentáculos por toda América Latina, desde la construcción de la Tropical Radio Telegraph Company, primera red de comunicaciones de América Central, al apoyo en 1954 al golpe del presidente democráticamente elegido Jacobo Arbenz, instigado por la CIA.

Y pensar que todo empezó con unas piezas de fruta en Costa Rica...

1856	1889
Costa Rica derrota al filibustero estadounidense William Walker en la batalla de Santa Rosa	Celebración de las primeras elecciones democráticas (los negros y las mujeres no tienen derecho al voto)

Rica presenta un índice de voto más alto que la mayoría de los países occidentales). Lo más importante fue la abolición de las fuerzas armadas, una medida que ha tenido un impacto duradero en esta pacífica nación. Desde entonces, ningún gobierno ha alcanzado el poder por la fuerza.

Aunque en Costa Rica existen numerosos partidos políticos, el Partido de Liberación Nacional (PLN) de Figueres ha desempeñado un papel destacado en la política desde 1949. El propio Figueres conservó su popularidad y accedió al gobierno en otras dos ocasiones: en 1953 y en 1970. Murió en 1990.

Actualmente el líder más destacado del PLN es Óscar Arias Sánchez, que fue presidente de 1986 a 1990 y que se hizo famoso por evitar que EE UU utilizara a Costa Rica como base militar de las operaciones de la Contra en Nicaragua que su predecesor, Luis Alberto Monge, había permitido. Arias invalidó esta decisión declarando que violaba la neutralidad de Costa Rica. Su labor en la construcción de los acuerdos que pondrían fin a la guerra en Nicaragua y a la inestabilidad en otras partes de la región hizo que se le concediera el Premio Nobel de la paz en 1987 y el Premio Príncipe de Asturias de Cooperación Internacional en 1988.

Recientemente, el Partido de Unidad Social Cristiana (PUSC), heredero de la alianza de Calderón de 1940, ha ganado varias elecciones. De hecho, el hijo de Calderón, Rafael Ángel Calderón Fournier, fue elegido presidente en 1990 y sucedió a Arias. Al término de su legislatura resultó elegido el hijo de Pepe Figueres, José María Figueres, candidato del PLN. La presidencia de Figueres recibió duras críticas y se vio marcada por los aumentos de precios, las subidas de impuestos y las huelgas de profesores y de otros grupos. Está claro que la historia de la política costarricense está muy influenciada por un puñado de familias, como se refleja en las asociaciones paterno-filiales que han dominado la presidencia. Lo demuestra el hecho de que el 75% de los 44 presidentes de Costa Rica hasta 1970 eran descendientes de tres únicos colonos.

El PUSC recuperó la presidencia en 1998, cuando resultó elegido Miguel Ángel Rodríguez. Pero se va imponiendo una tendencia que muestra que los costarricenses se están empezando a cansar del bipartidismo dominante, y Rodríguez consiguió la presidencia con un exiguo margen del 2,5%. Su legislatura no destacó por grandes cambios. El aumento del turismo y de los productos de alta tecnología, junto con las exportaciones tradicionales de café y plátanos sirvieron para mantener la economía durante los dos primeros años de su mandato, pero luego empezaron a producirse protestas masivas y huelgas cuando intentó privatizar las empresas eléctricas y de telecomunicaciones propiedad del estado. La caída de los sectores de la alta tecnología y la agricultura a partir de 2000 provocó que la economía se tambaleara.

EL SIGLO XXI

En 2002 accedió a la presidencia otro candidato del PUSC, una vez más con dificultades. El psiquiatra y presentador de televisión Abel Pacheco ganó las elecciones en la segunda vuelta (la primera vez que se celebraba desde la guerra civil de 1948). Pero estas elecciones, celebradas en abril de 2002, registraron la mayor abstención de la historia, casi del 40%.

El periódico más vendido, *La Nación,* ofrece una espléndida colección de fotografías históricas del siglo xix en su página web. Véase www.nacion.com/ln_ee/ESPECIALES/visual/.

1940	1948
Rafael Ángel Calderón Guardia es elegido presidente; regulación del salario mínimo y de la jornada laboral de ocho horas	La guerra civil deja 2.000 muertos; el ejército es abolido y se establece una nueva constitución; las mujeres y los negros consiguen el derecho al voto

Pacheco tuvo bastante aceptación al inicio de su gobierno. Había prometido eliminar la deuda pública en cuatro años y fundó una plataforma conservacionista que prohibió la puesta en marcha de nuevas perforaciones y extracciones mineras. También propuso una serie de enmiendas constitucionales que debían garantizar a todos los ciudadanos el derecho fundamental a un entorno saludable. No obstante, en 2003 el mandato de Pacheco perdía fuerza. Un escándalo acerca de la financiación de su campaña –en la que se dijo que había aceptado donativos extranjeros ilegales– empañó su presidencia, hasta el punto de que algunos de sus oponentes exigieron su dimisión. Consiguió capear el temporal, pero pagando un precio político. En el momento de escribir esta guía, el Gobierno de Costa Rica intentaba aprobar una reforma de la ley de financiación de las campañas electorales.

Parece ser que, tras el escándalo, Pacheco ha recuperado la fuerza política suficiente para negociar un polémico acuerdo de libre comercio con Estados Unidos. El Acuerdo de Libre Comercio Centroamericano (CAFTA; Centroamerican Free Trade Agreement) aún tiene que recibir la ratificación de la Asamblea Legislativa de Costa Rica y del Congreso de EE UU. El tratado decreta la apertura de los monopolios estatales (de telecomunicaciones y seguros) a la competencia exterior, pero una propuesta similar provocó que los costarricenses protestaran cuando lo intentó el presidente Rodríguez, a finales de la década de 1990. No está claro que el acuerdo vaya a recibir la aprobación necesaria por ninguna de las dos partes.

Las próximas elecciones presidenciales, en 2006, prometen ser interesantes para el país. En marzo de 2004 Óscar Arias anunció su intención de presentarse a la presidencia bajo la bandera del PLN. Aunque lleva apartado de la presidencia desde 1990, este candidato de 63 años se ha mantenido en la política activa y es uno de los personajes políticos más populares de Costa Rica. Sin embargo, en el momento de redactar esta guía, es aún demasiado pronto para evaluar sus posibilidades.

Los nueve ensayos del libro *Sociedades hospitalarias: Costa Rica y la acogida de inmigrantes*, editado por Alexander Jiménez Matarrita, tratan sobre migración y mitos discriminatorios, un tema importante en un país como Costa Rica que acoge a tantos inmigrantes.

1987	2002
Óscar Arias Sánchez recibe el Premio Nobel por su trabajo en pro de los acuerdos de paz en América Central	Por primera vez desde 1948 es necesaria una segunda vuelta para elegir presidente, lo que indica el descontento con los dos partidos principales

Cultura

LA SOCIEDAD COSTARRICENSE

Los costarricenses se enorgullecen de definirse por lo que no son: en comparación con sus vecinos centroamericanos, no son pobres, no son analfabetos y no se enfrentan a agitaciones políticas. Es una curiosa asociación de negaciones que de algún modo suman un gran valor positivo.

Los ticos (costarricenses) están muy orgullosos de su país, sus tesoros naturales, su alto nivel de vida y su índice de escolarización y, sobre todo, del hecho de haber prosperado sin tener ejército desde hace más de 50 años. Ven su país como un oasis de calma en un territorio que se ha visto continuamente desgarrado por las guerras. El premio Nobel que recibió Óscar Arias por su labor en los acuerdos de paz en América Central es un motivo de orgullo y confirma el sentimiento general de esa diferencia respecto del resto del mundo, más agresivo y violento.

La paz no tiene precio, y para mantenerla, los ticos evitan el conflicto a toda costa, por insignificante que sea el tema. La gente dice "sí" aunque quiera decir "no", y un "quizá" a menudo sustituye a un "no lo sé". Es una costumbre que puede desconcertar a los extranjeros, que se quedan pensando si su interlocutor quiere decir realmente lo que dice. Las duras negociaciones no son su fuerte.

Los ticos son educados hasta la exageración y harán todo lo que puedan para quedar bien. Las conversaciones empiezan con un cordial "buenos días" o "buenas tardes" y con unas cuantas preguntas corteses antes de entrar en materia. Las intimidaciones y los gritos no llevan a ninguna parte, pero una sonrisa y un saludo amistoso siempre triunfan.

Los ticos son prudentes y raramente se apasionan en un debate o una disputa. Las diferencias suelen resolverse de forma amistosa mediante una cuidadosa negociación y un acuerdo, en vez de buscar una victoria aplastante. Los ticos no responden bien a la presunción o la arrogancia. Y aunque el estereotipo de sociabilidad costarricense es en gran medida cierto, también lo es que nunca dirán a nadie que no les gusta simplemente porque eso sería de mala educación.

FORMA DE VIDA

La ausencia de guerras, las fuertes exportaciones y el turismo, más fuerte aún, han hecho que Costa Rica tenga el nivel de vida más alto de toda América Central. La educación primaria es gratuita y obligatoria para todos los niños en edad escolar y, aunque está saturado, el sistema de atención sanitaria gratuita funciona en todo el país.

Aunque el índice de la población que vive por debajo del límite de la pobreza es alto, hay pocos pedigüeños y no se ven los grupos de niños desastrados que recorren las calles de otras capitales latinoamericanas. En las zonas más pobres de las tierras bajas, los campesinos y los indígenas suelen vivir en casas sin ventanas hechas de caña brava, una caña autóctona. Las grandes áreas urbanas, como San José, tienen barriadas de chabolas donde viven muchos de los pobres de la ciudad, pero desde luego no de las dimensiones de las de países como Perú.

En cualquier caso, la mayoría de los costarricenses viven bastante cómodamente. La casa de un tico medio es una construcción de una planta hecha de cemento, madera o una combinación de ambos. A principios de la década de 1990 más del 93% de las viviendas tenían agua corriente y poco menos de un tercio estaban conectadas a una red de alcantarillado. En las

PARA SABER MÁS

El director del Laboratorio de Propulsión Espacial de la NASA es un tico. El famoso astronauta Franklin Chang-Díaz está diseñando un motor que algún día llevará al hombre a Marte. En Costa Rica se le tiene un gran respeto e incluso han puesto su nombre a un escarabajo, el *Phanaeus changdiazi*.

PARA SABER MÁS

La expresión "matando la culebra" tiene su origen en los peones de las plantaciones bananeras. Cuando los capataces les preguntaban qué habían estado haciendo, su respuesta era "¡Matando la culebra!".

zonas metropolitanas algunas de las casas más ricas están rodeadas por un muro con alambrada o con cristales rotos incrustados encima para ahuyentar a los ladrones. Otras más pequeñas tienen ventanas con gruesas rejas de hierro colado o un perro de guarda situado en una posición bien visible.

La esperanza de vida es similar a la de EE UU, aunque menor que la de España (casi dos años menos para los hombres y unos tres para las mujeres), y la mayoría de costarricenses tiene más probabilidades de morir de infarto o de cáncer que de las enfermedades infantiles que se llevan tantas vidas en muchos países en vías de desarrollo. En 1920 uno de cada cuatro bebés moría durante el primer año de vida; casi 80 años más tarde esa estadística se había reducido a uno por cada 85. Los diversos programas sanitarios y los avances en la distribución de agua limpia y en los sistemas de alcantarillado han hecho posible la mejora de las estadísticas.

La familia sigue siendo el núcleo de la vida social y cultural de Costa Rica. Cuando la gente se une suele ser en familias y en muchos casos los grupos del mismo clan viven cerca unos de otros. La ley fomenta este tipo de unidad: los cónyuges son responsables del bienestar del otro, de sus hijos y de los familiares inmediatos que puedan necesitar ayuda (por ejemplo, los hermanos discapacitados).

En términos generales, las familias tienen 2,4 hijos de media y, en su mayoría, los jóvenes costarricenses dedican gran parte de su tiempo a ocupaciones típicas de la clase media como las citas, la música, la ropa de moda y el fútbol.

La modernización afecta cada vez más a la familia. La gente tiene cada vez más movilidad geográfica y un tico que haya nacido en Puntarenas puede acabar regentando un hotel en la península de Osa. Y con la llegada de mejores carreteras asfaltadas, teléfonos móviles, la ampliación de la red eléctrica y la presencia de 50.000 expatriados norteamericanos, los cambios en la unidad familiar tica seguirán produciéndose a un ritmo imparable.

POBLACIÓN

Los costarricenses se llaman a sí mismos "ticos" o "ticas". Dos tercios de los algo más de cuatro millones de habitantes del país viven en la meseta Central (valle Central) y casi un tercio tiene menos de 15 años.

La mayoría de la población es mestiza, mezcla de sangre española con india y/o negra (aunque la mayoría de ticos se consideran blancos). Los indígenas costarricenses sólo suman el 1% de la población: entre las tribus se cuentan los bribrí, los boruca y los guaymí.

Menos del 3% de la población es negra y en su mayoría se concentra en la costa del Caribe. Esta población habla inglés, español y un dialecto criollo, y sus orígenes se remontan a los inmigrantes jamaicanos que se trajeron para construir ferrocarriles en el s. XIX. Los inmigrantes chinos (1%) llegaron a Costa Rica por vías similares, aunque posteriormente se han registrado oleadas regulares de inmigración voluntaria.

En los últimos años ha aumentado mucho la inmigración norteamericana, principalmente estadounidense, y europea, y se calcula que viven en el país unos 50.000 expatriados norteamericanos.

MULTICULTURALISMO

La mezcla de la mayoría mestiza con negros, asiáticos, indígenas y norteamericanos proporciona al país una interesante fusión cultural y gastronómica. Y aunque la imagen del tico acogedor se ajusta bastante a la realidad, subsisten algunos prejuicios.

La población negra es una realidad desde hace más de un siglo. Un 75% aproximadamente de la población negra del país reside en la costa

PARA SABER MÁS

La película *1492 La conquista del paraíso*, de Ridley Scott, sobre la llegada de Cristóbal Colón a América, se filmó en Costa Rica.

Una magnífica historia oral sobre las comunidades negras de la costa del Caribe es la de la obra *What Happen* de Paula Palmer. Está agotada, pero se puede leer una copia en www.story.talamanca.info/

LA INMIGRACIÓN NORTEAMERICANA

Costa Rica se enfrenta actualmente a problemas de identidad planteados por el flujo de norteamericanos (y algunos europeos) que se establecen en el país. Muchos ticos empiezan a sentirse discriminados en su propio país, y no es difícil entender por qué. Las mejores playas y el 80% de las propiedades de la costa son propiedad de extranjeros. La señalización está en inglés, los precios están en dólares y muchas instalaciones de lujo están gestionadas exclusivamente por extranjeros, que emplean a los nativos sobre todo como camareras y jardineros.

Durante mi investigación para esta obra, me encontré con una gran cantidad de propietarios de hotel extranjeros que declaraban que todos los aspectos de su negocio estaban gestionados por extranjeros, sugiriendo que eso era una ventaja. "Ni un solo tico", me anunció con orgullo un director de hotel de la costa del Pacífico. Y otro me hizo esta confidencia: "A estos latinoamericanos no les gusta trabajar".

Desde luego, la mayoría de los inmigrantes norteamericanos no son así; la mayoría son muy abiertos, pero es un problema delicado. Los extranjeros que se dedican al turismo atraen los dólares de los turistas y son esos dólares los que mantienen bien engrasadas las ruedas de la economía. De ahí que la mayoría no esté muy dispuesta a hacer o decir demasiado al respecto. Pero el país está llegando a un punto de saturación turística, y no es fácil saber hasta cuándo aceptarán los ticos ser objeto de marginación en su propio país.

En este sentido, algunos viajeros se quejan de que Costa Rica es un destino algo "menos auténtico" debido al gran número de norteamericanos. Sin duda, el país está en un estado de evolución cultural, pero vale la pena reconocer las contribuciones de los inmigrantes, con independencia de su raza, credo u origen. Algunos de estos inmigrantes europeos y norteamericanos han sido una pieza clave en la organización, apoyo y financiación de algunos de los proyectos más importantes del país en cuanto a conservación y recuperación del medio ambiente. Fueron dos inmigrantes escandinavos los que contribuyeron a fundar el primer parque nacional del país, la Reserva Natural Absoluta Cabo Blanco (p. 273).

La inmigración es parte de la historia y también de la sociedad, pero es de esperar que los inmigrantes norteamericanos aporten por lo menos tanto como lo que se llevan.

caribeña, y esta zona ha sido tradicionalmente marginada y privada de servicios por sucesivos gobiernos (hasta 1948 los costarricenses negros no podían entrar en el valle Central). Además, algunos ticos consideran que los costarricenses negros no son verdaderos costarricenses. A pesar de ello, los buenos modos prevalecen y los viajeros negros pueden sentirse cómodos viajando por todo el país. Los ticos asiáticos y la pequeña población judía han sido el blanco de muchos chistes tontos, pero los viajeros judíos y asiáticos pueden esperar un buen trato. Los peores prejuicios de la sociedad suelen estar dirigidos a los nicaragüenses. Muchos ticos suelen culpar a los nicas (diminutivo de nicaragüenses) del aumento de la delincuencia, aunque no hay ninguna prueba que respalde esta acusación.

Las poblaciones indígenas siguen siendo bastante invisibles para muchos costarricenses, y también para los extranjeros. Aunque muchos indígenas llevan vidas occidentales, típicamente ticas, otros viven en reservas del país. Muchos de ellos se ocupan activamente de desalentar a los foráneos de visitarlos. Hay que tener en cuenta que la palabra "indio" puede resultar insultante: el término adecuado es "indígena".

DEPORTES

Para informarse de todo lo que hay que saber sobre la Sele, el equipo nacional de fútbol de Costa Rica, véase www.fedefutbol.com.

El deporte nacional es el fútbol. Hay un campo de fútbol en cada ciudad: suele ser el principal punto de referencia y siempre se pueden encontrar aficionados del vecindario jugando.

La selección nacional, conocida cariñosamente como "la Sele", no puede dar un paso sin que su legión de seguidores analice cada uno de sus movimientos. Sus mayores logros fueron llegar a cuartos de final en la Copa del Mundo de Italia, clasificarse para los mundiales de Japón y

Corea en 2002 y alcanzar los cuartos de final de la Copa América en 2004. El fútbol femenino está tomando fuerza y actualmente también hay una selección nacional femenina. La temporada va de agosto a mayo.

Aunque no todos los ticos son aficionados, el surf está ganando popularidad. Cada año Costa Rica es la sede de numerosas competiciones nacionales e internacionales cubiertas por los medios de comunicación locales. Las corridas de toros también son populares, especialmente en la región de Guanacaste (en la versión costarricense el toro no muere; el espectáculo incluye doma y monta del animal a pelo, y es una buena oportunidad para ver a un vaquero corriendo delante de un toro). Las peleas de gallos, populares en toda América Latina, aquí son ilegales.

MEDIOS DE COMUNICACIÓN

Aunque desde luego Costa Rica goza de una libertad de prensa mayor que la mayoría de países latinoamericanos, la imparcialidad es limitada y la cobertura mediática suele ser prudente, debido en parte a las conservadoras leyes de prensa.

En 2002 el código civil del país aún regulaba el "desacato". Es algo común en la mayoría de países latinoamericanos y permite que las personalidades públicas demanden a los periodistas si su honor se ha visto dañado por los medios. Es un delito y los periodistas pueden pasarse de dos meses a dos años en prisión por "insultar" a un cargo público. Esta ley sólo se ha aplicado una vez en Costa Rica –al columnista de *La Nación* Bosco Valverde en 1994, sentenciado por llamar a tres jueces "tozudos"–, y la sentencia fue revocada.

No obstante, otras leyes impiden que los periodistas hagan una labor efectiva. Una encuesta publicada en 2003 en *La Nación* mostraba que el 96% de los periodistas tenían la impresión de que el sistema necesitaba urgentes reformas. Las leyes de libelos e injurias obligan a los periodistas a demostrar lo que dicen y en muchos casos se ven obligados a revelar sus fuentes ante un tribunal. Aunque el gobierno no aplica mucha mano dura contra la prensa, algunos periodistas tienen que personarse periódicamente ante al juez para informar sobre temas delicados, especialmente la corrupción.

Por otra parte, el asesinato del periodista de radio Parmenio Medina en 2001 ha dado a los periodistas otra razón para no profundizar mucho. Medina era el presentador de un popular programa de investigación llamado *La Patada*. Poco antes de emitir una serie sobre irregularidades financieras de la ya desaparecida emisora de radio católica Radio María, murió de un disparo frente a su casa, en Heredia. En el momento de redactar esta guía, varias personas, entre ellos un sacerdote, estaban acusados de orquestar su muerte, aunque aún no se había inculpado a nadie de su asesinato.

"los periodistas pueden pasarse de dos meses a dos años en prisión por 'insultar' a un cargo público"

RELIGIÓN

Más del 75% de los ticos son católicos (al menos en principio). Y aunque muchos profesan una gran devoción hacia la Virgen María, raramente muestran una fe ciega a los dictados procedentes de Roma: al fin y al cabo, la "pura vida" no requiere una penitencia excesiva. La mayoría suele asistir a la iglesia para recibir los sacramentos, para asistir a funerales y los días festivos.

Las procesiones celebradas durante las festividades religiosas suelen ser menos fervientes y coloristas que las que se ven en otros países latinoamericanos como Guatemala o Perú. No obstante, la procesión de la patrona, la Virgen de Los Ángeles, que se celebra el 2 de agosto, atrae a penitentes que vienen caminando de toda América Central hasta Cartago en señal de devoción. (Para más detalles, véase la p. 130). La Semana Santa es fiesta nacional: todo, incluso los autobuses, deja de funcionar desde la hora de la comida del Jueves Santo y no vuelve a ponerse en marcha hasta la tarde del Sábado Santo.

Aproximadamente un 14% de los costarricenses son cristianos evangelistas. La comunidad negra del Caribe es protestante en su mayoría, y existen pequeñas poblaciones de judíos en San José y Jacó. También hay algunos procedentes de Oriente Medio y asiáticos que practican el islam y el budismo, respectivamente.

LA MUJER EN COSTA RICA

Seis Narradoras de Centroamérica, de Seidy Araya, es un estudio sobre la literatura centroamericana escrita por mujeres, entre ellas las costarricenses Carmen Naranjo y Luisa González, que a su vez examina la condición de la mujer en las sociedades contemporáneas.

Tradicionalmente las mujeres son respetadas en Costa Rica (el Día de la madre es fiesta nacional), y desde 1974 el código de familia del país estipula que el marido y la mujer tienen los mismos derechos y deberes. Además, las mujeres pueden firmar contratos, suscribir hipotecas y heredar propiedades. El acoso sexual y la discriminación sexual son ilegales, pero hasta hace poco las mujeres no han conseguido mejoras en el trabajo que potencien su papel en los campos de la política, el derecho, la ciencia y la medicina.

En 1993 Margarita Penón, esposa de Óscar Arias Sánchez, se presentó a las elecciones presidenciales y en 1998 ambas vicepresidentas (en Costa Rica hay dos) eran mujeres: Astrid Fischel y Elizabeth Odio. A principios de 2004 un grupo de diputadas intentó conseguir que se aprobara en el congreso una histórica ley de violencia doméstica que preveía duras penas de cárcel para los maridos que maten o peguen a sus esposas.

A pesar de algunos avances, el machismo aún no es cosa del pasado. Las leyes contra la discriminación raramente se aplican y las mujeres suelen estar peor pagadas y tienen aún grandes dificultades para acceder a empleos o cargos de alto nivel. También tienen más problemas para conseguir préstamos o hipotecas, pese a que los datos indican que son mejores pagadoras que los hombres. En el campo, muchas mujeres mantienen los roles tradicionales: criar a los hijos, cocinar y se ocuparse de la casa.

ARTE

Costa Rica es más célebre por sus maravillas naturales y su entorno tropical que por su patrimonio cultural. La influencia cultural indígena sobre el arte es escasa y las actividades culturales de cualquier tipo suelen centrarse en el ocio de estilo occidental. Dado que el país ha sido tan pobre hasta mediados del s. XIX, las actividades culturales y artísticas sólo se han desarrollado realmente a partir de entonces.

PARA SABER MÁS

Una *bomba* es un verso divertido (normalmente pícaro) que se recita durante un interludio musical. Son populares en los conciertos de marimba de Santa Cruz (Guanacaste) (p. 245).

San José no sólo es la capital política, sino también la artística y el lugar donde se puede encontrar la mayor parte de los museos del país, además de una animada oferta teatral y de exposiciones de arte. También es el lugar con más oferta musical y donde se puede oír la mejor selección del *rock*, *folk* y *hip-hop* nacional e internacional del momento. En la península de Nicoya, las actuaciones de marimba son populares en el interior y en la costa del Caribe; la música autóctona tiene un gran sabor *reggae*. El grupo que más destaca a escala regional es la formación salsera Los Brillanticos, que en su día compartieron escenario con Celia Cruz durante una gira de la mítica cubana en San José.

Literatura

Desgraciadamente, gran parte de lo que se ha escrito sobre Costa Rica (ficción o no), se encuentra en inglés y es obra de extranjeros.

La narrativa costarricense nace en los albores del siglo XX, por lo que puede considerarse muy nueva. Desde sus inicios costumbristas, la novela irá transformándose hasta que, a finales de los años treinta, eclosiona y se presenta como un instrumento de cambio y de denuncia. Una escritora destacada es Carmen Naranjo (1930), una de las pocas escritoras costarricenses contemporáneas que ha recibido el reconocimiento internacional. Escribe novelas, poesía y cuentos, y también fue embajadora en Israel en la década de 1970 y, unos años después, ministra de cultura. En 1996 el gobierno chileno le concedió la prestigiosa medalla Gabriela Mistral. Sus obras han sido traducidas a varios idiomas y entre ellas destacan *Memorias de un hombre palabra* y *Diario de una multitud.*

Otra autora digna de mención es Tatiana Lobo (1939), que en realidad nació en Chile pero que vive en Costa Rica desde 1967 y cuyas muchas de sus obras se sitúan aquí. Recibió el destacado Premio Sor Juana Inés de la Cruz para mujeres novelistas latinoamericanas por su novela *Asalto al Paraíso,* una de las mejores reflexiones sobre la identidad costarricense unida a una relectura de su historia oficial.

Una de las contribuciones más significativas a la literatura costarricense ha sido la del cronista José León Sánchez (1930), de fama mundial. Es un indígena huetar procedente de la frontera de Costa Rica con Nicaragua y fue condenado por robar en la famosa Basílica de Nuestra Señora de Los Ángeles de Cartago (p. 130) y sentenciado a cumplir su condena en la isla San Lucas (p. 262), una de las prisiones más célebres de América Latina. Sánchez, que era analfabeto cuando entró en prisión, aprendió por sí solo a leer y escribir y firmó clandestinamente una de las crónicas más conmovedoras del continente: *La isla de los hombres solos.* Acabó cumpliendo 20 años de los 45 de su sentencia, escribió otras 14 novelas y ocupó diversos cargos públicos de alto nivel.

Teatro

El teatro es una de las actividades culturales favoritas de los costarricenses y San José es el centro de una activa comunidad teatral. Las obras se producen principalmente en español, pero el Little Theater Group presenta producciones en inglés varias veces al año.

El teatro más famoso del país es el Teatro Nacional de San José (p. 86). La leyenda dice que una célebre compañía de ópera europea estaba haciendo una gira por América Latina pero se negó a actuar en Costa Rica por carecer de una sala en condiciones. Inmediatamente, la élite del café aplicó un impuesto cultural especial sobre las exportaciones de café para construir un teatro de nivel internacional. Actualmente el Teatro Nacional presenta obras de teatro, óperas, conciertos de la orquesta sinfónica nacional, ballet, lecturas de poesía y otros actos culturales. También es una pieza arquitectónica destacada y un punto de referencia en cualquier visita a la ciudad de San José.

Artes visuales

Los pintores costarricenses aún no han dado el salto a la escena internacional, pero el país cuenta con un pequeño pero activo sector de las artes visuales que se ha convertido en el centro de referencia de los artistas contemporáneos de toda América Central. Muchas galerías de arte están orientadas al turismo y se especializan en "arte tropical" (a falta de una denominación oficial): pinturas tradicionales de vivos colores que representan la flora y la fauna, y recuerdan las obras del artista francés Henri Rousseau.

Otros artistas incorporan una infinita variedad de temas contemporáneos en diversos medios, desde la pintura a la escultura, el vídeo o las instalaciones. El Museo de Arte y Diseño Contemporáneo (p. 65) es el mejor lugar para ver este tipo de obras y su colección permanente es excelente. Cerca de allí, las numerosas galerías del Barrio Amón son una buena opción para ver y comprar obras, y el Hotel Sí Como No de Manuel Antonio (p. 300) cuenta con una interesante galería.

Una lectura amena para adentrarse en el universo de la cultura tradicional y las raíces míticas de Costa Rica es *Leyendas ticas de la tierra, los animales, las cosas, la religión y la magia*, recogidas por Elías Zeledón Cartín.

Situada durante los primeros días de Cartago, *Asalto al paraíso* es una apasionante novela histórica de la galardonada escritora chileno-tica Tatiana Lobo.

La página web del Museo de Arte y Diseño Contemporáneo, en www.madc.ac.cr/, contiene una impresionante y completa base de datos visual sobre arte centroamericano contemporáneo.

Medio ambiente David Lukas

EL PAÍS

Pese a su diminuto tamaño, Costa Rica es uno de los países del mundo que goza de una mayor variedad natural. Con 51.100 km², resulta un poco más pequeño que el estado de Virginia Occidental de EE UU, y algo mayor que Suiza. Dividido por una serie de cordilleras volcánicas, que lo atraviesan desde Nicaragua a Panamá, el país ofrece un clima muy diferente en las costas del Pacífico y en las del Caribe, lo que favorece una gran diversidad de fauna y flora.

Historia natural de Costa Rica, de Daniel H. Janzen, constituye la obra clásica para quien busque información sobre el clima, la geología, la agricultura y la fauna y flora autóctonas.

El litoral del Pacífico, cuyos 1.254 km se presentan repletos de golfos, penínsulas y pequeñas calas, es muy irregular. Sus cabos escarpados y sus típicas playas de arena blanca o negra, salpicadas de palmeras, conforman un verdadero paraíso. Las fuertes mareas, que propician un hábitat excelente para las aves acuáticas, brindan todo un espectáculo y constituyen un lugar magnífico para los surfistas. En el interior, las tierras bajas del Pacífico acogen desde los bosques caducifolios y los pastizales del norte, hasta las exuberantes selvas tropicales del sur.

Los 212 km de la costa caribeña, muy uniforme si se compara con la anterior, recorren una llanura baja llena de lagunas salobres y selvas pantanosas. La ausencia de oleaje permite que las plantas de las ciénagas interiores lleguen casi hasta la orilla, creando una muralla vegetal. En esta zona costera predominan las aguas turbias y las planicies amplias y húmedas, aunque en las tierras más elevadas la agricultura gana terreno en la actualidad.

La cadena montañosa que desciende por todo el centro de Costa Rica abunda en volcanes activos, riachuelos de rápidas aguas cristalinas y bosques impenetrables con cimas heladas. En estas cordilleras, que discurren de noroeste a sudeste, se encuentran picos espectaculares cerca de la frontera con Panamá, como el cerro Chirripó, de 3.820 m, considerado el más alto del país. La dificultad para transitar y cultivar estas escarpadas laderas las ha salvado del desarrollo y las ha convertido en un buen refugio para la flora y la fauna.

PARA SABER MÁS

El Parque Nacional Tapantí es uno de los más húmedos. Si el viajero desea visitarlo, debe estar dispuesto a mojarse, porque la media anual de precipitaciones alcanza los 7.000 mm.

En la parte central de las tierras altas se halla la meseta Central o valle Central, encerrado entre la cordillera Central hacia el norte y el este, y la cordillera de Talamanca hacia el sur. Esta fértil llanura, que se eleva entre unos 1.000 y 1.500 m sobre el nivel del mar, acoge cuatro de las cinco mayores ciudades de Costa Rica, en las que habita más de la mitad de su población.

Para trazar la historia geológica del país, como en casi toda América Central, se debe tener en cuenta el impacto de la placa de Cocos contra la

---

EL BOSQUE ETERNO DE LOS NIÑOS

Una de las historias conservacionistas más emotivas de Costa Rica es la creación de la primera selva tropical infantil internacional en 1987. Empezó como una ilusionada iniciativa de alumnos de 9 años suecos, que vendieron tarjetas realizadas por ellos mismos y destinaron la recaudación a salvar las selvas tropicales. De ahí surgió una oleada de esfuerzos de escolares de más de 40 países. En la actualidad, el Bosque Eterno de los Niños, de 23.000 Ha, también dirige el Centro Infantil de la Naturaleza y un departamento de investigación que acogen a visitantes y niños de todo el mundo. Para más información sobre este proyecto y para realizar donativos puede dirigirse a la **Asociación Conservacionista Monteverde** (☎ 645 5104; www.acmonteverde.com).

placa Caribe. La primera se desplaza en sentido nordeste a una velocidad media anual de 10 cm, muy deprisa en términos geológicos. En el área de choque o "zona de subducción", la placa de Cocos da lugar a que el extremo de la placa Caribe se quiebre y se eleve. No se trata de un proceso suave, por esto en América Central abundan los terremotos y la actividad volcánica (véase p. 470).

Este proceso, que se inició cuando la mayor parte de Costa Rica estaba sumergida, se viene desarrollando desde hace cinco millones de años. De hecho, el país debe de tener unos tres millones de años, salvo la península de Nicoya, que es mucho más antigua. Casi todas las cordilleras del país son volcánicas, a excepción de la imponente cadena de Talamanca, en el sur, la mayor de Costa Rica. Se trata de un batolito granítico, con rocas ígneas intrusivas, que se formó bajo la superficie terrestre a una gran presión y más tarde emergió.

FAUNA Y FLORA

Ningún país del planeta reúne tantos ecosistemas en un espacio tan reducido. La variadísima fauna y flora de Costa Rica se debe a su singular geografía. Si se compara el número de especies con que cuenta por cada 10.000 km², Costa Rica ocupa el primer lugar del mundo con 615; frente a Ruanda, un país de gran riqueza natural, con 596; o EE UU, seriamente dañado, con 104. Este hecho basta para convertirlo en un destino estupendo para los amantes de la naturaleza, además de las facilidades de transporte y de la simpatía de sus habitantes.

La abundancia de vegetación y animales se debe no sólo su diversidad geográfica, sino también a que se trata de un territorio relativamente reciente. Hace unos tres millones de años surgió del océano y se conformó como un puente entre América del Norte y América del Sur; de este modo, las especies de estos dos vastos continentes se mezclaron, y su número se duplicó.

Fauna

Debido a su carácter tropical, en Costa Rica abundan las ranas veneno de flecha y los monos araña; sin embargo, también acuden más de 200 tipos de aves migratorias que se desplazan desde Alaska o Australia para pasar el invierno en el país. Por eso, no resulta sorprendente ver un pájaro común comiendo junto a quetzales y tucanes. Para más detalles sobre animales e insectos, véase la sección especial *Guía de la fauna*.

Con más de 850 especies registradas en el país (comparable a lo que se puede hallar en zonas mucho más extensas como América del Norte, Australia o Europa), no es de extrañar que los pájaros constituyan uno de los principales atractivos para los naturalistas. Aunque el viajero pase meses observándolos, es posible que no llegue a descubrir por completo el complejo entramado de aves, ya que son de todos los colores imaginables, desde el guacamayo rojo hasta esa joya irisada que es el colibrí ala de sable violáceo. Dado que muchas de estas aves son características de zonas delimitadas, es prácticamente seguro que el viajero encontrará especies diferentes en todos los lugares que visite.

También resulta muy probable que el visitante aviste alguna de las cuatro variedades de monos o de las dos especies de perezosos propias del país; sin embargo, al observador paciente le esperan otras 260 familias de animales. Para descubrir criaturas sorprendentes, como la zarigüeya de cuatro ojos y el oso hormiguero sedoso, se recomiendan los paseos nocturnos con guía especializado. Seguro que algún afortunado se topará con el huidizo tapir o con algún jaguarundi.

PARA SABER MÁS

En días claros, desde lo alto del cerro Chirripó se divisa media Costa Rica.

PARA SABER MÁS

Las siete especies de rana veneno de flecha de Costa Rica son preciosas, pero segregan una sustancia muy tóxica que provoca la parálisis y la muerte.

PARA SABER MÁS

Los perezosos se mueven tan despacio que tardan varios días en recorrer la misma distancia que cubre un mono en unos segundos.

OBSERVACIÓN DE BALLENAS EN COSTA RICA

Cada vez son más populares las excursiones para contemplar la flora y la fauna marina y costera. De hecho, el negocio de la observación de ballenas ha pasado de contar con tres operadores en 1997 a tener más de 36 actualmente, lo que aumenta la preocupación sobre las molestias que sufren estas mansas criaturas. En un estudio realizado por la Cetacean Society Internacional (Sociedad Internacional de Cetáceos), 17 operadores declinaron responder unas preguntas y se comprobó que todas las empresas turísticas investigadas cometían errores, desde acosar a los animales hasta prescindir de chalecos salvavidas o navegar en embarcaciones cuyos motores se encontraban en mal estado. Sólo una compañía disponía de guías con una información razonable sobre historia natural.

Todas las estaciones son buenas para explorar Costa Rica, aunque la mayoría de los visitantes acuden en plena estación seca, cuando los senderos se hallan menos embarrados. Otra ventaja de conocer el país entre diciembre y febrero es que muchas aves que llegan a pasar el invierno aún permanecen allí. Quien viaje a Costa Rica fuera de temporada encontrará menor número pájaros, pero se trata de un momento magnífico para contemplar cómo los bosques secos se transforman en selvas efervescentes y cómo las aves autóctonas empiezan a anidar.

ESPECIES EN PELIGRO DE EXTINCIÓN

En un país donde la riqueza natural resulta extraordinaria y la tala de bosques es habitual, muchos animales se hallan en grave peligro. Hasta el legendario quetzal –el ave que todo naturalista aspira a ver– se extingue a un ritmo alarmante mientras se arrasan los bosques en que habita. Lo mismo sucede con las tortugas marinas laúd y carey, que desovan en la arena durante la noche y cuyos huevos son pisoteados por los bañistas durante el día. Se recomienda al viajero que se informe sobre estas especies tan vulnerables y contribuya con las organizaciones que se dedican a preservarlas.

Flora

Los viejos y los árboles, de L. Hilje, W. Jiménez y E. Vargas, rescata las opiniones de ancianos (campesinos, científicos, conservacionistas, escritores y políticos) acerca de los recursos naturales de Costa Rica. Asimismo, se rinde tributo a otros pioneros que trabajaron por protegerlos.

En Costa Rica se han registrado más de 10.000 especies de plantas vasculares, cifra que aumenta año tras año. Teniendo en cuenta sólo las orquídeas, existen unas 1.300 especies, entre las que destaca la famosa *Cattleya skinneri* (guaria morada), que florece en marzo y está considerada la flor nacional (véase recuadro en p. 37).

La selva tropical puede impresionar al turista de América del Norte y de Europa, acostumbrado a los homogéneos bosques templados, en los que predominan las coníferas o las inacabables extensiones de robles, hayas y abedules. En cambio, la selva tropical acoge una asombrosa cantidad de árboles; así, en Costa Rica se han reconocido casi 2.000 especies. Desde cualquier punto, se puede distinguir multitud de plantas distintas, y si el viajero camina cien metros más, es probable que vea otras muchas.

Esta mezcla de ecosistemas constituye todo un espectáculo. El excursionista puede surcar un tupido manglar en canoa o atravesar una espesa y gélida niebla para ver las orquídeas de un bosque lluvioso. Merece la pena planificar el recorrido para descubrir algunas de las variedades más singulares de Costa Rica.

Las selvas tropicales clásicas están bien representadas en los parques del extremo sur occidental del país y en algunas zonas de altitud media de las montañas centrales. Allí se encuentran árboles altísimos que ocultan

LA GUARIA, SE VA... SE VA... ¿SE HA IDO? *Carolina A. Miranda*

Entre las más de 1.300 especies de orquídeas de Costa Rica, la *Cattleya skinneri* (guaria morada) es la que cuenta con mayor estima en el país. Se encuentra en muchas partes de América Central, pero es aquí donde la flor, de color fucsia, crece realmente bien; por eso se ha convertido en un emblema nacional. Como consecuencia de ello, muchos hogares ticos (costarricenses), en un momento u otro, la han usado como elemento decorativo.

Y parece que aquí reside el problema.

Un informe de principios de 2004 demuestra que la guaria morada se podría extinguir en los próximos 25 años si continúa su recolección indiscriminada. El objetivo del estudio, llevado a cabo por una organización medioambiental local, era llamar la atención sobre esta preocupante situación.

Diversas organizaciones ecologistas, entre las que se halla una asociación de EE UU especializada en las orquídeas, se han unido para reclamar al Gobierno que controle la recogida de la planta en su medio natural. Así pues, habrá que confiar en que no sea demasiado tarde.

---

el cielo por completo, enredaderas interminables y una densa vegetación. Muchas especies de gran tamaño desarrollan unas nervaduras en forma de ala, características de los árboles tropicales, que salen de la base del tronco y sirven para reforzar su estructura.

Junto a los parajes salobres de ambas costas, los manglares constituyen un hábitat especial. En estas planicies cenagosas crecen cinco tipos de árboles con tanta densidad que no hay barco ni animal que pueda penetrar. La sorprendente adaptación a la sal de los mangles permite que prosperen donde ninguna otra planta terrestre puede hacerlo. Aunque suelen favorecer los nidos de mosquitos, los manglares desempeñan un papel muy importante, puesto que no sólo evitan la erosión de las costas producida por las olas, sino que se trata de suelos muy productivos por la gran cantidad de sedimentos ricos en nutrientes que acumulan, y de espacios donde se alimentan y desovan muchos peces e insectos.

Los bosques nubosos más famosos, que permanecen como un grato recuerdo para muchos visitantes, son los de la Reserva de Monteverde (p. 168), con árboles empapados por la niebla y tan cubiertos de musgos, helechos, bromeliadas y orquídeas que apenas se puede adivinar su forma. Este tipo de parques, como el cerro de la Muerte (p. 327), habituales en toda Costa Rica a determinada altitud, son dignos de visitar. En ellos, la expresión "estación lluviosa" carece de sentido, ya que la bruma produce una llovizna continua.

Si el viajero desea cambiar de ambiente, puede explorar los singulares bosques secos de la costa noroeste. En la estación seca, muchas especies pierden la hoja, lo que crea una crepitante alfombra y una sensación de amplitud que no se percibe en otros lugares del país. Aquí, el enorme guanacaste, árbol nacional, presenta una copa amplia en forma de paraguas, y el sotobosque está compuesto por arbustos espinosos, enredaderas o cactus. A veces, las arboledas se llenan de flores, y al principio de la estación de las lluvias todo se transforma con la aparición de las hojas nuevas.

PARQUES NACIONALES

El sistema de parques nacionales data de los años sesenta y en la actualidad acoge unos 26 parques, que abarcan en torno al 11% de la superficie del país. Asimismo, en Costa Rica existen reservas naturales, biológicas y forestales, además de monumentos y otras zonas protegidas; de ahí que las autoridades se sientan orgullosas al señalar que más del 25% del territorio se halla bien conservado. Por último, las reservas indígenas,

El Instituto Nacional de Biodiversidad es un centro de intercambio de información sobre la riqueza biológica y sobre los esfuerzos por conservarla. Se puede consultar en www.inbio.ac.cr.

Los amantes de la naturaleza deben llevar consigo *Watching Wildlife in Central America* (Observación de la fauna y flora de América Central) de Lonely Planet, escrito por Luke Hunter y David Andrew.

Para más información sobre los parques del país se debe consultar *Los Parques Nacionales de Costa Rica*, de Mario A. Boza, que contiene fotografías aéreas de las zonas protegidas.

PARQUES NACIONALES Y ZONAS PROTEGIDAS

1 Refugio Nacional de Vida Silvestre Bahía Junquillal
2 Parque Nacional Guanacaste
3 Parque Nacional Santa Rosa
4 Estación Experimental Horizontes
5 Parque Nacional Rincón de la Vieja
6 Refugio Nacional de Vida Silvestre Caño Negro
7 Parque Nacional Volcán Tenorio
8 Reserva Indígena Guatuso
9 Refugio Nacional de Vida Silvestre Barra del Colorado
10 Parque Nacional Tortuguero
11 Parque Nacional Marino Las Baulas de Guanacaste
12 Reserva Biológica Lomas de Barbudal
13 Parque Nacional Volcán Arenal
14 Estación Biológica La Selva
15 Refugio Nacional de Vida Silvestre Ostional
16 Reserva Indígena Matambú
17 Parque Nacional Barra Honda
18 Parque Nacional Palo Verde
19 Reserva Biológica Isla de los Pájaros
20 Reserva Biológica Bosque Nuboso Monteverde

21 Refugio Silvestre de Peñas Blancas
22 Parque Nacional Juan Castro Blanco
23 Parque Nacional Volcán Poás
24 Parque Nacional Braulio Carrillo
25 Reserva Natural Absoluta Cabo Blanco
26 Refugio Nacional de Vida Silvestre Curú
27 Reserva Biológica Isla Guayabo
28 Reserva Biológica Islas Negritos
29 Parque Nacional Carara
30 Reserva Indígena Quitirrisí
31 Reserva Indígena Zapatón
32 Parque Nacional Volcán Irazú
33 Parque Nacional Volcán Turrialba
34 Monumento Nacional Guayabo
35 Reserva Indígena Barbilla
36 Parque Nacional Barbilla
37 Reserva Indígena Alto y Bajo Chirripó
38 Parque Nacional Tapantí-Macizo Cerro de la Muerte
39 Parque Nacional Manuel Antonio
40 Parque Nacional Chirripó
41 Reserva Indígena Telire
42 Reserva Indígena Tayní
43 Reserva Biológica Hitoy-Cerere
44 Reserva Indígena Talamanca-Cabécar

45 Reserva Indígena Talamanca Bribri
46 Parque Nacional Cahuita
47 Reserva Indígena Cocles/kéköldi
48 Refugio Nacional de Vida Silvestre Gandoca-Manzanillo
49 Parque Nacional Marino Ballena
50 Parque Internacional La Amistad
51 Reserva Indígena Ujarrás
52 Reserva Indígena Salitre
53 Reserva Indígena Cabagra
54 Reserva Indígena Térraba
55 Reserva Indígena Boruca
56 Reserva Indígena Curré
57 Parque Nacional Chirripó
58 Zona Protectora Las Tablas
59 Reserva Biológica Isla del Caño
60 Humedal Nacional Térraba-Sierpe
61 Reserva Indígena Guaymí Coto Brus
62 Parque Nacional Corcovado
63 Reserva Indígena Guaymí de Osa
64 Parque Nacional Corcovado (sector Piedras Blancas)
65 Refugio Nacional de Vida Silvestre Golfito
66 Reserva Indígena Abrojo-Montezuma
67 Reserva Indígena Conte Burica
68 Parque Nacional Isla del Coco

concebidas como zonas protectoras, elevan al 27% el total del terreno preservado; sin embargo, estas tierras se pueden cultivar, y en ellas se permite la explotación de la madera u otros recursos en detrimento de la conservación del medio ambiente.

Junto a los parques nacionales, vale la pena visitar muchos de los cientos de refugios, reservas y haciendas privados que se han establecido para salvaguardar el entorno.

En teoría, el sistema de parques parece un acierto, pero un informe del SINAC (Sistema Nacional de Áreas de Conservación) señala que muchos de ellos no son lo que aparentan. En realidad, casi la mitad de esas zonas son de propiedad privada, y el Estado no cuenta con presupuesto suficiente para adquirirlas. Técnicamente los terrenos de particulares se protegen del progreso, pero muchos terratenientes encuentran la forma de burlar las restricciones para vender o sacar más rendimiento a sus posesiones.

SINAC (☎ 192, 283 8004; www.sinac.go.cr) es un organismo del MINAE (Ministerio del Ambiente y Energía), que acoge una curiosa combinación de competencias. El SINAC ha elaborado un proyecto para convertir parques nacionales, reservas nacionales y privadas, y bosques nacionales, que se encuentren próximos, en 11 áreas de conservación. La operación producirá dos efectos importantes: en primer lugar, los ecosistemas de mayor envergadura se protegerán en bloque, es decir, se constituirán los llamados megaparques, donde podrán existir más especies vegetales y animales; en segundo lugar, la gestión de los parques nacionales se transferirá a las delegaciones regionales, de modo que se podrán administrar de forma más autónoma. Cada zona de conservación cuenta con delegaciones regionales y subregionales, donde se ofrecen eficaces programas de formación, promoción, investigación y gestión; sin embargo, el funcionamiento de algunas resulta puramente burocrático.

El horario de información del SINAC es de 7.00 a 17.00 los días laborables. Para más información sobre parques concretos, se debe llamar a los números que se facilitan en los capítulos sobre las distintas regiones.

La mayor parte de los parques nacionales se han creado para preservar los distintos entornos de Costa Rica, así como su fauna y flora. Algunos se han establecido para salvaguardar áreas de gran valor para el país, como las ruinas precolombinas del Monumento Nacional Guayabo (p. 139); la importante red de cuevas del Parque Nacional Barra Honda (p. 249), o el conjunto de volcanes activos e inactivos de varios parques y reservas.

El acceso a casi todos ellos no requiere ningún permiso, pero en algunos se limita el número de visitantes diarios y en otros es necesario reservar para acampar dentro de sus límites (Chirripó, Corcovado, La Amistad). La entrada suele costar entre 6 y 8 US$ al día para los ex-

La Red Costarricense de Reservas Naturales Privadas dispone de un listado bastante completo de reservas privadas y de sus actividades. Véase www.costaricareservas.org.

PARA SABER MÁS

Las magníficas cuevas calizas del Parque Nacional Barra Honda se formaron sobre los restos de antiguos arrecifes de coral, que posteriormente emergieron del océano.

BIENES DECLARADOS PATRIMONIO MUNDIAL

Entre los muchos entornos naturales destacados de Costa Rica, dos han sido declarados Patrimonio Mundial por la Unesco. Por un lado, el Parque Nacional Isla del Coco, situado a 550 km de la costa pacífica, que constituye el único piélago del Pacífico oriental con selva tropical y uno de los mejores lugares del mundo para la observación de especies marinas, como tiburones, rayas, atunes y delfines. Por otro lado, el Área de Conservación Guanacaste, que acoge cuatro parques y reservas naturales del extremo noroeste del país, se considera el mejor ejemplo de bosque seco de América Central y México; además, conforma un auténtico pasillo biológico que se extiende desde el ecosistema marino hasta las alturas de los bosques nubosos, adonde los animales migran con los cambios de estación.

tranjeros. En los parques donde se permite la acampada, hay que pagar 2 US$ más por noche, aunque en los más aislados, los precios pueden ser superiores.

Muchos parques nacionales se ubican en lugares remotos y se visitan muy poco, además carecen de guardas y sistemas de protección. Otros son muy populares por sus espléndidos paisajes naturales, su flora y su fauna, como el idílico Parque Nacional Manuel Antonio. Este diminuto vergel de la costa del Pacífico alcanzó 1.000 visitantes diarios en temporada alta y el número de visitas anuales se disparó de 36.000 en 1982 a más de 150.000 hacia 1991. Tantos visitantes supusieron una gran amenaza, pues ahuyentaban a los animales, contaminaban las playas y los espacios vírgenes se empezaron a llenar de hoteles. Ante tal situación, se ha limitado a 600 el número de personas por día, y el parque cierra los lunes para recuperarse de las avalanchas.

Costa Rica goza de fama mundial por su magnífica red de parques nacionales, pero la falta de recursos, el exceso de excursionistas y su complicada gestión constituyen algunos de sus problemas. Otro inconveniente es que el Gobierno costarricense cambia cada cuatro años, lo que da lugar a una ausencia de planes coherentes y adecuados.

Los parques significan una aportación sustancial a la economía local y nacional gracias al dinero que genera el turismo; por eso la mayoría de los ciudadanos son conscientes de la importancia de sus ecosistemas. En general, el apoyo nacional a la conservación de la naturaleza sigue siendo alto, ya que supone ingresos y empleo para muchas personas y ofrece magníficas posibilidades de investigación científica. En este contexto, las más perjudicadas son las empresas agrícolas, que dependen del suelo que se desbroza en las selvas para obtener nuevos terrenos de cultivo.

PARA SABER MÁS

La mariposa morfo, el insecto más famoso de Costa Rica, se oculta en la corteza de los árboles y, cuando se la molesta, sale volando dejando una brillante estela azul.

PARA SABER MÁS

Más del 30% de los bosques de Costa Rica se ha talado para dedicar las tierras a la cría de ganado de baja calidad. La carne se destina a las hamburgueserías y los restaurantes de comida rápida americanos, así como a piensos para animales.

PRINCIPALES ZONAS PROTEGIDAS

Zonas protegidas	Características	Actividades	Mejor época de visita	Página
Parque Nacional Corcovado	inmensa y remota selva tropical: árboles gigantes, jaguar, guacamayo rojo, tapir	excursiones fuera de las rutas habituales; observación de la fauna y la flora	cualquiera; senderos en mal estado en la estación lluviosa	p. 360
Parque Nacional Manuel Antonio	playas bellas y accesibles: manglar, fauna acuática variada, rocas erosionadas	paseos por la playa excursiones	si es posible, evitar la temporada alta	p. 309
Parque Nacional Santa Rosa	insólito bosque seco: guanacaste (árbol nacional), mono, pecarí, coatí	observación de la fauna y flora, excursiones para ver árboles en flor	estación seca (ene-mar)	p. 190
Parque Nacional Tortuguero	costa salvaje del Caribe tortuga marina, perezoso, manatí, cocodrilo, nutria	paseos por la playa canoa, observación de tortugas	durante la época de desove de la tortuga (feb-nov)	p. 403
Reserva Biológica Bosque Nuboso Monteverde	famoso bosque húmedo quetzal, epifitos, orquídeas pájaro campana de tres carúnculas	observación de aves, observación de la fauna y flora	si es posible, evitar la temporada alta	p. 168
Reserva Natural Absoluta Cabo Blanco	pintorescas playas remotas, aves marinas, fauna acuática, tres espécies de mono	paseos por la playa, observación de aves	cualquiera	p. 273

Guía de la fauna David Lukas

Costa Rica es una tierra de sorpresas y encanto, con una de las faunas más variadas del mundo: asombrosas aves de vivos colores y mamíferos raros y huidizos fáciles de divisar; por eso son muchos los que viajan al país. Esta guía sólo presenta una pequeña parte de las especies costarricenses más comunes; así pues, se recomienda a los amantes de la naturaleza que se lleven alguna de las excelentes guías mencionadas en *Medio ambiente*, p. 34.

INSECTOS

Aunque se han registrado más de 35.000 especies, quedan miles por descubrir. Las mariposas y polillas son tan abundantes que al parecer el país cuenta con el 10% de los ejemplares de mariposas del mundo; de hecho, sólo en el Parque Nacional Santa Rosa se han catalogado 3.000 tipos.

La deslumbrante mariposa morfo *(Morpho amathonte)* de Costa Rica presenta 15 cm de envergadura.

FOTOGRAFÍA DE TOM BOYDEN

La inconfundible mariposa **morfo,** cuyas alas superiores exhiben un color azul eléctrico, revolotea en los ríos y en los claros de las selvas. Cuando se posa y cierra las alas, sólo se distinguen las inferiores, marrones y moteadas, un cambio instantáneo desde la ostentación al modesto camuflaje.

ANFIBIOS

Entre las 160 clases se cuentan las vistosas **ranas veneno de flecha,** de la familia de los dendrobátidos. Unas tienen un color rojo vivo y ancas negras; otras, son rojas con las patas azules; y otras de color verde brillante con manchas negras. Algunas exudan toxinas que pueden provocar la parálisis y la muerte a muchos animales y a las personas. El veneno

Las toxinas de la rana veneno de flecha *(Dendrobates auratus)* son muy peligrosas cuando llegan a la sangre, ya sea a través de las puntas de una saeta ya sea a través de una herida; así que no es aconsejable tocarla.

FOTOGRAFÍA DE ALFREDO MAIQUEZ

de estos batracios, presentes en todas las zonas tropicales, lo han usado los indígenas para untar las puntas de las flechas con que cazan.

REPTILES

Más de la mitad de las más de 220 variedades de reptiles del país son serpientes y, aunque se habla mucho de ellas, pocas veces se ven. Sin embargo, conviene tener cuidado con la **terciopelo** y la **cuaima** o **matabuey,** las dos venenosas y mortales. Ambas tienen la cabeza triangular y abundan en zonas de poca altitud. La terciopelo, cuyo color puede ir del verde oliva al marrón o negro, muestra unas rayas en forma de equis y triángulos en la espalda; mientras que la cuaima suele

Aunque la fama de la terciopelo *(Bothrops asper)* es exagerada, se mueve muy deprisa y muerde con facilidad si se la molesta.

FOTOGRAFÍA DE TOM BOYDEN

Apodados "Jesucristo", los lagartos basilisco *(Basilisk plumifroms)* pueden correr literalmente por el agua cuando se los importuna.

FOTOGRAFÍA DE TOM BOYDEN

ser marrón, con manchas oscuras en forma de diamante.

El **lagarto ameiva**, que luce una franja blanca a lo largo de la espalda, es el que se ve con más frecuencia. También resulta habitual el **lagarto basilisco,** notable por las enormes crestas que le recorren la cabeza, el cuerpo y la cola, y que le proporcionan el aspecto de pequeño dinosaurio de casi 1 m de longitud. Predominan en las corrientes de las zonas más bajas, donde también se puede descubrir la recia **iguana verde** retorciendo su cuerpo de 2 m de longitud sobre una rama.

La larga cola ahorquillada de la fragata *(Fregata magnificens)* le ha valido el apodo de *tijereta.*

FOTOGRAFÍA DE RALPH LEE HOPKINS

AVES

Una de las razones principales por las que la gente decide visitar Costa Rica es que acoge unas 850 especies de pájaros, muchas más que en grandes extensiones como Europa, América del Norte o Australia. La cantidad y variedad son tan impresionantes que, en algunas zonas no contaminadas de las selvas tropicales, su incesante canto deja una impresión imborrable hasta en el viajero más curtido.

Además de las diversas aves de montaña, el país cuenta también con un espectacular surtido de ejemplares marinos, como la **magnífica fragata.** Este peculiar pájaro negro, con su bolsa roja hinchable en la garganta, es grande, elegante y aerodinámico. Con sus piruetas acosa a congéneres más pequeños hasta hacerlos caer o se abalanza sobre sus presas para arrebatárselas en el aire. Suelen encontrase en ambas costas, en especial la del Pacífico.

El **pelícano marrón** es inconfundible por su tamaño y la gran bolsa de su pico. Suele volar en escuadrón, aleteando y planeando sincronizadamente. Habita en ambos litorales, aunque es más abundante en el Pacífico. Para alimentarse, se zambulle, llena de peces y agua la bolsa y luego suelta el agua por el pico.

Entre las garzas de gran tamaño destaca la **pico-cuchara** o **chocuaco,** un ave robusta y gris en su mayor parte. El **martinete cabecipinto nocturno** es muy común en las zonas costeras, con su distintiva cabeza negra y blanca, y la coronilla de color amarillo. Pese a su nombre, vuela sobre todo durante el día.

La espátula rosada *(Ajaia ajaja)* es la única ave grande de color rosa de Costa Rica.

FOTOGRAFÍA DE LUKE HUNTER

La **espátula rosada** frecuenta especialmente Palo Verde (p. 171) y Caño Negro (p. 450). Tiene la cabeza blanca y su peculiar pico en forma de espátula. A diferencia de la mayor parte de las aves, que emplean la vista para alimentarse, las espátulas, los ibis y muchas cigüeñas lo hacen con el tacto. La espátula mece su pico abierto adelante y atrás dentro del agua,

De izquierda a derecha:

Las parejas de guacamayo escarlata (Ara macao) se mantienen durante toda la vida.

FOTOGRAFÍA DE TOM BOYDEN

En la Reserva Monteverde se suele ver el ala de sable violáceo (Campylopterus hemileucurus).

FOTOGRAFÍA DE TOM BOYDEN

mientras remueve el fondo con las patas, y cuando encuentra algún pez o crustáceo, lo cierra.

Resulta habitual divisar buitres planeando en busca de carroña. El **buitre rey,** el mayor de Costa Rica, se reconoce fácilmente por su cuerpo y sus patas de color hueso, la cola y las plumas primarias de las alas negras, y la cabeza, también negra, con carúncula y diversos tonos de amarillo anaranjado. Aunque vive en pequeñas cantidades por todo el país, se halla especialmente en Corcovado.

El ave favorita de muchos viajeros es la **jacana centroamericana,** con sus larguísimas patas que le permiten andar sobre las plantas acuáticas y justifican su apodo de "trotadora de nenúfares". Los lagos de las tierras bajas y las corrientes de agua constituyen su hábitat y, aunque a primera vista su cuerpo marrón, su cabeza negra y su pico y pecho amarillos parecen anodinos, cuando se la importuna, extiende las alas y muestra unas asombrosas plumas remeras amarillas.

Entre las 16 clases de papagayos conocidos en Costa Rica, ninguno es tan espectacular como el **guacamayo** o **lapa escarlata** (arriba izda.), inconfundible por sus 84 cm de largo, su cuerpo rojo intenso, las alas de color azul y amarillo, la larga cola roja y la cara blanca. Acostumbra a volar en parejas o bandadas, comunicándose entre sí de forma estridente. En 1900 esta especie estaba catalogada como ave común, pero su número ha descendido de forma drástica debido a la deforestación y al comercio de mascotas. En la actualidad es raro encontrarla fuera de Carara (p. 282) y Corcovado (p. 360)

En cuanto al colibrí, se han registrado más de 50 tipos. Su exquisita belleza sólo tiene parangón con sus extravagantes nombres, como el **ala de sable violáceo** (arriba dcha.), el mayor de todos. En los comederos locales se han avistado más de 20 variedades, entre las que sobresalen joyas como la **gema de garganta amatista** y la **ninfa coronada.**

La más famosa de las 10 especies de trogónidos de Costa Rica es sin duda el **quetzal resplandeciente,** el

Para impresionar a la hembra, de colores más apagados, el quetzal macho (Pharomachrus mocinno) efectúa un vuelo casi vertical, en el que las plumas de su larga cola se agitan sensualmente.

FOTOGRAFÍA DE RALPH LEE HOPKINS

De izquierda a derecha:

Si el visitante no avista ningún tucán pico iris *(Ramphastos sulfuratus)* en libertad, seguro que verá muchísimos en carteles, camisetas y señales.

FOTOGRAFÍA DE TOM BOYDEN

Las pequeñas bandadas de arasarís acollarados *(Pteroglossus torquatus)* son habituales en las selvas.

FOTOGRAFÍA DE TOM BOYDEN

pájaro más deslumbrante y de mayor relevancia cultural de América Central. Tuvo gran importancia ceremonial para los aztecas y los mayas, y hoy constituye el emblema nacional de Guatemala. Resulta muy difícil criarlo en cautividad, porque muere enseguida; por eso, tal vez se convirtió en símbolo de la libertad de los centroamericanos durante el período colonial. El macho hace honor a su nombre, con su plumaje verde brillante realzado por el vientre carmesí y las plumas blancas de la cola, que sobresalen más de 60 cm del cuerpo. La mayor ilusión de muchos amantes de las aves es avistar uno de estos ejemplares. El quetzal es bastante común en zonas arboladas o semiarboladas, que se hallen entre 1.300 y 3.000 m de altitud. Aunque los lugareños suelen saber dónde encontrarlos, los mejores sitios para contemplarlos son la Reserva de Monteverde (p. 168) y el cerro de la Muerte (p. 327) durante la temporada de cría, de marzo a junio; en otras épocas son menos activos y más cautelosos, como todos los trogónidos.

Las tierras bajas de Costa Rica disfrutan de seis géneros de tucanes, las aves clásicas de las selvas tropicales. El viajero no debe perderse los enormes picos y el vistoso plumaje del **tucán de pico castaño** y del **tucán pico iris** (arriba izda.). El primero es prácticamente negro, con la cara y el pecho amarillos, plumas rojas bajo la cola y pico bicolor –amarillo en la parte superior y castaño, en la inferior–. Pero entre los tucanes, también existen especies más pequeñas, como el **arasarí acollarado** (arriba dcha.)

Cerca de la mitad de los pájaros costarricenses son de la familia paserina, que incluye currucas, gorriones, pinzones y muchos otros. Uno de los ejemplares más habituales, la **tangara azuleja** (abajo), reside en zonas abiertas y húmedas por encima de los 2.300 m. La deslumbrante e inconfundible **tangara lomiescarlata** macho, negro azabache con la parte posterior e inferior de la espalda de color escarlata fuerte, sólo se encuentra en los trópicos, al igual que los cotingas.

El **barbudo de cabeza roja,** que se revuelve entre los árboles y en alturas medias, sorprende por el encarnado de la cabeza y el pecho, el pico amarillo, la espalda verde y el vientre amarillo. El **tangurú de cara blanca,** de las tierras bajas caribeñas, se caracteriza por su tono negro, su pose erguida y el pico rojo con plumas blancas en la base.

La tangara azuleja *(Thraupis episcopus)* es un visitante habitual de los jardines y de los parques nacionales.

PHOTO BY RALPH LEE HOPKINS

A los cotingas, aún más espectaculares, pertenecen dos individuos de color blanco puro y otros de un azul centelleante. Uno de los cotingas más raros es el **pájaro campana de tres carúnculas,** todo un hito para los visitantes de la reserva de

Monteverde debido al penetrante sonido metálico que emite y a sus sobrecogedores silbidos, por no hablar del extraño aspecto del macho.

ANIMALES MARINOS

Las famosas tortugas marinas gigantes de Costa Rica supusieron un estímulo para la creación de algunos parques costeros, como el Parque Nacional Tortuguero. Con un caparazón de 1,6 m de largo y 360 kg de peso, la **tortuga laúd** es una criatura sorprendente; mientras que la **tortuga lora** o **bastarda,** más pequeña, tiene una curiosa forma sincronizada de anidar, que consiste en que decenas de miles de hembras salen del mar la misma noche. Estos animales se hallan muy amenazados, a pesar de que varios de los principales proyectos de Costa Rica se ocupan de su conservación.

En algunos ríos, estuarios y áreas del litoral, en especial alrededor de Tortuguero, se puede ver algún **manatí de las Antillas,** un gran mamífero marino que se alimenta de vegetación acuática y que puede alcanzar más de 4 m de longitud y 600 kg de peso. En Costa Rica no habitan focas ni leones marinos, así que el manatí es fácil de reconocer.

El país posee uno de los ecosistemas marinos de mayor variedad del mundo, con una increíble diversidad de mamíferos. Las ballenas migran desde ambos hemisferios y, gracias al constante ascenso de nutrientes bentónicos desde el fondo marino a la superficie, se crean unas condiciones ideales para verlas en cualquier estación. Las **ballenas jorobadas** se pueden contemplar casi todos los meses, algo que sólo sucede en este lugar del mundo, mientras que el **delfín común,** el **delfín mular** y el **manchado** (centro) permanecen en la zona todo el año. Asimismo, el viajero puede descubrir más de una docena de otras especies, como la **orca,** la **ballena azul,** la **esperma** o la menos conocida **ballena picuda.** La mejor forma de disfrutar de todos estos animales es contratando una excursión guiada por ambas costas.

MAMÍFEROS TERRESTRES

Además de las cinco especies de perezosos que viven en los neotrópicos, existen otras dos en Costa Rica: el **perezoso de tres dedos** (véase p. 7) y el **perezoso de dos dedos de Hoffman.** El primero es diurno y el viajero puede topárselo a menudo; pero el segundo, nocturno, resulta más difícil de hallar. Ambos, con una longitud que oscila entre los

Los peregrinajes nocturnos anuales de las tortugas marinas, como la laúd *(Dermochelys coriacea),* para desovar en playas remotas resultan uno de los espectáculos más destacados de la naturaleza salvaje costarricense.

FOTOGRAFÍA DE TIM ROCK

No es difícil ver bancos de más de 1.000 delfines. La imagen muestra un ejemplar de delfín manchado *(Stenella attenuatal).*

FOTOGRAFÍA DE RALPH LEE HOPKINS

Los perezosos, como el de dos dedos de Hoffman *(Choloepus didactylus),* que cuentan con algunos dientes primitivos, son de la familia de los osos hormigueros.

FOTOGRAFÍA DE JOHN HAY

Aumentar la población de monos araña *(Ateles geoffroyi)* es un proceso lento debido a la baja tasa de reproducción y a que las hembras sólo paren una vez cada dos, tres o cuatro años.

FOTOGRAFÍA DE RALPH LEE HOPKINS

Los monos aulladores *(Alouatta pigra)* defienden su territorio con los chillidos desafiantes del macho.

FOTOGRAFÍA DE LUKE HUNTER

El capuchino *(Cebus capucinus)* fue el mono de los organilleros.

FOTOGRAFÍA RALPH LEE HOPKINS

50 y los 70 cm y con la cola mocha, suelen colgarse inmóviles de las ramas o bajar lentamente hacia las hojas, su principal alimento.

Los osos hormigueros no tienen dientes pero usan su larga y pegajosa lengua para sorber hormigas y termitas. Entre las tres variedades que existen en este territorio destaca el **oso hormiguero gigante,** que mide casi 2 m y puede sacar la lengua hasta 60 cm, más de 150 veces por minuto.

El **armadillo de nueve bandas,** uno de las dos clases que habitan en el país, es el más conocido. Pese a su nombre, puede tener de 7 a 10 rayas. De vida nocturna sobre todo, se alimenta de insectos, algunos frutos, hongos y carroña, y, aunque llega a medir 1 m, casi una tercera parte es cola.

Los cuatro tipos de mono catalogados en Costa Rica pertenecen a la familia de los cébidos. El **mono araña centroamericano** (arriba) debe su nombre a su cola y sus extremidades largas y delgadas, que le permiten colgarse sólo por su cola prensil, balancearse por los árboles y coger sus frutos. Para vivir necesita grandes extensiones de selva y raramente baja al suelo. La tala, la caza (dado que su carne es comestible) y otras alteraciones lo han convertido en una especie en peligro de extinción.

Los chillidos del **mono aullador de manto** (centro) se oyen desde más de 1 km, hasta en la selva más tupida. Este ruido, descrito como gruñido, rugido o aullido en función de su intensidad, constituye uno de los más característicos y memorables de la selva tropical. Estos primates fornidos y negruzcos de cola prensil enrollada viven en grupos reducidos en las copas de los árboles de los bosques húmedos de las tierras bajas, así que no resulta fácil verlos.

El pequeño y curioso **capuchino** de cara blanca (abajo) es el más fácil de encontrar. A diferencia del mono ardilla, presenta una cola prensil, cuyo extremo suele llevar retorcido. Los capuchinos bajan al suelo de vez

De izquierda a derecha:

Aunque se alimenta en el suelo, el coatí de nariz blanca *(Nasua narica)* es un ágil trepador y duerme y copula en los árboles.

FOTOGRAFÍA DE LUKE HUNTER

El kinkajú *(Potos flavus)*, llamado a menudo "oso de la miel", dispone de una cola que le permite colgarse de las ramas.

FOTOGRAFÍA DE TOM BOYDEN

en cuando, para alimentarse de maíz y hasta de ostras. Resulta todo un espectáculo observarlos mientras rebuscan y husmean con meticulosidad entre las hojas, la basura y la corteza de los árboles.

El diminuto **mono ardilla centroamericano tití** sólo subsiste en zonas aisladas de las selvas tropicales de las costas meridionales del Pacífico, como los parques nacionales Manuel Antonio y Corcovado. Allí se desplaza en grupos pequeños, chillando con fuerza y saltando, y se tumba en el suelo en busca de insectos y frutos entre la vegetación.

El **coatí de nariz blanca** (arriba izda.) se encuentra con facilidad, presenta un color parduzco y es más largo, más delgado y ligero que el mapache, un ejemplar de su familia. Con el hocico largo, movible y respingón resopla sobre el suelo en busca de insectos, frutos y pequeños animales, mientras mantiene erguida la cola, apenas curvada. El coatí se puede ver por todo el país en las selvas situadas a más de 3.000 m de altura.

Carente de marcas faciales y de cola, el simpático **kinkajú** (arriba dcha.) es otro mapache, de un atractivo color marrón rojizo, habitual en las selvas de las tierras bajas. Se trata de un animal nocturno, apreciado como alimento y también como mascota. Su dieta se compone de frutos, sobre todo higos, que recoge saltando de un árbol a otro.

El hábitat de la escurridiza **nutria de río sureña** (abajo) son los rápidos ríos de las tierras bajas. Con un pelaje marrón intenso y blanco en las partes inferiores, su forma aerodinámica recuerda a la comadreja acuática. La **tayra,** que se deja ver un poco más, tiene una apariencia parecida. Vive tanto en el suelo como en los árboles y es de color marrón oscuro con la cabeza morena.

La gran comadreja **grisón** se distingue por el cuerpo, la cola y la coronilla grises, y las patas, el pecho y la parte inferior de la cara, negros. Sus rasgos más llamativos son la cabeza tricolor (negra, blanca y gris) por la banda blanca que le recorre la frente, las orejas y los lados del cuello, y una cola más corta que la de la mayoría de las de su especie. Se halla en las selvas tropicales de las tierras bajas, pero resulta poco común.

El sueño de todo amante de la naturaleza es contemplar un **jaguar**

Los juegos de la nutria de río *(Lutra longicaudis)* son un placer para el espectador.

FOTOGRAFÍA DE LUKE HUNTER

El jaguar *(Panthera onca)*, el mayor carnívoro de América Central, puede alcanzar los 150 kg si es macho.

FOTOGRAFÍA DE TOM BOYDEN

(arriba) en libertad. Sin embargo, estos grandes felinos son muy raros y se camuflan muy bien, así que existe poca probabilidad de tener éxito. El jaguar, que se desplaza por amplios territorios, deja huellas visibles o excrementos en los frondosos parques de las tierras bajas, como el de Corcovado. A este inconfundible felino de 2 m de largo, amarillo, con manchas negras y el vientre blanquecino, a veces se le oye rugir con un ruido parecido al carraspeo.

El moteado **ocelote,** de un poco más de 1 m de largo y cola corta, constituye el felino más común del país, pero es tímido y no se le suele ver. Se adapta bien a diversos terrenos, húmedos y secos, con o sin árboles, y se ha confirmado su presencia en la mayor parte de los parques nacionales.

Los guardas de Corcovado advierten a los visitantes de que estén preparados para trepar a un árbol si los persigue una manada de pecaríes *(Dicotyles tajacu)*, aunque no suele ocurrir.

FOTOGRAFÍA DE LUKE HUNTER

La paca *(Agouti paca)* tiene la capacidad de permanecer unos minutos bajo el agua, lo que le ha permitido salvarse de muchos depredadores.

FOTOGRAFÍA DE TOM BOYDEN

El extendido **pecarí de collar** (centro) se acomoda a muy distintos entornos. El adulto mide unos 80 cm, pesa unos 20 kg y tiene el pelo grueso y gris, con una franja de color claro alrededor del cuello. El **pecarí labiado** es más grande y oscuro, y se distingue por una mancha blanca en la parte inferior de la barbilla.

Entre los mamíferos de las selvas tropicales que más se ven, destacan algunos grandes roedores, como el **agutí centroamericano** y la **paca** (abajo izda.). El primero es diurno y terrestre, y vive en zonas situadas hasta los 2.000 m; parece un cruce entre conejo y ardilla, con la cola y las orejas muy cortas. La segunda, nocturna, es muy semejante al agutí, salvo por unas bandas en los costados y por su mayor tamaño.

CUESTIONES MEDIOAMBIENTALES

El mayor problema medioambiental de Costa Rica es la deforestación. En su origen, la selva lo cubría todo, pero gran parte de ella se ha talado con fines agrícolas y ganaderos. Aparte de los parques y las reservas, se estima que las arboledas se conservan únicamente en un 5% de las tierras y en cuanto a los bosques secos, sólo queda un 1% en la zona noroeste.

El World Resources Institute (WRI, Instituto para los Recursos Mundiales) calculaba recientemente que los bosques costarricenses se están talando a un ritmo de casi el 4% anual, uno de los mayores del mundo. En la actualidad, se están creando plantaciones de árboles dedicadas a la explotación de la madera, por lo que se espera que disminuya la presión sobre los bosques naturales. Sin embargo, la deforestación sigue siendo muy elevada y afecta incluso a los parques nacionales de las zonas más remotas debido a que no hay dinero para contratar guardas.

Además de la pérdida de selvas tropicales, así como de las plantas y los animales que las habitan, la tala plantea otros graves problemas, como la erosión del suelo. Los bosques protegen el terreno de las riadas que provocan las tormentas tropicales; con la deforestación, casi toda la capa superior de la tierra queda arrasada, con lo que disminuye la productividad de la tierra y las cuencas acuíferas se convierten en ciénagas. En algunas zonas que han sido taladas se fundan plantaciones de plátanos, el principal producto del país. Este cultivo requiere el uso de pesticidas y bolsas de plástico azul para proteger la fruta, lo que implica la contaminación del medio ambiente (para más información sobre cómo afecta esto al ser humano, véase recuadro en p. 456).

La actividad maderera conlleva también la construcción de carreteras, lo que facilita la presencia del hombre en áreas remotas y, como conse-

Algunas organizaciones, como la Rainforest Alliance (Alianza para Bosques), trabajan por conseguir economías sostenibles en las selvas tropicales. Para conocer sus iniciativas en Costa Rica, véase www.rainf rest-alliance.org.

TURISMO RESPONSABLE

El sentido de la responsabilidad y el respeto hacia el medio ambiente de otro país dependen de la experiencia que se tenga como viajero, así como de la influencia que uno ejerza sobre el grupo de compañeros de periplo. La mejor guía son el sentido común y el conocimiento del entorno, pero se pueden establecer otras consideraciones:

- **Compras responsables.** Aunque sean muy bonitos, no se deben comprar ni la mayor parte de los objetos elaborados con madera ni realizados a partir de productos animales, como caparazones de tortuga, plumas, pieles, cráneos, coral o conchas. Normalmente, el vendedor insiste al viajero, pero no existe garantía de que se hayan recogido de forma legal y ecológica.

- **Residuos.** No se deben tirar basuras. Se aconseja elegir hoteles con sistemas de reciclaje y viajar en autobuses y barcos que faciliten envases para los desperdicios y que se ocupen de ellos. También se deben retirar los restos de comida o bebida que se lleven en las excursiones por senderos y parques, porque la mayor parte no cuenta con presupuesto o personal suficientes para recoger la basura regularmente.

- **Fauna y flora.** No se debe molestar a los animales ni dañar las plantas. Se recomienda seguir los senderos marcados, observar las distintas especies con prismáticos y atender a las instrucciones de las guías naturalistas sin pedirles que importunen a los animales para verlos mejor.

- **Educación.** Antes de partir y durante la visita, se aconseja recabar información sobre la fauna y flora, así como sobre cuestiones relacionadas con la conservación, el entorno y la cultura locales. Es recomendable preguntar y escuchar a los lugareños.

- **Sostenibilidad.** El viajero debe evitar las zonas protegidas saturadas de excursionistas, a no ser que la visita sea imprescindible, y apoyar a las empresas turísticas y a los grupos ecologistas que promuevan iniciativas de protección y de gestión a largo plazo.

EL PRECIO DEL ECOTURISMO

Costa Rica tiene tanto que ofrecer al amante de la naturaleza que no es extraño que el ecoturismo aumente. Más del 70% de los turistas extranjeros visitan uno o más destinos naturales, y la mitad de ellos viajan expresamente para conocer su fauna y flora.

Desde finales de los años ochenta hasta mediados de los noventa, el número de visitantes se ha duplicado y, en la actualidad, acude casi un millón al año. Hace poco, los ingresos por turismo superaron los de la industria bananera y la del café, y, por supuesto, los precios han subido para los viajeros. Al principio, el incremento turístico cogió por sorpresa al país, puesto que no existía un plan general de desarrollo y se controlaba poco el crecimiento. Esto dio lugar a que algunos desearan ganar dinero rápido sin pensar en el futuro y, por desgracia, tal actitud no ha cambiado mucho, aunque la presión por regular mejor este negocio sea mayor.

Tradicionalmente Costa Rica ha contado con turismo a pequeña escala. La mayor parte de los hoteles disponen de menos de 50 habitaciones y están atendidos por un personal local amable que trabaja estrechamente con los huéspedes en beneficio de ambos. Esta confianza y cortesía ha sido un distintivo del país, pero las cosas están cambiando.

La prosperidad económica derivada de la eclosión turística supone la aparición de nuevos proyectos continuamente, unos buenos y otros no. La expresión Costa Rica es "ecoturismo" conlleva que todo el mundo quiera subirse al carro verde, hasta el punto de que existan agencias "ecológicas" de alquiler de coches y menús "ecológicos". La gente desea la llegada de los extranjeros y de su dinero, pero existen pocas infraestructuras que impidan que se dañe el medio ambiente o se saqueen aún más los espacios vírgenes.

Aprovechando la imagen "verde" de Costa Rica, algunos promotores construyen grandes hoteles, dirigidos al turismo masivo, con los consiguientes problemas ecológicos (sobre este tema,

cuencia de ello, la caza furtiva, en especial en los parques nacionales, ricos en fauna y flora. Este problema resulta tan grave en el Parque Nacional Corcovado, que se ha considerado la posibilidad de cerrarlo temporalmente para que se tomen las medidas oportunas.

La otra cuestión medioambiental a la que se enfrenta Costa Rica es su propio encanto, que atrae a un millón de turistas extranjeros al año. Este hecho da lugar a la construcción de infraestructuras (véase recuadro en esta página), de modo que cada año aumentan los hoteles en playas antes impolutas o en selvas tropicales vírgenes. Asimismo, crece el número de carreteras y de desplazamientos en coche, algo que al parecer no está regulado ni controlado totalmente. Por último, cada vez es mayor la preocupación por el hecho de que muchos hoteles y refugios vierten las aguas residuales al mar o a los arroyos, en vez de tratarlas adecuadamente. Oficialmente se calcula que sólo el 4% de esas aguas se somete a tratamiento; además, los miles de hoteles que funcionan sin reglamentación hacen pensar que tampoco algunos "ecorrefugios" se preocupan de sus residuos.

La Organization for Tropical Studies (OTS, Organización para Estudios Tropicales) dirige tres campamentos y ofrece clases para estudiantes interesados en la ecología tropical. Véase www.ots.ac.cr.

En ocasiones, en esos refugios se encuentran animales salvajes con la excusa de que se trata de un centro de salvamento de ejemplares en peligro. Esto constituye un reclamo para los turistas, que ven con buenos ojos que los refugios intenten "proteger" a los animales. Así se ha creado un mercado negro de fauna y flora que está realmente amenazada. Para acoger animales salvajes se requiere un permiso del MINAE, que los visitantes pueden exigir al hotel, y, aunque en muchos establecimientos aseguran que lo tienen, es poco probable que se lo muestren a los clientes.

Finalmente cabe señalar que muchos refugios y reservas privados, gestionados por familias o pequeñas organizaciones perdidas en rincones remotos, realizan magníficos esfuerzos para proteger el entorno natural del país. Así, muchos costarricenses han puesto en marcha proyectos para véase recuadro en p. 264 y el "Proyecto Papagayo" en p. 230). Aparte del impacto inmediato de la deforestación, el desvío o estancamiento de los ríos y la desaparición de la fauna y flora; existen efectos secundarios, como la erosión, la falta de instalaciones para tratar los residuos de los grandes hoteles, situados en zonas remotas, y la construcción de precarias "ciudades chabola" donde viven los camareros, cocineros, conserjes y otros trabajadores.

Otro problema reside en que muchos promotores son extranjeros. Éstos ofrecen trabajo a la población, pero la mayoría no quiere dedicarse de por vida a la hostelería, viendo cómo el dinero sale del país. Así pues, es más aconsejable alojarse en hoteles pequeños, que beneficien más a los costarricenses y cuyos responsables tengan una actitud positiva hacia el medio ambiente. Además, se recomienda evitar los destinos masificados, controlados por los extranjeros.

Por su parte, el ICT (Instituto Costarricense de Turismo) ha organizado campañas de *marketing* en todo el mundo con el eslogan "Costa Rica: sin ingredientes artificiales"; sin embargo, no las ha acompañado de las infraestructuras necesarias para preservar esos ingredientes ni presiona para que se creen, lo que supone una gran frustración para muchos. Resulta incomprensible que el ICT se gastara millones de dólares en un multitudinario concierto de Pavarotti cuando el presupuesto anual del Parque Nacional Tortuguero asciende a unos pocos miles de dólares.

La clave se encuentra en si los planes futuros deben centrarse en el ecoturismo del pequeño hotel tradicional o en el turismo de masas similar al de Cancún en México. El debate ha sido intenso: desde las altas instancias del Gobierno hasta un gran número de sectores sociales (operadores turísticos, agencias de viajes locales e internacionales, promotores inmobiliarios, operadores aéreos, hoteleros, periodistas, escritores, ecologistas y políticos) han apoyado una u otra posición. Muchos piensan que el país es demasiado pequeño para acoger ambos proyectos; así pues, falta por ver cuál ganará la batalla o si podrán coexistir en paz.

fomentar la economía rural con la cría de mariposas o flores autóctonas, para documentar la biodiversidad local o para recaudar fondos para la compra de tierras amenazadas, como el Refugio Nacional de Vida Silvestre Curú (p. 263), el Refugio Tiskita (p. 385) y la reserva privada Rara Avis (p. 462). En Costa Rica abundan maravillosas historias de gentes apasionadas y generosas en sus esfuerzos por salvaguardar los recursos del planeta.

Viajes de aventura

Quien busque aventura, en Costa Rica la encontrará. La extraordinaria oferta de parques nacionales, reservas y otros entornos naturales ofrece un increíble escenario para el viajero aventurero, tanto si busca excursiones en bicicleta de montaña como safaris por la jungla o quiere practicar descensos por algunos de los mejores ríos de aguas bravas de América Central. Los amantes del mar sabrán apreciar las excelentes playas para el surf y el submarinismo que se encuentran por toda la costa.

Aunque Costa Rica es un lugar ideal para darse un subidón de adrenalina, el viajero debe tener en cuenta que en cualquier actividad de aventura siempre existe un pequeño pero no desdeñable riesgo de lesiones o incluso de muerte. Las numerosas muertes de turistas a principios de la década de 2000 provocaron la aprobación de unas leyes más estrictas para el control de este sector. En 2003 Costa Rica se convirtió en el primer país de América Latina que aprobó una serie universal de normas de seguridad estándar que todos los operadores de viajes de aventura están obligados a cumplir. Por desgracia, el cumplimiento de la ley depende del control ejercido, que en Costa Rica suele ser débil. La buena voluntad existe, pero escasea el dinero para los controles.

En términos generales, la mayor parte de estas actividades son seguras, pero es preciso tener cuidado y escoger operadores de actividades de aventura recomendados y que presenten buenos resultados en cuanto a seguridad. Hay que ser precavido y ¡a disfrutar!

EXCURSIONES Y 'TREKKING'

En Costa Rica no escasean las posibilidades para hacer excursiones, desde las de una jornada por una de las innumerables reservas privadas hasta las rutas largas por algún parque nacional.

Para hacer excursiones de un día cabe destacar las fumarolas y el bosque tropical seco del Parque Nacional Rincón de la Vieja (p. 187), las salidas para el avistamiento de perezosos y las visitas a bonitas playas del Parque Nacional Cahuita (p. 421), y los bosques nubosos de las reservas de Santa Elena (p. 172) y Monteverde (p. 168).

Para aquellos que busquen aventuras de varios días, la ruta de dos días (mínimo) por el Parque Nacional Corcovado (p. 360) sólo se puede calificar de increíble. Esta última reserva de bosque lluvioso en la costa del Pacífico está plagada de guacamayos, monos y pecaríes, y es un lugar absolutamente salvaje. Es una excursión recomendada para personas en muy buenas condiciones físicas.

Viajes de Aventura. América Central (ed. Granica), facilita claves prácticas para organizar la propia aventura, desde consejos sobre qué hacer y qué evitar, hasta alojamientos, equipo y mucho más, a través de 25 experiencias reales narradas por sus propios protagonistas.

Practicar surf en la famosa Peña Bruja/ Witch's Point es una buena recompensa tras la caminata hasta la playa Naranjo.

LLEVAR O NO LLEVAR BOTAS DE MONTAÑA

Con la enorme provisión de barro, arroyos y hormigas guerreras que hay por todas partes, una excursión por los parques de Costa Rica puede convertirse en toda una aventura, especialmente para el calzado. La jungla ha acabado con muchos pares de botas de montaña de hasta 200 euros, de modo que lo mejor es hacer como los lugareños e invertir en botas de goma, especialmente durante la temporada de lluvias. (Si se calza más de un 44, se recomienda traérselas de casa). Un buen par puede costar 6 US$ en cualquier zapatería o tienda de artículos de granja de Costa Rica. Las botas de goma son indestructibles, protegen de las serpientes y las garrapatas, proporcionan una excelente tracción y se pueden lavar fácilmente al final del día. Y, por supuesto, el ahorro es importante.

El histórico Parque Nacional Santa Rosa (p. 190) es un lugar magnífico para caminar y acampar en el bosque tropical seco. Es de fácil acceso desde la Interamericana y el viajero podrá ver pecaríes, coatíes y tapires congregados en los abrevaderos durante la temporada seca. Se pueden hacer rutas más largas por el parque o hasta las cristalinas playas de Nancite y Naranjo.

Los amantes de la montaña disfrutarán de la escarpada y ardua ascensión por los terrenos del páramo (vegetación de arbustos y praderas propia de las tierras altas) hasta el cerro Chirripó (p. 333), el pico más alto de Costa Rica. Para el excursionista que busque la soledad total en plena naturaleza, está el Parque Internacional La Amistad (p. 345). En este parque de espesa vegetación y poco transitado se puede gozar de las panorámicas más impresionantes del país.

Muchas empresas locales ofrecen excursiones guiadas por diferentes rincones de Costa Rica (véase p. 492). Para consultar una lista de recomendaciones generales para el excursionista, véase la p. 467.

BICICLETA DE MONTAÑA

Algunos ciclistas aseguran que lo escarpado, estrecho, tortuoso e irregular de las carreteras, sumado a la agresividad de los conductores costarricenses, hacen que el país resulte poco atractivo para el ciclista. Eso puede ser verdad en las carreteras principales, pero hay muchas rutas menos transitadas con muchísimas posibilidades de aventura: desde serpenteantes senderos con unas vistas panorámicas inigualables hasta pistas irregulares por las que se atraviesan arroyos y se pasa junto a volcanes.

Algunas tiendas de bicicletas organizan salidas. Aventuras Naturales (p. 492) dispone de excursiones en bicicleta de uno y dos días. Costa Rica Expeditions (p. 492) organiza salidas multideportivas que incluyen travesías en bicicleta de montaña y en kayak, y descensos de *rafting*. El alquiler de la bicicleta está incluido en el precio.

Algunas agencias de viajes de EE UU también organizan excursiones en bicicleta, que suelen combinar rutas de montaña con rutas de playa. Serendipity Adventures y Backroads (p. 492) ofrecen salidas en bicicleta de varios días. Hay que llevar todo el equipo (incluida la bicicleta); dado el mal estado de las carreteras, es sólo para bicicletas de montaña.

SUBMARINISMO

Hay noticias buenas...y menos buenas. Las buenas son que Costa Rica dispone de un agua a temperatura corporal, con poca gente y una abundante vida marina. Las menos buenas son que la visibilidad es reducida debido al limo y al plancton. Si se buscan aguas de color turquesa y sembradas de coral, es mejor ir a Belice. No obstante, si se quiere tener la ocasión de ver enormes bancos de peces y animales marinos de gran tamaño como tortugas, tiburones, delfines y ballenas, éste es el lugar indicado.

Las mejores zonas para sumergirse se encuentran al norte de la península de Nicoya, en las playas del Coco, Ocotal y Hermosa (p. 227), donde se puede esperar ver rayas, tiburones y decenas de especies de peces diferentes, todos ellos en gran número. Las tiendas de submarinismo de la zona disponen de equipos, embarcaciones y guías, y ofrecen cursos.

Otra zona de submarinismo de categoría son las aguas de la bahía Drake (p. 354). Muchos hoteles organizan excursiones a la isla del Caño (p. 360) y otros puntos por donde cruzarse en el camino de enormes bancos de barracudas, meros, mantas rayas, ídolos moros y peces globo.

La perla de la región para los submarinistas es la isla del Coco (p. 363), 500 km al sudoeste de la costa continental, donde se puede encontrar

El portal de turismo de aventura, deportes y ecoturismo www.turismoaventura.com, con enlaces a toda Iberoamérica, ofrece además una exhaustiva información sobre primeros auxilios y autoprotección de gran interés para el viajero que opta por este turismo alternativo.

PARA SABER MÁS

La novela de Michael Crichton *Parque Jurásico (Jurassic Park)* se sitúa en Costa Rica.

DEPORTES ACUÁTICOS *Bridget Crocker*

'Rafting' y kayak

Los increíbles ríos de Costa Rica, de fama mundial, son el paraíso del remero, y los aficionados a las aguas bravas llegan de todas partes del mundo. Las aguas blancas, de Clase II a Clase V, son una experiencia mágica al alcance tanto de experimentados entusiastas de los descensos como de familias enteras. Desde mediados de la década de 1980, el *rafting* por aguas bravas y el kayak han contribuido en gran medida a la economía del país, basada en el turismo ecológico, y Costa Rica se ha convertido en uno de los centros de deportes fluviales más avanzados de América Latina. Muchos operadores locales ofrecen excursiones de media jornada a varios días, con transporte en autocar hasta el río, modernos equipos (balsas, kayaks, cascos, remos), guías bilingües, alojamiento y comida, todo a partir de unos 65 US$ por persona. En muchas tiendas de material se pueden alquilar kayaks o contratar salidas organizadas, y muchos aficionados deciden incluir varios ríos en el paquete (véase el itinerario "Safari por aguas bravas", p. 17).

Miles de viajeros realizan descensos fluviales cada año en Costa Rica, y la gran mayoría disfrutan de una experiencia memorable y segura. No obstante, las aguas bravas son potentes e incontrolables por naturaleza y el descenso fluvial es una actividad arriesgada y potencialmente peligrosa. Las empresas de deportes de aventura no están controladas por ley en Costa Rica, de modo que conviene escoger un operador con guía diplomado en rescate en aguas rápidas y con formación como socorrista. Las empresas San José/Turrialba, Ríos Tropicales, Costa Rica Expeditions y Aventuras Naturales (p. 492) tienen tradición y sus guías han recibido la mejor formación. En la región de Manuel Antonio (p. 492), H2O Adventures y Amigo Tico Complete Adventure Tours emplean a guías locales bien entrenados y también trabajan con guías internacionales que suelen aportar conocimientos sobre los últimos avances en rescate fluvial y prácticas de primeros auxilios usadas en otras partes del mundo.

Los ríos más populares del país son el Pacuare y el Reventazón, ambos situados en la vertiente caribeña, cerca de la ciudad de Turrialba (p. 136). El río Pacuare, donde se pueden encontrar tucanes, garzas, monos y perezosos, suele estar crecido durante la temporada húmeda (de junio a octubre) debido a la erosion provocada por la creciente desforestación río arriba, y su mejor momento es la temporada seca (de noviembre a principios de abril). El Pacuare, considerado uno de los 10 mejores ríos para el *rafting* del mundo, actualmente sufre la amenaza de un proyecto hidroeléctrico (véase p. 142) que, de llevarse a cabo, reduciría en gran medida el turismo ecológico en la región y afectaría a terrenos vitales para los grupos indígenas cabecar y awari.

En el río Reventazón, el tramo de Peralta, de Clase V, quedó destruido por una presa hidroeléctrica construida a finales de la década de 1990 para obtener energía que se exporta a países vecinos. Las aguas bravas y el frágil ecosistema de estos dos ríos extraordinarios necesitan protección urgente contra futuros proyectos hidroeléctricos. Para más información, contáctese con **Fundación Ríos Tropicales** (www.riostropicales.com).

Cerca del activo centro turístico de Manuel Antonio (p. 306), en la costa central del Pacífico, hay varios ríos con estupendas aguas bravas y donde se puede observar la vida salvaje todo el año. El río Naranjo tiene un tramo superior de Clase V reservado a los más expertos y conocido como el Laberinto

Los ríos de Costa Rica (The Rivers of Costa Rica), guía de kayak y rafting escrita por Michael W. Mayfield, es justo lo que necesitan los amantes de los deportes fluviales.

hasta 18 especies de corales, 57 tipos de crustáceos, tres especies de delfines y muchos otros tipos de vida marina. La travesía hasta la isla dura 36 horas y es sólo para submarinistas experimentados. Por otra parte, no está permitido acampar en la isla y tampoco hay alojamientos, de modo que, al visitarla, hay que estar dispuesto a pasar mucho tiempo en el barco.

Información práctica en la p. 467. Las empresas que organizan salidas aparecen en la p. 492.

'RAFTING' Y TRAVESÍAS EN KAYAK

Los ríos que bajan de las montañas del centro hasta la costa tienen unas aguas bravas fantásticas para el *rafting*. Los meses más animados son de (varía según la corriente; está mejor de diciembre a principios de marzo), aunque el tramo Villa Nueva, de Clase III-IV, es menos severo. Cerca de allí, el río Savegre, con tramos de Clase III-IV+, baja desde su fuente situada cerca del cerro Chirripó, de 3.820 m de altura, en la cordillera de Talamanca. Presenta unos largos tramos de aguas bravas de gran calidad y está considerado como uno de los ríos más limpios de América Central. Para las familias lo mejor es el cercano río Parrita, de Clase II+, donde es fácil avistar aves y otros animales salvajes en un atractivo marco de bosque tropical.

Cerca de San Isidro de El General, las aguas del río General tienen un recorrido suficiente como para una excursión de tres o cuatro días. Con un desnivel de 9,5 m/km y un caudal de hasta 283 metros cúbicos por segundo, el río General cuenta con más de 100 rápidos de Clase III-IV sólo en sus 64 primeros kilómetros. También presenta bonitas cascadas y en las orillas habitan aves tropicales, monos e iguanas (además de pulgas que transmiten la leishmaniasis). La sección inferior del General es conocida por sus rápidos ideales para el kayak.

En los diferentes capítulos sobre cada región se ofrecen más detalles sobre descensos de ríos.

En kayak por el mar

Con 1.228 km de litoral, dos golfos y exuberantes estuarios con manglares, Costa Rica es un destino ideal para practicar kayak por el mar. Hay muchas empresas que organizan salidas guiadas por la costa o los estuarios con naturalistas bilingües expertos, además de alquilar equipo para salidas por cuenta propia. El kayak es un medio ideal para acceder remando cómodamente a zonas remotas y disfrutar de la observación de la fauna y la flora de estas regiones.

En el litoral pacífico, el Refugio Nacional de Vida Silvestre Curú (p. 263), en la península de Nicoya, es un lugar maravilloso para remar frente a playas bordeadas de palmeras, arcos de roca y estuarios abarrotados de aves y cangrejos de vivos colores. El campamento privado del operador Ríos Tropicales en playa Quesera (a unos 3 km de la oficina de registro de Curú, al otro lado de la bahía) es el lugar ideal para tumbarse a contemplar las estrellas y relajarse tras la travesía.

En la costa central del Pacífico, la isla Damas (p. 285) y el próximo Parque Nacional Manuel Antonio (p. 309) son igual de fascinantes. El delicado ecosistema de manglares de la isla Damas alberga una gran cantidad de flora y fauna, con boas constrictor, capuchinos de cara blanca, cocodrilos y aves marinas, todos ellos perfectamente descritos en las guías naturalistas de Amigo Tico Complete Adventure Tours (p. 492).

Siguiendo la marea y cruzando el tramo de océano no hay mucha distancia hasta el Parque Nacional Manuel Antonio y las pequeñas islas Gemelas y Olinga, donde se pueden avistar aves marinas anidando. Se pueden visitar en kayak de alquiler o apuntarse a una excursión guiada con H2O Adventures (p. 492).

En la costa del Caribe, el Parque Nacional Tortuguero (p. 403), un parque costero de 192 km², es conocido por su asombrosa biodiversidad y por ser el lugar de nidificación más importante de la tortuga verde en el Caribe. Remando por la red de lagunas y canales se puede disfrutar de la soledad y observar una gran variedad de fauna (monos, perezosos, osos hormigueros, martillas, pecaríes, tapires y manatíes).

---

junio a octubre, aunque se puede practicar *rafting* todo el año. También se pueden efectuar travesías en kayak por río o por mar más tranquilas, con el bosque húmedo como telón de fondo, contemplando la flora y fauna, y escuchando el canto de los pájaros. Para más detalles sobre estas actividades, véase el recuadro en pp. 46-47.

SURF

Rompientes sobre fondos de roca o de arena, izquierdas y derechas, arrecifes y desembocaduras, aguas templadas y olas todo el año hacen de Costa Rica uno de los destinos predilectos de los surfistas. Greg Gordon, del *Costa Rica Surf Report*, afirma que el país tiene mucho que ofrecer: hoteles económicos y una variada oferta de playas, la mayoría de ellos

Los amantes del surf deberían visitar la web www. costaricamap. com/esp/aventura, para conocer todo lo necesario sobre los mejores lugares donde practicar su deporte favorito y sus condiciones antes de emprender el viaje.

MAPA DEL SURF

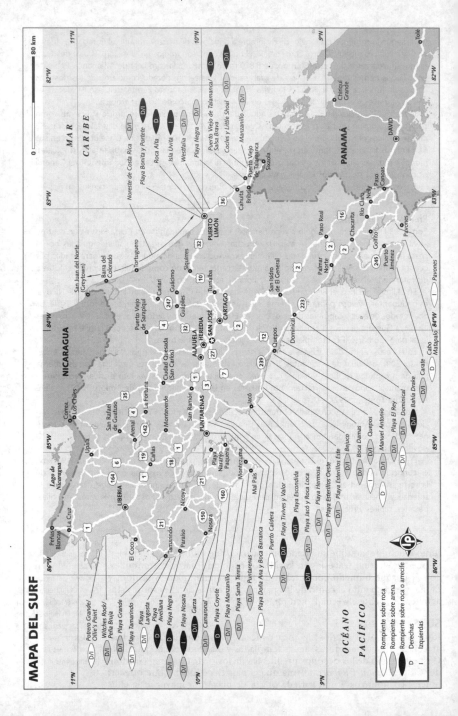

a una distancia prudencial de algún centro sanitario (por si se produce alguna lesión). Algunas playas se encuentran algo apartadas, pero están vacías, e incluso las más accesibles suelen estar menos llenas que las de California o Sidney. Para hacerse una idea de la oferta, véase "Mapa del surf" en p. 48.

Las olas son grandes (aunque no como las de Hawaii) y las muchas rompientes de los arrecifes generan grandes desniveles y olas rápidas. Además, siempre hay olas en algún punto en buenas condiciones para el surf en cualquier época del año. En general, la costa del Pacífico ofrece un oleaje mayor y olas de más calidad durante la última parte de la temporada de lluvias, pero el Caribe se anima de noviembre a mayo.

Gordon, que practica el surf en Costa Rica desde mediados de la década de 1990, afirma que los cinco mejores lugares del país para este deporte son:

Playa Hermosa (p. 294). Muy estable.
Playa Grande (p. 235). Ídem.
Pavones (p. 383). Una gran izquierda.
Peña Bruja/Witches Rock y **Potrero Grande/Ollie's Point** (p. 192). Legendarias.
Salsa Brava (p. 426). Para surfistas experimentados.

Otros lugares populares son Dominical (p. 313) y las rompientes de las playas Negra y Avellana (p. 243) y Junquillal (p. 244). Las fuertes olas de Santa Teresa (p. 270) tienen también sus seguidores habituales. Cerca de Pavones, en la península de Osa, se pueden encontrar olas constantes y de calidad en las playas de Matapalo (p. 369).

Para los no iniciados, hay decenas de escuelas de surf por todas las comunidades surfistas de Costa Rica donde pueden ponerse a cabalgar sobre las olas en un momento. Para más información práctica, véase el capítulo *Datos prácticos* (p. 468) y, para salidas organizadas, véase la p. 492.

'RAPPEL' EN CASCADAS

Con las numerosas y preciosas cascadas que jalonan los ríos costarricenses, era sólo cuestión de tiempo que a alguien se le ocurriera que sería buena idea practicar *rappel* por alguna de ellas: algo muy divertido para los aficionados a la escalada que disfruten empapándose. Es un deporte naciente, pero probablemente ganará popularidad con el crecimiento constante de los viajes de aventura en Costa Rica.

El principal destino para el *rappel* por cascadas es la zona de Puerto Jiménez (p. 366) y del cabo Matapalo (p. 369), en la península de Osa. Everyday Adventures (p. 366) está especializada en este deporte, pero en la mayoría de alojamientos de la región de Jiménez se pueden contratar salidas. En la zona de Monteverde, Desafío Adventure Company (p. 159) también ofrece este tipo de aventuras. En el valle Central, se puede acudir a Jungla Expeditions, en Turrialba (p. 137).

PARA SABER MÁS

Ollie's Point (Potrero Grande) es un lugar famoso entre los surfistas que toma su nombre en inglés del coronel estadounidense Oliver North. Cerca hay una antigua pista aérea que usaban los aviones estadounidenses para pasar material de contrabando a la Contra nicaragüense en la década de 1980.

Comida y bebida

Del *sushi* a la sangría, este pequeño país lo tiene todo. La cocina típica se puede encontrar a lo largo y ancho de todo el país y en cualquier gama de precios. Son frecuentes los puestos rústicos con techos de paja donde las mujeres del lugar sirven sus sencillos platos del día, siempre caseros, pero en las zonas turísticas más de moda también se puede degustar una comida tica (costarricense) más sofisticada y con un cierto toque innovador.

El gran volumen de inmigración estadounidense a Costa Rica ha traído consigo una amplia oferta de estilos de comida: italiano, chino, japonés, francés, mexicano e incluso griego, además de estadounidense, sin olvidar las cadenas de comida rápida.

PLATOS TÍPICOS Y ESPECIALIDADES

La cocina costarricense es en su mayor parte muy sencilla. Es posible que a algunos les parezca monótona y algo sosa. Los complejos y variados platos que se preparan en México y Guatemala se quedaron al otro lado de la frontera y la dieta se basa en su mayor parte en arroz con frijoles –o frijoles con arroz– y cualquier combinación a la que se presten.

El desayuno típico es el gallo pinto, un plato de arroz y frijoles salteados servidos con huevos, queso o natilla (crema agria). Suele ser bastante barato (2 US$) y llena mucho; a veces puede ser realmente sabroso y resulta una opción interesante para los que vayan a pasarse todo el día practicando surf o de excursión, que necesitarán buenas dosis de energía. Muchos hoteles ofrecen lo que denominan "desayuno tropical", normalmente compuesto de pan con una selección de frutas frescas. En muchos establecimientos se sirven también desayunos al estilo anglosajón.

Casi todos los restaurantes tienen en su carta un plato combinado para almorzar y cenar llamado casado, que resulta económico y sacia el hambre. Suele incluir carne, frijoles, arroz y ensalada, y para que no falten hidratos de carbono, a veces también se acompaña de patatas o pasta.

PARA SABER MÁS

La cocina práctica, de Olga de Trejos reúne desde la más sencilla cocina popular costarricense hasta elaborados platos de cocina internacional en 1.700 recetas.

La magia de la cocina limonense: Rice and beans y calalú, de Marjorie Ross de Cerdas, es un estudio de las tradiciones alimentarias de la provincia de Limón y sus raíces africanas y orientales, con recetas originales.

UN VIAJE GASTRONÓMICO

Quizá la cocina más sabrosa sea la que se encuentra en la vertiente caribeña. Los cocidos con leche de coco (rondones), las patatas al ajo, los pescados especiados y los platos de pollo están para chuparse los dedos. Tampoco hay que perderse el sabroso *rice and beans* (en inglés), plato de arroz con frijoles cocidos en leche de coco.

En la región de Guanacaste, hay que probar el chan, hecho con semillas negras de la planta del chan remojadas y servidas en agua dulce (agua de caña de azúcar) o con zumo de tamarindo. Tiene pinta de comida del futuro y es algo viscoso, pero los nativos juran y perjuran que no hay nada más refrescante.

En las regiones de palmerales se suelen encontrar palmitos por todas partes: en ensaladas, guisos e incluso en la lasaña. En Guanacaste se elabora un vino de palma (que sólo se encuentra durante la temporada seca) llamado vino coyol. Quien creyera que el guaro (aguardiente autóctono destilado a partir de caña de azúcar) era fuerte, que pruebe esto. No suele encontrarse en bares, de modo que hay que estar atento a los carteles colgados en las casas particulares o en las pulperías (tiendas de comestibles) donde se vende.

El desayuno y las comidas se suelen servir acompañados de pan o tostadas, aunque en algunos lugares ofrecen tortillas de maíz molido grueso, típicas sobre todo de Guanacaste.

La comida no suele estar muy cargada de especias, excepto en la cocina tradicional caribeña. La gran mayoría de los ticos tiene una clara aversión a la salsa picante, aunque en la mayor parte de restaurantes locales se sirve un picante curtido (encurtido de chile y verduras en vinagre) y disponen de botellitas de salsa de tipo Tabasco para los paladares más resistentes. Otro condimento popular es la salsa lizano, versión tica de la salsa Worcestershire.

En Navidad, y en otras épocas del año, algunos restaurantes sirven tamales, hechos de masa de harina de maíz con carne envuelta en hojas de banano y cocida al vapor.

Las cocinas extranjeras más extendidas en Costa Rica son la china y la italiana. Prácticamente en todas las localidades hay un restaurante chino y, aunque no lo haya, es muy probable que la carta incluya el arroz cantonés (arroz frito). Las pizzerías y los restaurantes italianos abundan y los hay de diferentes calidades, aunque la *pizza* autóctona a veces puede presentarse algo sobrecargada (en otras palabras, se podría decir que es una "bomba de queso").

Si un establecimiento no inspira demasiada confianza en cuanto a su higiene o limpieza, es aconsejable no pedir fruta, verduras o ensaladas. Si éstas estuvieran mal lavadas, se podría enviar al estómago algún regalito sorpresa en forma de bacterias. Véase más información al respecto en el capítulo *Salud* (p. 493).

BEBIDAS
Bebidas sin alcohol

Probablemente el café se pueda considerar la bebida más popular del país y, allá donde se vaya, siempre hay alguien dispuesto a ofrecer un "cafecito" al visitante. Tradicionalmente se sirve cargado, solo o con leche. La mayoría prefiere el café negro y los que quieran poca leche pueden pedirlo con "leche al lado". Muchos lugares modernos sirven también *cappuccinos* y *espressos*. La leche es pasteurizada y se puede beber con total tranquilidad.

Se pueden encontrar las marcas de refrescos más habituales, aunque mucha gente prefiere los batidos, hechos al agua o con leche. El surtido puede ser realmente impresionante: los hay de mango, papaya, piña, sandía, melón, mora, zanahoria, cebada y tamarindo. Si se quiere ser prudente con el agua, se puede pedir que preparen el batido con agua embotellada y sin hielo.

Una alternativa embotellada, aunque mucho menos sabrosa, es el refresco de frutas autóctono llamado *Tropical*. Se vende en muchas tiendas y restaurantes, y los sabores más comunes son mora, piña, cas (una fruta autóctona muy ácida) o frutas mixtas. Hay que agitarlo bien antes de beber, o la sustancia que se deposita en el fondo en forma de polvo quedará intacta.

Las pipas son cocos verdes a los que se les hace un agujero con un machete por la parte superior y se les introduce una pajita para poder beber la leche, una bebida muy refrescante y que produce una gran sensación de saciedad.

Una bebida muy popular es el *agua dulce,* jugo de caña de azúcar o, en muchos casos, agua hervida con azúcar moreno. La horchata, que se encuentra sobre todo en el campo, es una bebida dulce elaborada con harina de maíz y canela.

"Probablemente el café sea la bebida más popular del país y, allá donde se vaya, siempre hay alguien dispuesto a ofrecer un *cafecito* al visitante"

PARA SABER MÁS

Hubo un tiempo en que se creía que el café daba energía a los obreros, de modo que en 1840 el gobierno decretó que a todos los peones de carreteras se les diera una taza de café al día.

Bebidas alcohólicas

La bebida alcohólica más popular es la cerveza, de la que hay varias marcas nacionales. La *Imperial* es quizá la más popular y reconocible (se ven camisetas con el logotipo del penacho del águila por todas partes), seguida de la *Pilsen*. Ambas cervezas son parecidas a la *Corona* mexicana. *Bavaria* produce una *lager* y la Bavaria Negro, una cerveza tostada con mucho cuerpo, pero esta marca no es tan fácil de encontrar como las dos anteriores.

PARA SABER MÁS

No se sirve alcohol durante las jornadas electorales ni del Viernes Santo al Domingo de Pascua.

La mayor parte de estas cervezas contiene un 4% o un 4,5% de alcohol. La *Rock Ice*, con un 4,7% de alcohol, tiene un sabor algo más amargo. La cerveza nacional cuesta unos 0,75 US$ en los lugares más baratos, pero el precio suele aumentar a 1,50 US$ o 3,00 US$ en los hoteles más elegantes. Las otras cervezas son importadas y más caras.

Después de la cerveza, la bebida alcohólica que cuenta con más adeptos es el guaro, un licor incoloro destilado a partir de la caña de azúcar y que se suele consumir en tragos cortos, aunque también se puede pedir en forma de cóctel. Entra muy bien, pero puede dejar una resaca memorable. Igualmente barato y de calidad es el ron local, que se suele beber en forma de cuba libre. En los supermercados se pueden encontrar latas de cuba libre ya preparado, pero en honor a la verdad hay que decir que su contenido suele tener un extraño sabor a aluminio. El mejor ron que se puede encontrar es el *Ron Centenario*, que desde luego vale su precio (12 US$ la botella en una tienda de licores; 9 US$ en las tiendas libres de impuestos del aeropuerto).

Las vodkas y ginebras locales no están mal, aunque tampoco destacan por su calidad, como tampoco lo hace el whisky. Se pueden encontrar licores importados a un precio bastante elevado, así como licores autóctonos. Un licor de factura nacional es el *Café Rica* que, evidentemente, está hecho de café y tiene un sabor que recuerda al *Kahlúa* mexicano.

La mayor parte de los vinos costarricenses son baratos, lo cual se refleja en el sabor, además de dejar un mal recuerdo a la mañana siguiente. Se pueden encontrar vinos importados, pero su precio es bastante alto. También es muy importante tener en cuenta cómo se han almacenado: un vino que haya estado mucho tiempo arrinconado en el trópico con toda probabilidad habrá perdido sus mejores cualidades. Las marcas chilenas son la mejor apuesta si se quiere encontrar un vino aceptable a buen precio.

DÓNDE COMER Y BEBER

El almuerzo suele ser la comida principal del día y se sirve hacia mediodía. La cena normalmente es una versión más ligera del almuerzo y se toma hacia las 19.00 horas.

Los establecimientos de comidas más populares de Costa Rica son sin duda las sodas. Se trata de pequeños locales informales con una barra donde se sirven unos cuantos casados al día (de 2 a 3 US$). Son la mejor opción para comer si no se quiere gastar demasiado y son muy fáciles de encontrar en cualquier barrio, así como en el mercado central de cualquier ciudad. Las que están situadas dentro del mercado suelen ser las más baratas. Conviene buscar las que estén más llenas; siempre son las mejores y las que sirven comida más fresca. Muchas sodas sólo abren para el desayuno y el almuerzo. Otros lugares económicos y populares son los omnipresentes puestos de pollo frito y asado.

Un restaurante normal suele tener precios algo más elevados y un ambiente más cuidado. Normalmente cuentan con una carta más formal y en ellos se puede comer prácticamente de todo, desde comida típica del país a especialidades internacionales. En muchos restaurantes se sirven casados, aunque en los lugares más elegantes al menú se le suele llamar almuerzo ejecutivo.

En San José y las zonas turísticas como Tamarindo, Manuel Antonio o Jacó hay muchos restaurantes especializados y étnicos. Los precios en los restaurantes pueden oscilar entre los 3 US$ de un casado a los 40 US$ por comer langosta en Manuel Antonio. Los puestos de *pizza* y los restaurantes chinos suelen ser los establecimientos internacionales más baratos. Las *pizzas* suelen ser de tamaño individual y los precios habitualmente empiezan a partir de 3 US$. Los precios de los platos en un restaurante chino empiezan normalmente a partir de 2 US$ (arroz frito); un plato de pollo con anacardos puede costar hasta 6 US$, dependiendo del establecimiento.

Los restaurantes más elegantes añaden un 13% de impuestos y un 10% de servicio a la cuenta, de modo que conviene comprobar en la carta si estos impuestos están ya incluidos en la lista de precios. Unas veces lo están pero otras no, de modo que no hay que extrañarse cuando llegue la cuenta.

Las panaderías y las pastelerías despachan pan y pasteles respectivamente, pero a veces también ofrecen una combinación de ambas cosas. En algunas también es posible comprar bocadillos.

En muchos bares se sirven unas tapas que reciben el nombre de bocas. Antiguamente, en las zonas del interior se solían servir gratis, pero esta práctica es cada vez menos frecuente en la actualidad. Las bocas son casi siempre porciones mínimas de platos normales, como el cebiche (especie

PARA SABER MÁS

Las nueces de macadamia de Costa Rica a menudo se hacen pasar en el extranjero como originarias de Hawaii.

EL PLÁTANO ES SENSACIONAL *Beth Penland*

A pesar de la diversidad cultural de Costa Rica, todos los ticos coinciden en que una comida no es completa sin una guarnición de plátanos. Los de aquí son enormes y harinosos, y deben cocinarse antes de comerlos. Pero ¿cómo se cocinan? La tradición española los prefiere tiernos y dulces, como los de la receta familiar de Illeana Castro, pero en el Caribe es más frecuente servirlos en forma de crujientes patacones salados.

Plátanos de Ileana

2 plátanos
40 cc de mantequilla (para freír los plátanos)
40 cc de azúcar moreno

Hay que dejar que los plátanos se maduren hasta que la piel esté completamente negra. Después de pelarlos, se cortan en rodajas de 3 cm. Se funde la mantequilla (¡no valen sucedáneos!) en una sartén y se fríen las rodajas de plátano hasta que estén doradas por ambos lados. A continuación, se espolvorean con un poco de azúcar moreno y se deja que se hagan hasta que el azúcar se caramelice. Una variación posible es cubrirlos con queso *mozzarella* fundido.

Patacones

2 plátanos verdes
Una taza (40 cc) de aceite
Una taza (40 cc) de leche

Se pelan los plátanos y se cortan en rodajas de 4 cm. Se fríen en aceite hasta que se doren y se retiran de la sartén. Se colocan sobre una tabla de cocina y se aplastan con la hoja plana de un cuchillo grande hasta que queden de unos 2 cm de grosor. A continuación, se mojan en leche y se vuelven a freír hasta que queden dorados. Añádase sal al gusto.

QUÉ HACER Y QUÉ NO

■ Al sentarse a la mesa, lo correcto es decir "buenos días" o "buenas tardes" al camarero o a las personas que ocupen la misma mesa.

■ Si se come con un grupo de costarricenses, es de buena educación decir "buen provecho" antes de empezar a comer.

■ En las sodas baratas no es costumbre dejar propina, aunque siempre agradecen que se dejen algunas monedas del cambio.

■ Los restaurantes de nivel medio y alto suelen incluir la propina en la cuenta.

de cóctel de pescado marinado), arroz con pollo o patacones (rodajas de plátano frito). Con unas cuantas bocas se puede componer una deliciosa cena variada.

Comida rápida

En Costa Rica no existe una gran variedad de tentempiés que se puedan comprar por la calle. En su mayoría, los vendedores ambulantes venden fruta fresca en algunos casos troceada y lista para comer, además de galletas, patatas fritas y plátano frito. En muchas sodas hay ventanillas que dan a la calle, desde donde se venden empanadas de carne o de pollo, tacos (normalmente hechos de tortillas de maíz con carne) o enchilados (tortas con carne especiada). Muchos de estos establecimientos también sirven pollo frito, que debe de ser una de las comidas más consumidas en todo el país.

El mejor helado del país es, sin duda, el "Mmmio": helado de vainilla con caramelo y frutos secos bañado en chocolate. Está "mmm..." y se puede encontrar casi en todas partes.

VEGETARIANOS Y 'VEGANOS'

Si el arroz y los frijoles no son problema, Costa Rica es un lugar relativamente cómodo para los viajeros vegetarianos. En muchos restaurantes se elaboran casados vegetarianos si se solicita expresamente, y muchos ya los han incorporado a la carta. Suelen incluir arroz con frijoles, ensalada de col y uno o dos tipos de verduras o legumbres cocinadas de formas diversas.

Gracias a la influencia del turismo han surgido también muchos restaurantes vegetarianos especializados o restaurantes con carta vegetariana en San José y en los centros turísticos más importantes. La cadena Vishnu de San José (p. 82) tiene muchos adeptos en la ciudad y cuenta con un local en Heredia (p. 124). Los numerosos centros de yoga y holísticos también ofrecen comidas vegetarianas. Otras opciones son:

¿Hay alguien preocupado porque al volver a casa echará de menos la salsa lizano o los refrescos Tropical? Por suerte, www.lapulpe.com vende productos de Costa Rica y los envía a prácticamente cualquier rincón del mundo.

Finca Anael. En la Reserva Biológica Dúrika (p. 337).

Finca La Flor de Paraíso. En Cartago (p. 132).

Luna Lodge. En Carate (p. 371).

Pura Vida. En Alajuela (p. 112).

Samasati. Cerca de Puerto Viejo de Talamanca (p. 430).

Los hoteles de las zonas más apartadas ofrecen en muchas ocasiones un servicio de comidas que pueden adaptarse a la dieta vegetariana si se avisa con tiempo. Conviene indicarlo al formalizar la reserva.

Los viajeros vegetarianos estrictos, macrobióticos o crudívoros tendrán más dificultades, puesto que son muchos establecimientos donde se sirva comida de ese tipo. Un par de excepciones son el Shakti, en San José (p. 82) y el Pura Vida, en Alajuela. Si se pretende seguir un régimen estricto, lo mejor es escoger algún alojamiento donde se pueda preparar la comida uno mismo. En muchas poblaciones hay también

---

LO QUE HAY QUE COMER

- Un churro calentito en Manolo's (San José) (p. 83)
- Las patatas al ajo del restaurante Miss Edith's, en Cahuita (p. 420)
- Las suculentas empanadas de Cevichera en Sámara, acompañadas de una cerveza fría: para chuparse los dedos (p. 257)
- Bocas orientales en el Hotel Plinio de Manuel Antonio (p. 304)
- Los fabulosos nachos para un apetito de ogro del Witch's Rock Surf Camp de Tamarindo (p. 242)

---

algunas tiendas macrobióticas, pero la oferta es bastante variable. Puede resultar difícil encontrar verdura fresca en zonas aisladas y a menudo puede resultar bastante cara.

PARA PEQUEÑOS PALADARES

Los que viajen con niños observarán que normalmente en los restaurantes no se ofrecen menús infantiles (raciones menores a precios menores), aunque en algunos hoteles modernos sí los hay. No obstante, en la mayoría de los establecimientos aceptarán que dos niños se repartan un menú, o pueden elaborar raciones infantiles si se solicita. Siempre queda el recurso de pedir platos sencillos: arroz con pollo o carne a la plancha.

Si se viaja con un bebé o un niño muy pequeño, conviene hacerse con provisiones de comida infantil antes de salir hacia regiones aisladas. Los aguacates son seguros, fáciles de comer y nutritivos, y son aptos para niños a partir de seis meses. Los niños pequeños deberían evitar el agua y el hielo de las bebidas, puesto que es más fácil que contraigan enfermedades gástricas.

Para los trayectos largos a zonas remotas conviene llevar siempre algún tentempié: a veces no se encuentra ningún lugar donde parar para picar algo.

Más consejos útiles sobre cómo viajar con niños en el apartado "Viajar con niños" (p. 469).

A PEDIR DE BOCA

A continuación se ofrece una lista de términos culinarios útiles para el viajero procedente de otro país de habla hispana.

almuerzo ejecutivo – menú de precio fijo o plato especial del día.
arreglado – sandwich de carne, pollo o queso.
boca – tapa, porción de alimento o ración pequeña de un plato preparado que se sirve en los bares.
cajeta – dulce de caramelo espeso.
casado – plato combinado de precio fijo, compuesto normalmente de arroz, frijoles, ensalada, alguna verdura cocinada, y carne, pescado o queso. A veces se acompaña de papas o plátano frito.
cebiche – pescado marinado con limón, cebolla, pimiento rojo y cilantro; también puede llevar camarones (gambas) y moluscos.
chorreada – tortita de harina de maíz frita servida con natilla o crema agria.
dorado – pez (*Coryphaena hippurus*) común en las aguas tropicales, de gran tamaño, uno de los más utilizados en la cocina costarricense.
dulce de leche – leche azucarada hervida hasta obtener una pasta de caramelo espesa que se usa en pastelería.
elote – mazorca de maíz que se sirve hervida (elote cocinado) o asada (elote asado).
enchilado – pastas rellenas de patata y queso (y a veces carne).
gallo pinto – arroz con frijoles salteados servidos con huevos, queso o crema agria.

PARA SABER MÁS

Muchos ticos creen que comer huevos de tortuga aumenta la potencia sexual. Afortunadamente la Viagra reducirá el tráfico ilegal de estos huevos.

gallo – tortilla de maíz con la que se envuelve carne, frijoles o queso, o cualquier combinación de alimentos al gusto.

guaro – aguardiente autóctono elaborado con la caña de azúcar.

mazamorra – budín hecho con almidón de maíz.

natilla – crema de leche agria.

olla de carne – cocido consistente hecho con carne de ternera, patatas, maíz, calabaza, plátano y yuca.

patacones – rodajas de plátano frito que se suelen servir acompañadas de puré de frijoles.

pejibaye – fruto de la palmera del mismo nombre (*Bactris gasipaes*), bastante harinoso, que también se come en ensalada.

pescado al ajo – pescado en salsa, en muchos casos de mantequilla, al ajo.

rice and beans – arroz y frijoles cocidos en leche de coco. Se sirve en la costa del Caribe.

rondón o **ron don** – sopa espesa a base de pescado o marisco con leche de coco, típica de cocina regional de la vertiente caribeña.

taco – tentempié.

tamal – pasta de harina de maíz cocida, normalmente envuelto en hoja de banano (que no se come) y rellenas de pollo o cerdo. Es un alimento tradicional que no suele faltar en la mesa navideña.

tortilla – tortita de maíz de estilo mexicano. También, tortilla de huevo al estilo español.

San José

Con sus edificios de oficinas, centros comerciales, restaurantes de comida rápida, numerosos ejecutivos pegados al móvil y chicas en vaqueros de talle bajo, San José constituye la capital más cosmopolita de América Central. Sin embargo, la mayoría de los viajeros considera su paso por la ciudad como una molestia ineludible antes de llegar a zonas rurales más agradables. El tráfico es denso, las calles rebosan de gente y, en general, la arquitectura es anodina; sin embargo, casi todos los vuelos internacionales aterrizan aquí y la mayor parte de los autobuses llega a las saturadas estaciones del oeste del núcleo urbano.

De todos modos, la ciudad no carece de encantos, puesto que cuenta con restaurantes de talla mundial que ofrecen manjares exquisitos, y las típicas casas de comidas donde se pueden degustar las delicias de la gastronomía nacional. Además, posee una intensa vida cultural y nocturna, ya que existen muchos museos, teatros, cines y, por supuesto, bares, establecimientos con música en directo y locales nocturnos que se llenan a diario.

Fundada en 1737, apenas conserva edificios de la época colonial, salvo algunas estructuras de estilo español y el Teatro Nacional, construido en la década de 1890. Los josefinos no consideran su ciudad como un ejemplo de belleza, pero para ellos es el centro de todo.

LO MÁS DESTACADO

- Disfrutar de los museos, desde el de **arte contemporáneo** (p. 65) al de los preciosos **jades** (p. 65)

- Salir a cenar por el histórico **barrio Amón** (p. 80 y p. 81)

- Ir de copas por los bares del **centro comercial El Pueblo** (p. 85)

- Comer churros (p. 83) mientras se pasea por la concurrida **avenida Central** (véase plano adjunto)

- Tomarse un cóctel en cualquier local con vistas del agradable barrio de **Escazú** (pp. 111-112), a las afueras de San José

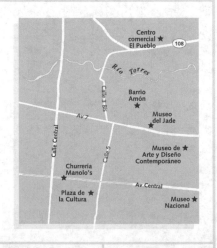

- POBLACIÓN: 340.000; ÁREA METROPOLITANA 1 MILLÓN
- ALT.: 1.150 M

SAN JOSÉ •• Información **59**

HISTORIA

Durante gran parte de la época colonial, San José desempeñó un papel secundario respecto a Cartago, ciudad mayor y de más fama, que fue erigida en 1564 como capital de la provincia. En 1737 tras un edicto de la Iglesia católica, se fundó San José con el nombre de Villanueva de la Boca del Monte. El mandato obligaba a la población a asentarse junto a los templos para aumentar la asistencia a los mismos. A lo largo de varias décadas, la localidad sufrió un gran atraso, pero experimentó algún crecimiento al convertirse en una de las etapas de la ruta comercial del tabaco. En 1840 se le concedió la capitalidad.

Al estallar la Segunda Guerra Mundial, no logró transformarse en una urbe próspera; de hecho, a principios de los años cuarenta contaba con 70.000 habitantes, y el país seguía siendo básicamente agrícola con población muy dispersa. Pero con la expropiación de tierras de cultivo y la emigración de muchos campesinos a las ciudades, San José creció enormemente en los años setenta y ochenta, de manera que en la actualidad resulta una de las ciudades más grandes y cosmopolitas de América Central.

ORIENTACIÓN

Ubicada en el corazón de la amplia y fértil meseta Central, el centro de San José está trazado por una cuadrícula de avenidas, que discurren de este a oeste, y de calles orientadas de norte a sur. La peatonal avenida Central, situada, entre las calles 6 y 9, constituye el núcleo de la ciudad y se convierte en el paseo Colón, al oeste de la calle 14.

Cuando se indica la dirección de un establecimiento, se hace referencia a las dos calles más próximas entre las que se halla; así, la oficina de turismo se emplaza en la calle 5, entre las avenidas Central y 2. Sin embargo, los lugareños no suelen mencionar las calles, sino que se guían teniendo en cuenta algunos puntos de referencia. Para aprender a descifrar las indicaciones de los ticos, véase recuadro en p. 471.

El centro, formado por varios distritos poco definidos, está repleto de empresas, tiendas, paradas de autobús y puntos de interés cultural. La zona más interesante para el visitante es el barrio Amón, al nordeste de la avenida 5 y la calle 1, por su concentración de mansiones, convertidas en

CÓMO LLEGAR A LA CIUDAD

Los taxis que se dirigen al centro desde el aeropuerto Juan Santamaría cuestan unos 12 US$. Estos vehículos son de color naranja y exigen que se pague la tarifa por adelantado. El **mostrador Taxi Aeropuerto** (☎ 221 6865; www.taxiaeropuerto.com) oficial se halla al salir de la zona de recogida de equipajes. El trayecto, que suele durar unos 20 minutos, puede alcanzar más de 60 en hora punta.

La opción más económica es el **autobús de Tuasa** (0,60 US$; hasta 45 min), un vehículo rojo que enlaza Alajuela con San José y pasa por el aeropuerto con frecuencia, entre las 5.00 y las 23.00. La parada se sitúa en la zona más alejada del aparcamiento fuera de la terminal, a un paso, incluso con equipaje. A veces, algunos taxistas dicen que no hay autobuses, lo que no es cierto. El **Interbus** (☎ 283 5573; www.interbusonline.com) realiza también un servicio bastante económico, que sale por 5 US$ por persona, pero hay que llamar con antelación para concertar la recogida.

Los autobuses nacionales e internacionales paran en algunas de las muchas terminales del oeste y el sur del centro de San José. Se puede ir andando por el centro, siempre que no se arrastre un montón de equipaje. Si se llega de noche, es mejor tomar un taxi al hotel, ya que casi todas las estaciones se encuentran en zonas sórdidas; un taxi a cualquier punto cobra, entre 1 y 2 US$.

hoteles y elegantes restaurantes. Al oeste se encuentra La Sabana, que toma su nombre del parque homónimo, y al norte, el elegante y residencial Rohrmoser. Un poco más hacia la parte occidental se alza el próspero Escazú (p. 97) y al sudeste del centro se encuentran las animadas zonas estudiantiles de Los Yoses y San Pedro (p. 92).

Si el viajero está interesado en adquirir un plano, puede dirigirse a Lehmann's (p. 61), la librería Universal (p. 61) o la oficina de turismo (p. 64).

INFORMACIÓN
Librerías

A continuación se enumeran las más reseñables; además, se pueden adquirir revistas, periódicos y libros en las tiendas del aeropuerto internacional y de algunos buenos hoteles.

SAN JOSÉ Y ALREDEDORES

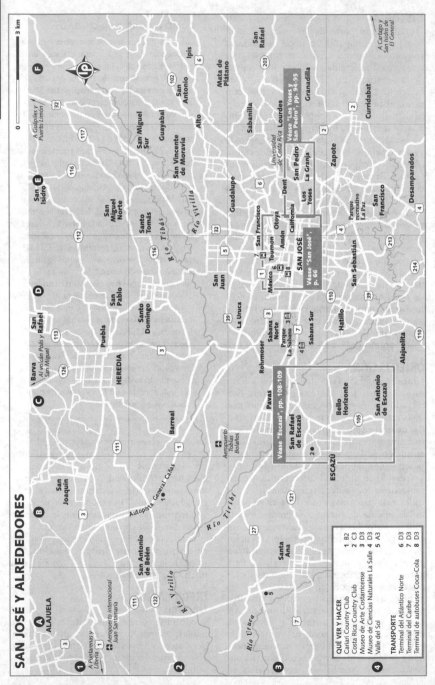

0 ____ 3 km

A Guápiles y / Puerto Limón

A Cartago y San Isidro de El General

A Puntarenas y Liberia

Aeropuerto internacional Juan Santamaría

Aeropuerto Tobías Bolaños

Ríos: Río Virilla, Río Tibás, Río Tiribí, Río Uruca

ALAJUELA

San Joaquín

San Antonio de Belén

Barreal

Pavas

Santa Ana

HEREDIA

Barva

San Isidro

Puebla

Santo Domingo

San Pablo

Santo Tomás

San Miguel Norte

San Miguel Sur

San Vincente de Moravia

Guayabal

San Antonio

Ipis

Mata de Plátano

San Rafael

Sabanilla

Lourdes

Granadilla

Curridabat

Zapote

San Francisco

Desamparados

Alajuelita

Hatillo

San Sebastián

San Pedro

La Granja

Dent

Los Yoses

California

Otoya

Amón

Tournón

San Francisco

Guadalupe

Alto

San Juan

La Uruca

Rohrmoser

Sabana Norte

Parque La Sabana

Sabana Sur

Mexico

Bello Horizonte

San Rafael de Escazú

San Antonio de Escazú

ESCAZÚ

Universidad de Costa Rica

Parque recreativo La Paz

Véase "Los Yoses y San Pedro", pp. 94-95

SAN JOSÉ
Véase "San José", p. 65

Véase "Escazú", pp. 108-109

QUÉ VER Y HACER
Cariari Country Club	1 B2
Costa Rica Country Club	2 C3
Museo de Arte Costarricense	3 D3
Museo de Ciencias Naturales La Salle	4 D3
Valle del Sol	5 A3

TRANSPORTE
Terminal del Atlántico Norte	6 D3
Terminal del Caribe	7 D3
Terminal de autobuses Coca-Cola	8 D3

7th Street Books (plano p. 66; ☎ 256 8251; calle 7, entre avs. Central y 1; ⏱ 9.00-18.00). Libros nuevos y usados en varios idiomas, revistas y periódicos; aquí también se emplaza École Travel (véase p. 66).

Mora Books (plano p. 66; ☎ 255 4136, 383 8385; edificio Omni, av. 1, entre las calles 3 y 5). Se recomiendan sus obras de segunda mano; son especialistas en guías y cómic.

Librería Internacional (☎ 290 3331; frente al centro comercial Plaza Mayor, 200 m al este del Restaurante Fogoncito, Rohrmoser; ⏱ 9.30-19.30 lu-sa, 13.00-17.00 do). Esta gran cadena ofrece ejemplares nuevos, así como guías de viajes y de naturaleza.

Lehmann's (plano p. 66; ☎ 223 1212; av. Central, entre las calles 1 y 3). Además de libros, revistas y periódicos, cuenta con un departamento en el piso superior, con mapas de todo tipo de Costa Rica.

Librería Francesa (plano p. 66; ☎ 223 7979; av. 1, entre las calles 5 y 7). Libros, revistas y una selección de textos en francés, alemán e inglés.

Librería Universal (plano p. 66; ☎ 222 2222; av. Central, entre las calles Central y 1). En la segunda planta de los grandes almacenes del mismo nombre, vende mapas topográficos y de carreteras, y algunas obras; dispone de un pequeño café.

Libro Azul (plano p. 66; av. 10, entre las calles Central y 1; ⏱ 8.30-12.30 y 13.30-17.30 lu-vi, 9.00-12.00 sa). Esta tienda diminuta y muy conocida, ofrece artículos de segunda mano.

Urgencias

Urgencias (☎ 911)
Bomberos (☎ 118)
Policía (☎ 117)
Cruz Roja (☎ 128)
Policía de Tráfico (☎ 222 9330)

Acceso a Internet

Es fácil revisar el correo electrónico en San José, donde existen más *cibercafés* que fruterías; también muchos hoteles ofrecen conexión. Las tarifas suelen oscilar entre 0,75 y 2 US$ por hora, pero se debe tener en cuenta que en algunos locales se cobra por horas completas; así pues, si el viajero se conecta durante 61 minutos, le costará como dos horas. Entre los buenos establecimientos destacan:

Cibercafé searchcostarica.com (plano p. 66; ☎ 233 3310; Las Arcadas, av. 2, entre las calles 1 y 3; 0,75 US$/h; ⏱ 7.00-23.00). Acoge también la lavandería Las Arcadas (véase p. 66), un lugar donde se intercambian libros, y un bar donde se puede tomar *pizza* y zumos.

Internet Café Costa Rica (plano p. 66; esquina av. Central y calle 4, piso 4º; 1 US$/h; ⏱ 9.00-22.00)

Internet Club (plano p. 66; calle 7, entre avs. Central y 2; 1,50 US$/h; ⏱ 24 h)

Cibercafé Netopia (plano p. 66; esquina av. 1 y calle 11; 1,25-0,75 US$/1ª h-resto; ⏱ 9.00-24.00 lu-sa, 10.00-22.00 do)

1@10 Café Internet (plano pp. 62-63; ☎ 258 4561; www.1en10.com; calle 3, entre avs. 5 y 7, 1 US$/h). Funciona como centro de información de la comunidad homosexual.

Lavanderías

Las que funcionan como autoservicio escasean y la mayor parte de los establecimientos clásicos ofrece sólo limpieza en seco. En muchos hoteles y hostales proporcionan este servicio, pero en los de precio alto resulta muy caro, pues se cobra por prenda. Se recomiendan los siguientes locales:

Lavandería Las Arcadas (plano p. 66; Las Arcadas, av. 2, entre las calles 1 y 3; ☎ 233 3310; ⏱ 7.00-23.00). Se trata de un autoservicio barato y popular, por lo que a veces hay que esperar; el lavado cuesta 3 US$ y el secado, 0,75 US$.

Lavandería Lavamex (plano p. 66; ☎ 258 2303; calle 8, entre avs. Central y 1; ⏱ 8.00-18.00 lu-vi, 8.00-17.00 sa). La mejor oferta de la ciudad: su amable personal lava y seca la ropa en pocas horas por 6 US$/carga. Además, ofrece información de viajes.

Lavandería Sixaola (plano p. 66; ☎ 221 2111; av. 2, entre las calles 7 y 9). Cobra 10 US$/carga por lavar, secar y doblar; también dispone de servicio en el mismo día, aunque resulta caro.

Asistencia médica

Para obtener información sobre el hospital de Escazú, véase p. 97. Tanto la clínica Bíblica como la Católica poseen farmacia.

Hospital San Juan de Dios (plano pp. 62-63; ☎ 257 6282; esquina paseo Colón y calle 14). Céntrico, público y gratuito, pero con largas colas.

Clínica Bíblica (plano pp. 62-63; ☎ 257 5252; www.clinicabiblica.com; av. 14, entre las calles Central y 1). Privada y la más prestigiosa del centro, en general sus precios son más baratos que en EE UU o Europa; sala de urgencias abierta 24 horas.

Clínica Católica (☎ 246 3000; www.clinicacatolica.com; Guadalupe). Privada; situada al norte del centro.

Dinero

Todas las entidades financieras pueden cambiar cualquier moneda extranjera, aunque el dólar estadounidense y, a continuación, el euro son las más aceptadas. Los hoteles caros instalan ventanillas de cambio, aunque las comisiones pueden ser elevadas; por eso

SAN JOSÉ

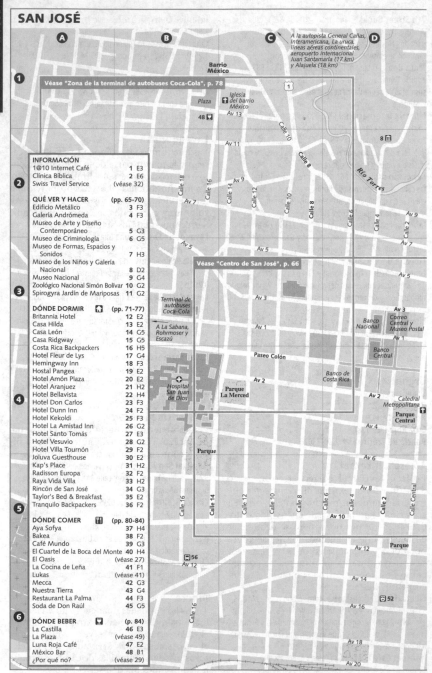

A · **B** · **C** · **D**

A la autopista General Cañas,
Interamericana, La única,
líneas aéreas continentales,
aeropuerto internacional
Juan Santamaría (17 km)
y Alajuela (18 km)

Barrio
México

1 Véase "Zona de la terminal de autobuses Coca-Cola", p. 78

Plaza
Iglesia
del barrio
México
48
Av 13

Av 11

Calle 10

Calle 8

Río Torres

8

Calle 18
Calle 16
Calle 14
Calle 12
Av 9
Av 7
Calle 10
Calle 8
Calle 6
Calle 4
Calle 2
Av 9
Av 7

Av 5
Av 5

INFORMACIÓN
1@10 Internet Café   **1** E3
Clínica Bíblica   **2** E6
Swiss Travel Service   (véase 32)

QUÉ VER Y HACER   (pp. 65-70)
Edificio Metálico   **3** F3
Galería Andrómeda   **4** F3
Museo de Arte y Diseño
  Contemporáneo   **5** G3
Museo de Criminología   **6** G5
Museo de Formas, Espacios y
  Sonidos   **7** H3
Museo de los Niños y Galería
  Nacional   **8** D2
Museo Nacional   **9** G4
Zoológico Nacional Simón Bolívar **10** G2
Spirogyra Jardín de Mariposas **11** G2

DÓNDE DORMIR   (pp. 71-77)
Britannia Hotel   **12** E2
Casa Hilda   **13** E2
Casa León   **14** G5
Casa Ridgway   **15** G5
Costa Rica Backpackers   **16** H5
Hotel Fleur de Lys   **17** G3
Hemingway Inn   **18** F3
Hostal Pangea   **19** E2
Hotel Amón Plaza   **20** E2
Hotel Aranjuez   **21** H2
Hotel Bellavista   **22** H4
Hotel Don Carlos   **23** F3
Hotel Dunn Inn   **24** F2
Hotel Kekoldi   **25** F3
Hotel La Amistad Inn   **26** G2
Hotel Santo Tomás   **27** E3
Hotel Vesuvio   **28** G2
Hotel Villa Tournón   **29** F2
Joluva Guesthouse   **30** E2
Kap's Place   **31** H2
Radisson Europa   **32** F2
Raya Vida Villa   **33** H2
Rincón de San José   **34** G3
Taylor's Bed & Breakfast   **35** E2
Tranquilo Backpackers   **36** F2

DÓNDE COMER   (pp. 80-84)
Aya Sofya   **37** H4
Bakea   **38** F2
Café Mundo   **39** G3
El Cuartel de la Boca del Monte **40** H4
El Oasis   (véase 27)
La Cocina de Leña   **41** F1
Lukas   (véase 41)
Mecca   **42** G3
Nuestra Tierra   **43** G4
Restaurant La Palma   **44** F3
Soda de Don Raúl   **45** G5

DÓNDE BEBER   (p. 84)
La Castilla   **46** E3
La Plaza   (véase 49)
Luna Roja Café   **47** E2
México Bar   **48** B1
¿Por qué no?   (véase 29)

Véase "Centro de San José", p. 66

Av 5

Av 3

Av 3
Banco
Nacional
Correo
Central y
Museo Postal
Av 1

Av 1
Banco
Central

Paseo Colón

Av 2
Banco de
Costa Rica

Terminal de
autobuses
Coca-Cola

A La Sabana,
Rohrmoser y
Escazú

Hospital
San Juan
de Dios

Parque
La Merced

Av 2
Av 2
Catedral
Metropolitana

Parque
Central

Av 4
Av 4

Parque

Av 6

Calle 16
Calle 14
Calle 12
Calle 10
Calle 8
Calle 6
Calle 4
Calle 2
Calle Central

Av 8
Av 10

Av 12
56

Av 12

Calle 16

Parque

Av 12

Av 14

Av 16
52

Av 18

Av 20

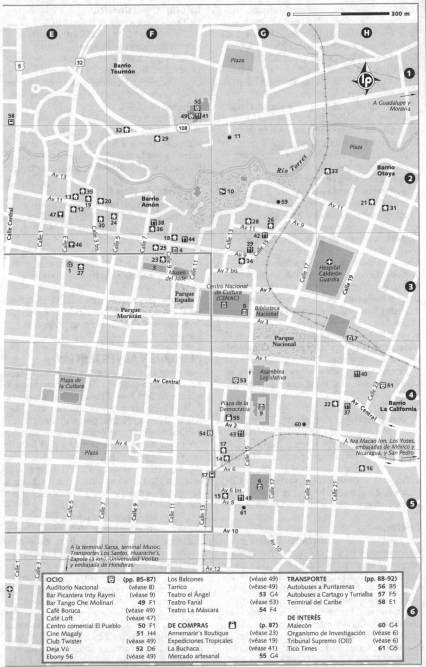

Barrio Tournón

Plaza

A Guadalupe y Moravia

Río Torres

Barrio Otoya

Barrio Amón

Av 13

Av 11

Calle Central

Museo del Jade

Parque España

Centro Nacional de Cultura (CENAC)

Parque Morazán

Hospital Calderón Guardia

Biblioteca Nacional

Av 7

Av 3

Parque Nacional

Plaza de la Cultura

Av Central

Asamblea Legislativa

Barrio La California

Plaza de la Democracia

A Ara Macao Inn, Los Yoses, embajadas de México y Nicaragua, y San Pedro

Plaza

Av 4

Av 2

Av 6

Av 6 bis

Av 8

Av 10

Av 12

A la terminal Sacsa, terminal Musoc, Transportes Los Santos, Huarache's, Zapote (3 km), Universidad Veritas y embajada de Honduras.

OCIO	🎭	(pp. 85-87)
Auditorio Nacional		(véase 8)
Bar Picantera Inty Raymi		(véase 9)
Bar Tango Che Molinarí		**49** F1
Café Boruca		(véase 49)
Café Loft		(véase 47)
Centro comercial El Pueblo		**50** F1
Cine Magaly		**51** H4
Club Twister		(véase 49)
Deja Vú		**52** D6
Ebony 56		(véase 49)

Los Balcones	(véase 49)
Tarrico	(véase 49)
Teatro el Ángel	**53** G4
Teatro Fanal	(véase 53)
Teatro La Máscara	**54** F4

DE COMPRAS	🛍️	(p. 87)
Annemarie's Boutique		(véase 23)
Expediciones Tropicales		(véase 19)
La Buchaca		(véase 41)
Mercado artesanal		**55** G4

TRANSPORTE	(pp. 88-92)
Autobuses a Puntarenas	**56** B5
Autobuses a Cartago y Turrialba	**57** F5
Terminal del Caribe	**58** E1

DE INTERÉS	
Malecón	**60** G4
Organismo de Investigación	(véase 6)
Tribunal Supremo (OIJ)	(véase 6)
Tico Times	**61** G5

conviene informarse antes de comprar grandes sumas de colones. No se recomienda realizar operaciones en la calle; cualquiera de estos bancos dispensa un buen servicio: **Banco de Costa Rica** (plano p. 66; ☎ 221 8143; www. bancobcr.com; av. 1, entre las calles 7 y 9; 🕙 8.30-18.00 lu-vi) **Banco de San José** (plano p. 66; ☎ 295 9595; www. bancosanjose.fi.cr; av. 2, entre las calles Central y 1; 🕙 8.00-19.00 lu-vi, 9.00-13.00 sa). Emplazado al norte de la catedral, posee cajeros automáticos de Plus y Cirrus. **Oficina de cambio del Banco Nacional de Costa Rica** (plano p. 66; esquina av. Central y calle 4; 🕙 10.30-18.00 lu-do). Es estupendo si el viajero necesita cambiar dinero en domingo; suele haber cola. **Compañía Financiera de Londres** (plano p. 66; ☎ 222 8155; esquina calle Central y av. Central, piso 3º; 🕙 8.15-16.00 lu-vi). No cobra comisión en transacciones en metálico y acepta dólares canadienses y estadounidenses, euros y yenes; cambia cheques de viaje. **Credomatic** (plano p. 66; ☎ 295 9000; dentro del Banco de San José; calle Central, entre avs. 3 y 5). Concede adelantos en metálico con las tarjetas Visa y MasterCard. **Scotiabank** (plano p. 66; ☎ 287 8700; www.scotiabank. com; av. 1, entre las calles 2 y 4; 🕙 8.15-17.00 lu-vi). Ofrece un buen servicio; además los cajeros de Cirrus dispensan dólares estadounidenses.

En San José se suelen aceptar todo tipo de tarjetas de crédito, aunque se prefiere la Visa a la Mastercard o American Express. Para más información sobre cuestiones relacionadas con el dinero, véase p. 476.

Correos

El **Correo Central** (plano p. 66; ☎ 223 9766; www. correos.go.cr; calle 2, entre avs. 1 y 3; 🕙 8.00-17.00 lu-vi, 7.30-12.00 sa) constituye el lugar más eficiente para enviar y recibir correspondencia, además de proporcionar servicio urgente con entrega al día siguiente a varias partes del mundo. En el segundo piso se ha instalado un pequeño museo filatélico (véase p. 67).

Teléfono

Se pueden realizar llamadas locales e internacionales desde casi todas las cabinas públicas, muy numerosas en el lado oeste del parque Central, por la plaza de la Cultura y en el vestíbulo de muchos hoteles, donde suelen contar con guías telefónicas. Las tarjetas Chip y Colibrí se venden en las tiendas de recuerdos, los quioscos y los supermercados Más X Menos. Para información general sobre servicios de telefonía, véase p. 478.

Información turística

Instituto Costarricense de Turismo (ICT). Plaza de la Cultura (plano p. 66; ☎ 223 1733 ext. 277; www. tourism-costarica.com; calle 5, entre avs. Central y 2; 🕙 9.00-17.00 con almuerzo flexible lu-vi); Correo Central (plano p. 66; calle 2, entre avs. 1 y 3). Oficina estatal de turismo donde se pueden obtener los horarios de autobuses (a veces no actualizados), así como planos y mapas gratis de San José y Costa Rica.
Canatur (☎ 234 6222; www.costarica.tourism.co.cr; 🕙 8.00-22.00). La Cámara Nacional de Turismo facilita información sobre los servicios de sus miembros en un pequeño mostrador situado junto a la zona de recogida de equipajes en el aeropuerto internacional Juan Santamaría.

Agencias de viajes

Las que se enumeran a continuación cuentan con acreditado prestigio y experiencia. Para conocer otras compañías donde se organizan circuitos, véase p. 70.
OTEC (plano p. 66; ☎ 256 0633; www.turismojoven. com; calle 3, entre avs. 1 y 3). Especializada en recorridos para jóvenes, puede emitir tarjetas de descuento para estudiantes.
TAM Travel Corporation (plano p. 66; ☎ 256 0203; www.tamtravel.com; calle 1, entre avs. Central y 1). Gestiona billetes de avión y excursiones locales, entre otras cosas.

PELIGROS Y ADVERTENCIAS

Como en casi todas las grandes ciudades, la delincuencia callejera es la mayor preocupación en San José. El robo de carteras es el delito más común, por lo que hay que guardar el dinero, el pasaporte u otros documentos importantes en un bolsillo interior o en una faltriquera; nunca en el bolsillo exterior de la mochila, ya que demasiados viajeros cuentan que les sustrajeron algo en un segundo. Conviene llevar la mochila delante y evitar las joyas o los relojes llamativos.

No se recomienda estacionar el coche en la calle, sino en aparcamientos vigilados; y, por supuesto, no se debe dejar nada dentro del vehículo, ni siquiera en lugares con vigilancia.

Un timo frecuente consiste en derramar algo sobre la potencial víctima, que a continuación es desvalijada por la persona que aparece para ayudarla a limpiarse.

En los últimos tiempos resulta habitual que pandillas en coche atraquen a los viandantes y luego huyan a toda velocidad, otra razón para no pasear solo de noche. En los últimos años, los viajeros han informado del aumento de los atracos al oeste del mercado central, sobre todo por la noche alrededor de la terminal de autobuses Coca-Cola. En el barrio chino, en especial en las manzanas situadas al sur del parque Central, también ha habido muchos hurtos y asaltos. Después de anochecer, se aconseja moverse en taxi, ya que es barato y le ahorra al viajero muchos disgustos.

Para evitar problemas, resulta coveniente que el visitante se informe, en el hotel o a través de otros viajeros, de cómo es la zona adonde se dirige, y, sobre todo, si se sale de bares por la noche, es esencial ir con un amigo. Las siguientes zonas se consideran poco seguras de día y nada recomendables de noche, aunque no forman parte de las rutas turísticas: León XIII, 15 de Septiembre, Cuba, Cristo Rey, Sagrada Familia, México, Bajo Piuses, Los Cuadros, Torremolinos.

Las mujeres que viajen solas deben tomar precauciones adicionales. En el pasado, algunas se han quejado de haber sido acosadas de noche por los taxistas; por eso, debe evitarse tomar taxis que carezcan de licencia. Si se desea más información para viajeras, véase p. 479.

Algunas prostitutas son famosas por su habilidad para despojar a sus clientes de la cartera. Por último, hay que tener presente que el ruido y la contaminación son inevitables en San José, así que la mayor parte de los hoteles céntricos padecen mucho jaleo callejero; pero sobre todo hay que tener cuidado de no caer en las alcantarillas y los profundos hoyos de las calles.

PUNTOS DE INTERÉS

El centro es bastante pequeño y se visita mejor a pie, pues las calles suelen estar atascadas de tráfico y resulta difícil aparcar. La zona más agradable para pasear es el barrio Amón, donde se conservan las mansiones de cafetaleros de finales del s. XIX y principios de s. XX. Muchas se han restaurado y se han convertido en hoteles, restaurantes y oficinas.

Los siguientes puntos de interés se enumeran siguiendo una ruta por la ciudad en sentido contrario a las agujas del reloj.

Museo de Arte y Diseño Contemporáneo

Insuficientemente apreciado, este **museo de arte y diseño** (plano pp. 62-63; ☎ 257 7202; www.

madc.ac.cr; av. 3, entre las calles 13 y 15; entrada 1 US$; ☽ 10.00-17.00 ma-sa), se ubica en el interior del Centro Nacional de la Cultura (CENAC), que ocupa toda una manzana y cuenta con un teatro, esculturas al aire libre y el propio museo, emplazado en el histórico edificio de la Fabrica Nacional de Licores de 1856. Las buenas instalaciones, donde se exponen obras de artistas contemporáneos de Costa Rica y de todo el mundo, merecen una visita. La web del museo es una fuente de información exhaustiva sobre artistas contemporáneos de América Central.

Museo del Jade

Quizá la **muestra** más famosa de Costa Rica (plano pp. 62-63; ☎ 287 6034, 223 5800 ext. 2527; edificio INS, av. 7, entre las calles 9 y 11, piso 11º; adultos/menores de 10 años 2 US$/gratis; ☽ 8.30-15.30 lu-vi), se halla en el edificio de cristal negro del Instituto Nacional de Seguros (INS). Remodelado a finales de 2003 y reabierto en 2004, alberga la mayor colección de jade americano del mundo, con cientos de piezas. Muchas están montadas a contraluz para que se pueda apreciar lo exquisitamente traslúcida que es la piedra. También se pueden recorrer las exposiciones arqueológicas de piezas de cerámica, piedra y oro, dispuestas por áreas culturales. Desde el piso 11º se disfruta de una estupenda vista de la ciudad desde donde se pueden sacar estupendas fotos. Si el viajero tiene apetito, un lector ha recomendado la cantina de los empleados para almorzar un buen casado (menú del día) por 2 US$.

Galería Andrómeda

Si se pasea por el barrio Amón, merece la pena echar un vistazo a esta **sala de arte** gratuita (☎ 223 3529; andromeda@amnet.co.cr; esquina calle 9 y av. 9), detrás del Museo del Jade, para ver la obras de artistas locales emergentes. Dispone también de una selección de revistas literarias.

Zoológico Nacional Simón Bolívar

Después de contemplar animales salvajes en los parques nacionales, da pena verlos en cautividad. A pesar de que este **zoo** (plano pp. 62-63; ☎ 233 6701, av. 11, entre las calles 7 y 9; entrada 2 US$; ☽ 8.00-15.30 lu-vi, 9.00-16.30 sa-do) se considera algo más que un lugar de exposición y ha lanzado varias iniciativas para concienciar sobre la conservación de la fauna; sin

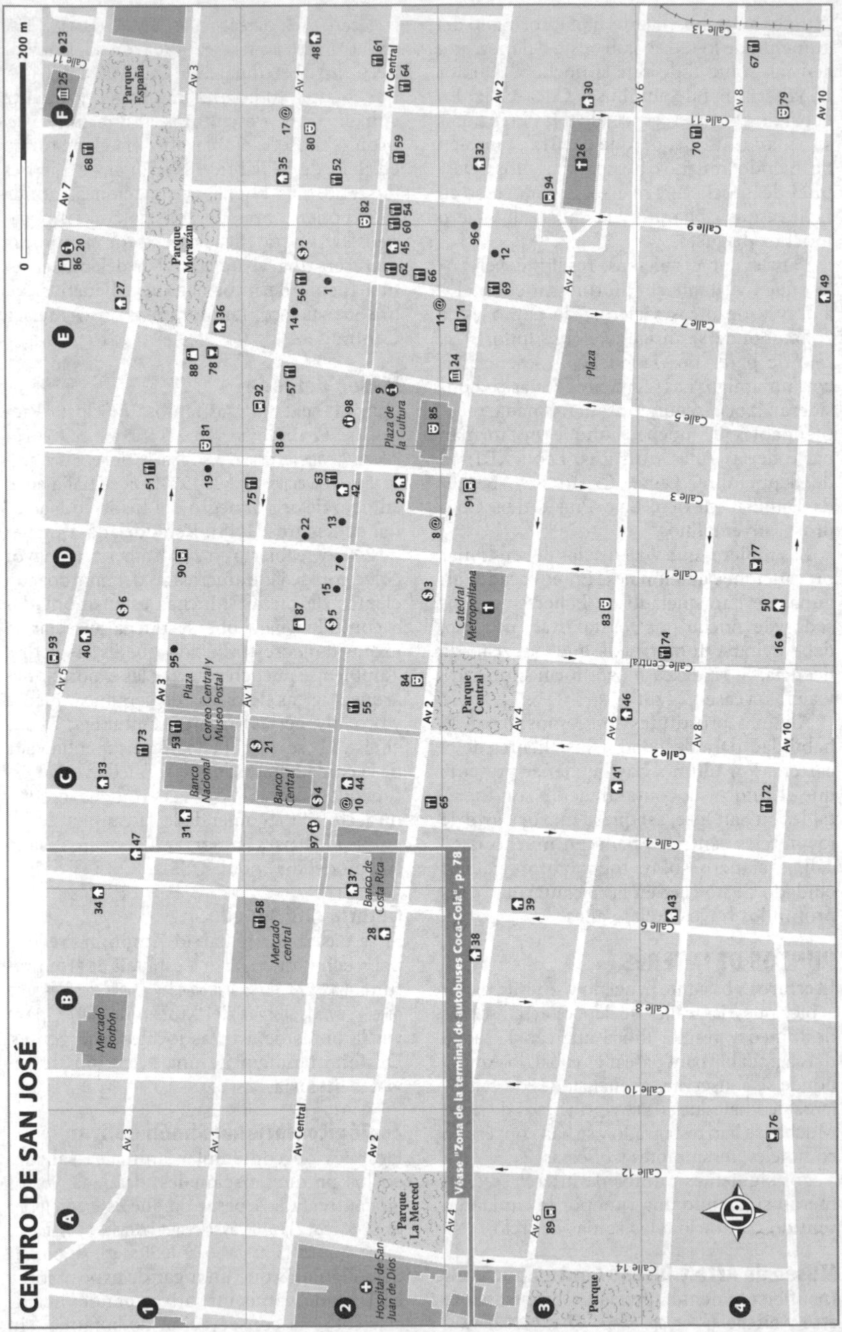

SAN JOSÉ

CENTRO DE SAN JOSÉ

0   200 m

Parque España

Parque Morazán

Parque La Merced

Hospital de San Juan de Dios

Mercado Borbón

Mercado central

Banco Nacional

Banco Central

Banco de Costa Rica

Correo Central y Museo Postal

Plaza

Plaza de la Cultura

Catedral Metropolitana

Parque Central

Plaza

Parque

Véase "Zona de la terminal de autobuses Coca-Cola", p. 78

Av 7
Av 3
Av 1
Av Central
Av 5
Av 3
Av 1
Av Central
Av 2
Av 2
Av 6
Av 4
Av 2
Av 4
Av 6
Av 8
Av 10
Av 4
Av 6

Calle 13
Calle 11
Calle 9
Calle 7
Calle 5
Calle 3
Calle 1
Calle Central
Calle 2
Calle 4
Calle 6
Calle 8
Calle 10
Calle 12
Calle 14

embargo, la mayor parte de los ejemplares, como en muchos países de América Central y del Sur, viven en jaulas demasiado pequeñas. Para acceder al parque, que se llena de familias ticas los fines de semana, los interesados deben dirigirse hacia el norte por la calle 7 y después seguir hacia el este por la avenida 11.

Jardín de Mariposas Spirogyra

A pesar de que se trata de una pequeña parcela (plano pp. 62-63; ☎ 222 2937; parcar@racsa. co.cr; 150 m al este y 150 m al sur del centro comercial El Pueblo; adultos/estudiantes 6/5 US$; ☼ 8.00-16.00), permite conocer de cerca diversas especies de mariposas autóctonas; además, cuenta con un café en temporada alta. Se puede llegar a pie, entre 20 y 30 minutos desde el centro; en taxi, o en el autobús que se dirige hasta El Pueblo, donde se ha instalado una señal.

Museo de los Niños y Galería Nacional

Este fascinante **museo**, ubicado en una antigua penitenciaría conocida localmente como "la Peni" (plano pp. 62-63; ☎ 258 4929; www.

museocr.com; calle 4, al norte de av. 9; entrada 2 US$; ☼ 8.00-16.30 ma-vi, 9.30-17.00 sa-do), no es sólo para niños. El recinto infantil ofrece muestras sobre ciencia, música, geografía y otros temas; a los adultos les cautivará la Galería Nacional, de entrada gratuita, que utiliza las antiguas celdas como modernas salas de exhibición.

Museo Postal, Telegráfico y Filatélico de Costa Rica

Visitar su colección de sellos costarricenses (plano p. 66; ☎ 223 6918; Correo Central; calle 2, entre avs. 1 y 3; entrada gratuita; ☼ 9.00-14.00 lu-vi) constituye una fantástica forma de pasar el tiempo mientras los amigos envían sus cartas.

Mercados

Aunque interesante si no se conoce ningún mercado latinoamericano, el **mercado central** (plano p. 66; avs. Central y 1, entre las calles 6 y 8) resulta algo soso comparado con los de países como Perú o Guatemala. Con todo, suele encontrarse bastante abarrotado y animado, con gran variedad de productos: salchichas, especias, camisetas y golosinas (véase p. 87); además, se sirven algunas de las comidas más baratas de la ciudad (véase p. 82). A una manzana de allí se halla el **mercado Borbón** (plano p. 66; esquina av. 3 y calle 8), muy similar. Las calles que los rodean aparecen atestadas de vendedores ambulantes y de carteristas, por lo que conviene ir con precaución.

Parque La Sabana

Situado en el extremo oeste del paseo Colón (plano p. 63), este vergel acoge tanto el Museo de Arte Costarricense como el Estadio Nacional, donde se juegan partidos de fútbol internacionales y de primera división. Es espacioso y dispone de una laguna, una fuente y diversas instalaciones deportivas (véase p. 70). De día se considera un buen lugar para pasear o ir de *picnic*, y escapar del centro; pero de noche debe evitarse.

Museo de Arte Costarricense

Este brillante **museo** (plano p. 63; ☎ 222 7155; musarco@racsa.co.cr; parque La Sabana; adultos/estudiantes 5/3 US$, gratis do; ⏱ 10.00-16.00 ma-do) conserva una colección permanente de arte costarricense de los ss. XIX y XX, y programa con regularidad exposiciones temporales de artistas ticos de todos los tiempos. El edificio, de estilo colonial, albergó hasta 1955 el aeropuerto de San José.

Museo de Ciencias Naturales La Salle

Situado cerca de la esquina sudoeste del parque La Sabana (plano p. 63; ☎ 232 1306; en el antiguo colegio La Salle; entrada 1,50 US$; ⏱ 7.30-16.00 lu-sa), presenta una muestra de mariposas y animales disecados algo antigua y polvorienta, aunque puede ayudar al viajero a identificar especies en libertad. Salvo para los fanáticos de la taxidermia, no vale mucho la pena; pero también organiza exposiciones de paleontología y arqueología. Un taxi desde cualquier parte de la ciudad suele costar menos de 2 US$; los taxistas lo conocen como el colegio La Salle. Desde el parque Central, el autobús Sabana-Cementerio o el Sabana-Estadio llegan allí por unos 0,25 US$; conviene preguntar al conductor dónde hay que bajarse.

Parque Central

Se trata del lugar (plano p. 66; avs. 2 y 4, entre las calles Central y 2) donde se puede tomar un taxi o un autobús urbano; pero también abundan los carteristas, por lo que hay que tener cuidado. Al este de la plaza se alza la moderna y bien cuidada **catedral Metropolitana** (plano p. 66; avs. 2 y 4, entre las calles Central y 1) y frente a la parte norte del parque se halla el **teatro Melico Salazar** (plano p. 66; av. 2, entre las calles Central y 2), dedicado al arte dramático, la música y la danza y donde se celebró la investidura presidencial de 2002.

Plaza de la Cultura

Ubicada en medio de la ciudad (plano p. 66; avs. Central y 2, entre las calles 3 y 5) y sin ningún atractivo especial, resulta un espacio perfecto para ver pasar a la gente. En ella se encuentra el Teatro Nacional, el Museo de Oro Precolombino y la oficina del ICT.

Museo de Oro Precolombino y Numismática

Considerado uno de los mejor organizados (plano p. 66; ☎ 243 4202; www.museosdelbancocentral. org; plaza de la Cultura, sótano; entrada 5 US$; ⏱ 9.15-16.30 ma-do), posee una fantástica colección de oro precolombino y otros objetos, aunque más pequeña que otras similares de México y Perú. Exhibe una pequeña muestra sobre la historia de la moneda costarricense y cuenta con una sala para exposiciones temporales de arte local. El edificio, propiedad del Banco Central, recuerda a una cámara acorazada. Por cuestiones de seguridad, se exige a los visitantes que dejen los bolsos a la entrada.

Teatro Nacional

Construido en 1897, constituye el edificio público más impresionante de la ciudad (plano pp. 62-63; ☎ 221 1329; calles 3 y 5, entre avs. Central y 2; entrada 3 US$; ⏱ 9.00-17.00 lu-vi, 9.00-12.30 y 13.30-17.30 sa); su fachada neoclásica con columnas está flanqueada por las estatuas de Beethoven y Calderón de la Barca. El espléndido vestíbulo y el auditorio están decorados con pinturas sobre la vida del s. XIX, como la famosa *Alegoría al café y el banano*, una idílica tela que muestra la recolección de estos frutos. Realizada en Italia, desde donde fue enviada, su imagen se reprodujo en el billete de 5 CRC (ahora fuera de circulación), que puede encontrarse en algunas tiendas de recuerdos. El cuadro revela que el pintor jamás presenció la cosecha del banano por la extraña forma en que un personaje agarra un racimo, ya que los cosecheros reales se los echan a la espalda.

La escalinata de mármol, los techos dorados y los suelos de maderas nobles tropicales son dignos de verse. Para obtener información sobre la programación del teatro, véase p. 95. Mientras se elaboraba esta guía, se estaba llevando a cabo la limpieza y renovación de todo el complejo; por eso, el café del teatro permanecía cerrado y no se conocía la fecha de reapertura.

Por último, la **galería García Monge** (esquina av. 2 y calle 5; entrada gratuita), perteneciente al teatro y emplazada frente a él, con exposiciones de artistas contemporáneos, merece una visita.

Museo de Criminología

El edificio del OIJ (Organismo de Investigación Judicial; Tribunal Supremo) (plano pp. 62-63; ☎ 295 3850; calle 17, entre avs. 6 y 8, piso 2º; entrada gratuita; ☻ 7.30-12.00, 13.00-16.00 lu-vi) acoge muestras relacionadas con actos delictivos con el fin de prevenir el crimen. Mitad sangriento y mitad emocionante, exhibe artefactos empleados en asesinatos, una mano cortada y fotos de los delitos más famosos del país. Sin duda hará las delicias de muchos.

Museo Nacional de Costa Rica

Situado en la fortaleza de Buenavista (plano pp. 62-63; ☎ 257 1433; calle 17, entre avs. Central y 2; entrada 0,50 US$; ☻ 8.30-16.30 ma-do), presenta un buen resumen de la historia de Costa Rica. Alberga una amplia gama de objetos precolombinos y coloniales, y gran cantidad de arte religioso. El ala de historia natural custodia especímenes de fauna y flora, así como minerales y fósiles. El edificio, que cuenta con tienda de regalos, funcionó como cuartel general del Ejército, por eso los muros que rodean el jardín están acribillados por las balas de la guerra civil de 1948.

Museo de Formas, Espacios y Sonidos

Este curioso **museo interactivo** (plano pp. 62-63; ☎ 222 9462; av. 3, entre las calles 17 y 23; entrada 1 US$; ☻ 9.30-15.00 lu-vi), dirigido a niños, se halla en la antigua estación de ferrocarril al Atlántico de San José. El visitante puede subirse a una locomotora antigua o a los viejos vagones, además de recorrer varias exposiciones dedicadas al oído, el tacto y la vista. Se recomienda a los grupos grandes llamar con antelación para concertar la visita.

Parques y plazas del este

Numerosas zonas verdes salpican el centro de San José y se muestran como oasis dentro de la capital; sin embargo, conviene recordar que muchos parques no son seguros tras anochecer y que otros se convierten en focos de prostitución.

Una de las plazas más agradables, el sombreado **parque Nacional** (plano pp. 62-63; avs. 1 y 3, entre las calles 15 y 19), ampara el espectacular Monumento Nacional, que representa a las naciones centroamericanas expulsando al filibustero estadounidense William Walker. Para más información sobre este personaje, véase p. 24. Rodean el parque importantes monumentos, como la **Biblioteca Nacional** al norte; el complejo CENAC, que alberga el museo de arte contemporáneo (p. 65), al noroeste; y la **Asamblea Legislativa** al sur. En los jardines de la Asamblea se alza la estatua del héroe nacional Juan Santamaría. Para conocer sus hazañas, véase p. 24.

Al sur se encuentra la **plaza de la Democracia** (plano pp. 62-63; avs. Central y 2, entre las calles 13 y 15), de escaso interés arquitectónico, que ofrece vistas de las montañas que rodean la ciudad. En su flanco oeste se instala un mercado de artesanía al aire libre con una buena selección de regalos (véase p. 87).

A pesar del intenso tráfico, en el **parque España** (plano p. 66; avs. 3 y 7, entre las calles 9 y 11) se oye un escandaloso canto de pájaros a la caída del sol. En el flanco norte se erige el inmueble de cristal negro del INS, que alberga el Museo del Jade. Una manzana al oeste se alza el interesante **edificio metálico** (plano p. 66; esquina av. 7 y calle 9), de dos plantas y de color amarillo y azul. Diseñado en Francia y prefabricado en Bélgica, fue enviado pieza a pieza desde Europa y construido en San José en la década de 1890; en la actualidad se utiliza como escuela.

Al noroeste del parque España se halla la espléndida **Casa Amarilla** (plano pp. 62-63; av. 7, entre las calles 11 y 13), una bella mansión de estilo colonial, que es la sede del Ministerio de Relaciones Exteriores y Culto. No se abre al público, pero su fachada merece un vistazo o una foto.

Al sudoeste, el decadente **parque Morazán** (plano p. 66; avs. 3 y 5, entre las calles 5 y 9) cuenta con una glorieta, conocida como Templo de Música, que sirve como punto de referencia. Por desgracia, por la noche se transforma en un centro de prostitución.

ACTIVIDADES

El **parque La Sabana** (plano p. 63) cuenta con instalaciones para jugar al tenis, balonvolea, baloncesto y béisbol, y pistas para correr; también se puede nadar en su piscina olímpica, pero cuesta 3 US$ y sólo abre de 12.00 a 14.00. Muchos ticos prefieren la excursión a los manantiales de Ojo de Agua, en San Antonio de Belén (véase p. 108), donde se pueden bañar el día entero.

En el **Costa Rica Tennis Club** (☎ 232 1266), en el lado sur de La Sabana, pagando 10 US$ al día por persona, se puede disfrutar de sus once pistas de tenis, al aire libre y cubiertas, sus tres piscinas, sauna y gimnasio.

Si el viajero desea apuntarse a un gimnasio, puede hacerlo por unos 20 US$ al mes. Para ello, debe consultar las páginas amarillas de la guía telefónica.

El **Cariari Country Club** (plano p. 63; ☎ 293 3211; cariari@racsa.co.cr), el **Costa Rica Country Club** (plano p. 63; ☎ 228 9333, 208 5000) o el **Valle del Sol** (plano p. 63; ☎ 282 9222, ext. 218/219) disponen de campo de golf. Para más detalles, véanse p. 104 y p. 98.

Los amantes de las emociones fuertes pueden acercarse a **Tropical Bungee** (☎ 248 2212, 383 9724; www.bungee.co.cr; salto 60 US$), que organiza saltos desde el puente del río Colorado; incluye el transporte desde el hotel.

SAN JOSÉ PARA NIÑOS

La mayoría querrá irse de San José para disfrutar de la selva, las playas y los volcanes en activo, pero si se pasan varios días en la ciudad, hay algunas actividades para entretenerlos y agotarlos.

El **Museo de los Niños** (p. 67) y el **Museo de Formas, Espacios y Sonidos** (p. 69), muy interactivos, fascinan a los más pequeños, que no pueden dejar de tocarlo todo.

Tanto el **teatro Eugene O'Neill** (p. 97) como el **teatro Fanal** (p. 87) programan funciones infantiles.

Los amantes de la naturaleza estarán encantados de ver los insectos del **Jardín de Mariposas Spirogyra** (p. 67) o examinar los animales exóticos del **Zoológico Nacional Simón Bolívar** (p. 65). Además, el **Museo de Criminología** (p. 69) puede resultar de interés para los adolescentes, que se divertirán con sus truculentos contenidos. A éstos también les puede gustar ver gente de su edad en la **plaza de la Cultura** (p. 68), con sus establecimientos de comida rápida.

En los barrios residenciales de las afueras, el **Mall San Pedro** (p. 97) y la **Escazú Multiplaza** (p. 104) son ideales para jóvenes que disfruten con el ambiente de los centros comerciales.

Por último, siempre se puede recurrir a las piscinas del **Costa Rica Tennis Club** (véase esta página), abiertas al público, o realizar una excursión a **Ojo de Agua** (p. 108), al noroeste de la ciudad.

CIRCUITOS

Entre las agencias que ofrecen este servicio se encuentran:

Calypso Tours (☎ 256 2727; www.calypsotours. com). Recorridos por las islas cercanas a Bahía Gigante en autobús y catamarán de unos 21 m a motor (para más detalles, véase p. 262).

École Travel (plano p. 66; ☎ 223 2240; www.ecoletravel.com; calle 7, entre avs. Central y 1). Itinerarios económicos y de precio medio por el país.

Swiss Travel Service (plano pp. 62-63; ☎ 221 0944; 250 m al oeste del centro comercial El Pueblo). Empresa con buena fama por organizar viajes por toda Costa Rica; posee una sucursal en el Radisson Europa.

Tiquicia Travel (☎ 256 9682; www.tiquiciatravel.com; apartamentos Pie Montel, La Uruca). Pequeña y dirigida a los lugares preferidos de la comunidad homosexual.

Si se tiene algo de tiempo, se puede visitar la ciudad andando sin que sea necesario apuntarse a un circuito. Pero, si sólo se dispone de pocas horas y el viajero no quiere perderse lo principal, Swiss Travel Service ofrece uno de tres horas que pasa por el Teatro Nacional, el Museo Nacional, la Asamblea Legislativa, la catedral y el Organismo de Investigación Judicial (OIJ). También recorre el parque Nacional y el parque La Sabana, y la zona residencial de Rohrmoser en coche. La tarifa asciende a 26 US$, con transporte y entrada a los museos.

Asimismo, la agencia organiza excursiones de un día a cualquier lugar de San José y a la zona del valle Central.

FIESTAS Y CELEBRACIONES

Cada dos años San José acoge en marzo, durante dos semanas, el **Festival Internacional de las Artes**, con teatro, música, danza y cine por todas partes; la programación aparece en los periódicos. El 19 de marzo, **Día de San José**, aunque ha dejado de ser festivo, se celebran misas en honor del patrón de la ciudad en algunas iglesias.

ACADEMIAS DE BAILE

Si el viajero está interesado en mejorar su forma de bailar, en San José y alrededores existen muchos centros donde se pueden tomar clases. Están dirigidas a los ticos, pero los turistas son bien recibidos. Enseñan todo tipo de bailes latinos: salsa, chachachá, merengue, bolero y tango. Dos horas a la semana en grupo salen por unos 20 US$; también se puede encontrar información sobre este tipo de actividades en muchas escuelas de idiomas.

- **Academia de Bailes Latinos** (☎ 233 8938; av. Central, entre las calles 25 y 27, junto al Pizza Hut del barrio Escalante)
- **Malecón** (plano pp. 62-63; ☎ 222 3214; av. 2, entre las calles 17 y 19)
- **Merecumbé** (☎ 228 6253; Escazú)
- **Kurubandé** (☎ 234 0682; Guadalupe)

DÓNDE DORMIR

Los alojamientos en San José abarcan desde el cubículo más deprimente hasta el lujo más suntuoso. Al oeste de la calle Central, cerca de la terminal de autobuses Coca-Cola, se hallan muchos hoteles baratos; se trata de una zona ruidosa y cutre. Los sitios de más categoría se encuentran al oeste del centro, en La Sabana y Rohrmoser, así como al este, en el barrio Amón. También se puede optar por las numerosas posibilidades de Los Yoses y San Pedro (p. 94) y Escazú (p. 97), a pocos minutos del centro en autobús o taxi. Para informarse sobre los establecimientos cercanos a San Antonio de Belén, véase p. 104.

Se recomienda reservar en temporada alta (de diciembre a abril) y en las dos semanas próximas a Navidad y Semana Santa. Si se desea información general sobre hoteles en todo el país, véase p. 465, donde se indican los precios de temporada alta.

Antes de realizar una reserva con tarjeta de crédito, véanse los consejos de la p. 466.

Al norte y este del centro
Plano pp. 62-63
ECONÓMICO
El preferido de la autora para esta categoría es el Hostal Pangea del barrio Amón (véase recuadro en p. 73).

Tranquilo Backpackers (☎ 223 3189, 222 2493, 355 5103; www.tranquilobackpackers.com; calle 7, entre avs. 9 y 11; dc 7 US$, i/d 11/19 US$; 🖳). En el barrio Amón, este soleado albergue, gestionado por alemanes, es uno de los más nuevos, recomendado por los lectores y muy tranquilo. Ofrece dormitorios colectivos limpios y espaciosos, servicio de lavandería (4,75 US$ por carga), cocina común, depósito gratuito de equipajes y acceso a Internet. Todas las duchas, decoradas con divertidos mosaicos de azulejos, son compartidas. Un gran aliciente es el desayuno gratuito con tortitas. En el patio hay hamacas para tomar el fresco y tiene un agradable balcón que da a la calle.

Casa Ridgway (☎ 222 1400; friends@racsa.co.cr; esquina calle 15 y av. 6 bis; dc 10 US$, i/d 12/24 US$; 🚫). Esta acogedora casa de huéspedes, situada en una tranquila bocacalle cerca del OIJ, está regentada por el contiguo Centro de Amigos para la Paz, cuya principal misión es promover la justicia social. Los baños son compartidos, dispone de cocina común, servicio de lavandería (5 US$ por carga) y una amplia biblioteca especializada en política y sociedad centroamericana. Ofrece cuartos impolutos, agua muy caliente y un ambiente tranquilo. No se permite la entrada de alcohol, tabaco ni drogas, y se exige silencio de 22.00 a 6.00.

Costa Rica Backpackers (☎ 221 6191; www.cos taricabackpackers.com; av. 6, entre las calles 21 y 23; dc 9 US$, d 20 US$; 🅿 🖳 🐾). Céntrico albergue cerca del edificio del OIJ, que posee coloridas habitaciones alrededor de un patio con jardín y sala de juegos. Algunos viajeros han comentado que le faltan baños. Ofrece café y té gratis, y servicio de lavandería (5 US$ por carga).

Casa Hilda (☎ 221 0037; c1hilda@racsa.co.cr; av. 11, entre las calles 3 y 3 bis; d desayuno incl. 25-35 US$). En el barrio Amón, cuenta con dormitorios de varios tamaños, sencillos, con baño y agua caliente. Algunos se asoman a un pequeño y bonito patio ajardinado con una fuente natural. Los Quesada brindan un trato familiar, además de informar sobre viajes a otras partes de Costa Rica.

Hotel Bellavista (☎ 223 0095, en EE UU 800-637 0899; wimberly@racsa.co.cr; av. Central, entre las calles 19 y 21; i/d 23/29 US$). Oscuro y limpio, es mucho mayor de lo que aparenta desde fuera. Buen servicio y baño con agua caliente en todas las habitaciones. El desayuno, que se sirve en el café contiguo, está incluido. Algunos lectores se han quejado de los tabiques excesivamente finos, cosa habitual en América Central.

Casa León (☎ 222 9725; av. 6, entre las calles 13 y 15; dc 10 US$, i/d 20/25 US$). Apenas señalizado, este divertido hotel se sitúa en una curva sobre las vías del ferrocarril. Las duchas de agua caliente son compartidas, al igual que la cocina. Los simpáticos propietarios facilitan información turística.

PRECIO MEDIO

Kap's Place es el alojamiento preferido de la autora entre los de esta categoría (véase recuadro en p. 73).

Hotel Aranjuez (☎ 256 1825; www.hotelaranjuez.com; calle 19, entre avs. 11 y 13; i/d 21/24 US$, d con baño 39-42 US$; P 🖳). Lleno de recovecos, consta de varias casas antiguas de madera, estupendamente conservadas, unidas por jardines y un delicioso patio donde crece un mango. Alquila pulcras habitaciones de diversos tamaños y precios, que incluyen un fantástico desayuno bufé, servido en el patio. El acceso a Internet y las llamadas locales son gratuitos; dispone de servicio de lavandería (5 US$ por carga). La amable familia costarricense que lo regenta disfruta departiendo con los huéspedes, pero no hay que olvidarse de reservar.

Taylor's Bed & Breakfast (☎ 257 4333; taylorsinn@catours.co.cr; av. 13, entre las calles 3 y 3 bis; d 46 US$; ✂ 🖳). Coqueta y bien conservada, esta casa de ladrillo en el barrio Amón posee 10 cuartos inmaculados de diversos tamaños y estilos, con teléfono y ducha de agua caliente, situados alrededor de un patio interior con fuente, donde se sirve el desayuno. Ofrece

---

ESTAFAS

Muchos taxistas de San José y otras regiones de Costa Rica reciben comisiones de los hoteles por llevarles clientes, puesto que el negocio de la hostelería es muy competitivo. A veces los taxistas pueden contarle al viajero que el hotel que ha elegido es un antro de drogas, que ha cerrado o que está completo; pero no hay que creer todo lo que se oye. Hay que decirle al conductor con firmeza dónde se desea ir y, si en algún momento se tienen dudas sobre el lugar, se recomienda pedir ver la habitación antes de entrar.

---

servicio de lavandería (7 US$ por carga) y correo electrónico gratuito.

Joluva Guesthouse (☎ 223 7961; www.joluva.com; calle 3 bis, entre avs. 9 y 11; i/d 35/50 US$; 🖳). Pequeña y limpia casa de huéspedes en el barrio Amón, regentada por homosexuales, con bonitas zonas comunes decoradas a la antigua. Cuenta con siete habitaciones, algo pequeñas pero bien equipadas, con baño y televisión por cable. El desayuno continental está incluido en el precio, y dispone de acceso a Internet (1 US$ por hora) y alquiler de vídeos. La dirección facilita información sobre lugares de ambiente y viajes.

Hotel Dunn Inn (☎ 222 3232, 222 3426; www.hoteldunninn.com; esquina calle 5 y av. 11; i/d 40/52 US$, st 64 US$; P 🖳). Atractiva casona de ladrillo y madera de finales del s. XIX con 24 dormitorios. Los más nuevos, en la parte de atrás, están más aireados y los antiguos son más oscuros. Todos presentan ventilador y las *suites*, camas *king-size*. Ofrece servicio de lavandería y acceso a Internet (2,50 US$ por hora). En el patio se ha instalado un **restaurante** abarrotado de plantas (☯ 7.00-20.30 lu-sa, 7.30-11.30 do), y el bar cierra tarde. Tiene aparcamiento vigilado (4 US$ por noche); aceptan Visa.

Hemingway Inn (☎ 257 8630, 221 1804; www.hemingwayinn.com; esquina calle 9 y av. 9; i/d/tr económica 37/47/57 US$, estándar 40/50/60 US$; de lujo 50/57/67 US$; 🖳). Este inmueble de aspecto sólido, de los años treinta, se ha decorado con infinidad de fotos del escritor del que toma nombre. Sus 17 cuartos llevan nombres de autores del s. XX y disponen de cómodas camas, ventilador de techo, televisión por cable, radio despertador, ducha de agua caliente y teléfono con llamadas gratuitas dentro de Costa Rica. Los más baratos son pequeños y oscuros, mientras que el resto se hacen mayores y mejores a medida que se sube de piso. Tiene servicio de lavandería (7 US$ por carga) y el desayuno se incluye en el precio. Acepta tarjetas de crédito.

Hotel Vesuvio (☎ 221 8325, 256 1616; www.hotelvesuvio.com; av. 11, entre las calles 13 y 15; i/d/tr 45/55/65 US$, d de lujo 59 US$; P 🖳). Gestionado por una encantadora familia en una tranquila calle del barrio Amón, cuenta con 20 habitaciones limpias y enmoquetadas, algo pequeñas, a lo largo de un pasillo. Todas presentan televisión por cable, teléfono, ventilador y ducha de agua caliente; las de lujo además, bañera. También se pueden pedir secadores

SELECCIÓN DE LA AUTORA

Económico

Hostal Pangea (plano pp. 62-63; ☎ 221 1992; www.hostelpangea.com; av. 11, entre las calles 3 y 3 bis; dc 9 US$, d sin/con baño 24/28 US$; 💻). Si se dispone de poco presupuesto, este albergue renovado del barrio Amón es el mejor lugar. Regentado por una animada pareja de mellizos ticos, tiene decenas de camas limpias, baños compartidos relucientes y una espaciosa cocina común. Ofrece un desayuno ligero (1 US$), acceso gratuito a Internet y llamadas gratis a EE UU. Hay una sala de estar con televisión por cable y un salón con bar, todo a un paso de la habitación. En 2005 los hermanos abrirán un hospedaje similar en La Fortuna.

Precio medio

Kap's Place (plano pp. 62-63; ☎ 221 1169; www.kapsplace.com; calle 19, entre avs. 11 y 13; i 27-30 US$, d 35-40 US$, tr 48-50 US$, apt 80 US$; 💻). Karla Arias es la culta propietaria de esta casa de huéspedes pintada de colores y cuidada meticulosamente. Cuenta con 13 acogedores dormitorios de diverso tamaño y precio, con televisión por cable, teléfono y ducha de agua caliente; la cocina es compartida y el acceso a Internet gratuito. Arias se suele reunir con los huéspedes en la zona de estar, donde sirve café y té gratis.

Precio alto

Hotel Grano de Oro (☎ 255 3322; www.hotelgranodeoro.com; calle 30, entre avs. 2 y 4; s 94 US$, d estándar/superior/de lujo 99/117/135 US$, st 158-280 US$, cama adicional 5 US$; P ✗). Al oeste del centro, se trata de una gran opción. Dispone de 35 habitaciones exquisitas en una mansión de principios del s. XX, cuya decoración destaca por las fotos antiguas; el servicio es excelente. Las habitaciones, en las que no se permite fumar, son de estilo victoriano y están equipadas con televisión por cable y teléfono. Cuenta con un restaurante de primera (p. 84). Se aceptan tarjetas de crédito.

de pelo y consultar el correo electrónico gratuitamente los primeros 15 minutos. El desayuno está incluido; el **restaurante** (platos 4-7 US$) abre a diario y sirve especialidades italianas a precios moderados.

Hotel La Amistad Inn (☎ 258 0021; esquina av. 11 y calle 15; www.centralamerica.com/cr/hotel/amistad. htm; i/d/tr 43/58/73 US$, s/d de lujo 55/70 US$, apt 67/82 US$; P ✗). En un sólido edificio de color terracota, entre sus 40 dormitorios destacan los de lujo, más grandes y nuevos, con aire acondicionado y una pequeña cocina. Aunque el vestíbulo es modesto, todos los cuartos, con ducha de agua caliente, televisión por cable y caja fuerte, están relucientes. El dueño cambia cheques de viaje, y se guarda el equipaje gratis. Los precios incluyen desayuno. Se aceptan tarjetas de crédito.

Hotel Kekoldi (☎ 248 0804; www.kekoldi.com; av. 9, entre las calles 5 y 7; i/d/tr 53/68/83 US$, d *master queen* 82 US$). Emplazado en un edificio estilo *art déco* en el barrio Amón, dispone de habitaciones impecables y recién pintadas, con baño y agua caliente, teléfono, televisión por cable y caja fuerte. La *suite* disfruta de vistas al jardín, dos camas *queen-size* y un

baño más amplio; las individuales son limitadas en temporada alta. Ofrece almacenaje de equipajes y servicio de lavandería, y programa circuitos. Este hotel, con buena fama entre la comunidad homosexual y los viajeros jóvenes, cuenta con otra sucursal en Manuel Antonio (p. 303). El desayuno está incluido y se aceptan tarjetas de crédito.

Hotel Don Carlos (☎ 221 6707; www.doncarlos. co.cr; calle 9, entre avs. 7 y 9; s/d estándar 64/76 US$, superior 76/88 US$, menores de 12 años gratis; P 💻). Muy solicitado, se trata de una mansión reformada con 33 dormitorios, todos distintos, cómodos y bien decorados, con suelo de azulejos. Cuentan con televisión por cable, teléfono, caja de seguridad, baño con ducha de agua caliente y secador de pelo. El precio incluye desayuno tropical y cóctel de bienvenida; también ofrece acceso a Internet gratuito, aparcamiento cubierto, *jacuzzi* y una excelente tienda de regalos: la Annemarie's Boutique (véase p. 87). Su agradable patio, el jardín y el solárium están adornados con motivos precolombinos. A veces en el restaurante suena música de marimba en directo.

Rincón de San José (☎ 221 9702; www.hotelrincon desanjose.com; av. 9, entre calle 13 y 15; i/d/tr 46/58/70 US$; 🖳). Encantador hotelito, ubicado en una histórica vivienda del barrio Amón, muy bien cuidada y amueblada. Los cuartos son amplios, con relucientes suelos de madera o azulejos. El desayuno, incluido en el precio, se sirve en un bonito patio con plantas; un pequeño bar abre hasta las 22.00. Ofrece acceso gratuito a Internet, servicio de lavandería (5 US$ por carga) y un aparcamiento seguro y cercano. Se aceptan tarjetas de crédito.

Hotel Fleur de Lys (☎ 257 2621; www.hotel fleurdelys.com; calle 13, entre avs. 2 y 6; i/d 68/78 US$, st *junior* 93 US$). Instalado en un edificio de 1926 bellamente restaurado, este elegante establecimiento dispone de 31 dormitorios con nombres de flores autóctonas. Todos cuentan con una decoración distinta, televisión por cable, teléfono, un baño resplandeciente y secador. Las seis *suites junior* son más amplias, tres de ellas con *jacuzzi*. Tanto las zonas comunes como las habitaciones están estupendamente ornamentadas, con arte costarricense y maderas lustradas. El restaurante vale la pena (véase p. 81).

PRECIO ALTO

Todos aceptan tarjetas de crédito.

Hotel Villa Tournón (☎ 233 6622; www.hotel-costa-rica.com; i/d estándar 83/89 US$; i/d superior 96/102 US$; 🞂 🖳). Limpio, bien llevado y moderno, tiene 80 habitaciones equipadas con televisión por cable, teléfono y conexión a Internet. La estándar son amplias y las de tipo superior presentan camas *king-size*, minibar, secador y zona de estar. Suelen frecuentarlo hombres de negocios que aprovechan la piscina y el *jacuzzi* del jardín trasero, además del gimnasio y el centro de conferencias. El restaurante **Rincón Azul** (⏰ 6.30-23.00) y el animado bar llamado "¿Por qué no?" (véase p. 85) no están mal. Para indicar a los taxistas, se trata del hotel situado 100 m al este de la redacción del periódico *República*.

Hotel Santo Tomás (☎ 255 0448; www.hotelsanto tomas.com; av. 7, entre las calles 3 y 5; d estándar/superior/de lujo 75/91/105 US$, cama adicional 15 US$; 🖳 🖳). Excelente opción en esta zona, ofrece 20 dormitorios de clase superior y de lujo, más amplios aún, con desayuno tropical incluido. Esta mansión de principios del s. xx renovada, con relucientes suelos de

madera y techos de 4 m, perteneció a la familia de cafetaleros Salazar. Las antigüedades confieren elegancia a las zonas comunes y a las habitaciones, que son muy tranquilas, al estar alejadas del bullicio callejero; disponen de ducha, televisión por cable, teléfono y 30 minutos de Internet gratis al día. Cuenta con un patio ajardinado con piscina calentada por placas solares, *jacuzzi*, un pequeño gimnasio y un coqueto restaurante, El Oasis (véase p. 81).

Hotel Amón Plaza (☎ 257 0191; www.hotelamon plaza.com; esquina av. 11 y calle 3 bis; i/d 128/140 US$, i/d st desde 193/205 US$, cama adicional 20 US$, menores de 12 años gratis; 🅿 🞂). Recién restaurado, sus modernas habitaciones ofrecen teléfono, radio despertador, televisión por cable, secador, espacioso baño, caja fuerte y servicio de habitaciones 24 horas. En un agradable café al aire libre se sirve un sabroso bufé (8 US$) y en el restaurante, una comida más formal y más cara.

Raya Vida Villa (☎ 223 4168; www.rayavida.com; al final de la av. 11; i/d 88/111 US$, cama adicional 20 US$; 🅿). Esta apartada y elegante villa blanca es un maravilloso B&B. Su mobiliario y decoración reflejan el interés del propietario por el arte y las antigüedades; los visitantes pueden disfrutar de algunos originales de Dalí y Toulouse-Lautrec, vidrieras, suelos de maderas nobles, un patio con fuente, una chimenea y un pequeño jardín. El dueño, Michael Long, ayuda a reservar en otros B&B. Las cuatro habitaciones están equipadas con televisión por cable, y el baño dispone de bañera de hidromasaje. El desayuno está incluido y, si se solicita previamente, puede ser bajo en hidratos de carbono. Ofrece servicio de lavandería (15 US$ por carga) y recogida gratuita en el aeropuerto si se solicita con antelación. Para llegar en taxi, hay que indicar al conductor que se dirija 100 m al norte del hospital Calderón Guardia por la calle 17, luego 50 m al oeste por la avenida 11 y finalmente otros 50 m al norte.

Britannia Hotel (☎ 223 6667; en EE UU 800-263 2618, 888-535 8832; www.hotelbritanniacostarica.com; esquina calle 3 y av. 11; i/d 90/104 US$, de lujo 108/122 US$, st 123/136 US$, menores de 10 años gratis; 🞂 🖳). Pequeña pero elegante, esta casona de 1910 renovada se halla en el corazón del barrio Amón. Los bonitos dormitorios son espaciosos y poseen televisión por cable, teléfono y baño amplio; los de lujo salen más a cuenta y tienen aire acondicionado y escritorio; las cinco *suites junior* disponen de zona de estar. Las habitaciones de la parte de atrás son más tranquilas. El **restaurante** (☀ 6.00-14.00 y 18.00-22.00), frecuentado por hombres de negocios locales, vale la pena, al igual que el bar.

Centro de San José Plano p. 66
El ruido constituye un inconveniente en alguno de estos establecimientos.

ECONÓMICO
Hotel Compostela (☎ 257 1514; calle 6, entre avs. 3 y 5; h por persona con baño 8 US$). A pesar de encontrarse en un barrio humilde, se trata de un hotel grande, limpio y bien mantenido. Las habitaciones individuales y dobles disponen de baño privado con agua caliente, pero al otro lado del pasillo; conviene pedir las habitaciones traseras para evitar el ruido. Los dueños son amables.

Hotel El Descanso (☎ 221 9941; jolin_w@hotmail. com; calle 6, entre avs. 4 y 6; h por persona 8 US$). Este nuevo sitio de mochileros lo gestiona la misma familia del Nuevo Johnson y el Generaleño en la zona de la terminal de autobuses Coca-Cola (véase p. 78). Aunque el aspecto de la entrada intimida, los cuartos recién pintados son colosales y poseen baño, renovado en algún caso.

Nuevo Hotel Central (☎ 222 3509; av. 3, entre las calles 4 y 6; i/d 14/18 US$). Es seguro; el personal es servicial; el piso 4º, silencioso; y los dormitorios, amplios, limpios, con ducha de agua caliente, pagando algo extra, con TV. Dispone también de habitaciones con cinco camas. Se aceptan tarjetas de crédito.

Hotel Capital (☎ 221 8497; calle 4, entre avs. 3 y 5; i/d 16/20 US$). Sus clientes suelen ser hombres solos y las pulcras y sencillas habitaciones tienen baño con agua caliente y TV. Las exteriores son ruidosas, y las interiores, oscuras.

Hotel ABC (☎ 221 5007; calle 4, entre avs. 1 y 3; i/d 10/15 US$). Los modestos y limpios dormitorios, con baño y ventilador, se encuentran subiendo una escalera; el salón común está equipado con TV y teléfono.

Pensión de la Cuesta (☎ 256 7946; www.sun toursandfun.com/lacuesta; av. 1, entre las calles 11 y 15; i/d 23/35 US$, menores de 12 años gratis). En una pequeña colina, en el extremo oriental del centro, detrás de la Asamblea Legislativa, se emplaza esta preciosa casa de madera de los años veinte. Pintada de azul y rosa,

las nueve habitaciones con baño compartido son algo pequeñas y algunas soportan bastante ruido, pero el acogedor salón con televisión por cable merece la pena. El personal, siempre atento, organiza circuitos; el desayuno continental está incluido, y existe almacenaje gratuito de equipajes.

Gran Hotel Centroamericano (☎ 221 3362; av. 2, entre las calles 6 y 8; i/d/tr/c 18/23/28/36 US$). El vestíbulo de este hotel, muy frecuentado por viajeros ticos, está abarrotado a todas horas. Los dormitorios, con ducha eléctrica y teléfono, están limpios y, aunque no son muy grandes, en algunos duermen hasta seis personas. Su principal atractivo radica en su céntrica situación, la amabilidad de los dueños y el servicio de lavandería. Se aceptan tarjetas de crédito y se aplica un descuento del 10% para estudiantes con la tarjeta ISIC en vigor.

Hotel Diplomat (☎ 221 8133, 221 8744; calle 6, entre avs. Central y 2; i/d 18/25 US$). Ofrece cuartos estrechos y aseados, algo deteriorados, con ducha privada de agua caliente; dispone de restaurante.

Hotel Avenida Segunda (☎ 222 0260; acebrisa @racsa.co.cr; av. 2, entre las calles 9 y 11; dc 8 US$, h por persona con baño 12 US$). Las habitaciones son muy básicas, aunque los baños disponen de agua caliente; cuenta con un pequeño salón con TV y servicio de lavandería (4 US$ por carga). Resulta ruidoso debido al intenso tráfico de la avenida 2.

Hotel Washington (☎ 222 3172; hotelwashing ton@hotmail.com; av. 2, entre las calles 9 y 11; por persona sin/con baño 6,30/8,80 US$). Similar en ambiente e instalaciones al anterior, el viajero deberá elegir entre los dormitorios interiores con olor a moho y los exteriores con ruido de la calle.

Hotel Fortuna (☎ 223 5186; av. 6, entre las calles 2 y 4; i/d 22/28 US$). Limpio y silencioso, ofrece cuartos decentes pero poco amplios, con buenas camas, baño con agua caliente, teléfono, televisión por cable y ventilador. Está situado en una bulliciosa manzana, llena de puestos de verduras, cerca del barrio chino de la calle 2.

Hotel Príncipe (☎ 222 7983; av. 6, entre las calles Central y 2; i/d 11,30/13,80 US$). Las habitaciones son espartanas y limpias, con baño y agua caliente. Las que se orientan a la calle reciben el bullicio de los vendedores ambulantes.

Tica Linda (av. 10, entre las calles 7 y 9; dc 4 US$, h por persona 5 US$) y **Tica Linda Anexo** (☎ 221 3120; ticalindaanexo@hotmail.com; av. 10, entre las calles Central y 1, junto a Libro Azul). Ambos son modestos, estrechos y más bien ruidosos, pero la amabilidad de los dueños lo compensa todo; resultan las mejores opciones baratas de la ciudad. Regentados por los hermanos ticos José Luis y Charo, presentan los mismos precios. José Luis no dispone de teléfono ni correo electrónico en Tica Linda, por lo que hay que llamar a Charo, en el Anexo, para reservar. Ambos cuentan con cocina común, decenas de camas en distintas habitaciones, duchas calientes y almacenaje de equipaje gratuito. Además, Charo se ofrece a recoger en el aeropuerto a los clientes (en autobús o en taxi dependiendo del presupuesto).

Hotel Los Recuerdos (☎ 222 7320; av. 8, esquina calle 6; d lu-vi/sa-do 17,50/25 US$; 🖳). En un edificio de estilo colonial, se sitúa este hospedaje nuevo y sorprendentemente agradable, para un barrio que no lo es. Los pasillos pulidos y bien iluminados conducen a habitaciones embaldosadas, con baño y agua caliente.

PRECIO MEDIO

Hotel Diana's Inn (☎ 223 6542; dianas@racsa.co.cr; esquina calle 5 y av. 3; i/d 30/40 US$; 🖳). Se trata de una preciosa casa de madera pintada de color melocotón y orientada al parque Morazán. Sus dormitorios, sobrios y amplios, ofrecen aire acondicionado, televisión por cable y teléfono, pero dan a una calle ruidosa. El personal es muy servicial.

Hotel La Gran Vía (☎ 222 7737, 222 7706; www.granvia.co.cr/gran/via.html; av. Central, entre las calles 1 y 3; i/d 45/60 US$). Aunque algunas habitaciones presentan balcones que se asoman a una calle peatonal, por lo que pueden tener ruido; otras, más tranquilas, se sitúan en el interior. En total son 32, modernas y enmoquetadas, con teléfono de marcación directa, televisión por cable, refrigerador si se solicita, y dos *queen beds* o una cama y zona de escritorio. El restaurante es de precio asequible y el desayuno está incluido de lunes a sábado, de diciembre a abril. Se aceptan tarjetas de crédito.

Hotel Plaza (☎ 222 5533, 257 1896; hotplaza@racsa.co.cr; av. Central, entre las calles 2 y 4; i/d/tr 31/37/48,50 US$). En pleno centro, ofrece 40 bonitas habitaciones, aunque deterioradas, con televisión por cable, teléfono y ventilador. Su céntrica situación resulta práctica, pero la música callejera implica despertarse temprano; el desayuno cuesta 5 US$. Se aceptan tarjetas de crédito.

Hotel del Bulevar (☎ 257 0022; calle Central, entre avs. Central y 2; i/d/tr/c 35/42/55/72 US$; 🖳). Su recomendable restaurante del piso 2º se orienta a la avenida, y sus numerosos dormitorios, bastante silenciosos, enmoquetados y con aire acondicionado, TV y teléfono, son sencillos, espaciosos y cómodos. El precio incluye el desayuno.

Hotel Doral (☎ 233 9410; www.hotels.co.cr/doral.html; av. 4, entre las calles 6 y 8; i/d/tr 24/35/47 US$). Dispone de 42 cuartos estándar, amplios y bien conservados, con suelo de baldosa, televisión por cable, radio despertador, caja fuerte y ducha de agua caliente. El personal es amable, dispone de **restaurante** (🕐 6.00-10.00 y 12.00-14.00 y 17.00-21.30) y almacenaje gratuito de maletas; el desayuno cuesta 3 US$. Se aceptan tarjetas de crédito.

Gran Hotel Doña Inés (☎ 222 7443, 222 7553; www.donaines.com; calle 11, entre avs. 2 y 6; i/d/tr 40/50/60 US$). Casa antigua convertida en pequeño hotel, con coquetas habitaciones alrededor de un precioso patio. El desayuno continental está incluido mientras que el americano cuesta unos 3 US$. Todas las habitaciones tienen TV, radio, teléfono y baño con agua caliente, y, dado que casi ninguna da a la calle, resulta tranquilo. El personal presta ayuda en la organización de circuitos. Se aceptan tarjetas de crédito.

Hotel Europa (☎ 222 1222; www.hoteleuropacr.com; calle Central, entre avs. 3 y 5; i/d 58/70 US$; 🖳 🖳 🖳). Céntrico y frecuentado por hombres de negocios, sus 72 dormitorios disponen de aire acondicionado, teléfono, televisión por cable y ducha de agua caliente. Cuenta con un centro de convenciones con acceso a Internet, piscina, casino, mostrador de viajes y un restaurante más bien caro, abierto 24 horas salvo los domingos. Se aceptan tarjetas de crédito.

Hotel Del Rey (☎ 257 7800; www.hoteldelrey.com; esquina av. 1 y calle 9; i/d 64/80 US$, de lujo 99/111 US$; 🅿 🖳). Este edificio neoclásico de seis pisos, renovado y de color rosa fuerte, tiene 104 habitaciones y es famoso por la gran cantidad de prostitutas que congrega. Está lleno de pescadores deportivos estadounidenses que van a jugar al casino, abierto 24 horas, y a beber en su bullicioso bar, el Blue Marlin, poco aconsejable para mujeres que viajen solas. Todas las habitaciones ofrecen TV, teléfono, ducha, moqueta y aire acondicionado; las de lujo, más amplias, cuentan con camas *king-size*. El restaurante se conoce como Café Del Rey (p. 83). El personal del mostrador de viajes conoce bien las aguas costarricenses. Se aceptan tarjetas de crédito.

Gran Hotel Costa Rica (☎ 221 4000; granhcr@racsa. co.cr; calle 3, entre avs. central y 2; i/d estándar 58/76 US$, *junior* st 76/94 US$, st 94/111 US$). En la década de 1930 fue el primer hotel importante de la ciudad y sus 95 habitaciones conservan cierto encanto tradicional. Todas disponen de televisión por cable, teléfono y servicio de habitaciones las 24 horas, pero algunas están un poco deterioradas; el desayuno está incluido. Fuera del vestíbulo se halla el Café Parisienne (véase p. 83), con una animada terraza abierta las 24 horas; también tiene un restaurante y un casino que funciona las 24 horas. Se aceptan tarjetas de crédito.

PRECIO ALTO

Todos estos establecimientos aceptan tarjetas de crédito.

Aurola Holiday Inn (☎ 222 2424, en EE UU 800-465 4329; www.aurola-holidayinn.com; esquina calle 5 y av. 5; d estándar 146 US$, st *junior*/estándar/presidencial 176/263/527 US$, menores de 12 años gratis; P X 📁). Este lujoso hotel, muy bien situado en el centro, junto al parque Morazán, es una torre de 18 pisos; se trata de uno de los puntos de referencia de la ciudad. En el piso 17º, se ha instalado un **restaurante** (🕐 6.00-23.00) refinado. Ofrece televisión por cable, minibar, piscina cubierta y aparcamiento subterráneo.

Hotel Presidente (☎ 222 3022, 256 1175; www. hotel-presidente.com; av. Central, entre las calles 7 y 9; i/d/tr 76/88/105 US$, st *master* 293 US$; 🍴). Moderno y con detalles de gran categoría, dispone de 96 espaciosas habitaciones con aire acondicionado, televisión por cable y teléfono directo, centro de negocios, sauna y un buen restaurante con servicio de habitaciones. La única *suite master* cuenta con *jacuzzi* al aire libre. El desayuno americano está incluido en el precio, y en el hotel se halla el News Café (p. 83), muy popular.

Zona de la terminal de autobuses Coca-Cola
Plano p. 78
ECONÓMICO

Hotel Cocorí (☎ 233 0081, 233 2188; esquina calle 16 y av. 3; i/d/tr 13/17/24 US$). Situado en una zona poco segura de noche, ofrece cuartos con ducha caliente, limpios suelos de linóleo y TV. Es modesto, pero parece recién pintado.

ALOJAMIENTO EN CASAS PRIVADAS

Es una buena alternativa para quienes deseen conocer mejor la vida costarricense.

Bell's Home Hospitality (☎ 225 4752; www.homestay.thebells.org; i/d/tr desayuno incl. 30/45/50 US$). Esta agencia se dedica a concertar estancias con familias, normalmente costarricenses. Regentada por Vernon Bell, un estadounidense de Kansas que lleva más de 30 años en Costa Rica, y su esposa tica, Marcela, dispone de unas 70 casas, que inspeccionan personalmente para asegurarse de que mantienen el nivel de limpieza y salud exigido por ellos. Todas se encuentran bien comunicadas por transporte público, y los comentarios enviados por los lectores siempre han sido positivos.

La agencia puede reservar habitaciones de hasta tres huéspedes, pero hay que tener en cuenta que se cobra un recargo de 5 US$ por estancias de una sola noche y por baño privado. Los Bell también organizan trayectos al aeropuerto (15 US$) y facilitan alquiler de coches, entre otras cosas.

Hotel Musoc (☎ 222 9437; calle 16, entre avs. 1 y 3; i/d 8,50/14,50 US$, i/d/tr con baño 9/16/18 US$). Este gran edificio junto a la Coca-Cola está mejor por dentro de lo que aparenta. Las habitaciones con suelo de linóleo son sencillas y aseadas, con agua caliente en las duchas; sin embargo, el ruido de los infinitos autobuses puede ser un problema. Acepta tarjetas de crédito.

Hotel Boruca (☎ 223 0016; calle 14, entre av. 1 y 3; i/d 5/7 US$). Sus dormitorios son pequeñas celdas ruidosas y los dueños no son muy amables, pero es barato. Habitualmente dispone de agua templada y resulta práctico para tomar autobuses a primera hora.

Hotel Bienvenido (☎ 233 2161; calle 10, entre avs. 1 y 3; d 18 US$). Las habitaciones están bastante gastadas, aunque limpias, y el agua de la ducha no siempre es caliente. Los tabiques son tan finos que cualquier actividad en la habitación contigua se oye; además, la calle intimida a la luz del día, por lo que hay que extremar la precaución de noche.

Gran Hotel Imperial (☎ 222 8463; granhimp@racsa. co.cr, calle 8, entre avs. Central y 1; i/d 4/8 US$, d con baño 14 US$; 💻). A pesar de su poco atractiva fachada de edificio de oficinas de los años cincuenta, resulta popular entre viajeros de presupuesto

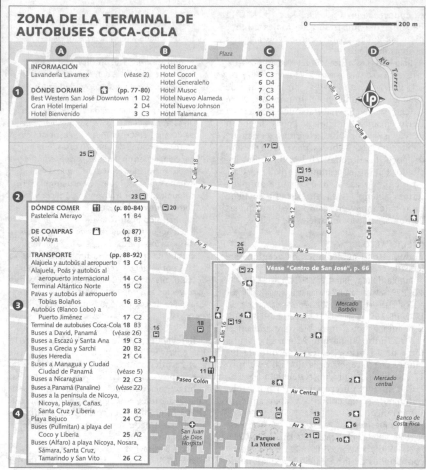

ZONA DE LA TERMINAL DE AUTOBUSES COCA-COLA

0 — 200 m

INFORMACIÓN	
Lavandería Lavamex	(véase 2)

DÓNDE DORMIR	(pp. 77-80)	
Best Western San José Downtown	1	D2
Gran Hotel Imperial	2	D4
Hotel Bienvenido	3	C3

Hotel Boruca	4	C3
Hotel Cocorí	5	C3
Hotel Generaleño	6	D4
Hotel Musoc	7	C3
Hotel Nuevo Alameda	8	C4
Hotel Nuevo Johnson	9	D4
Hotel Talamanca	10	D4

DÓNDE COMER	(p. 80-84)	
Pastelería Merayo	11	B4

DE COMPRAS	(p. 87)	
Sol Maya	12	B3

TRANSPORTE	(pp. 88-92)	
Alajuela y autobús al aeropuerto	13	C4
Alajuela, Poás y autobús al aeropuerto internacional	14	C4
Terminal Altántico Norte	15	C2
Pavas y autobús al aeropuerto Tobías Bolaños	16	B3
Autobús (Blanco Lobo) a Puerto Jiménez	17	C2
Terminal de autobuses Coca-Cola	18	B3
Buses a David, Panamá	(véase 26)	
Buses a Escazú y Santa Ana	19	C3
Buses a Grecia y Sarchí	20	B2
Buses Heredia	21	C4
Buses a Managua y Ciudad Ciudad de Panamá	(véase 5)	
Buses a Nicaragua	22	C3
Buses a Panamá (Panaline)	(véase 22)	
Buses a la península de Nicoya, Nicoya, playas, Cañas, Santa Cruz y Liberia	23	B2
Playa Bejuco	24	C2
Buses (Pullmitan) a playa del Coco y Liberia	25	A2
Buses (Alfaro) a playa Nicoya, Nosara, Sámara, Santa Cruz, Tamarindo y San Vito	26	C2

Véase "Centro de San José", p. 66

Mercado Borbón

Mercado central

Banco de Costa Rica

Paseo Colón

San Juan de Dios Hospital

Parque La Merced

reducido. Tiene fuertes medidas de seguridad y la dirección es estricta. Los cuartos son compartimentos de madera poco iluminados con camas duras, pero bastante limpias. Dispone de acceso a Internet y el restaurante sirve desayunos baratos.

Hotel Nuevo Johnson (☎ 223 7633; www.hotelnuevojohnson.com; calle 8, entre avs. Central y 2; h por persona 10 US$). Los nuevos propietarios lo han remozado, aunque los pasillos siguen siendo oscuros. Los dormitorios, de tamaño aceptable, están impolutos y tienen duchas de agua caliente. Es un lugar barato y bien llevado, con sala de juegos y mesa de billar. La misma familia de ticos regen-ta el Generaleño, El Descanso y Nuevo Alameda.

Hotel Generaleño (☎ 233 3061; jolin_w@hotmail.com; av. 2, entre las calles 8 y 10; h por persona sin/con baño 5/7 US$). Mientras se elaboraba esta guía, se estaban pintando sus 47 habitaciones y se estaban renovando los baños. Las duchas compartidas son de agua fría, pero las habitaciones con baño privado tienen agua caliente.

Hotel Nuevo Alameda (☎ 233 3551; www.hotelnuevoalameda.com; esquina calle 12 y av. Central; h por persona 12 US$). De categoría ligeramente superior, todos los cuartos cuentan con baño y TV, y los de arriba disfrutan de buenas vistas de la plaza de la Merced.

PRECIO MEDIO
Ambos aceptan tarjetas de crédito.

Best Western San José Downtown (☎ 255 4766; www.bestwestern.com; esquina av. 7 y calle 6; i/d/tr 64/75/87 US$, menores de 8 gratis; P ⚡ 🖩). Ofrece piscina cubierta climatizada, información sobre circuitos y alquiler de coches, aparcamiento vigilado, bar y restaurante. El precio de las habitaciones, con aire acondicionado, televisión por cable, teléfono y agua caliente, incluye desayuno continental, llamadas locales, café y un cóctel a la hora del aperitivo. Está muy bien, aunque la zona no es de las mejores; por eso, conviene moverse en taxi y preguntar qué itinerarios son seguros a pie.

Hotel Talamanca (☎ 233 5033; hoteltalamanca @racsa.co.cr; av. 2, calles 8 y 10; d 40 US$; P). Aunque los dormitorios son poco espaciosos y los del piso de abajo son bastante ruidosos, cuentan con ducha de agua caliente, caja fuerte, ventilador, TV y teléfono. Lo mejor es el bar del piso 9º, recién renovado, que suele abrir a primera hora de la tarde y brinda una estupenda vista de la ciudad. También dispone de restaurante y un aparcamiento seguro.

Al oeste del centro

A continuación se presentan los hoteles de La Uruca, La Pitahaya, La Sabana y alrededores, barrios fuera del plano.

ECONÓMICO

Gaudy's (☎ 258 2937; www.backpacker.co.cr; av. 5, entre las calles 36 y 38; dc 7 US$, d con baño 20 US$; 🖩). Se sitúa en una zona residencial al este del parque La Sabana, 200 m al norte y 150 m al este desde el Banco de Costa Rica del paseo Colón, y resulta un albergue acogedor a buen precio. Descrito por un lector como "fantástico", ofrece acceso a Internet, café gratis y servicio de lavandería (5 US$ por carga). En el patio hay hamacas y en el salón, televisión por cable.

Galileo Hostel (☎ 221 8831, 248 2094; www.galileohostel.com; esquina calle 40 y av. 2; dc 6 US$, d 16-18 US$; 🖩). También cerca del parque, 100 m al norte del Banco de Costa Rica en La Sabana, ha sido alabado por varios lectores. Tiene 32 literas y 5 habitaciones dobles privadas de distintos tamaños, cocina común y salón con televisión por cable; el acceso a Internet, el café y el té son gratuitos. Cuenta con servicio de lavandería (5 US$ por carga).

Kalexma Inn (☎ 232 0115, 290 2624; www.kalexma. com, 50 m al oeste, 25 m al sur de la rotonda de Juan Pablo II,

La Uruca; i/d/tr 15/25/35 US$, i/d con baño 20/30 US$; 🖩). Se emplaza unos 5 km al oeste del centro, cerca de una parada de autobús, en un barrio tranquilo con restaurantes, un banco y *cibercafés*. Los cuartos son sencillos pero muy limpios, y tres de ellos poseen televisión por cable. El desayuno está incluido, el agua sale muy caliente y ofrece acceso a Internet (1 US$ por hora). Su propietaria es una tica muy amable, que acepta tarjetas de crédito con un pequeño recargo.

PRECIO MEDIO

Hotel Cacts (☎ 233 0486, 221 6546, 221 2928; www.hotelcacts.com; av. 3 bis, entre las calles 28 y 30, La Pitahaya; i/ d estándar 37/42 US$, de lujo 47/59 US$; 🖩 🖩). Aunque se halla algo apartado y es pequeño, tiene buena fama por ser agradable y tranquilo, y contar con una dirección amable y servicial. Las amplias habitaciones, encaladas y con baldosas, están impolutas y disponen de TV, teléfono y ducha de agua caliente; el precio incluye el desayuno a la tica. Tiene piscina, *jacuzzi*, salón de TV, servicio de lavandería (1 US$ por prenda), acceso a Internet (4 US$ por hora), terraza en la azotea y agencia de viajes. Para llegar, hay que indicarle al taxista que se sitúa 100 m al norte y 50 m al oeste del Pizza Hut del paseo Colón. Se aceptan tarjetas de crédito.

Hotel Ambassador (☎ 221 8155, 221 8205, 221 8311; www.hotelambassador.co.cr, paseo Colón, entre las calles 26 y 28; i/d/tr 47/53/64 US$, st principal 94/99 US$, cama adicional 10 US$, menores de 12 años gratis; ⚡). Sus 74 dormitorios, incluidas las *suites* del piso más alto con buenas vistas, son modernos y anodinos y ofrecen televisión por cable, teléfono, caja fuerte, minibar, aire acondicionado y desayuno. Hacen descuentos a grupos y aceptan tarjetas de crédito.

PRECIO ALTO

El Hotel Grano de Oro es el favorito de la autora en esta categoría (véase recuadro en p. 73).

Colours (☎ 296 1880, en EE UU 877-932 6652; www.colours.net; bulevar Rohrmoser, esquina noroeste de El Triángulo; d 93-128 US$, st 163-174 US$, apt 221 US&; ⚡). Se trata de un encantador B&B, dirigido por homosexuales, en el tranquilo barrio residencial Rohrmoser. Alrededor de un bonito patio, sus luminosas y amplias habitaciones cuentan con televisión por cable, teléfono directo y radio reloj. También ofrece jardín con piscina, *jacuzzi*, solárium y una zona de gimnasio. Es conveniente llamar antes para recibir indicaciones de cómo llegar.

Hotel Occidental Torremolinos (☎ 222 5266, 222 9129; www.occidental-hoteles.com; esquina calle 40 y av. 5 bis; d 87 US$, st 110 US$; P X Q R). En un barrio tranquilo, con jardín y piscina, dispone de 84 dormitorios algo pequeños pero muy limpios, con suelo de baldosas. Cuentan con TV, radio, teléfono y secador. Las *suites*, más amplias, cuentan con aire acondicionado y terraza. El precio incluye el desayuno y una hora de acceso a Internet al día; pero, a partir de ahí, cuesta 1,30 US$ por hora. Tiene restaurante y bar; se aceptan tarjetas de crédito.

Hotel Centro Colón (☎ 257 2580, en EE UU 800-228 5151; www.hotelcentrocolon.com; av. 3, entre las calles 38 y 40; d 88 US$, d/tr/c superior 99/111/115 US$; P X). Pertenece a la cadena estadounidense Quality, y sus 105 habitaciones y *suites* están equipadas con aire acondicionado, TV, secador, teléfono y minibar; los baños son estupendos aunque algo anodinos. Hay una cafetería y servicio de habitaciones, bar y casino.

Meliá Tryp Corobicí (☎ 232 8122; www.solmelia. com; calle 42, 200 m al norte del parque La Sabana; d estándar/ejecutiva 140/164 US$, st 181 US$; P X R). Aunque el estilo arquitectónico del edificio es futurista, sus 213 modernas habitaciones son muy cómodas. Tienen aire acondicionado, televisión por cable, teléfono, minibar y baño espacioso con secador. Los restaurantes, a pesar de ser caros (véase Fuji, p. 84), sirven una comida excelente y la cafetería ofrece servicio de habitaciones las 24 horas. Cuenta con casino, *spa*, sauna, piscina, servicio de masajes y gimnasio. En la página web se pueden consultar los descuentos. Se aceptan tarjetas de crédito.

DÓNDE COMER

San José es una ciudad cosmopolita con gran variedad de restaurantes que satisfacen casi todos los paladares y bolsillos. Se pueden encontrar peruanos, franceses, de Oriente Medio, cadenas estadounidenses y, por supuesto, los típicos costarricenses, diseminados por toda la ciudad.

Los precios que se indican son aproximados, pero el viajero debe saber que los platos elaborados con gambas, langosta o cangrejos son más caros. Casi todos los buenos restaurantes se llenan, especialmente de noche y los fines de semana, por lo que

conviene reservar. Para obtener información general sobre cuestiones culinarias, véase p. 50.

Los establecimientos de los barrios periféricos, como Escazú (p. 102) y Los Yoses y San Pedro (p. 96), se enumeran más adelante en este capítulo.

También se han marcado muchos supermercados en los distintos planos, como **Perimercado** (plano p. 66; calle 3, entre avs. Central y 1), **Automercado** (plano p. 66; calle 3, entre avs. 3 y 5) y **Más X Menos** (plano p. 66; av. Central, al este de la calle 11).

Al norte y el este del centro

Plano pp. 62-63

ECONÓMICO

El restaurante Nuestra Tierra (véase recuadro en p. 81) es el favorito de la autora en esta franja de precios.

Soda de don Raúl (calle 15, entre avs. 6 bis y 8). A la vuelta de la esquina de la Casa Ridgway, esta sencilla soda (barra para almorzar de manera informal) tiene deliciosos gallos pintos (arroz y frijoles fritos, servidos con huevos; 1,50 US$) y abundantes platos del día (2,30 US$) que atraen a ticos trajeados procedentes de los cercanos tribunales.

El Cuartel de la Boca del Monte (av. 1, entre las calles 21 y 23; platos 5-8 US$; ☯ 11.30-14.00, 18.00-22.00) es un restaurante informal, una manzana al este del parque Nacional; pero también un popular local nocturno (véase p. 84). Las paredes de ladrillo visto, los gastados suelos de madera, las vigas del techo y las rejas le otorgan un aspecto deteriorado. La comida no es excepcional pero sí contundente; sirve desde sopas hasta carne, y los aperitivos de empanada de queso merecen la pena (2,50 US$).

PRECIO MEDIO

El preferido de la autora dentro de esta categoría es el Mecca (véase recuadro en p. 81).

La Cocina de Leña (☎ 223 3704, 255 1360; centro comercial El Pueblo; platos 7-14 US$; ☯ 11.00-23.00 do-ju, 11.00-24.00 vi-sa). Uno de los más conocidos y, aunque tiene aspecto familiar, con ristras de cebollas colgando, sus precios no lo son tanto. Se trata de un sitio tradicional que mantiene la costumbre de imprimir sus menús en bolsas de papel de estraza. Los platos típicos son las sopas de maíz con cerdo y la de frijoles, tamales, gallo pinto con carne y huevos, pimientos rellenos y rabo de buey con yuca y plátano. Ofrece

SELECCIÓN DE LA AUTORA

Económico

Nuestra Tierra (plano pp. 62-63; esquina av. 2 y calle 15; casados 3-4 US$; 24 h). El viajero no puede perderse este local por sus baratos y sabrosos casados y sus estupendos platos típicos, como las chorreadas (bollo de maíz tostado en sartén, servido con queso o nata agria) y los tamales. Cuenta con un patio tradicional con tejado de paja del que cuelgan ristras de cebollas y racimos de plátano macho; el servicio es amable.

Precio medio

Mecca (plano pp. 62-63; ☎ 222 8957; esquina av. 11 y calle 15; tapas 2,50-7,50 US$; 11.00-15.00 y 17.00-23.30 lu-sa). Este restaurante, pintado con colores brillantes, exhibe muchas obras de arte y presenta una amplia carta internacional. Sirve numerosas tapas, que constituyen un homenaje a la cocina asiática, española, mexicana, india y griega, así como platos, entre los que destaca la pasta y el marisco. La comida es soberbia y el servicio, excelente.

Precio alto

Bakea (plano pp. 62-63; ☎ 248 0303; esquina av. 11 y calle 7; entrantes 3-7 US$; platos 7-16 US$; 12.00-24.00 ma-vi, 19.00-24.00 sa). Este nuevo establecimiento está instalado en una hermosa casa antigua restaurada, con varios comedores íntimos y un agradable patio. La carta, compuesta por platos de nueva cocina internacional, da cabida al *risotto*, al filete con patatas fritas y al marisco, todo de gran calidad. No hay que perderse la exquisita degustación de postres. Se aceptan tarjetas de crédito.

también postres y alcoholes típicos, como el guaro, aguardiente del país; algunas noches se toca marimba en directo.

Café Mundo (☎ 222 6190; esquina av. 9 y calle 15; platos 6-14 US$; 11.00-23.00 lu-vi, 17.00-12.30 sa). Instalado en una bella mansión antigua, dispone de una estupenda terraza orientada a un delicioso jardín. Se puede elegir entre varios comedores, el jardín o la terraza. Además de platos internacionales, se sirven algunos de sabor costarricense, así como *pizzas* (muy recomendadas por varios lectores), pasta, carnes y grandes ensaladas. Se considera uno de los mejores para tomar una copa en el bar, o un postre y un café.

Aya Sofya (esquina av. Central y calle 21; platos 5-8 US$; 11.30-15.00 y 18.00-23.00 lu-vi, 11.30-24.00 sa). Estupendo establecimiento casero para degustar auténtica cocina turca, así como para tomar el plato del día (3 US$) entre semana. Resulta agradable para cenar y organiza fiestas de danza del vientre dos veces al mes.

Fleur de Lys (☎ 223 1206; calle 13, entre avs. 2 y 6; platos 8-12 US$; 6.30-21.30). Este restaurante de hotel dispone de una buena carta compuesta por platos suizos; resulta muy popular entre los lugareños. Se programa música en directo los viernes por la noche y una *happy hour* de gran aceptación los martes y viernes de 17.00 a 19.00.

Lukas (☎ 233 2309, 233 8145; centro comercial El Pueblo; platos 7-12 US$; 11.00-2.00). Prepara carne, marisco, platos italianos y sándwiches. Los josefinos lo recomiendan por sus excelentes chuletas a precios razonables y por su magnífica ubicación para pasar una noche de copas en los bares vecinos. El estupendo "almuerzo ejecutivo" (menú del día) que ofrece de lunes a viernes de 12.00 a 14.00 sale por 5 US$.

PRECIO ALTO

El elegido por la autora dentro de esta categoría de precios es Bakea (véase recuadro en esta página).

Restaurant La Palma (☎ 258 4541; av. 9, entre las calles 9 y 11; platos $8-15 US$; 17.00-23.00 ma-do). Al este del Hemingway Inn, este elegante establecimiento revestido de madera sirve, en el salón interior y en el jardín, una carta ecléctica con platos peruanos e italianos. Se aceptan tarjetas de crédito.

El Oasis (☎ 255 0448; av. 7, entre las calles 3 y 5; platos principales 9-17 US$; 16.00-23.00 ma-sa, 15.00-23.00 do). Ubicado en el Hotel Santo Tomás (véase p. 74) y bien acogido por la crítica, elabora una carta internacional con *teriyaki*, *stroganoff* o *bourguignon*. También ofrece platos modernos hispanoamericanos y una amplia variedad de marisco.

Centro de San José y terminal de autobuses Coca-Cola

ECONÓMICO

Soda Nini (plano p. 66; av. 3, entre las calles 2 y 4; platos 1-4 US$; 10.30-22.00). Saturado de oficinistas, este bullicioso local sirve grandes raciones de comida tica y china.

Soda Castro (plano p. 66; av. 10, entre las calles 2 y 4; platos 2-4 US$). No está situado en el mejor barrio, pero se trata de un buen lugar para tomar enormes copas de helado y *banana split*. Es un lugar tradicional, amplísimo, de ambiente familiar, en cuyo interior hay un cartel que prohíbe las demostraciones públicas de afecto.

Restaurante y Cafetería La Criollita (plano p. 66; av. 7, entre las calles 7 y 9; comidas 4-7 US$; 7.00-20.000 lu-sa). Instalado 50 m al oeste del INS en el barrio Amón, es muy recomendado por sus desayunos completos a la americana o a la tica, con café y zumo, por unos 4 US$. Se puede repetir café, y el servicio es rápido y amable. Sus casados (11.00-15.00 lu-vi) cuestan unos 4,50 US$ y están constituidos por sopa, ensalada y bebida además de una selección de platos vegetarianos, lo que atrae a los oficinistas a la hora del almuerzo. Cuenta con un bar y una terraza en el jardín muy agradables para tomar un refresco o una copa.

Faro's Mexican Grill y Bar (plano p. 66; esquina calle 7 y av. 1; comidas 3-6 US$; 11.00-22.30). Por su céntrica situación y su *happy hour* (17.00-20.00), tiene seguidores entre los huéspedes del Hotel Del Rey. La comida, de estilo *tex-mex*, no está nada mal.

La Vasconia (plano p. 66; esquina av. 1 y calle 5; casado 2,50 US$, platos 2-6 US$; 7.00-24.00). Con platos baratos, sencillos y sabrosos, sus clientes son sobre todo ticos. El menú escrito con tiza es muy variado; el pinto (arroz y frijoles) con huevo cuesta 1,50 US$.

Chelle's (plano p. 66; esquina av. Central y calle 9; platos 3-6 US$; 24 h). Sin pretensiones y nada especial, muy céntrico, sirve platos locales; sin embargo, algunos ticos dicen que no se conoce San José si no se ha desayunado aquí tras una noche de copas. Tiene bar para quien quiera seguir bebiendo.

Restaurante El Pollo Campesino (plano p. 66; calle 7, entre avs. 2 y 4; comidas 2-4 US$; 10.00-23.00). En un ambiente acogedor, se sitúa este asador de pollos con fuego de leña que despacha un cuarto de pollo con tortillas o puré de patatas y una bebida por 2 US$, y uno entero, por menos de 4 US$; aunque se sale de allí oliendo a asado. También lo preparan para llevar.

Mariscar (plano p. 66; av. Central, entre las calles 7 y 9; platos 2-4 US$). Sórdido restaurante chino-costarricense, muy frecuentado por su abundante comida, buena y recién hecha: desde la estupenda sopa de pollo al generoso arroz frito. Por la noche, el bar al aire libre, instalado en la parte de atrás, ofrece música muy alta, grata a muchos ticos jóvenes.

Restaurant Fuluso (plano p. 66; calle 7, entre avs. Central y 2; comidas 3-7 US$; 11.00-23.00). Pequeño y oscuro, sirve comida china picante por poco dinero. Su bar es muy popular por sus ofertas de cerveza.

Vishnu. Avenida 1 (plano p. 66; av. 1, entre las calles 1 y 3); calle Central (plano p. 66; calle central, entre avs. 6 y 8). Los vegetarianos se vuelven locos en esta conocida cadena local que ofrece comida abundante a buen precio. A la hora del almuerzo, el plato del día de 3 US$ se compone de sopa, arroz integral, verdura, una bebida de frutas y postre; la hamburguesa vegetal y la bebida de frutas es lo mejor del menú. Algunas de las ensaladas de frutas llevan bastante helado.

Restaurant Shakti (plano p. 66; esquina av. 8 y calle 13; platos 3-6 US$). Establecimiento macrobiótico con sabrosa comida; el almuerzo, que consiste en un plato combinado, sale por 3 US$.

Uno de los sitios más baratos a mediodía es el **mercado central** (plano p. 66; av. Central, entre las calles 6 y 8), donde existe un buen número

---

VEGETARIANOS EN SAN JOSÉ

De todas las ciudades de Costa Rica, San José es la que cuenta con mayor variedad de restaurantes vegetarianos. Más allá de Vishnu (véase esta página) y Shakti (véase esta página), los establecimientos chinos sirven verduras fritas y en muchos italianos se pueden tomar sencillos platos de pasta con salsa de tomate o queso. En su mayor parte, los restaurantes no tienen inconveniente a la hora de suprimir la carne de algún plato si un comensal lo solicita.

Aunque no sean exclusivamente vegetarianos, Mecca (p. 81), Tin-Jo (p. 83), Don Wang (p. 83) y La Criollita (en esta página) elaboran especialidades con verduras de forma habitual. Véase también Comida para Sentir (p. 96).

Para más pistas sobre cocina vegetariana en Costa Rica, véase el capítulo *Comida y bebida* (p. 54).

de restaurantes y sodas que sirven casados, tamales y marisco, entre otras cosas. Para tomar el postre se recomienda **Las Delicias** (helado 0,75 US$), toda una institución que lleva más de un siglo haciendo helados; se aconseja el de vainilla con canela acompañado de barquillos.

Churrería Manolo's. Zona oeste del centro (plano p. 66; av. Central, entre las calles Central y 2; 🕒 24 h); zona este del centro (plano p. 66; av. Central, entre las calles 9 y 11; 🕒 24 h). Famosa por su churros rellenos de crema, siempre se encuentra abarrotada a cualquier hora del día o de la noche. Sobre las cinco de la tarde empiezan a llegar los empleados de las oficinas cercanas y se pueden tomar los churros recién hechos y calentitos. El local de la zona oeste posee una estupenda terraza en el piso 2º desde donde se puede observar a los viandantes; los casados cuestan unos 3 US$ y los churros del mostrador de la calle, 0,40 US$.

Pastelería Merayo (plano p. 78; calle 16, entre paseo Colón y av. 1). Muy concurrida, se trata de una de las mejores de la ciudad y elabora gran variedad de tartas y pasteles. El café es fuerte; resulta una manera dulce de matar el tiempo mientras se espera un autobús en la Coca-Cola.

Quienes deseen tomar comida rápida pueden encontrar varios sitios en la zona peatonal de la avenida Central o sus inmediaciones, y en otras áreas de San José, como **McDonald's,** local de plaza de la Cultura (plano p. 66; av. Central, entre las calles 3 y 5); local del Banco Central (plano p. 66; calle 4, entre avs. Central y 1), que cuenta con unos baños muy limpios; en el primer local también hay un cajero automático de Cirrus. Los entusiastas del helado pueden dirigirse a Pops, una cadena con varias sucursales.

PRECIO MEDIO
Restaurante Don Wang (plano p. 66; calle 11, entre avs. 6 y 8; platos 2-12 US$; 🕒 8.00-15.00 y 18.00-23.00 lu, 8.00-23.00 ma-sa, 8.00-22.00 do). Su especialidad es el *dim sum*; presenta una extensa carta de platos vegetarianos y no vegetarianos.

News Café (plano p. 66; esquina av. Central y calle 7; platos 4-11 US$; 🕒 6.00-22.00). Esta cafetería céntrica y moderna, repleta de estadounidenses, se halla en la planta baja del Hotel Presidente. El restaurante prepara sándwiches y ensaladas al estilo norteamericano y estupendos bistés; también dispone de diarios extranjeros.

Café Del Rey (plano p. 66; 🕒 24 h). Ubicado en el hotel del mismo nombre, sirve enormes sándwiches (unos 6 US$), además de tartas, café y comidas completas; suele escucharse *blues* o *jazz* de fondo. Si al viajero no le incomoda la presencia de prostitutas, se trata de un lugar seguro para cenar de madrugada gracias a su vigilante nocturno.

Balcón de Europa (plano p. 66; ☎ 221 4841, calle 9, entre avs. Central y 1; platos 6-10 US$; 🕒 11.30-22.00 do-vi). Abierto desde 1909, se considera el restaurante más antiguo de Costa Rica y constituye uno de los más concurridos. La carta está formada por pastas, aperitivos y ensaladas, como la magnífica de palmitos.

Restaurante Pizza Metro (plano p. 66; av. 2, entre las calles 5 y 7; platos 7-12 US$; 🕒 12.00-15.00 y 18.00-22.30). Siempre está lleno de josefinos comiendo *pizza* y pasta.

Café de Correo (plano p. 66; calle 2 junto a av. 3; 🕒 9.00-19.00 lu-vi, 9.00-17.00 sa). Situado en el Correo Central, resulta fantástico para leer y escribir cartas delante de una buen café y un pastel. Ofrece bebidas calientes y heladas, y varios platos de pasta.

Café Parisienne (plano p. 66; calle 3, entre avs. Central y 2; platos 6-12 US$; 🕒 24 h). Emplazado en el Gran Hotel Costa Rica, este establecimiento de estilo europeo constituye el observatorio ideal para ver pasar a la gente frente al Teatro Nacional. La comida no tiene nada especial, pero los camareros no molestan al cliente si sólo se pide un café.

PRECIO ALTO
Restaurante Tin-Jo (plano p. 66; ☎ 221 7605, 257 3622; calle 11, entre avs. 6 y 8; platos 8-15 US$; 🕒 11.30-15.00 y 17.30-22.00 lu-ju, 11.30-15.00 y 17:30-23.00 vi-sa, 11.30-22.00 do). Esta afamada casa, con muchísimo éxito entre los josefinos y los viajeros, ha sido muy recomendada por varios lectores. Su variada carta está compuesta por comida china, tailandesa e india, así como una selección de platos vegetarianos al *curry*. El lugar es agradable y acogedor, y los camareros, amables. Se recomienda reservar, pues se llena hasta los topes.

Al oeste y al sur del centro
Todos estos locales se sitúan fuera del plano de San José.

ECONÓMICO
Huarache's (av. 22, entre las calles 5 y 7; platos 2-5 US$; 🕒 11.00-23.00). Este bullicioso restaurante no

defrauda con sus estupendos tacos, quesa-dillas, guacamole, sopa de tortilla y salsas picantes típicamente mexicanas; ubicado 350 m al este del hospital de la Mujer, merece la pena el paseo o el taxi.

Soda Tapia (esquina av. 2 y calle 42; casados 3-4 US$; ☻ 6.00-24.00). Si el viajero pasa cerca del parque La Sabana, se recomienda parar en este lugar famoso por sus sándwiches y platos combinados; se preparan enormes copas de helado para los golosos.

PRECIO MEDIO

El Chicote (☎ 232 0936; aperitivos 4-8 US$, platos princi-pales 8-15 US$; ☻ 11.00-15.00 y 18.00-23.00 lu-vi, 11.00-23.00 sa-do). Se trata de un imponente asador emplazado en la parte norte de La Sabana, 400 m al oeste del edificio ICE. Los churras-cos se asan en una parrilla en medio del res-taurante y se acompañan de frijoles negros y rodajas de plátano frito con una patata asada; también disponen de marisco, pero es más caro. Cuenta con mesas en un pequeño patio, además del amplio salón interior cua-jado de flores. Para llegar, se puede tomar el autobús Sabana-Estadio, que recorre el paseo Colón hasta la zona norte del parque.

Arirang (☎ 223 2838; edificio Centro Colón, paseo Colón, entre las calles 38 y 40, piso 2º; platos 7-12 US$; ☻ 11.30-15.00 y 17.30-22.00 lu-vi, 11.30-22.00 sa). Especializado en comida japonesa y bar-bacoas coreanas, cocinadas directamente en la mesa, sus precios son moderados. Se aceptan tarjetas de crédito.

Machu Picchu (☎ 222 7384; calle 32, entre avs. 1 y 3; comidas 6-11 US$; ☻ 11.00-15.00 y 18.00-22.00 lu-sa). Este concurrido establecimiento peruano se ubica 125 m al norte del KFC (Kentucky Fried Chicken) del paseo Colón. La carta presenta los típicos cebiches de pescado o marisco crudo y aliñado, (entre 3 y 5 US$) y otras especialidades, como el *pisco sour*, cóctel nacional peruano.

Restaurant/Bar Libanés Lubnán (☎ 257 6071; paseo Colón, entre las calles 22 y 24; ☻ 11.00-15.00 y 18.00-23.00 ma-sa; 11.00-16.00 do). Sirve desde kebab hasta *falafel* a precios módicos; se aceptan tarjetas de crédito.

PRECIO ALTO

Fuji (☎ 232 8122, ext. 191; calle 42, 200 m al norte del par-que La Sabana; platos desde 10 US$; ☻ 12.00-15.00 y 18.30-23.00 lu-sa, 12.00-22.00 do). Acreditado restaurante japonés, en el Meliá Tryp Corobicí (véase p. 80). Se aceptan tarjetas de crédito.

Restaurant y Galería La Bastille (☎ 255 4994; esquina paseo Colón y calle 22; platos 13-18 US$; ☻ 11.30-14.00 y 18.30-24.00 lu-vi; 18.00-24.00 sa). Por el paseo Colón hacia el parque La Sabana, se des-cubre este alegre y elegante lugar con co-cina francesa a precios razonables. Es uno de los que llevan más tiempo en la zona y funciona también como galería de arte. Su especialidad son los caracoles, las carnes, las salsas y una exquisita sopa de ajo.

La Piazzetta (☎ 222 7896; paseo Colón junto a calle 40; platos 7-18 US$; ☻ 12.00-14.30 y 18.30-23.00 lu-vi, 18.00-23.00 sa). Ofrece una extensa y apetitosa carta de cocina italiana creativa, servida en bandejas de plata, que comprende pasta, *risotto*, ternera, buey y marisco. La carta de vinos es completa y los postres, suculentos. Se sitúa frente al Banco de Costa Rica en el paseo Colón, y aceptan tarjetas de crédito.

Grano de Oro (☎ 255 3322; calle 30, entre avs. 2 y 4; platos principales 20 US$; ☻ 6.00-22.00). Se trata del restaurante de hotel más destacado (véase recuadro en p. 73), que ha recibido buenas críticas tanto por la distinguida decoración de su sala como por la estupenda cocina internacional. En la carta se presentan pla-tos novedosos, como el pollo con coco o la lubina en salsa de nueces de macadamia. Tiene mucho éxito, por lo que conviene reservar incluso entre semana. Para los huéspedes del hotel existe un servicio de habitaciones sin recargo; se aceptan tarjetas de crédito.

DÓNDE BEBER

San José ofrece diversas opciones para tomar algo a cualquier hora del día o de la noche: cerveza, guaro, margaritas y mucho más. Y hay para todos los gustos: sitios ele-gantes, bares a la última moda o verdaderos antros; en algunos se puede bailar algunas noches. Para más información sobre loca-les nocturnos y bares de ambiente, véanse pp. 85-86.

El Cuartel de la Boca del Monte (plano pp. 62-63; ☎ 221 0327; av. 1, entre las calles 21 y 23). Este espa-cioso bar, que funciona como restaurante de día (véase p. 80), constituye un hito de la vida nocturna de San José para jóvenes y no tan jóvenes. La música suena a todo volumen y los clientes se apretujan en la pequeña pista de baile de atrás; la barra suele estar menos abarrotada. Los lunes por la noche ofrece música en directo y entrada gratis para las señoras.

En el barrio Amón, **Luna Roja Café** (plano p. 66; ☎ 223 2432; calle 3, entre avs. 9 y 11) es un local de moda completamente negro, al que no se puede ir vestido de cualquier manera. Los lunes organiza una noche sólo para señoras y, en alguna ocasión, una noche goda. Cobra consumición mínima (2,50 US$), salvo el miércoles, que la entrada es gratis.

Bar Chavelona (plano p. 66; av. 10, entre las calles 10 y 12; ☿ 24 h). Abierto toda la noche, tiene 77 años de historia en un barrio solitario al sur del centro; lo mejor es acercarse en taxi. El servicio es bueno; el ambiente, agradable con sabor local, y entre sus clientes se encuentra gente de radio y teatro, lo que le otorga un toque bohemio.

Al otro lado de la calle, unos 100 m al oeste del centro comercial El Pueblo, se halla el **¿Por qué no?** (☎ 233 6622; ☿ abre 17.30), que conecta con el Hotel Villa Tournón (p. 74). La noche del viernes suele tocar una banda y los lugareños acuden en masa.

Nashville South Bar (plano p. 66; calle 5, entre avs. 1 y 3). Esta especie de cafetín sirve hamburguesas y perritos calientes con chile en una barra llena de americanos.

Shakespeare Bar (☎ 257 1288; esquina av. 2 y calle 28; ☿ 15.00-24.00). Este sitio tranquilo, cuyo nombre se inspira en varios pequeños teatros próximos, tiene más clase; resulta ideal para ir antes o después de la función. Tiene dardos, piano bar y, a veces, música en directo.

México Bar (esquina av. 13 y calle 16). Interesante y de cierta categoría para la zona en que se halla, cuenta con buenos aperitivos y música de mariachis algunas noches. Junto a la iglesia del barrio México, se trata de un local sin turistas. Para llegar se pasa por un barrio deprimido, por lo que se aconseja tomar un taxi.

Chelle's (plano p. 66; ☎ 221 1369; esquina av. Central y calle 9; ☿ 24 h). Abierto todos los días, constituye un punto de referencia local. También sirve comidas (véase p. 82), aunque es necesario tomarse un licor para digerirlas.

El Blue Marlin, junto al Hotel Del Rey (véase p. 76), es un garito curioso para ver todo tipo de gente: desde viejos pescadores de caña a prostitutas jóvenes. Si las viajeras deciden acercarse por allí, resulta prudente que vayan acompañadas de un guía.

Para obtener información sobre otros sitios, véase Los Yoses y San Pedro (p. 96) y Escazú (p. 103).

OCIO

En el diario *La Nación*, los jueves aparece una completa guía del ocio con la vida nocturna y los eventos culturales de la semana. La sección "Weekend" del *Tico Times* ofrece un calendario de teatro, música, museos y acontecimientos. También resulta práctico consultar la gratuita *Guía de Ciudad*, publicada por *El Financiero*, que suele encontrarse en oficinas de turismo y hoteles. Para consultar la cartelera actualizada y conseguir información sobre bares y clubes en San José, se recomienda www.entretenimiento.co.cr.

Cines

Muchas salas proyectan las novedades de Hollywood en versión original subtitulada, aunque a veces están dobladas al español, por lo que conviene preguntar antes de comprar la entrada (unos 3 US$).

Los multicines más grandes y modernos se ubican en los barrios periféricos de San Pedro (p. 96) y Escazú (p. 103). Dentro de la ciudad se encuentran:

Cine Magaly (☎ 223 0085; calle 23, entre avs. Central y 1)

Omni (plano p. 66; ☎ 221 7903; calle 3, entre avs. Central y 1)

Sala Garbo (☎ 222 1034; esquina av. 2 y calle 28)

Locales nocturnos

No faltan lugares animados para salir a bailar o escuchar música en directo; suelen cobrar una consumición mínima de entre 2 y 5 US$, según la noche y la popularidad del artista.

Véase también Los Yoses y San Pedro (p. 96) en la zona de estudiantes.

Si el viajero desea acercarse a este tipo de locales, no debe olvidarse la documentación.

Al norte del zoo del barrio Tournón, el **centro comercial El Pueblo** (plano pp. 62-63; ℗), con gran variedad de sitios y actividad humana los fines de semana, suele ponerse en marcha hacia las 21.00 y cerrar a las 3.00. Cada pocos metros hay un bar y en muchos de ellos se toca música en directo. Cuenta con un cajero de la red Cirrus abierto las 24 horas junto al aparcamiento. Algunos de los locales más animados son:

Bar Picantería Inty Raymy. De sabor peruano.

Bar Tango Che Molinari (☎ 226 6904). Local argentino con tangos en directo; se exige una consumición mínima.

Café Boruca. Más tranquilo, con música *folk* y acústica.

Club Twister (☎ 222 5746). Los amantes del baile no pueden perdérselo, pues dispone de mucho espacio para beber y bailar; se escucha música actual latina e internacional.

Ebony 56. Discoteca-restaurante recién abierto en sustitución del antiguo Club Infinito. Atrae a una clientela muy variada; los jueves se organiza la animadísima noche sólo para señoras.

La Plaza (☎ 233 5516). Frente al Ebony 56, se trata de un establecimiento más elegante con una pista de baile grande.

Los Balcones (☎ 223 3704). Pequeño y especializado en nueva trova; se suele tocar música acústica y no se cobra consumición mínima.

Tarrico (☎ 222 1003). Este bar espacioso dispone de futbolín y música en directo con regularidad.

En el centro, se encuentran un par de locales con menos categoría y que atraen a clientes de clase trabajadora; la consumición cuesta entre 2 y 5 US$. En la discoteca **El Túnel del Tiempo** (plano p. 66; av. Central, entre las calles 7 y 9) se escucha música *tecno* hasta el amanecer y en el **Complejo Salsa 54 y Zadidas** (plano p. 66; calle 3, entre avs. 1 y 3), un enorme local de dos pisos, salsa y merengue; los bailarines locales son expertos salseros.

Al lado de la Luna Roja (véase p. 85) se sitúa el **Café Loft** (☎ 221 2302; ☼ 19.00-2.00), donde se mezcla *house* con otros tipos de música moderna por la noche. Hay un código de vestimenta y no se permite la entrada a quien no vaya muy *fashion*.

Locales de ambiente

San José cuenta con una gran oferta para tomar una copa o bailar; se cobra una consumición mínima (entre 2 y 5 US$) los fines de semana y noches especiales. En estos locales es frecuente que se programen noches sólo para hombres o sólo para mujeres; en algunas ocasiones cierran por descanso. Para enterarse de los locales de moda, se recomienda conectarse con **Gay Costa Rica** (www.gaycostarica.com) o pasar por **1@10 Café Internet** (plano p. 66; ☎ 258 4561; www.1en10.com; calle 3, entre avs. 5 y 7), que sirve de centro de información. Véase "Comunidad homosexual" (p. 473) para más información.

La Castilla (plano p. 66; ☎ 221 0656; calle 3, entre avs. 7 y 9). Jóvenes profesionales llenan este íntimo sitio del barrio Amón donde se bebe y se baila entre semana, está bien para charlar con tranquilidad. Es también uno de los lugares favoritos de las lesbianas.

Otros locales muy frecuentados se hallan al sur del parque Central; sin embargo, esta zona tiene un alto índice de delincuencia, por lo que no conviene andar solo de noche.

Deja Vú (plano p. 78; ☎ 223 3758; calle 2, entre avs. 14 y 16). Este enorme local para bailar es muy popular, entre hombres. Ofrece barra libre los miércoles por la noche y programa *go-go boys* los sábados.

La Avispa (plano p. 66; ☎ 223 5343; calle 1, entre avs. 8 y 10). Más al este, aparece este bar pintado de amarillo y negro, que lleva funcionando más de 25 años. Dispone de mesas de billar y una estupenda pista de baile recomendada por los lectores. Tiene fama, entre los hombres, aunque organiza una noche lesbiana una vez al mes.

Bochinche (plano pp. 62-63; ☎ 221 0500; calle 11, entre avs. 10 y 12). De más categoría, suele estar frecuentado por jóvenes profesionales ticos.

Los Cucharones (plano p. 66; ☎ 233 5797; avs. 6, entre las calles Central y 1). A este animadísimo establecimiento acuden jóvenes de clase trabajadora atraídos por sus estupendos espectáculos de travestis.

Deportes

Los partidos nacionales e internacionales de fútbol se juegan en el **Estadio Nacional** (☎ 257 6844) del parque La Sabana. Para conocer el calendario de encuentros, conviene llamar por teléfono con antelación. Si se desea más información sobre esta pasión nacional, véase p. 30.

Teatro

La ciudad brinda una amplia oferta, que se puede consultar en periódicos locales, como el *Tico Times*. El Teatro Nacional es el más importante; el resto de las salas no son muy grandes. Los josefinos son muy aficionados al teatro y los precios son bastante asequibles, por lo que es prudente comprar las entradas lo antes posible. No suele haber función los lunes.

Auditorio Nacional (plano pp. 62-63; ☎ 249 1208; www.museocr.com; en el Museo de los Niños). Un gran escenario para conciertos, danza y teatro, además de ser la sede del concurso de belleza Miss Costa Rica.

Teatro Carpa (☎ 234 2866; av. 1, entre las calles 29 y 33). Conocido por poner en escena obras alternativas y al aire libre, así como por las funciones del LTG (Little Theater Group), una compañía británica.

Teatro de la Aduana (☎ 225 4563; calle 25, entre avs. 3 y 5). Aquí actúa la Compañía Nacional de Teatro.

Teatro el Ángel (plano pp. 62-63; ☎ 222 8258, av. Central, entre las calles 13 y 15). Se dedica a la comedia.

Teatro Fanal (plano pp. 62-63; ☎ 257 5524; en el complejo CENAC; av. 3, entre las calles 11 y 15). Contiguo al Museo de Arte y Diseño Contemporáneo, programa obras de varios tipos, incluso infantiles.

Teatro La Máscara (plano pp. 62-63; ☎ 222 4574; calle 13, entre avs. 2 y 6). Especializado en danza y teatro alternativo.

Teatro Laurence Olivier (☎ 223 1960; esquina calle 28 y av. 2). Pequeña sala con cafetería y galería de arte.

Teatro Melico Salazar (plano pp. 62-63; ☎ 233 5434; av. 2, entre las calles Central y 2). Construido en los años veinte y actualmente restaurado, toma su nombre de uno de los principales cafetaleros de Costa Rica; ofrece música, danza y espectáculos teatrales.

Teatro Nacional (plano pp. 62-63; ☎ 221 5341; av. 2, entre las calles 3 y 5). Programa obras de teatro, danza, ópera, música sinfónica y latinoamericana, y otros eventos culturales de importancia. La temporada se extiende de marzo a noviembre, aunque en los demás meses funciona con menor frecuencia. Los billetes más baratos cuestan 4 US$. Aquí actúa la Orquesta Sinfónica Nacional.

Teatro Sala Vargas Calvo (plano p. 66; ☎ 222 1875; av. 2, entre las calles 3 y 5). Conocido por sus obras representadas sobre un escenario central.

También son importantes el **teatro Eugene O'Neill** (Los Yoses; véase p. 97), el **teatro de la Comedia** (plano pp. 62-63; ☎ 255 3255; av. Central, entre las calles 13 y 15), el **teatro Molière** (plano pp. 62-63; ☎ 223 5420; calle 13, entre avs. 2 y 6) y el **teatro Lucho Barahona** (plano p. 66; ☎ 223 5972; calle 11, entre avs. 6 y 8).

Casinos

Se han instalado en varios hoteles grandes de lujo. Aunque la mayor parte no exige una vestimenta especial, en los más elegantes puede requerirse etiqueta.

Aurola Holiday Inn (plano p. 66; ☎ 222 2424; esquina calle 5 y av. 5, piso 17º)

Casino Club Colonial (plano p. 66; ☎ 258 2807; av. 1, entre las calles 9 y 11; ☼ 24 h)

Casino del Faraón (plano p. 66; ☎ 222 1222; en el Hotel Europa, calle Central, entre avs. 3 y 5; ☼ 15.00-4.00)

Gran Hotel Costa Rica (plano p. 66; ☎ 221 4000; calle 3, entre avs. Central y 2)

Hotel del Bulevar (plano p. 66; ☎ 257 0022; calle Central, entre avs. Central y 2). Sólo tragaperras.

Hotel Del Rey (plano p. 66; ☎ 257 7800; esquina av. 1 y calle 9; ☼ 24 h)

Meliá Tryp Corobicí (☎ 232 8122; calle 42, 200 m al norte del parque La Sabana; ☼ 18.00-2.00)

Hotel Centro Colón (☎ 257 2580; av. 3, entre las calles 38 y 40; ☼ 14.00-6.00)

JUEGOS DE AZAR A LA TICA

El juego de naipes más popular es el 21, parecido al *blackjack* de Las Vegas pero con reglas costarricenses. El jugador recibe dos cartas, después pide otra o se queda con las dos que tiene. Como en el *blackjack*, la idea es acercarse lo más posible a 21 puntos sin pasarse; las figuras valen 10 puntos y los ases, 1 u 11, según le convenga al que juega. Si las tres primeras cartas del jugador son iguales (tres reyes) o constituyen una escalera de color (por ejemplo, el cinco, el seis y el siete del mismo palo), se ha conseguido un *rummy* y se paga el doble de lo que se ha apostado. Si las tres cartas iguales son tres sietes (que suman 21), se paga aún más. Si se saca 21 con dos cartas o se tienen cinco cartas sin pasar de 21, no se paga doble como se hace en muchos casinos internacionales. Finalmente, si a un jugador le tocan dos cartas que tengan el mismo valor, cabe la posibilidad de dividir esas cartas en dos manos separadas; es decir, cada carta se juega en una mano distinta.

También se juega a las máquinas tragaperras y a la ruleta, pero los números se extraen de un bombo de lotería.

DE COMPRAS

San José presenta oportunidades de adquirir artesanía, en muchos casos a mejor precio que en las zonas de playa. Para más información sobre compras en Costa Rica, véase p. 477.

En el **mercado central** (plano p. 66; avs. Central y 1, entre las calles 6 y 8) se pueden comprar hamacas, camisetas, algo de artesanía y café en grano más barato que en las tiendas de turistas. Todos los supermercados también venden café en grano de calidad.

Se pueden encontrar objetos interesantes en el **mercado artesanal** (plano pp. 62-63; plaza de la Democracia; avs. Central y 2, entre las calles 13 y 15) al aire libre, que ofrece desde joyas hechas con semillas hasta tallas de madera, puros, ropa y hamacas.

Galería Namu (plano 62-63; ☎ 256 3412; av. 7, entre las calles 5 y 7). Véase el recuadro en p. 88.

La **Annemarie's Boutique** (plano pp. 62-63; ☎ 221 6707; www.doncarloshotel.com; Hotel Don Carlos, esquina calle 9 y av. 9) no es la típica tienda de regalos de hotel. Se puede entrar a curiosear artículos de toda Costa Rica; además, a través de su web vende al extranjero una selección de objetos.

Sol Maya (plano p. 78; ☎ 221 0864; calle 16, entre avs. Central y 1; ☼ do-vi). Esta pequeña tienda junto a la terminal Coca-Cola ofrece una interesante selección de telas guatemaltecas.

La Casona (plano p. 66; calle Central, entre avs. Central y 1; ☼ lu-sa) está formada por varios puestos que venden género de otros países centroamericanos.

La Buchaca (plano pp. 62-63; ☎ 223 6773, 253 8790; centro comercial El Pueblo; ☼ 16.00-20.00 lu-sa). Se trata de un diminuto negocio de joyas, cerámicas y arte del país. Son interesantes las pinturas modernas con motivos precolombinos de América Central. Otras tiendas del centro comercial venden productos típicos para turistas.

Suraksa (☎ 222 0129; esquina calle 5 y av. 3; ☼ 9.00-18.00 lu-sa). Dispone de piezas de oro trabajadas al estilo precolombino, artículos de maderas tropicales y cerámica fina.

Si el viajero se encuentra en San José, merece la pena visitar Artesanía Biesanz en Escazú (p. 104). También se pueden encontrar objetos a buen precio en el barrio periférico de Moravia (p. 129), unos 8 km al nordeste del centro, o programar una excursión de un día a Sarchí (p. 116), donde se fabrican los coloridos carros de bueyes de Costa Rica y muchos artículos de cuero.

CÓMO LLEGAR Y SALIR

San José es el centro de todo el transporte por el país, aunque desgraciadamente el sistema es desconcertante para el visitante. La mayoría de la gente se mueve en autobús, pero no existe una estación central de autobuses, sino docenas de paradas diseminadas por la ciudad, que se dirigen a distintos destinos. Se han realizado esfuerzos para consolidar los servicios, y el uso de las terminales del Atlántico Norte, del Caribe y Musoc han mejorado la situación.

Avión

La capital cuenta con dos aeropuertos. Para informarse sobre cómo llegar, véase p. 91.

Aeropuerto Internacional Juan Santamaría (☎ 437 2626; cerca de Alajuela). El tráfico internacional llega a su nueva terminal y los vuelos nacionales de Sansa lo hacen al diminuto edificio de color azul que está situado a la derecha de la terminal principal. **Sansa** (☎ 221 9414; www.flysansa.com; esquina av. 5 y calle 42, La Sabana) también dispone de una oficina en la ciudad.

ARTE INDÍGENA *John Thompson*

La **Galería Namu** (plano pp. 62-63; ☎ 256 3412; www.galerianamu.com; av. 7, entre las calles 5 y 7; ☼ 9.30-18.30 lu-sa, 9.30-13.30 do), seleccionada como sede oficial del Festival Internacional de las Artes que se celebra anualmente en San José, ha reunido obras de arte y objetos de artesanía pertenecientes a las tribus indígenas de Costa Rica. Los interesados en la cultura indígena encontrarán aquí información valiosa sobre las distintas tradiciones.

Su propietario, Aisling French, visita con regularidad a los artistas de aldeas remotas. En la galería se pueden encontrar máscaras ceremoniales de los borucas, muñecas y vestidos de los guaymíes, piraguas de los bribris, cerámicas de los chorotegas, tallas y esteras de los huetares y mantas de los guatusos.

También se exponen piezas de artistas urbanos contemporáneos, como las que realizan los niños de la calle centroamericanos a través de un programa sin ánimo de lucro.

En la estación lluviosa cierra los domingos; el horario comercial no es fijo.

Aeropuerto Tobías Bolaños (☎ 232 2820; Pavas). Está reservado para los vuelos nacionales de NatureAir (☎ 220 3054; www.natureair.com). Desde cualquier agencia de viajes se pueden reservar y confirmar vuelos de Sansa y NatureAir; por tanto, no es necesario acercarse a las sucursales.

LÍNEAS AÉREAS INTERNACIONALES

A continuación se enumeran las que tienen filiales en San José; asimismo, las aerolíneas con vuelos directos a Costa Rica marcadas con un asterisco han instalado un mostrador en el aeropuerto. Para consultar las páginas web de compañías aéreas que vuelan a Costa Rica véase p. 482.

American Airlines* (☎ 257 1266; av. 5 bis, entre las calles 40 y 42, La Sabana)

Continental* (☎ 296 4911; junto al Hotel Barceló, La Uruca)

COPA* (☎ 222 6640; esquina calle 1 y av. 5)

Cubana de Aviación* (plano p. 66; ☎ 221 7625, 221 5881; edificio Lux, esquina av. Central y calle 1, piso 5º)

Delta* (☎ 256 7909, púlsese 5 para reservas; paseo Colón, 100 m al este y 50 m al sur de Toyota)

Grupo TACA* (☎ 296 0909; esquina calle 42 y av. 5; frente al concesionario Datsun)

Iberia* (☎ 257 8266; paseo Colón, esquina calle 40, piso 2º)

Mexicana* (☎ 295 6969; torre Mercedes Benz en paseo Colón, piso 3º)

SAM/Avianca* (☎ 233 3066; edificio Centro Colón, paseo Colón, entre las calles 38 y 40)

United Airlines* (☎ 220 4844; Oficentro Ejecutivo, La Sabana)

VUELOS CHÁRTER

Sansa y NatureAir los ofrecen desde San José, al igual que varias compañías de aerotaxis. La mayor parte de los aparatos son para tres o cinco pasajeros, y pueden desplazarse a cualquiera de las pistas de aterrizaje costarricenses. En la siguiente lista se indica el aeropuerto de San José desde donde opera cada compañía.

Aero Bell (☎ 290 0000; aerobell@racsa.co.cr; Tobías Bolaños)

Aviones Taxi Aéreo S.A. (☎ 441 1626; Juan Santamaría)

Helicópteros Turísticos Tropical (☎ 220 3940; Tobías Bolaños)

Pitts Aviation (☎ 296 3600; Tobías Bolaños)

Viajes Especial Aéreos S.A. (Veasa; ☎ 232 1010, 232 8043; Tobías Bolaños)

Autobús

La **terminal Coca-Cola** (plano p. 78; av. 1, entre las calles 16 y 18) es un punto de referencia en la capital, ya que numerosos autobuses salen de un radio de cuatro manzanas a su alrededor. Otras estaciones están especializadas en distintas regiones; así, al nordeste de la Coca-Cola, la **terminal del Atlántico Norte** (plano p. 78; esquina av. 9 y calle 12) cubre destinos septentrionales, como Monteverde, La Fortuna y Sarapiquí. La **Gran Terminal del Caribe** (plano pp. 62-63; terminal del Caribe; calle Central, al norte de av. 13) se ocupa de los desplazamientos a la costa caribeña. En el extremo sur del centro, desde la **terminal Musoc** (av. 22, entre las calles Central y 1) se viaja a San Isidro.

Muchas compañías de autobuses sólo cuentan con una parada, en cuyo caso el billete se compra al conductor; otras disponen de una oficina diminuta con ventanilla a la calle, y algunas operan desde una terminal. Los horarios cambian continuamente, por lo que se recomienda conseguir el práctico, aunque no siempre correcto, horario principal de autobuses en el ICT

(p. 64). Exintur también edita folletos muy útiles que incluyen horarios actualizados, la situación de las paradas e información sobre los trayectos más importantes que realiza la compañía.

Los vehículos suelen estar repletos los viernes por la noche y los sábados por la mañana, especialmente en Navidad y Semana Santa. Son frecuentes los robos alrededor de la terminal Coca-Cola, por lo que se aconseja mantenerse alerta, sobre todo de noche.

TRAYECTOS INTERNACIONALES DESDE SAN JOSÉ

Para comprar billetes de este tipo, es necesario llevar una fotocopia del pasaporte. Para más información sobre el cruce de fronteras, véase recuadro en p. 484.

Changuinola/Bocas del Toro, Panamá (plano p. 78; Panaline; esquina calle 16 y av. 3). 10 US$; 8 h; salida 10.00.

David, Panamá (plano p. 78; Tracopa; calle 14, entre avs. 3 y 5). 9 US$; 9 h; 7.30.

Ciudad de Guatemala (plano p. 66; Tica Bus; esquina calle 9 y av. 4). 39 US$; 60 h; 6.00 y 7.30.

Managua, Nicaragua. 10-11,50 US$; 9 h; Nica Bus (plano p. 78; terminal del Caribe), salidas 5.30 y 9.00; Transportes Deldu/Sirca Express (plano p. 78; calle 16, entre avs. 3 y 5), salida 4.30; Tica Bus (plano p. 66; esquina calle 9 y av. 4), salidas 6.00 y 7.30; Trans Nica (calle 22, entre avs. 3 y 5), salidas 4.30, 5.30 y 9.00.

Ciudad de Panamá. 23/40 US$ en Tica/Panaline; 15 h; Tica Bus (plano p. 66; esquina calle 9 y av. 4), salida 22.00; Panaline (plano p. 78; esquina calle 16 y av. 3), salida 13.00.

San Salvador, El Salvador (plano p. 66; Tica Bus; esquina calle 9 y av. 4). 30,50 US$; 48 h; 6.00 y 7.30.

Tegucigalpa, Honduras (plano p. 66; Tica Bus; esquina calle 9 y av. 4). 27 US$; 48 h; 6.00 y 7.30.

TRAYECTOS NACIONALES DESDE SAN JOSÉ

A continuación se ofrece información sobre algunos destinos dentro de Costa Rica.

Al valle Central

Alajuela (plano p. 78; Tuasa; av. 2, entre las calles 12 y 14). 0,60 US$; 40 min; salidas cada 15 min de 4.45 a 23.00.

Cartago. 0,50 US$; 40 min; Sacsa (calle 5, entre avs. 18 y 20), salidas cada 5 min; Transtusa (calle 13, entre avs. 6 y 8), salidas cada hora de 8.00 a 20.00.

Grecia, para conectar con Sarchí (plano p. 78; av. 5, entre las calles 18 y 20). 0,40 US$; 1 h; salidas cada 30 min de 5.30 a 22.00.

Heredia (plano p. 78; av. 2, entre las calles 10 y 12). 0,50 US$; 20 min; salidas cada 20 o 30 min de 4.40 a 23.00.

Sarchí (plano p. 78; av. 5, entre las calles 18 y 20). 0,50 US$ 1½ h; salidas 12.15, 17.30 y 18.00.

Turrialba (plano pp. 62-63; calle 13, entre avs. 6 y 8). 1,80 US$; 1¾ h; salidas cada hora de 8.00 a 20.00.

Volcán Irazú (plano p. 66; av. 2, entre las calles 1 y 3). 4,50 US$; salida 8.00 sólo fines de semana.

Volcán Poás (plano p. 78; Tuasa; av. 2, entre las calles 12 y 14). 4 US$, 5 h; salida 8.30.

Al noroeste de Costa Rica

Cañas. 2,50-2,75 US$; 3¼ h; Tralapa (plano p. 78; av. 7, entre las calles 20 y 22), salidas cada hora; Transportes Cañas (plano p. 78; calle 16, entre avs. 1 y 3), salidas 8.30, 10.20, 12.20, 13.20, 14.30 y 16.45.

Ciudad Quesada (San Carlos) (plano p. 78; Autotransportes San Carlos; terminal del Atlántico Norte). 2,25 US$, 2½ h; salidas cada hora de 5.00 a 19.00.

La Fortuna (plano p. 78; terminal del Atlántico Norte). 3 US$, 4½ h; salidas 6.15, 8.40 y 11.30.

Liberia. 4 US$; 4 h; Pullmitan (plano p. 78; calle 24, entre avs. 5 y 7), salidas cada hora de 6.00 a 19.00; Tralapa (av. 7, entre las calles 20 y 22), salida 15.25.

Monteverde/Santa Elena (plano p. 78; Transportes Monteverde; terminal del Atlántico Norte). 4,25 US$, 4½ h; salidas 6.30 y 14.30. Este autobús se llena rápido, se aconseja reservar.

Peñas Blancas, paso fronterizo con Nicaragua (plano p. 78; Transportes Deldú; calle 16, entre avs. 3 y 5). 5,50 US$; 4½ h; salidas 5.00, 7.00, 7.45, 10.30, 13.20 y 16.10 laborables, cada 15 min de 3.00 a 16.00 fines de semana.

Tilarán (plano p. 78; Autotransportes Tilarán; terminal del Atlántico Norte). 3 US$; 4 h; salidas 7.30, 9.30, 12.45, 15.45 y 18.30.

A la península de Nicoya

Nicoya (plano p. 78; Empresas Alfaro; calle 16, entre avs. 3 y 5). 5,25 US$; 5 h; salidas 6.30, 8.00, 10.00, 13.30, 14.00, 15.00 y 17.00.

Playa Bejuco (plano p. 78; Empresas Arza; calle 12, entre avs. 7 y 9). 5,75 US$; 5½ h; 6.00 y 15.30.

Playa del Coco (plano p. 78; Pullmitan; calle 24, entre avs. 5 y 7). 5,25 US$; 5 h; 8.00, 14.00 y 16.00.

Playa Flamingo, por Brasilito (plano p. 78; Tralapa; av. 7, entre las calles 20 y 22). 5,50 US$; 6 h; 8.00, 10.30 y 15.00.

Playa Junquillal (plano p. 78; Tralapa; av. 7, entre las calles 20 y 22). 8 US$; 6 h; 14.00.

Playa Nosara (plano p. 78; Empresas Alfaro; calle 16, entre avs. 3 y 5). 5,50 US$; 7 h; 12.30.

Playa Sámara (plano p. 78; Empresas Alfaro; calle 16, entre avs. 3 y 5). 5 US$; 5 h; 5,30.

Playa Panamá y playa Hermosa (plano p. 78; Tralapa; av. 7, entre las calles 20 y 22). 5 US$; 5 h; 15.25.

Playa Tamarindo (plano p. 78; Empresas Alfaro; calle 16, entre avs. 3 y 5). 5,50 US$; 5 h; 11.00.

Santa Cruz, por el puente de Tempisque. 5,25 US$; 4¼ h; Tralapa (plano p. 78; av. 7, entre las calles 20 y 22), salidas 7.00, 9.00, 10.00, 10.30, 12.00, 13.00, 14.00, 16.00 y 18.00; Empresas Alfaro (plano p. 78; calle 16, entre avs. 3 y 5), salidas 6.30, 8.00, 10.00, 13.30, 15.00 y 17.00.

A la costa central del Pacífico

Dominical (plano p. 78; Transportes Morales; Coca-Cola). 4,50 US$; 6½ h; salidas 7.00, 8.00, 13.30 y 16.00.

Jacó (plano p. 78; Transportes Jacó; Coca-Cola). 2,50 US$; 3 h; 7.30, 10.30, 13.00, 15.30 y 18.00.

Puntarenas (plano pp. 62-63; Empresarios Unidos; esquina av. 12 y calle 16). 2,75 US$; 2¼ h; muchos autobuses de 6.00 a 19.00.

Quepos/Manuel Antonio (plano p. 78; Transportes Morales; Coca-Cola). 4,25 US$; 4 h; 6.00, 12.00 y 18.00.

Uvita, por Dominical (plano p. 78; Transportes Morales; Coca-Cola). 4,75 US$; 7 h; 6.00 y 15.00.

Al sur de Costa Rica y la península de Osa

Ciudad Neily (plano p. 78; Tracopa; calle 14, entre avs. 3 y 5). 7 US$; 7 h; salidas 5.00, 10.00, 13.00, 16.30 y 18.00.

Golfito (plano p. 78; Tracopa; calle 14, entre avs. 3 y 5). 5,75 US$; 8 h; 7.00 y 15.00.

Palmar Norte (plano p. 78; Tracopa; calle 14, entre avs. 3 y 5). 4,50 US$; 5 h; 5.00 y 18.00.

Paso Canoas, paso fronterizo con Panamá (plano p. 78; Tracopa; calle 14, entre avs. 3 y 5). 7,50 US$; 7¼ h; 5.00, 7.30, 11.00, 13.00, 16.30 y 18.00.

Puerto Jiménez (plano pp. 62-63; Blanco Lobo; calle 12, entre avs. 9 y 11). 6,25 US$; 8 h; 12.00.

San Isidro de El General (Transportes Musoc; esquina calle Central y av. 22). 3,75 US$; 3 h; 5.30, 7.30, 10.30, 11.30, 14.30, 16.30, 17.00 y 17.30.

Santa María de Dota (plano pp. 62-63; Transportes Los Santos; av. 16, entre las calles 19 y 21). 2,75 US$; 2½ h; 7.15, 9.00, 11.30, 12.30, 15.00, 17.00 y 19.30.

San Vito (plano p. 78; Empresa Alfaro; calle 16, entre avs. 3 y 5). 5,25 US$; 7 h; 5,45, 8.15, 11.30 y 14.45.

A la costa caribeña

Todos estos autobuses parten de la terminal del Caribe (plano pp. 62-63):

Cahuita (Autotransportes Mepe). 5 US$; 3¾ h; salidas 6.00, 10.00, 13.30 y 15.30.

Cariari, para hacer transbordo hacia Tortuguero (Empresarios Guapileños). 2 US$; 2¼ h; 6.30, 9.00, 10.30, 13.00, 15.00, 16.30, 18.00 y 19.00; para más detalles sobre el transbordo, véase p. 409.

Guápiles (Empresarios Guapileños). 1,50 US$; 1¼ h; salidas cada hora de 6.30 a 19.00.

Puerto Limón (Autotransportes Caribeños). 3,25 US$; 3 h; salidas cada 30 min de 5.30 a 19.00.

Puerto Viejo de Talamanca (Autotransportes Mepe). 5,50 US$; 4¼ h; 6.00, 10.00, 13.30 y 15.30.

Siquirres (Líneas Nuevo Atlántico). 2 US$; 1¾ h; 6.30, 8.00, 9.00, 9.30, 10.00, 11.00, 12.00, 13.00, 14.00, 15.00, 16.00, 17.00 y 18.00.

Sixaola, paso fronterizo con Panamá (Autotransportes Mepe). 7 US$; 5 h; 6.00, 10.00, 13.30 y 15.30.

A las tierras bajas del norte

Ciudad Quesada (San Carlos). Véase "Al noroeste de Costa Rica", p. 90.

Los Chiles, paso fronterizo con Nicaragua (plano p. 78; terminal del Atlántico Norte). 3,75 US$; 5 h; salidas 5.30 y 15.30.

Puerto Viejo de Sarapiquí (plano pp. 62-63; Autotransportes Sarapiquí; terminal del Caribe). 2,30 US$; 1½ h; 6.30, 8.00, 10.00, 11.30, 13.30, 14.30, 15.30, 16.30, 17.30 y 18.00.

Rara Avis (plano p. 78; terminal del Atlántico Norte). 4 US$; 4 h; 7.00.

Upala (plano p. 78; Transportes de Upala; terminal del Atlántico Norte). 5,50 US$; 4 h; salidas 10.15, 15.00 y 17.15.

AUTOBUSES DE TURISMO

Gray Line Tourist Bus (☎ 220 2126; www.grayline costarica.com) e **Interbus** (☎ 283 5573; www.interbu sonline.com) llevan pasajeros desde cualquier punto de San José a numerosos destinos turísticos de todo el país. Resultan más caros que los autobuses normales, pero llegan antes. Véase p. 487 para más información.

CÓMO DESPLAZARSE

El centro de San José está muy concurrido y es relativamente pequeño. Las calles estrechas, el intenso tráfico y el complicado sistema de sentido único hacen que sea más rápido ir andando que en autobús. Si se ha alquilado un coche, no se debe utilizar para ir al centro; si se tiene prisa por llegar a un lugar situado a más de 1 km, se recomienda tomar un taxi.

A/desde los aeropuertos

AL AEROPUERTO INTERNACIONAL JUAN SANTAMARÍA

Taxi Aeropuerto (☎ 221 6865; www.taxiaeropuerto. com) cobra 12 US$ por recoger al viajero en casi cualquier lugar de la capital. También se puede tomar un taxi en la calle, pero las tarifas varían enormemente; debería costar entre 12 y 15 US$, pero depende del estado del tráfico (véase p. 59). Una alternativa más barata es el autobús rojo de **Tuasa** (plano p. 78; esquina calle 10 y av. 2; 0,60 US$) que se dirige

a Alajuela. Al subir, hay que avisar al conductor de que el viajero va al aeropuerto. **Interbus** (☎ 283 5573; www.interbusonline.com) tiene un servicio que recoge al viajero en su hotel por sólo 5 US$.

AL AEROPUERTO TOBÍAS BOLAÑOS

Hay autobuses que salen para este aeropuerto cada 30 minutos desde la avenida 1, 150 m al oeste de la terminal Coca-Cola. Un taxi desde el centro cuesta unos 3 US$.

Autobús

Los locales son prácticos para ir a los barrios periféricos y a los pueblos de los alrededores o al aeropuerto. Parten con regularidad desde el centro, aunque casi todos recogen pasajeros por el camino; funcionan de 5.00 a 22.00 y cuestan entre 0,25 y 0,50 US$.

Los autobuses del parque La Sabana entran en el centro por el paseo Colón, luego continúan por la avenida 2 a la altura del hospital San Juan de Dios. Después siguen tres rutas distintas antes de volver hacia La Sabana. Los vehículos están señalizados como Sabana-Estadio, Sabana-Cementerio o Cementerio-Estadio y constituyen una buena opción para realizar un circuito barato por la ciudad. Los que se dirigen al este hacia Los Yoses y San Pedro van y vienen por la avenida 2 y giran hacia la avenida Central por la calle 29. Son fáciles de identificar porque muchos llevan en el cristal delantero un cartel que indica "Mall San Pedro". Estos servicios empiezan en la esquina de la avenida 2 y la calle 7, cerca del Restaurante El Pollo Campesino.

Los autobuses que se dirigen a los siguientes barrios o pueblos inician su recorrido en las manzanas indicadas a continuación. Si el viajero desea desplazarse a otros barrios de los alrededores, debe preguntar en la oficina de turismo (p. 64.)

Escazú. Calle 16 (plano p. 78; calle 16, entre avs. 1 y 3); avenida 6 (plano p. 66; av. 6, entre las calles 12 y 14)

Guadalupe (plano p. 66; av. 3, entre las calles Central y 1)

Moravia (plano p. 66; av. 3, entre las calles 3 y 5)

Pavas (plano p. 78; esquina av. 1 y calle 18)

Santa Ana (plano p. 78; calle 16, entre avs. 1 y 3)

Santo Domingo (plano p. 66; av. 5, entre las calles central y 2)

Automóvil

No es recomendable alquilar sólo para moverse por San José, puesto que hay mucho tráfico, las calles son estrechas y las alcantarillas, junto al bordillo de las aceras, son muy profundas y dificultan el aparcamiento. Además, las averías son frecuentes al igual que los robos, incluso en un lugar vigilado; por tanto, jamás hay que dejar nada en un automóvil de alquiler. Si el viajero se queda en San José, es preferible desplazarse en taxis, numerosos y disponibles a todas horas.

Si se desea alquilar un automóvil para viajar por el país, en San José y alrededores existen más de 50 empresas; también en las agencias de viajes y en los hoteles de lujo se pueden conseguir todo tipo de modelos. La revista *Naturally Costa Rica*, publicada por el ICT y Canatur, se encuentra en muchos hoteles y en la oficina del ICT, y proporciona una extensa lista de agencias; también se pueden consultar las páginas amarillas locales. Para información general sobre agencias de alquiler, véase p. 488.

A la hora de alquilar un automóvil, hay que tener en cuenta que en las sucursales del aeropuerto Juan Santamaría cobran un recargo de unos 25 US$.

Motocicletas

Conducir una moto en San José resulta un poco peligroso debido a la estrechez de las calles, la profundidad de las alcantarillas y la agresividad de los conductores de autobús. Las motocicletas de alquiler suelen ser pequeñas (de 185 cm^3 a 350 cm^3) y las tarifas oscilan entre unos 50 US$ al día por una moto de 350 cm^3 y unos 200 US$ al día por una Harley; entre las agencias que merecen la pena destacan:

Wild Rider (☎ 258 4604; www.wild-rider.com; en el Hotel Ritmo del Caribe, esquina paseo Colón y calle 32). Una Yamaha TT-R 250 o una Suzuki DR-350 cuesta 230 US$ a la semana con seguro, impuestos, mapas y cascos. La agencia también dispone de vehículos todoterreno, que alquila por semanas, más baratos que en las grandes agencias.

Harley Davidson Rentals (véase p. 97), en Escazú, ofrece Harleys.

Taxi

Los de color rojo paran en la calle de día o de noche, pero también se puede pedir uno en el hotel o tomarlo en cualquier parada del parque Nacional, del parque Central o cerca del Teatro Nacional. El momento de mayor dificultad para conseguir un taxi es cuando llueve.

Se supone que se usan las marías (taxímetros), pero algunos taxistas fingen que se han roto e intentan cobrar de más. No usar el taxímetro es ilegal; por eso, hay que asegurarse de que la maría funciona o negociar el precio antes de partir. Dentro de San José se cobran 0,60 US$ por el primer kilómetro y 0,30 US$ por cada kilómetro adicional. Un trayecto corto por el centro cuesta 1 US$; del centro a Escazú, unos 4 US$; mientras que a Los Yoses o San Pedro, menos de 2 US$. Después de las 22.00 se paga un recargo del 20% que no siempre aparece en el contador.

Se puede alquilar un taxi durante medio día o más si se desea recorrer la zona, pero las tarifas varían mucho según el destino y el estado de las carreteras. Una excursión corta por carreteras razonablemente buenas sale por unos 7,50 US$ por hora en un sedán y bastante más en un todoterreno, aunque se puede negociar una tarifa plana.

ALREDEDORES DE SAN JOSÉ

Con la expansión del centro, algunos barrios se han integrado en el negocio turístico, con hoteles cómodos, buenos restaurantes y vecindarios más seguros para dar una vuelta de noche. Quienes planeen pasar varios días en San José, y no les importe desplazarse entre la capital y alguno de los barrios de los alrededores, merece la pena pernoctar en ellos, puesto que ofrecen un aire más limpio, hoteles más tranquilos y en general mejor ambiente.

LOS YOSES Y SAN PEDRO

A unos 2 km del centro, en el extremo oriental de San José, se hallan las zonas residenciales de Los Yoses y San Pedro, que se unen en una peligrosa rotonda situada en la avenida Central y la carretera de Zapote. Al oeste de la rotonda se encuentra Los Yoses, con dos importantes puntos de referencia: la Fuente de la Hispanidad y el Mall San Pedro; al este, se sitúa San Pedro, con su pequeña plaza y su iglesia.

En el norte de San Pedro se ubica la Universidad de Costa Rica, cuyo campus bordeado de árboles queda a pocas manzanas de la avenida Central. La presencia de estudiantes ha propiciado que el barrio esté repleto de bares, restaurantes y locales nocturnos interesantes y animados. Funciona como zona de diversión nocturna, sobre todo para los menores de 30 años, y resulta estupenda y más segura que el centro para dar una vuelta por la noche.

Información

Casi todas las calles de Los Yoses y San Pedro carecen de nombre, de modo que los lugareños se orientan teniendo en cuenta algunos puntos de referencia. Para saber más al respecto, véase recuadro en p. 471. El antiguo ICE (Instituto Costarricense de Electricidad) en Los Yoses y el antiguo Banco Popular en San Pedro constituyen dos indicaciones importantes.

Abundan los *cibercafés*, como **Net Café** (☎ 234 8200; calle 3, al norte de av. Central; 1 US$/h ☯ 7.00-22.00), un buen sitio para consultar el correo electrónico, o **Internet Café Costa Rica** (☎ 224 7295; 75 m al oeste del antiguo Banco Popular; 0,60 US$/h; ☯ 24 h), a la vuelta de la esquina. En el barrio Dent, la **librería Internacional** (☎ 253 9553; 300 m al este del Taco Bell, detrás del Mall San Pedro; ☯ 9.30-19.30 lu-sa, 13.0-17.00 do) tiene novedades editoriales, así como guías de viaje y naturaleza.

Es posible hacer la colada en **Burbujas** (☎ 224 9822; 50 m al oeste y 25 m al sur del Más X Menos, San Pedro; ☯ 8.00-18.00 lu-vi, 8.30-16.30 sa) o en **Lavamás** (☎ 225 1645; 100 m al oeste del antiguo ICE, junto a la cafetería Spoon, Los Yoses; ☯ 9.00-17.00 lu-vi, 9.00-15.00 sa). Ambas disponen de máquinas de autoservicio; lavar y secar una carga cuesta unos 5 US$.

El **Scotiabank** de San Pedro (☎ 280 0604; av. Central, entre las calles 5 y 7) cambia dinero y cuenta con un cajero 24 horas de Cirrus.

Resulta práctico conseguir un ejemplar de *Semana Universitaria*, que presenta una exhaustiva relación de los eventos locales.

Puntos de interés y actividades

El **Museo de Insectos** (☎ 207 5318, 207 5647; entrada 1 US$; ☯ 13.00-17.00 lu-vi), también conocido como Museo de Entomología, acoge una completísima colección de artrópodos exóticos (algunos terroríficos), reunida por la Facultad de Agronomía de la Universidad de Costa Rica y emplazada en los sótanos de la Facultad de Artes Musicales. El museo está señalizado desde la iglesia de San Pedro. A veces la puerta está cerrada; basta con llamar al timbre.

Para los amantes de los bolos, una manzana al sur del Centro Cultural Costarricense Norteamericano se ha instalado el **Boliche Dent** (☎ 234 2777, esquina av. Central y calle 23, Los Yoses), donde se puede jugar por 7 US$ la hora. En San Pedro, al este de la rotonda, se halla el **Salón Los Patines** (☎ 224 6821), donde acuden sobre todo los adolescentes.

Cursos

Estos centros se dedican sobre todo a enseñar idiomas, pero también imparten clases de baile y ayudan a conseguir puestos de voluntariado.

Costa Rican Language Academy (☎ 280 1685, en EE UU 866-230 6361; www.learn-spanish.com; desde el concesionario Subaru, 300 m al norte y 50 m al oeste). Ofrece clases de cocina y de bailes latinos, y facilita información para inscribirse en diversos programas de voluntariado.

Forester Instituto Internacional (☎ 225 3155, 225 1649, 225 0135; www.fores.com; 75 m al sur del Automercado, Los Yoses). Organiza excursiones culturales, cuenta con acceso gratuito a Internet e imparte clases de bailes latinos.

Institute for Central American Development Studies (ICADS; ☎ 225 0508; www.icadscr.com; junto a la carretera principal a Curridabat). Programa charlas y actividades sobre temas sociopolíticos y ambientales; además, ayuda a conseguir puestos en el voluntariado local.

Dónde dormir

Hostal Toruma (☎ 234 8186; www.hicr.org; av. Central, entre las calles 29 y 31, Los Yoses; 15 US$, miembros de HI 11 US$ por persona; ℗). Sus dormitorios colectivos, femeninos o masculinos, tienen literas con persianas parecidas a las de los trenes. Esta espaciosa mansión, de pintura resplandeciente, se alza sobre la avenida Central, donde se congregan los mochileros para comer por poco dinero en la cafetería o ver la televisión por cable en el salón. Los precios, que incluyen el desayuno, resultan algo caros para un albergue; pero, al ser muy popular, conviene reservar. Desde aquí también se pueden reservar otros hospedajes de Costa Rica afiliados a HI.

Ara Macao Inn (☎ 233 2742; www.hotels.co.cr/ara macao.html; calle 27, entre av. Central y 2; i/d/tr 40/50/ 60 US$, apt i/d 45/55 US$). Se trata de un buen lugar en una zona tranquila, a unas cuatro manzanas del Museo Nacional. Quienes lleguen en taxi deben indicarle al conductor que

LOS YOSES Y SAN PEDRO

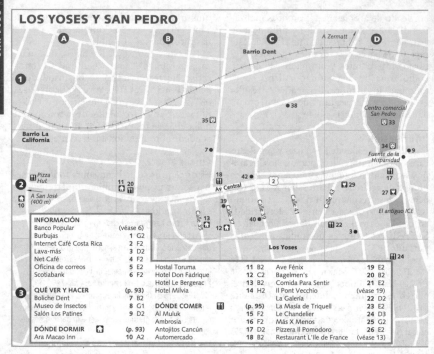

INFORMACIÓN	
Banco Popular	(véase 6)
Burbujas	1 G2
Internet Café Costa Rica	2 F2
Lava-más	3 D2
Net Café	4 F2
Oficina de correos	5 E2
Scotiabank	6 F2
QUÉ VER Y HACER	**(p. 93)**
Boliche Dent	7 B2
Museo de Insectos	8 G1
Salón Los Patines	9 D2
DÓNDE DORMIR 🏠	**(p. 93)**
Ara Macao Inn	10 A2

Hostal Toruma	11	B2
Hotel Don Fadrique	12	C2
Hotel Le Bergerac	13	B2
Hotel Milvia	14	H2
DÓNDE COMER 🍴		**(p. 95)**
Al Muluk	15	F2
Ambrosia	16	F2
Antojitos Cancún	17	D2
Automercado	18	B2

Ave Fénix	19	E2
Bagelmen's	20	B2
Comida Para Sentir	21	E2
Il Pont Vecchio	(véase 19)
La Galería	22	D2
La Masía de Triquell	23	E2
Le Chandelier	24	D3
Más X Menos	25	G2
Pizzera Il Pomodoro	26	E2
Restaurant L'Ille de France	(véase 13)

se encuentra 50 m al sur del Pizza Hut del barrio California. Sus ocho habitaciones cuentan con baño, ventilador, radio reloj y televisión por cable, y los apartamentos, con cocina americana. El precio incluye desayuno continental y servicio de lavandería. El personal es amable y es posible cenar en un agradable patio con barbacoa.

Hotel Milvia (☎ 225 4543; www.hotelmilvia.com; San Pedro; i/d/tr desayuno incl. 69/81/88 US$; 🖥). Antiguamente la casa de Ricardo Fernández Peralta, coronel de artillería que luchó en la guerra civil costarricense de 1948, este establecimiento coqueto y pequeño fue restaurado por su nieto, aunque ahora pertenece a otros dueños. Sus espaciosos cuartos combinan perfectamente lo moderno y lo antiguo, y disponen de baño con agua caliente. La terraza de arriba ofrece vistas increíbles; se aceptan tarjetas de crédito. Para llegar hay que indicarle al taxista que se halla 100 m al norte y 200 m al este del mercado San Pedro Muñoz y Nanne.

Hotel Don Fadrique (☎ 225 8166, 224 7583; www.hoteldonfadrique.com; esquina calle 37 y av. 8, 2ª

entrada a Los Yoses; i/d 70/82 US$). Regentado por una familia, está decorado con una estupenda colección de arte contemporáneo costarricense y centroamericano. Tiene un gran patio lleno de plantas con una fuente y 20 cómodos dormitorios con suelos de maderas nobles, TV, ventilador, teléfono y baño. En el pequeño restaurante se sirve el desayuno, incluido en el precio; también dispone de bar. Proporciona transporte de enlace con el aeropuerto por 15 US$ y programa circuitos con bicicleta de montaña y *rafting*. Se aceptan tarjetas de crédito.

Hotel Le Bergerac (☎ 234 7850; www.bergerac. co.cr; calle 35, 50 m al sur de la av. Central, Los Yoses; i/d estándar 68/80 US$, superior 88/99 US$, de lujo 99/111 US$; 🖥). Con un toque francés en su comedor y sus objetos artísticos, las 19 habitaciones de distintos tamaños son elegantes y cuentan con televisión por cable, teléfono directo, ventilador de techo, secador y baño; algunas disfrutan de patio o balcón y las de lujo están dotadas de mini nevera. El balcón de la *suite* de lujo goza de vistas a las montañas. Todos los precios incluyen el desayuno. Dispone de una pequeña sala de conferen-

SAN JOSÉ

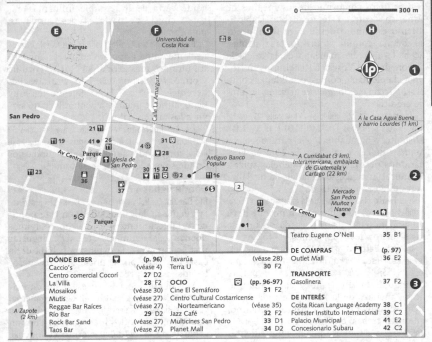

DÓNDE BEBER		(p. 96)	Tavarúa		(véase 28)
Caccio's		(véase 4)	Terra U		30 F2
Centro comercial Cocorí		27 D2			
La Villa		28 F2	**OCIO**		(pp. 96-97)
Mosaikos		(véase 30)	Cine El Semáforo		31 F2
Mutis		(véase 27)	Centro Cultural Costarricense		
Reggae Bar Raíces		(véase 27)	Norteamericano		(véase 35)
Río Bar		29 D2	Jazz Café		32 F2
Rock Bar Sand		(véase 27)	Multicines San Pedro		33 D1
Taos Bar		(véase 27)	Planet Mall		34 D2

Teatro Eugene O'Neill	35 B1
DE COMPRAS	(p. 97)
Outlet Mall	36 E2
TRANSPORTE	
Gasolinera	37 F2
DE INTERÉS	
Costa Rican Language Academy	38 C1
Forester Instituto Internacional	39 C2
Palacio Municipal	41 E2
Concesionario Subaru	42 C2

cias con fax y conexión para ordenador, así como de servicio de conserjería y acceso a Internet (3 US$ por hora). Se aceptan tarjetas de crédito. El restaurante francés es excelente (véase p. 96).

Casa Agua Buena (☎ 234 2411; www.aguabuena. org/casabuena/index.html; barrio Lourdes al este de San Pedro; h por noche 12-15 US$, h por semana 60-80 US$). Para estancias largas, esta vivienda de uso compartido es una buena elección, muy popular entre estudiantes extranjeros. Consta de dos sencillas casas contiguas de color melocotón con cuartos de diversos tamaños, situadas en una tranquila calle sin salida. Tienen cocina común, lavadora, salón con televisión por cable y teléfono. Algunas habitaciones comparten el baño y otras lo tienen privado, pero todos disponen de agua caliente. Los propietarios simpatizan con la comunidad homosexual.

Dónde comer

Antojitos Cancún (☎ 225 9525; 50 m al oeste de la Fuente de la Hispanidad, Los Yoses; platos 3-13 US$; ☾ 11.30-12.30). Aunque cuenta con varios locales muy frecuentados, el mejor es el de Los Yoses. Por un precio asequible se sirve un comida "mexi-tica", desde un par de tacos hasta una enorme bandeja de fajitas de carne, o platos de marisco. Probablemente es mejor para tomar margaritas y aperitivos. Se aceptan tarjetas de crédito.

Le Chandelier (☎ 225 3980; 100 m al oeste y 100 m al sur del antiguo edificio ICE, Los Yoses; comidas 10-40 US$; ☾ 11.30-14.00 y 18.30-23.00 lu-vi, 18.30-23.00 sa). Considerado el mejor restaurante francés de San José, en esta mansión restaurada de propiedad suiza se elabora una salsa que se vende en los supermercados locales de más categoría. Se puede comer al aire libre, en varios patios y en el interior, junto a la chimenea o en los reservados. Se aceptan tarjetas de crédito.

Restaurant L'Ile de France (☎ 283 5812; en el Hotel Le Bergerac; ☾ 18.00-22.00 lu-sa). Ubicado en un coqueto hotel, atrae a clientes locales e internacionales que disfrutan de su cocina y su encantador ambiente. Se aceptan tarjetas de crédito.

La Galería (☎ 234 0850; 125 m al oeste del antiguo ICE, Los Yoses; platos 7-12 US$; ☾ 12.00-14.30 y 18.30-22.30 lu-vi, 18.30-22.30 sa). Elegido dos años consecutivos como uno de los mejores de América Central, este agradable establecimiento es famoso desde hace tiempo por su buena comida a precios razonables. Se halla a media manzana de la cafetería Spoon de Los Yoses. La cocina es de influencia alemana, con especialidades como el *schpaetzel* o el *strudel*. Se aceptan tarjetas de crédito.

Zermatt (☎ 222 0604; av. 11 y calle 23, barrio Dent; platos 6-20 US$; ✆ 12.00-14.00 y 18.00-22.45). Elegante y agradable lugar para degustar *fondues* dulces y saladas (de 26 a 38 US$ para dos personas) y otras delicias suizas. Se sitúa 100 m al este de la iglesia de Santa Teresita en el barrio Dent.

Ave Fénix (180 m al este de la iglesia de San Pedro; comidas 3-10 US$). Restaurante chino que lleva funcionando más de tres décadas; es uno de los favoritos de los lugareños.

Il Ponte Vecchio (☎ 283 1810; 150 m al este de la Fuente de la Hispanidad y 10 m al norte de San Pedro; platos 6-15 US$; ✆ 12.00-14.30 y 18.00-22.30 lu-sa). Este distinguido local italiano se considera uno de los mejores de la zona y de toda América Central. El chef Antonio D'Alaimo, que antes trabajó en Nueva York, elabora la pasta fresca e importa muchos ingredientes de Italia. Se aceptan tarjetas de crédito.

La Masía de Triquell (☎ 296 3528; edificio Casa España, Sabana Norte; 100 m al este y 180 m al norte del antiguo ICE, San Pedro; platos 10-20 US$; ✆ 11.30-14.00 y 18.45-22.30 lu-sa). El servicio es excelente y el entorno maravilloso en este refinado y tradicional restaurante español. Especializado en cocina catalana, también ofrece paellas. Es algo caro, pero merece la pena; se aceptan tarjetas de crédito.

Pizzería Il Pomodoro (60 m al norte de la iglesia de San Pedro; *pizzas* 4-8 US$). Animada e informal, abierta siete días a la semana, siempre está llena de estudiantes. Se dice que tiene la mejor *pizza* de la ciudad.

Más arriba en la misma calle, se ubica un estupendo y abarrotado vegetariano, **Comida para Sentir** (platos del 4,30 US$), que prepara pasta integral, comidas sin carne y capuchinos demasiado pequeños.

Al Muluk (calle 3, al norte de la av. Central; platos 3-7 US$). Exitoso libanés que ofrece un delicioso *falafel* (2,80 US$), además de otras especialidades. El plato del día cuesta 4,30 US$.

Ambrosia (☎ 253 8012; centro comercial de la calle Real, frente al Banco Popular, San Pedro; platos 8-14 US$; ✆ 11.30-22.30 lu-sa, 11.30-16.00 do). Su extravagante carta de indefinible influencia europea consta de pasta, crepes, ensaladas, pollo, marisco y carnes.

Bagelmen's (av. Central y calle 33, Los Yoses). Perteneciente a una popular cadena, se encuentra un poco más arriba del Hostal Toruma y ofrece *bagels* por 0,50 US$ y sándwiches decentes (de 3 a 5 US$). Suele estar muy lleno, aunque tiene una ventanilla para servir a los automóviles.

El **Automercado** (av. Central, entre las calles 39 y 41, Los Yoses) y el **Más X Menos** (av. Central, San Pedro) son grandes supermercados modernos donde se puede comprar de todo.

Dónde beber

Río Bar (av. Central y calle 39, Los Yoses). Al oeste de la Fuente de la Hispanidad; en este popular establecimiento tocan grupos algunas noches a la semana y se puede degustar una "cucaracha", la explosiva bebida de la casa. Los lunes por la noche se ofrecen dos bebidas por el precio de una.

Más al este, en Los Yoses, al sur de Antojitos Cancún, se sitúa el **centro comercial Cocorí** (al sur de la av. Central), corazón de la vida nocturna. Casi todos los locales se animan a partir de las 21.00 y cierran cuando se marcha el último cliente. En el Rock Bar Sand se reúnen los *rockeros*, al igual que en el Mutis, frente al anterior. A la vuelta, el Reggae Bar Raíces atrae a los *rastas*, mientras que el vecino Taos Bar es más apacible, aunque también se llena.

En San Pedro, al norte de la avenida Central, la calle 3, conocida también como La Amargura, debería llamarse calle de la Cruda (resaca), por tener la mayor concentración de bares, muchos de ellos abarrotados incluso de día. Terra U, Mosaikos, Caccio's y Tavarúa son lugares tumultuosos empapados de cerveza y con una clientela joven. Un lugar más relajado para adultos es La Villa, una inconfundible casa de madera con un patio trasero iluminado con velas, que resulta mucho más espacioso de lo que aparenta. Ofrece música en directo algunos fines de semana.

Véase "Locales nocturnos" más adelante para considerar otras opciones.

Ocio

Los cines son abundantes: **Multicines San Pedro** (☎ 283 5715/6; planta superior del San Pedro; entrada 4,25 US$) tiene 10 pantallas en las que se proyectan los últimos éxitos de Hollywood; el pequeño **Cine El Semáforo** (☎ 253 9126; www.cineselsemaforo.com; junto a las vías del tren, al este de la calle 3; entrada 3 US$; ☙ 11.00-20.00) programa clásicos del cine español y latinoamericano todos los días.

Los amantes del teatro pueden acudir al **teatro Eugene O'Neill** (☎ 207 7554; www.cccncr. com; esquina av. Central y calle 37, Los Yoses), con funciones patrocinadas por el Centro Cultural Costarricense Norteamericano; o al **teatro Bellas Artes** (☎ 207 4327), con una programación muy variada, entre la que destacan las obras producidas por la Facultad de Bellas Artes; se ubica en el lado oriental del campus.

LOCALES NOCTURNOS
Véase "Dónde beber" anteriormente y la p. 85 de *San José*.

Jazz Café (☎ 253 8933; 50 m al oeste del antiguo Banco Popular; ☙ 18.00-2.00). Se trata del mejor lugar para escuchar música en directo en San Pedro, con un grupo diferente cada noche. La consumición mínima depende de la categoría de los músicos, pero suele costar, entre 4 y 6 US$ cuando tocan grupos locales.

Si se desea bailar, el **Planet Mall** (☎ 280 4693; ☙ 20.00-2.30 ju-sa), una de las discotecas más caras de la capital, cuenta con un par de niveles y varias barras. Se ha instalado en los pisos 4° y 5° del Mall San Pedro, desde donde se pueden admirar las luces de San José a través de sus ventanales. La consumición mínima depende de quién ponga la música o actúe, pero puede dispararse hasta los 10 US$ en una noche cualquiera.

De compras
Tanto el **Mall San Pedro** (☎ 283 7516; al noroeste de la Fuente de la Hispanidad) como el **Outlet Mall** (av. Central, al este de la carretera de Zapote) ofrecen oportunidades para los adictos a los centros comerciales.

Cómo llegar y salir
Desde San José, se toma cualquier autobús señalizado con "Mall San Pedro". El trayecto en taxi desde el centro cuesta entre 1,50 y 2 US$.

ESCAZÚ
Sólo 7 km al oeste del centro de San José, por la autopista Próspero Fernández, se situá este barrio residencial, que se extiende sobre una colina desde la que se contemplan San José y Heredia. En realidad la zona está formada por tres barrios contiguos: San Rafael de Escazú, el centro de Escazú y San Antonio de Escazú, en la cumbre de la colina.

En San Rafael habitan numerosos norteamericanos, por eso se halla salpicada de casas y coches estupendos, y de restaurantes, cuya carta se imprime en inglés; de hecho, la embajada de EE UU se encuentra en un complejo de alta seguridad. Por fortuna el centro de Escazú conserva el ambiente tico, con calles estrechas llenas de tiendas y sodas, mientras que San Antonio resulta también bastante residencial, aunque con algunos hoteles que gozan de espectaculares vistas al valle.

Información
En el Multiplaza Escazú se ha instalado una sucursal de la **librería Internacional** (☎ 201 8320; ☙ 10.00-20.00 lu-sa, 10.00-19.00 do). Quienes deseen revisar su correo electrónico, **Escazú Internet** (centro comercial Plaza Escazú, planta baja; 0,50 US$/h; ☙ 8.30-22.00 lu-sa, 9.00-21.00 do) se halla en el centro de la localidad.

Si se necesita asistencia sanitaria o un servicio de urgencias, se puede acudir al **hospital CIMA** (☎ 208 1000; www.hospitalsanjose. net; 500 m al oeste del peaje de la Próspero Fernández). Ubicado en Guachipelín, en el lado oeste de Escazú, constituye una de las clínicas más modernas del área metropolitana de San José y mantiene acuerdos con el Baylor University Medical Center de EE UU.

El **Banco Nacional de Costa Rica** (esquina calle 2 y av. 2; ☙ 8.30-15.45), en la plaza principal del centro del pueblo, cambia dinero y cheques de viaje; cuenta con una ventanilla al exterior para atender a los clientes desde su coche. En San Rafael hay un **Scotiabank** (carretera J. F. Kennedy) con un cajero Cirrus. En el extremo noroeste, el **Banex** dispone de otro cajero 24 horas (centro comercial Guachipelín, carretera J. F. Kennedy).

Actividades y celebraciones
Se pueden concertar circuitos en motocicleta o alquilar motos en **Harley Davidson Rentals** (☎ 289 5552; www.mariaalexandra.com), cuya oficina está dentro del Apartotel María Alexandra (p. 99). Los conductores deben ser mayores de 25 años y tener en vigor el

permiso de conducir motos. La tarifa de un día cuesta desde 195 US$ e incluye casco, gafas y kilometraje ilimitado, seguro e impuestos aparte. La agencia entrega motos en otros puntos pagando un recargo.

La acreditada agencia **Swiss Travel Service** (☎ 282 4898; www.swisstravelcr.com; autopista Próspero Fernández, 300 m al oeste del cruce de Piedades de Santa Ana) organiza recorridos por toda Costa Rica.

Los aficionados al golf pueden acercarse al **Costa Rica Country Club** (☎ 228 9333, 208 5000; www.costaricacountryclub.com), que cuenta con un *green* de nueve hoyos, pistas de tenis y piscina. En Santa Ana, al este de Escazú, se ha abierto el **Valle del Sol** (☎ 282 9222, ext. 218/219; www.vallesol.com), de carácter público. Instalado dentro de la urbanización homónima, dispone de 18 hoyos (6.400 m, par 72); las tarifas del *green* ascienden a 7 US$ y los carritos, a otros 20 US$.

El segundo domingo de marzo se celebra en Escazú el **Día del Boyero,** en honor de los que acarrean carros de bueyes. Llegados de todo el país, decoran sus tradicionales carros de vivos colores y ofrecen un pintoresco desfile, aunque un poco lento.

Dónde dormir

En la localidad se pueden encontrar alojamientos variados, pero todos de precio medio y alto. En este apartado no se facilitan las direcciones, por lo que se debe consultar el plano o llamar al hotel para recibir enrevesadas indicaciones sobre su ubicación.

BED & BREAKFAST

Escazú está salpicado de una buena selección de este tipo de alojamientos, que ofrecen una acogedora alternativa a las cadenas de hoteles. Todos los que aparecen a continuación incluyen el desayuno.

Posada El Quijote (☎ 289 8401; www.quijote.co.cr; i/d/tr estándar 64/76/99 US$, superior 76/88/111 US$, de lujo 88/99/123 US$, apt por mes 1.160 US$; P X). Se trata de una de las mejores de San José; situada en la falda de una colina, tiene unas vistas magníficas del valle Central y sus habitaciones y zonas comunes están lujosamente decoradas. Las estándar son amplias y luminosas, con televisión por cable, teléfono y baño moderno; las de tipo superior son mayores y cuentan con un pequeño patio; las de lujo, vistas y terraza

privada, y los dos apartamentos estudio disponen de entrada privada. Se aceptan tarjetas de crédito.

Park Place B&B (☎ 228 9200; Interlink 358, PO Box 025635, Miami, FL 33102; i/d 40/45 US$; P). Un amable dentista retirado, Barry Needman, regenta este pequeño establecimiento en una agradable casa encalada de estilo alpino; no está señalizada, así que hay que fijarse en los altos aleros. Cuatro dormitorios inmaculados comparten dos baños, derecho a cocina y un espacioso salón con televisión por cable, a muy buen precio. Barry prepara un abundante desayuno de estilo americano y facilita información sobre circuitos, organizados por la gente del lugar. También se ofrecen tarifas semanales y mensuales. Los autobuses a San José paran delante de la casa varias veces al día.

Villa Escazú (☎ 289 7971; www.hotels.co.cr/vescazu.html; i/d/tr 40/60/75 US$; P). Esta especie de chalé suizo, rodeado de zonas ajardinadas y frutales, está dirigido por el simpático Feliz. El porche es estupendo para divisar aves o tomar el exquisito y abundante desayuno. Seis habitaciones bien decoradas y revestidas de madera, con librería y sofá, comparten tres baños. Dispone de una sala con chimenea para relajarse y de un apartamento estudio con una pequeña cocina, televisión por cable y baño alicatado, a muy buen precio (250 US$ por semana).

Costa Verde Inn (☎ 228 4080; www.costaverdeinn.com; i/d/tr 47/64/76 US$, apt 88 US$; P ☺). Se trata de un encantador establecimiento campestre con *jacuzzi*, pista de tenis iluminada, piscina, solárium, zona de barbacoa y chimenea. Todos los dormitorios tienen ventilador, cama *king size*, televisión por cable y ducha de agua caliente; cuenta con tres apartamentos estudio, de estilo *loft*, con balcón, techos altos y una cocina, y la habitación nº 8 presenta una original ducha de piedra. Se sirve un desayuno tico en la terraza. Ofrece tarifas semanales y de temporada baja. Se aceptan tarjetas de crédito. Los dueños poseen otro alojamiento similar en Manuel Antonio (p. 304).

Casa María (☎ 228 0190; www.costarica.org; d 53-76 US$, tr 81-104 US$, apt por noche/mes 105/1.111 US$; P ☺). Este hotel de siete habitaciones se halla en una finca de estilo años setenta. Los precios varían mucho en función del tamaño de la estancia y de si comparten baño o no; todas las duchas son de agua caliente. Las zonas comunes están recubiertas de murales, y dispone de piscina y un amplio jardín trasero con algunos bananos; no le vendrían mal algunas reformas. Sirven almuerzos y cenas por encargo, y proporcionan mapas, libros e información sobre viajes.

Casa de las Tías (☎ 289 5517; www.hotels.co.cr/casa tias.html; calle León; i/d 63/76 US$, *junior* st 90 US$; P 🗙). En una zona tranquila de San Rafael, esta vivienda de estilo Nueva Inglaterra, pintada de colores brillantes y con una valla amarilla, se ha decorado con obras de arte y artesanía latinoamericana. Tiene cuatro elegantes dormitorios y una *suite junior*, con ventilador de techo y baño con agua caliente. Los propietarios, que son muy amables, sirven el desayuno en el agradable jardín. No se permite fumar en el interior ni se admiten menores de 12 años. Si se solicita previamente, se ofrece un servicio de recogida en el aeropuerto (de 15 a 22 US$).

Posada del Bosque (☎ 228 1164; posada@amerisol. com; d 69 US$; P 🗙 🐾). Este hotel rural, destinado a no fumadores, está rodeado de agradables jardines. A sus serviciales dueños ticos les encanta charlar con los clientes y cocinan para ellos por encargo. Cuenta con ocho habitaciones con baño, chimenea, servicio de lavandería y zona de barbacoa. Muy cerca de allí se encuentra una piscina, pista de tenis y senderos para pasear a caballo. Se ofrecen a recoger a los huéspedes en el aeropuerto pagando un recargo.

HOTELES Y APARTOTELES
Precio medio
Pine Tree Inn (☎ 289 7405; www.hotelpinetree.com; av. 23, al noroeste de la av. L. Cortés; i/d/tr 50/74/75 US$; P 🐾). Ubicado al otro lado del María Alexandra, parece un motel de los años cincuenta, pero su interior es muy agradable. Tiene 15 sencillas habitaciones encaladas, con ventilador de techo, televisión por cable, caja fuerte, cafetera, teléfono y baño. El desayuno está incluido.

Hotel Tapezco Inn (☎ 228 1084; info@tapezco-inn. co.cr; calle Central, entre avs. 2 y 4; i/d/tr 41/53/64 US$; P 🐾). Cerca de la iglesia de Escazú, en la plaza del pueblo, pintado de amarillo y azul, dispone de habitaciones sencillas y limpias, con ducha de agua caliente, teléfono y TV. La dirección es cordial, y en el pequeño restaurante del piso de arriba se sirve el desayuno, incluido en el precio. Se halla a

menos de 100 m de la parada del autobús de San José y a un paso de los numerosos restaurantes y cafés de la zona; cuenta con aparcamiento vigilado.

Hotel Mirador Pico Blanco (☎ 228 1908, 289 6197; pblanco@costarica.net; i/d 47/65 US$, casa por mes 400 US$; P). Emplazado en la parte alta de la colina, unos 3 km al sudeste del centro de Escazú, ofrece unas vistas impresionantes del valle Central desde el **restaurante** (🕐 7.00-24.00) y desde muchos de los balcones de las 15 habitaciones. Espaciosas, con paredes de piedra pintadas, camas *queen-size* y ducha de agua caliente, disponen de nevera o televisión por cable. También se alquilan por meses tres casas sin vistas, en las que pueden dormir hasta seis personas. El camino de entrada es empinado y estrecho; si se pide con antelación, el personal puede recoger a los clientes en el aeropuerto, el centro de Escazú o San José. Se aceptan tarjetas de crédito.

Precio alto
Apartotel María Alexandra (☎ 228 1507; www.ma riaalexandra.com; esquina calle 3 y av. 23; apt 1/2/3 dormitorios 84/95/104 US$; P 🐾). Instalado en San Rafael de Escazú, limpio, tranquilo y céntrico, tiene piscina, sauna, aparcamiento, alquiler de vídeos y servicio de lavandería. Los apartamentos no son lujosos, pero los dormitorios, con aire acondicionado, están separados de la cocina y el salón y cuentan con baño, secador, radio reloj, TV y teléfono directo. El servicio de limpieza está incluido y ofrece tarifas semanales y mensuales. Hay que reservar con bastante antelación en la temporada seca. También funciona como oficina de alquiler de motocicletas Harley Davidson (véase p. 97) y como agencia de viajes.

Hotel San Gildar (☎ 289 8843; www.hotelsangildar. com; carretera J. F. Kennedy; d/tr 114/132 US$; P 🐾 🐾). Al noroeste del Costa Rica Country Club, este agradable hotel se encuentra en una hacienda. Dispone de 27 cómodas habitaciones alrededor de un hermoso jardín y una piscina. Todas tienen ducha de agua caliente, aire acondicionado, televisión por cable, despertador, caja fuerte y secador. Los menores de 12 años no pagan y el desayuno está incluido; se aceptan tarjetas de crédito. Su estupendo **restaurante y bar** (🕐 6.00-22.00) elabora cocina europea continental y atrae comensales de fuera del hotel.

SAN JOSÉ

ESCAZÚ

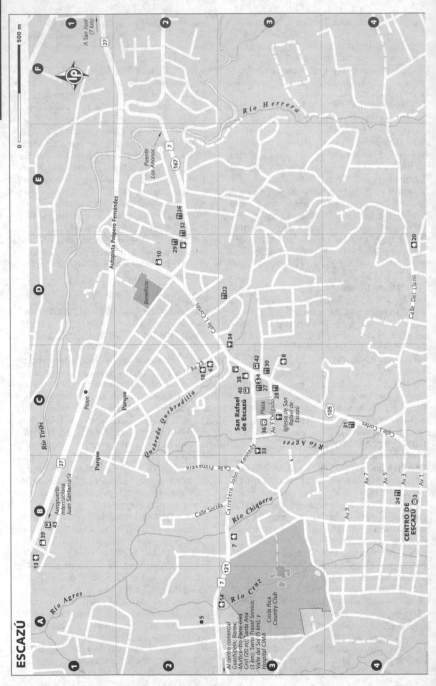

500 m

0

A San José
(7 km)

27

F

E

D

C

B

A

1

2

3

4

Río Herrera

Puente
Los Anonos

7

167

Autopista Prospero Fernández

26

32

29

10

Beneficio

22

Calle Cortés

34

Av 23

18 6

8

30

42

40 38

4

27

Plaza

28

San Rafael
de Escazú

Iglesia de San
Rafael de
Escazú

36

Av F. Delgado

33

Quebrada Quebradilla

Parque

Peaje

Parque

Río Tribí

Aeropuerto
Internacional
Juan Santamaría

27

Parque

43

39

13

Calle Primavera

Carretera John F Kennedy

Calle Socola

Río Chiquero

7

Río Agres

105

31

Calle Del Llano

Calle Cortés

20

Av 9

Av 7

Av 5

Av 3

Av 1

24

CENTRO DE
ESCAZÚ   3

Río Cruz

14

5

7   121

Costa Rica
Country Club

Al centro comercial
Guachipelín; Banex;
Multicentro Paco-Hiled
Grill (20 m); Santa Ana
(3 km); Swiss Travel Service;
Valle de Sol (5 km); y
Hospital CIMA

Río Agres

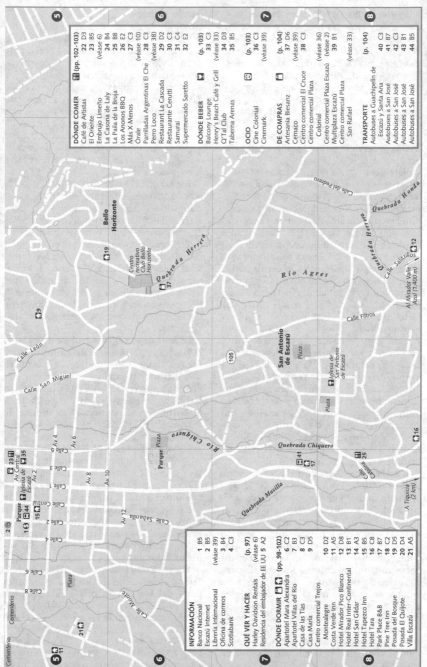

DÓNDE COMER 🍴 **(pp. 102-103)**
Café de Artistas	22	D3
El Oriente	23	B5
Embrujo Limeño	(véase 6)	
La Casona de Laly	24	B4
La Paila de la Bruja	25	B8
Los Anonos BBQ	26	E2
Más X Menos	27	C3
Órale	(véase 10)	
Parrilladas Argentinas El Che	28	C3
Perro Loco	29	D2
Restaurant La Cascada	30	C3
Restaurante Cerutti	31	C4
Samurai	32	E2
Supermercado Saretto		

DÓNDE BEBER 🍷 **(p. 103)**
Balcony Lounge	33	C3
Henry's Beach Café y Grill	(véase 33)	
QTal Club	34	D3
Taberna Arenas	35	B5

OCIO 🎭 **(p. 103)**
Cine Colonial	36	C3
Cinemark	(véase 39)	

DE COMPRAS 🛍 **(p. 104)**
Artesanía Biesanz	37	D6
Cemaco	(véase 39)	
Centro comercial El Cruce	38	C3
Centro comercial Plaza Colonial	(véase 36)	
Centro comercial Plaza Escazú	(véase 2)	
Multiplaza Escazú	39	B1
Centro comercial Plaza San Rafael	(véase 33)	

TRANSPORTE **(p. 104)**
Autobuses a Guachipelin de Escazú y Santa Ana	40	C3
Autobuses a San José	41	B7
Autobuses a San José	42	C3
Autobuses a San José	43	B1
Autobuses a San José	44	B5

INFORMACIÓN
Banco Nacional	1	B5
Escazú Internet	2	B5
Librería Internacional	(véase 39)	
Oficina de correos	3	B4
Scotiabank	4	C3

QUÉ VER Y HACER **(p. 97)**
Harley Davidson Rentals	(véase 6)	
Residencia del embajador de EE UU	5	A2

DÓNDE DORMIR 🛏 **(pp. 98-102)**
Apartotel Mara Alexandra	6	C2
Apartotel Villas del Río	7	B3
Casa de las Tías	8	C3
Casa María	9	D5
Centro comercial Trejos Montealegre	10	D2
Costa Verde Inn	11	A5
Hotel Mirador Pico Blanco	12	D8
Hotel Real Inter-Continental	13	B1
Hotel San Gildar	14	A3
Hotel Tapezco Inn	15	B5
Hotel Tara	16	C8
Park Place B&B	17	B7
Pine Tree Inn	18	C2
Posada del Bosque	19	D5
Posada El Quijote	20	D4
Villa Escazú	21	A5

Apartotel Villas del Río (☎ 208 2400; www.villasdelrio.com; carretera J. F. Kennedy; st 125-200 US$; ático 200-300 US$; P ⊠ ☒). Situado al nordeste del Costa Rica Country Club, es moderno y de aspecto selecto, aunque algo anodino. Cuenta con 40 *suites* y apartamentos de varios tamaños, con aire acondicionado; además, dispone de piscina, sauna, *jacuzzi*, zona de juegos infantil, gimnasio y un pequeño supermercado. Ofrece descuentos para estancias superiores a una semana; de hecho, el servicio está enfocado a estancias prolongadas.

Hotel Tara (☎ 228 6992; www.tararesort.com; al sur del cementerio de San Antonio de Escazú; d 130 US$; st estándar/superior 160/195 US$; P ☒). Este bello establecimiento, situado en lo alto de una cumbre, mezcla arquitectura persa con decoración sureña de EE UU. La flamante mansión fue construida por la familia del sah de Persia en 1979 para residir durante el exilio; sin embargo, el Gobierno costarricense no les concedió el visado y la casa se vendió. En la actualidad pertenece a un estadounidense de Carolina del Norte que la ha decorado inspirándose en *Lo que el viento se llevó*, por eso se puede ver un retrato gigantesco de Clark Gable en el vestíbulo y las habitaciones llevan nombres de personajes de la película. Las 14 amplísimas *suites*, algunas con vistas, están equipadas con secador, televisión por cable, albornoces, teléfono y despertador. También dispone de *spa*, gimnasio y un coqueto restaurante con carta norteamericana e internacional, la Atlanta Dining Gallery (véase esta página), que goza de vistas increíbles del valle Central.

Hotel Real Inter-Continental (☎ 289 7000; www.interconti.com; h 250 US$, st 400-1.000 US$; P ☒ ☐ ☒). Ubicado unos 2 km al noroeste de Escazú, no lejos de la autopista Próspero Fernández, este elegante establecimiento de cinco plantas tiene 260 habitaciones de lujo con aire acondicionado, televisión por cable, minibar, teléfono de marcación directa con buzón de voz, línea DSL para módems de ordenadores portátiles, radio reloj y secador. Dispone de piscina, *spa*, gimnasio, tres restaurantes, dos bares, un centro de convenciones y negocios, servicio de conserjería, de canguros y una pequeña tienda de regalos. Enfrente se halla el mayor centro comercial del país, el Multiplaza (véase p. 104).

Dónde comer

Inka Grill (☎ 289 5117; Multicentro Paco Escazú; platos 5-13 US$; ☒ 11.30-23.30). Con una agradable decoración, este restaurante peruano de la zona de Guachipelín presenta numerosas y buenas especialidades: desde chupe de camarones (sopa de gambas) hasta ají de gallina (guiso picante de pollo). El delicioso aperitivo de papa rellena resulta casi una comida completa. El nivel de picante se ha rebajado para ajustarse al paladar tico, pero se puede pedir la fortísima salsa de la casa, que se sirve aparte. Es prudente reservar a la hora de cenar.

Tiquicia (☎ 289 5839; ☒ 17.00-24.00, 13.00-2.00 sa, 11.00-18.00 do). Algo caro para estar especializado en comida costarricense, pero merece la pena por el marco rústico, las espectaculares vistas y la música local en directo que se programa a veces. Además, recientemente se han asfaltado las carreteras que llevan hasta allí, unos 5 km al sur del centro de Escazú, de modo que ahora se puede llegar en un coche normal; la carretera está bien señalizada. Conviene llamar antes porque los horarios son algo variables.

La Paila de la Bruja (platos 2-5 US$; ☒ 16.00-24.00 lu-ju, 12.00-24.00 vi-do). En San Antonio de Escazú, de estilo campesino, se considera una institución local que sirve platos tradicionales. El restaurante está dispuesto en terrazas, con buenas vistas y varios hornos de ladrillo en el exterior. Tiene música de marimba en vivo algunas noches de fin de semana.

Mirador Valle Azul (☎ 254 6281; 700 m al sur y 700 m al oeste del Hotel Mirador Pico Blanco; platos 10 US$; ☒ 16.00-24.00 lu-sa). Una empinada cuesta conduce hasta este local, que goza de una impresionante panorámica del valle de San José; para disfrutarla hay que ir antes de la puesta de sol. Además ofrece una amplia gama de platos de pasta, carne y marisco, acompañados de música en directo los sábados y domingos.

Atlanta Dining Gallery (platos 9-13 US$; ☒ 6.00-22.00). Este elegante restaurante, que forma parte del Hotel Tara (véase esta página), elabora cocina europea de calidad. Su principal atractivo reside en las vistas y en su ambiente.

La Casona de Laly (esquina av. 3 y calle Central; platos 1-5 US$; ☒ 11.00-12.30). En el centro de Escazú y muy frecuentado por los del lugar, se trata de un pequeño restaurante típico de cocina tradicional tica y aperitivos. Es estupendo para tomar una cerveza por la tarde-noche.

El Oriente (esquina av. Central y calle L. Cortés; ☽ 7.00-14.00 lu-vi). Esta barra para almorzar un bocado rico, rápido y barato pertenece a la señora María, una amable argentina, que conoce a todos sus clientes y prepara cinco tipos de empanada (1 US$), así como abundantes casados (2,50 US$). Para encontrar el lugar, hay que buscar el rótulo "Taquería Las Flautas".

Café de Artistas (☎ 228 6045, 288 5082; platos 4-7 US$; ☽ 8.00-18.00 ma-sa, 8.00-16.00 do). Obras de arte locales adornan sus paredes y estantes; los aperitivos, sándwiches, comidas ligeras, platos vegetarianos y café valen la pena. Los domingos se sirve un estupendo *brunch* (desayuno-almuerzo) con huevos a la Benedict; suele haber música en directo.

Parrilladas Argentinas El Che (calle L. Cortés, al sur de la carretera J. F. Kennedy; carnes 8-10 US$; ☽ 12.00-24.00). Animado lugar con patio, especializado en carne, donde los churrascos chisporrotean en los asadores situados al aire libre. Las hamburguesas son excelentes y los bistés, muy tiernos.

Órale (calle L. Cortés, al sur de la autopista Próspero Fernández; ☽ 17.00-2.00). En el centro comercial Trejos Montealegre, ofrece platos mexicanos y *tex-mex*, aunque es más famoso por su animado bar, que tiene ofertas especiales de bebidas los viernes por la noche. Se aceptan tarjetas de crédito.

Restaurante Cerutti (☎ 228 4511, 228 9954; calle L. Cortés, al sur de la carretera J. F. Kennedy; platos 10-20 US$; ☽ 12.00-14.30, 18.00-23.00 mi-lu). En San Rafael de Escazú, este italiano con buenas críticas ofrece platos auténticos con marisco fresco y pasta hecha en casa. Los raviolis con requesón y champiñones (14 US$) tienen mucho éxito entre los lugareños, al igual que sus variedades de *risotto*. Se aceptan tarjetas de crédito.

Perro Loco (centro comercial El Cruce, esquina calle L. Cortés y carretera J. F. Kennedy; perritos calientes 2-3 US$; ☽ 12.00-20.00 lu-ma, 12.00-4.00 mi-sa, 16.00-22.00 do). Es el lugar ideal para comer algo sólido después de haber tomado unas copas. Su carta está compuesta por 10 tipos de perritos calientes, con nombres internacionales, generosamente recubiertos de distintas salsas; uno de los mejores es el Chihuahua, cargado de guacamole.

Samurái (☎ 228 4124; calle L. Cortés; ☽ 12.00-15.00 y 18.30-22.00). Este elegante restaurante nipón da la sensación de pertenecer a una cadena, pero el ambiente de jardín japonés es agradable y el pescado, fresco. Los jefes de cocina, instruidos en Japón, elaboran *sushi* y *sashimi* (de 5 a 12 US$), así como carne, pescado y marisco *teppanyaki*, a la parrilla, (de 15 a 27 US$). Se aceptan tarjetas de crédito.

Embrujo Limeño (☎ 228 4876; av. 23; comidas 7 US$; ☽ 11.00-14.30 y 18.30-22.30). Se trata de un nuevo y agradable establecimiento peruano, junto al Apartotel María Alexandra.

Los Anonos BBQ (☎ 228 0180; platos 7-18 US$; ☽ 12.00-15.00 y 18.00-22.00 ma-sa, 11.30-21.00 do). Junto a la carretera de San José, poco antes de llegar a Escazú, es muy conocido por los entusiastas de la carne. Lleva tres décadas sirviendo bistés y pollo a la barbacoa, y los precios son razonables. Se aceptan tarjetas de crédito.

Restaurant La Cascada (☎ 228 0906, 228 9393; ☽ 6.00-23.00). Al oeste de Los Anonos BBQ y con precios similares, este lugar tradicional ofrece marisco, bistés a la parrilla y otras carnes. Aunque la calidad es estupenda, el ambiente tiene algo de cafetería. Se aceptan tarjetas de crédito.

Se puede comprar comida en los supermercados Más X Menos de San Rafael de Escazú o en Saretto, junto a la autopista Próspero Fernández.

Dónde beber y divertirse

Taberna Arenas (en diagonal desde la gasolinera Shell, centro de Escazú; ☽ abre 16.00). Es toda una institución en la localidad, con deliciosas tapas (1 US$), denominadas bocas en Costa Rica, y una estupenda decoración tradicional. El dueño, don Israel, es un auténtico caballero y en las paredes ha colgado fotos en las que posa con varios jefes de Estado, así como los típicos aperos de labranza.

Unos cientos de metros al este del campo de fútbol, en el centro comercial Plaza San Rafael, se puede tomar una copa en el **Balcony Lounge** (carretera J. F. Kennedy; ☽ 12.00-1.00), elegante, decorado en rojo y negro, y frecuentado por americanos, con parrilla, buenas vistas y deporte en la televisión por cable. Enfrente y de aspecto algo más relajado, se sitúa el **Henry's Beach Café y Grill** (carretera J. F. Kennedy; ☽ 11.00-2.30), que tiene música, numerosas TV y una cocina abierta hasta la 1.00; suele estar lleno de americanos.

En la carretera que entra al pueblo desde San José, **Q'tal Club** (calle L. Cortés; ☺ 18.00-2.00) atrae a una clientela variada los fines de semana.

Los estrenos de películas de Hollywood se pueden ver en el **Cine Colonial 1 y 2** (☎ 289 9000; entrada 3 US$), en la planta baja del Plaza Colonial Escazú de San Rafael, o en el **Cinemark** (☎ 288 1111; entrada 3,50 US$), en el Multiplaza Escazú (véase esta página).

De compras

En el salón de exposición y ventas de **Artesanía Biesanz** (☎ 289 4337; www.biesanz.com; ☺ 8.00-17.00 laborables, fin de semana con cita) se puede admirar delicada artesanía, de estilo precolombino tradicional, según el cual la morfología y las líneas naturales de la madera determinan la forma y el tamaño de la pieza, lo que hace que ésta sea única. Hay una gran variedad de cuencos y recipientes decorativos bellamente realizados, aunque algo caros (desde 50 US$ por una pieza como la palma de la mano). Los interesados pueden visitar el taller, donde podrán conocer cómo el artesano selecciona, cura y prepara la madera años antes de empezar a tallarla. En la finca hay un lago, un jardín botánico y un vivero de maderas nobles locales. Conviene llamar con antelación para concertar una cita en fin de semana.

Multiplaza Escazú (☎ 289 8984; www.multiplazamall.com; ☺ 10.00-20.00 lu-sa, 10.00-19.00 do). Se trata de un enorme centro comercial, como los de las afueras de las grandes ciudades, donde se puede comprar de todo, además de comer algo. De particular interés para los viajeros es el **Cemaco** (☎ 289 7474), un gran almacén que vende artículos básicos de pesca y *camping,* como bombonas de propano para cocinas portátiles. Desde San José se puede llegar tomando cualquier autobús con el cartel "Escazú Multiplaza". (Véase p. 91 para más detalles sobre estos autobuses.)

Cómo llegar y salir

Entre San José y Escazú, los autobuses son frecuentes, cuestan 0,30 US$ y el recorrido dura unos 15 minutos. En San José todos salen de la parada que se sitúa al este de la terminal Coca-Cola y realizan uno de los siguientes itinerarios: en los que pone 'San Antonio de Escazú', suben la colina hasta el extremo sur de Escazú y acaban junto a la iglesia de San Antonio; los que llevan el cartel 'Escazú' se detienen en la plaza principal del centro de Escazú; y los que muestran la indicación 'Guachipelín' se dirigen al oeste por la carretera John F. Kennedy y pasan por el Costa Rica Country Club. Todos atraviesan San Rafael.

CARIARI COUNTRY CLUB Y ALREDEDORES

Al borde de la carretera que une San José y el aeropuerto internacional que está en Alajuela se han construido numerosos hoteles, dirigidos a viajeros de alto presupuesto o en viaje de negocios. Muchos establecimientos se agrupan alrededor del Cariari Country Club, y la mayoría de los viajeros que se alojan en la zona suelen llegar en coches de alquiler, ya que el lugar no invita al paseo.

El **Cariari Country Club** (☎ 293 3211; cariari@racsa.co.cr), una antigua plantación de café, se ha convertido en campo de golf de 18 hoyos (6.025 m, par 71). Es uno de los más importantes de Costa Rica y fue diseñado por George Fazio. Por un día se pagan 20 US$, más otros 20 US$ para el *caddie;* también dispone de carritos (25 US$). Los huéspedes de los hoteles de lujo, como el Hotel Meliá Cariari y el Hotel Herradura (véase p. 105), pueden usar el *green* si queda sitio disponible. Se pueden hacer reservas desde EE UU a través de **Costa Rica Golf Aventures** (☎ 877-258 2688; www.golfcr.com).

Los manantiales de **Ojo de Agua** (p. 108) se hallan cerca.

El **Hotel Herradura** (☎ 293 0033; ☺ 12.00-7.00) y el **Best Western Irazú** (☎ 232 4811) disponen de casinos.

Dónde dormir y comer

Belén Trailer Park (☎ 239 0421; lasutter@racsa.co.cr; tienda y vehículo pequeño 8 US$, autocaravanas grandes 12 US$). Este *camping,* emplazado en San Antonio de Belén, cerca de los autobuses a San José, cuenta con conexiones para caravanas, zonas de césped seguras para plantar tiendas, duchas de agua caliente, servicio de lavandería (1,30 US$), teléfono público e información local. Se halla 2 km al oeste del cruce de San Antonio-Heredia con la Interamericana, próximo al Hotel Meliá Cariari; está señalizado.

Los siguientes lugares, todos ellos de precio alto, aceptan tarjetas de crédito.

Hotel Meliá Cariari (☎ 239 0022; www.solmelia. com; d superior/de lujo 175/181 US$, st 269-527 US$; P ⊠ ▢ ▨). En la *suite* presidencial de este lujoso establecimiento se han alojado diversos jefes de Estado durante su estancia en Costa Rica. Las 221 habitaciones y *suites*, espaciosas y enmoquetadas, están equipadas con aire acondicionado, televisión por cable, teléfono y minibar; además, muchas poseen balcón privado. Cuenta con piscina, sauna, zona infantil de juegos, salas para convenciones, casino, centro comercial, restaurantes (con servicio de habitaciones las 24 horas) y bares. Los huéspedes pueden hacer uso del vecino Cariari Country Club. Para reservas de última hora a precio reducido, se puede consultar su página web. Es un hotel estupendo, salvo por los desgreñados guacamayos escarlata que se encuentran enjaulados en el vestíbulo.

Best Western Irazú (☎ 232 4811; www.bestwestern. com; km 3 de la autopista General Cañas; i/d 92/104 US$, superior 120/132 US$, menores de 8 años gratis; P ⊠ ▢ ▨). Este complejo, que parece estar situado en EE UU más que en Costa Rica, ofrece servicio de habitaciones del restaurante Denny's 24 horas, así como de Burger King o Pizza Hut. Dispone de 325 habitaciones con aire acondicionado y televisión por cable, además de pista de tenis iluminada, piscina, sauna, gimnasio, casino, bar, conexión a Internet, servicio de lavandería y enlace gratuito con el aeropuerto. Las habitaciones de tipo superior tienen dos camas *queen-size* o una *king-size* y balcón privado.

Hotel Herradura (☎ 293 0033; www.hotelherra dura.com; i/d 152/164 US$, st 269-930 US$; P ⊠ ▨). Además de disponer de servicio de enlace con el aeropuerto, facilita la entrada al Cariari Country Club, ofrece amplios servicios para convenciones, y el mostrador de viajes reserva salidas para pescadores y otros circuitos. Sus 234 habitaciones y *suites* tienen moqueta, aire acondicionado y televisión por cable. Hay tres piscinas, una de ellas con cascadas y bar al que se llega nadando, cinco *jacuzzis*, un casino, sauna, servicio de conserjería, dos bares y tres restaurantes. El **Sakura** (☎ 293 0033; comidas desde 10 US$; ◷ 11.30-15.00 y 18.00-23.00 ma-do) se considera uno de los mejores japoneses del área metropolitana de San José y sirve platos tradicionales como *sushi*, *sashimi* y *teppanyaki*.

Marriott Hotel (☎ 298 0000, en EE UU 800-228 9290; www.marriotthotels.com; d 268 US$, st 585 US$; P ⊠ ▨). De estilo colonial, se encuentra en San Antonio de Belén, 5 km al sur del aeropuerto. Cuenta con piscina, *jacuzzi*, pistas de tenis, gimnasio, sauna, *spa*, *golf driving* (para practicar tiros de salida), seis restaurantes y bares. Sus 248 habitaciones y 7 *suites* ofrecen las comodidades de los hoteles de lujo: aire acondicionado, televisión por cable, minibar, caja fuerte, albornoces y secador. Organiza enlaces gratuitos al aeropuerto. Las tarifas de fin de semana son más baratas e incluyen el desayuno.

Cómo llegar y salir

Los autobuses que realizan el trayecto entre San José y Alajuela pueden dejar a los viajeros a la entrada de casi todos los hoteles mencionados; sólo deben avisar al conductor de dónde desean bajarse.

De todos modos, la mayoría de los viajeros prefiere alquilar un coche en el aeropuerto o en el mismo mostrador de viajes de los hoteles.

Valle Central y tierras altas

VALLE CENTRAL

Las fértiles y soleadas tierras del corazón del país se cultivaban ya muchos siglos antes de que los españoles se percatasen de sus ventajas y se refugiasen en ellas huyendo de la costa, más sofocante y azotada por la malaria. La zona se denominó "meseta" Central, un nombre que no evoca las cataratas, ni los valles de los ríos que se esconden por toda ella, así como tampoco las grises y veladas cumbres que retumban a su alrededor.

Y aunque la silueta de imponentes volcanes como Irazú, Poás y Barva, se alza sobre las prósperas fincas (plantaciones) de café que han alimentado las ambiciones de este país, hablar de "valle" Central tampoco hace justicia a esas montañas que se elevan más de 3.000 m en este lugar de luz clara y vientos fríos.

Tal vez esta hondonada natural de ríos y ricas tierras, izada hacia el cielo por inquietas placas tectónicas, posea parajes demasiado diversos para darle un nombre adecuado. Al norte limita con la cordillera Central, y al sur, con la de Talamanca y la Fila de Bustamante. Entre ellas discurre el hermoso río Reventazón, histórico enlace fluvial entre San José y la costa del Caribe. Por el oeste, la meseta desciende hasta las tierras bajas del Pacífico.

Por lo general, las carreteras son excelentes, y el transporte público, económico, frecuente y cómodo. Sin embargo, los hoteles, excepto en Alajuela, con su fácil acceso al aeropuerto, son escasos, de precio alto o están en zonas rústicas. La mayoría de los visitantes toma San José como base para sus excursiones de un día. En menos de dos horas de viaje en autobús se puede llegar a parques nacionales, volcanes en activo, relajantes aguas termales, la basílica de la patrona de Costa Rica, enormes plantaciones de café y algunas de las mejores aguas bravas del mundo para el *rafting*, todo por muy poco dinero.

Este capítulo sigue más o menos el sentido de oeste a este, en torno a San José.

LO MÁS DESTACADO

- Armar el obligado jolgorio en el descenso de los ríos **Reventazón** y **Pacuare** (p. 141)
- Asomarse a los cráteres activos de los volcanes **Irazú** (p. 131) o **Poás** (p. 120)
- Descender junto a las numerosas cascadas de los **Jardines de la Catarata La Paz** (p. 122)
- Comprar artesanía de madera pulida en **Sarchí** (p. 116)
- Ver cómo el equipo de fútbol la Liga de **Alajuela** marca un ¡goooooooooool! (p. 113)

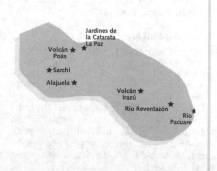

ALAJUELA Y EL NORTE DEL VALLE

ALAJUELA

Situada unos 18 km al noroeste de San José, la capital de la provincia es una ciudad limpia y moderna, mecida por las ondulaciones de las plantaciones de café y las selvas domadas. Sigue haciendo honor a su nombre originario de Villa Hermosa y es la segunda ciudad del país, con poco más de 185.000 habitantes. El centro de la ciudad parece una versión reducida de las bulliciosas zonas comerciales de la capital del país, pero goza de un ritmo más pausado que el de San José, además de un clima más suave, que la convierten en una cómoda base para explorar el valle Central.

Además, está mucho más próxima al aeropuerto internacional Juan Santamaría, a unos 3 km, una ventaja añadida para los viajeros que deban madrugar para tomar el avión.

Información y orientación

El mapa muestra las calles y avenidas pero, como en muchas ciudades costarricenses, las direcciones de las calles se usan poco (p. 471). No hay oficina de turismo, pero el **Instituto Costarricense de Turismo** (ICT; ☎ 442 1820) tiene un mostrador en el aeropuerto. Hay una docena de bancos donde cambiar moneda, incluido el **Scotiabank** (☎ 443 2168; esquina av. 3 con calle 2; ☯ 8.00-17.00 lu-vi, 8.00-16.00 sa) con cajero automático de la red Cirrus. Se puede acceder a Internet en **BYTE** (☎ 441 1142; esquina calle 3 con av. 1, 2º p; 0,75 US$ h; ☯ lu-sa).

El **hospital San Rafael** (☎ 441 5011; av. 9, entre las calles Central y 1) y la **clínica Norza,** abierta las 24 horas (☎ 441 3572; av. 4, entre las calles 2 y 4), prestan atención médica básica.

Puntos de interés

El sombreado **parque Central**, ajardinado recientemente para renovar su imagen, es un buen lugar para relajarse bajo los mangos. Lo rodean varios edificios del s. XIX, entre ellos la **catedral,** que sufrió graves desperfectos a causa del terremoto de 1991. La cúpula semiesférica está construida con láminas de metal ondulado, algo poco habitual. El interior es amplio y elegante, nada recargado; en ella están enterrados dos presidentes.

La **iglesia La Agonía**, seis cuadras al este del parque Central, es más barroca, pese a que fue construida en 1941.

Dos cuadras al sur del parque Central está el **parque Juan Santamaría**, de escaso arbolado, con la estatua del héroe en acción, flanqueado por cañones.

MUSEO JUAN SANTAMARÍA

Alajuela es conocida sobre todo por ser la cuna del héroe nacional Juan Santamaría, que da nombre al cercano aeropuerto y a quien está dedicado este pequeño **museo** histórico-cultural (☎ 441 4775; esquina av. 3 con calle 2; entrada libre; ☯ 10.00-18.00 ma-do).

Santamaría fue el tambor que incendió el edificio que defendía el filibustero estadounidense William Walker durante la guerra de 1856 (p. 24). Murió tras haber cumplido su propósito. El edificio del museo fue antes cárcel municipal, y hoy alberga mapas, cuadros y piezas históricas relacionadas con la guerra contra Walker, así como un centro de exposiciones temporales. También cuenta con un pequeño auditorio donde se celebra algún que otro concierto.

OJO DE AGUA

Unos 6 km al sur de Alajuela se encuentran los manantiales **Ojo de Agua** (☎ 441 2808; entrada 2 US$; ☯ 8.00-17.00), un bonito complejo turístico popular que suele estar abarrotado los fines de semana con gente de San José y Alajuela. De la fuente brotan 20.000 litros de agua por minuto, que llenan las piscinas y un lago artificial donde se puede remar en botes. El agua se canaliza después a Puntarenas, que se abastece principalmente de estos manantiales. Hay puestos de comida, canchas deportivas y un pequeño gimnasio. Para llegar desde San José hay que tomar la salida de San Antonio de Belén de la Interamericana; Ojo de Agua está pasado San Antonio.

Fiestas y celebraciones

Alajuela conmemora especialmente el aniversario de la **batalla de Rivas**, el 11 de abril, el día de Juan Santamaría, el héroe nacido en esta ciudad. Hay desfiles, bailes y diversos actos cívicos en toda la ciudad.

La **Fiesta de los mangos** se celebra en julio durante más de una semana, con ferias de arte y artesanía, desfiles y un agradable ambiente festivo.

Dónde dormir

La proximidad del aeropuerto lleva a muchos viajeros a alojarse aquí, y hasta los sitios económicos se encargan del transporte por un precio determinado, que los hoteles de categoría ya incluyen en el suyo.

ECONÓMICO

Se pueden encontrar sitios realmente baratos.

El **Mango Verde Hostel** (☎ 441 6330; mirafloresbb @hotmail.com; av. 3, entre las calles 2 y 4; i/d con baño 15/25 US$). es el de mejor relación calidad-precio de la ciudad: los propietarios son amables, los baños compartidos tienen agua caliente, la cocina es atractiva y hay un patio con hamacas y una sala de televisión. El mobiliario es escaso pero bien cuidado.

Hotel Cortéz Azul (☎ 443 6145; av. 5, entre las calles 2 y 4; 11/15 US$ por persona con/sin baño; P). Cuenta con habitaciones acogedoras y cómodas, con suelo de madera, y una excelente zona común con una cocina donde se exponen esculturas talladas por el cordial propietario, Eduardo Rodríguez. El hotel alquila bicicletas de montaña (2h, 10 US$), organiza visitas a los volcanes y otras atracciones, y vende arte original en recepción.

Villa Real Hostel (☎ 441 4022; esquina av. 3 con calle 1; dc 10 US$, h 15 US$ por persona; P). Es un establecimiento azul celeste muy popular, con baño comunitario con agua caliente, cocina también compartida, sala de televisión y servicio de lavandería. El ambiente es divertido, pero las habitaciones son espartanas y los colchones delgados.

Hotel Pacandé (☎ 443 8481; www.hotelpacande. com; av. 5, entre las calles 2 y 4; i 20 US$, d sin/con baño 25/30 US$; P ▣). Muy recomendable, con habitaciones grandes y limpias, con detalles de madera noble y baños bien reformados. Pagando un poco más, se puede tomar un buen desayuno, consultar el correo electrónico y organizar el transporte al aeropuerto.

Pensión Alajuela (☎ 441 6251; www.pensional ajuela.com; av. 9, entre las calles Central y 2; i/d 20/25 US$; P). Las habitaciones de este impecable edificio de ladrillo están decoradas con vivos murales. Los baños comunes están limpios y el bar con decoración de bambú y ambiente selvático suele estar lleno.

PRECIO MEDIO

Alajuela ofrece numerosos hoteles de este tipo, desde encantadores *bed and breakfast* (B&B) hasta los de clase preferente.

Hotel Los Volcanes (☎ 441 0525; www.montezuma expeditions.com/hotel.htm; av. 2, entre las calles Central y 2; i/d 25/35 US$, i/d con baño 35/45 US$; P ✕ ▣). Instalado en una casa antigua convertida en un pequeño B&B de seis habitaciones, su propósito es agradar. Sus servicios incluyen información sobre circuitos y viajes, servicio de lavandería, duchas de agua caliente y un patio para el desayuno. Las habitaciones, no muy grandes, tienen dos camas, TV y teléfono.

Hotel Alajuela (☎ 441 6595; calle 2, entre avs. Central y 2; i/d 25/35 US$; P). Situado al sur del parque Central, este antiguo edificio tiene 50 habitaciones un tanto oscuras con ventilador y ducha privada eléctrica. Está bien regentado, y es tranquilo, céntrico y próximo al aeropuerto internacional, por lo que conviene reservar en temporada alta. Descuentos para estancias largas.

La Guaria Inn (☎ 440 2948; laguariahotel@netscape. net; av. 2, entre las calles Central y 1; i/d 35/40 US$; P). Recargado pero limpio, este B&B tiene de todo, incluso ducha caliente privada y un abundante desayuno al gusto.

Islands B&B (☎ 442 0573; islandsbb@hotmail.com; av. 1, entre las calles 7 y 9; i/d desayuno continental incl. 40/ 50 US$; P). Es un edificio sin pretensiones, 50 m al oeste de la iglesia La Agonía, con 10 habitaciones limpias con ducha caliente privada y dos camas. Sala con televisión por cable. El precio incluye la recogida en el aeropuerto.

Tuetal Lodge (☎ 442 1804; islandnet.com/~tuetal/ tuetal.html; cabañas d sin/con cocina americana 42/53 US$; P ⛱). Se trata de un albergue tipo canadiense, 4 km al norte de la ciudad, donde el cliente se puede aislar de todo sin arriesgarse a perder su vuelo. Las bonitas cabañas con porche están en un jardín con piscina.

Orquideas Inn (☎ 433 9346; www.orquideasinn. com; i/d 75/95 US$, st 135-200 US$; P ✕ ▦ ⛱). Esta mansión de estilo colonial, a unos 5 km de Alajuela, en la carretera de San Pedro de Poás (se recomienda llamar por teléfono para recibir indicaciones exactas), tiene piscina y habitaciones amplias y aireadas, algunas de ellas en una cúpula geodésica cercana. Son famosos su restaurante y su bar: el primero es excelente para el desayuno (incluido en el precio), que se sirve de 8.00 a 9.00 horas, y el segundo es conocido por su colección de recuerdos de Marilyn Monroe. No se admiten niños menores de 10 años ni en uno ni en otro.

VALLE CENTRAL Y TIERRAS ALTAS

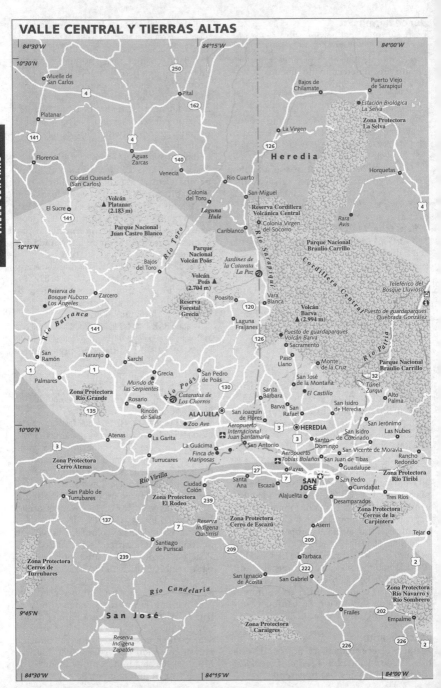

VALLE CENTRAL

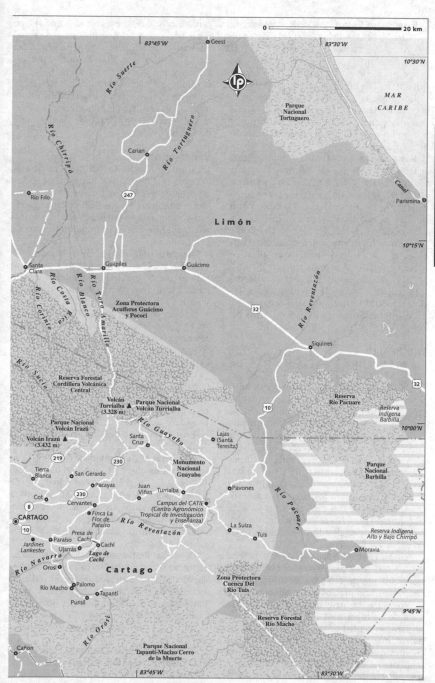

VALLE CENTRAL

Hotel Buena Vista (☎ 442 8595; www.hotelbue navistacr.com; i/d 85/96 US$, st junior 106 US$, st 125-150 US$; P ✕ ❄ 🖥 🏊). Situado 5 km al norte de Alajuela, en la carretera de Poás, este edificio de estilo mediterráneo ofrece buenas vistas del valle Central y de los volcanes de la zona, en especial desde la terraza de las habitaciones de lujo. Tiene piscina, tienda de regalos, restaurante y bar, y el precio incluye desayuno y traslado al aeropuerto.

Hampton Inn (☎ 443 0043, llamada gratuita en Costa Rica y EE UU 800-426 7866; www.hamptonho tel.co.cr; i/d 111/118 US$, 8 US$ por cama supletoria; P ✕ ❄ 🏊). Como cabía esperar, coincide en todo con cualquier Hampton Inn de EE UU, excepto en el precio, que en este caso es muy superior. Hay jabón, champú y cafetera en las habitaciones, desayuno continental con bollería envuelta en plástico y fácil traslado al aeropuerto (en 2 min), todo ventajas. Resulta ideal para viajeros que tengan horario de vuelo muy ajustados; está sólo 1 km al norte del aeropuerto, en la Interamericana, a unos 5 minutos del centro de Alajuela en dirección sur.

PRECIO ALTO

Xandari Resort Hotel & Spa (☎ 443 2020; www.xan dari.com; villa i/d 155/185 US$, ultra-villas i/d 240/262 US$; P ✕ ❄ 🏊). Este relajante complejo, unos 6 km al norte de Alajuela, en una plantación de café que domina el valle Central, ofrece habitaciones decoradas con un lujo recargado y unas vistas de postal, y cuenta con 3 km de senderos privados que discurren entre cascadas. Pero también ofrece clases de mantenimiento físico y programas completos de balneario, desde tratamientos faciales y pedicura a los masajes más exóticos, además de dos piscinas y un *jacuzzi*. El elemento decisivo es un restaurante gastronómico especializado en comidas bajas en grasa y vegetarianas.

Pura Vida Retreat & Spa (☎ 392 8099, en EE UU 888-767 7375; www.puravidaspa.com; *tentalows*/st d 165/185 US$; paquetes de 7 días 1.200 US$ por persona; P ✕ 🏊). Los precios incluyen dos clases de yoga diarias, primer indicio de que se trata de un lugar muy distinto. Se trata de un famoso centro de yoga y de salud alternativa, que es en sí mismo un destino. Los clientes que se retiran en él se alojan en *tentalows* de cierto lujo pero de espíritu zen, o en suites interiores más cómodas. Se ofrecen clases y salidas organizadas que suelen tener una orientación espiritual o de salud alternativa. El paquete incluye un programa de terapias –entre ellas masajes muy diversos y terapias alternativas– y todas las comidas en el restaurante, especializado en cocina vegetariana y macrobiótica. Está unos 7 km al norte de Alajuela, en la carretera de Carizal, señalizado desde el estadio de fútbol.

Dónde comer

En torno al **Mercado Central** (calles 4 y 6, entre avs. 1 y Central; ☯ 7.00-18.00 lu-sa) hay muchas sodas, puestos de productos locales y otros muchos establecimientos. El viajero puede escoger entre las principales cadenas internacionales de comida rápida del centro de la ciudad.

Panadería Trigo Miel (av. 1, entre las calles 6 y 8; ☯ 6.00-17.00). Un delicioso aroma guiará al viajero a esta excelente panadería, donde hallará todo tipo de pan casero y de bollos y pasteles de aspecto irresistible.

El Fogón del Pollo (☎ 443 1362; calle 1, entre las avs. 1 y 3; platos principales 2-4 US$; ☯ 7.00-8.00 lu-sa). ¿Por qué ir a KFC si aquí preparan un pollo frito y otra comida rápida excelentes por casi la mitad de precio que en KFC?

La Mansarda (☎ 441 4390; calle 2, entre las avs. Central y 2, 2º; comidas 3-6 US$; ☯ 11.00-23.00). El mejor sitio de comidas costarricense es este restaurante terraza informal con vistas a la calle y donde el marisco y los más que buenos casados se pueden acompañar con algún vino especial.

Restaurant Mixto Vegetariano (☎ 440 0413; av. Central, entre las calles 2 y 4; casado 2,25 US$; ☯ 7.30-19.00 lu-sa). Los vegetarianos se felicitarán de haber hecho el viaje desde San José para probar los casados acompañados de diversos sustitutos de la carne a base de soja, enormes hamburguesas vegetales y otras sabrosas opciones.

Cugini Bar Restaurant (☎ 440 6893; esquina av. Central con calle 5; comidas 2-10 US$; ☯ mediodía-medianoche lu-sa). Restaurante de estilo italiano, irlandés, tico y americano; prepara excelentes *pizzas* americanas, pasta y otras especialidades italianas en un ambiente de bar deportivo, y sirve cerveza y cócteles hasta muy tarde.

También se pueden comprar comestibles en el **supermercado Palí** (esquina av. 2 con calle 10; ☯ 8.00-20.00).

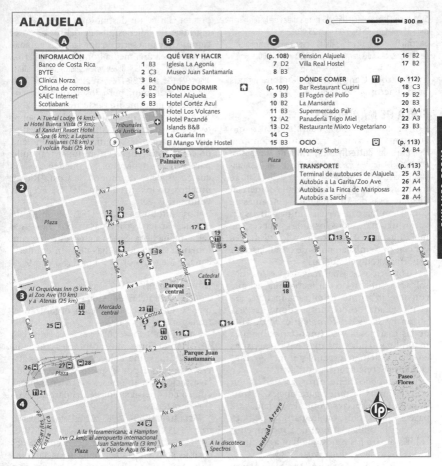

ALAJUELA

0 — 300 m

INFORMACIÓN		
Banco de Costa Rica	1	B3
BYTE	2	C3
Clinica Norza	3	B4
Oficina de correos	4	B2
SAEC Internet	5	B3
Scotiabank	6	B3

QUÉ VER Y HACER		(p. 108)
Iglesia La Agonía	7	D2
Museo Juan Santamaría	8	B3

DÓNDE DORMIR		(p. 109)
Hotel Alajuela	9	B3
Hotel Cortéz Azul	10	B2
Hotel Los Volcanes	11	B3
Hotel Pacandé	12	A2
Islands B&B	13	D2
La Guaria Inn	14	C3
El Mango Verde Hostel	15	B3

Pensión Alajuela	16	B2
Villa Real Hostel	17	B2

DÓNDE COMER		(p. 112)
Bar Restaurant Cugini	18	C3
El Fogón del Pollo	19	B2
La Mansarda	20	B3
Supermercado Palí	21	A4
Panadería Trigo Miel	22	A3
Restaurante Mixto Vegetariano	23	B3

OCIO		(p. 113)
Monkey Shots	24	B4

TRANSPORTE		(p. 113)
Terminal de autobuses de Alajuela	25	A3
Autobús a La Garita/Zoo Ave	26	A4
Autobús a la Finca de Mariposas	27	A4
Autobús a Sarchí	28	A4

VALLE CENTRAL

Ocio

Eterno campeón del fútbol costarricense, el equipo Liga Deportiva Alajuelense juega los domingos de temporada en el estadio Morera Soto, al noroeste de la ciudad. Si no hay entradas, uno se puede sentar en el bar Cugini (véase p. 112) y enterarse del partido mientras se toma un trago.

En la calle 4, al sur del centro, está **Monkey Shots** (18.00-6.00), un enorme bar interior y exterior, a veces con música en directo e incluso striptease masculino y femenino algunas noches.

La discoteca **Spectros** (calle 2, entre las avs. 10 y 12; 20.00-4.00 mi-lu) tiene la mayor pista de baile de la ciudad, que animan *disc-jockeys* de todo el país.

Cómo llegar y salir

Para informarse acerca de los vuelos al aeropuerto internacional Juan Santamaría, véase p. 88.

La principal parada de autobuses de las varias que existen en la ciudad es la **Terminal de autobuses de Alajuela** (calle 8, entre avs. Central y 1), de donde parten los que van a San José, al aeropuerto internacional, al volcán Poás y otros destinos.

Finca de Mariposas. 0,40 US$; 30 min; salidas de la esquina calle 8 con av. 2, a las 6.20, 9.00, 11.00 y 13.00.
La Garita/Zoo Ave. 0,40 US$; 30 min; salidas de la esquina calle 10 y av. 2, cada 30 minutos de las 6.00 a las 21.00.
Laguna de Fraijanes. 0,40 US$; 30 min; salidas de la terminal a las 9.00, 13.00, 16.15 y 18.15.

San José (Tuasa). 0,60 US$; 45 min; salidas de la terminal cada 15 minutos de las 5.00 a las 23.00.
Sarchí. 0,40 US$; 30 min; salidas desde calle 8 entre avs. Central y 2, cada 30 minutos de las 5.00 a las 22.00.

En el parque Central se pueden tomar taxis para el aeropuerto (2 US$).

FINCA DE MARIPOSAS

Construida en 1983, cuando el turismo aún tenía poca incidencia en la economía del país, la **Butterfly Farm** (**Finca de Mariposas**) (☎ 438 0400; www.butterflyfarm.co.cr; adultos/estudiantes/niños 5-12 años 15/10/7 US$; ☾ 8.30-17.00) se inauguró como la primera granja comercial de mariposas de América Latina. Además de contar con carteles informativos en varios idiomas, todos los lunes y jueves (de marzo a agosto) se permite a los visitantes ver cómo se embalan miles de crisálidas para exportar a todo el mundo.

Las mariposas están más activas los días soleados, sobre todo por la mañana, así que conviene ir pronto. La entrada incluye una visita guiada de dos horas, donde se explican las fases del complejo ciclo de vida de las mariposas y su importancia para la naturaleza. Todos los días hay tres visitas en inglés, alemán, español y francés, y más cuando la concurrencia es mayor.

El complejo tiene otros atractivos, en especial unos jardines para abejas, orquídeas y otras especies tropicales, además de paseos en las tradicionales carretas de bueyes, con la obligada foto: una recompensa colorista para los niños que han aguantado todos los vídeos educativos.

La Finca de Mariposas también ofrece paquetes completos de un día (adultos/estudiantes/niños 25/20/13 US$), que incluyen transporte desde cualquier hotel de San José, almuerzo y visita de la granja, además de un Circuito del Café en la finca Café Britt (p. 125) y otras varias excursiones.

Si se va en coche, hay que llegar hasta el pueblo de La Guácima, 12 km al sur de Alajuela y casi enfrente del bien señalizado Club Campestre Los Reyes. La finca ofrece el traslado desde los hoteles de San José por 10 US$ por persona, pero se puede tomar el autobús en Alajuela (véase p. 113).

POR EL OESTE HASTA ATENAS

La carretera que va hacia el oeste de Alajuela a Atenas, un pequeño pueblo a 25 km, pasa por La Garita, un destino que merece el peregrinaje de quienes gustan del maíz. En el camino hay una serie de hoteles muy agradables, todos a una media hora del aeropuerto.

Zoo Ave (☎ 433 8989; www.zooave.org; adultos/niños 9/1 US$; ☾ 8.30-17.00) recibe unos 60.000 visitantes al año, pero los turistas desconocen en gran medida este magnífico zoo, 10 km al oeste de Alajuela. Alberga sobre todo aves tropicales, con más de 80 especies costarricenses, en una exposición llena de color y graznidos en un lugar tranquilo parecido a un parque. Se pueden ver las cuatro especies de monos de Costa Rica y muchos de los otros animales. Se aceptan voluntarios.

Los autobuses (0,40 US$, 30 min) de Alajuela a La Garita pasan por Zoo Ave cada media hora. Si se va en coche, hay que tomar la salida de Atenas de la Interamericana, y luego recorrer 3 km hacia el este.

Dónde dormir

Todos los hoteles de Atenas y alrededores que se citan a continuación organizan el transporte al aeropuerto.

Ana's Place (☎ 446 5019; d desayuno incl 45 US$; Ⓟ). Habitaciones muy aceptables con baño privado, más una colección de aves exóticas que saltan por el patio. Está cerca de la estación de autobuses de Atenas, unas cuatro cuadras al sudoeste del parque Central de Atenas.

Vista Atenas B&B (☎ 380 3252; vistaatenas@hotmail.com; i/d 35/45 US$, cabañas d desayuno incl 55 US$; Ⓟ ⊠ ♨). Situado al sur de Atenas y accesible sólo en coche, tiene unas cuantas habitaciones modernas y cabañas con cocina americana, una pequeña piscina y vistas sobre el valle Central. Los propietarios hablan inglés y francés, y organizan excursiones por la zona.

Hotel Colinas del Sol (☎ 446 4244; www.hotelcolinasdelsol.com; d 45 US$; Ⓟ ⊠ ♨). Unos 4 km al oeste de Atenas, cuenta con *bungalows* que se reparten por una colina de 6 Ha y una piscina en que se puede nadar en medio de la naturaleza. El aeropuerto está a sólo 20 minutos, y se puede organizar el traslado. Dispone de cocina americana, terraza y baño privado con agua caliente en todas las unidades.

El Cafetal Inn (☎ 446 7361; www.cafetal.com; i/d estándar 75/85 US$, d de lujo desayuno incl 100-120 US$; Ⓟ). Hay que seguir las indicaciones hasta esta extensa plantación de café, 5 km al norte de Atenas, donde se puede pernoctar o sólo detenerse a probar la especialidad local: el café. Tiene un gran jardín (con dos senderos que llevan a las cascadas), piscina y varias atractivas habitaciones de varios tamaños y servicios, todas con mucha luz y magníficas vistas. El restaurante **Mirador del Cafetal** (comidas ligeras 1-5 US$; ☉ 7.00-5.00) vende su propia marca de café, La Negrita, en grano o en una magnífica selección de cafés que se pueden saborear calientes o fríos mientras se contempla todo el valle Central. También dispone de bocadillos y repostería, y venta de regalos.

Martino Resort & Spa (☎ 433 8382; www.ho telmartino.com; i/d estándar 149/178 US$, i/d de lujo 222/244 US$; P ✗ ✗ 🖵 🐾). Quienes duden entre Las Vegas o América Central para casarse, pueden hacerlo aquí, en medio de un lujo al estilo romano clásico, en el "casino más elegante de Costa Rica". Ofrece comidas italianas con productos biológicos, más un suntuoso balneario, grandes piscinas, sauna y gimnasio completo, sólo 2 km al norte de la salida de Alajuela de la Interamericana, a 15 minutos del aeropuerto. Los paquetes a la carta pueden incluir golf, observación de tortugas en el Parque Nacional Tortuguero, o "recuperación de cirugía plástica", lo que lo convierte en centro de vacaciones perfecto para toda la familia.

Dónde comer

En la ciudad hay muchas sodas, restaurantes chinos y un par de pequeñas tiendas de comestibles. Vale la pena detenerse en La Garita, lugar conocido como la cesta del pan de maíz de Costa Rica, adonde acuden científicos de todo el mundo a estudiar este cereal. Los demás van a alguno de los restaurantes del lugar para hacer sus propias investigaciones sobre gustos.

La Fiesta del Maíz (☎ 487 7057; platos principales 1-5 US$; ☉ 6.00-21.00). A 1 km más o menos desde la Interamericana, en La Garita, este lugar sencillo es famoso por su gran variedad de preparados de maíz y por las cortezas de cerdo.

Delicias del Maíz (☎ 433 7206; platos principales 3-9 US$; ☉ 8.00-21.00). Lugar de más categoría, a unos 2 km en dirección a Monolo, con un bonito comedor y asador, donde se puede probar casi cualquier receta con maíz.

Rancho Típico La Trilla (☎ 446 5637; platos principales 3-8 US$). Si se busca una dosis de cafeína, en Atenas hay que acudir al "molino de café", a 75 m de la gasolinera, un agradable lugar turístico, con ambiente rústico, comida típica y buen café.

La Casa del Viñedo (☎ 487 6086; platos principales 4-15 US$; ☉ 11.00-23.00). Este viñedo, próximo también a La Garita, produce pequeñas cantidades de siete vinos distintos, que se pueden degustar con la carne recomendada, al estilo argentino o estadounidense, o con platos italianos.

Cómo llegar y salir

Los autobuses de San José a Atenas no paran en Zoo Ave ni en La Garita. Hay que cambiar de autobús en Alajuela (p. 113)

POR EL NOROESTE HASTA SARCHÍ

Diseminados por las colinas cuidadosamente cultivadas del noroeste de Alajuela se encuentran varios pueblos que, hasta no hace mucho, eran comunidades agrícolas aisladas. Aunque se han desarrollado al socaire de San José, Grecia (a 22 km), Sarchí (a 29 km), Naranjo (a 35 km) y Zarcero (a 52 km) conservan aún su encanto, un café excelente y unos atractivos fuera de lo habitual, desde los arbustos más famosos del país a la capital del arte y la artesanía.

Es una zona que invita a escapadas de fin de semana desde San José. A un paso de la capital, sus cafetales color jade oscuro se cobijan a la sombra de árboles en flor y se adentran en la selva, rodeados por los lejanos volcanes grisáceos. Es un paisaje romántico y los propietarios de hoteles lo saben, por lo que algunos ofrecen "suites luna de miel" a quienes estén dispuestos a hacer unos pocos kilómetros más.

Grecia

Centrada en la peculiar **iglesia de las Mercedes**, de metal rojo vivo, fabricada en Bélgica y enviada por mar a Costa Rica en 1897, Grecia es una ciudad moderna con un toque de folclore costarricense. La pequeña **Casa de la Cultura** (☎ 444 6767; ☉ variable) ofrece la versión oficial, con objetos coloniales españoles y artículos sobre el galardón a "La ciudad más limpia de Latinoamérica" del que se enorgullece la ciudad. También hay una impresionante colección de insectos.

VALLE CENTRAL

INFORMACIÓN

El Ministerio del Ambiente y Energía o **MINAE** (☎ 494 0065; ◷ 8.00-16.00 lu-vi) tiene en teoría información sobre los parques de su entorno. La ciudad cuenta con varios restaurantes y bares sencillos, además de muchos servicios, como bancos con cajeros automáticos, oficina de correos y acceso a Internet en el **Hotel Aero Mundo** (☎ 494 0094; 2 US$ h), a dos cuadras de la iglesia y que también organiza circuitos.

PUNTOS DE INTERÉS

Al sur de la ciudad está el **puente de piedra del s. XVIII,** que une los caseríos de Puente de Piedra y Rincón de Salas. Los lugareños aseguran que sólo en China hay un puente como ése, y algunas leyendas dicen que lo construyó el diablo. En 1994 fue declarado Lugar Nacional de Interés Histórico.

Pero la atracción principal es el **World of Snakes** o **Mundo de las Serpientes** (☎ 494 3700; adultos/niños 12/7 US$; ◷ 8.00-16.00), un serpentario 1,5 km al sudeste del centro de la ciudad, bien organizado y con un programa de cría de serpientes en peligro de extinción. Exhibe más de 150 serpientes en cubículos bien mantenidos, como los de "Serpientes del mundo" y "Serpientes de Costa Rica", que en total representan a más de 40 especies. Hay otros animales como ranas, caimanes, cocodrilos y otros animales de sangre fría. Las visitas guiadas en inglés, alemán o español pueden incluir la posibilidad de tocar algunas serpientes. Todos los autobuses de Alajuela a Grecia paran a la entrada.

El **Mariposario Spirogyra** (adultos/niños 5/3 US$; ◷ 8.00-17.00), a 150 m de la iglesia, es un jardín de mariposas pequeño pero bonito, con unos cuantos carteles informativos. El precio incluye la visita guiada. Unos 5 km al sur de Grecia, hacia Santa Gertrudis, se encuentran las **cataratas de Los Chorros** (entrada 4 US$; ◷ 8.00-17.00), dos preciosas cascadas y una poza donde bañarse rodeada de mesas de *picnic*.

DÓNDE DORMIR

Hotel Aero Mundo (☎ 494 0094; aerotess@co.cr; i/d 30/40 US$, apt desayuno incl 50 US$; P ▯). En el centro de la ciudad, con habitaciones impecables con baño de agua caliente y un gran televisor; hay también tres apartamentos con cocina americana.

Healthy Day Country Inn Resort (☎ 444 5093; healthyday@racsa.co.cr; i/d desayuno incl 45/55 US$; P ▯ ▯ ▯ ▯). No lejos del centro, 800 m al nordeste de la iglesia en la calle principal, es una buena opción de precio medio que además ofrece la posibilidad de perder peso: cuenta con pista de tenis, gimnasio y *jacuzzi*, además de otros servicios más simples, como terapia homeopática, masajes y comida macrobiótica. Habitaciones bonitas y aceptables, con ventilador en el techo, teléfono y televisión por cable.

Vista del Valle Plantation Inn (☎ 450 0800; www.vistadelvalle.com; i/d 100/120 US$, st desayuno incl 155-200 US$; P ▯ ▯). En el pueblo de Rosario, unos 7 km al sudoeste de Grecia, esta finca con transporte regular desde el aeropuerto (ida/ida y vuelta 20/30 US$, 20 min) es quizá uno de los hoteles en plena naturaleza más chic de Costa Rica.

Las elegantes casitas, esparcidas por el jardín botánico dispuesto con todo lujo, tienen terrazas desde las que se divisan el río Grande, varios volcanes e incluso las luces de San José. Los senderos pasan por una **catarata** de 90 m hasta la contigua **Zona Protectora Río Grande,** una reserva de bosque nuboso a unos 800 m de altitud. Se puede hacer excursiones a caballo (para jinetes expertos) y disfrutar de terapia de masajes (previa solicitud), piscina y *jacuzzi* para relajarse de las caminatas. Todo un lujo.

CÓMO LLEGAR Y SALIR

La terminal de autobuses está unos 400 m al sur de la iglesia, detrás del mercado.

San José. 0,40 US$; 1 h; salidas cada 30 min, de las 5:30 a las 22.00 horas.

Sarchí, enlace con Naranjo. 0,30 US$; 1 h; salidas cada 25 min de las 4.45 a las 22.00 horas.

Sarchí

Las vacaciones en Costa Rica sólo tienen un problema: la ineludible compra de recuerdos. Quizá se deba a todo el tema del ecoturismo, pero no parece muy adecuado comprar una chuchería de plástico como recuerdo de la visita a una de las últimas selvas tropicales intactas del mundo. Para aquellos que quieran quedar bien con la familia y los amigos, y que consideren que no es suficiente el relato de cómo han conseguido ver un pájaro campana de tres carúnculas mientras tiritaban sumergidos hasta la cintura en el barro de un bosque nuboso, Sarchí es el lugar indicado.

Se trata del centro de artesanía más famoso de Costa Rica, donde los artesanos muestran la arraigada tradición de la talla de la madera, afinada de generación en generación durante cálidas tardes de trabajo en maderas nobles. Seguro que cualquier circuito por la zona incluirá una parada en algún lugar donde se pueda adquirir alguna pieza de buena calidad y a un precio razonable.

Para algunos esta parada de 45 minutos del autobús será más que suficiente –incluso les puede parecer que Sarchí es una trampa para turistas, aunque con café gratis–, pero mientras se ojean las piezas, recuérdese que hay más de 200 talleres repartidos por este hermoso paraje, y en muchos de ellos se invita al visitante a charlar con los artesanos o a contemplar cómo la madera se transforma en cuencos, joyeros o muebles. La artesanía de Sarchí, finamente pulida o de vivos colores, es inconfundible.

ORIENTACIÓN E INFORMACIÓN

Sarchí es una amplia ciudad dividida por el río Trojas en Sarchí Norte y Sarchí Sur, que se extiende varios kilómetros a lo largo de la principal carretera de Grecia a Naranjo.

En la Plaza de la Artesanía de Sarchí Sur hay un puesto de información, con mapas y folletos. En Sarchí Norte está la plaza principal con la típica iglesia de dos torres, un hotel y varios restaurantes. Hay también un **Banco Nacional** (☎ 454 4262; ☽ 8.30-15.00 lu-vi).

DÓNDE DORMIR Y COMER

Los viernes hay mercado agrícola detrás del Taller Lalo Alfaro, con tentempiés caseros, queso de palmito y otros muchos productos. La ciudad tiene otros mercados bien surtidos, panaderías y sodas sencillas

Cabinas Mandy (☎ 454 2397; i/d 8/11 US$; **P**). Un buen lugar económico, cerca del parque de bomberos de Sarchí Norte. Habitaciones pequeñas y limpias, con TV y ducha caliente privada.

Hotel Daniel Zamora (☎ 454 4596; d 35 US$; **P**). Simpático y correcto, en una calle tranquila al este del campo de fútbol. Habitaciones impecables, ventilador de techo y televisión por cable.

Hotel Villa Sarchí (☎ 454 3029; c. Rodríguez; i/d 30/40 US$, i/d con a.a. 40/50 US$; **P** **X** **Q**). Un poco

lejos de la ciudad, con mobiliario renovado, ducha caliente privada y piscina.

Super Mariscos (☎ 454 4330; platos principales 4-9 US$). En Sarchí Norte. Es un establecimiento recomendado por el marisco, en especial el arroz con langostinos.

Restaurante Típico La Finca (☎ 454 1602). En el extremo norte de Sarchí Norte, se puede disfrutar de una gran variedad de casados en un tranquilo jardín.

Las Carretas (☎ 454 1636; platos principales 5-10 US$; ☽ 11.00-21.00). Si hay suerte, el autobús parará aquí para comer, y siempre se puede acudir a degustar la clásica cocina del país presentada con elegancia en su atractivo comedor.

DE COMPRAS

Los viajeros que busquen artículos más selectos o que estén interesados en conocer más a fondo la cultura (muchos artesanos de alto nivel pertenecen a conocidas familias de tallistas), podrían pasarse días explorando todo el ámbito artesano del lugar. Entre las piezas más conocidas están las carretas, reproducciones primorosamente pintadas de carretas de bueyes como las que todavía se pueden ver en algunos caminos, principalmente en aquellos reservados a vehículos todoterreno.

Aunque los modelos más caros están listos para ser usados (los bueyes se venden aparte), la mayoría son versiones reducidas pensadas para decorar jardines y casas, incluso como mesa de interior, aparador o minibar. Los modelos más pequeños resultan asequibles para cualquier presupuesto y caben en todas las mochilas.

Además de las carretas, recuerdo no oficial de Costa Rica (y símbolo oficial del trabajador costarricense), los compradores informados van a Sarchí en busca de muebles de cuero y de madera, sobre todo mecedoras desmontables al estilo Ikea para facilitar el transporte. Otros artículos que sólo se encuentran aquí son relucientes cuencos de madera y otras piezas de servicio de mesa, algunos tallados en unas raras maderas nobles que los viajeros más concienciados en cuanto a la preservación de la naturaleza tendrían reparos en comprar. Los talleres suelen estar abiertos de las 8.00 a las 16.00 horas cada día y aceptan tarjetas de crédito y dólares estadounidenses.

Plaza de la Artesanía (☎ 454 3430), en Sarchí Sur, es el lugar ideal para los amantes de lo *kitsch*. Se trata de un centro comercial con más de 30 tiendas de recuerdos que venden de todo, desde muebles realmente bonitos hasta llaveros fabricados en serie. Hay también un patio donde se sirve comida y que músicos locales amenizan con sus marimbas. Cerca, en la calle principal, hay varias fábricas especializadas en mecedoras y otros muebles, entre ellas **Los Rodríguez** (☎ 454 4097), **La Sarchiseña** (☎ 454 3430) y **El Artesano** (☎ 454 4304).

La **Fábrica de Carretas Joaquín Chaverri** (☎ 454 4411; www.sarchicostarica.com), es la más antigua y famosa de Sarchí Sur. En ella se pueden ver los diseños increíbles que los artesanos de la vieja escuela de la estética del transporte estampan en las carretas.

El **Taller Lalo Alfaro** (2 cuadras al norte de la iglesia) es el más antiguo de Sarchí, donde aún se fabrican carretas con maquinaria movida por una rueda hidráulica.

Pidesa Souvenirs (☎ 454 4540), próxima a la plaza principal, está especializada en recuerdos locales pintados a mano al estilo de Sarchí, entre ellos cubos de leche de tamaño real.

CÓMO LLEGAR Y SALIR

Si se va en coche, se puede tomar la carretera sin asfaltar en dirección nordeste que va de Sarchí a Bajos del Toro y, a través de Colonia del Toro, a las tierras bajas del norte de Río Cuarto. El principal atractivo de esta ruta es la hermosa catarata al norte de Bajos del Toro. Para llegar a ella, hay que seguir las señales de "Catarata".

Hasta la estación de autobuses tiene veleidades artísticas.

Alajuela (Tuasa). 0,40 US$; 30 min; salidas cada 30 minutos de las 6.00 a las 23.00.

Grecia. 0,20 US$; 20 min; salidas cada 30 minutos de las 6.00 a las 23.00.

San José. 0,50 US$; 1½ h; salidas a las 12.15, 17.30 y 18.00.

PALMARES

Desde Sarchí, la carretera sigue hacia el oeste hasta Naranjo, donde se bifurca. Se puede seguir 13 km hacia el sudoeste, cruzando Palmares, hasta San Ramón, o 17 km hacia el norte hasta Zarcero. Otra posibilidad es ir hacia el oeste por la Interamericana entre las salidas de Naranjo y San Ramón, hasta encontrar el desvío a Palmares, unos pocos kilómetros al sur de la autopista.

Lo más interesante de Palmares son sus célebres *fiestas*, que se celebran a mediados de enero y son todo un espectáculo de 10 días duración, con desfiles, danzas, un tope (desfile de caballos), actuaciones de orquestas de renombre y otras menos conocidas, puestos de fritos y cerveza, y corridas de toros (en Costa Rica no se mata al toro). Se trata de uno de los festejos más concurridos del valle Central y la televisión local lo cubre con detalle.

En esos días la ciudad triplica su número de habitantes, y **Cabinas Sueca** (☎ 453 3353; h 9,50 US$ por persona), que cuenta con habitaciones sencillas con baño privado, cerca del centro, probablemente lo tenga todo reservado hasta enero de 2008. Es un buen lugar donde hospedarse en los otros meses. Hay varias sodas alrededor de la anodina iglesia gris.

SAN RAMÓN

Se trata de una población pequeña pero no olvidada por la historia del país. Cinco hombres de esta "Ciudad de presidentes y poetas" han llegado a las instancias más altas, incluido el ex presidente Rodrigo Carazo, en la actualidad propietario de un hotel situado unos pocos kilómetros al norte, que es además la entrada al Bosque Nuboso Los Ángeles (véase p. 119)

La historia de los otros cuatro, además de la de poetas y otros, se puede ver en placas por toda la ciudad o en el **Museo de San Ramón** (☎ 437 9851; entrada libre; ♥ 8.30-11.00 mi-sa y 13.00-17.00 lu-vi), en el lado norte del parque Central. Vale la pena seguir el programa del museo y ver los dioramas de tamaño natural que muestran la Costa Rica colonial y las bien montadas exposiciones sobre la impresionante historia de la zona.

Los sábados hay un gran **mercado agrícola**, y los miércoles y domingos se celebran otros más pequeños.

Dónde dormir

En la zona existen varios *bungalows* sencillos y económicos donde el viajero experto y de bajo presupuesto podrá dormir bien, y a unos 20 km de la ciudad hay dos excelentes hoteles de precio más alto.

Hotel Gran (☎ 445 6363; i 5 US$; d con baño 7 US$). A tres cuadras al oeste del parque, es de los mejores entre los económicos. Habitaciones limpias que dan a un patio con TV.

Hotel la Posada (☎ 445 7359; i/d desayuno incl 15/40 US$). Buen hotel, 100 m al sur y 50 m al este del hospital, con zonas comunes de decoración ecléctica y habitaciones individuales pequeñas (las dobles son mucho mejores).

Cómo llegar y salir
Hay dos autobuses diarios entre San Ramón y San José. También los hay entre San José y Ciudad Quesada, vía Zarcero.

RESERVA DE BOSQUE NUBOSO LOS ÁNGELES
Esta **reserva privada** (☎ 661 1600; 15 US$), unos 20 km al norte de San Ramón, se centra en un hotel y un rancho lechería propiedad del ex presidente Rodrigo Carazo. Se extiende por unas 800 Ha de bosque primario con un corto sendero entarimado y otros más largos para recorrerlos a caballo o a pie, que llevan a unas cascadas y a unas fantásticas vistas del bosque nuboso.

Hay guías naturalistas bilingües (20 US$ por persona) y también se puede alquilar caballos (15 US$/h) o contemplar el bosque desde arriba deslizándose por un sistema de tirolinas en un circuito de *canopy* (40 US$ por persona). Las visitas a la reserva se organizan en el Hotel Villablanca de Carazo (véase esta página), cuyos clientes tienen la entrada gratis. El taxi a la reserva y al hotel desde San Ramón cuesta 10 US$, y la salida está bien indicada en la autopista.

Dónde dormir y comer
Hotel Villablanca (☎ 228 4603; www.villablanca-cos tarica.com; i/d 108/124 US$). Tiene un gran edificio principal y un buen restaurante, con 30 cabañas rústicas de adobe encaladas y con tejados rojos a su alrededor, en medio del bosque nuboso. Son cómodas y cuentan con nevera, agua caliente, bañera, chimenea y hervidor eléctrico. Otra gran ventaja es el acceso gratis y fácil a la Reserva de Bosque Nuboso Los Ángeles adyacente al hotel, con su fauna y flora relativamente virgen y numerosos senderos.

Valle Escondido Lodge (☎ 231 0906; www.vallees condido.com; i/d 80/105 US$). Es un establecimiento magnífico, a medio camino entre el Hotel Villablanca y el pueblo, junto a su propia reserva privada, con 20 km de senderos por el bosque nuboso. Cultiva plantas ornamentales y cítricos, y sus más de 100 Ha de bosque preservado lo convierten en un buen lugar

para avistar aves. Los que no son clientes del hotel sólo pagan 8 US$ al día para usar los senderos. Cuenta con piscina, *jacuzzi* y un popular restaurante italiano.

ZARCERO
Al norte de Naranjo la carretera asciende unos 20 km, en uno de los recorridos más pintorescos del país, serpenteando hasta Zarcero, a 1.736 m en el extremo occidental de la cordillera Central. Las montañas son espectaculares y el clima es fresco, pero en cuanto se entra en la ciudad se descubre por qué se acude a ella.

El **parque Francisco Alvarado**, delante de la deteriorada iglesia de San Rafael, de color rosa y azul y que data de 1895, fue una plaza normal hasta la década de 1960. Después, el jardinero Evangelisto Blanco tuvo la inspiración de recortar los vulgares arbustos que crecían a su aire para darles extrañas formas entre las que, con los años, se pueden ver desde elefantes hasta corridas de toros.

Hoy, esta artística poda es lo más curioso que se puede ver en la ciudad, pero en Zarcero no sólo crecen árboles futuristas: es un centro del movimiento de la agricultura orgánica (biológica) de Costa Rica, y por toda la ciudad se encuentra una rica variedad de poco comunes productos sin pesticidas. Hay dos fábricas de queso y muchos puestos con el cartel de "queso de palmito". Este queso fresco y suave tiene un sabor delicado que va muy bien con el tomate fresco y la albahaca; en la zona se suelen servir algunas lonchas con el casado o en los gallos (bocadillos de tortilla de maíz).

Una buena idea, si se lleva un bañador en el equipaje, es ir a las **Piscinas Apamar** (☎ 463 3674; 2 US$), 500 m al oeste del parque, en la carretera de Guadalupe, con una gran piscina, bañeras calientes y un *jacuzzi*.

Dónde dormir y comer
Hotel Don Beto (☎ 463 3137; i/d 30/35 US$; P). Se encuentra al norte de la iglesia, es muy limpio, con habitaciones soleadas y bien arregladas con baño privado. Se sirven desayunos y el propietario dispone de abundante información local para organizar excursiones, *rafting*, paseos a caballo y traslados al aeropuerto. El hotel también organiza excursiones a las cercanas cascadas de Bajos del Toro y a Termales del Bosque (también llamado Ciudad Quesada).

En las calles se suceden los puestos de venta de comida de *picnic*. Pero en **Bernardita and Gustavo's Cow's Country** (☎ 463 1211), cerca de las piscinas, se pueden comprar productos elaborados en la zona, y además, si se consigue pescar una buena trucha, la cocinarán. Hay unas cuantas sodas con buenas vistas al parque. Se recomienda el **restaurante El Heguirón** (☎ 463 1708; ◷ 6.30-20.00; comida rápida 1-3 US$) donde se sirve comida tica estándar y pollo frito.

Cómo llegar y salir

Los autobuses que salen cada hora de San José a Ciudad Quesada paran en Zarcero, pero es posible que al llegar allí ya estén llenos, sobre todo los fines de semana. También hay autobuses desde Alajuela y San Ramón.

PARQUE NACIONAL JUAN CASTRO BLANCO

Este **parque** de 143 km^2 (entrada 6 US$; acampar 2 US$), se creó en 1992 para evitar la tala en las laderas de los volcanes Platanar (2.183 m) y Porvenir (2.267 m). Además, en él se encuentran las cabeceras de cinco ríos, por lo cual la zona no sólo es una cuenca importante, sino un atractivo irresistible para los pescadores de truchas, unas de las pocas personas que la visitan.

El parque se encuentra en compás de espera, protegido por el Estado pero aún propiedad privada de varias familias. Sólo las zonas que ya ha adquirido el Gobierno están técnicamente abiertas al viajero. De momento, casi no tiene infraestructuras para los visitantes, pero hay una **oficina del MINAE** (☎ 460 7600; ◷ 8.00-16.00) en El Sucre, cerca de la única entrada oficial, donde se paga para acampar o pasar el día. Se puede hacer una excursión de tres horas a unas minas abandonadas, a unas charcas de aguas sulfurosas y a las lagunas de Pozo Verde.

PARQUE NACIONAL VOLCÁN POÁS

Este **parque** (entrada 7 US$; ◷ 8.00-15.30), 37 km al norte de Alajuela, al que se llega por una carretera llena de curvas y magníficas vistas, es de visita obligada para quien quiera ver un volcán activo sin tener que trepar por la ladera. Su espectacular paisaje, el acceso fácil y breve, y los buenos caminos hacen de él un destino popular para extranjeros y lugareños. Es uno de los parques más famosos del país.

El elemento principal del parque es el volcán Poás (2.704 m), cuya última erupción fue en 1953. En esa ocasión se formó el enorme e inquietante cráter de 1,3 km de anchura y 300 m de profundidad. Sigue más o menos activo y con riesgo variable. En mayo de 1989 se tuvo que cerrar unos días el parque después de que una pequeña erupción lanzara cenizas volcánicas a más de un kilómetro. En 1995, una actividad de menor intensidad hizo que se cerrara de forma intermitente.

En los últimos años, esta caldera burbujeante y vaporosa abierta en la pelada cima no ha supuesto una amenaza inminente, y el parque lleva años abierto sin interrupciones. De vez en cuando, en determinadas condiciones de viento y lluvia, los gases del cráter pueden provocar un vapor ácido que obliga a cerrarlo brevemente.

Se producen erupciones de tipo fumarola, seguidas de intermedios tranquilos que pueden durar minutos o semanas. No se permite bajar al cráter debido a los vapores tóxicos de ácido sulfúrico. Un problema más común para los visitantes son las nubes que, a partir de las 10 de la mañana, cubren la montaña casi a diario, incluso en la estación seca. Hay que madrugar para ir al parque, incluso en días despejados, o de lo contrario, poco se podrá ver.

Cerca del cráter hay un pequeño bosque nuboso, uno de los mejores ejemplos de este tipo de hábitat de todos los parques nacionales. En él se pueden contemplar bromeliáceas, líquenes y musgos que trepan por los árboles retorcidos y de curiosas formas que crecen en el suelo volcánico. Abundan las aves, sobre todo el colibrí garganta de fuego, una variedad autóctona de altura. También se puede ver el mirlo negruzco y hasta el quetzal.

Información

Unas 250.000 personas visitan el parque cada año, lo cual lo convierte en uno de los más concurridos del país, sobre todo en los fines de semana. El centro de visitantes tiene cafetería y tienda de regalos, y pasa vídeos informativos cada hora, de 9.00 a 15.00. Un pequeño **museo** ofrece explicaciones en español e inglés. No se puede acampar en el parque.

La mejor época para ir es en la temporada seca, sobre todo a las primeras horas de la mañana, antes de que se formen nubes que impidan la visión. Sin embargo, también por la tarde y en la estación lluviosa se puede tener la suerte de ver una erupción de fango igual que en verano. No hay que desesperar si está nublado: es posible que el viento aleje las nubes, por lo que conviene andar por el bosque nublado sin perder de vista el cráter.

De noche, la temperatura puede caer por debajo de 0ºC, y durante el día puede hacer frío y viento, en especial por la mañana, así que conviene llevar ropa adecuada. Poás recibe casi 4.000 mm de precipitaciones al año, por lo que también hay que ir preparado para la lluvia.

Los senderos están bien señalizados. El cráter está a sólo 1 km y se puede ir a pie para disfrutar de las espectaculares vistas; los caminos que atraviesan el parque son un tanto empinados, pero no demasiado difíciles ni largos. El que lleva al cráter está pavimentado y se puede recorrer en silla de ruedas.

Circuitos

Varias empresas ofrecen excursiones casi a diario. Suelen costar entre 40 y 100 US$ por persona y se llega al volcán hacia las 10 de la mañana, cuando empieza a cubrirse de nubes. En algunas excursiones se dedica muy poco tiempo al cráter, así que conviene informarse antes.

Los circuitos más baratos son los de grupos grandes y sólo incluyen el transporte, la entrada al parque y un tiempo limitado en el cráter. Los más caros son los de grupos más pequeños, que incluyen guías naturalistas bilingües y comida. También es fácil visitar el volcán usando el transporte público desde San José.

Dónde dormir

No se puede acampar en el parque, pero fuera hay varios establecimientos. La lista que sigue está ordenada según la distancia al parque. Conviene llevarse agua embotellada, ya que la del grifo, debido a su proximidad a filtraciones, no es potable. Los días de sol, la carretera de Poás está flanqueada de puestos de fruta, queso y tentempiés; conviene llevar algo de comida, ya que la cafetería tiene un menú limitado.

La Providencia Lodge (☎ 389 5842, 380 6315; d desayuno incl 55 US$, cabañas 20 US$ por persona; P).

En lo alto de la ladera sudoeste del volcán, está en una granja lechera de 572 Ha y un bosque primario, contiguo al parque. Se llega por un camino de tierra de 2,5 km (normalmente transitable para coches) que parte de la carretera asfaltada, a unos 2 km de la entrada del parque. Las seis pequeñas cabañas rústicas, algunas bastante aisladas, tienen ducha privada caliente y porches con vistas que encantarán a ornitólogos y geólogos.

Se pueden reservar paseos a caballo de tres horas (35 US$) con guía biólogo del lugar, y hay varios senderos privados un poco más difíciles que los del parque.

Lagunillas Lodge (☎ 389 5842; i/d 25/35 US$; P). Se llega desde un desvío señalizado a 2,5 km del parque y después de un empinado camino de tierra de 1 km que a veces obliga a ir en todoterreno (conviene llamar previamente). Cabañas aseadas con pequeñas habitaciones individuales y todo rodeado de buenos caminos. Hay un estanque con peces donde uno puede pescar su cena, que el **restaurante** (platos principales 4-10 US$) prepara con la adecuada guarnición. También se puede alquilar caballos u organizar una subida guiada al cráter.

Lo Que Tú Quieres Lodge (☎ 482 2092; cabañas 25 US$; P). A 5 km de la salida del parque, cuenta con tres cabañas pequeñas con ducha caliente privada en las que pueden dormir tres personas. Tiene un pequeño restaurante y unas amplias vistas sobre el valle; los propietarios son muy amables y permiten acampar.

Poás Volcano Lodge (☎ 482 2194; www.poasvolcanolodge.com; i/d 45/55 US$, i/d con baño 55/75 US$, st junior 65/90 US$; P 💻). A unos 16 km al oeste del volcán, cerca de Vara Blanca, esta elevada granja lechera es el marco de un atractivo edificio de piedra, con una mezcla de influencias arquitectónicas de Gales, Inglaterra y Costa Rica (los propietarios originales eran granjeros británicos). De las habitaciones, con decoración ecléctica, parten los senderos, y las zonas comunitarias incluyen una sala de billar. Tiene un salón con chimenea, libros y juegos de mesa para las noches de tormenta. Incluido en el precio, el hotel ofrece acceso a Internet, llamadas locales gratis y desayuno.

Bosque de Paz Rain/Cloud Forest Lodge & Biological Reserve (☎ 234 6676; www.bosquedepaz.com; i/d 126/218 US$; P). Decorado con buen gusto en un estilo rústico de lujo, en el precio de las habitaciones grandes con ducha caliente privada están incluidas todas las comidas (vegetarianas previa solicitud) y el acceso a una reserva biológica privada de 1.000 Ha. Ofrece acceso a lo que es un pasillo salvaje entre el Parque Nacional Volcán Poás y el Parque Nacional Juan Castro Blanco. Hay 22 km de senderos, que a veces usan investigadores de todo el mundo, y los propietarios organizan excursiones guiadas y circuitos, además de transporte a otros lugares interesantes de la zona. Si se va en coche hacia el norte desde la Interamericana por Zarcero, hay que girar a la derecha inmediatamente después de la iglesia y recorrer unos 15 km hacia el norte; la reserva está a la derecha antes del último puente que lleva a Bajos del Toro.

Cómo llegar y salir

Se puede ir al parque en taxi por 80 US$ desde San José y 40 US$ desde Alajuela. La mayoría de los visitantes usa los autobuses que salen de San José. Conviene llegar pronto a la estación.

Desde San José (4 US$, 5 h) los autobuses Tuasa salen a diario a las 8.30 de la av. 2, entre las calles 12 y 14; paran en Alajuela a las 9.30 y regresan a las 14.30.

JARDINES DE LA CATARATA LA PAZ

Estos jardines (☎ 265 0643; www.waterfallgardens.com; adultos/niños y estudiantes 21/10 US$; ☺ 8.30-17.30) se extienden en torno a unas cascadas espectaculares que se forman a medida que el río La Paz desciende 1.400 m en menos de 8 km por los flancos del volcán Poás. La más baja es quizá la más famosa del país.

Este interesante complejo alberga también el mayor jardín de mariposas de Costa Rica, exposiciones botánicas y de aves, y unos cuantos y caros sitios donde alojarse.

Los visitantes, que en su mayoría llegan en circuitos desde San José, empiezan con un breve vídeo sobre las instalaciones de las 30 Ha de jardines. Luego, pueden recorrer una red de 3,5 km de senderos que serpentea entre mariposas, colibríes, orquídeas y helechos antes de bajar de forma abrupta y recorrer cinco cataratas. Los caminos están en buen estado (con grava o asfaltados) y se facilitan bastones de madera.

Un autobús recoge a los caminantes en las cascadas y los devuelve al centro de visitantes. Niños, urbanitas y personas mayores no tendrán problema en esta aventura, y las vistas de las cascadas son magníficas (y húmedas). El restaurante tiene un buen **bufé** (adultos/niños 10/5 US$) y una enorme chimenea que se agradece en días de lluvia.

ZONA DE HEREDIA

HEREDIA

En su día se pensó en serio en esta elegante ciudad y capital de provincia (de 80.000 habitantes) para sede del gobierno. Conserva su encanto de ciudad pequeña, pese a estar a sólo 11 km del bullicio y la contaminación de la capital, y a la vez posee un aire cosmopolita debido a las numerosas empresas multinacionales, sobre todo de alta tecnología, que tienen aquí sus oficinas centrales de América Central. La Universidad Nacional, al este de la ciudad, le da otros aires más bohemios.

Pese a su aspecto exterior y a su situación, no es un simple barrio de San José. Desde finales de la década de 1990 Heredia se ha ganado el puesto de capital de la alta tecnología de Costa Rica y los microchips fabricados aquí se convirtieron en la principal exportación del país. Las oportunidades laborales atraen a los profesionales mejor preparados del país, sin olvidar que en este centro histórico del café se sirven algunos de los cafés más fuertes del mundo.

Información

No hay oficina de turismo, pero sí otros muchos servicios. **Scotiabank** (☎ 262 5303; av. 4, entre las calles Central y 2; ☺ 8.00-17.00 lu-vi, 8.00-16.00 sa) se limita a cambiar moneda y cuenta con un cajero automático con dólares. Se puede acceder a Internet en muchos sitios. Uno de los más baratos es **PlanetWeb** (av. 1, entre las calles 6 y 8; 0,50 US$ h; ☺ 9.00-22.00). Cerca se encuentra el **hospital San Vicente de Paul** (☎ 261 0001; av. 8, entre las calles 14 y 16).

Puntos de interés

La ciudad fue fundada en 1706 y cuenta con varios monumentos valiosos, o al menos interesantes, de auténtico estilo colonial, en torno al **parque Central**. Al este se levanta la **iglesia de la Inmaculada Concepción**,

HEREDIA

0 ———— 300 m

INFORMACIÓN		
Banco de Costa Rica	1	B3
Cruz Roja	2	B2
Cajero automático MasterCard	(véase 1)	
Palacio Municipal	3	B3
PlanetWeb	4	A3
Policía	5	B2
Oficina de correos	(véase 3)	
Scotiabank	6	B3

QUÉ VER Y HACER	(p. 122)	
Casa de la Cultura	7	B3
El Fortín	8	B3
Iglesia de la Inmaculada Concepción	9	B3

DÓNDE DORMIR	(p. 124)	
Casa de Huéspedes Ramble	10	A4
Hotel América	11	B3
Hotel Colonial	12	A3

Hotel Heredia	13	A2
Hotel Valladolid	14	C2
Hotel Verano	15	B4

DÓNDE COMER	(p. 124)	
Azzura Heladera y Cafetería Italiana	16	B3
El Restaurante Sabroso	17	A4
Gran Chaparral	18	B3
Supermercado Más X Menos	19	B4
Restaurant Fresas	20	C3
Vishnu Mango Verde	21	C3

DÓNDE BEBER	(p. 124)	
Bar Océano	22	B3
El Bulevar	23	C3
El Rancho de Fofo	24	C3

La Choza	25	C3

TRANSPORTE	(pp. 124-125)	
Autobuses a Alajuela y Puerto Viejo de Sarapiquí	26	D3
Autobús a Barva	27	B3
Autobuses a San José de la Montaña, Paso Llano y Sacramento	28	B4
Autobús a San José	29	B4
Autobús a Santa Bárbara	30	A4

construida en 1797 y aún en uso. Frente a sus escaleras el visitante puede contemplar cómo las personas mayores juegan a las damas en las mesas del parque, mientras entran y salen del templo bodas y funerales. El edificio achatado y de gruesos muros de la iglesia se ha conservado gracias a su solidez, que le ha permitido resistir terremotos que han dañado o destruido casi todos los demás edificios costarricenses de la misma época.

Al norte del parque hay una torre vigía de 1867 llamada **El Fortín**, considerada lugar histórico nacional, pero los pasadizos están cerrados al público, así que no hay que hacerse ilusiones de subir a la torre. El campus exquisitamente ajardinado de la **Universidad Nacional,** a seis cuadras del parque Central, merece un paseo. Se recomienda el **Museo Zoomarino** del departamento de biología marina (☎ 277 3240; entrada libre; ☼ 8.00-16.00 lu-vi), con una exposición de más de 2.000 ejemplares que da una idea general de la diversidad marina de Costa Rica.

En el extremo nororiental del parque está la **Casa de la Cultura** (☎ 262 2505; esquina calle Central con av. Central; www.heredianet.co.cr/casacult.htm, en español; entrada libre; ☼ variable). Antigua residencia del presidente Alfredo González Flores, entre 1913 y 1917, en la actualidad acoge colecciones históricas permanentes, exposiciones temporales de arte y otros eventos. También informa sobre los edificios históricos de la zona y recomienda circuitos a pie.

Dónde dormir

Dada la cercanía de San José, muchos viajeros se hospedan en la capital. La mayor parte de los hoteles baratos de la ciudad están ocupados por estudiantes, ofrecen tarifas mensuales más económicas y tienen paredes tan finas que parecen de papel.

Hotel Valladolid (☎ 260 2905; valladol@racsa. co.cr; esquina calle 7 con av. 7; i/d desayuno continental incl 64/75 US$). El mejor de la ciudad, instalado en un edificio de cinco plantas, con sauna, *jacuzzi* y solárium en la superior, desde donde se disfruta de una estupenda vista del entorno. Las 12 habitaciones son atractivas, con aire acondicionado, minibar, televisión por cable, teléfono y ducha caliente particular.

Hotel Verano (☎ 237 1616; calle 4, entre avs. 6 y 8; d 7,50 US$). Está en la parte pobre y ruidosa de la estación terminal de autobuses, pero es razonablemente limpio y barato, con ducha fría.

Hotel Colonial (☎ 237 5258; av. 4, entre las calles 4 y 6; i/d 7,50/10 US$; Ⓟ). Limpio y acogedor, con baños de agua caliente compartidos; se puede emplear el tiempo libre paseando con los perros o charlando con la abuelita en su mecedora.

Hotel Heredia (☎ 238 0880; calle 6, entre avs. 3 y 5; i/d/tr 10/15/20 US$; Ⓟ). Está en una bonita zona de la ciudad. Habitaciones y baños particulares limpios y sala con TV. (No hay que confundirlo con el Hotel Heredia que está cerca del mercado, un antiguo edificio de apartamentos.)

Hotel Las Flores (☎ 261 147, 260 8147; av. 12, entre las calles 12 y 14; i/d 12/18 US$; Ⓟ). A un buen trecho del centro, está regentado por una familia; es un edificio con suelo de mármol, duchas calientes y habitaciones impecablemente limpias y soleadas.

Casa de Huéspedes Ramble (☎ 238 3829; av. 8, entre las calles 10 y 12; h 12,50 US$ por persona; Ⓟ). Lugar pintado con gusto, con baños particulares relucientes y cocina comunitaria.

Hotel Manolo (☎ 226 3508; av. 12, entre las calles 2 y 4; i/d 15/21 US$; Ⓟ). Habitaciones alegres e intrincadas, un poco gastadas, pero con ventilador y televisión por cable.

Hotel América (☎ 260 9292; calle Central entre avs. 2 y 4; i/d desayuno continental incl 29/41 US$). Habitaciones aceptables, amplias y soleadas, con agua caliente y televisión por cable. Restaurante bar abierto las 24 horas. Se organiza el transporte al aeropuerto.

Dónde comer

Como en cualquier ciudad universitaria, en Heredia abundan los sitios donde se puede tomar un trozo de *pizza* y comida vegetariana barata, además de los inevitables de comida rápida. Por unos pocos colones uno se puede hartar en el **mercado municipal** (calle 2, entre avs. 6 y 8; ⏱ 6.00-18.00), en muchas sodas y puestos de productos frescos. En **Más X Menos** (av. 6, entre las calles 4 y 6; ⏱ 8.30-21.00), se puede encontrar de todo.

Restaurante Fresas (☎ 262 5555; esquina av. 1 con calle 7; platos principales 3-8 US$; ⏱ 8.00-24.00). Cerca de la universidad, está especializado en batidos de fruta fresca y ensaladas, algunas con helado y/o chocolate. El menú lo completan casados y otros platos típicos.

Azzura Heladería y Cafetería Italiana (esquina calle 2 con av. 2; helados 1-2 US$, platos ligeros 3-4 US$; ⏱ 7.00-22.00). Después de una ajetreada mañana de *software* de diseño, conviene recargar baterías con un café de muchos octanos o un delicioso helado. Los más atentos a la salud pueden escoger entre ensaladas, *quiches* o bocadillos.

Vishnu Mango Verde (☎ 237 2526; calle 7, entre avs. Central y 1; plato especial del día 3 US$; ⏱ 9.00-18.00 lu-sa). Restaurante barato de comida rápida vegetariana económica y sana. Se recomiendan la hamburguesa vegetal y el combinado de fruta natural.

Gran Chaparral (☎ 237 1010; av. Central, entre las calles Central y 1; platos 3-6 US$; ⏱ 11.00-23.00). No lejos del parque Central, es ideal para el chop suey, el arroz frito con gambas y toda una larga lista de platos chinos y ticos.

El Restaurante Sabroso (av. 6, entre las calles 6 y 8; platos principales 4-6 US$; ⏱ 11.00-23.00). Otro lugar popular de comida china, especializado en marisco.

Dónde beber y ocio

No faltan sitios donde tomar una copa cerca de la universidad. **La Choza**, **El Bulevar**, **El Rancho de Fofo** (esquina calle 7 con av. Central) son tres bares recomendados a un paso el uno del otro (basta con seguir el bullicio). Sirven bocas y cerveza, y hay música en directo. El **Bar Océano** (calle 4 entre avs. 2 y 4) es más tranquilo, con buena música y cerveza barata. Se recomienda informarse sobre los espectáculos.

Cómo llegar y salir

No hay estación central de autobuses, que salen de las paradas cerca del parque Central y las zonas comerciales. Los autobuses para Barva salen de cerca de la **Cruz Roja** (calle Central, entre avs. 1 y 3). Los que van a San José de la Montaña y Sacramento, con enlaces para el volcán Barva en el Parque Nacional Braulio Carrillo, salen de la av. 8, entre las calles 2 y 4. Para otros destinos, hay que preguntar en el mercado.

Alajuela. 0,25 US$; 20 min; salidas de la esquina av. Central con calle 9 cada 15 minutos de 6.00 a 22.00.

Barva. 0,25 US$; 20 min; salidas de calle Central, entre avs. 1 y 3 cada 30 minutos de 5.15 a 23.30.

Puerto Viejo de Sarapiquí. 2 US$; 3½ h; salidas de la esquina av. Central con calle 9 a las 11.00, 13.30 y 15.00.

Sacramento y Volcán Barva en el Parque Nacional Braulio Carrillo. Salidas de calle 4 al otro lado del mercado a las 6.30, 11.00 y 16.00.

San José. 0,50 US$; 20 min; salidas de av. 4, entre calles Central y 1 cada 20/30 min. de 4.40 a 23.00.

San José de la Montaña. 0,50 US$; 20 min; salidas de av. 8 entre las calles 2 y 4 cada 20/30 min. de 4.40 a 23.00.

Santa Bárbara. 0,50 US$; 20 min; salidas de av. 6, entre las calles 6 y 8 cada 10/30 minutos de 5.15 a 23.30.

Hay muchos taxis que llevan a San José (5 US$) o al aeropuerto (8 US$).

BARVA

Esta pequeña ciudad colonial, 2,5 km al norte de Heredia, fue fundada en 1561 y sigue teniendo como punto central la **iglesia de San Bartolomé**, terminada en 1575. El centro, repleto de edificios de los ss. XVII y XVIII, ha sido declarado monumento nacional e invita a un interesante paseo. En la zona hay tiendas de comestibles, varias sodas y restaurantes, un Banco Nacional con cajero automático y cafés con Internet.

Puntos de interés

La finca **Café Britt** (☎ 277 1600; www.coffeetour. com, www.cafebritt.com; entrada 20 US$; ☼ visitas a las 11.00 todo el año, a las 9.00 y las 15.00 en temporada alta), 1 km al norte de Barva, produce café biológico cultivado a la sombra y muestra cómo lo hacen. La visita empieza con un vídeo informativo, para pasar después a la plantación y centro de procesado en un breve e interesante recorrido. La recompensa es la degustación de cafés. Conviene dejarse aconsejar para lograr la mezcla perfecta y luego comprar el café en grano para practicar. Tiene servicio de autobús diario que recoge a los viajeros en los principales hoteles de San José (hay que llamar para reservar).

Si se va en coche, basta con seguir las señales entre Heredia y Barva.

El **Museo de Cultura Popular** (☎ 260 1619; entrada 2 US$; ☼ 9.00-16.00), en Santa Lucía de Barva, 1,5 km al sudeste de Barva, suele incluirse en la visita a Britt, pero merece la pena por sí mismo. Recrea la Costa Rica colonial en una casa rural centenaria, restaurada con piezas de época y curiosas herramientas. Con un poco de suerte, algunos empleados en traje de época usarán los hornos en forma de colmena para preparar platos ticos típicos, que se pueden comprar en el **café jardín** (2-5 US$; ☼ 11.00-12.00) junto con lo mejor de Britt.

En 1989 se creó el **INBio** (☎ 507 8107; www.inbio. ac.cr/inbioparque; adultos/estudiantes/niños 15/12/8 US$; ☼ 7.30-16.00) para ayudar a preservar la biodiversidad de Costa Rica. En vez de traer a investigadores, el Instituto Nacional de Biodiversidad, entidad privada sin ánimo de lucro, formó a personas del lugar familiarizadas con la fauna y flora como parataxónomos, que se dedican a estudiar y catalogar las especies. Al igual que los paramédicos, realizan el trabajo fundamental de recoger y estabilizar datos de forma rápida y barata, una información que después pasan a los especialistas.

El INBio sigue el modelo de los centros de visitantes de parques naturales de EE UU, con una proyección de vídeo, demostraciones interactivas sobre el estado de la cuestión, mapas de todo el sistema costarricense de parques nacionales, exposiciones de plantas e insectos, y tres rutas bien señalizadas y aptas para silla de ruedas con un recorrido total de 2 km. El precio es un poco alto, pero se contribuye a una buena causa.

Dónde dormir

Dentro de Barva no hay donde alojarse, pero fuera de la ciudad hay varios hoteles rurales espectaculares.

Finca Rosa Blanca (☎ 269 9392; www.fincarosa blanca.com; i 187-281 US$, d 198-315 US$, cama supletoria 35 US$; ☐ ☒ ☒). En las afueras de Santa Bárbara, este conjunto de villas con jardín y suites de notable arquitectura cobijadas entre árboles frutales que dan sombra a los senderos y ríos que caen en cascadas, es uno de los hoteles más exclusivos de Costa Rica. Todos los precios incluyen desayuno.

La decoración de las habitaciones, con terrazas asomadas a la selva húmeda tropical, es individual y magnífica: la mejor ha-

LA REPÚBLICA DEL MICROCHIP

Cuando los empresarios de Heredia se enteraron de que Intel, el mayor fabricante de microchips del mundo, buscaba una base de operaciones en América Latina, decidieron invitar a un cafecito a sus ejecutivos.

Costa Rica no figuraba en la lista de países candidatos, en la que aparecían México, Brasil y Chile: se consideraba un país demasiado pequeño, despreocupado y caro (la renta per cápita es de las más altas del hemisferio). Pero este pequeño país, célebre por su flora, su fauna y sus volcanes, estaba en el sitio adecuado camino del sur. Además, ¿a quién no le gustaría un "viaje de negocios" a Costa Rica?

La apuesta fue una agradable sorpresa: medio siglo de inversiones en escuelas en vez de en soldados se había traducido en una mano de obra bien formada y relativamente instruida en informática. La tradición democrática del país gustó a las compañías de seguros, y saber que un elevado porcentaje de costarricenses habla inglés decidió el voto de los responsables de recursos humanos. Y quizá lo más importante fue que los representantes de Intel vieron que casi todos aquellos con quienes hablaron estaban conectados a Internet, algo poco frecuente en otros países candidatos. El gigante tecnológico estaba encantado.

Las autoridades de Heredia, ansiosas por conseguir una inversión extranjera de tal envergadura, enviaron por correo electrónico a Intel una oferta que incluía una antigua y preciosa finca, y algunas generosas deducciones fiscales. El trato incluía también un mayor acceso a los ordenadores (subvencionados por Intel) y clases de inglés en las escuelas públicas.

Sin embargo, Heredia no cedió en algunas cosas. La fabricación de microchips requiere mucha agua y es altamente tóxica, y los costarricenses tienen fama de proteger su entorno. Al final, Intel convino en sacar del país todos los residuos; además, los procesos más peligrosos para el medio ambiente se siguen realizando en EE UU, y aquí se hace el montaje final.

En marzo de 1998 empezaron a salir los procesadores Pentium, y en tres años las exportaciones de microchips triplicaban las de plátano y café juntas. Hoy los productos de Intel suponen el 8% del PIB de Costa Rica y el 40% de sus exportaciones. La planta de Heredia, donde los expertos locales se emplean también en el desarrollo de productos de vanguardia y el diseño de *software*, ingresa más de 1 billón de dólares al año.

Desde entonces, muchas otras empresas de alta tecnología, incluidas Oracle y Microsoft, se han instalado en la zona confiando en repetir el éxito de Intel y han convertido a esta región en el *Silicon Valley* de América Central, aunque sin Starbucks, cuyo café no podía competir aquí.

bitación está en una torre con una vista de 360° a la que se accede por una escalera de caracol hecha de un solo tronco. El cliente se puede duchar en una cascada artificial, darse un chapuzón a la luz de la luna en la piscina del jardín, o tomar una cena romántica recomendada (32 US$) de cuatro platos al estilo francés, exquisita y a menudo con productos biológicos. Los restos se reciclan como es debido, y los propietarios facilitan gustosos la visita a muchos de sus otros sistemas de conservación. Ideal para recién casados con inquietudes sociales.

A pocos kilómetros al norte de Barva, en **San José de la Montaña**, hay tres cómodos refugios de alta montaña en las laderas del volcán, con ducha caliente y mantas para resguardarse del frío de la noche. **Las Ardillas Resort** (☎ 260 2172; d con desayuno 74 US$; P) tiene acogedoras cabañas con cuatro camas y chimenea. El **Hotel El Cypresal** (☎ 237 4466;

i/d 44/58 US$; P ☒) cuenta con habitaciones con magníficas terrazas, piscina y alquiler de caballos, y el **Hotel El Pórtico** (☎ 266 1000; i/d 42/56 US$), habitaciones bien equipadas, con calefacción (¡!), y organiza excursiones por la zona.

Hotel Chalet Tirol (☎ 267 6222; www.costarica bureau.com/hotels/tirol.htm; d estándar/st presidencial 91/139 US$; P ☒). Entre Monte de la Cruz y el Club Campestre El Castillo se encuentra este recomendable pequeño hotel rural, antigua residencia del presidente Alfredo González Flores. Se trata de un enclave rústico pero elegante en el bosque nuboso, con chalets dispuestos en torno a espacios comunitarios que incluyen un salón pizzería donde relajarse y contemplar cómo avanza la neblina.

Hotel Bougainvillea (☎ 244 1414; www.bougain villea.co.cr; i/d 68/78 US$, st junior 113 US$; P ☐ ☒). En Santo Domingo de Heredia, casi a medio camino entre Heredia y San José, esta finca de lujo tiene de todo. Habitaciones muy cómodas con toques de madera (algunas accesibles con silla de ruedas), y las suites mayores con terraza desde las que se ven las montañas o las luces de San José. Varios senderos privados serpentean por la selva y los huertos de frutales, la piscina, el restaurante y las pistas de tenis, en dirección a las colinas. Y como colofón a este paraíso rural, cuenta con un autobús gratis cada hora a San José.

Cómo llegar y desplazarse

Un km al norte de Barva la carretera se bifurca. A la derecha queda el pueblo de **San José de la Montaña**, con varias tabernas, a 1.550 m de altura (se recomienda llevar chaqueta) en las laderas del sur del volcán Barva.

Los autobuses de Transporte Barveños paran en el parque nacional; conviene cerciorarse del sitio de parada.

Heredia. 0,25 US$; 20 min; salidas cada 30 minutos de las 4.45 a las 23.00.

Parque Nacional Braulio Carrillo. 0,30 US$; 30 min.

San José de la Montaña. 0,15 US$; 20 min; salidas cada 30 min de las 4.45 a las 23.00.

PARQUE NACIONAL BRAULIO CARRILLO

Al viajero le costará creer que está sólo 30 minutos al norte de San José al andar entre un denso bosque virgen, incontables cascadas, rápidos ríos y profundos cañones por este parque poco explorado y de una gran biodiversidad, debida a la gran diferencia de altitudes, desde las zonas de acampada a 2.906 m en el bosque nuboso de la cima del volcán Barva, hasta los 50 m de las llanuras húmedas y exuberantes orientadas al mar Caribe. Sus cuencas son la principal fuente de agua de San José.

El parque se creó por un acuerdo de conservacionistas y partidarios del desarrollo. La única comunicación entre San José y Puerto Limón era un desvencijado ferrocarril y una lenta carretera rural. Gobierno y empresarios acordaron que se necesitaba una autopista moderna que uniera la capital del país y su puerto más importante.

La única ruta viable, a través de un paso entre los volcanes Barva e Irazú, era aún selva tropical virgen, debido a que siempre fue difícil acceder a la zona. A los ecologistas les preocupaba que la autopista lo

cambiara todo y exigieron que se protegiera la selva. El Parque Nacional Braulio Carrillo (nombre del tercer jefe de Estado de Costa Rica) se creó en 1978, prohibiéndose otras intervenciones que no fueran la única gran autopista que corta el parque en dos.

La autopista de San José a Guápiles, que se terminó en 1987, dividió la zona en dos áreas protegidas menores pero consideradas un solo parque nacional. Circular por ella permite hacerse una idea de cómo debía ser el paisaje de Costa Rica antes de la década de 1950: colinas y colinas onduladas ocultas entre el bosque tropical lluvioso de montaña. En la década de 1940, cerca del 75% de Costa Rica era selva tropical; hoy, menos de la cuarta parte del país conserva su cubierta vegetal natural.

En las laderas más pronunciadas que flanquean la autopista se ven las gunneráceas de grandes hojas, que colonizan rápidamente las pendientes y las zonas recién abiertas del bosque húmedo montano. Esas anchas hojas permiten protegerse de un repentino aguacero tropical, por eso se les llama "paraguas de pobres". Caminando por el bosque se puede contemplar una increíble variedad de orquídeas, helechos, palmeras y otras plantas, pero la exuberante vegetación dificulta la visión de muchas especies de animales tropicales. Se oyen y ven multitud de aves, pero los mamíferos son más escurridizos.

Varios ríos cruzan el parque, entre ellos el río Sucio, cuyas aguas amarillas arrastran minerales volcánicos, y el cristalino río Hondura. Ambos confluyen cerca de la autopista principal, y es fascinante ver sus colores diferentes. El volcán Barva se levanta en el extremo sudoccidental del parque.

Orientación e información

El acceso a la zona de excursiones más popular se encuentra en extremo norte del parque, en el **puesto de guardaparques Quebrada González** (22 km pasado el túnel Zurquí; entrada 7 US$; ◷ 8.00-15.30 ma-do), a la derecha de la autopista. Hay *parking* vigilado, aseos y caminos bien señalizados. Los autobuses que salen cada hora de San José hacia Guápiles dejan al viajero a la entrada, pero al volver hay que andar 2 km hasta el restaurante donde está su parada.

Quienes deseen subir al volcán Barva a pasar el día o acampar durante la noche pueden parar en el **puesto de guardaparques**

> **ADVERTENCIA**
>
> Ha habido muchas denuncias de robo en los coches aparcados a la entrada de algunos caminos del Parque Nacional Braulio Carrillo, y se ha hablado de ladrones armados que acosan a los turistas que recorren a pie los senderos o la carretera. Algunos lectores dicen haber oído disparos por los caminos, y a los autoestopistas se los advierte de que es una zona peligrosa. Conviene estar alerta y no aparcar en ningún sitio junto a la carretera que no cuente con vigilante. Quebrada González lo tiene.

Volcán Barva (☎ 261 2619; ☷ 8.00-16.00 temporada alta), donde puede haber guarda o no. Para llegar a él se sigue la carretera asfaltada que va al norte desde Heredia por Barva y San José de la Montaña hasta Sacramento; desde allí hay que tomar un camino de 3 km señalizado y sólo para vehículos todoterreno, que sigue hacia el norte hasta el puesto de Barva. Únicamente se permite **acampar** (2 US$) en los campamentos elementales cerca de la cumbre, una zona fría pero de un paisaje incomparable; quizá convenga llevarse agua potable. Los aseos están junto al puesto de guardaparques.

Más información en la **página web del MINAE** (www.minae.go.cr/accvc/braulio.htm).

Subida al volcán Barva

Subir al volcán Barva es una aventura de cuatro a cinco horas (ida y vuelta) por un sendero bien conservado. Dada la relativa inaccesibilidad (a quienes llegan en autobús les espera una caminata de 8 km hasta el puesto de guardaparques) hay muchas probabilidades de encontrarse a solas con el volcán. Conviene partir del lado oeste del parque, en la entrada de Sacramento, al norte de Heredia. Desde ahí el sendero señalizado asciende lentamente a la cumbre. Los caminos suelen estar embarrados, y hay que ir preparado para la lluvia en cualquier época del año.

El camino lleva hasta tres lagos –Danta, Barva y Copey– en la cumbre del volcán, y otros ramales conducen a unas rumorosas cascadas y otros sitios pintorescos. Si se desea seguir desde Barva hacia el norte hasta las tierras bajas, se verá que los caminos no están señalizados ni son tan claros.

Pero hay "senderos" (mal mantenidos y llenos de maleza) a través del parque hasta la Estación Biológica La Selva, cerca de Puerto Viejo de Sarapiquí. Un costarricense que los recorrió, informó de que le costó cuatro días y aseguró que es como aventurarse selva a través, algo apto sólo para quienes sepan usar la brújula y los mapas topográficos.

La mejor época para ir es la estación supuestamente seca (de diciembre a abril), pero también es posible que llueva. Si se va a pasar el día, conviene llegar lo antes posible, ya que por la mañana el cielo suele estar despejado, pero nublado por la tarde. Las temperaturas nocturnas pueden descender varios grados bajo cero.

Cómo llegar y salir

El parque tiene dos entradas principales. A **San José de la Montaña**, con acceso al volcán Barva, hay servicio de autobús regular (0,50 US$, 20 min) desde Heredia. Allí se pueden tomar autobuses locales de horario irregular a Sacramento; hay que pedir al conductor que pare en el sendero que lleva al volcán Barva y recorrer 8 km a pie hasta la entrada del parque.

Al **puesto de guardaparques Quebrada González**, cercano al inicio de casi todos los demás caminos, se accede mejor en coche que a la entrada de San José de la Montaña. La entrada está señalizada en la autopista 32, y en teoría se puede pedir a cualquier autobús que vaya de San José a Puerto Limón que pare, pero sería difícil y peligroso que a la vuelta le recojan a uno.

Un tercer sendero al parque parte de un camino de carretas del s. XIX apenas mejorado que va de Puerto Limón a San José. En la actualidad, la carretera sin código para vehículos todoterreno pasa por Guayabal, Paracito, San Jerónimo y Alto Palma hasta Bajo Hondura, cerca de la entrada al parque, y continúa algunos kilómetros por el interior de éste.

TELEFÉRICO DEL BOSQUE LLUVIOSO

Obra del biólogo Don Perry, pionero de los estudios sobre el dosel de la selva tropical, el **Teleférico del Bosque Lluvioso/Rainforest Aerial Tram** (☎ 257 5961; www.rainforesttram.com; sólo viaje adultos/estudiantes y niños 50/25 US$, paquete completo 79/54 US$) es una opción recomendable para acceder a lo más alto del bosque lluvioso en una cabina transportada por cables.

Vale la pena pagar el paquete completo, ya que incluye un guía formado que señala al visitante todas las cosas, pequeñas e importantes, que éste no sabría distinguir, y además dirige la excursión opcional por la reserva de 400 Ha, contigua al Parque Nacional Braulio Carrillo. Se trata de una zona de rica fauna y flora, pero la densidad de la vegetación hace difícil ver a los animales.

El viaje de 2,6 km del teleférico dura 40 minutos en cada sentido, y ofrece una visión única de la selva y la posibilidad de ver plantas y aves poco comunes. Es curioso que toda la obra se hizo casi sin impacto alguno para la selva. Un estrecho sendero discurre junto al teleférico y los 250.000 kg de material se llevaron a pie o con un sistema de cables para evitar la erosión, excepto las 12 torres que sostienen el teleférico, que fueron transportadas por las fuerzas aéreas de Nicaragua (Costa Rica no tiene ejército).

Desde el aparcamiento, un camión lleva al viajero hasta el apeadero del teleférico, a unos 3 km, donde hay una pequeña zona de exposición, un restaurante y una tienda de regalos. Allí se puede ver un vídeo orientativo y hay pequeñas sendas que se pueden recorrer durante todo el tiempo que se desee. Para tomar el teleférico hay que ir preparado para la lluvia pues los vagones tienen techo de lona, pero los lados están a merced de los elementos.

Si se va en coche desde San José, el desvío bien señalizado se encuentra pasada la entrada al parque nacional, a la derecha. Para ir en transporte público desde la capital, hay que tomar el autobús de Guápiles en la Terminal Caribe (1,50 US$, 1¼ h), que sale de hora en hora desde las 6.30 hasta las 19.00 horas, y pedir al conductor que pare en el teleférico. Los trabajadores de éste ayudan al viajero a tomar el autobús de vuelta.

MORAVIA

Este pueblo aparece en los mapas como San Vicente de Moravia o San Vicente, pero los lugareños lo llaman Moravia. Está unos 7 km al nordeste de san José y en su día fue el centro de las fincas de café de la zona. Hoy es famoso por su artesanía, en especial la de cuero, pero también la cerámica, la orfebrería y la omnipresente madera.

Alrededor del amplio y atractivo parque Central hay varias tiendas. Se recomiendan **Artesanía Bribri**, donde venden objetos realizados por los indios bribri de la zona caribeña, y el bonito **Mercado de Artesanías Las Garzas**, un alegre complejo con tiendas de artesanía, unas cuantas sodas y unos aseos muy limpios. Está 100 m al sur y 75 m al este del municipio (ayuntamiento).

En San José, los autobuses hacia Moravia salen de la av. 3 entre las calles 3 y 5.

ZONA DE CARTAGO

CARTAGO

El gobernador español Juan Vásquez de Coronado escogió esta espectacular ribera y proclamó que nunca había visto "un valle más hermoso". La ciudad de Cartago fue fundada como capital de Costa Rica en 1563, y los sucesores de Coronado dotaron a la sede de su gobierno de la mejor arquitectura colonial española, cuya mayor parte quedó destruida por la erupción del volcán Irazú de 1723, y los terremotos de 1841 y 1910 dieron cuenta de lo que había quedado.

Una vez retirados los escombros, nadie se preocupó de reconstruir la ciudad siguiendo su antiguo trazado, pero es una ciudad moderna bastante agradable y con empuje. Cuando en 1823 la sede del gobierno pasó a San José, Cartago quedó relegada a un segundo plano. Pese a que conservó su categoría de capital de provincia (hoy tiene 127.000 habitantes) hay sitios, como la otrora importante iglesia del Convento, derruida por el seísmo de 1910, que siguen en ruinas.

Hay una excepción importante: la Basílica de Nuestra Señora de los Ángeles, el templo más venerado de Costa Rica, reconstruida religiosamente después de todos los desastres sufridos por la ciudad. Esta última versión es fruto de la reconstrucción de 1926, después de que el terremoto de 1920 la destruyera casi por completo.

Información

No hay oficina de turismo. Algunos bancos cambian moneda: se puede probar en el **Banco Nacional** (esquina av. 4 con la calle 5). Se puede tener acceso al correo electrónico 50 m al este de Las Ruinas de la Parroquia en el **In-**

CARTAGO   0 |————————| 300 m

INFORMACIÓN			DÓNDE DORMIR		(p. 131)
Banco Interfin (cajeros automáticos)	1	B2	Hotel Dinastía		9 A2
Banco Nacional	2	A2	Los Ángeles Lodge		10 D2
Hospital Max Peralta	3	A3			
Internet Café Las Ruinas	4	B2	DÓNDE COMER		(p. 131)
			La Puerta del Sol		(véase 10)
QUÉ VER Y HACER		(p. 130)	Soda La Esquina		11 B3
Basílica de Nuestra Señora					
de los Ángeles	5	D2	TRANSPORTE		(p. 131)
Las Ruinas de la Parroquia	6	B2	Autobús a los Jardines Lankester	12	B3
Iglesia de los Padres Capuchinos	7	B3	Autobuses a Paraíso y al volcán Irazú	13	B2
Tribunales de Justicia	8	B3	Autobús a la presa de Cachí	14	B3
			Autobús a San José	15	B2
			Autobús a Turrialba	16	B3
			Parada de taxis	17	A2

ternet Café Las Ruinas (esquina calle 4 con av. 2; 1 US$ h; 9.00-21.00). El **hospital Max Peralta** (550 1999; av. 5, entre las calles 1 y 3) tiene servicio de urgencias.

Puntos de interés

El lugar más importante de Cartago es la **Basílica de Nuestra Señora de los Ángeles** (esquina av. 2 con la calle 16), hoy de un estilo bizantino formal y de gran amplitud, con bonitas vidrieras. La fachada ha sufrido grandes cambios desde 1635, pero la imagen de la Virgen, que ha visto desmoronarse tantos muros a su alrededor, permanece intacta en su interior.

La Negrita es una pequeña representación de la Virgen tallada en piedra oscura, probablemente de factura indígena, que una mestiza encontró en ese lugar el 2 de agosto de 1635. Al llevarse la estatuilla, ésta reapareció milagrosamente donde la había encontrado, y así varias veces. Al final, la mujer y el resto de los habitantes de la ciudad se rindieron y construyeron un templo donde originariamente fue hallada la Negrita. Desde entonces la imagen ha sido robada dos veces y siem-

pre se ha devuelto. Fue declarada Patrona de Costa Rica en 1824, al año siguiente de que la ciudad perdiera su condición de capital. El 2 de agosto, aniversario del milagroso hallazgo, los peregrinos de todo el país y del mundo recorren a pie los 22 km desde San José a la Basílica y muchos entran en el templo de rodillas como testimonio de humildad y devoción.

Por unas escaleras se baja a una pequeña dependencia en la que los exvotos de metal que representan la parte del cuerpo sanada por obra de la Virgen o cuya curación suplican los fieles rodean la roca sobre la que apareció la venerada estatuilla. Los días festivos y de peregrinaje, este lugar está abarrotado.

Las Ruinas de la Parroquia (esquina av. 2 con calle 2), o iglesia del Convento, es un conjunto formado por los sólidos muros de la antigua iglesia que hoy albergan un bonito jardín, un lugar agradable donde sentarse en un banco y ver pasar a la gente. La iglesia fue destruida por primera vez por el terremoto de 1841 y reedificada; en 1910 sufrió otra sacudida, y ya no se arregló.

Dónde dormir y comer

No hay muchos restaurantes para elegir y otro tanto ocurre con los hoteles. La mejor opción es dirigirse a las avenidas 2 y 4 en el centro, donde se reúnen varias sodas y panaderías.

Hotel Dinastía (☎ 551 7057; esquina calle 3 con av. 6; i/d 8,75/11,25 US$, i con baño 17 US$). Un poco menos elemental que los antros del centro del barrio chino de Cartago; sus agobiantes habitaciones tienen televisión por cable (con la que no oír a los vecinos, si hiciera falta) y ducha fría.

Los Ángeles Lodge (☎ 551 0957, 591 4169; av. 4, entre calles 14 y 16; i/d desayuno completo incl 36/42 US$; P 🏠). Bonito B&B con terrazas a la plaza de la Basílica; destaca por sus habitaciones amplias y cómodas, ducha caliente y un buen desayuno que, previa solicitud, preparan sus amables propietarios.

La Puerta del Sol (av. 4, enfrente de la Basílica; platos principales 3-6 US$; ⏰ 8.00-24.00). Tiene un comedor mejor que muchas sodas y es ideal para probar el casado y otras comidas típicas.

Soda La Esquina (esquina av. 3 con calle 6; platos principales 2-4 US$; ⏰ 24h). Su gran ventaja es que está siempre abierta.

Cómo llegar y salir

Quizá Cartago no sea un lugar apasionante, pero sus alrededores invitan a muchas actividades –desde jardines botánicos, apacibles pueblos de montaña y granjas biológicas hasta un volcán–, todo de fácil acceso en los autobuses locales y nunca a más de una o dos horas de distancia. La mayor parte de los autobuses entran por la avenida 2 y van hasta la Basílica antes de regresar a la estación principal por la avenida 4. Los siguientes cubren diversos destinos de la zona.

Finca La Flor de Paraíso. Hay que tomar un autobús de La Flor/Birrisito/El Yas frente a la iglesia de los Padres Capuchinos, 150 m al sudeste de Las Ruinas, y bajar en la iglesia rosa de La Flor; la entrada a la finca está 100 m al sur.

Paraíso y Jardines Lankester. 0,40 US$; salida de la esquina de calle 4 con av. 1 cada hora de las 7.00 a las 22.00. Si se va a los jardines, hay que pedir al conductor que pare en el desvío; de allí hay 750 m hasta la entrada.

Orosi. 0,50 US$; 40 min; salidas cada hora de la esquina de la calle 4 con av. 1, desde las 8.00 hasta las 22.00 lu-sa. El autobús para delante del Mirador Orosi.

Parque Nacional Tapantí. Se puede tomar cualquier autobús que siga desde Orosi a Purisil. De allí hay 5 km a pie hasta la entrada del parque. El taxi de Orosi al parque, sólo ida o vuelta, cuesta 12 US$.

¿DÓNDE ESTOY?

En la mayor parte de los mapas de esta guía figura el nombre oficial de las calles, pero los lugareños no los suelen usar y prefieren su propio sistema de referencias. Para más detalles, léase el recuadro "¿Qué dirección es ésta?" (p. 471)

San José. 0,50 US$; 45 min; salidas cada 15 minutos de av. 4 entre las calles 2 y 4, al norte del parque Central.

Turrialba. 1 US$; 1½ h; salidas de av. 3, entre las calles 8 y 10 (frente a los Tribunales de Justicia), cada 45 minutos de las 6.00 a las 22.00 horas los días laborables, a las 8.30, 11.30, 13.30, 15.00 y 17.45 los fines de semana.

Volcán Irazú. 4 US$; 1 h; salidas sólo fines de semana de la iglesia de los Padres Capuchinos o cerca de Las Ruinas. El autobús parte de San José a las 8.00, para en Cartago hacia las 8.30 y regresa de Irazú a las 12.30.

PARQUE NACIONAL VOLCÁN IRAZÚ

Aparentemente tranquilo, aunque no en exceso, el volcán Irazú, el mayor y más alto de Costa Rica (3.432 m), se alza 19 km al nordeste de Cartago. Su última erupción importante se produjo el 19 de marzo de 1963, dando la bienvenida al presidente de EE UU John F. Kennedy, de visita en el país, con una lluvia de cenizas volcánicas calientes que emblanquecieron San José, Cartago y la mayor parte del valle Central, y en algunos lugares alcanzaron un espesor de más de 50 cm.

Las piedras y rocas lanzadas desde el cráter hicieron que las tierras agrícolas del nordeste resultaran inhabitables temporalmente. Pero no sólo se arruinó la agricultura, sino que la ceniza obstruyó los años con inundaciones periódicas en la zona. Tras estas explosiones que sirvieron para recordar de dónde procede toda esta tierra fértil, la actividad del volcán se ha limitado a una pequeña erupción en 1994; en la cima se pueden ver algunas suaves fumarolas. Se han registrado quince erupciones desde la de 1723, cuando el gobernador de Costa Rica, Diego de la Haya Fernández, informó del suceso. Hoy uno de los principales cráteres de la cumbre lleva su nombre.

El parque nacional se creó en 1955 para proteger 2.309 Ha un territorio más o menos circular en torno al volcán. La cima es un paraje desolado de ceniza volcánica y cráteres. El principal tiene 1.050 m de diámetro y 300 m de profundidad, y el Diego de la Haya, con 690 m de diámetro y 100 de profundidad, tiene en su interior un pequeño lago.

Existen dos cráteres menores, uno de ellos también con un lago. Además, hay un cono piroclástico formado de rocas fragmentadas por la actividad volcánica. Algunas plantas bajas han empezado a colonizar poco a poco el paraje, y en ellas habitan especies de aves de gran altura, como el junco vulcanero. Un sendero de 1 km va desde el aparcamiento a un mirador de los cráteres, y otro más largo y empinado que comienza detrás de los aseos llega hasta cerca de los cráteres.

Desde la cima se pueden ver el Pacífico y el Caribe, pero pocos días hay la claridad suficiente. La mejor ocasión para disfrutar de una vista clara es por la mañana muy temprano durante la estación seca (enero a abril). En la cumbre suele hacer frío y viento, y estar nublado, con unas precipitaciones anuales de 2.160 mm. Conviene llevar ropa de abrigo y para la lluvia, además de comida.

Información

Hay un pequeño **centro de información** (☎ 551 2970; entrada al parque y el centro 7 US$; ☾ 8.00-16.00) y una cafetería elemental, pero no hay sitios donde alojarse ni acampar. Hay que tener en cuenta que, aun en las mejores condiciones, la niebla empieza a espesarse hacia las 10.00, más o menos a la hora en que llega el autobús del fin de semana. Si se va en uno de esos autobuses, se recomienda no entretenerse al llegar e ir directamente al cráter. Quienes vayan en coche se felicitarán de haber hecho un esfuerzo para llegar pronto.

Circuitos

Diversos operadores de San José organizan circuitos que cuestan entre 30 y 60 US$ el de medio día, o hasta 88 US$ el de día completo, con visitas a los Jardines Lankester y el valle del río Orosi, además de la comida. Hay que preguntar en el hotel.

También se organizan circuitos en los hoteles de Orosi (de 25 a 40 US$); pueden incluir la comida y visitas a la Basílica de Cartago o a los alrededores del valle del río Orosi.

Cómo llegar y salir

Excluida la opción de una caminata de 20 km, hay otras tres formas de llegar al parque los días laborables: el circuito organizado, en taxi desde Tierra Blanca (por unos 30 US$, que incluyen la espera del taxista unas horas en el parque), o en coche. Quienes se decidan por esta última opción, deben tomar la carretera 8 desde Cartago, que parte del extremo nordeste de la plaza y sigue 19 km hasta la cumbre.

El único autobús público a Irazú sale de San José (4,50 US$, 1½ h) sábados y domingos. Para en Cartago (4 US$, 1 h), para salir hacia las 8.30. De Irazú parte a las 12.30.

JARDINES LANKESTER

La Universidad de Costa Rica dirige hoy este excepcional **jardín botánico** (☎ 552 3247; jbl@cariari.ucr.ac.cr; entrada 3,50 US$; ☾ 8.30-16.30), en su día propiedad privada de Charles Lankester, un botánico británico entusiasta de las orquídeas. Son éstas su mayor atractivo, con 800 ejemplares en floración de febrero a abril. Además, desde los caminos pavimentados que recorren los jardines se pueden admirar zonas cubiertas de bromeliáceas, palmeras, bosque tropical secundario, heliconias y otras plantas tropicales.

Con las etiquetas que identifican a muchas plantas y las placas informativas distribuidas por todo el increíble paraje, estos jardines son una pequeña introducción a la riqueza de la flora costarricense antes de adentrarse en los parques nacionales más salvajes (y sin etiquetas). También son uno de los pocos lugares donde los extranjeros pueden comprar legalmente orquídeas para llevarse a casa. Hay visitas guiadas cada media hora, de 8.30 a 14.30, todos los días.

Los jardines están 3 km al este de Cartago por la carretera a Paraíso.

FINCA LA FLOR DE PARAÍSO

Vale la pena ensuciarse un poco las manos en esta granja biológica sin ánimo de lucro que dirige la ASODECAH (Asociación para el Desarrollo de la Conciencia Ambiental y Humana), situada 7 km al nordeste de Paraíso, en la carretera de El Yas. La **Finca La Flor** (☎ 534 8003; www.la-flor-de-paraiso.org; dc con 3 comidas vegetarianas 20 US$) tiene programas muy recomendables de voluntariado que ofrecen formación práctica sobre agricultura sostenible y reforestación. Uno de sus atractivos son las comidas, especialidades costarricenses sin ingredientes de origen animal. También hay senderos para excursiones a pie.

Más información en la página web. Se recomienda avisar de la llegada a la finca con antelación suficiente. Si hay sitio, los viajeros pueden quedarse en los dormitorios de los voluntarios.

VALLE DEL RÍO OROSI

El valle de este río y el conocido camino al sudeste de Cartago son famosos por sus bellos paisajes de montaña, iglesias coloniales (una en ruinas), fuentes termales, un lago formado por una presa hidroeléctrica y un parque nacional salvaje. Para visitar el valle, la mayoría va en coche desde San José –el trayecto de 60 km se considera uno de los mejores viajes por Costa Rica–, pero a muchas partes se puede acceder cómodamente en autobús.

Se llega primero a **Paraíso**, un pueblo pequeño y animado 8 km al sudeste de Cartago, donde se puede almorzar en una de las varias sodas (algunos puestos de la carretera tienen unas vistas increíbles). Luego se puede ir al este hasta Ujarrás y el lago formado por la presa de Cachí, o al sur hasta Orosi (p. 134).

Desde Cartago salen autobuses a Orosi y a la presa de Cachí. Las dos carreteras pavimentadas están conectadas por otra de gravilla por la que circulan coches, con lo que se da una vuelta realmente panorámica. Pero si se va en autobús, habrá que hacer uno de los caminos del circuito y volver atrás para hacer el otro.

Al este de Paraíso

De camino a Ujarrás se pasa primero por un mirador sobre el **lago de Cachí**. La presa hidroeléctrica, de las mayores del país, está en el extremo noroeste del lago. El autobús de Cachí para a la entrada de **Ujarrás**, unos 7 km al este de Paraíso.

Si se va en coche, se encuentra Ujarrás en la parte inferior y llana de una larga y empinada colina: un par de tiendas con la palabra "Ujarrás" indican que ya se ha llegado. En la señal del Restaurant La Pipiola hay que girar a la derecha para llegar al antiguo pueblo (a 1 km), que fue abandonado después de los daños sufridos en las inundaciones de 1833.

Al retroceder las aguas, quedaron al descubierto las ruinas de la **iglesia de Nuestra Señora de la Limpia Concepción**, de 1693, en su día sede de un cuadro milagroso de la Virgen descubierto por un pescador local. Al igual que la Negrita (p. 130), la imagen se negó a moverse, obligando a los clérigos de la zona a construir la iglesia en aquel punto. La Virgen, por su parte, ayudó a los lugareños a vencer a un grupo de piratas ingleses en 1666. Sin embargo, después de las inundaciones y unos cuantos terremotos, la imagen accedió a trasladarse a Paraíso, dejando que las ruinas se deterioraran hasta convertirse, en beneficio de la fotogenia, en un parque abandonado. Todos los años, el domingo más próximo al 14 de abril, se realiza una procesión de Paraíso a las ruinas, donde la misa, la comida y la música son los principales ingredientes de la celebración del día de la Virgen de Ujarrás. Los verdes alrededores de la iglesia son un lugar típico de merienda las tardes de domingo.

A unos 2 km de la presa de Cachí está la **Casa del Soñador** (☎ 577 1186; entrada libre; ☒ 8.00-18.00), una casa fantasiosa obra del famoso escultor costarricense Macedonio Quesada. Cada detalle del edificio, construido en gran parte con ramas de cafeto y bambú, está labrado minuciosamente. Los hijos de Quesada, que dirigen el taller desde la muerte de Macedonio en 1995, siguen con la tradición de la talla de madera, y exhiben obras que representan campesinos locales, figuras religiosas y otros personajes, a veces de tamaño natural. Hay algunos en venta. El taxi desde Orosi cuesta unos 7 US$.

En **La Casona del Cafetal Restaurant** (☎ 533 3280; platos principales 5-15 US$; ☒ 11.00-18.00), unos 3 km al sudeste de la presa, se puede degustar una taza de café realmente fresco (o una comida recomendada) mientras se contempla cómo se recoge el grano (de noviembre a marzo). Es un lugar muy popular para pasar los domingos, al que acuden las familias con niños a montar a caballo o en carro.

De Paraíso a Orosi

El **mirador Orosi**, a unos pocos kilómetros por la carretera de Orosi, es el mirador oficial, con aseos, aparcamiento y muchas opciones para el fotógrafo. En el camino hay un par de sitios donde hospedarse.

Dónde dormir y comer

Cabañas de Montaña Piedras Albas (☎ 577 1462; www.cabinas.co.cr/costa_rica1.htm; i/d 47/55 US$; ☒).

Hay que seguir el desvío señalizado pasada La Casona para llegar a estas cabañas bien equipadas, donde el viajero puede relajarse con la televisión por cable, pedir una cena en la cocina y quizá organizar una excursión en recepción.

Mirador Sanchirí (☎ 533 3210; www.sanchiri.com; d desayuno incl 48 US$; P ⬚). A unos 2 km al sur de Paraíso, es algo más que unas bonitas cabañas de madera un tanto oscuras en el paraíso: es todo un centro turístico, con una vista increíble del valle del río Orosí, un **jardín de mariposas** (adultos/niños 5/3 US$), un buen restaurante y zona de *picnic*. Se pueden alquilar caballos, o explorar los caminos a pie.

OROSI

La ciudad debe su nombre a un jefe indígena huetar que vivió allí en la época de la conquista. Los colonizadores españoles se enamoraron enseguida de la riqueza en agua de la ciudad, desde suaves fuentes termales hasta cascadas tonificantes, un clima perfecto y una tierra fértil. Así que decidieron apropiarse del lugar.

Es una de las pocas ciudades coloniales que han sobrevivido a los frecuentes terremotos de Costa Rica, y un testimonio de ello es la **iglesia de San José Orosi**, de 1743, la más antigua en uso del país; merece la pena ver el altar de madera tallada. La iglesia está en la parte oeste de la ciudad y a su lado hay un pequeño **museo** (☎ 533 3051; adultos/niños 1/0,25 US$; ⏰ 9.00-12.00 y 14.00-17.00 ma-vi, 9.00-17.00 sa-do) con algunas interesantes obras de arte y artesanía religiosas de la época colonial.

Hasta hoy, la atractiva ciudad ha sabido evitar los aspectos más inquietantes de vivir en una zona volcánica y ha logrado sacar partido a su situación: **Los Balnearios** (☎ 533 2156; entrada 1,25 US$; ⏰ 7.30-16.00), en la parte sudoeste de la ciudad cerca del Orosi Lodge, son los baños termales más cercanos; los otros, **Los Patios** (☎ 533 3009; entrada 1,60 US$; ⏰ 8.00-16.00), 1,5 km al sur de la ciudad, son un poco menos cómodos pero tienen más piscinas. Ambos dicen tener el agua más caliente, pero suele estar a la misma temperatura: caliente pero no demasiado.

Información

La **Oficina de Información Turística**, (OIT; ☎ 533 3825; 2 cuadras al sur del parque; ⏰ 9.00-16.00 lu-sa) organiza circuitos, hace reservas de transporte y alojamiento, y alquila bicicletas de montaña (7,50 US$ día). El albergue Montaña Linda y el Orosi Lodge (véase esta página) ofrecen servicios similares, como la mayoría de las agencias de San José (p. 64). Un último recurso son los mapas y la información del **MINAE** sobre los parques (☎ 533 3082; ⏰ 8.00-16.00 lu-vi). **PC Orosi** (☎ 533 3302; 1,25 US$ h; ⏰ 8.00-19.00) tiene conexión rápida a Internet.

Dónde dormir

Montaña Linda (☎ 533 3640; www.montanalinda.com; dc 5,50 US$, i/d 8/12 US$, acampar 3,50 US$ por persona; P ⬚). Lugar económico dos cuadras al sur y tres al oeste de la parada del autobús, junto al campo de fútbol, de ambiente agradable, con duchas de agua caliente, cocina disponible (1 US$) o comida casera barata (1 a 3 US$). Dormitorios comunitarios, con algunas habitaciones dobles. Sus propietarios organizan diversas salidas a volcanes y fuentes termales para el viajero de presupuesto ajustado. Se recomienda informarse sobre excursiones a pie guiadas (10 US$), acampadas y estancias de una noche en **Monte Sky Reserve** (25 US$ por persona comidas incl.).

Media Libra Cabinas (☎ 533 3838; i/d 23/34 US$; P). Habitaciones limpias y modernas para tres personas, dos calles al oeste de la OIT, cerca de la ciudad y con varias comodidades: televisión por cable, ducha caliente, nevera y teléfono.

Orosi Lodge (☎ 533 3578; www.orosilodge.com; i/d 40/53 US$; P). Hotel pequeño y confortable, con bonitas habitaciones y magníficas vistas de Orosi y los volcanes que lo rodean. Tienen ducha caliente, minibar, cafetera y balcón o patio compartidos. Un pequeño jardín separa las habitaciones de la recepción en la **Cafetería Orosi** (platos principales 4-8 US$; ⏰ 7.00-19.00) con acceso a Internet. Las termas Los Balnearios están a dos pasos.

Cómo llegar y salir

Todos los autobuses paran tres cuadras al oeste del campo de fútbol; para destinos concretos, se recomienda preguntar en la parada. Los autobuses desde Cartago (0,50 US$, 40 min) salen cada hora de la calle 6, entre avs. 1 y 3, cerca de la iglesia.

Presa de Cachí y Ruinas. 0,25 US$; 20 min; salidas cada 30 min de las 6.00 a las 21.00.

Cartago. 0,50 US$; 40 min; salidas cada 45 min de las 5.00 a las 21.00.

AL SUR DE OROSI

El autobús de Orosi sigue unos 4 km hacia el sur de la ciudad, por los pueblos de **Río Macho** y **Palomo**. Río Macho tiene una central eléctrica en el río del mismo nombre y es una buena zona para pescar.

Parque Purisil

Los pescadores ya habrán observado todos los riachuelos de aguas espumosas y cristalinas, y habrán comprobado que están llenos de sabrosas truchas. Si no pueden resistir más la tentación, pueden dirigirse unos 10 km al sudeste de Orosi, hacia el Parque Nacional Tapantí-Macizo Cerro de la Muerte, un **parque** (☎ 228 6630; adultos/niños con aparejo de pesca 5/2 US$; ☒ 8.00-17.00) ideal para esas aficiones. Sus creadores y la madre naturaleza convinieron en incluir otros atractivos –varios senderos cortos, una cascada con su poza donde bañarse, además de unas ricas flora y fauna, incluido tal vez algún quetzal– para ayudarles a convencer a otros miembros del grupo a quienes la pesca no les atraiga. Cuando el **restaurante** (platos principales 4-10 US$; ☒ 10.00-16.00) prepare lo que hayan pescado y a su gusto, le agradecerán haber hecho el viaje. No hay servicio de autobús, y el taxi cuesta unos 7 US$ en cada sentido.

Dónde dormir y comer

Hotel Río Palomo (☎ 533 3128; d estándar/con cocina 21/26 US$; ℗). Junto al balneario, este tranquilo refugio próximo a Palomo dispone de unas bonitas cabañas rústicas con ducha caliente particular, una gran piscina y acceso a un río truchero. En su restaurante cocinan la pesca.

Kiri Lodge (☎ 592 0638; i/d desayuno incl 32/43 US$). Situado a unos 3 km pasado Purisil, es el refugio más cercano al Parque Nacional Tapantí (véase esta página). Está en medio de 50 Ha cubiertas de musgo, con caminos gratis que llegan a la Reserva Forestal Río Macho, junto al parque y hábitat de una rica flora y fauna. Seis sencillas cabañas con ducha caliente, un estanque para la pesca de la trucha (6 US$/kg) y un **restaurante** (platos principales 3-6 US$; ☒ 7.00-21.00) especializado en... truchas.

PARQUE NACIONAL TAPANTÍ-MACIZO CERRO DE LA MUERTE

El **parque** (entrada 6 US$; ☒ 6.00-16.00), de ampuloso nombre y ansias de fama por ser el más húmedo de todos los parques, se amplió considerablemente en 2000 y hoy abarca 583 km². La entrada principal está unos pocos kilómetros al sur de Orosi.

Protege la zona húmeda y salvaje de las boscosas laderas de la cordillera de Talamanca, surcada por cientos de ríos, con abundantes cascadas, vegetación exuberante y fauna rica pero difícil de ver, pues hay pocos caminos y el terreno es abrupto. Las precipitaciones oscilan entre los 2.700 mm de las zonas más bajas hasta los 7.000 mm en algunas de las más elevadas (se recomienda llevar paraguas). Sin embargo, Tapantí (como se le sigue llamando) es un destino popular para los amantes de las aves. Abre a las 6.00.

Se dice que el quetzal anida en las laderas occidentales del valle, donde está el centro de información del parque. Se han registrado otras 200 especies de aves, entre ellas águilas, colibríes, loros, tucanes, y habitantes del suelo difíciles de ver como el tinamú y el pájaro hormiguero, así como reptiles y animales de sangre caliente.

Del centro de información parten tres caminos señalizados. El más largo es un circuito de 4 km. Otro, de tierra y bien escalonado discurre por la parte norte del parque y es muy popular entre los ciclistas de montaña.

Información

Cerca de la entrada del parque hay un **centro de información** (☒ 6.00-16.00) y un par de caminos que llevan a diversas atracciones: una zona de *picnic*, una poza para el baño y un mirador con bellas vistas de una cascada. Se permite la caza en la temporada (de abril a octubre; se requiere permiso), pero la mejor época para visitar el parque es la estación seca (de enero a abril). Está prohibido acampar.

Algunas agencias de San José organizan excursiones de un día. Las mejores cuentan con guías naturalistas de Costa Rica Expeditions u Horizontes (p. 491). En Orosi se encuentran otras más baratas (p. 134).

Cómo llegar y salir

En coche se puede ir por un buen camino de grava apto para todos los vehículos desde Orosi por Río Macho y Purisil hasta la entrada del parque.

En autobús es un poco más complicado. Hay que tomar en Cartago el autobús de

Paraíso, y aquí el que va a Orosi. Para ir a Tapantí sirve cualquiera que vaya de Cartago a Purisil. Un **taxi** (☎ 771 5116, 551 2797) de Orosi al parque cuesta unos 12 US$ sólo ida.

ZONA DE TURRIALBA

TURRIALBA

El río Turrialba, afluente del Reventazón, abre un paso en la de otro modo infranqueable vertiente caribeña de la cordillera Central, a 650 m de altitud sobre el nivel del mar. En la década de 1880, ese paso permitió tender el Ferrocarril de la Selva que une San José con Puerto Limón. Más tarde, la autopista entre ambas ciudades usó la misma peculiaridad hidrogeológica para cohesionar el país. Turrialba creció con fuerza.

Sin embargo, después de que el terremoto de 1991 destruyera la red ferroviaria del país y de la construcción de la autopista 32, suave y recta (aburrida), que redujo varias horas el viaje desde la capital del país al Caribe, Turrialba (72.000 hab) se encontró de pronto alejada de las grandes rutas. Nadie quería abandonar la ciudad –es un enclave precioso– así que la gente volvió al cultivo del café y a otras curiosas actividades, como la fabricación de pelotas de béisbol.

Pero a finales de la década de 1980, los aficionados al descenso de ríos de aguas bravas de todo el mundo hablaban ya de Turrialba, un bastión montañoso sin descubrir que da acceso al mejor *rafting* de aguas bravas del planeta. En esas montañas surgió toda una industria de descenso de ríos, y cuando la compañía eléctrica nacional (ICE) empezó a programar presas en las espectaculares cuencas fluviales, la ciudad y los grupos ecologistas se unieron en una misma lucha (p. 142): de momento parece que van ganando. Aún se está a tiempo de evitar que la región de Turrialba se sacrifique aún más ante los *bulldozers* del progreso.

La apacible ciudad es una buena base para interesantes excursiones por la zona, como el yacimiento arqueológico de Guayabo (p. 139) y la escalada del volcán Turrialba (p. 140). Y la vieja carretera, aún con buenas vistas, une San José con el mar a través de la montaña y el valle, en un viaje ideal por la Costa Rica rural, a la que no se llega por las rutas habituales.

Información

No hay oficina de turismo oficial, pero los mejores hoteles y muchas instalaciones de *rafting* organizan excursiones, alojamiento y transporte por la región. Hay varios bancos con cajero automático y se puede consultar el correo electrónico en el **Café Internet** (1 US$ h; ⊗ 9.00-21.00), una cuadra al sudoeste del parque Central.

'Rafting' de aguas bravas

Turrialba es, sin duda, una bonita ciudad de placenteras calles, un paisaje asombroso y el único volcán de Costa Rica a cuyo cráter se puede acceder, pero no es ninguna de estas razones la que atrae a los viajeros. Turrialba es la capital no oficial de las aguas bravas de Costa Rica, cercana al famoso y sublime paisaje del río Pacuare (p. 141) y a los grandes retos y soleadas balsas del río Reventazón, posiblemente las dos mejores experiencias de aguas bravas de Costa Rica.

Docenas de operadores de Turrialba y de todo el país organizan descensos de ambos ríos en balsa o kayak. La edad mínima es nueve años, pero se requiere más para circuitos más duros. Existe una competencia amistosa entre los operadores sobre quién sirve el mejor almuerzo, lo cual beneficia al viajero.

Los descensos de un día normalmente se realizan en el bajo Pacuare, de clase III-IV, o en el tramo Flamingo del río Reventazón, de clase III, ambos con puntos de partida de fácil acceso que acortan viaje. Se sale de San José, Puerto Viejo de Talamanca, La Fortuna y otros destinos sobre las 6.00, y se regresa por la noche, con casi dos horas de viaje en ambos sentidos. Exploradores Outdoors (p. 427) se encarga del traslado de una ciudad a otra sin cargo alguno, pero conviene preguntar a otros operadores. Los precios oscilan entre 80 y 110 US$, dependiendo del transporte (desde Turrialba suele ser 15 US$ más barato) y del tipo de almuerzo.

Pero hay otros descensos, incluido el menos accesible (y menos concurrido) del alto Pacuare y el tramo Pascua del Reventazón, que merecen el esfuerzo de pasar más rato en el coche. Hay que organizarlos de antemano. La mayoría de operadores también ofrecen *rafting* en otros ríos, entre ellos el Sarapiquí (p. 455), el Chirripó, de clase IV, y el Pejibaye, libre de aguas bravas, y otros.

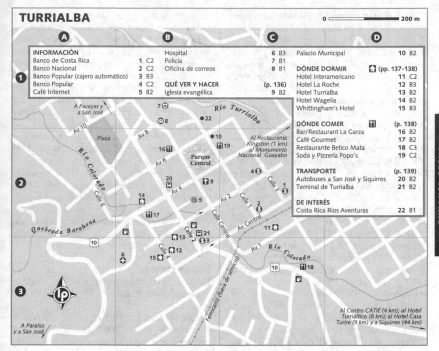

TURRIALBA

0 _____ 200 m

INFORMACIÓN			Hospital	6 B3	Palacio Municipal	10 B2
Banco de Costa Rica	1	C2	Policía	7 B1		
Banco Nacional	2	C2	Oficina de correos	8 B1	**DÓNDE DORMIR** 🏠 (pp. 137-138)	
Banco Popular (cajero automático)	3	B3			Hotel Interamericano	11 C2
Banco Popular	4	C2	**QUÉ VER Y HACER**	(p. 136)	Hotel La Roche	12 B3
Café Internet	5	B2	Iglesia evangélica	9 B2	Hotel Turrialba	13 B2
					Hotel Wagelia	14 B2
					Whittingham's Hotel	15 B3

DÓNDE COMER 🍴 (p. 138)
Bar/Restaurant La Garza — 16 B2
Café Gourmet — 17 B2
Restaurante Betico Mata — 18 C3
Soda y Pizzería Popo's — 19 C2

TRANSPORTE (p. 139)
Autobuses a San José y Siquirres — 20 B2
Terminal de Turrialba — 21 B2

DE INTERÉS
Costa Rica Ríos Aventuras — 22 B1

Casi todos los operadores ofrecen excursiones de dos días, que suelen incluir un cómodo *camping* o un refugio de cierto lujo, caminatas guiadas opcionales y una comida de dudosa exquisitez. Los precios varían mucho según los servicios, pero están entre 170 y 300 US$ por persona. La mayoría de las principales agencias de viaje de San José (p. 491) ofrecen estas excursiones, entre ellas Costa Rica Expeditions, Horizontes, Aventuras Naturales y Ríos Tropicales, que dirige una fundación para detener el Proyecto Hidroeléctrico de Siquirres (p. 142). Exploradores Outdoors trabaja en San José y Puerto Viejo de Talamanca (p. 427).

Turrialba cuenta también con algunas agencias:

Costa Rica Ríos Aventuras (☎ 556 9617; 25 m al norte de la iglesia evangelista; www.costaricarios.com). Agencia especializada pequeña y recomendable que organiza clases y viajes personalizados por todo el país, además de excursiones en 'kayak' y bicicleta de montaña.

Jungla Expeditions (☎ 556 2639; www.junglaexpe ditions.com). Ofrece una amplia variedad de aventuras: canoa por cascadas, clases de kayak y excursiones que combinan el andar, la bicicleta y el *rafting*.

Loco's (☎ 556 6035). Empresa independiente que prefiere trabajar con grupos reducidos y ofrece caminatas guiadas y circuitos a caballo en torno al volcán Turrialba.

Rain Forest World (☎ 556 2678; en EE UU 888-513 2808; www.rforestw.com/welco me2.cfm). Además de las excursiones estándar, ofrece pernoctar en la reserva indígena de Cabécar, descenso por el río, paseos a caballo por los parques nacionales de la zona y buceo en el volcán.

Tico's River Adventures (☎ 556 1231; www.ticoriver. com). Además de todos los circuitos del Pacuare y el Reventazón, de junio a noviembre ofrece un descenso por el río Chirripó, de clase IV.

Dónde dormir

Whittingham's Hotel (☎ 550 8927; calle 4, entre avs. 2 y Central; d sin/con baño 7/10 US$). Al viajero avezado y de bajo presupuesto no le importarán las habitaciones frías, limpias (como las duchas) y cavernosas, todas con lavabo privado y ventilador.

Hotel La Roche (☎ 556 7915; calle 4, entre avs. 2 y Central; d 9 US$; Ⓟ). Las habitaciones, un tanto deslucidas pero de colores vivos, en torno a un patio son alegres, y las de la planta superior tienen unos bonitos balcones.

VALLE CENTRAL

Hotel Interamericano (☎ 556 0142; www.hotelinteramericano.com; av 1; i 10 US$, i/d con baño 24/36 US$; P 💻). Al sur del viejo trazado del ferrocarril, es un buen lugar económico, y sirven desayunos por 3 US$. Las habitaciones de grandes ventanas, algunas para cuatro personas, están limpias, igual que los baños de agua caliente comunitarios; hay lavandería y servicio de guardaequipajes. Cerca hay un *nightclub*, por lo que se recomienda llevar tapones para los oídos, sobre todo las noches de karaoke.

Hotel Turrialba (☎ 556 6654; av. 2, entre las calles 2 y 4; i/d 13/18 US$; P). Habitaciones pequeñas con cálidos detalles de madera, televisión por cable, ventilador y baño con agua caliente. Se recomienda el restaurante, y hay una sala con billar.

Hotel Wagelia (☎ 556 1566; www.hotelwagelia.com; av. 4, entre las calles 2 y 4; i/d desayuno incl 62/78 US$; P ❄). Quienes busquen un poco más de lujo en la ciudad estarán a gusto en este hotel situado en un cuidado jardín con muchos servicios. Habitaciones bonitas con aire acondicionado (para disfrutar de la ducha de agua caliente), teléfono, un gran televisor y una agradable zona de estar.

Varios kilómetros al este de Turrialba hay unos cuantos hoteles rurales pequeños pero agradables:

Hotel Turrialtico (☎ 538 1111; www.turrialtico.com; i/d desayuno incl 52/63 US$). Es un buen lugar para alojarse o cenar (véase esta página), un refugio encantador, si no extravagante, que la familia García regenta desde 1968. Está a unos 8 km de la ciudad, en la carretera de Siquirres y Limón: un alto en el camino ideal para quienes viajen por la vieja carretera hacia el Caribe. Hay 14 habitaciones rústicas, todas con bellas vistas, en un edificio antiguo con el piso de madera. Entre otras cosas, organiza descensos por el río.

Pochotel (☎ 538 1010; i/d desayuno incl 55/65 US$). A unos 11 km de Turrialba, también en la carretera de Siquirres, es el favorito de los guías fluviales locales. El hotel está más arriba del pueblo de Pavones, donde hay una señal que lo indica. Una carretera muy empinada de tierra de 1,5 km llega al hotel, con vistas preciosas: desde una torre mirador se divisan, si el tiempo lo permite, los volcanes Irazú y Turrialba, y un condenado embalse más, fruto de una presa, además de un pequeño campo de deportes para los niños. Las 10 habitaciones tienen ducha caliente eléctrica; algunas, también bañera y radio despertador. Se aconseja reservar.

Casa Turire Hotel (☎ 531 1111; www.hotelcasaturire.com; d 148 US$, st 165-280 US$). De mayor categoría que el vecino Turrialtico, esta elegante mansión de tres plantas, situada en un cuidado entorno de plantaciones de caña de azúcar, café y nueces de macadamia, luce unas galerías amplias y sombreadas. Hay piscina, pista de tenis y sala de juegos con billar. No admiten menores de 16 años. Las espaciosas habitaciones, casi todas con balcón privado, disponen de agua caliente, teléfono y televisión por cable, y cuatro suites tienen nevera y cama *king size*. La más cara tiene dos niveles, un balcón que abarca todo un costado del edificio, y *spa*. Alquilan caballos y bicicletas de montaña, y organizan caminatas guiadas por la selva. Es uno de los hoteles más agradables del país.

Dónde comer

En la ciudad existen varias sodas, restaurantes chinos, panaderías y tiendas de comestibles.

Café Gourmet (☎ 556 9689; esquina calle 4 con av. 4; aperitivos 1-3 US$; 🕑 7.00-19.00 lu-sa). Este local pequeño y simpático vende el mejor café de Turrialba en docenas de variedades, además de comidas ligeras y una excelente bollería.

Restaurante Betico Mata (☎ 556 8640; carretera 10; 1-3 US$; 🕑 11.00-24.00). Popular y limpio local al sur de la ciudad, ideal para pasar la tarde. Los carnívoros se volverán locos con la carne asada, los tacos y la cerveza muy fría.

Soda y Pizzería Popo's (☎ 556 0064; calle 1, entre avs. 4 y 6; plato del día 2 US$; 🕑 11.00-23.00). La pequeña zona para comer se llena enseguida: se sirven comidas costarricences, mexicanas e italianas de calidad, que también se reparten a domicilio.

Bar/Restaurant La Garza (Esquina av. 6 con calle Central; platos principales 3-6 US$; 🕑 10.00-22.00). Venerable local que lleva muchos años sirviendo buen marisco, pollo y otros platos de carne a clientes satisfechos.

Restaurant Kingston (☎ 556 1613; platos principales 3-10 US$). Este restaurante situado en las afueras de la ciudad, en la carretera de Puerto Limón, tiene fama en Turrialba y sirve platos bastante caros. Su conocido chef se formó en Jamaica.

Hotel Turrialtico (☎ 556 1111; platos principales 4-10 US$; 🕑 7.00-21.00). En un comedor que revela la habilidad de la familia García en la talla de madera.

Cómo llegar y salir

La **estación de autobuses** principal (av. 4) está 100 m al oeste del parque Central. Los autobuses a San José (1,80 US$ 1¾ h) salen de la calle 13, entre las avenidas 6 y 8, cada hora de 8.00 a 20.00. La **Terminal Turrialba** (esquina av. 2 con calle 2) atiende los pueblos cercanos, con varios autobuses diarios a La Suiza, Tuis, Santa Cruz y otras poblaciones pequeñas. Los autobuses que van al Monumento Nacional Guayabo paran unas dos horas para que el viajero disfrute de las ruinas antes de regresar.

Monumento Nacional Guayabo. 0,50 US$; 1 h; salidas de la esquina av. 2 con calle 2, a las 11.00 y 17.15 lu-sa, 9.00 do.

San José. 1,80 US$; 1¾ h; salidas de av. 4 casi cada hora de 5.00 a 21.00.

Siquirres, con enlace a Puerto Limón. 1,25 US$; 1¾ h; salidas de av. 4 cada dos horas.

ALREDEDORES DE TURRIALBA

Centro Agronómico Tropical de Investigación y Enseñanza (Catie; ☎ 556 6431; www.catie.ac.cr; entrada libre; ☒ 7.00-16.00), unos 4 km al este de Turrialba y conocido por su sigla, CATIE, abarca unas 1.000 Ha dedicadas a la investigación y la formación agrícolas. Agrónomos de todo el mundo lo reconocen como uno de los centros agrícolas más importantes de los trópicos.

Se recomienda reservar las visitas guiadas a los diversos proyectos agrícolas, que incluyen una de las más completas bibliotecas del mundo sobre temas de agricultura tropical, laboratorios, invernaderos, una granja, un herbario, un banco de semillas y campos experimentales. También se puede dar un tranquilo paseo por los huertos o visitar el estanque central, donde se pueden ver aves como el calamón morado. Otra buena zona ornitológica es la pista corta y empinada que desciende por detrás del edificio de administración hasta el río Reventazón.

Si se va solo, se aconseja tomar un mapa en el edifico principal. Se puede ir andando o en taxi desde Turrialba (2 US$).

Unos 10 km al este de Turrialba, en el pueblo de Pavones (500 m al este del cementerio), está el **Parque Viborana** (☎ 538 1510), famoso por su serpentario. En él se puede ver toda una variedad de serpientes del país, incluidas algunos raros ejemplares albinos y varias boas, una de las cuales pesa tanto como una persona corpulenta. El serpentario cuenta con una rústica zona de visitantes con exposiciones didácticas. Se recomienda detenerse si se conduce hacia el este de Turrialba.

MONUMENTO NACIONAL ARQUEOLÓGICO GUAYABO

Guayabo se extiende a 19 km al nordeste de Turrialba y contiene el yacimiento arqueológico mayor y más importante de Costa Rica. Es interesante, pero no tan espectacular como los yacimientos mayas y aztecas, ya que no cuenta con pirámides. Sin embargo, las excavaciones han puesto al descubierto una compleja infraestructura y unos misteriosos petroglifos que los interesados podrán examinar. La cerámica policromada y los objetos de oro hallados aquí se exhiben también en el Museo Nacional de San José (p. 69).

Impresiona en especial el sistema de acueductos, que quizá abasteció a más de 10.000 personas en el año 800 d.C., la época de mayor auge de la ciudad. En su construcción se usaron enormes piedras traídas de más allá del río Reventazón por un camino de 8 km que, según los criterios costarricenses, sigue aún en bastante buen estado. El gran esfuerzo mereció la pena: aún funcionan las cisternas y, en teoría, el lugar sigue disponiendo de agua potable, que el viajero puede disfrutar en medio de varias estructuras sin desenterrar y montículos no excavados pero de aspecto sospechoso.

El yacimiento, que pudo estar habitado ya en el año 1000 a.C., fue abandonado misteriosamente hacia 1400 d.C.: los conquistadores, exploradores y colonizadores españoles no dejaron constancia de haber dado con las ruinas. Aunque de momento los arqueólogos, faltos de recursos, sólo han podido aventurar hipótesis sobre la importancia de Guayabo o las circunstancias que rodearon lo que parece que fue un éxodo masivo, son muchos los que piensan que se trataba de un importante centro cultural, religioso y político.

En 1968 Carlos Aguilar Piedra, arqueólogo de la Universidad de Costa Rica, inició las primeras excavaciones sistemáticas del yacimiento. Cuando se descubrió su impor-

VALLE CENTRAL

tancia, se vio necesario protegerlo. Se declaró monumento nacional en 1973, y en 1980 se dictaron leyes de protección adicionales.

El conjunto es pequeño, tan sólo cubre unas 232 Ha, y queda por excavar la mayor parte de las ruinas. El 90% restante de la zona es selva húmeda premontana. El monumento es importante porque protege algunas de las últimas selvas tropicales de este tipo que quedan en la provincia de Cartago. Sin embargo, debido a su reducida extensión, no se ven muchos animales, pero los pocos que viven allí son interesantes.

Especial interés tienen las oropéndolas, que colonizan el monumento con sus nidos en forma de saco que construyen en los árboles. Otras aves son los tucanes y las urracas pardas o piapias, estas últimas caracterizadas por un pequeño saco inflable en el pecho que emite un sonido explosivo al inicio de su canto fuerte y ronco. Entre los mamíferos se pueden ver ardillas, armadillos y coatíes.

Información

Existe un **centro de información y exposiciones** (☎ 559 0099; www.minae.go.cr/accvc/guayabo.htm, en español; entrada 7 US$; ⏰ 8.00-15.00), pero las mejores piezas se exhiben en el Museo Nacional de San José (p. 69). En el yacimiento arqueológico se trabaja durante la semana, por lo que algunas partes pueden estar cerradas al público. De momento no hay visitas guiadas, pero vale la pena informarse en Turrialba o en el puesto forestal sobre guías locales independientes.

Se permite **acampar** (2 US$ por persona), y hay servicio de letrinas y agua corriente. Recuérdese que la precipitación anual media es de 3.500 mm; la mejor época para ir es en la temporada seca, de enero a abril, pero es posible que también llueva.

Cómo llegar y salir

Por los últimos 3 km del camino que llega al monumento pueden circular coches normales, si está seco y se tiene cuidado. Como siempre, será más fácil con un todoterreno. Los autobuses desde Turrialba (0,50 US$, 1 h) salen de la esquina de la avenida 2 con la calle 2 a las 11.00, 15.15 y 17.15 de lunes a sábado, y a las 9.00 los domingos. Regresan a las 12.45 y 16.00. Los autobuses y la mayor parte de los taxis (unos 10 US$ sólo ida desde

Turrialba) paran en el desvío del parque, desde donde hay que caminar 4 km.

PARQUE NACIONAL VOLCÁN TURRIALBA

En este poco visitado parque nacional destaca un volcán activo (3.328 m) que en realidad forma parte del macizo volcánico del Irazú, pero está más alejado y es de más difícil acceso que éste. Los primeros colonos españoles lo llamaron Torre Alba, por las columnas de humo que salían de su cumbre. Está sólo 15 km al noroeste de Turrialba en línea recta, pero a más del doble en coche o a pie.

La última erupción tuvo lugar en 1866, por lo que se considera que se puede explorar el cráter con la suficiente seguridad (una oportunidad única en Costa Rica). El mayor de sus tres cráteres es del centro. Es el único que aún da señales de actividad con fumarolas de vapor y azufre, y desde el borde se ven los volcanes Irazú, Poás y Barva cuando el tiempo lo permite. Bajo la cumbre crece un bosque tropical lluvioso y nuboso de montaña, húmedo y plagado de musgos, helechos, bromeliáceas y hasta bambú. La temperatura media a esa altura es de sólo 15°C, así que hay que vestir adecuadamente.

Cuando se estaba escribiendo esta guía no había puesto de guardaparques ni se pagaba por entrar, pero las cosas pueden haber cambiado. Hay una mesa de *picnic* y una pista que enlaza con el camino que bordea el cráter. El Volcán Turrialba Lodge (véase esta página) organiza excursiones a pie y a caballo guiadas por el parque.

Dónde dormir

Volcán Turrialba Lodge (☎ 273 4335; www.volcanturrialbalodge.com; 45 US$ por persona con 3 comidas; P), a unos 14 km al noroeste de Santa Cruz, sólo es accesible en todoterreno. Al hacer la reserva se puede pedir información y organizar el traslado desde San José u otras ciudades de los alrededores. Situado a buena altura entre los volcanes Turrialba e Irazú, tiene unas bellas vistas y habitaciones cómodas, además de ofrecer caminatas y paseos a caballo interesantes y bien guiados (es una granja ganadera en activo) al volcán Turrialba. Su amable propietario Tony Lachner habla inglés. Hay una estufa de leña en el bar restaurante y la sala de

VALLE CENTRAL

estar, con TV y juegos de mesa. Las bonitas habitaciones tienen radiador eléctrico, aunque hay algunas con estufa de leña. La excelente comida se sirve en bufé, y suele ser costarricense con toques internacionales. A esa altura hace frío y hay humedad, pero el lugar es recomendable para quienes busquen una aventura en tierras altas y frías. Los quetzales anidan en la propiedad de febrero a abril.

Cómo llegar y salir

Para subir al Turrialba hay que tomar el autobús a Santa Cruz, desde donde una carretera de 18 km llega a la cumbre. Los primeros 10 km están pavimentados y luego sigue una parte cada vez más dura sólo apta para vehículos todoterreno. (Un taxi todoterreno desde Santa Cruz puede costar unos 20 US$ en cada sentido; se puede acordar con el taxista que espere o recoja al cliente más tarde). En el camino hay señales, y es la ruta oficial al parque nacional.

Otra posibilidad es tomar en Cartago un autobús hasta el pueblo de San Gerardo, en las laderas meridionales del volcán Irazú. Desde allí, un camino desigual sigue hasta el volcán Turrialba: queda más lejos que desde Santa Cruz, pero San Gerardo, a 2.400 m, es un punto de partida más elevado que Santa Cruz, a 1.500 m. El camino lleno de baches recorre unos 25 km, luego hay que recorrer unos cuantos a pie, pero sin señal alguna.

RANCHO NATURALISTA

Este **rancho** de 48 Ha (☎ 297 4134; www.rancho naturalista.com; paquete de 7 días con 3 comidas 840-1.200 US$ por persona; P 🖳) está unos 20 km al sudeste de Turrialba, justo después del pueblo de Tuis (imprescindible el todoterreno). El albergue de estilo español de cinco habitaciones y las seis casitas dúplex son populares entre los naturalistas. Sus propietarios estadounidenses, apasionados ornitólogos, llevan registradas más de 400 especies de aves en la zona –sólo desde su balcón han registrado más de 200–, y también se pueden ver cientos de especies de mariposas. El rancho está a 900 m sobre el nivel del mar, en el bosque lluvioso y húmedo, con un sistema de senderos.

Los precios incluyen tres comidas caseras al día y varias excursiones, desde circuitos para observar aves y paseos en caballo por la parte más baja, hasta aventuras haciendo noche en el Parque Nacional Tortuguero.

RÍO REVENTAZÓN

Desde el extremo nordeste del lago de Cachí fluye el río Reventazón, uno de los mejores destinos para el *rafting* de aguas bravas de Costa Rica. Es uno de los descensos más difíciles del país, pero los 65 km de rápidos donde escoger plantean retos de diverso grado. La presa de Cachí creó el lago artificial desde el cual baja el río, empezando a 1.000 km sobre el nivel del mar y descendiendo por las laderas orientales de las montañas hasta las llanuras caribeñas. Es un río muy apreciado por los amantes del *rafting* y el kayak.

El nivel del agua se mantiene más o menos constante todo el año gracias a la regulación de la presa. Los domingos no se abren las compuertas y, aunque se puede descender por el río, son los peores días. La edad mínima para hacer *rafting* suele ser nueve años.

Los operadores turísticos suelen establecer cuatro secciones entre la presa y el final, por debajo de Siquirres. **Las Máquinas** es un tramo de clase II-III ideal para familias, mientras que **Florida**, la parte última y la más popular, es de clase III con bellas vistas y aguas un poco más bravas para hacer más interesante el descenso. Para información sobre Siquirres, véase la p. 393.

El tramo de **Pascua,** que tiene 15 rápidos de clase IV que llevan nombres como "El Abismo", se considera el descenso clásico, con olas inmensas y hermosas vistas del volcán. El tramo **Peralta**, de clase V, es el más difícil del país y, desde luego, no resulta apto para principiantes.

Diversas agencias de San José ofrecen excursiones fluviales de uno o varios días. Las primeras cuestan entre 88 y 100 US$ por persona, incluidos almuerzo y transporte; también se pueden organizar otras por un poco menos en Turrialba, cerca de los embarcaderos.

RÍO PACUARE

El valle de este río es el segundo en importancia al este del Reventazón, y posiblemente el cauce de *rafting* más espectacular del país, si no de América Central. El río desciende por la vertiente caribeña formando una serie de

VALLE CENTRAL

¿PRESAS EN LOS RÍOS?

El río Reventazón, considerado el más bello del mundo para descensos de aguas bravas, se convirtió en 1985 en el primer río protegido de América Central. Dos años después, el Instituto Costarricense de Electricidad (ICE) desveló sus planes de construir una presa de gravedad de 200 m en la quebrada de Dos Montañas, idónea por su estrechez pero de paisaje espectacular.

Esta presa iba a ser la piedra clave del gran Proyecto Hidroeléctrico de Siquirres, con cuatro diques unidos por un túnel de 10 km que trasvasaría agua del río Reventazón al Pacuare. De construirse, la subida de las aguas del Pacuare iba a inundar 12 km de rápidos, hasta el embarcadero de Tres Equis, además de partes de la Reserva Indígena Awari y una enorme franja de bosque tropical primario en la que se habían registrado 800 especies de animales.

Cuando se propuso el proyecto, el ICE estaba endeudado y luchando por atender la creciente demanda de energía (los turistas debían gozar de aire acondicionado). Costa Rica sólo emplea combustibles fósiles para los vehículos; el resto de energía se genera con el uso de recursos renovables, incluidas las energías geotérmica, solar y eólica, y la friolera del 81% de su energía la generan una docena de presas hidroeléctricas. Técnicamente se trata de una fuente renovable; en la práctica, las presas interrumpen el curso de los ríos, erosionan los ecosistemas y el efecto de su impacto a largo plazo no es del todo conocido.

Cuando el proyecto pasó de la fase de especulación a la de construcción, una heterogénea coalición de terratenientes, líderes indígenas, grupos ecologistas y, claro está, organizaciones de *rafting* ya estaban organizando un movimiento de resistencia. Presentaron la primera demanda de Valoración de Impacto Medioambiental de la historia, una auditoría independiente de este tipo de proyectos que la Comisión Centroamericana para el Medio Ambiente y el Desarrollo propuso por primera vez en 1989. Todo el papeleo no llegó muy lejos legalmente, pero detuvo la construcción de la presa y atrajo la atención internacional a los problemas del río Pacuare.

Hoy, Costa Rica es exportador de electricidad (excluido el petróleo), sobre todo a Panamá y Nicaragua. Gracias a las nuevas plantas geotérmicas construidas desde que se propuso la presa, y a los esfuerzos coordinados del país por reducir el uso de electricidad, el dique ya no hace falta. De momento.

El proyecto no se ha abandonado, ni mucho menos. La construcción de Siquirres sería relativamente fácil y podría generar una enorme cantidad de ingresos y de electricidad en un país que se moderniza más deprisa que muchos otros. La presión de los grupos conservacionistas internacionales detiene al ICE, y el aumento de los descensos de aguas bravas han contribuido a que el Pacuare demuestre su valor económico en San José, asegurándose así su protección por un tiempo.

El vecino río Reventazón no ha tenido tanta suerte: el famoso tramo Peralta, de clase V, ya ha perdido un tercio de sus rápidos de clase V a causa de la primera fase del Proyecto Siquirres. Ante esta realidad, se aconseja no posponer el descenso por estas aguas bravas para una próxima visita a Costa Rica.

cañones revestidos de selva húmeda tropical virgen, con tramos cuyos nombres denotan su furia, separados por otros más tranquilos que permiten contemplar las paredes verdes casi verticales que se alzan a cientos de metros sobre el río en una excursión fluvial única e inolvidable.

Se puede descender por el Pacuare todo el año, pero la mejor época es de octubre a diciembre, cuando el río baja con fuerza y enormes olas. En marzo y abril está en su nivel más bajo y, aunque el oleaje no es tan grande, el lecho rocoso sigue siendo todo un reto.

El **bajo Pacuare,** de clase III-IV, es el descenso más famoso y accesible: 28 km a través de gargantas rocosas y solitarios cañones, pasando por un pueblo indígena, un bosque intacto y mucha fauna curiosa por saber a qué se debe tanto griterío. Los precios oscilan entre 85 y 100 US$ por persona, dependiendo del transporte.

El **alto Pacuare** también está clasificado como clase III-IV, pero hay algunos tramos que puedan llegar a clase V en determinadas condiciones. Hay dos horas en coche hasta el embarcadero. Algunos operadores cobran por la embarcación (500 US$ para seis personas), por lo que quizá haya que esperar a formar un grupo o formar uno propio: es una ocasión de disfrutar del mejor viaje por la selva para él sólo.

Noroeste de Costa Rica

Con una inigualable colección de parques nacionales y tierras vírgenes, inundada por manantiales de aguas termales y cascadas, bosques nubosos repletos de quetzales y una sabana interminable que estalla en estridentes colores cuando llegan las lluvias, los atractivos de esta región no parecen tener fin.

Desde la Interamericana, que atraviesa las poblaciones de Caña y Liberia en su recorrido hacia el norte, parten desvíos de tierra y gravilla que serpentean por las tierras de labranza y por las fértiles laderas de los volcanes, donde al viajero le aguardan extraños paisajes de burbujeantes fumarolas.

La cordillera de Guacanaste, que junto con la de Tilarán constituye la columna vertebral de la región, está formada por una espectacular cadena de volcanes inactivos o con una ligera actividad. El volcán Arenal, que lleva desde 1968 escupiendo lava casi todas las noches, destaca como la impertérrita estrella del espectáculo, que tienta a quienes visitan sus cambiantes laderas con la promesa de fuegos artificiales inolvidables y los encantos de La Fortuna a sus pies. Al otro lado del resplandeciente lago Arenal, el increíblemente hermoso complejo ecológico de granjas orgánicas de Monteverde-Santa Elena ofrece unos atractivos fuera de lo habitual.

Hacia el oeste de las montañas se encuentra la península Santa Elena, una franja de bosque tropical seco que rodea a los viajeros que se aventuran al solitario descenso hasta la hermosa bahía Salinas y el notable Parque Nacional Santa Rosa, que tiene una de las mejores playas del mundo. Asimismo, ocultos en otros puntos de este paisaje espectacular, se localizan lugares más agrestes.

LO MÁS DESTACADO

- Subir caminando hasta el volcán **Rincón de la Vieja** (p. 187), uno de los pocos volcanes activos que no resulta peligroso escalar.
- Remojar a continuación los doloridos músculos en uno de los manantiales de aguas templadas y calientes que brotan desde las laderas del **volcán Miravalles** (p. 178).
- Observar la fauna en las costas desiertas o en el bosque seco, y surcar endiabladas olas en Peña Bruja, en el inigualable parque **Santa Rosa** (p. 190).
- Practicar el *windsurf* –¡o el *kitesurf*!– en la **laguna de Arenal** (p. 219) y la **bahía Salinas** (p. 196), cuyas aguas resplandecen bajo uno de los mejores vientos del mundo.
- Enfrentarse al lodo y las neblinas de las reservas de **Monteverde** (p. 168) y **Santa Elena** (p. 172), en busca de bosques nubosos repletos de quetzales y ecologistas soñadores.

INTERAMERICANA NORTE

Las vistas desde la Interamericana no concuerdan con la idea del trópico que tiene todo el mundo; en cualquier caso, no durante la temporada seca. El paisaje de grandes extensiones de sabana cubierta de hierba, que parecen más típicas de África o del sudoeste de Estados Unidos, sólo está interrumpido por árboles sacudidos por el viento, algunos de los cuales pierden las hojas durante el caluroso y seco verano. Sin embargo, de repente, unas complejas comunicaciones entre estos gigantes aparentemente dormidos incitarán a que toda una especie estalle en manantiales de flores rosas, amarillas o naranjas, que brotan de las hierbas secas a un asombroso ritmo sincopado.

Se trata de una región de cielo inmenso, en la que es posible ver desde varios kilómetros de distancia los ríos de un intenso verde esmeralda que serpentean por fincas y haciendas (secas, de no ser por ellos) y conectan pequeñas poblaciones llenas de colorido. Esta zona fue selva en otro tiempo; en concreto, selva tropical seca, un hábitat cada vez más reducido de pájaros cantores y luz del sol, que se ha visto en peligro demasiadas veces por voluntad del hombre.

Los viajeros que se trasladan por vía terrestre desde San José hasta Managua (Nicaragua) suelen tomar autobuses que recorren la Interamericana, una carretera que se dirige al oeste desde San José hasta casi Puntarenas, en las tierras bajas del Pacífico, para girar después hacia el nordeste y alcanzar la frontera con Nicaragua. El tramo entre las tierras altas y las tierras bajas es escarpado, tortuoso y, a menudo, estrecho, aunque lo recorren con mucha frecuencia grandes camiones que se lanzan por las pronunciadas curvas a velocidades de vértigo. Hay que estar atentos, pues no es un buen lugar para la relajación de los conductores.

Las vistas desde la carretera son espectaculares, sobre todo en el extremo norte. Si el viajero toma asiento en la parte derecha de un autobús que se dirija al norte, podrá disfrutar de excelentes vistas de los majestuosos volcanes de la cordillera de Guanacaste.

Para llegar a Cañas por la Interamericana, una alternativa concurrida, más lenta pero con paisajes más bellos, sería la ruta del Arenal (p. 197).

REFUGIO NACIONAL DE FAUNA SILVESTRE PEÑAS BLANCAS

Este **refugio** de 2.400 Ha (entrada 7 US$) se aferra a un escarpado brazo meridional de la cordillera de Tilarán. Las altitudes en esta reducida zona oscilan entre menos de 600 m y más de 1.400 m sobre el nivel del mar, unas variaciones que tienen por consecuencia la existencia de distintos tipos de bosque, como bosques tropicales secos en las partes más bajas del sudoeste, bosques secos y húmedos de árboles de hoja semicaduca en las altitudes medias y bosques premontanos en los sectores más elevados del norte. El terreno es muy accidentado y, aunque existen algunos caminos para practicar senderismo, no están mantenidos y resultan difíciles de seguir.

El nombre de Peñas Blancas hace referencia a los depósitos de diatomeas, similares a la creta de buena calidad, que se encuentran en la reserva. Estos depósitos blanquecinos, restos de algas unicelulares que abundaron en la zona antiguamente, cuando América Central se encontraba sumergida bajo el agua, se localizan en las escarpadas paredes de algunos de los cañones por donde transcurren los ríos del refugio.

El refugio se creó para proteger las especies vegetales de los distintos hábitats, además de como importante cuenca hídrica, y hasta que el Ministerio de Medio Ambiente y Energía consiga la financiación necesaria para desarrollar algún tipo de infraestructura turística, la zona sólo resulta accesible para los viajeros más esforzados. El refugio carece de instalaciones. Está permitido **acampar** (2 US$ por persona), pero los viajeros deben ser autosuficientes y estar en buena forma para enfrentarse al duro terreno. No hay un sitio evidente para pagar. La mejor época para ir es la temporada seca (desde enero hasta mediados de abril); no es probable que el visitante se encuentre con nadie.

La población más próxima al casi desconocido refugio (incluso para los vecinos) es la pintoresca **Miramar**, unos 8 km al nordeste de la Interamericana. El viajero puede girar a la derecha en la iglesia católica y entrar

NOROESTE DE COSTA RICA

NOROESTE DE COSTA RICA

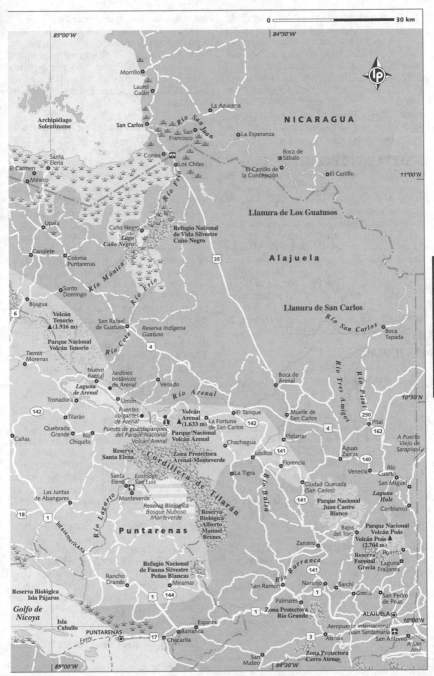

0 _____ 30 km

85°00'W   84°30'W

Morrillo

Laurel
Galán

La Azucena

NICARAGUA

San Carlos

San
Francisco

La Esperanza

Correa

Boca de
Sábalo

Santa
Elena

Los Chiles

El Castillo de
la Concepción

El Castillo

11°00'N

El Carmen

México

Río San Juan

Río Frío

Llanura de Los Guatusos

Upala

Caño Negro

Lago
Caño Negro

**Refugio National
de Vida Silvestre
Caño Negro**

35

A l a j u e l a

Canalete

Colonia
Puntarenas

Río Mónica

Santo
Domingo

Río Frío

Llanura de San Carlos

Bijagua

6

Río San Carlos

Boca
Tapada

**Volcán
Tenorio**
▲ (1.916 m)

San Rafael
de Guatuso

Reserva Indígena
Guatuso

4

**Parque Nacional
Volcán Tenorio**

Río Cote

Tierras
Morenas

Nuevo
Arenal

Jardines
botánicos
de Arenal

Venado

Río Arenal

Boca de
Arenal

Río Tres Amigos

Río Pital

10°30'N

**Laguna
de Arenal**

Tronadora

Unión

Puentes
colgantes
de Arenal

**Volcán
Arenal**
▲ (1.633 m)

El Tanque

Muelle de
San Carlos

250

Pital

142

Tilarán

Puesto de guardaparques
del Parque Nacional
Volcán Arenal

La Fortuna
de San Carlos

142

4

162

A Puerto
Viejo de
Sarapiquí

Quebrada
Grande

Río
Chiquito

**Parque Nacional
Volcán Arenal**

Chachagua

Platanar

140

Cañas

**Reserva
Santa Elena**

**Zona Protectora
Arenal-Monteverde**

Jabillos

141

Aguas
Zarcas

Río
Cuarto

Cordillera de Tilarán

Florencia

Venecia

San Miguel

Santa
Elena

Ecolodge
San Luis

La Tigra

Río Balsa

Ciudad Quesada
(San Carlos)

**Laguna
Hule**

Cariblanco

Las Juntas
de Abangares

18

1

Monteverde

**Reserva Biológica
Bosque Nuboso
Monteverde**

Río Lagarto

**Reserva
Biológica
Alberto
Manuel
Brenes**

141

**Parque Nacional
Juan Castro
Blanco**

Bajos
del Toro

**Parque Nacional
Volcán Poás** ▲
(2.704 m)

Poasito

P u n t a r e n a s

Zarcero

**Reserva
Forestal
Grecia**

Fraijanes

Interamericana

**Refugio Nacional
de Fauna Silvestre
Peñas Blancas**

Río Barranca

141

Reserva Biológica
Isla Pájaros

Rancho
Grande

Miramar

Naranjo

Sarchí

Grecia

San Pedro
de Poás

**Golfo de
Nicoya**

1

144

San Ramón

1

Palmares

**Zona Protectora
Río Grande**

ALAJUELA

10°00'N

Isla
Caballo

1

Espaza

Aeropuerto internacional
Juan Santamaría

San Antonio

A San
José

PUNTARENAS

Ferry

17

Chacarita

Barranca

3

Atenas

San
Mateo

85°00'W   84°30'W

**Zona Protectora
Cerro Atenas**

en el Camino Sabana, una "carretera" de 6 km que descoyunta los huesos; sin duda, sólo es apta para vehículos todoterreno, aunque, posiblemente, la mejor opción sea recorrerla a pie. Otra posibilidad es dirigirse hacia el norte desde la Interamericana en Macacona, 3 km al este de Esparza. Un camino de tierra recorre 20 km al norte hasta llegar a Peñas Blancas; es recomendable optar por un todoterreno durante los meses húmedos.

RESERVA BIOLÓGICA ISLA PÁJAROS

Se localiza a menos de un kilómetro de la costa, en Punta Morales, unos 15 km al noroeste de Puntarenas. El islote, de 3,8 Ha de extensión, carece de instalaciones, pero sí posee una pequeña colonia de aves marinas que anidan en la zona y muchos guavas (guayabos) silvestres. La oficina de ACT en Bagaces (p. 179) ofrece circuitos guiados en barco (no es posible visitar la isla), de tres horas de duración por 30 US$ por persona para grupos de entre dos y seis personas; el precio es 25 US$ por persona para grupos de entre seis y 20 personas. Se recomienda reservar con bastante antelación.

LAS JUNTAS

Las Juntas de Abangares (su nombre completo), una pequeña localidad junto al río Abangares, fue un importante centro minero de oro a finales del s. XIV y principios del s. XX; atrajo a buscadores de fortuna y empresarios de todo el mundo, que querían una parte del pastel que explotó el propietario minero Minor C. Keith (p. 25). La prosperidad que trajo el oro se terminó, pero en 1991 se inauguró un ecomuseo y, en la actualidad, se está desarrollando una pequeña industria turística basada en la plétora de manantiales de aguas calientes con que cuenta la tranquila población.

Orientación e información

La población de Las Juntas se concentra en torno a la iglesia católica, que posee algunas vidrieras de gran belleza. El pequeño pero animado centro, con un Banco Nacional, varias sodas y mercados pequeños, se localiza unos 300 m al norte de la iglesia. El ecomuseo se encuentra a 3 km de la carretera principal.

Mina Tours (☎ 662 0753; www. minatours.com), situada detrás de la iglesia, es una empresa turística familiar que puede ocuparse del transporte y las reservas de alojamiento. Ofrece algunos circuitos sobre el tema del oro, que incluyen el ecomuseo y las minas abandonadas, desde 30 US$ por persona para excursiones de un solo día y precios más elevados para las salidas con noche incluida.

Ecomuseo de las Minas de Abangares

Unos 5 km después de Las Juntas se halla este pequeño **museo minero** (☎ 662 0129; entrada 1,50 US$; ☼ 7.00-15.00 ma-vi, 7.00-17.00 sa-do), que alberga unas cuantas fotografías y maquetas donde se describen las antiguas actividades mineras de la zona. Fuera del museo, los jardines cuentan con una zona de *picnic* y de juegos infantiles; los caminos de la parte superior conducen a distintos elementos mineros, como tramos de vías. Constituyen un buen enclave para avistar pájaros (e iguanas): hay mucha tranquilidad en la zona y los animales rara vez son molestados.

Desde la Interamericana, es aconsejable tomar la carretera asfaltada hasta 100 m después del parque Central, girar a la izquierda, cruzar un puente y, a continuación, girar a la derecha en la señal indicadora de que faltan 4 km para el ecomuseo. Un par de kilómetros después de Las Juntas, la carretera se bifurca: una señal indica una carretera a la izquierda que lleva a Monteverde (30 km) y, a la derecha, al ecomuseo (3 km).

Dónde dormir y comer

La gran noticia en el momento de redactar esta guía era un complejo turístico de lujo casi terminado, con aguas termales naturales, baños turcos y una enorme piscina junto al museo. Es buena idea ponerse en contacto con **Gold Mine Adventures** (☎ 662 0033) o con el hotel Fonda Vela (p. 164) en Monteverde para verificar que ya lo hayan abierto.

Cabinas Las Juntas (☎ 662 0153; 200 km al sur del parque de bomberos; h 6-20 US$ por persona; P ✂). Las habitaciones estándar, sencillas pero limpias, pequeñas y revestidas de azulejos, cuentan con ducha de agua fría; algunas tienen ducha de agua caliente y TV. América, el propietario, preparará el desayuno abonando 2 US$ más.

Cabinas y Balniero Cayuco (☎ 662 0868; 200 m al norte de la estatua minera; h con/sin TV 10/20 US$ por persona; P ✂ ⌂). Aunque está orientado a

NOROESTE DE COSTA RICA

turistas ticos, su oferta incluye habitaciones sencillas, con duchas privadas de agua fría y una gran ventaja adicional: además de la piscina de agua fría y un bar muy popular entre los vecinos de la zona, tiene un pequeño manantial de agua caliente. Quienes no se alojen en el hotel también pueden utilizar las **piscinas** (entrada 1,25 US$; ☼ 8.00-hora de cierre).

Hospedaje El Encanto (☎ 662 0153; d 20 US$; P ☼). En el camino al ecomuseo, sus bonitas habitaciones con baño privado y agua caliente resultan mucho más agradables por dentro que desde fuera.

Delicias de Trigo (50 m al sur del parque de bomberos; tentempiés 3-6 US$; ☼ 5.00-21.00). Puede proporcionar una dosis de cafeína antes de tomar el primer *ferry*. El café se acompaña de bollería y panes.

Restaurante Los Mangos (☎ 662 0410; platos principales 3-6 US$; ☼ 11.00-14.00 mi-lu). El más agradable de la población, emplazado en la calle principal; sirve buen cebiche y pollo frito, y cuenta con una barra muy completa.

Cómo llegar y salir

Los autobuses desde Cañas (0,50 US$, 45 min) salen a las 9.30 y a las 14.15 horas. No hay servicio hasta el ecomuseo, pero un taxi debería costar unos 4 US$ el viaje de ida.

Quienes se desplacen en automóvil pueden tomar el desvío desde la Interamericana, 27 km al sur de Cañas, en el **Restaurante de Irma** (☎ 662 0348; platos principales 2-5 US$; ☼ 7.00-21.00), un establecimiento muy popular en la zona, donde es posible hacer señales a los autobuses que recorren el trayecto entre Liberia y San José para que se detengan. Monteverde está a 30 km de Las Juntas por una carretera de tierra llena de baches, aunque transitable para los vehículos normales, al menos durante la temporada seca.

MONTEVERDE Y SANTA ELENA

Enclavado entre dos bosques nubosos magníficamente conservados, que sus habitantes han protegido durante décadas, este estrecho corredor de civilización que conecta el pueblo tico de Santa Elena y la colonia cuáquera de Monteverde constituye uno de los destinos más populares de Costa Rica.

No es fácil llegar a este punto: parte del actual esfuerzo para conservar estos territorios ha consistido en una resistencia activa contra las carreteras asfaltadas. Pero el viajero no debe permitir que le disuada el accidentado y desigual terreno, ni maldecir las piedras y los baches, ya que han conseguido crear un foso alrededor de un valioso experimento de ecoturismo sostenible, donde los seres humanos están aprendiendo a ganarse la vida con el bosque lluvioso sin destruirlo. En esta zona se mantiene un frágil equilibrio y, si hubiera podido accederse a ella con facilidad, sin duda la balanza se habría inclinado a favor de un excesivo desarrollo.

En lugar de eso, el bosque nuboso crea un hermoso marco para este intento de vivir cómodamente dentro del orden natural de las cosas, repleto de ranas veneno de flechas de color rubí, además de quetzales de color zafiro, en contraste con el neblinoso verde esmeralda. En el interior de esta selva, convertida en algo místico gracias a una luz matizada por el 100% de humedad, varios negocios de orientación ecológica exhiben técnicas de agricultura biológica, fauna y flora de la zona, energía solar y otras tecnologías pensadas para salvar el planeta.

Es algo así como un centro educativo, con institutos especializados en las mismas tareas, y un lugar al que acuden los artistas para interpretar este mundo. Si se observa con atención, en él subyace una gran sabiduría bajo los cada vez más numerosos cables de tirolina.

Sin duda, la zona ofrece un discreto ambiente de parque temático ecoturístico. También atrae a un buen número de expatriados que, al igual que los lugareños, parecen decididos a perfeccionar los aspectos prácticos de esas filosofías que insisten en el deber de cuidar el Edén de la naturaleza. Se oye hablar mucho inglés, pero cuando la conversación toca el tema de la conservación, como sucede tan a menudo en estas hermosas colinas, merece la pena escuchar. En esta zona se está elaborando un proyecto para vivir en armonía con la naturaleza y conocer un fragmento de él constituirá un recuerdo mucho más perdurable para el viajero cuando regrese a su país de origen que cualquier cosa que pueda comprar.

Orientación

Si se viaja en automóvil tomando uno de los dos desvíos de la Interamericana que conducen a la zona, se llega primero a Santa

NOROESTE DE COSTA RICA

Elena, una pequeña comunidad muy animada, con muchos hoteles económicos, restaurantes y otros atractivos que la convierten en el sitio más adecuado para alojarse una vez abandonado el vehículo. Una carretera que se inicia en el extremo más septentrional del triángulo conduce a Las Juntas y Tilarán, con un desvío hacia la Reserva Santa Elena. Desde el punto más occidental del triángulo (a la derecha, al entrar en la población), se accede a una pintoresca carretera llena de baches que conduce hasta la reserva de Monteverde.

Esta carretera, que constituye la columna vertebral de esta dispersa comunidad, está bordeada de hoteles y restaurantes con diversos grados de encanto. A unos 2 km de Santa Elena, Cerro Plano posee otro cuidado núcleo de negocios, que se concentra en torno a la Casem y la fábrica de queso de Monteverde. Casi a 5 km de la localidad, un desvío conduce al viajero durante 3 accidentados kilómetros hasta la Estación Biológica y la catarata de San Luis. Por lo general, hay caminos peatonales que discurren paralelos a las carreteras.

Información

LIBRERÍAS
La **cafetería Chunches** (☎ 645 5147; ⏰ 8.00-18.00 lu-sa), de Santa Elena, es una librería y cafetería que cuenta con una buena selección de libros entre los que se incluyen guías de viaje y de historia natural. Dispone de servicio de lavandería (5 US$ lavado y secado) y su tablón de anuncios constituye una buena fuente de información. También vale la pena visitar Bromelia's Books (p. 155).

URGENCIAS
Policía (☎ 645 5127)

ACCESO A INTERNET
Existen muchos lugares donde conectarse a la Red; los siguientes cobran 2 US$ por hora.
Internet Café (☎ 645 6940; ⏰ 8.00-21.00). En Cerro Plano.
Internet Pura Vida (☎ 361 1365; ⏰ 10.00-21.00). Ofrece café gratis.
Internet Taberna Valverde (☎ 645 5825; ⏰ 9.00-20.00). Ordenadores con conexiones rápidas.
Tranquilo.com (☎ 645 5831; ⏰ 9.00-20.00). En la parte oeste de Santa Elena, en las afueras.

ASISTENCIA MÉDICA
Santa Elena también cuenta con una pequeña **clínica** (☎ 645 5076; ⏰ cerrada 15.00 vi-7.00 lu). La **Cruz Roja** (☎ 645 6128), al norte de la población, está abierta 24 horas.

DINERO
En Santa Elena hay un **Banco Nacional** (☎ 645 5027; ⏰ 8.30-15.35 lu-vi), que abre los días laborables. En el hotel Camino Verde es posible cambiar euros, dólares estadounidenses y cheques de viaje en cantidades inferiores a 100 US$ con una comisión bastante alta.

INFORMACIÓN TURÍSTICA
No hay oficina de información general, pero la mayoría de los operadores turísticos (p. 159) y algunos hoteles pueden ser de utilidad a la hora de encontrar alojamiento y transporte, y resolver otros apuros. La **pensión Santa Elena** (p. 161; www.monteverdeinfo.com) constituye una buena fuente de información orientada al viajero con presupuesto reducido y su portal de Internet es, posiblemente, la fuente de información más exhaustiva que existe sobre la región.

Puntos de interés
Una peculiaridad de este bosque nuboso es que se extiende a ambos lados de la línea divisoria continental, lo que implica que existen dos ecosistemas y cada uno de ellos se enorgullece de poseer varias especies distintas, gran parte de las cuales es posible que el viajero no vea. Sin embargo, si se desea echar un vistazo a algún animal en particular, hay muchos lugares en la población donde la vista no resulta interceptada por tantos árboles.

JARDÍN DE MARIPOSAS
Una de las actividades más interesantes es visitar el **Jardín de Mariposas** (☎ 645 5512; adultos/estudiantes 7/5 US$; ⏰ 9.30-16.00). La entrada da derecho a recorrer un circuito guiado, dirigido por un naturalista, que se inicia con una instructiva charla sobre los ciclos vitales de las mariposas y la importancia de estos animales en la naturaleza. Se examina una gran variedad de huevos, orugas, crisálidas y mariposas adultas. A continuación, los visitantes pasan a los invernaderos donde se crían las mariposas y, después, al jardín cubierto donde es posible observar cientos de mariposas de múltiples especies.

¿QUIÉN HA VISTO AL SAPO DORADO?

Un animal que solía verse con tanta frecuencia que casi se había convertido en la mascota de Monteverde era el sapo dorado (*Bufo periglenes*). Monteverde destacaba por ser el único lugar del mundo donde aparecía este pequeño y exótico animal. El anfibio, de un color dorado, solía verse con frecuencia recorriendo los enlodados caminos del bosque húmedo, imprimiendo una pincelada de oro al entorno. Por desgracia, aunque era tan abundante antaño, nadie ha vuelto a verlo desde 1989 y es un misterio lo que ha podido sucederle.

En el transcurso de una conferencia internacional de herpetólogos (científicos que estudian los reptiles y anfibios), se apuntó que estaba ocurriendo la misma curiosa historia con otras especies de ranas y sapos de todo el mundo. Los anfibios, muy abundantes en otros tiempos, se han reducido mucho o, simplemente, han desaparecido. Los científicos no fueron capaces de ponerse de acuerdo sobre una razón que explicara la repentina desaparición de tantas especies en tantos hábitats distintos.

Una de las muchas teorías sostiene que el motivo es la degeneración de la calidad del aire. Los anfibios respiran tanto con unos primitivos pulmones como a través de su piel, siempre húmeda; son animales muy sensibles a las toxinas que se transmiten por el aire, porque realizan el intercambio de gases a través de la piel. Otra teoría defiende que la deforestación y el calentamiento del globo han ido empujando a las ranas a mayores altitudes, hasta que no les ha quedado ninguna altitud más elevada donde refugiarse. En cambio, otra teoría sostiene que su piel les proporciona muy poca protección contra los rayos UV y los crecientes niveles de estos rayos en los últimos años han resultado mortales para ellos. Tal vez sean como los canarios que empleaban los mineros en la antigüedad para avisarles de la existencia de aire tóxico en las minas. ¡Cuando el canario se desplomaba, era el momento de salir corriendo de la mina!

¿Acaso las ranas y sapos en vías de extinción constituyen un síntoma de que el planeta está demasiado contaminado?

El recorrido dura una hora aproximadamente; posteriormente, el visitante puede quedarse el tiempo que desee. La visita proporciona excelentes oportunidades de fotografiar magníficas mariposas y el lugar ofrece estupendas posibilidades para el voluntariado.

RANARIO

Con toda esta niebla, no es sorprendente que tantos anfibios se encuentren como en casa en Monteverde. El **Ranario** o **Frog Pond** (☎ 645 6320; ranariomv@racsa.co.cr; adultos/estudiantes 8/6 US$; ✹ 9.00-20.30); exhibe unas treinta especies, entre las que destacan los tritones y las salamandras, además de la amplia colección de ranas y sapos. Los guías conducen a los visitantes a los terrarios, que se encuentran en buen estado de conservación, y apuntan con linternas a las ranas, a menudo venenosas. No obstante, una especie que el viajero no va a encontrar por mucho que busque es el sapo dorado (véase recuadro en esta página), aunque tiene un lugar reservado.

Si el visitante tiene suerte (las propinas siempre se agradecen), es posible que el guía imite los sonidos de las ranas o le cuente historias del folclore local. Muchos anfibios del ranario se muestran más activos por la noche, de modo que si se desea verlos en acción, es posible volver al caer la noche con la misma entrada.

SERPENTARIO

El biólogo Fernando Valverde ha reunido unas cuarenta especies de serpientes, además de un buen número de ranas, lagartos, tortugas y otros animales de sangre fría en el **Serpentario** (☎ 645 6002; www.snaketour.com; adultos/estudiantes/niños 7/5/3 US$; ✹ 9.00-20.00). En ocasiones, resulta difícil encontrar a las escurridizas estrellas del espectáculo en sus confortables jaulas, repletas de follaje, pero hay un servicio de guías en español o inglés para visitas gratuitas; igualmente, los rótulos son bilingües. El expositor de la serpiente venenosa está especialmente bien logrado.

MUNDO DE LOS INSECTOS

En el **Mundo de los insectos** (☎ 645 6859; klatin dancer@hotmail.com; adultos/estudiantes 7/5 US$; ✹ 8.00-21.00) no podían faltar las mariposas, aunque posiblemente haya más mariposarios en este país que cables para practicar tirolina de árbol en árbol. Lo que

MONTEVERDE Y SANTA ELENA

NOROESTE DE COSTA RICA

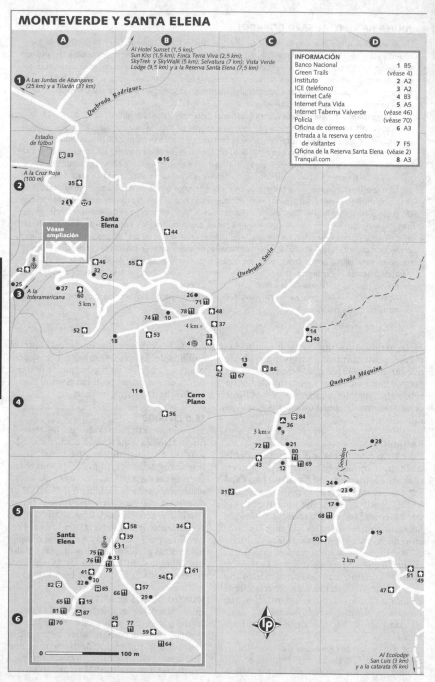

INFORMACIÓN

Banco Nacional	**1** B5
Green Trails	(véase 4)
Instituto	**2** A2
ICE (teléfono)	**3** A2
Internet Café	**4** B3
Internet Pura Vida	**5** A5
Internet Taberna Valverde	(véase 46)
Policía	(véase 70)
Oficina de correos	**6** A3
Entrada a la reserva y centro de visitantes	**7** F5
Oficina de la Reserva Santa Elena	(véase 2)
Tranquil.com	**8** A3

Al Hotel Sunset (1,5 km);
Sun Kiss (1,5 km); Finca Terra Viva (2,5 km);
SkyTrek y SkyWalk (5 km); Selvatura (7 km); Vista Verde
Lodge (9,5 km) y a la Reserva Santa Elena (7,5 km)

A Las Juntas de Abangares
(25 km) y a Tilarán (31 km)

Quebrada Rodríguez

Estadio
de fútbol

A la Cruz Roja
(100 m)

Santa
Elena

Véase
ampliación

A la
Interamericana

5 km

Quebrada Sucia

Quebrada Máquina

Cerro
Plano

4 km

3 km

Sendero

2 km

Santa
Elena

Al Ecolodge
San Luis (3 km)
y a la catarata (6 km)

0 ————— 100 m

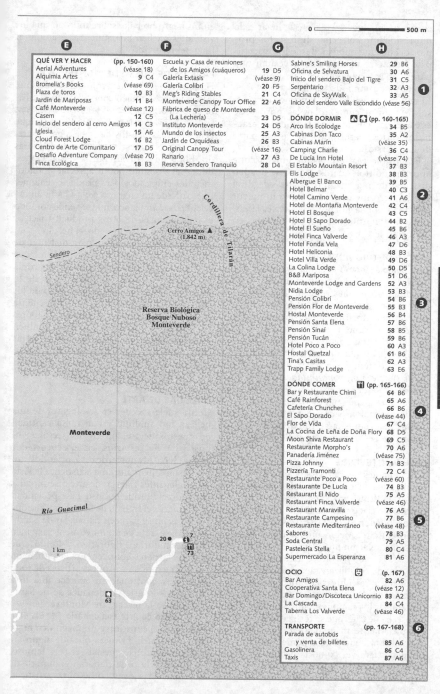

0 ▬▬▬▬▬▬▬ **500 m**

QUÉ VER Y HACER (pp. 150-160)
Aerial Adventures (véase 18)
Alquimia Artes **9** C4
Bromelia's Books (véase 69)
Plaza de toros **10** B3
Jardín de Mariposas **11** B4
Café Monteverde (véase 12)
Casem **12** C5
Inicio del sendero al cerro Amigos **14** C3
Iglesia **15** A6
Cloud Forest Lodge **16** B2
Centro de Arte Comunitario **17** D5
Desafío Adventure Company (véase 70)
Finca Ecológica **18** B3

Escuela y Casa de reuniones
de los Amigos (cuáqueros) **19** D5
Galería Extasis (véase 9)
Galería Colibrí **20** F5
Meg's Riding Stables **21** C4
Monteverde Canopy Tour Office **22** A6
Fábrica de queso de Monteverde
(La Lechería) **23** D5
Instituto Monteverde **24** D5
Mundo de los insectos **25** A3
Jardín de Orquídeas **26** B3
Original Canopy Tour (véase 16)
Ranario **27** A3
Reserva Sendero Tranquilo **28** D4

Sabine's Smiling Horses **29** B6
Oficina de Selvatura **30** A6
Inicio del sendero Bajo del Tigre **31** C5
Serpentario **32** A3
Oficina de SkyWalk **33** A5
Inicio del sendero Valle Escondido (véase 56)

DÓNDE DORMIR ⬛ 🏠 (pp. 160-165)
Arco Iris Ecolodge **34** B5
Cabinas Don Taco **35** A2
Cabinas Marín (véase 35)
Camping Charlie **36** C4
De Lucía Inn Hotel (véase 74)
El Establo Mountain Resort **37** B3
Elis Lodge **38** B3
Albergue El Banco **39** B5
Hotel Belmar **40** C3
Hotel Camino Verde **41** A6
Hotel de Montaña Monteverde **42** C4
Hotel El Bosque **43** C5
Hotel El Sapo Dorado **44** B2
Hotel El Sueño **45** B6
Hotel Finca Valverde **46** A3
Hotel Fonda Vela **47** D6
Hotel Heliconia **48** B3
Hotel Villa Verde **49** D6
La Colina Lodge **50** D5
B&B Mariposa **51** D6
Monteverde Lodge and Gardens **52** A3
Nidia Lodge **53** B3
Pensión Colibrí **54** B6
Pensión Flor de Monteverde **55** B3
Hostal Monteverde **56** B4
Pensión Santa Elena **57** B6
Pensión Sinaí **58** B5
Pensión Tucán **59** B6
Hotel Poco a Poco **60** A3
Hostal Quetzal **61** B6
Tina's Casitas **62** A3
Trapp Family Lodge **63** E6

DÓNDE COMER 🍴 (pp. 165-166)
Bar y Restaurante Chimi **64** B6
Café Rainforest **65** A6
Cafetería Chunches **66** B6
El Sapo Dorado (véase 44)
Flor de Vida **67** C4
La Cocina de Leña de Doña Flory **68** D5
Moon Shiva Restaurant **69** C5
Restaurante Morpho's **70** A6
Panadería Jiménez (véase 75)
Pizza Johnny **71** B3
Pizzería Tramonti **72** C4
Restaurante Poco a Poco (véase 60)
Restaurante De Lucía **74** B3
Restaurant El Nido **75** A5
Restaurant Finca Valverde (véase 46)
Restaurant Maravilla **76** A5
Restaurante Campesino **77** B6
Restaurante Mediterráneo (véase 48)
Sabores **78** B3
Soda Central **79** A5
Pastelería Stella **80** C4
Supermercado La Esperanza **81** A6

OCIO 😊 (p. 167)
Bar Amigos **82** A6
Cooperativa Santa Elena (véase 12)
Bar Domingo/Discoteca Unicornio **83** A2
La Cascada **84** C4
Taberna Los Valverde (véase 46)

TRANSPORTE (pp. 167-168)
Parada de autobús
y venta de billetes **85** A6
Gasolinera **86** C4
Taxis **87** A6

Cordillera de Tilarán

Cerro Amigos ▲
(1.842 m)

Sendero

Reserva Biológica
Bosque Nuboso
Monteverde

Monteverde

Río Guacimal

1 km

NOROESTE DE COSTA RICA

❶ ❷ ❸ ❹ ❺ ❻

convierte en algo especial a este lugar es la impresionante colección de insectos propios del bosque nuboso, desde los insectos palo hermafroditas que no necesitan una pareja en sus vidas hasta las arañas del banano, con fama de ser muy venenosas. El factor asco en los visitantes es elevado, sobre todo al contemplar las hordas de cucarachas acuáticas, escorpiones y arácnidos varios, pero todo esto forma parte de la diversión.

Es posible realizar visitas guiadas que aportan múltiples datos. De día se pueden disfrutar de unas magníficas vistas desde el tejado, pero los insectos muestran mayor actividad por la noche. Por suerte, la entrada puede utilizarse para dos visitas en el mismo día.

JARDÍN DE ORQUÍDEAS

Este **punto de interés** (gabyorchid@yahoo.com; adultos/niños 3/5 US$; ☺ 8.00-17.00), que desprende un dulce aroma al borde de la carretera, cuenta con caminos sombreados entre más de cuatrocientos tipos de orquídeas, organizadas por grupos taxonómicos. Es posible concertar visitas guiadas en español, inglés y francés, si no hay demasiados visitantes. Podrán contemplarse rarezas tales como la *Plztystele jungermannioides*, la orquídea más pequeña del mundo, y otras seleccionadas para ser objeto de protección por la fundación Sacro (Save Costa Rican Orchids/Salvemos las Orquídeas en Costa Rica), que gestiona este oasis florido.

CAFÉ MONTEVERDE

A los amantes del café les encantará encontrar algunos de los mejores cafés del mundo en el **Café Monteverde** (☎ 645 7090; www.cafemonteverde.com; visitas por persona 15 US$; ☺ 7.30-18.00), donde pueden degustarse seis tuestes de modo gratuito. Mejor aún: se puede reservar con antelación una visita de dos horas y media (a las 8.00 y las 13.00 horas) a sus cafetales, donde se utilizan métodos totalmente orgánicos para cultivar la variedad perfecta. A finales de abril es el mejor momento para contemplar los campos en flor, mientras que la cosecha de café, que se realiza de un modo completamente manual, tiene lugar entre diciembre y febrero. Cualquier momento es bueno para ver cómo la bebida favorita de muchos realiza la transición desde unas bayas de color rojo rubí hasta convertirse en un negro brebaje, sobre todo porque los visitantes reciben más muestras gratuitas al final del recorrido.

FÁBRICA DE QUESO DE MONTEVERDE

Hasta el reciente incremento del ecoturismo, esta empresa, también conocida como La Fábrica o **La Lechería** (☎ 645 5436; visitas adultos/niños 8/5 US$; ☺ 7.30-16.00 lu-sa, 7.30-12.30 do), era la que generaba más puestos de trabajo en Monteverde. Es preciso reservar para disfrutar de las dos horas de recorrido por las instalaciones, donde el visitante podrá apreciar antiguos métodos empleados para producir cualquier queso, desde un cremoso *gouda* hasta un excelente *cheddar* blanco, que se vende por todo el país, además de otros productos lácteos como el yogur y, sobre todo, el helado.

Vale la pena detenerse para disfrutar de un cucurucho con las suaves delicias que sirven aquí (el café, elaborado con la propia mezcla orgánica de Monteverde, es de lo mejorcito), o bien en cualquier otro de los selectos establecimientos con que cuenta la población, entre los que destaca Sabores (p. 166). En la tiendecita contigua también venden charcutería, granola casera y otras delicias para tomar un tentempié; además, de lunes a viernes, es posible observar tras el escaparate cómo hacen queso.

GALERÍAS DE ARTE

Como suele suceder en los lugares de una belleza tan sublime y con tanta cantidad de puestos de trabajo en los sectores industrial y de servicios, en el ecocorredor Santa Elena-Monteverde está forjándose un impresionante panorama artístico, a la vista en las elegantes galerías de arte diseminadas por todo el bosque nuboso. La especialidad de la zona es el trabajo de la madera, aunque las obras no se parecen nada a las de Sarchí (p. 116): se trata de un movimiento artístico local, escultórico, figurativo y fluido, que merece la pena conocer. En la población también exponen sus obras artistas de todo el país. A continuación aparece una lista de algunas galerías, ordenadas desde Santa Elena hasta la reserva de Monteverde.

El **Centro de Arte Comunitario** (☎ 645 6121; ☺ 10.00-18.00) constituye un magnífico lugar para admirar la primera obra de algún artista costarricense que tal vez será famoso: los niños de la zona elaboran gran parte de la cerámica, las joyas y otras obras artísticas,

LOS CUÁQUEROS DE MONTEVERDE

La historia de la fundación de Monteverde no es nada habitual. Se inicia en Alabama con cuatro cuáqueros (un grupo religioso pacifista, también conocido como los "Amigos"), que fueron encarcelados en 1949 por negarse a ingresar en el servicio militar estadounidense.

Cuando salieron de la cárcel, se unieron a otros cuáqueros y empezaron a buscar un lugar para establecerse y vivir tranquilos. Tras buscar tierras en Canadá, México y América Central, se decantaron por Costa Rica, un país donde la política pacifista y la inexistencia de ejército se adecuaban a sus filosofías. Eligieron la zona de Monteverde por su clima agradable y sus fértiles tierras, y porque estaba lo bastante lejos de San José como para que (en aquella época) resultara relativamente barato comprar terrenos.

En 1951 llegaron a Monteverde cuarenta y cuatro colonos (hombres, mujeres y niños de 11 familias). Muchos llegaron en avión a San José y cargaron sus pertenencias en camiones, que otros condujeron desde Alabama hasta Monteverde, un viaje que se prolongó tres meses. Si los visitantes piensan que las carreteras que conducen a Monteverde son malas, que imaginen cómo debían de ser hace cinco décadas. En 1951, la carretera era un camino para carretas tiradas por bueyes y se necesitaron semanas de trabajo para que resultara apenas transitable para vehículos más grandes.

Los cuáqueros compraron unas 1.500 Ha y empezaron a criar vacas lecheras y elaborar queso. La producción quesera inicial era de 10 kg diarios; en la actualidad, la moderna fábrica de queso de Monteverde produce más de 1.000 kg diarios, que se venden por todo el país. La fábrica de queso (La Lechería; p. 154) se encuentra actualmente en el centro de la comunidad de Monteverde y quienes estén interesados en el proceso de elaboración de quesos pueden visitarla.

Se ha hablado de pavimentar la carretera desde la Interamericana hasta Monteverde, pues realmente se encuentra en muy mal estado. Sin embargo, muchos vecinos de la zona no lo desean y les preocupa mucho que una carretera asfaltada pueda cambiar la zona a peor de un modo espectacular.

El visitante observará que, debido a la influencia cuáquera y al auge del turismo, gran parte de la población local habla inglés y muchos lugares tienen el nombre en inglés, además de en español. Cabe recordar que en la zona vivían unas cuantas familias costarricenses de agricultores antes de la llegada de los cuáqueros.

además de aportar el personal del centro. Es interesante preguntar por su proyecto de tratamiento de aguas residuales.

La **galería Extasis I y II** (☎ 645 5548; ☟ 9.00-18.00), a unos 100 m, divide en dos una colección exquisita. La galería I se centra en obras de madera, entre las que destacan piezas de Fabio, Marco y Tulio Brenas, miembros de una familia de escultores en madera que tallan piezas excepcionales y, por lo general, figurativas, con una fluidez excepcional en este material; asimismo, alberga animales creados por David Villalobos. Las pinturas, principalmente en la galería II, son todas de artistas de la zona de Monteverde.

Alquimia Artes (☎ 645 5837; ☟ 8.30-18.00), alberga obras que resultan un poco más asequibles –merece la pena echar una ojeada a la joyería de Tarcicio Castillo, de los Andes ecuatorianos–, pero eso no quiere decir que esta colección de obras de artistas de toda Costa Rica no resulte asombrosa. No hay

que perderse los retratos de vivos colores de Helen Rodas, en papel de banana, y las escenas surrealistas de Justo Aguilar.

La **Casem** (Cooperativa de Artesanía Santa Elena Monteverde; ☎ 645 5190; ☟ 8.00-17.00 lu-sa, 10.00-16.00 do temporada alta) empezó en 1982 como una cooperativa de mujeres que agrupaba a ocho artistas femeninas. En la actualidad, ha crecido hasta englobar casi 150 artesanos de la zona, entre los que se incluyen 8 hombres. Ofrece una ecléctica selección de telas bordadas y pintadas de colores vivos, vajillas de madera pulida, tarjetas hechas a mano y otras obras, algunas con precios asequibles incluso para clientes de presupuesto ajustado.

En la elegante **Bromelia's Books** (☎ 645 6272; ☟ 10.00-17.30), con su gran cantidad de piezas de artesanía local, de madera bruñida de Cerro Plano, destacan elaboradas telas de *batik*. También disponen de libros sobre la región, de historia natural sobre todo, además de una amplia oferta de música costarricense. En el momento de elaborar esta guía, los propietarios estaban terminando una sauna natural construida con una especie de estructura de adobe (las ventanas están hechas con botellas de vidrio y dispone de una agradable fuente de calor que también sirve para cocer pan). Los propietarios son los mismos que los de la galería Colibrí.

Fuera de la reserva de Monteverde, la **Galería Colibrí** (☎ 645 5030; ⏱ 8.30-17.00) acoge hermosas fotografías, acuarelas y obras de arte realizadas por indígenas chorotegas de Guanacaste y, lo mejor de todo, unos comederos que atraen constantemente a varias especies de colibríes. Es una buena oportunidad de fotografiar al colibrí ala de sable violáceo (el mayor colibrí de Costa Rica) y al esmeralda de cabeza dorada, una de las tres únicas aves terrestres endémicas de Costa Rica. Un panel de identificación muestra las nueve especies que es posible contemplar en este lugar. Si al viajero le apetece echar una ojeada más de cerca, se exponen diapositivas y fotografías de las joyas con plumas (y otras brillantes criaturas) más valiosas de la selva, realizadas por los famosos fotógrafos de la naturaleza Michael y Patricia Fodgen; hay reproducciones más pequeñas a la venta.

Actividades

No hay que olvidarse las botas de excursionismo y el aerosol de repelente contra los mosquitos: hay miles de cosas que hacer al aire libre, además de mucha acción en los circuitos de *canopy* que recorren la selva.

EXCURSIONISMO

Las mejores excursiones se concentran en las dos reservas de bosque nuboso al final de la carretera principal: la Reserva Biológica Bosque Nuboso Monteverde (p. 168) y la Reserva Santa Elena (p. 172), de las que se habla más adelante, en este mismo capítulo.

Si el visitante ha sentido alguna vez la tentación de desconfiar de los escolares que piden dinero para salvar el bosque tropical, debe detenerse en el **Bosque Eterno de los Niños** (☎ 645 5923; uso diario adultos/estudiantes 5/4 US$, excursión nocturna guía 15/10 US$; ⏱ 7.30-17.30) y ver lo que han conseguido con todas esas monedas sueltas. No obstante, hay que tener presente que esta enorme reserva de 22.000 Ha, que deja pequeñas a Monteverde y Santa Elena, resulta inaccesible en su mayor parte. El ejército internacional de niños que la sufragó decidió que era más importante proporcionar un hogar a la fauna y flora locales en las selvas primaria y secundaria (y permitir que la selva fuera recuperando poco a poco antiguos terrenos de cultivo), antes que desarrollar una lucrativa infraestructura turística.

El esfuerzo ha tenido en cuenta una fabulosa vía que se adentra en un sistema de senderos sin urbanizar destinados, fundamentalmente, a investigadores: el **sendero Bajo del Tigre**, de 3,5 km, que ofrece vistas más despejadas que los senderos del bosque húmedo, por lo que suele resultar más fácil la observación de aves. Es buena idea reservar con antelación las populares excursiones nocturnas, con salida a las 17.30, que consisten en una caminata de dos horas con linternas a través de un mar de brillantes ojos rojos. La Estación Biológica San Gerardo, ubicada al final del sendero, dispone de camas en dormitorios colectivos para investigadores y estudiantes, aunque tal vez sea posible quedarse si se concierta con antelación.

La **Finca Ecológica** (☎ 645 5363; www.fincaecologicamonteverde.com; adultos/estudiantes 7/5 US$; ⏱ 7.00-17.00) cuenta con cuatro senderos en forma de bucle (se tarda aprox. unas 2½ h en recorrer el más largo, a ritmo lento), donde cabe la posibilidad de realizar excursiones de distinta duración, por terrenos privados que comprenden bosques secundarios y premontanos, plantaciones de café y bananas, y un par de cascadas y miradores. Es posible ver coatíes, tepezcuintles y perezosos casi todos los días y, en ocasiones, también monos, puerco espines y otros animales. También abundan las aves. Los circuitos guiados (3 h, 15 US$, entrada no incluida) pueden realizarse en cualquier momento del día, aunque se ven muchos más animales en los circuitos nocturnos guiados (17.30-19.30, adultos/estudiantes 14/9 US$).

El **Valle Escondido** (☎ 645 5156; uso diario 5 US$, circuitos nocturnos adultos/niños 15/10 US$; ⏱ 7.30-17.30) es un hermoso camino que se inicia en la Pensión Monteverde (p. 162) y serpentea por un profundo cañón hasta adentrarse en una reserva de 11 Ha. Es posible recorrerlo a placer durante el día, pero se recomienda reservar los circuitos nocturnos guiados, de dos horas de duración.

Es interesante subir caminando hasta el **cerro Amigos** (1.842 m) para disfrutar de buenas vistas del bosque lluvioso de los alrededores; en los días despejados se llega a divisar el volcán Arenal, 20 km al nordeste. El sendero sale de Monteverde desde la parte trasera del hotel Belmar y asciende bruscamente 300 m en 3 km; desde el hotel, puede tomarse la carretera sin asfaltar que baja y, después, la siguiente a la izquierda.

CATARATA DE SAN LUIS

Es buena idea reservar seis horas para la excursión en círculo que conduce hasta este fantástico curso de agua que discurre por el bosque nuboso hasta unas piscinas naturales donde resulta de lo más apetecible nadar y tomar un tentempié. El camino hasta este punto consiste en un abrupto descenso por una pendiente; si el viajero no desea caminar de regreso, puede llamar a un taxi en el ecolodge San Luis (p. 173); cuesta 12 US$, pero posiblemente merezca la pena.

Si se va en coche, se necesitará un vehícu-lo todoterreno para vadear el río y salir por la embarrada carretera. Se puede cruzar el río y girar a la izquierda en la pulpería de enfrente. Es práctico aparcar (6 US$ por vehículo) en una granja particular; desde este punto, hay una breve caminata hasta las cataratas. Varias empresas de excursiones a caballo ofrecen salidas a las cataratas (50 US$ por persona), pero hay que tener presente que, en la actualidad, gran parte de la carretera está asfaltada, lo que resulta perjudicial para las rodillas de los caballos. Hay vehículos todoterreno (véase Monteverde Off-Roader, p. 160) que también realizan esta excursión.

CIRCUITOS DE 'CANOPY'

Si el viajero se pregunta dónde se inició la práctica del *canopy* de árbol en árbol, debe saber que Santa Elena fue el lugar de Costa Rica donde se instalaron los primeros cables de tirolina, eclipsados en la actualidad por los aproximadamente ochenta imitadores que han venido después, muchos de los cuales se encuentran en la población. La posibilidad de ver un quetzal mientras se practica esta actividad es tan remota que seguramente solo se conseguirá si uno se da de bruces con el animal en un descenso,

pero es muy divertido y vale la pena pagar entre 35 y 45 US$ por deslizarse entre el dosel del bosque. Además, existen muchas otras maneras de adentrarse en las nubes, si es que el viajero realmente desea contemplar la fauna y la flora.

Aerial Adventures and Natural Wonders Tram (☎ 645 5960; naturalwonders@racsa.co.cr; telesilla adultos/niños 15/8 US$, excursión 7 US$, telesilla y excursión 20 US$) es, esencialmente, una telesilla que ofrece un viaje de 1,5 km en sillas de góndola propulsadas por electricidad en unos raíles sujetos a torres; la altura alcanza 12 m. El paseo se prolonga entre 1 y 1½ h y los viajeros tienen la posibilidad de detenerse brevemente para observar los alrededores. Aunque carece de la emoción característica de la tirolina, este paseo más tranquilo ofrece vistas parecidas y, posiblemente, mejores oportunidades de contemplar las aves y la naturaleza.

Otra posibilidad es alquilar cochecitos de golf (30 US$ por vehículo), con capacidad para un máximo de tres personas, y recorrer los caminos después. Se trata de una estupenda elección para personas con movilidad reducida que deseen salir solas por el bosque.

Una alternativa a los circuitos de tirolina que atestan la zona de atracciones educativas es **Aventura** (☎ 645 6959; mauaventura@hotmail.com; adultos/estudiantes 35/28 US$; ☺ 7.00-14.30), que cuenta con 16 cables amenizados con cuerdas para practicar la escalada y el *rappel*. Unos 3 km al norte de Santa Elena, en la carretera hacia la reserva, un desvío bien señalizado conduce hasta este punto; el transporte desde el hotel del viajero está incluido en el precio.

En los terrenos del Cloud Forest Lodge, **The Original Canopy Tour** (☎ 291 4465; www.canopytour.com; adultos/estudiantes/niños 45/35/25 US$; ☺ 7.30-14.30) posee los legendarios cables de tirolina que iniciaron un movimiento ecoturístico de cuestionable valor ecológico, pero que, a pesar de todo, reporta al país unos 120 millones de dólares anuales, libres de pesticidas (de los que Darren Hreniuk quisiera obtener una parte mayor, véase recuadro p. 158). Este circuito no es tan elaborado como los demás, pero cuenta con 14 plataformas, zonas de *rappel* y senderos particulares que merece la pena recorrer después. El viajero disfrutará de un pedazo de historia que resulta mucho más entretenido que muchos museos.

NOROESTE DE COSTA RICA

LA BATALLA DEL 'CANOPY' *Carolina A. Miranda*

No todo marcha bien en el mundo de los operadores de tirolina. Cuando empezó a desencadenarse una feroz competencia entre los más de 80 operadores de todo el país, el fundador del Circuito de *Canopy* Original decidió patentar su idea y la expresión *"canopy tour"* (circuito de tirolina) en el Registro Nacional de Costa Rica. Tras recibir la titularidad de la patente, Darren Hreniuk, el canadiense que está detrás de la idea, afirmó que los demás operadores estaban organizando "circuitos piratas" y les instó a que le pagaran por la licencia o cerraran el negocio.

Los demás operadores, en su mayoría, han hecho caso omiso a esta petición, pues consideran que la idea de saltar de árbol en árbol con un sistema de cables y poleas no es precisamente nueva (hay un cuadro de 1858 en el Museo Nacional donde aparecen personas que se desplazan con cuerdas atadas entre los árboles). Hreniuk insiste en lo contrario: "Yo soy el inventor de los circuitos de *canopy* –declaró al *Tico Times* en agosto de 2003–. Y no importa si a la gente le gusta o no".

El Registro Nacional apoyó su reivindicación y proporcionó a Hreniuk una orden de suspensión de actividades que exigía el cierre del negocio a los demás operadores. Armado con este documento, visitó más de una docena de empresas entre abril y diciembre de 2003 e intentó cerrarlas.

Mientras se elaboraba esta obra, la orden de suspensión de actividades fue paralizada por el gobierno, que desea estudiar más a fondo el problema. En el ámbito local, las medidas legales de Hreniuk no están nada bien consideradas. Muchos ticos opinan que su patente y la subsiguiente aplicación suponen un intento de crear un monopolio extranjero sobre una actividad en la que participan más de una cuarta parte de todos los turistas que visitan Costa Rica.

En cualquier caso, este es el tipo de batalla legal que puede restar diversión al viaje. Hay que esperar que la persona que "inventó" el *rafting* no intente seguir los mismos pasos.

Los creadores de la "ecodiversión" realmente echaron el resto en **Selvatura** (☎ 645 5929; www.selvatura.com; circuito de tirolina adultos/niños 45/38 US$, paquete 75/60 US$; ◷ 7.30-16.00), a 150 m de la reserva Santa Elena. Merece la pena decantarse por el paquete completo: además de las 2½ horas que dura lo que aseguran que es el circuito de tirolina más largo del país (aunque tal vez, para cuando el viajero haya terminado de recorrerlo, ya hayan abierto seis más), incluye el acceso a todas las atracciones, gran parte de las cuales pueden verse por separado pagando 10 US$ por cada una.

Los jardines de mariposas y colibríes, de proporciones considerables, resultan agradables y óptimos para sacar fotografías, pero la palma se la lleva la **Exposición de joyas del bosque lluvioso**, un tanto abrumadora con la ingente cantidad de especímenes de insectos y mariposas ingeniosamente ordenados con distintas disposiciones. También cabe destacar una caminata a pie de 3 km que incluye una serie de ocho puentes suspendidos (entrada 25 US$ por separado) en el recorrido de *canopy*, más lento esta vez. Llevar un guía supone abonar 30 US$ adicionales por grupo y es posible acceder a los caminos en silla de ruedas. Los precios incluyen el transporte desde el hotel del visitante y a los operadores no les importa que éste tome el primer vuelo de la mañana; es buena idea ir a visitar la reserva cercana y volver para disfrutar del circuito de tirolina.

Considerado por muchos el circuito más salvaje, **SkyTrek** (☎ 645 5796; www.skywalk.co.cr; adultos/estudiantes Skytrek 40/32 US$, Skytrek y SkyWalk 45/36 US$; ◷ 7.30-17.00) es un complejo ecoturístico recomendable para disfrutar de la acción y los gritos de emoción que genera la tirolina en 11 cables independientes sobre los caminos (no se molestan en utilizar los árboles y, en lugar de eso, confían en torres de acero) y a través de "túneles de vistas selváticas".

Si el viajero desea disfrutar de las vistas más de cerca, es buena idea hacerse con el paquete que incluye el **SkyWalk**, con varios puentes suspendidos por el circuito de *canopy*, que imprimen un ritmo más lento. También cabe destacar un billete combinado con el serpentario de la población (adultos/estudiantes 48/38 US$); el transporte es gratuito desde el hotel de los visitantes.

SkyTrek sólo queda a 2 km de la Reserva Santa Elena y, sin duda, es posible ver ambos puntos de interés en un mismo día. Los viajeros que estén pensando en la posibilidad de realizar un circuito de tirolina como terapia para el vértigo deben tener presente que las dos primeras plataformas están cerca del suelo, una circunstancia que ofrece la posibilidad de echarse atrás después del primer cable sin verse obligado a bajar haciendo *rappel*. No devuelven el dinero, pero es posible obtener una camiseta de regalo.

PASEOS A CABALLO

Hasta hace poco tiempo, la manera más sencilla de recorrer la zona era hacerlo a caballo y, teniendo en cuenta los caminos que hay, posiblemente siga siendo cierto. Varios operadores ofrecen al viajero la posibilidad de poner a prueba la veracidad de esta teoría, con unos paseos guiados a caballo de entre dos horas y cinco días de aventura. Las excursiones más cortas suelen costar unos 15 US$ por hora, mientras que el precio de una salida con noche, comidas y alojamientos incluidos oscila entre 150 y 200 US$.

Algunas empresas también se desplazan hasta La Fortuna, una fascinante opción de transporte con algunas salvedades (60-100 US$; véase p. 168).

Caballeriza El Rodeo (☎ 645 5075) ofrece circuitos locales por caminos particulares, además de excursiones a la catarata de San Luis y una excursión al atardecer hasta un punto con vistas al golfo de Nicoya; las excursiones de dos horas de duración cuestan 20 US$ por persona (mínimo dos personas).

Entre la oferta de **Desafío Adventure Company** (☎ 645 5874; www.monteverdetours.com) cabe destacar excursiones a pie por la localidad para grupos e individuales, excursiones de un día a la catarata de San Luis (6 h, 50 US$ por persona) y otras muchas salidas de varios días, además de la excursión por el sendero del lago hasta La Fortuna. Esta consolidada empresa organiza paseos por el sendero Castillo si el tiempo es idóneo y los jinetes son expertos. También ofrece excursiones para practicar *rafting* de aguas bravas en los ríos Toro, Sarapiquí y otros, además de ayudar con el transporte y las reservas de hotel.

Meg's Riding Stables (☎ 645 5560; www.guanacaste.com/sites/stellas/stables.htm) lleva a los visitantes por senderos particulares de las cercanías, además de ofrecer excursiones hasta la catarata de San Luis. Asimismo, dispone

de sillas de montar infantiles. Sus caballos están bien cuidados y es la empresa que lleva funcionando más tiempo en Monteverde.

Sabine's Smiling Horses (☎ 645 6894; www.horseback-riding-tour.com), dirigido por Sabine, ofrece gran variedad de excursiones, desde salidas de un día a 15 US$ por hora hasta excursiones especiales, como un Paseo a la Luna Llena (50 US$ por persona, 5 h). La oferta incluye también caminatas de varios días y cabe la posibilidad de que Sabine lleve a los jinetes experimentados por el sendero Castillo, si el tiempo lo permite. Los lectores han recomendado mucho esta empresa.

Cursos

El **Instituto Monteverde** (☎ 645 5053; www.mvinstitute.org) es una institución educativa sin ánimo de lucro, fundado en 1986, que ofrece cursos multidisciplinarios de biología tropical, protección medioambiental y desarrollo sostenible, entre otros temas. En alguna ocasión, están abiertos al público en general: es buena idea consultar el portal de Internet. También cabe destacar un programa de colocación de voluntarios que deseen impartir docencia en escuelas locales o trabajar en programas de reforestación.

En los cursos cortos del instituto (800-1.800 US$, 2 semanas), se enseña a estudiantes de secundaria y universitarios protección y usos del territorio en la zona de Monteverde. Los cursos más largos (4.000 US$, 10 semanas) son programas reconocidos por universidades destinados a estudiantes de este nivel y hacen hincapié en la ecología tropical comunitaria.

El instituto también administra **Monteverde Studios of the Arts,** con una amplia oferta de clases y talleres, en ocasiones abiertos a los visitantes, que abordan todo tipo de actividades desde la artesanía en madera a la elaboración de papel, con un hincapié especial en la cerámica.

En Bromelia's Books (p. 155) también imparten **clases de yoga** (☎ 645 5906; elyhawking@yahoo.com; 6 US$ por persona; ⊗ 9-10.30).

Circuitos

La población cuenta con varias empresas especializadas en circuitos, aunque es posible que el mismo hotel donde se aloja el viajero organice varios recorridos por la zona.

La **Asociación de Tour Operadores de Monteverde** (Atom; ☎ 645 6565) publica el folleto *Qué hacer en Monteverde*, que resulta muy práctico y puede conseguirse de forma gratuita en casi todas partes. También ofrece paquetes a medida donde el cliente puede escoger dos o más atractivos de la localidad; suponen un ahorro de varios dólares en cada entrada y pueden obtenerse en cualquiera de las atracciones turísticas participantes (o en la mayor parte de ellas).

La **pensión Santa Elena** (☎ 645 5051; www.monteverdeinfo.com) constituye una excelente fuente de información sobre casi todo lo que sucede en la localidad. El personal también se ocupa de organizar una gran variedad de circuitos y tipos de transporte, siempre teniendo en cuenta al viajero con presupuesto reducido; su portal de Internet tal vez sea la mejor fuente de información de la zona que pueda encontrarse.

Green Trails (☎ 364 1710; greentrailsgt@yahoo.com) está especializada en circuitos para grupos, normalmente organizados fuera del país, aunque esta empresa, con gran experiencia en el sector, también organiza circuitos urbanos, (55 US$ por persona), con visitas al ranario, al jardín de mariposas, etc. El personal puede ayudar a los visitantes con cualquier trámite, desde comprar billetes de avión hasta reservar alojamiento económico en cualquier punto del país.

Si el viajero se ha cansado de vegetales orgánicos, tal vez le apetezca subir en un todoterreno de **Monteverde Off-Roader** (☎ 645 5023; quadadventures@ad.com; circuito por vehículo 35-100 US$) y poner rumbo a la catarata de San Luis y otros destinos semivírgenes.

En el **hotel Camino Verde** (☎ 645 5204; www.monteverdeinfocenter.com; ☼ 6.00-21.00) es posible reservar cualquier tipo de circuito y transporte, incluido el enlace a la Reserva Santa Elena (2 US$). Asimismo, ofrecen acceso a Internet (3 US$/h) y cambian euros, dólares y cheques de viaje (con comisiones bastante elevadas)

La **pensión Tucán** (p. 161; ☼ 6.00-21.00) y el albergue El Banco (p. 161) también organizan todos los circuitos.

Fiestas y celebraciones

El Festival de Música de **Monteverde** (www.mvinstitute.org), que se celebra cada año en fechas variables, desde finales de enero hasta principios de abril, goza de una bien merecida reputación como uno de los mejores festivales musicales de América Central. Se trata, esencialmente, de música clásica, *jazz* y latina, con algún grupo experimental de vez en cuando para dar más sabor al festival. Los conciertos se celebran los jueves, viernes y sábados en distintos locales de la población. Algunas actuaciones son gratuitas, pero la mayor parte de ellas cuesta entre 5 y 15 US$ cada una; los ingresos se destinan a la enseñanza de música y bellas artes en escuelas locales.

Dónde dormir

Durante las Navidades y Semana Santa, muchos hoteles están reservados con semanas de antelación. Entre los meses de enero y abril, y también en julio, suelen estar llenos con frecuencia, la suficiente como para que resulte aconsejable telefonear antes de llegar para comprobar que el hotel deseado dispone de habitaciones. Es posible que el visitante deba efectuar la reserva con mucha anticipación para conseguir las fechas y hotel de su elección. En cambio, si se tiene flexibilidad, casi siempre es posible encontrar algún lugar donde alojarse.

ECONÓMICO

La competencia ha mantenido los precios bajos y hasta los sitios más económicos suelen ofrecer duchas con agua caliente (más o menos). La pensión Santa Elena (véase recuadro p. 160) es la recomendada por la autora entre las posibilidades de esta categoría.

Camping Charlie (☎ 645 6962; 3 US$ por persona). Con varios lugares de acampada diminutos, aunque pintorescos, ubicados junto a un rumoroso río, además de cuartos de baño y duchas de agua fría, es un buen sitio para montar la tienda donde incluso se tiene la oportunidad de observar al propietario, Carlos Méndez, soldando sus excéntricas esculturas elaboradas sólo con los objetos que va encontrando aquí y allá.

Hotel Camino Verde (☎ 645 5204; www.monteverdeinfocenter.com; dc sin/con baño 5/8 US$). Cuenta con dormitorios colectivos sencillos, con derecho a utilizar la cocina y duchas de agua caliente, compartidas y limpias, en una ubicación céntrica; los propietarios también organizan circuitos locales.

Pensión Colibrí (☎ 645 5682; h sin/con baño 5/10 US$ por persona; Ⓟ). Calle abajo, en un callejón

SELECCIÓN DE LA AUTORA

Económico

Pensión Santa Elena (☎ 645 5051; www.monteverdeinfo.com; dc 5 US$, d sin/con baño 15/25 US$, *camping* por persona 3 US$; Ⓟ 🖳). Esta pensión para presupuestos reducidos, pero con todos los servicios, es *el* lugar donde alojarse en la zona; ofrece pequeñas habitaciones y casitas, con un bonito patio, algunas con baño privado y ducha de agua caliente no eléctrica. Entre otras comodidades, cabe destacar un tablón para dejar mensajes, cocina compartida, un acogedor ambiente comunitario y café todo el día. Jacques, el propietario, políglota y siempre animado, constituye una activa fuente de información y está dispuesto en todo momento a responder a las preguntas y ocuparse una gran variedad de trámites relacionados con circuitos y transporte, siempre pensando en viajeros con presupuestos reducidos.

Precio medio

Arco Iris Ecolodge (☎ 645 5067; www.arcoirislodge.com; h 33-65 US$; Ⓟ). Este grupo de bonitas cabañas está situado en una pequeña colina con vistas a Santa Elena y la selva de los alrededores, por donde serpentean varios senderos particulares. Uno de ellos conduce a un mirador desde donde es posible ver el Pacífico en días despejados. Los propietarios, plurilingües, son serviciales y preparan un excelente desayuno (7 US$), en ocasiones con hortalizas biológicas cultivadas en el mismo sitio. La cabaña más económica es lo bastante grande como para acoger dos literas y una ducha privada de agua caliente; las más caras no sólo son espaciosas, sino también agradables.

Precio alto

Vista Verde Lodge (☎ 380 1517; www.info-monteverde.com; d desayuno incl. 75 US$, 12 US$ por persona adicional; Ⓟ). Cuando el viajero realmente desee alejarse de todo, debe tomar la carretera secundaria señalizada al este de Selvatur y recorrer 2,5 km abruptos hasta llegar a este maravilloso establecimiento. Enormes y preciosos ventanales permiten captar vistas del volcán Arenal y el lago desde las diez enormes habitaciones de madera o desde la cómoda zona común, con televisión y chimenea. Es posible explorar a caballo los aproximadamente 4 km de senderos que atraviesan la selva primaria rodeando este fantástico emplazamiento, y en recepción ofrecen la posibilidad de contratar circuitos que se adentran más en la selva. Es posible que los empleados puedan recoger al viajero en Santa Elena, pero si no se da el caso, el viaje en taxi cuesta 15 US$ desde la población; otra posibilidad sería tomar el autobús hasta Selvatur y caminar el resto del trayecto.

muy tranquilo, esta pensión regentada por una familia parece como si estuviera encaramada en los árboles. Las habitaciones más grandes, con baño privado y pequeños balcones, tienen vistas a los bosques; si se desea, se puede utilizar la cocina compartida.

Pensión Sinaí (☎ 645 5343; lucreciajc@yahoo.com; h sin/con baño 5/10 US$). Las habitaciones de esta cómoda pensión familiar, revestidas de azulejos y totalmente nuevas, están impecables.

Hospedaje Giaconda (☎ 645 5461; h por persona 5 US$). Cinco habitaciones pequeñas y pulcras comparten un baño detrás de la soda.

Pensión Tucán (☎ 645 5017; h por persona sin/con baño 5/10 US$). Las pequeñas habitaciones de madera garantizan la suficiente comodidad y limpieza, pero al estar ubicadas junto a un "importante" cruce de Santa Elena, el ruido de la calle puede prolongarse hasta tar-

de, sobre todo los fines de semana. Sirven desayunos (3US$) y, en el piso de abajo, cuentan con una oficina donde organizan circuitos.

Tina's Casitas (☎ 820 4821; www.tinascasitas.de; dc 5 US$, h 20 US$). Al oeste del supermercado La Esperanza, este estupendo alojamiento económico dispone de habitaciones muy limpias con muebles tallados a mano, camas firmes y baños privados. Hay una pequeña cocina compartida.

Albergue El Banco (☎ 645 5204; h sin/con baño 7/10 US$; Ⓟ 🖳). Además de estar equipado con habitaciones limpias, sencillas y bonitas, servicio de lavandería y un *cibercafé* (2 US$/h; 🕑 6.00-21.00), organizan muchos circuitos.

Cabinas Marín (☎ 645 5279; cabmarin@racsa.co.cr; h sin/con baño 8/12 US$, desayuno incl.; Ⓟ). Emplazado en una colina unos 50 m al norte del instituto

NOROESTE DE COSTA RICA

y muy limpio, ofrece pequeñas habitaciones de madera con grandes ventanales.

Manakin Lodge (☎ 645 5835; www.manakinlodge. com; h sin/con baño 12/32 US$ por persona, desayuno incl ; cabinas dobles 50 US$; P 💻). Este magnífico establecimiento de Cerro Plano es sencillo, pero agradable, con duchas de agua caliente y acceso a Internet; además, los propietarios pueden organizar varios circuitos personalizados por 50 US$ por grupo. Algunas habitaciones tienen pequeños balcones, y las cabinas están equipadas con cocinas completas.

Pensión Flor de Monteverde (☎ 645 5236, www. flormonteverde.com; h sin/con baño 12/15 US$, desayuno incl.; todas las comidas 15 US$ adicionales; P). Algo más apartado del centro que los demás, es pequeño, limpio, agradable, práctico y está regentado por una familia. El propietario, Eduardo Venegas Castro, ha trabajado tanto en la reserva de Monteverde como en la de Santa Elena y fue director de esta última. Ofrecen la posibilidad de contratar circuitos y transporte.

Pensión Monteverde (☎ 645 5156; i/d 14/24 US$; P). Se localiza en un punto apartado de Cerro Plano, donde también se inicia el camino Valle Escondido, que se adentra en un profundo cañón y atraviesa una reserva de 11 Ha. Las habitaciones, aunque algo espartanas, resultan aceptables y disponen de ducha privada de agua caliente. Si se solicita, es posible desayunar por 5 US$, y si el viajero dispone de reserva, los propietarios pueden recogerlo en la parada del autobús. El principal atractivo es el emplazamiento, apartado y muy tranquilo.

Hotel El Sueño (☎ 645 6695; i/d 15/25 US$, desayuno incl.; 💻). Enorme, con habitaciones de madera, recién reformadas y todas con ducha privada de agua caliente. Las del piso superior están más ventiladas y las de la parte de atrás son aún mejores. Una nueva terraza ofrece vistas a las colinas.

PRECIO MEDIO

Arco Iris Ecolodge (véase recuadro en p. 161) es la mejor opción de precio medio.

Finca Terra Viva (☎ 645 5454; www.terravivacr.com; h 30 US$; P 💻). A unos 3km saliendo de la carretera hacia la Reserva Santa Elena, esta finca de 135 Ha se está devolviendo a la selva de forma gradual; ya ha recibido casi un 60% del terreno. Entre tanto, gran cantidad de ganado vacuno, además de cer-

dos, cabras, caballos y gallinas, ofrece a los visitantes una experiencia rural típicamente costarricense; a los niños les encanta. Cada una de las cuatro rústicas habitaciones de madera tiene capacidad para un máximo de cuatro personas y está equipada con ducha privada de agua caliente. Abonando 5 US$ adicionales por persona, se puede tener acceso a una cocina completa. Otra posibilidad es pagar 15 US$ adicionales por persona y prepararán rápidamente tres comidas costarricenses diarias al visitante. Federico, el propietario, es un conocido naturalista y guía que, durante mucho tiempo, se imaginó viviendo en una finca que combinara la educación, la protección del medio ambiente y la agricultura: éste es el resultado. Ofrecen la posibilidad de paseos a caballo y el viajero puede probar qué tal se le da ordeñar vacas y elaborar queso.

Hostal Quetzal (☎ 645 6076; victorgl@costarricense. co.cr; d sin/con baño/con balcón 22/35/42 US$, desayuno incl.; P 🐾). Las habitaciones, más bien pequeñas, cuentan con techos altos y decoración de bonita madera; la zona común está equipada con televisión por cable, aire acondicionado y una chimenea.

Elis Lodge (☎ 645 5609; elislodge@yahoo.com; d sin/con baño 23/39 US$; P). Confortable y lleno de toques personales un poco cursis, dispone de habitaciones limpias y luminosas, además de una cómoda zona común con televisión por cable y chimenea.

Cabaña Lodge (☎ 245 5844; i/d pequeña 24/29 US$, i/d grande 29/35 US$; P). Nuevo y todo de madera, ubicado fuera de la población de Santa Elena propiamente dicha, es una buena opción para el viajero que busque tranquilidad. Las habitaciones grandes son espaciosas y pueden contratarse circuitos en recepción.

B&B Mariposa (☎ 645 5013; umfamilia@costarri cense.cr; i/d 20/35 US$, desayuno incl.; P). A 1,5 km de la reserva, agradable y regentado por una familia, ofrece habitaciones sencillas, pero muy bonitas, con ducha privada de agua caliente. Además del desayuno (también preparan otras comidas), se puede disfrutar del acceso a cocina y a un pequeño balcón en la parte trasera para observar la fauna y la flora. En el momento de preparar esta guía, fue posible ver a un grupo de pizotes (coatíes de nariz blanca) moviendo sus largas colas y mendigando patatas fritas.

Cabinas Don Taco (☎ 645 5263; www.cabinasdon taco.com; d estándar/cabina desayuno incl. 25/30 US$; P).

Situado al norte de la misma Santa Elena y equipado con grandes porches, estupendos murales y una zona al aire libre para cenar y relajarse, es un sitio fantástico. Las cabinas cuentan con TV, nevera y un balcón con vistas al golfo de Nicoya.

Hotel Sunset (☎ 645 5228; i/d/tr 26/38/48 US$; Ⓟ). Emplazado aproximadamente a 1,5 km saliendo de Santa Elena en dirección a la reserva que lleva el mismo nombre, es pequeño y está bien cuidado; asimismo, se beneficia de una tranquila ubicación y unas estupendas vistas del golfo de Nicoya. Las habitaciones estándar, limpias y con porches, ofrecen dos pequeños lujos: unas auténticas duchas de agua caliente (no artilugios suicidas) y retretes con la suficiente presión de agua como para llevarse el papel higiénico.

Hotel El Bosque (☎ 645 5221, bosquelodge@racsa. co.cr; i/d/tr 30/37/45 US$; Ⓟ) Detrás de la concurrida pizzería Tramonti (véase p. 166), esta excelente opción de precio medio cuenta con pequeños senderos que atraviesan amplios jardines hasta llegar a unas habitaciones sencillas y espaciosas con grandes ventanas y duchas de agua caliente.

Nidia Lodge (☎ 645 6082; i/d 35/40 US$; Ⓟ). El propietario de la pensión Flor de Monteverde, Eduardo Venegas Castro, posee este bonito hotel nuevo al que ha puesto el nombre de su esposa. La zona es tranquila y se localiza a sólo unos pasos de la Finca Ecológica. Las habitaciones son de primera, con agua caliente y terrazas privadas en el piso superior; además, cuenta con un agradable restaurante. Eduardo, experto naturalista, disfruta a todas luces ofreciendo caminatas guiadas por la selva de la zona.

Hotel Finca Valverde (☎ 645 5157; www.monte verde.co.cr; i/d 46/64 US$, st 68/82 US$; 12 US$ por persona adicional; Ⓟ). Fuera de Santa Elena, es una finca cafetalera en funcionamiento. Cada cabaña cuenta con dos unidades limpias y espaciosas (aunque un tanto vacías de muebles), equipadas con ducha privada de agua caliente, un altillo en el piso superior y balcón. Las *suites* más pequeñas disponen de baño completo y televisión por cable. En un sencillo, pero agradable, **restaurante** (platos principales 4-11 US$; ⏲ 6.00-21.30) sirven buenos platos de pescado y carne; se recomienda probar el "lomo de don Miguel" para cenar. Al bar anejo acude numerosa clientela local.

De Lucía Inn (☎ 645 5976; www.costa-rica-monte verde.com; i/d/tr 47/58/69 US$; Ⓟ 💻). De los mismos simpáticos propietarios que el famoso restaurante De Lucía, posee hermosas habitaciones revestidas de madera de cedro, con suelos de madera de almendro y una agradable zona común con TV; las habitaciones del piso superior están enmoquetadas.

La Colina Lodge (☎ 645 5009; www.lacolinalodge. com; i/d 42/54 US$, d/tr con baño 49/61 US$; *camping* por persona 5 US$). Se trata del antiguo "Flor Mar", inaugurado en 1977 por Marvin Rockwell, uno de los primeros cuáqueros de la zona, que fue encarcelado por negarse a realizar el servicio militar en 1949 y pasó tres meses conduciendo para llegar a este punto desde Alabama. Los nuevos propietarios han renovado las habitaciones, algunas con balcones, y todas con cubrecamas centroamericanos, cómodos y calentitos.

El **restaurante** privado del establecimiento (comidas 11 US$), muy recomendable, anuncia todas las mañanas una comida de inspiración internacional, por lo general de tipo mediterráneo. Los propietarios hablan inglés y alemán; además, ofrecen intercambio de libros en su cómoda sala de televisión, equipada con una amplia selección de DVD. El desayuno está incluido en las tarifas.

Swiss Hotel Miramontes (☎ 645 5152; www.swiss hotelmiramontes.com; i/d 50/70 US$; Ⓟ). Fuera de Santa Elena, en la carretera que lleva hasta Las Juntas, y con un agradable entorno, dispone de nueve habitaciones de varios tamaños, todas equipadas con fantásticos baños privados de agua caliente. A los niños les encantan los amplios terrenos ajardinados, con un jardín de orquídeas bien provisto (5 US$ para los visitantes que no sean clientes del hotel); y todo el mundo disfruta con los enormes y bonitos chalés. El **restaurante** (platos principales 4-10 US$; ⏲ 13.00-22.00) está especializado en delicias suizas, como *geschnetzeltes* con *rostï*, preparadas con mandioca cultivada en la zona, en lugar de patatas, y *café fertig*, un café con auténtico *schnapps* suizo.

Sun Kiss (☎ 645 6984; www.hotels.co.cr; d/tr 55/70 US$, st 75 US$; Ⓟ). Tranquilo y cómodo, situado al norte de la misma Santa Elena, tiene un ambiente de *bed and breakfast* (aunque el desayuno cuesta 4 US$ adicionales) y magníficas vistas del golfo de Nicoya. Las habitaciones son enormes; las duchas cuentan con agua caliente y la suite es algo especial.

NOROESTE DE COSTA RICA

Hotel Villa Verde (☎ 645 5025; i/d/tr desayuno incl. 57/75/93 US$; P ✗ ▤ ▣). Orientado hacia los grupos de estudiantes con viajes organizados, las habitaciones rodean una piscina, adornada con algunas pinturas murales realmente bonitas, y una chimenea perfecta para relajarse con una cerveza. Las habitaciones son oscuras y cómodas, aunque no lujosas. Cuenta con acceso a Internet (3 US$/h).

Hotel Poco a Poco (☎ 645 6000; www.hotelpocoapoco.com; i/d/tr 58/75/88 US$; P ✗). Se llega dando un corto paseo desde la localidad de Santa Elena; es precioso y dispone de relucientes habitaciones con capacidad para tres personas, además de baños completos de agua caliente, grandes televisores equipados con cable, y teléfono. Una habitación está adaptada para personas en silla de ruedas. Sin embargo, el punto fuerte es el excelente **restaurante** (platos principales 6-11 US$; ⏲ 6.30-9.00 y 12.00-21.30), también abierto al público, con una barbacoa muy elogiada y buen marisco.

Trapp Family Lodge (☎ 645 5858; www.trappfam.com; h i/d/tr 69/80/94 US$; cabaña i/d 94/11 US$, 13 US$ por persona adicional; P ✗). El establecimiento más cercano a la entrada de la reserva (a 1 km) ofrece 20 espaciosas habitaciones con techos altos de madera, baño grande y preciosas vistas desde los ventanales que dan a los jardines o al bosque nuboso. Las nuevas cabañas están completamente equipadas y disponen de TV y nevera. Está prohibido fumar en todo el establecimiento. Hay un acogedor **restaurante** (platos principales 10-16 US$) sólo para clientes del hotel; el bar y la sala con televisión están abiertos hasta las 22.00. Los simpáticos propietarios pueden ocuparse de organizar circuitos y transporte.

Hotel Belmar (☎ 645 5201; www.hotelbelmar.net; i/d 79/91 US$, chalé i/d 69/79 US$; P ▤ ▣). Es un auténtico complejo ecológico, donde las típicas habitaciones, muy bonitas y de calidad, están adornadas con obras de arte de Casem (véase p. 155). El agua del *jacuzzi* y la piscina, en la ladera de la montaña, se reutiliza en los huertos biológicos, que proporcionan hortalizas para el excelente **restaurante** (platos principales 5-12 US$). Los minibares en las habitaciones, un salón con televisión y el transporte desde la parada del autobús forman parte del trato, pero el mejor ventaja está en la parte trasera: es el inicio del sendero que conduce al cerro Amigos (p. 157).

PRECIO ALTO

Muchos de los hoteles más caros se están atreviendo a experimentar con tecnologías alternativas, desde duchas que funcionan con energía solar hasta complejos sistemas de tratamiento de aguas residuales. Los propietarios suelen estar más que encantados de ofrecer circuitos improvisados con completas explicaciones sobre el funcionamiento de estas tecnologías y de aconsejar a los visitantes que quieran aplicar sistemas similares en sus hogares.

Vista Verde Lodge (véase p. 161) es la selección de la autora en esta franja de precio.

Hotel Fonda Vela (☎ lodge 645 5125, reservas 257 1413; www.fondavela.com; i/d 88/98 US$, st pequeña 98/110 US$, 9 US$ por persona adicional; P ✗ ▣). Situado a algo más de 1,5 km de la reserva, este elegante refugio cuenta con 2 km de senderos que atraviesan las 14 Ha de terreno (con buenas oportunidades para la observación de aves) y establos en el recinto, lo que implica que no hay que esperar nada para alquilar un caballo. Incluso las habitaciones estándar son amplias y luminosas, con detalles de madera y grandes ventanales, mientras que las *suites* están equipadas con minibar, bañera, balcón y sala de estar con un enorme televisor. Muchas habitaciones están adaptadas para personas en silla de ruedas. En el **restaurante** (platos principales 8-16 US$; ⏲ 6.15-9.00, 12.00-14.00 y 18.30-20.30), abierto al público, se sirve una comida excelente –se recomienda probar la tilapia– en un hermoso edificio; el padre del propietario, Paul Smith, es un artista local muy conocido cuyas obras, junto con las de otros artistas, adornan las paredes.

Hotel de Montaña Monteverde (☎ 645 5046; www.montevderemountainhotel.com; d estándar/superior/de lujo 73/96/120 US$; P). Inaugurado en 1978 como el primer hotel de calidad superior de Monteverde, este lugar cómodo y rústico dispone de una gran variedad de habitaciones (las más agradables cuentan con vistas, minibar y secador de cabello), además de estupendas vistas al golfo de Nicoya. La oferta incluye un buen **restaurante** (platos principales 6-17 US$; ⏲ 6.00-21.30) especializado en marisco, además de un cómodo bar contiguo y una sala con televisor. Resulta muy agradable pasear por los amplios jardines y terrenos boscosos de las 15 Ha que comprende la propiedad. Es posible utilizar una sauna y un *jacuzzi* abonando 1 US$ por hora para reservarlos (para mayor privacidad), desde las 19.00 hasta las 21.00 horas. Organizan todos los circuitos y actividades por la zona.

Hotel Heliconia (☎ 645 5109, www.hotelheliconia. com; i/d estándar 87/94 US$; st pequeña 89/105 US$; **P**). A unos 4 km de la reserva, es atractivo, de madera y está regentado por una familia; el pabellón y los *bungalows* se extienden por la ladera de la montaña. Las habitaciones estándar ofrecen vistas desprotegidas del viento, mientras que las *suites* pequeñas son ridículamente lujosas, con dos camas dobles, baños completos y vidrieras. Los propietarios organizan todos los circuitos habituales y gestionan un balneario con cuatro *jacuzzis* (7 US$/h por persona) y una interminable lista de tratamientos de belleza, todos abiertos al público, además del **restaurante Mediterráneo** (platos principales 7-10 US$; ☺ 6.30-21.00), muy recomendado por los lectores, donde preparan platos italianos y de marisco.

El Establo Mountain Resort (☎ 645 5110; www. hotelestablo.com; d 87 US$, st junior/de lujo 156/212 US$, desayuno incl.; **P** ☒ ☒). De calidad superior de verdad, ofrece unas cuantas habitaciones estándar junto al aparcamiento; no resultan tan ostentosas, aunque algunas enormes *suites* que disponen de balcones con vistas a la piscina también incluyen *jacuzzis* personales, revestidos de losetas. Como esto es Monteverde, las nuevas instalaciones vienen equipadas con energía solar y sistemas de tratamiento de aguas residuales, además de una red eléctrica subterránea y bien aislada. También hay un buen restaurante donde se sirven comidas tipo bufé, que suelen incluir productos agrícolas cultivados en la zona. Para llegar a las mejores habitaciones hay que subir una empinada cuesta, aunque el establecimiento ofrece una lanzadera si el cliente lo solicita.

Hotel El Sapo Dorado (☎ 645 5010; www.sapo dorado.com; d/st 89/99 US$, 17 US$ por persona adicional; **P** ☒). Los propietarios residen en la zona desde hace mucho tiempo y son miembros activos de la comunidad, promotores del ecoturismo y otros valores. Hay 30 habitaciones espaciosas, la mayor parte de ellas distribuidas en cabañas de dos plantas, con dos camas *queen-size*, una mesa con sillas y duchas privadas de agua caliente. Varias *suites* de lujo, llamadas así por sus increíbles vistas, disponen de minibares y

neveras, además de contraventanas que dan a una terraza privada con vistas al golfo de Nicoya. Quienes tengan el sueño ligero deberían optar por las *suites* con terraza hacia poniente, que tienen unas paredes más gruesas que las *suites* de la montaña.

El bosque privado que hay detrás del hotel tiene senderos, y el **bar-restaurante** (platos principales 10-20 US$; ☺ 6.30-9.00, 12.00-15.00 y 18.00-21.00) siempre ofrece platos vegetarianos. Tienen servicios de masaje profesional que cuestan 45 US$ por hora.

Monteverde Lodge and Gardens (☎ 257 0766; www.costarica.com; i/d 115/138 US$, 22 US$ por persona adicional; **P** ☒ ☒ ☒). Entre las razonables prácticas de este establecimiento donde no se permite fumar, merece destacarse una progresiva estrategia de reciclaje, un sistema de energía solar y un *jacuzzi* que, aunque funciona con energía solar, resulta agradable y caliente. Desde las habitaciones grandes, con cafeteras, baños completos y ventanales, se disfruta de buenas vistas del jardín o la selva. El gran vestíbulo está adornado con una enorme chimenea.

En los terrenos, ajardinados de un modo atractivo, crece una gran variedad de plantas oriundas de la zona, con un énfasis especial en los helechos, las bromeliáceas y los musgos; un corto sendero conduce hasta un peñasco con una plataforma de observación en la cima de la selva, con magníficas vistas de ésta y un barranco con un río. La mayor parte de los clientes se alojan aquí con paquetes organizados que incluyen tres comidas, servidas a la carta, que incluye excelentes platos de cocina internacional, circuitos guiados y el medio de transporte desde San José.

Dónde comer

Los hoteles más caros suelen disponer de buenos restaurantes (aunque los precios también son altos); muchos están abiertos al público. El mayor número de restaurantes económicos se concentra en Santa Elena. El **supermercado La Esperanza** (☎ 758 7351; ☺ 7.00-20.00), bien provisto, también vende comestibles biológicos. La **cooperativa Santa Elena** (☺ 7.30-18.00), en Cerro Plano, posee un surtido más reducido, pero los beneficios se reinvierten en la comunidad.

Los restaurantes siguientes se citan en orden, desde la Reserva de Santa Elena hasta la de Monteverde.

NOROESTE DE COSTA RICA

Restaurante El Nido (platos principales 3-7 US$; ☻ 8.30-21.00). El viajero disfrutará de comida típica de primera calidad, como toda clase de casados, además de hamburguesas y tentempiés, mientras observa el ambiente de la calle de abajo. En la planta baja, la **panadería Jiménez** (☻ 5.00-18.30 lu-sa, 5.00-22.00 do) ofrece los mejores productos de panadería de la población, además de café para los viajeros del primer autobús.

Café Rainforest (comidas ligeras 2-3 US$; ☻ 8.00-20.00). Aquí se disfruta del mejor café de la población (¡que ya es decir!), con un bollo o un bocadillo para suavizar el impacto.

Restaurante Maravilla (platos principales 2-5 US$; ☻ 6.00-21.00). Por el ambiente de manteles de plástico blancos, nunca se diría que este establecimiento sirve una de las mejores comidas típicas de las sodas; es muy recomendable la sopa de marisco (4 US$) o los distintos cebiches (1-5 US$).

Restaurante Campesino (platos principales 2-8 US$; ☻ 9.00-23.00). Los clientes pueden relajarse bajo unos 80 animales de peluche, ganados en máquinas por el habilidoso dueño, que también sirve extraordinarios casados, excelentes ensaladas y abundante buen marisco con una sonrisa.

Restaurante Morpho's (☎ 645 5607; platos principales 4-8 US$; ☻ 7.30-21.30). Romántico y con un elegante comedor repleto de velas, donde se sirve una deliciosa comida típica. El plato del día (merece mencionarse el róbalo con salsa de naranja) se sirve con el vino o la bebida natural que el cliente elija entre una gran selección.

Bar y restaurante Chimi (☎ 645 6330; platos principales 3-8 US$; ☻ 11.00-23.00). Muy recomendable para dar el esquinazo a los amigos vegetarianos; está especializado en carne, en bisté concretamente, aunque también sirven marisco y mucha cerveza.

Sabores (☻ 10.00-21.00; cucuruchos 0.30-3 US$). Con horarios más amplios que La Lechería, ofrece el propio helado de Monteverde, además de café y otros postres.

Pizza Johnny (☎ 645 5066; *pizza* 8-12 US$, otros principales 4-12 US$; ☻ 11.30-21.30). Sin duda es buena idea hacer una reserva para cenar en una mesa con velas, preferiblemente en el patio al aire libre, con vistas a la selva. Hay una barra completa, y también elaboran pasta casera (se recomienda probar los raviolis) y, cuando hay, todas las verduras son biológicas.

Restaurante De Lucía (☎ 645 5337; platos principales 6-12 US$; ☻ 11.00-20.30). En la misma calle que el Jardín de las Mariposas y con propietarios chilenos, es uno de los mejores de Monteverde, aunque no resulta muy caro; las comidas para dos personas salen por unos 20 US$. La especialidad de la casa es la comida italiana: es buena idea decantarse por la lasaña de verduras o el pescado con salsa de ajo.

Flor de Vida (☎ 645 6081; platos principales 2-6 US$; ☻ 7.00-21.30). En este concurrido restaurante vegetariano lo hacen todo ellos mismos, desde una recomendable lasaña hasta unos casados sin ingredientes animales; es buena idea empezar con las patatas picantes. Si el viajero aún se ha quedado con hambre, puede probar el pastel de mango o un tiramisú divino.

Pizzería Tramonti (☎ 645 6120; platos principales 5-11 US$; ☻ 11.30-15.00 y 17.30-22.00, cerrado en temporada baja). Muy concurrido, es famoso sobre todo por las *pizzas*, pero también elaboran un amplio surtido de platos de estilo italiano, desde pasta hasta marisco.

Pastelería Stella (☎ 645 5560; platos principales 2-5 US$; ☻ 6.00-18.00). Es posible pedir el bocadillo que escoja el viajero, con cualquier de sus deliciosos panes caseros, rellenando la correspondiente hoja de pedido; no conviene quedarse corto con los vegetales, muchos de los cuales se cultivan con métodos biológicos detrás de la pastelería. También ofrecen sopas, ensaladas, sabrosos pastelitos rellenos de carnes y quesos, y montones de pasteles dulces, de lo más tentadores.

Restaurante Moon Shiva (☎ 645 6270; platos 4-8 US$; ☻ 10.00-22.00). Situado en una elevación de Cerro Plano con bonitas vistas a la selva y con un ambiente bohemio, sirve platos vegetarianos principalmente, con aires del Mediterráneo y Oriente Medio durante el día; cuando se va el sol, se convierte en un local con música en directo –*jazz*, *rock* y salsa–, muy recomendable para bailar.

La Cocina de Leña de Doña Flory (☎ 645 5306; platos principales 4-6 US$; ☻ 8.00-20.00 lu-vi). En un pequeño desvío cerca de La Colina Lodge, este restaurante rústico es bastante sencillo, como cabe esperar de cualquier propiedad de Marvin Rockwell, uno de los primeros cuáqueros que llegaron a la zona. En la soda al aire libre se sirve comida típica, con recomendables tamales cuando se quiera y su propio estofado especial los domingos.

Ocio

La vida nocturna de Monteverde y Santa Elena suele incluir una caminata guiada hasta una de las reservas, pero hay unos cuantos locales que ofrecen diversiones más embriagadoras, por así decirlo.

La Cascada es una concurrida sala de baile de Cerro Plano que abre de jueves a domingo por la noche; tal vez haya que pagar consumición mínima. Otra posibilidad es Bar Domingo/Discoteca Unicornio, un local junto al campo de fútbol, en el extremo norte de Santa Elena.

Entre los bares más populares, cabe destacar el bar Amigos, en Santa Elena, un sitio estupendo para beber algo y jugar al billar americano; y la taberna Los Valverde, que cuenta con pista de baile y atrae a una saludable mezcla de locales y visitantes, todos dispuestos a mover el esqueleto.

Cómo llegar y salir

El Gobierno lleva veinte años planeando la construcción de una serie de puentes sobre varios ríos que alimentan la orilla sudoeste de la laguna de Arenal; hace poco que han empezado tímidamente algunas obras que proporcionarán una conexión por carretera entre Monteverde y La Fortuna.

AUTOBÚS

Todos los autobuses interurbanos paran en la **terminal de autobuses** (☎ 645 5159; ⏱ 6.00-11.00 13.30-17.30 lu-vi; cierra a las 15.00 sa-do), en el centro de Santa Elena y, gran parte de ellos, continúa hasta La Lechería de Monteverde. Durante el viaje, se recomienda vigilar el equipaje, sobre todo en el tramo San José-Puntarenas y en el de Monteverde-Tilarán.

Las entradas para las reservas de Monteverde y Santa Elena pueden adquirirse en el hotel Camino Verde (p. 160), donde también hacen reservas para excursiones más caras con compañías privadas. Los destinos, compañías de autobuses, tarifas, duración y horas de salida son los siguientes:

Las Juntas. 2 US$; 1½ h; sale de la estación de autobuses a las 4.45.

Managua, Nicaragua (Nica Bus). 10 US$; 8 h; sale de la estación de autobuses a las 6.00.

Reserva Monteverde. 1 US$; 1 h; sale enfrente del Banco Nacional a las 6.15 y las 13.15 horas; regresa a las 11.00 y a las 16.00.

Puntarenas. 2 US$; 3 h; sale enfrente del Banco Nacional a las 6.00.

San José (TransMonteverde). 4,25 US$; 4½ h; sale de La Lechería a las 6.30 y a las 14.40, con parada en la estación de autobuses de Santa Elena.

Reserva Santa Elena. 2 US$; sale enfrente del Banco Nacional a las 6.45 y a las 11.00; regresa a las 10.30 y a las 15.30.

Tilarán, con enlace a La Fortuna. 1,75 US$; 3-4 h; sale de la estación de autobuses a las 7.00.

AUTOMÓVIL

A pesar de que muchas comunidades costarricenses solicitan con regularidad carreteras asfaltadas en la región, los conservacionistas de Monteverde han hecho lo contrario. Todas las carreteras de la zona son terriblemente accidentadas y es preciso utilizar un todoterreno todo el año, principalmente en la temporada de lluvias. Muchas agencias de alquiler de vehículos se niegan a alquilar vehículos normales durante la época de lluvias si el viajero admite que se dirige a Monteverde.

Hay cuatro carreteras desde la Interamericana: viniendo desde el sur, el primer desvío se encuentra en Rancho Grande (18 km al norte de la salida de Puntarenas); hay otro en el puente del río Lagarto (pasado el km 149 y aproximadamente 15 km al noroeste de Rancho Grande). Ambos desvíos están bien señalizados y se juntan a un tercio del recorrido hasta Monteverde). Ambas rutas ofrecen unos 35 km de carreteras empinadas, llenas de curvas y con bonitas vistas, pero con tantos baches y piedras que garantizan que el conductor, por lo menos, se queda sin admirar el paisaje.

Una tercera carretera discurre por Las Juntas (p. 148); está asfaltada al principio, pero se vuelve igual de accidentada que las dos primeras unos kilómetros después de la población, aunque es unos 5 km más corta que las dos anteriores. Finalmente, si se llega desde el norte, los conductores pueden seguir la carretera asfaltada de Cañas, pasar por Tilarán (p. 218) y, a continuación, tomar la accidentada carretera entre Tilarán y Santa Elena.

A CABALLO

Existen varias empresas (p. 159) que ofrecen transporte a **caballo** (5-6 h; 65-100 US$ por persona) hasta La Fortuna, generalmente combinado con *jeep*. Durante mucho tiempo, el sendero Castillo fue el lugar donde se empaparon de sudor las manos de muchos amantes de los

NOROESTE DE COSTA RICA

¿CABALGAR O NO CABALGAR?

Aunque los dos principales destinos turísticos de la región, La Fortuna y Monteverde/Santa Elena, sólo se encuentran a una distancia de 25 km, hay unos cuantos obstáculos que, hasta el momento, han impedido asfaltar una ruta directa entre ambos puntos: un volcán activo, el mayor lago del país, siete ríos y la cordillera de Tilarán, por no mencionar los montones de trámites en San José. En la actualidad, se tarda unas cuantas horas de traqueteo en hacer el trayecto.

A mediados de la década de 1990, los empresarios de la zona empezaron a ofrecer transporte a caballo entre las dos poblaciones y lo denominaron "la conexión más corta y práctica". La idea encantó a los turistas y muy pronto se convirtió en un negocio en expansión; a medida que iba creciendo la demanda de cubrir el pintoresco trayecto, también se iba multiplicando el número de empresas. El resultado fue una grave bajada de precios y alguien tenía que pagar el recorte en los gastos. Por lo general, fueron los caballos.

Se tiene constancia de prácticas carentes de toda ética, como la compra de caballos viejos, más económicos, a los que se obligar a trabajar literalmente hasta la muerte: Lonely Planet ha recibido montones de horrorizadas cartas donde se describían unas monturas escuálidas y enfermas, que apenas podían avanzar por el barro; un animal, por lo menos, murió en el sendero Castillo por exceso de trabajo. El autor Rob Rachowiecki escribió sobre el problema, lo que suscitó las iras de los empresarios de la zona, que se quejaron de que "su trabajo era escribir una guía, no hostigarles". Pero seguían llegando cartas, de modo que Rachowiecki siguió haciéndose eco del tema. Muchas compañías abandonaron el negocio.

En la actualidad, los operadores acreditados (p. 159) aplican unos criterios de calidad muy estrictos, en parte (eso nos gustaría pensar) gracias a los turistas informados que hacían preguntas concretas e insistían en examinar los caballos antes de ponerse en marcha, dos precauciones todavía muy recomendables. Aunque se sigue teniendo noticia de algunos abusos, por suerte son la excepción y no algo habitual. Los precios han subido, la publicidad gira en torno a lo sanos que están los caballos y muchos operadores ofrecen alternativas menos duras.

animales y escritores de guías, pero en la actualidad hay tres senderos distintos, de dificultad variable. El viajero debe confiar en su propio criterio (véase recuadro en pp. 168-169).

'JEEP' Y BARCO
La ruta más rápida entre Monteverde/Santa Elena y La Fortuna se realiza en una combinación de *jeep*-barco-*jeep* (25 US$, 3 h), que puede reservarse en cualquier hotel u operador turístico de cualquiera de las dos poblaciones. Un taxi *jeep* traslada a los visitantes hasta el río Chiquito y se encuentra con un barco que cruza la laguna de Arenal; en la otra orilla, otro taxi prosigue hasta La Fortuna.

RESERVA BIOLÓGICA BOSQUE NUBOSO MONTEVERDE
Cuando llegaron los primeros colonos cuáqueros, accedieron a conservar aproximadamente un tercio de sus terrenos para proteger la cuenca hídrica situada por encima de Monteverde. Sin embargo, en 1972, la zona se vio invadida por otros ocupantes que empezaron a amenazar la región. La co-

munidad se alió con organizaciones como Nature Conservancy y el Fondo Mundial para la Naturaleza (WWF) y logró adquirir 32 Ha contiguas a la zona ya protegida. Ésta se denominó Reserva Biológica Bosque Nuboso Monteverde y, en 1975, empezó a gestionarla el Centro Científico Tropical.

En 1986, se creó la Liga Conservacionista de Monteverde, con el objetivo de adquirir nuevas tierras y ampliar la reserva. Dos años después, pusieron en marcha el proyecto internacional Bosque Eterno de los Niños, que animaba a grupos de niños y escolares de todo el mundo a recaudar dinero para comprar y salvar el bosque lluvioso tropical contiguo a la reserva. En la actualidad, la zona protegida comprende 10.500 Ha.

El aspecto más notable de este proyecto es el de ser resultado del trabajo que han realizado ciudadanos particulares a favor del cambio, en lugar de esperar un parque nacional administrado por el gobierno. Esta reserva se sustenta, en parte, gracias a donaciones del público (véase "Información", p. 169). Teniendo en cuenta los escasos fondos con los que el MINAE lucha para

Actualmente, existen tres rutas principales: el magnífico e infame **sendero Castillo** (5 h a pie, 3 h a caballo), también denominado "sendero Montaña" o "sendero Mirador", que cruza tres veces el temible Caño Negro. Todavía se utiliza, pero debería hacerse sólo durante los meses secos, desde mediados de marzo hasta finales de mayo (suponiendo que esté seco), y únicamente se aconseja a jinetes expertos. Algunas empresas ofrecen la excursión todo el año, ya que a los operadores les supone un ahorro de unos 25 US$ por persona en costes de transporte, en comparación con otras posibilidades; no obstante, diga lo que diga el operador, no se recomienda salir en época de lluvias.

El **sendero Chiquito** (6 h a pie, 4 h a caballo) sigue siendo pintoresco y resbaladizo, pero no exige cruzar los ríos más profundos. También debe evitarse con tiempo lluvioso, sobre todo los jinetes con poca experiencia. Finalmente, el **sendero Lago** (6 h a pie, 2½ h a caballo), llano y con paisajes no tan espectaculares, está en buenas condiciones todo el año. Resulta muy adecuado para los principiantes y, sobre todo, rodea la laguna de Arenal, entre el barco taxi y el *jeep* taxi que constituyen el medio de transporte propiamente dicho.

Una buena empresa nunca garantizará estas excursiones a caballo, o cualquier otra, sobre todo las que discurren por el sendero Castillo, ya que la seguridad de jinetes y caballos depende completamente del tiempo. Si no ofrecen algún tipo de devolución en caso de lluvia, un camino por el lago como alternativa o la posibilidad de tomar un barco o un *jeep*, es que algo no funciona bien. Hay que tener presente también que algunos hoteles pueden dar a entender que realizan la reserva a través de una empresa de confianza y, en realidad, envían a los viajeros al negocio de algún amigo: se recomienda preguntar si se ve algo sospechoso.

Sí, quienes viajen con presupuesto reducido pueden encontrar excursiones más económicas o, incluso, regatear unos dólares a empresas acreditadas en temporada baja. Es una decisión personal. Pero hay que tener presente que, cuando se ahorran 5 US$, se hace a costa de alguien. ¿Quién cree el viajero que debe de ser?

proteger el sistema de parques nacionales, estas iniciativas son más importantes que nunca para mantener corredores naturales unidos.

Los visitantes deben tener presente que los senderos están muy embarrados e, incluso durante la temporada seca (entre finales de diciembre y principios de mayo), el bosque nuboso suele gotear. Se recomienda llevar ropa impermeable y unas botas adecuadas si se planea recorrer una larga distancia. Muchos de los senderos se han estabilizado con bloques de cemento o tablas de madera y resulta más fácil caminar por ellos. Durante la temporada húmeda, los senderos no asfaltados se convierten en lodazales, pero suele haber pocos visitantes por esas fechas.

Debido a la fragilidad del entorno, la reserva sólo permite el acceso de un máximo de 160 personas en cualquier momento dado. Durante la temporada seca, casi siempre se alcanza este límite sobre las 10.00 horas, lo que implica que tal vez haya que pasar la mayor parte del día esperando a que alguien se marche. La mejor estrategia es llegar antes de que abran las puertas y, mejor aún, aunque resulta algo más húmedo, ir fuera de temporada, por lo general desde mayo hasta finales de junio y desde septiembre hasta finales de noviembre.

Información

La **oficina de información** (☎ 645 5122, www.cct. or.cr; entrada al parque adultos/estudiantes 13/6,50 US$, gratis para niños menores de 6 años; ◷ 7.00-16.00) se encuentra al lado de la tienda de regalos, donde es posible conseguir información y comprar guías de los senderos, catálogos de aves y mamíferos, y mapas. En la tienda de regalos también venden camisetas, bonitas diapositivas en color de Richard Laval, postales, libros, pósteres y muchos recuerdos más. Asimismo, alquilan prismáticos (10 US$) y botas de goma (2 US$); se deberá dejar el pasaporte. Las precipitaciones anuales en esta zona alcanzan los 3.000 mm, aunque hay constancia de que en algunos puntos de la reserva se ha llegado al doble. Suele hacer fresco (las máximas rondan los 18°C), por lo que se recomienda llevar ropa adecuada.

NOROESTE DE COSTA RICA

Es importante recordar que el bosque nuboso suele estar nublado (como es de suponer) y la vegetación es densa. La combinación reduce tanto la visión como el sonido; también se debe tener presente que los principales senderos de esta reserva se cuentan entre los más concurridos de Costa Rica. Algunos lectores se han sentido decepcionados por no haber detectado la presencia de animales. Como siempre, lo mejor es contratar los servicios de un guía.

Las donaciones a los **Amigos del Bosque Nuboso de Monteverde** (friends@cct.or.cr; www.cloudfo restalive.org) pueden enviarse a la siguiente dirección: PO Box 1964, Cleveland, OH 44106, USA.

Excursionismo

En la actualidad existen 13 km de senderos señalizados y conservados; con la entrada proporcionan un mapa gratuito. El más popular de los nueve senderos, adecuado para excursiones de día, forma un accidentado triángulo (el Triángulo) hacia el este de la entrada a la reserva. Los lados están constituidos por el concurrido **sendero Bosque Nuboso** (1,9 km) y una caminata interpretativa (folleto 0,75 US$ en la puerta) a través del bosque nuboso que se inicia en el puesto de los guardaparques; en paralelo discurren los 2 km de **El Camino**, más abierto y uno de los preferidos de los observadores de aves. El **sendero Pantanoso** (1,6 km) conforma el extremo más alejado del Triángulo, atravesando pantanos, bosques de pinos y la divisoria continental. De regreso a la entrada, el **sendero Río** (2 km) sigue la quebrada Cuecha y pasa por unas cuantas cataratas, ideales para tomar fotografías.

En la bisectriz del triángulo, el magnífico **sendero Chomogo** (1,8 km) sube a los excursionistas hasta 1.680 m, el punto más elevado del triángulo; otros senderos pequeños entrecruzan la zona, como el interesante **sendero Brillante** (300 m), con panorámicas a vista de pájaro de un bosque en miniatura. También destaca un puente colgante de 100 m, aproximadamente a 1 km del puesto de los guardaparques.

Asimismo, cabe la posibilidad realizar más caminatas sustanciosas, como recorrer los senderos que conducen a los tres refugios rurales (véase más adelante), con el punto de partida en los ángulos más alejados del triángulo; si el viajero es lo bastante

fuerte, son muy recomendables. Los senderos más cortos se encuentran entre los más transitados del país, a pesar de los grandes esfuerzos por contener a las multitudes, y los animales aprendieron hace mucho tiempo que más valía evitar la zona si no querían observar de cerca a los homínidos oriundos de África.

Otros senderos aún más largos, muchos de ellos menos desarrollados (léase: hay que llevar botas de goma), se extienden hacia el este atravesando la reserva y descendiendo por el valle del río Peñas Blancas hasta las tierras bajas al norte de la cordillera de Tilarán. Algunos de ellos se adentran en el Bosque Eterno de los Niños (véase p. 156). Es buena idea pedir información en la reserva sobre las posibilidades de excursionismo que ofrecen.

El catálogo de aves incluye más de 400 especies que han sido registradas en la zona, pero la más deseada por los visitantes es el resplandeciente quetzal (véase recuadro p. 171), que suele verse con mayor frecuencia durante la época de anidación, en marzo y abril, aunque se puede tener suerte en cualquier momento del año.

Circuitos organizados

Aunque es posible recorrer la reserva por cuenta propia, es muy recomendable llevar un guía: es un consejo avalado por docenas de lectores que nos enviaron mensajes de correo electrónico inspirados por sus aventuras. El parque organiza una gran cantidad de circuitos guiados: es buena idea hacer la reserva, *por lo menos* con un día de antelación. Como el tamaño de los grupos está restringido, hay que reservar varios meses antes para la temporada seca y los períodos vacacionales. Los guías son cualificados naturalistas y las ganancias que generan estos circuitos financian programas de educación medioambiental en las escuelas locales.

Todos los días, la reserva ofrece **circuitos guiados de historia natural** a las 7.30 (☎ reservas 645 5112; 15 US$, tarifa de entrada no incl.) y también a las 8.30, los días con gran afluencia de visitantes. Los participantes se reúnen en la galería Colibrí (p. 156), donde se dan unas breves indicaciones durante diez minutos. Un pase de diapositivas de los famosos fotógrafos Michael y Patricia Fogden, especializados en vida salvaje, de media hora de duración, va seguido de una caminata de 2½-3 horas. Una vez finalizado el circuito, los visitantes

LA COLA DEL RESPLANDECIENTE SEÑUELO

Quizá lo más buscado de Monteverde sea la fugaz visión del iridiscente quetzal, un pájaro con fama de tímido que es el ave nacional de Guatemala, para eterna frustración de la oficina de turismo de Costa Rica, que no tiene los derechos.

Aunque posiblemente haya mejores lugares en el país para verlos (por ejemplo, el cerro de la Muerte, p. 327), éste es el más famoso y de más fácil acceso, de modo que los senderos más cortos son escenario de un gran ajetreo de cámaras fotográficas. No obstante, existe una zona más apartada, accidentada y embarrada a unos pocos kilómetros, y los quetzales, simplemente, prefieren las nubes a las multitudes.

Obviamente, es un problema para los guías contratados por turistas engañados por las fotografías de la contraportada de las guías que piensan que ver aves es algo habitual en un día de paseo por el parque y no una penosa caminata, larga y mojada, para adentrarse en el corazón del bosque lluvioso. No hay que tomarse esta anécdota al pie de la letra (carece de confirmación), pero según cuentan, un grupo de empresarios locales ideó una ingeniosa solución.

En un árbol bastante alejado del camino, en un terreno vallado y seguro, se instaló un quetzal como señuelo, de madera según unos y, según otros, disecado, pero en cualquier caso discretamente espléndido con su eléctrico plumaje azul y verde. "Si no ves nada –se susurraban entre ellos los guías que estaban al corriente–, llévalos a ese lugar". Los turistas se emocionaban, las propinas aumentaron de forma exponencial y empezó a correrse la voz.

El truco funcionó alrededor de una semana, pero los responsables habían minusvalorado por completo la tenacidad de los observadores de aves para llevarse el premio. Una mañana, los llamaron los propietarios del terreno: por la noche, habían recortado la valla a escondidas y la zona estaba infestada de turistas vestidos de caqui moviéndose furtivamente por el campo, escondiéndose detrás de árboles y arbustos, y tomando fotografías a hurtadillas del pájaro sospechosamente quieto.

Los mercachifles se disculparon y condujeron a los excitados observadores de aves a la carretera, arreglaron la valla y suspiraron. El quetzal desapareció y, desde entonces, muchas personas que visitan el parque deben conformarse con fotografías de colibríes, a menos que tengan suerte o sean persistentes. ¿Y el resplandeciente señuelo? Con toda probabilidad, hará otra aparición, así que hay que tener los ojos bien abiertos.

NOROESTE DE COSTA RICA

pueden volver solos a la reserva, ya que la entrada tiene validez para todo el día.

Todos los días, al caer la tarde, a las 19.15, también ofrecen unos recomendables **circuitos nocturnos** (sin/con transporte y tarifa de entrada incl. 13/15 US$), de dos horas de duración. Se realizan con linternas (es buena idea llevar una propia para obtener la máxima visibilidad) y dan la oportunidad de observar el 70% de la fauna local con hábitos nocturnos.

En la pastelería Stella, a las 6.00 horas, se inician los **circuitos guiados de observación de aves** (5 h; 40-50 US$ por persona incl. tarifa de entrada), en inglés, donde suelen verse más de cuarenta especies. Están pensados para un mínimo de dos personas y un máximo de seis. Si se solicita, pueden realizarse recorridos más largos con una tarifa más elevada, durante los cuales es posible observar más de sesenta especies.

Varias empresas locales pueden ocuparse de que un residente de la zona guíe a los

visitantes, ya sea en el interior de la reserva o por los alrededores. La pensión Santa Elena (p. 161) organiza **circuitos guiados** (día/noche 3½/2 h, 15/13 US$ por persona); para los circuitos nocturnos hay que acudir a la reserva a las 19.15 y no es necesario reservar. Los empleados también pueden recomendar **guías particulares** (guide@monteverdeinfo.com); otra posibilidad es preguntar en el hotel o en cualquier operador turístico.

La reserva también recomienda excelentes guías, muchos de los cuales trabajan en ella, para realizar un recorrido particular. Los precios varían en función de la temporada, el guía y el lugar al que desee ir el viajero, pero como promedio, salen por 60-100 US$ medio día. El coste de la entrada puede ir aparte, sobre todo en el caso de los circuitos más económicos. También hay circuitos de un día entero de duración. El tamaño del grupo depende del viajero: se puede ir solo o dividir el precio entre un grupo de amigos.

Dónde comer y dormir

Cerca de la entrada del parque hay **dormitorios colectivos** (dc 10 US$), con 43 literas y baños compartidos. Los utilizan a menudo investigadores y grupos de estudiantes, pero pueden estar disponibles para los turistas; es recomendable reservar. También puede acordarse por anticipado la pensión completa.

Hay tres **albergues rurales** (dc 3,50 US$) que disponen de agua potable, duchas, cocina de propano y utensilios de cocina. Es necesario llevar saco de dormir, velas, alimentos y cualquier cosa (por ejemplo, papel higiénico) que el viajero pueda necesitar. El **Valle** (6 km, 2 h) es el más cercano; **La Leona** (8 km, 4 h) está cerca de un funicular que cruza el río Peñas Blancas; y **Eladios Hut** (13 km, 6 h), el más agradable, cuenta con habitaciones en dormitorios colectivos independientes y un bonito porche. Los senderos están embarrados y son difíciles; el musgo y el verdor dominan el paisaje y las hordas de turistas que inundan los senderos son un recuerdo lejano: tal vez ésta sea la mejor manera de apreciar la reserva.

Si el viajero no ha reservado previamente, puede presentarse sobre las 13.00 horas, siendo puntual, y quedarse en cualquiera de las instalaciones del parque.

Cómo llegar y salir

Cada día salen autobuses públicos (2 US$, 45 min) del Banco Nacional de Santa Elena a las 6.15 y a las 13.00 horas; los domingos, en temporada baja, sólo funciona el autobús de primera hora de la mañana. Regresan de la reserva a las 11.00 y a las 16.00 horas. Es posible hacerles señales para que se detengan en cualquier punto de la carretera entre Santa Elena y la reserva; es buena idea preguntar en el hotel a qué hora pasan. También existe un servicio de taxis.

La caminata de 6 km desde Santa Elena es cuesta arriba, pero resulta preciosa; es práctico buscar senderos que discurran paralelos a la carretera. Hay bonitas vistas en todo el camino y algunos visitantes han indicado que el mejor tramo para la observación de aves son los dos últimos kilómetros de la carretera.

RESERVA SANTA ELENA

Aunque la Reserva Monteverde acapara toda la atención, esta zona exquisitamente cubierta de neblina, con sólo 310 Ha, posee muchos atractivos de lo más recomendables.

Mientras que el bosque nuboso de Monteverde acoge casi 200.000 visitantes anuales, muchos de los cuales, en temporada alta, se pasan mañanas enteras esperando para entrar en los estrictos cupos antes de acceder al recinto, Santa Elena no recibe más de 20.000 turistas al año, lo que significa que sus senderos cubiertos de rocío, que atraviesan una selva misteriosamente velada, suelen estar mucho más tranquilos. También sale un poco más económica y, además, la tarifa de entrada contribuye a financiar otro proyecto único.

Esta reserva de bosque nuboso, uno de los primeros proyectos de conservación gestionados por la comunidad, fue creada en 1989 y abrió sus puertas en marzo de 1993. En la actualidad, está gestionada por la junta directiva del Instituto Santa Elena y su nombre oficial, un tanto complicado, es Reserva del Bosque Nuboso del Colegio Técnico Profesional de Santa Elena. Es posible visitar la **oficina de la reserva** (☎ 645 5693; ⏱ 8.00-16.00 mi-vi) en el instituto.

La reserva se encuentra unos 6 km al nordeste de la localidad de Santa Elena. El bosque nuboso es un poco más alto que el de Monteverde, aunque, por lo demás, es similar. Acoge a una población estable de monos araña y perezosos, muchos de los cuales pueden observarse en la carretera que conduce a la reserva. Y como parte de la selva es de segundo crecimiento, existen lugares más iluminados por el sol donde observar aves y otros animales.

Se trata de un lugar muy húmedo y casi toda el agua se concentra en una fina neblina; más del 25% de toda la biomasa son epifitos (musgos y líquenes) que encuentran aquí su refugio. Aunque alrededor del 10% de las especies que se encuentran en Santa Elena no aparecen en Monteverde, que está situado casi todo al otro lado de la divisoria continental, también es posible ver quetzales, además del volcán Arenal en la distancia, al menos en teoría, ya que una vez más se cumple la regla de oro del bosque nuboso: suele estar nublado.

Información

El viajero puede visitar la **reserva** (☎ 645 5390; www.monteverdeinfo.com/reserve-santa-elena-monte verde; adultos/estudiantes 9/5 US$; ⏱ 7.00-16.00) solo, pero igual que sucede con Monteverde, hacerlo acompañado de un guía supondrá una notable ventaja (véase esta página).

Hay un sencillo restaurante, cafetería y tienda de regalos. No debe pasarse por alto que todos los beneficios se destinan a la gestión de la reserva y a programas de educación medioambiental en escuelas locales. Se aceptan donaciones.

Si el viajero cuenta con más tiempo que dinero, existe un interesante programa de voluntariado. El compromiso mínimo de los voluntarios debe ser de una semana y a cambio se les ofrece alojamiento gratuito muy sencillo (duchas de agua muy fría y nada de electricidad), aunque los que no sean tan duros preferirán alojarse en una casa particular, abonando 10 US$ por día, con tres comidas incluidas.

Excursionismo

En la actualidad, cuenta con más de 12 km de senderos abiertos, que conforman cuatro circuitos circulares, aptos para caminatas de dificultad y longitud variables, que van desde 45 minutos a 3½ horas (1,4-4,8 km), por una red de senderos estable, aunque no apuntalada con bloques de cemento. Es posible alquilar botas de goma (1 US$) en la entrada.

Circuitos guiados

La reserva ofrece **circuitos diurnos guiados** (3h; 15 US$ por persona no incl. en la entrada) a las 7.30 y a las 11.30, todos los días; se recomienda el de más temprano. Los **circuitos nocturnos** (1½ h; 13 US$ por persona no incl. en la entrada), muy concurridos, se ponen en marcha todas las noches a las 19.00. Están pensados para un mínimo de dos personas y un máximo de seis, de manera que se recomienda reservar para ambos durante la temporada seca. La reserva también ofrece la posibilidad de contratar un circuito particular de tres días con varios guías por 20 US$.

Cómo llegar y salir

En el momento de redactar esta guía, se había suspendido el servicio regular de autobús entre la población de Santa Elena y la reserva; se aconseja preguntar en cualquier hotel si ya se ha restablecido. Entre tanto, un servicio diario de enlace (2 US$ cada viaje) cubre el trayecto de 8 km, con salida en el Banco Nacional de la localidad, a las 6.45 y las 11.00 horas, y regreso a las 10.30

y las 15.30 horas. Un taxi desde Santa Elena sale por 8 US$.

Otra posibilidad es reservar una excursión, un tanto cara, en el cercano SkyTrek (a 2 km de la reserva; véase p. 158) o Selvatur (véase p. 158), a 150 m de la entrada del parque, que incluye el transporte desde cualquier hotel de Monteverde o Santa Elena hasta sus lugares de operaciones; desde esos puntos, hay un agradable paseo hasta la reserva.

ECOLODGE SAN LUIS Y ESTACIÓN BIOLÓGICA

Estas instalaciones, que antiguamente eran un típico centro de investigación sobre biología tropical, integran actualmente la biología con el ecoturismo y la educación. Están administradas por la Universidad de Georgia y ofrecen excelentes oportunidades de voluntariado a personas con la pertinente titulación y una excelente forma física. También existen cómodos **alojamientos** (☎ 645 8049; www.ecolodgesanluis.com; dc 58 US$, cabañas i/d 95/90 US$, *bungalows* 74/69 US$; P) para personas interesadas en estudiar el medio ambiente del bosque nuboso y conocer de primera mano un rincón de la Costa Rica rural y tradicional.

El emplazamiento, de 70 Ha, se localiza en el río San Luis y linda con la parte sur de la reserva de Monteverde. La altitud media de 1.110 m la convierte en una zona algo más cálida y baja que Monteverde. Los observadores de aves tienen constancia de unas 230 especies que se han sentido atraídas por el clima algo más agradable, y también se han visto muchos mamíferos; los visitantes tienen una buena oportunidad para ver coatíes, kinkajúes, tolomucos, perezosos y monos, entre otras especies. Cuenta con varios senderos que se adentran en las selvas primaria y secundaria, además de una granja en funcionamiento, con huertos de frutas tropicales y cosecha de café desde noviembre hasta marzo.

Existen tres tipos de alojamiento. Cerca del comedor, sala de lectura y biblioteca del centro hay cuatro habitaciones colectivas con 30 camas y baños compartidos con agua caliente. Los *bungalows* disponen de duchas privadas de agua caliente y tienen capacidad para cinco personas, mientras que las 12 cabañas de mayor tamaño también incluyen un balcón y vistas desde los porches que dan al río San Luis. Programan numerosas caminatas diurnas y nocturnas guiadas por biólogos, además de pases de diapositivas, seminarios, paseos a caballo e, incluso, una introducción a las actividades de investigación. Estudiantes, investigadores, grupos numerosos y quienes vayan a realizar una estancia larga pueden solicitar descuentos.

Desde la carretera principal que une Santa Elena y Monteverde, hay unos 3 kilómetros de empinado camino hasta la carretera señalizada donde el autobús deja a los visitantes. Un taxi todoterreno desde la población cuesta unos 12 US$ el viaje; el hotel puede ocuparse del transporte desde San José con antelación.

PUENTE LA AMISTAD

Unos 23 km al sur de Cañas, en la Interamericana, se localiza un desvío hacia el puente La Amistad, 25 km al oeste. Para más detalles, véase p. 250 (antes, los conductores solían tomar un *ferry*).

CAÑAS

Si el viajero se dirige al norte por la Interamericana, ésta es la primera población significativa (25.200 habitantes) con la que se encuentra en la provincia más seca y polvorienta de Costa Rica: Guanacaste. La cultura de los sabaneros (p. 184) se hace patente en las tranquilas calles de calor sofocante, donde furgonetas llenas hasta los topes comparten la carretera con marchitos vaqueros a caballo, que tientan sus machetes con un porte decidido y arrogante que, sencillamente, no se ve fuera de la provincia. Es una población típicamente latinoamericana, donde todo el mundo camina despacio, y las tiendas, que cierran a la hora de comer, se concentran en torno al parque Central y la iglesia católica.

Información

Hay teléfonos públicos, una oficina de correos, biblioteca y un Banco Nacional, además de muchos hoteles y sodas sencillas. La **clínica de urgencias** (☎ 669 0092; esquina av. Central con carretera 1; ☺ 7.00-16.00 lu-vi) posee un servicio de guardia que funciona 24 h.

Internet Ciberc@ñas (av. 3 entre calles 1 y 3; 1,25 US$/h; ☺ 8.00-21.00 lu-sa, 14.00-21.00 do) está equipado con ordenadores rápidos, aire acondicionado y, si el cliente llega a las 8.00, disfruta de dos horas por el precio de una.

La **oficina MINAE/ACT** de Cañas (☎ 669 0533; av. 9; ☺ 8.00-14.00 lu-vi) posee limitada información sobre los parques y reservas cercanos.

Puntos de interés y actividades

Aunque muchos viajeros sólo utilizan la población como base para visitar el cercano **Parque Nacional Palo Verde** (p. 179) o practicar el *rafting* en el **río Corobicí**, merece la pena desplazarse hasta aquí sólo para ver los **psicodélicos mosaicos** de la iglesia católica diseñados por el famoso pintor local Otto Apuy: las enérgicas vides y los estallidos de coloristas estrellas que envuelven las antaño puras líneas de la moderna iglesia quedan resaltados por las vidrieras con temas selváticos. Enfrente, en el **parque Central**, los bancos y el quiosco de música en forma de pirámide están igual de elaborados.

'RAFTING'

Es posible realizar suaves descensos de *rafting* por el río Corobicí con **Safaris Corobicí** (☎ 669 6091, www.safariscorobici.com). Las reservas pueden realizarse en la oficina que tienen en la Interamericana, unos 4,5 km al norte de Cañas. El principal objetivo de estos descensos es la observación de aves y no librar una emocionante batalla con las aguas bravas. El río es de clase I-II (o lo que es lo mismo: bastante llano), aunque las familias y los amantes de la naturaleza disfrutan con la excursión. Hay piscinas naturales a lo largo del río.

Safaris Corobicí ofrece salidas todos los días entre las 7.00 y las 15.00. Un descenso de dos horas cuesta 37 US$ por persona; otro de observación de aves, de tres horas de duración y 12 km de longitud, sale por 45 US$ por persona; y un descenso de medio día (18 km), con comida incluida, tiene un precio de 60 US$ por persona. Todas las tarifas están pensadas para un mínimo de dos personas; los niños menores de 14 años pagan la mitad. La compañía también alquila una pequeña casa de huéspedes en las cercanías.

LAS PUMAS

Safaris Corobicí también tiene acceso a **Las Pumas** (☎ 669 6044; entrada por donativo; ☺ 8.00-17.00), un refugio de animales salvajes situado justo detrás de su oficina. Iniciado en la década de 1960 por la suiza Lilli Hagnauer, se

CAÑAS

0 ⊏⊐ 200 m

INFORMACIÓN	
Cajero automático (24 h)	(véase 3)
Banco Nacional	1 B3
Banco Popular	2 C3
Banco Popular	3 B3
Clínica de urgencias	4 B4
Internet Ciber@cañas	5 C3
Biblioteca	6 C3
Oficina de MINAE/ACT	7 B2
Oficina de correos	8 A3

QUÉ VER Y HACER	(pp. 174-175)
Iglesia católica	9 C3

DÓNDE DORMIR	(p. 175)
Cabinas Corobic	10 D3
Hotel Cañas	11 B3
Hotel Central	12 B4
Hotel El Corral	13 A3
Hotel Parque	(véase 12)
Nuevo Hotel Cañas	14 A3

DÓNDE COMER	(p. 176)
Bar/Restaurant El Corral	15 A4
Mercado	(véase 24)
Panadería Musmanni	16 C4
Supermercado Palí	17 B3
Restaurant Mey Jo	18 B4
Restaurante El Primero	19 B3
Soda El Parque	20 B4
SuperCompro	21 A3

TRANSPORTE	(p. 176)
Gasolinera	22 B4
Gasolinera	23 B4
Terminal principal de autobuses	24 B2
Parada de autobuses a San José y Puntarenas	25 B4

Al Hotel Capazuri (2,5 km);
Safaris Corobicí (4 km);
Las Pumas (4 km);
Hacienda La Pacífica (4,5 km);
Rincón Corobicí (5 km)
y a Liberia (48 km)

A Tilarán (24 km)

Al Refugio de Vida
Silvestre Cipancí (45 km)
y a San José (180 km)

NOROESTE DE COSTA RICA

---

afirma que es el mayor refugio de este tipo en América Latina. Aquí cuidan de pumas, jaguares, ocelotes y margays, además de pecaríes y unas cuantas aves, que se han quedado huérfanos o han sufrido heridas. Lilli falleció en 2001 y actualmente Safaris Corobicí es quien dirige Las Pumas y lleva a cabo el meritorio trabajo de criar y cuidar los animales. Las Pumas no recibe ningún tipo de financiación oficial y las contribuciones voluntarias ayudan a compensar los costes de mantenimiento del refugio.

REFUGIO DE VIDA SILVESTRE CIPANCI
Inaugurado en 2001, este pequeño refugio de vida salvaje está emplazado en la confluencia de los ríos Tempisque y Bebedero,

en el extremo sur del Parque Nacional Palo Verde. Los pescadores locales ofrecen barcos de pasajeros para realizar excursiones por estos dos ríos. Una salida de tres horas, con guía, cuesta alrededor de 20 US$ por persona (150 US$ mínimo) y, por lo general, puede contratarse en los muelles; es buena idea acudir temprano.

La oficina de MINAE/ACT en Cañas cuenta con más información sobre el parque. Los barcos salen del muelle Níspero, al norte del *ferry* Tempisque.

Dónde dormir
Cañas es una población más económica para alojarse que Liberia, lo que tal vez explique por qué tantos camioneros que

NOROESTE DE COSTA RICA

realizan trayectos de larga distancia pasan la noche en la localidad. Es aconsejable presentarse a media tarde para poder escoger las mejores habitaciones.

Hotel Central (☎ 669 1101; i/d 3,50/7 US$, i/d con baño 9/14 US$). Situado en el parque Central, las habitaciones son oscuras (hay que pedir una con ventanas) y algo deterioradas, pero están bastante limpias, igual que las duchas compartidas, todas frente a un pequeño balcón con vistas a la calle y un vestíbulo con un par de mecedoras y TV.

Hotel Parque (☎ 669 2213; h 3,50 US$ por persona). Las habitaciones son más pequeñas, más desvencijadas y algo más soleadas que las del hotel Central, en el edificio contiguo. Todas cuentan con baños compartidos.

Cabinas Corobicí (☎ 669 0241, esquina avenida 2 con calle 5; h 9 US$ por persona; P). En el extremo sudeste de la población, se trata de una opción económica mejor, donde la agradable dirección mantiene unas cómodas habitaciones de buen tamaño con duchas privadas.

Hotel Cañas (☎ 669 0039; hotelcanas@racsa.co.cr; esquina calle 2 con avenida 3; i/d 12/20 US$, con TV y a.a. 17/28 US$; P). Habitaciones sencillas distribuidas en torno al aparcamiento, con duchas privadas de agua fría. Un punto a favor: los clientes pueden utilizar la piscina del Nuevo Hotel Cañas.

Hotel El Corral (☎ 669 1467; i/d 17/27 US$). Está junto a la Interamericana. Se recomienda pedir una habitación absolutamente estándar (algunas con aire acondicionado, ducha de agua caliente y/o televisión) en la parte trasera, lejos del ruido de la carretera.

Nuevo Hotel Cañas (☎ 669 5118; hotelcanas@racsa. co.cr; avenida 3 entre calle 4 y carretera 1; i/d 28/45 US$; P). Es el más agradable de la población; las cómodas habitaciones disponen de aire acondicionado y televisión. También hay piscina y *jacuzzi*.

Hotel Capazuri (☎ 669 6280; capazuri@racsa.co.cr; d sin/con a.a. 36/41 US$ desayuno incl.; P). Unos 3 km al noroeste de Cañas, en la Interamericana, es agradable y dispone de unas habitaciones bastante recargadas, la mayor parte con capacidad para tres personas, con TV y baño privado. Hay un restaurante muy alegre en el mismo sitio y una enorme piscina (entrada 1,25 US$ para quienes no se alojen en el hotel).

Dónde comer

En la Interamericana, merece destacarse un enorme **supermercado SuperCompro** (8.00-20.00).

Soda El Parque (platos principales 2-4 US$; 7.00-21.00). Típica y situada justo en el parque, también vende helados.

Bar-restaurante El Corral (Platos principales 2-5 US$; 6.00-22.00). El viajero disfrutará de la sencilla comida de las sodas con vistas a la Interamericana, donde puede observar (y oler) a los grandes camiones haciendo un ruido estruendoso al pasar.

Restaurante El Primero (Platos principales 2-4 US$; 11.00-22.00). Algunos dicen que es el mejor restaurante chino de la localidad y, al estar situado justo al otro lado de la iglesia, es indudable que disfruta de una de las mejores vistas.

Restaurante Mey Jo (Av. Central entre calle 4 y carretera 1; platos principales 3-5 US$; 11.00-21.00). Luminoso y con mesas rosas, ofrecen un buen *chop suey* y platos de arroz.

Hotel Cañas (☎ 669 0039; platos principales 2-6 US$; 6.00-21.00 lu-sa, 7.00-14.00 do). No sólo es el restaurante de un hotel, sino que sus excelentes desayunos atraen a algunas de las personas más importantes de la localidad. Otros entrantes, desde casados hasta *cordon bleu* de pollo y *stroganoff* de ternera, se preparan en una cocina de leña.

Hacienda La Pacífica (☎ 669 6050; platos principales 7-12 US$; 7.00-21.00). Antaño reserva natural y hacienda en activo, se localiza unos 5 km al norte de Cañas, en la Interamericana, y actualmente forma parte de un hotel privado para investigadores. Muchos ingredientes se cultivan aquí, en parcelas biológicas experimentales, entre las que cabe destacar el único cultivo orgánico de arroz a gran escala del país.

Rincón Corobicí (☎ 669 6162; platos principales 3-10 US$; 8.00-20.00). Este atractivo restaurante de propietarios suizos, afiliado a Safaris Corobicí, se localiza 5,5 km al norte de Cañas, en las orillas del río Corobicí. Una terraza permite disfrutar de hermosas vistas del río y del jardín; además, un sendero corto sigue la ribera. Hablan inglés, francés y alemán.

Cómo llegar y salir

Todos los autobuses tienen salida y llegada en la **terminal de Cañas** (8.00-13.00 y 14.30-17.30), en el extremo norte de la población. Hay unas cuantas sodas y bares; es posible guardar el equipaje (0,25 US$) en el mostrador. Entre los destinos y horas de salida de los autobuses, cabe destacar:

Las Juntas. 0,50 US$; 1½ h; salidas a las 9.00 y a las 14.15.

Liberia. 1,35 US$; 1½ h; 6.45, 8.30, 9.00, 10.30, 13.00, 14.00, 15.00 y 17.30.

Puntarenas. 2 US$; 2 h; 6.00, 6.40, 9.30, 10.30, 11.30, 12.30, 13.45; 15.30 y 16.30.

San José. 3 US$; 3½ h; 4.00, 4.50, 6.00, 9.30, 12.30, 13.40 y 17.00.

Tilarán. 0,50 US$; 45 min; 6.00, 8.00, 9.00, 10.30, 12.00, 13.45, 15.30 y 17.30.

Upala. 2 US$; 2 h; cinco salidas entre las 6.20 y las 17.00.

ZONA DEL VOLCÁN TENORIO

La carretera asfaltada hasta Upala, de 58 km, discurre hacia el norte desde la Interamericana, unos 6 km al noroeste de Cañas. Pasa entre el volcán Miravalles (2.028 m), hacia el oeste, y el volcán Tenorio (1.916 m), hacia el este. Este último es un volcán activo, aunque su actividad se limita a fumarolas, manantiales de agua caliente y charcas de lodo.

El **Parque Nacional Volcán Tenorio**, que se encuentra entre los parques nacionales más nuevos del país y forma parte del Área de Conservación Arenal (ACA), es una de las auténticas joyas del sistema. Aunque aún se están abriendo los senderos de excursionismo (es posible que haya más cuando el viajero lea estas líneas), es práctico tomar un mapa en el **puesto de los guardaparques** (☎ 200 0135; entrada 6 US$; ☺ 7.00-16.00) para orientarse en dos de las mejores caminatas cortas de Costa Rica.

En la ladera norte del volcán, el **río Celeste**, a 1,5 km del puesto de guardaparques, es famoso por el tono azul que le imprimen los múltiples minerales disueltos en sus aguas. La cabecera termal contiene manantiales y charcas de lodo hirviendo, por lo que hay que tener mucho cuidado de no escaldarse cuando se explore la zona. Otra caminata de 3 km a través del bosque nuboso repleto de epífitos conduce al viajero hasta otro manantial de agua caliente.

No hay posibilidad de acampar a menos que el visitante tenga intención de hacer la excursión a pie, de dos días, hasta la cima del volcán, donde un pequeño lago convierte la noche en una experiencia de belleza surrealista. Es aconsejable hacer la reserva con dos semanas de antelación o, mejor aún, hacerla a través de uno de los

establecimientos que se citan a continuación; es recomendable ir acompañado de un guía.

No hay transporte público hasta el parque, que está bien señalizado desde la carretera 6 al este de Bijagua; un taxi desde esta última población, unos 33 km al norte de la Interamericana y 25 km al sur de Upala, debería de costar unos 12 US$ el viaje de ida.

Dónde comer y dormir

Existen unas cuantas sodas sencillas en Bijagua, pero aparte de eso, es posible que el viajero coma donde se aloje.

Finca Recreativa El Ángel (☎ 466 8393; *camping* con pesca de tilapias 7 US$; Ⓟ). Como es típico en las fincas turísticas nacionales, este bonito establecimiento al oeste de Bijagua no cobra por el *camping* en sí, sino que invita a los clientes a pescar en su estanque de tilapias y quedarse a pasar la noche. El restaurante propio prepara el pescado a gusto del cliente, con su guarnición; el terreno de acampada está equipado con lavabos y duchas. Otilio, el propietario, puede ocuparse de organizar paseos a caballo por el volcán; además, en el recinto hay una pista de motocross.

Heliconia Ecotourist Lodge (☎ 248 2538; www. agroecoturismo.net; i/d/tr 35/45/55 US$). Situado unos 3 km al este de Bijagua, en una carretera sin asfaltar, cuenta con magníficas vistas y unos cuantos senderos particulares, entre los que merece destacarse uno con tres impresionantes puentes colgantes. Los clientes pueden visitar las fincas de la zona o decantarse por excursiones con guías locales y paseos a caballo hasta cascadas, manantiales y ríos del Parque Nacional Volcán Tenorio. Las excursiones cuestan entre 20 y 30 US$ por persona. Seis cabañas, sencillas y cómodas, disponen de duchas privadas de agua caliente. Desde el **restaurante** (platos principales 3-7 US$) es posible contemplar el valle, el volcán Miravalles y (en días despejados) el lago de Nicaragua. La señal que indica el desvío hacia el establecimiento se encuentra junto al Banco Nacional de Bijagua, donde es posible cambiar dinero.

Posada Cielo Roto (☎ 352 9439, 466 8692; h por persona con tres comidas y paseos a caballo 40 US$; Ⓟ). En amplios terrenos con establos de caballos y varios kilómetros de senderos particulares, el propietario, Mario Tamayo, ha construido varias casas laberínticas, aunque preciosas, con cocinas compartidas, que resultan perfectas para grupos. Algunas habitaciones son dobles, pero la mayor parte de ellas son tipo dormitorio colectivo, todas con baño privado y muchas con grandes ventanas con vistas al imponente paisaje. No disponen de electricidad, pero proporcionan lámparas de queroseno y velas. Mario acoge a los visitantes que se presentan sin avisar, pero es recomendable hacer una reserva, para que pueda traer comida, hielo y todo lo necesario para la estancia. Montar a caballo es gratuito y es posible contratar excursiones guiadas.

La Carolina Lodge (☎ 380 1656; www.lacarolina lodge.com; h por persona noche/semana con 3 comidas 70/315 US$; P ☒). Unos 6 km al norte de Bijagua, una señal que apunta hacia el este indica la dirección de este establecimiento, unos 7 km al este de la carretera que conduce al pueblo de San Miguel. El emplazamiento apartado implica que no hay electricidad: la iluminación se realiza con velas (que las facilitan) y las sorprendentes comidas se preparan al aire libre, en una cocina de leña. A pesar de todo, el agua de las duchas sale templada y hay un manantial de agua caliente junto al pintoresco río con una piscina natural. Las habitaciones son algo más agradables, aunque siguen siendo bastante sencillas, en el pabellón principal; la casa del piso superior, independiente, es tranquila. Las tarifas incluyen circuitos guiados a caballo por el volcán y el río Celeste. Muy recomendable. Un taxi desde Bijagua cuesta unos 12 US$.

ZONA DEL VOLCÁN MIRAVALLES

Este volcán es el más alto de la cordillera de Guanacaste (2.028 m). Aunque el cráter principal está inactivo, se detecta alguna actividad geotérmica en **Las Hornillas** (unas cuantas burbujeantes charcas de lodo y fumarolas de vapor), a unos 700 m sobre el nivel del mar, en la ladera sur del volcán. No hay barandas que protejan de las fumarolas y las charcas, de modo que es recomendable mantenerse alejado de los bordes, que se desploman de vez en cuando.

Esta zona no es un parque nacional ni un refugio, aunque el volcán recibe una mínima protección al encontrarse en el interior de la Zona Protectora Miravalles. Es posible visitar el Proyecto Geotérmino Miravalles, gestionado por el gobierno y situado al norte de Fortuna, un ambicioso proyecto inaugurado en 1994 que emplea la energía geotérmica para producir electricidad, que se exporta principalmente a Nicaragua y Panamá. Unos cuantos tubos de acero brillante de la planta serpentean por las laderas del volcán, lo que imprime un toque inquietante al remoto paisaje. En la carretera hay pequeñas señales que indican la dirección del proyecto y de Las Hornillas.

Pero la energía geotérmica que atrae a este lugar a la mayoría de la gente brota en forma líquida, en los dos fabulosos manantiales de aguas termales de las cercanías, al norte de Fortuna.

Thermo Manía (☎ 673 0233; entrada 4 US$; ☒ 8.00-22.00) cuenta con siete manantiales de distintas temperaturas (algunos de ellos muy calientes). Las estructuras y la decoración están conectadas por todo tipo de toboganes acuáticos, ríos de agua caliente, cataratas, etcétera. Pero eso no bastaba para los amables propietarios. También hay barquitas para los niños, columpios, carreras de *karts* y una cabaña colonial con 170 años de antigüedad amueblada con piezas de época dignas de un museo, para que los visitantes se hagan una idea de cómo era la cultura costarricense anterior a las plantaciones bananeras. En el **bar-restaurante** (platos principales 4-10 US$) cocinan las tilapias que pesquen los visitantes en el estanque o preparan un buen marisco, un bisté y algo para picar. Además, por 2 US$ más, es posible subir a ver manantiales sin reformar, tan calientes que matarían a cualquiera que se cayera dentro: ¡hay que tener cuidado!

En cambio, si al viajero le apetece relajarse, **manantiales Hökö** (☎ 673 0410; adultos/niños 4/2 US$; ☒ 7.00-22.00) es un establecimiento más consolidado, con cuatro atractivos manantiales ajardinados, además de un tobogán y una catarata relativamente tranquilos, que tal vez se adapte mejor al ritmo del viajero. Entre los atractivos adicionales, cabe destacar el *jacuzzi*, la sauna y un **restaurante** (platos principales 2-10 US$) donde sirven de todo, desde hamburguesas hasta solomillo de ternera. El auténtico punto fuerte, sin embargo, son las cuatro **cabinas** (i/d/tr 30/50/65 US$), bastante elegantes, con enormes baños y relucientes suelos de madera, donde es posible relajarse tras haber pasado todo el día en el agua. También ofrecen circuitos guiados por las instalaciones geotérmicas y excursiones a lagunas y petroglifos de la zona.

Otro posible alojamiento es **Cabinas Las Brisas** (☎ 673 0333; i/d/tr 7/11/16 US$; (P)). Un par de kilómetros al norte de Guayabo, estas enormes cabañas con baño privado son bastante sencillas, salvo por los espejos del tamaño de la pared situados frente a las camas dobles. En el **restaurante** (platos principales 3-7 US$; ⊙ 7.30-cierre) sirven cocina tico-cubana, buena y sencilla; además disponen de una barra muy completa.

El volcán Miravalles se localiza 27 km al nordeste de Bagaces; se accede a él por una carretera asfaltada que conduce al norte de Bagaces atravesando las comunidades de Salitral y Torno, donde se bifurca. Por la bifurcación de la izquierda, se llega a **Guayabo**, con unas cuantas sodas y cabinas sencillas; por la derecha, se encuentra **Fortuna** (que no debe confundirse con La Fortuna, véase p. 199), con un acceso más fácil a los dos manantiales termales. Las carreteras vuelven a unirse al norte de las dos poblaciones para configurar un accidentado tramo que conduce en dirección norte, hacia Upala (p. 449); también forman un gran bucle con estupendos paisajes.

Aunque la zona queda relativamente apartada, hay un buen servicio de autobuses desde Bagaces.

BAGACES

Esta pequeña población se localiza unos 22 km al noroeste de Cañas, en la Interamericana. El principal motivo para detenerse aquí es visitar el parque nacional y las oficinas de la reserva.

Bagaces es la sede del **Área de Conservación Tempisque** (ACT; ☎ 200 0125; ⊙ 8.00-16.00 lu-vi), que junto con el MINAE, administra el Parque Nacional Palo Verde, la Reserva Biológica Lomas de Barbudal y otras zonas protegidas más pequeñas y menos conocidas. La oficina se encuentra en la Interamericana, frente a la carretera señalizada que conduce a la entrada principal del Parque Nacional Palo Verde. La oficina es, principalmente, de tipo administrativo, aunque en ocasiones hay guardas forestales. Los empleados son agradables e intentan ser de utilidad; el viajero puede pedirles que llamen a Palo Verde para obtener información directamente de los guardaparques.

Dónde comer

Soda La Fuente (600 m al norte de ACT/MINAE; platos principales 2-5 US$; ⊙ 6.30-21.00). Muy recomendable; preparan las típicas delicias de una soda como es debido.

No se está en Costa Rica si no se come *chop suey* y el **restaurante El Hambo** (Parque Central; platos principales 2-5 US$; ⊙ 11.00-22.00) es un restaurante chino muy elogiado.

Cómo llegar y salir

La terminal de autobús se localiza 100 m al norte del parque Central. Los autobuses de Pullmitan que conectan Liberia con San José (4 US$, 4 h) salen cada hora y pueden dejar al viajero en Bagaces. Once autobuses diarios, con parada en Bagaces, salen de Liberia con destino a Cañas (1 US$, 1h). Es recomendable advertir con antelación al conductor. Es posible hacer señales a un autobús que pase por la Interamericana para que se detenga. Hay un servicio de autobuses locales que trasladan a la zona del volcán Miravalles. Otras posibilidades son: **Guayabo.** 0,50 US$; 45 min; casi cada hora entre las 6.00 y las 17.00.
La Fortuna. 0,50 US$; 45 min; sale cada ½ h entre las 6.00 y las 17.00.

PARQUE NACIONAL PALO VERDE

Cuenta con 18.417 Ha y se encuentra en la orilla nordeste de la desembocadura del río Tempisque, en la cabecera del golfo de Nicoya. Un gran número de hábitats distintos están representados en él, desde zonas pantanosas con manglares, ciénagas y lagunas hasta una gran variedad de pastizales y bosques estacionales. Varias colinas calizas de poca altitud constituyen atalayas desde donde disfrutar de las vistas que ofrece el parque. La temporada seca, entre diciembre y marzo, es muy acusada y gran parte del bosque se seca. Durante los meses húmedos, se inundan grandes extensiones de terreno.

Palo Verde posee las mayores concentraciones de aves acuáticas y zancudas de América Central, además de muchos pájaros de los bosques. Los amantes de las aves acuden aquí para contemplar grandes bandadas de garzas (como las que forman la mayor colonia de anidación de garzas nocturnas del país, unas aves con la coronilla negra, que se encuentra en la Reserva Biológica Isla Pájaros, p. 148), cigüeñas (aquí se localiza el único espacio de anidación en Costa Rica del jabirú, en peligro de extinción en la zona), espátulas, garcetas, ibis, somormujos y patos. Hacia el interior, es posible avistar guacamayos rojos, hocofaisanes, tucanes con pico en forma de quilla y loros. Se tiene constancia de 300 especies de aves que habitan en el parque. Asimismo, es posible avistar cocodrilos (de hasta 5 m de longitud, según dicen), iguanas, ciervos, coatíes, monos y pecaríes.

La mejor época para una visita es entre septiembre y marzo, por el enorme flujo de aves migratorias y endémicas. Septiembre y octubre son meses muy húmedos y es posible que el acceso esté restringido. Entre diciembre y febrero, durante la temporada seca, se caen las hojas de los árboles y suele resultar más fácil observar las masivas concentraciones de pájaros que suelen congregarse en los lagos y pantanos que no se han secado. Asimismo, hay muchos menos insectos en la época seca, las carreteras y senderos están más transitables y se ven mamíferos alrededor de los agujeros de agua. De ser posible, es buena idea llevar prismáticos o algún otro artilugio óptico para observarlos.

Información

La **entrada del parque** (☎ 200 0125; entrada 13 US$) se encuentra a 28 km de la Interamericana. Hay una oferta opcional de visitas de medio día o un día, con guía, para adultos (15/30 US$) o niños (15/20 US$). Las reservas se hacen en el Centro de Investigación Hacienda Palo Verde (véase más adelante), que también ofrece paseos a caballo (6 US$/h por persona).

Es práctico ponerse en contacto con la oficina de ACT Bagaces para pedir información sobre el parque, pero el centro de investigación es la mejor fuente de información.

Dónde dormir y comer

Los visitantes que se queden a pasar la noche deben reservar la estancia y es importante recordar que también hay que pagar la tarifa de entrada (13 US$).

Está permitido **acampar** (7 US$ por persona) cerca del puesto de los guardaparques de Palo Verde, donde hay lavabos y duchas.

El **puesto de guardaparques de Palo Verde** (☎ 200 0125; dc 13 US$) cuenta con seis habitaciones con seis camas cada una, equipadas con ventiladores, mosquiteras y duchas. Es posible que estén ocupadas por grupos de estudiantes, por lo que se recomienda telefonear antes. Sirven comidas por 7 US$ cada una, preferiblemente avisando con anticipación.

Centro de Investigación Hacienda Palo Verde (☎ 661 4717; www.ots.ac.cr; i/d 55/100 US$). El centro de investigación está dirigido por la Organización de Estudios Tropicales (OTS), que realiza investigaciones tropicales e imparte clases de nivel universitario. Los investigadores y las personas matriculadas en los cursos de la OTS tienen preferencia en los dormitorios colectivos con baños compartidos. También disponen de unas pocas habitaciones con dos y cuatro camas, con baño compartido. Las comidas salen por 9 US$ cada una. El centro de investigación está situado a 8 km de la entrada del parque; varios senderos salen del centro y se adentran en el parque nacional.

Cómo llegar y salir

Desde la terminal de autobús hay una caminata de 28 km, así que es aconsejable alquilar un automóvil; otras posibilidades serían tomar un taxi en Bagaces (15 US$ ida) o contratar una excursión de un día desde San José (75-100 US$ por persona, incluido transporte, guía y comidas). También se puede alquilar un barco en Puerto Humo o Puerto Chamorro, dos pueblecitos junto al río Tempisque.

La manera más fácil de llegar es en automóvil. La carretera principal que conduce a la entrada, generalmente transitable para vehículos normales durante todo el año, se inicia a partir de un desvío señalizado en la Interamericana, frente a Bagaces. Los 28 km de carretera de grava cuentan con diminutas señales marrones que indican las bifurcaciones de la carretera; en caso de duda, es aconsejable tomar la bifurcación que parezca más utilizada. Otros 8 km conducen al viajero hasta el cerro Gauayacán (y el centro de investigación de la OTS), una colina caliza con estupendas vistas; varios kilómetros más adelante se encuentran las oficinas del parque de Palo Verde y el puesto de los guardaparques. Es posible conducir a través de un pantanoso laberinto de carreteras hasta llegar a la Reserva Biológica Lomas de Barbudal sin regresar a la Interamericana.

Los autobuses que conectan San José con Liberia (véase p. 179) pueden dejar al viajero en la oficina de ACT, enfrente del desvío que conduce al parque. Si se telefonea antes a la oficina de ACT, cabe la posibilidad de que los guardaparques recojan a los visitantes en Bagaces. En caso de alojarse en el Centro de Investigación Hacienda Palo Verde, los empleados también pueden ocuparse de recoger a los viajeros en Bagaces.

RESERVA BIOLÓGICA LOMAS DE BARBUDAL

Con 2.646 Ha, forma una unidad cohesiva con Palo Verde y ambas reservas están administradas por la oficina de ACT/MINAE en Bagaces (véase, p. 179). Cerca de un 70% de la superficie está ocupada por bosque de árboles de hoja caduca, entre ellos varias especies en peligro, como la caoba y el palisandro, además de la corriente y bastante espectacular corteza amarilla. Este árbol es lo que los biólogos denominan un "reproductor explosivo": todas las cortezas florecen el mismo día y, durante cuatro días, el bosque tropical se convierte en una increíble masa de árboles con flores amarillas. Suele ocurrir en marzo, unos cuatro días después de un chaparrón poco habitual para la época.

Durante la temporada seca, muchos de los árboles pierden las hojas, como hacen en otoño en tierras de clima templado. Este tipo de bosque tropical, conocido como "seco" abundaba antaño en América Central y muchos puntos de las laderas del Pacífico, pero en la actualidad se conserva muy poco. Además de los bosques tropicales secos, hay bosques ribereños a lo largo del río Cabuyo (que atraviesa la reserva todo el año) y pequeñas zonas cubiertas de otros tipos de bosque.

Algunos llaman a la reserva "el parque de los insectos", por sus abundantes y variadas avispas, mariposas, polillas y otros insectos. Hay unas 250 especies diferentes de abeja en esta reserva, que es bastante pequeña, lo que representa casi una cuarta parte de las especies mundiales. Entre las abejas de la zona (y del cercano Palo Verde) cabe destacar las melíferas africanizadas o "abejas asesinas"; si el viajero sufre alergia a estos insectos, es una zona donde no debe olvidarse de los productos para combatir las picaduras. Hay más de doscientas especies

de aves, entre las que se encuentra el hocofaisán, un ave con aspecto de gallina que se caza como alimento y está en peligro de extinción. Otras especies en peligro que habitan en la zona son el buitre rey, el guacamayo rojo y el jabirú. Entre los mamíferos que pueden verse destacan ciervos de cola blanca, pecaríes, coatíes, monos aulladores y monos de cara blanca.

Orientación e información

En la entrada de la reserva, hay un pequeño **centro de información** (entrada al parque 6 US$; ☯ 7.00-16.00). La reserva propiamente dicha se encuentra al otro lado del río Cabuyo, detrás del museo. La temporada seca transcurre entre diciembre y abril; puede hacer mucho calor por esas fechas: en ocasiones, se alcanzan temperaturas de 38°C. Durante la época de lluvias, el ambiente es un poco más fresco, pero abundan los insectos, por lo que es recomendable llevar repelente.

Cómo llegar y salir

El desvío a Lomas de Barbudal, desde la Interamericana, se localiza cerca de la pequeña comunidad de Pijije, 14 km al sudeste de Liberia, o 12 km al noroeste de Bagaces. Hay 17 km hasta la entrada de la reserva. La carretera no está asfaltada, pero está abierta todo el año. Es posible que en varios tramos accidentados se necesite un todoterreno durante la temporada de lluvias. Los autobuses que conectan Liberia con Cañas pueden dejar al viajero en el desvío hacia la reserva.

LIBERIA

Capital de la soleada provincia de Guanacaste, se encuentra en una encrucijada, tanto geográfica como política. Se localiza en el ángulo de la Interamericana, que conecta la capital con ambas fronteras, y la carretera 21, la carretera principal de Nicoya, desde donde se accede a las mejores playas del país. Aunque, desde hace mucho tiempo, la ciudad haya sido el típico foco de cultura sabanera costarricense (véase recuadro, p. 184), además del centro de una amplia comunidad de explotaciones ganaderas y siga enamorada de los sombreros y los machetes de vaquero, hay otras posibilidades en el horizonte.

A unos 50 km, el golfo de Papagayo (p. 230), apodado por unos esperanzados

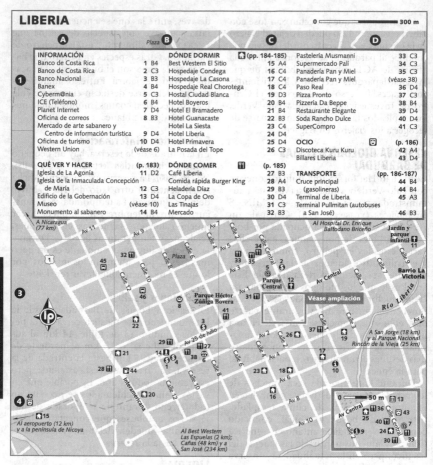

LIBERIA

0 ——————— 300 m

INFORMACIÓN		
Banco de Costa Rica	1	B4
Banco de Costa Rica	2	C3
Banco Nacional	3	B3
Banex	4	B4
Cyberm@nia	5	C3
ICE (Teléfono)	6	B4
Planet Internet	7	D4
Oficina de correos	8	B3
Mercado de arte sabanero y Centro de información turística	9	D4
Oficina de turismo	10	D4
Western Union	(véase 6)	

QUÉ VER Y HACER	(p. 183)	
Iglesia de La Agonía	11	D2
Iglesia de la Inmaculada Concepción de María	12	C3
Edificio de la Gobernación	13	D4
Museo	(véase 10)	
Monumento al sabanero	14	B4

DÓNDE DORMIR	(pp. 184-185)	
Best Western El Sitio	15	A4
Hospedaje Condega	16	C4
Hospedaje La Casona	17	C4
Hospedaje Real Chorotega	18	C4
Hostal Ciudad Blanca	19	D3
Hotel Boyeros	20	B4
Hotel El Bramadero	21	B4
Hotel Guanacaste	22	B3
Hotel La Siesta	23	C4
Hotel Liberia	24	D4
Hotel Primavera	25	D4
La Posada del Tope	26	C3

DÓNDE COMER	(p. 185)	
Café Liberia	27	B3
Comida rápida Burger King	28	A4
Heladería Díaz	29	B3
La Copa de Oro	30	D4
Las Tinajas	31	C3
Mercado	32	B3

Pastelería Musmanni	33	C3
Supermercado Palí	34	C3
Panadería Pan y Miel	35	C3
Panadería Pan y Miel	(véase 38)	
Paso Real	36	D4
Pizza Pronto	37	C3
Pizzería Da Beppe	38	B4
Restaurante Elegante	39	D4
Soda Rancho Dulce	40	D4
SuperCompro	41	C3

OCIO	(p. 186)	
Discoteca Kuru Kuru	42	A4
Billares Liberia	43	B3

TRANSPORTE	(pp. 186-187)	
Cruce principal (gasolineras)	44	B4
Terminal de Liberia	45	A3
Terminal Pullmitan (autobuses a San José)	46	B3

NOROESTE DE COSTA RICA

magnates de la industria turística como "el nuevo Cancún", está experimentando un desarrollo sin precedentes. Existen planes para que el aeropuerto de Liberia se convierta en el principal punto de entrada para turistas con viajes organizados que buscan broncearse. También está previsto que la propia población se convierta en una comunidad de servicios para este nuevo y extraño mundo. Aunque muchos de los participantes en la partida son corporaciones multinacionales, las locales no van a quedarse fuera del juego.

Durante mucho tiempo, Liberia ha constituido la base para visitar puntos de interés como los Parques Nacionales Santa Rosa, Guanacaste y Rincón de la Vieja, todos hacia el norte, además del Parque Nacional

Palo Verde y la Reserva Biológica Lomas de Barbudal, hacia el sur. Pero este nuevo desarrollo sube la apuesta: varios grupos de base han estado presionando al gobierno para que aplique unas estrictas regulaciones a los nuevos complejos, incluso aunque Liberia ponga en peligro su nueva infraestructura, para garantizar que el talento local guíe la casi inevitable transformación de la localidad.

Las escuelas públicas han ampliado la oferta de cursos de inglés; se está construyendo un nuevo hospital, que también atenderá a extranjeros, y se está estudiando, incluso, la posibilidad de renovar el centro de la ciudad, con 150 años de antigüedad, aplicando un lavado de cara completo, y ampliar la zona peatonal. Parte de ello depende del Proyecto Papagayo, sin duda, pero el camino lo marcarán al estilo sabanero.

Información

ACESO A INTERNET

Cyberm@nia (av. 1 entre calles 2 y Central; 1,10 US$/h; ✆ 8.00-22.00). También es adecuado para llamadas telefónicas de larga distancia a precio económico: cobran 0,25 US$/min a casi todas las partes del mundo.

Planet Internet (calle Central entre avs. Central y 2; 1 US$/h; ✆ 8.00-22.00). Dispone de rápidos ordenadores en unos amplios cubículos con aire acondicionado, que hacen de él uno de los mejores establecimientos para enviar un mensaje de correo electrónico desde Costa Rica.

ASISTENCIA MÉDICA

El **hospital Dr. Enrique Baltodano Briceño** (✆ 666 0011, urgencias ✆ 666 0318) se encuentra detrás del estadio, en las afueras de la población, al nordeste.

DINERO

Casi todos los hoteles aceptan dólares estadounidenses y quizá puedan cambiar pequeñas cantidades. Si no es así, Liberia posiblemente tenga más bancos por metro cuadrado que cualquier otra población de Costa Rica.

Banco de Costa Rica (esquina calle 2 con av. 1; ✆ 8.30-15.00 lu-vi). Cuenta con un cajero automático que funciona las 24 h.

Banex (esquina calle 10 con av. 25 de Julio; ✆ 9.00-20.00 lu-vi, 9.00-12.30 sa). Su cajero automático acepta MasterCard.

Coopmex Liberia (esquina calle 8 con av. 2). Sede de ICE y Western Union.

Mutual Alajuela (esquina calle 2 con av. 5; ✆ 8.00-17.00 lu-vi, 8.00-12.00 sa)

INFORMACIÓN TURÍSTICA

La **oficina turística** (✆ 666 4527; esquina avenida 6 con calle 1) tiene unos horarios que son un misterio. Un vecino lo explicó así: "A veces, está abierto, y a veces, está cerrado". Es más recomendable para los viajeros buscar orientación en el **Mercado de arte sabanero y centro de información turística** (✆ 362 6926; calle 8 entre avs. Central y 1; www.elsabanero.8k.com). Dispone de horarios de autobús, información sobre circuitos organizados y puede encargarse de que un taxi recoja a los visitantes.

Puntos de interés y actividades

Hay varios hoteles, restaurantes y bares de calidad; la principal actividad consiste en relajarse en alguno de ellos, mientras se planea la siguiente excursión a una playa o un volcán.

La oficina turística cuenta con un diminuto **museo** de aperos ganaderos de la zona, testimonio de la importancia histórica de la cría de ganado en Guanacaste. Han corrido rumores de que volverían a abrir el museo de cultura sabanera en **La Gobernación**, el antiguo edificio municipal en la esquina de la avenida Central con la calle Central, pero todavía estaba siendo objeto de reformas en el momento de elaborar esta obra.

Entre tanto, una **estatua** de un sabanero de mirada penetrante, junto con un evocador poema de Rudolfo Salazar Solorzano, domina desde las alturas la avenida 25 de julio, la calle principal de la localidad. Las cuadras en torno al cruce de la avenida Central con la calle Central albergan varias de las casas más antiguas de la localidad, muchas con unos 150 años de antigüedad.

El agradable parque Central sirve de marco a una iglesia moderna, la **iglesia Inmaculada Concepción de María**. Caminando seis cuadras hacia el nordeste del parque por la avenida Central se llega a la iglesia más antigua de la localidad, conocida popularmente como **La Agonía** (aunque los mapas la reproduzcan como la iglesia de la Ermita de la Resurrección). Resulta agradable ir paseando hasta La Agonía y dar una vuelta por las cuadras de los alrededores.

Circuitos organizados

El hotel Liberia y la Posada del Tope (véase p. 184) tienen una oferta de varios circuitos organizados, entre los que merece destacarse las excursiones de un día a los parques Rincón de la Vieja (10 US$ por persona), Palo Verde (40 US$ por persona) y Santa Rosa (16 US$ al parque, 100 US$ *camping* en Peña Bruja/playa Naranjo), además de una gran cantidad de opciones en cuanto a automóviles de alquiler se refiere.

Fiestas y celebraciones

El **día de Guanacaste**, el 25 de julio, se celebra activamente aquí, en la capital de la provincia, con un tope (desfile de caballos), una subasta de ganado, una corrida de toros (en Costa Rica nunca matan a los toros), música y una feria agrícola. En la oficina de información turística se puede conseguir información sobre

NOROESTE DE COSTA RICA

EL SABANERO *John Thompson*

La región ganadera, rasa y seca, de Guanacaste es el equivalente en Costa Rica del Oeste de EE UU, y el sabanero es el vaquero de Guanacaste. Pero, de acuerdo con la pacífica imagen de Costa Rica, el sabanero tiende a ser una figura digna y no un pendenciero aficionado a pelear a puñetazos. Un sabanero se mueve con un porte que recuerda tanto a un samurai o un caballero como a un vaquero. Es posible ver sabaneros cabalgando por las carreteras de Guanacaste y se les reconoce por su postura erguida, la mano despreocupada que sujeta las riendas, el machete colgando en la funda de pistola y el modo de andar de sus caballos, levantando las patas. Este paso, que requiere resistencia y habilidad tanto por parte del caballo como del jinete, es el sello de la cultura sabanera. Todos los años, los sabaneros hacen alarde de su habilidad ecuestre en el tope local.

El tope es una mezcla de rodeo del Oeste y feria ganadera. Puestos callejeros de comida, música y monta de toros –los toros no resultan heridos ni muertos– son los elementos centrales. El espectáculo de monta de toros es donde los participantes se divierten mientras pueden. Un joven que palidece y se santigua cuando abren la puerta de la plaza es una imagen que no se olvida. Para imprimir una nota cómica, siempre hay unos cuantos borrachos dispuestos a participar como payasos de rodeo, bailando por el ruedo para distraer al toro cuando los jinetes caídos luchan por llegar a un sitio seguro. La cabalgata de los sabaneros es el momento álgido del día. Casi todas las poblaciones pequeñas celebran un tope; las fechas cambian, de modo que es buena idea preguntar en la zona que se está visitando cuando será el próximo.

los topes y otros acontecimientos de pequeñas poblaciones de la zona: se celebran con frecuencia, aunque de forma irregular.

Dónde dormir

La población está muy concurrida durante la temporada seca, de modo que se recomienda reservar con antelación, sobre todo en Navidad, Semana Santa, el día de Guanacaste y los fines de semana de la temporada alta. A la inversa, los hoteles de precio elevado ofrecen descuentos durante la temporada de lluvias. Hay que tener presente que, aunque el nombre de las calles aparezca en el mapa, rara vez están señalizadas, sobre todo al alejarse del parque Central (véase recuadro, p. 471).

ECONÓMICO

Hospedaje Real Chorotega (☎ 666 0898; av. 6 con calle 2; h 5 US$ por persona). Económico y sencillo, este establecimiento cuenta con habitaciones pequeñas, sin ventanas, con baño compartido, además de un pequeño vestíbulo con mecedoras por si los clientes empiezan a sentir algo de claustrofobia.

Hospedaje Condega (☎ 666 1165; avenida 6 entre calles 4 y 6; h sin/con baño 3,75/7,50 US$ por persona). Limpio, aunque común y corriente, es una opción algo mejor. Hay que estar preparado para gritar al propietario: es duro de oído.

Hotel Liberia (☎ 666 0161, www.hotelliberia.com; calle Central entre avs. Central y 2; i/d 5/10 US$, i/d con baño 8/16 US$; P). Las habitaciones de este edificio laberíntico con un centenar de años de antigüedad están bien conservadas, pero son bastante sencillas (sobre todo las que tienen baño compartido), aunque las buenas vibraciones y una sala descubierta con mesa de billar, TV y hamaca convierten a este establecimiento en una opción interesante. Las habitaciones del ala trasera son más luminosas. Ofrecen una excursión con noche incluida a Rincón de la Vieja (15 US$ por persona), muy recomendable, además de otros circuitos económicos.

La **Posada del Tope** (☎ 666 3876; www.posadadeltope.com; calle Central entre avs. Central y 2; h 5-12 US$ por persona; P ✗). Esta casa de mediados del s. XIX, con fachada y vestíbulo atractivos, ofrece habitaciones bonitas, un tanto gastadas, con mosquiteras, baños compartidos y paredes delgadas. El anexo al otro lado de la calle, el hotel Casa Real, dispone de habitaciones con baño privado y TV. El propietario ofrece distintos circuitos organizados y servicios (véase p. 183).

Hotel Guanacaste (☎ 666 0085; www.hicr.org; esquina avenida 3 con calle 12; dc 6 US$, i/d con baño 10/18 US$; P). Afiliado a la red HI, se localiza cerca de la terminal de autobús y tiene habitaciones con literas estilo dormitorio colectivo, que recuerdan a un campamento de verano. El restaurante es muy frecuentado por los pasajeros del autobús TransNica, que se detienen aquí de camino a Managua.

Hospedaje La Casona (☎ 666 2971; marijozuniga @hotmail.com; esquina calle Real con avenida 6; i/d 7/10 US$, d con baño 15 US$; P ✗). Una buena elección. Una casa rosa, de madera, alberga habitaciones sencillas que comparten tres baños, mientras que un anexo nuevo ofrece pulcras habitaciones (una con aire acondicionado) con baño. Hay servicio de lavandería (2 US$ por kg).

PRECIO MEDIO

Hotel Primavera (☎ 666 0464; av. Central entre las calles Central y 2; i/d 23/33 US$; P ✗). Situado en el parque Central, las habitaciones pequeñas y atractivas, algo desgastadas, están equipadas con microondas, televisión por cable y una mesa pequeña. La habitación con aire acondicionado cuesta 5 US$ más.

Hotel La Siesta (☎ 666 0678; hotellasiesta@hotmail. com; calle 4 entre avs. 4 y 6; i/d. 25/38 US$, desayuno incl.; P ✗ ✦). Las habitaciones, limpias y corrientes, con televisión por cable y duchas privadas de agua fría, están distribuidas alrededor de un bonito jardín con una pequeña y tentadora piscina. Las habitaciones del piso superior, algo más grandes, están equipadas con aire acondicionado y cuestan 5 US$ más.

Hostal Ciudad Blanca (☎ 666 3962; av. 4 entre las calles 1 y 3; i/d 30/50 US$; P ✗). Pequeño, aunque uno de los más atractivos de Liberia, ocupa una mansión. Las habitaciones cuentan con aire acondicionado, ventilador, televisión por cable, bonitos muebles y baño privado con agua caliente. Hay un pequeño bar-restaurante encantador.

Hotel El Bramadero (☎ 666 0371; bramdero@racsa. co.cr; esquina de la Interamericana con carretera 21; i/d/ tr 29/37/43 US$; P ✗ ✦). Con una práctica ubicación en el cruce de las dos carreteras principales, este establecimiento de aire sabanero no sólo es un hotel y un buen **restaurante** (platos principales 3-10 US$; ☽ 6.00-22.00), especializado en carnes, por supuesto, sino también la agencia del Tica Bus. Las habitaciones, sencillas y limpias, cuentan con baño privado, televisión por cable, aire acondicionado y acceso a una piscina de agua fría.

Hotel Boyeros (☎ 666 0995; www.hotelboyeros. com; esquina de la Interamericana con avenida 2; i/d/tr 40/46/52 US$; P ✗ ✗ ✦). Cerca del cruce de la Interamericana con la principal carretera que conduce a Liberia, es el mayor hotel de la localidad; ofrece habitaciones equipadas con aire acondicionado y televisión por cable. Es buena idea pedir una de las habitaciones con balcón del piso superior. Entre los servicios se incluye un restaurante abierto 24 h, piscinas para adultos y niños, además de un tobogán recubierto de bonitas baldosas.

PRECIO ALTO

Los alojamientos de precio alto en Liberia se refieren exclusivamente a clase preferente.

Best Western Las Espuelas (☎ 666 0144; espuelas@racsa.co.cr; i/d desayuno incl. 64/76 US$; P ✗ ✗ ✦). Se encuentra en el lado este de la Interamericana, unos 2 km al sur de la carretera principal que lleva a Liberia. Cuenta con agradables jardines, una piscina, un bar-restaurante y una tienda de regalos. Las habitaciones tienen baño privado, televisión, teléfono y aire acondicionado.

Best Western El Sitio (☎ 666 1211; htlsitio@racsa. co.cr; i/d desayuno incl. 64/76 US$, 12 US$ por persona adicional; P ✗ ✗ ✦). En la carretera a Nicoya, unos 250 m al oeste de la Intermericana, dispone de espaciosas habitaciones con aire acondicionado, televisión y baño privado (con agua caliente). Hay un bar-restaurante aceptable, un balneario y piscinas para adultos y niños. Tiene servicio de alquiler de automóviles y organiza circuitos a playas y parques nacionales.

Dónde comer

Hay numerosas sodas económicas por toda la localidad; también puede considerarse comprar alimentos en el **SuperCompro** (av. Central entre calles 4 y 6; ☽ 8.00-20.00 lu-vi, 8.00-18.00 sa-do).

Café Liberia (calle 8 entre avs. 25 de Julio y 2; tentempiés 1-3 US$; ☽ 10.00-18.00 lu-vi). Cafés exprés y tentempiés ligeros para empezar bien el día, aunque un poco tarde.

Heladería Díaz (esquina av. 25 de Julio con calle 10; caprichos 0,50-3 US$; ☽ 13.00-19.00). No es una simple heladería más, sino que también sirven helado de soja, yogur y un amplio surtido de delicias con fruta.

Panadería Pan y Miel (esquina calle 2 con av. 3; tentempiés 1-3 US$; ☽ 6.00-20.00). Esta sucursal de la excelente pastelería local se limita a lo más básico; ofrece la taza de café más temprana de la población y gran variedad de dulces y delicias (además de pasteles de cumpleaños muy apetitosos) para acompañar.

Pastelería Musmanni (calle 2 entre avs. 3 y 5; comidas ligeras 1-4 US$; ☽ 5.00-21.00). Algo más ambicioso que el resto de las pastelerías con el mismo nombre, incorpora bocadillos y otras delicias a la habitual selección de repostería.

Restaurante Elegante (calle Real entre avs. Central y 2; platos 3 US$). Generosas raciones de arroz frito y otros platos chinos.

Soda Rancho Dulce (calle Central entre avs. Central y 2; principales 2-4 US$; ☺ 7.30-22.00). A veces, un casado es más que un casado y en esta excelente soda, con estupendas mesas de madera y buenos batidos, sirven algunos de los mejores.

Pan y Miel (☎ 665 3733; av. 25 de Julio entre calles 8 y 10; platos principales 2-5 US$; ☺ 7.00-20.00 lu-vi, 7.00-14.00 sa). En la segunda sucursal de esta panadería se puede degustar el mejor desayuno de la población; además, elaboran excelentes panes para bocadillos, tostadas o como acompañamiento para una carta de ensaladas, pastas y otros entrantes.

Pizza Pronto (esquina av. 4 con calle 1; *pizzas* desde 5 US$). Situado en una bonita casa del s. XIX, es ideal para degustar una sabrosísima *pizza* cocinada en un horno de arcilla de Guanacaste.

Pizzería Da Beppe (☎ 666 0917; esquina av. Central con calle 10; principales 2-10 US$; ☺ 7.30-22.30). Merece la pena disfrutar del atractivo patio al aire libre saboreando pasta fresca y buena *pizza*, pero no debe olvidarse que la especialidad de la casa –marisco fresco o bisté de calidad– siempre es de lo mejor. Hay un bar completo (con una aceptable carta de vinos), que abre hasta las 23.30, como mínimo.

Las Tinajas (calle 2 entre avs. Central y 1; comidas 4-7 US$). Es ideal para observar el movimiento de la localidad, mientras se saborea una cerveza fresca.

Paso Real (☎ 666 3455; av. Central entre las calles Central y 2; platos principales 6-20 US$; ☺ 11.00-22.00). El restaurante más lujoso de Liberia cuenta con un aireado balcón con vistas al parque Central, donde se puede empezar por un cebiche (4-8 US$) antes de pasar a otras capturas del día, también muy bien cocinadas.

Centro de comida rápida Burger King (cruce Interamericana con carretera 21; ☺ 7.00-23.00). Los amantes de este tipo de comida pueden detener el vehículo en el servicio rápido de Burger King o entrar para disfrutar de Church's Chicken y Papa John's Pizza. También están cerca Subway, TCBY, Pizza Hut y Pollo Campero, todos abiertos las 24 h.

Ocio

Liberia no tiene lo que se dice una vida nocturna salvaje, pero tanto Casa Romana Jalija y Las Tijanas (véase esta página) son locales estupendos para beber algo; de vez en cuando, Las Tijanas ofrece música en directo.

En los **billares Liberia** (calle Central entre avs. Central y 2; ☺ 11.00-23.00) se puede disfrutar de una bebida fresca y una reñida partida dentro del histórico edificio Calle Real. La **discoteca Kuru Kuru**, enfrente del Best Western El Sitio, al otro lado de la calle, deja que los *disc-jockeys* hagan su trabajo durante las noches de jueves a sábado.

Cómo llegar y salir
AVIÓN

Desde 1993, el aeropuerto internacional Daniel Oduber Quirós (LIR), 12 km al este de Liberia, ejerce de segundo aeropuerto internacional del país, facilitando el acceso a todas las hermosas playas sin la molestia que supone tener que pasar por San José. Es un aeropuerto diminuto, lleno hasta los topes con un tráfico en aumento y, para un "futuro próximo", se está proyectando una seria renovación general de las instalaciones. Todos los vuelos internacionales pasan por EE UU.

Tanto NatureAir como Sansa fletan vuelos regulares entre Liberia y San José, con conexiones por todo el país, desde unos 90 US$ la ida o 170 US$ ida y vuelta.

No hay mostradores de alquiler de vehículos en el aeropuerto, por lo que se recomienda hacer la reserva con antelación y que la empresa recoja a los viajeros en el aeropuerto con un vehículo. Existen planes para abrir un mostrador de información turística, pero en el momento de elaborar esta obra, ni siquiera había estantes con folletos. Un taxi hasta Liberia cuesta 10 US$.

American Airlines (☎ 800-421 0600; www.aa.com). Vuelos a/desde Miami (Florida).

Continental (☎ 800-231 0856; www.continental.com). A/desde Houston (Texas).

Delta (☎ 800-241 4141; www.delta.com). A/desde Atlanta (Georgia).

NatureAir (☎ 220 3054; www.natureair.com). A/desde San José, 4 vuelos diarios.

Sansa (☎ 668 1047; www.flysansa.com). A/desde San José, 3 vuelos diarios.

AUTOBÚS

Los autobuses tienen la salida y la llegada en la **terminal Liberia** (av. 7 entre calles 12 y 14) y en la **terminal Pullmitan** (av. 5 entre calles 10 y 12). Las rutas, las tarifas, la duración del viaje y las horas de salida son las siguientes:

Cañas. 1 US$; 1¼ h; salida en terminal Liberia 5.45, 13.30, 16.30 y 17.10.

La Cruz/Peñas Blancas. 1,25 US$; 1½-2 h; salida en Pullmitan 5.30, 8.30, 9.00, 11.00, 12.00, 14.00, 16.45 y 20.00.

Managua (Nicaragua). 9 US$; 5 h; salida en Pullmitan 8.30, 9.30 y 13.00 (hay que comprar los billetes un día antes)

Nicoya (vía Filadelfia y Santa Cruz) (Autobuses Alfaro). 1,25 US$; 2h; salida en la terminal Liberia aproximadamente cada ½ h entre las 17.00 y las 19.00.

Playa del Coco. 0,75 US$; 1 h; salida en Pullmitan 5.30, 12.30, 14.00 y 16.30.

Playa Hermosa, Playa Panamá (Tralapa). 0,75 US$; 1¼ h; salida en la terminal Liberia 7.30, 11.30, 15.30, 17.00 y 19.00.

Playa Tamarindo. 1 US$; 2 h; salida en terminal Liberia 5.15 y 14.30.

Puntarenas. 1,40 US$; 2½ h; salen 7 servicios entre las 5.00 y las 15.30.

San José. 4 US$; 4 h; salida en Pullmitan cada hora entre las 6.20 y las 19.20.

AUTOMÓVIL

Liberia se encuentra en la Interamericana, 23 km al norte de San José y 77 km al sur del puesto fronterizo nicaragüense de Peñas Blancas. La carretera 21, la principal arteria de la península de Nicoya, se inicia en Liberia y se dirige hacia el sudoeste. Una carretera de tierra, transitable para todos los vehículos durante la temporada seca (aunque es preferible optar por un 4x4) transcurre 25 km desde La Victoria hasta la entrada de Santa María de Rincón de la Vieja; la carretera de grava hasta la entrada de Las Pailas sale de la Interamericana, 5 km al norte de Liberia (se recomienda un todoterreno).

Hay varias empresas de alquiler de automóviles en la región (ninguna de ellas cuenta con mostrador en el aeropuerto), que cobran más o menos lo mismo que las de San José. Muchas se encargan de recoger a los clientes en Liberia y dejarlos en San José, aunque tratarán de cobrar una tarifa adicional. Las empresas de alquiler de automóviles se localizan en la carretera 21 entre Liberia y el aeropuerto, pero hay que poder dejar el coche en la población. La Posada del Tope (p. 184) ofrece las tarifas más económicas. Entre otras empresas de alquiler de automóviles, cabe destacar:

Avis (☎ 666 7585; www.avis.co.cr)
Ada (☎ 668 1122)
Budget (☎ 668 1024; www.budget.com)
Dollar (☎ 668 1061; www.dollarcostarica.com)
Economy Rent-A-Car (☎ 666 2816)
Elegante (☎ 668 1054; www.eleganterentacar.com)
Europcar (☎ 668 1022; www.europcar.co.cr)
National (☎ 666 5595; www.natcar.com)
Poas Rent-a-Car (☎ 667 0214; www.carentals.com)
Payless (☎ 257 0026; www.paylesscr.com)
Sol Rent-A-Car (☎ 666 2222; solcar@sol.racsa.co)
Toyota Rent a Car (☎ 666 8190; www.carrental-toyota-costarica.com)

PARQUE NACIONAL RINCÓN DE LA VIEJA

Con 14.161 Ha, debe su nombre al activo volcán Rincón de la Vieja (1.895 m), la principal y humeante atracción, aunque en el mismo macizo volcánico existen varios picos más; entre ellos, el volcán Santa María (1.916 m) destaca por ser el más alto. La zona bulle con fumarolas de múltiples matices, manantiales de agua tibia, agitadas charcas de lodo y chorros de ceniza gris, en una diversión flatulenta (se respira un fuerte olor a azufre en estas colinas) que recuerda las caprichosas ilustraciones del Dr. Seuss, un volcancito joven y pendenciero, además de una cacofonía de agujeros que estallan y silban en el suelo. Todo esto se puede visitar en unos senderos bien conservados, que en ocasiones resultan algo empinados.

El parque se creó en 1973 para proteger los 32 ríos y arroyos que nacen en su interior, una importante cuenca. Su ubicación relativamente apartada implica que la fauna y la flora, poco abundantes en otros lugares, surgen con fuerza aquí, con el enorme cráter volcánico como espectacular telón de fondo de la escena. Se ha detectado actividad volcánica en numerosas ocasiones desde finales de la década de 1960. La erupción de vapor y ceniza más reciente se produjo en 1997 y, por el momento, el volcán presenta una ligera actividad que no supone ningún peligro. No obstante, es buena idea preguntar en la zona para asegurarse.

Las elevaciones en el parque oscilan entre menos de 600 m y 1.916 m, de modo que los visitantes atraviesan varios hábitats distintos al ascender a los volcanes. En los bosques crecen muchas especies de árboles. Asimismo, la zona presenta la mayor densidad de la flor nacional de Costa Rica de todo el

NOROESTE DE COSTA RICA

país: la orquídea púrpura (*Cattleya skinneri*), conocida localmente como "guaria morada" (para más información sobre el destino de esta flor, véase recuadro en p. 37).

Por su emplazamiento relativamente apartado, el parque no recibe muchas visitas; con todo, se puede acceder desde varios establecimientos fuera del parque y es fácil conseguir un medio de transporte desde Liberia. El Rincón de la Vieja es el volcán más accesible de los que se encuentran en la cordillera de Guanacaste.

Orientación e información

El parque cuenta con dos entradas principales, cada una con su propio puesto de guardaparques, donde el viajero se registra y recibe un mapa gratuito. Muchos visitantes entran por el **puesto de guardaparques de Las Pailas** (☎ 661 8139; entrada 7 US$; ☯ 7.00-16.00), en el lado oeste. En este punto se inician los senderos que suben a la cima y a los principales atractivos volcánicos.

El **puesto de los guardas forestales de Santa María** (☎ 661 8139; entrada 7 US$; ☯ 7.00-16.00), al este, está ubicado en la casona Santa María, una casa de hacienda del s. XIX, famosa por ser una antigua propiedad del presidente de EE UU Lyndon Johnson. Se halla muy cerca de los manantiales sulfúreos de agua caliente y también cuenta con una torre de observación y una catarata en las cercanías.

Observación de fauna y la flora

La fauna y la flora del parque son sumamente variadas. Se han identificado casi trescientas especies de aves, como paujíes, quetzales, campaneros, loros, tucanes, colibríes, búhos, pájaros carpinteros, tangaras, momotos, palomas y águilas, por mencionar algunos.

Entre los insectos, se encuentran desde bonitas mariposas a molestas garrapatas. Hay que ir preparado para las garrapatas en las zonas cubiertas de hierba: los pantalones largos metidos dentro de las botas y las camisetas de manga larga ofrecen algo de protección. Un insecto especialmente interesante es la chicharra, que se entierra en el suelo y emite un sonido parecido al croar de una rana, para asombro de los naturalistas.

Los mamíferos también son muy variados: se ven con frecuencia ciervos, armadillos, pecaríes, mofetas, ardillas, coatíes y tres especies de monos. Cerca de la cumbre, en torno a las lagunas, suelen encontrarse huellas de tapires. Hay constancia de varias especies de felinos salvajes, como el jaguar, el puma, el ocelote y el margay, pero se necesita paciencia y buena suerte para ver alguno de estos animales.

Excursionismo

Un sendero circular al este de Las Pailas (unos 8 km en total) lleva al visitante por las charcas de lodo hirviente (Las Pailas), fumarolas sulfúreas y un volcán en miniatura (que puede apagarse en cualquier momento). Los senderos discurren durante 8 km (ida) hasta llegar a la cima y a la **laguna de Jilgueros**, donde se dice que es posible ver tapires o, más probablemente, sus huellas, si el viajero es observador. Este sendero, gran parte del cual discurre por la cima de una cresta, es famoso por los fuertes vientos y la concentración de nubes; hay que ir preparado para el tiempo. A unos 700 m del puesto de guardaparques se localiza una piscina natural.

Más adelante se encuentran varias cataratas: la mayor, la **catarata La Cangreja**, 5 km al oeste, es un clásico; cae directamente desde un risco hasta una pequeña laguna donde es posible darse un baño. Las sales de cobre disueltas imprimen a las cascadas un intenso color azul. Este sendero serpentea atravesando bosques hasta llegar a pastizales abiertos, en las laderas del volcán, donde se disfruta de vistas que alcanzan hasta el golfo de Nicoya. El sendero Cangreja es uno de los más recomendados de la montaña. Las **cataratas Escondidas**, algo más pequeñas, se localizan 4,3 km al oeste, en un sendero distinto; hay vistas de los riscos y lugares aptos para el baño.

Desde el puesto de guardaparques de Santa María, un sendero discurre 2,8 km al oeste atravesando el "bosque encantado" y dejando atrás una catarata hasta llegar a unos **manantiales sulfúreos de agua caliente**, con propiedades supuestamente terapéuticas. No hay que introducirse en ellos más de media hora (algunos sugieren que mucho menos) sin refrescarse en uno de los manantiales de agua fría de las cercanías. Unos 450 m al este del puesto se localiza un mirador de observación.

Dónde comer y dormir
DENTRO DEL PARQUE

Los dos puestos de guardaparques disponen de una zona de *camping* (2 US$ por persona), con agua, retretes a la turca, duchas, mesas y parrillas. No hay combustible, de modo que es aconsejable llevar leña, carbón o un hornillo de *camping*. Se precisan mosquiteras o repelente contra insectos durante la temporada húmeda.

Está permitido acampar en muchas zonas del parque, pero los campistas deben ser autosuficientes y estar preparados para el frío y la niebla de la montaña; una brújula puede resultar muy útil. La temporada húmeda es realmente muy húmeda (octubre es el mes más lluvioso) y abundan los mosquitos por esas fechas. Se recomienda acampar en diciembre, marzo y abril; enero y febrero son meses con frecuentes vientos fuertes.

FUERA DEL PARQUE
Hay que tener presente que todos estos lugares están muy lejos de cualquier restaurante, lo que obliga al viajero a pagar las comidas del restaurante de su hotel. Hay dos establecimientos –el hotel Hacienda Guachipelín y el Rincón de la Vieja Mountain Lodge– que quedan cerca del sector Las Pailas (véase p. 188); hay que pagar una tarifa de 2 US$ porque la carretera atraviesa una propiedad privada con un puesto de peaje.

Rinconcito Lodge (☎ 666 2764, hay que dejar un mensaje en inglés para el "Rinconcito" ☎ 224 2400; www. rinconcitolodge.com; i/d 12/22 US$, i/d con baño 17/28 US$; *camping* 2 US$ por persona; P). A 3 km del sector Santa María, esta increíble opción económica ofrece unas atractivas cabañas rústicas con electricidad y duchas de agua fría, rodeadas del más hermoso paisaje pastoril que se pueda imaginar. El establo particular ofrece alquiler de caballos (½/1 día 12/18 US$) con guía opcional, que lleva a los clientes a los manantiales de agua caliente, las charcas de lodo o dentro del propio cráter del volcán. Ofrecen varios paquetes económicos que incluyen el transporte desde Liberia (ida/ida y vuelta 18/35 US$ por persona, hasta 4 personas), excursiones guiadas y paseos a caballo, además de comidas (desayuno 4 US$, comida y cena 6 US$). También puede organizarse por adelantado el transporte desde San José y otros destinos. Recomendable.

Hotel Hacienda Guachipelín (☎ 666 8075; www. guachipelin.com; i/d 42/61 US$, con 3 comidas 67/110 US$;). Se encuentra en el emplazamiento de una hacienda del s. XIX, partes de la cual se han incorporado al actual establecimiento. Comprende unas 1.200 Ha de bosque primario y secundario, junto con un rancho ganadero en funcionamiento. Gran parte del alojamiento consiste en 30 cabañas de dos pisos, amplias y luminosas, con grandes baños privados (agua caliente) y porches. Destaca un **restaurante** (platos principales 7-13 US$) cerca del granero rústico, con bar y sala de relajación, detrás de la cual se localiza una piscina.

Rincón de la Vieja Mountain Lodge (☎ 661 8198; i/tr estándar 67/80 US$, cabaña d/tr 80/101 US$, 17 US$ por persona adicional; P). Muy cerca de la entrada Las Pailas y muy popular, dispone de espaciosas habitaciones estándar, algunas con paredes pintadas de colores muy vivos o rústicos techos con vigas a la vista, además de cabañas incluso mayores, con balcones. Todas disponen de duchas de agua caliente revestidas de bonitos azulejos. Hay electricidad las 24 h, cortesía de su proyecto hidroeléctrico privado, una piscina, acceso a Internet, una pequeña biblioteca de préstamo, jardín de mariposas y un circuito de *canopy* (50/82 US$ día/noche). También alquilan bicicletas de montaña (5 US$/h) y caballos (30/45 US$ ½/1 día, guía 15 US$). Es práctico comer (6-10 US$) en el restaurante y contratar transporte desde Liberia por separado o como parte de un paquete de varios días.

Hotel Borinquen (☎ 666 0363; www.borinquen resort.com; i/d desayuno incl. 207/249 US$; P). El complejo más lujoso de la zona; ofrece elegantes *bungalows* con aire acondicionado, terrazas, minibar y televisión por cable, conectados por un sistema de empinados senderos. Es posible negociar el recorrerlos con cochecitos de golf si el cliente está demasiado agotado como para caminar, después de remojarse en el manantial de agua caliente del recinto y darse baños de barro. Las tarifas incluyen posibilidades como excursiones guiadas a las cataratas de la zona, paseos a caballo y en todoterreno y, por supuesto, un circuito de *canopy*.

Cómo llegar y salir
Puede accederse al sector Las Pailas por 20 km de carretera de grava, en buen estado, que se inician en un desvío señalizado en la Interamericana, 5 km al norte de Liberia; para llegar al parque, hay que pasar por una carretera particular, que cuesta 2 US$ por persona. Se accede al puesto de los guardaparques de Santa María por una carretera más accidentada que empieza en el barrio La

Victoria, de Liberia. Ambas carreteras resultan transitables para vehículos normales durante la temporada seca, pero se necesita un todoterreno en temporada de lluvias, un tipo de vehículo muy recomendable en todo momento (o se tarda el doble). No hay servicio de transporte público, aunque cualquiera de los establecimientos mencionados anteriormente pueden gestionar el transporte desde Liberia por unos 15 US$ por persona, para un mínimo de dos o tres personas; o desde San José y otros emplazamientos, por una tarifa algo más elevada.

Los hoteles y los puntos de información turística pueden encargarse del transporte abonando precios similares; el hotel Guanacaste y la Posada del Tope (p. 184) son la opción más segura. Otra posibilidad sería alquilar un taxi todoterreno hasta Las Pailas por unos 25 US$; el viaje de ida hasta Santa María saldría por unos 25 US$.

PARQUE NACIONAL SANTA ROSA

Se encuentra entre los parques nacionales más antiguos (se estableció en 1971) y de mayor tamaño de Costa Rica. Ocupa 38.674 Ha de la península Santa Elena y alberga una gran variedad de atractivos únicos en la nación. La sombreada zona de acampada cerca del puesto de los guardaparques es una de las más hermosas del sistema de parques nacionales, con un *camping* junto a la playa que también merece la pena (aunque es algo caro, teniendo en cuenta el transporte).

Santa Rosa cubre gran parte de la península Santa Elena, que sobresale adentrándose en el pacífico en la remota esquina noroccidental del país. El parque recibe el nombre de la Hacienda Santa Rosa, donde se libró el 20 de marzo de 1856 la histórica batalla que enfrentó al ejército de Costa Rica, improvisado a toda prisa, contra las fuerzas invasoras del filibustero estadounidense William Walker. En realidad, fueron razones históricas y patrióticas las que determinaron la creación de este parque en primer lugar. Casi es una coincidencia que también sea un lugar de suma importancia para los biólogos.

Santa Rosa protege la mayor franja de bosque tropical seco que queda en América Central, además de algunos de los lugares de anidación más importantes para varias especies de tortuga marina, entre las que se cuentan algunas en peligro de extinción. En ocasiones, se ven especies animales, sobre todo durante la temporada seca, cuando se congregan en torno al agua que no se ha secado y los árboles pierden las hojas. Por estas fechas también hay menos insectos que pican y las carreteras resultan más transitables. Pero también es la época más concurrida, sobre todo los fines de semana, cuando el parque está abarrotado de ticos en busca de su historia, a veces un tanto difícil de encontrar. Con todo, siempre se respira un ambiente bastante tranquilo, en comparación con los parques Volcán Poás o Manuel Antonio.

En los meses húmedos, desde julio hasta finales de diciembre, sobre todo en septiembre y octubre, es posible observar la anidación de las tortugas marinas y, con frecuencia, disfrutar del parque prácticamente en exclusiva. Un incremento de los viajes organizados que incluían la anidación de las tortugas suscitó el cierre de la **playa Nancite** (la playa de anidación de tortugas más conocida) a los grupos numerosos, aunque, a veces, se expiden permisos individuales y para grupos reducidos.

El parque también es famoso por la **playa Naranjo**; en particular, por la Peña Bruja, legendaria entre los aficionados al surf.

Orientación e información

La entrada del Parque Nacional Santa Rosa está ubicada en el lado norte de la Interamericana, 35 km al norte de Liberia y 45 km al sur de la frontera nicaragüense. La **entrada del parque** (☎ 666 5051; entrada 6 US$, *camping* 2 US$ por persona; ☉ 8.00-16.00) está cerca de la Interamericana; faltan 7 km más para llegar a la sede del parque, con las oficinas administrativas, las instalaciones de los científicos, un centro de información, un *camping*, un museo y rutas para el estudio de la naturaleza. Esta oficina administra el Área de Conservación Guanacaste (ACG).

Desde este complejo, un sendero para todoterrenos desciende hasta la costa, a 12 km de distancia. Está cerrado a los automóviles entre mayo y noviembre (temporada húmeda), pero quienes se desplacen a caballo o a pie pueden utilizarlo todo el año. Hay varias playas y una zona de *camping* emplazada en el extremo sur de la playa Naranjo. Durante la época de anidación de las tortugas, los guardas forestales pueden cerrar las playas e impedir el acceso a los visitantes y, de hecho, lo hacen. También hay otras rutas, que es posible recorrer en *jeep*, a caballo o a pie; salen del complejo principal para visitantes y se adentran en el bosque tropical seco y otros hábitats.

El sector Murciélago del parque comprende el agreste litoral norte de la península Santa Elena. Incluye un puesto de guardaparques y una zona de *camping*; un sendero corto conduce hasta una piscina natural. Es imposible llegar desde el complejo principal del parque; será preciso regresar a la Interamericana y desplazarse más al norte.

Puntos de interés y actividades

LA CASONA

Este histórico edificio principal de la antigua hacienda Santa Rosa fue destruido en un incendio premeditado en mayo de 2001 y se reconstruyó en 2002 utilizando fotografías históricas y madera local. La batalla de 1856 se libró en torno a este edificio y las acciones militares, además de la historia natural de la región, están descritas con ayuda de documentos, pinturas, mapas y otras exposiciones. La visita puede suponer una lección estimulante (y tal vez también una lección de humildad) sobre cómo no debe invadirse un país.

El incendio intencionado fue provocado por una pareja de cazadores furtivos, padre e hijo, contrariados porque los guardas forestales les habían prohibido cazar en la zona, y que fueron detenidos y castigados con una pena de 20 años de prisión por incendiar un edificio de valor nacional, histórico y cultural.

Detrás de La Casona, un sendero corto asciende hasta el **Monumento a Los Héroes** y una plataforma de observación. También hay senderos más largos que atraviesan el bosque seco, uno de los cuales conduce en 4 km de caminata suave hasta el Mirador, con espectaculares vistas de la playa Naranjo, accesible para los excursionistas dispuestos a recorrer 9 km más por el camino lleno de profundos baches que conduce hasta el mar. La carretera principal está bordeada de senderos cortos que llegan hasta pequeñas cataratas y otras maravillas naturales muy adecuadas para tomar fotografías.

OBSERVACIÓN DE FAUNA Y FLORA

Cerca de La Casona se encuentra el **sendero Indio Desnudo,** de 1 km de longitud y con señales que interpretan las relaciones ecológicas entre los animales, las plantas y las pautas climáticas de Santa Rosa. El sendero recibe el nombre de un árbol corriente, también conocido como gumbo limbo, cuya corteza de un color naranja rojizo puede realizar la fotosíntesis durante la temporada seca, cuando se caen las hojas, lo que le confiere el aspecto de un indio desnudo o de un turista quemado por el sol, según el guía.

En el sendero también se ve el árbol nacional de Costa Rica: el guanacaste (*Enterolobium cyclocarpum*). La provincia recibe el nombre de esta especie de árbol de gran tamaño, que se encuentra en las tierras bajas costeras del Pacífico. Los visitantes pueden contemplar monos, serpientes, iguanas y petroglifos (posiblemente, precolombinos) grabados en las rocas del sendero.

Sin duda, la fauna y la flora son variadas y prolíficas. Se tiene constancia de más de 250 especies de aves, entre las que se incluye la chillona urraca de cara blanca, inconfundible con su larga cresta de plumas enrobladamente rizadas. El bosque es el hábitat de loros y periquitos, quetzales y tangaras; asimismo, a medida que el viajero se dirige hacia la costa, puede verse recompensado con el avistamiento de varias aves costeras.

Los murciélagos también abundan; se han identificado unas 50 o 60 especies distintas en Santa Rosa. Otros mamíferos con posibilidades razonables de aparecer son ciervos, coatíes, pecaríes, armadillos, coyotes, mapaches, tres tipos de monos y varias especies más, unas 115 en total. Esta zona también acoge a muchas miles de especies de insectos, que incluyen unas 4.000 polillas y mariposas.

Entre los reptiles cabe destacar los lagartos, iguanas, serpientes, cocodrilos y cuatro especies de tortuga marina. La tortuga verde es la más abundante y, entre los meses de julio y diciembre, la época de anidación, decenas de miles anidan en las playas de Santa Rosa. La más concurrida es la **playa Nancite**, donde, en septiembre y octubre sobre todo, es posible ver hasta 8.000 de estas tortugas de 40 kg reunidas en la playa al mismo tiempo. A estos animales les molesta la luz, de modo que está prohibido el uso de *flashes* fotográficos y linternas. Hay que evitar las noches cercanas a la luna llena: son demasiado luminosas y hay menos posibilidades de que las tortugas se dejen ver. La playa Nancite es objeto de una estricta protección y la entrada está limitada, aunque es posible obtener permiso para disfrutar de este espectáculo en las oficinas del parque.

La variedad de fauna y flora refleja la variedad del hábitat protegido por los límites del parque. Aparte de la mayor franja de bosque tropical seco que se conserva en América Central, merece destacarse la sabana, los robledales, el bosque de hoja caduca, el bosque de hoja perenne, el bosque ribereño, los manglares y el bosque costero.

Surf

La **playa Naranjo**, la siguiente playa importante al sur de la playa Nancite, está situada cerca del extremo sur del litoral comprendido en el parque nacional. El surf en esta zona es famoso en todo el mundo, sobre todo cerca de **Peña Bruja/ Witch's Rock** o en **Potrero Grande/ Ollie's Point**. La primera es famosa por sus olas totalmente tubulares de 3 m, mientras que el segundo se encuentra cerca de la pista de aterrizaje que se utilizaba para pasar artículos de contrabando a los contras nicaragüenses en la década de 1980. Es un lugar muy popular para acampar y practicar el surf, pero el viajero deberá llevarse todo lo necesario: tablas de surf, tiendas, comida y agua potable (hay agua salobre para lavarse después de pasar un día disfrutando de las olas). La excursión para llegar hasta allí dura varias horas. Hay una oferta de circuitos a Peña Bruja, dedicados al surf y a pasear en barco, desde la playa del Coco (p. 226) y la playa Tamarindo (p. 238); también es posible contratarlos a través de las agencias turísticas de Liberia. Existe un límite de 25 personas y dos noches para los campistas.

Dónde dormir y comer

Destaca una **zona de acampada** (2 US$ por persona), a la sombra y con instalaciones, cerca de las oficinas del parque; cuenta con bancos de *picnic*, parrillas, retretes con cisterna y duchas de agua fría. La playa Naranjo dispone de retretes a la turca y duchas, pero no hay agua potable; el viajero debe llevarla. Otras zonas de acampada del parque no están equipadas con ninguna instalación. En la playa Naranjo hay un cupo máximo de 25 personas y dos noches para los campistas.

Se recomienda reservar con antelación para alojarse en el **centro de investigación** (dc 20 US$), con habitaciones con ocho literas, duchas de agua fría y electricidad. Los investigadores tienen prioridad, pero suele haber sitio para los viajeros. Sirven buenas comidas (3-7 US$), pero debe avisarse el día anterior; también destaca un bar.

Cómo llegar y salir

Es posible llegar a la entrada principal del parque, bien señalizada, en transporte público. El viajero puede tomar cualquier autobús que conecte Liberia con la frontera nicaragüense y pedir al conductor que le deje en la entrada del parque; los guardaparques pueden ayudar a tomar un autobús de regreso. También es posible llegar desde Liberia con el transporte que ofrecen en el hotel Liberia (véase p. 184), que cuesta unos 15 US$ por persona ida y vuelta.

Para llegar al sector Murciélago del parque, situado al norte, hay que avanzar 10 km en dirección norte por la Interamericana; a continuación, girar a la izquierda hacia el pueblo de Cuajiniquil, que cuenta con un par de sodas y una pulpería, a 8 km de distancia por una carretera asfaltada. Es práctico tener el pasaporte a mano, porque puede haber controles. La carretera asfaltada continúa más allá de Cuajiniquil y muere en un puerto marítimo, a 4 km de distancia; no es el camino hacia el sector Murciélago, sino hacia el Refugio Nacional de Vida Silvestre Bahía Junquillal. 8 km después de Cuajiniquil, por una carretera en mal estado, se llega al puesto de los guardaparques de Murciélago. Se recomienda desplazarse en todoterreno en la temporada húmeda, aunque puede ocurrir que la carretera esté intransitable. Los visitantes pueden acampar en el puesto de los guardaparques de Murciélago o continuar 10 o 12 km más por un camino de tierra y llegar a las apartadas bahías y playas de la bahía Santa Elena y la bahía Playa Blanca.

REFUGIO NACIONAL DE VIDA SILVESTRE BAHÍA JUNQUILLAL

Este refugio de fauna y flora de 505 Ha forma parte del Área de Conservación Guanacaste, administrada desde la sede del parque en Santa Rosa. Hay un **puesto de guardaparques** (☎ 679 9692; entrada 6 US$, *camping* 2 US$ por persona; ☼ 7.00-16.00), conectado por teléfono y radio con Santa Rosa; la tarifa de entrada permite acceder a ambos parques.

La tranquila bahía y la resguardada playa ofrecen posibilidades como un agradable baño, paseos en barco y buceo. Además, hay bosque tropical seco y manglares. Varios senderos cortos conducen al visitante hasta un mirador destinado a la observación de aves marinas y manglares. De vez en cuando, las tortugas anidan en esta zona y, además, se ven pelícanos y fragatas. Puede divisarse el volcán Orosí en la distancia. Los campistas deben tener presente que durante la temporada seca especialmente, el agua es un bien muy solicitado y sólo hay suministro una hora al día. Hay letrinas a la turca.

Desde Cuajiniquil, es posible continuar 2 km por la carretera asfaltada y, después, girar a la derecha para entrar en un camino de tierra señalizado. Continuando 4 km por este camino (transitable para vehículos normales) se accede a la entrada de Bahía Junquillal. Desde este punto, otro camino de tierra en peor estado, de 700 m de longitud, lleva a la playa, al puesto de los guardaparques y a la zona de *camping*.

PARQUE NACIONAL GUANACASTE

Esta parte más nueva del ACG fue creada el 25 de julio (día de Guanacaste) de 1989. El parque se encuentra contiguo al Parque Nacional Santa Rosa, separado de él por la Interamericana, y sólo se halla 5 km al noroeste del Parque Nacional Rincón de la Vieja.

Sus 34.651 Ha son mucho más que una continuación del bosque tropical seco u otros hábitats de las tierras bajas que se encuentran en Santa Rosa. En los tramos más bajos del oeste, es una prolongación de los hábitats de Santa Rosa, pero el terreno pronto empieza a ascender hacia dos volcanes: el Orosí (1.487 m) y el Cacao (1.659 m). Por lo tanto, sirve de refugio a animales que se mueven entre la costa y las montañas, lo que permite que los antiguos hábitos migratorios y de caza continúen como llevan haciéndolo durante los miles de años en que han prosperado estos animales.

No todas las zonas protegidas son bosques naturales; de hecho, grandes extensiones constituyen tierras de haciendas. Sin embargo, los investigadores han descubierto que si los pastizales se gestionan con cuidado (y gran parte de esta gestión consiste, simplemente, en dejar que la naturaleza siga su curso), el bosque natural se reincorpora solo a su antiguo territorio. De este modo, no sólo se conservan hábitats esenciales, sino que, en algunos casos, se amplían.

Para obtener información sobre el parque, hay que ponerse en contacto con la **oficina central del ACG** (☎ 666 5051) en el Parque Nacional Santa Rosa.

Centros de investigación

La investigación es una parte importante de Guanacaste: hay tres estaciones biológicas en el recinto. Todas son buenas zonas para la observación de la fauna y la flora, y la práctica del excursionismo.

ESTACIÓN BIOLÓGICA MARITZA

Es la más nueva y está equipada con un moderno laboratorio. Desde este punto, a 600 m sobre el nivel del mar, parten escarpados senderos que conducen a las cimas del volcán Orosí y del volcán Cacao (5-6 h). También hay un sendero mejor que lleva hasta un emplazamiento donde se han encontrado varios cientos de petroglifos indígenas, a unas dos horas de distancia a pie. Otro sendero conduce a la Estación Biológica Cacao.

Para llegar, hay que girar hacia el este saliendo de la Interamericana, frente al desvío hacia Cuajiniquil. La estación se localiza 17 km al este de la carretera por un camino de tierra que puede requerir un vehículo todoterreno, sobre todo durante los meses húmedos.

ESTACIÓN BIOLÓGICA CACAO

Emplazada en la parte alta de las laderas del volcán Cacao (a unos 1.060 m), ofrece acceso a escarpados senderos que conducen a la cima del volcán y a la Estación Biológica Maritza. Se llega desde el lado sur del parque. En Potrerillos, unos 9 km al sur de la entrada Santa Rosa al parque, en la Interamericana, hay que poner rumbo al este durante 7 km por una carretera asfaltada hasta llegar a la pequeña comunidad de Quebrada Grande (indicada como "García Flamenco" en muchos mapas). Un autobús diario sale de Liberia a las 15.00 h en dirección a esta localidad. Desde la plaza del pueblo, una carretera para vehículos todoterreno, que suele estar intransitable durante la temporada húmeda, se dirige al norte, hasta el centro, a unos 10 km de distancia.

ESTACIÓN BIOLÓGICA PITILLA
Constituye una sorpresa: está situado en el lado este de la divisoria continental y el bosque de los alrededores se asemeja más al que se encuentra en las laderas caribeñas que al bosque del Pacífico.

Para llegar, hay que girar hacia el este saliendo de la Interamericana y continuar unos 12 km al norte del desvío de Cuajiniquil, o 3 km antes de llegar a la pequeña población de La Cruz. Hay que seguir la carretera asfaltada que toma dirección este hasta la comunidad de Santa Cecilia; desde ese punto, un camino de tierra en mal estado conduce 11 km al sur hasta el centro. Tal vez se necesite un todoterreno (no se debe continuar por la carretera sin asfaltar que conduce más al este y prosigue durante 50 km más hasta la pequeña población de Upala).

Dónde dormir y comer
DENTRO DEL PARQUE
Si hay sitio, es posible que el viajero pueda reservar alojamiento en dormitorios colectivos en **Maritza** o **Cacao** (☎ 666 5051; dc 20 US$); Pitilla es la provincia de los biólogos investigadores y los estudiantes. Todos los centros son bastante rústicos, con capacidad para unas 30 personas, y disponen de baños compartidos y agua fría. También se puede comer por 3-7 US$, pero debe avisarse con antelación.

Otra posibilidad es **acampar** (2 US$ por persona) cerca de las estaciones, aunque no hay instalaciones.

FUERA DEL PARQUE
La **Hacienda Los Inocentes** (☎ 679 9190; www.losinocentesranch.com; d sin/con 3 comidas 39/89 US$). Situada en el lado norte del Parque Nacional Guanacaste, es propiedad de unas personas interesadas en la fauna, la flora y la conservación, además de la ganadería, que fomentan el reciclaje y la energía solar y también acogen a científicos que desarrollan investigaciones medioambientales. El propio edificio de la hacienda resulta muy atractivo: es una antigua casa de madera que se ha convertido en un cómodo albergue de montaña. El paisaje que hay bajo el volcán Orosí resulta bastante espectacular. Cerca de dos tercios de las 1.000 Ha de la hacienda están cubiertos de bosque (bosque secundario, en su mayor parte) y abundan las oportunidades para observar animales y aves.

Los empleados organizan excursiones al Parque Nacional Guanacaste (60 US$ por persona), ascensos al volcán Orosí (40 US$), que se vislumbra en el horizonte, unos 7 km al sur, y paseos a caballo (60 US$). El establecimiento cuenta con 11 espaciosas habitaciones de madera con baño privado (pero independiente), además de varias cabañas separadas de mayor tamaño. El piso superior está rodeado de una hermosa galería de madera, sombreada, con hamacas y vistas del volcán: un sitio idóneo para contemplar la puesta de sol o la salida de la luna.

Se encuentra 15 km al este de la Interamericana, en la carretera asfaltada que lleva hasta Santa Cecilia. Los autobuses que conectan San José con Santa Cecilia pasan por la puerta hacia las 19.30 y regresan sobre las 4.15 horas. Los taxis desde La Cruz cobran unos 10 US$.

LA CRUZ
Aunque es la población más cercana al principal paso fronterizo con Nicaragua, es un lugar bastante agradable (aunque potencialmente aburrido) para pasar la noche, teniendo en cuenta lo que suelen ser las poblaciones fronterizas. Ofrece alojamientos por encima de la media y un puñado de sodas, mercados de buen tamaño y bares dispuestos en torno al parque Central, que está cubierto de césped. Su punto fuerte es su emplazamiento en una pequeña colina que da a la bahía Salinas, desde la que hay unas increíbles vistas de la costa.

Información
El **Banco Nacional** (☎ 679 9296) está ubicado en el cruce de la Interamericana con la breve carretera que conduce al centro. El **Banco Popular** (☎ 679 9352) se encuentra en el centro. Se dice que es más fácil cambiar dinero en el puesto fronterizo. Hay una pequeña **clínica** (☎ 679 9116).

Dónde dormir
Cabinas Maryfel (☎ 679 8173; i/d 5/8,75 US$; P). Esta opción económica bastante limpia, sencilla, ubicada en la casa rosa sin letrero situada enfrente de la estación de autobuses, es una de las favoritas de los trabajadores inmigrantes.

Cabinas Santa Rita (☎ 679 9062; i/d 5/8 US$, i/d con baño 12/20 US$, a.a. 19/23 US$ P ❄). Limpio y bien dirigido, además de muy popular

NOROESTE DE COSTA RICA

entre los trabajadores inmigrantes, ofrece habitaciones sencillas, aunque oscuras, con baño compartido; también tiene otras posibilidades mejor equipadas, con baño privado, televisión por cable, duchas de agua caliente y aire acondicionado. Al otro lado de la calle, un anexo más nuevo dispone de habitaciones similares por los mismos precios.

Hostal de Julia (☎ 679 9084; i/d 23/35 US$ P). Al norte de la gasolinera situada en la carretera que entra en la población desde la Interamericana, ofrece una docena de habitaciones limpias, parecidas a las de los moteles (con ventiladores y baño privado de agua caliente), dispuestas en torno a un patio encalado.

Hostal Amalia (☎ 679 9618; i/d 20/35 US$; P 🍴 🏊). No sólo es el mejor de la población, sino uno de los mejores alojamientos de la región, si se exceptúan los complejos turísticos. Su oferta incluye siete enormes habitaciones amuebladas con sofás modulares, típicos de la década de 1980, y cómodas camas, y decoradas con pinturas absolutamente increíbles del difunto esposo estadounidense de Amalia, la propietaria tica. El mural de la piscina y las fabulosas vistas del golfo por los enormes ventanales de cada habitación hacen de este establecimiento una buena razón para pasar una noche en una población fronteriza.

Hotel Colinas del Norte (☎ 810 6986; d. 40 US$ desayuno incl.; P 🍴 🏊). Unos 6 km al norte de La Cruz, esta atractiva hacienda con 10 km de senderos particulares organiza circuitos por la zona, desde paseos a caballo y visitas al volcán hasta excursiones por la isla Bolaños (véase esta página). Las habitaciones están decoradas con rústicas y amplias, pero se recomienda pedir una que esté alejada de la discoteca, que abre hasta por lo menos hasta la 1.00 los viernes y sábados.

Dónde comer

No es la capital gastronómica de Costa Rica, pero siempre es posible disfrutar de un buen gallo (bocadillo de tortilla).

Soda Santa Marta (platos principales 1-3 US$; ☯ 6.00-18.00). Alegre, pequeña y situada a unos 50 m del parque Central, está especializada en bisté y carne asada, con sus enormes casados.

Soda Candy (platos principales 1-3 US$; ☯ 6.00-20.00). No hay carta en esta sencilla soda

enfrente de la estación de autobuses, pero además de casados y gallos "elaborados con mucho amor", Candy se sabe de memoria todos los horarios de autobuses y puede ser de gran ayuda al viajero si la estación está cerrada.

Bar/Snacks Pizotes (bocas 1 US$, platos principales 2-4 US$; ☯ 11.00-22.00). Más tentador que los demás bares sencillos de la población, sirve bocas (tentempiés salados) a buen precio y una selección de comidas ligeras.

Pollo Rico Rico (platos principales 2-4 US$; ☯ 10.00-22.00). Los amantes del pollo frito deberían hacer una parada aquí, justo en el parque, o probar el pollo asado, que es incluso más sabroso.

Restaurante Las Orquídeas (☎ 679 9316; platos principales 1-5 US$; ☯ 8.00-22.00). Agradable y situado en la Interamericana, es, en parte, una parada de autobús, donde es posible tomar un buen café en un comedor sencillo con televisor grande y, por otra parte, un restaurante agradable, donde los manteles rojos y un acogedor ambiente consiguen que los casados, el marisco y los platos de arroz parezcan bastante elegantes.

Cómo llegar y salir

En un **mostrador de Transportes Deldú** (☯ 7.00-13.00 y 15.00-17.30) venden billetes y guardan el equipaje. Para tomar un autobús de Trans-Nica hasta Peñas Blancas, es preciso hacerle señales en la Interamericana para que se detenga. Los autobuses locales a la bahía Salinas (0,50 US$, 1h) salen a las 10.30 y a las 13.30 horas.

Liberia (Transportes Deldú). 1,25 US$; 1½-2 h; salidas las 7.00, 10.00, 12.00, 15.30 y 17.30.

Peñas Blancas. 1 US$; 45 min; 5.00, 7.00, 7.45, 10.45, 13.20 y 16.10.

San José (Transportes Deldú). 5,50 US$; 4½ h; 5.45, 8.00, 11.15, 12.30 y 16.00.

BAHÍA SALINAS

Un camino de tierra (por lo general, transitable para los vehículos) baja desde el mirador de La Cruz hasta dejar atrás la pequeña comunidad pesquera de Puerto Soley y seguir la curva de la bahía donde se encuentra un par de complejos turísticos más nuevos. Es posible alquilar un barco para visitar la **isla Bolaños** (no se puede desembarcar, pero es posible acercarse y ver las colonias de aves marinas que anidan en la zona) y otros puntos; una buena opción es **Frank**

Schultz (☎ 827 4109; franksdiving@costaricense.co.cr), que también organiza salidas para pescar y practicar submarinismo. La bahía se está convirtiendo en un lugar apreciado para la práctica del *windsurf*: hay una escuela de este deporte donde es posible alquilar tablas y tomar lecciones.

'Windsurf' y 'kiteboard'
Es el segundo mejor lugar de Costa Rica (después de la laguna de Arenal) para la práctica del *windsurf* y, como la vegetación que rodea el lago puede resultar peligrosa para los deportistas, es discutible que sea el mejor lugar para practicar *kiteboard*. Los vientos más fuertes y constantes soplan desde diciembre hasta finales de marzo, pero hay bastante viento todo el año. La forma de las colinas que rodean la bahía encauza el viento de un modo predecible y las playas, arenosas y resguardadas, convierten el lugar en un sitio seguro tanto para principiantes como para experimentados.

Tico Wind (☎ 692 2002; www.ticowind.com; alquiler ½/ 1 día 38/68 US$) es un recomendable negocio dedicado al *windsurf* en Ecoplaya Beach Resort. Igual que su buque insignia en la laguna de Arenal (p. 219), mantiene los mismos elevados criterios de calidad, con nuevo equipo comprado cada año y una formación de primera categoría.

Si el *windsurf* resulta demasiado insulso, se puede probar suerte en **Kitesurf School 2000** (☎ 672 0218; ⏱ nov-may; www.suntourssandfun.com/kitesurfing.htm). El *kitesurf* es una combinación deportiva de viento y olas (los monitores insisten en que es mucho más fácil de aprender que el surf normal), donde la persona va atada a una gran cometa que la brisa arrastra por toda la bahía, lo que permite hacer giros y otras acrobacias aéreas sobre la espuma y el oleaje. Si el visitante desea probarlo, es aconsejable reservar con un par de días de antelación diez horas de clases (225 US$) o sólo el alquiler del equipo (equipación básica 45 US$/día). Queda a unos 12 km de La Cruz. Si no están llenos de estudiantes, la escuela alquila **dormitorios colectivos sencillos** (dc 12,50 US$), equipados con duchas de agua caliente y cocina compartida.

Dónde dormir y comer
Playa Copal (☎ 676 1055; www.progettopuravida.com). Aunque está enfocado hacia estancias largas, alquilan varios apartamentos con muebles de mimbre y casas por 45-100 US$ por noche, según el tamaño y las comodidades, que pueden incluir una piscina o, tal vez, un bidé (los propietarios son italianos); todas ofrecen vistas a un bonito tramo de playa. Para estancias de cinco días, suelen ofrecer dos días gratis; alojarse un mes sale aún mejor.

Restaurante Copal (☎ 676 1006; platos principales 4-7 US$; ⏱ 17.00-fin de la fiesta). Aunque no hay mucha competencia, eso no impide que este excelente restaurante sirva platos de primera calidad, como marisco, ensaladas y otros entrantes magníficamente preparados; se recomienda probar la *pizza* del mar, con camarones y la pesca del día. Muy frecuentado por personas que se escapan de Ecoplaya, a 3 km de distancia.

Ecoplaya Beach Resort (☎ 676 1010; www.ecoplaya.com; d estándar/junior/superior/lujo 80/110/160/195 US$; Ⓟ ⓧ Ⓧ ⓛ ⓡ). A unos 16 km de La Cruz, el viajero se encuentra aislado de todo en este rincón paradisíaco, donde los *bungalows* oscilan entre una elegancia de primera clase (baño grande, muebles bonitos) y un lujo total (minibar, sala de estar, porche privado). Tienen una amplia oferta de posibilidades para conjurar el aburrimiento: alquiler de canoas y bicicletas de montaña, excursiones a pescar, salidas a practicar submarinismo, clases de *windsurf*, paseos a caballo, piscina con bar acuático y una playa perfecta. Asimismo, en el recinto hay un **restaurante** con techo de paja (platos principales 5-11 US$).

Cómo llegar y salir
Los autobuses que recorren esta carretera salen todos los días de la terminal de autobuses de La Cruz a las 10.30 y las 13.30 horas. Un taxi a cualquiera de las zonas playeras cuesta unos 11 US$; por lo general, puede tomarse un colectivo (3,50 US$) desde La Cruz, cerca de la parada de taxis, aunque quizá haya que esperar un poco hasta que se llene.

PEÑAS BLANCAS
Situado en la frontera con Nicaragua, Peñas Blancas es un puesto fronterizo, no una población. No hay ningún sitio donde alojarse, aunque sí resulta posible comer y cambiar dinero.

Para más detalles sobre el cruce de la frontera, véase recuadro p. 197.

LLEGADA A RIVAS, NICARAGUA

Peñas Blancas es un paso fronterizo muy concurrido. Es buen idea llegar pronto, aunque sólo sea para evitar la cambiante tarifa de entrada a Nicaragua: 7 US$ hasta el mediodía y 9 US$ después; el vehículo cuesta 22 US$ adicionales. No se paga por abandonar Costa Rica, pero para salir de Nicaragua hay que abonar 2 US$ y sólo aceptan dólares estadounidenses. Hay bancos a ambos lados, que cambian los colones y las córdobas por dólares, pero no estas monedas entre sí, aunque los establecimientos independientes estarán encantados de hacerlo aplicando una comisión ridícula. Esas sólo son las tarifas básicas.

Los puestos fronterizos, abiertos todos los días desde las 6.00 hasta las 20.00 horas, están a 1 km y se puede alquilar un cochecito de golf (2 US$) para recorrer el tramo. Hordas de pesados totalmente inútiles se ofrecerán para "guiar" a los visitantes en este simple cruce, pero si se les permite que lleven el equipaje, cobrarán lo que quieran. En el caso de que a los viajeros les quede algo de dinero en efectivo, hay una tienda libre de impuestos bastante buena, con cosméticos de lujo y amplio surtido de licores, esperando en el lado nicaragüense.

Es posible relajarse con las compras en el trayecto de autobús de 37 km (0,50 US$, 45 min), con salida cada 30 minutos, hasta Rivas, una tranquila población con unos cuantos hoteles y conexiones de autobús con todo el país.

RUTA DEL ARENAL

Por supuesto, la Interamericana es el modo más rápido de desplazarse por la región, pero también es posible hacerlo por esta ruta, un itinerario alternativo, posiblemente por culpa de los baches. La ruta del Arenal conduce al viajero por varias hermosas ciudades: Ciudad Quesada (San Carlos), donde una llovizna casi constante hace que resulte aún más agradable pasar el rato en los manantiales de agua caliente de la zona; La Fortuna, famosa por sus explosivas vistas del volcán Arenal; y las diminutas y encantadoras poblaciones ticas de Nuevo Arenal y Tilarán, con vistas (si hay suerte) a un exquisito lago y un volcán. Desde este punto, el viajero puede enlazar con Cañas o, incluso, dirigirse hacia las colinas de Santa Elena y Monteverde; en cualquiera de los itinerarios se puede disfrutar de la belleza ininterrumpida del paisaje.

Aunque en todos estos puntos existe un buen servicio de transporte público, se trata de un viaje por carretera de cinco estrellas, especialmente pensado para quien haya tenido la suerte de alquilar su propio vehículo. El recorrido, repleto de vistas, está bordeado de lugares para hacer *picnic* junto al lago, estrambóticas galerías de arte, magníficos restaurantes y una serie de extraños hoteles, todos a la espera de ser explorados por viajeros con un poco de tiempo disponible.

CIUDAD QUESADA (SAN CARLOS)

El nombre oficial de esta pequeña población es Ciudad Quesada (en ocasiones, abreviado como "Quesada"), aunque todos los vecinos de la zona la conocen por San Carlos y, a menudo, los autobuses locales indican "San Carlos" como destino. Durante mucho tiempo, ha sido un animado centro agrícola y ganadero, conocido por sus talabarterías (tiendas de sillas de montar) donde se elaboran y venden algunas de las sillas de piel más trabajadas de Costa Rica; una silla de primera calidad puede costar 1.000 US$.

Sin embargo, en la actualidad está creciendo hasta convertirse en una localidad más urbana (31.000 habitantes), con tráfico que obstruye las calles de los alrededores del bonito parque Central. A pesar de todo, los hoteles siguen llenándose para la **feria del ganado** que se celebra en abril y destaca por ser el mayor acontecimiento de estas características de todo el país. La feria se acompaña de las habituales atracciones de feria y un tope (desfile de caballos).

Realmente, no hay más motivos para que el turista se detenga, salvo cambiar de autobús o visitar uno de los hermosos manantiales de agua caliente de la zona. Además de dos complejos, en las afueras de la población se localiza un parque público y zona de recreo: **Aguas Termales de la Marina** (☎ 460 1692; entrada 2 US$), conocida como "el Tucanito" por los vecinos de los zona, con la mejor oferta de agua caliente de la población.

El viajero puede consultar su correo en **Internet Café** (100 m al norte del parque; 1 US$/h; ✆ 8.00-21.00 lu-sa, 15.00-19.00 do). Tanto el **Banco** de San José, 200 m al norte del parque, como el **Mutual de Alajuela**, al otro lado de la calle, disponen de cajeros automáticos de los sistemas Cirrus y Plus.

Dónde dormir

Hotel del Norte (☎ 460 1959; 200 m al norte del Banco Nacional; i/d 6,25/10 US$, i/d con baño 9,75/14,75 US$). Las pequeñas habitaciones, limpias, con televisor y paredes finas (un problema si el vecino es ruidoso) resultan maravillosas por una seguridad y un servicio excelentes, mejores que en algunos hoteles de cuatro estrellas.

Hotel del Valle (☎ 460 0718; 100 m al norte del Banco Popular; i/d 10/15 US$). Otra estupenda opción económica, con baño privado y televisión por cable.

Hotel Lily (☎ 460 0616; h 6,25 US$ por persona). Cómodo y situado 100 m al oeste, ofrece habitaciones con bonitos detalles y un simpático propietario.

Hotel Don Goyo (☎ 460 1780; 100 m al sur del parque Central i/d 12/22 US$; Ⓟ). Resulta tan fabuloso como el propio San Carlos, con duchas de agua caliente, además de pequeñas y agradables habitaciones de un tono rosa salmón. Las mañanas constituyen un buen momento para sentarse en el restaurante y observar los pájaros que comen cerca del río.

Termales del Bosque (☎ 460 4740; www.terma lesdelbosque.com; i/d desayuno incl. 37/49 US$; Ⓟ ☙). Varias cabañas espaciosas están distribuidas por los terrenos selváticos de este complejo diseñado con el turismo tico en mente. Cuenta con un buen restaurante y el obligatorio circuito de *canopy* (42 US$ por persona), pero el verdadero motivo que atrae al viajero son los siete manantiales naturales de agua caliente y templada, ubicados en un tranquilo y boscoso valle poblado de mariposas morfo y otros animales, y distribuidos a lo largo de un río de agua fresca y excelentes vistas. Es un lujo discreto muy recomendable, aunque los manantiales se localizan aproximadamente a 1 km del hotel, por un buen camino de tierra.

Complejo turístico y balneario termal El Tucano (☎ 460 6000; www.costaricareservation.com/tucano.htm; d 105 US$; st 157-221 US$; Ⓟ ☒ ☙). Elegante, de estilo mediterráneo y situado 8 km al nordeste de Ciudad Quesada, se completa con un restaurante italiano, una piscina, un *jacuzzi* y una sauna, además de varias instalaciones deportivas, desde pistas de tenis hasta un mini golf. Los manantiales ter-

males de las cercanías están dentro de tres pequeñas piscinas de agua caliente donde es posible remojarse y dejar atrás los achaques. El **balneario** (☎ 460 0891), emplazado en el mismo sitio, ofrece masajes, baños de barro y otras muchas posibilidades para clientes y no clientes (que también pueden utilizar las piscinas abonando 11 US$ por persona). Varios paquetes incluyen también tratamientos propios de un balneario y distintos circuitos guiados.

Dónde comer

No hay muchos restaurantes que estén bien, pero el viajero, sin duda, no se morirá de hambre. Aparte de los restaurantes de los hoteles, hay varios establecimientos para comer en el parque o cerca del mismo.

Pastelería Musmanni (parque Central; ☙ 5.00-21.00). El viejo clásico ofrece la habitual selección de productos de repostería.

Hamburguesería Charlie (parque Central; platos principales 2-4 US$; ☙ 11.00-22.00). Cuando al viajero le apetezca una hamburguesa (o un casado), este local responde.

Restaurante Los Geranios (100 m al sur de la iglesia; platos principales 2-5 US$). Situado en la terraza de un segundo piso, los treintañeros del lugar se reúnen en este local de relativa aceptación para disfrutar de comida y cerveza a buen precio.

Restaurante El Imperial (100 m al sur del parque; platos principales 2-6 US$; ☙ 10.30-23.00). Sin duda es el sitio adecuado para disfrutar de copiosas raciones de arroz frito con camarones y *chop suey*.

Restaurante El Parque (50 m al norte del parque; platos principales 3-6 US$; ☙ 11.00-21.00). Soda especializada en comida italiana; se recomienda probar la lasaña.

Cómo llegar y salir

La nueva terminal Quesada se encuentra a unos 2 km del centro de la población. Taxis (1 US$) y autobuses cada dos horas (0,20 US$) conectan regularmente la población y la terminal (ir caminando está bien si al viajero no le importa arrastrar el equipaje cuesta arriba). Entre las rutas de autobús (y las compañías) más populares que salen desde Ciudad Quesada cabe destacar:

La Fortuna (Coopatrac). 0,70 US$; 1½ h; salidas a las 6.00, 10.30, 13.00, 15.30, 17.15 y 18.00.

Los Chiles (Chilsaca). 2,25 US$; 2 h; 5.00, 6.30, 9.00, 10.00, 11.00, 12.00, 13.00, 13.30, 14.45, 15.00, 16.00 y 17.00.

Puerto Viejo de Sarapiquí (Empresarios Guapileños).
1,50 US$; 2½ h; 4.40, 6.00, 9.15, 10.00, 15.00 y 17.30.
San José (Autotransportes San Carlos). 2,25 US$; 2½ h;
5.00, 6.40, 7.10, 8.15, 9.20, 11.40, 13.00, 14.30, 15.30,
17.35 y 18.15.
Tilarán (Transportes Tilarán). 4 US$; 4½ h; 6.30 y 16.00.

LA FORTUNA

Incluso aunque no tuviera un volcán activo que escupe lava y fuegos artificiales a lo alto, la tranquila y carismática población de La Fortuna, de 8.000 habitantes, sería un sitio tranquilo para escaparse unos días; no deja de ser una suerte, ya que quizá deba esperarse ese tiempo para que aparezca la atracción estrella. El nombre oficial de la población es La Fortuna de San Carlos, que debe distinguirse de Fortuna (p. 179), unos 70 km al noroeste. Pero, como siempre la llaman La Fortuna o Fortuna, para abreviar, resulta inevitable la confusión.

Además de una fantástica catarata y manantiales de agua caliente en un magnífico emplazamiento, está cerca de un cruce que conecta tres zonas muy distintas: la resplandeciente laguna de Arenal, los bosques nubosos de las reservas de Monteverde y Santa Elena y las atracciones, un tanto aisladas por otra parte, de las tierras bajas del norte. El transporte es aceptable (y, poco frecuente, en el caso de Monteverde), el alojamiento resulta económico y las vistas no tienen comparación, suponiendo que el viajero tenga suerte.

Además, a pesar del flujo turístico que ha propiciado el crecimiento de la economía en los últimos años, La Fortuna sigue manteniendo el auténtico ambiente sabanero y tico, posiblemente porque se aferra a él de un modo consciente. Bonitas flores, no vallas, siguen protegiendo los bordes de la selva, donde resuenan los gritos de los monos aulladores, que sirven de telón de fondo a esta agradable colección de restaurantes de propiedad familiar, hoteles y empresas, como si la creciente obsesión por los complejos turísticos no hubiera llegado hasta aquí.

Y, sobre todo, el volcán Arenal. Esta amenazante montaña gris, siniestra en su simetría, que escupe la hirviente sangre del planeta con una furia impredecible, sólo se encuentra a 6 km de distancia. Pero los visitantes se sienten atraídos como las polillas a la luz por su espectáculo de fuego, llenos de humildad y júbilo al observar cómo re-

nueva estas fértiles tierras. Las vistas son increíbles, pero no es un espectáculo gratuito: el Arenal se ha cobrado su deuda antes, lo que ha obligado, incluso a los turistas, a observar desde emplazamientos supuestamente más seguros (véase p. 211).

Pero los más fervientes devotos de la naturaleza están dispuestos a correr cualquier riesgo que exija con tal de disfrutar del espectáculo de una noche despejada, iluminada por los ríos de lava encendida que descienden por la montaña y acompañada por ruidos sordos y nubes de humo que oscurecen sutilmente las estrellas del cielo. No obstante, ante la magnificencia del Arenal hay que recordar una cosa: fotografiar con *flash* no sirve de nada, porque sólo sale una imagen borrosa de los árboles.

Orientación e información

Aunque recientemente han puesto nombre a las calles de La Fortuna y las han señalizado, los residentes pueden proporcionar mejores indicaciones a los viajeros empleando puntos de referencia. Sigue siendo una población pequeña, organizada en torno al bonito parque Central, donde ondea con orgullo la bandera costarricense en un pequeño volcán en erupción, de cemento, situado en el centro.

En el mapa de la localidad está indicado el emplazamiento de la clínica, la comisaría de policía y la oficina de correos.

En **Masajes Serenity** (☎ 479 8261; 50 m al sudeste del parque Central; masajes 20-65 US$; ✆ 9.00-22.00) tratan los músculos doloridos con una gran variedad de masajes. También ofrecen una selección de tratamientos faciales y termales.

ACCESO A INTERNET

Adventure Center (1,75 US$/h). Con aire acondicionado.
Destiny Internet y Circuitos (2,50 US$/h)
Hotel Colinas (1,25 US$/h)
Internet La Parada (enfrente del parque Central;
1,25 US$/h; ✆ 9.00-22.00 lu-sa).

LAVANDERÍAS

Lavandería La Fortuna (enfrente del colegio; 2,50 US$ por carga; ✆ 8.00-21.00). Autoservicio de lavandería; por 1,25 US$ más, el servicio completo con la ropa doblada.

DINERO

A pesar de ser una localidad relativamente turística, algunos hoteles y restaurantes no aceptan dólares estadounidenses, sólo colo-

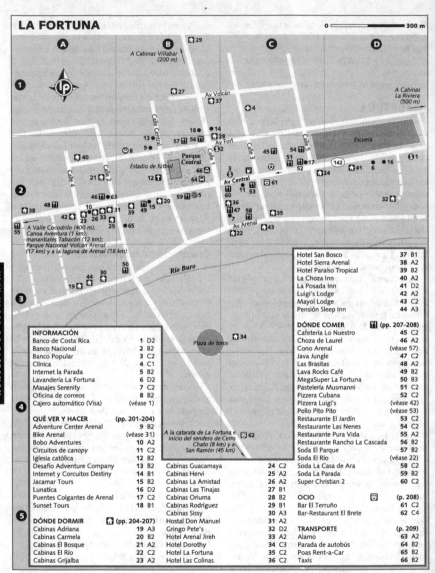

LA FORTUNA

0 — 300 m

INFORMACIÓN		
Banco de Costa Rica	1	D2
Banco Nacional	2	B2
Banco Popular	3	C2
Clínica	4	C1
Internet la Parada	5	B2
Lavandería La Fortuna	6	D2
Masajes Serenity	7	C2
Oficina de correos	8	B2
Cajero automático (Visa)	(véase 1)	

QUÉ VER Y HACER	(pp. 201-204)	
Adventure Center Arenal	9	C2
Bike Arenal	(véase 31)	
Bobo Adventures	10	A2
Circuitos de canopy	11	C2
Iglesia católica	12	B2
Desafío Adventure Company	13	B2
Internet y Corcuitos Destiny	14	B1
Jacamar Tours	15	B2
Lunática	16	D2
Puentes Colgantes de Arenal	17	C2
Sunset Tours	18	B1

DÓNDE DORMIR	(pp. 204-207)	
Cabinas Adriana	19	A3
Cabinas Carmela	20	B2
Cabinas El Bosque	21	A2
Cabinas El Río	22	C2
Cabinas Grijalba	23	A2
Cabinas Guacamaya	24	C2
Cabinas Hervi	25	A2
Cabinas La Amistad	26	A2
Cabinas Las Tinajas	27	B1
Cabinas Oriuma	28	B2
Cabinas Rodríguez	29	B1
Cabinas Sissy	30	A3
Hostal Don Manuel	31	A2
Gringo Pete's	32	D2
Hotel Arenal Jireh	33	A2
Hotel Dorothy	34	C3
Hotel La Fortuna	35	C2
Hotel Las Colinas	36	C2
Hotel San Bosco	37	B1
Hotel Sierra Arenal	38	A2
Hotel Paraíso Tropical	39	B2
La Choza Inn	40	A2
La Posada Inn	41	D2
Luigi's Lodge	42	A2
Mayol Lodge	43	C2
Pensión Sleep Inn	44	A3

DÓNDE COMER	(pp. 207-208)	
Cafetería Lo Nuestro	45	C2
Choza de Laurel	46	A2
Cono Arenal	(véase 57)	
Java Jungle	47	A2
Las Brasitas	48	A2
Lava Rocks Café	49	B2
MegaSuper La Fortuna	50	B3
Pastelería Musmanni	51	C2
Pizzera Cubana	52	C2
Pizzera Luigi's	(véase 42)	
Pollo Pito Pito	(véase 53)	
Restaurante El Jardín	53	C2
Restaurante Las Nenes	54	C2
Restaurante Pura Vida	55	A2
Restaurante Rancho La Cascada	56	B2
Soda El Parque	57	B2
Soda El Río	(véase 22)	
Soda La Casa de Ara	58	B2
Soda La Parada	59	B2
Super Christian 2	60	C2

OCIO	(p. 208)	
Bar El Terruño	61	C2
Bar-Restaurant El Brete	62	C4

TRANSPORTE	(p. 209)	
Alamo	63	A2
Parada de autobús	64	B2
Poas Rent-a-Car	65	B2
Taxis	66	B2

nes. El Banco de Costa Rica cuenta con un cajero automático Visa.

INFORMACIÓN TURÍSTICA

Posiblemente haya una docena de operadores turísticos privados (p. 202) con información orientada en su propio interés y casi todos los hoteles de la localidad se ocupan de organizar circuitos, buscar medios de transporte y encontrar alojamiento en cualquier punto del país. Véase p. 202 para más detalles sobre algunos operadores turísticos.

Lunática (☎ 479 8255; enfrente del colegio; 9.30-19.30) dispone de información sobre la peculiar oferta cultural de la población, además de exponer la obra de unos treinta artistas de la zona, que incluye cestas, máscaras y joyas elaboradas por los indios mulekas.

Puntos de interés y actividades

Para detalles sobre *rafting* de aguas bravas, excursionismo y salidas en bicicleta de montaña por la zona, véase "Circuitos", p. 202.

MANANTIALES DE AGUAS TERMALES

Lo mejor que se puede hacer en un país de volcanes, sobre todo si no se puede ver el volcán, es disfrutar de los manantiales, por supuesto, y La Fortuna cuenta con algunos extraordinarios.

A los **manantiales de aguas termales Tabacón** (☎ 256 1500; www.tabacon.com; adultos/niños 29/17 US$, después de las 19.00 19/17 US$; ☺ 10.00-22.00), se accede por el mostrador de venta de entradas, de una opulencia gratuita, flanqueado por un fastuoso bufé (adultos/niños 12/9 US$ adicionales) a un lado y una esplendorosa tienda de regalos al otro. Entonces, con un estruendoso anuncio, orquídeas poco frecuentes y otras plantas tropicales más floridas se abren para dar paso a una cascada de agua a 40ºC que rompe sobre un precipicio y oculta unas cuevas de aspecto natural que cuentan con artilugios camuflados donde depositar las copas. Reposando en cada piedra bien situada, con distintos grados de agotamiento producido por la sudoración, se encuentran turistas enrojecidos que disfrutan de lo que podría denominarse una cita caliente.

Pero todavía hay más. Un par de kilómetros de senderos cruza el surrealista paisaje y conecta el bar de una piscina interior con piscinas más apartadas; incluso hay un manantial de agua fría escondido en la parte trasera. Las vistas sólo pueden describirse como "explosivas", sobre todo durante las noches despejadas, cuando el baño mejora mucho gracias a los periódicos fuegos artificiales del volcán Arenal, que queda por encima.

De hecho, el balneario se encuentra en el emplazamiento desgarrado por la erupción de 1975, donde perdió la vida un vecino de la zona (no había turistas en aquellos años). El complejo en sí (véase p. 211), al otro lado de la carretera y en la cima de una colina, queda fuera de la zona de peligro.

Manantiales Baldi Thermae (☎ 479 5691; 14 US$ por persona; ☺ 10.00-22.00) sólo puede considerarse discreto si se compara con Tabacón.

Con diez manantiales termales, incluido uno con bar, tiene algo del ambiente de las orgías romanas, aunque sin tanta gente.

Eco-Termales (☎ 479 9819; entrada 14 US$; ☺ 10.00-22.00 sólo con reserva). En una carretera sin asfaltar que se inicia enfrente del volcán Look, estos manantiales algo más sencillos, con grandes piscinas y un ambiente más relajado y natural, están limitados a 100 visitantes a la vez. Es buena idea hacer una reserva con unas horas de antelación como mínimo.

VALLE COCODRILO

Programa de protección de cocodrilos por una parte y atracción turística que se mueve por instinto, por otra, esta **hacienda de cocodrilos** (☎ 479 9279; 700 m al oeste de la iglesia; entrada 2 US$; ☺ 8.00-18.30), gestionada a nivel local, no recibe ayudas gubernamentales para alimentar a la feroz colección de animales, así que el visitante puede dejar todas las propinas que quiera.

Se entra a través de la cavernosa reproducción a escala, en cemento, del volcán Arenal, que se acompaña de lava, para contemplar más de 50 cocodrilos y caimanes, desde adorables bebés escamosos a monstruos de 4 m de longitud. Están distribuidos en varios estanques y riachuelos, separados con vallas, que se abren paso por la propiedad. Siempre suele haber alguien en el mostrador que puede dirigir una visita guiada en español, con la oportunidad para entender mejor no sólo la historia natural de los cocodrilos, sino también la grave situación por la que atraviesan en Costa Rica.

LA CATARATA DE LA FORTUNA

Aunque el viajero no pueda ver el Arenal, La Fortuna posee otra maravilla natural que sólo palidece al compararla con un volcán en erupción: **la catarata de la Fortuna** (entrada 6 US$; ☺ 8.00-17.00), un chispeante salto de agua transparente, de 70 m, que cae por un escarpado cañón de roca volcánica oscura engalanado con bromelias y helechos. Es muy apto para fotografiar y, para tomar una buena instantánea, no es necesario descender el cañón –aunque hay un sendero corto, en buen estado y casi vertical, que desciende paralelo a la caída en picado del río– pero sí pagar la elevada tarifa de entrada.

La escalada merece la pena, pues aunque sea muy empinada, permite disfrutar del increíble paisaje y admirar el extraño

NOROESTE DE COSTA RICA

mundo que habita en el suelo de la selva. Aunque es peligroso sumergirse más allá de las estruendosas cataratas, varias piscinas naturales perfectas, con espectaculares vistas, revisten el cañón de un color verde mar; resultan frescas y tentadoras tras llegar caminando o a caballo. Se recomienda no perder de vista la mochila.

Aunque el desvío señalizado desde la carretera a San Ramón asegura que quedan 5 km hasta las cataratas, es un cruel engaño. Quedan al menos 7 km, todos cuesta arriba; quienes disfruten con el trayecto entre pastizales y papayos, apreciarán una parada en la **casa de hamacas Neptuno** (☎ 479 8269; hamacas 50-150 US$), donde venden refrescos y hamacas (incluso hay modelos de tamaño adecuado para un gato) que el viajero deseará probar.

Igualmente, es posible llegar a la catarata a caballo (20-30 US$ por persona), en automóvil o en taxi (7 US$ ida); varias empresas también ofrecen circuitos a precios excesivos, con servicio de enlace incluido. En la entrada de la catarata se localizan varios puestos de tentempiés y recuerdos, pero merece la pena llevarse la comida y pasar allí todo el día.

Las cataratas constituyen el punto de inicio del empinado ascenso de cinco horas al **cerro Chato**, una caminata extenuante de veras, que conduce a un cráter volcánico repleto de lagos, donde es posible ver dos Arenales humeando por el precio de uno.

Si el viajero está cansado de la caminata, tiene suerte, porque pasado el desvío, en el tercer puente que se encuentra al salir de La Fortuna en dirección a San Ramón, hay un corto sendero a mano izquierda que conduce hasta una hermosa piscina natural, debajo del camino, con una cuerda para balancearse y una pequeña catarata propia.

Circuitos

La Fortuna está bien situada, no sólo para la obligatoria excursión al volcán Arenal, la laguna de Arenal y las visitas a distintos balnearios de aguas termales, sino también para acceder a otros atractivos en las tierras bajas del norte, que, de otro modo, resultarían algo difíciles de alcanzar. Por suerte, el viajero no tiene que caminar más de 100 m para encontrarse con alguien dispuesto a organizar alguna excursión. Es aconsejable asegurarse de que la agencia dispone de dirección permanente, ya que las estafas a los turistas (véase p. 203) son un negocio que se ha convertido en un arte por esta zona.

Cualquier excursión suele organizarse para un mínimo de dos personas, aunque siempre aceptan encantados que se pague el doble. Los grupos pueden negociar descuentos por adelantado con la mayor parte de las empresas. Casi todos los hoteles organizan excursiones a través de esas agencias y se llevan una comisión de unos 5 US$ por persona en la mayor parte de salidas; algunos lugares las venden más baratas porque renuncian a esa tarifa, lo que supone un cierto ahorro.

Las visitas al volcán Arenal, las más populares, suelen ser excursiones por la tarde al parque nacional, o bien a un mirador particular para disfrutar de la montaña durante el día. Se combinan con la visita a uno de los manantiales y suelen incluir la cena. A continuación, se va a otro punto de observación, donde los afortunados verán un poco de lava. Los precios varían mucho, pero suelen oscilar entre 25 US$ y 55 US$ por persona. Es aconsejable asegurarse de que la excursión incluye las tarifas de entrada al parque y los manantiales, lo que podría suponer fácilmente otros 25 US$ más. Hay que recordar que hay muchas posibilidades de que el Arenal permanezca coquetamente envuelto en nubes durante la excursión y que no devuelven el dinero si no se puede ver nada.

Entre otras salidas populares cabe destacar las excursiones a las agrestes tierras bajas del norte, caminatas hasta las cuevas Venado (p. 448; 35-45 US$ por persona) y Caño Negro (p. 450), con agencias que ofrecen salidas para observar la naturaleza (50-100 US$) en lanchas motoras, piraguas o canoas, o practicar la pesca deportiva (150-400 US$ por persona), que suelen incluir todo el equipo. En la laguna de Arenal se organizan otras salidas para la práctica de la pesca deportiva (150-300 US$).

También hay excursiones de un día para la práctica de *rafting* de aguas bravas en los ríos Toro, Peñas Blancas y Sarapiquí. Varias empresas ofrecen descensos de clase I o II por el Peñas Blancas (45-65 US$ por persona), mientras que otras agencias especializadas en *rafting* se ocupan de la clase IV por el río Toro (85-100 US$ por persona). Las excursiones en kayak también son muy populares en el Peñas Blancas. Los descensos de clase III por el río Sarapiquí (100 US$ por persona) requieren mucho más tiempo en la furgoneta para el desplazamiento. Las tarifas suelen incluir el desayuno o la comida y un tentempié junto al río.

También hay una amplia oferta de circuitos de *canopy*, descensos por cataratas y todo tipo de excursiones guiadas a pie/en bicicleta/a caballo, que pueden personalizarse para formar circuitos de aventura de varios días de duración. Muchas agencias organizan el traslado en *jeep*, barco y/o a caballo hasta Monteverde (véase p. 149). Los siguientes son sólo algunos de los establecimientos existentes.

El **Centro de Aventura Arenal** (☎ 479 9052, 479 8585; 50 m al norte de la iglesia; www.arenal-adventure. com; Internet 1,75 US$/h) está especializado en *rafting* de aguas bravas y excursiones extremas, pero también organiza muchos más circuitos, además de visitas a la reserva de los indios maleku, que puede incluir una hoguera ceremonial y tambores entre otros atractivos.

Bike Arenal (☎ 479 9454; www.bikearenal.com; Hostal Don Manuel) alquila bicicletas y ofrece excursiones guiadas de medio día (48 US$) en la ruta relativamente llana que discurre por la laguna de Arenal y salidas de un día

completo (65 US$), que también se adentran por el parque nacional, un terreno algo más montañoso. Las salidas incluyen un guía bilingüe, furgonetas de enlace y tentempiés.

Selim Rodríguez López, en **Bobo Adventures** (☎ 479 9390; www.boboadventures.com), ofrece circuitos guiados personales por la cuevas Venado.

El muy recomendable **Canoa Aventura** (☎ 479 8200), aproximadamente 1 km al oeste de la población, en la carretera que conduce a Arenal, ofrece únicamente excursiones en canoa. La mayor parte se orienta hacia la observación de la fauna y la flora, especialmente las aves: algunas salidas se centran en especies como los guacamayos verdes, las espátulas rosadas, los bananeros, etc. Entre las más populares, cabe destacar la excursión para contemplar garzas reales tricolores en Caño Negro (90 US$), de un día entero de duración, y la salida de cuatro horas, a primera hora de la mañana, para avistar tangaras en el río Fortuna (45 US$). La oferta también incluye salidas con noche incluida (250 US$).

Canopy Tours (☎ 479 9769; www.crarenalcanopy. com; 45 US$ por persona) ofrece un paseo a caballo de 45 minutos y *rappel*, además del circuito de tirolinas.

ESTAFAS

Si el viajero toma el autobús a La Fortuna, los timadores empiezan incluso antes de llegar, subiendo unos kilómetros después de la población y trabajándose a los pasajeros: "Ese hotel tiene un precio excesivo, pero tengo un amigo…" Este timo es muy conocido, pero puede ser peor.

Además de conducir a viajeros a hoteles malos, lo que supone un descrédito para los hoteleros serios que salen al encuentro del autobús porque no pueden permitirse folletos llamativos y siguen cobrando 5 US$ por habitación, hay una familia en La Fortuna que reserva "circuitos a mitad de precio". Por lo general, cuando el viajero se presenta, se entera de que el recibo no es válido: un viajero francés pagó 45 US$ a un timador por una excursión de observación de aves en Caño Negro y no sólo perdió el dinero, sino que tuvo que malgastar un día entero peleándose para hacer otras gestiones. También se tienen noticias de personas a las que han llevado a manantiales termales de precios elevados y las han abandonado sin medio de transporte ni la entrada pagada como les habían prometido.

Tras exprimir a un grupo de turistas, los miembros de la familia siguen actuando entre La Fortuna, Monteverde y otros puntos concurridos durante un par de semanas. Durante años, no han tenido problemas. ¿Por qué la policía no ha hecho nada? Buena pregunta. Fundamentalmente, el motivo se reduce al hecho de que nadie quiere esperar meses hasta llevar a esos tipos a juicio. Cualquier denuncia policial que se cumplimente sólo será útil para la compañía de seguros, y eso es todo.

Vale la pena acudir a una agencia u hotel de confianza para reservar las excursiones por la zona. Es posible que se pague el doble, pero al menos, el viajero consigue ir al sitio que desea.

Los paseos a caballo y el *rafting* de aguas bravas son la atracción principal de **Desafío Adventure Company** (☎ 479 9464; 150 m al norte de la iglesia; www.desafiocostarica.com), pero la empresa también organiza una gran variedad de salidas, entre las que se incluyen aventuras extremas de varios días, como el *rappel*. Tratan bien a los caballos y la han recomendado para la caminata hasta Monteverde, con un par de advertencias (véase p. 168).

Destiny Internet y Tours (☎ 479 9850; www.destinytours.com; Internet 2,50 US$/h) ofrece una hora gratuita de Internet con todos los circuitos habituales.

En ocasiones, puede apetecer simplemente subirse a un vehículo con tracción en las cuatro ruedas y atravesar ruidosamente selvas y fincas hasta cristalinas cataratas y granjas de mariposas.

Fourtrax Adventures (☎ 479 8444; www.fourtraxadventure.com) cobra 75 US$ por cada vehículo, con capacidad para dos personas, para un circuito de entre tres y cuatro horas.

Jacamar Tours (☎ 479 8039, www.arenaltours.com) con larga tradición, ofrece una amplia variedad de circuitos.

Puentes Colgantes de Arenal (☎ 479 9686; www.hangingbridges.com; ◷ 8.00-20.00; adultos/jubilados/estudiantes 20/15/10 US$, niños menores de 12 años gratis) organiza circuitos diarios por este recomendable lugar situado cerca de la laguna de Arenal (p. 214); también ofrece salidas a las 6.00 para observar aves y excursiones nocturnas guiadas con vistas del volcán.

Sunset Tours (☎ 479 9800; www.sunsettourcr.com; ◷ 6.30-21.00), muy recomendada, es la compañía con más experiencia de La Fortuna, con una amplia oferta de circuitos de calidad con guías bilingües (uno habla ruso) y todo lo necesario.

Fiestas y celebraciones

La gran celebración anual son las **fiestas de La Fortuna,** que tienen lugar a mediados de febrero, con dos semanas de corridas de toros al estilo costarricense, coloristas atracciones de feria, comida grasienta propia de las ferias ambulantes, puestos de artesanía y juegos de azar poco frecuentes. Es gratis, con excepción de la cerveza (que es económica) y los visitantes se lo pasan de miedo tratando de decidir entre la discoteca provisional con *gogós* que tratan de imitar a Christina Aguilera o las tiendas contiguas, toscas y desastradas, con rancheras y salsa en directo.

Dónde dormir

La Fortuna es popular entre viajeros del país y extranjeros por igual, todos ansiosos por ver fugazmente al famoso volcán en erupción. Es recomendable tratar de reservar con antelación para los fines de semana y durante las vacaciones de Costa Rica. Casi todos los hoteles se ocupan de organizar circuitos, buscar medios de transporte y solucionar cualquier cosa que necesite el visitante.

Uno de los puntos fuertes es el gran número de pequeños establecimientos familiares, por lo general con unas pocas habitaciones sencillas, duchas eléctricas y, tal vez, baño privado, que ofrecen comidas a convenir y una buena conversación. Algunos no están bien señalizados y es posible que el viajero tenga que informarse preguntando. Estos establecimientos ayudan a contratar circuitos locales y constituyen un buen medio para que los residentes en la zona saquen provecho del auge turístico. Los ganchos de los hoteles acuden al encuentro de los autobuses y son un poco más agresivos que en casi todos los demás sitios de Costa Rica; no todos son de fiar (véase recuadro en p. 203).

Hay que tener en cuenta que los hoteles alejados del centro y en la carretera que lleva a Arenal están consignados en una lista independiente (véase p. 210).

EN LA POBLACIÓN
Económico

La Fortuna es un sitio estupendo para los viajeros con presupuesto reducido: todos los alojamientos, desde albergues juveniles hasta cabinas de calidad, acostumbran a ser mucho más agradables de lo que suele comprarse con colones.

Gringo Pete's (☎ 479 8521; gringopetes2003@yahoo.com; 100 m al sur del colegio; dc 3 US$, h sin/con baño 4/5 US$ por persona; *camping* 2 US$ por persona ; P). Con un ambiente limpio y acogedor propiciado por los cómodos dormitorios colectivos, con capacidad para cuatro personas, y las zonas comunes donde corre la brisa, es estupendo para conocer a otros viajeros con poco presupuesto. Pete, del estado de Washington, puede indicar al viajero cuáles son los circuitos de precio más económico y guardar el equipaje mientras se está fuera. También ofrece intercambio de libros y taquillas en todas las habitaciones.

Cabinas Adriana (☎ 479 9474; 300 m al oeste de Mega Super; dc 4 US$, h 6 US$ por persona). No es precisamente el Ritz, pero la vieja casa de madera rosada cuenta con dormitorios colectivos, limpios y muy sencillos, con aire acondicionado y duchas privadas de agua fría, además de un par de incentivos: la propia Adriana, que prepara un desayuno casero por 2 US$ y unas cuantas bicicletas de montaña, que se alquilan a 1 US$ por hora.

Hostal La Choza (☎ 479 9091; 100 m al oeste del parque Central; solarenal@racsa.co.cr; dc sin/con baño 5/8 US$; P 🖳). Es una estupenda opción para los turistas con presupuesto reducido. Cuenta con grandes habitaciones, una cocina compartida y una agradable sala, además de acceso a Internet gratuito (aunque limitado).

Hostal La Posada (☎ 479 9793; enfrente del colegio; h sin/con baño 5/6 US$ por persona; camping 1,50 US$ por persona; P). Acogedor y muy frecuentado por jóvenes turistas mochileros. Las habitaciones son pequeñas y sencillas; las duchas, de agua caliente y en la zona de acampada hay bastante privacidad. Una buena elección.

Pensión Sleep Inn (☎ 394 7033; 250 m al oeste del Megasuper; carlossleepinn@hotmail.com; h 5 US$ por persona). Tres habitaciones sencillas, con baño compartido y cuidadas por Carlos y su esposa, Cándida, que permite a los clientes utilizar su cocina y un enorme televisor, aunque es posible que el visitante acabe fuera, en el porche, observando las idas y venidas del puesto de tamales al otro lado de la calle. Recomendado.

Cabinas Villabar (☎ 479 9363, 399 3234; 400 m al norte del parque Central; h sin/con baño 5/9 US$ por persona). Bonito y bastante limpio, ofrece tres habitaciones con neveras y mecedoras, separadas de la casa principal. Por 1 US$ más, sirven el desayuno.

Hotel Dorothy (☎ 479 8068; junto a la plaza de toros; noelsamuelsdouglas@hotmail.com; `www.geocities.com/costarica; h 6 US$ por persona; P). Recomendado. Posee habitaciones económicas y tranquilas (salvo durante las fiestas y las corridas de toros), con duchas privadas; las más grandes están equipadas con cocina completa. Se localiza más abajo del río, al este de la plaza de toros. Un día, Noel, el simpático propietario se dio cuenta de que la plaza estaba ardiendo, cuando se utilizaba para detener a los trabajadores indocumentados que llegaban de Nicaragua. Avisó a los bomberos justo a tiempo y la situación no pasó a mayores. Noel organiza circuitos.

Hotel Las Colinas (☎ 479 9305; www.lascolinasarenal.com; h sin/con baño 7/16 US$ por persona, desayuno incl.). Las habitaciones con baño compartido son antiguas, pero están limpias. Las más agradables cuentan con soleadas ventanas, dos camas dobles y balcones con vistas al volcán (se recomienda echar un vistazo a los números 33 y 27).

Cabinas Sissy (☎ 479 9256, 479 9356; h 6 US$ por persona con baño compartido; sin/con TV 8/10 US$ por persona; camping 4 US$ por persona; P). Con una excelente relación calidad-precio, cuentan con una zona para comer separada, cocina compartida, bonitos jardines, servicio de lavandería y algunas habitaciones disponen de cafeteras. Las habitaciones con baño compartido se encuentran en un edificio antiguo que no tiene mucho lujo, pero resulta igual de cómodo.

Hostal Don Manuel (☎ 479 9585; donmanuelinn@racsa.co.cr; al sur de la iglesia; h con/sin baño 9/12 US$ por persona; P). Las habitaciones enormes, luminosas, con grandes ventanas y paneles de madera resultan bastante agradables; el desayuno continental, una ventaja adicional. Recomendado.

Precio medio
Cabinas El Río (☎ 479 9341; 100 m al sur del parque Central; d 14,50 US$). Habitaciones sencillas y soleadas con baño privado, más una gran ventaja: están encima de uno de los mejores restaurantes de la población (p. 208).

Hotel La Fortuna (☎ 479 9198; lacasonasc@yahoo.com; i/d/tr. 15/24/30 US$ desayuno incl.). Muy sencillo, acaba de adquirirlo La Casona, un hotel muy agradable, que tiene la intención de renovar las oscuras, aunque limpias, habitaciones, para imprimirles un toque más lujoso y, posiblemente, subir el precio. El restaurante anexo se está preparando para la misma transformación.

Mayol Lodge (☎ 479 9110; 100 m al este de la soda El Río; i 15-26 US$, d 32 US$; P 🐾). Luminoso y algo retirado, ofrece habitaciones amarillas, soleadas, con ventiladores y cafeteras, además de una piscina de agua fresca y azul con vistas del volcán. Algunas de las habitaciones individuales son bastante pequeñas.

Cabinas Oriuma (☎ día 479 9111, noche 479 9070; mathiew@racsa.co.cr; esquina nordeste del parque; i/d/tr 17/28/40 US$, con TV 5 US$ adicionales). No es habitual ver un baño tan resplandeciente como los que posee este establecimiento familiar situado encima de la ferretería. Las habita-

NOROESTE DE COSTA RICA

ciones con cama doble y ducha privada de agua caliente deberían reservarse con antelación los domingos, cuando la ferretería está cerrada y tienen que dejar la llave en la puerta contigua.

Cabinas La Amistad (☎ 479 9364; h 15 US$ por persona; 🔅). Habitaciones estupendas, algunas con cualquier combinación de cocina pequeña, aire acondicionado, balcón y/o televisión por cable; es aconsejable preguntar. Salen más baratas para los grupos.

Cabinas El Bosque (☎ 479 9365; 100 m al oeste del parque Central, i/d 20/24 US$; P). Las habitaciones, con televisión, suelo revestido de baldosas, baño privado y agua caliente, son mejores de lo que permiten suponer los descuidados jardines. El verdadero punto fuerte es el servicial y amable anfitrión, Edwin, que ofrece información y organiza circuitos por cualquier punto de la zona.

Cabinas Grijalba (☎ 479 9129; d con ventilador/TV/aire acondicionado y TV 20/25/30 US$; P 🔅). Los espejos y las ventanas consiguen que las habitaciones grandes parezcan aún más grandes en este establecimiento relativamente lujoso donde es posible descansar.

Cabinas Hervi (☎ 479 9430; 25 m al oeste de la iglesia; d 20 US$). Grandes habitaciones revestidas de losetas y equipadas con televisión por cable; también hay un sistema de apartamentos que permite cerrar la puerta con llave y compartir una cocina. Algunas de las habitaciones más grandes se alquilan para grupos de más de cuatro personas a un precio de 6 US$ por persona.

Hotel Sierra Arenal (☎ 479 9751; 300 m al oeste de la iglesia; d sin/con aire acondicionado 25/40 US$, c 60 US$; P 🔅). En las afueras de la población, en la carretera que conduce al volcán, esta opción de precio medio, muy cómoda, ofrece buenas camas, grandes televisores equipados con televisión por cable y un servicio de alquiler de bicicletas de montaña (5 US$); las habitaciones del primer piso disponen de aire acondicionado y grandes balcones con vistas del volcán. Recomendado.

Cabinas La Riviera (☎ 479 9048; 800 m al este del Banco Nacional; i/d/tr. 20/30/40 US$ desayuno incl.; *camping* 6 US$ por tienda; P 🚫). Es un sitio muy recomendable, situado a unos 10 minutos a pie desde la población (pero realmente en otro mundo), con nueve cabinas sencillas, con ventilador, distribuidas por unos jardines absolutamente fantásticos, donde los árboles frutales atraen a todo tipo de aves y la fruta que producen se

utiliza para elaborar el zumo recién exprimido del desayuno. El personal, muy cordial, ofrece un catálogo de aves gratuito y un servicio de alquiler de bicicletas (½/1 día 12/18 US$). Como queda algo apartado, los campistas dormirán algo mejor.

Hotel Tropical Paraíso (☎ 479 9222, paraisotropical _ras@hotmail.com; i/d 30/42 US$, primer piso 5 US$ adicionales; P 🔅). Todas las habitaciones son bonitas, están bien amuebladas y tienen grandes ventanas; además de teléfono y aire acondicionado, cuentan con detalles como una jarra eléctrica y microondas.

Hotel Arenal Jireh (☎ 479 9004; www.arenalexperience.com; 150 m al oeste del parque Central; i/d/tr 35/45/55 US$; P 🔅 🛅). El viajero, sin duda, preferirá las habitaciones de arriba, con balcones y vistas al volcán, aunque las seis que hay son bastante agradables y cuentan con televisión por cable, nevera, teléfono y cafetera. La piscina dispone de una zona infantil.

Cabinas Las Tinajas (☎ 479 9308, d 39 US$; P). Los visitantes valorarán las acogedoras habitaciones situadas en una tranquila calle residencial, con ventiladores y televisión por cable, además de las mecedoras ubicadas afuera.

Precio alto

Es algo relativo en esta zona, donde, hasta el momento, los intereses locales se han resistido a la expansión, posiblemente inevitable, de los fabulosos complejos turísticos hasta La Fortuna propiamente dicha. Todos son establecimientos excelentes, pero los verdaderos amantes del lujo preferirán dirigirse hacia el volcán y los hermosos hoteles que se levantan en sus laderas.

Hotel San Bosco (☎ 479 9050; www.arenal-volcano.com; i/d/tr 40/47/54 US$; P 🔅 🛅). Lujoso y céntrico, ofrece vistas del Arenal desde los balcones, jardín con piscina y jacuzzi, y un aparcamiento vigilado. Las habitaciones, con capacidad para cinco personas, son espaciosas y cómodas, con televisión por cable y un gran baño. Dos casas amuebladas, ambas con cocina, cuestan 80 US$ (6 camas, ventiladores, un baño, capacidad máxima para 8 personas) y 100 US$ (10 camas, aire acondicionado, 2 baños, capacidad máxima para 14 personas).

Cabinas Rodríguez (☎ 479 9843; lorcum@costarricense.cr; 200 m al norte del Banco Nacional; i/d 40/50 US$ desayuno incl.; P). Inmaculado, lujoso y recargado, tiene un toque femenino, que se hace patente cuando se ven los cubrecamas. Algunas habitaciones cuentan con televisor y una tiene capacidad para cinco personas, por 70 US$; si se pide con educación, es posible utilizar el elegante refrigerador de los propietarios.

Cabinas Carmela (☎ 479 9010, 50 m al sur de la iglesia; cabinascarmela@racsa.co.cr; i/d/tr/c 40/47/58/64 US$; P ✂). Dispone de 22 habitaciones, sumamente limpias y con todos los detalles, con nevera, ducha privada de agua caliente, teléfono, aire acondicionado, microondas y televisión por cable; dos de ellas están adaptadas para personas en silla de ruedas. También cabe destacar una cocina compartida, y algunas de las habitaciones del primer piso cuentan con balcones (aunque sin vistas del volcán). La ubicación es inmejorable, enfrente de la terminal de autobús.

Cabinas Guacamaya (☎ 479 9393, www.cabinas guacamaya.com; i/d/t/c. 41/47/58/69 US$ desayuno incl.; P ✂). Habitaciones de buen tamaño y muy agradables, aunque algo espartanas, con nevera, baño privado y agua caliente. No obstante, la verdadera atracción es un hermoso patio en el jardín con vistas al volcán.

Luigi's Lodge (☎ 479 9909; www.luigislodge.com; i/d/tr 59/70/83 US$ desayuno incl.; P ✂ ✂). Ofrece 24 habitaciones enmoquetadas, con aire acondicionado, ventilador en el techo, televisión por cable, nevera con un tentador minibar y cuarto de baño con ducha/bañera, además de vistas al volcán (aunque La Fortuna no está en el lado desde donde se ve más lava). Destaca una piscina de buen tamaño y un gimnasio (4 US$/día para quienes no sean clientes). Asimismo, hay un buen restaurante italiano contiguo: la pizzería Luigi (véase p. 208).

AL ESTE DE LA POBLACIÓN

Hotel Las Cabañitas (☎ 479 9400; www.cabanitas.com; d estándar/lujo 92/102 US$; P ✂ ✂). Casi 1,5 km al este de La Fortuna, cuenta con dos piscinas, un mostrador donde ofrecen circuitos, restaurante, bar y 30 espaciosas cabañas individuales, todas con ventilador en el techo y porche; además, muchas de ellas ofrecen vistas del volcán. Las habitaciones de lujo, más nuevas, cuentan con televisor y aire acondicionado.

Hotel Rancho Corcovado (☎ 469 1818; i/d 35/45 US$; P ✂). En el pueblo de El Tanque de la Fortuna, 7 km al este de La Fortuna, es limpio, cómodo y práctico. Tiene piscina, mesa de billar, restaurante con vistas al río y un servicio de alquiler de caballos. Los grupos

pueden encontrar paquetes que incluyen comidas y circuitos.

AL SUR DE LA POBLACIÓN

Hostal Arenal Country (☎ 479 9670; www.arenalcoun tryinn.com; i/d 104/110 US$ desayuno incl.; P ✂ ✂). Aproximadamente a 1 km de la población, en la carretera asfaltada que conduce a San Ramón, esta antigua hacienda renovada alberga actualmente veinte modernas habitaciones, espaciosas y con aire acondicionado, todas con camas de gran tamaño, televisión por cable y patio privado. El interesante bar-restaurante, al aire libre, está ubicado en un corral de ganado restaurado. Hay piscinas para adultos y niños, además de vistas del volcán y un río que discurre por la propiedad. Es un hotel tranquilo y relajante, con un personal servicial y agradable.

Villas Josipek (☎ 430 5252; www.villasjosipek. com; d 69 US$, c 89 US$; P ✂). A unos 8 km de La Fortuna en la carretera de San Ramón, estas atractivas cabañas rústicas, equipadas con cocinas y cafeteras, están rodeadas de bosque lluvioso privado con senderos, fabulosas vistas del volcán y acceso al Bosque Eterno de los Niños (véase p. 156). Los grupos pueden solicitar comidas con anticipación, que sirven junto a la notable piscina del exterior; además, cualquiera puede contratar circuitos a caballo por toda la zona.

Chachagua Rainforest Lodge (☎ 239 6464; d 96 US$, 10 US$ por persona adicional). Se aconseja pedir las cabañas de madera al estilo Frank Lloyd Wright, más antiguas, con selvas y ventanas bajas para observar las aves, en lugar de los nuevos edificios de hormigón ligero, más cómodos, pero con menos encanto. Aunque el viajero se aloje en las cabañas nuevas, diseminadas por esta exquisita propiedad que linda con el Bosque Eterno de los Niños, seguro que disfrutará de la fantástica piscina –¡con cascada!– y de la posibilidad de elegir entre dos **restaurantes** (desayuno 8 US$, otras comidas 14 US$); uno de ellos ofrece un espectáculo ecuestre a la hora del desayuno. También cabe la posibilidad de contratar circuitos y disponen de instalaciones para reuniones.

Dónde comer

A la hora de comprar comestibles, **Super Christian 2** (esquina sudeste del parque Central; ☯ 7.00-21.00) dispone de la mejor selección, aunque el **Megasuper La Fortuna** (☯ 7.30-21.00) tiene mejores precios.

NOROESTE DE COSTA RICA

Cafetería Lo Nuestro (200 m al este del parque Central; cafés 0,50-2 US$; ⊙ 8.00-17.00). Enfrente de Las Nenes, sirven cafés exprés (también chupitos de licor) con repostería casera y el acompañamiento de obras de arte locales.

Pizzería Cubana (300 m al este del parque Central; 1-3 US$). Recomendado como el mejor sitio de comida económica de la población, sirven la *pizza* entera o por raciones.

Java Jungle (sur del hotel Las Colinas; platos principales 1-4 US$). Además de servir una auténtica sorpresa de java, fríen unos enormes "huevos McGringo" en el bocadillo del desayuno; resucita a los muertos.

Soda La Casa de Ara (100 m al sur de la gasolinera; platos principales 1-4 US$; ⊙ 6.00-22.00). Con una humeante mesa cargada de platos recién hechos, se llena de clientes que lo saben y acuden a disfrutar de una buena comida antes de marcharse.

Soda el Río (platos principales 2-5 US$; ⊙ 6.00-22.00). Los grandes casados y los gallos suelen estar deliciosos en esta soda de calidad, con mesas en el exterior y excelentes bebidas naturales. Recomendada.

Soda La Parada (50 m al sur de la iglesia; platos principales 1-5 US$; ⊙ 24 h). Enfrente de la terminal de autobús, permanece abierta sirviendo estupendos casados de bisté, *pizza* aceptable y un par de extrañas bebidas dietéticas del país, el chan (muy dulzón) y la linaza (buena para la digestión), a los juerguistas que se quedan hasta tarde y las personas que esperan el autobús.

Cono Arenal (lado norte del parque; helado 1-3 US$; ⊙ 8.00-21.00 lu-ju, 8.00-23.00 vi-sa). Ofrecen excelente helado y un pequeño parque con columpios.

Restaurante El Jardín (☎ 479 9360; 100 m al este del parque; platos principales 2-8 US$; ⊙ 5.00-13.00). Es posible relajarse disfrutando de una *pizza* de camarones en el agradable comedor o pedirla en la ventana de fuera, bajo el cartel del **Pollo Pito Pito**, un establecimiento que ofrece un pollo asado con mucho éxito entre los viajeros con presupuesto reducido.

Restaurante Rancho La Cascada (☎ 479 9145, desayuno 2-4 US$, cena 4-15 US$; ⊙ 7.00-11.00, 18.00-2.00). Este punto de referencia de techo de paja posiblemente sea una apuesta más segura para las bebidas que para la comida, aunque los vinos importados de Francia, Italia y California acompañan al marisco o a las especialidades italianas.

Restaurant Las Nenes (☎ 479 9192; 200 m al este del parque Central; platos principales 3-12 US$; ⊙ 10.00-23.00). Es buena idea empezar por un cebiche (3 US$) en la opción más recomendable y elegante de La Fortuna, cuya especialidad es el bisté y el marisco, con los platos de camarones como punto fuerte.

Lava Rocks Café (platos principales 2-6 US$; ⊙ 7.30-22.00). Copiosos desayunos, casados con pollo a la parrilla y distintas ensaladas son los grandes alicientes de este popular café.

Choza de Laurel (150 m al oeste de la iglesia; platos principales 4-7 US$; ⊙ 6.00-22.00). Ubicado en la cabaña con techo de paja situada en el extremo oeste de la población, es más bien caro, aunque merece la pena por platos como el *arroz volcán*, con verduras, pollo, jamón y huevo, además de por los copiosos desayunos, los cafés exprés y el estupendo ambiente.

Pizzería Luigi's (☎ 479 9909; desayuno 5 US$, comida 6-15 US$; ⊙ 7.00-9.30 y 11.00-23.00). Espacioso y bastante formal, ofrece un aceptable bufé de desayuno, pero vale más decantarse por las *pizzas*, los *calzones* y las pastas –con muchas posibilidades para vegetarianos– y una gran variedad de cócteles y vinos de importación. El bar permanece abierto hasta las 3.00 aproximadamente.

Las Brasitas (☎ 479 9819; platos principales 5-15 US$; ⊙ 11.00-23.00). Si al viajero le apetece una buena comida mexicana (al fin y al cabo, la salsa lizano no es igual de picante), le conviene echar un vistazo a este establecimiento al aire libre, algo desprotegido del viento, pero elegante, que ofrece estupendas fajitas (6 US$) y algo llamado choriqueso, una especie de salchicha en fondue.

Restaurante Pura Vida (300 m al oeste de la iglesia; platos 3-6 US$ ⊙ 11.00-23.00). En este restaurante chino de confianza, situado a la salida de la población en dirección a Arenal, preparan unos deliciosos *chop suey* seco y arroz frito con camarones.

Ocio

Es posible bailar en el club nocturno que hay encima del **restaurante Rancho La Cascada**, aunque suele estar vacío, salvo los fines de semana. En ocasiones, ponen vídeos.

Al sur de la población, en la carretera hacia San Ramón, el **bar-restaurant El Brete** (☎ 479 9982; platos principales 2-6 US$; ⊙ 11.00-hora de cierre) ofrece noches sólo para señoras y otras especialidades a base de cerveza económica. Salvo esto, no hay mucha diversión

NOROESTE DE COSTA RICA

en Las Fortuna, aparte de relacionarse con otros viajeros y con los residentes en la zona disfrutando de una cerveza. El **bar El Terruño** es un sencillo bar para los bebedores locales que también sirve bocas.

Volcán Look (☎ 479-9690/1). Situada unos 5 km al oeste de la población, está considerada la mayor discoteca de Costa Rica fuera de San José. No obstante, el ambiente suele estar muerto, salvo los festivos y los fines de semana.

Cómo llegar y salir

Aunque todavía no se ha restablecido el servicio aéreo entre San José y La Fortuna tras un accidente de avión ocurrido en 2000, hay muchas opciones de transporte poco habituales si el viajero está cansado del autobús.

El viaje entre Monteverde/Santa Elena y La Fortuna puede comprender un trayecto muy pintoresco por carretera (es muy recomendable tomar la ruta más larga, rodeando la laguna de Arenal), un recorrido en autobús dando un rodeo, largo y lleno de baches, o bien una excursión cruzando el lago y las montañas.

La combinación de *jeep* y barco (7-25 US\$; 3 h) es la opción menos cara y más rápida: se toma un taxi hasta el lago, un barco rápido para atravesarlo y, a continuación, un taxi todoterreno para el pintoresco recorrido por las montañas. Puede contratarse en cualquier hotel u operador turístico de la población.

Varias empresas también cubren parte del trayecto a caballo, como Desafío Adventure Company (p. 204). Hay unas cuantas posibilidades más y alguna de ellas no siempre resulta recomendable. Véase el recuadro de la p. 168 para una completa descripción de la excursión.

AUTOBÚS
En la actualidad, todos los autobuses tienen parada en el parque Central, aunque está previsto construir una terminal de verdad unos 400 m al oeste. No hay que perder de vista el equipaje, sobre todo durante el trayecto hasta San José los fines de semana.

Ciudad Quesada (Auto-Transportes San José-San Carlos). 1 US\$; 1 h; salidas 5.00, 8.00; 12.15 y 15.30.

Monteverde. 2 US\$; 4 h; 8.00 (hay que cambiar en Tilarán a las 12.30 para Monteverde).

San José (Auto-Transportes San José-San Carlos). 3 US\$; 4½ h; 12.45 y 14.45.

Tilarán (Auto-Transportes Tilarán). 1,40 US\$; 3½ h; 8.00 y 17.30.

Cómo desplazarse
BICICLETA
Algunos hoteles alquilan bicicletas a los clientes; **Bike Arenal** (☎ 479 9454; www.bikearenal. com; ½ día 6-12 US\$, 1 día 9-18 US\$), en el hostal Don Manuel, dispone de una gran variedad. También ofrece circuitos guiados en bicicleta (p. 205). En La Fortuna es ilegal desplazarse en bicicleta cuando ya ha oscurecido.

La clásica excursión en bicicleta hasta la Catarata (p. 201) supone una subida de 7 km, bastante dura. Un fumador de un paquete diario se las arregló para completarla con éxito; más o menos, pues salvó a pie los peores tramos. Otra excursión agradable con La Fortuna como base, es el circuito en forma de bucle de la laguna de Arenal, un pintoresco recorrido asfaltado de cuatro horas, al otro lado de una colina bastante importante, que, por suerte, está cubierta por el servicio de enlace, incluido en la tarifa.

AUTOMÓVIL Y MOTOCICLETA
Resulta fácil llegar a La Fortuna en transporte público, pero atracciones cercanas como los manantiales de aguas termales, el parque nacional y la laguna de Arenal exigen un esfuerzo algo mayor sin combustión interna. Por suerte, es posible alquilar vehículos en **Alamo** (☎ 479 9090; www.alamocosta rica.com; ◷ 7.30-18.00) o **Poas Rent-a-Car** (☎ 479 8418; www.carentals.com; 100 m al oeste de la iglesia), con unas tarifas parecidas a las que se aplican en San José o en Liberia.

Alquiler de motocicletas (☎ 479 8103; 5/25 US\$ h/día; ◷ 8.00-21.00) ofrece estos vehículos, perfectos para desplazarse entre cataratas y manantiales.

CARRETERA AL ARENAL
La carretera al oeste de La Fortuna parece ascender hacia el volcán Arenal, aunque, en lugar de hacerlo, rodea su base de forma muy abrupta antes de descender hasta las orillas de la laguna de Arenal. La carretera, asfaltada y pintoresca, está bordeada de alojamientos de categoría, restaurantes y una discoteca famosa por las vistas del volcán, por no mencionar algunos manantiales de agua caliente muy hermosos (véase p. 201).

Dónde dormir y comer

Cerro Chato Lodge (☎ 479 9494; cerrochato@racsa.co.cr; h 13 US$ por persona, *camping* 2 US$; P). Queda algo apartado (es fácil pasarse el desvío hacia el camino de tierra que conduce al establecimiento, al sur de la carretera principal; hay que buscar el cartel que indica "Mariposario", un tanto desgastado), pero el propietario, Miguel Zamora, puede encargarse del transporte desde La Fortuna. Las habitaciones, impecables, son sencillas y agradables; están equipadas con ventilador, un enorme baño, agua caliente y electricidad hasta las 23.00 horas. El vecindario es rural; los alrededores, la selva, y las vistas, impresionantes. A los campistas les encantará la soledad y la seguridad, y todo el mundo querrá disfrutar del desayuno (2 US$); también es posible concertar otras comidas. Miguel también dirige circuitos de observación de la naturaleza en inglés y en español.

Hotel Arenal Rossi (☎ 479 9023; www.hotelarenalrossi.com; d estándar/lujo 61/72 US$, 10 US$ por persona adicional; P 🏊 🔀). Excelentes habitaciones con dos camas dobles, duchas privadas de agua caliente y todos los extras, que incluyen aire acondicionado y televisión por cable por unos cuantos dólares más. Cuenta con una piscina en los jardines, a la sombra de las palmeras, y un pequeño parque infantil. Los amantes de los juegos que tengan más edad pueden alquilar motocicletas (35 US$/día) recurriendo a los empleados, sumamente profesionales y eficientes.

Cabinas Las Flores (☎ 479 9307; h. 15 US$ por persona desayuno incl.; *camping* 5 US$ por persona; P). Algunas de las limpias habitaciones, con baño y agua caliente, incluso llegan a resultar más agradables que las otras, con atractivos paneles de madera. Con todo, merece mucho la pena y el propietario puede ofrecer descuentos si hay poco movimiento.

Restaurante Neo-Latino La Vaca Muca (☎ 479 9186; platos 6-12 US$; 🕐 11.00-23.00). Es buena idea empezar con el cebiche y, tal vez, un vaso de vino antes de pasar a una carta de platos de fusión latina, que incorpora recetas desde Argentina hasta México. Hay un jardín de orquídeas en la parte trasera y buenas vibraciones en el interior.

El Vagabondo (☎ 479 9565; platos principales 3-10 US$). Muy frecuentado por los guías del *rafting* y famoso por su "*pizza* asesina", supone una experiencia gastronómica más relajada.

Restaurante Arenas Asador (☎ 479 9023; platos principales 5-12 US$; 🕐 6.30-22.00). Ideal para degustar un abundante desayuno antes de ponerse en marcha o una agradable cena después de haber descansado tras las vistas del volcán; preparan un churrasco en su punto.

Lomas del Volcán (☎ 479 9000; www.lomasdelvolcan.com; d. 88 US$ desayuno incl; P). Este tranquilo conjunto de cabañas de madera sencillas, pero cómodas, tal vez no tenga manantiales de agua caliente, pero el *jacuzzi* ofrece mejores vistas del volcán que el Tabacón. Hay un restaurante sencillo y monos en los árboles.

Mirador Arenal Kioro (☎ 461 1700; entrada 3 US$; platos principales 3-8 US$; 🕐 6.00-00.00). Con explosivas vistas del volcán desde la ladera y un restaurante al aire libre bastante elegante en el que preparan platos de cocina internacional, constituye una de las paradas favoritas de los autobuses que realizan visitas al volcán, aunque el viajero es bienvenido si desea pasarse a cenar. No cobran entrada, siempre y cuando los visitantes gasten 6 US$ en la cena.

Hotel Los Lagos (☎ 479 8000; www.hotelloslagos.com; i/d estándar 47/57 US$, cabañas 57/67 US$ P 🔀 🖥 🏊). Situado unos 6 km al oeste de La Fortuna, resulta ideal para aventureros: jardines bien cuidados, con granja de cocodrilos, manantiales de agua caliente y dos piscinas (una climatizada) conectadas por un terrorífico tobogán acuático, de cemento, con un tramo subterráneo. También hay un bar acuático, restaurante, tienda de regalos, agradables habitaciones y cabañas con aire acondicionado (con capacidad para un máximo de cinco personas), con televisión por cable, teléfono, mini-nevera y ducha privada de agua caliente. El desayuno está incluido. Desde la zona de entrada, un camino de tierra con pintorescas vistas emprende un empinado ascenso hasta dos lagos situados en las estribaciones del volcán, a unos 3 km de la entrada. Encima de este punto, dos turistas y un guía se vieron atrapados en una erupción gaseosa en 2000; sólo hubo un superviviente. Algunos de los senderos más altos están cerrados en la actualidad y la zona más baja, donde está situado el hotel, se localiza en un valle que, de producirse una erupción importante, puede verse cubierto de coladas volcánicas o gaseosas que podrían resultar mortales.

Volcano Lodge (☎ 460 6080; www.volcanolodgecostarica.com; d/tr desayuno incl. 93/100 US$; (P) (X) (Q) (🏊)). Con cerca de una docena de modernas habitaciones distribuidas en torno a un patio central bastante austero, sube algunos puntos por las excelentes vistas del volcán, tanto desde los patios como desde los ventanales. Cada habitación cuenta con dos camas dobles y una ducha de agua caliente, además de mecedoras para relajarse mientras se contempla el Arenal. También hay restaurante, una gran piscina y *jacuzzi*.

Hostal Montaña de Fuego (☎ 460 1220; www.montanadefuego.com; d estándar/deluxe 95/121 US$ desayuno incl., 25 US$ por persona adicional; (P) (X) (X) (Q) (🏊)). Ubicado unos 9 km al oeste de la población, cuenta con bonitas cabañas dúplex, de madera, todas ellas con patio y ventanales que dan al volcán. Las habitaciones de lujo son más grandes, con un nivel que da delante y otro que da detrás; desde este último puede contemplarse la ladera cubierta de bosque. Todas las habitaciones, con capacidad para un máximo de cuatro personas, tienen vistas, duchas de agua caliente y aire acondicionado. Entre las comodidades se incluye una piscina con bar acuático, un *jacuzzi*, un balneario con sauna, salas de masaje, baños de barro y un pequeño gimnasio. Las comidas y las cenas salen algo caras (25-30 US$). Es posible contratar paseos a caballo y otras excursiones por la zona.

Complejo Tabacón (☎ 256 1500; www.tabacon.com; d/st desayuno incl. 151/203 US$; (P) (X) (X) (Q) (🏊)). Las tarifas incluyen el acceso ilimitado a los manantiales de aguas termales Tabacón (p. 201), a 400 m de distancia. El hotel se localiza a 12 km de La Fortuna y ofrece habitaciones modernas, aunque poco inspiradas, con aire acondicionado, televisión por cable, secador de cabello, cafetera y balcón o patio privado, casi todas con vistas del volcán; también disponen de nueve *suites* más pequeñas. Cuentan con un mostrador para contratar circuitos y alquilan bicicletas de montaña. Dentro del complejo de los manantiales termales, el **balneario Iskandria** ofrece multitud de tratamientos, como masajes, mascarillas de barro volcánico, manicura y aromaterapia.

Más al oeste, se pasa la entrada al Parque Nacional Volcán Arenal; hay más posibilidades de alojamiento pasado el volcán y en los alrededores de la laguna de Arenal (véase p. 214).

PARQUE NACIONAL VOLCÁN ARENAL

El Arenal fue un volcán dormido más, rodeado de fértiles terrenos de cultivo, aproximadamente desde 1500 hasta el 29 de julio de 1968, cuando estalló de pronto. Enormes explosiones desencadenaron ríos de lava que destruyeron dos pueblos y mataron a unas 80 personas y 45.000 cabezas de ganado. Se evacuaron las laderas del cono volcánico, ahora color ceniza en lugar de verde, y se cerraron las carreteras. Finalmente, la lava disminuyó hasta formar un flujo relativamente predecible y la situación recuperó la normalidad, más o menos.

A pesar de la enorme erupción, el volcán conservó su silueta perfecta, propia de una postal, aún más espectacular bajo las serpentinas de roca fundida que constituyen su corona. De vez en cuando, se tranquiliza un par de semanas o unos meses, pero por lo general, lleva escupiendo amenazadoras columnas de ceniza, enormes explosiones y ríos de resplandeciente lava roja casi a diario desde 1968.

El grado de actividad varía de año en año y de semana en semana, incluso de día en día. A veces, puede ser una espectacular exhibición de lava ardiente y rocas incandescentes volando por los aires; otras veces, el volcán se calma y sólo emite un ligero resplandor. Durante el día no es fácil distinguir la lava, pero tal vez sea posible ver una gran nube de ceniza emitida por una enorme explosión. Entre 1998 y 2000, el volcán se mostró especialmente activo (es la época en que se tomaron esas espectaculares fotografías que se ven en los folletos turísticos) y, aunque la lava de los últimos tiempos no ha resultado tan fotogénica, sigue siendo un espectáculo impresionante.

El parque se creó en 1995. Junto con Tenorio, Miravalles y la Reserva de Bosque Nuboso de Monteverde, entre otras zonas, forma parte del Área de Conservación Arenal, que protege gran parte de la cordillera de Tilarán. Se trata de una zona escarpada y variada, con un gran nivel de biodiversidad, en la que es posible encontrar casi todas las especies de vertebrados terrestres (aves, mamíferos, reptiles y anfibios) de Costa Rica.

De vez en cuando, tal vez alentado por una falsa sensación de seguridad propiciada por una pausa temporal en la actividad volcánica, alguien trata de escalar el cráter y echar un vistazo en el interior. Es muy

NOROESTE DE COSTA RICA

peligroso: algunos escaladores han perdido la vida o han quedado mutilados por las explosiones. El problema no es sólo que el escalador acabe muriendo (es un riesgo que los temerarios deciden asumir insistiendo en que es decisión suya), sino que es una imprudencia que pone en peligro las vidas de los miembros de los cuerpos de rescate costarricenses.

Las mejores vistas nocturnas del volcán suelen obtenerse desde el lado norte, aunque en ocasiones la actividad se divisa desde cualquier dirección. Con todo, muchos visitantes se desplazan en automóvil o acuden a pie a la cara norte con la esperanza de no perderse las vistas más impresionantes.

Hay que tener presente que las nubes pueden ocultar el volcán en cualquier momento y que los circuitos no garantizan las vistas (aunque algunas veces se oigan explosiones). También debe tenerse en cuenta que los días nublados y lluviosos puede hacer mucho frío en las excursiones. Por suerte, están esperando todos esos manantiales de agua caliente (véase p. 201).

Orientación e información

El **puesto de los guardaparques** (☎ 461 8499; entrada al parque 7 US$; ◔ 8.00-16.00) se encuentra en el lado oeste del volcán. Mucha gente llega formando parte de un grupo, pero también es posible acceder de forma independiente. Desde La Fortuna, los conductores pueden dirigirse 15 km al oeste; hay que girar a la izquierda en la señal que pone "Parque Nacional" y tomar luego un camino de tierra de 2 km que conduce a la entrada. Hay una carretera que continúa 1,4 km hasta el volcán, donde se encuentra una zona de aparcamiento.

Otra posibilidad es tomar el autobús de las 8.00 en dirección a Tilarán (el viajero tiene que pedir al conductor que le deje en el parque) y, de regreso a la Fortuna, tomar el autobús de las 14.00 horas. Desde la señal junto a la carretera principal que indica "Parque Nacional", un camino de tierra de 2 km conduce al puesto de los guardaparques y centro de información. Desde ese punto, 3,4 km de senderos llevan al volcán. Los guardas indicarán a los visitantes hasta qué punto tienen permitido el acceso. Normalmente, esta zona no es peligrosa. No hay muchos lugares para practicar el excursionismo, aunque están

los senderos de Arenal Observatory Lodge (7 US$ uso diario) y las caminatas con guía por el sendero Silencio (25-35 US$; se pueden contratar en la mayor parte de agencias) que también bordean la montaña.

Arenal Observatory Lodge

Inicialmente un observatorio particular, escogido por su proximidad al volcán y por la ubicación segura en una cresta, se creó en 1987 en una hacienda donde se cultivaban nueces de macadamia, en el lado sur del volcán Arenal. Vulcanólogos de todo el mundo, incluidos investigadores del Smithsonian Institute de Washington, han acudido aquí para estudiar el volcán en activo. Cuenta con un sismógrafo que funciona todo el día. Es el único lugar dentro del parque donde es posible quedarse a dormir legalmente (véase más adelante).

El hotel, a unos 2 km del volcán, constituye una buena base para explorar el campo de los alrededores. Las vistas del volcán y el estruendo de las erupciones son extraordinarios, aunque muchos ríos de lava se localizan en el lado norte, mientras que el hotel se encuentra en el oeste. Puede distinguirse la laguna del Arenal en el lado contrario.

Existen 6 km de senderos, accesibles para quien no se aloje en el establecimiento por 7 US$ diarios. Unas cuantas caminatas cortas permiten llegar a una catarata cercana, mientras que los visitantes más esforzados pueden echar un vistazo a las corrientes de lava más recientes (2½ h) y también las más antiguas (3 h), o ascender al compañero inactivo del Arenal: el volcán Chato, cuyo cráter alberga un lago de 1.100 m y está situado sólo 3 km al sudeste del Arenal (4 h). Para disfrutar de las mejores vistas nocturnas, se sugiere una caminata con guía. Para estas salidas, hay mapas y guías.

Dónde dormir y comer
DENTRO DEL PARQUE

El *camping* no está permitido en el interior del parque, aunque hay personas que han acampado (no hay instalaciones) junto a algunas de las carreteras sin asfaltar al oeste del volcán, en las orillas del lago.

El **Arenal Observatory Lodge** (☎ reservas 290 7011, hotel 692 2070; www.arenal-observatory.co.cr; uso diario 7 US$; Ⓟ Ⓧ 🖵 🕱) ofrece una gran variedad de habitaciones distribuidas por la propiedad, cinco de las cuales están adap-

NOROESTE DE COSTA RICA

tadas para personas en silla de ruedas (también están adaptados varios senderos y la piscina). Las tarifas incluyen un desayuno de bufé y una caminata con guía. **La Casona** (i/d/tr/c 52/67/85/103 US$) se encuentra a unos 500 m, en la casa de la hacienda original. En la actualidad, alberga cuatro habitaciones dobles de tipo rústico, que comparten dos baños; hay vistas del volcán desde el porche de la casa. En un principio, las **habitaciones estándar** (i/d/tr/c 73/95/109/127 US$), contiguas al establecimiento principal, estaban pensadas para investigadores, pero las han reformado y han quedado con un nivel de lujo aceptable. Las **habitaciones smithsonianas** (s/d/tr/c 102/128/138/149 US$), a las que se accede por un puente colgante sobre un barranco muy profundo, son las mejores y desde ellas se disfruta de las mejores vistas. La **villa Halcón Blanco** (8 personas por 375 US$), con cocina y varias habitaciones, resulta ideal para grupos.

Asimismo, ofrecen masajes (60 US$), excursiones guiadas y los habituales circuitos a buen precio. Es posible nadar en la piscina, deambular por los cultivos de nueces de macadamia o investigar el bosque de pinos que cubre la mitad de las 347 Ha del emplazamiento. El alquiler de caballos cuesta 7 US$ por hora. Un diminuto **museo** (entrada gratuita), ubicado en el antiguo piso de observación, cuenta con un sismógrafo y algunos recortes de periódico interesantes. El **restaurante** (comida/cena 15/20 US$) sale algo caro, pero lo compensan los botes con serpientes venenosas en formaldehído.

Es posible acordar que recojan al viajero de forma gratuita en La Fortuna, con reservas. Un taxi sale por unos 20 US$. Quienes se desplacen en automóvil desde La Fortuna deben girar a la izquierda en la carretera que conduce hacia el Parque Nacional Volcán Arenal y seguir unos 9 km hasta el hotel. Sólo hay una bifurcación importante (después de unos 5,5 km), donde hay que girar a la izquierda; hay varias señales.

FUERA DEL PARQUE

Siguiendo la carretera hasta pasado el puesto de los guardaparques, se llega a la bifurcación descrita anteriormente y, si se gira a la derecha (en lugar de la izquierda), se accede a tres hoteles más. Aunque es posible que pase un vehículo normal, en esta zona es mucho más adecuado un todoterreno, sobre todo en los dos últimos establecimientos. Un taxi desde La Fortuna puede llevar al viajero hasta este punto por unos 20 US$.

Linda Vista (☎ 380 0847; i/d/tr estándar 60/70/80 US$, st 90/100/110 US$; P). Una vez pasada la bifurcación, a más de 3 km y tras cruzar dos pequeños puentes, se llega a este establecimiento digno de una luna de miel. Posee 11 habitaciones sencillas pero excelentes, con ventilador, nevera, cafetera y ducha privada de agua caliente. El desayuno está incluido. Emplazado en una cresta, desde las habitaciones se divisa el bosque y el lago, pero sólo unas pocas ofrecen vistas del volcán. Sin embargo, el bar-restaurante cuenta con un enorme ventanal y una terraza al aire libre desde donde es posible observar la actividad eruptiva. Ofrecen la habitual selección de circuitos a precios competitivos.

Cabañitas El Castillo Dorado (☎ 383 7196, 692 2065; h 15 US$ por persona; P). Avanzando unos 2 km más (después de que la carretera vaya empeorando poco a poco al cruzar la diminuta comunidad de El Castillo), hay que girar a la izquierda al llegar al puente, en la señal que lo indica, y ascender hasta estas hermosas cabinas, suspendidas en el cielo. Son sencillas, tienen capacidad para cuatro personas y cuentan con ventilador y televisor. Desde el animado **restaurante** (platos principales 2-6 US$) se disfruta de alucinantes vistas del lago y el volcán. Los empleados pueden contratar la mayor parte de los circuitos, aunque están especializados en salidas a la laguna de Arenal para practicar la pesca. Los propietarios también tienen un amigo en la población que aplica masajes (45 US$) y tratamientos faciales (7-18 US$) en la habitación. Recomendado.

Arenal Vista Lodge (☎ 221 0965; www.arenalvistalodge.com; i 76 US$, 12 US$ por persona adicional; P). Hay que continuar hasta pasar El Castillo y llegar a Pueblo Nuevo, la siguiente pequeña comunidad, si se quiere disfrutar de una experiencia más típica en un complejo turístico. Éste es muy atractivo y cuenta con 25 espaciosas habitaciones, todas con ventilador, ducha privada de agua caliente, balcón y vistas del volcán. **Comidas** estilo bufé (desayuno 7,50 US$, comida 10 US$, cena 12,50 US$), sala de conferencias, piscina y una habitación desde donde se divisa el volcán completan la oferta. También organizan paseos a caballo hasta una catarata (25 US$) y otros puntos, con la posibilidad de salidas a pescar y otras excursiones.

NOROESTE DE COSTA RICA

ZONA DE LA LAGUNA DE ARENAL

Se localiza a unos 18 km en coche, en dirección oeste, saliendo desde La Fortuna, pasado Tabacón y la carretera del parque nacional, hasta llegar a la calzada elevada de 750 m a lo largo de la presa que creó este lago de 88 km². La presa se construyó en 1974 e inundó varias poblaciones pequeñas, como Arenal y Tronadora. La laguna de Arenal es el mayor lago de Costa Rica y abastece de agua a Guanacaste y de hidroelectricidad a la región.

La carretera continúa rodeando las orillas norte y oeste del lago; deja atrás el pueblo de Nuevo Arenal y llega a la pequeña población de Tilarán. Es una clásica excursión en bicicleta o un viaje por carretera, aunque los viajeros que confíen en el transporte público disfrutarán más de las espectaculares vistas desde el *jeep* y el trayecto en barco desde Monteverde (véase p. 209).

La carretera, famosa por su bulliciosa población de pizotes (quienes, en caso de que esté impracticable por la lluvia, acudirán directamente al automóvil que se detenga para suplicar comida), está bordeada de curiosos y elegantes negocios, muchos de ellos propiedad de extranjeros que se han enamorado del lugar. En esta zona se cuidan mucho los detalles a la hora de comprar, comer y, sobre todo, de dormir. La excepción es el pueblo de Nuevo Arenal, uno de los enclaves ticos que quedan en este distinguido mundo. Las distancias se indican tomando el embalse como punto de referencia.

Los vientos suelen ser fuertes y constantes, sobre todo en el extremo seste durante la temporada seca, y hacen del lago un lugar ideal para **navegar** y practicar *windsurf*. Los pescadores de caña, que consideran este lugar como uno de los mejores para la práctica de la **pesca**, afirman haber atrapado guapotes de hasta 4 kg de peso. En la actualidad se encuentran diez especies de peces en la zona. Es posible alquilar barcos y guías para organizar expediciones pesqueras; se recomienda preguntar en cualquiera de los principales hoteles.

Aunque se supone que la mayor parte de la carretera está asfaltada, no se repara con frecuencia, y hay varios baches enormes. No hay que esperar conducir rápido por este tramo. Los autobuses circulan cada dos horas; los propietarios de los hoteles pueden indicar cuándo tomar el más conveniente para el viajero.

Desde el embalse hasta Nuevo Arenal

Hay varios puntos de interés y unos alojamientos fantásticos en esta carretera que conduce hacia el oeste del embalse. Es el paisaje característico del bosque nuboso, de modo que los sitios pueden parecer maravillosos a la luz del sol e inhóspitos bajo la lluvia. A continuación, se describen siguiendo el orden en que se encuentran.

PUENTES COLGANTES DE ARENAL Y ALREDEDORES

Los **puentes colgantes de Arenal** (☎ 479 9686; www.hangingbridges.com; adultos/jubilados/estudiantes 20/15/10 US$; niños menores de 12 años gratis; ⏱ 8.00-20.00) son, posiblemente, lo que el viajero imaginó la primer vez que oyó la expresión "circuito de *canopy*", antes de darse cuenta de que dichos circuitos no son más que meras atracciones. Aquí, unos 4 km al oeste de La Fortuna, unos 4 km de senderos y puentes suspendidos sobre cañones elevan silenciosamente al viajero hasta los árboles. La entrada está bien señalizada desde la carretera, al atravesar el embalse.

Aunque el viajero puede llegar por sus propios medios si dispone de automóvil (hay un ascenso de 3 km desde el punto en que el autobús de Tilarán deja a los visitantes), una opción que supone un ahorro de unos 20 US$ por persona desde La Fortuna en un paquete, hay que asegurarse de hacer una reserva si se prefiere un circuito guiado (30 US$). Además de circuitos regulares, con salida varias veces al día, es posible contratar excursiones para observar aves que empiezan a las 6.00 horas, y caminatas nocturnas guiadas, con salida a las 18.00 horas y vistas del volcán.

Vale la pena remontar los 2,5 km de carretera asfaltada, aunque increíblemente empinada, que conducen hasta el **Arenal Lodge** (☎ 228 3189; www.arenallodge.com; 400 m al oeste del embalse; i/d estándar 73/80 US$, st pequeña 130/136 US$, chalé 134/143 US$, persona adicional 25 US$) para disfrutar de fantásticas vistas del volcán y aprovechar las oportunidades de observación de fauna y flora que brindan los bosques que rodean los atractivos jardines. El establecimiento dispone de un *jacuzzi* con vistas al volcán, sala de billar, un **restaurante** un tanto caro (platos principales 5-13 US$) y varios tipos de alojamiento. Las habitaciones estándar son bastante normales, aunque las *suites* pequeñas son bastante espaciosas, están revestidas de baldosas y equipadas con muebles de mimbre, un gran baño con agua caliente y un ventanal o balcón con panorámicas del volcán. Los diez chalés tienen capacidad para un máximo de cuatro personas; además, cuentan con cocinas pequeñas y buenas vistas. Invitaciones para utilizar bicicletas de montaña, transporte a Tabacón por 5 US$ y paseos a caballo en el bosque nuboso por 10 US$ por persona, son tan solo unas pocas de las posibilidades adicionales que ofrece este establecimiento.

ZONA DE UNIÓN

Hay varios sitios para alojarse, comer y tomar un café por esta zona.

Hotel Los Héroes (☎ 692 8012/3; www.hotellosheroes. com; 14k m al oeste del embalse; d sin/con balcón 55/65 US$, apt 115 US$; P ✎). No hay que perderse este chalé alpino un tanto incongruente, con balcones de madera tallada y postigos a la antigua usanza; y eso sólo en la parte exterior. Las habitaciones grandes e inmaculadas, con paneles de madera y baños privados con agua caliente, están decoradas con muebles de madera toscamente tallada evocan un ambiente suizo o alemán, reforzado por cuadros de niños rubios vestidos con trajes tradicionales alemanes. También hay tres apartamentos (cada uno con capacidad para un máximo de seis personas), con cocina completa, un baño enorme y balcón que da al lago. Además, el desayuno está incluido.

Entre las instalaciones cabe destacar un *jacuzzi*, una piscina y una capilla con un mural poco habitual por el que merece la pena detenerse. Un buen **restaurante** de estilo europeo (platos principales 4-11 US$; ✎ 7.00-15.00 y 18-00-20.00) sirve una sabrosa *Zurcher Geschnetzeltes* (ternera guisada) y se supone que las *fondues* son tremendas. Otro punto a favor: hay un tren en miniatura que realiza salidas diarias de una hora, a las 9.00, las 11.00 y las 13.00 horas; su precio de 3 US$, que no está mal. En el momento en quede se preparaba esta obra, los propietarios estaban terminando el que tal vez sea el primer restaurante giratorio del país, accesible sólo con el tren, lo que convierte a este lugar en una parada obligatoria para los viajeros.

Toad Hall (☎ 692 8020; www.toadhall-gallery.com; 16 km al oeste del embalse; platos principales 3-8 US$; ✎ 8.00-17.00). Simplemente, un sitio fantástico para pararse a tomar un café (exprés o normal) y degustar uno de los pastelillos de chocolate y nueces de macadamia: ¡son los mejores de Costa Rica! El restaurante, con vistas al bosque, sirve una carta corta, pero deliciosa y muy bien presentada, que se inclina hacia la cocina californiana, con *focaccia* casera, bocadillos espectaculares y platos picantes, todos elaborados con las verduras biológicas que cultivan fuera; no hay que perderse las deliciosas bebidas de frutas. Una vez allí, es posible dar una vuelta por la **galería de arte**, que alberga una colección reducida, pero de gran calidad, formada por obras de artistas locales e indígenas, además de piezas de joyería. Asimismo, hay una librería (guías de viajes y naturaleza en inglés) y la pulpería donde los agricultores locales se detienen para adquirir artículos diversos.

Pasado Toad Hall, un camino de tierra a mano derecha conduce a las **cuevas Venado** (p. 448), que es posible explorar con guías.

La Mansion Inn Arenal (☎ 692 8018; www.laman sionarenal.com; 17 km al oeste del embalse; cabañas con champán en el desayuno 165 US$, cabañas de lujo 195 US$, st 265 US$; P ✎ 🐾). Las tarifas de estas habitaciones espléndidas y llenas de colorido –verdaderas obras de arte– también incluyen una cesta de fruta, un cóctel de bienvenida, acceso a canoas y paseos a caballo, unos alicientes que se conjuran con las magníficas vistas para convertirlo en el establecimiento más romántico de la zona. Un jardín decorativo acoge cerámicas de los indios chorotegas y una piscina infinita que parece fluir hacia el lago. Los propietarios belgas hablan varios idiomas. El establecimiento cuenta con un buen **restaurante** (cena de 4 platos vino no incl. 35 US$), aunque algo caro, mesa de billar y un acogedor bar con forma de proa de barco, que invita a relajarse un rato. Las enormes habitaciones con dos niveles, todas equipadas con terraza privada y vistas al lago, cuentan con techos altos, paredes pintadas al estilo italiano y puertas de lamas en forma de arco en el baño. Las cabañas de lujo también disponen de televisor y minibar con bebidas gratuitas. Las dos espaciosas *suites* incluyen cocina y cuartos de baño más grandes. Las excursiones para pescar en el lago cuestan 100 US$ por medio día y están pensadas para dos personas. También organizan otras excursiones.

La Ceiba Tree Lodge (☎ 692 8050, 385 1540; www.ceibatree-lodge.com; 21 km al oeste del embalse;

i/d desayuno incl. 39/64 US$; (P)). Un tanto extravagante y emplazado bajo la sombra de una imponente ceiba, cuenta con cinco habitaciones amplias y aireadas, además de un apartamento (99 US$). Todo está decorado con originales pinturas y se entra por unas puertas talladas de inspiración maya. El desayuno se sirve en el amplio patio. Es posible alquilar bicicletas de montaña y contratar excursiones. Las vistas del lago desde el árbol son bonitas; los jardines albergan una colección de 70 orquídeas locales y ofrecen buenas posibilidades para la observación de aves. Los cordiales propietarios, que hablan inglés y alemán, preparan cenas si se les avisa con antelación.

JARDINES BOTÁNICOS DE ARENAL Y ALREDEDORES

Unos 25 km al oeste del embalse, los **jardines** (☎ 694 4305; www.junglegold.com; adultos/ niños 8/4 US$; 🕙 9.00-17.00 lu-sa, 10.00-14.00 do) se crearon en 1991 como reserva y biblioteca viviente de plantas tropicales y subtropicales. Unos senderos bien trazados conducen por 1.200 variedades de plantas tropicales de Costa Rica y de todo el mundo, mientras que los folletos en inglés, alemán y español van explicando lo que se está viendo. Los jardines, que atraen a muchas aves y mariposas, acogen un santuario para mariposas y un pequeño serpentario, accesibles por senderos que discurren por el bosque primario. Es estupendo para que las familias se tomen un descanso y estiren las piernas un rato.

El **restaurante Lajas** (☎ 694 4780; principales 2-8 US$; 🕙 8.00-21.00) está pensado para grupos que realizan circuitos, pero sirven una comida que recibe muchos elogios de los lugareños. Es un establecimiento sin pretensiones y excelente para degustar un plato de pescado con verduras o, quizás, algún café de recuerdo.

B&B Villa Decary (☎ 694 4330, 383 3012; www. villadecary.com; i/d 90/100 US$, d con cocina 145 US$, 15 US$ por persona adicional). Es una opción excepcional en todos los aspectos, con habitaciones luminosas, amplias y bien amuebladas, deliciosos desayunos completos y unos anfitriones fantásticos. Las cinco habitaciones cuentan con duchas privadas de agua caliente, una cama *queen size* y otra doble, cubrecamas latinoamericanos de vivos colores

y obras artísticas. Disponen de balcones con excelentes vistas al bosque que queda debajo (buenas posibilidades de observar aves desde la habitación) y al lago situado algo más lejos. También hay tres casitas independientes con una pequeña cocina. No aceptan tarjetas de crédito. Los caminos que se adentran en los bosques de detrás de la casa ofrecen buenas oportunidades para observar la fauna y la flora, incluidos monos aulladores que tal vez despierten a los visitantes por la mañana (aunque las habitaciones también disponen de radio-despertadores). Los huéspedes pueden tomar prestados unos prismáticos y una guía de aves para identificar los animales que vean. Jeff, uno de los propietarios estadounidenses, es muy aficionado a las aves y puede ayudar a los visitantes en la identificación. Su compañero, Bill, es un botánico especializado en palmeras (Decary era un botánico francés que descubrió una nueva variedad de palmera).

Nuevo Arenal

Este pueblecito, al que a veces llaman simplemente Arenal, sustituyó a un primer Arenal y otras poblaciones que quedaron inundadas por el lago que se formó después de .1974, obligando a desplazarse a 3.500 personas. En la actualidad, el antiguo Arenal se encuentra sumergido a 27 m de profundidad. El nuevo Arenal, que se localiza 29 km al oeste del embalse, es la única población grande entre La Fortuna y Tilarán. Cuenta con gasolinera, un Banco Nacional y una parada de autobús cerca del parque.

DÓNDE DORMIR Y COMER

Nuevo Arenal (*camping* por tienda 5 US$). Unos pocos kilómetros después del B&B Villa Decary, a mano izquierda de la carretera desde esta dirección, es posible acampar en un parque junto al lago, con baños y duchas de agua fría.

Cabinas Rodríguez (☎ 694 4237; h sin/con baño 5/10 US$ por persona). Agradable y cerca del Aurora, ofrece habitaciones limpias y oscuras (algunas con ventanas más grandes) y una pequeña cocina compartida.

Cabinas Catalina (☎ 694 4015; d/tr 20/25 US$; (P)). Pulcras y nuevas, las habitaciones de este establecimiento constituyen una estupenda opción de precio medio.

Hotel Aurora Inn (694 4245; aurorainn@hotmail. com; i/d 41/54 US$ desayuno incl.;). Ubicado junto a la orilla, cerca del campo de fútbol, ofrece piscina, restaurante, *jacuzzi*, bar deportivo y grandes habitaciones con porches y cable digital. Es posible contratar salidas a pescar en el lago.

Restaurant Típico Arenal (694 4159; platos principales 2-5 US$; 10.00-21.00). Ubicado entre el Aurora y Cabinas Rodríguez, elaboran comida tica de calidad con vistas.

Bar-restaurante Bambú (694 4048; platos principales 2-4 US$; 6.00-22.00). Además de preparar estupendos casados y gallos (por no mencionar otra ronda de cerveza la noche del viernes, cuando hay música en directo), el propietario, Randall, proporciona información turística y organiza excursiones, como salidas a pescar, caminatas guiadas y paseos a caballo.

Tom's Pan (694 4547; platos principales 1-6 US$, d 52 US$ desayuno incl.; 7.00-16.00 lu-sa;). Pan alemán, *strudel* (hojaldre relleno de manzana) y *plum cake* y *pumpernickel* (pan negro de centeno), es sólo el principio de lo que ofrece este establecimiento de Nuevo Arenal. La carta también incluye grandes desayunos al estilo alemán, *goulash* (estofado) con tallarines caseros y unas deliciosas reservas de Leiberkäs y Weibwurst. Detrás del restaurante, se alquila una acogedora habitación con enormes ventanales y *jacuzzi* exterior. Es buena idea preguntar por la posibilidad de practicar esquí acuático en el lago.

Pizzeria e Ristorante Tramonti (694 4282; platos 3-8 US$; 11.30-15.00 y 17.00-22.00 ma-do). Elegante y también en Arenal, cuenta con horno de leña para elaborar las *pizzas*, un atractivo patio exterior y ofrece comidas italianas a buen precio.

Entre Nuevo Arenal y Tilarán

Hay que continuar hacia el oeste y rodear el lago desde Nuevo Arenal, donde el paisaje gana espectacularidad a medida que la carretera va poniéndose peor. Tilarán es la siguiente ciudad "grande", con una aceptable selección de hoteles y restaurantes, además de carreteras y autobuses que trasladan al viajero a Cañas, Monteverde y otros puntos más alejados.

DÓNDE DORMIR Y COMER

Chalet Nicholas (694 4041, www.chaletnicholas.com; l/d 45/69 US$ desayuno incl.;). Emplazado 2 km al noroeste de Arenal, es pequeño y atractivo. Los propietarios, Catherine y John Nicholas, son unos anfitriones serviciales y bien informados; no hay que asustarse cuando los gran daneses que poseen acudan saltando a saludar a los visitantes. Las dos habitaciones de la planta baja cuentan con baños privados; la buhardilla del piso superior tiene dos habitaciones conectadas (para familias o grupos), con baño compartido en el piso inferior. En días despejados, desde todas las habitaciones se divisa el volcán en el extremo del lago, a 25 km de distancia. Los propietarios son aficionados a la historia natural y poseen una colección de docenas de orquídeas. También hay fantásticas posibilidades de observar aves; un cliente afirmó haber visto 80 especies en cuatro días. No se permite fumar, ni se aceptan tarjetas de crédito.

Restaurante Caballo Negro (694 4515; platos principales 3-10 US$; 8.00-20.00 temporada alta, 8.00-17.00 temporada baja). Situado 3 km al oeste de Nuevo Arenal, sirven recomendables platos vegetarianos y europeos (como un excelente *schnitzel*) elaborados por Mónica, la propietaria, que habla inglés y alemán. El acogedor restaurante ofrece vistas al bosque y al lago; es posible ver iguanas, tortugas y aves mientras se está comiendo. Aquí también se encuentra la sumamente peculiar **Lucky Bug Gallery**, que reúne obras de primera calidad realizadas por artesanos locales, entre los que destacan las trillizas adolescentes de Mónica: Kathryn, Alexandra y Sabrina Krauskopf, que destinan los beneficios de su obra a un proyecto de salvamento de animales. Toda la familia siente gran pasión por los animales, su galería y su restaurante, y si el viajero se enamora de un cuadro de un insecto o de algo mayor, pueden enviárselo a casa.

Unos 4 o 5 km al oeste de Arenal se localiza una señal que indica el próximo establecimiento.

Lago Coter Ecolodge (440 6768; www.ecolodge costarica.com; comidas de bufé 8-20 US$; d estándar/cabaña 55/70 US$;). Una carretera de 3 km, sin asfaltar, aunque en buen estado, conduce a este establecimiento cerca del lago Coter. Muchos visitantes acuden con paquetes completos que incluyen comidas, equipo de alquiler y actividades dirigidas por guías naturalistas. Se hace un hincapié especial en la historia natural y la aventura. Hay senderos que atraviesan el bosque nuboso de las cercanías y, entre otros servicios, cabe destacar guías naturalistas para excursionismo y observación de aves, canoas, (15 US$ por medio día), piraguas (25 US$ por medio día) y caballos (20 US$ por medio día). El establecimiento, bonito y construido con madera y piedra, cuenta con una gran chimenea y una zona de relajación con billares, televisor y una pequeña biblioteca. Las comidas de bufé son abundantes; las habitaciones estándar, en el edificio principal, son pequeñas, aunque cómodas. A un centenar de metros de distancia, 14 cabañas más grandes, con cafeteras y duchas con agua caliente, presentan una mezcla de suelos enmoquetados y revestidos de baldosas rojas, paredes blancas y ventanas con buenas vistas al lago.

Hotel El Cielo (☎ 694 4290; d/tr 20/30 US$; P). Los murales de las paredes de las habitaciones, grandes y cómodas, y los porches con vistas al lago y al volcán, donde los tranquilos propietarios ticos sirven los típicos desayunos, convierten a este establecimiento bastante sencillo en algo especial y muy recomendable.

Rock River Lodge (☎ 695 5644, www.rockriver lodge.com; d h/*bungalow* 52/76 US$, 10 US$ por persona adicional; P). Estupendo para los aficionados al aire libre, ofrece seis habitaciones en un edificio de madera, alargado y de aspecto rústico, con vistas al lago y al volcán desde el porche. Los *bungalows* independientes poseen habitaciones de mayor tamaño, con azulejos saltillo, excelentes bañeras alicatadas (aunque pequeñas) y terrazas privadas. Los empleados están especializados en las salidas en bicicleta de montaña (40 US$ por día con guía) y el *windsurf* (25 US$ por ½ h), y organizan otras excursiones. Suelen cerrar el *windsurf* cuando no es época de vientos fuertes, que soplan entre los meses de diciembre y abril. El magnífico **restaurante** (desayuno 6 US$, cena 12 US$, no sirven comidas) está abierto al público y ha recibido numerosos elogios. El bar, con deslumbrantess vistas y una cálida chimenea, es ideal para relajarse.

Bar-restaurante Equus (platos principales 4-8 US$; 🕙 11.00-hora de cierre). Situado 4 km después del Rock River, está especializado en carnes a la brasa y es muy popular. Algunas noches hay música en directo; es buena idea preguntar en el hotel.

Mystica Resort (☎ 692 1001; mystica@racsa.co.cr; i/d desayuno incl. 60/70 US$; P). Ofrece estupendas vistas de la laguna de Arenal, de 30 km de longitud, así como del volcán, que resopla en la lejanía, en el extremo del lago. También es una excelente **pizzería** (🕙 7.30-21.30, 5-10 US$), con horno de leña en el mismo local; el bar-restaurante resulta acogedor y tiene chimenea. Las seis habitaciones, cómodas, de buen tamaño y cada una con una decoración exclusiva, están equipadas con duchas de agua caliente y dan a un largo balcón compartido, con vistas al jardín y al río. Es posible contratar la habitual selección de circuitos y actividades deportivas.

Casi 6 km después del desvío de Tierras Morenas y 9 km al norte de Tilarán, una señal indica la dirección del **hotel Tilawa** (☎ 695 5050; www.hotel-tilawa.com; i/d vistas al jardín 48/58 US$, vistas al lago 58/68 US$, h con cocina pequeña 88 US$; P ✕ ✕ 🖥 🖂). El visitante se encuentra, ahora, con algo completamente distinto: una arquitectura que recuerda al palacio de Cnosos (Creta) –frescos, columnas y otros elementos griegos– sirve de telón de fondo para la mejor colección de actividades en el lago. En primer lugar, un parque para deslizarse en monopatín, reservado a los clientes, viene a completar servicios más habituales como piscina, pistas de tenis y uso gratuito de bicicletas. Y, mejor aún, entre el volcán Arenal y su reflejo, el visitante puede escoger entre dos deportes acuáticos: no sólo es posible practicar un *windsurf* de talla mundial (véase p. 214), con clases y alquiler del equipo a precios competitivos, sino también el *kiteboard* (2 h de clase 55 US$), para clientes y no clientes, con posibilidad de alquilar el equipo cuando uno ya consigue deslizarse. Si el visitante prefiere relajarse, hay un velero de 12 m con capacidad para un máximo de 20 pasajeros. Las habitaciones son enormes y también están decoradas con elementos clásicos, hasta el baño completo en algunas.

TILARÁN

Esta pequeña localidad, cerca del extremo sudoeste de la laguna de Arenal, es un centro ganadero situado junto al extremo norte de la cordillera de Tilarán. El último fin de semana de abril se celebra un **rodeo**, muy frecuentado por visitantes ticos, y el 13 de junio, la fiesta del patrón, san Antonio, con más rodeos y corridas de toros. En el lago

NOROESTE DE COSTA RICA

'WINDSURF' DE CATEGORÍA MUNDIAL

En el noroeste de Costa Rica soplan algunos de los vientos más constantes, una circunstancia que atrae a windsurfistas de todo el mundo. La laguna de Arenal se encuentra entre los tres mejores lugares del mundo para la práctica del *windsurf*, sobre todo por la previsibilidad de los vientos. Entre los meses de diciembre y abril, no suelen fallar y ofrecen magníficas posibilidades de surcar el agua sobre una tabla a vela a los deportistas que se reúnen en el extremo sudoeste del lago para pasar largos días de diversión acuática. También es posible practicar el *windsurf* otros meses, pero debe evitarse septiembre y octubre, que se consideran los peores.

La mejor empresa de *windsurf* es **Tico Wind** (☎ 692 2002; www.ticowind.com), que levanta un campamento todos los años durante la temporada entre el 1 de diciembre y el 15 de abril. Cuentan con las tablas y velas más punteras, que sustituyen cada año; el alquiler cuesta 38 US$ por medio día o 68 US$ por un día completo, comida incluida. Hay 50 velas adecuadas a las distintas condiciones del viento, la experiencia y el peso de las personas, pero sólo alquilan 12 de una vez, para que los surfistas puedan elegir durante el día en función de las condiciones climatológicas, lo que demuestra su categoría. Los empleados se ocupan de encontrar alojamiento en hoteles de las cercanías. Los surfistas más experimentados reservan las tablas con semanas de antelación; los principiantes y las personas que deseen mejorar sus habilidades pueden recibir clases. Esta empresa también ofrece alquiler de equipo y clases en Ecoplaya Beach Resort (p. 196), en la bahía Salinas, el segundo destino del país para la práctica del *windsurf*.

El hotel Tilawa (p. 218) también cuenta con una excelente selección de tablas de alquiler, a unos precios similares, y además, dispone de una escuela de *windsurf*. Las clases del primer día se inician en tierra, con tablas inmóviles, para aprender lo que hay que hacer antes de lanzarse al agua.

Algunas personas consideran que los fuertes vientos, las olas y las condiciones de talla mundial resultan excesivos para un principiante. Los empleados de Tilawa no están de acuerdo y afirman que si uno no se divierte el primer día de clase y no consigue deslizarse, al menos, un tramo corto al final del día, devuelven el dinero. Después del primer día, las clases resultan más caras y se dirigen a todos los niveles de habilidad. Una vez se ha asimilado lo básico, el mejor modo de aprender es practicar motivándose uno mismo, con breves períodos de instrucción.

Hace un poco de frío en la laguna de Arenal, de modo que el alquiler suele incluir trajes isotérmicos, además de arneses y cascos (los más experimentados se llevan los suyos para una mejor sujeción y sólo alquilan la tabla y la vela). Si apetece una variante algo más cálida, hay que bajar hasta la bahía Salinas, en el extremo de la costa noroccidental de Costa Rica. Los complejos turísticos de esta zona ofrecen *windsurf* todo el año y, aunque el viento tal vez no tenga la misma categoría que en el lago Arenal, se acerca bastante. La temporada es la misma que en el lago.

NOROESTE DE COSTA RICA

cercano (a 6 km de distancia) soplan vientos fuertes constantes que atraen a windsurfistas experimentados y accionan las turbinas eólicas –más de 200– que generan la electricidad de la zona. Con un simpático ambiente del Oeste, la población de Tilarán constituye una escala grata y sin turistas entre La Fortuna y Monteverde.

Resulta práctico consultar el correo electrónico mientras se espera el autobús en **Cicsa** (☎ 695 6619; 25 m al oeste de la terminal de autobús; 1,25 US$/h; ☯ 8.00-22.00 lu-sa), que tiene ordenadores con conexiones de alta velocidad. Junto a la terminal de autobús, en **Tilatur Info** (☎ 695 8671; ☯ 8.30-17.00) guardan las mochilas (US$1) y venden salidas a pescar.

Dónde dormir y comer

En el mercado, junto a la terminal de autobús, se encuentra comida a buen precio; otra posibilidad es pasar por **SuperCompro** (☯ 8.00-20.00), enfrente del parque, y adquirir comestibles.

Hotel y restaurante Mary (☎ 695 5479; h 5 US$ por persona, i/d con baño 11/20 US$). Las habitaciones, limpias, aunque un tanto desvencijadas, comparten diminutas duchas de agua caliente. Hay que contar con el ruido en las más cercanas al parque o, simplemente, disfrutar de él desde el balcón. En el **restaurante** contiguo (principales 1-5 US$; ☯ 6.00-00.00) elaboran aceptable comida china.

Hotel Tilarán (☎ 695 5043; h 5 US$ por persona; d 11,25 US$). Ubicado en el lado oeste del parque Central, constituye una excelente opción económica. Las habitaciones pequeñas están limpias y las de la parte trasera dan a un tranquilo jardín. Las que cuentan con televisor salen algo más caras. El restaurante, con vistas al parque, sirve comidas caseras.

Hotel Naralit (☎ 695 5393; d 18 US$, i/d con nevera pequeña 18/26 US$; P). Al sur de la iglesia, el Naralit (Tilarán al revés) ofrece habitaciones limpias con ventilador, baño privado, agua caliente y televisión por cable; algunas están equipadas con neveras pequeñas. Las dobles, más antiguas y pequeñas, son una ganga para parejas.

Hotel El Sueño (☎ 695 5347; i/d estándar 15/35 US$, i/d con balcón 20/30 US$). En un bello edificio de estilo añejo y barroco, ofrece habitaciones estándar pequeñas con baño privado, agua caliente, ventilador y televisión por cable, mientras que las tres habitaciones con balcón, mucho más agradables, tienen además antigüedades. Agradable y limpio, está a una cuadra de la terminal de autobús y del parque Central; además, sirven café y té gratis (el restaurante de abajo resulta práctico, pero no forma parte del hotel). Uno de los balcones tiene vistas a los volcanes Tenorio y Miravalles y hay una zona destinada a aparcamiento.

Hotel, restaurante y cafetería Guadalupe (☎ 695 5943; d 22 US$). Todas las habitaciones, tranquilas y con capacidad para tres personas, están en el primer piso y se distribuyen en torno a unas agradables zonas comunes para mecerse y leer. Los residentes en la zona recomiendan mucho el **restaurante** contiguo (platos principales 2-6 US$; ⏲ 6.00-21.00 luvi, 7.00-17.00 sa), por sus sustanciosos casados y postres aún mejores.

La Carreta (☎ 695 6593; pppiedra_z@yahoo.com; i/d estándar 30/55 US$, i/d cerca del jardín 45/55 US$; P). Las habitaciones normales están bien, aunque merece la pena pagar algo más por las más grandes, distribuidas alrededor del jardín, donde vive *Sam*, el tucán del establecimiento. Todas tienen televisor y ventilador; además, hay otro punto a su favor: están junto a un buen **restaurante** (platos principales 2-8 US$; ⏲ 10.00-21.00), especializado en tilapia. Posiblemente sea el único establecimiento de la población que vende recuerdos.

Restaurante El Parque (☎ 695 5425; platos principales 3-5 US$; ⏲ 7.00-23.00). Debajo de las cabinas El Sueño, con un ambiente oscuro y fresco, huele muy bien y se supone que ofrece el mejor *chop suey* de la población. En la barra ofrece una selección de buenas bocas.

Cómo llegar y salir

Se suele llegar a Tilarán recorriendo 24 km de carretera asfaltada que sale de la Interamericana en Cañas. El trayecto hasta Santa Elena y Monteverde no está asfaltado y resulta accidentado, aunque los vehículos normales pueden pasar durante la temporada seca si van con cuidado.

Los autobuses llegan a la terminal y salen también desde ese mismo punto, media cuadra al oeste del parque Central. Hay que tener en cuenta que las plazas de los autobuses de los domingos por la tarde pueden agotarse el sábado. La ruta entre Tilarán y San José discurre pasando por Cañas y la Interamericana, no la ruta Arenal-La Fortuna-Ciudad Quesada. Los autobuses prestan servicios regulares a los siguientes destinos:

Arenal. 0,50 US$; 1¼ h; salidas a las 5.00, 6.00, 10.00, 14.30 y 16.30.

Cañas. 0,50 US$; 45 min; 5.00, 6.40, 7.30, 9.00, 10.00, 11.30, 15.30.

Ciudad Quesada, por La Fortuna. 1,50 US$; 4 h; 7.00 y 12.30.

Liberia. 1 US$; 1¾ h; 6.00, 7.30, 9.00, 10.30, 11.30, 12.00, 14.30, 15.50 y 17.00.

Puntarenas. 2,50 US$; 2 h; 6.00 y 13.00.

San José (Auto-Transportes Tilarán). 2,50 US$; 3 h; 5.00, 7.00, 7.45, 14.00 y 16.55.

Santa Elena. 1,75 US$; 3-4 h; a las 12.30.

Península de Nicoya

Algunas de las playas más bonitas de Costa Rica se encuentran en la costa oeste de esta agreste península, que es como un apéndice al noroeste del país. Se trata de una tierra de intensos contrastes, con chicas tostándose en la arena, surfistas en las playas y rancheros en el interior, mientras los monos habitan en lo que queda de bosque tropical seco. El puente sobre el río Tempisque, inaugurado en 2003, ha facilitado la entrada a la región. No obstante, aún existen poblaciones con carreteras sin asfaltar y de difícil acceso, en especial durante la estación húmeda cuando hay que vadear ríos. Pero los viajeros ven recompensado su esfuerzo al descubrir pequeñas reservas naturales, centros turísticos de primera clase, pueblos encantadores, playas para practicar surf e impresionantes puestas de sol en el Pacífico.

Aunque parezca ilógico, la península está repartida entre la provincia de Guanacaste, al norte, y Puntarenas, al sur. La carretera principal (la 21) empieza en Liberia (p. 181), situada en Guanacaste, desde cuyo aeropuerto salen y llegan vuelos a/desde EE UU.

La carretera nacional es la arteria más importante que atraviesa el centro de la península y las secundarias, que salen de ella y en su mayor parte se hallan en mal estado, llegan hasta las playas. No existe una buena comunicación por carretera entre las diferentes poblaciones del litoral, de modo que para ir de una a otra se debe volver a la nacional y luego tomar otra secundaria. Si se dispone de un buen todoterreno, puede resultar factible bordear la costa por los caminos de tierra, pero sólo en el caso de que no haya puentes en el trayecto y durante la estación seca.

Al igual que ocurre en las zonas de playa de todo el país, se recomienda reservar durante los fines de semana de la estación seca, en Semana Santa, Navidad y Año Nuevo.

LO MÁS DESTACADO

- Practicar espeleología en las cuevas inexploradas del **Parque Nacional Barra Honda** (p. 249)
- Deslizarse sobre las indómitas olas de **playa Avellana** (p. 243) y **Santa Teresa** (p. 270)
- Visitar el primer parque natural de Costa Rica, la **Reserva Natural Absoluta Cabo Blanco** (p. 273)
- Ver toros de campeonato en los **rodeos de Santa Cruz** (p. 245) durante alguna de sus muchas fiestass
- Dejarse impresionar por las espectaculares puestas de sol y los potentes cócteles de **playa Tamarindo** (p. 236)

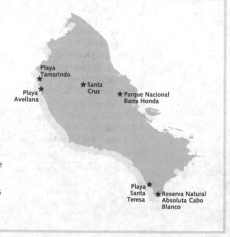

NORTE DE LA PENÍNSULA

FILADELFIA

A unos 32 km de Liberia y atravesada por la carretera principal, constituye una útil localidad de enlace entre diferentes destinos del norte de la península. La población de todo el distrito alcanza unos 7.100 habitantes.

Unos 100 m al norte y 150 m al oeste del parque Central se encuentra **Cabinas Amelia** (☎ 688 8087; i/d 12/22 US$; tr con a.a. 26 US$; 🐘). Las habitaciones, limpias y pequeñas, disponen de baño. Otra opción cerca de allí es **Cabinas Tita** (☎ 688 8073; h por persona 12 US$), cuyos modestos dormitorios tienen baño. Para degustar la comida típica del lugar se puede acudir a la **Soda Gaby** (casados 2,50 US$), en el parque.

De la terminal de autobuses, a media manzana del parque, salen autocares cada día hacia San José, y cada hora muchos pasan con destino a Nicoya o Liberia.

PLAYA DEL COCO

Unos 37 km al oeste de Liberia y conectada por buenas carreteras con San José, es la más accesible de las playas de la península. Enclavada en un bonito lugar, entre dos salientes rocosos, no goza del encanto de otras; el pueblo es pequeño, pero disfruta de algo de vida nocturna. Un paseo de diez minutos, atravesando el saliente rocoso hacia el sur, conduce a una pequeña playa de arena blanca bañada por un mar transparente y tranquilo.

La población se está convirtiendo en un centro de submarinismo cada vez más importante, al que llega gente de todas partes para disfrutar de la vida marina. También es un popular lugar de veraneo entre la juventud, y los fines de semana reina un ambiente de diversión y ruido que debe tenerse en cuenta a la hora de escoger el alojamiento.

Información

En el **Internet Jugo Bar** (☯ 8.00-21.00), situado en la calle principal de entrada a la población, se puede navegar por la red (1,25 US$ por hora), hacer la colada (1,25 US$ por kg) o tomarse un zumo (2 US$). Incluso se alquilan bicicletas de montaña (7 US$ al día).

En el Hospedaje Catarino (véase p. 225) se puede consultar el correo electrónico y comprar periódicos. El Banco Nacional cambia dólares de EE UU y cheques de viaje.

La comisaría de policía y la oficina de correos se encuentran en el lado sudeste de la plaza, junto a la playa. Las pocas personas que llegan a playa del Coco en barco encontrarán la oficina de inmigración junto a la comisaría, al sudeste.

Actividades

SUBMARINISMO Y BUCEO

Todas estas agencias están recomendadas y se encuentran en playa del Coco, a menos que se indique lo contrario.

Bill Beard's Diving Safaris (☎ 672 0012, en EE UU 877-853 0538, 954-453 5044; www.billbeardcostarica. com). En el interior de Villa Sol, en playa Hermosa (p. 229), organizan inmersiones en estas aguas desde 1970.

Deep Blue Diving Adventures (☎ 670 0201; www. deepblue-diving.com). Situada en el Best Western (p. 227), se trata de una de las agencias más baratas del lugar, recomendada por varios lectores.

El Ocotal Resort (☎ 670 0321; www.ocotalresort. com). Ubicada en playa Ocotal (p. 230), dispone de tienda y puede planificar salidas con grupos de hasta 40 personas.

Rich Coast Diving (☎ 670 0176, en EE UU y Canadá 800-434 8464; www.richcoastdiving.com). Está en la calle principal y desde hace poco es propiedad de estadounidenses. Dispone de un trimarán para realizar inmersiones nocturnas.

SURF

En playa del Coco no se practica el surf, pero resulta una buena base de operaciones para acercarse a las playas más legendarias de Costa Rica: Witch's Rock y Ollie's Point, ambas en el Parque Nacional Santa Rosa. El mejor modo de llegar es en barco y los patrones tienen que estar autorizados por el MINAE para entrar en el parque. **Roca Bruja Surf Operation** (☎ 381 9166; www.rocabruja.50g.com), una agencia local con permiso, prepara una excursión de ocho horas a ambos destinos para cinco personas, que cuesta 200 US$. El Witch's Rock Surf Camp de Tamarindo también ofrece salidas a los dos lugares, véase p. 238.

OTRAS ACTIVIDADES

También son muy populares la pesca deportiva, la vela y las travesías por mar en kayak; en muchos lugares se alquilan estas embarcaciones.

PENÍNSULA DE NICOYA

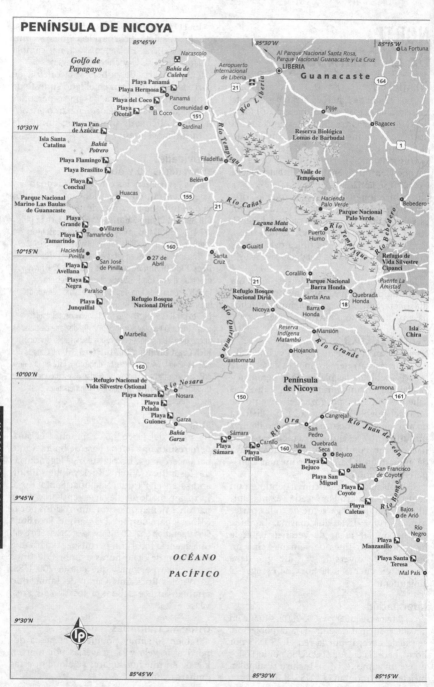

PENÍNSULA DE NICOYA

Papagayo Marine Supply (☎ 670 0354; papagayo@infoweb.co.cr) ofrece todo tipo de información y material de pesca. Cerca de allí, **R & R Tours** (☎ 670 0573) organiza salidas de pesca y excursiones de un día al Parque Nacional Palo Verde (p. 179) por 65 US$. **Cool Runnings** (☎ 395 6090, 834 1875; discovercostarica@yahoo.ca) arrienda un trimarán de 17 m, una goleta de 22, un Benateau de 13 y un yate de lujo de teca, el Drums of Bora, con 17 m.

Muy cerca de playa del Coco, **El Ocotal Resort** (véase p. 223) programa salidas para pescar en sus seis barcos, alquila kayaks y ofrece paquetes completos de pesca. En playa Hermosa, el **Hotel El Velero** (☎ 672 0036, 672 0016; www.costaricahotel.net) tiene un yate propio y organiza cruceros diarios para ver la puesta de sol para un mínimo de cuatro personas. También en playa Hermosa, **Aqua Sport** (☎ 672 0050) dispone de barcos de pesca y planifica excursiones por mar y buceo.

Fiestas

A finales de enero se celebra la **Fiesta Cívica,** con corridas de toros, rodeos, bailes y bebida a raudales. Pero la mayor festividad de El Coco es la **Fiesta de la Virgen del Mar,** que tiene lugar a mediados de julio, con una emotiva procesión religiosa en barcos por el puerto y un desfile de caballos.

Dónde dormir
ECONÓMICO

Todos los establecimientos indicados a continuación tienen duchas con agua fría a menos que se indique lo contrario.

Hospedaje Catarino (☎ 670 0156; d 20 US$; 🖳). Este lugar, a dos manzanas de la playa por la carretera principal, tiene seis pequeñas y limpias habitaciones dobles con ventilador y baño propio. Dispone de *cibercafé*.

Cabinas Coco Azul (☎ 670 0431; h por persona 10 US$; 🅿). Este acogedor establecimiento familiar se encuentra en una zona tranquila de la población. Las cabinas están muy limpias y cuentan con baño. Cada cuarto presenta una pequeña terraza con mesa y hamacas. Es una estupenda opción a buen precio.

Cabinas Luna Tica (☎ 670 0127; d/tr/c 25/30/37,50 US$; 🅿). Los dormitorios del hotel principal y del **Anexo Luna Tica** (enfrente) están impolutos, pero a los baños se les cae la pintura; sin embargo, su ubicación frente al mar lo compensa.

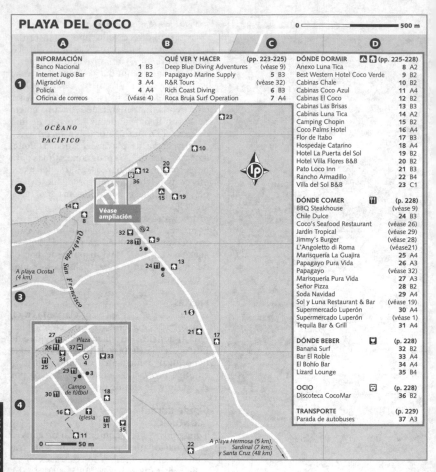

PLAYA DEL COCO

0 _____ 500 m

	INFORMACIÓN		
	Banco Nacional	1	B3
	Internet Jugo Bar	2	B2
	Migración	3	A4
	Policía	4	A4
	Oficina de correos	(véase 4)	

QUÉ VER Y HACER	(pp. 223-225)	
Deep Blue Diving Adventures	(véase 9)	
Papagayo Marine Supply	5	B3
R&R Tours	(véase 32)	
Rich Coast Diving	6	B3
Roca Bruja Surf Operation	7	A4

DÓNDE DORMIR	(pp. 225-228)	
Anexo Luna Tica	8	A2
Best Western Hotel Coco Verde	9	B2
Cabinas Chale	10	B2
Cabinas Coco Azul	11	A4
Cabinas El Coco	12	B2
Cabinas Las Brisas	13	B3
Cabinas Luna Tica	14	A2
Camping Chopin	15	B2
Coco Palms Hotel	16	A4
Flor de Itabo	17	B3
Hospedaje Catarino	18	A4
Hotel La Puerta del Sol	19	B2
Hotel Villa Flores B&B	20	B2
Pato Loco Inn	21	B3
Rancho Armadillo	22	B4
Villa del Sol B&B	23	C1

DÓNDE COMER	(p. 228)	
BBQ Steakhouse	(véase 9)	
Chile Dulce	24	B3
Coco's Seafood Restaurant	(véase 26)	
Jardín Tropical	(véase 29)	
Jimmy's Burger	(véase 28)	
L'Angoletto di Roma	(véase 21)	
Marisquería La Guajira	25	A4
Papagayo Pura Vida	26	A3
Papagayo	(véase 32)	
Marisquería Pura Vida	27	A3
Señor Pizza	28	B2
Soda Navidad	29	A4
Sol y Luna Restaurant & Bar	(véase 19)	
Supermercado Luperón	30	A4
Supermercado Luperón	(véase 1)	
Tequila Bar & Grill	31	A4

DÓNDE BEBER	(p. 228)	
Banana Surf	32	B2
Bar El Roble	33	A4
El Bohío Bar	34	A4
Lizard Lounge	35	B4

OCIO	(p. 228)	
Discoteca CocoMar	36	B2

TRANSPORTE	(p. 229)	
Parada de autobuses	37	A3

OCÉANO
PACÍFICO

Véase
ampliación

Quebrada San Francisco

A playa Ocotal
(4 km)

Plaza

Campo
de fútbol

Iglesia

0 ___ 50 m

A playa Hermosa (5 km);
Sardinal (7 km);
y Santa Cruz (48 km)

Cabinas Las Brisas (☎ 670 0155, 213 3292; d 25 US$; P). La hilera de almendros de enfrente impide que la brisa llegue a las limpias habitaciones, que son dobles y algo oscuras.

Cabinas Chale (☎ 670 0036; d 33 US$; P 🏊). A unos 50 m de la playa y 600 m del pueblo, este lugar sencillo está indicado a la derecha según se llega. Los 25 anodinos dormitorios con ventilador están pulcros; algunos disponen de nevera. Hay una gran piscina.

Camping Chopin (☎ 391 5998; por persona 3 US$; P). Esta pequeña zona de acampada cuenta con baños y agua corriente.

PRECIO MEDIO
Coco Palms Hotel (☎ 670 0367; hotelcocopalm@racsa. co.cr, cocopalms@hotmail.com; d 36 US$; P 🏊). Todas

las habitaciones, impecables y bien decoradas, tienen ventilador y baño con agua caliente. Los vestíbulos son luminosos y espaciosos, y los techos, altos; sin embargo, algunas habitaciones interiores son algo oscuras. La terraza es un lugar estupendo para descansar, y también hay una piscina en forma de L.

Cabinas El Coco (☎ 670 0110; i/d 32/39 US$; P 🍽). A la derecha del parque, junto a la playa, se encuentra este amplio establecimiento. Los dormitorios son limpios y tienen aire acondicionado, pero no son nada del otro mundo. Sólo en un extremo, el rumor de las olas se impone al ruido de la discoteca.

Pato Loco Inn (☎ 670 0145; patoloco@racsa.co.cr; d/tr 47/59 US$, con a.a. 59/70 US$; P 🍽). Este

PENÍNSULA DE NICOYA

SUBMARINISMO

La zona norte de la península es uno de los lugares mejores y de más fácil acceso del país para practicar este deporte. Dado que no hay playas, los interesados deben dirigirse hacia los pináculos de roca volcánica próximos a la costa o sumergirse desde un barco en la isla Santa Catalina (unos 20 km al sudoeste de la costa) o la isla Murciélago (40 km hacia el noroeste, cerca de la punta de la península Santa Elena).

Las inmersiones no son como en el Caribe, pues aquí no se encuentran corales duros de vivos colores. Las condiciones de visibilidad no son excelentes (entre 9 y 15 m, a veces hasta 20), pero la riqueza, variedad y cantidad de especies marinas compensan: mantas raya, águilas marinas moteadas, tiburones, ballenas, delfines, tortugas y morenas, estrellas de mar, crustáceos y enormes bancos de peces tropicales. La mayor parte de las zonas tienen menos de 25 m de profundidad, lo que permite realizar tres inmersiones al día.

El viento Papagayo, que sopla desde principios de diciembre a finales de marzo, revuelve y enfría el agua, reduciendo su transparencia, en especial los cuatro días posteriores a la luna llena. Junio y julio suelen ser los meses con más visibilidad.

Isla Catalina e **isla Murciélago** presentan una gran riqueza marina por los alrededores de sus salientes rocosos. Se suelen ver mantas raya desde diciembre hasta finales de abril y en otras épocas se pueden ver águilas marinas, anguilas, peces ángel de Cortés, peces perro, peces loro, estrellas de mar y camarones arlequín, entre otros. La zona más alejada de Murciélago es conocida porque se suelen avistar grupos de tiburones toro, por eso sólo es apta para buceadores expertos. **Narizones** es un buen lugar para las inmersiones de profundidad (unos 27 m). Para los buceadores inexpertos, se recomienda **Punta Gorda,** uno de los sitios más fáciles.

---

pequeño hotel de estilo europeo es propiedad de una pareja holandesa-italiana, que organiza todas las actividades locales. La pensión tiene cuatro habitaciones con ventilador y baño con agua caliente; dos de ellas disponen de aire acondicionado. El acreditado restaurante L'Angoletto di Roma (p. 228) se encuentra aquí.

Villa del Sol B&B (☎ 670 0085, en EE UU 866-815 8902, en Canadá 866-793 9523; www.villadelsol.com; d estándar/chalé 64/76 US$; P ⊠ 🕑). Este tranquilo hospedaje gestionado por francocanadienses se encuentra en una zona poco concurrida, 1 km al norte de la carretera principal y unos 100 m de la playa. Ofrece siete cuartos grandes y limpios, cinco de ellos con baño, y varias habitaciones estándar con agua caliente, cinco de ellas con aire acondicionado; los precios incluyen el desayuno. Hay también seis chalés con cocina completa, televisión por cable y teléfono (sin desayuno); las plantas superiores gozan de vistas increíbles.

Hotel Villa Flores B&B (☎ 670 0787; www.hotel-villa-flores.com; d/tr estándar 64/76 US$, d/tr/c de lujo 74/84/94 US$; P ⊠ 🕑). Situado sólo 200 m al norte de la carretera principal, los nuevos dueños estadounidenses lo han modernizado. Las nueve habitaciones, pintadas de colores vivos, cuentan con azulejos,

aire acondicionado y baño. En la planta superior hay bonitas terrazas con vistas al terreno, y las habitaciones de lujo, más grandes, tienen televisión por cable. Los precios incluyen el desayuno. Se aceptan tarjetas de crédito.

PRECIO ALTO

Además de los hoteles indicados a continuación, véanse también los de "Playa Ocotal" (p. 231), 4 km al sur, y "Playa Hermosa" (p. 229), 7 km al norte.

Best Western Coco Verde (☎ 670 0494/544; www.bestwestern.com; i/d/tr desayuno incl. 76/94/105 US$; P ⊠ 🕑). Dispone de 33 habitaciones grandes y modernas con aire acondicionado, televisión por cable y ducha con agua caliente. Cuenta con piscina, el restaurante BBQ Steakhouse (véase p. 228), un bar deportivo y un pequeño **casino** (🕑 19.00-2.00). Organizan salidas de pesca e inmersiones. Se aceptan tarjetas de crédito.

Flor de Itabo (☎ 670 0011/292/455; www.flordeitabo.com; d bungalow 45 US$, h estándar/de lujo 70/90 US$, apt 120-140 US$; P ⊠ 🕑). Este sencillo lugar se halla 1,3 km antes de llegar a la playa, a la derecha. Los bungalows estándar son de dos plazas y tienen aire acondicionado, televisión por cable, teléfono, minibar y cafetera, mientras que los de lujo cuentan con bañeras de hidromasaje y son de cuatro plazas. Los apartamentos, para cuatro o seis personas, disponen de cocina completa. El restaurante sirve comida italiana e internacional; hay casino y un bar frecuentado por aficionados a la pesca.

Hotel La Puerta del Sol (☎ 670 0195; i/d/tr 60/80/100 US$, st 110 US$; P ⊠ ⊠). Este pequeño y acogedor hotel, a sólo cinco minutos a pie del pueblo, ofrece ocho espaciosas habitaciones modernas pintadas con colores fuertes que cuentan con una pequeña salita, televisión por cable, teléfono, aire acondicionado, ventilador y baño, con secador de pelo y agua caliente. Las *suites*, de mayor tamaño, están provistas de nevera, cafetera y balcón. En los terrenos, muy cuidados, hay un *putting green*, piscina, un pequeño gimnasio y el bar-restaurante Sol y Luna (véase esta página). El desayuno continental está incluido en todos los precios.

Rancho Armadillo (☎ 670 0108; www.ranchoar madillo.com; i/d 111/122 US$, st 171 US$; P ⊠). Cerca de la entrada al pueblo, en una fantástica colina, a unos 600 m de la carretera principal completamente asfaltada, se encuentra esta finca con maravillosas vistas desde las zonas comunes. Las siete habitaciones son luminosas, espaciosas y tienen una bonita decoración; disponen de cafetera, minibar, muebles artesanales y grandes baños. En las *suites* caben cuatro personas; algunas tienen dos balcones y dos entradas. Hay piscina, gimnasio exterior y el recinto está adornado con numerosos armadillos. Los propietarios, estadounidenses, organizan salidas para pescar, practicar vela, submarinismo o surf. Los *gourmets* disfrutarán con las recetas del chef y propietario Rick Vogel, que permite usar la cocina profesional.

Dónde comer

Soda Navidad (gallo pinto 2 US$). Este popular establecimiento, en el extremo oeste del campo de fútbol, sirve desayunos baratos.

El **Jardín Tropical** (casados 3 US$), a la vuelta de la esquina, tiene una amplia selección de platos a precios razonables, entre ellos especialidades ticas, *pizza* (6 US$) y pescado (6 US$).

Junto al mar, **Papagayo Pura Vida** y **Coco's Seafood Restaurant** (cenas con pescado 7 US$) preparan un sabroso pargo y excelentes cebiches. A una manzana se encuentra la **Marisquería**

La Guajira (platos 6 US$), donde se elabora una suculenta sopa de marisco.

El **Papagayo** (platos 10 US$) es otra buena marisquería, aunque el ambiente se parece más al de un mesón de carretera.

Para probar comida mexicana, se puede acudir al **Tequila Bar & Grill** (platos 6-11 US$; ☽ sólo noches), donde se sirven fajitas y tortas (bocadillos) a precios elevados.

En la carretera principal de entrada a la población, el **Chile Dulce** (bocadillos 4-5 US$, platos principales 8 US$; ☽ 12.30-22.30) tiene un buen surtido de bocadillos, batidos, especialidades vegetarianas, pescados y mariscos. Se recomienda la dorada en leche de coco especiada con cítricos.

La comida italiana abunda en playa del Coco. El **Sol y Luna Restaurant & Bar** (Hotel Puerto del Sol; platos 7,50 US$) tiene fama de ser el mejor italiano de la zona. También valen la pena la **Pizzería** (Hotel Flor de Itabo) y **L'Angoletto di Roma** (☽ 18.00-21.00) de Pato Loco Inn, a precios similares.

Señor Pizza (*pizza* 5 US$), abierto hasta las 23.30, sirve tartas saladas y nachos. **Jimmy's Burger** (hamburguesas 2 US$), cerca de allí, ofrece hamburguesas con queso.

En el **BBQ Steakhouse** (junto al Best Western; filetes 7-14 US$; ☽ 6.00-22.00) preparan la carne en un entorno rústico, en parte al aire libre. El abundante desayuno bufé (4 US$) sale muy a cuenta.

Los dos supermercados Luperón están bien surtidos para quienes quieran cocinarse sus propios platos.

Dónde beber y divertirse

Los locales nocturnos aparecen y desaparecen con rapidez, por eso se recomienda dar una vuelta por el lugar para ver cuáles están de moda actualmente.

Los restaurantes de alrededor de la plaza también funcionan como bares, como El Bohío Bar, el más legendario. El Roble, con su terraza, es el preferido por los lugareños, mientras que el Lizard Lounge acoge clientes juerguistas de todo el mundo. Uno de los mejores sitios para tomar copas es el Banana Surf, que sirve bebidas tradicionales como Jägermeister o Red Bull. El Tequila Bar & Grill es el mejor lugar para degustar margaritas.

En la Discoteca Cocoma, en la playa, los jóvenes ticos con ganas de fiesta bailan hasta el amanecer.

Cómo llegar y salir

Todos los autobuses llegan y salen de la parada principal de la plaza, frente a la comisaría de policía.

Filadelfia, para hacer transbordo hacia Santa Cruz. 0,75 US$; 45 min; salida 11.30 y 16.30.

Liberia. 0,75 US$; 1 h; 5.30, 7.00, 9.00, 11.00, 13.00, 15.00, 17.00 y 18.00.

San José (Pullmitan). 5,25 US$; 5 h; 4.00, 8.00 y 14.00.

Un taxi desde Liberia a playa del Coco cuesta 15 US$. Los taxis entre playa del Coco y playa Hermosa u Ocotal valen entre 5 y 7 US$.

No hay gasolinera en el pueblo; la más próxima se ubica en Sardinal, unos 9 km antes de playa del Coco.

PLAYA HERMOSA

Esta zona de suaves curvas se ubica unos 7 km por carretera al norte de El Coco. Actualmente es tranquila y está menos concurrida que otras playas, aunque el proyecto urbanístico del Proyecto Papagayo, en la playa siguiente (véase "Playa Panamá y el Proyecto Papagayo", p. 230) puede cambiar la situación. No hay que confundir esta playa con la que se encuentra en la costa central del Pacífico que recibe el mismo nombre y atrae a tantos surfistas.

Para más información sobre pesca, surf, submarinismo o vela, véase "Actividades" (p. 223). Se puede comprar comida y productos diversos en el supermercado Cenizaro, en la carretera asfaltada de entrada a la población.

Dónde dormir y comer

Se han denunciado robos en alguno de estos hoteles, de modo que es mejor guardar los objetos de valor bajo llave mientras se va a la playa.

Hotel Playa Hermosa (☎ 672 0046; i/d/tr 41/53/59 US$, con a.a. 59/76/82 US$; P ⊠). En el extremo sur de la playa, por la primera entrada, se encuentra este tranquilo hotel que cambió de dueños hace poco y ha sido reformado. Las 20 habitaciones tienen baño con agua caliente, y están instalando televisión por cable. Hay hamacas colgadas de las palmeras y un buen **restaurante** tico (casados 4 US$; ⊙ 7.00-21.30).

En la segunda entrada de la playa, al norte, se pueden encontrar otras muchas opciones de alojamiento.

Iguana Inn (☎ 672 0065; por persona 17 US$; ⊠). Situado a 100 m de la playa, este laberíntico establecimiento de arcilla dispone de 10 habitaciones sencillas y algo viejas con baño. Los apartamentos, más nuevos, disponen de cocina, dos dormitorios y un sofá cama. Hay piscina y servicio de lavandería.

Villa Huetares (☎ 672 0081/52; estándar/chalé 60/90 US$; P ⊠ ⊠). Gestionado por gente del lugar, está bien conservado y cuenta con 15 pequeños y bonitos chalés con aire acondicionado, cocina auxiliar, comedor y baño. Las habitaciones estándar de la parte trasera están impecables, son cómodas y tienen televisión por cable. Cada estancia tiene de cuatro a seis plazas.

Hotel El Velero (☎ 672 0036/16, 672 1017; www.costaricahotel.net; h 84 US$; P ⊠ ⊠). Los 22 dormitorios amplios y luminosos se encuentran a unos pasos del agua. Están decorados con madera y llamativos juegos de cama. Todos tienen aire acondicionado, ducha con agua caliente, cafetera y dos camas dobles. Hay piscina, patio y un restaurante que sirve platos combinados y tentempiés. Se pueden contratar cruceros con el yate del hotel (véase p. 225). Se aceptan tarjetas de crédito.

Playa Hermosa Inn (☎ 672 0063; www.costarica-beach-hotel.com; d con ventilador/a.a. 50/60 US$, apt de 2 h 70 US$, cama adicional 10 US$, menores de 12 años 5 US$; P ⊠ ⊠). Sus nueve cuartos son sencillos pero cuentan con baño, agua caliente y ventilador; cinco de ellos con aire acondicionado. Los apartamentos de la segunda planta, completamente equipados, tienen capacidad para siete personas. Todos los precios incluyen el desayuno y se aceptan tarjetas de crédito.

Cabinas La Casona (☎ 672 0025; d 34 US$; P). Este acogedor hospedaje dispone de siete habitaciones pequeñas, limpias y encaladas con baño y agua caliente. La habitación de cinco plazas cuesta 53 US$.

Se puede degustar una amplia variedad de platos de pescado y marisco en el agradable **Restaurant Pescado Loco** (☎ 672 0017; platos 5-14 US$). Para beber, se puede visitar el **Monkey Bar** (⊙ 17.00-24.00 lu-sa, 12.00-24.00 do), que se sitúa entre la primera y la segunda entrada, en el lado oriental de la carretera, hacia playa Hermosa, desde donde se puede disfrutar de una espléndida puesta de sol.

Villas Sol Hotel (☎ 257 0607; www.villassoltc.com; d 144 US$, chalé 283-361 US$; P ⊠ ⊠). Este complejo está emplazado en lo alto de un cerro con vistas a playa Hermosa y alquila más de 100 habitaciones y chalés. Las estándar tienen baño con agua caliente, secador de pelo, televisión por cable, aire acondicionado, minibar, cafetera y caja fuerte; el desayuno está incluido en el precio. Los chalés, más caros, cuentan con hasta tres dormitorios, cocina y, en algunos casos, piscina. También hay pistas de tenis, restaurante y bar. Los propietarios organizan todo tipo de actividades. Bill Beard's Diving Safaris (p. 223) ha instalado su base aquí. Se aceptan tarjetas de crédito.

Muchos ticos acampan gratis cerca de la playa principal, que ofrece buenos lugares con sombra, pero carece de instalaciones.

Cómo llegar y salir

Hay un autobús diario desde San José, pero siempre se puede tomar el que se dirige a Liberia y tomar allí otro hasta playa Hermosa.

Los autocares a Liberia y San José salen de la carretera principal, en el extremo norte de la playa, y tienen parada en Sardinal.

Liberia. 0,75 US$; 1¼ h; salidas 5.00, 6.00, 10.00, 16.00 y 17.00.

San José (Empresa Esquivel). 4 US$; 5 h; 5.00.

Un taxi desde Liberia cuesta unos 15 US$ y uno desde El Coco sale por unos 5 US$. Si se llega en automóvil desde Liberia, hay que tomar el desvío que indica "Playa del Coco". Toda la carretera está asfaltada.

PLAYA PANAMÁ Y EL PROYECTO PAPAGAYO

El oscuro arenal resguardado que bordea el golfo de Papagayo fue una playa rural a la que sólo llegaban algunos campistas y familias locales. Recientemente se han levantado complejos de lujo dirigidos al viajero exigente.

La playa forma parte del denominado Proyecto Papagayo, ideado por el ICT (Instituto Costarricense de Turismo) en 1976 para desarrollar el turismo en el golfo. En un principio no se realizó ningún estudio de impacto ambiental y se taló el bosque tropical seco para construir campos de golf y más de 15.000 plazas de hotel. Por fortuna el proyecto se ha modificado, ya que, tras un análisis del entorno, el 70% del golfo Papagayo ha quedado protegido y seguirá albergando bosque tropical seco. El número

de plazas hoteleras se redujo a menos de la mitad y los campos de golf proyectados se trasladaron a zonas de pasto.

Pero sigue habiendo problemas, como la polémica sobre el derecho a acampar frente al Hotel Four Seasons. La acampada libre constituye una tradición en muchas playas de Costa Rica; sin embargo, dado que no existen instalaciones, no queda claro si la ley lo permite o no. El ICT sostiene que no, mientras que los grupos de acción local y de defensa del medio ambiente defienden lo contrario. Los tribunales determinarán quién tiene la ley de su lado.

En cualquier caso, los complejos siguen ahí y, además, la mayoría de la población está contenta con la creación de empleo, aunque sea en el sector servicios. Desde luego, los hoteles son bonitos y singulares, y están encantados de aceptar la Visa Oro de todo el que llegue.

Dónde dormir y comer

Los siguientes establecimientos de lujo ofrecen habitaciones con aire acondicionado, *suites* y chalés con baño y agua caliente, restaurantes, bares, casinos, piscinas, pistas de tenis, saunas y baños termales, vistas al océano y actividades variadas. Se pueden encontrar otras alternativas por la zona en www.papagayo-info.com.

Four Seasons (☎ 696 000/98, en EE UU 212-688 2440; www.fourseasons.com; h 462-1.229 US$; P X R). Situado al final de la carretera de la península de Papagayo, tiene fama de ser el más caro del país. La política del hotel de que el cliente siempre tiene la razón da lugar a que el personal se abstenga de advertir a los visitantes que no hay que dar comida a los animales; sin embargo, es importante no hacerlo por respeto a la naturaleza.

Occidental Allegro Papagayo (☎ 690 9900, en EE UU y Canadá 800-858 2258, en Europa 800-6460 6460; www.occidentalhotels.com/allegropapagayo/; h por persona 105 US$, cama adicional 80 US$, menores de 12 años 40 US$). Los precios que se indican son por habitación doble e incluyen todas las comidas.

PLAYA OCOTAL

Pequeña y agradable, se encuentra 4 km al sudoeste de El Coco por una carretera asfaltada. Es la playa más limpia y tranquila de la zona; un buen lugar para nadar y bucear, en especial en su extremo sur, y para empezar a practicar submarinismo.

Véase "Actividades" (p. 223) para informarse sobre las posibles excursiones.

Dónde dormir y comer

Villa Casa Blanca (☎ 670 0518/448; www.costa-rica-hotels-travel.com; d estándar/nupciales/apt desayuno incl. 94/123/146 US$, cama adicional 10 US$; P X Ξ). Esta preciosa vivienda está situada sobre una colina, entre las playas del Coco y Ocotal, a unos minutos del mar a pie. Sus 10 bonitas habitaciones, decoradas con motivos victorianos o modernos, cuentan con baño, ventilador de techo y aire acondicionado. Las tres *suites* nupciales son mayores y disponen de bañera con escalones y vistas al océano. También hay dos apartamentos completamente equipados con cocina. Un puente ajardinado cruza la piscina; también se ha instalado un bar accesible desde el agua. Se organizan excursiones por la región. Es un lugar recomendado y muy tranquilo.

El Ocotal Resort (☎ 670 0321; www.ocotalresort.com; i/d/tr 129/146/176 US$, st junior 211/234/270 US$; P X Ξ). En lo alto de un acantilado se levanta este edificio que goza de una panorámica espectacular del océano desde cualquier habitación. Los dormitorios están provistos de aire acondicionado, televisión por cable, teléfono, ventilador de techo, cafetera y enormes ventanales que se asoman a una terraza privada. En el baño hay secador de pelo y ducha con agua caliente, pero es algo pequeño. También se puede optar por una *suite* más amplia, con *jacuzzi* y salita en algunos casos. El restaurante sirve un desayuno americano completo, incluido en el precio. El complejo, que acoge un centro de inmersión PADI con cinco estrellas de oro y organiza salidas de pesca (véase p. 223), dispone de equipos para ambas actividades; asimismo, se alquilan kayaks para el mar y bicicletas de montaña. Se aceptan tarjetas de crédito.

Aparte de los restaurantes de los hoteles, el **Father Rooster Restaurant** (platos 5-10 US$), junto a El Ocotal, cerca de la playa, es económico y divertido, y tiene una amplia carta de pescados, tentempiés y hamburguesas a la parrilla. Sirve buenos margaritas y un fantástico cóctel helado llamado kamikaze.

PLAYAS AL SUR DE PLAYA OCOTAL

Se puede llegar a todas ellas tomando una pista en mal estado desde Sardinal a Potrero, así que conviene ir en todoterreno e informarse sobre el estado del camino antes de ponerse en marcha. Otra opción es volver a la carretera principal y seguirla hacia el sur, pasar por Filadelfia y llegar a Belén (18 km). Desde allí sale una buena carretera de 25 km hacia el oeste, que llega a Huacas, donde hay gasolinera y de donde parten diferentes carreteras asfaltadas hacia unas cuantas playas populares.

Los primeros 9 km de la pista mencionada no están excesivamente mal y llegan a la población de Artola, donde se inicia el **Congo Trail Canopy Tour** (☎ 666 4422; 45 US$). Los hoteles de las playas del Coco, Hermosa y Ocotal gestionan las reservas para este circuito. A partir de este punto, el camino empeora.

En Santa Cruz, más al sur por la carretera principal, una carretera asfaltada de 16 km continúa hacia el oeste para llegar a la diminuta comunidad de 27 de Abril, con carreteras a varias playas. Huacas está conectada con 27 de Abril a través de un camino lleno de baches. Por tanto, desde Santa Cruz se accede a todas las playas descritas a continuación.

La carretera de Huacas desemboca en el océano en Brasilito. Girando a la derecha y siguiendo hacia el norte, se pasa por bahía Potrero (véase p. 233) y, más adelante, por playa Pan de Azúcar (p. 234). En cambio, si se tuerce a la izquierda, en dirección sur, aparece playa Conchal (p. 234).

Hay servicio de autobús desde San José, Liberia y Santa Cruz a la mayor parte de estas playas.

Playa Brasilito

Se pueden encontrar tiendas, restaurantes y los alojamientos más baratos de la zona. La playa es tranquila, pero hay otras mejores cerca. Los fines de semana llegan autobuses de la capital y se llena.

Brasilito Excursiones (☎ 654 4237; www.brasilito.com), que opera desde el Hotel Brasilito (véase p. 232), organiza excursiones guiadas a caballo de dos horas (25 US$), salidas en velero para ver la puesta de sol (60 US$) e inmersiones con bombonas (75 US$).

DÓNDE DORMIR Y COMER

Brasilito Lodge (☎ 654 4452; www.brasilito-conchal.com; por persona 9 US$, acampada por persona 3 US$, menores de 6 años gratis; P). Gestionado por una familia alemana, está junto a la playa, a unos

200 m de la plaza en dirección a Conchal. Los campistas disponen de duchas, cocina y árboles que dan sombra. Las habitaciones son sencillas y tienen cocina auxiliar, ventilador y duchas con agua fría.

Cabinas Ojos Azules (☎ 654 4346; h planta baja por persona 5 US$; d planta superior 35 US$; P ☺). Este lugar un tanto destartalado se encuentra 200 m al sur por la carretera principal y ofrece dormitorios con unas camas grandes y cómodas y tocadores con espejo. Los dobles, en la planta superior, son más bonitos; los individuales, en la planta baja, son más sencillos. En total caben ocho personas y todas los cuartos tienen baño, algunos con agua caliente.

Hotel Brasilito (☎ 654 4237; www.brasilito.com; d/tr/c 30/35/40 US$; d/c con vistas 40/50 US$; P). En la plaza, en el lado de que da a la playa, se levanta este edificio de 15 habitaciones sencillas y limpias, con ventilador y duchas con agua caliente. Las habitaciones con vistas al mar son más caras. El hotel ha recibido buenas críticas y el personal organiza excursiones. Se aceptan tarjetas de crédito.

Cabinas Nany (☎ 654 4320; www.apartotelnany. com; d 50 US$; cama adicional 15 US$; P ✗ ⌨ ☺). A un paseo de las playas Brasilito y Conchal, se encuentra este establecimiento reformado con amplios apartamentos pintados con vivos colores tropicales. Cada cabina tiene dos dormitorios, una cocina completamente equipada, ducha con agua fría y televisión por cable. Se puede solicitar aire acondicionado por 10 US$ por noche. Un pequeño restaurante sirve comidas todo el día. Gestionado por la familia López durante cuatro décadas, se organizan todo tipo de excursiones.

Perro Plano (platos 3-12 US$). Este restaurante contiguo al Hotel Brasilito sirve diferentes especialidades y está dirigido por el afable Charlie, un irlandés que vive desde hace poco en Costa Rica y cuya aventura ha sido objeto de un documental de la BBC.

Restaurant Happy Snapper (☎ 654 4413; comidas 6-10 US$). Cerca de allí, en el lado de la plaza que da a la playa, este alegre local sirve carnes, pescados y mariscos; de vez en cuando tiene música en vivo. Por la plaza hay otros lugares baratos para comer.

Restaurante y Bar Camarón Dorado (☎ 654 4028; platos 3-17 US$). Este gran establecimiento junto al mar, un par de manzanas al norte de la escuela, es el mejor lugar para degustar

pescado y marisco. Las mesas están en la misma playa y quienes tengan un presupuesto ajustado pueden optar por un casado de pescado por sólo 3 US$. También se les puede llevar la pesca del día para que la cocinen.

Il Forno (☎ 654 4125; platos 5-6 US$). Su pasta y *pizza* reciben buenas críticas.

CÓMO LLEGAR Y SALIR
Véase cómo acceder a Brasilito en "Playa Flamingo" (más adelante).

Playa Flamingo
Unos 3 km al norte de Brasilito la carretera llega a la bonita playa Flamingo de arena blanca. Su nombre original era playa Blanca, pero ha adoptado éste debido al suntuoso complejo turístico Flamingo Beach Resort, popular entre los estadounidenses y especializado en navegación y pesca deportiva.

Actualmente hay muchas casas y chalés privados de lujo, pero no existe una población propiamente dicha.

En el **Banco de Costa Rica** (☎ 654 4984; ☺ 8.30-15.30), frente al Flamingo Marina Resort, se pueden cambiar dólares americanos y cheques de viaje. El **supermercado Massai** (en la carretera principal norte-sur) es un buen lugar para comprar alimentos y artículos de aseo.

PUNTOS DE INTERÉS Y ACTIVIDADES
En la puerta contigua al supermercado Massai se puede ver la pequeña pero estupenda **Wishbone Gallery** (☎ 654 4195; www.wishbonegallery.com), donde se exhiben y se venden obras de arte.

En la entrada de playa Flamingo, la **Edge Adventure Company** (☎ 654 4946, 350 3670; www.costaricaexotic.com) organiza excursiones y salidas de pesca, y alquila equipos de inmersión con bombonas por 75 US$, gafas y tubos, bicicletas o body boards.

El **Samonique III** (☎ 388 7870) es un queche de 18 m que se puede contratar para realizar cruceros vespertinos por 60 US$ por persona (mínimo cuatro) y para travesías nocturnas. La oficina se encuentra en el Mariner Inn.

DÓNDE DORMIR Y COMER
Guanacaste Lodge (☎ 654 4494; d/tr/c 45/50/55 US$; P ✗ ☺). Situado en un extremo de la población, dispone de 10 dormitorios limpios, cada uno con dos camas dobles, du-

PENÍNSULA DE NICOYA

chas con agua caliente, aire acondicionado y televisión por cable. En los jardines hay abundantes sombras y una bonita piscina. El restaurante, que sirve especialidades a la parrilla y casados (4,30 US$), tiene bastante éxito. Buena relación calidad-precio. Se aceptan tarjetas de crédito.

Flamingo Marina Resort (☎ 654 4141; www. flamingomarina.com; d 99 US$, st 170 US$, apt 328 US$; P ✂ ☀). Emplazado en lo alto de una colina y con buenas vistas del océano, las 22 habitaciones estándar disponen de aire acondicionado, ventilador en el techo, televisión por satélite, teléfono y balcón con vistas. Las ocho *suites* cuentan con cocina auxiliar y *jacuzzi*. Los apartamentos, con uno o dos dormitorios, disponen de cocina completamente equipada. Hay pista de tenis, tienda de equipos de inmersión, restaurante, bar, agencia de viajes y un puerto deportivo cerca para salir a pescar. Se aceptan tarjetas de crédito.

Flamingo Beach Resort (☎ 654 4444; www.resort flamingobeach.com; h 140 US$, st 263 US$; P ✂ ☀). Se trata del primer complejo que se construyó en la zona, con 91 habitaciones en la playa y un aire de la década de 1950. Las habitaciones tienen aire acondicionado, televisión por cable, baño, agua caliente y caja fuerte. También cuenta con una gran piscina, dos restaurantes y dos bares; ofrece todo tipo de actividades.

Aparte de los restaurantes de los hoteles, se puede comer en algún otro lugar.

Marie's (☻ 6.30-21.30). Un establecimiento de gran tradición con amplia oferta de tentempiés y platos. Sus tortitas del desayuno son famosas, al igual que sus enormes hamburguesas.

Amberes (☎ 654 4001). Se trata de un restaurante para cenar, con casino, discoteca y música en vivo algunos fines de semana.

CÓMO LLEGAR Y SALIR
Avión
Se puede volar hasta Tamarindo (p. 242), situado a unos 8 km por una carretera asfaltada y adonde llegan vuelos regulares.

Autobús
Salen del puerto deportivo Flamingo Marina y pasan por Brasilito. Los horarios cambian con frecuencia, de modo que antes de viajar conviene informarse sobre la hora y el lugar más indicado para esperar el autobús.

Liberia. 1,20 US$; 2 h; salidas 5.30 y 14.30.
San José (Tralapa). 5,80 US$; 5 h; 2.45, 9.00 y 14.00 lu-sa, 10.30 do.
Santa Cruz. 1,30 US$; 1 h; ocho salidas al día, de 5.45 a 22.00.

Bahía Potrero
Esta franja de la ensenada, 7 km al norte de Brasilito, está separada de playa Flamingo por un saliente rocoso. En **Potrero**, detrás del extremo norte de la playa, se encuentra una pequeña urbanización y acaba la ruta del autobús, aunque sus playas no se llenan los fines de semana como las de Brasilito. Desde aquí se puede ver el lujo de playa Flamingo al otro lado de la bahía, pero éste es un lugar tranquilo donde aún se oyen los monos entre los árboles.

Hay varias playas por la bahía. La de arena negra es **playa Prieta,** la de arena blanca es **playa Penca,** y **playa Potrero,** la mayor, se halla a medio camino; en realidad los nombres se usan como referencia aproximada. Los hoteles de la zona alquilan equipos para practicar deportes acuáticos. La isleta rocosa, 10 km al oeste de playa Pan de Azúcar, se conoce como **isla Catalina,** muy popular para practicar submarinismo (véase p. 227 para más detalles).

DÓNDE DORMIR Y COMER
Mayra's (☎ 654 4213, 654 4472; d/tr/c 25/30/43 US$, *camping* por persona 3,50 US$; P). En la playa sur se encuentra este agradable y tranquilo establecimiento con zona de acampada a la sombra y duchas en la playa. Además hay cinco habitaciones rústicas con duchas, agua fría, ventilador, nevera y cocina auxiliar. Se sirven comidas en una pequeña soda. Mayra es agradable y solícita y su marido, Álvaro, periodista jubilado, tiene muchas historias que contar.

Cabinas Isolina (☎ 654 4333; www.isolinabeach. com; d/tr/c 47/58/70 US$, chalé d/tr/c 94/117/140 US$; P ✂ ☀). Algo retirado del extremo norte de la playa, pero con fácil acceso, cuenta con 11 bonitas habitaciones rodeadas de hibiscos. Todas tienen una cama doble y una litera, ducha con agua caliente y paredes de azulejo, ventilador en el techo, televisión por cable y aire acondicionado. Los chalés cuentan con dos dormitorios y cocina. Los precios incluyen desayuno continental y el restaurante sirve platos ticos y mediterráneos.

PENÍNSULA DE NICOYA

Cabinas Cristina (☎ 654 4006; www.cabinascristina. com; d/c 35/58 US$, d/c con cocina 47/70 US$, apt 58-94 US$; P ⊠ ⊠). Se encuentra a unos 700 m del mar, cerca del extremo norte. Los cuartos varían mucho, desde dobles, muy sencillos con ventilador y baño, hasta pequeños apartamentos completamente equipados con aire acondicionado y cocina auxiliar. Dispone de una pequeña piscina. Se pueden contratar excursiones por la zona y alquilar embarcaciones. Se aceptan tarjetas de crédito.

Bahía Esmeralda (☎ 654 4480; www.hotelbahiaes meralda.com; d/tr/c 53/58/63 US$, apt 98 US$, chalé 117 US$; P ⊠ ⊠). Unos 50 m al este del centro del pueblo está este hospedaje de color mostaza y buenos precios. Las habitaciones estándar son pequeñas pero limpias; los apartamentos, de cuatro plazas, están provistos de futones y cocina, y los chalés son de seis plazas. Las 20 estancias tienen duchas con agua caliente y aire acondicionado. Hay piscina y un **restaurante italiano** (⊠ desayunos y cenas). Gestionan cualquier excursión o actividad por la zona. Se aceptan tarjetas de crédito.

Hotel Montecarlo Beach Resort (☎ 654 5048; chalés 4/6 plazas 94/140 US$; P ⊠ ⊠). De color amarillo y ubicado junto al mar, dispone de confortables chalés con televisión por cable, aire acondicionado, duchas y cocina auxiliar con microondas. Hay una piscina junto al océano y un agradable **restaurante** de cocina mediterránea con terraza (platos principales 7-10 US$).

Además de los de los hoteles, hay un par de restaurantes más. Unos 50 m hacia el interior desde Bahía Potrero Resort se encuentra **Hardens Gardens & Bakery** (platos 5-8 US$), donde se sirven *pizzas*, pastas y bocadillos.

Las Brisas Bar & Grill (☎ 654 4047; casados 3,75 US$). Al final de la bahía, pasado el pueblo, se encuentra este local popular que sirve bocas y platos ticos. La mesa de billar atrae a muchos lugareños y la terraza es un lugar estupendo para ver la puesta de sol.

CÓMO LLEGAR Y SALIR

Muchos autobuses inician su ruta en Potrero, en la esquina sudeste del campo de fútbol. Véanse los horarios en el apartado "Playa Flamingo" (p. 232). Para viajar a Potrero, hay que tener en cuenta que no todos los autobuses llegan hasta allí, por eso conviene cerciorarse desde el lugar donde se viaje antes de ponerse en marcha.

Playa Pan de Azúcar

Unos 3 km al norte de Potrero, esta pequeña playa de arena blanca es la última a la que se puede llegar a través de un accidentado camino de tierra, que durante la estación húmeda sólo se puede recorrer en todoterreno. Las aguas están resguardadas por rocas a ambos lados de la playa y resulta un buen lugar para bucear.

Hotel Sugar Beach (☎ 654 4242; www.sugarbeach. com; d estándar/de lujo 129/162 US$, st 193 US$, apt 222 US$, casa en la playa 409-526 US$; P ⊠ ⊡ ⊠). Este pequeño y precioso edificio sobre la arena tiene tradición y un excelente servicio. Sus 22 habitaciones modernas y pintadas de colores vivos cuentan con puertas talladas, aire acondicionado, baño con agua caliente, teléfono, caja fuerte y televisión por cable; las de lujo gozan de vistas al océano. También hay cuatro apartamentos de dos dormitorios y dos casas en la playa con dos o tres dormitorios, donde caben de 10 a 12 personas. Las vistas desde el restaurante son espléndidas. Se organizan excursiones por la zona y se aceptan tarjetas de crédito.

Los autobuses sólo llegan hasta Potrero, a 3 km de distancia.

Playa Conchal

Unos 2 km al sur de Brasilito se encuentra este amplio y limpio arenal, cuyo nombre se debe a la gran cantidad de conchas que acumula. Las aguas claras permiten bucear con comodidad. Se ha construido un enorme hotel en su extremo norte, lo que hace difícil el acceso a la playa para los que no se alojan en él.

DÓNDE DORMIR Y COMER

Condor Lodge & Beach Resort (☎ 654 4050; www. condorlodge.com; d estándar/de lujo 88/104 US$, st 130 US$; P ⊠ ⊠). En la punta sur de la playa se encuentra este hotel, al que se llega desde la carretera principal. Las habitaciones tienen aire acondicionado, ventilador, minibar, televisión por cable y baño con agua caliente. Hay restaurante, bar, dos piscinas y pista de tenis; las vistas son excelentes desde todas partes. El desayuno está incluido en el precio y se ofrece la posibilidad de contratar salidas de pesca o partidos de golf. Se aceptan tarjetas de crédito.

Hotel Meliá Playa Conchal (☎ 654 4123; www.pa radisusplayaconchal.com; st i/d 321/536 US$; P ⊠ ⊠). Este complejo amurallado en el extremo norte cuenta con una espléndida piscina de forma irregular, un campo de golf para celebrar competiciones, más de 300 *suites*, siete restaurantes y tres bares. Las habitaciones, con baño y agua caliente, están equipadas con televisión por cable, teléfono, minibar, caja fuerte y aire acondicionado. Los precios que se indican lo incluyen todo; se aceptan tarjetas de crédito. Se pueden consultar ofertas especiales en su página web.

CÓMO LLEGAR Y SALIR
Para acceder a Conchal lo mejor es tomar el autobús en Brasilito. Para más detalles véase "Playa Flamingo" (p. 232).

Si se llega en automóvil, debe tenerse en cuenta que la única gasolinera de la zona se halla entre las playas Brasilito y Flamingo.

PLAYA GRANDE
Situada al sudoeste de Huacas, debe su nombre a su enorme extensión y acoge varios hoteles repartidos por el extremo norte del Parque Nacional Marino Las Baulas. Se trata de un lugar excelente para el **surf,** pero la zona es tranquila; por eso, quien haya viajado a Costa Rica para irse de fiesta debería optar por Tamarindo (p. 236).

Dónde dormir y comer
Centro Vacacional Playa Grande (☎ 6530834; *camping* por persona 2 US$; h 35 US$; P ♨). Separado por unos cientos de metros de la playa, junto a la carretera principal, este lugar atrae a familias ticas y surfistas. Las habitaciones son sencillas; tienen ventiladores, duchas con agua fría y, en algunos casos, cocina auxiliar. Hay una piscina y un restaurante barato que sirve sabrosos platos.

Villa Baula (☎ 653 0644/493; www.hotelvillabaula. com; d/tr 70/94 US$, *bungalow* 117-146 US$, cama adicional 10 US$; P ♨). Este complejo rústico junto al mar, en el extremo sur del parque, separado de Tamarindo por el estuario, cuenta con 20 dormitorios y cinco *bungalows* de diferentes tamaños. Los *bungalows* más caros están provistos de cocina auxiliar y aire acondicionado. Se alquilan tablas de surf, *body boards*, kayaks y bicicletas. También se pueden contratar clases de surf y excursiones.

Hotel Cantarana (☎ 653 0486; www.hotelcantarana.com; i/d 60/80 US$; P ♨). Bonito, cuidado y próximo al estuario, ofrece 10 cuartos con aire acondicionado, ducha con agua caliente y televisión por cable. Tiene un buen restaurante europeo, servicio de masaje y alquiler de kayaks, y dispone de una gran piscina con forma irregular. Los propietarios son alemanes y gestionan excursiones por la zona.

Hotel Las Tortugas (☎ 653 0423; www.cool. co.cr/usr/turtles; d 76 US$, st 105 US$, apt 30-105 US$; P ♨). Sus 11 amplias habitaciones con aire acondicionado y baño con agua caliente tienen paredes gruesas y ventanas pequeñas que permiten dormir incluso de día tras pasar la noche observando las tortugas. Hay piscina, *jacuzzi* y un restaurante popular; también organizan excursiones. El propietario, Louis Wilson, impulsó el plan de protección de las tortugas y diseñó el hotel de forma que las tenues luces no enfocaran a la playa. Se alquilan tablas de surf, *body boards*, kayaks para el mar, gafas y tubos de buceo, y caballos. El hotel dispone de dos apartamentos con cocina emplazados en un cerro.

Cómo llegar y salir
No hay servicio de autobuses a playa Grande; pero se puede ir en automóvil hasta Huacas y luego tomar la carretera asfaltada a Matapalo, desde donde una pista de 6 km conduce hasta allí. Quien no tenga vehículo y se aloje en playa Grande, puede llamar con antelación y los propietarios del hotel se encargarán del traslado desde el desvío de Matapalo, adonde se puede llegar con el autobús de San José. También se puede acceder en barco desde Tamarindo, al extremo sur de playa Grande, cruzando el estuario (véase "Cómo desplazarse", p. 243).

PARQUE NACIONAL MARINO LAS BAULAS
Se extiende al norte de Tamarindo y a lo largo de playa Grande, y constituye uno de los lugares más importantes de desove de la baula (tortuga laúd). Antiguamente era una reserva natural, pero en 1991 se creó el parque natural para regular el turismo y combatir la caza furtiva. Con unas 379 Ha al norte del estuario del río Matapalo y otras 22.000 Ha de océano, la mayor parte del terreno es un manglar donde crecen las seis especies de mangle de Costa Rica.

Todo ello crea un hábitat ideal para caimanes y cocodrilos, así como para numerosas aves, entre ellas la bella espátula rosada.

PENÍNSULA DE NICOYA

Otras criaturas que se pueden observar son los monos aulladores, los mapaches, los coatíes, las nutrias y una gran variedad de cangrejos. No obstante, la gran atracción es la puesta de huevos de octubre a marzo de las tortugas laúd, que pueden llegar a pesar más de 300 kg; en esa época acude hasta una docena de ejemplares cada noche.

Playa Grande también es una de las preferidas para practicar surf, con uno de los rompeolas más constantes de Costa Rica.

Observación de tortugas

Los visitantes deben ir acompañados por un guía y contemplar a las tortugas desde zonas específicas; no se permiten las fotografías con flash ni las luces. La **oficina del parque** (☎ 653 0470; ☻ 9.00-18.00) se encuentra junto a la entrada norte, y la tarifa de 7 US$ sólo se cobra en las excursiones nocturnas.

Un buen modo de empezar el recorrido es visitar la pequeña exposición **El mundo de la tortuga** (☎ 653 0471; entrada 5 US$; ☻ 16.00-amanecer), cerca del extremo norte del parque.

Muchos hoteles y agencias de viaje de Tamarindo organizan salidas que incluyen transporte hasta playa Grande, entrada a la exposición y al parque, y visita guiada. El paquete completo cuesta 35 US$; es la mejor opción.

La tortuga laúd está en grave peligro por la caza excesiva, la falta de lugares protegidos para poner sus huevos y la urbanización del litoral, ya que las luces de la costa las desorientan cuando se acercan a desovar. Se calcula que antes se acercaban a la costa más de 1.000 cada temporada, pero en la actualidad lo hacen entre 50 y 200 baulas al año. Esto conlleva una normativa estricta de visitas, de modo que los turistas no pueden acercarse a la playa hasta que las tortugas han llegado a la arena seca, y cada grupo sólo puede observar una tortuga. Un equipo de vigilancia con radios avisa a los guías sobre cuándo pueden aproximarse a una de ellas.

Por supuesto, nada garantiza que las tortugas aparezcan; así que puede que baste con esperar diez minutos, pero también pueden ser cinco horas. Hay un pequeño puesto en la exposición que vende tentempiés y bebidas, pero conviene llevar un buen libro o una baraja de cartas para entretenerse. Puede ser una noche muy larga, aunque vale la pena.

PLAYA TAMARINDO

El surf es de primera, las playas son preciosas, la población es tranquila y no faltan cosas que hacer. Los amantes de la naturaleza disfrutarán viendo a las tortugas laúd desovando en el parque nacional (véase anteriormente) y los más atrevidos podrán aprovechar las olas, las excursiones en *quads* al anochecer o la emoción de la tirolina. Tamarindo es uno de los destinos más populares de la península y tiene buena oferta hotelera, restaurantes y tiendas para alquilar equipos deportivos. Además, cuenta con mejores accesos en transporte público que la mayor parte de las playas de la zona y registra una actividad urbanística moderada; por eso, no es raro que haya tantos estadounidenses y que el lugar pueda ser rebautizado como "Tamagringo".

El pueblo se ubica al sur de Huacas, desde donde parte una buena carretera hasta las proximidades, y al este de Santa Cruz por una carretera parcialmente asfaltada. Durante la estación seca, sobre todo en febrero, el viento levanta arena.

Información

Se puede solicitar información turística en cualquiera de las agencias del lugar, así como consultar www.tamarindobeach.org.

Los interesados en la lectura pueden acercarse a **Shark Bite Deli** (cerca de la comisaría), con uno de los mejores servicios de intercambio de libros de Costa Rica.

El correo electrónico se puede revisar en @ **Internet** (4,50 US$/h; ☻ 9.00-21.00). La conexión es rápida, el servicio es agradable y el café, gratis.

Las **lavanderías Mariposa** y **Punto Limpio** (ambas ☻ lu-sa) cobran 1,25 US$ por lavar y secar 1 kg de ropa.

El **Banco Nacional** (☎ 653 0366; ☻ 8.30-15.30) cambia dólares estadounidenses y cheques de viaje, pero no concede crédito a cargo de tarjetas. En el Best Western (p. 241) hay un **cajero automático** (☻ 7.00-22.00) de Cirrus, aunque suele estar estropeado. En el **supermercado Tamarindo** (☻ 7.30-21.00) se cambian cheques de viaje con comisión, además de ser un buen lugar para comprar alimentos.

Se pueden efectuar llamadas desde los teléfonos públicos de la carretera principal y de la rotonda del extremo sur de la población.

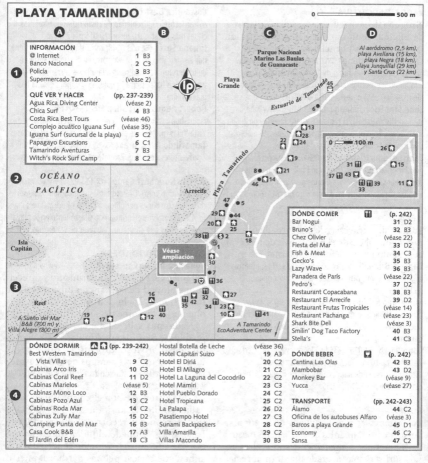

PLAYA TAMARINDO

0 ————— 500 m

INFORMACIÓN
@ Internet	1 B3
Banco Nacional	2 C3
Policía	3 B3
Supermercado Tamarindo	(véase 2)

QUÉ VER Y HACER (pp. 237-239)
Agua Rica Diving Center	(véase 2)
Chica Surf	4 B3
Costa Rica Best Tours	(véase 46)
Complejo acuático Iguana Surf	(véase 35)
Iguana Surf (sucursal de la playa)	5 C2
Papagayo Excursions	6 C1
Tamarindo Aventuras	7 B3
Witch's Rock Surf Camp	8 C2

OCÉANO
PACÍFICO

Isla
Capitán

Reef

A Sueño del Mar
B&B (700 m) y
Villa Alegre (800 m)

Playa
Grande

Parque Nacional
Marino Las Baulas
de Guanacaste

Al aeródromo (2,5 km),
playa Avellana (15 km),
playa Negra (18 km),
playa Junquillal (29 km)
y Santa Cruz (22 km)

Estuario de Tamarindo

Playa Tamarindo

Arrecife

Véase
ampliación

A Tamarindo
EcoAdventure Center

0 —— 100 m

DÓNDE COMER (p. 242)
Bar Nogui	31 D2
Bruno's	32 B3
Chez Olivier	(véase 22)
Fiesta del Mar	33 D2
Fish & Meat	34 C3
Gecko's	35 B3
Lazy Wave	36 B3
Panadera de París	(véase 22)
Pedro's	37 D2
Restaurant Copacabana	38 B3
Restaurant El Arrecife	39 D2
Restaurant Frutas Tropicales	(véase 14)
Restaurant Pachanga	(véase 23)
Shark Bite Deli	(véase 3)
Smilin' Dog Taco Factory	40 B3
Stella's	41 C3

DÓNDE DORMIR (pp. 239-242)
Best Western Tamarindo Vista Villas	9 C2
Cabinas Arco Iris	10 C3
Cabinas Coral Reef	11 D2
Cabinas Marielos	(véase 5)
Cabinas Mono Loco	12 B3
Cabinas Pozo Azul	13 C2
Cabinas Roda Mar	14 C2
Cabinas Zully Mar	15 D2
Camping Punta del Mar	16 B3
Casa Cook B&B	17 A3
El Jardín del Edén	18 C3

Hostal Botella de Leche	(véase 36)
Hotel Capitán Suizo	19 A3
Hotel El Diriá	20 C2
Hotel El Milagro	21 C2
Hotel La Laguna del Cocodrilo	22 C2
Hotel Mamiri	23 C2
Hotel Pueblo Dorado	24 C2
Hotel Tropicana	25 C2
La Palapa	26 D2
Pasatiempo Hotel	27 C3
Sunami Backpackers	28 C2
Villa Amarilla	29 C2
Villas Macondo	30 B3

DÓNDE BEBER (p. 242)
Cantina Las Olas	42 B3
Mambobar	43 D2
Monkey Bar	(véase 9)
Yucca	(véase 27)

TRANSPORTE (pp. 242-243)
Álamo	44 C2
Oficina de los autobuses Alfaro	(véase 3)
Barcos a playa Grande	45 D1
Economy	46 C2
Sansa	47 C2

PENÍNSULA DE NICOYA

Peligros y advertencias

Desgraciadamente la invasión de turistas ha creado un creciente problema de drogas. Los vendedores muestran abiertamente su mercancía en la carretera principal, por la rotonda, y algunos bares pueden volverse peligrosos a la hora de cerrar cuando todo el mundo lleva una copa de más. Asimismo, los robos han aumentado, por eso se aconseja cerrar con llave la habitación del hotel, usar las cajas fuertes y no dejar objetos de valor en la playa ni dentro del coche.

Actividades

PASEOS A CABALLO

Muchos propietarios de equinos, que suelen encontrarse junto a la playa, al sur de la oficina del Witch's Rock Surf Camp, ofrecen excursiones guiadas por la playa y las montañas a los paseantes. Aunque algunos son muy correctos y proporcionan buenas experiencias, otros poseen caballos de aspecto cansado a los que obligan a galopar todo el día cargados con turistas; por ello, conviene escoger cuidadosamente.

Para cabalgar por la playa, hay que asegurarse de que el guía escoge una zona al norte o al sur poco concurrida; ya que muchos guías permiten a los turistas con poca o ninguna experiencia que troten entre los bañistas, con el resultado de viajeros asustados y un montón de excrementos de caballo. Véase también "Circuitos organizados", p. 238.

PESCA DEPORTIVA

Ninguna de las siguientes agencias dispone de oficina, de modo que hay que contratar las excursiones por teléfono o Internet.

Capullo Sportfishing (☎ 653 0048, 837 3130; www. capullo.com). Con un Topaz de 12 m y un Boston Whaler de 7 m, ofrecen excursiones por la costa y alta mar de medio día (275-500 US$) o de un día (400-900 US$).

Lone Star Sportfishing (☎ 653 0101; www.lone starsportfishing.com). El capitán Gaylord Townley posee un Palm Beach de10 m, que alquila para travesías de medio día o un día (450/750 US$).

Tantrum Sportfishing (☎ 653 0357; www.tamarin dofishingcharters.com). El capitán Philip Leman cuenta con un barco de pesca Boca Grande de 9 m que se puede alquilar para salidas de medio día o un día (375/600 US$).

VELA

Para realizar travesías de una jornada o ver la puesta de sol desde el mar conviene reservar con tiempo por teléfono o Internet en:

Captain Brian King (☎ 653 0405, 833 0713; kingfish cr@ hotmail.com). Dispone de una panga por unos 45 US$ por hora.

Mandingo Sailing (☎ 653 0623, 831 8875; www. tamarindosailing.com). Alquila una goleta para practicar buceo o ver la puesta de sol por unos 45 o 65 US$ por persona.

Osprey (☎ 653 0162, 835 8500; osprey@racsa.co.cr). El Rampage de 10 m pilotado por el capitán Brock Menking se arrienda para excursiones de medio día o un día completo por 500/850 US$.

SURF

Los rompeolas más pequeños de la zona se llenan de principiantes de las escuelas de surf para aprender a mantenerse sobre el agua. Los surfistas más avezados podrán apreciar las olas más grandes, rápidas y espaciadas de las playas Langosta, Avellana, Negra y Junquillal, al sur, y de playa Grande, al norte; los mejores meses para practicar surf coinciden con la estación de lluvias.

El principal tramo de carretera de Tamarindo está flanqueado por varias escuelas y agencias que organizan excursiones para practicarlo. Las clases de surf de hora y media y dos horas cuestan unos 30 US$, aunque la mayoría de los operadores permiten practicar con la tabla más tiempo. Todas las agencias programan salidas de uno o varios días a los rompeolas más populares y casi todas alquilan equipos. Éstas son algunas:

Chica Surf (☎ 827 7884; chicasurfschoolcr@hotmail.com). Creada para chicas que quieran aprender a subirse a las olas.

Costa Rica Best Tours (☎ 653 0918; besttours@ costarricense.cr). Propiedad de costarricenses, ofrece las clases más baratas del lugar: 20 US$ por 2 horas.

Iguana Surf (☎ 653 0148; www.iguanasurf.net). Tiene dos locales: uno en la playa y otro en el pueblo; dispone de un servicio de "taxi surf" a las playas cercanas (10 US$ por persona hasta playa Grande, 25 US$ por persona hasta playa Negra).

Robert August Surf Shop (☎ 653 0114; rasurfshop@yahoo.com). En las Best Western Tamarindo Vista Villas (p. 241); se alquilan tablas y se imparten clases.

Tamarindo Aventuras (☎ 653 0108; www.tamarin doadventures.net). Alquilan tablas, venden equipos y dan clases.

Witch's Rock Surf Camp (☎ 653 0239; www.witchs rocksurfcamp.com). Ofrecen tablas, campamentos de surf, clases y excursiones periódicas a Witch's Rock y Ollie's Point (p. 192); también se encargan del alojamiento en la playa para surfistas que contraten paquetes de varios días.

OTRAS ACTIVIDADES

Agua Rica Diving Center (☎ 653 0094; www.aguarica. net) son expertos en submarinismo y ofrecen la posibilidad de bucear con tubo o realizar inmersiones. Incluso imparten clases para obtener el diploma de submarinismo.

Nada más salir de Tamarindo, cerca del pueblo de San José de Pinilla, se encuentra un nuevo proyecto urbanístico que alberga uno de los mejores campos de **golf** de América Central. La **Hacienda Pinilla** (☎ 680 7000; www.haciendapinilla.com), con 7.500 yardas y par 72, fue diseñada por el célebre arquitecto Mike Young. La tarifa es de 105/125 US$ por persona y recorrido en temporada baja/alta y se puede alquilar un cochecito por 20 US$ al día. Se debe tener cuidado si hay que buscar pelotas perdidas, puesto que en un pantano próximo al hoyo 9 habita una boa. Para consultar los horarios y la ubicación, se aconseja llamar con antelación.

Se pueden tomar **clases de yoga** en Cabinas Arco Iris (véase p. 240).

Circuitos organizados

En varias agencias se pueden contratar salidas para bucear y excursiones en barco o en *quad*; también se pueden alquilar motocicletas y equipos deportivos. Entre las más fiables se cuentan:

Papagayo Excursions (☎ 653 0254; www.papaga yoexcursions.com). Es la de mayor tradición y organiza diferentes excursiones acuáticas y a caballo, así como visitas a los puntos de desove de las tortugas.

PENÍNSULA DE NICOYA

SELECCIÓN DE LA AUTORA

Económico

Hostal Botella de Leche (☎ 653 0944; www.labotelladeleche.com; 15 US$ por persona; P ⚡). Se trata de la mejor opción en caso de presupuesto ajustado. Los dormitorios están impecables y los baños son luminosos y amplios. El cómodo salón tiene una gran pantalla de TV y la cocina comunitaria es enorme. El propietario es argentino; ofrece servicio de lavandería y espacio para guardar tablas de surf.

Precio medio

Villas Macondo (☎ 653 0812; www.villasmacondo.com; d/tr 35/40 US$, d/tr con a.a. 50/55 US$; apt de 2/4 plazas 80/100 US$, cama adicional 5 US$; P ⚡ ⚡). A sólo 200 m de la playa, este establecimiento gestionado por alemanes resulta una buena elección en Tamarindo. Las habitaciones, con paredes de cemento pintado con colores vivos, están muy cuidadas y disponen de duchas con agua caliente por energía solar, un potente ventilador de techo y una terraza con hamacas. Los apartamentos tienen cocina, televisión por cable y aire acondicionado. Hay una impecable cocina comunitaria y piscina. Los dueños, muy agradables y solícitos, hacen reservas para excursiones. Se aceptan tarjetas de crédito.

Precio alto

Sueño del Mar B&B (☎ 653 0284; www.sueno-del-mar.com; d estándar/nupcial 155/195 US$, casita 170-185 US$; P ⚡ ⚡). Con un aire de posada tradicional bien decorada, cuenta con seis habitaciones, una *suite* nupcial con vistas al mar y dos casitas de cuatro plazas. Las habitaciones presentan camas con dosel, bellas piezas de artesanía y duchas en el jardín. El delicioso desayuno está incluido en el precio y el acceso a la playa se encuentra atravesando un bonito jardín. Las mecedoras hechas a mano, las hamacas y el acogedor salón lo convierten en un lugar inolvidable. Se puede reservar todo tipo de excursiones. No se admiten menores de 12 años. Se aceptan tarjetas de crédito.

Tamarindo Aventuras (☎ 653 0108; www.tamarindoadventures.net; motocicletas 25 US$ por hora, *quads* 60 US$ por 4 h, bicicletas de montaña 34 US$ por 4 h). También alquilan equipos para deportes acuáticos, como kayaks y material de buceo.

Tamarindo EcoAdventure Center (☎ 653 0939/26; www.tamarindoecoadventurecenter.com). Ubicado a las afueras, cuenta con una tirolina y organiza salidas a caballo y en barco.

Dónde dormir

ECONÓMICO

Entre los alojamientos baratos, el Hostal Botella de Leche destaca en "Selección de la autora", véase esta página.

Cabinas Roda Mar (☎ 653 0109; por persona sin/con baño 8/10 US$; P). Las dobles y triples de hormigón con baño son amplias y limpias, aunque oscuras y poco ventiladas. Se aconseja pedir una de las buenas, puesto que las antiguas están algo descuidadas y los baños compartidos, muy viejos.

Cabinas Pozo Azul (☎ 653 0280; d ventilador/a.a. 29/48 US$; P ⚡ ⚡). Sus 17 habitaciones sencillas, grandes y encaladas reciben a muchas familias ticas. Todas tienen baño con agua fría, cocina auxiliar y un patio con sombra. Se puede escoger entre ventilador y aire acondicionado. Hay piscina.

Cabinas Marielos (☎ 653 0141; d 30 US$; ⚡). Los dormitorios son cómodos y disponen de camas firmes, ventilador y baño; algunos ofrecen terraza con vistas a un jardín. El aire acondicionado cuesta 5 US$ más.

Cabinas Coral Reef (☎ 653 0291; i/d/tr 7,50/12,50/15 US$; P). Es el lugar más barato y ofrece cabinas de madera limpias, aunque desvencijadas y pequeñas, que se llenan de surfistas. Los baños son compartidos y hay servicio de masaje sueco.

Sunami Backpackers (☎ 653 0956; i/d 14,50/19 US$; P). En el extremo norte del pueblo, los cuartos son espaciosos, pero espartanos y de aspecto viejo, y cuentan con duchas de agua fría.

Villa Amarilla (☎ 653 0038; carpen@racsa.co.cr; d 25 US$, d con baño 40 US$, cama adicional 10 US$). Este pequeño establecimiento, propiedad de franceses, se ubica en la misma playa y dispone de cuatro habitaciones con baño, aire acondicionado y televisión por cable, así como tres habitaciones más baratas con duchas comunes con agua caliente. Todas están provistas de nevera y caja fuerte y comparten una cocina exterior. Se aceptan tarjetas de crédito.

Camping Punta del Mar (3 US$ por persona). Dispone de servicios, duchas, agua y electricidad; está abierto todo el año.

PRECIO MEDIO

La opción preferida de la autora en esta franja de precios es Villas Macondo (véase el recuadro en p. 239).

Cabinas Arco Iris (☎ 653 0330; www.hotelarcoiris. com; d 45-50 US$; P). En una ladera a 500 m de la playa, estas cuatro bonitas cabinas de imaginativa decoración son propiedad de italianos. Cuentan con baño, agua caliente, ventilador y nevera, y también hay una cocina comunitaria al aire libre. Los días laborales se organizan clases de yoga en la terraza cubierta.

Hotel Mamiri (☎ 653 0079; www.hotelmamiri.com; d/tr 35/45 US$; P). Tranquilo y encantador, cuenta con 10 habitaciones diferentes con las paredes pintadas con motivos indonesios. Hay agua caliente en las duchas.

Hotel Mono Loco (☎ 653 0238; d con ventilador/a.a. 35/45 US$; ⊠ ⏚). Ha recibido buenas críticas y cuenta con dormitorios dispuestos alrededor de un agradable jardín. Cómodos y bien decorados, están provistos de ducha y agua caliente. El bonito edificio amarillo tiene el tejado de paja; se sirven desayunos.

Hotel La Laguna del Cocodrilo (☎ 653 0255; www.lalagunadelcocodrilo.com; dc 14 US$, d/tr/c traseras 40/45/55 US$, d/tr/c primera planta 50/60/70 US$, d/tr con terraza 55/65 US$; P ⊠). Gestionado por franceses, tiene cuartos de diferentes tamaños y con diferentes ubicaciones e instalaciones. Todos están bien mantenidos y disponen de baño con agua caliente; algunos dan a la parte de atrás, mientras que otros tienen aire acondicionado y se orientan a las instalaciones propias o al estuario. Las literas de los dos dormitorios salen a cuenta. El hotel tiene un buen restaurante francés, Chez Olivier (p. 242). Se aceptan tarjetas de crédito.

La Palapa (☎ 653 0362; www.lapalapa.info; h 60 US$, apt 85 US$; P ⊠). Situado frente al mar, la entrada puede parecer concurrida y ruidosa, pero las instalaciones no lo son. Las cabinas (de dos o tres plazas) y los aparta-

mentos de tipo *loft* (de dos a cuatro plazas) tienen una bonita decoración y vistas al océano. Ambos tipos de estancia disponen de baño, agua caliente, cafetera, nevera y aire acondicionado; los apartamentos además de cocina equipada. Se aceptan tarjetas de crédito.

Cabinas Zully Mar (☎ 653 0140, 226 4732; www. tr506.com/zullymar; d/tr 55/66 US$, d/tr con a.a. 65/78 US$, cama adicional 12 US$; P ⊠ ⏚). Este lugar de larga tradición próximo a la rotonda ofrece 38 sencillas habitaciones encaladas con duchas, agua caliente y minibar. Las más baratas tienen ventilador, pero el precio puede resultar alto. Las más caras están provistas de aire acondicionado. Se aceptan tarjetas de crédito y en recepción cambian dólares estadounidenses a los clientes.

Hotel Tropicana (☎ 653 0503/261, www.tropica nacr.com; i/d/tr 70/80/90 US$, i/d/tr con a.a. 80/90/100 US$; P ⊠ ⏚). Tranquilo y grande, dispone de 40 habitaciones limpias y austeras con ventilador, escritorio y baño con agua caliente. La mayor parte de las habitaciones tiene aire acondicionado, y el hotel cuenta con jardín, una gran piscina, *jacuzzi* y un mirador con vistas al mar. El desayuno en el restaurante cuesta 5 US$. Se aceptan tarjetas de crédito.

Hotel Pueblo Dorado (☎ 653 0008; i/d/tr 58/70/ 88 US$; P ⊠ ⏚). Los 26 impecables dormitorios de este tranquilo establecimiento tienen aire acondicionado, baño y agua caliente. El hotel dispone de una pequeña piscina. Se organizan excursiones y jornadas de pesca deportiva; se aceptan tarjetas de crédito.

PRECIO ALTO

Véase el recuadro (p. 239) para información detallada sobre el Sueño del Mar B&B, recomendado en esta gama de precios.

Villa Alegre B&B (☎ 653 0270; www.villaalegrecos tarica.com; h 140-158 US$, chalé 216 US$, P ⊠ ⏚). Pintoresco y emplazado junto al mar, ofrece cinco habitaciones de distintos tamaños decoradas con encanto y diferentes temas. Todas tienen baño, agua caliente, aire acondicionado y ventilador. También hay dos chalés, más grandes y caros, con cocina y salón. El establecimiento cuenta con un bar exclusivo, un cómodo salón para clientes y juegos para niños. Los abundantes desayunos (incluidos en el precio) se sirven en la terraza y los agradables propietarios organizan excursiones. Dos habitaciones están adaptadas para sillas de ruedas; se aceptan tarjetas de crédito.

Casa Cook B&B (☎ 653 0125; www.tamarindo. com/cook; d ventilador/a.a. 180/190 US$, cama adicional 20 US$; P ✗ ✍). Esta pequeña y exquisita casa de huéspedes es propiedad de una amable pareja estadounidense. Las cuatro cabinas cuentan con cocina bien equipada, ventiladores de techo y televisión por cable. En la sala de estar se han instalado sofás cama. Dispone de piscina y un jardín que lleva a la playa, donde hay hamacas y *body boards* para los clientes.

El Jardín del Edén (☎ 653 0137/11; www.jardin deleden.com; i normal/grande 94/117 US$, d 140 US$, apt 152 US$, adultos/menores de 12 años extra 20/15 US$; P ✗ ✍). Este lujoso hotel, gestionado por franceses y situado en una colina con bellas vistas a Tamarindo, está formado por 18 bonitas habitaciones, con salita, patio o balcón, ventilador y aire acondicionado, nevera, televisión por cable, teléfono, baño con agua caliente y secador de pelo. Todos los precios incluyen el desayuno. También cuenta con dos apartamentos de cinco plazas con cocina auxiliar. Hay un *jacuzzi*, una bonita piscina con bar al que se llega nadando y servicio de masajes. El acreditado **restaurante** (platos principales 12-25 US$) está especializado en comida francesa e italiana. Se programan las excursiones habituales y se aceptan tarjetas de crédito.

Hotel El Diriá (☎ 653 0031/2, en San José 291 2821, en EE UU 510-315 1294; www.eldiria.com; d jardín/océano/ superior 137/158/180 US$; P ✗ ✍). Ubicado junto al mar, fue el primer establecimiento de lujo de Tamarindo y tiene una clientela fiel. Las reformas y ampliaciones lo mantienen en buen estado y las obras de arte indígena que adornan el recinto le proporcionan un aspecto de elegancia desenfadada. Cuenta con tres piscinas, *jacuzzi*, un buen restaurante y bar. Las 115 habitaciones son modernas y tienen aire acondicionado, ventilador, televisión por cable, teléfono y baño con agua caliente. Las más baratas dan al jardín, mientras que las más caras gozan de diferentes vistas del océano. El personal, muy solícito, organiza excursiones. Se aceptan tarjetas de crédito.

Hotel Pasatiempo (☎ 653 0096; www.hotelpasa tiempo.com; d estándar/grande/st desayuno incl. 81/92/99 US$, cama adicional 12 US$; P ✗ ✍). Los 16 dormitorios estándar y grandes presentan cómodas

camas, baño con agua caliente, ventilador y aire acondicionado. Las paredes están pintadas en colores pastel con murales de las playas locales, y cada dormitorio tiene un pequeño patio con hamaca. Las *suites* cuentan con una salita con sofá cama y son prácticas para familias. Hay piscina y un popular bar y restaurante, el Yucca (p. 242). Se aceptan tarjetas de crédito.

Hotel El Milagro (☎ 653 0042; www.elmilagro.com; d con ventilador/a.a. 88/99 US$, cama adicional para mayores de 10 años/menores de 10 años 10/5 US$; P ✗ ✍). Los 32 bungalows están demasiado pegados, pero los cuartos disponen de patio y ducha con agua caliente. Hay una pequeña piscina, restaurante y bar, y se organiza todo tipo de excursiones. El desayuno está incluido y se aceptan tarjetas de crédito.

Best Western Tamarindo Vista Villas (☎ 653 0114; www.tamarindovistavillas.com; d/tr 104/116 US$, st 163-257 US$; P ✗ ✍). Situado en lo alto de una colina con vistas a la entrada de Tamarindo, este establecimiento popular entre surfistas está constituido por 33 habitaciones y *suites* con aire acondicionado, teléfono, televisión por cable, vídeo, cafetera y secador de pelo. Algunas *suites* tienen cocina, patio o balcón y una salita con futón. Hay varias de cuatro plazas, pero las mayores, de dos dormitorios, cuentan con dos balcones y ocho plazas. En el hotel se halla una piscina con vistas al océano, el popular Monkey Bar (p. 242), una tienda de submarinismo, la Robert August Surf Shop (p. 238), y un servicio de excursiones. En el precio se incluye el desayuno continental y se aceptan tarjetas de crédito.

Al sur del hotel, la carretera sigue 1 km hasta playa Langosta.

Hotel Capitán Suizo (☎ 653 0075/353; www.hotelca pitansuizo.com; d con ventilador/a.a. 146/170 US$, bungalow/ apt 205/462 US$, cama adicional 23 US$; P ✗ 🖳 ✍). Hacia el extremo sur de la playa se encuentra este excelente edificio gestionado por un suizo, con un alegre jardín y personal experimentado. Hay 22 amplias habitaciones a dos niveles; las 11 de la planta inferior tienen aire acondicionado y las 11 de la superior, ventilador, ya que reciben la fresca brisa marina. Todas están provistas de minibar, teléfono y terraza o balcón. Hay ocho *bungalows* de mayor tamaño con una enorme bañera a ras de suelo y ventilador, y un apartamento de cuatro dormitorios y ocho plazas. Los precios incluyen el desayuno, salvo en el apartamento. La piscina con forma irregular está junto a la playa y hay un excelente restaurante y bar. Se pueden alquilar kayaks y contratar excursiones a caballo, clases de surf y masajes. Se aceptan tarjetas de crédito.

Dónde comer

Panadería de París (Hotel Laguna del Cocodrilo; bollos 0,50-1 US$; ⏰ 6.00-19.00). El desayuno es una tentación en este horno de estilo parisino que vende bollería recién hecha, cruasanes y pan.

Restaurant Frutas Tropicales (desayunos 2-4 US$). Esta soda de carretera es estupenda para desayunar barato con cereales, macedonia y zumo de frutas frescas.

Witch's Rock Surf Camp Café (platos 4-7 US$). Gestionado por estadounidenses, es el mejor lugar para picar algo: se pueden pedir unos nachos enormes y beber algo fresquito en la terraza hasta las 2.00.

Smilin' Dog Taco Factory (tacos 1,75 US$, burritos 3,25 US$). Los amantes de lo mexicano disfrutarán con la variedad y los buenos precios de este popular establecimiento.

Shark Bite Deli (bocadillos 5 US$; ⏰ 8.00-20.00). Este puesto vende bocadillos enormes y deliciosos, ideales para un *picnic* en la playa.

Hay varios locales por la rotonda del extremo sudoeste del pueblo. El agradable **Fiesta del Mar** (platos 3,75-12 US$; ⏰ 24 h) prepara buenos filetes, pescado y marisco, así como tentempiés para los que salen de marcha nocturna. El popular **Bar Nogui** (platos 6-11 US$), algo más caro, está siempre lleno de estadounidenses, pero ofrece bocadillos de primera a mediodía y pescado y pollo a la parrilla para cenar. Conviene llegar pronto para evitar las colas. Lo que nunca falla es el pescado en salsa de ajo de **Pedro's** (platos 5 US$), unos 100 m más allá por la playa.

Restaurant Arrecife (casados 4 US$). Elabora comida típica costarricense a buen precio, como el exquisito pescado (5 US$) o el arroz con pollo (3,50 US$).

En la carretera principal, el **Restaurant Copacabana** (platos 5-10 US$), un poco más caro, sirve platos del día más sofisticados. Es ideal para tomarse un cóctel junto al mar viendo la puesta de sol.

Fish & Meat (platos a partir de 12 US$). Si el viajero está saturado del arroz con frijoles, aquí puede saborear deliciosos filetes con patatas al ajo, atún increíblemente fresco, sushi de salmón y pastel de chocolate.

Lazy Wave (☎ 653 0737; entrantes 9-15 US$; ⏰ 11.00-23.00). La carta cambia cada noche y se compone de carnes variadas a la brasa, pescado y marisco fresco. La terraza está dispuesta alrededor de un árbol enorme y de noche el ambiente es excelente; muy recomendado por los lectores.

Bruno's (*pizzas* 5-8 US$). El mejor lugar para tomar una deliciosa *pizza* de masa fina, cocida en un horno de ladrillo al aire libre.

Gecko's (platos 8 US$; ⏰ 17.30-cierrre). Este popular restaurante, situado en el complejo acuático Iguana Surf, sirve platos italianos e internacionales a buen precio.

Stella's (☎ 653 0217; entrantes 7-23 US$; ⏰ lu-sa). Se trata del restaurante más elegante de Tamarindo, albergado en un edificio rústico, con manteles blancos y copas brillantes. Las especialidades son el pescado, el marisco y los platos italianos, aunque hay muchas otras opciones.

Restaurant Pachanga (☎ 653 0021; entrantes 11-17 US$; ⏰ 18.00-22.00 lu-sa). Este tranquilo rincón tiene mucho éxito. La carta es breve y está formada por especialidades mediterráneas y asiáticas.

Chez Olivier (Hotel La Laguna del Cocodrilo; platos 7-12 US$; ⏰ 18-23.00). Este restaurante francés sirve pescados, mariscos y carnes en un agradable comedor al aire libre. A las 17.00 se pueden cenar refinados platos mientras los caimanes y cocodrilos se congregan cerca de allí, en el estuario.

Dónde beber

El Yucca, en el Hotel Pasatiempo, tiene música en vivo los martes por la noche. El Hotel California, cerca de allí, es un buen lugar para tomarse una copa.

El sitio de moda es el Mambobar, que atrae a una clientela joven en busca de diversión. La Cantina Las Olas se anima el miércoles, la noche de las chicas, desde las 21.00 hasta el amanecer. El Monkey Bar, en el Best Western Tamarindo Vista Villas, organiza los viernes una noche para chicas más tranquila.

Cómo llegar y salir

AVIÓN

En el aeródromo, 3 km al norte de la población, suele haber autobuses que recogen a los pasajeros para llevarlos a los hoteles, pero también se puede tomar un taxi. NatureAir (ida/ida y vuelta 80/150 US$) tiene tres vuelos diarios de/a San José; en el mostrador de viajes del Hotel El Diriá se pueden reservar los billetes. **Sansa** (☎ 653 0012), que cuenta con cinco vuelos (ida/ida y vuelta 66/132 US$), ha instalado una oficina en la carretera principal. El aeródromo pertenece al hotel y todos los pasajeros deben pagar un impuesto de salida de 3 US$.

AUTOBÚS

Los que van a San José (5,50 US$, 5 horas) salen de la oficina de Empresas Alfaro, junto a la comisaría de policía (3.30 y 5.45 lu-sa, 5.45 y 0.30 do). Es mejor comprar los billetes con antelación, porque los vehículos se llenan.

Los autobuses indicados a continuación se pueden tomar en cualquier punto de la carretera principal:

Liberia. 1 US$; 2 h; salida 5.30, 9.00, 11.30, 13.00, 14.00 y 16.30.

Santa Cruz. 0,70; 1¼ h; 6.00, 9.00, 12.00, 14.30 y 16.15.

AUTOMÓVIL Y TAXI

Para llegar a Tamarindo, conviene tomar la carretera de Belén a Huacas y seguir luego hacia el sur. También se puede seguir la carretera asfaltada desde Santa Cruz hasta 27 de Abril y luego continuar por la de tierra hacia el noroeste durante 19 km; esta ruta es más pesada, pero es apta para todo tipo de vehículos. Un taxi desde Santa Cruz cuesta unos 20 US$ y el doble desde Liberia.

Cómo desplazarse

En el extremo norte de la playa se pueden alquilar barcos para cruzar el estuario y visitar playa Grande en una excursión de un día. El viaje cuesta 1,25 US$ por persona, dependiendo de los integrantes del grupo.

Mucha gente llega a Tamarindo en coche de alquiler. Si se llega en avión o autobús, cabe la posibilidad de alquilar bicicletas en diferentes agencias (véanse pp. 238-239). Como no hay gasolinera, se puede comprar gasolina más cara en bidones en la ferretería próxima a la entrada de la población, aunque sale más barato llenar el depósito en Santa Cruz o en la estación de servicio de Huacas. Se pueden alquilar automóviles en las siguientes agencias:

Álamo (☎ 653 0727)

Budget (☎ 653 0756; Hotel Zullymar)

Economy (☎ 653 0752)

PLAYAS NEGRA Y AVELLANA

Muy populares entre los surfistas, tienen olas muy constantes y se hicieron famosas en la película *Endless Summer II*. Una parte de playa Avellana es conocida como "Pequeño Hawaii" por sus rompeolas rápidos y profundos. Ambas empiezan 15 km al sur de Tamarindo y se puede llegar a través de una accidentada pista que precisa el uso de todoterreno en cualquier época del año; además, en la estación húmeda hay que cruzar tres ríos. El difícil acceso permite que la zona no sufra aglomeraciones. Avellana es un arenal blanco y playa Negra, unos kilómetros al sur, es más oscura y se halla interrumpida por espigones de roca de excelentes características para el **surf.**

Si no se llega desde Tamarindo, hay que girar hacia el oeste desde la carretera asfaltada procedente de Santa Cruz, atravesar 27 de Abril, llegar a Paraíso y luego seguir las indicaciones o preguntar por la zona.

El **Café Playa Negra** (☎ 658 8348; ☽ 7.00-21.00) cuenta con lavandería (7 US$ por carga), acceso a Internet (2,50 US$ por hora) y un pequeño servicio de intercambio de libros.

Dónde dormir y comer

Los siguientes establecimientos están muy separados entre sí y se han ordenado de norte a sur.

Cabinas Las Olas (☎ 658 8315; www.cabinaslasolas.co.cr; i/d/tr 55/65/75 US$; **P**). Situado en la carretera de San José de Pinilla a playa Avellana, ocupa un amplio terreno a sólo 200 m de la playa. Sus 10 espaciosos *bungalows* individuales, decorados con madera tallada y detalles en piedra, tienen duchas, agua caliente y terrazas. Hay un restaurante y una pasarela que atraviesa los manglares, llega a la playa y permite avistar animales. Se alquilan kayaks y material de surf.

Cabinas El León (☎ 658 8318; d 36 US$). Las tres habitaciones limpias y luminosas de este popular establecimiento, a unos 250 m de la playa, están provistas de duchas con agua caliente y ventilador. En el comedor hay televisión por cable; los propietarios son italianos.

Los viajeros de menor presupuesto suelen concentrarse en **Cabinas Gregorios** (☎ 658 8319; 5 US$ por persona, *camping* 3,75 US$), que dispone de minúsculas cabinas al aire libre con baño compartido, y de algunas parcelas para acampar; es indispensable el repelente de insectos. El **Rancho Iguana Verde** (☎ 658 8310; 10 US$ por persona), cerca de allí, ofrece dormitorios oscuros razonablemente limpios. Ambos establecimientos disponen de sodas donde se sirven comidas sencillas.

Lola's on the Beach (*pizzas* 7-8 US$) es un sencillo y bonito lugar con vistas al rompeolas, donde preparan zumo de frutas, *pizzas* y cervezas.

Más o menos entre las playas Avellana y Negra se encuentra el **Mono Congo Surf Lodge** (☎ 658 8261; www.monocongolodge.com; cena 7-18 US$, d con desayuno 35 US$; ℗), una especie de rancho enorme, rodeado de árboles llenos de monos. Los cuartos, decorados con maderas nobles, son estupendos y cuentan con baño, agua caliente y azulejos españoles. En el patio hay hamacas y la terraza funciona como observatorio astronómico con una panorámica completa de la zona. La cocina elabora variada y exquisita comida francesa e internacional.

En playa Negra, al sur, existen muchos establecimientos para surfistas.

Aloha Amigos (☎ 658 8023; 10 US$ por persona, d con baño 30 US$, cabina de 6 plazas 50 US$). Dispone de habitaciones individuales con baño compartido, o dobles, más caras, con baño y cocina auxiliar; se sirven comidas. Al lado se sitúa **Juanito's Ranchitos** (☎ 658 8038; 25 US$ por persona), con habitaciones sencillas y limpias, y servicio de préstamo de bicicletas, tablas de surf y equipo de buceo.

Hotel Playa Negra (☎ 658 8034; www.playanegra.com; i/d/tr/c 64/77/88/98 US$; ℗ ⊠). Ubicado junto al mar, alquila 10 amplios *bungalows* redondos y pintados con vivos colores tropicales. Todos están equipados con cama *queen-size*, dos camas individuales y baño con agua caliente. Se organizan excursiones y se alquilan equipos.

Cabinas Pablo Picasso (☎ 658 8158; 10-20 US$ por persona; ℗ ✷). Este establecimiento de colores fuertes para surfistas, ofrece habitaciones de diferentes precios. Las de la planta baja disponen de baño, mientras que las de la planta superior lo comparten. Hay dos apartamentos con cocina auxiliar, nevera y aire acondicionado. El restaurante sirve hamburguesas de 0,5 kg.

Para picar comida tica y peruana se puede acudir al **Café Playa Negra** (☎ 658 8348; platos 3-6 US$; ⏰ 7.00-21.00; ▣). Además, cuenta con panadería, lavandería y acceso a Internet.

Cómo llegar y salir

No hay transporte público a las playas Avellana o Negra, aunque los negocios de surf de Tamarindo (p. 236) organizan excursiones. También se puede llegar con **Rodolfo Valerín** (☎ 834 4075; 25 US$ por persona, mínimo 3 personas), conductor del lugar que cubre la ruta regularmente. Su todoterreno está adaptado para transportar tablas de surf.

PLAYA JUNQUILLAL

Se trata de una playa salvaje con 2 km de ancho, olas altas, una fuerte corriente, muchas lagunas y poca gente. Las tortugas golfinas desovan aquí, pero en menor cantidad que en las reservas. Aunque cuenta con algunos alojamientos, ni siquiera existe un pueblo propiamente dicho: el más próximo es **Paraíso,** 4 km hacia el interior.

Dónde dormir y comer

Los siguientes establecimientos se enumeran en el orden en que se encuentran según se llega desde Paraíso; en su mayor parte están bien señalizados.

Hotel Iguanazul (☎ 658 8124; www.iguanazul.com; i/d/tr 70/82/94 US$, con vistas al océano 82/94/105 US$, con a.a. 94/105/117 US$; ℗ ✷ ⊠). Pintado con colores vivos, se considera el mejor de la zona y cuenta con 24 habitaciones limpias y modernas con vistas al jardín o al océano, algunas con aire acondicionado. Entre las instalaciones destacan una piscina, una sala de juegos, pista de voleibol y un restaurante-bar con vistas impresionantes. La playa es rocosa y en ella se forman lagunas de marea para explorar. Se pueden contratar salidas de pesca deportiva, de buceo, para avistar delfines, excursiones a caballo o contratar masajes. Todos los precios incluyen el desayuno y se aceptan tarjetas de crédito.

Al sur del Iguanazul, el **Camping Los Malinches** (☎ 658 8429; 5 US$ por persona) ocupa un bonito terreno y dispone de servicios, duchas, electricidad hasta las 21.00 y vistas al océano.

El Castillo Divertido (☎ 658 8428; www.costarica adventureholidays.com; d 35 US$; ℗). En lo alto de una colina, a menos de 1 km de la playa y a unos 500 m por la carretera, se halla la entrada a esta pintoresca posada con siete habitaciones, propiedad de una afable pareja germano-costarricense. Desde el bar de la azotea hay vistas panorámicas, un lugar ideal para relajarse en una hamaca. Paulo, uno de los propietarios, toca la guitarra para los invitados mientras se pone el sol. Las habitaciones, alicatadas, están limpias y disponen de ducha con agua caliente; tres tienen vistas al océano. Se sirven comidas.

Guacamaya Lodge (☎ 658 8431; www.guacamaya-lodge.com; i/d 59/65 US$, chalé 140 US$, apt 250 US$ por semana; **P** 🖥 🐾). Junto a El Castillo se encuentra este pequeño alojamiento dirigido por suizos, con seis *bungalows* con ventilador y baño con agua caliente. También dispone de un chalé de dos dormitorios con cocina y de un apartamento con vistas desde el balcón; ambos tienen capacidad para cuatro personas. Se aceptan tarjetas de crédito.

Hotel Tatanka (☎ 658 8426; www.crica.com/tatanka/; d/tr 45/55 US$; **P** 🐾). Este sencillo hospedaje con habitaciones limpias y baño, dispuestas alrededor de una piscina, se ubica 0,5 km más allá. Por la noche en el restaurante se sirven *pizzas* hechas en horno de leña. Se aceptan tarjetas de crédito.

Hotel Hibiscus (☎ 658 8437; d 40 US$). Este encantador lugar, casi frente al Hotel Playa Junquillal, está gestionado por un alemán y una tica. Ofrecen cinco habitaciones impecables con ventilador, alrededor de un jardín. El restaurante sirve cocina internacional y el desayuno está incluido.

El Lugarcito (☎ 658 8436; ellugarcito@racsa.co.cr; d 50-60 US$; **P**). Se trata de un B&B con tres habitaciones de diferentes tamaños, limpias y acogedoras. Los propietarios, holandeses, alquilan equipos de buceo y organizan excursiones ecuestres y por los manglares.

Más cerca de la playa, el **Hospedaje El Malinche** (☎ 653 0433; d sin/con baño 10/12,50 US$) dispone de cuartos sencillos muy baratos.

En la playa, el **Hotel Playa Junquillal** (☎ 653 0432, en EE UU 888-666 2322; www.playa-junquillal.com; d 37,50 US$; **P**) sale algo caro; las cabinas son sencillas y oscuras, pero tienen ventilador y duchas con agua caliente. Disponen de hamacas y *body boards*, y el restaurante-bar suele estar concurrido, sobre todo los sábados por la noche.

Playa Junquillal Surf Camp (☎ 658 8089; www.play ajunquillalsurfcamp.com; *camping* 5 US$ por persona). Hacia el final de la carretera, este campamento para surfistas ofrece parcelas para acampar y duchas al aire libre; las olas se hallan a un paso. Los campistas pueden traer su tienda, aunque también se permite colgar una hamaca y una mosquitera para pasar la noche. Hay una cocina comunitaria, aunque se sirven comidas si se solicita con antelación. Santiago, el propietario, es un surfista experimentado, que imparte clases y organiza excursiones a los rompeolas de la zona.

Aparte de los hoteles, no hay ningún sitio para comer a menos que se recorran los 4 km hasta Paraíso, donde se pueden encontrar varios restaurantes sencillos, sodas y bares.

Cómo llegar y salir

Los autobuses paran frente al Hotel Playa Junquillal; los que van a diario a Santa Cruz salen a las 5.45, 12.00 y 16.00.

En automóvil hay unos 16 km por una carretera asfaltada desde Santa Cruz a 27 de Abril, y otros 17 km por una carretera sin asfaltar a Junquillal, pasando por Paraíso. Desde Junquillal se puede seguir hacia el sur tomando un desvío unos 3 km al este de Paraíso, por una carretera señalizada con la indicación "Reserva Ostional". Es sólo para vehículos todoterreno y en la estación húmeda puede encontrarse impracticable. No hay gasolineras en la carretera de la costa y el tráfico es escaso, de modo que conviene preguntar por el estado de la vía antes de ponerse en marcha. Para llegar a las playas al sur de Junquillal resulta más fácil salir desde Nicoya (p. 247).

Un taxi desde Santa Cruz a Junquillal cuesta unos 25 US$.

SANTA CRUZ

Aquí el viajero podrá entrar en contacto con el sabor autóctono perdido en otras playas invadidas por los turistas. Esta pequeña población de sabaneros (vaqueros), a 57 km de Liberia y 25 km al sur de Filadelfia, se encuentra junto a la carretera principal de la península y suele elegirse como lugar para pernoctar. Una carretera asfaltada de 16 km sale hacia el oeste y llega a 27 de Abril, desde donde continúa una pista hasta las playas Tamarindo y Junquillal, entre otras.

En 1993 unas tres manzanas del centro del pueblo ardieron por completo. Desde entonces la **plaza de Los Mangos,** que en su día albergó tres de estos grandes árboles, no es más que un solar y un importante punto de referencia. Unos 400 m al sur se inauguró el atractivo **parque Bernabela Ramos,** lleno de amplias sombras. Frente a un campanario en ruinas se levanta una **iglesia** moderna con unos interesantes vitrales.

Santa Cruz y su distrito cuentan con una población de unos 17.500 habitantes.

Información

En los grandes almacenes **Kion** (esquina sudoeste de la plaza) se venden periódicos y artículos diversos. Se puede consultar el correo electrónico en **Ciberm@nia** (100 m al norte del parque Ramos) y cambiar moneda en el **Banco de Costa Rica** (☎ 680 3253), tres manzanas al norte de la plaza de Los Mangos.

Puntos de interés y actividades

Los pueblos cercanos (véase recuadro en esta página) son famosos por su producción de cerámica chorotega.

La segunda semana de enero y el 25 de julio, **Día de Guanacaste** (p. 473), se celebra una fiesta con rodeo. Estas ocasiones permiten observar a los sabaneros, admirar los toros de competición y beber litros de cerveza al son de una música estruendosa.

Santa Cruz está considerado el centro de la cultura popular de la región y es el lugar de origen de un grupo tradicional de marimba, Los de la Bajura, que toca las típicas bombas, combinación de música con letras divertidas

---

GUAITIL

Desde Santa Cruz se puede realizar una interesante excursión de 12 km por una carretera asfaltada hasta la pequeña comunidad alfarera de Guaitil. Allí se fabrican piezas de cerámica de estilo chorotega con la arcilla del lugar de diversos colores: rojo terroso, crema y negro. En las mismas alfarerías de Guaitil se venden las piezas, así como en San Vicente, 2 km más allá por una carretera sin asfaltar. Si se solicita, se puede ver parte del proceso de elaboración.

Para llegar hay que tomar la carretera principal hacia Nicoya y luego seguir la indicación a Guaitil, a la izquierda, 1,5 km después de Santa Cruz. Esta carretera está flanqueada por árboles de corteza amarilla y es especialmente bonita en abril cuando están en flor. En teoría existe un servicio de autobús local desde Santa Cruz (p. 247).

Si no se tiene tiempo de llegar hasta Guaitil, se puede visitar el pequeño almacén de venta de cerámica en la carretera de la península, unos 10 km al norte de Nicoya, en el lado este de la vía.

---

y subidas de tono. Sus actuaciones se suelen anunciar por las calles, aunque también se puede preguntar en el hotel.

Dónde dormir

Cuando se menciona "la plaza" se refiere a la de Los Mangos. Todas las duchas son de agua fría.

Pensión Isabel (☎ 680 0173; 400 m al sur y 50 m al este de la plaza; 5 US$ por persona). Habitaciones simples y encaladas con camas firmes y baño compartido. El dueño es afable.

Hotel Anatolia (☎ 680 0333; 100 m al oeste y 200 m al sur de la plaza; d/tr 7,50/10 US$). Dormitorios diminutos con olor a viejo en una casa de huéspedes con restaurante.

Cabinas Permont (☎ 680 0425; i/d 12,50/18,75 US$; con a.a. 17,50/25 US$; P X). Situado en la carretera que sale hacia el norte, este agradable lugar dispone de cuartos muy limpios, con paredes de cemento, baño y televisión por cable. Salen a cuenta, aunque el lugar esté algo apartado.

Hotel La Estancia (☎ 680 0476; 100 m al oeste de la plaza; i/d 13,75/19,75 US$, con a.a. 17,50/27 US$; P X). Sus 16 habitaciones muy limpias con ventiladores, TV y baño propio se distribuyen alrededor de un patio. El anexo, la **Estancia del Este** (☎ 680 2115; 50 m al sur de la escuela; P X) tiene 15 habitaciones con aire acondicionado al mismo precio.

Hotel La Pampa (☎ 680 4586; 50 m al oeste de la plaza; i/d 20/30 US$, con a.a. 24/36 US$; P X). Este edificio de color arcilla alberga 33 dormitorios modernos, sencillos y limpios con baño y televisión por cable.

Hotel Diriá (☎ 680 0080/402; hoteldiria@hotmail.com; 500 m al norte de la plaza; i/d 30/44 US$; P X X). A las afueras de la población, hacia el norte, se ubica este antiguo alojamiento en el cruce con la carretera peninsular. Es el mejor del lugar y tiene un bonito jardín, piscina para adultos y niños, restaurante y 50 cuartos con aire acondicionado, baño, televisión por cable y teléfono. Se aceptan tarjetas de crédito.

Dónde comer

Para tomar un copioso y sabroso casado por poco dinero, hay que ir a **La Fábrica de Tortillas** (700 m al sur de la plaza; casados 2,50 US$; 6.00-18.30), también conocida por su nombre oficial, Coopetortillas. Es un enorme cobertizo de metal corrugado, similar a una fábrica, en cuyo interior hay unas sencillas mesas que se comparten; todo lo que se sirve se elabora frente al cliente en la cocina de leña.

El Milenio (100 m al oeste de la plaza; platos 3-6 US$) sirve raciones inmensas de arroz frito y unos salteados muy aceptables. El aire acondicionado es fantástico; también hay un televisor gigante. El **Restaurant Jardín La Luna** (esquina nordeste del parque Ramos; ☽ 10.00-15.00 y 17.30-23.00) prepara raciones igualmente económicas de comida china.

Cómo llegar y salir

Algunos autobuses salen de la terminal del lado norte de la plaza de Los Mangos.
Liberia (La Pampa). 0,90 US$; 1½ h; 16 autobuses de 5.30 a 19.30.
Nicoya (La Pampa). 0,40 US$; 1 h; 17 autobuses de 6.00 a 21.30.
San José. 5,25 US$; 4¼ h; Tralapa, nueve autobuses de 3.00 a 17.00; Empresas Alfaro, salidas 5.30, 7.30, 10.00, 12.30 y 15.00. Los billetes de Alfaro se compran en su propia oficina, 200 m al sur de la plaza, pero el autobús se toma en la carretera principal, al norte del pueblo.

Otros autocares locales parten de la terminal situada 400 m al este de la plaza. Los horarios para estas rutas varían constantemente, así que conviene informarse antes.
Bahía Potrero. 1,50 US$; 1¼ h; salidas 4.00, 6.00, 9.00, 11.00, 14.30 y 19.00.
Playa Brasilito. 1,40 US$; 1 h; 4.00, 6.00, 9.00, 11.00, 17.00 y 19.00.
Playa Flamingo. 1,40 US$; 1 h; 12.00, 14.00 y 17.00.
Playa Junquillal. 10.00, 14.30 y 17.00.
Playa Tamarindo. 4.20, 5.30, 8.30, 10.30, 13.30, 15,30 y 19.00.

En teoría parten seis autobuses al día hacia Guaitil, pero nadie conoce los horarios de salida o llegada. Lo mejor es tomar un taxi por la plaza de Los Mangos y negociar un viaje de ida y vuelta a esa localidad por unos 10 o 15 US$, dependiendo del tiempo que se quiera pasar allí.

CENTRO DE LA PENÍNSULA

NICOYA
21.000 hab.

Además de constituir un importante mercado ganadero, se trata de la capital política y de comunicaciones de la península. Situada 23 km al sur de Santa Cruz, adoptó el nombre de un jefe indio chorotega, que

para su desgracia acogió al conquistador español Gil González Dávila en 1523 (véase p. 22). Los chorotegas eran el grupo dominante de la zona en el momento de la conquista; por eso, muchos habitantes de la región son descendientes más o menos directos de ellos.

La ciudad es agradable y un buen punto de partida para visitar el Parque Nacional Barra Honda (p. 249), hacia el este.

Información

Para acceder a Internet se puede ir al **Ciber Club** (50 m al sur del parque Central; 1 US$/h; ☽ 9.00-21.00 lu-sa, 13.00-20.00 do), que tiene aire acondicionado y 12 monitores con muy buena conexión.

El **hospital La Anexión** (☎ 685 5066), al norte de la ciudad, es el más importante de la península. Para consultas médicas de menor entidad se puede acudir a la **Clínica Médica Nicoyana** (☎ 685 5138).

Tanto el **Banco de Costa Rica** (☽ 8.30-15.00 lu-vi) como el **Banco Popular** (☽ 9.00-16.30 lu-vi, 8.15-11.30 sa) cambian dólares estadounidenses. Hay un **cajero automático ATH** (a toda hora; 100 m al este y 100 m al norte del parque Central), abierto 24 horas, que acepta tarjetas de Cirrus.

La oficina del **Área de Conservación Tempisque** (ACT; ☎ 685 5667; ☽ 8.00-16.00 lu-vi) puede ayudar a encontrar alojamiento o explorar las cuevas del Parque Nacional Barra Honda.

Puntos de interés y actividades

En el parque Central, un lugar de referencia es la preciosa **iglesia de San Blas,** de mediados del s. XVII y estilo colonial. Este edificio blanco con vigas de madera, al que se le caen los mosaicos, siempre está en proceso de restauración, pero se puede visitar. Además de transmitir serenidad, alberga una modesta colección de objetos religiosos coloniales. Su jardín exterior invita al paseo y la contemplación.

Al otro extremo del parque se encuentra **La Casa de la Cultura,** una pequeña sala de exposiciones que presenta muestras varias veces al año con obras de artistas locales. El calendario y los horarios son impredecibles, pero vale la pena echar un vistazo si la puerta está abierta.

La ciudad enloquece el 25 de julio, **Día de Guanacaste,** cuando la plaza se llena de comida, música y cerveza para celebrar la anexión de la provincia que antes pertenecía a Nicaragua.

PENÍNSULA DE NICOYA

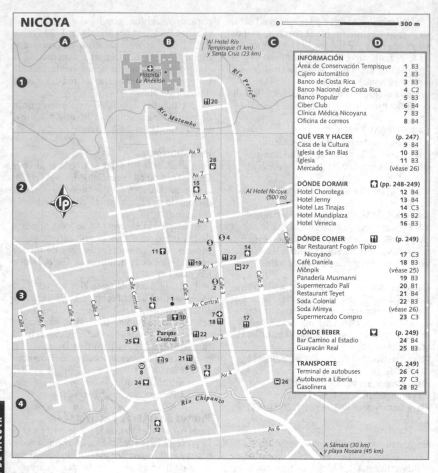

NICOYA

0 ——————— 300 m

INFORMACIÓN		
Área de Conservación Tempisque	1	B3
Cajero automático	2	B3
Banco de Costa Rica	3	B3
Banco Nacional de Costa Rica	4	C2
Banco Popular	5	B3
Ciber Club	6	B4
Clínica Médica Nicoyana	7	B3
Oficina de correos	8	B4

QUÉ VER Y HACER	(p. 247)	
Casa de la Cultura	9	B4
Iglesia de San Blas	10	B3
Iglesia	11	B3
Mercado	(véase 26)	

DÓNDE DORMIR	(pp. 248-249)	
Hotel Chorotega	12	B4
Hotel Jenny	13	B4
Hotel Las Tinajas	14	C3
Hotel Mundiplaza	15	B2
Hotel Venecia	16	B3

DÓNDE COMER	(p. 249)	
Bar Restaurant Fogón Típico Nicoyano	17	C3
Café Daniela	18	B3
Mônpik	(véase 25)	
Panadería Musmanni	19	B3
Supermercado Palí	20	B1
Restaurant Teyet	21	B4
Soda Colonial	22	B3
Soda Mireya	(véase 26)	
Supermercado Compro	23	C3

DÓNDE BEBER	(p. 249)	
Bar Camino al Estadio	24	B4
Guayacán Real	25	B3

TRANSPORTE	(p. 249)	
Terminal de autobuses	26	C4
Autobuses a Liberia	27	C3
Gasolinera	28	B2

Dónde dormir

Todas las duchas tienen agua fría a menos que se indique lo contrario.

Hotel Chorotega (☎ 685 5245; h por persona 3,75 US$, i/d con baño 7,50/10). Una agradable familia gestiona varias habitaciones sencillas y limpias, a las que les falta mantenimiento.

Hotel Venecia (☎ 685 5325; h por persona 4,50 US$, i/d con baño 8,50/11 US$). En el lado norte del parque Central se encuentra este lugar económico con ruidosos dormitorios decorados con madera y con baños compartidos. Algunas, con baño, son mejores y más tranquilas: vale la pena pagar un poco más.

Hotel Las Tinajas (☎ 685 5081, 200 m al este y 100 m al norte del parque; i/d/tr 10/14/19 US$; P). Sus 28 cuartos, limpios aunque viejos, tienen ven-

tilador y se agradece la distancia del ruido de la plaza. Hay algunos más grandes en los que caben hasta siete personas.

Hotel Jenny (☎ 685 5050; 100 m al sur del parque; i/d 12,50/20 US$; ✖). Este cuidado establecimiento dispone de 24 pulcras habitaciones, con aire acondicionado y TV, que siempre se llenan. Es una de las mejores ofertas de la ciudad.

Hotel Mundiplaza (☎ 686 6704; i/d/tr/c 23/35/47/ 58 US$; ✖). Es nuevo y ofrece 25 dormitorios modernos y relucientes con duchas, agua caliente, televisión por cable y aire acondicionado. Se aceptan tarjetas de crédito.

Hotel Nicoya (☎ 686 6331, 389 9745; i/d/c 35/42/ 45 US$; P ✖ ▣). Situado unos 500 m al este del Banco Nacional de Costa Rica, sus ocho habitaciones limpias están provistas de aire acondicionado, TV y duchas con agua caliente. Dispone de *parking* y una pequeña piscina. El personal es muy acogedor.

Saliendo de la ciudad hacia el norte, a 1 km del cruce de Nicoya, el **Hotel Río Tempisque** (☎ 686 6650; d/tr/c 43/53/60 US$; P ⊠ ☎) se llena de familias ticas que huyen de la rutina. Las 30 habitaciones alicatadas son modernas y limpias, y tienen duchas con agua caliente, aire acondicionado, televisión por cable, minibar y microondas. Los fines de semana de temporada alta, está completo. Se aceptan tarjetas de crédito.

Dónde comer

Hay algunas sodas baratas en el mercado, donde se puede comer por poco dinero. La impoluta **Soda Mireya** (☯ a partir de las 6.30) es un buen lugar para comer un gallo pinto o una tortilla con queso mientras se espera el autobús. En la **Soda Colonial** (al este del parque Central) sirven platos económicos con deliciosas tortillas recién hechas.

El **Café Daniela** (100 m al este del parque; casados 3 US$; ☯ 7.00-21.00 lu-sa) es un local popular donde preparan sabrosos desayunos, hamburguesas, *pizzas* y tentempiés.

Los numerosos restaurantes chinos del centro son los mejores establecimientos baratos para comer. Uno de los buenos es **Restaurant Teyet** (al sur del parque), que tiene tres mesas en un pequeño patio, además de las del comedor interior con aire acondicionado.

El **Bar Restaurant Fogón Típico Nicoyano** (comidas 7-10 US$), parecido a un granero, es ideal para tomar carne.

En Mönpik venden helados y en la panadería Musmanni, dulces.

Para comprar provisiones y otros artículos, se puede ir al supermercado Compro o al Palí.

Dónde beber

El mejor local para tomar algo con deliciosas bocas es el **Guayacán Real** (al oeste del parque), que siempre está abarrotado. El cebiche y los patacones (plátano frito con salsa de frijoles) son excepcionales, y hay cuatro pantallas de televisión por cable con cuatro canales diferentes para entretener al personal. El **Bar Camino Al Estadio** (en la misma calle) tiene por sus noches de karaoke a la que acuden algunos ticos bebidos para cantar "Stairway to Heaven", de Led Zeppelin.

Cómo llegar y salir

La mayor parte de los autobuses paran en la terminal situada 200 m al este y 200 m al sur del parque Central.

Playa Naranjo, conexiones con el ferry. 1,75 US$; 3 h; salidas 5.00, 9.00, 13.00 y 17.00.

Playa Nosara. 1,50 US$; 4 h; 5.00, 10.00, 12.00 y 15.00.

Puntarenas. 7.35 y 16.20.

Sámara. 1 US$; 2 h; 6.00, 7.45, 10.00, 12.00, 14.30, 16.20, 15.30, 18.30 y 21.45.

San José, a través de Liberia (Empresas Alfaro). 6 US$; 5 h; cinco salidas al día.

San José, a través del puente del río Tempisque. 5,25 US$; 3½ h; Empresas Alfaro, siete autobuses de 3.00 a 17.20; Tralapa, salidas 3.20, 5.20, 6.50, 10.45 y 13.45.

Santa Ana, a través de Barra Honda. Salidas 8.00, 12.30 y 15.30 (salvo do).

Otros autocares parten desde la terminal que se ubica 100 m al norte y 200 m al este del parque. Los que se dirigen a Santa Cruz, Filadelfia y Liberia salen cada 30 minutos, de 3.50 a 20.30.

Para pedir un taxi, se debe llamar a **Cootagua** (☎ 686 6490, 686 6590) o a **Taxis Unidos de Nicoya** (☎ 686 6857).

PARQUE NACIONAL BARRA HONDA

A medio camino entre Nicoya y la desembocadura del río Tempisque, este parque nacional de 2.295 Ha alberga más de 40 cuevas subterráneas, algunas con más de 200 m de profundidad, que se han formado gracias a la erosión de las precipitaciones. Dado que sólo se han explorado 19, Barra Honda tiene un interés especial para los espeleólogos.

Las grutas presentan estalactitas, estalagmitas y otras bellas formaciones que reciben nombres tan curiosos como huevos fritos, órgano, pajitas, palomitas, cortinas, columnas, perlas, flores o dientes de tiburón. También suelen verse murciélagos, salamandras ciegas, peces y numerosos invertebrados, y se han descubierto restos humanos precolombinos.

Se pueden realizar diversas excursiones.

Información

La estación seca es la mejor época para visitar las cuevas, aunque se pueden hacer excursiones en cualquier época. El viajero debe llevar varios litros de agua y comunicar a los guardas adónde se dirige, ya que dos excursionistas alemanes murieron por deshidratación en

PENÍNSULA DE NICOYA

1993 al perderse durante un recorrido de 90 minutos. Para entrar en las cuevas es necesario llevar zapatillas de deporte.

La **caseta de vigilancia** (☎ 659 1551; ⌚ 8.00-16.00), situada en la esquina sudoeste del parque, cobra 6 US$ y ofrece información.

Puntos de interés y actividades

Sólo se pueden explorar las cuevas en una excursión guiada. Para obtener los permisos hay que pedirlos con un día de antelación en las oficinas del **Área de Conservación Tempisque** (☎ 685 5667) de Nicoya (p. 247). Un guía cobra unos 17 US$ por acompañar a un grupo de cuatro personas, 20 US$ de cinco a ocho personas y 24 US$ de más de nueve. El alquiler del equipo cuesta 12 US$ más por persona. El descenso se realiza por escaleras y cuerdas, de modo que exige una mínima forma física.

Existe un servicio de guías para realizar excursiones por el parque y para descender a las grutas más populares. La única abierta completamente al público es **La Terciopelo,** de 62 m de profundidad, que cuenta con el mayor número de espeleotemas (figuras de calcita) y entre las que destaca **El Órgano,** que suena con diferentes tonos al golpearla suavemente. Para acceder al resto de las cuevas, como Santa Ana (249 m), Trampa (110 m de profundidad y 52 m de caída vertical), Nicoya, donde se encontraron restos humanos, y Pozo Hediondo, que alberga una gran colonia de murciélagos, se debe pedir permiso en las oficinas del parque.

No se permite la entrada a las cuervas a partir de las 13.00.

En el exterior, las colinas de Barra Honda presentan senderos bien señalizados, cubiertos con vegetación caduca del bosque tropical seco. Desde la cima del **cerro Barra Honda** se descubre una panorámica del río Tempisque y el golfo de Nicoya. En la estación húmeda se forman cascadas con formaciones cálcicas y se pueden avistar animales todo el año: monos aulladores y de cara blanca, armadillos, coatíes, venados de cola blanca, mapurites y osos hormigueros.

Dónde dormir y comer

En la entrada del parque se ha instalado un ***camping*** (2 US$ por persona) con baños y duchas, así como tres **cabinas** básicas (12 US$ por persona) con ducha y seis camas cada una. También se sirve por encargo el desayuno (1,75 US$), el almuerzo y la cena (3 US$). Las reservas de alojamiento y comida se pueden efectuar a través de la oficina de la ACT de Nicoya o llamando a la caseta de los guardas.

Cómo llegar y salir

El modo más sencillo es desde Nicoya. No hay autobuses directos, pero los que viajan a Santa Ana salen de Nicoya a las 8.00, 12.30 y 15.30, y dejan al viajero a 1 km del parque; los de vuelta a Nicoya salen de Santa Ana a las 13.00 y las 18.00. Los domingos no hay servicio. La mejor opción es tomar un taxi desde Nicoya, que cuesta unos 10 US$, y se puede pedir al conductor que vuelva a una hora determinada para regresar al hotel.

Quien disponga de vehículo puede tomar la carretera peninsular en dirección sur desde Nicoya, hacia La Mansión, y girar a la izquierda a la altura del restaurante de Tony Zecca, por la carretera de acceso que lleva al puente La Amistad. Desde este punto hay que seguir 1,5 km y luego torcer a la izquierda y continuar 6 km hasta la entrada al parque nacional. Durante el trayecto se pasa por la comunidad de Santa Ana. La carretera está llena de indicaciones del camino al parque. Una vez pasado el pueblo de Barra Honda, la carretera no está asfaltada, pero sí en buen estado. No obstante, nadie sabe cómo quedará durante la estación húmeda, de modo que conviene preguntar antes de ponerse en marcha.

Si se viene del puente La Amistad, se verá la indicación de la carretera de acceso a Barra Honda 16 km después de pasarlo. A partir de este punto, hay que seguir las indicaciones anteriores.

PUENTE LA AMISTAD

El río Tempisque, que en un tiempo sólo se podía cruzar en *ferry,* ha vivido una completa transformación con la reciente construcción de un puente de 780 m, actualmente el mayor de Costa Rica. El puente La Amistad se construyó con el apoyo económico de Taiwán y se inauguró en julio de 2003. En el lado oeste del río hay un pequeño aparcamiento y un mirador desde donde se puede examinar la obra y tomar fotos como hacen los orgullosos lugareños.

PLAYA NOSARA

Esta atractiva playa de arena blanca tiene como telón de fondo una frondosa vegetación que atrae a pájaros y otros animales. La zona no se ha visto muy afectada por las talas, debido al cercano refugio natural y al peculiar desarrollo urbanístico. Los surfistas acuden atraídos por sus rompientes de gran fuerza y velocidad.

Los residentes son en su mayoría jubilados extranjeros, sobre todo norteamericanos, que se dedican activamente a la protección de la jungla, lo que hace de Nosara una zona agradable, donde se pueden ver loros, tucanes, armadillos y monos a pocos metros de la playa. Hasta ahora se ha mantenido un equilibrio entre el progreso y la conservación del medio.

Orientación

Los alojamientos se encuentran repartidos por la costa y el interior, y se extienden hasta la jungla, lo que obliga a disponer de coche o bicicleta.

El pueblo, donde se pueden comprar provisiones y gasolina, y el aeropuerto se hallan en el interior, a 5 km de la costa.

Hay tres playas diferentes: al sur, la extensa **playa Guiones,** de arena blanca con corales, tranquila e ideal para bucear; la **playa Pelada,** en el centro, con forma de cala y árboles que dan sombra, y la **playa Nosara,** al norte del río, de difícil acceso y la mejor para el surf. Muchos de los caminos están sin señalizar, lo que hace más difícil la entrada al lugar; lo mejor es buscar las indicaciones de los hoteles y restaurantes, y preguntar. También se puede consultar la página web de **Nosara Travel** (www.nosaratravel.com/Map.html), que contiene un práctico mapa.

Información

El acceso a Internet es caro en el **Mini Super Delicias del Mundo** (6 US$/h; ☯ 8.45-13.00 y 14.30-18.15), en la segunda carretera de acceso a playa Guiones.

La lavandería **Mat Nosara** (☯ 9.00-13.00 y 14.00-17.00), en un pequeño centro comercial al oeste del Café de París, tiene autoservicio (7 US$ por carga) y servicio a domicilio (12 US$ por carga).

No hay bancos ni cajeros automáticos, pero en el **supermercado Nosara** (☯ 8.00-19.00 lu-sa, 8.00-15.00 do), 300 m al oeste y 400 m al sur del campo de fútbol, cambian dólares estadounidenses y cheques de viaje. También es un buen lugar para comprar pro-visiones a mejor precio que en las tiendas de la playa.

La **oficina de correos** (☯ 7.30-12.00 y 13.00-18.00), la **policía** (☎ 682 0317) y la Cruz Roja están muy próximas, en la esquina sudeste del campo de fútbol, en el centro del pueblo. Se ha istalado un teléfono público junto a la Sodita Vanessa.

Cerca del campo de fútbol también se encuentra **Tuanis** (☎ 682 0249; tuanisart@racsa.co.cr), centro de información no oficial gestionado por holandeses, con alquiler de bicicletas (8 US$ al día), tablón de anuncios, artesanía local, intercambio de libros y acceso a Internet.

Paula White, de **Nosara Travel** (☎ 682 0070; www.nosaratravel.com), lleva la única agencia de viajes del lugar, donde se pueden contratar vuelos chárter, comprar billetes de NatureAir, alquilar automóviles o efectuar reservas de hotel.

Actividades y circuitos organizados

En la mayor parte de los alojamientos se programan excursiones o se pueden encargar de buscarlas. La más popular es la visita a **Ostional** (p. 254) para ver el desove de las tortugas golfinas.

Los amantes de las caminatas y la naturaleza pueden dirigirse a la **Reserva Biológica Nosara,** de propiedad privada, situada detrás del Lagarta Lodge (p. 254). Los senderos parten del refugio, atraviesan la reserva y llegan al río (5 min) y a la playa (10 min). Si no se es cliente, se puede visitar la reserva por 5 US$.

Se pueden contratar paseos a caballo (45 US$ por persona) en **Boca Nosara Tours** (☎ 682 0610; www.holidaynosa.com), también cerca del Lagarta Lodge. La misma empresa trabaja con el servicio River Tours & Fishing de Tony, que organiza pesca submarina así como travesías por los ríos Nosara y Montaña en una embarcación silenciosa de motor eléctrico.

En la carretera principal a Guiones, pasado el Café de París, **Nosara Surf 'n' Sport** (☎ 682 0186; www.nosarasurfshop.com; ☯ 7.00-18.00) alquila *quads* (35-50 US$), tiene servicio de reparación de tablas de surf y organiza clases de surf y salidas.

En el centro comercial de Guiones, el **Nosara Yoga Institute** (☎ 682 0071; www.nosara yoga.com) imparte clases de yoga y también ofrece masajes.

Dónde dormir y comer

EN EL PUEBLO

Allí se hallan los alojamientos más baratos.

Cabinas Chorotega (☎ 827 4142; d sin/con baño 12/30 US$; **P**). Este lugar económico cuenta con una terraza-patio y habitaciones limpias con ventilador y baño compartido, pero cuidado. Las más caras disponen de ducha y aire acondicionado. Puede resultar algo ruidoso, debido al karaoke del bar-restaurante contiguo.

Cabinas Agnnel (☎ 682 0142; 6 US$ por persona; **P**). Al oeste, junto al campo de fútbol, se encuentran estas bonitas, tranquilas y cuidadas cabinas con ventiladores y duchas, pero sin agua caliente.

Sodita Vanessa (casados 2,50 US$), en el campo de fútbol, sirve la típica comida tica y sus desayunos y almuerzos tienen mucho éxito. El **Rancho Tico** (platos 3,50-6 US$), al oeste, ofrece especialidades guatemaltecas de calidad y un sabroso pescado al ajo.

CERCA DE LAS PLAYAS

Los establecimientos enumerados a continuación se ordenan según se llega en coche de sur a norte.

Café de París (☎ 682 0087; www.cafedeparis.net; d sin/con cocina auxiliar 57/81 US$, *bungalow* 116 US$, chalé 140 US$, cama adicional 10 US$; **P** 🖳 🏊). Ubicado en la esquina de la carretera principal con la primera carretera de acceso que lleva a la playa Guiones, las habitaciones, limpias y luminosas, están decoradas con madera y cuentan con baño y aire acondicionado. En los *bungalows* caben cuatro personas, mientras que en los chalés, con vistas al océano, hasta seis. La panadería-café es perfecta para desayunar y el restaurante con terraza dispone de televisión por cable. Se aceptan tarjetas de crédito.

Marlin Bill's (☎ 682 0548; cenas 8-19 US$; ⏰ 11.00-14.30 y 18.00-tarde lu-sa). Al otro lado de la carretera se halla este popular bar con carta estadounidense. Lo mejor es ir a la hora del almuerzo cuando las vistas del océano son fantásticas y los precios más bajos.

Siguiendo la carretera y cruzando la calle, después del Nosara Surf 'n' Sport, se encuentra el **Hotel Villas Taype** (☎ 682 0333/280; www.villataype.com; d económica/estándar 53/94 US$, *bungalow* 135 US$, chalé 140 US$, st 152-158 US$; **P** 🏊 🏊). Al estilo de una antigua hacienda dispone de impolutas habitaciones alicatadas con diversos precios. Las más baratas son las cuatro

dobles económicas, con baño y ventilador, y las 12 estándar, con nevera y aire acondicionado. Los *bungalows* y los chalés son más caros y tienen capacidad para cinco o seis personas; las *suites* son de dos o cuatro plazas. Hay restaurante y el desayuno está incluido; se aceptan tarjetas de crédito.

La carretera gira hacia la izquierda al llegar a la orilla, donde se levanta el **Harbor Reef Lodge** (☎ 682 0059; www.harborreef.com; d 87 US$, st Pelada/Guiones 105/128 US$, casa 850-1.050 US$ por semana, cama adicional 10 US$; **P** 🏊 🏊). Las habitaciones, con azulejos, madera y atractivas telas latinoamericanas, son muy bonitas. Tienen baño, aire acondicionado, agua caliente y nevera. Las *suites* son mayores y las más caras disponen de cocina completa. También hay impecables casas de alquiler de dos y tres dormitorios; los inquilinos pueden usar las instalaciones del hotel. Se aceptan tarjetas de crédito.

En la carretera principal y al norte del Marlin Bill's se encuentra el **Giardino Tropicale** (☎ 682 0258; www.giardinotropicale.com; tr estándar 58-76 US$, tr de lujo 64-82 US$; **P**). Sus cuatro modernos apartamentos, con vistas y pintados de blanco, presentan tamaños diferentes y se orientan a una zona de césped con un enorme árbol. Todos cuentan con ventilador y ducha con agua caliente. También hay un **restaurante** rústico (*pizzas* 5 US$, pastas 7-9 US$) con horno de leña.

De la carretera principal sale una segunda vía de acceso a Guiones donde se encuentran algunos alojamientos. En el lado norte del cruce con la carretera principal está el **Rancho Congo** (☎ 682 0078; d/tr con desayuno 30/40 US$; 🏊), con dos amplias habitaciones provistas de ventilador y ducha con agua caliente. Una de ellas permite el acceso en silla de ruedas.

Siguiendo la carretera hacia la playa, después del Mini Super Delicias del Mundo, aparece el **Blew Dog's Surf Camp** (☎ 682 0080; www.blewdogs.com; dc 10 US$, d rancho/cabina 35/45 US$) a la derecha. Se halla a sólo cinco minutos de la playa a pie y está formado por cuatro pequeños cortijos con una cama doble y ducha con agua caliente, así como tres cabinas más grandes con dos camas y cocina auxiliar. También se puede dormir en un dormitorio-albergue, que cuenta con cuatro camas. En el restaurante-bar se sirve comida estadounidense y en el Reggae Bar se pueden ver vídeos de surf.

Algo más allá está el **Gilded Iguana Bar & Restaurant** (☎ 682 0259; www.gildediguana.com; d pequeñas/grandes 53/64 US$, st 76-94 US$, cama adicional 10 US$; P 🗙 🐾). Este lugar atrae a aficionados a la pesca y al surf, y ofrece habitaciones de diferentes tamaños y equipamiento. Las alicatadas están bien amuebladas y cuentan con duchas, agua caliente, ventilador, cafetera, nevera y tostador. **Joe** (☎ 682 0450) es un tipo afable que organiza salidas para pescar, navegar en kayak, bucear y caminar por la naturaleza. En el espléndido restaurante asan las capturas del día, aunque se recomienda probar la increíble dorada en salsa de aguacate. El bar atrae a muchos estadounidenses. Se aceptan tarjetas de crédito.

Casa Romántica y Hotel Casita Romántica (☎ 682 0019; www.hotelcasaromantica.com; d Casa 70-76 US$, Casita 82-94 US$; P 🗙 🐾). Junto a playa Guiones se erige este establecimiento compuesto por dos pequeños hoteles. Las habitaciones con baño y duchas con agua caliente están impecables. Las de la Casita son más nuevas y caras, y cuentan con cocina auxiliar. Son de tres, cuatro o cinco plazas, y se puede pedir aire acondicionado por 10 US$ más por noche. Los afables propietarios, Rolf y Angela, son suizos y también dirigen un popular **restaurante** internacional (entrantes 8-12 US$; 🕐 lu-sa). Se pueden contratar servicios de yoga, masajes y excursiones. El desayuno está incluido y se aceptan tarjetas de crédito.

De vuelta a la carretera principal, tras otro kilómetro de curvas se llega hasta un desvío a la izquierda que conduce a playa Pelada. En la bifurcación hay que girar a la derecha para encontrar otra carretera sinuosa para más opciones para comer y dormir.

El primer hotel con que se topa el viajero es el **Almost Paradise** (☎ 682 0173; www.nosaravacation.de; d desayuno incl. 45 US$; P), un edificio de madera de época, situado en lo alto de un cerro con vistas a playa Pelada. Sus seis preciosas habitaciones están decoradas con artesanía tica. Desde el balcón se contempla el océano. También hay un estupendo restaurante-bar.

Siguiendo recto por la carretera y luego torciendo a la izquierda, aparece el original **Hotel Playas Nosara** (☎ 682 0121; d 70 US$; P 🐾) con su torre encalada similar a un minarete. Situado entre las playas Pelada y Guiones, tiene más de dos décadas de antigüedad y su arquitectura está a medio camino entre *Las mil y una noches* y la pintura de Salvador Dalí, debido a la mano gigante que flota sobre la recepción. Aunque con un extraño aire de abandono, cuenta con restaurante y piscina, y las habitaciones con balcón gozan de bonitas vistas al mar.

La Luna (🕐 11.00-23.00; platos 9-12 US$). En la playa, a la derecha del hotel, se encuentra este restaurante-bar de moda en un moderno edificio de piedra. En la carta internacional se ofrecen delicias asiáticas. Las vistas y los cócteles son excelentes.

Unos cientos de metros al norte, en una carretera secundaria, se halla el célebre **Olga's Bar & Restaurant** (casados 3 US$), donde se elaboran casados sabrosos y económicos, y unas cenas de pescado a precios razonables (6 US$).

Desde el Olga's la carretera sigue hacia el norte. Girando a la izquierda frente a la panadería Mariposa y continuando por la carretera a la izquierda unos 200 m hasta el final, se llega al **Rancho Suizo Lodge** (☎ 682 0057; www.nosara.ch; i/d/tr 38/55/87 US$; P 🐾), a sólo unos minutos de playa Pelada a pie. Dirigido por René y Ruth, una encantadora pareja suiza, dispone de 11 agradables *bungalows* decorados con azulejos y con ventilador, y otros cinco nuevos y más nuevos, todos con baño. Se organizan excursiones a caballo, entre otras. El Piratabar está bien para tomar una copa o celebrar barbacoas junto al mar.

Lagarta Lodge (☎ 682 0035; www.lagarta.com; i/d/tr 70/76/82 US$; P 🖥 🐾). Más al norte, una carretera acaba en este alojamiento de siete dormitorios, recomendado por los lectores y situado en lo alto de una agreste colina por encima de la Reserva Biológica Nosara, parque privado de 50 Ha. Es un buen lugar para ver aves y otros animales, incluso desde el balcón, aunque se verán más especies si se sale de excursión (p. 251).

Los dormitorios no son demasiado grandes, pero tienen techos altos, ventilador, duchas con agua caliente y un pequeño patio o balcón. Ofrece acceso a Internet, piscina, servicio de masajes y también se organizan excursiones. El **restaurante** con terraza (desayuno y almuerzo 6 US$, cena 12 US$) merece una visita para ver la puesta de sol. La carta ofrece especialidades internacionales y ticas. Se acepta Visa.

Cómo llegar y salir

AVIÓN

Tanto Sansa (ida/ida y vuelta 71/142 US$) como NatureAir (ida/ida y vuelta 80/150 US$) ofrecen dos vuelos diarios a/desde San José. La **oficina de Sansa** (☎ 682 0168; ☺ 8.00-12.00 y 14.00-18.00) se sitúa en el pueblo, al oeste del campo de fútbol.

AUTOBÚS

Frente a la pulpería que está situada junto al campo de fútbol se halla la parada de los autobuses locales. Traroc cubre el trayecto a Nicoya (1,50 US$, 4) y sale a las 5.00, 7.00, 12.25 y 15.00.

Empresas Alfaro viaja a San José (5,50 US$, 7 h) y parte a las 12.30 de la Sodita Vanessa, junto al campo de fútbol.

Por 0,25 US$, cualquiera de estos autobuses lleva a la playa. Para llegar a Sámara, se puede tomar cualquier autobús desde Nosara y pedir al conductor que se detenga en *la bomba* (la gasolinera) *de Sámara*. Desde allí, se puede coger uno de los autocares que realiza el trayecto de Nicoya a Sámara. Desde este punto también es fácil hacer autoestop. (Véanse algunos consejos en "Autoestop", p. 489).

AUTOMÓVIL

Desde Nicoya sale una carretera asfaltada hacia playa Sámara. Unos 5 km antes, aparece indicada una tortuosa pista que conduce hacia el pueblo; se recomienda ir en todoterreno. Durante la estación seca, se puede seguir hacia el norte hasta Ostional, Paraíso y Junquillal, aunque hay que vadear ríos; durante la húmeda, conviene preguntar antes de iniciar el trayecto, por si el río Nosara está infranqueable.

La gasolinera más próxima se encuentra en la carretera asfaltada de Sámara, aunque en Nosara también se han instalado puestos de venta de gasolina en bidones.

TAXI

Clemente (☎ 682 0142), de Cabinas Agnnel (véase p. 252), junto al campo de fútbol, ofrece este servicio.

REFUGIO NACIONAL DE FAUNA SILVESTRE OSTIONAL

Esta reserva comprende el pueblo y la playa de Ostional, la de Nosara y la desembocadura del río homónimo. Tiene 8 km de longitud y unos cientos de metros de ancho. La principal atracción es el desove anual de las tortugas golfinas de julio a noviembre, en especial de agosto a octubre, durante la estación húmeda. Este arenal junto con la playa Nancite, en el Parque Nacional Santa Rosa (p. 190), son los lugares más importantes de desove de estas tortugas en Costa Rica.

Además de las tortugas, es posible ver iguanas, cangrejos, monos aulladores, coatíes y un buen número de aves. Algunos de los mejores sitios para avistar aves se localizan en el extremo sudeste del refugio, cerca de la desembocadura del río Nosara, donde se extiende un pequeño manglar. Junto a las rocas de **Punta India**, situadas en el extremo noroeste de la reserva, se forman lagunas de marea con abundante vida marina: anémonas, erizos y estrellas de mar. Por la costa hay miles de cangrejos fantasma y cangrejos de las rocas, de un color rojo intenso. La rala vegetación que se descubre tras la playa se compone de árboles caducifolios.

El viajero debe tener cuidado con las fuertes corrientes y saber que la playa no es apta para el baño.

Observación de tortugas

La llegada masiva de cientos o miles de estos reptiles suele producirse cada tres o cuatro semanas, a lo largo de una semana aproximadamente, en las noches oscuras previas a la luna nueva; aunque se pueden ver tortugas casi cualquier noche durante la temporada de desove.

Los habitantes de la costa solían recolectar huevos y cazar tortugas de forma indiscriminada, lo que hizo imprescindible la creación de una zona protegida. Un imaginativo plan de conservación permite que los habitantes de Ostional sigan recolectando huevos de la primera puesta. Casi todas las tortugas vuelven a la playa varias veces para nuevas puestas, con lo que los primeros huevos suelen quedar aplastados; por eso, parece razonable que los lugareños puedan recoger la primera puesta y vender los huevos. Las tortugas laúd y las tortugas verdes también desovan en la zona en menor número.

Muchos hoteles elegantes y agencias de viajes organizan excursiones a Ostional durante la época de desove.

Dónde dormir y comer

En Ostional el **Hospedaje Guacamaya** (☎ 682 0430; 4 US$ por persona) cuenta con varias habitaciones pequeñas y oscuras con duchas compartidas y agua fría. Suele estar lleno durante las noches de desove. La pulpería de al lado es de los mismos dueños y vende artículos de primera necesidad.

Al otro lado de la calle, **Cabinas Ostional** (☎ 682 0428; h por persona 6 US$) ofrece mejores cuartos, con ducha, agua fría y un acogedor jardín.

Rancho Brovilla (☎ 839 2327; d 81 US$; 🏊). Situado en las colinas que se levantan sobre el refugio, resulta una opción más distinguida, con dormitorios decorados con maderas nobles y baño con agua caliente. Dispone de restaurante y bar, y organiza excursiones.

Detrás de la céntrica Soda La Plaza, donde se puede desayunar, almorzar y cenar, está permitido **acampar** (3 US$ por persona); hay servicios portátiles.

Cómo llegar y salir

Ostional está unos 8 km al noroeste de Nosara. Durante los meses secos, hay dos autobuses diarios desde Santa Cruz, pero en cualquier época del año la carretera puede quedar anegada por la lluvia. Los horarios varían mucho, de modo que conviene informarse. Según dicen, es fácil hacer autostop desde Nosara.

Para llegar por carretera se debe viajar en todoterreno, puesto que hay que vadear un par de ríos. Desde la carretera principal que une la playa Nosara y el pueblo, se gira hacia el norte delante del supermercado La Paloma. Se sigue hacia el norte unos 400 m, donde se verá un puente peatonal sobre el río Nosara. En la estación húmeda el río tiene profundidad, de modo que conviene abordarlo con respeto (véase el recuadro en p. 489). Tras el puente hay una bifurcación: se toma el camino de la derecha y se sigue 1,2 km hasta otro cruce donde se debe torcer a la izquierda. Desde este punto se continúa por la carretera hacia el norte hasta Ostional, a unos 6 km. Al llegar al pueblo es importante reducir la velocidad, ya que a la entrada se hallan tres enormes baches.

Después de Ostional, una pista sigue hasta Marbella y luego hasta Paraíso, al nordeste de Junquillal (p. 244). Antes de emprender esta ruta es mejor informarse bien, y en cualquier caso hay que hacerla en todoterreno.

PLAYA SÁMARA

Esta preciosa y tranquila playa de arena blanca es una de las más seguras y bonitas de Costa Rica y una de las de más fácil acceso a la península. El ex presidente Óscar Arias tenía aquí una segunda residencia, al igual que muchos otros ticos adinerados. También es popular entre los turistas y tiene buenas comunicaciones por autobús y avión.

Se encuentra unos 35 km al sudoeste de Nicoya y la carretera asfaltada que lleva hasta la orilla está muy transitada. El pueblo dispone de algunas tiendas y discotecas, y numerosos hoteles, restaurantes y bares. Algunos alojamientos están hacia las afueras, de modo que conviene disponer de automóvil o bicicleta.

Información

Se puede consultar el correo electrónico en **Tropical Latitude** (☎ 656 0120; 100 m al este de la carretera principal; 🕑 ma-do) y hacer la colada en el **Lava Ya** (☎ 656 0059; 75 m al este de la carretera principal, 100 m al norte de la playa; 🕑 8.00-17.00). El dueño, un agradable estadounidense, informa sobre todo tipo de actividades en el pueblo.

La página www.samarabeach.com constituye una buena fuente de información.

Puntos de interés y actividades

Jesse, el agradable dueño de **Samara Beach Gym & Surf School** (☎ 656 0055; whiteagle@racsa.co.cr; 500 m al este de la comisaría, en la playa), imparte clases de surf a gente de 5 a 62 años. Quien desee ponerse en forma puede usar su gimnasio con máquinas y pesas (3 US$ al día). Su hija, Sunrise, da masajes.

Al lado se encuentra la **Koss Art Gallery** (☎ 656 0284). En temporada alta Jaime prepara exposiciones de sus vistosas obras en su estudio al aire libre. Para verlas hay que llamar con antelación.

Se puede practicar con la tirolina en **Wingnuts** (☎ 656 0153; 40 US$), a las afueras del pueblo, hacia el este, cerca de la carretera asfaltada. Varios kilómetros al oeste, en playa Buenavista, el **Flying Crocodile** (☎ 656 8048; www.flying-crocodile.com) ofrece vuelos en ultraligero por 60 US$.

Ciclo Sámara (☎ 656 0438; junto a Soda El Ranchito, 100 m al oeste de Cabinas Arenas) alquila bicicletas, pero se recomienda comprobar su estado antes de ponerse en marcha. El precio asciende a 2,50 US$ por hora o 12 US$ por día.

Circuitos organizados

Tío Tigre (☎ 656 0098; www.samarabeach.com/ps35. html) y **Carrillo Tours** (☎ 656 0543; www.carrillo tours.com), a ambos lados de la calle cerca del supermercado Sámara, ofrecen todo tipo de salidas: buceo, observación de delfines, kayak y excursiones a caballo. En temporada alta también realizan viajes a Ostional para ver las tortugas. Carrillo Tours ha instalado una oficina en Carrillo (p. 258).

Dónde dormir
ECONÓMICO

Las duchas no tienen agua caliente a menos que se indique lo contrario.

Cabinas El Ancla (☎ 656 0254; h por persona 7,50 US$). Situado en la playa, al este de la carretera principal, las habitaciones, de madera, son sencillas, aunque huelen a humedad. Todas tienen baño, pero la presión del agua no llega a las habitaciones del segundo piso los fines de semana. Cuenta con un bar muy tranquilo con vistas al mar. Conviene saber que hay un gallo cerca que canta diana a primera hora de la mañana.

Cabinas Playa Sámara (☎ 656 0190; por persona 5 US$). Junto al campo de fútbol, ofrece dormitorios de color verde lima razonablemente aseados, con baño y agua con poca presión. Es una buena opción si no se tiene en cuenta el ruido del bar de copas de al lado.

Los dos siguientes alojamientos disponen de las mejores instalaciones de *camping* del pueblo.

Bar Restaurant Las Olas (☎ 656 0187; *camping* por persona 3 US$; d cabina 15 US$, d cabaña 25 US$, cama adicional 5 US$). Unos 200 m al oeste de la Soda Sherif Rustic, en la playa, alquila originales cabañas indias con techos de paja de uno o dos pisos, con baño. No hay mosquiteras, de modo que hay que contar con los insectos; también se puede acampar u optar por alguna de las cabinas. Dispone de bar y restaurante con futbolín.

Bar Restaurant El Lagarto (*camping* por persona 2 US$). Al lado del anterior se encuentra este establecimiento de playa con *camping* y un animado bar. En el restaurante se enciende la barbacoa cada noche a partir de las 18.00.

Cabinas Arenas (☎ 656 0320; por persona 9 US$). En la calle principal se ubica este anodino pero limpio hospedaje. Todos los cuartos tienen baño y ventilador. Los precios son por habitación doble, de modo que sólo se admiten personas solas si quedan muchas libres.

PRECIO MEDIO Y ALTO

Entre Dos Aguas B&B (☎ 656 0641; www.samara. net.ms; d/c desayuno incl. 39/54 US$; P 🖳 🐾). Esta fantástica posada situada en lo alto de una colina, a la entrada de la ciudad, es fantástica y está muy bien de precio. Las siete habitaciones recién pintadas disponen de ducha en baños de piedra con agua caliente. El jardín que rodea la piscina está muy cuidado y hay acceso gratuito a Internet. Se alquilan bicicletas (5 US$ al día) y hay servicio de lavandería (2,50 US$ por carga).

Hotel Giada (☎ 656 0132; www.hotelgiada.net; i/ d/tr/c desayuno incl. 40/50/60/70 US$; P 🟩 🐾). En la carretera principal, de camino a la playa, se encuentra uno de los mejores sitios del pueblo. Las plantas y el bambú le otorgan un aire tropical y los 13 dormitorios alicatados, grandes y limpios, tienen baño y agua caliente. El hotel organiza todo tipo de excursiones y tiene bar y servicio de lavandería. Las *pizzas* y pastas del restaurante son correctas. Se aceptan tarjetas de crédito. Hay un mostrador de Sansa en el vestíbulo.

Hotel Sámara Beach (☎ 656 0218; www.hotel samarabeach.com; d/tr/c desayuno incl. 85/95/105 US$; P 🟩 🐾). Situado al otro lado de la calle, ofrece 20 cuartos encalados y alicatados, con duchas y agua caliente. Una docena además tiene aire acondicionado. El hotel dispone de jardín con piscina. Se aceptan tarjetas de crédito.

Hotel Casa del Mar (☎ 656 0264; www.casadelmar samara.com; i/d/tr 35/41/52 US$; d/tr/c con baño 58/70/82 US$; P 🟩). Junto al supermercado Sámara, al este, y cerca de la playa, se emplaza este agradable edificio de dos plantas con 18 espaciosas habitaciones, muy limpias y cómodas. Doce cuentan con baño y seis lo tienen compartido. Se puede disponer de aire acondicionado por 11 US$ adicionales por noche y hay *jacuzzi*. Los dueños, francocanadienses, sirven un desayuno continental, que está incluido en el precio; se aceptan tarjetas de crédito.

Casa Valeria B&B (☎ 656 0511; casavaleria_ af@hotmail.com; d 20-30 US$, *bungalows* 40-55 US$). Íntimo y pequeño, se erige en la misma playa, unos 100 m al este de la carretera principal. Los dormitorios y *bungalows* tienen tamaños y ubicaciones diferentes, y son de dos o tres plazas. Todos tienen duchas, agua caliente y ventilador, y en el jardín hay hamacas. También dispone de cocina comunitaria; los propietarios organizan excursiones.

Hotel Belvedere (☎ 656 0213; www.samara-costarica.com; d/tr/c 52/60/65 US$, d *bungalow* 60 US$, cama adicional 5 US$; P ✗ ☒). Sus 10 impecables cuartos, junto a un fresco jardín con buenas vistas en el extremo norte, están provistos de duchas con agua que se calienta al sol, ventilador, televisión por cable y una pequeña terraza; casi todos tienen aire acondicionado. Los dos *bungalows*, de mayor tamaño, disponen de cocina auxiliar. Los propietarios son alemanes, los precios incluyen el desayuno y se aceptan tarjetas de crédito.

Hotel Mirador de Sámara (☎ 656 0044; www.miradordesamara.com; d 90 US$, cama adicional 10 US$; P ☒). Cerca del centro, este lugar azul y blanco con su alta torre, se alza en la cima de un cerro sobre el pueblo, con unas vistas impresionantes. Las cinco habitaciones cuentan con todos los detalles, son espaciosas y aireadas y tienen duchas con agua caliente, ventilador, cocina y hasta cinco plazas. Se aceptan tarjetas de crédito.

Hotel Fénix (☎ 656 0158; fenix@samarabeach.com; d/c 76/82 US$; P ☒). Próximo a la playa, 1,5 km al este del centro del pueblo, se halla este alojamiento lleno de encanto, con seis pequeños apartamentos con cocina, ducha, agua caliente y balcón con vistas a la piscina.

Hotel Las Brisas del Pacífico (☎ 656 0250; www.brisas.net; d colina sin/con a.a. 82/105 US$, d playa sin/con a.a. 99/123 US$; P ✗ ☒). Cerca del anterior se descubre este popular establecimiento, con 34 habitaciones distribuidas por la colina y la playa. Todas están limpias y alicatadas, y cuentan con ducha y agua caliente. Hay dos piscinas (una en forma de trébol) y un restaurante. El hotel alquila barcas y tablas de surf, y organiza excursiones. Se aceptan tarjetas de crédito.

Dónde comer y divertirse

Soda Sherif Rustic (al oeste de la oficina de correos, en la playa) sirve sabrosos desayunos completos por sólo 2 US$.

Las mejores comidas baratas del pueblo se preparan en la **Cevichera** (⏱ 11.30-18.30), en la carretera principal, un restaurante con terraza y exquisitas empanadas argentinas (1 US$) y cebiche peruano. Su excelente salsa picante recién hecha es muy potente.

El Dorado (*pizza* 3-6 US$, comidas 5-10 US$; ⏱ 14.00-22.00). Este delicioso local cocina pescado, marisco y una de las mejores *pizzas* de Costa Rica. Además, sus postres se deshacen en la boca. Vale la pena ver las ingeniosas tarjetas de visita del propietario.

Ananas (☎ 656 0491; platos 2-5 US$; ⏱ 7.00-17.00). Cerca de la entrada al pueblo se sitúa este lugar ideal para tomar bocadillos, tentempiés y helados, así como pasteles ticos recién horneados por Beatriz, la dueña.

El Bar Restaurant El Lagarto y el Bar Restaurant Las Olas (véase p. 256) son una excelente opción para comer, para alojarse y sobre todo para tomarse una cerveza por la noche.

Los campistas pueden comprar provisiones en el supermercado Sámara, al este de la carretera principal.

La Góndola (en la carretera principal; ⏱ 9.00-tarde) es un local divertido que cierra tarde, con dardos y un peculiar mural de Venecia. En la **Tutti Frutti Discotheque** (en la playa) la música suena con fuerza casi todos los fines de semana del año.

De compras

Por la carretera principal se ven numerosos puestos de artesanía y joyas hechas a mano. Vale la pena pararse en Mama África, una tienda única que vende sandalias keniatas de cuero con cuentas. Los propietarios, italianos, trabajan directamente con un colectivo masai que elabora las bonitas zapatillas; la recaudación permite mantener esta colaboración.

Cómo llegar y salir
AVIÓN

El aeropuerto se encuentra entre las playas Sámara y Carrillo, aunque está más cerca de la última, por lo que a veces se le llama Carrillo; da servicio a ambas comunidades. Sansa (ida/ida y vuelta 71/142 US$) comunica a diario con San José y cuenta con oficinas en el Hotel Giada (p. 256).

AUTOBÚS

Empresas Alfaro cubre la ruta a San José (5 US$, 5 h) con salida desde la carretera principal a las 8.45; los domingos se programa otra salida a las 15.00. La oficina se sitúa al otro lado de la calle desde Ananas.

Los autobuses Traroc que viajan a Nicoya (1 US$, 2 h) parten de la pulpería, junto al campo de fútbol, a las 4.15, 5.30, 7.00, 8.45, 11.45, 13.45, 17.00 y 18.00.

TAXI

Los taxis privados suelen reunirse frente a la pulpería, junto a la playa. **Jorge González** (☎ 830 3002) tiene servicio oficial y con su todoterreno se traslada por toda la zona.

PLAYA CARRILLO

Se inicia unos 4 km al sudeste de Sámara y es una versión más pequeña, más tranquila y menos urbanizada. Con su arena limpia, sus salientes rocosos y su paseo en curva flanqueado de palmeras, constituye una playa tropical de postal. En Noche Vieja y Semana Santa, acoge a familias ticas que se desplazan de San José y Nicoya para disfrutar del sol.

La población está situada en lo alto de una colina, sobre la playa, y atrae a surfistas que se pasan el día en el agua y a numerosos aficionados a la pesca deportiva de EE UU que salen a capturar agujas del Atlántico. La carretera de Sámara a Carrillo está asfaltada.

Carrillo Tours (véase esta página) ofrece acceso a Internet por 3 US$ por hora.

Actividades y circuitos organizados

Popos (☎ 656 0086; www.poposcostarica.com) programa emocionantes excursiones en kayak, algunas para familias, a partir de 55 US$.

Carrillo Tours (☎ 656 0543; www.carrillotours.com; ☻ 8.00-19.00), en la carretera que sube a la colina, organiza salidas de buceo, en kayak, para avistar delfines y montar a caballo hasta Palo Verde (p. 179).

La pesca deportiva es la principal actividad para muchos extranjeros. **Kingfisher Sportfishing** (☎ 656 0091; www.costaricabillfishing.com) es una agencia local muy conocida que planifica travesías de un día en alta mar por 850 US$. **Kitty Cat Sportfishing** (☎ 656 0170; www.sportfishcarrillo.com) es otro operador fiable, con salidas de un día por 750 US$.

Dónde dormir y comer

Todos los hoteles enumerados a continuación están situados en el extremo este de la playa, sobre la colina. La playa está a cinco o diez minutos a pie desde la mayor parte de ellos.

Casa Pericos (☎ 656 0061; dc 9 US$, d 25 US$, *camping* por persona 5 US$; **P**). Se encuentra a la izquierda según se sube a la colina y dispone de cuatro dormitorios y tres habitaciones dobles con vistas, baño y ventilador. Hay una terraza con una estupenda panorámica, sala de estar y cocina comunitaria. Los dueños son muy acogedores y gestionan excursiones para practicar surf, submarinismo o equitación.

Cabinas El Colibrí (☎ 656 0656; www.hotelcabinaselcolibri.com; d desayuno incl. 25-35 US$; **P**). Este establecimiento argentino tiene seis cabinas alicatadas con ventilador, baño y agua caliente; cinco disponen de cocina auxiliar. El **restaurante** (☻ 17.00-24.00) sirve las tradicionales parrilladas.

Hotel Esperanza B&B (☎ 656 0564; www.hotelesperanza.com; d desayuno incl. 48 US$, cama adicional 10 US$; **P**). Sus llamativos dormitorios han recibido buenas críticas. Cuentan con ventilador y ducha con agua caliente y pueden acoger hasta cinco personas. El restaurante, **El Ginger** (☻ 17.30-21.00), tiene fama por su pescado fresco y su plátano flameado. El propietario, un francocanadiense polígota, se encarga de concertar masajes y organizar excursiones.

Guanamar Beach Resort (☎ 656 0054; www.guanamar.com; d vistas al jardín/al océano 88/111 US$, st 187 US$; **P** **✕** **▨**). Este complejo, en el lado oriental de la carretera, suele atraer a estadounidenses aficionados a la pesca deportiva. Las cabinas, con azulejos, disponen de televisión por cable, teléfono, aire acondicionado y duchas con agua caliente. El desayuno está incluido y se aceptan tarjetas de crédito.

Carrillo Club (☎ 656 0316; www.carrilloclub.com; d desayuno incl. 55 US$, apt 75 US$; **P** **▨**). Este agradable hospedaje de color amarillo tiene unas vistas espectaculares y cuatro habitaciones ·dobles bien equipadas, con ducha, agua caliente y ventilador. Hay también un apartamento de cuatro plazas con cocina. Cuenta con una piscina normal y otra de hidromasaje, y se organizan actividades deportivas en grupo.

En el extremo oeste de la playa se encuentra el sencillo **Camping Mora** (☎ 656 0118; por persona adultos/niños 2,50/2 US$; **P**), con duchas, baños, electricidad y agua potable. Sólo hay que tener cuidado con la perra del *camping*, que no tiene buen humor.

La **Pizzería Restaurant y Bar El Tucán** (platos 3-6,50 US$; ☻ 17.30-22.30 ju-ma) sirve pizza y otros platos italianos. **El Yate** (platos 3 US$), situado

PENÍNSULA DE NICOYA

POR LA COSTA SUR EN TODOTERRENO

Los que tengan espíritu aventurero, mucho tiempo y experiencia conduciendo por lugares donde apenas hay camino pueden recorrer la costa sur del Pacífico de la península de Nicoya. No obstante, hay que llevar un todoterreno de piso alto.

A Cóbano, Mal País, Montezuma y cabo Blanco se suele llegar por la carretera que sigue el tramo oriental de la costa peninsular y que conecta con el *ferry* de Puntarenas en playa Naranjo (p. 261). Si el viajero lo desea, puede tomar un todoterreno en playa Carrillo (p. 258) y seguir la costa sudeste hasta Islita, playa Coyote (p. 260) y más allá; pero debe saber que es imposible realizar este recorrido en un automóvil normal.

Hacia el sur hay 70 km de una carretera muy difícil desde **playa Carrillo** hasta el pueblo de **Cóbano.** Hay que calcular un mínimo de cinco horas para el viaje, siempre que no surjan imprevistos. Hay que vadear varios ríos, entre ellos el Ora, unos 5 km al este de Carrillo. Este río puede ser infranqueable en la estación seca y con la marea alta, incluso en todoterreno; conviene saber los horarios de las mareas. Durante la estación húmeda, raramente se puede cruzar.

Desde Coyote se pasa por las playas Caletas, Arío y Manzanillo, donde está permitido acampar, antes de dirigirse hacia el interior por el río Negro para llegar a Cóbano, Mal País, Montezuma y cabo Blanco. Hay que cruzar algunos ríos muy complicados en este tramo, así que es mejor preguntar a los taxistas con todoterreno antes de ponerse en marcha. En algunos casos, la carretera no cruza transversalmente el río y hay que remontarlo un poco para encontrar la salida. En esos casos, es mejor investigar primero a pie y comprobar la salida antes de aventurarse para no acabar con el coche de alquiler hundido en el barro o varado en un montón de rocas. Más de un vehículo de alquiler se ha perdido en este tramo, de modo que conviene ser cauto (véase "Cómo atravesar ríos", p. 489). Para realizar esta ruta hay que conducir por la playa, ya que no existe carretera; además, apenas hay pueblos y muy poca gente por el camino. El camino no está señalizado, de modo que es fácil perderse. Hay que llevar un bidón de gasolina de repuesto y, en caso de avería, pasar un buen rato esperando a que aparezca alguien.

La oficina de turismo de Costa Rica recomienda no tomar esta ruta.

---

en lo alto de la colina, tiene unas vistas impresionantes y unos platos de pescado y marisco discretos.

Cómo llegar y salir

Sansa tiene vuelos regulares que llegan al aeropuerto situado al noroeste de la playa. Algunos autobuses de Traroc que van de Nicoya a Sámara siguen hasta playa Carrillo; lo mejor es preguntarle al conductor. Véase la p. 220 para más detalles.

Adolfo Badilla (☎ 390 0681) es el taxista autorizado del pueblo. Para contratar excursiones largas en temporada alta conviene llamarlo con tiempo. Adolfo realiza rutas desde Carrillo a la punta Islita (25 US$), a las playas San Miguel y Bejuco o a San Francisco de Coyote (60 US$ cualquiera de las tres). El recorrido sale más caro si las carreteras están inundadas y tiene que retroceder y pasar por el centro de la península. En la estación seca también efectúa recorridos a Mal País y Montezuma, menos transitados (140 US$). Hay que sumar 5 US$ si se quiere salir desde Sámara. Los precios varían según el número de pasajeros.

ZONA DE ISLITA

Se puede continuar hacia el sudeste más allá de playa Carrillo, siguiendo el litoral, para llegar hasta la punta sudeste de la península (véase recuadro en esta página). Aunque la punta Islita está a menos de 10 km al sudeste de playa Carrillo por carretera, el trayecto es complicado y hay que cruzar varios ríos, lo que resulta imposible durante la estación húmeda, que obliga a volver al interior y acceder por otra carretera.

El litoral del sudeste de playa Carrillo sigue siendo uno de los lugares más aislados y maravillosos de la península. Hay varias poblaciones pequeñas, pero las opciones de alojamiento y transporte público son mínimas.

Dónde dormir y comer

Se puede **acampar** en muchas playas sin instalaciones si se tiene vehículo. Los pocos hoteles enumerados a continuación se ordenan desde playa Carrillo hacia el sudeste.

Hotel Punta Islita (☎ 661 3324/32, en San José 231 6122; www.hotelpuntaislita.com; d/st 228/386 US$, chalé 468-819 US$; (P) (X) (Q) (Q)). Se trata de un complejo lujoso, situado sobre la colina, que ofrece 40 elegantes habitaciones con baño, televisión por cable, secador, cafetera, terraza y unas vistas impresionantes. Las más caras tienen *jacuzzi* con una panorámica del océano. El **restaurante** (platos 8-20 US$) es muy bueno y está abierto al público. Su especialidad son los cebiches variados, el pescado y el marisco. El comedor está decorado con objetos de atrezo de la película *1492*. Los propietarios se encargan de organizar clases de surf, jornadas de buceo, bicicleta, tenis, excursiones en barco y salidas de pesca. Se aceptan tarjetas de crédito.

El hotel se ha preocupado de integrarse en la comunidad rural de Islita y ha financiado la construcción de una nueva iglesia y un proyecto de fomento de las artes locales. De este modo, se han celebrado encuentros de artistas de San José con los lugareños para comercializar sus obras y sus piezas de artesanía, así como para crear mosaicos, esculturas y murales que se han expuesto por Islita como si se tratara de una galería al aire libre. El hotel dispone de mapas para visitar esta peculiar exhibición y en la tienda se venden algunas piezas pequeñas.

En la cima de una colina, unos 2 km al sudeste del hotel, se encuentra el **Restaurant Mirador Barranquilla** (platos 3-5 US$; 🕐 11.00-22.00 mi-lu), con una sobrecogedora perspectiva de punta Islita y las playas Bejuco y San Miguel. Es un lugar excepcional para beberse una cerveza mientras se pone el sol.

Cómo llegar y salir

AVIÓN
NatureAir ofrece vuelos entre San José y punta Islita una vez al día (ida/ida y vuelta 80/160 US$).

AUTOBÚS
La compañía que se acerca más a Islita es Arza, que cubre el trayecto desde San José hasta San Francisco de Coyote, playa San Miguel y Bejuco dos veces al día. Para más detalles véase "De playa San Miguel a playa Coyote" más adelante. No obstante, hasta Islita, hay que tener en cuenta que desde Bejuco hay un buen paseo cuesta arriba y que el autostop resulta casi imposible por la ausencia de tráfico.

AUTOMÓVIL
Para llegar hasta Islita y otros puntos al sudeste de playa Carrillo, la ruta "más fácil" se dirige hacia el interior desde playa Carrillo, atraviesa San Pedro, Soledad (conocida como Cangrejal), y baja hasta Bejuco, en la costa, desde donde se puede llegar a Islita, al noroeste.

TAXI
Adolfo Badilla, de playa Carrillo, cubre la ruta desde Carrillo a punta Islita (25 US$) y más allá. Para más detalles véase la p. 259.

DE PLAYA SAN MIGUEL A PLAYA COYOTE
Al sueste de Bejuco, playa San Miguel constituye una franja abierta y aislada, ideal para tomar el sol, nadar y practicar surf. No es un lugar turístico y hay poco que hacer por las noches, pero resulta una alternativa tranquila a las concurridas playas del norte y el sur.

Aquí se encuentra el pintoresco **Blue Pelican** (☎ 390 7203, 655 8046; www.amtec.co.cr/bluepelican; d 24 US$; (P)), una casa de madera violeta con un pelícano tallado en el tejado. Tiene habitaciones dobles con camas con dosel, ventilador y baño. Se sirve buena comida y cerveza helada.

Tras el Blue Pelican se llega al **Azul Plata B&B** (☎ 655 8080; azul-plata@gmx.net; d desayuno incl. 30 US$, estudio 45 US$; (P)). Este acogedor hospedaje, gestionado por alemanes, tiene cinco dormitorios reformados con ducha y agua caliente. El estudio, algo mayor, dispone de sala de estar y de una terraza con vistas al océano.

Hotel Arca de Noé (☎ 655 0065; arcanoe@racsa. co.cr; d desayuno incl. 64 US$, d surfistas 20 US$, cama adicional 5 US$; (P) (X) (Q)). Se trata de un agradable complejo, algo separado de la playa, que cuenta con 10 bonitos cuartos dobles con ducha, agua caliente, aire acondicionado y ventilador. Cinco de ellos, más económicos y destinados a surfistas, presentan literas y duchas con agua fría; el desayuno está incluido en todos los casos. Hay un restaurante italiano y un bar. Se organiza todo tipo de actividades.

San Francisco de Coyote, pequeño pueblo a 4 km de playa Coyote, hacia el interior, no suele recibir turistas y cuenta con alojamiento económico.

Soda Familiar y Cabinas Rey (☎ 655 1055; i/d/tr/c 5/10/13/17 US$; P). La familia que administra este negocio ofrece sencillas y limpias cabinas de hormigón y madera de hasta cuatro plazas. Detrás se sitúa **Coyote Online** (1,50 US$/h; ☿ 14-18.00 lu, ma, ju, vi), donde se puede acceder a Internet.

A una manzana en dirección oriental se halla **Rancho Loma Clara** (☎ 655 1027/68/69; i/d/tr 6/12/18 US$, cabina grande 29 US$; P), con nueve habitaciones limpias con duchas y agua fría. En la cabina grande caben ocho personas y dispone de cocina auxiliar. El **restaurante** contiguo (casados 2,50 US$) sirve sabrosos platos típicos. El **Bar Francis** (en la esquina) tiene el ambiente del viejo mundo, cerveza fría, mucho *guaro* y una mesa de billar antiquísima.

Cómo llegar y salir
AUTOBÚS
La Empresa Arza ofrece dos servicios al día desde San José, cruzando el golfo de Nicoya con el *ferry* de Puntarenas y siguiendo por Jicaral hasta San Francisco de Coyote, playa San Miguel y Bejuco. Los autobuses salen de San José a las 6.00 y 15.00, pasan por San Francisco de Coyote hacia las 11.30 y 22.00 y llegan a la playa San Miguel a las 12.00 y 22.30. Los autobuses de vuelta parten de Bejuco a las 2.00 y 12.30, llegan a la playa San Miguel hacia las 2.30 y 13.00, y a San Francisco de Coyote a las 3.00 y 14.00. El servicio es bastante irregular durante la estación húmeda y el viaje puede alargarse si las carreteras se encuentran en mal estado.

No existen más autocares que accedan a esta zona desde Nicoya u otras poblaciones de la península, debido a que apenas hay carreteras hacia el sur por la costa entre playa Coyote y Mal País. Para más detalles sobre los accesos al extremo sur de la península en transporte público, véase "Jicaral y Lepanto" en esta página.

AUTOMÓVIL
Véase "Zona de Islita" (p. 259) para saber cómo dirigirse desde aquí hacia el norte por la costa. Para más detalles sobre cómo seguir hacia el sur por la costa, véase el recuadro en p. 259.

TAXI
Para más información, véase la p. 259.

SUDESTE DE LA PENÍNSULA

JICARAL Y LEPANTO
Desde Nicoya, distintos autobuses recorren 72 km hacia el sudeste por una carretera en parte asfaltada en parte de tierra, y pasan por Jicaral y Lepanto para llegar a la terminal de *ferries* de playa Naranjo. Desde Jicaral se puede tomar el autobús a playa Coyote y San Miguel (véase anteriormente). Para ir más allá de playa Naranjo, hasta Paquera y el este de la península, se necesita vehículo propio, puesto que todos los autobuses acaban su trayecto en el *ferry* o cruzan a Puntarenas. Para efectuar este recorrido se puede tomar un taxi (véase más adelante) o dos *ferries* (véase más adelante).

En Jicaral se hallan un par de establecimientos baratos y sencillos donde se puede comer y dormir. Cerca de Lepanto, las salinas se divisan desde la carretera: se trata de un buen lugar para ver aves zancudas, como las espátulas rosadas.

PLAYA NARANJO
Este minúsculo pueblo constituye la terminal del *ferry* de vehículos de Puntarenas. No es un sitio muy interesante; por eso, la mayoría de los viajeros sólo pasa de camino a Nicoya o Puntarenas.

Dónde dormir y comer
Varios hoteles, que ofrecen alojamiento para los que esperan el *ferry*, organizan excursiones a caballo o acuáticas.

Hotel El Ancla (☎ 661 3887; d sin/con a.a. 25/30 US$; P ✄ ☎). A 200 m del muelle, tiene nueve habitaciones luminosas con aire acondicionado y hamacas al aire libre, piscina y restaurante.

En el puerto se pueden encontrar un par de sodas.

Cómo llegar y salir
Todos los medios de transporte están condicionados a las salidas y llegadas del *ferry* de Puntarenas. El viajero no debe preocuparse si alguno llega tarde, ya que el siguiente esperará.

BARCO
El **Ferry Coonatramar** (☎ 661 1069; pasajeros 1,60 US$, automóviles 11 US$; 1½ h) a Puntarenas sale cada

día a las 5.10, 8.50, 12.50, 17.00 y 21.00 y lleva vehículos y pasajeros. Si se va en automóvil, primero hay que comprar el billete en el mostrador y después meter el coche en el *ferry*. En vacaciones y fines de semana se debe llegar por lo menos una hora antes, puesto que suele haber mucha gente.

AUTOBÚS
Todos los autobuses esperan al *ferry* y llevan a los pasajeros a Nicoya (1,75 US$, 3 h). Los horarios aproximados de salida son: 5.15, 9.00, 13.00, 17.00 y 21.00. No hay autobuses hacia el sudeste.

Quien tenga un presupuesto ajustado y quiera llegar a Paquera debe cruzar el golfo de Nicoya en el *ferry* que va a Puntarenas y luego volver a cruzarlo en el que se viaja de Puntarenas a Paquera. Existe un servicio regular de autobuses de Paquera a Montezuma.

EN AUTOMÓVIL Y TAXI
Se puede acceder a Paquera por una accidentada pista con unas vistas espléndidas de bahía Gigante, para lo que se recomienda un todoterreno, en especial durante la estación húmeda cuando se forman ríos. La única opción de transporte público es un taxi todoterreno que cuesta unos 25 US$ según el número de pasajeros y el estado de la carretera.

BAHÍA GIGANTE
Este golfo aislado se halla unos 9 km al sudeste de playa Naranjo y tiene un aire algo abandonado, por eso es ideal para quien quiera evadirse del mundo. Para llegar se recomienda alquilar un todoterreno, puesto que no hay transporte público.

Las principales actividades que se suelen organizar en los hoteles son las excursiones ecuestres, la pesca deportiva, el esquí acuático y las travesías en kayak por las tranquilas aguas de la ensenada.

Hotel Paradiso (☎ 641 8193; www.hotelparadisocr. com; h por persona desayuno incl. 25 US$; P ⊠ ⚐). Recién reformado, ofrece habitaciones limpias, pintadas de colores vivos, con aire acondicionado y duchas con agua caliente. Siguiendo la carretera 3 km más al sur, se encuentra el **Hotel Bahía Luminosa Resort** (☎ 641 0386, www.bahialuminosa.com; d con ventilador/ a.a. 58/64 US$, c 88 US$; P ⊠ ⚐). Este lugar con vistas a la playa corona un pequeño cerro

y tiene 15 dormitorios, algunos reformados recientemente. Cuenta con hamacas para relajarse y un restaurante. Se acepta Visa.

ISLAS PRÓXIMAS A BAHÍA GIGANTE
Los alrededores de bahía Gigante están salpicados de islas, de las cuales 10 tienen tamaño suficiente para aparecer en un mapa a escala 1:200.000 y el resto son rocas e islotes que atraen a visitantes en kayak y barca.

La **isla San Lucas** es la mayor con 600 Ha y se ubica unos 4 km al nordeste de bahía Gigante y 5 km al oeste de Puntarenas. Acoge las ruinas de una de las cárceles más célebres de América Latina, que sirvió de inspiración para la famosa crónica de Costa Rica: *La isla de los hombres solos*, de José León Sánchez (véase p. 33). Los visitantes verán los restos de la prisión, que cerró en 1992, cubiertos por la vegetación y algunas celdas de más de 100 años. Al tomar el *ferry* a Puntarenas, si el viajero se sienta en la parte derecha del barco, podrá contemplar la isla.

A unos cientos de metros de la costa, **isla Gitana** se ubica en el centro de bahía Gigante. En casi todos los mapas se denomina isla Muertos debido a los sepulcros indígenas hallados. Con casi 10 Ha, funcionó como centro turístico rústico, pero ahora está en venta.

Isla Guayabo y las **islas Negritos** son dos reservas biológicas protegidas y conocidas santuarios de aves marinas, por lo que sólo se permite el acceso a investigadores con permiso de la oficina del parque. Es posible aproximarse en barco para observar de lejos las colonias de fragatas y piqueros. El *ferry* de Paquera es el medio más barato para acercarse, aunque también se puede alquilar un barco.

La zona más conocida es **isla Tortuga,** que está compuesta por dos piélagos deshabitados unos 5 km al sudoeste de islas Negritos. Cuentan con bonitas playas para bucear y nadar y se puede acceder en excursiones de un día en barco (véase esta página).

Circuitos organizados
El más popular es el que lleva a isla Tortuga para **bucear,** nadar y hacer senderismo. Todo ello se puede organizar desde Paquera (p. 263), Montezuma (p. 266), Puntarenas (p. 277) o Jacó (p. 285).

La excursión más lujosa es la que organiza **Calypso Tours** (☎ en San José 256 2727; www.

calypsotours.com). La empresa transporta a los pasajeros hasta la isla en el Manta Raya, un elegante catamarán motorizado de 23 m, con aire acondicionado, un par de *jacuzzis* al aire libre y mirador submarino. El precio mínimo es de 99 US$ por persona e incluye el traslado desde San José en autobús privado; también se puede salir desde Puntarenas. La tarifa comprende el desayuno, la comida y tentempiés de calidad. Es mejor realizar la excursión entre semana para evitar aglomeraciones y conviene llevar toalla y protector solar. Resulta divertido, pero muy turístico.

Algunas agencias ofrecen salidas a **isla San Lucas** según la demanda. Calypso Tours organiza una travesía en velero con parada en la isla (150 US$ por persona). También se puede consultar en las compañías mencionadas anteriormente.

PAQUERA

A unos 25 km de playa Naranjo por carretera y a 4 km de la terminal de *ferries* de Paquera se encuentra este tranquilo pueblo. La mayoría de los viajeros pasa de largo de camino a Montezuma, pero las recientes mejoras en la localidad están consiguiendo que los viajeros se queden a pernoctar.

El Banco Popular (⏰ 8.15-16.00), en la calle lateral, cambia dólares estadounidenses y cheques de viaje.

En la carretera principal, frente a la gasolinera, se encuentra el nuevo **Turismo Curú** (☎ 6410004; luisschutt@hotmail.com; ⏰ 7.00-21.00), gestionado por el bien informado Luis Schutt, del refugio Curú (véase esta página). Ofrece acceso a Internet (3 US$ por hora) y un ubs por uno que combina una visita a Curú y una excursión para bucear en isla Tortuga por 20 US$ por persona. Sólo por esta oferta ya vale la pena acercarse a Paquera.

Dónde dormir y comer
Cabinas y Restaurant Ginana (☎ 641 0119; i/d 8,50/10 US$; d/tr con a.a. 20/30 US$; P 🍴). Es la mejor opción, con 28 sencillas habitaciones limpias con baño y ventilador; 20 de ellas tienen aire acondicionado. El establecimiento cuenta con un agradable restaurante y el trato es cordial.

Al norte del Ginana se encuentra **Cabinas Jardín** (☎ 641 0003; 7,50 US$ por persona con ventilador, i/d con a.a. 11/16 US$; P), con diferentes cuartos sencillos y limpios, con literas, camas

individuales y de matrimonio; casi todos disponen de baño. El dueño es afable.

Cómo llegar y salir
Todos los medios de transporte están condicionados a las salidas y llegadas del *ferry* de Puntarenas. El viajero no debe preocuparse de si alguno va con retraso, pues el siguiente esperará.

BARCO
El **Ferry Peninsular** (☎ 641 0118/515, 661 8282; pasajero 1,60 US$, automóvil 11 US$; 1 h) sale cada día a las 4.30, 6.30, 8.30, 10.30, 13.00, 14.30 y 17.30 y lleva vehículos y pasajeros. Si se va en automóvil, hay que comprar el billete en el mostrador antes de meter el coche en el *ferry*. En vacaciones y fines de semana hay que presentarse por lo menos una hora antes, puesto que suele haber mucha gente.

AUTOBÚS
Suele esperar a los pasajeros en la terminal de *ferries* y los lleva a Paquera, Tambor y Montezuma. El vehículo puede ir muy lleno, de modo que conviene bajar rápido del *ferry* para conseguir asiento.

La mayoría de los viajeros toman el autobús desde la terminal a Montezuma (2,25 US$, 2 h). Muchos taxistas suelen decir que el autobús no va a llegar, pero esto no es cierto. No hay servicio de autobuses hacia el norte.

TAXI
Siempre que se consiga suficiente gente para compartir uno, resulta una buena opción, puesto que el viaje dura la mitad que en autobús. La carrera a Montezuma cuesta unos 7 US$ por persona y unos 10 US$ a Mal País.

Un taxi todoterreno hasta playa Naranjo cuesta unos 25 US$.

REFUGIO NACIONAL DE VIDA SILVESTRE CURÚ

Constituye una joya natural de 84 Ha en medio de esta península tan deforestada. Situado en su extremo oriental, sólo 6 km al sur de Paquera, el minúsculo refugio de Curú contiene una gran variedad de entornos naturales; actualmente está integrado en una zona protegida de casi 1.500 Ha.

Los visitantes pueden presentarse en cualquier momento durante el horario de aper-

QUEJAS EN TAMBOR

A veces el prefijo *eco-* no significa "verde". Pocos ejemplos tan claros hay como el de playa Tambor. En 1991 la cadena hotelera española Barceló empezó en esta tranquila bahía la construcción de un enorme complejo turístico con 2.400 habitaciones, un campo de golf y un puerto deportivo. Al año siguiente, Barceló y el Gobierno regional que supervisaba el proyecto fueron increpados por grupos ecologistas por atentar contra el medio ambiente al drenar un manglar y retirar arena del lecho de un río cercano, provocando la erosión del suelo. Al final la cadena hotelera fue multada con 14.000 US$, cifra considerada ridícula por muchos. Pero el proyecto siguió adelante, aunque se vio reducido de forma significativa, y el Hotel Barceló Playa Tambor abrió sus puertas en 1992. Paradójicamente, la página web del hotel se anuncia como el lugar ideal para los amantes de la naturaleza.

La escasa sanción indignó a Noemi Canet, bióloga costarricense que trabajaba en ASCONA (Asociación Costarricense para la Protección de la Naturaleza), que participó en la denuncia contra Barceló. Sin embargo, para ella el principal problema no es la acción de la cadena, sino la actitud cómplice de su Gobierno, que abre las puertas a muchos otros constructores.

Canet afirma que es necesario mejorar muchas cosas. En primer lugar, los proyectos turísticos deberían contar con un estudio de impacto medioambiental realizado por un biólogo que conozca la zona. Además, sostiene que el proceso de permisos es tan complejo que a veces resulta difícil saber quién es el responsable de cada intervención, y más aún ejecutar la normativa sobre medio ambiente. Por desgracia, los grupos como ASCONA están librando una batalla interminable que enfrenta los intereses económicos con los de las comunidades locales. "Esto pertenece al pueblo de Costa Rica –dice Canet en referencia a las maravillas naturales del país–. Es un tesoro nacional y deberíamos empezar a tratarlo como tal".

No obstante, el avance de enormes proyectos urbanísticos, como el polémico Proyecto Papagayo (p. 230) al norte de la península de Nicoya hace pensar si sus deseos se harán realidad a tiempo.

tura y pagar la tarifa diaria de 6 US$ para recorrer las pistas y visitar la reserva. Además, existe una variada oferta de excursiones a caballo, en kayak por el estuario, para bucear o para hacer senderismo con guía.

Se puede elegir entre 17 senderos diferentes a través de bosques caducifolios con grandes árboles, manglares con cinco especies diferentes de mangles, playas bordeadas por palmeras y salientes rocosos. En las zonas forestales viven ciervos, monos, agutíes y pacas, y se han registrado tres variedades de felinos. En las playas y las salinas se pueden ver iguanas, cangrejos, langostas, quitones, moluscos, tortugas y otros animales marinos. Los ornitólogos han registrado más de 232 tipos de aves, pero probablemente haya más. La reserva alberga tres buenas playas para bucear y nadar.

El refugio es propiedad privada de los Schutt, una familia tica que vive aquí desde hace más de 70 años y cuya intervención ha sido decisiva para que el territorio fuera declarado refugio natural. En la actualidad intentan reintroducir especies, como los guacamayos rojos o los monos araña.

Los visitantes que quieran pernoctar aquí pueden alquilar una de las seis cabinas del rústico **refugio** (☎ 641 0004; curuturism.com; 30 US$ por persona con tres comidas; ☽ 7.00-15.30). La reserva debe hacerse con antelación en la oficina de Paquera (véase p. 263). No hay electricidad, de modo que hay que llevar linternas y pilas.

Los Schutt se pueden encargar del transporte hasta la reserva y las agencias de viajes de Montezuma organizan excursiones de un día. La entrada al refugio está bien indicada en la carretera asfaltada que va de Paquera a Tambor.

PLAYAS POCHOTE Y TAMBOR

Estas dos largas playas están protegidas por bahía Ballena, la mayor del litoral sudeste de la península. Es un buen lugar para relajarse o como punto de partida para hacer excursiones por Curú o bucear en isla Tortuga. Las playas son seguras para el baño y en ocasiones se pueden ver ballenas. No existe un pueblo propiamente dicho, sino una serie de complejos y diminutas aldeas en ambos extremos.

Ambas playas empiezan 14 km al sur de Paquera, en la comunidad de Pochote,

ERIC L WHEATER

Lechero empujando su carro, San José (p. 57).

STEPHEN SAKS

Cena al aire libre, San José (p. 57).

Mujeres procesando plátanos, San José (p. 57).

ULRIKE WELSCH

ROB RACHOWIECKI

Los Jardines Catarata de La Paz (p. 122), Parque Nacional Volcán Poás.

TOM B

TOM BOYDEN

Cráter activo, Parque Nacional Volcán Poás (p. 120).

Bosque lluvioso tropical, Jardines Catarata de La Paz (p. 122).

El enorme cráter del volcán Irazú, Parque Nacional Volcán Irazú (p. 131).

ALFREDO MA

DAVID M WATSON

Cascada en la Reserva Biológica Lomas de Barbudal (p. 181).

Bosque Elfin, Reserva Biológica Bosque Nuboso Monteverde (p. 168).

DAVID M WATSON

Playa Naranjo, Parque Nacional Santa Rosa (p. 190).

LUKE HUNTER

MARK NEWMAN

Escena de playa, Montezuma (p. 266).

RALPH LEE HOPKINS

Mono tití *(Saimiri oerstedii)*, Parque Nacional Manuel Antonio (p. 309).

CHRIS BA—

Puesta de sol encendida, península de Nicoya (p. 221).

En kayak por el estuario, isla Damas (p. 287).

ROBERTO SONCIN GEROMETTA

LUKE HUNTER

Vegetación de páramo, Parque Nacional Chirripó (p. 333).

Excursionistas cruzando un arroyo, Parque
Nacional Chirripó (p. 333).

LUKE HUNTER

TOM BOYDEN

Tangara azuleja o viuda *(Tharaupis
episcopus)*, San Gerardo de Dota
(p. 323).

RALPH LEE HO

Bosque lluvioso tropical, Parque Nacional Corcovado (p. 360).

Atardecer entre palmeras, Parque Nacional
Corcovado (p. 360).

MARK NEWMAN

Sendero a través del bosque lluvioso,
Refugio Nacional de Fauna Silvestre
Golfito (p. 378).

DAVID M WA

Chicos jugando al fútbol, Puerto Limón (p. 394).

ERIC L WHEATER

ERIC L WHEATER

Niños en una veranda, Puerto Limón
(p. 394).

Playa de postal, zona de Puerto Limón (p. 394).

PATRICK HORTON

LUKE HUNTER

Contemplando la fauna desde
una plataforma de *canopy*, Parque
Nacional Tortuguero (p. 403).

LUKE H

Martinete cabecipinto *(Nyctanassa violacea),*
Parque Nacional Tortuguero (p. 403).

Transporte por los canales, Parque Nacional Tortuguero (p. 403).

ROB RACHOW

y se extienden 8 km hacia el sudoeste, hasta Tambor. Están divididas por el estrecho estuario del río Panica, que se puede vadear.

Dónde dormir

ECONÓMICO

En el extremo sur de la bahía, en el pueblo de Tambor, se encuentra el sencillo y limpio **Hotel Dos Lagartos** (☎ 683 0236; aulwes@costarica. net; d sin/con baño 20/29 US$; **P**), con vistas a la playa, un restaurante agradable y jardín. Cuenta con 17 habitaciones, bien dispuestas, con baño compartido; otras más caras tienen baño propio. Organizan excursiones a zonas próximas.

Cabinas Tambor Beach (☎ 683 0057; c 19 US$) ofrece pulcros dormitorios alicatados de color azul con baño, y agua caliente en algunos casos. Hay un patio con hamacas y un **restaurante** (⏱ 6.30-21.00 lu-sa) que sirve comidas a buen precio.

Cabinas Cristina (☎ 683 0028; d/tr con baño compartido 14,50/20 US$, c con baño 24 US$) dispone de nueve cuartos sencillos e impecables con pared de azulejos, y un restaurante. Los dueños son muy afables y se reservan excursiones.

PRECIO MEDIO Y ALTO

Hotel Costa Coral (☎ 683 0105; www.costacoral.com; d sin/con a.a. 53/65 US$; **P** 🏊 🛌). Sus 10 vistosos chalés disponen de televisión por cable, cocina auxiliar, cafetera, ventilador, teléfono y aire acondicionado opcional. Las duchas no tienen agua caliente y en cada habitación caben cuatro personas. Hay restaurante y bar. Los precios incluyen el desayuno y se aceptan tarjetas de crédito.

Tango Mar Resort (☎ 683 0001; www.tangomar. com; d 209 US$, st con vistas al océano 270 US$, chalé 526-1.168 US$, cama adicional 20 US$; **P** 🏊 🛌). Este atractivo y solitario complejo está 3 km al sur del pueblo de Tambor. El hotel y el club de campo adyacente cuentan con dos piscinas alimentadas por fuentes, un campo de golf de nueve hoyos, dos pistas de tenis, un campo de fútbol, dos bares y una marisquería de gran categoría, **Cristóbal** (platos 15-25 US$). Las excursiones ecuestres, el senderismo, la cascada del acantilado, las piscinas naturales y la solitaria playa son sólo algunos de sus atractivos. Todos los precios incluyen el desayuno y se aceptan tarjetas de crédito.

Tambor Tropical (☎ 683 0011, en EE UU 503-365 2872; www.tambortropical.com; d desayuno incl. 176-205 US$; **P** 🏊 🛌). Se trata de uno de los complejos más nuevos y ofrece 10 amplias y relucientes habitaciones, decoradas con madera y repartidas en cinco cabinas a varios niveles por la playa. Cada habitación está provista de cocina completamente equipada, ventilador, galería y un gran baño con agua caliente. Hay restaurante y se organizan todo tipo de actividades. No se admiten menores de 16 años. Se aceptan tarjetas de crédito.

Uno de los alojamientos más polémicos de la historia del turismo costarricense es el **Hotel Barceló Playa Tambor** (☎ 683 0303; www.barcelo.com; d 211 US$). Véase el recuadro en p. 264.

La mayor parte de los hoteles dispone de restaurante, aunque también hay algunas sodas en la playa.

Cómo llegar y salir

El aeropuerto está muy cerca de la entrada del Hotel Barceló Playa Tambor, hacia el norte. Los hoteles suelen gestionar la recogida en el aeropuerto cobrando un suplemento. Sansa (ida/ida y vuelta 58/116 US$) y NatureAir (66/132 US$) ofrecen dos vuelos al día cada una.

Los autobuses entre Paquera y Montezuma pasan por aquí.

CÓBANO

Aunque la mayoría de los viajeros suele dirigirse a Montezuma, Cóbano es la población más importante del extremo sur de la península, con oficina de correos, tiendas y otros servicios.

Información

Banco Nacional (☎ 642 0210)
Emergencia 2000 (☎ 642 0630, 683 0338; ⏱ 24 h)
Gasolinera (☎ 642 0072)

Dónde dormir y comer

Villa Grace (☎ 642 0225; 10 US$ por persona; **P** 🛌), 50 m después del supermercado Mega, en la carretera a Montezuma, dispone de 17 cabinas con baño, algunas con agua caliente y cocina auxiliar. Todas tienen TV, suelos nuevos embaldosados y baño reformado.

El **Restaurant Caoba** (casados 3,75 US$), que se llena de día y de noche, es el de mayor éxito entre turistas y lugareños. También se pueden encontrar muchas sodas baratas.

PENÍNSULA DE NICOYA

Cómo llegar y salir

El autobús entre Paquera y Montezuma conduce a las playas. Los que se dirigen a Mal País salen a las 10.30 y 14.30. Un taxi todoterreno a Montezuma cuesta 6 US$.

Durante la estación seca, **Doristur** (☎ 821 6277) ofrece plazas para viajar en furgoneta a Tamarindo o Sámara por unos 30 o 45 US$ por persona. También es posible, aunque muy difícil, llegar a Cóbano en todoterreno siguiendo la costa sur desde playa Carrillo. Véase el recuadro en p. 259.

MONTEZUMA

Este encantador pueblecito próximo al extremo de la península está cerca de la primera reserva natural de Costa Rica. Es uno de los sitios predilectos de los extranjeros por su ambiente relajado, en parte debido a que se puede conseguir marihuana con facilidad. Los amantes de la naturaleza lo utilizan como campamento para visitar la Reserva Natural Absoluta Cabo Blanco (p. 273), isla Tortuga (p. 262) y la Reserva Natural Curú (p. 263).

Dado el ambiente un tanto despreocupado y *hippy* del lugar, el *topless* y, en ocasiones, el nudismo en las playas es habitual. A nadie le llamará la atención si las viajeras hacen *topless*, pero conviene recordar que los ticos son conservadores y muchos consideran que es una falta de respeto hacia su pueblo.

Con todo, se trata de un destino muy popular y su atmósfera relajada, sus bonitas playas, sus hoteles baratos y sus buenos restaurantes consiguen que los visitantes se queden más tiempo de lo planeado.

Aparcar en la localidad puede ser un problema, de modo que se aconseja moverse a pie.

Información

La **librería Topsy** (◷ 8.00-16.00 en temporada alta) dispone de periódicos y revistas, y tiene servicio de préstamo de libros. También funciona como oficina de correos no oficial, vende sellos y lleva las cartas periódicamente a la oficina de correos de Cóbano. Se puede acceder a Internet en El Sano Banano (p. 269) y Aventuras en Montezuma (véase esta página) por unos 4 US$ por hora.

Hay servicio de lavandería en las sodas Arrecife y Caracol y en la Pensión Lucy, con precios similares (1,50 US$ por kg).

El banco más próximo se halla en Cóbano. Si se necesita cambiar dinero, Coco-Zuma Traveller (véase esta página) acepta dólares estadounidenses, euros o cheques de viaje (éstos con comisión), mientras que Aventuras en Montezuma únicamente cambia efectivo en dólares de EE UU.

Dos direcciones útiles son www.nicoyapeninsula.com y www.playamontezuma.net.

Actividades

Hay bonitas **playas** por la costa, separadas por pequeños espigones de roca, por las que se puede pasear y contemplar las lagunas de marea. Las olas son fuertes y hay una resaca tremenda, de modo que conviene tener cuidado y pedir consejo a los lugareños antes de bañarse. Se pueden alquilar equipos de buceo y *body boards* en las agencias de excursiones (más adelante) por unos 10 US$ al día.

En un estudio al aire libre del Hotel Los Mangos (véase p. 269) se ofrecen **clases de yoga** (www.montezumayoga.com; 10 US$ por persona).

El alquiler de bicicletas cuesta unos 15 US$ al día y 60 US$ el de *quads*. Véase Montezuma EcoTour (más adelante).

Circuitos organizados

Se pueden contratar diversas excursiones para bucear a partir de 40 US$. Las más populares son las de un día en barco a isla Tortuga (p. 262), que salen por 40 US$ por persona, con almuerzo, fruta, bebidas y equipo de buceo. Se tardan cuarenta y cinco minutos hasta la isla, donde se puede nadar o bucear.

Las excursiones guiadas en cabo Blanco cuestan unos 25 US$ y los paseos ecuestres de media jornada, unos 25 US$, con la opción de ver la cascada (véase recuadro en p. 268).

Se recomiendan las siguientes agencias:
Aventuras en Montezuma (☎ 642 0050; avenzuma@racsa.co.cr; ◷ 8.00-20.00). También reservan y confirman vuelos.
CocoZuma Traveller (☎ 642 0911; www.cocozuma. com)
Montezuma EcoTours (☎ 642 0467; www.playa montezuma.net). Deanne gestiona excursiones a caballo y dispone de servicio de autobús a cabo Blanco (véase p. 270).

Dónde dormir

En temporada alta es difícil encontrar alojamiento, sobre todo un viernes a última hora cuando escasean las habitaciones in-

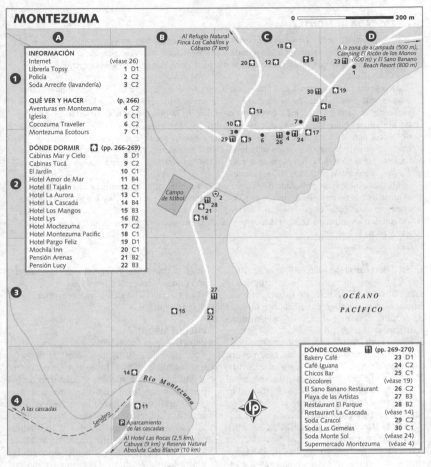

MONTEZUMA

0 — 200 m

INFORMACIÓN
Internet	(véase 26)
Librería Topsy	1 D1
Policía	2 C2
Soda Arrecife (lavandería)	3 C2

QUÉ VER Y HACER (p. 266)
Aventuras en Montezuma	4 C2
Iglesia	5 C1
Cocozuma Traveller	6 C2
Montezuma Ecotours	7 C1

DÓNDE DORMIR (pp. 266-269)
Cabinas Mar y Cielo	8 D1
Cabinas Tucá	9 C2
El Jardín	10 C1
Hotel Amor de Mar	11 B4
Hotel El Tajalin	12 C1
Hotel La Aurora	13 C1
Hotel La Cascada	14 B4
Hotel Los Mangos	15 B3
Hotel Lys	16 B2
Hotel Moctezuma	17 C2
Hotel Montezuma Pacific	18 C1
Hotel Pargo Feliz	19 D1
Mochila Inn	20 C1
Pensión Arenas	21 B2
Pensión Lucy	22 B3

Al Refugio Natural Finca Los Caballos y Cóbano (7 km)

A la zona de acampada (500 m), Camping El Rincón de los Monos (600 m) y El Sano Banano Beach Resort (800 m)

Campo de fútbol

OCÉANO PACÍFICO

Río Montezuma

Sendero

A las cascadas

P Aparcamiento de las cascadas

Al Hotel Las Rocas (2,5 km), Cabuya (9 km) y Reserva Natural Absoluta Cabo Blanco (10 km)

DÓNDE COMER (pp. 269-270)
Bakery Café	23 D1
Café Iguana	24 C2
Chicos Bar	25 C1
Cocolores	(véase 19)
El Sano Banano Restaurant	26 C2
Playa de las Artistas	27 B3
Restaurant El Parque	28 B2
Restaurant La Cascada	(véase 14)
Soda Caracol	29 C2
Soda Las Gemelas	30 C1
Soda Monte Sol	(véase 24)
Supermercado Montezuma	(véase 4)

PENÍNSULA DE NICOYA

dividuales. No obstante, con tantos hoteles en una población tan pequeña, siempre se encuentra algo. Los precios indicados corresponden a los de temporada alta.

ECONÓMICO

Todos los establecimientos tienen duchas con agua fría y ventilador a menos que se indique lo contrario.

Hotel Lys (☎ 642 0642; ricklys@hotmail.com; d 15 US$). Rick Lys, un tipo encantador, otorga un ambiente familiar a su pequeño hotel de playa. Las habitaciones dobles son sencillas, disponen de mosquitera y baño compartido. Hay numerosos gatos muy sociables y el dueño es un experto en locales donde se come bien y barato.

Pensión Lucy (☎ 642 0273; i/d 15/20 US$). Otra apuesta segura y con buenas críticas. Sus bonitos dormitorios decorados con madera tienen diminutos baños compartidos. Los de la planta superior son los mejores y tienen galerías acariciadas por la brisa y vistas al océano.

Cabinas Tucán (☎ 642 0284; d 15 US$). Junto al campo de fútbol, al norte, están dirigidas por la gruñona Doña Marta. Los cuartos están impecables, al igual que las duchas comunitarias.

Pensión Arenas (☎ 642 0306; 5 US$ por persona). Situada en la playa, alquila habitaciones sencillas y pequeñas con baño compartido. Las de la planta superior están más ventiladas. El servicio podría ser mejor, pero la ubicación lo compensa.

LA CASCADA DE MONTEZUMA

Tras un paseo de veinte minutos al sur del pueblo, se llega a tres espectaculares cascadas. La atracción principal es ascender a la segunda y tirarse al agua. Aunque cada día lo hacen muchísimas personas, hay que tener presente que media docena han muerto en el intento; de hecho, hay una señal de advertencia.

La primera catarata cuenta con una buena zona para el baño, pero es poco profunda y rocosa y no es apta para bucear. Desde aquí, si se sigue por la pista señalizada que la rodea y se sigue subiendo, se llega a la segunda con 10 m de altura. Es la que ofrece la posibilidad de saltar a las profundas aguas. Para llegar al lugar del salto, hay que seguir por un camino hasta la zona de buceo; pero en ningún caso se debe intentar escalar, ya que la roca es resbaladiza y así es como ha muerto la mayoría de los saltadores. Desde este punto, el camino sube por la montaña hasta la tercera cascada, tampoco apta para saltar. Sin embargo, hay una cuerda para dejarse caer en la zona más profunda del estanque.

Muchos viajeros han disfrutado de esta actividad, aunque entraña bastante riesgo. Para acceder al lugar, se puede tomar la carretera principal de Montezuma hacia el sur y luego el camino de la derecha tras pasar el puente y el Hotel y Restaurant La Cascada. Hay un aparcamiento para visitantes bien indicado (2,50 US$ por vehículo) desde donde empieza la pista que conduce hasta arriba.

Hotel Moctezuma (☎ 642 0058; i/d/tr 10/20/30 US$). Sus 21 viejos dormitorios son amplios y están limpios. Disponen de ducha, en ocasiones con agua caliente. Se aceptan tarjetas de crédito. El bar de al lado es muy ruidoso y dificulta el descanso.

Mochila Inn (☎ 642 0030; 10 US$ por persona). El afable dueño arrienda cuartos con nevera y cocina de gas. Los baños, en el exterior, disponen de un fino telón que separa al ocupante de la naturaleza. Los cuartos están emplazados en una tranquila colina, lo que supone un paseo considerable.

Cabinas Mar y Cielo (☎ 642 0261; d 30-40 U$). Sus limpias habitaciones, en la playa, tienen ventilador y buenas vistas. Las de la planta superior reciben la brisa del océano y en algunas caben hasta seis personas. El lugar está lejos de la calle; el mostrador de Chico's Souvenirs funciona como recepción.

Hotel Pargo Feliz (☎ 642 0064/5; d 25-30 US$). Ubicado en el extremo norte del pueblo, junto al afamado restaurante Cocolores, ofrece ocho dormitorios bien cuidados con ventiladores. Los de la planta superior son más caros.

Caminando diez minutos hacia el norte por la playa, se llega a una pequeña zona de **acampada** (1,25 US$ por persona) con buenas sombras, junto a una casa azul. Dispone de baños y duchas con agua fría. Una opción aún mejor es el tranquilo **Camping El Rincón de Los Monos** (☎ 642 0048; momaya@gmx.ch; 3 US$ por persona), 50 m más allá, con barbacoas,

duchas, taquillas y servicio de lavandería; se venden cervezas y refrescos.

El viajero debe saber que acampar en las playas es ilegal.

PRECIO MEDIO

Hotel La Aurora (☎ 642 0051; www.playamontezuma. net/aurora.htm; d 25-50 US$, cama adicional 5 US$, casa por semana 250 US$; P ✗). En lo alto de un cerro, según se llega al pueblo, se alza uno de los primeros hoteles de Montezuma con más de 20 años de historia. El precioso edificio amarillo cubierto de parras alberga 15 habitaciones diferentes, limpias y agradables con ventilador y mosquitera; algunas tienen agua caliente (en mayor o menor medida) y aire acondicionado. Hay una cocina comunitaria y muchas hamacas para relajarse. El hotel alquila una amplia casa de madera de seis plazas en la carretera que lleva a la cascada; el precio indicado es para dos personas, ya que por cada persona extra se cobran 25 US$ más. Se aceptan tarjetas de crédito.

Hotel El Tajalin (☎ 642 0061; www.tajalin.com; d/tr 58/70 US$; ✗). Dispone de 15 tranquilos dormitorios, limpios y espaciosos con suelos de madera pulida, ducha con agua caliente, ventilador y aire acondicionado; algunos incluso con nevera. En temporada alta el desayuno está incluido en el precio y se aceptan tarjetas de crédito.

Hotel Montezuma Pacific (☎ 642 0204; d/tr 35/40 US$; ✗). Al lado del anterior, este lugar tranquilo alberga habitaciones correctas y limpias con aire acondicionado y ducha con agua caliente. La decoración es anodina, pero las habitaciones salen a cuenta; algunas tienen balcón. Se aceptan tarjetas de crédito.

El Jardín (☎ 642 0548; www.hoteleljardin.com; d con baño sin/con agua caliente 60/70 US$, con a.a. 80 US$, chalé 120 US$, cama adicional 10 US$; 🔣 📧). Cerca de la entrada al pueblo, se sitúa este agradable alojamiento con 15 cabinas de estupenda madera y diferentes tamaños, con agua caliente y ventilador; algunas tienen aire acondicionado y balcón. Las hay con baños de piedra, otras gozan de bonitas vistas al océano y el chalé es de cuatro plazas. Se aceptan tarjetas de crédito.

Hotel La Cascada (☎ 642 0056/7; d 40 US$, h de 3-5 personas, por persona 20 US$). Ubicado junto al río, en el camino a la cascada, sus 19 habitaciones están impolutas y disponen de ventilador, baño con agua fría y vistas al océano; algunas son de cinco plazas. En la terraza de la segunda planta hay hamacas para holgazanear. Los ticos que gestionan el hotel son muy solícitos. Se aceptan tarjetas de crédito.

Hotel Los Mangos (☎ 642 0076; www.hotellosmangos.com; d sin baño 35 US$, bungalow tr 82 US$; 🅿 📧). Es un lugar encantador que ofrece dormitorios dobles con baño compartido en el edificio principal y bungalows repartidos por el amplio terreno salpicado de mangos. Los cuartos están restaurados, pintados de colores vivos y tienen ventilador. Los bungalows tienen ducha y una galería con hamacas.

Hotel Amor de Mar (☎ 642 0262; shoebox@racsa.co.cr; d 41-88 US$). En el extremo sur del pueblo, cuenta con un cuidado jardín y una bonita vista de la costa, con una laguna de marea en la que se puede nadar. Sus 11 habitaciones, con diferentes tamaños y ubicaciones, disponen de ducha, en algunos casos con agua caliente; dos tienen baño compartido. El balcón de la segunda planta goza de vistas al mar y en el restaurante los domingos se sirve un brunch.

El Sano Banano Restaurant (d desayuno incl. 65 US$; 🔣) ofrece una docena de cuartos bien equipados para los viajeros que no quieran caminar hasta el complejo de la playa (véase esta página). Todos son confortables e impecables, pero algo oscuros. Tienen ducha con agua caliente, televisión por cable y aire acondicionado. Algunos se asoman a las montañas.

Alrededores de Montezuma

Refugio Natural Finca Los Caballos (☎ 642 0124; www.naturelodge.net; i/d/tr 73/82/94 US$, bungalow d 94 US$, cama adicional 10 US$; 🅿 📧). Subiendo 1,5 km más por la colina, se llega a este rancho bien gestionado y con espléndidas vistas. Tiene ocho cómodas habitaciones con baño y patio, y un bungalow de dos dormitorios. La dueña es una canadiense que se enorgullece de que sus caballos sean los mejor cuidados de la zona. Además de montar, se pueden alquilar bicicletas, organizar excursiones o darse un baño en la piscina. Hay restaurante.

Hotel Las Rocas (☎ 642 0393; d 30 US$, apt d 50 US$, cama adicional 10 US$; 🅿 📧). Unos 2,5 km al sur de Montezuma por la carretera a Cabuya, se encuentra este sencillo y tranquilo lugar próximo a las lagunas de marea y las rocas, con varias habitaciones dobles sencillas con baño compartido, mosquitera y agradables brisas del océano. Los rústicos apartamentos de un dormitorio tienen baño, cocina, terraza con hamacas y un pequeño jardín. Hay bicicletas, body boards y material de buceo a disposición de los clientes. Se acepta Visa.

El Sano Banano Beach Resort (☎ 642 0638; www.elbanano.com; d estándar/st 105/130 US$, bungalow 150-180 US$, adulto/niño de 6-12 años extra 25/15 US$, menores de 6 años gratis; 📧). Caminando unos quince minutos hacia el norte del pueblo por la playa, más allá de El Rincón de Los Monos, se llega a este lugar. No se puede acceder en automóvil, por lo que el establecimiento se encarga del transporte del equipaje. Cuenta con 14 tranquilas y bonitas habitaciones y bungalows poligonales con ducha, agua caliente, ventilador y nevera. Las suites tienen vistas al océano, y cuatro disponen de cocina auxiliar. El precio incluye el desayuno y la cena; se aceptan tarjetas de crédito.

Dónde comer y beber

El lugar más barato para comer en el pueblo es la **Soda Las Gemelas** (casados 3 US$), donde se puede disfrutar de un delicioso y enorme casado de pescado y buenos batidos. El **Restaurant El Parque**, en la playa, también sirve pescado y marisco correctos a precios similares. La **Soda Monte Sol** (desayuno 2 US$) ofrece copiosos desayunos estadounidenses tradicionales.

Café Iguana (bocadillos 4-5 US$). Muy cerca se encuentra este alegre local que prepara buenos capuchinos, bocadillos y zumos naturales.

Bakery Café (pan de plátano 1 US$, tostadas 2,50 US$). Tiene un estupendo patio abierto y elabora exquisitos pasteles. El sabroso pan integral casero es estupendo para *picnics* y largos trayectos en *ferry*.

También se comen buenas especialidades ticas en el **Restaurant La Cascada** (platos 4-8 US$), situado en un bonito lugar, junto a un arroyo; en la segunda planta están construyendo un bar con vistas.

Playa de las Artistas (entrantes 8-10 US$; ☾ 10.30-22.30). Decorado artísticamente, ha recibido buenas críticas. La breve carta internacional y mediterránea cambia constantemente, pero siempre hay pescado y marisco fresco.

Soda Caracol (*pizza* 3-5 US$, pasta 5-6 US$; ☾ 17.00-tarde). Se sirven las mejores pastas y *pizzas* de la península, además de una deliciosa lasaña vegetariana. No hay que dejar de probar la *bruschetta* de ajo.

El Sano Banano (☎ 642 0638; platos 5-12 US$). Con una carta extensa, prepara desde yogur a salteados o especialidades vegetarianas, aunque algunos viajeros dicen que la comida no es tan estupenda. Cada noche se pueden ver películas con una consumición mínima de 5 US$.

Cocolores (☎ 642 0348; platos 5-12 US$; ☾ 14.00-21.30). Ofrece la posibilidad de cenar copiosos platos de inspiración francesa a la luz de las velas en un patio.

Para comprar alimentos frescos lo mejor es dirigirse al supermercado Montezuma.

Chico's Bar (en el centro del pueblo) es estupendo para tomar una copa. Tiene dos barras, una en la calle y otra en un rancho con techo de paja, más cerca de la playa.

Cómo llegar y salir

BARCO
Hay un servicio regular a Jacó que tarda una hora y cuesta 30 US$ (mínimo cuatro personas). Los barcos suelen salir entre las 8.00 y 21.30, pero el horario puede variar según las mareas y el tiempo. Se pueden reservar billetes en cualquier agencia turística.

AUTOBÚS
Salen frente al Café Iguana, y los billetes se compran directamente al conductor. Los vehículos que van a cabo Blanco (1,20 US$) parten a las 8.00, 9.50, 14.10 y 18.30. Montezuma EcoTours ofrece un servicio de lanzadera a las 8.00 y 21.30. Los que van a Paquera, para enlazar con el *ferry* de Punta-

renas (2,25 US$, 2 h) salen a las 5.30, 8.00, 10.00, 12.00, 14.00 y 16.00.

AUTOMÓVIL Y TAXI
Durante la estación húmeda, el tramo de carretera entre Cóbano y Montezuma obliga a viajar en todoterreno. Los taxis colectivos entre las dos poblaciones cobran 6 US$ y pueden llevar hasta cinco personas. Un taxi todoterreno de Montezuma a Paquera sale por unos 30 US$; a cabo Blanco, por unos 12 US$, y a Mal País o al aeropuerto de Tambor, por unos 25 US$. No hay muchos taxis, pero se puede reservar uno en Aventuras en Montezuma (p. 266) o encargárselo al taxista autorizado **Luis Delgado** (☎ 825 6008). Su esposa e hijas regentan la Soda Las Gemelas y pueden localizarlo.

FURGONETA
Durante la estación seca, muchas agencias ofrecen traslados en furgoneta a destinos como Tamarindo o Sámara, con lo que se ahorra por lo menos un día de viaje. Las salidas dependen de la demanda y del estado de las carreteras, pero puede costar de 30 a 45 US$ por persona. Se puede preguntar en cualquiera de las agencias de viajes de Montezuma o en **Doristur** (☎ 821 6277), en Cóbano.

MAL PAÍS Y SANTA TERESA
La carretera de Cóbano se une a la del litoral cerca de Frank's Place (véase p. 271), en el lado oeste de la península. A la izquierda se encuentra Mal País, en dirección sur, y, a la derecha, la carretera sigue otros 6 km hacia el norte atravesando el área de Santa Teresa.

La franja costera empieza sólo 4 km al norte de cabo Blanco y está adquiriendo creciente popularidad entre surfistas y veraneantes que buscan evadirse de todo. El extremo de la playa de Mal País es más rocoso y aislado, y mejor para explorar las lagunas de marea; la parte de Santa Teresa es más arenosa y apta para el **surf.** No hay población; sólo una serie irregular de refugios y hoteles diseminados y algunas viviendas antiguas.

Información
Tuanis (☎ 640 0370; 2 km al norte de Frank's) ofrece acceso a Internet, regalos y artículos diversos. Desde aquí se puede reservar un taxi.

Supermercado Santa Teresa (300 m al norte de Frank's), en la carretera de Santa Teresa, cambia dólares americanos en efectivo y cheques de viaje.

Junto a Frank's, hacia el oeste, **la tienda de surf Mal País** (☎ 640 0173) alquila y repara tablas.

Una página web útil es www.malpais.net.

Dónde dormir y comer

MAL PAÍS

Frank's Place (☎ 640 0096; www.frankplace.com; 12 US$ por persona, d/tr 28/54 US$; P 🖵 🐾). Este popular refugio sirve como campamento para muchos surfistas. Los dueños son muy solícitos y disponen de información sobre excursiones y actividades; hay un **restaurante** con patio (casados 4 US$) con televisión por cable. Las amplias cabinas alicatadas están muy cuidadas; las habitaciones más baratas tienen baño compartido; mientras que las dobles, más caras, disponen de baño y las triples, además, de cocina auxiliar. Hay abundantes hamacas para relajarse.

Por la carretera que lleva de Frank's a la playa se encuentra la tienda de surf Mal País y después se pasa por el **Playa Carmen Restaurant** (pizzas 3-8 US$), recomendado por los lugareños, donde se sirven *pizzas* y pastas variadas.

Los siguientes establecimientos se encuentran en dirección sur, hacia Mal País. Las distancias tienen como punto de referencia Frank's Place.

Ritmo Tropical (☎ 640 0174; ritmo.malpais.net; 100 m al sur; d 50 US$; P). Sus seis cabinas, blancas, impecables y bien conservadas, tienen baño con agua caliente y salen a cuenta. El restaurante sirve comida tica e italiana. Se aceptan tarjetas de crédito.

The Place (☎ 640 0001; www.theplacemalpais.com; 200 m al sur; d 69-81 US$; cama adicional 10 US$; P). Cuenta con bonitas y espaciosas cabinas de diferentes tamaños, decoradas con motivos africanos, asiáticos y mediterráneos; todas tienen ducha. El restaurante elabora pescado y marisco al estilo mediterráneo, con velas por la noche. Los propietarios son suizos y organizan clases de surf y excursiones.

Mal País Surf Camp & Resort (☎ 640 0061; www.malpaissurfcamp.com; 500 m al sur; d/c en litera 25/35 US$, chalé d 65 US$, cama adicional 10 US$; *camping* por persona 7 US$; P 🐾). Este estupendo refugio tiene acogedoras y pequeñas literas en habitaciones impecables. Los *bungalows* son mayores, inmaculados y están agradablemente decorados; algunos tienen cinco plazas. El restaurante-bar con billar, televisión por satélite y vídeos de surf gusta mucho a los aficionados a ese deporte. Se pueden hacer reservas para excursiones ecuestres o a pie.

Blue Jay Lodge (☎ 640 0089; www.bluejaylodgecostarica.com; 1 km al sur; d desayuno incl. 80 US$, cama adicional 20 US$; P). Recomendado por los viajeros, dispone de siete impresionantes *bungalows* de bambú con enormes muretes, protegidos con un toldo, ventilador, ducha con agua caliente, dos camas y una gran galería con vistas. Algunos se hallan en medio del bosque y hay que caminar un poco. Hay restaurante y bar, y se organizan excursiones guiadas. Se aceptan tarjetas de crédito.

Cabinas Bosque Mar (☎ 640 0074; bosque mar@racsa.co.cr; 1,5 km al sur; c 36 US$; P 🐾). El propietario es un tico muy agradable y los dormitorios son grandes, luminosos y algunos disponen de cocina auxiliar. También hay piscina y restaurante; todo a buen precio.

Mary's (unos 2 km al sur; platos 5-8 US$; 🕒 17.00-22.00). Antes de llegar a la carretera de Cabuya se descubre este bar autóctono, que prepara buena *pizza* y muchas especialidades de pescado y marisco.

Star Mountain Eco Resort (☎ 640 0102; www.starmountaineco.com; 5,5 km al sur; i/d desayuno incl. 65/75 US$, cama adicional 20 US$; P 🐾). Se halla próximo a la carretera, sólo transitable en todoterreno, entre Mal País y Cabuya, junto a la Reserva Natural Absoluta Cabo Blanco; está señalizado. El pequeño refugio se construyó sin talar árboles y el bosque está lleno de vida. El terreno es mitad forestal y mitad de pastos, y está repleto de senderos para observar pájaros. También hay un mirador con vistas a ambos lados de la península. Las cuatro habitaciones están pintadas con atractivos colores tropicales. Los responsables son belgas y preparan excelentes cenas por 15 US$ por persona si se les pide con antelación.

SANTA TERESA

Los siguientes lugares se ordenan tomando como punto de referencia su distancia desde Frank's.

Trópico Latino Lodge (☎ 640 0036; www.tropico.malpais.net; 800 m al norte; d sin/con vistas al océano 85/95 US$; P 🐾). Los bonitos *bungalows* de madera son espaciosos y están pintados de vivos colores. Disponen de aire acondicionado, camas *king size*, ventilador y baño con agua caliente. Cada uno tiene su patio con hamacas. Junto a la playa hay una piscina de ensueño y un **restaurante** (platos 4-8 US$) de comida italiana en la orilla. Se organizan excursiones.

Rancho Itáuna (☎ 640 0095; www.malpais.net; 1,6 km al norte; c sin/con cocina 50/60 US$; P). Las habitaciones de este edificio de color amarillo vivo se encuentran repartidas en dos torres octogonales y cada una está equipada con una cama doble, una litera, ducha con agua caliente y nevera. Las habitaciones están cuidadas y algunas disponen de cocina auxiliar. Un buen **restaurante** (platos 5-7 US$) sirve comida brasileña y a la parrilla.

Funky Monkey (☎ 640 0317; www.funky-monkey-lodge.com; 2 km al norte; c 40 US$; *bungalow* de 4/8 plazas 65/110 US$; P). Subiendo por la montaña desde Tuanis, se halla este refugio recomendado con bonitos dormitorios rústicos y *bungalows* con todos los detalles para cuatro u ocho personas. Estos últimos, de bambú, tienen duchas en el exterior y amplias terrazas con hamacas y buenas vistas. Los dormitorios, más pequeños y sencillos, tienen cuatro camas. El popular **restaurante de sushi** (makis 4,25-8 US$) congrega mucho público por su pescado y sus magníficas puestas de sol.

Cabinas y Restaurant Santa Teresa (☎ 640 0137; 2,8 km; cabinas 25-30 US$; P). Ofrece nueve cabinas decoradas con azulejos de colores pastel para dos o cuatro personas, algunas con cocina auxiliar; todas tienen baño.

Cecilia's B&B (☎ 640 0115, en EE UU 619-224 1238; www.casacecilia.com; 3,6 km al norte; d desayuno incl. 70 US$; P). Esta impecable casita, ahora de propiedad estadounidense, cuenta con cuatro agradables y sencillas habitaciones con ducha, agua caliente y ventilador. Por las palmeras de la playa hay hamacas para relajarse al máximo.

En la playa, se puede acampar en **Roca Mar** (3,8 km al norte; 3 US$ por persona; P) o **Paraíso Azul** (2,50 US$ por persona; P). Disponen de baños compartidos y duchas con agua fría.

Milarepa (☎ 640 0023; www.milarepahotel.com; 4,1 km al norte; d 116-140 US$; P ☎). Situado junto a la orilla, tiene elegantes y amplios *bungalows* de bambú y madera con muebles de teca indonesios y baño. También hay duchas en el jardín. Los propietarios son unos franceses que regentan también un buen **restaurante** (platos principales 6 US$) donde se sirve cocina del sur de Francia.

Hotel Flor Blanca (☎ 640 0232; www.florblanca.com; 4 km al norte; chalé de 1/2 dormitorios desayuno incl. 339-573 US$; P ☒ ☐ ☎). Con ambiente íntimo y lujoso, dispone de 10 grandes y románticos chalés con aire acondicionado, repartidos por 3 Ha de terreno junto a una playa de arena blanca. La mitad de las viviendas goza de vistas al océano, por las que se paga un suplemento de 50 US$; todas disponen de duchas en el jardín con amplias bañeras a ras de suelo. Se ofrecen clases de yoga y Pilates, así como excursiones guiadas. El restaurante **Néctar** (platos 7-19 US$) está abierto al público general y sirve platos vegetarianos, de pescado, de marisco y de carne. Se aceptan tarjetas de crédito.

Cómo llegar y salir

Desde Mal País sale un autobús hacia Cóbano a las 7.00, y desde Santa Teresa a las 6.45 y 11.00. Un taxi a esta zona desde Cóbano cuesta unos 18 US$, según el estado de las carreteras.

CABUYA

Este diminuto pueblecito está unos 9 km al sur de Montezuma y 2 km al norte de cabo Blanco. Un detalle interesante es el **cementerio** local, en la isla Cabuya, al sudeste. Sólo se puede llegar con marea baja, porque la isla, que no está habitada, queda lejos de la costa cuando sube la marea.

El **Ancla de Oro** (☎ 642 0369; www.caboblancopark.com/ancla/; d 20-25 US$; cabina con cocina 35-45 US$; P) es uno de los alojamientos tradicionales. Se compone de sencillas cabañas con techos de paja en un agradable jardín y habitaciones en el interior de la casa. El restaurante prepara pescados y mariscos, y los dueños organizan excursiones en barco, a caballo o en coche a puntos de interés.

El **Hotel Cabo Blanco** (☎ 642 0332; www.playamontezuma.net/caboblanco.htm; h con ventilador/a.a. 35/50 US$; P ☒ ☎), cerca del parque nacional, es un bonito hospedaje con agradables habitaciones con baño, televisión y ventilador o aire acondicionado. Hay un buen bar y restaurante.

Hotel Celaje (☎ 642 0374; celaje@racsa.co.cr; i/d/tr desayuno incl. 35/45/55 US$; P ☒ ☐ ☎). Situado cerca del parque, ofrece dormitorios con aire acondicionado, piscina y restaurante. Los dueños organizan excursiones.

Para cualquier otra cosa, se aconseja parar en el **Café Coyote** (platos 5-6 US$; 🖥️), donde elaboran *pizzas*, pescados, mariscos y platos vegetarianos, y se puede acceder a Internet.

RESERVA NATURAL ABSOLUTA CABO BLANCO

Situada en el extremo sur de la península de Nicoya, esta reserva es la más antigua de Costa Rica. Cabo Blanco está unos 11 km al sur de Montezuma por una pista y está rodeado de un bosque de hoja perenne, buenas **playas** y una gran cantidad de aves y otros animales. El parque fue creado por una pareja escandinava, Karen Morgenson y Olof Wessberg, que lo donaron a Costa Rica años antes de que se estableciera el sistema de parques naturales.

La reserva se extiende por 1.272 Ha de terreno y 1.700 Ha de océano, y comprende toda la punta sur de la península de Nicoya. Hasta finales de la década de 1980, cabo Blanco era una reserva natural "absoluta", porque no se permitía el acceso de visitantes. Aunque el nombre se ha mantenido, en la actualidad existen senderos y se admiten visitas, pero la reserva se cierra los lunes y martes para reducir el impacto.

Información

En la entrada del parque, al sur de Cabuya, se halla un **puesto de vigilancia** (☎ 642 0093; entrada 8 US$; 🕐 8.00-16.00 mi-do) donde se pueden encontrar mapas de los senderos. No está permitido acampar, y no hay comida ni bebida en la reserva, así que hay que llevarse agua y algo de comer.

La temperatura media anual es de unos 27°C y las precipitaciones anuales, de más de 2.300 mm en el extremo del parque. Los mejores meses para visitarlo son de diciembre a abril, durante la estación seca.

Actividades

OBSERVACIÓN DE FAUNA

La reserva protege una selva de hoja perenne, un par de hermosas playas y una enorme cantidad de aves y otros animales bastante fáciles de ver, como monos, ardillas, perezosos, ciervos, agutíes, mapaches, armadillos, coatíes, pecaríes y osos hormigueros.

El litoral también es conocido por ser un importante lugar donde anidan los piqueros pardos, aunque la mayor parte opta por la **isla Cabo Blanco,** 1,6 km al sur de la costa. Se dice que la isla se llama así por el guano que se ha ido incrustando en las rocas. En la zona hay otras aves marinas como el alcatraz o las magníficas fragatas. Las playas de la punta de la península están llenas de estrellas de mar, anémonas, erizos, caracolas, langostas, cangrejos y peces tropicales.

EXCURSIONISMO

Una pista de 4,5 km lleva desde el puesto de vigilancia hasta las playas del extremo de la península. Hay dos horas de camino y se atraviesa una frondosa jungla antes de que aparezca la costa. Al parecer este camino, que está bien indicado, puede llenarse de barro, lo que dificulta la marcha. En el extremo de la península se pueden visitar dos playas y luego volver por otra pista. El punto más elevado de la reserva está a 375 m y hay tramos de la ruta que son escarpados y algo cansados.

En el puesto de vigilancia se puede preguntar sobre el estado de los caminos y las mareas. La pista que comunica las dos playas del extremo de la reserva puede estar impracticable cuando sube la marea.

Cómo llegar y salir

Hay autobuses desde la entrada del parque a Montezuma a las 7.10, 9.10, 13.10 y 16.10. **Montezuma EcoTours** (☎ 642 0467) tiene un servicio de lanzadera dos veces al día (1,25 US$ por persona) que sale de Montezuma a las 8.00 y 9.30.

Un taxi todoterreno para seis pasajeros de Montezuma al parque cuesta unos 12 US$. Se puede acordar la recogida para la vuelta si se desea.

Costa central del Pacífico

Aldeas costeras, plantaciones de palma de aceite y centros turísticos se concentran en este tramo de litoral. Aunque muchos viajeros vienen a disfrutar de la fauna y la flora, los principales atractivos son el sol, el surf, la pesca deportiva y los abundantes bares. Además, en el Parque Nacional Carara se pueden ver los raros guacamayos escarlata, mientras que las maravillosas playas del Parque Nacional Manuel Antonio, más al sur, invitan a bañarse y bucear.

Las buenas carreteras desde San José hasta Puntarenas, al oeste, que continúan hacia el sur, propician un fácil acceso a la zona y un exceso de turismo, aunque quedan algunos reductos de tranquilidad.

En esta costa se perciben una estación húmeda y otra seca muy marcadas. Las lluvias empiezan en abril y las precipitaciones, frecuentes de mayo a noviembre, abundan sobre todo en septiembre y octubre. En diciembre desciende la pluviosidad y se da paso a la estación seca, que se prolonga hasta abril y que constituye la temporada alta turística. Los precios que aparecen en la guía corresponden a esta época del año, durante la que se recomienda reservar, al igual que en Semana Santa y Navidad. Quienes viajen fuera de temporada encontrarán hoteles que rebajan sus precios en un 50%. La temperatura media anual de la costa oscila entre los 22 y 32°C.

LO MÁS DESTACADO

- Observar a los monos titíes pulular por el **Parque Nacional Manuel Antonio** (p. 309)
- Practicar surf en las olas de **playa Hermosa** (p. 293) y **Dominical** (p. 313)
- Encaramarse a la plataforma aérea de la **Hacienda Barú** (p. 312) para admirar la fauna, la flora y las vistas
- Darse un chapuzón en la tranquila playa de **Matapalo** (p. 311)
- Degustar una deliciosa hamburguesa de reptil en el **Iguana Park** (p. 282)

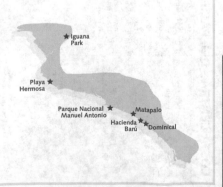

COSTA CENTRAL DEL PACÍFICO

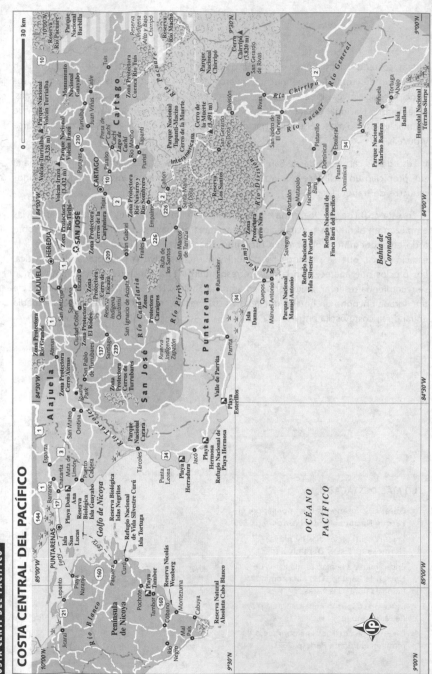

PUNTARENAS

Situada en el extremo de una península arenosa, con 8 km de largo y entre 100 y 600 m de ancho, se considera la ciudad más importante de la costa pacífica. Con unos 50.000 habitantes, esta capital de la provincia homónima constituyó el principal puerto del país. En el s. XIX y a principios del s. XX, el café y otras mercancías de las tierras altas se transportaban en carros de bueyes hasta la costa pacífica, desde donde se exportaban a Europa rodeando el cabo de Hornos. Tras la construcción del ferrocarril del puerto de Limón, Puntarenas perdió importancia, aunque siguió siendo la principal escala de la zona hasta 1981 cuando se construyó la localidad de Puerto Caldera 18 km más al sur. Desde entonces la ciudad se ha volcado en el turismo como principal recurso económico.

A pesar de la pérdida de tráfico portuario, esta localidad, denominada la "Perla del Pacífico", es muy bulliciosa durante la estación seca, pues desde allí los extranjeros toman los *ferries* hacia la península de Nicoya y muchos ticos se dirigen a las playas. Hay que tener en cuenta que se trata de la villa costera más cercana a San José, por lo que resulta perfecta para una escapada. Lamentablemente las aguas están contaminadas, aunque al parecer el lado sur de la península es apto para el baño. De cualquier forma, las playas se limpian con regularidad y las vistas sobre el golfo de Nicoya son pintorescas, así que el viajero puede caminar por la arena o por el llamado paseo de los Turistas, al sur de la ciudad. Existen cruceros que programan visitas de un día a la punta más oriental del paseo, donde se han instalado puestos de recuerdos y algunas sodas. Durante la estación lluviosa, la ciudad es más tranquila.

Puntarenas tiene 60 calles que discurren de norte a sur y, en su parte más ancha, cinco avenidas que van de oeste a este. Como en el resto del país, el nombre de las vías carece de importancia y para orientarse los puntarenenses utilizan puntos de referencia (véase p. 471).

Información

ACCESO A INTERNET

Internet Café Puntarenas (frente a la iglesia; 1,30 US$/h)

Cibercafé Millenium (esquina paseo de los Turistas y calle 17; 2 US$/h)

Coonatramar (esquina calle 31 y av. 3; 1,50 US$/h; 8.00-17.00). Dispone de tres terminales de ordenador con conexiones rápidas; resulta un buen lugar mientras se espera el *ferry*.

ASISTENCIA MÉDICA

Hospital Monseñor Sanabria (663 0033; 8 km al este de la ciudad)

DINERO

Los principales bancos de la avenida 3, al oeste del mercado, cambian dinero y cuentan con cajeros automáticos 24 horas, como el del **Banco de San José/Credomatic** (esquina av. 3 y calle 3) de Cirrus.

INFORMACIÓN TURÍSTICA

La **Cámara de Turismo de Puntarenas** (CATUP; 8.00-17.00 lu-vi), frente al muelle en el segundo piso, sobre Bancrédito, cierra a la hora del almuerzo.

Puntos de interés y actividades

La Casa de la Cultura (661 1394; av. Central, entre las calles 3 y 5) alberga una galería de arte con exposiciones temporales, además de un espacio para eventos culturales. Detrás se alza el **Museo Histórico Marino** (661 5036, 256 4139, www.museocostarica.com; entrada gratuita; 8.00-13.00 y 14.0.0-17.00 ma-do), donde se relata la historia de Puntarenas a través de material audiovisual, fotos antiguas y objetos.

A una manzana de allí, vale la pena echar un vistazo a la antigua **iglesia** de piedra, uno de los edificios más interesantes de la ciudad. Cuando se redactaba esta obra, se estaba restaurando.

CINCO CONTRA EL MAR

En enero de 1988, cinco pescadores de Puntarenas se hicieron a la mar con la intención de regresar a los siete días. Al quinto, su pequeña embarcación se tuvo que enfrentar a olas de 9 m producidas por los vientos del norte. Estuvieron navegando a la deriva durante 142 días, haciendo frente a los tiburones, las inclemencias del tiempo, un hambre feroz y una sed abrasadora. Al fin fueron rescatados por un pesquero japonés a 7.200 km. La obra *Five Against the Sea* (Cinco contra el mar), del reportero estadounidense Ron Arias, relata con detalle las adversidades que sufrieron y cómo sobrevivieron.

PUNTARENAS

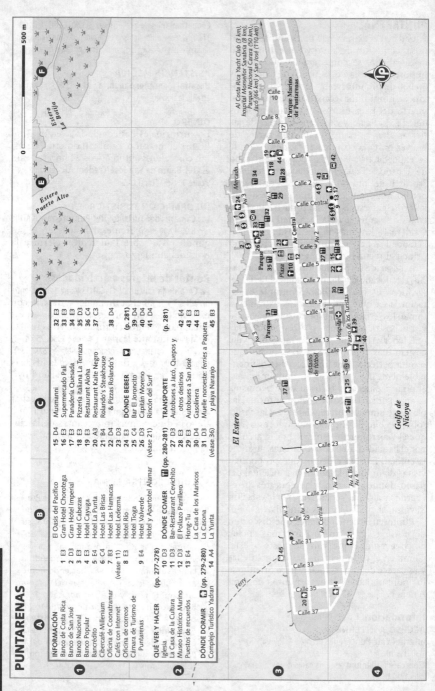

INFORMACIÓN	(pp. 277-278)	El Oasis del Pacífico	15 D4	Musmanni	32 E3
Banco de Costa Rica	1 E3	Gran Hotel Chorotega	16 E3	Supermercado Palí	33 E3
Banco de San José	2 D3	Gran Hotel Imperial	17 E3	Panadería Quesada	34 E3
Banco Nacional	3 E3	Hotel Cabezas	18 E3	Pizzería italiana La Terraza	35 D3
Banco Popular	4 E3	Hotel Cayuga	19 E3	Restaurant Aloha	36 C4
Bancrédito	5 E4	Hotel La Punta	20 A3	Restaurant Kaite Negro	37 C3
Cibercafé Millenium	6 C4	Hotel Las Brisas	21 B4	Rolando's Steakhouse	
Oficina de Coonatramar	7 B3	Hotel Las Hamacas	22 D4	& Pizzas Rolando's	38 D4
Cafés con Internet	(véase 11)	Hotel Ledezma	23 D3		
Oficina de correos	8 E3	Hotel Río	24 E3	**DÓNDE BEBER**	(p. 281)
Cámara de Turismo de		Hotel Tioga	25 C4	Bar El Joroncito	39 D4
Puntarenas	9 E4	Hotel Valverde	26 D3	Capitán Moreno	40 D4
		Hotel y Apartotel Alamar	(véase 21)	Rincón del Surf	41 D4
QUÉ VER Y HACER	(pp. 277-278)				
Iglesia	10 D3	**DÓNDE COMER**	(pp. 280-281)	**TRANSPORTE**	(p. 281)
La Casa de la Cultura	11 D3	Bar-Restaurant Cevichito	27 D3	Autobuses a Jacó, Quepos y	
Museo Histórico Marino	12 D3	El Pollazo Parrillero	28 E3	otros destinos	42 E4
Puestos de recuerdos	13 E4	Hong-Tu	29 E3	Autobuses a San José	43 E3
		La Casa de los Mariscos	30 D4	Gasolinera	44 E3
DÓNDE DORMIR	(pp. 279-280)	La Casona	31 D3	Muelle noroeste: ferries a Paquera	
Complejo Turístico Yadran	14 A4	La Yunta	(véase 36)	y playa Naranjo	45 B3

El **Parque Marino de Puntarenas** (adultos/menores de 12 años 7/1,50 US$; ⊙ 9.00-17.00 ma-do) posee un acuario con mantas raya y otros ejemplares del Pacífico. El parque se ubica en la antigua estación de trenes y tiene una diminuta piscina, bar, tienda de recuerdos y centro de información, aunque resulta demasiado caro para lo que ofrece. También existe una **piscina** en El Oasis del Pacífico (p. 280), donde los niños pueden darse un chapuzón entre las 8.00 y las 17.00 por menos de 2 US$.

Circuitos

Varias compañías organizan travesías en barco a las playas de las islas próximas a la urbanización Bahía Gigante (p. 262).

Coonatramar (☎ 661 9011, 661 1069; www.coonatramar.com; esquina av. 3 y calle 31) programa salidas chárter de pesca, así como excursiones por los estuarios y manglares de Puntarenas, y las islas cercanas, como la isla Tortuga. Las tarifas oscilan entre 6 y 15 US$ por persona, para un mínimo de cinco a ocho viajeros según el recorrido.

Fiestas y celebraciones

Como otras localidades costeras, Puntarenas celebra la **Fiesta de La Virgen del Mar** el sábado más cercano al 16 de julio. Botes de pesca y elegantes yates, bellamente engalanados con luces, banderas y todo tipo de adornos, salen en procesión alrededor del puerto para invocar la protección de la Virgen al comenzar otra temporada en el mar. También se preparan regatas, un carnaval y mucha comida, bebida y baile.

Dónde dormir
ECONÓMICO

Es importante que cualquier habitación disponga de un ventilador decente para ahuyentar a los mosquitos y atenuar el calor. Los hoteles siguientes cuentan con duchas y agua fría, si no se indica otra cosa.

Hotel Cabezas (☎ 661 1045; av. 1, entre las calles 2 y 4; i/d 7/14 US$, i/d con baño 10/20 US$; P). Se trata del mejor para presupuestos ajustados. Las habitaciones son tranquilas, limpias, están recién pintadas y tienen ventiladores de techo y ventanas con mosquitera. El aparcamiento cerrado con llave cuesta 3 US$.

Gran Hotel Imperial (☎ 661 0579; paseo de los Turistas, entre las calles Central y 2; h por persona 11 US$; P). Bien situado junto a las estaciones de

autobuses, esta destartalada estructura de madera conserva cierto encanto antiguo. Sus oscuros cuartos con varias camas disponen de ventilador de techo y ducha; los del piso superior tienen balcón.

Hotel Ledezma (☎ 661 1919; calle 3, entre avs. Central y 1; h por persona 7 US$). Tranquilo y ubicado frente a la Casa de Cultura, sus modestos y limpios dormitorios cuentan con baño compartido.

Gran Hotel Chorotega (☎ 661 0998; esquina av. 3 y calle 1; i/d 9/15 US$, d con baño 25 US$). De más categoría, ofrece habitaciones decentes con suelo de baldosa impecable, ventilador de techo y TV.

Hotel Valverde (☎ 661 2731; h por persona 5 US$). Está compuesto por cuartos muy sencillos y aseados, pintados de blanco y verde menta, con baño compartido. No se recomienda para mujeres que viajen solas.

Hotel Río (☎ 661 0331; 100 m al oeste del mercado). Los dormitorios son sobrios, aunque seguros y bien cuidados; sin embargo, si el viento sopla en dirección del hotel, se advierte el olor a pescado del mercado contiguo. Por la noche conviene estar alerta por la delincuencia callejera.

PRECIO MEDIO

Si no se menciona lo contrario, todas las duchas son de agua fría.

Hotel La Punta (☎ 661 1900, 661 0696; esquina av. 1 y calle 35; i/d con ventilador 25/32 US$, con aire acondicionado 40/48 US$; 🛇 🛇). En el extremo oeste de la ciudad, este establecimiento cuenta con un bar agradable, una pequeña piscina y un restaurante; las habitaciones ofrecen agua caliente, ventilador y balcón.

Hotel y Apartotel Alamar (☎ 661 4343; www.alamarcr.com; tr/c estándar 94/105 US$, d/c apt 105/141 US$; P 🛇 🛇). Se trata de un complejo, pintado de amarillo brillante, recién inaugurado y muy adecuado para familias. Los dormitorios inmaculados presentan suelo de baldosa, ducha privada con agua caliente, televisión por cable y aire acondicionado. Los apartamentos disponen de cocina totalmente equipada, incluso con cafetera y ollas. Hay dos piscinas, una de ellas infantil, y todas las tarifas incluyen desayuno. Se aceptan tarjetas de crédito.

Hotel Las Brisas (☎ 661 4040; hbrisas@racsa.co.cr; esquina paseo de los Turistas y calle 31; i/d 47/66 US$; 🛇). Se halla cerca del extremo oeste, es limpio y tranquilo, y cuenta con una dirección amable, una buena piscina y restaurante. Todos los cuartos disponen de ventilador, aire acondicionado, TV y ducha privada con agua caliente, aunque resultan caros para lo que ofrecen.

Hotel Tioga (☎ 661 0271; www.hoteltioga.com; paseo de los Turistas, entre las calles 17 y 19; d estándar/de lujo/con balcón 64/82/99 US$; P ⊠ ⊠). Abierto en 1959, se considera el mejor de la ciudad. Sus 52 dormitorios ofrecen aire acondicionado y baño privado; los estándar no disponen de agua caliente y se asoman a un patio con piscina, mientras que los más caros tienen agua caliente y balcón con vistas al mar. Los precios incluyen el desayuno en un comedor en el piso superior con una buena panorámica del océano. Conviene reservar en temporada alta; se aceptan tarjetas de crédito.

Hotel Cayuga (☎ 661 0344; calle 4, entre avs. Central y 1; d 19 US$, i/d con TV 25/33 US$; P ⊠). Se caracteriza por su eficaz aire acondicionado y sus habitaciones limpias, anodinas, con moqueta desvaída, ducha y teléfono. El bar restaurante adjunto es bueno, pero algo caro. Cuenta con aparcamiento cerrado con llave.

El Oasis del Pacífico (paseo de los Turistas, entre las calles 3 y 5; i/d 22/35 US$, d con aire acondicionado 40 US$; P ⊠ ⊠). Con piscina, discoteca, restaurante y bar, resulta muy popular entre las familias ticas. Los cuartos son sobrios y parecen descuidados, pero tienen ducha privada y agua caliente; el mayor problema es que se oye la música que pincha el *disc-jockey* toda la noche.

Hotel Las Hamacas (☎ 661 0398, paseo de los Turistas, entre las calles 5 y 7; i/d/tr/c 18/37/45/53 US$, d/tr/c con aire acondicionado 43/53/59 US$; ⊠ ⊠). Muy frecuentado por ticos jóvenes, resulta demasiado caro para sus parcas y oscuras habitaciones con la pintura desconchada y el baño separado de la cama por una fina cortina.

Complejo Turístico Yadran (☎ 661 2662; www.puntarenas.com/yadran; esquina paseo de los Turistas y calle 35; d estándar/superior 76/88 US$; P ⊠ ⊠). Al final de la península, se ubica este hotel de aspecto anodino, que cuenta con restaurante, bar, casino, discoteca y dos piscinas. Los cómodos dormitorios están equipados con aire acondicionado, televisión por cable y teléfono; los de tipo superior disponen de balcón con vistas al mar.

Costa Rica Yacht Club (☎ 661 0784; cryacht@racsa.co.cr; i/d 30/45 US$, i/d con aire acondicionado 38/53 US$, villa 82 US$; P ⊠ ⊠ ⊠). Unos 3 km al este

del centro, en la parte más estrecha del istmo y cerca de la punta oriental, resulta insulso pero confortable. Ofrece sus servicios a miembros del club náutico local y de clubes náuticos extranjeros, y al público en general. El bar restaurante y la piscina valen la pena, sus 20 habitaciones están inmaculadas y las villas para cinco personas ofrecen un buen precio. Se aceptan tarjetas de crédito.

Dónde comer

Las económicas sodas de las inmediaciones del mercado se llenan de marineros, borrachos y prostitutas, pero el ambiente no resulta peligroso, al menos de día. Como era de esperar, los restaurantes del paseo de los Turistas están llenos de visitantes.

En la playa se encuentran sodas bastante baratas junto al paseo de los Turistas, en el cruce de la calle Central con la calle 3; son agradables para ver gente y sirven comida ligera y bebidas sin alcohol.

Pizzería italiana La Terraza (av. 1, al oeste de la calle 3; *pizza* desde 3 US$; ⊙ 12.00-21.00 lu-sa y 17.00-21.00 do). En la esquina de una placita, resulta un lugar encantador para tomar *pizza*, pasta o el plato del día (2 US$). Expone y vende obras de arte.

La Casona (esquina av. 1 y calle 9; casados 2 US$). Pintada de amarillo vivo, su amplia terraza o el patio interior suelen estar abarrotados a la hora del almuerzo. Sirve raciones algo exageradas, por lo que se debe ir con apetito.

La Casa de los Mariscos (paseo de los Turistas, entre las calles 7 y 9; platos principales 5-10 US$). Es una marisquería muy afamada y agradable.

Bar-Restaurant Cevichito (esquina calle 3 y av. 2). Prepara una exquisita corvina por menos de 5 US$.

Al otro lado de la península, **Los Delfines** (en el Complejo Turístico Yadran; esquina paseo de los Turistas y calle 35) no parece nada especial, pero sirve un maravilloso arroz con camarones.

Rolando's (esquina paseo de los Turistas y calle 3; platos 4-12 US$). Ofrece bistés y *pizza*, además de marisco. Tiene un animado bar con variedad de bocas.

Restaurant Aloha (☎ 661 0773; paseo de los Turistas, entre las calles 19 y 21; comidas 6-14 US$). Su pescado y marisco son estupendos, aunque también cuenta con arroz y platos del día (2 US$) para almorzar. Al lado, **La Yunta** (platos principales 6-9 US$) se caracteriza por su excelente marisco y pescado.

Restaurant Kaite Negro (☎ 661 2093; esquina av. 1 y calle 17; platos 2-9 US$). En el norte de la ciudad, este bullicioso local, frecuentado por los lugareños, prepara buen marisco y generosas bocas. Programan música y baile los fines de semana.

Hong-Tu (av. 1, entre las calles Central y 2; platos 3-7 US$). Estupenda comida china y salteados vegetarianos por encargo.

El Pollazo Parrillero (esquina av. Central y calle 2; medio pollo 3,50 US$; ☯ 11.00-22.00). Sabrosos pollos asados al carbón sobre rejilla.

Panadería Quesada (casados 2 US$; ☯ lu-sa). Muy concurrida a la hora del almuerzo por sus productos recién horneados y sus baratos platos del día. Los enchilados (pasteles de carne) son deliciosos y picantes.

Si al viajero le apetecen otros productos de bollería, puede acercarse a **Musmanni** (av. 1, entre las calles Central y 1). También se puede comprar comida u otras cosas en el supermercado **Palí** (calle 1, entre av. 1 y 3).

Ocio
Infinidad de bares bordean el paseo de los Turistas. El local de moda para disfrutar de la vida nocturna es el **Capitán Moreno's** (paseo de los Turistas con calle 13), en la playa; en esta misma curva se hallan los muy animados **El Joroncito** y **Rincón del Surf,** con cerveza barata y música alta. También es muy conocido, aunque más antiguo, **El Oasis del Pacífico** (esquina paseo de los Turistas y calle 5) con una barra y una pista de baile descomunales. En temporada baja, las discotecas pueden estar cerradas o cerrar más temprano.

Cómo llegar y salir
BARCO
Los *ferries* de pasajeros y vehículos con destino a Paquera y la playa Naranjo salen varias veces al día del **muelle noroeste** (av. 3, entre las calles 31 y 33); las embarcaciones privadas disponen de otros diques para amarrar. Si el viajero desea embarcar con su coche, debe llegar con tiempo, pues el área reservada para vehículos se suele llenar enseguida. Además, no hay que olvidar comprar el billete en la ventanilla antes de llevar el coche hasta el barco; ya que no se permite la entrada sin el billete.

Los horarios cambian según la temporada y pueden alterarse por el mal tiempo, lo que debe comprobarse en la oficina situada junto al muelle. Muchos hoteles de la ciudad proporcionan horarios actualizados, al igual que la publicación gratuita *Península de Nicoya*.

Para llegar a la playa Naranjo, así como a la península de Nicoya y otros puntos del oeste, hay que tomar el transbordador de **Coonatramar** (☎ 661 1069; muelle noroeste; pasajeros 1,60 US$, coches 11 US$; 1½ h), que ofrece salidas a las 3.15, 7.00, 10.50, 14.20 y 19.00.

En cuanto a Paquera, Montezuma y Mal País, se debe acudir a **Ferry Peninsular** (☎ 641 0118, 641 0515; muelle noroeste; pasajeros 1,60 US$, coches 11 US$; 1 h), que parte a las 4.30, 6.30, 8.30, 10.30, 12.30, 15.30, 17.30 y 20.30.

AUTOBÚS
Los que se dirigen a San José tienen la parada en el gran edificio azul marino ubicado en la esquina norte de la calle 2 y el paseo de los Turistas. Conviene reservar el billete con tiempo los días festivos y fines de semana.

Para otros destinos, los autocares salen del lado opuesto de la calle, en la acera de la playa.

Cañas y Tilarán. 2,30 US$; 1½ h; salidas 11.45 y 16.30.

Costa de Pájaros. 0,40 US$; 1½-2 h; 5.50, 10.45, 13.15 y 17.00.

Jacó/Quepos. 1,50/3 US$; 1½/3½ h; 5.00 y 11.00, 14.30 y 16.30.

Liberia. 1,40 US$; 2½ h; 4.40, 5.30, 7.00, 8.30, 9.30, 11.00, 14.30 y 15.00.

Nicoya, Santa Cruz y Filadelfia. 3-5 h; 6.00 y 15.45.

San José. 2,30 US$; 2¼ h; salidas frecuentes de 4.15 a 21.00.

Santa Elena, Monteverde. 2 US$; 3 h; 13.15 y 14.15.

Cómo desplazarse
Los autobuses que llevan el cartel "Ferry" recorren la avenida Central y conducen a la terminal del *ferry*, a 1,5 km del centro. Un taxi desde la estación de autobuses procedentes de San José hasta la terminal, situada en el noroeste, cuesta unos 2 US$.

Los vehículos a Puerto Caldera, que pasan también por la playa Doña Ana y Mata de Limón, parten del mercado cada media hora y atraviesan el centro por la avenida Central.

DE PUNTARENAS AL IGUANA PARK
Playa Doña Ana
Unos 13 km al sudeste del centro de Puntarenas aparece el primer arenal limpio de la región. En realidad son dos áreas separadas

COSTA CENT. DEL PACÍFICO

por unos cientos de metros: Boca Barranca y Doña Ana, estupendas para nadar y hacer **surf,** sobre todo Boca Barranca, donde suele haber buenas olas procedentes de la desembocadura del río. La playa Doña Ana ha tenido algún desarrollo turístico, aunque mantiene un ambiente apacible; en temporada alta, acude mucha gente de Puntarenas los fines de semana.

En la autopista Costanera Sur se puede ver la señal "Paradero Turístico Doña Ana". La tarifa diaria para acceder a la playa es de 1,50 US$ para adultos y la mitad para niños; está abierta de 8.00 a 17.00. A la entrada se encuentra el aparcamiento (0,60 US$); además se han instalado bares, zona de *picnic* y vestuarios.

Mata de Limón y más allá

Este pequeño y sosegado lugar, próximo a Puerto Caldera, atrae a gente de Puntarenas y del valle Central desde hace tiempo. El autobús de Puntarenas que se dirige a Caldera pasa por allí; el desvío de la carretera se halla 5,5 km al sur de la playa Doña Ana.

El pueblo se emplaza alrededor de una laguna de mangles, lo que propicia la **observación de aves,** sobre todo con marea baja, aunque no es apta para el baño. Dividido por un río, la laguna y casi todos los servicios quedan en la parte sur.

Puerto Caldera, adonde se llega poco después de abandonar Mata de Limón, constituye el principal embarcadero de la costa pacífica. La playa no tiene interés, salvo para algún surfista, al igual que la **playa Tivives** y la **playa Valor,** más al sur, donde suelen formarse buenas olas en la boca del río. Cualquier autobús que realice el itinerario Puntarenas-Jacó deja a los pasajeros a la salida de la carretera, aunque después se deben andar 500 m o más para encontrar un oleaje apropiado.

Iguana Park

Este **parque** (entrada 15 US$; ⏱ 8.00-16.00), un interesante proyecto sin ánimo de lucro gestionado por la **Fundación Pro Iguana Verde** (☎ 240 6712; iguverde@racsa.co.cr), se dedica a la protección de esta especie, conocida en la región como gallina de palo, que se encuentra amenazada debido a que es comestible. La fundación ha desarrollado programas de cría y puesta en libertad de más de 80.000 iguanas y también ha facilitado subvenciones a granjeros

para que las críen y comercien con su carne. Puede resultar paradójico que para proteger a este reptil deban crearse granjas, pero hasta el momento ha sido la mejor forma de acabar con la caza furtiva y de proporcionar ingresos a los habitantes de la zona.

El parque dispone de un centro de visitantes con exposiciones y vídeos. En el restaurante se puede degustar la hamburguesa de iguana, única en el mundo, cuyo delicioso sabor recuerda al del pollo. Se ha instalado un zoo donde se pueden acariciar estos ejemplares y una tienda de recuerdos con productos elaborados con la piel; no es aconsejable comprar piel de iguana en otros lugares de Costa Rica. El parque, de 400 Ha, está enclavado en el bosque tropical, 14 km al este de Orotina, y cuenta con 4 km de senderos bien mantenidos en una zona de transición entre el bosque tropical seco de las tierras bajas del norte y el bosque tropical húmedo del sur. La recaudación procedente de las entradas se destina a la fundación, que también organiza circuitos (10 US$ por persona).

Desde Orotina los autobuses hacia el parque (0,50 US$, 30 minutos) salen a las 5.30, 12.00 y 16.30. Si se va en coche, al llegar al sur de Orotina hay que tomar una carretera hacia el este señalizada como "Coopebaro, Puriscal". Esta vía pasa por un puente colgante de madera y conduce al parque; son unos 9 km, la mitad de ellos asfaltados. Es conveniente llamar a la fundación para obtener las indicaciones pertinentes y cerciorarse de que se encuentra abierto en ese momento.

PARQUE NACIONAL CARARA

Con 5.242 Ha, está situado en la desembocadura del río Tárcoles, sólo 50 km al sudeste de Puntarenas y unos 90 km al oeste de San José por la carretera de Orotina. La importancia de esta reserva reside en que se trata de una zona de transición entre el bosque tropical seco del norte y el bosque tropical húmedo del sur. Rodeado de pastos y terrenos agrícolas necesarios para la fauna y flora de la región, alberga ruinas de enterramientos indígenas que se deben visitar con guía; de todas formas, resultan modestas si se comparan con las de México o Guatemala. Para más información sobre la historia indígena de la región, véase recuadro en p. 23.

Aunque resulta difícil verlas sin guía experto, en la reserva habitan distintas aves, como el brillante guacamayo escarlata, denominado lapa roja en la zona, que se puede avistar sobre todo en junio o julio. También se pueden divisar guacos, quetzales, tucanes, momotos y otras especies. Los mamíferos más comunes son los monos, las ardillas, los perezosos y los agutíes.

La estación seca, que va de diciembre a abril, es la época más cómoda para visitar el parque, aunque los animales sigan allí en los meses lluviosos; marzo y abril son los meses con menos precipitaciones. La pluviosidad anual es de casi 3.000 mm, menor que en los bosques húmedos del sur, y suele hacer bastante calor, con temperaturas que se sitúan entre 25 y 28°C; el bosque húmedo tropical es más fresco. Es importante llevar paraguas, incluso en la estación seca, así como repelente de insectos.

Si se va en coche desde Puntarenas o San José, hay que girar a la izquierda tras cruzar el puente del río Tárcoles, también conocido como **puente de los cocodrilos**, ya que a menudo se ven estos reptiles tomando el sol en los bancos de lodo. También se pueden descubrir garzas, espátulas, cigüeñas y anhingas americanas.

Unos 600 m más al sur hay una verja cerrada que lleva al sendero de la laguna méandrica. A 2 km se sitúa el **puesto de guardas forestales de Carara** (entrada 8 US$; ⊙ 7.00-16.00), donde se halla la entrada del parque y se facilita información. El viajero encontrará aseos, mesas de *picnic* y un corto sendero; se pueden contratar guías para realizar una caminata de dos horas por 15 US$ por persona (mínimo dos). Otros dos senderos, 1 km más al sur, resultan muy sinuosos; el primero, Las Araceas, tiene 1,2 km y se puede combinar con el segundo, Quebrada Bonita, de 1,5 km.

Los vehículos estacionados en el inicio de los senderos han sufrido robos; así que, aunque exista vigilancia, se aconseja dejar el automóvil en el aparcamiento del puesto de guardas forestales de Carara y caminar por la autopista Costanera Sur durante 2 km hacia el norte o 1 km hacia el sur. Resulta más prudente ir en grupo y no llevar cosas de valor, pues se han producido atracos en el lugar. Otra alternativa es aparcar junto al Restaurante Ecológico Los Cocodrilos (véase esta página).

Dónde dormir y comer

No está permitido acampar y no hay alojamientos en el parque, así que la mayoría de la gente realiza excursiones de un día.

Restaurante Ecológico Los Cocodrilos (☎ 661 8261; d 12 US$), situado en la Costanera, en la parte norte del puente del río Tárcoles, constituye el establecimiento más cercano para dormir y comer. Cuenta con cabinas limpias al borde de la carretera, pero casi todos los viajeros sólo paran a comer en el **restaurante** (casados 3 US$; ⊙ 6.00-20.00). El resto de los hoteles y restaurantes se hallan en Tárcoles, 3 km al sur del parque. Muchos excursionistas recomiendan pernoctar en el pueblo y dirigirse al parque temprano antes de que lleguen los grupos organizados.

Cómo llegar y salir

Cualquier autobús que realice el trayecto entre Puntarenas y Jacó deja a los viajeros a la entrada de Carara. También se pueden tomar los autocares que van hacia el sur o el norte frente al Restaurante Ecológico Los Cocodrilos, lo que puede resultar problemático durante los fines de semana, pues los autobuses van llenos. Si se depende de un autobús, es mejor ir entre semana; si se llega en coche, la entrada del parque está bien señalizada desde la Costanera.

ZONA DE TÁRCOLES

Desde el puesto de guardas forestales de Carara, unos 2 km al sur se encuentra la salida hacia Tárcoles, a la derecha (en dirección oeste), y a la izquierda, la salida hacia el Hotel Villa Lapas. Para dirigirse a Tárcoles, tras girar a la derecha, hay que seguir 1 km; luego, en el cruce se tuerce a la derecha y se llega al pueblo, que cuenta con cabinas y una playa. Pasado el pueblo se continúa 2 o 3 km hasta las marismas del río, un lugar estupendo para la observación de aves de ribera, sobre todo con marea baja.

Puntos de interés y actividades

Después del Hotel Villa Lapas (p. 284), una pista de tierra de 5 km lleva al **Jardín Pura Vida** (☎ 637 0346; entrada 10 US$; ⊙ 8.00-17.00) en Bijagual. Este vergel privado de 70 Ha de bosque primario permite caminar y gozar de las vistas de una de las cascadas más altas del país, que tiene unos 200 m de altura; para contemplarla en todo su esplendor hay que bajar un empinado sendero (45 min) y volverlo a subir (90 min). Se pueden tardar unas cuatro horas o más si el viajero se detiene a examinar los coloridos sapos venenosos y las numerosas aves, y si se descansa en los diversos miradores. Las cascadas resultan más impresionantes en la estación lluviosa, pues llevan más agua; en el cauce del río se han formado varias pozas naturales donde se puede nadar y en la orilla se ha instalado un *camping* y un aseo exterior. También se pueden concertar paseos a caballo y otras actividades.

Para los amantes de las emociones fuertes se organizan excursiones en barca por el río para ver cocodrilos y algunas de sus tretas más espeluznantes. Uno de los momentos más emocionantes es cuando el guía sale de la barca y se mete en el agua con las bestias. Tanto **Crocodile Man** (☎ 637 0427; crocodileman@hotmail.com) como **Jungle Crocodile Safari** (☎ 637 0338; www.costaricanaturetour. com) cuentan con oficinas en el pueblo. A algunos viajeros no les gusta que los guías alimenten a los cocodrilos con la mano, y otros dicen que la excursión no merece la pena si se ha estado en Tortuguero (p. 405). El recorrido, que dura dos horas, suele costar 25 US$ por persona.

Dónde dormir y comer

Durante la estación húmeda, la zona de Tárcoles puede estar casi desierta entre semana, por lo que resulta problemático encontrar un restaurante abierto.

Hotel Carara (☎ 637 0178; d 50 US$; P ⊠). En el pueblo, junto a la playa, este edificio de color rosa cuenta con 30 habitaciones limpias y espaciosas, aunque necesitan renovación; las del piso superior gozan de vistas al mar, pero son demasiado caras. El precio incluye desayuno y cena.

Hotel Villa Lapas (☎ 637 0232; www.villalapas. com; d 93 US$; P ⊠ ⊠). De estilo colonial, está ubicado a 500 m del desvío a Tárcoles. Sus bien mantenidos 55 dormitorios tienen ducha con agua caliente, aire acondicionado, cafetera y una bonita terraza. Rodeado de colinas boscosas, dispone de piscina y jardines; además, los senderos que cruzan una reserva privada siguiendo el río permiten avistar aves. El **restaurante** (⊠ 7.00-21.00) está abierto al público y en el bar se ha instalado una mesa de billar. Se aceptan tarjetas de crédito.

Tarcol Lodge (Costa Rica ☎ 433 8278, 433 5634, en EE UU y Canadá 888-246 8513; www.ranchonaturalista. com; h por persona con 3 comidas 99 US$; P). Emplazado en la orilla sur del río Tárcoles, en el extremo noroeste del pueblo, resulta muy acogedor. Cuando la marea está baja, una gran marisma atrae a miles de aves durante la época de migración y en otras estaciones del año. Los amantes de la ornitología no deben olvidarse los prismáticos.

Gestionado por la familia Erb, la misma que lleva el Rancho Naturalista cercano a Turrialba (p. 141), está enfocado a la observación de aves y proporciona un cómodo alojamiento rústico y buena comida. En tres días se pueden avistar unas 150 especies de las más de 400 catalogadas por el hotel. Las habitaciones, muy completas, tienen ventilador, y los baños compartidos, agua caliente. Las tarifas están pensadas para una estancia mínima de tres días y comprenden guía experto, entrada al Parque Nacional Carara y transporte de enlace a los puntos más interesantes.

ZONA DE PUNTA LEONA

Este diminuto cabo, a medio camino entre Tárcoles y Jacó, cuenta con un par de establecimientos de categoría para alojarse; ambos poseen magníficas vistas.

Con sede central en EE UU, **JD's Watersports** (☎ 256 6391; www.jdwatersports.com) gestiona un centro de deportes acuáticos dentro del Hotel Punta Leona. Se ofrecen paquetes de pesca deportiva, submarinismo, cruceros de medio día por ríos de la selva y alquiler de kayak para travesías por mar; también disponen de equipamientos y embarcaciones chárter hacia varios destinos.

Dónde dormir y comer

Hotel Punta Leona (☎ 231 3131; www.hotel puntaleona.com; i/d/tr 84/96/108 US$, apt 170-240 US$; P ⊠ ⊡ ⊠). Unos 6 km al sur de Tárcoles, se localiza la entrada vigilada a una pista de tierra de 4 km que conduce a este complejo. Las habitaciones y los apartamentos de aspecto anodino tienen todas las comodidades. Por desgracia, el hotel ha intentado cercar las impresionantes playas que lo rodean; sin embargo, dado que en Costa Rica todas las playas son de dominio público, incurrirían en una ilegalidad. Los excesivos controles de seguridad hacen pensar que se trata de un complejo penitenciario en lugar de turístico. Se aceptan tarjetas de crédito.

Hotel Villa Caletas (☎ 637 0606; www.hotelvil
lacaletas.com; h 160-400 US$; Ⓟ ⊠ Ⓡ). Ubicado
3 km al sur del desvío a la punta Leona y
8 km al norte de la salida hacia Jacó en la
Costanera, una empinada carretera asfaltada de 1 km lleva a este precioso y lujoso
hotel, encaramado en una ladera sobre el
Pacífico. Está decorado con arte y antigüedades, y cuenta con un restaurante de influencia francesa, una maravillosa piscina y
un sendero privado de 1 km hasta la playa.
Sus 35 habitaciones de distintos estilos disfrutan de balcón, televisión por cable, teléfono, minibar y cafetera. El desayuno y el
almuerzo o la cena a la carta cuestan unos
11 y 25 US$ respectivamente. Aunque se
pueden concertar excursiones y actividades,
muchos huéspedes se limitan a relajarse. Se
aceptan tarjetas de crédito.

PLAYA HERRADURA

Para llegar, hay que tomar la salida de la Costanera Sur situada 3,5 km al norte de la de Jacó.
Tras recorrer otros 3 km hacia el oeste por
una carretera asfaltada, se accede a la tranquila y resguardada playa Herradura, cuyas
arenas negras están salpicadas de palmeras. Hasta mediados de los años noventa no
había edificios y solía estar frecuentada por
aficionados al *camping;* en la actualidad se
ha construido uno de los complejos turísticos mayores del país con puerto deportivo,
hotel y urbanización. No obstante, sus sere-
nas aguas siguen atrayendo a mucha gente
de la región.

Unos cientos de metros antes de la playa,
en la carretera principal, se encuentra el
Campamento Herradura (por persona 3,30 US$), una
zona amplia con césped, duchas y otros servicios básicos.

A unos 500 m de la playa Herradura,
también en la carretera principal, **Cabinas
del Río** (☎ 643 8891; i/d 10/20 US$, cama adicional
10 US$; Ⓟ) es un establecimiento de gestión
alemana, formado por seis cabinas de distinto confort y tamaño, diseminadas a lo
largo de un riachuelo. Las que tienen cocina
suben de precio.

El **Marriott Ocean y Golf Resort** de la urbanización **Los Sueños** (☎ 630 9000; www.lossuenosre
sort.com; d montaña/océano/*premium* 328/363/421 US$;
Ⓟ ⊠ ▢ Ⓡ) constituye un complejo turís-
tico, que se ubica en el extremo norte de la
bahía y cuya construcción costó 40 millones
de dólares. Cuenta con puerto deportivo

para 250 amarres, campo de golf, pistas
de tenis, piscina, centro comercial, casino,
pesca deportiva y habitaciones por las que
se paga a partir de 300 US$, entre otras
cosas. El **campo de golf** (huéspedes/no huéspedes
95/140 US$) es una de sus principales atrac-
ciones y las viviendas de un millón que
se han edificado en colinas son sólo aptas
para extranjeros. Aunque todo el recinto
presenta un estilo colonial español impecable, su artificialidad hace dudar al viajero si
se halla en Costa Rica o en el condado de
Orange, en California.

En la playa abundan las marisquerías,
muy frecuentadas por los lugareños. La
mejor es **Marisquería Juanita** (platos 3-6 US$),
donde se reúnen los entendidos.

ZONA DE JACÓ

Se trata del área playera más próxima a San
José, donde los amantes del surf pueden
disfrutar de las olas durante todo el año.
De todas formas, la localidad de Jacó es
bastante aburrida si se compara con la **playa
Hermosa,** 5 km más al sur, más agradable y
con olas más grandes y rápidas.

Para la mayoría de la gente, constituye
el típico lugar de juerga de la costa pacífica central. Atrae a aficionados de la pesca
deportiva, pasajeros de transatlánticos, que
desembarcan en Puntarenas, e integrantes
de viajes organizados que acuden a disfrutar de la jarana nocturna y a tumbarse en
la playa durante el día. En los últimos años,
el tráfico de drogas y la prostitución han
aumentado, y los domingos por la mañana
se suelen ver las huellas de la fiesta de la
víspera: botellas de cerveza vacías, envol-
torios de comida y extranjeros con resaca.
Los hosteleros y los trabajadores del sector
turístico se han unido para mantener limpia la localidad y patrocinan recogidas de
basura a lo largo de la orilla.

A pesar de su reputación de playa festiva,
Jacó es más tranquila que sus homólogas
de EE UU. Muy popular entre los ticos del
valle Central que buscan sol y diversión,
todavía congrega al turismo familiar, sobre
todo en enero y febrero.

A pesar de ser caro, Jacó se encuentra
abarrotado en temporada alta. Para los que
no practiquen surf, la playa no tiene nada
especial; se puede nadar, pero suele haber
resaca y hay que evitar las zonas cercanas a
los estuarios, que están contaminadas.

ZONA DE JACÓ

A playa Herradura (10 km), punta Leona (17 km), Puntarenas (66 km), Parque Nacional Carara (90 km) y San José (102 km)

Arrecife

OCÉANO PACÍFICO

Río Copey

Calle Ancha

Boulevard

Pastor Díaz

Costanera Sur

Av. Pastor Díaz

Calle Hidalgo

Calle Madrigal

Arrecife

Véase "Centro de Jacó", p. 288

A la playa Hermosa (5 km), Quepos (62 km) y Manuel Antonio (69 km)

INFORMACIÓN	
Banco de Costa Rica	(véase 16)
Oficina de correos	1 C3

QUÉ VER Y HACER	(p. 287)
Carton Surfboards	2 D4
Fantasy Tours	(véase 4)
Palacio Municipal	3 C3

DÓNDE DORMIR	(pp. 287-292)
Best Western Jacó Beach Resort	4 B2
Cabinas Antonio	5 B2
Cabinas Clarita	(véase 11)
Cabinas Gaby	6 A1
Cabinas Garabito	(véase 7)
Cabinas Las Palmas	7 B1
Camping Madrigal	8 D4
Hotel Arenal Pacífico	9 C3
Hotel Catalina	10 D3
Hotel El Jardín	11 B2
Hotel Marparaíso	12 D4
Paraíso Escondido	13 C3

DÓNDE COMER	(pp. 292-293)
Soda Amistad	14 D4

DÓNDE BEBER	(p. 293)
Fusión	15 B1

DE COMPRAS	
Centro comercial Plaza Jacó	16 B1

TRANSPORTE	(p. 293)
Alquiler de automóviles Budget	(véase 16)
Autobuses a San José	17 B2
Alquiler de automóviles Economy	18 B2
Gasolinera	19 D4

DE INTERÉS	
School of the World	20 C2

Orientación

La playa de Jacó se sitúa a unos 2 km después de dejar la Costanera, 3,5 km más allá de la salida hacia la playa Herradura. El arenal cuenta con unos 3 km de largo, y los hoteles y restaurantes se alinean en la carretera. Las áreas de los extremos sur y norte son las más tranquilas, atractivas y limpias.

La localidad se ha esforzado para que los extranjeros se sientan como en casa y ha colocado placas con los nombres de las calles. Esos nombres aparecen en el plano, pero los habitantes del lugar siguen usando el sistema tradicional de puntos de referencia (véase p. 471).

Información

No existe una oficina de turismo, pero varias agencias proporcionan información. La guía mensual *Jaco's Guide,* gratuita, ofrece información sobre las mareas y mapas actualizados.

En la calle principal, se han instalado cabinas de teléfonos; además, la playa dispone de servicios públicos (0,30 US$) al norte del Hotel Balcón del Mar (p. 290), donde también se pueden depositar en consigna efectos personales (1,50 US$).

Lavandería Aquamatic (plano p. 288; 7.30-12.30 y 13.00-17.00). Dispone de autoservicio, que funciona con monedas, pero también se puede dejar la ropa para que la laven.

COSTA CENT. DEL PACÍFICO

Banco de San José (plano p. 288; av. Pastor Díaz, al norte de la calle Cocal; ☽ 8.00-17.00 lu-vi y 8.00-12.00 sa). Tiene un cajero automático Cirrus, abierto en horario del banco, en el piso 2º del centro comercial Il Galeone.

Banco Popular (plano p. 288; av. Pastor Díaz con calle La Central). Cambia dólares estadounidenses y cheques de viaje.

Books & Stuff (plano p. 288; av. Pastor Díaz, entre las calles Las Olas y Bohío). Libros en varios idiomas y periódicos de EE UU.

Flaco Internet (plano p. 288; av. Pastor Díaz, entre las calles Las Olas y Bohío; 1 US$/h; ☽ 9.00-21.00 lu-sa y 10.00-20.00 do). El mejor para consultar el correo electrónico; cuenta con ocho terminales, buenas conexiones y aire acondicionado.

Cruz Roja (plano p. 288; ☎ 643 3090, av. Pastor Díaz, entre las calles El Hicaco y Las Brisas)

Actividades

SURF

Gracias a sus estupendas olas durante todo el año, Jacó se ha convertido en la capital de los surfistas de Costa Rica. La estación de las lluvias se considera la mejor para practicar este deporte en el Pacífico; además, desde San José se llega fácilmente, y la localidad cuenta con hoteles, restaurantes y tiendas.

La Chosita del Surf (plano p. 288; ☎ 643 1308; www.surfoutfitters.com; av. Pastor Díaz, al norte de la calle Anita) repara y alquila tablas, y proporciona información sobre esta actividad que, el propietario, Chuck Herwig, conoce bien; también gestiona las cercanas Chuck's Cabinas (p. 288). En el centro, **Mango Surf** (☎ 643 1916; av. Pastor Díaz con calle El Hicaco) dispone de material variado, y, en el extremo sur, **Carton Surfboards** (plano p. 286; ☎ 643 3762; esquina calle Madrigal y av. Pastor Díaz) construye tablas a medida, realiza reparaciones e imparte clases.

Cursos

School of the World (plano p. 288; ☎ 643 1064; www. schooloftheworld.org; paquetes de 1-4 semanas 540-1.900 US$; ⓟ ☡). Se trata de un centro de estudios culturales muy conocido que ofrece clases de surf, arte y fotografía, y en breve incorporará yoga y cocina latinoamericana. El nuevo y bonito edificio alberga también un café y una galería de arte. Las tarifas comprenden excursiones a pie por el campo, prácticas de kayak y alojamiento en la sede. Los cursos más populares son los de surf.

Circuitos

Todos los que se organizan en la zona contemplan las visitas al Parque Nacional Carara (41 US$) y a otros puntos del país. Desde aquí o desde Quepos (p. 297), más al sur, también se pueden contratar recorridos a la isla Damas, el vértice de un manglar que se adentra en una pequeña bahía al sur de Parrita. Cuando sube la marea, el terreno se convierte en una isla donde es fácil avistar aves y todo tipo de fauna. Los recorridos en barco se pueden concertar en Jacó y cuestan 60 US$ por persona, aunque los más atrevidos pueden trasladarse en kayak con la agencia de viajes de aventura Amigo Tico, situada en Quepos.

Las siguientes compañías también programan excursiones:

Fantasy Tours (plano p. 286; ☎ 220 2126; www. vfantasy.co.cr; en el vestíbulo del Best Western)

King Tours (plano p. 288; ☎ 643 2441, 388 7810; www. kingtours.com; av. Pastor Díaz, al norte de la calle Cocal)

Agencia de viajes Solutions (plano p. 288; ☎ 643 3485; www.jacotour.com; centro comercial Il Galeone). Reservas de circuitos y billetes de avión.

Dónde dormir

A la hora de escoger alojamiento, hay que tener presente que en el centro de la ciudad abundan los bares y las discotecas, y puede haber ruido; al norte y sur de la localidad existen hospedajes más tranquilos. Durante la temporada alta se recomienda reservar los fines de semana, así como en Semana Santa y Navidad. Si se el viajero se va a alojar más de cinco días en el mismo lugar, le conviene preguntar por las tarifas para estancias largas.

A continuación se presenta una serie hoteles, ordenados de norte a sur, con los precios de temporada alta; las tarifas de temporada baja pueden reducirse entre el 30 y el 40%.

ECONÓMICO

El Hotel de Haan constituye el preferido de la autora para esta franja de precios (véase recuadro en p. 290).

Cabinas Antonio (plano p. 286; ☎ 643 3043; esquina av. Pastor Díaz y Boulevard; d 14 US$; ⓟ ☡). Situadas en el extremo norte de la ciudad, están limpias y tienen ducha con agua fría y televisión por cable; merecen la pena.

Cabinas Garabito (plano p. 286; ☎ 643 3321; d 20 US$; ⓟ). Junto a una pequeña carretera

CENTRO DE JACÓ

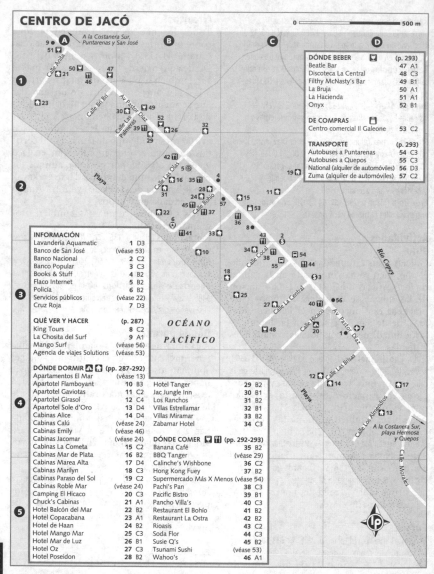

0 _____ 500 m

A la Costanera Sur,
Puntarenas y San José

DÓNDE BEBER (p. 293)
Beatle Bar	47	A1
Discoteca La Central	48	C3
Filthy McNasty's Bar	49	B1
La Bruja	50	A1
La Hacienda	51	A1
Onyx	52	B1

DE COMPRAS
Centro comercial Il Galeone	53	C2

TRANSPORTE (p. 293)
Autobuses a Puntarenas	54	C3
Autobuses a Quepos	55	C3
National (alquiler de automóviles)	56	D3
Zuma (alquiler de automóviles)	57	C2

OCÉANO
PACÍFICO

INFORMACIÓN
Lavandería Aquamatic	1	D3
Banco de San José	(véase 53)	
Banco Nacional	2	C2
Banco Popular	3	C3
Books & Stuff	4	B2
Flaco Internet	5	B2
Policía	6	B2
Servicios públicos	(véase 22)	
Cruz Roja	7	D3

QUÉ VER Y HACER (p. 287)
King Tours	8	C2
La Chosita del Surf	9	A1
Mango Surf	(véase 56)	
Agencia de viajes Solutions	(véase 53)	

DÓNDE DORMIR (pp. 287-292)
Apartamentos El Mar	(véase 13)	
Apartotel Flamboyant	10	B3
Apartotel Gaviotas	11	C2
Apartotel Girasol	12	C4
Apartotel Sole d'Oro	13	D4
Cabinas Alice	14	D4
Cabinas Calú	(véase 24)	
Cabinas Emily	(véase 46)	
Cabinas Jacomar	(véase 24)	
Cabinas La Cometa	15	C2
Cabinas Mar de Plata	16	B2
Cabinas Marea Alta	17	D4
Cabinas Marilyn	18	C3
Cabinas Paraso del Sol	19	C2
Cabinas Roble Mar	(véase 24)	
Camping El Hicaco	20	C3
Chuck's Cabinas	21	A1
Hotel Balcón del Mar	22	B2
Hotel Copacabana	23	A1
Hotel de Haan	24	B2
Hotel Mango Mar	25	C3
Hotel Mar de Luz	26	B1
Hotel Oz	27	C3
Hotel Poseidon	28	B2

Hotel Tanger	29	B2
Jac Jungle Inn	30	B1
Los Ranchos	31	B1
Villas Estrellamar	32	B1
Villas Miramar	33	B2
Zabamar Hotel	34	C3

DÓNDE COMER (pp. 292-293)
Banana Café	35	B2
BBQ Tanger	(véase 29)	
Calinche's Wishbone	36	C2
Hong Kong Fuey	37	B2
Supermercado Más X Menos	(véase 54)	
Pachi's Pan	38	C2
Pacific Bistro	39	B1
Pancho Villa's	40	C3
Restaurant El Bohío	41	B2
Restaurant La Ostra	42	B2
Rioasis	43	C2
Soda Flor	44	C3
Susie Q's	45	B2
Tsunami Sushi	(véase 53)	
Wahoo's	46	A1

al oeste de Cabinas Antonio, en la zona septentrional de la localidad, se hallan regentadas por una familia tica. Son austeras y limpias, y disponen de baño privado con agua fría.

Cabinas Clarita (plano p. 288; ☎ 643 2615; en el extremo oeste de Boulevard; h por persona 8,80 US$; P). Este motel de playa, pintado de color rosa,

ofrece habitaciones, construidas de hormigón, con baño privado. Hay bar y restaurante.

Chuck's Cabinas (plano p. 288; ☎ 643 3328; chucks @racsa.co.cr; calle Anita; h por persona 7,50 US$; d/tr/c con baño 25/30/35 US$; P). Económico y de moda entre los surfistas, suele estar lleno. Los cuartos de hormigón son pequeños y limpios, y están equipados con potentes ventiladores; un par de ellos son más amplios y cuentan con baño privado. El propietario es toda una fuente de información sobre la zona y regenta también La Chosita del Surf (p. 287).

Cabinas Emily (plano p. 288; ☎ 643 3513; av. Pastor Díaz, entre las calles Anita y Brí Brí; d 12,50 US$; P). Detrás de Wahoo's, resulta otra buena opción económica, muy recomendada. El dueño es amable y servicial, y las pulcras habitaciones disponen de camas grandes.

Cabinas Mar de Plata (plano p. 288; ☎ 643 3580; calle Las Olas; d 20 US$). En sus cuidados dormitorios de hormigón con suelos de baldosa se ha instalado ducha privada con agua fría.

Cabinas Roble Mar (plano p. 288; ☎ 643 3173; calle Bohío; d 20 US$). Alquilan cómodas habitaciones dobles con baño privado; una de ellas con capacidad para cinco personas y cocina americana por 38 US$. También tiene otras pequeñas y húmedas con baño compartido y varios precios.

Cabinas Jacomar (plano p. 288; ☎ 643 1934; calle Bohío; d/tr 20/25 US$). Sus cuartos, muy limpios y pintados de alegres colores, cuentan con ducha privada, agua fría, cocina compartida y una soda contigua que sirve desayunos baratos. La propietaria no es un dechado de amabilidad, pero es así con todo el mundo.

Cabinas Calú (plano p. 288; ☎ 643 1107; calle Bohío; d 25 US$). Sus aseadas habitaciones dobles, cómodas y amplias, con suelo de baldosa, ventilador y baño privado han sido recomendadas por los lectores. Los dueños son amables.

Cabinas La Cometa (plano p. 288; ☎ 643 3615; av. Pastor Díaz, al sur de la calle Bohío; d sin/con baño 22/32 US$). Dormitorios frescos y pulcros; cuatro comparten un baño con agua fría y otros tres disponen de baño privado con agua caliente; tienen una cocina común impecable. Este tranquilo establecimiento, regentado por francocanadienses, sale a muy buen precio.

Cabinas Marilyn (plano p. 288; ☎ 643 3215; calle Cocal; c 20 US$). Las humildes habitaciones huelen a humedad y no están bien conservadas, pero son baratas. Todas disponen de baño privado y un par de ellas, de frigorífico.

Cabinas Marea Alta (plano p. 288; ☎ 643 3554; av. Pastor Díaz cerca de la calle Los Almendros; tr 29 US$; P). Esta agradable construcción de dos pisos ofrece dormitorios sencillos con ventilador y ducha privada con agua fría. Algunos cuentan con frigorífico, pagando un pequeño recargo.

Camping El Hicaco (plano p. 288; ☎ 643 3004; calle Hicaco; por persona 3,30 US$; P). El mejor del lugar; tiene mesas de *picnic*, baños y una especie de consigna para guardar cosas. Se aconseja no dejar nada de valor dentro de las tiendas.

Camping Madrigal (plano p. 286; calle Madrigal; por persona 2,50 US$). Al sur del centro, tranquilo y con buen césped, cuenta con un bar restaurante muy cerca y un fácil acceso a la playa.

PRECIO MEDIO

El seleccionado por la autora para este precio es el Hotel Mar de Luz, véase recuadro en p. 290.

Villas Estrellamar (plano p. 288; ☎ 643 3102; www.estrellamar.com; extremo oriental de la calle Las Olas; d 51 US$, d villas 61-112 US$; P ⊠ ⊠). Sus 28 amplias e impolutas habitaciones tienen un enorme baño con ducha, agua caliente, televisión por cable, frigorífico, caja fuerte con llave, aire acondicionado, teléfono y balcón privado. Las villas, con capacidad entre dos y siete personas, disponen de cocina equipada y cafetera. Hay piscina y *jacuzzi*. Regentado por amables franceses, ofrecen interesantes tarifas de temporada baja. Se aceptan tarjetas de crédito.

Cabinas Gaby (plano p. 286; ☎ 643 3080; d con aire acondicionado 40 US$; P ⊠ ⊠). En la zona norte más alejada, pintadas de amarillo vivo y muy frecuentadas por familias ticas, cuentan con agradables dormitorios para cinco personas con cocina americana, agua caliente y ventilador o aire acondicionado. La pequeña piscina y el jardín resultan agradables.

Cabinas Las Palmas (plano p. 286; ☎ 643 3005; extremo norte de la av. Pastor Díaz; i/d 24/29 US$, d con aire acondicionado 40 US$, apt 36-44 US$). Ofrece 23 cuartos de color verde menta y limpios suelos de baldosa, alrededor de un bonito jardín con una pequeña piscina. Los más antiguos tienen agua fría y ventilador, mientras que los más modernos son más amplios y cuentan con agua caliente y cocina americana. Está frecuentado por familias.

Hotel El Jardín (plano p. 286; ☎ 643 3050; extremo oeste del Boulevard; i/d 36/43 US$; P ⊠). Encantador establecimiento, gestionado por franceses y conocido por su buen restaurante.

SELECCIÓN DE LA AUTORA

Económico

Hotel de Haan (plano p. 288; ☎ 643 1795; www.hoteldehaan.com; calle Bohío; h por persona 10 US$, menores de años 10 gratis; 🖥 🐾). Recién estrenado, este establecimiento holandés y tico es uno de los mejores para presupuestos ajustados. Las habitaciones, con el suelo nuevo de baldosa y ducha con agua caliente, están limpias. Tiene cocina compartida con frigorífico, piscina e Internet gratis. Ofrece tarifas especiales para estancias prolongadas.

Precio medio

Hotel Mar de Luz (plano p. 288; ☎ 643 3259; mardeluz@racsa.co.cr; av. Pastor Díaz, entre las calles Las Palmeras y Los Olas; d/tr/c desayuno incl. 67/75/85 US$; 🅿 🔆 🐾). Muy recomendado, dispone de bonitas y ordenadas habitaciones con aire acondicionado, patio, ducha con agua caliente, microondas, frigorífico y cafetera; en la parte de atrás cuenta con varias habitaciones de piedra más grandes. Tiene dos piscinas y barbacoas a disposición de los huéspedes. Los cordiales dueños, de origen holandés, están muy bien informados. Se aceptan tarjetas de crédito.

Precio alto

Hotel Arenal Pacífico (plano p. 286; ☎ 643 3419, av. Pastor Díaz, al norte de la calle Hidalgo; h estándar/con vistas al mar desayuno incl. 93/110 US$; 🅿 🔆 🐾). La entrada no tiene nada especial, pero el viajero se verá gratamente sorprendido por este bonito hotel de madera que alquila 26 dormitorios con ducha privada, agua caliente, aire acondicionado y televisión por cable. Las estándar se disponen alrededor de una laguna y las que gozan de vistas al mar, más caras, bordean la playa. Los precios de las habitaciones son para dos adultos y dos niños. Tiene una piscina frente al océano.

Las sencillas habitaciones, con agua caliente y ventilador, están bien mantenidas; tiene piscina.

Jacó Jungle Inn (plano p. 288; ☎ 643 1631; esquina av. Pastor Díaz y calle Las Palmeras; d 50 US$, st desde 70 US$; 🅿 🔆 🐾). Sus sencillos y pulcros dormitorios, con ducha privada, agua caliente, aire acondicionado y televisión por cable, resultan acogedores. Las *suites*, más amplias y caras, cuentan con cafetera y frigorífico. Dispone de piscina y *jacuzzi*.

Los Ranchos (plano p. 288; ☎ 643 3070; calle Las Olas; d sin/con cocina 40/52 US$, *bungalow* 92 US$; 🅿 🐾). Cercano a la playa y muy conocido entre los clientes europeos, tiene una piscina recién renovada, un agradable jardín, una pequeña biblioteca de libros de bolsillo y un personal amable que ofrece información sobre excursiones locales y surf. Los cuartos, limpios, silenciosos y bien cuidados, disponen de ventilador y baño privado con agua caliente. En los *bungalows* pueden hospedarse hasta siete personas. Se aceptan tarjetas de crédito.

Hotel Balcón del Mar (plano p. 288; ☎ 643 3251; junto a la comisaría de policía, entre las calles Las Olas y El Bohío; d/tr 88/98 US$; 🅿 🔆 🐾). Además de piscina y buen restaurante, goza de una es-

tupenda situación frente a la playa y todas sus habitaciones ofrecen ducha de agua caliente, balcón privado, vistas al mar, minibar, aire acondicionado y televisión por cable. Se aceptan tarjetas de crédito.

Villas Miramar (plano p. 288; ☎ 643 3003; villasmiramar@racsa.co.cr; d 60 US$; 🅿 🐾). En un jardín hermosamente dispuesto y tranquilo, este establecimiento de color terracota alberga 12 cabinas amplias, limpias y cómodas, con baño espacioso, cocina americana, frigorífico, agua caliente y ventilador. Ofrece tarifas especiales para estancias largas.

Apartotel Flamboyant (plano p. 288; ☎ 643 3146; flamboya@racsa.co.cr; i/d/tr 35/50/60 US$, apt 88 US$; 🅿 🐾). Separado de la playa por unos escalones, cuenta con ocho limpias y agradables habitaciones estudio (para dos personas); cuatro cabinas (para tres o más personas); y un apartamento. Todas las estancias están equipadas con ventilador, ducha con agua caliente, cocina americana y un pequeño patio; salen a buen precio. También hay una barbacoa y una piscina. Asimismo, se aceptan tarjetas de crédito.

Cabinas Paraíso del Sol (plano p. 288; ☎ 643 3250; www.paraisodelsolcr.com; d/c 40/55 US$, h de 6 camas 75 US$; 🅿 🔆 🐾). Además de 11 cuartos con aire acondicionado, cocina americana y agua caliente, dispone también de piscina y bar con televisión por cable, mesa de *ping-pong* y vídeos de surf. Se aceptan tarjetas de crédito.

Apartotel Gaviotas (plano p. 288; ☎ 643 3092; h 85 US$; P 🛒). En sus 12 amplios y modernos apartamentos con cocina americana, frigorífico, zona de estar, televisión por cable, ventilador y agua caliente pueden dormir cinco personas. Tiene una buena piscina y una sala de TV. Ofrece tarifas reducidas en la temporada de lluvias.

Zabamar Hotel (plano p. 288; ☎ 643 3174; calle Cocal; c 55 US$; d/c con aire acondicionado 40/77 US$; P 🛒 🛒). Las 20 habitaciones encaladas y con suelo de baldosa, están provistas de aire acondicionado y ducha privada con agua fría. Los dueños son simpáticos, hay piscina y el precio incluye desayuno; se aceptan tarjetas de crédito.

Hotel Mango Mar (plano p. 288; ☎ 643 3670; calle Cocal; d 55 US$, apt 95-115 US$; P 🛒 🛒). Situado en la playa y de color blanco, tiene 12 dormitorios con aire acondicionado, cocina americana, agua caliente, balcón sobre el mar y *jacuzzi*. También ofrece dos apartamentos equipados para seis personas. Se aceptan tarjetas de crédito.

Cabinas Alice (plano p. 288; ☎ 643 3061; calle Las Brisas; d con ventilador/aire acondicionado 36/46 US$, c con cocina 67 US$; P 🛒 🛒). Ubicado junto a la playa, los cuartos están aseados y cuentan con baño privado, agua caliente y ventilador o aire acondicionado. Se aceptan tarjetas de crédito.

Apartamentos El Mar (plano p. 288; ☎ 643 3165; calle Los Almendros; d/tr/c 35/45/55 US$; P 🛒). Las espaciosas habitaciones rodean un patio con piscina, y los impolutos apartamentos, donde pueden dormir hasta cinco personas, tienen agua caliente, cocina americana y ventilador; salen a buen precio. Se aceptan tarjetas de crédito.

Apartotel Sole d'Oro (plano p. 288; ☎ 643 3172; calle Los Almendros; d con ventilador/aire acondicionado 72/96 US$; P 🛒). Sus pulcros dormitorios, para tres o cuatro personas, son modernos y amplios, y ofrecen cocina americana, agua caliente y ventilador o aire acondicionado. Tiene piscina y *jacuzzi*.

Hotel Paraíso Escondido (plano p. 286; ☎ 643 2883; www.hoteljaco.com; d con ventilador/aire acondicionado 30/35 US$, cama adicional 7 US$; P 🛒 🛒). Agradable edificio de estilo colonial, encla-

vado entre árboles a un par de manzanas de la playa, ofrece 10 coquetas habitaciones con baño y agua caliente: unas con dosel, otras con cocina americana y otras con capacidad para seis personas; sale a buen precio. Se aceptan tarjetas Visa.

Hotel Catalina (plano p. 286; ☎ 643 3217; www.hotel catalina.net; calle Hidalgo; h por noche/mes 55/700 US$, con aire acondicionado por noche/mes 70/900 US$; P 🛒 🛒). Sus impecables dormitorios, con suelo de baldosa, dan a un patio-jardín y cuentan con ducha privada, agua caliente, ventilador, cocina americana y un pequeño balcón o patio; varios poseen aire acondicionado. Hay una barbacoa a disposición de los huéspedes y se ofrecen tarifas mensuales.

Hotel Marparaíso (plano p. 286; ☎ 643 1947, 643 3277; www.hotelmarpariso.com; extremo sur de la av. Pastor Díaz; d/tr/c 68/78/88 US$; P 🛒 🛒). Sus 20 cuartos están provistos de ducha privada, agua caliente, televisión por cable y aire acondicionado. Restaurado y pintado de color amarillo fuerte, se halla en unos terrenos ajardinados al final de la calle, casi en plena naturaleza. Dispone de piscina de adultos e infantil, además de un agradable bar restaurante con vistas al mar. En algunas habitaciones pueden dormir hasta seis personas. Se aceptan tarjetas de crédito.

PRECIO ALTO
Véase también Hotel Arenal Pacífico en "Selección de la autora", p. 290. Todos estos hoteles, que aceptan tarjetas de crédito, se ordenan de norte a sur.

Best Western Jacó Beach Resort (plano p. 286; ☎ 643 1000; www.bestwestern.com; av. Pastor Díaz, entre Boulevard y calle Ancha; i/d 112/125 US$; P 🛒 🛒). Ofrece todos los servicios de un centro turístico playero con más de 100 habitaciones provistas de aire acondicionado, televisión por cable, baño privado y agua caliente. Cuenta con restaurante y bar; se puede tomar algo al borde de una de las piscinas, y organiza actividades de surf y paseos en bicicleta y a caballo.

Hotel Tangerí (plano p. 288; ☎ 643 3001; www. hoteltangeri.com; av. Pastor Díaz, entre Las Palmeras y Las Olas; d/tr/c 88/102/124 US$, villa 144 US$, chalé 150 US$; P 🛒 🛒). Este agradable complejo está en pleno centro, pero consigue permanecer tranquilo. Los terrenos están cuidadísimos y hay tres piscinas. Los dormitorios están dotados de aire acondicionado, televisión por cable, ducha privada, agua caliente y frigorífico; en las villas, con cocina totalmente equipada, pueden dormir hasta cinco personas; y en los chalés, ocho. Todos los precios incluyen el desayuno; tiene un restaurante anexo, el BBQ Tangerí (véase esta página) y ofrece tarifas especiales en la estación húmeda.

Hotel Copacabana (plano p. 288; ☎ 643 1005; hotcopa@racsa.co.cr; calle Anita; d 89 US$; st 149 US$; P ❄ ☎). Gestionado por canadienses, se sitúa en la playa. Sus habitaciones estándar con suelo de baldosas cuentan con ventilador, ducha, agua caliente y aire acondicionado. Las *suites,* con cocina americana y balcón privado, tienen capacidad para cuatro personas. Los dueños facilitan el alquiler de coches y conciertan excursiones a los parques nacionales cercanos. Hay piscina, restaurante y un bar con televisión por satélite y mesa de billar.

Hotel Poseidón (plano p. 288; ☎ 643 1642; www. hotel-poseidon.com; calle Bohío; d económica/estándar/*premium* 76/94/105 US$; ❄ ☎). Moderno, cuenta con 14 relucientes y bonitos cuartos con baño y agua caliente y algunos con televisión por cable; se pueden solicitar secadores de pelo. Dispone de un elegante restaurante al aire libre, piscina, bar, *jacuzzi* y aparcamiento privado.

Hotel Oz (plano p. 288; ☎ 643 2162; calle La Central; d/tr/c 75/100/125 US$; ❄). Las 12 habitaciones de este edificio amarillo recién estrenado son espaciosas y tienen un baño enorme con ducha y agua caliente, caja fuerte, aire acondicionado y televisión por cable. Su bar suele estar muy concurrido.

Apartotel Girasol (plano p. 288; ☎ 643 1591; www. girasol.com; calle Las Brisas; d/tr/c 99/126/138 US$, d/tr/c por semana 725/794/864 US$; P ☎). Recién estrenado, sus dormitorios rodean un bonito jardín con acceso privado a la playa. Todos están provistos de baño privado, agua caliente y una cocina completamente equipada con frigorífico.

Dónde comer

Cada año numerosos restaurantes se inauguran con el fin de servir a los turistas, pero muchos otros cierran. Durante la estación húmeda los horarios varían enormemente, así que se recomienda comer pronto.

Soda Flor (plano p. 288; av. Pastor Díaz, al norte de la calle La Central; casados 2 US$). La mejor para presupuestos ajustados. La comida está recién hecha, es sabrosa y barata; sirve pescado fresco por 4 US$.

Soda Amistad (plano p. 286; extremo sur de la av. Pastor Díaz; platos 2-4 US$; ☺ 7.00-21.00 ma-sa, 7.00-14.00 do). Frecuentada por gente de la región, es barata y ofrece buen servicio y estupenda cocina. **Banana Café** (plano p. 288; av. Pastor Díaz, entre las calles Las Olas y Bohío; desayuno 2-3 US$). Estupendo para desayunar abundantes y sublimes tortitas de banana.

Wahoo's (plano p. 288; av. Pastor Díaz, entre las calles Anita y Brí Brí). Hace furor por su cebiche (3,80 US$) y su excelente corvina (6 US$).

Tsunami Sushi (plano p. 288; av. Pastor Díaz, al norte de la calle Cocal; *sushi* y rollitos 3-11 US$; ☺ 17.00-22.00). Los amantes del pescado crudo no deben perderse este moderno, animado y bien decorado restaurante que prepara *sushi,* *sashimi* y rollitos.

Pacific Bistro (plano p. 288; av. Pastor Díaz, al sur de la calle Las Palmeras; platos principales 7-11). Muy conocido, elabora platos de fusión del sudeste asiático, como los estupendos tallarines y las exquisitas gambas en salsa tailandesa picante.

Hong Kong Fuey (plano p. 288; calle Bohío). Cocina china aceptable a buen precio.

Rioasis (plano p. 288; esquina calle Cocal y av. Pastor Díaz; *pizza* mediana 5 US$). Buen sitio para tomar cerveza y *pizza* al horno de leña en una terraza al aire libre.

Calinche's Wishbone (plano p. 288; av. Pastor Díaz, al sur de la calle Bohío; comidas 5-10 US$). El encantador dueño supervisa este lugar con un amplio y sombreado patio, donde se puede comer *pizza,* sándwiches de pan árabe, papas rellenas y pescados y mariscos a la parrilla.

Restaurant El Bohío (plano p. 288; calle Bohío; platos 5-8 US$). A menudo abarrotado de gente, ofrece buena comida y vistas al mar. Está abierto todo el día y su bar es muy popular.

Susie Q's (plano p. 288; platos 6-9 US$; ☺ 17.00-21.00 ma-do). Los entusiastas de la carne hallarán costillas y otras piezas a la barbacoa.

BBQ Tangerí (plano p. 288; av. Pastor Díaz, entre las calles Las Palmeras y Las Olas; platos 10 US$). Para probar una parrillada de categoría, este local anexo al hotel homónimo está especializado en solomillo. También se prepara pescado a la parrilla y frito.

Restaurant La Ostra (plano p. 288; esquina av. Pastor Díaz y calle Las Olas; platos 6-10 US$). Se trata de un restaurante de precio medio que ofrece marisco fresco en su patio.

Pancho Villa's (plano p. 288; platos 8 US$). Su aceitosa comida no vale lo que cuesta, pero la cocina está abierta hasta altas horas en función de la clientela. El comedor acoge a los asiduos del club de *striptease* del piso de arriba.

Pachi's Pan (plano p. 288; av. Pastor Díaz, al sur de la calle Cocal). Vende pan, bollos de canela y empanadas calientes y recién hechas para irse de *picnic* a la playa.

Dónde beber y divertirse

Existen diversos locales nocturnos para bailar; sin embargo, antes de elegir uno, conviene preguntar cuáles están de moda. Las fiestas de la espuma son muy populares en temporada alta.

Los sitios mencionados a continuación se sitúan en la avenida Pastor Díaz; sólo se especifica la calle con que se cruza.

Filthy McNasty's Bar (plano p. 288; con calle Las Palmeras). Con un nombre muy poco afortunado en inglés (algo así como "Guarro McAsqueroso"), se trata de uno de los más tumultuosos; se recomienda leer el cartel de advertencia antes de entrar.

Onyx (plano p. 288; al sur de la calle Las Palmeras). Mientras se elaboraba esta obra, se consideraba el lugar de moda para tomar una cerveza y escuchar música. La terraza del segundo piso ofrece buenas vistas de la calle principal.

La Bruja (plano p. 288; al sur de la calle Anita). También ubicado en el centro, este establecimiento de toda la vida resulta tranquilo para tomarse unas cervezas.

Beatle Bar (plano p. 288; con calle Las Palmeras). Famoso por su elevado número de prostitutas y hombres solos.

Disco La Central (plano p. 288; calle La Central). Abre a las 23.00 haya clientes o no.

La Hacienda (plano p. 288; al norte de la calle Anita). El local de moda por antonomasia para nacionales y extranjeros.

Fusión (plano p. 286; esquina Boulevard y av. Pastor Díaz). Ubicado en el extremo norte, es nuevo y dispone de aire acondicionado.

Cómo llegar y salir

BARCO

Las embarcaciones para Montezuma salen diariamente, el trayecto de una hora cuesta 35 US$ y se pueden hacer reservas en la agencia de viajes Solutions (p. 287). Dado que se desembarca en la playa, se recomienda llevar calzado adecuado.

AUTOBÚS

Los que se dirigen a San José (2,50 US$, 3 h) paran en el centro comercial Plaza Jacó,

al norte del centro. Se recomienda comprar los billetes con tiempo en la oficina de **Transportes Jacó** (7.00-12.00 y 13.00-17.00). Las salidas se efectúan a las 5.00, 7.30, 11.00, 15.00 y 17.00.

La parada de autobuses para otros destinos se ubica delante del supermercado Más X Menos si se va hacia el norte; y, si se va hacia el sur, hay que cruzar la calle. Los vehículos que viajan a Puntarenas (1,50 US$, 1½ h) parten a las 6.00, 9.00, 12.00 y 16.30, y a Quepos (2 US$, 1½ h), a las 6.30, 12.30, 16.00 y 18.00. Estos horarios son aproximados, ya que hay que esperar a que los autobuses lleguen de Puntarenas o Quepos; por tanto, conviene acudir a la parada con bastante antelación.

Para los que se dirijan a Nicaragua u otras comarcas septentrionales, se pueden reservar billetes de Tica Bus en la agencia de viajes Solutions (p. 287). Aunque el autocar no entra en Jacó, la agencia puede reservar un asiento desde San José.

Cómo desplazarse

BICICLETA Y MOTOCICLETA

Varias agencias, cuyos anuncios se ven por el centro, las alquilan. Las bicicletas suelen costar unos 2 US$ por hora o 6,50 US$ por día; las motocicletas y *scooters* pequeños, entre 35 y 50 US$ al día. En muchos lugares piden un depósito de unos 200 US$ en metálico o con tarjeta de crédito.

AUTOMÓVIL

Hay varias empresas de alquiler, por lo que conviene comparar precios.

Budget (643 2665; centro comercial Plaza Jacó; 8.00-18.00 lu-sa, 8.00-16.00 do)

Economy (643 1719; av. Pastor Díaz, al sur de la calle Ancha; 8.00-18.00)

National (643 1752; av. Pastor Díaz con la calle El Hicaco; 7.30-18.00)

Zuma (643 3207; av. Pastor Díaz, al sur de la calle Bohío; 7.00-12.00 y 13.00-17.30 lu-sa)

TAXI

El trayecto de Jacó a la playa Hermosa sale por unos 3 US$. Si el viajero desea que lo recojan, debe llamar a **Taxi 30-30** (643 3030).

PLAYA HERMOSA

Con una extensión de 10 km y buenas olas, se sitúa unos 5 km al sur de Jacó y ofrece varios hoteles y restaurantes. Los surfistas expertos acuden a una competición anual en agosto.

Diana's Trail Rides (☎ 838 7550) organiza paseos a caballo de una a tres horas por 25 a 45 US$.

Dónde dormir y comer

Los hoteles listados a continuación, clasificados de norte a sur, ofrecen la posibilidad de practicar surf.

Terraza del Pacífico (☎ 643 3222; www.terraza-del-pacifico.com; tr 102 US$; P ⊠ ⊠). En la misma playa y pintado de amarillo fuerte, tiene amplias y modernas habitaciones con suelo de baldosa, vistas al mar, aire acondicionado, televisión por cable, teléfono y baño privado con agua caliente. Cuenta con dos piscinas y un bar restaurante; programa los circuitos habituales. Se aceptan tarjetas de crédito.

Hotel Fuego del Sol (☎ 643 3737; www.fuegodel solhotel.com; d desayuno incl. 78,50 US$; P ⊠ ⊠). Para llegar a este complejo, que cuenta con piscina, restaurante y chiringuito, hay que dirigirse hacia el sur por la Costanera y torcer a la derecha en el Jungle Surf Café (véase esta página). Los dormitorios encalados disponen de balcón, aire acondicionado, agua caliente y teléfono. Se organizan excursiones a distintos puntos para practicar surf. Se aceptan tarjetas de crédito.

Hotel Villa Hermosa (☎ 643 3373; taycole@racsa. co.cr; d/tr 45/60 US$; P ⊠ ⊠). Ubicado junto a la playa y con ambiente agradable, cuenta con 13 dormitorios con baño privado, aire acondicionado y cocina americana; los que tienen capacidad para seis personas cuestan 80 US$. A la sombra del jardín se halla la piscina, donde se proyectan actividades y en cuyo borde se ha instalado un bar. Se aceptan tarjetas de crédito.

Cabinas Rancho Grande (☎ 643 3529; i/d 15/20 US$, cama adicional 10 US$; P). Siguiendo por la Costanera, una simpática pareja de Florida gestiona este establecimiento para surfistas. Sus ocho habitaciones rústicas, forradas de paneles de caña, están equipadas con ducha privada, agua caliente y televisión por cable. En algunas pueden dormir hasta siete personas; además, la del piso superior goza de vistas impresionantes. Hay una cocina exterior compartida.

Costanera B&B (☎ 643 1942; d desayuno incl. 30-50 US$; P). Esta preciosa residencia de color mostaza, dirigida por italianos, dispone de cinco cuartos de diversos tamaños, unos con jardín y otros con vistas al mar. Un pequeño restaurante italiano abre para cenar.

Cabinas Las Olas (☎ 643 3687; d con ventilador/aire acondicionado 40/50 US$, h grandes por persona 20 US$; P ⊠). Se trata de un edificio encalado de tres pisos y varios bonitos *bungalows* con cocina, ventilador y agua caliente; en las habitaciones grandes pueden dormir hasta seis personas. Cuenta con piscina y un buen **restaurante** (desayuno 3 US$, hamburguesas 6 US$). El personal, amable y servicial, proporciona transporte a los mejores puntos para practicar surf.

Cabinas Vista Hermosa (☎ 643 3422; d/tr con baño compartido 35/45 US$, h para 6/8 personas con baño 100/140 US$, h para 2/4/6 personas con aire acondicionado y baño 50/80/120 US$; P ⊠ ⊠). Esta enorme construcción de hormigón, con mosquiteras, se llena de surfistas de todas partes. Dispone de un restaurante frente a la playa y dos piscinas. Los precios incluyen el desayuno.

Jungle Surf Café (platos 4 US$; ☽ 7.00-15.00 y 18.00-22.00 ju-ma). El mejor local, según los lugareños; no hay que perderse los estupendos burritos y los tacos de pescado.

DE PLAYA HERMOSA A QUEPOS

La Costanera se prolonga hacia el sudeste desde la playa Hermosa hasta Quepos, que se halla a 60 km. La carretera discurre paralela a la costa del Pacífico, pero pocas veces llega al océano. A lo largo de la ruta se descubren diversas playas poco concurridas, algunas de las cuales son excelentes para hacer surf. Lo más fácil es visitarlas en coche, aunque se puede tomar un autobús a Quepos o Manuel Antonio y llegar andando hasta ellas.

Zona de Esterillos

A unos 2 km de la Costanera, Esterillos Oeste, Esterillos Este y Esterillos Centro se ubican unos 22, 25 y 30 km respectivamente al sudeste de Jacó. Entre estos tres puntos, la **playa Esterillos** se extiende desierta a lo largo de varios kilómetros, donde se hallan algunos sitios estupendos para practicar surf. Hasta el momento la zona de Esterillos recibe pocos visitantes y sólo cuenta con un par hospedajes básicos y baratos, y un *camping* donde se alojan los surfistas.

En la playa, en la parte de Esterillos Este, existen dos establecimientos tranquilos y encantadores para pernoctar.

El **Hotel El Pelícano** (☎ 778 8105; www.auber gepelican.com; d sin/con aire acondicionado 30/60 US$; ⓟ 🍴 🏊), antes conocido como Auberge de Pelican, ha sido adquirido por unos estadounidenses que han conservado su aspecto acogedor. En general, las habitaciones están provistas de aire acondicionado, ducha privada, agua caliente, camas y sábanas nuevas; dos de ellas, dobles y con ventilador, son más pequeñas, rústicas y baratas. Cuenta con piscina, restaurante de comida estadounidense y tica, abierto todo el día, y un montón de hamacas. A disposición de los huéspedes se encuentran varias tablas de surf y de *body board*, así como bicicletas. Se pueden concertar circuitos en barco.

Al sur de El Pelícano, unos francocanadienses se encargan del estupendo **Flor de Esterillos** (☎ 778 8045, 778 8087; pages.infinit.net/taus/; tr por noche/semana 60/360 US$; ⓟ 🏊). Sus 10 cómodas cabinas de varios tamaños tienen suelo de baldosas, vistosos detalles, ventilador, cocina americana y un baño impecable con ducha y agua caliente.

Al sur de Esterillos, las hermosas y amplias **playa Bejuco** (buena para el surf) y **playa Palma** son poco visitadas; a ambas se llega a través de pequeñas carreteras laterales desde la Costanera. Hay que tener cuidado con las corrientes.

En Bejuco, el **Hotel El Delfín** (☎ 778 8054; esuperglide@yahoo.com; i/d 53/76 US$; h de lujo con aire acondicionado 94 US$), un edificio encalado al final de la carretera de la playa, es propiedad de una familia estadounidense. Las habitaciones estándar se han renovado y las de lujo están decoradas con elementos de teca. Los dueños van a abrir allí un restaurante y un bar.

Parrita

Esta pequeña y animada localidad bananera a orillas del río del mismo nombre, se ubica 40 km al sur de Jacó. Tiene un par de hoteles sencillos, muchos restaurantes y sodas, dos gasolineras y dos bancos. En el extremo este del pueblo, se distingue la indicación de **Beso del Viento B&B** (☎ 779 9674; www.besodelviento.com; d/c 70/150 US$; ⓟ 🏊), que conduce a la playa Palo Seco, a 6 km. Sus cuatro apartamentos cuentan con baño privado alicatado, cocina y ventiladores. Dispone de piscina y la playa cercana, con poca gente, está bien para hacer surf. Alquilan kayaks, bicicletas y caballos.

Después de Parrita, la carretera de la costa, una pista llena de baches y varios puentes desvencijados de sentido único, atraviesa plantaciones de palma de aceite hasta llegar a Quepos.

Corredor aéreo Rainmaker

Fue el primero que se construyó en los bosques de América Central y sus elevadas plataformas ofrecen vistas espectaculares. Desde el aparcamiento y el área de orientación, los visitantes caminan sobre un hermoso cañón de bosque húmedo tropical, donde un arroyo cristalino desciende entre las rocas. Una pasarela de madera y varios puentes que cruzan el cañón llevan hasta la base del corredor. Desde allí, los visitantes suben bastantes escalones hasta una plataforma, situada sobre los árboles, de la que sale el primero de los seis puentes colgantes que conducen hasta otra plataforma pasando por encima de la arboleda. El puente colgante más largo mide cerca de 90 m y el corredor tiene en total unos 250 m de longitud. Su punto más alto equivale a unos 20 pisos.

Además, existen distintos senderos que se internan en las profundidades de esta reserva de 2.000 Ha y permiten identificar las plantas del lugar. Hay que estar atento para ver las aves, las ranas venenosas y los insectos. Los recorridos con guía parten de los hoteles de Manuel Antonio y Quepos todos los días salvo los domingos; se pueden reservar en casi todos los hoteles o llamando a la **oficina de Rainmaker** (☎ en Quepos 777 3565, 288 0654; www.rainmakercostarica. com); cuestan 65 US$ e incluyen desayuno y almuerzo ligeros. Los prismáticos son imprescindibles y se recomienda llevar protección solar y agua.

Un enorme cartel indica el desvío hacia Rainmaker en la Costanera en el extremo norte de Pocares, 10 km al este de Parrita o 15 km al este de Quepos. El aparcamiento se halla a 7 km del desvío.

QUEPOS

Debe su nombre a la tribu de los indios quepoas, un subgrupo de los borucas, que vivía en esta zona en tiempos de la conquista española. La población quepoa, como sucedió con muchos otros indígenas, quedó diezmada por la esclavitud y las enfermedades importadas por los europeos. A finales del

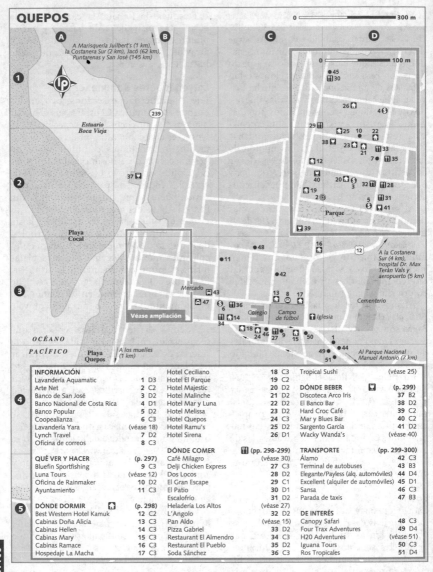

QUEPOS

INFORMACIÓN			Hotel Ceciliano	18	C3	Tropical Sushi		(véase 25)
Lavandería Aquamatic	1	D3	Hotel El Parque	19	C2			
Arte Net	2	C2	Hotel Majestic	20	D2	DÓNDE BEBER		(p. 299)
Banco de San José	3	D2	Hotel Malinche	21	D2	Discoteca Arco Iris	37	B2
Banco Nacional de Costa Rica	4	D1	Hotel Mar y Luna	22	D2	El Banco Bar	38	D2
Banco Popular	5	D2	Hotel Melissa	23	D2	Hard Croc Café	39	C2
Coopealianza	6	C3	Hotel Quepos	24	C3	Mar y Blues Bar	40	C2
Lavandería Yara	(véase 18)		Hotel Ramu's	25	D2	Sargento García	41	D2
Lynch Travel	7	D2	Hotel Sirena	26	D1	Wacky Wanda's		(véase 40)
Oficina de correos	8	C3						
			DÓNDE COMER		(pp. 298-299)	TRANSPORTE		(pp. 299-300)
QUÉ VER Y HACER		(p. 297)	Café Milagro	(véase 30)		Álamo	42	C3
Bluefin Sportfishing	9	C3	Delji Chicken Express	27	C3	Terminal de autobuses	43	B3
Luna Tours	(véase 12)		Dos Locos	28	D2	Elegante/Payless (alq. automóviles)	44	D4
Oficina de Rainmaker	10	D2	El Gran Escape	29	C1	Excellent (alquiler de automóviles)	45	D1
Ayuntamiento	11	C3	El Patio	30	D1	Sansa	46	C3
			Escalofrío	31	D2	Parada de taxis	47	B3
DÓNDE DORMIR		(p. 298)	Heladería Los Altos	(véase 27)				
Best Western Hotel Kamuk	12	C2	L'Angolo	32	D2	DE INTERÉS		
Cabinas Doña Alicia	13	C3	Pan Aldo	(véase 15)		Canopy Safari	48	C3
Cabinas Hellen	14	C3	Pizza Gabriel	33	D2	Four Trax Adventures	49	D4
Cabinas Mary	15	C3	Restaurant El Almendro	34	C3	H20 Adventures		(véase 51)
Cabinas Ramace	16	C3	Restaurant El Pueblo	35	D2	Iguana Tours	50	C3
Hospedaje La Macha	17	C3	Soda Sánchez	36	D2	Ros Tropicales	51	D4

s. XIX no quedaba ningún quepoa sin mezcla de sangre y la comarca fue colonizada por campesinos de las tierras altas.

Quepos cobró importancia como puerto bananero a comienzos de s. XX, pero este cultivo ha disminuido vertiginosamente en décadas recientes debido a las enfermedades que causa y a los míseros salarios que perciben los trabajadores. En la actualidad, las palmas de aceite, que se extienden hasta el horizonte alrededor de la localidad, constituyen la principal fuente de ingresos, aunque por desgracia generan mucho menos empleo.

En consecuencia, la ciudad no ha recuperado su importancia como puerto comercial; sin embargo, funciona como centro de pesca deportiva y entrada al Parque Nacional Manuel Antonio, a 7 km. Gracias a los frecuentes vuelos y autobuses desde San José, Quepos se ha desarrollado como destino turístico durante todo el año con bares, cafés y agencias que organizan circuitos.

Información

ACCESO A INTERNET

Se puede consultar el correo electrónico en **Arte Net** (1,30 US$/h; ☽ 8.00-20.00 lu-sa), cuyos ocho ordenadores tienen buena conexión.

LAVANDERÍAS

Yara (5 US$ por carga; ☽ 8.00-5.30 lu-sa) cuenta con servicio en el mismo día a precio asequible. **Aquamatic** (4,50 US$ por carga; ☽ 8.00-12.00 y 13.00-17.00 lu-sa) ofrece máquinas de autoservicio, o ellos mismos se encargan de lavar la ropa por un recargo de 1 US$.

ASISTENCIA MÉDICA

El hospital **Dr. Max Terán Vals** (☎ 777 0200), en la Costanera Sur en dirección al aeropuerto, proporciona asistencia de urgencia a la zona de Quepos y Manuel Antonio; sin embargo, carece de centro de traumatología y los pacientes con heridas graves son evacuados a San José. También existe un consultorio de **Cruz Roja** (☎ 777 0118).

DINERO

Tanto el Banco de San José como Coopealianza disponen de cajeros automáticos 24 horas de las redes Cirrus y Plus. Otras entidades cambian dólares estadounidenses y cheques de viaje.

INFORMACIÓN TURÍSTICA

Todos los eventos se publican en la revista mensual gratuita **Quepolandia** (www.quepolandia.com), que está escrita en inglés y se encuentra en muchos negocios de la ciudad.

Peligros y advertencias

La gran cantidad de turistas ha atraído a los ladrones. Las autoridades costarricenses han reaccionado aumentando la presencia policial en la zona, pero los viajeros deben tener la precaución de cerrar siempre su habitación de hotel con llave y no estacionar el coche en la calle; es mejor dejarlo en un aparcamiento vigilado. La comarca no es realmente peligrosa, pero no hay que fiarse demasiado.

Además, las mujeres deben tener presente que la ciudad y los bares se llenan de trabajadores de las plantaciones durante el fin de semana; así que pasear en bañador llamará la atención de una forma no deseada.

Por último, hay que tener en cuenta que las playas de Quepos están contaminadas; por lo que para bañarse se aconseja acercarse a Manuel Antonio, al otro lado de la colina.

Actividades

PESCA DEPORTIVA

La zona de Quepos es estupenda para practicar este deporte, sobre todo de diciembre a abril, que es la temporada del pez vela. Las principales agencias que ofrecen excursiones se enumeran a continuación, aunque no todas tienen oficina en Quepos, por lo que es mejor llamar con antelación. Si el viajero no dispone de reserva, cualquier hotel de la zona puede ayudarle a ponerse en contacto con estas organizaciones.

Bluefin Sportfishing Charters (☎ 777 1676, 777 2222; www.bluefinsportfishing.com)

Blue Water Sportfishing (☎ 777 1596; www.sportfishingincostarica.com)

High Tec Fishing (☎ 777 3465, 388 6617)

Luna Tours (☎ 777 0725; www.lunatours.net; in Best Western Hotel Kamuk)

Circuitos

En Quepos trabajan numerosos operadores serios.

Agencia de viajes de aventura Amigo Tico (☎ 777 2812; www.puertoquepos.com). Ofrece *rafting*, excursiones a parques nacionales, paseos en bicicleta de montaña y pesca. Un día entero de *rafting* en el río Savegre cuesta 95 US$; también programa travesías en barco y kayak por isla Damas (véase p. 287).

Brisas del Nara (☎ 779 1235; www.horsebacktour.com). Recomendado por los lugareños para montar a caballo; medio día cuesta 45 US$ e incluye recogida en el hotel y desayuno. Dado que no tienen oficina en Quepos, hay que reservar por teléfono o a través del hotel.

Canopy Safari (☎ 777 0100). *Canopy*, en inglés "dosel" y también "bóveda", se aplica a la masa que forman las copas de los árboles en los bosques tropicales. El recorrido que consiste en trasladarse saltando entre los árboles cuesta 75 US$ e incluye el desplazamiento al lugar, a unos 45 minutos más al interior.

Four Trax Adventures (☎ 777 1825; www.fourtraxadventure.com). Circuitos en ATV (cuadriciclos) a 95 US$ por persona.

H2O Adventures (☎ 777 4092; www.aventurash2o. com). Todo tipo de actividades acuáticas; medio día en kayak por el mar sale por 65 US$.

Iguana Tours (☎ 777 1262; www.iguanatours.com). Viajes de aventura, *rafting*, kayak por mar, paseos a caballo, circuitos por manglares y excursiones para ver delfines.

Lynch Travel (☎ 777 1170; www.lynchtravel.com). Gestiona desde billetes de avión hasta paquetes de pesca o circuitos por la selva.

Ríos Tropicales (☎ 777 4092; www.riostropicales.com). Esta respetable compañía de *rafting* costarricense (p. 492) ha abierto oficina en Quepos.

Dónde dormir

Quedarse en Quepos es una alternativa más barata que pernoctar en los carísimos establecimientos de la ruta de Manuel Antonio. Se recomienda reservar los fines de semana en temporada alta, en Semana Santa, Navidad y Año Nuevo. A continuación se facilitan las tarifas de temporada alta, pero conviene saber que muchos hoteles ofrecen precios reducidos en la estación húmeda.

ECONÓMICO

Todos estos hoteles cuentan con duchas y agua fría si no se indica lo contrario.

Hotel El Parque (☎ 777 0063; h por persona 6,30 US$). Muy conocido entre los viajeros de presupuesto ajustado; dispone de habitaciones sencillas y limpias, tabiques finos y baños compartidos aceptables.

Hotel Mar y Luna (☎ 777 0394). Es el mejor para esta franja de precios. Su dueño, Álvaro, es simpático; los impecables dormitorios tienen baño con agua caliente, aunque son pequeños.

Hotel Melissa (☎ 777 0025; h por persona 10 US$). Cuartos aceptables con baño privado.

Hotel Ramu's (☎ 777 0245; h por persona 7 US$). Habitaciones oscuras, pero pulcras, con baño y ventilador; algunos viajeros se han quejado del servicio.

Hospedaje La Macha (☎ 777 0216; h por persona 6 US$, d con baño 16 US$). Ofrece dormitorios pequeños y bastante aseados con baño compartido; los que tienen baño privado son mejores.

Cabinas Mary (☎ 777 0128; cabinas por persona 7,50 US$). En el lado sur del campo de fútbol, tienen un precio excelente y son muy seguras. Las habitaciones recién pintadas con baño privado están impecables, aunque resultan oscuras; los dueños son amables.

Hotel Majestic (☎ 777 1045; h por persona 2,50 US$). Edificio de madera en mal estado, con lóbregos dormitorios y oscuros baños compartidos.

Cabinas Doña Alicia (☎ 777 0419; i/tr 10/16,50 US$). Pequeñas y en penumbra, pero razonablemente limpias.

Hotel Quepos (☎ 777 0274; d 15 US$). Entre sus cuartos poco espaciosos pero pulcros, se recomiendan los de la parte de atrás para no escuchar la televisión de la recepción.

Hotel Hellen (☎ 777 0504; d 18 US$). Acogedora pensión cuyas habitaciones bien ordenadas tienen ducha privada y frigorífico.

PRECIO MEDIO Y PRECIO ALTO

Hotel Malinche (☎ 777 0093; d 20 US$, i/d con aire acondicionado 30/50 US$; P ⊠). Cuenta con alojamientos de distintas tarifas: el coqueto edificio de color mostaza con balcones tiene habitaciones más antiguas y sencillas a precio económico; las nuevas y más caras disponen de suelo de baldosa, ducha privada, agua caliente, aire acondicionado y televisión por cable.

Hotel Ceciliano (☎ 777 0192; por persona 12 US$, d con baño 22 US$). Cómodos dormitorios dobles, con ducha y agua caliente; los dueños son simpáticos.

Cabinas Ramace (☎ 777 0590; i/d 30/45 US$; P). Relucientes cuartos provistos de baño privado con agua caliente y frigorífico; el propietario es servicial.

Hotel Sirena (☎ 777 0528; d 50 US$; P ⊠ ⊠). Modernas habitaciones, algo oscuras pero limpias, con aire acondicionado, ducha privada y agua caliente. En el precio está incluido un desayuno continental y hay una pequeña piscina. Concierta paseos a caballo y pesca deportiva.

Best Western Hotel Kamuk (☎ 7770379; www. kamuk.co.cr; d estándar/superior desayuno incl. 70/94 US$, cama adicional 10 US$; P ⊠ ⊠). Constituye el de más categoría de la ciudad. Sus habitaciones están equipadas con aire acondicionado, agua caliente y teléfono; las de tipo superior, más caras, gozan de balcón y vistas al mar. Hay bar, piscina, casino y un restaurante con una buena panorámica en el piso 3º. Se aceptan tarjetas de crédito.

Dónde comer

Existen varias posibilidades en la ciudad.

Soda Sánchez (comidas 2-3 US$). Sirve casados baratos y aperitivos grasientos. Para comer pollo a la parrilla, se recomienda el **Delji Chicken Express** (platos combinados 3 US$), excesivamente iluminado.

El **Restaurant El Almendro** (platos 3-6 US$) y el **Restaurant El Pueblo** (platos 3-5 US$) permanecen abiertos 24 horas; suelen estar tranquilos durante el día y abarrotados después del anochecer.

El Patio (desayuno 3-4 US$, platos principales 8-15 US$; ☽ 6.00-22.00). Pintado de vivos colores, se trata del mejor sitio de la ciudad. La cocina, de estilo Nuevo Latino, constituye una oportunidad para escapar de la *pizza* y la hamburguesa; su innovadora carta varía con frecuencia. Preparan carnes, pescados y mariscos marinados y a la parrilla, que sirven con salsas caseras. A la hora del desayuno, elaboran torrijas maravillosas.

Café Milagro (☽ 6.00-22.00 lu-vi). Delicioso capuchino, café exprés y bollería: un buen lugar para relajarse y leer la prensa.

L'Angolo (platos desde 3 US$). Esta estupenda charcutería vende sándwiches para llevar. Si el viajero lo desea, puede comer en alguna de las pocas mesas instaladas en un diminuto café del interior.

Pizza Gabriel (*pizzas* 3-5 US$). Al oeste del mercado, muy popular, ofrece una comida aceptable.

Escalofrío (helado 1,50 US$, comidas 3-6 US$; ☽ mado). Despachan helados de 20 sabores, además de café capuchino o exprés y deliciosa comida italiana; disponen de una amplia zona para comer. También es buena la **Heladería Los Altos** (postres 1-2,50 US$), en el campo de fútbol, donde se puede tomar desde un cucurucho hasta una copa de helado.

El Gran Escape (☎ 777 0395; platos 7,50-12 US$; ☽ 18.00-23.00). Restaurante enfocado a pescadores de caña estadounidenses. Los precios son excesivos, pero preparan unas estupendas alitas de pollo picantes (3 US$).

Dos Locos (☎ 777 1526; platos 4-14 US$; ☽ 7.00-23.00 lu-sa, 11.00-22.00 do). Popular establecimiento mexicano recomendado por sus carnes, aunque resulta caro. En temporada alta, las noches de los miércoles y viernes suelen tocar grupos de música.

Tropical Sushi (rollos de *sushi* 3,50-10 US$, ración de *sashimi* 4 US$; ☽ 5-22.00). Restaurante japonés de vistosa decoración que tiene unas cuantas mesas.

Pan Aldo (zona sur del campo de fútbol). Deliciosa panadería que prepara buenos capuchinos, excelentes empanadas y bollos de canela.

Se recomienda el pan recién hecho para ir de *picnic*.

Marisquería Juilbert's (platos 3-10 US$). Situada 1 km al norte de la ciudad, es la mejor según los lugareños.

Dónde beber y divertirse

El tranquilo **Mar y Blues** (☽ 10.00-2.00) permite tomar una cerveza y charlar, mientras que el **Wacky Wanda's** sirve estupendos cócteles a buen precio. Otro bar animado es el **Hard Croc Café**, frente al mar; pero el mejor sitio para salir es el **Sargento García**, abarrotado de jóvenes pasando revista a las chicas durante la noche de los jueves, dedicada a ellas.

El bar del restaurante **El Gran Escape** (véase esta página) está lleno de pescadores y **El Banco Bar** (☽ 15.00-sin horario), a la vuelta de la esquina, tiene televisión por satélite para ver deportes. Si alguien desea jugarse el dinero, puede acercarse al **casino** (p. 298; ☽ 19.00-3.00) del Best Western Hotel Kamuk. La gigantesca **Discoteca Arco Iris** atrae a los habitantes de la comarca con su tremendo ritmo.

De compras

El Café Milagro y el cercano El Patio (véase esta página) venden café tostado y otros recuerdos. Arte Net (p. 297) ofrece maravillosas obras de arte y artesanía local.

Cómo llegar y salir

AVIÓN

Por desplazarse al aeropuerto, a 5 km de la ciudad, un taxi cobra entre 3 y 5 US$ según el tráfico. Sansa tiene seis vuelos diarios entre San José y Quepos (ida/ida y vuelta 44/88 US$), y NatureAir (50/95 US$), cuatro. En Quepos la **oficina de Sansa** (☎ 777 0683) se halla en el campo de fútbol y la de **NatureAir** (☎ 777 2548), en el piso 2º, encima de Iguana Tours.

Lynch Travel (p. 298) reserva vuelos chárter a/desde Quepos.

Los vuelos suelen estar completos en temporada alta, por lo que conviene reservar, pagar con antelación y reconfirmar el billete a menudo.

AUTOBÚS

Todos salen y llegan a la terminal principal del centro de la ciudad. Los billetes para San José se deben adquirir con tiempo en el **despacho de billetes de Transportes Morales** (☎ 777 0263; ☽ 7.00-11.00 y 13.00-17.00 lu-sa, 7.00-

13.00 do). Los siguientes vehículos parten de Quepos hacia:

Puntarenas, a través de Jacó. 3 US$; 3½ h; salidas 4.30, 7.30, 10.30 y 15.00.

San Isidro, a través de Dominical. 2 US$; 4 h; 5.00 y 13.30.

San José (Transportes Morales). 4 US$; 4 h; 5.00, 8.00, 10.00, 12.00, 14.00, 16.00 y 19.30.

Uvita, a través de Dominical. 2, 30 US$; 4½ h; 10.00 y 19.00.

Cómo desplazarse

AUTOBÚS

Entre Quepos y Manuel Antonio (0,25 US$), los autobuses viajan cada 30 minutos de 6.00 a 19.30 desde la terminal principal, y con menor frecuencia después de esa hora. El último sale de Manuel Antonio a las 22.25. La frecuencia se incrementa en la estación seca.

AUTOMÓVIL

Las siguientes compañías de alquiler operan en Quepos. Hay que reservar con antelación y confirmar para tener garantizada la disponibilidad.

Álamo (☎ 777 3344; ☼ 7.30-12.00 y 13.30-17.30)

Elegante/Payless (☎ 777 0115; ☼ 7.30-17.00 lu-vi)

Excellent (☎ 777 3052; ☼ 7.30-17.00 lu-sa)

TAXI

Los colectivos entre Quepos y Manuel Antonio suelen recoger pasajeros durante el trayecto por unos 0,50 US$. Un taxi privado cuesta unos 5 US$. Se recomienda llamar a **Quepos Taxi** (☎ 777 0425/734) o tomar uno en la parada que está al sur del mercado.

DE QUEPOS A MANUEL ANTONIO

Desde el puerto de Quepos, la carretera recorre 7 km hacia el interior antes de llegar a las playas de Manuel Antonio y al parque nacional, y serpentea entre los árboles por colinas con buenas panorámicas. En este tramo, todas las cima están ocupadas por algún hotel que anuncia "vistas al océano". Se trata de uno de los destinos más populares de la comunidad homosexual.

También constituye uno de los destinos más conocidos de América Central desde los años ochenta, por lo que quien espere hallar una naturaleza en estado puro se llevará una decepción. La proliferación de alojamientos en una zona donde el alcantarillado es antiguo ha provocado amenazas

de contaminación marina; además, el parque nacional acoge a demasiados visitantes y el precio de los hoteles suele ser mucho más elevado que en el resto del país. Si se viene al principio de la estación lluviosa (junio o julio), se encuentran hospedajes menos llenos y más baratos.

La carretera de acceso es empinada, muy estrecha y está llena de curvas, a pesar de lo cual a los conductores de autobús les encanta recorrerla derrapando a gran velocidad. No existe apenas espacio para apartarse en caso de emergencia; así que se recomienda conducir y caminar por ella con cuidado.

Véase "Zona de Manuel Antonio" (p. 307) para más información sobre los lugares mencionados.

Información

ACCESO A INTERNET

Cantina Internet Café (frente al Hotel Costa Verde)

El Chante Internet (2 US$/h; ☼ 8.00-22.00). Contiguo al Hostal Vista Serena.

TicoNet (centro comercial Sí Como No)

DINERO

Banco Promerica (frente al Restaurant Barba Roja; ☼ 8.00-17.00 lu-vi, 9.00-13.00 sa). Tiene cajero automático de Cirrus 24 horas y cambia dólares estadounidenses.

INFORMACIÓN TURÍSTICA

La Buena Nota (p. 306), en Manuel Antonio, constituye un centro estupendo para documentarse.

La oficina de reservas e información del **Rafiki Safari Lodge** (p. 311; ☎ 777 2250; www.rafikisafari.com) se halla al otro lado de la calle frente al Kököldi Beach Hotel/Dorado Mojado.

Puntos de interés y actividades

Establos Equus (☎ 777 0001) alquila caballos y organiza excursiones.

Para relajarse tras un día de actividades, en el **Serenity Spa** (☎ 777 0777, ext 220; en el hotel Sí Como No) se pueden contratar sesiones de masajes, tratamientos para las quemaduras de sol y friegas de coco para la piel; sirven un rico café.

Perteneciente al Hotel Sí Como No y situado frente al mismo, **Fincas Naturales** (www.butterflygardens.co.cr; 15 US$) es una reserva privada de bosque húmedo tropical y un jardín de mariposas donde se crían tres docenas de especies. El vergel ofrece un espectáculo de luz y sonido por la noche (40 US$ por persona) y está rodeado de senderos.

Dónde dormir

A lo largo de la serpenteante y frondosa carretera se han instalado sobre todo hoteles de precio alto, aunque también hay económicos o de precio medio. Algunos exigen el pago por adelantado, por lo que hay que elegir con cuidado (véase recuadro en p. 466). A continuación se proporcionan las tarifas de temporada alta, durante la que resulta imprescindible reservar en fin de semana; las de temporada baja pueden abaratarse hasta en un 40%.

Los establecimientos siguientes se ordenan siguiendo la carretera en la dirección de Quepos a Manuel Antonio. Véase también "Selección de la autora" en p. 302.

Cabinas Pedro Miguel (☎ 777 0035; www.cabinaspedromiguel.com; d/tr/c 29/41/76 US$; P ♨). Al salir de Quepos, sobre una colina y a la derecha de la carretera, aparece este agradable hotel regentado por una familia. Sus 18 habitaciones impecables están bien decoradas; las más amplias son para cuatro o cinco personas y tienen cocina americana. Hay piscina y sirven desayuno por encargo. Disponen de tarifas para estancias largas y aceptan tarjetas de crédito.

Mimo's Hotel (☎ 777 0054; www.mimoshotel.com; d 76 US$, *junior* st 99 US$, cama adicional 15 US$, menores de 12 años gratis; P ♨ ♨). Coqueto y encalado, cuenta con murales de vivos colores en sus amplios y limpios dormitorios con suelo de barro. Todos presentan un baño espacioso, agua caliente, aire acondicionado, cocina americana y televisión por cable. Hay piscina, *jacuzzi* y un **restaurante-bar** (platos principales 10 US$; abierto al público) que sirve platos de influencia italiana. Sus dueños italianos reservan circuitos. Se aceptan tarjetas de crédito.

Hotel Mono Azul (☎ 777 1548; www.monoazul.com; i/d/tr/c 53/59/64/70 US$, h de lujo recargo de 15 US$, d villa 135 US$, cama adicional 10 US$, menores de 12 años gratis; P ♨ ☐ ♨). Sus 27 acogedores cuartos, a muy buen precio, están provistos de ducha privada, agua caliente y ventilador de techo. Los de lujo cuentan con aire acondicionado y patio, y las villas disponen de dos estancias y cocina. Hay tres piscinas, terrazas para tomar el sol, sala de juegos con televisión por cable, un pequeño gimnasio,

acceso a Internet y un buen restaurante (p. 305). Se aceptan tarjetas de crédito.

El Mono Azul constituye la sede de "Kids Saving the Rainforest" (KSTR, "Niños salvando al bosque lluvioso"), un programa iniciado por dos escolares preocupados por el mono tití, una especie amenazada. Muchos monos morían atropellados en la estrecha carretera del parque nacional, o electrocutados al colgarse de los cables eléctricos. KSTR levantó siete puentes para los primates que atraviesan la carretera y a los que puede verse a menudo yendo hacia el parque. El 10% de los ingresos del hotel se dona a la organización. Para saber cómo colaborar con otras organizaciones locales destinadas a proteger al mono tití, véase recuadro en p. 302.

Hotel California (☎ 777 1234; www.hotel-california.com; d estándar/de lujo 123/146 US$; P ♨ ♨). Para encontrar este apacible hotel, bastante apartado de la carretera, hay que buscar un camino a su izquierda. Cuenta con 10 km de senderos para realizar excursiones por el bosque húmedo tropical que rodea la propiedad. Sus 22 habitaciones son frescas, espaciosas y cómodas, con suelos de maderas nobles, paredes de colores claros con bonitos tapices, aire acondicionado, televisión por cable, teléfono, minibar y un amplio baño con ducha y agua caliente. Las de lujo son algo mayores y tienen terraza con vistas al mar. Hay una piscina con cascada y el restaurante anexo goza de buenas vistas. Se aceptan tarjetas de crédito.

Hotel Las Tres Banderas (☎ 777 1284/521; d estándar/superior 70/76 US$, d st 111 US$, apt 176 US$; P ♨ ♨). Situado unos 2,5 km al sur de Quepos, su dueño es un ciudadano estadounidense de origen polaco, de ahí las tres banderas que ondean. Dispone de piscina, terraza, un enorme *jacuzzi* y un bar de madera llamado Pod Popugami. Sus 14 bonitos e impecables dormitorios dobles están equipados con aire acondicionado, amplio baño, agua caliente, televisión por cable y balcón privado; las tres *suites* además, cuentan con bañera, microondas y frigorífico. Un apartamento para ocho personas dispone de aire acondicionado, televisión por cable y cocina. Se aceptan tarjetas de crédito.

La Colina (☎ 777 0231; www.lacolina.com; d 64 US$, st 99,50 US$; P ♨ ♨). De propiedad estadounidense-brasileña, brinda magníficas vis-

SELECCIÓN DE LA AUTORA

Económico

Hostal Vista Serena (☎ 777 5162; www.vistaserena.com; dc 15 US$, d 40 US$; P 💻). Se trata de un estupendo albergue económico, regentado por la amable tica Sonia, en una zona excesivamente cara. Emplazado en la ladera de una colina, una terraza llena de hamacas permite a los huéspedes disfrutar de las magníficas puestas de sol sobre el mar. Los dormitorios colectivos con suelos de baldosa blanca están impecables, los baños compartidos tienen agua caliente y hay una cocina común. Junto a éstos, se sitúan un par de habitaciones dobles con baño compartido y cocina. También cuenta con un salón con televisión por cable, servicio de lavandería (4 US$ por carga) y un café que sirve comidas baratas. Por un sendero, a través de una granja, se baja hasta una playa.

Precio medio

Hotel Plinio (☎ 777 0055, www.hotelplinio.com; d sin/con aire acondicionado 70/82 US$, dúplex 99 US$; casa de la selva 140 US$; P 🍴 💻). Enclavado en el bosque húmedo tropical, ofrece amplias y acogedoras habitaciones de altísimos techos. Las dúplex, más grandes, disponen de estupendas terrazas de madera para holgazanear y, aunque carecen de aire acondicionado, la altura de los techos las mantiene frescas; las estándar cuentan con ducha privada con agua caliente y un montón de hamacas, y la casa de la selva tiene capacidad para cinco personas. Sus terrenos boscosos albergan 10 km de senderos y una torre mirador de 17 m de altura abierta al público. Cuenta con un restaurante muy recomendado (p. 304) y el personal es cordial. Los precios incluyen el desayuno en temporada alta. Aceptan tarjetas Visa.

Precio alto

Makanda by the Sea (☎ 777 0442; www.makanda.com; estudio/villa desayuno incl. 310/468 US$, cama adicional 29 US$; P 🍴 💻). Para llegar, hay que bajar una empinada carretera de gravilla de 1 km. Su lujo apacible y su atento y dispuesto personal resultan inolvidables. Está constituido por 9 modernos estudios y grandes villas, así como por una hermosa piscina y *jacuzzi* con soberbias vistas. La villa 1, la más grande, deja boquiabierto: la pared entera se abre al bosque húmedo tropical y el océano, aunque no cuenta con aire acondicionado. Hay varias habitaciones que se comunican entre sí y todas disponen de aire acondicionado, cocina, frigorífico, minibar, secador de pelo, cafetera, televisión por cable y albornoces; el desayuno se sirve en la habitación. Bajando 552 escalones por la ladera de la montaña se llega a una playa solitaria. No se admiten menores de 16 años. Aquí se encuentra el exclusivo restaurante Sun Spot (p. 305), al borde de la piscina. Aceptan tarjetas de crédito.

tas al océano. Hay cinco cuartos pequeños, impolutos y pintados de colores fuertes, con aire acondicionado, agua caliente y ventilador. Las seis *suites* están provistas de aire acondicionado, televisión por cable y una pequeña terraza con vista panorámica; dos de ellas, también cocina americana. Dispone de una piscina de mosaico con un bar al que se llega nadando, además de un conocido restaurante, Bruno's Sunset Grill (p. 305). El precio incluye un gran desayuno. Se aceptan tarjetas de crédito.

Hotel Flor Blanca (☎ 777 5050, 777 1620; d desayuno incl. 65 US$; P 🍴 💻). Regentado por ticos, ofrece 10 sencillas y limpias habitaciones con aire acondicionado, ducha privada, agua caliente, televisión por cable y frigorífico. Aunque no tengan nada especial, están a muy buen precio para la zona. Ofrece servicio de lavandería (7 US$ por carga).

Tulemar Bungalows (☎ 777 1325; www.tulemar.com; *bungalows* desayuno incl. 275 US$; P 🍴 💻). Este lujoso establecimiento dispone de 20 modernos *bungalows* para seis personas con aire acondicionado, enormes ventanales y estupendas vistas, dos camas *queen-size*, sala de estar con dos camas plegables, también *queen-size*, cocina americana bien equipada, teléfono, TV, vídeo y secador de pelo. Tiene una piscina enorme y la playa se sitúa a 15 minutos caminando; los huéspedes tienen a su disposición kayaks y equipo para bucear por cortesía de la empresa. Se aceptan tarjetas de crédito.

Hotel Divisimar (☎ 777 0371; d estándar/superior 88/105 US$, st principal 152 US$, cama adicional 15 US$; P ⊠ ⊠). Este edificio, sin interés arquitectónico y una decoración anodina, está frecuentado por familias. Tiene 12 habitaciones dobles estándar y 12 de tipo superior más amplias con frigorífico y una cama supletoria; en las *suites master* pueden dormir hasta cuatro personas. Todas están muy pulcras y cuentan con suelo de baldosa, aire acondicionado y agua caliente. Dispone de piscina, *jacuzzi* y restaurante. Los amables dueños ticos reservan circuitos. Se aceptan tarjetas de crédito.

El Parador (☎ 777 1411, en EE UU 800-648 1136; www.hotelparador.com; d estándar/de lujo/*premium* 205/269/304 US$, *junior* st 357 US$, cama adicional 30 US$; P ⊠ ⊠). Después del Divisimar, una carretera lateral conduce a este alojamiento de lujo. Está ubicado en la cumbre de una colina, antes densamente arbolada, que se dinamitó para construir este complejo de 68 habitaciones y 10 *suites,* con helipuerto privado, dos *jacuzzis,* una piscina enorme con bar al que se llega nadando, sauna, pista de tenis y mini golf. Las fantásticas habitaciones de varios tipos y tamaños disponen de terraza, televisión por cable, teléfono, aire acondicionado, agua caliente y minibar. La seguridad es extremada; así que no resulta fácil visitarlo por gusto. El precio incluye el desayuno. Se aceptan tarjetas de crédito.

Hotel La Mariposa (☎ 777 0355/456; www.lamariposahotel.com; d estándar/de lujo 181/205 US$, st 252-363 US$, ático 439 US$; P ⊠ ⊠). Internacionalmente aclamado, fue el primer establecimiento lujoso de la zona. Sus 57 impecables dormitorios de varios tamaños están elegantemente decorados con muebles tallados a mano y frescos suelos de baldosa. Todos tienen cama *king-size* o dos camas dobles, baño privado, agua caliente, aire acondicionado, teléfono y balcón o terraza. La *suite* del ático está provista de *jacuzzi* en la terraza. Los terrenos y las piscinas se cuidan meticulosamente; hay hamacas. El personal concierta circuitos y actividades. Se aceptan tarjetas de crédito. El restaurante del hotel, Le Papillon (p. 305), tiene fama.

Kéköldi Beach Hotel/Dorado Mojado (☎ 777 0368; www.kekoldibeachhotel.com; d 70 US$, villa 94 US$; ⊠ ⊠). Este encantador hotelito tiene cinco cuartos sencillos coquetamente decorados, con aire

acondicionado y ducha con agua caliente; además, ofrece tres villas con cocina totalmente equipada. Hay piscina y el amable personal reserva excursiones locales. El hotel simpatiza con la comunidad homosexual. Se aceptan tarjetas de crédito.

Sí Como No (☎ 777 0777, en EE UU 800-237 8201; www.sicomono.com; d estándar/superior/de lujo 187/210/227 US$, st 261-290 US$, cama adicional 29 US$, menores de 6 años gratis; P ⊠ ⊡ ⊠). Este fabuloso hotel, arquitectónicamente impresionante, se construyó para incorporar a su recinto el bosque húmedo tropical. Tiene una piscina con tobogán para niños y otra sólo para adultos, ambas con bar al que se llega nadando; dos *jacuzzis* calentados con energía solar y dos restaurantes. El aire acondicionado es de consumo bajo, el agua se recicla y se emplean paneles solares. Las habitaciones, bien aisladas, cuentan con balcón privado o ventanal, cama *queen-size* o *king-size* y amplio baño con agua caliente. Las estándar son espaciosas y disponen de minibar, secador de pelo, teléfono, despertador, plancha, cafetera y aire acondicionado; las *suites* de tipo superior están provistas además de bar o cocina, y las de lujo son más grandes, algunas incluso con vidrieras. Los precios incluyen desayuno. Se aceptan tarjetas de crédito.

La Plantación (☎ 777 1332, 777 1115, en EE UU y Canadá 800-477 7829; www.bigrubys.com; d estándar/de lujo/apt/casa desayuno incl. 181/199/600/1.111 US$; P ⊠). Este exclusivo establecimiento está dirigido a varones homosexuales. Sus 24 preciosos dormitorios son frescos y espaciosos, con amplio baño, ventilador, aire acondicionado, televisión por cable y vídeo, y grandes mosquiteras sobre las camas *king-size.* Ofrece ocho estándar y varias de lujo, más amplias, con patio orientado a los jardines y a la piscina. Hay dos habitaciones de lujo con vistas al mar que comparten una piscina privada con un suntuoso apartamento de dos dormitorios. Una casa más grande, de tres dormitorios, ofrece todas las comodidades. También dispone de piscina, solárium, donde la ropa no es obligatoria, y un bar anexo. El personal concierta todo tipo de excursiones. Los precios incluyen una hora de cócteles. Se aceptan tarjetas de crédito.

Hotel Casitas Eclipse (☎ 777 0408, 777 1738; www.casitaseclipse.com; d estándar/*junior* st 140/180 US$; P ⊠ ⊠). Se trata de un complejo inconfundible, de color blanco puro, que acoge

SALVAR AL MONO TITÍ

Con sus expresivos ojos y su hermoso pelaje, el tití es uno de los monos más bonitos de las cuatro especies que habitan en Costa Rica; pero lamentablemente está en peligro de extinción y sólo quedan unos 1.500 en la dañada zona de Manuel Antonio debido al excesivo desarrollo. Para prevenir un deterioro mayor, **ASCOMOTI** (Asociación para la Conservación del Mono Tití; ☎ 224 5703; www.ascomoti.org) ha empezado a tomar medidas.

La organización está creando un corredor biológico entre la zona montañosa de protección biológica Cerro-Nara, en el nordeste, y el Parque Nacional Manuel Antonio, en la costa. Para conseguirlo, están reforestando el río Naranjo, que los comunica, y hasta el momento se han plantado más de 10.000 árboles a lo largo de 8 km de su curso. Esto no sólo amplía el hábitat de los monos, sino que ofrece un área protegida para otro tipo de fauna. Los científicos de la Universidad Nacional de Costa Rica han seleccionado y trazado los mapas de los lugares que se deben reforestar y todo el proyecto recibe el apoyo financiero de los propietarios de negocios de la zona. La página web de ASCOMOTI tiene una lista de las empresas locales que apoyan este valioso esfuerzo.

Para quienes deseen trabajar como voluntarios, ASCOMOTI busca personas interesadas en plantar árboles o rastrear grupos de monos. Los voluntarios, que deben dedicar al menos un mes a esta labor, deben contribuir con 350 US$ por persona para cubrir gastos de comida y alojamiento. Hay que informarse con bastante antelación a la fecha del viaje, ya que no siempre hay puestos disponibles.

un buen restaurante, tres piscinas y nueve atractivas viviendas con dos alturas. El piso de abajo es una espaciosa *suite junior* con aire acondicionado, camas *queen-size* e individuales, baño con agua caliente, sala de estar, cocina y patio; el de arriba, una habitación estándar con cama *queen-size*, baño y terraza. Tienen entradas separadas, pero hay una escalera que, a través de una puerta que se puede cerrar con llave, los comunica, lo que permite que ambos se conviertan en una casa para cinco. También ofrece 11 habitaciones y *suites* no comunicadas y un excelente restaurante italiano, Gato Negro (p. 305). Se aceptan tarjetas de crédito.

Hotel Costa Verde (☎ 777 0700, 777 0584, 777 0187; www.costaverde.com; *efficiency* 108 US$, estudio/estudio-plus 144/177 US$; P ⊠ �🖳 ⚓). Del mismo grupo que el Costa Verde Inn de Escazú (p. 98), ha sido recomendado por varios lectores. Los preciosos dormitorios con suelo de baldosa tienen ventilador, cocina americana, frigorífico, baño privado, agua caliente y aire acondicionado. Las *efficiency* cuentan con camas *queen-size*; los estudios ofrecen vistas parciales del mar y los estudios-plus, más caros, una panorámica completa del océano. Algunas habitaciones de la zona reservada sólo a adultos disponen de mosquiteras en lugar de ventanas, y en la piscina hay un bar con vistas al mar al que se llega nadando. Ofrece acceso a Internet

(6 US$ por hora) y cuenta con un conocido restaurante bar. El amable personal concierta circuitos locales y actividades. Se aceptan tarjetas de crédito.

Hotel Karahé (☎ 777 0170/52; www.karahe.com; d 90-130 US$; P ⊠ ⚓). Situado en la última colina antes de llegar a Manuel Antonio, desde aquí se llega paseando hasta la entrada del parque nacional en unos 20 minutos. Tiene piscina, *spa*, restaurante y tres plantas de habitaciones. Las cabinas más antiguas, al final de unas empinadas escaleras, gozan de unas vistas soberbias. Están provistas de agua caliente y aire acondicionado; el precio depende de su emplazamiento e incluye desayuno. Se aceptan tarjetas de crédito.

En la zona de playa cercana y en el pueblo de Manuel Antonio se encuentran más alojamientos (pp. 306-308).

Dónde comer

Además de existir estupendos establecimientos, muchos de los hoteles mencionados tienen buenos restaurantes abiertos al público; los que aquí se detallan han sido especialmente recomendados. Conviene reservar en temporada alta. Los restaurantes se ordenan de norte a sur.

Hotel Plinio (☎ 777 0055; platos 7-12 US$). El restaurante presenta una fantástica carta de cocina del sudeste asiático con especialidades italianas y alemanas. La comida es creativa y deliciosa, pero resulta más original tomar una selección de tapas asiáticas que equivalen a un plato principal.

Al lado, el nuevo restaurante **Bambú Jam** (en el Hotel Mirador del Pacífico) constituye el lugar de moda para beber y oír música los viernes por la noche cuando tocan grupos en directo. El restaurante sirve cocina francesa exótica.

Hotel Mono Azul (☎ 777 1548; platos 5-12 US$; ◷ 6.00-22.00). Acogedor y de comida tradicional tica y estadounidense, dispone también de opciones para vegetarianos. Prepara *pizza* para llevar y servicio de entrega por todo Manuel Antonio.

Jungle Room (☎ 777 1645; platos 4-10 US$; ◷ 17.00-22.00). Dispone de ensaladas, platos italianos, aperitivos, carnes, pescados y mariscos. Se convierte en discoteca y bar después de las 22.00, así que se puede cenar primero y luego quedarse a bailar.

Ronny's Place (☎ 777 5120; platos principales unos 5-12 US$; ◷ 7.30-22.00). Para tomar una de las mejores sangrías del país, además de grandes hamburguesas o pescado y marisco frescos, hay que dirigirse 800 m al oeste de la vía principal por la buena y bien señalizada pista de tierra que hay frente a Manuel Antonio Experts. Inmerso en plena selva, goza de estupendas vistas a dos bahías; cuando se elaboraba esta guía, Ronny estaba considerando la posibilidad de abrir a la hora del desayuno.

Bruno's Sunset Grill (☎ 777 0231; La Colina; platos 8-11 US$). Posee una buena carta de influencia italiana con pescados, mariscos y carnes, y una carta de vinos internacional. Los almuerzos son bastante más baratos que las cenas. Hay música en directo los jueves y sábados por la noche.

Restaurant Mar Luna (platos 5-10 US$). Su cocina tica e internacional y su estupendo bar nunca defraudan.

Café Milagro (desayunos 3-4 US$, sándwiches 4-6 US$). Junto al Hotel Divisimar, sirve maravillosos capuchinos y bollería en un ambiente apacible, igual que en la sucursal de Quepos. También prepara desayunos completos.

Restaurant Barba Roja (☎ 777 0331; platos 3-8 US$; ◷ 16.00-22.00 lu, 10.00-22.00 ma-do). Se pueden tomar hamburguesas, sándwiches, platos mexicanos, bistés y marisco con unas estupendas vistas. Por la noche, los cócteles *margarita sunset* atraen a mucha gente.

Bar Restaurante Karola's (☎ 777 1557; platos 5-15 US$; ◷ 11.00-22.00). Detrás del Barba Roja,

---

> **¡LA BOMBA!**
>
> En la carretera de Quepos a Manuel Antonio se halla **El Avión** (☎ 777 3378), un bar construido con la cabina de un Fairchild C-123 de 1954. La aeronave fue adquirida en los años ochenta por el Gobierno de EE UU para donarla a la Contra nicaragüense. Nunca salió del hangar de San José, debido al escándalo Irán-Contra en el que se vieron envueltos Oliver North y sus seguidores del Gobierno estadounidense. El avión recibe en inglés el apelativo cariñoso de "Ollie's Folly", ("la locura de Ollie", diminutivo de Oliver). En 2000 los emprendedores dueños de El Avión lo compraron por 3.000 US$ y lo trasladaron por piezas hasta Manuel Antonio. Ahora está posado al lado de la carretera, donde da la impresión de haber realizado un aterrizaje forzoso en la ladera. Resulta un sitio estupendo para disfrutar de una cerveza, guacamole y los atardeceres del Pacífico; en las noches de la estación seca programan música en directo.

---

elabora platos mexicanos, bistés, costillas y marisco en un bello jardín. Hay que probar las margaritas de coco y el pastel de nueces de macadamia típicos del lugar.

Restaurant Gato Negro (☎ 777 0408, 777 1738; Hotel Casitas Eclipse; platos 6-21 US$). Ofrece en su terraza pescado, marisco y carnes con toques italianos. Algunos platos con langosta y langostinos cuestan hasta 35 US$, aunque según un viajero "se trata de la mejor comida de la zona".

Le Papillon (☎ 777 0355/456; Hotel Mariposa; platos almuerzo 6-10 US$, platos principales cena 12-38 US$). Precioso local sobre la abrupta costa que ofrece unas puestas de sol espectaculares y una cocina de corte europeo aún mejor. Los que encuentren la cena demasiado cara, pueden acercarse para almorzar: es más barato y ha sido recomendado por varios lectores.

Sun Spot (☎ 777 0442; Hotel Makanda by the Sea; platos 7-10 US$). Exclusivo y pequeño, al borde de una piscina, brinda unas impresionantes vistas de la selva y el mar, y ofrece deliciosos pescados, mariscos, sándwiches y ensaladas. Se exige hacer reserva si no se es huésped del hotel. No se admiten menores de 16 años.

Rico Tico Bar 'n Grill (☎ 777 1548). Restaurante del Hotel Sí Como No, que proporciona cenas informales.

¡Claro Que Sí! (platos principales 10-20 US$; ⏣ sólo cenas). De más categoría, su especialidad son los pescados y mariscos en un elegante marco. Sólo admite clientes mayores de 18 años.

El Avión (☎ 777 3378; sándwiches 6 US$, platos desde 7 US$). Véase recuadro "¡La bomba!" en p. 305.

Situadas una junto a la otra, las tiendas de comestibles Josette y Manuel Antonio son las mejores de la carretera.

Véase también Manuel Antonio (p. 308) y Quepos (p. 298) para otras sugerencias sobre dónde comer.

Cómo desplazarse

Muchos visitantes llegan a la zona en automóvil privado o de alquiler (véase p. 300 para informarse sobre las agencias de alquiler en Quepos). Se recomienda conducir con prudencia por esta carretera estrecha, empinada y llena de curvas, y estar atentos a los peatones, ya que, como no existe arcén, la gente camina por la calzada.

Los autobuses entre Manuel Antonio y Quepos (0,25 US$) pasan cada 30 minutos entre las 6.00 y las 19.30, y con menor frecuencia después de las 19.30. El último parte de Manuel Antonio a las 22.25. Los taxis que se dirigen a Quepos suelen recoger pasajeros por la carretera por unos 0,50 US$.

MANUEL ANTONIO

Situado a la entrada del parque nacional homónimo suele estar atestado de jóvenes viajeros de todo el mundo atraídos por su fama universal. Para alojarse en cualquier establecimiento resulta imprescindible reservar en temporada alta, sobre todo en fin de semana, y en Semana Santa.

La **playa Espadilla** vale la pena, pero, incluso habiendo socorristas, se debe tener cuidado con las mareas. En el extremo oeste de la playa, tras un cabo rocoso, se encuentra una playa para homosexuales frecuentada por varones que hacen nudismo. El lugar se convierte en inaccesible una hora antes y una hora después de la marea alta, por lo que hay que programar bien el paseo para no quedar aislados.

Como en muchos pueblos de costa que han crecido demasiado, existen zonas de contaminación y exceso de basura, y, aunque el Gobierno intenta controlar el crecimiento, las medidas no son totalmente efectivas. La localidad es bastante segura, pero no deben dejarse las pertenencias sin vigilancia en la playa y hay que cerciorarse de cerrar con llave la habitación del hotel al salir.

Información

La Buena Nota (☎ 777 1002; buennota@racsa.co.cr), en el extremo norte de Manuel Antonio, funciona como centro de información no oficial. Venden mapas, guías, libros, periódicos, artículos de playa y recuerdos; también alquilan *body boards* e informan sobre alojamientos para estancias largas. La revista gratuita *Quepolandia*, en inglés, detalla todo lo que se puede ver y hacer en la zona.

En **Top Tours** (1,50 US$ por hora; ⏣ 9.00-20.30 lu-vi, 9.00-18.00 sa-do) hay ordenadores con acceso a Internet.

Actividades

Steve Wofford de **Planet Dolphin** (☎ 777 2137; www.planetdolphin.com; en Cabinas Piscis) organiza recorridos para avistar delfines y ballenas, y ofrece cruceros nocturnos en velero. Las excursiones, con almuerzo y buceo, cuestan desde 65 US$ por cuatro horas.

Los **establos Marlboro** (☎ 777 1108), frente a las Cabinas Piscis, alquilan caballos. Sus dueños ticos programan paseos por el bosque húmedo tropical.

Se alquilan tablas de surf y *body board,* así como kayaks a lo largo de la playa Espadilla. En la zona se practica mucho el *rafting* (véase p. 46) y el kayak de mar (p. 47); para más detalles sobre empresas que ofrecen todo tipo de actividades, véase *Circuitos* (p. 490).

Dónde dormir
ECONÓMICO

Travotel y Albergue Costa Linda (☎ 777 0304; h por persona 8 US$). Pintado de vivos colores y con habitaciones pequeñas, pero limpias, resulta una ganga. Los baños compartidos se hallan en buen estado y dispone de servicio de lavandería (6,30 US$ por carga).

Cabinas ANEP (☎ 777 0565; h 35 US$; P). En su origen sirvió como residencia para funcionarios, pero en la actualidad ofrece cabinas colectivas sencillas donde pueden dormir hasta siete personas.

Cabinas Irarosa (☎ 777 5085; h 10 US$, d con baño 25 US$; P). Cuenta con varios dormitorios con baño compartido, razonablemente limpios. Los más nuevos, con baño privado y TV, están mejor y algunos incluso tienen agua caliente por un pequeño recargo.

ZONA DE MANUEL ANTONIO

0 ⸻ 1 km

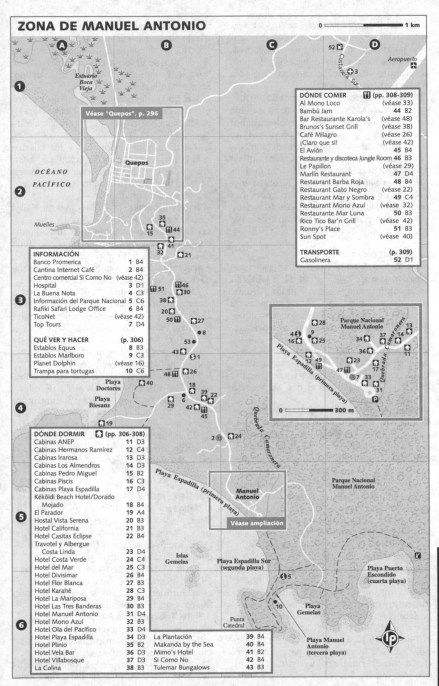

Estuario Boca Vieja

Véase "Quepos", p. 296

Quepos

OCÉANO PACÍFICO

Muelles

52 🅓

Aeropuerto

DÓNDE COMER 🍴 (pp. 308-309)
Al Mono Loco	(véase 33)
Bambú Jam	**44** B2
Bar Restaurante Karola's	(véase 48)
Brunos's Sunset Grill	(véase 38)
Café Milagro	(véase 26)
¡Claro que sí!	(véase 42)
El Avión	**45** B4
Restaurante y discoteca Jungle Room	**46** B3
Le Papillon	(véase 29)
Marlin Restaurant	**47** D4
Restaurant Barba Roja	**48** B4
Restaurant Gato Negro	(véase 22)
Restaurant Mar y Sombra	**49** C4
Restaurant Mono Azul	(véase 32)
Restaurante Mar Luna	**50** B3
Rico Tico Bar'n Grill	(véase 42)
Ronny's Place	**51** B3
Sun Spot	(véase 40)

TRANSPORTE (p. 309)
Gasolinera	**52** D1

INFORMACIÓN
Banco Promerica	**1** B4
Cantina Internet Café	**2** B4
Centro comercial Sí Como No	(véase 42)
Hospital	**3** D1
La Buena Nota	**4** C3
Información del Parque Nacional	**5** C6
Rafiki Safari Lodge Office	**6** B4
TicoNet	(véase 42)
Top Tours	**7** D4

QUÉ VER Y HACER (p. 306)
Establos Equus	**8** B3
Establos Marlboro	**9** C3
Planet Dolphin	(véase 16)
Trampa para tortugas	**10** C6

Playa Doctores

Playa Biesanz

DÓNDE DORMIR 🛏 (pp. 306-308)
Cabinas ANEP	**11** D3
Cabinas Hermanos Ramírez	**12** C4
Cabinas Irarosa	**13** D3
Cabinas Los Almendros	**14** D3
Cabinas Pedro Miguel	**15** B2
Cabinas Piscis	**16** C3
Cabinas Playa Espadilla	**17** D4
Kéköldi Beach Hotel/Dorado Mojado	**18** B4
El Parador	**19** A4
Hostal Vista Serena	**20** B3
Hotel California	**21** B3
Hotel Casitas Eclipse	**22** B4
Travotel y Albergue Costa Linda	**23** D4
Hotel Costa Verde	**24** C4
Hotel del Mar	**25** C3
Hotel Divisimar	**26** B4
Hotel Flor Blanca	**27** B3
Hotel Karahé	**28** C3
Hotel La Mariposa	**29** B4
Hotel Las Tres Banderas	**30** B3
Hotel Manuel Antonio	**31** D4
Hotel Mono Azul	**32** B3
Hotel Ola del Pacífico	**33** D4
Hotel Playa Espadilla	**34** D3
Hotel Plinio	**35** B2
Hotel Vela Bar	**36** D3
Hotel Villabosque	**37** D3
La Colina	**38** B3

La Plantación	**39** B4
Makanda by the Sea	**40** B4
Mimo's Hotel	**41** B2
Si Como No	**42** B4
Tulemar Bungalows	**43** B3

Parque Nacional Manuel Antonio

Playa Espadilla (primera playa)

0 ⸻ 300 m

Manuel Antonio

Véase ampliación

Islas Gemelas

Playa Espadilla Sur (segunda playa)

Parque Nacional Manuel Antonio

Playa Puerto Escondido (cuarta playa)

Punta Catedral

Playa Gemelas

Playa Manuel Antonio (tercera playa)

Cabinas Hermanos Ramírez (☎ 777 5044; h por persona 12 US$, *camping* por persona 2,50 US$; P). Sencillo y con aspecto de *camping* para caravanas, ofrece habitaciones dobles muy limpias; se permite acampar. La cercana discoteca puede perturbar el sueño.

Cabinas Piscis (☎ 777 0046; d sin/con baño 29/35 US$, apt 65 US$, cama adicional 5 US$; P). Una amable familia gestiona este fresco establecimiento desde el que se accede a la playa por un sendero. Sus amplios dormitorios, bien cuidados, están provistos de ventilador, ducha privada y agua caliente; los más económicos presentan baño compartido. También dispone de un apartamento para tres personas con cocina americana, aire acondicionado y televisión por cable. El restaurante sirve comida local.

PRECIO MEDIO Y ALTO

Hotel Manuel Antonio (☎ 777 1237; hotelmanuel antonio@racsa.co.cr; d 75 US$; P X 🖳). Ubicado en la rotonda anterior a la entrada del parque, ofrece habitaciones recién pintadas de amarillo y verde con suelo de barro y pequeños patios. Todas cuentan con baño privado, caja fuerte, teléfono, televisión por cable y aire acondicionado. Dispone de acceso a Internet (2 US$ por hora), servicio de lavandería (5 US$ por carga) y un restaurante que sirve comidas todo el día. Se aceptan tarjetas de crédito.

Hotel Ola del Pacífico (☎ 777 1944/74; i/d/tr/c 60/70/85/95 US$; P X). Los ocho dormitorios de este encantador establecimiento están provistos de ducha privada, agua caliente, ventilador y aire acondicionado, televisión por cable, caja con llave y mini frigorífico. Todos los cuartos, pintados de rosa y bien decorados, se asoman al océano. El restaurante anexo, Al Mono Loco (véase esta página), es muy conocido. Se aceptan tarjetas de crédito.

Hotel Vela Bar (☎ 777 0413; www.velabar.com; i/d/tr 30/45/52 US$; X). Ofrece 19 agradables habitaciones con ducha privada, agua caliente y ventilador. El aire acondicionado tiene un recargo de 8 US$ por habitación y noche. Sus dueños son cordiales y dirigen un restaurante muy concurrido (véase esta página).

Hotel Playa Espadilla (☎ 777 0416; www.espadilla. com; d/tr/c 125/143/174 US$, d/tr con cocina americana 142/ 160 US$; P X 🖳). Confortable y moderno, cerca de la entrada al parque, consta de 16 dormitorios de colores vivos con aire acondicionado, televisión por cable, telé-

fono, ducha privada y agua caliente; cuatro de ellos, más caros, disponen de cocina americana. Hay pista de tenis, piscina y senderos que llevan a una zona privada de bosque. Los precios incluyen el desayuno. Se aceptan tarjetas de crédito.

Un poco más abajo y regentado por los mismos dueños, se hallan las **Cabinas Playa Espadilla** (d/tr/c 79/85/99 US$, d/tr/c con aire acondicionado 84/91/104 US$; P 🖳), algo más económicas. El lugar dispone de piscina y los cuartos más baratos, sin aire acondicionado, están equipados con una pequeña cocina americana. El desayuno no está incluido. Se aceptan tarjetas de crédito.

Hotel Villabosque (☎ 777 0463; www.hotelvillabos que.com; d 82 US$; P X 🖳). Sus 15 acogedoras habitaciones cuentan con aire acondicionado, balcón y baño privado con agua caliente. Dispone de piscina y restaurante, y programa circuitos guiados por el parque nacional. Se aceptan tarjetas de crédito.

Cabinas Los Almendros (☎ 777 0225, 777 5137; tr ventilador/aire acondicionado 40/50 US$; 🖳 🖳). Ofrece 21 dormitorios amplios, tranquilos y agradables, con baño y agua caliente. Tiene piscina y restaurante; el acceso a Internet cuesta 2,50 US$ por hora. Regentado por la amable doña Emilia, sale a muy buen precio.

Hotel del Mar (☎ 777 0543; d sin/con aire acondicionado 58/69 US$, d cama *queen size* 81 US$; P). Dispone de 12 amplias y pulcras habitaciones muy bien cuidadas, que cuentan con ducha privada y agua caliente. Sus exuberantes jardines proporcionan una estupenda y apacible alternativa al bullicio de la calle principal. Simpatiza con la comunidad homosexual.

Dónde comer y beber

Al Mono Loco (casados 6 US$). Al norte de la rotonda, este rancho repleto de enredaderas sirve platos costarricenses y de cocina internacional, como pasta (7 US$) y hamburguesas (4 US$).

Marlin Restaurant (desayunos 2-4,50 US$, pescados 6-7,50 US$; 🕑 7.00-22.00). Suele estar repleto de estadounidenses atraídos por su pescado fresco y sus buenos desayunos.

Hotel Vela Bar (platos 7-15 US$). Acoge el restaurante más caro y mejor de Manuel Antonio, especializado en pescado y marisco; también prepara comida vegetariana.

Algo más baratos, pero también estupendos, son el restaurante del **Hotel Villabosque** (platos 5-16 US$) y la churrasquería de las **Cabinas Los Almendros** (platos 2-8 US$).

Restaurant Mar y Sombra (casados 3 US$ y cenas de pescado 6 US$). Situado junto a la playa, ofrece un buen ambiente, pero la comida no es nada especial. Durante los fines de semana se convierte en un animado local nocturno.

Cómo llegar y salir

Todos los vuelos a Manuel Antonio aterrizan en el aeropuerto de Quepos (p. 299).

De Manuel Antonio salen autobuses directos para San José a las 6.00, 9.30, 12.00 y 17.00, que recogen pasajeros en la puerta de los hoteles, si éstos los paran, o en la terminal de autobuses de Quepos. Se recomienda comprar el billete con antelación en la terminal de Quepos, pues este servicio suele ir completo y no se permite comprar el billete al conductor. Los autocares que se dirigen a otros destinos también parten de la estación de Quepos (véase p. 299 para más detalles).

PARQUE NACIONAL MANUEL ANTONIO

Al final de una carretera asfaltada y fácilmente transitable aparece este parque lleno de bellas playas tropicales con la selva como fondo, cabos rocosos con vistas del océano y de las islas, una prolífica fauna y flora, y una red de senderos claramente marcados. Todo ello lo convierte en una de las zonas más conocidas de Costa Rica, lo que desgraciadamente ha supuesto la presencia de demasiados visitantes y hoteles, y un excesivo impacto sobre el medio ambiente.

Declarado parque nacional en 1972, por muy poco se salvó de convertirse en otra anodina y cara localidad playera, ya que la constructora que había adquirido los terrenos había empezado a talar árboles para levantar una urbanización. En 2000 se amplió en unas 1.000 Ha y en la actualidad con sus 1.625 Ha sigue siendo el segundo parque nacional más pequeño.

La gran afluencia de gente en un área tan limitada merma su encanto, ya que las idílicas playas deben compartirse, la fauna huye o, aún peor, busca los alimentos que le proporcionan los turistas, y es inevitable que surjan problemas de basura y tráfico.

Por fortuna, se han tomado varias medidas para minimizar la presión sobre el parque: no se permite acampar, está prohibido el tráfico de vehículos, se cierra los lunes y se ha limitado el número de visitantes a 600 en días laborables y a 800 en fines de semana y festivos. Si el viajero desea evitar los grupos numerosos, debe acercarse a primera hora de la mañana, entre semana o durante la estación húmeda.

Con todo, Manuel Antonio es una maravilla. Los títies siguen volando por los árboles, los perezosos se repantigan y las playas son estupendas para bucear o tumbarse al sol.

Orientación e información

Los visitantes deben dejar los vehículos en el aparcamiento que se halla a la entrada del parque y cuesta 3 US$. De todos modos, como la carretera es muy estrecha y tiene mucho tráfico, se sugiere dejar el coche en el hotel, tomar un autobús a primera hora hasta Manuel Antonio y acercarse a pie. Para llegar a la **entrada del parque** (7 US$; ☽ 7.00-16.00 ma-do), pocos metros al sur de la rotonda, hay que cruzar el estuario del Camaronera, donde el agua puede cubrir desde los tobillos hasta los muslos, según la marea y la estación. Una vez allí se pueden contratar guías para la visita.

El puesto de guardas forestales y el **centro de información** (☎ 777 0644) se sitúa antes de la playa Manuel Antonio. Dispone de agua potable, servicios, duchas en la arena, mesas de *picnic* y un puesto de refrigerios. No se permite acampar y los vigilantes hacen una ronda a última hora de la tarde para cerciorarse de que no quede nadie.

La mayoría de la gente suele referirse a las playas por un número. La playa Espadilla, que se encuentra fuera del parque, es la primera; la playa Espadilla Sur, la segunda; la Manuel Antonio, la tercera; la Puerto Escondido, la cuarta; y la Playita, la quinta. Algunos empiezan a contar desde Espadilla Sur, que es la primera del parque, por lo que a veces resulta algo confuso saber de cuál se trata. El puesto de refrigerios se emplaza en la tercera playa.

La temperatura media diaria es de 27°C, con una pluviosidad anual de 3.875 mm. La estación seca es en realidad menos lluviosa; por tanto, conviene ir provistos de paraguas siempre, aunque también es posible que no haya precipitaciones durante días. Es importante llevar mucha agua potable, protección solar y repelente de insectos. Si se va a pasar el día, es mejor llevar comida.

Excursionismo

Desde la entrada del parque se tardan unos 30 minutos a pie hasta la **playa Espadilla Sur,** donde se ha instalado el puesto de los guardas y el centro de información; mientras se camina, se recomienda ir atento por si se ven aves y monos. Al oeste del puesto, se sigue un sendero que atraviesa el bosque hasta un tómbolo o istmo, que separa las playas de Espadilla Sur y Manuel Antonio. Paseando por la playa Espadilla Sur se encuentra un pequeño manglar. El istmo se formó por la acumulación de sedimentos entre la tierra firme y una península de roca, que en otro tiempo fue una isla y que acoge un bosque. Alrededor de la península se ha marcado un sendero que conduce a la **punta Catedral,** desde donde se disfrutan estupendas vistas del Pacífico y de varios islotes pedregosos que constituyen reservas de aves y forman parte de parque nacional. Los pájaros bobos café y los pelícanos anidan allí.

Si el viajero quiere alcanzar la **playa Manuel Antonio,** puede seguir bordeando la península o cruzar el istmo. En su extremo occidental, con la marea baja, se aprecia un semicírculo de rocas que, según los arqueólogos, es una **trampa para tortugas** realizada por indios precolombinos. Se supone que las tortugas entraban con la marea alta y, cuando bajaba, el muro les impedía salir. A esta bonita playa de arena blanca llega mucha gente a bañarse, pues está resguardada y resulta más segura que la de la Espadilla.

Tras la playa Manuel Antonio, el sendero se bifurca. El que baja es empinado, y resbaladizo en los meses lluviosos, y lleva a la apacible playa Puerto Escondido. Las mareas altas pueden cubrirla completamente, por lo que hay que tener cuidado de no quedar aislados. El camino que sube conduce a un **mirador** sobre un risco con vistas impresionantes de Puerto Escondido y la punta Serrucho. Al parecer los guardas no permiten que transiten más de 45 excursionistas por este sendero.

Circuitos

Contratar un guía para realizar un recorrido de dos horas cuesta 20 US$ por persona. El parque sólo admite a los guías con placas oficiales de identificación, que son miembros de Águila, una asociación local tutelada por los servicios del parque; así como a los guías reconocidos de agencias

¡SE PROHÍBE ALIMENTAR A LOS MONOS!

Por tentador que resulte, no se permite dar de comer a los monos; ya que supone exponerlos a enfermedades humanas y volverlos excesivamente agresivos. Además, sólo hay que imaginar cómo pueden sentarle unos ganchitos al sistema digestivo de un animal salvaje criado con hojas y frutas crudas. Dado que esto se ha convertido en un serio problema en Manuel Antonio, el MINAE y las empresas de la zona han apoyado una iniciativa en la que los nombres (y a veces las fotos) de los infractores aparecen publicadas en la prensa local. Así que, antes de ver su cara en los periódicos, todo el mundo está avisado: se prohíbe alimentar a los monos.

turísticas u hoteles. Esta medida intenta impedir que se estafe a los visitantes y asegurar la calidad del servicio. Los guías de Águila están bien preparados.

Observación de la fauna y la flora

Los monos son abundantes, por lo que resulta fácil ver alguno mientras se camina. Los de cara blanca son los más comunes, aunque también hay titíes, más raros, y monos aulladores, que suelen verse y oírse. Asimismo, con frecuencia se encuentran perezosos, agutíes, pecaríes, armadillos, coatíes y mapaches. En el parque y sus alrededores habitan más de 350 especies de aves, diversos lagartos, serpientes, iguanas y otros animales.

Todos los senderos son buenos para observar la fauna, pero conviene preguntar a los guardas qué se puede ver en ese momento; además, en algunos puede estar limitado el número de excursionistas para no molestar a los animales. En la playa Manuel Antonio se alza un pequeño arrecife de coral, pero el agua turbia no facilita la visibilidad; a pesar de todo, con gafas de bucear y tubo se pueden descubrir diversos peces, cangrejos, corales, esponjas y caracoles de mar.

Donde acaba la arena de las playas empieza un bosque de hoja perenne litoral con muchas especies de árboles, arbustos y otras plantas. Hay que tener cuidado con el manzanillo *(Hippomane mancinella),* un árbol con frutos venenosos parecidos a las manzanas silvestres; el líquido lechoso que exuda su corteza es tóxico y produce picores y quemaduras en la piel. Se han colocado carteles de advertencia muy a la vista, además de ejemplares de este árbol cerca de la entrada del parque.

DE MANUEL ANTONIO A DOMINICAL

Para continuar desde Manuel Antonio por la costa en dirección meridional, hay que regresar a Quepos y desde allí adentrarse 4 km hasta la Costanera Sur. No existe ningún pueblo interesante hasta Dominical, 44 km más adelante. La carretera de grava deja los huesos molidos y, aunque es fácil pasarla en la estación seca, en la época de las lluvias requiere mucho cuidado si se viaja en un vehículo normal. Hace tiempo que los residentes de la zona vienen pidiendo al Gobierno que se asfalte y éste ha prometido hacerlo en varias ocasiones, pero todavía no ha sucedido.

El trayecto está jalonado de plantaciones de palma con sus propios centros de extracción de aceite. Todas cuentan con una plaza cubierta de césped, algunas casas que parecen de obra social, una tienda, una iglesia y el bar.

Rafiki Safari Lodge

A unos 15 km de Quepos se emplaza Savegre y a 7 km de allí, **Rafiki Safari Lodge** (☎ 777 2250, 777 5327; www.rafikisafari.com; i/d con 3 comidas 132/225 US$, menores de años 5 gratis; P ⚹), adonde se llega tomando una pista de tierra que discurre paralela al río Savegre y pasa por los pueblos de Silencio y Santo Domingo. Inmerso en el bosque húmedo tropical, en un sitio maravilloso junto al río, combina las comodidades de un hotel con el esplendor de un safari por la selva africana. Sus dueños, sudafricanos, han construido 11 cabinas-tienda de lujo que disponen de baño privado de hormigón con agua caliente; todas están protegidas por mosquiteras y tienen porche y electricidad. Hay una piscina de agua de manantial y se ofrecen actividades, como paseos a caballo, observación de aves (se han identificado más de 350 especies), excursiones a pie y *rafting*. Cuenta con un bar bien equipado y un restaurante al estilo de un rancho que sirve comida tica y sudafricana.

En la carretera de Quepos a Manuel Antonio (p. 300) han instalado una oficina, donde también se pueden contratar paquetes que combinan el alojamiento con los Bahari Beach Bungalows de Matapalo (p. 312). Se aceptan tarjetas de crédito.

Matapalo

Dispone de un tramo de playa muy poco visitado con amplias vistas, palmeras y aguas seguras para bañarse. Se trata de un lugar muy tranquilo y limpio, aunque la ausencia de oleaje impide la práctica del surf. El pueblo ha recibido recientemente su primera bandera azul (véase p. 471 para más información sobre este galardón).

En la carretera principal, el desvío hacia este pueblecillo se halla junto al **Restaurant Express Deli del Pacífico** (platos 4-8 US$), donde se pueden comer *pizzas*, *quiches*, hamburguesas y chile con carne.

El Coquito del Pacífico (☎ 787 5028, 384 7220; www.elcoquito.com; i/d/tr/c 45/55/65/75 US$; P ⚹), a 1 km de la carretera principal, destaca por ser un lugar sombreado y bien cuidado junto a la playa. Sus espaciosas cabinas encaladas tienen baño privado con agua caliente; hay piscina, restaurante y bar. Sus propietarios, alemanes, pueden concertar circuitos y masajes.

En la carretera, en el lado de la playa, el diminuto y amarillo **Dos Palmas B&B** (☎ 787 5037; d 47 US$, cama adicional 5 US$; P) dispone de dos amplias habitaciones con ducha privada y agua caliente, minibar y una cama *king-size*. Se pueden pedir camas supletorias.

Jungle House (☎ 787 5005, 777 2748; www.junglehouse.com; d desayuno incl. 65 US$; P ⚹). Es muy tranquilo. Sus cinco habitaciones bien decoradas con madera disponen de baño privado, televisión por cable, aire acondicionado, cocina americana y hamaca. La de bambú, especial para lunas de miel, se sitúa al fondo y constituye una amplia estancia al aire libre con increíbles vistas de las colinas. Charlie, su cordial propietario estadounidense, participa en las iniciativas educativas locales de limpieza de las playas. La mesa de billar es un estupendo lugar de encuentro.

Casi al lado, el restaurante **La Piedra Buena** (☎ 787 5020; lapiedra_buena@hotmail.com; platos 7-10 US$; d/c 35/65 US$; P) sirve deliciosa comida, medio suiza y medio internacional, con una buena selección de platos vegetarianos. Cuenta con varias cabinas de madera, sencillas pero impecables, con baño privado y agua caliente. Se aceptan tarjetas de crédito.

Al final de la carretera se hallan los nuevos **Bahari Beach Bungalows** (☎ 787 5057/14; andrealudwig10@hotmail.com; cabina d 45 US$, tienda d 80 US$; P ☒), con cuatro tiendas de estilo safari frente a la playa y dos cabinas. Las tiendas están provistas de electricidad, baño privado con suelo de baldosas, ducha con agua caliente y lavabo pintado a mano, además de vistas al mar. Las cabinas, al otro lado de la carretera, también están decoradas con gusto y adornadas con flores frescas. Dispone de una piscina sobre el mar y un restaurante. Se aceptan tarjetas de crédito.

Existe una **zona de acampada** en la playa, junto a la carretera de acceso, pero está abarrotada los fines de semana en temporada alta.

Los autobuses que unen Quepos y Dominical pueden dejar a los pasajeros en la carretera, en el desvío que conduce al pueblo; desde allí hay un par de kilómetros hasta la playa.

Refugio Nacional de Vida Silvestre Hacienda Barú

Esta reserva natural privada se ubica al sur de Matapalo, 1 km antes de llegar al río Barú. Con una extensión de 336 Ha, contiene más de 349 especies de aves, 69 de mamíferos (entre ellas, 24 de murciélagos) y 94 tipos de anfibios y reptiles, además de numerosas ranas, sapos y serpientes aún sin identificar. También resulta un sitio estupendo para observar a las hormigas cortadoras de hojas.

Esta impresionante variedad se debe a su emplazamiento en las empinadas colinas costeras que acogen medios naturales tan variados como la playa, los manglares, el río Barú, pastos, plantaciones y bosque húmedo tropical, tanto de tierras bajas como de áreas con una altitud de 320 m sobre el nivel del mar. Además, en la reserva se han encontrado varios cementerios precolombinos y petroglifos.

Jack y Diane Ewing, dos de sus propietarios, son conservacionistas activos que viven aquí con sus hijos desde 1970. Los Ewing y Steven Stroud, copropietario, han creado una fundación sin ánimo de lucro para establecer corredores biológicos entre Corcovado y las regiones del Pacífico situadas al norte de Costa Rica.

El **centro de información** (☎ 787 0003; www. haciendabaru.com) se ha instalado en el punto donde se unen la carretera de San Isidro y la Costanera, en el límite sur de la hacienda, 3 km al norte de Dominical; aquí se pueden reservar circuitos o alojamientos. Los interesados en actividades de voluntariado pueden ponerse en contacto a través del correo electrónico (hacbaru@racsa. co.cr).

La gasolinera de El Ceibo, 1,7 km al norte de la hacienda, es la única en esta zona y vende alimentos, artículos de pesca o tablas para cuando sube la marea; los aseos están limpios.

CIRCUITOS
Entre los itinerarios guiados para un mínimo de dos personas destacan el **paseo para observar aves** (20 US$, 2½ h) por las tierras bajas, la **excursión a pie por el bosque húmedo tropical** (35 US$ almuerzo incl., 5½ h), el **recorrido a pie por el manglar y la playa** (20 US$) y la **expedición por la selva o la playa pernoctando** (60 US$ comida y acampada cómoda incl.); los precios que se ofrecen son por persona. También se organizan paseos a caballo y travesías en kayak.

A unos 32 m del suelo, se ha construido sobre un árbol una **plataforma aérea** (35 US$), a la que se llega tras 15 minutos de caminata por la selva. Los visitantes pueden admirar las copas de los árboles del bosque húmedo tropical y su abundante fauna y flora. Asimismo, existe un **circuito de escalada a los árboles** (35 US$), que consiste en trepar por una cuerda a algunos de los árboles más grandes de la reserva, aunque resulta agotador. Si se desean emociones fuertes, el viajero puede apuntarse al **vuelo del tucán** (25 US$) para desplazarse entre los árboles, sujeto por arneses que cuelgan de unos cables especiales.

Durante los fines de semana y las vacaciones escolares, los jóvenes de la zona trabajan como guías a cambio de una propina. Por último, el viajero puede planear sus propias **excursiones a pie** (6 US$) por los numerosos senderos de la reserva.

DÓNDE DORMIR Y COMER
Se han levantado seis sencillas pero espaciosas **cabinas** (d desayuno incl. 68 US$, cama adicional 10 US$; P) de dos y tres dormitorios. Todas cuentan con cocina americana, frigorífico, ventiladores, ducha con agua caliente, sala de estar y mosquiteras. También hay un **restaurante** (almuerzo 7,50 US$, cena 8,50 US$).

CÓMO LLEGAR Y SALIR
El autobús que realiza el trayecto Quepos-Dominical-San Isidro se detiene a la entrada de la hacienda y el que se dirige a San Isidro-Dominical-Uvita deja al pasajero en el puente del río Barú, a 2 km del centro de información. Un taxi desde Dominical cuesta 4 US$.

DOMINICAL
Se ubica 44 km al sur de Quepos, a través de una carretera asfaltada parcialmente, y 34 km de San Isidro por una empinada carretera asfaltada llena de baches. Su larga playa con grandes olas, más plácida que otras del Pacífico central, atrae a los surfistas expertos. La cercana Hacienda Barú (p. 312) organiza excursiones y salidas para observar la naturaleza; al sur, el Parque Nacional Marino Ballena es un apacible y estupendo lugar para bañarse. Aunque a un ritmo reposado, Dominical se está convirtiendo en una parada de la ruta turística y durante el fin de semana puede llenarse.

Orientación e información
En la Costanera, que rodea Dominical, se halla la salida hacia el pueblo, inmediatamente después del puente del río Barú. La localidad cuenta con una carretera principal, que la atraviesa y acoge la mayor parte de los servicios, y otra paralela a la playa.

Se puede consultar el correo electrónico en **Internet Colibrí** (4,50 US$ por hora; ☼ 9.30-19.00 lu-sa), encima del Bar y Grill San Clemente, y llevar la ropa a la **lavandería Las Olas** (☼ 7.00-21.00), en el interior del pequeño supermercado del mismo nombre.

No hay bancos, pero en el Bar y Grill San Clemente (véase "Dónde dormir", en esta página) cambian dólares estadounidenses y cheques de viaje, y disponen de un servicio de correos.

Para cuestiones urgentes, puede llamarse a la **policía** local (☎ 787 0011).

Peligros y advertencias
En Dominical, las fuertes olas, corrientes y mareas entrañan mucho riesgo, por lo que se aconseja mirar si ondea la bandera roja (que indica oleaje), seguir las instrucciones de los carteles y nadar en playas que tengan socorristas. Para información sobre qué hacer en caso de quedar atrapados por la resaca, véase "Peligros del océano" (p. 471).

Además, debido a la cantidad de gente que la diversión nocturna de Dominical está atrayendo, hay un floreciente problema de drogas y en algunos bares pueden producirse situaciones de violencia.

Puntos de interés y actividades
El **Green Iguana Surf Camp** (☎ 815 3733; www.greeniguanasurfcamp.com), en una carretera lateral que conduce a la playa, está dirigido por dos expertos surfistas, Jason y Karla Butler. Imparten clases de surf y organizan campamentos de siete y diez días para practicar este deporte.

Dominical se está convirtiendo en el punto de partida de excursiones de un día al Parque Nacional Corcovado (unos 95 US$), Parque Nacional Marino Ballena (55 US$), Reserva Biológica Isla del Caño (95 US$), y de travesías en kayak o de jornadas de buceo (55 US$). Se puede pedir información en **Southern Expeditions** (☎ 787 0100; www.costarica-southern-expeditions.com), a la entrada del pueblo, donde también programan visitas a la Reserva Indígena Guaymí, cerca de Boruca.

Unos 10 km por la carretera de San Isidro, antes de Platanillo, un desvío a la derecha lleva al **Centro Turístico Cataratas Nauyaca** (☎ 787 0198, 771 3187; www.ecotourism.co.cr/nauyacawaterfalls/index.html), al que no se puede acceder con vehículos. Si se avisa con un día de antelación, se puede concertar un paseo guiado a caballo, baño en la profunda poza donde caen dos cascadas y comida típica con una familia del lugar. La excursión se inicia a las 8.00, dura seis o siete horas y vale 40 US$. La zona de acampada cuenta con vestuarios y servicios.

En el Bar y Grill San Clemente alquilan bicicletas y tablas de surf.

Dónde dormir
Los hoteles que se enumeran a continuación se hallan en el pueblo y, si no se indica otra cosa, cuentan con duchas y agua fría.

Posada del Sol (☎ 787 0085; i/d 25/40 US$; ⓟ). Tranquilo y agradable, es uno de los mejores del lugar y sale a buen precio. Las habitaciones, bien decoradas, disponen de baño limpio y agua caliente; sus dueños ticos son muy dispuestos.

Tortilla Flats (☎ 787 0033; i/d 21/24 US$, i/d con aire acondicionado 24/31 US$; ⚛). En la playa, muy bien cuidado, ofrece dormitorios pintados de alegres colores con baño privado, agua caliente, patio con hamacas y un estupendo restaurante. Los más caros tienen aire acondicionado y se orientan a la playa.

Bar y Grill San Clemente (☎ 787 0026; h por persona 8 US$; P). Situado en la carretera principal, tiene cuartos sencillos sobre el restaurante, aunque algunos lectores han informado de que los baños no están demasiado limpios. El albergue **San Clemente** (dc 10 US$), situado en el extremo norte de la playa, pertenece a los mismos dueños y dispone de literas, baños compartidos con agua caliente, cocina común y sala de estar con televisión por cable. Al lado, a pocos escalones de la playa, se encuentra el **San Clemente Inn** (d 25-60 US$; ✂), con relucientes habitaciones de madera de diversos tamaños, espaciosas y limpias; las más caras tienen aire acondicionado y vistas al mar. Se aceptan tarjetas de crédito. Todas las reservas se pagan por adelantado.

Sundancer Cabinas (☎ 787 0189; d 21 US$; P ⊠). Esta agradable y tranquila casa familiar facilita pulcros dormitorios con duchas compartidas, agua caliente, cocina común y piscina.

Cabinas Coco (☎ 787 0235; d 12,50 US$, camping por persona 3,80 US$; h con baño 34 US$; P). Los cuartos dobles, con ventilador y baño compartido o privado, están bien; aunque no hay que esperar un servicio cordial. La discoteca adyacente puede perturbar el sueño.

Cabinas Thrusters (☎ 787 0127; d 25 US$). Estas sencillas y limpias cabinas de madera suelen estar abarrotadas de surfistas y patinadores. El bar de abajo es escandaloso, lo que obliga a retirarse tarde.

Hotel DiuWak (☎ 787 0087; www.diuwak.com; d ventilador/aire acondicionado 65/80 US$; P ✂ ⊒ ⊠). Ubicado en la carretera que va a la playa, ofrece ocho habitaciones limpias y espaciosas con ventilador y agua caliente, y otras ocho muy luminosas, con bonitas baldosas, aire acondicionado, cocina americana y frigorífico. Tiene restaurante, bar, jacuzzi, un pequeño supermercado y acceso a Internet (4,30 US$ por hora).

Río Lindo Resort (☎ 787 0028; www.riolindo.com; d sin/con aire acondicionado 53/64 US$; P ✂ ⊠). En las afueras de Dominical, cuenta con dormitorios embaldosados y pintados con buen gusto. Cinco tienen ducha, agua caliente y aire acondicionado; los demás, ventilador y agua fría. Hay un **restaurante-bar** (pizza y pasta menos de 10 US$) al lado. Se aceptan tarjetas de crédito.

Camping Antorchas (☎ 787 0307; camping por persona 3 US$, i/d 9/12 US$; P). A pocos metros de la playa, está provisto de taquillas y duchas. Alquila tiendas por 1 US$ por noche y dispone de seis habitaciones básicas que comparten duchas con agua fría. Por un recargo de 3 US$, se puede utilizar la cocina.

Camping Piramis (☎ 787 0196; camping por persona 2,30 US$, tr 10 US$; P). En el extremo sur de la playa, facilita habitaciones de hormigón aceptables, aunque oscuras, decoradas con toques egipcios.

Los siguientes establecimientos se hallan a pocos minutos del pueblo en coche:

Hotel Villas Río Mar (☎ 787 0052; www.villasriomar.com; i/d/c 70/82/123 US$; P ⊠). A unos 800 m del pueblo, un cartel señala su situación debajo del puente. Ofrece 40 coquetos bungalows de madera con terraza, ducha, agua caliente, frigorífico, secador, ventilador y teléfono. Dispone de servicio de habitaciones, piscina, jacuzzi, pista de tenis, restaurante y bar; por 15 US$ más sirven desayuno y cena. El hotel concierta todo tipo de circuitos y alquila tablas de surf. Se aceptan tarjetas de crédito.

Hotel y Restaurante Roca Verde (☎ 787 0036; www.rocaverde.net; h 75 US$; P ✂ ⊠). Ubicado 1 km al sur del pueblo, orientado a la playa, sus doce habitaciones con decoración tropical, bonitos murales, aire acondicionado, ducha y agua caliente tienen capacidad para tres o cuatro personas. Cuenta con un buen restaurante bar (véase p. 315) y piscina.

Para obtener más información sobre otros alojamientos, véase "Al sudeste de Dominical" (p. 316).

Dónde comer y beber

La **Soda Nanyoa** es lo más barato del lugar con casados a unos 2 US$, aunque sus espaguetis y hamburguesas no valen la pena.

Bar y Grill San Clemente (platos 3-8 US$). Este amplio restaurante ofrece desayunos enormes y comida de barra tex-mex; la noche de los viernes se convierte en club nocturno con mesa de billar y futbolín.

Fish Lips (platos 9 US$; ☽ 11.00-21.30 ju-ma). Un poco más abajo, es un local muy frecuentado con una larga carta de pescado y marisco.

Tortilla Flats (platos 4-7 US$). Con un ambiente playero, prepara refrescantes margaritas y deliciosos sándwiches de pollo y parmesano.

Thrusters Bar (en Cabinas Thrusters). Los juerguistas locales se congregan aquí para tomar cerveza y pasar en monopatín entre las mesas de billar. Muchos clientes llevan tatuajes realizados en el piso de arriba.

Hotel y Restaurante Roca Verde (en el Hotel Roca Verde; platos 4-8 US$). Alberga un bar grande donde se sirve cerveza fría y cocina internacional. Los sábados por la noche se ofrece música y baile; y los domingos, un *brunch*, desayuno-almuerzo, por 12 US$.

Cómo llegar y salir
AUTOBÚS
Todos llegan y salen del final de la carretera, junto a las Cabinas Coco. Los horarios cambian con regularidad, por lo que se aconseja preguntar antes de ponerse en marcha. La mayoría de los hoteleros facilitan los horarios.

Ciudad Cortés. 2,50 US$; 1¾ h; salidas 4.15 y 10.00 (más tarde si el conductor para a desayunar).

Palmar. 4.30 y 10.30.

Quepos. 2 US$; 4 h; 5.25, 8.15, 13.40 y 14.45.

San Isidro. 1 US$; 1 h; 6.45, 7.00, 14.40 y 15.30.

Uvita. 0,60 US$; 1 h; 10.00, 11.30, 5.15 y 21.00.

TAXI
Puede llevar hasta a cinco personas, y el trayecto a Uvita cuesta 10 US$; a San Isidro, 20 US$; y a Quepos, 50 US$. También se pueden tomar furgonetas que llevan hasta 28 pasajeros. Si se desea contratar un servicio, hay que llamar a **Del Tabaco Real y Taxi Dominical** (☎ 814 444), que se ocupa de recoger o dejar pasajeros en cualquier punto de la región.

ZONA DE ESCALERAS
Saliendo de Dominical hacia el sur por la Costanera, hay que pasar el desvío de la carretera de San Isidro situado a la izquierda. Unos 2 km al sur, aparece una indicación hacia una empinada y estrecha pista de tierra que sube en dirección oriental por la montaña y vuelve a bajar a la Costanera serpenteando por la zona conocida como Escaleras. El duro trayecto brinda vistas fabulosas, pero es imprescindible realizarlo en todoterreno.

Dónde dormir y comer
Bellavista Lodge (☎ 388 0155, en EE UU 800-909 4469, código de acceso 01; www.bellavistalodge.com; d 53 US$, d cabinas piso superior/inferior 55/65 US$, cama adicional 5 US$; Ⓟ). Encaramado en la cima de la ca-

rretera de Escaleras, se trata de un rancho rodeado de una terraza con soberbias vistas al mar. Su dueño, Woody Dyer, lo ha reformado y dotado de cuatro habitaciones de madera con ducha privada y agua caliente por energía solar, y una cabina privada de dos pisos con cocina, sala de estar y capacidad para seis personas. Los precios incluyen el desayuno o un refrigerio de cerveza y patatas fritas por la tarde. Ofrece ricas comidas caseras y hasta pasteles (desayuno y almuerzo 5 US$, cena 10 US$). El rancho tiene electricidad 24 horas. Se organizan excursiones guiadas a caballo a las cascadas (entre 35 y 55 US$). Si no se dispone de todoterreno, Woody recoge a los huéspedes en Dominical por 10 US$.

Villa Escaleras (☎ 823 0509, en EE UU 773-279 0516; www.villa-escaleras.com; villas para 4/6/8 personas 240/280/320 US$; Ⓟ ⚐). En la carretera de Escaleras, 1 km más arriba, esta espaciosa vivienda tiene magníficas vistas y piscina; es un estupendo lugar para familias grandes o grupos. Cuenta con cuatro dormitorios, cocina, techos altos, suelos con baldosas españolas y una terraza. Proporciona servicio de limpieza semanal y provisiones de café. Se pueden concertar circuitos locales ofrece tarifas especiales por semanas.

Finca Brian y Emilia (☎ 396 6206; h por persona sin/con baño 36/50 US$; Ⓟ). También en la carretera de Escaleras, se trata de una pequeña granja aislada, en funcionamiento, rodeada de bosque húmedo tropical. Tiene cabinas con mosquiteras en las que pueden dormir hasta seis personas, con baño privado o compartido. Los precios incluyen las comidas y una breve excursión a pie. Cuenta con una piscina de roca, climatizada. Hay posibilidades de voluntariado para quienes puedan comprometerse dos semanas.

Pacific Edge (☎ 381 4369; www.exploringcostarica.com/pacificedge/; i/d 52/58 US$, bungalow 2/3/4 personas 87/105/128 US$; Ⓟ ⚐). La carretera de Escaleras vuelve a bajar hacia la Costanera después de este agradable lugar. Cuatro cabinas emplazadas en un pico, a unos 200 m de altitud, están provistas de ducha, agua caliente por energía solar, balcón, cafetera y frigorífico. Los *bungalows* familiares tienen capacidad para seis personas y disponen de cocina. Tiene piscina, concierta circuitos locales y el desayuno y la cena cuestan 25 US$ más por persona. Se reserva a través de Selva Mar en San Isidro (p. 329).

Sun Storms Mountain (☎ 305 2414; d 30 US$; Ⓟ Ⓢ). Resulta la opción más económica; se accede con más facilidad por la segunda entrada a Escaleras. Sus sencillas cabinas de madera están limpias y las habitaciones tienen baño privado con agua caliente. El hotel es más conocido por su bar, el **Jolly Roger** (☾ hasta 1.00), llamado así en honor a su propietario, el estadounidense Roger.

AL SUDESTE DE DOMINICAL

En esa dirección, la carretera asfaltada continúa a través de exuberante vegetación otros 17 km hacia Uvita. Si el viajero se acerca en automóvil, debe saber que hay badenes sin señalizar, y que la estación de las lluvias produce baches profundos.

Bonito, apacible y confortable, **Costa Paraíso Lodge** (☎ 787 0025; www.costaparaisodominical.com; d 90-105 US$, cama adicional 12 US$; Ⓟ ⓧ) se halla unos 2 km al sur del pueblo, en el extremo norte de la playa de Dominicalito. Ofrece cinco habitaciones de varios tamaños en las que pueden dormir hasta cuatro personas, con baño privado, sala de estar y porche con vistas al mar. Varias cuentan con aire acondicionado y un par de ellas están equipadas con cocina americana. Se aceptan tarjetas de crédito.

Cabinas Punta Dominical (☎ 787 0016/34, 787 0241; puntadominical@racsa.co.cr; c desayuno incl. 60 US$, cama adicional 6 US$; Ⓟ). Se ubican en un paraje alto de la rocosa punta Dominical unos 4 km al sur de la localidad y torciendo a la derecha por una carretera hacia la playa. Aisladas aunque confortables, las cuatro cabinas tienen ventilador, baño privado, ducha eléctrica y porche. En ellas pueden dormir hasta cuatro personas; se recomienda reservar. Conciertan circuitos en barco y aceptan tarjetas de crédito. Su **Restaurant La Parcela** (comidas 6-16 US$; ☾ 7.00-9.30) está considerado uno de los mejores de la zona con buenos bistés y estupendas puestas de sol.

Unos 2 km más adelante, **Las Casitas de Puertocito** (☎ 393 4327, 200 0139; www.lascasitasho tel.com; d/tr desayuno incl. 54/72 US$, cama adicional 28 US$; Ⓟ Ⓢ) alquilan ocho coquetas cabinas. Todas las habitaciones, con detalles de buen gusto, tienen ducha privada, agua caliente, ventilador y patio; una con cocina americana y frigorífico. Hay piscina, bar, restaurante italiano y acceso a la playa muy cerca. Se pueden alquilar caballos y con-

certar circuitos de excursionismo, buceo, submarinismo y barco.

Pocos kilómetros antes de llegar a Uvita, hay un desvío señalizado a la izquierda que sube por una abrupta pista de tierra para vehículos todoterreno y brinda estupendas vistas del Parque Nacional Marino Ballena y la **Reserva Biológica Oro Verde** (☎ 743 8072, 843 8833; Ⓟ), a 3,5 km. Dos tercios de esta reserva privada, emplazada en una finca de 150 Ha, propiedad durante más de tres décadas de los Duarte, son de bosque húmedo tropical. Se ofrecen excursiones guiadas (15 US$ por persona), paseos a caballos (25 US$) y salidas para el avistamiento de aves (30 US$, 3 h), que empiezan a las 5.00 y las 14.00.

En la carretera, enfrente de la salida de Oro Verde, aparece el **Refugio Nacional de Vida Silvestre La Merced,** antiguo rancho ganadero, en cuyas 506 Ha se descubre bosque primario y secundario, y manglares a orillas del río Morete. Se programan excursiones guiadas (25 US$), paseos a caballo hasta punta Uvita (35 US$) y salidas de medio día para observar aves (35 US$). Estos últimos pueden convertirse en circuitos de un día con almuerzo por 20 US$ más.

En La Merced hay una **granja** (h por persona con 3 comidas 60 US$) de los años cuarenta donde se pueden alojar 10 personas en habitaciones dobles de distintos tamaños. Ofrece una cabina separada con espacio para siete personas y habitaciones, muy bien cuidadas, con baño compartido, agua caliente, sala de estar y porche. Dispone de electricidad por generador de 18.00 a 21.00. Los precios incluyen un circuito guiado y se puede reservar en Selva Mar (p. 329).

UVITA

Situada unos 17 km al sur de Dominical, esta aldea conserva el aspecto de las localidades playeras de Costa Rica antes del auge turístico. Formada por granjas, casas y sodas, constituye la entrada al Parque Nacional Marino Ballena. La zona situada junto a la carretera principal se conoce como Uvita; la que está junto a la playa, como playa Uvita, y el extremo sur de la playa como playa Bahía Uvita.

A la playa se llega por dos pistas de tierra paralelas, separadas por unos 500 m. La primera se inicia al sur del puente del río Uvita y la segunda pasa junto a las Cabinas Gato (véase esta página). Muchos ticos vienen aquí a bañarse; no es zona de surf.

Cuando la marea está baja se puede rodear a pie punta Uvita, pero hay que informarse antes de hacerlo para no quedar atrapado.

El **Banco Coopealianza** (☎ 743 8231) cambia pequeñas cantidades de dólares estadounidenses y, en el Hotel Toucan, Steve cambia cheques de viaje con un recargo del 3%.

El **Jardín de Mariposas** (entrada 4 US$; ◷ 8.00-16.00), en playa Uvita, está bien señalizado. Gestionado por ticos, cría mariposas para exportar y para centros educativos; es una buena ocasión para ver de cerca las morfo. Se recomienda ir a primera hora de la mañana, cuando los lepidópteros están más activos; la entrada incluye una visita guiada.

Dónde dormir y comer

La entrada principal de Uvita, al este de la carretera, conduce a los siguientes establecimientos, que cuentan con duchas y agua fría si no se indica otra cosa.

Hotel Toucan (☎ 743 8140; www.tucanhotel.com; 100 m al este de la carretera principal; dc 7 US$, d sin/con baño 16/18 US$, tr sin baño 16 US$, *camping* por persona 4 US$; ▭). Ofrece acceso a Internet (2,50 US$ por hora), servicio de lavandería (3 US$ por carga), almacén gratuito de equipaje, cocina compartida y, los domingos, noche de cine y cena de espaguetis. Las impolutas habitaciones son una ganga y su inquieto dueño estadounidense, Steve, informa sobre la zona.

Cabinas Los Laureles (☎ 743 8235; d 17,50 US$; h para 6 personas 29 US$; ℗). A unos 200 m más arriba en la misma calle, este agradable lugar tiene ocho limpias cabinas de madera con baño privado. La familia tica que lo regenta concierta paseos a caballo y otras actividades.

Cabinas El Coco Tico (☎ 743 8032; d 17,50 US$; ℗). Situado a otros 100 m más arriba en el lado izquierdo y muy parecido al anterior, dispone de siete cabinas de hormigón y una soda. Los dueños ayudan a programar circuitos.

Cascada Verde (www.cascadaverde.org; dc 7 US$, *lofts* compartidos por persona 9 US$, casa i/d 10/16 US$, pabellón i/d 20/36 US$). A unos 2 km de Uvita, subiendo hacia el interior por una colina, se halla una granja de agricultura ecológica. El alojamiento se encuentra en una casa comunal y un pabellón de madera; los cuartos son sencillos y los baños se comparten. Los due-

ños piden a los huéspedes que lleven jabón y champú biodegradables. El restaurante sirve platos vegetarianos crudos. Desde la carretera, el trayecto en taxi cuesta unos 3 US$.

Junto a playa Uvita existen también otros hospedajes.

Cabinas Hegalva (☎ 743 8016; h por persona 8 US$, *camping* 2 US$; ℗). Su gentil dueña, doña Cecilia, ofrece habitaciones limpias con baño privado. Un restaurante sirve desayunos por encargo.

Cabinas Dagmar (☎ 743 8181; h por persona sin/con desayuno 14,50/18 US$, *camping* por persona 2,50 US$; ℗). Al lado del anterior, tiene frescos dormitorios de color verde menta con baño privado y ducha con agua caliente; una está equipada con cocina americana. La dirección es muy amable.

Cabinas María Jesús (☎ 743 8121; h por persona 10 US$; ℗). En una granja más alejada de la playa, pero a la que se puede llegar a pie, posee un toque más rural. Sus seis cabinas de madera, oscuras pero muy pulcras y cuidadas, disponen de baño privado y ventilador.

Cabinas Punta Uvita (☎ 771 2311, 743 8015; d/tr/c 12/14/19 US$, cabina para 5 personas 24 US$; d con baño 14,50 US$, *camping* por persona 2 US$; ℗). Cerca de la playa en la carretera de acceso sur a playa Uvita, este agradable establecimiento de gestión familiar ofrece habitaciones con baño compartido en su mayor parte. Dispone de *camping*.

Cabinas Gato (☎ 818 2484; d/tr 17/24 US$; ℗). Recién estrenadas y agradables, están provistas de suelo de baldosa, baño privado y mucho espacio para aparcar. Se sitúan en la carretera principal, 500 m después del puente del río Uvita, a la derecha.

Villas Bejuco (☎ 743 8093; comidas 2,50-4 US$; d/tr 47/59 US$; ℗ ⚲). Unos 2 km al sur del puente, un desvío bien señalizado conduce a este confortable alojamiento a 500 m de la playa. Ofrece 10 cabinas con ducha privada y mosquiteras; tiene bar y un económico restaurante.

La Colonia (☎ 743 8021; tr/c 12/29 US$; ℗). Para llegar a este establecimiento, con espaciosas y sencillas cabinas con baño privado, se deben seguir unos centenares de metros por la Costanera hasta encontrar una pista de tierra que se dirige a la playa. Las cabinas para cuatro personas, más caras, disponen de cocina americana. Los propietarios se encargan de arreglar el transporte por la zona.

Frente al Hotel Toucan se sitúa la estupenda **Soda Salem** (casados 2 US$), que sirve sustanciosos almuerzos por poco dinero. No tiene carta, por lo que se debe preguntar.

Más caro y con una carta más amplia, el **Balcón de Uvita** (platos por unos 8 US$; 🕙 11.00-21.00 ma-do), muy recomendado, sirve comida del sudeste asiático. El desvío para llegar se encuentra en el lado este de la Costanera, al sur de la gasolinera.

Cómo llegar y salir

Casi todos los autobuses salen de dos paradas con marquesina instaladas en la Costanera, en la zona del pueblo.
Ciudad Cortés/Palmar. 1/1,30 US$;1/1½ h; inician el trayecto en Dominical y recogen pasajeros en Uvita sobre las 4.45 y las 10.30 (la hora depende de que el conductor pare o no a desayunar).
San Isidro de El General, a través de Dominical. 1,30 US$; 1½ h; salidas 6.00 y 14.00.
San José, a través de Dominical y Quepos. 4,80 US$; 7 h; 5.00 y 13.00.

PARQUE NACIONAL MARINO BALLENA

Su creación ha permitido proteger arrecifes de coral y de roca en más de 5.300 Ha marinas y 110 Ha terrestres en la isla Ballena, al sur de Uvita. En la isla habitan aves de agua salada y muchas variedades de lagartos. Las ballenas jorobadas cruzan la zona en sus migraciones de diciembre a marzo, y también se pueden ver ejemplares de delfín común y mular durante todo el año. Las tortugas golfina y carey anidan aquí de mayo a noviembre, sobre todo en septiembre y octubre.

Desde la punta Uvita hacia el sudeste, se extienden 13 km de playas arenosas y pedregosas; manglares, donde crecen los seis tipos de mangles de Costa Rica; estuarios y cabos rocosos.

El **puesto de guardaparques** (☎ 743 8236; entrada 6 US$) se ha instalado en la playa Bahía Uvita. Aunque la entrada tiene un precio fijo, a menudo se cobra menos debido al limitado número de visitantes. El puesto está gestionado por ASOPARQUE (Asociación para el Desarrollo del Parque Nacional Marino Ballena), un esfuerzo de protección y de instalación de servicios realizado conjuntamente por empresarios locales y el MINAE; por ello, se pide a los excursionistas que procuren no dejar basuras, cocinar con la madera que haya arrastrado el mar a la orilla y usar jabón biodegradable.

Desde el puesto se puede caminar hasta la punta Uvita y bucear cuando la marea esté baja; para ello se alquilan embarcaciones que salen por 30 US$ por persona durante dos horas. El parque cuenta con una **zona de acampada gratuita** a 300 m de la entrada, con inodoros y duchas, pero sin electricidad.

AL SUDESTE DE UVITA

Después de Uvita, la carretera asfaltada sigue la costa hasta Palmar, a 40 km. Por aquí se encuentran unas cuantas playas poco concurridas que empiezan a ser descubiertas a medida que se construyen hoteles por toda la Costanera. Esta ruta es una alternativa menos congestionada que la Interamericana. Los autobuses diarios entre Dominical-Uvita y Cortés-Palmar pueden dejar pasajeros cerca de cualquiera de los sitios mencionados anteriormente. Las conexiones telefónicas no son buenas, por lo que se debe tener paciencia cuando se envía un mensaje, un fax o un correo electrónico.

A unos 5 km de Uvita, en el lado de la playa se descubre una indicación hacia **La Cusinga** (finca Tres Hermanas; ☎ 770 2549; www.lacusingalodge.com; por persona con 3 comidas 94 US$; Ⓟ). En esta propiedad, donde un riachuelo proporciona electricidad, hay una granja de cultivo ecológico. Ofrece cinco cabinas que tienen entre dos y cuatro camas, y dos dormitorios colectivos para ocho personas con ducha privada y agua caliente. Sirve comida tica tradicional a base de pescado y pollo, y algunos platos vegetarianos. Se organizan travesías en barco al parque nacional, excursiones a pie por varios kilómetros de senderos, observación de aves, buceo, surf y otras actividades.

En el flanco interior de la carretera, está señalizada una pista que conduce a la **Finca Bavaria** (no tiene teléfono; www.finca-bavaria.de; d 69 US$, cama adicional 12 US$; Ⓟ ☲), coqueta y rodeada de bosque húmedo tropical, que dispone de cinco espaciosas y limpias habitaciones con suelo de baldosa y baño privado. En la cima de la colina, se ha construido una piscina con vistas al océano; las comidas (por encargo) se sirven en un rancho al aire libre. Los dueños reservan circuitos locales.

Unos 7 km al sur de Uvita, aparece la **playa Bahía Ballena,** dentro del parque. A lo largo de la carretera cerca de la playa se alzan varios pequeños establecimientos para alojarse.

Cabinas Flamingo (☎ 743 8145, 835 7222; cabinas 29 US$; P). Sencillas y limpias, con suelo de baldosas y baño privado, cuentan también con un restaurante en un rancho con techumbre de ramas donde se programa música en vivo algunos fines de semana por la noche. Ofrece surf, travesías en kayak y paseos a caballo.

A unos 10 km más allá de Uvita, en el extremo sudeste del Parque Nacional Marino Ballena se halla la **playa Piñuela,** y 1,5 km más adelante, fuera del parque, la **playa Ventanas.** En el punto más meridional de la última se ha erigido el **Mystic Dive Center** (☎ 788 8636; www.mysticdivecenter.com), miembro de PADI (Asociación Profesional de Actividades de Buceo), que programa submarinismo y buceo al Parque Nacional Marino Ballena y la isla del Caño, entre otros destinos.

Unos 14 km al sur de Uvita se sitúa la **playa Tortuga,** que en muchos mapas recibe el nombre de Tortuga Abajo y localmente se conoce como Ojochal, denominación de un pueblo del interior. La zona cuenta con varios hoteles y restaurantes que ofrecen tranquilidad y reposo. Pocos autobuses y ningún taxi llegan hasta aquí, por lo que se recomienda moverse en coche particular por la zona.

Especializado en submarinismo y buceo, **Crocodive** (☎ 382 0199; www.crocodive.com; ☼ 8.30-17.00 lu-sa), regentado por franceses, se encuentra frente a la comisaría de policía y detrás de la agencia inmobiliaria Ventana del Pacífico.

El viajero debe tener en cuenta que en la playa Tortuga suele haber fuertes oleajes.

En la parte oriental de la carretera se indica la dirección del precioso establecimiento **Lookout at Turtle Beach** (☎ 350, 9013, 378 7473; www.hotelcostarica.com; d 70-80 US$; P), situado en lo alto de una colina. Tiene 12 habitaciones pintadas de vivos colores con ducha, agua caliente, ventilador y balcón privado. Las vistas son increíbles y el salón al aire libre es ideal para leer. La amplia terraza de la torre, situada sobre la piscina, es excelente para observar aves por la mañana o para descansar. El hotel está enfocado para grupos grandes (reuniones familiares, retiros espirituales, etc.), pero sus agradables dueños, naturales de California y Sudáfrica, admiten viajeros de paso entre diciembre y mayo. Conciertan circuitos locales. Los precios dependen del número de personas del grupo y de la duración de la estancia.

En la parte litoral de la carretera se alza el **Hotel Villas Gaia** (☎ 256 9996, 282 5333, 382 8240; www.villasgaia.com; d 70 US$, *bungalow* grande 129 US$; P), muy bien mantenido en una tranquila y frondosa propiedad. Ofrece 12 cabinas de madera decoradas con colores tropicales, terraza privada, agua caliente y ventilador de techo. Dispone de restaurante, bar y piscina con vistas magníficas. Para acceder a la playa hay que descender por una colina durante 20 minutos. Organizan circuitos y aceptan tarjetas de crédito.

Unos cientos de metros al sur de Villas Gaia, **Villas El Bosque** (☎ 398 2112; www.villaselbosque.com; d 50 US$, cabinas con cocina por semana 300 US$; P) constituye un encantador y pequeño lugar en lo alto de un cerro. Cuenta con tres habitaciones impecables con ducha, agua caliente, patio y panorámica del océano; así como con dos cabinas privadas con cocina y ducha con agua caliente; se tardan 15 minutos en bajar caminando hasta la playa. La dirección reserva circuitos, los precios incluyen desayuno y se aceptan tarjetas de crédito.

Al sur, en dirección hacia el interior y también en lo alto de un altozano, se descubre **El Perezoso** (☎ en EE UU fax 435-518 8923; www.elperezoso.net; d desayuno incl. 55-70 US$; P), acogedor, con estupendas vistas, piscina y siete habitaciones en una pequeña villa cubierta de enredaderas. Su dueño, el británico Roger, es servicial y, si se pacta previamente, recoge a los huéspedes en el aeropuerto de Palmar. Todas las habitaciones tienen ventilador y baño privado con agua caliente; algunas, vistas desde el balcón. Los precios dependen del tamaño y su ubicación: la más cara se sitúa en una torre desde donde se divisa una fantástica panorámica. Hay también un pequeño restaurante y bar.

Tras la agencia inmobiliaria Ventana del Pacífico, en el lado oriental de la carretera, aparecen las indicaciones del **Rancho Soluna** (☎ 788 8351/210; solunacr@yahoo.com; i/d 25/30 US$, *camping* por persona 5-7 US$, cama adicional 5 US$; P), que cuenta con un pequeño bar restaurante (abierto mi-do) en un patio al aire libre con cubierta de broza y mosquiteras. Ofrece a muy buen precio dos cuartos de vivos colores con ducha privada y agua caliente, y cabinas más grandes, que se alquilan por semanas, con cocina americana y terraza con hamaca.

Si al viajero le apetece una sustanciosa lasaña, debe acercarse a **El Jardín de Tortuga** (no tiene teléfono; theturtlegarden@yahoo.com; platos 5-7 US$; Ⓟ) en Ojochal. Stefan, el dueño, sirve deliciosa comida en un jardín precioso ubicado junto al río. También alquila tres **cabinas** (d 25 US$, cama adicional 10 US$) en las que pueden dormir hasta cinco personas. Cerca del restaurante se halla una poza natural en la que es posible bañarse.

Sur de Costa Rica

Los picos cubiertos de niebla descienden espectacularmente y dan paso a los campos cultivados de las tierras bajas y a maravillosas playas aisladas. Las poblaciones son pequeñas; las gentes, cordiales y, por fortuna, casi toda esta parte del país permanece alejada de los principales circuitos turísticos.

Desde San José, la Interamericana (carretera 2) corta hacia el este, en dirección a Cartago, antes de adentrarse en el sur y atravesar la cordillera de Talamanca, situada 100 km al sur. La carretera asciende de forma constante hasta alcanzar el punto más alto, cerca del imponente cerro de La Muerte (3.491 m). El nombre enseguida acude a la mente del viajero al ver la velocidad con la que los autobuses toman las curvas tan cerradas: imposible no sentir un escalofrío en la columna vertebral. Seguidamente, la carretera desciende de forma brusca hasta San Isidro de El General (702 m), la entrada al cercano Parque Nacional Chirripó, que alberga las montañas más altas del país.

Desde San Isidro, la Interamericana serpentea en dirección sudeste, atravesando poblaciones agrícolas situadas en laderas de montañas, donde carreteras secundarias (en mal estado) conducen a algunas de las zonas protegidas más remotas del país, como el Parque Internacional La Amistad, de difícil acceso.

A continuación, la Interamericana desciende hasta el nivel del mar en Palmar, con un paisaje dominado por las plantaciones de palma africana. En este punto, la frontera panameña queda a poco más de 100 km de distancia. Este tramo de carretera permite el acceso a la incomparable naturaleza que acoge el Parque Nacional Corcovado, en la península de Osa, principal destino en la zona para la mayoría de los visitantes.

Cabe señalar que los postes numerados, con los extremos amarillos, que hay en la Interamericana, al sur de San José, son indicadores kilométricos a los que se hace referencia en el texto del capítulo.

LO MÁS DESTACADO

- Adentrarse en la niebla del bosque nuboso en busca de quetzales cerca de **San Gerardo de Dota** (p. 326)
- Ascender el sendero de 16 km hasta la cima del **cerro Chirripó** (p. 333)
- Alojarse en la **Reserva Biológica Dúrika** (p. 337) y hacer excursiones por el **Parque Internacional La Amistad** (p. 345)
- Disfrutar del aire puro de la montaña en **San Vito** (p. 343) y en el cercano **jardín botánico Wilson** (p. 345)
- Completar el circuito de campamentos por la selva en el **albergue La Amistad**, la tercera reserva privada de Costa Rica en tamaño (p. 346)

RUTA DE LOS SANTOS

También llamada "Zona Santa", esta región de olorosos cafetales y frescos bosques nubosos no es exactamente un destino, sino más bien una serie de poblaciones de montaña en el corazón de la apacible Costa Rica rural. Son conocidas por llevar nombres de santos: San Pablo de León Cortés, Santa María de Dota, San Marcos de Tarrazú, San Cristóbal Sur, San Gerardo de Dota, entre otros; todas ellas están instaladas en la realmente sublime cordillera de Talamanca.

Aunque hay servicios regulares de autobuses que llegan hasta estas pequeñas poblaciones, la Zona Santa constituye el lugar ideal para un viaje por carretera: en menos de una hora, la Interamericana aleja al viajero del cosmopolita paisaje urbano de San José y lo transporta por carreteras estrechas y empinadas que serpentean atravesando un paisaje espectacular, a muchos metros de altitud, verde y atrayente u oscuro e intimidante, en función del tiempo. De camino, también se tiene el dudoso honor de conducir por la carretera más peligrosa del país (véase p. 327).

Este recorrido atraviesa la divisoria continental y, en el transcurso de unos pocos kilómetros, puede cambiar de un gris tormentoso a un magnífico sol. Además, es una tierra de quetzales (sobre todo, desde abril hasta finales de junio), de manera que se recomienda tener los ojos bien abiertos para ver la mítica ave con su cola verde flotando al viento.

Hay que salir de la carretera al sur de Cartago; desde ese punto, unas buenas carreteras serpentean atravesando pueblos montañosos antes de descender de nuevo hasta San José. Todas las poblaciones son pequeñas, con atractivos parques o plazas por los que merece la pena pasear; las que cuentan con hoteles y restaurantes aparecen consignadas más adelante, en "Dónde comer y dormir".

Santa María de Dota es una pequeña población distribuida en torno a un campo de fútbol y rodeada de espléndidas plantaciones. Es estupenda para estirar las piernas, aunque reina tanta tranquilidad que casi es posible oír cómo va secándose el café.

Junto al campo de fútbol hay un Banco Nacional y una oficina de correos, además de **Artesanías Café Almancer** (☎ 541 1616; ✹ irregular), con artesanías, café y tentempiés.

San Marcos de Tarrazú está algo más animado que Santa María y posee una gama más amplia de hoteles y restaurantes, además de un bar donde se anuncian noches de karaoke y bebidas del día.

A unos 2.360 m sobre el nivel del mar, **Génesis II** (☎ 381 0739; www.genesis-two.com; entrada adultos/estudiantes 10/5 US$), una reserva natural privada situada en la cordillera de Talamanca, engloba 38 Ha, casi la totalidad de las cuales son de bosque nuboso virgen (técnicamente: bosque lluvioso montano). Existen unos 3,5 km de senderos particulares; proporcionan botas de goma para explorar la zona. La temporada "seca" transcurre entre los meses de enero y mayo, aunque las precipitaciones alcanzan los 2.300 mm anuales, de modo que es imprescindible llevar ropa impermeable y de abrigo en cualquier momento del año. Como cabe esperar, ver ranas y otros anfibios es una especialidad de la zona. En el mismo sitio también se localiza el **circuito de** *canopy* **Talamanca Treescape** (huéspedes/ no huéspedes 25/35 US$), que ofrece un puente colgante, dos cables de tirolina, tres plataformas y un guía naturalista: además de la descarga de adrenalina, tienen en mente la educación. La reserva también ofrece alojamiento (véase más adelante).

El desvío hacia Génesis II se encuentra en la iglesia de Cañón, al sur del km 58 de la Intermericana. Hay que girar al este y seguir la accidentada carretera durante 4 km, hasta llegar a la reserva.

San Gerardo de Dota, una pequeña comunidad agrícola un tanto dispersa, en la ladera oeste del cerro de La Muerte, es famosa por ofrecer excelentes oportunidades de observar aves de montaña. Los quetzales suelen distinguirse con frecuencia entre los meses de abril y mayo (durante la reproducción), aunque es posible verlos todo el año. En el río Savegre se pescan truchas en abundancia: la temporada comprende los meses de mayo y junio para la pesca con mosca, y entre diciembre y marzo para la pesca con señuelo.

Dónde comer y dormir
SANTA MARÍA DE DOTA
Cabinas restaurante Dota (☎ 541 1874, 546 7466; i/d 9/13 US$; **P**) es una buena opción de precio económico. Las habitaciones, limpias y soleadas, tienen televisión por cable y ducha con agua caliente (una de ellas, con capa-

SUR DE COSTA RICA

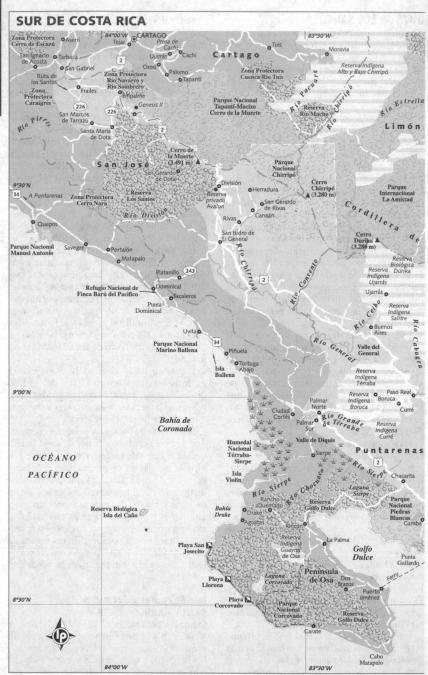

Zona Protectora Cerro de Escazú
Aserrí
84°00'W CARTAGO
Tejar
Presa de Cachí
Cachí
Cartago
Tuis
Moravia
83°30'W

San Ignacio de Acosta
Tarbaca
San Gabriel
Orosi
Palomo
Tapantí
Zona Protectora Cuenca Río Tuis
Reserva Indígena Alto y Bajo Chirripó
Río Pacuare

Ruta de los Santos
Fraíles
Zona Protectora Río Navarro y Río Sombrero
Empalme
Parque Nacional Tapantí-Macizo Cerro de la Muerte
Reserva Río Macho
Río Chirripó
Río Estrella

Zona Protectora Caraigres
Genesis II
Limón

San Marcos de Tarrazú
226
226
Río Pirris

Santa María de Dota
2
Cerro de la Muerte (3.491 m)
División
Parque Nacional Chirripó
Cerro Chirripó (3.280 m)
Parque Internacional La Amistad

9°30'N
34
A Puntarenas
San José
San Gerardo de Dota
Reserva Los Santos
Herradura
San Gerardo de Rivas
Cordillera de

Quepos
Zona Protectora Cerro Nara
Río División
Reserva privada Avalon
Rivas
Canaán
Cerro Durika (3.280 m)

Parque Nacional Manuel Antonio
Savegre
Portalón
Matapalo
San Isidro de El General
Río Chirripó
2
Reserva Biológica Dúrika
Reserva Indígena Ujarrás
Río Convento
Río Ceibo

Platanillo
243
Dominical
Escaleros
Ujarrás
Reserva Indígena Salitre

Refugio Nacional de Finca Barú del Pacífico
Punta Dominical
Buenos Aires
Río Cabagra

Uvita
34
Piñuela
Valle del General
Río General

Parque Nacional Marino Ballena
Isla Ballena
Tortuga Abajo
Reserva Indígena Térraba
Paso Real

9°00'N
Bahía de Coronado
Palmar Norte
Reserva Indígena Boruca
Boruca
Curré

OCÉANO PACÍFICO
Ciudad Cortés
Palmar Sur
Río Grande de Térraba
Valle de Diquis
Reserva Indígena Curré

Humedal Nacional Térraba-Sierpe
Sierpe
Puntarenas
Río Sierpe
Chacarita

Isla Violín
Laguna Sierpe

Reserva Biológica Isla del Caño
Bahía Drake
Rancho Quemado
Drake
Río Sierpe
Río Chocuaco
Reserva Golfo Dulce
Parque Nacional Piedras Blancas
Gamba

Agujitas
Rincón
Reserva Indígena Guaymí de Osa
La Palma
Golfo Dulce
Punta Gallardo

Playa San Josecito
Ferry

Playa Llorona
Laguna Corcovado
Península de Osa
Dos Brazos
Puerto Jiménez

8°30'N
Playa Corcovado
Parque Nacional Corcovado
Reserva Golfo Dulce

Carate

84°00'W
83°30'W
Cabo Matapalo

cidad para cinco personas, cuenta con una pequeña cocina); también hay un aparcamiento con vigilancia.

Mi Megasuper (☉ 8.00-20.00) es una apuesta segura para adquirir comestibles; asimismo, hay un puñado de sodas, entre las que cabe destacar la **soda La Casona** (☎ 541 2258; platos principales 2-4 US$; ☉ 6.00-19.00 lu-sa), a 50 m del campo de fútbol, con platos del día y casados a buen precio.

SAN MARCOS DE TARRAZÚ

Hotel Zacatecas (☎ 546 6073; i/d 7/9 US$; i/d con baño 11/14 US$). Situado enfrente de la iglesia y justo encima de un bar y restaurante muy concurrido, en el centro de la población, ofrece buenas habitaciones con baños compartidos limpios.

Hotel Tocayos (☎ 546 6898, después de las 22.00 546 6236; i/d 7/11 US$). Las habitaciones limpias y seguras, con aire acondicionado y televisor, son subterráneas; algunas tienen ventanas pequeñas.

Hotel La Cascada (☎ 546 6239; i/d 12/18 US$; **P** ❄). En las afueras de la población, dispone de habitaciones sencillas y modernas, además de una zona de aparcamiento.

Bordeando la calle principal hay, por lo menos, una docena de sodas, muchas con comida china. El **restaurante Yogui** (☎ 546 5061; gallos 1-2 US$; casados 2-3 US$; ☉ 6.00-22.00) destaca por encima de la media, con una decoración acogedora y oscura, donde sirven especialidades ticas a buen precio.

ZONA DE CAÑÓN

Hotel de montaña Cerro Alto (☎ 382 2771, 571 1010; i/d 44/58 US$; **P**). Emplazado en la Interamericana, 3 km al norte del cruce de El Empalme, ofrece ocho cabañas rústicas, aunque cómodas, todas con capacidad para un máximo de cuatro personas, con ducha de agua caliente, chimenea y pequeña cocina. Si el viajero se dirige hacia San José por carretera desde el sur de Costa Rica, posiblemente sea ésta la última posibilidad de alojamiento antes de Cartago.

Albergue El Toucanet (☎ 541 1435; www.eltouca net.com; i/d 45/58 US$ desayuno incl.; **P**). En la Interamericana, hay que tomar el desvío bien señalizado a Cañón (cerca del km 58) y recorrer 8 km hacia el sur hasta Copey de Dota para encontrar este pintoresco albergue de montaña, a 1.850 m de altitud. Con vistas a un río de agua (muy) fría, ofrece unas agradables cabañas dobles con duchas de agua caliente aisladas en un tranquilo emplazamiento rural. Hay muchas posibilidades de avistar aves y, si se solicita con cinco horas de antelación, los propietarios pondrán en marcha unas termas de leña al aire libre. Una de las cabañas tiene capacidad para cinco personas; cuenta con una pequeña cocina y chimeneas.

Cerca del desvío, la **cafetería La Ruta del Café** (☎ 571 1118) sirve especialidades locales como el café exprés o bebidas más elaboradas, además de comidas ligeras y repostería.

Génesis II (☎ 381 0739; www.genesis-two.com; adultos/estudiantes 10/5 US$; *camping* 5 US$ por persona, h para adultos/estudiantes 95/50 US$, casa con cocina 105/65 US$). Las habitaciones de esta reserva, sencillas, cuentan con ducha de agua caliente compartida y pequeñas ventanas. La casa con cocina y los lugares de acampada son agradables; además, los terrenos resultan más que espléndidos. Las principales atracciones son el excursionismo y el circuito de *canopy* Talamanca Treescape (véase p. 323). También existe un programa de voluntariado, que permite abrir senderos y vigilar la fauna y la flora por 600 US$ al mes, comida y alojamiento incluidos. Si el viajero viaja en autobús, se aconseja bajar en la iglesia de Cañón: los propietarios recogen a los visitantes si estos así lo han acordado con ellos; otra posibilidad es ir caminando. También es posible concertar el transporte de ida y vuelta desde San José.

SAN GERARDO DE DOTA

Trogon Lodge (☎ 740 1051; en San José 223 2421; www.grupomawamba.com; i/d 55/70 US$; P). A casi 7 km de la Interamericana se encuentra el desvío que conduce a este establecimiento, destinado principalmente a viajeros con paquetes turísticos que desean escapar del calor de la costa en el bosque nuboso. Cuenta con un estanque para pescar truchas bien surtido (en el restaurante que hay allí mismo cocinarán las capturas del día). Las habitaciones, con énfasis en la madera noble y situadas en atractivas cabañas de madera, disponen de calefactores (aunque no aire acondicionado) y montones de mantas extra. Es posible contratar circuitos guiados; algunos, a caballo.

Cabinas El Quetzal (☎ 740 1036; h por persona 35 US$; P). Casi 1 km después del desvío a Trogon Lodge, es una buena opción de

precio medio que ofrece seis habitaciones con chimenea y ducha de agua caliente. Por la menor elevación, entre diciembre y mayo es posible avistar quetzales.

Cabinas Chacón (☎ 771 1732; www.costaricaexpeditions.com/lodging/savegre; h por persona comidas y transporte incl. 78 US$; *camping* por persona 7 US$; P). También conocido como "albergue de montaña Savegre", este recomendable hotel fue abierto en la selva por don Efraín Chacón en 1957 y sigue con la misma familia, supervisado por el propio patriarca. En la actualidad, la hacienda de 400 Ha es, en parte, huerto y, en parte, granja lechera; además, hay 250 Ha que siguen vírgenes, con senderos que serpentean por cataratas y un pequeño lago bien provisto de truchas, donde los propietarios permiten acampar. Las habitaciones, cómodas y lujosas, tienen detalles de madera y mantas adicionales.

Los propietarios están entusiasmados con sus pájaros y suelen saber qué lugares frecuentan los quetzales. A menudo, montan telescopios para que los clientes puedan echar un vistazo de cerca a las huéspedes de los alrededores. También han creado el Centro Educativo para la Investigación de Quetzales, en colaboración con científicos estadounidenses.

Cómo llegar y salir

Muchos conductores toman la Interamericana en dirección sur hasta el Empalme, una gasolinera y una soda a casi 30 km de Cartago. Al sur de la gasolinera, un desvío señalizado lleva hacia el oeste por una carretera asfaltada que gira hacia Santa María de Dota (a unos 10 km de distancia) y San Pablo (a 4 km más). Desde ese punto, una serie de carreteras asfaltadas conduce al viajero de vuelta a la Interamericana por San Cristóbal; otra posibilidad es trazar una curva hacia el norte cruzando San Gabriel y otros pueblos hasta San José.

Algunos autobuses que conectan San José (p. 90) con Santa María de Dota (2,75 US$, 2½ h) pasan por San Marcos de Tarrazú.

Los autobuses entre San José y San Isidro de El General (3,75 US$, 3 h) pueden dejar a los pasajeros en San Gerardo de Dota. Hay que preguntar por "la entrada a San Gerardo", cerca del km 80. Desde ese punto, queda un descenso de 8 km hasta la población. Tanto Trogon Lodge como Cabinas Chacón pueden recoger a los clientes. La carretera es muy abrupta: hay que tener cuidado si uno se desplaza en un vehículo normal.

CERRO DE LA MUERTE

La montaña (3.491 m) que domina el punto más alto de la Interamericana recibió el nombre antes de que se construyera la carretera; a pesar de todo, esta vía, empinada y envuelta en niebla, que asciende hasta adentrarse en las nubes, está considerada como una de las más peligrosas de Costa Rica. Durante la época de lluvias, los desprendimientos de tierras pueden bloquearla total o parcialmente. Además, resulta habitual ver en cualquier época del año enormes camiones con remolque y vehículos de pasajeros volcados. Es aconsejable no conducir por aquí durante la noche; en caso de hacerlo, hay que tomárselo con calma.

Esta zona constituye la extensión más septentrional del páramo: un hábitat montañoso, con arbustos y matas de hierba, más frecuente en los Andes que en Costa Rica. Los aficionados a la observación de aves buscan aquí especies montañosas como el tordo negro, el volcano junco y dos especies de sedosos papamoscas. Costa Rica Expeditions (véase p. 491) y Mirador de Quetzales (véase esta página) organizan excursiones por la zona para contemplar aves. Cuando el tiempo está despejado, las vistas pueden resultar excelentes, aunque los conductores deben concentrarse en la carretera empinada, estrecha y repleta de curvas.

Cabinas Georgina (☎ 771 1299, 770 8043; h por persona con/sin baño 8/12 US$; **P**), unos 5 km después del punto más elevado de la Interamericana, ofrece habitaciones limpias con ducha de agua caliente y mantas adicionales, en un emplazamiento pintoresco que también cuenta con una soda sencilla.

Albergue de Montaña Tapantí (☎ 232 0436; d/tr/ c 40/55/70 US$; **P**). Al norte del desvío señalizado en el km 62 de la Interamericana y muy bien conservado, dispone de 10 habitaciones con baños con agua caliente, además de una sala de estar, terraza, o ambas. Hay un restaurante que prepara típica comida tica de calidad, con algunos ingredientes procedentes del huerto. Los clientes pueden coger verduras, ordeñar vacas o implicarse de otro modo en las tareas cotidianas. Es uno de los establecimientos favoritos de los observadores de aves serios.

Mirador de Quetzales (☎ 771 4582; www.exploringcostarica.com/mirador/quetzales.html; h/cabaña por persona desayuno, cena y "observación de quetzales" incl. 29/37 US$). Conocido entre los residentes en la zona como "la finca de Eddie Serrano", es un alojamiento de precio medio muy recomendable. Los propietarios, naturalistas, ofrecen circuitos guiados a las 6.00 horas (6 US$, es preciso hacer la reserva), abiertos también a quienes no sean clientes del hotel, donde es posible avistar quetzales y, sin duda, el visitante se detendrá a oler las orquídeas.

La finca se localiza aproximadamente 1 km al oeste del desvío señalizado cerca del km 70 de la Interamericana. Hay más posibilidades de avistar quetzales entre noviembre y abril, pero los hay todo el año, como comprobarán los contentos huéspedes. Cuatro habitaciones sencillas con dos literas comparten duchas con agua caliente, mientras que las cabinas, más espaciosas y con baño privado, incluyen cuatro dobles y dos triples; hay cabinas más grandes, con pequeñas cocinas. Las habitaciones, rústicas, pero limpias, ofrecen buenas vistas. Un mirador sobre el establecimiento permite vislumbrar hasta cinco volcanes en días despejados.

RESERVA PRIVADA AVALON

Unos 3,5 km al oeste de la Interamericana, pasando por la diminuta comunidad de División, después del km 107, se hallan las 107 Ha que conforman la **reserva privada Avalon** (☎ 771 7226; dc 10 US$, d sin/con baño 45/55 US$). Esta imponente reserva en la cima de una montaña cuenta con 150 Ha de bosque nuboso primario y gran número de senderos de excursionismo, ideales para distinguir aves y tucancillos propios de altitudes elevadas. Las excursiones guiadas cuestan desde 10 US$ por persona. Cualquier autobús que se desplace entre San José y San Isidro puede dejar al viajero en División. Es posible ir caminando hasta la reserva, aunque casi todo el trayecto es cuesta arriba. Es buena idea preguntar si hay taxis en la pulpería al borde de la carretera.

SAN ISIDRO DE EL GENERAL

Esta población de 45.000 habitantes, animada y bastante moderna, destaca por ser la más importante en la parte sur de la Interamericana. Emplazada en el valle agrícola

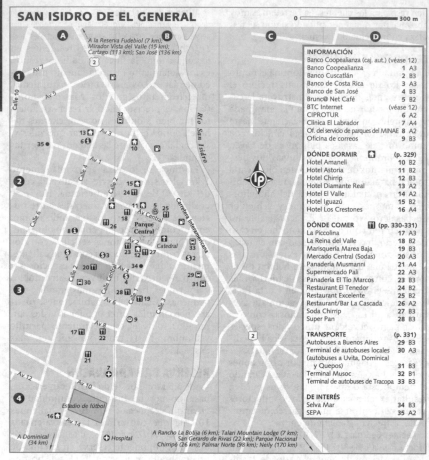

SAN ISIDRO DE EL GENERAL

0 — 300 m

INFORMACIÓN

Banco Coopealianza (caj. aut.) (véase 12)		
Banco Coopealianza	1	A3
Banco Cuscatlán	2	B3
Banco de Costa Rica	3	A3
Banco de San José	4	B3
Brunc@ Net Café	5	B2
BTC Internet	(véase 12)	
CIPROTUR	6	A2
Clínica El Labrador	7	A4
Of. del servicio de parques del MINAE	8	A2
Oficina de correos	9	B3

DÓNDE DORMIR   (p. 329)

Hotel Amaneli	10	B2
Hotel Astoria	11	B2
Hotel Chirripó	12	B3
Hotel Diamante Real	13	A2
Hotel El Valle	14	A2
Hotel Iguazú	15	B2
Hotel Los Crestones	16	A4

DÓNDE COMER   (pp. 330-331)

La Piccolina	17	A3
La Reina del Valle	18	B2
Marisquería Marea Baja	19	B3
Mercado Central (Sodas)	20	A3
Panadería Musmanni	21	A4
Supermercado Pali	22	A3
Panadería El Tío Marcos	23	B3
Restaurant El Tenedor	24	B2
Restaurant Excelente	25	B2
Restaurant/Bar La Cascada	26	A2
Soda Chirripó	27	B3
Super Pan	28	B3

TRANSPORTE   (p. 331)

Autobuses a Buenos Aires	29	B3
Terminal de autobuses locales	30	A3
(autobuses a Uvita, Dominical		
y Quepos)		
Terminal Musoc	31	B3
Terminal de autobuses de Tracopa	32	B1
	33	B3

DE INTERÉS

Selva Mar	34	B3
SEPA	35	A2

Map labels:

A la Reserva Fudebiol (7 km);
Mirador Vista del Valle (15 km);
Cartago (113 km); San José (136 km)

Río San Isidro

Carretera Interamericana

Parque Central

Catedral

Av Central

Estadio de fútbol

A Dominical (34 km)   Hospital

A Rancho La Botija (6 km); Talari Mountain Lodge (7 km);
San Gerardo de Rivas (22 km); Parque Nacional
Chirripó (26 km); Palmar Norte (98 km); Neily (170 km)

del río General, constituye un centro comercial y de transportes para las fincas cafetaleras, haciendas ganaderas y plantaciones de frutales que salpican las laderas de los alrededores.

La población también constituye la puerta de entrada a numerosas actividades y sitios interesantes. Una carretera en dirección sudeste conduce hacia el Parque Nacional Chirripó (p. 333) y otra, hacia el sudoeste, lleva hacia Dominical, en la costa del Pacífico (p. 313). Esto permite a los viajeros trazar un bucle desde San José hasta Dominical y Manuel Antonio (p. 300), regresando hasta San José sin desandar lo andado.

Los residentes en la zona se refieren a San Isidro, situado 136 km al sur de San José,

como Pérez (el cantón es Pérez Zeledón). Aunque aparezcan indicadas en el mapa, las calles están mal señalizadas y todo el mundo utiliza puntos de referencia para orientarse (véase p. 471).

Información

Tanto **BTC Internet** (Av. 2 entre calles Central y 1; 1,25 US$/h) como **Brunc@ Net Café** (☎ 771 3235; av. Central entre calles Central y 1; 1,50 US$/h) ofrecen acceso a Internet de lunes a viernes.

Varios bancos cambian dólares estadounidenses y cheques de viaje. El **Banco de San José** (Av. 4 entre calles Central y 1) proporciona adelantos en metálico con tarjetas de crédito. El **Banco Cuscatlán** (Av. 2, al este de la calle 3) y dos sucursales del **Banco Coopealianza** (Av. 4

entre calles 2 y 4; av. 2 entre calles Central y 1) tienen cajeros automáticos de la red Cirrus, que funcionan 24 horas.

Es posible disponer de servicios médicos en la **clínica El Labrador** (☎ 771 7115, 771 5354; calle 1 entre avs. 8 y 10), con un equipo de 10 médicos particulares de varias especialidades. La **oficina de correos** (Calle 1 entre avs. 6 y 8) se localiza dos cuadras al sur del parque. Hay numerosos teléfonos de pago en el parque Central.

Para información sobre viajes, está **Ciprotur** (☎ 770 9393; www.ecotourism.co.cr; calle 4 entre avenidas 1 y 3; ☺ 7.30-17.00 lu-vi, 8.00-12.00 sa), muy bien organizado.

Hay una **oficina del servicio de parques del MINAE** (SINAC; ☎ 771 3155, 771 4836, 771 5116; Calle 2 entre avs. 2 y 4; ☺ 8.00-12.00 y 13.00-16.00 lu-vi) donde hacen reservas para el refugio Chirripó, en la cima de la montaña. Deben hacerse entre las 8.00 y las 12.00 en días laborables. En esta oficina también se puede recabar información sobre el Parque Internacional La Amistad (p. 345).

Puntos de interés

El **rancho La Botija** (☎ 770 2146, 770 2147; labotija@racsa.co.cr; entrada 5 US$; ☺ 8.30-17.00 ma-do) es un centro de recreo de 12 Ha, muy popular para excursiones de un día. Se trata de una finca cafetera y azucarera en funcionamiento, localizada a 6 km de San Isidro, en la carretera de San Gerardo de Rivas. Los terrenos ofrecen agradables vistas del valle y varios senderos de excursionismo conducen hasta un yacimiento arqueológico con petroglifos (hay una caminata guiada hasta la zona todos los días). La tarifa diaria incluye el uso de la piscina y los senderos. Abonando una cantidad adicional, cabe la posibilidad de alquilar kayaks (para el lago); también hay alojamiento (véase p. 330) y un restaurante.

La **reserva Fudebiol** (☎ 771 4131; entrada 6 US$), otro destino para una excursión de un día, se localiza 7 km al norte, al este de San Isidro; el acrónimo quiere decir Fundación para el Desarrollo del Centro Biológico Las Quebradas. Es una reserva gestionada por la comunidad en el río Quebradas (una fuente de agua potable), con varios senderos, zonas de *picnic*, lugares de acampada y miradores. También hay alojamiento (p. 330). La oficina de Ciprotur puede aportar información adicional.

Circuitos

Selva Mar (☎ 771 4582, 771 4579; www.exploringcostarica.com; Calle 1 entre avs. 2 y 4; ☺ 8.00-12.00 y 13.30-18.00) es una agencia de viajes muy práctica que reserva circuitos para varias actividades en la zona; algunas de ellas están indicadas más arriba. La oficina también hace las veces de servicio de reserva para una docena de hoteles en la zona de San Isidro, así como en Dominical y la península de Osa. Asimismo, organiza todo tipo de circuitos y reserva billetes de avión.

Con sede dentro de Selva Mar, **Costa Rica Trekking Adventures** (www.chirripo.com) ofrece excursiones guiadas a Chirripó. Su "excursión Urán" traza un bucle que rodea el parque e incluye *camping* (499 US$ por persona). **Birding Escapes** (www.birdwatchingcostarica.com), también en Selva Mar, es una popular empresa dedicada a excursiones de observaciones de aves, para todos los bolsillos.

Ríos Tropicales (☎ 233 6455; www.riostropicales.com) dispone de una oferta de excursiones por el cercano río General, entre mayo y diciembre. Incluyen el transporte desde San José, equipo, tiendas de campaña, guías expertos en el río y comidas. Los precios empiezan en 350 US$ por persona, para una excursión de tres días. Es un río de clase III-IV.

Celebraciones

Si se programa de forma adecuada, el viaje a San Isidro puede coincidir con el de muchas cabezas de ganado. A principios de febrero se exhibe ganado de competición en la **feria agrícola** anual y, el 15 de mayo, los ganaderos llevan a sus animales a la población para que los bendigan en honor de San Isidro, su santo patrón.

Dónde dormir

Hotel Iguazú (☎ 771 2571; esquina av. 1 con calle Central; i 8,80 US$, i/d con baño 12,50/20 US$). Por fortuna, las habitaciones espaciosas y limpias, revestidas de azulejos, cuentan con duchas de agua caliente, ventiladores y TV por cable; las de los pisos superiores tienen algunas vistas. Sale a cuenta.

Hotel El Valle (☎ 771 0246; calle 2 entre avs. Central y 2; i/d 6,30/10,50 US$, i/d con baño de agua caliente y TV 8,80/15,30 US$; **P**). La mejor opción económica de la localidad. Las pequeñas habitaciones están limpias y sin alfombrar, aunque poseen muebles sólidos. Las que tienen baño son espaciosas y están más ventiladas.

Hotel Astoria (☎ 771 0914; av. Central entre calles Central y 1; h 4,30 US$ por persona, d con baño y TV 20 US$; P). Parece un bloque de celdas en un sanatorio estatal, pero está impecable. Filas de compartimentos comparten duchas con agua fría, aunque los que tienen baño disponen de agua caliente.

Hotel Chirripó (☎ 771 0529; av. 2 entre calles Central y 1; i/d 5/8,50 US$, i/d con baño 7,50/12 US$). Frecuentado por viajeros con presupuesto reducido, ofrece habitaciones con pocos muebles, encaladas, aunque sin un ápice de suciedad. Las más económicas comparten duchas de agua tibia; las demás disponen de agua caliente (más o menos).

Hotel Amaneli (☎ 771 0352; esquina calle 2 con la Interamericana; h 7,50 US$ por persona). Sus 30 habitaciones son oscuras, aunque limpias, y comparten baños con agua caliente de similar aspecto. Se aconseja pedir una alejada de la Interamericana o, de lo contrario, el viajero tendrá que soportar el estruendo de los camiones. Los propietarios están instalando televisión por cable; se espera que suban los precios.

Hotel Los Crestones (☎ 770 1200, 770 1500; www.hotelloscrestones.com; calle Central con av. 14; i/d 30/40 US$, i/d con aire acondicionado 40/45 US$, persona adicional 10 US$; P ✖). Al oeste del estadio, este establecimiento tipo motel ofrece 20 habitaciones agradables. Nueve de ellas están equipadas con aire acondicionado y todas tienen ducha de agua caliente, ventilador y televisión por cable. Aceptan tarjetas de crédito.

Hotel Diamante Real (☎ 770 6230, 770 6233; esquina av. 3 con calle 4; d/tr 47/53 US$; st máster/jacuzzi 59/70 US$; P ✖). Completamente nuevo, es el más agradable de la localidad. Las 22 habitaciones tienen baño, agua caliente, aire acondicionado y teléfono con buzón de voz. Todas están pintadas de amarillo brillante, con muebles lacados de un negro reluciente. Una *suite máster*, de mayor tamaño, tiene capacidad para cuatro personas, igual que una *suite* especial, con bañera de hidromasaje. Hay un restaurante y aceptan tarjetas de crédito.

ALREDEDORES DE SAN ISIDRO

Mirador Vista del Valle (☎ 384 4685; km 119 de la Interamericana; i/d desayuno incl. 41/47 US$, persona adicional 10 US$; P). Dominando San Isidro desde 15 km al norte se encuentra este pequeño restaurante y hostal con estimulantes vistas.

El restaurante está especializado en trucha capturada en la zona.

Reserva Fudebiol (☎ 771 4131; h por persona 25 US$; P). Popular, cuenta con un pequeño albergue con capacidad para un máximo de 35 personas. Las habitaciones, relucientes y de madera, con literas, comparten duchas de agua caliente. La tarifa incluye desayuno, comida y cena.

Rancho La Botija (☎ 771 2146, 771 2147; labotija@racsa.co.cr; i/d 32/63 US$ desayuno incl.; P ✖ ✉). Este centro de recreo (p. 329), en la carretera a San Gerardo, constituye un buen alojamiento. Ofrece 11 habitaciones, cómodas y alicatadas, con camas firmes, ducha con agua caliente y una zona de estar. No está permitido fumar en todo el establecimiento.

Albergue de montaña Talari (☎ 771 0341; www.talari.co.cr; i/d/tr desayuno incl. 36/52/72 US$; P ✉). Muy recomendado, se localiza 7 km al sudeste de San Isidro, de camino a San Gerardo de Rivas (antes del pueblo). Los propietarios, Pilar y Jan, una pareja tica-holandesa multilingüe, dirigen este atractivo establecimiento, que está especializado en circuitos de observación de aves, adaptados al gusto del cliente y conducidos por su hijo Pieter, biólogo. La propiedad, de 8 Ha, cuenta con un pequeño río, piscina, restaurante y un piano bar (Jan es un consumado pianista). Las habitaciones, limpias y revestidas de losetas, cuentan con una ducha que se calienta por energía solar. Se puede comer (7,50 US$) y cenar (10 US$) si se solicita con antelación. Aceptan tarjetas de crédito y cierran entre el 15 de septiembre y el 31 de octubre.

Dónde comer

Los viajeros que controlen los colones que gastan, deben dirigirse a las sodas económicas del **mercado central** (Av. 4 entre calles Central y 2), aunque los restaurantes de la localidad son bastante aceptables.

Soda Chirripó (esquina calle 1 con av. 2; platos 2-4 US$; ⏱ 6.30-18.00). Animada y situada en la esquina contigua al hotel Chirripó, ofrece un sabroso gallo pinto y, para comer, platos del día por 3 US$. No hay que confundirla con el restaurante Chirripó que se encuentra al lado, que es más caro.

La Reina del Valle (esquina calle Central con av. Central; platos 3-5 US$). La animación se concentra en el segundo piso de este restaurante informal. Hay un concurrido bar con bocas (tapas) económicas y magníficas vistas del parque Central al ponerse el sol.

Marisquería Marea Baja (calle 1 entre avs. 4 y 6; platos 4-7 US$). Raciones copiosas y económicas de pescado fresco y otras especialidades se sirven en este restaurante cavernoso con un bar que atrae a una multitud de veinteañeros.

Restaurante-bar La Cascada (esquina calle 2 con av. 2; platos 3,50-9 US$). Este moderno balcón tiene una carta que consiste en bocas principalmente, aunque es posible pedir bisté y marisco. Los que están a la última pasan tiempo disfrutando del lugar, de la cerveza y de las hamburguesas y conociendo gente.

Restaurante El Tenedor (calle Central entre avs. Central y 1; platos 1-7 US$; ☾ 10.00-23.00). Junto al hotel Iguazú, con un balcón que da a una animada calle, sirven hamburguesas por 1 US$ además de otras comidas. Una de las especialidades es la *pizzas* (desde 3,50 US$) además de otros platos italianos.

La Piccolina (calle Central entre avs. 8 y 10; platos 5 US$; ☾ 11.00-22.00 mi-lu). Un agradable restaurante al aire libre al otro lado de la calle, enfrente del supermercado Palí; sirve una variedad de *pizzas* (3,50-5 US$), pastas y comida tica.

Restaurant Excelente (av. Central entre calle Central y 1; platos 4-6 US$). La comida china y tica es, efectivamente, excelente en este local, uno de los preferidos.

Para adquirir productos de panadería, están la **panadería El Tío Marcos** (av. 2 entre calles Central y 1) o **Super Pan** (calle 1 entre avs. 4 y 6), que elabora panes de queso de lo más delicioso.

Cómo llegar y salir
AUTOBÚS
En San Isidro, la terminal de autobús local de la avenida 6 presta servicios a las poblaciones de los alrededores. Los autobuses de larga distancia salen de varios puntos cercanos a la Interamericana y suelen ir a rebosar; se aconseja adquirir pronto los billetes.

Desde la terminal Tracopa
Los siguientes autobuses tienen origen en otros destinos y recogen pasajeros en función de las plazas disponibles. La terminal Tracopa se encuentra en la Interamericana, al sudoeste de la avenida Central. Los horarios son aproximados; es aconsejable llegar con tiempo.

Agua Buena. Salidas 9.30, 11.30, 14.30 y 17.45.
Ciudad Cortés. 11.30 y 17.30.
Coto 47. A las 13.30.
David, Panamá. a las 10.30.
Golfito. A las 10.00 y 18.00.
San José. 3 US$; 3 h; salidas 7.30, 8.00, 9.30, 10.30, 11.30, 13.30, 16.00, 17.45 y 19.30.
San Vito. 9.30, 11.30, 14.30 y 17.45.

Desde la terminal Quepos
Se localiza en la calle lateral que hay al sur de la terminal Tracopa. Los autobuses tienen origen en San Isidro.
Dominical. 1 US$; 1 h; salidas a las 7.00 y 13.30.
Palmar Norte/Puerto Jiménez. 2/4 US$; 3/6 h; 6.00, 9.00 y 15.00.
Quepos. 3 US$; 3 h; 7.00 y 13.30.
Uvita. 1,25 US$; 1½ h; 9.00 y 16.00.

Desde otras paradas de autobús
Todos estos autobuses tienen origen en San Isidro:
Buenos Aires (Gafeso). 1,10 US$; 1 h; salidas 5.15, 6.00, 7.20, 8.30, 10.00, 11.30, 12.15, 13.30, 15.00, 16.00 y 17.00, desde el norte de la terminal Quepos. Importante: los autobuses de las 5.15 y las 12.15 no prestan servicio los domingos.
Palmar Norte/Neily/Paso Canoas (Tracopa). 2,50/3/4 US$; 3/4/4½ h; salidas desde la Interamericana, al sudoeste de la avenida Central 8.30, 16.30, 19.30 y 21.00.
San Gerardo de Rivas, al Parque Nacional Chirripó. 1 US$; 2 h; sale del parque Central a las 5.00 y de la terminal principal en la avenida 6 a las 14.00.
San José. 3 US$; 3 h; salidas desde la terminal Musoc, en la Interamericana, entre calles 2 y 4, cada ½ h entre las 5.30 y las 17.30.
San Vito. (Tracopa) 3,50 US$; 3 h; sale de la Interamericana, al sudoeste de la avenida central a las 5.30 y a las 14.00.

TAXI
Un taxi todoterreno hasta San Gerardo de Rivas cuesta, por lo menos, 17 US$. Subir en taxi hasta el hotel Urán (p. 333) sale por 20 US$ (como siempre, las tarifas varían en función del estado de las carreteras).

SAN GERARDO DE RIVAS
Unos 22 km al nordeste de San Isidro, este pequeño pueblo centrado en torno al campo de fútbol está abrigado por un pintoresco valle. Hace las veces de punto de entrada al Parque Nacional Chirripó. Se encuentra a 1.350 m sobre el nivel del mar, de modo que el clima es agradable

y el lugar ofrece buenas posibilidades de excursionismo y observación de aves. Es práctico pedir guías bilingües de aves en las oficinas de Selva Mar, en San Isidro (p. 329) o a los empleados del albergue de montaña Talari (p. 330).

Unos 2 km al norte de San Gerardo de Rivas destacan varios **manantiales de aguas termales** (2 US$; ◷ 7.00-18.00) muy gratos. Hay que caminar hacia el norte, salir de la población hasta ver el puente de cemento y girar a la izquierda después. Desde ese punto, una carretera asfaltada conduce hacia la población de Herradura. Casi 1 km después, se ve la señal que indica el parque Las Rosas; hay que girar a la derecha y pasar por el tambaleante puente colgante sobre el río. Un sendero con fuertes altibajos (sí, cuesta arriba todo el rato) guiará al viajero 1 km más hasta una casa con una soda, donde cobran la entrada.

Orientación e información

El **puesto de los guardaparques de Chirripó** (Sinac; ☎ 200 5348; ◷ 6.30-16.30) está emplazado casi 1 km por debajo del campo de fútbol, en la carretera de San Isidro. Encima de este puesto, la carretera se bifurca: hay que tomar la rama derecha para llegar a San Gerardo de Rivas; la izquierda discurre 3 km más hasta Herradura, pasando por los manantiales termales de camino.

La pulpería del pueblo, junto al campo de fútbol y al hotel y restaurante Roca Dura Café (véase más adelante), cuenta con teléfono público.

Dónde comer y dormir

Los hoteles están situados junto a la estrecha carretera que discurre paralela al río. A continuación, se citan en el orden en que se encuentran cuesta arriba.

Refugio Río Chirripó (☎ 377 3557; www.riochi rripo.com; i/d/tr 39/59/69 US$; P ♨). Aproximadamente 1,5 km por debajo del puesto de los forestales, en la comunidad de Canaán, es el establecimiento más lujoso de la zona. Es una zona comunitaria estilo Santa Fe, muy acogedora, que se utiliza para la práctica de yoga durante los retiros; además, hay esterillas para cualquiera que desee hacerlo solo. Se oye el borboteo del río desde las ocho cabañas muy bien decoradas, todas con balcón, baño y agua caliente. El desayuno está incluido en la tarifa y es posible

degustar comidas vegetarianas por 10 US$ más. Hay restaurante, bar y piscina climatizada. Senderos para realizar excursionismo conducen al río.

Hotel y refugio albergue El Pelicano (☎ 382 3000; www.hotelelpelicano.net; cabañas por persona sin/con baño 10/13 US$; P ♨). Ubicado unos 200 m por debajo del puesto de los guardaparques, es propiedad de Rafael Elizondo, un artista local al que el éxito le ha llegado algo tarde. Esculpe caprichosas piezas en madera y piedra, que merece la pena ir a ver, aunque uno no se aloje en el establecimiento. Su estudio está abierto a las visitas, aunque las obras no están a la venta (no hay que perderse la motocicleta de madera). El refugio de madera, bien diseñado, cuenta con 10 habitaciones sencillas e impecables, que comparten duchas con agua caliente y un balcón con vistas al valle del río. Las cabañas nuevas tienen baños con agua caliente. Hay una zona de recreo y una piscina. Todas las tarifas incluyen el transporte hasta la entrada del parque. Sirven comidas si se solicita con antelación.

Cabinas La Marín (☎ 308 6735; h sin/con baño 6/12 US$ por persona). Debajo del puesto de los guardaparques, este sencillo establecimiento cuenta con ocho habitaciones de ambiente un tanto recargado y duchas con agua caliente. Las que tienen baño están un poco mejor y lucen suelos de losetas. Hay un pequeño **restaurante** (◷ 5.30-20.00), un mini-supermercado y un teléfono público.

Cabinas El Bosque (☎ 771 4129; h 7 US$ por persona; d con baño 14 US$). El viajero encontrará habitaciones sin sol con baños compartidos, además de algunas más nuevas, con duchas de agua caliente. Alquilan equipo de acampada y quienes no se alojen aquí pueden guardar el equipaje abonando 2 US$ por día. Hay un restaurante y un bar con una agradable terraza al aire libre, con vistas al río.

Cabinas y restaurante El Descanso (☎ 771 7962, 369 0067; camping 3,50 US$ por persona; h sin/con baño 7/10 US$ por persona; P). Pasado el puesto de los guardaparques, dispone de 12 pequeñas habitaciones de madera, todas limpias y con duchas de agua caliente. Hay un pequeño jardín con sillas para pasar el rato. Las habitaciones del primer piso tienen balcones con vistas. La familia Elizondo es servicial; la tarifa incluye el transporte hasta la entrada del parque para los aficionados al senderismo. Es posible comer si se solicita con antelación.

Hotel y restaurante Roca Dura Café (☎ 771 1866; *camping* 4 US$ por tienda; h sin/con baño 5/7,50 US$ por persona; Ⓟ). Encantador y rústico, está incorporado en los lados de varias rocas gigantes, alisadas por la erosión, en el mismo centro de la población. Unos brillantes murales iluminan ocho habitaciones de piedra. Todas las duchas tienen agua caliente. Detrás del hotel, junto al río, se localiza un terreno de acampada con duchas de agua fría. Hay un bar-restaurante que, algunas noches, ofrece música en directo; es un lugar de cita local muy concurrido. Ofrece un servicio gratuito de consigna si el viajero necesita dejar algo mientras recorre el parque.

Vista al Cerro Lodge (☎ 373 3365; h 8 US$ por persona; *camping* 2 US$ por persona; Ⓟ). Se encuentra 300 m por encima del campo de fútbol y ofrece habitaciones sencillas y limpias, además de un accidentado terreno de acampada con vistas al río. Hay duchas con agua caliente compartidas, y la habitación nº3 tiene una litera construida en el interior de una roca lisa. Los excursionistas que se levanten temprano pueden desayunar si lo solicitan con antelación.

Hotel Urán (☎ 388 2333, 771 1669; www.hoteluran. com; dc 9 US$, d 35 US$). 50 m por debajo del punto donde se inicia el sendero, este establecimiento recomendado cuenta con 11 habitaciones sencillas e impecables, con una o dos camas (o literas) y duchas con agua caliente compartidas. Las dobles, nuevas y excelentes, tienen baños y vistas impresionantes. Hay un buen restaurante, aunque no venden cerveza ni tabaco. El propietario es sumamente cordial. Constituye un emplazamiento práctico para empezar a escalar temprano el Chirripó.

Cómo llegar y salir

Los autobuses a San Isidro salen del campo de fútbol a las 7.00 y las 16.00 horas (1 US$, 2 h). Cualquiera de los hoteles puede llamar a un taxi para que recoja al viajero.

Si se llega en automóvil desde San Isidro, hay que dirigirse hacia el sur en la Interamericana y cruzar el río del mismo nombre, en el extremo sur de la población. Unos 500 m después, se cruza el río Jilguero y se busca una curva pronunciada que ascienda hacia la izquierda, unos 300 m después del Jilguero. Una pequeña señal de madera con letras amarillas indica el desvío hacia el parque; resulta más visible la señal grande y

roja de la Universidad Nacional. Si se llega desde el sur, hay que tener presente que hay dos entradas a esta carretera, ambas fácilmente identificables por los letreros de la universidad. Si el viajero llega a cruzar el río Jilguero es que se ha pasado.

El puesto de los guardaparques queda a 18 km subiendo esta carretera desde la Interamericana. Está asfaltada hasta Rivas, pero después es empinada y de grava. Resulta transitable para vehículos normales durante la época seca, aunque se recomienda un todoterreno. La carretera que sube desde el pueblo de San Gerardo de Rivas hasta el hotel Urán se encuentra en mal estado y sólo es apta para vehículos todoterreno.

PARQUE NACIONAL CHIRRIPÓ

Este imponente parque nacional recibe el nombre del cerro Chirripó (3.820 m), la cima más elevada de Costa Rica. Con una superfície de 502 km², es el principal parque montañoso del país y una de las mayores zonas protegidas. Alberga tres picos que superan los 3.800 m, incluido el cerro Chirripó, y casi todo el parque se encuentra más de 2.000 m sobre el nivel del mar. De todos los países centroamericanos, sólo Guatemala posee montañas más altas.

La entrada del parque se halla en San Gerardo de Rivas, situado a 1.350 m sobre el nivel del mar, y desde este punto, ¡la cima queda 2,5 km cuesta arriba! Un sendero de 16 km, fácil de recorrer, conduce directamente a la cima y no se precisan técnicas de escalada. Casi todos los visitantes lo utilizan para llegar a la cumbre, aunque en la p. 335 se comentan las posibles alternativas. Caminar por las altitudes más bajas también resulta gratificante, por las excelentes vistas y las buenas oportunidades para observar aves y mariposas. Cerca de la cumbre, un albergue (p. 336) ofrece alojamiento a los excursionistas (hay que reservar con antelación).

El ascenso es un recorrido fascinante entre paisajes en constante cambio. Tras cruzar unas praderas fuera de los límites del parque, el sendero atraviesa varios tipos de vegetación según la altitud.

Emergiendo sobre el dosel principal del bosque (de entre 25 y 30 m de altura), destacan robles que alcanzan casi 50 m de altura. Estos bosques montañosos de altura constituyen el hábitat de aves como la reinita garganta de fuego o el trepamusgo cachetón, por mencionar sólo dos. Pequeñas ranas marrones y orugas color verde lima, recubiertas de espeso pelo punzante, se abren paso por el sendero; los monos araña y los tapires de Baird acechan en la espesa vegetación (aunque es poco probable que se dejen ver). Finalmente, el sendero asciende hasta salir del bosque lluvioso y adentrarse en el desnudo páramo, azotado por el viento.

El macizo Chirripó forma parte de la cordillera de Talamanca, que continúa hacia el noroeste y el sudeste. El límite del parque nacional situado más al este coincide con el límite oeste del enorme Parque Internacional La Amistad (p. 345), inaccesible en su mayor parte.

Información

La temporada seca (desde finales de diciembre hasta abril) es la época más popular para visitar la zona. Los fines de semana y, especialmente, en Semana Santa, el parque se llena a rebosar de grupos de senderistas ticos y es muy probable que el albergue de la cima esté completo. Febrero y marzo son los meses más secos, aunque aún es posible que llueva. El parque cierra en mayo.

Los primeros meses de la época de lluvias todavía son buenos para subir, ya que hay menos visitantes y las lluvias torrenciales no empiezan realmente hasta septiembre. Por lo general, no suele llover antes de las 13.00 horas, pero merece la pena recordar que se han registrado precipitaciones anuales de hasta 7.000 mm. Puede haber temperaturas bajo cero por la noche, de modo que es preciso llevar ropa de abrigo (que incluya gorro y guantes), ropa impermeable y un buen saco de dormir. El puesto de los guardaparques fuera de San Gerardo de Rivas es un buen sitio para consultar las condiciones meteorológicas.

Antes de iniciar el ascenso, debería hacerse una reserva en el albergue de la cima (p. 336) en la oficina de servicios del parque San Isidro. Puede hacerse por teléfono y, durante la época seca, se recomienda un mes de antelación como mínimo.

Una vez se llega a San Gerardo de Rivas para el ascenso, será necesario presentarse en el **puesto de guardaparques de Chirripó** (SINAC; ☎ 200 5348; ⏱ 6.30-16.30) para confirmar la reserva y abonar la tarifa de entrada. Es

recomendable realizar este trámite un día antes de ponerse en marcha. No debe telefonearse al puesto de los guardaparques de Chirripó para reservar en el albergue: no hacen este trámite. La tarifa de entrada al parque para dos días es 15 US$, más 10 US$ por cada día adicional. El exceso de equipaje puede guardarse bajo llave aquí sin costes adicionales.

Puede que se produzca alguna baja entre los visitantes y siempre es posible cubrir una de estas vacantes. En estos casos, es mejor quedarse en San Gerardo y comprobar a diario en el puesto de los guardaparques si se ha producido alguna cancelación. Aunque los viajeros encuentren el albergue lleno, suele haber plazas si les es posible esperar un día o dos. El parque se llena hasta los topes en Semana Santa y las posibilidades de encontrar un hueco son escasas; por lo demás, no suele haber problemas en las demás épocas del año.

Es posible alquilar un caballo de carga para transportar las pertenencias hasta el refugio durante la temporada seca; la tarifa es de 18 US$, con un límite de peso de 35 kg (el viajero no puede montar en el caballo). También hay un servicio de porteadores –en cualquier momento del año–, que cargan 14 kg de equipaje por una tarifa de 17 US$.

Es buena idea meter todo en bolsas de plástico por si llueve. Asimismo, hay que asegurarse de que se lleva todo lo necesario para el ascenso en la mochila del día. Cuando el equipaje se envía montaña arriba o abajo, con los porteadores o los caballos, no se vuelve a ver hasta que se llega al punto de destino.

A causa del riesgo de incendio (en 1976 un fuego enorme destruyó gran parte de la vegetación de páramo de la zona), está prohibido fumar en el sendero. Hay zonas para fumadores indicadas en el albergue.

MAPAS

Los mapas que se obtienen en el puesto de guardaparques son muy útiles para los senderos principales. En las librerías de San José (p. 59) pueden adquirirse excelentes mapas topográficos del Instituto Geográfico Nacional de Costa Rica (IGN), pero hay que tener presente que los albergues, refugios y senderos no están indicados en ellos. Para frustración del visitante, Chirripó está situado en la esquina de cuatro mapas independientes de escala 1:50.000, de modo que se precisan los mapas 3444 II San Isidro y 3544 III Dúrika para cubrir la zona que va desde el puesto de guardaparques hasta la cima del Chirripó; y los mapas 3544 IV Fila Norte y 3444 I Cuerici para englobar otros picos del macizo. Los mapas topográficos resultan útiles, pero no son esenciales.

Ascenso al Chirripó

Desde el puesto de los guardaparques hay una subida de 16 km directa hasta el albergue de la cima y desde ese punto quedan otros 5 km más hasta la cumbre. Hay que contar entre 7 y 14 horas para alcanzar el albergue, según la forma física de los excursionistas. El inicio del sendero se localiza 50 m después del hotel Urán, en San Gerardo de Rivas, y la puerta principal está abierta desde las 4.00 hasta las 10.00 horas para permitir la entrada a los montañeros; no se permite iniciar el ascenso pasadas las 10.00. En el interior del parque, el sendero está claramente señalizado en cada kilómetro.

EQUIPO NECESARIO PARA CHIRRIPÓ

Aunque Costa Rica se encuentre en el trópico, no se debe olvidar que Chirripó está situado en altitudes muy frías. Hay que ser previsor para no encontrarse sin los artículos imprescindibles durante la excursión por la montaña más alta.

- Jabón y champú biodegradables
- Linterna y cerillas (en el albergue de la cima no hay electricidad durante gran parte de la noche)
- Comida (sin olvidar algo para picar durante la excursión)
- Guantes y gorro (pueden registrarse temperaturas bajo cero)
- Un buen saco de dormir (opcional)
- Ropa impermeable (aunque no llueva, la cima está cubierta de neblina)
- Protector solar (en la cima se pueden alcanzar los 29°C al mediodía)
- Chaqueta de abrigo
- Agua

A medio camino, la cabaña de Llano Bonito, con un lado descubierto y repleta de insectos, puede proporcionar refugio y agua, aunque está pensada para utilizarse en caso de emergencia, no para pasar la noche. Los guardaparques recomiendan que los excursionistas de un día no rebasen este punto. Hay que llevar agua: durante la época seca, el único lugar donde puede obtenerse antes del albergue es Llano Bonito.

Alcanzar el albergue es lo más duro. Desde este punto la caminata hasta la cima transcurre por un terreno relativamente más llano: se tarda, por lo menos, dos horas si uno está en buena forma, pero hay que llevar una chaqueta de abrigo, ropa impermeable, agua, tentempiés y una linterna por si acaso. Un lector sugiere salir del hotel a las 3.00 para llegar a la cima a tiempo para contemplar la salida del sol. Se necesita un mínimo de dos días para subir desde el puesto de guardaparques de San Gerardo hasta la cima y bajar, pero es una opción que deja poco tiempo para descansar o visitar la cima: tres días es más adecuado. Algunos viajeros afirman que la bajada resulta más dura que la subida, de modo que hay que estar preparado para un largo recorrido.

OTROS SENDEROS

Casi todos los visitantes del parque ascienden al Chirripó por el sendero principal y regresan del mismo modo. También es posible subir otras montañas cercanas por unos senderos bastante obvios que parten del albergue. Entre las montañas cabe destacar el cerro Ventisqueros (3.812 m), entre otros picos. Algunos mapas muestran senderos naturales, sin mantenimiento y utilizados pocas veces, que salen del parque en dirección norte y sur: resultan sumamente difíciles de encontrar y no son recomendables. Es buena idea recabar información de los guardaparques antes de partir.

Para los aventureros empedernidos, una ruta alternativa es la excursión guiada de tres días que traza un bucle desde Herradura, sube hasta el Chirripó y baja cruzando San Gerardo. El recorrido exige acampar y los excursionistas deben ir acompañados por un guía local en todo momento. Puede solicitarse más información en Costa Rica Trekking Adventures, dentro de Selva Mar, en San Isidro (la Excursión Urán, p. 329) o hacer la gestión a través de las **cabañas Río Blanco** (☎ 352 0916, 771 0804) en Herradura.

Otra posibilidad es contactar con la **pulpería** (☎ 771 1199) de Herradura y preguntar por Fabio Badilla o Rodolfo Elizondo, que son miembros activos de la asociación de guías y ayudarán a disponer todo lo necesario.

Dónde dormir

El **Centro Ambientalista El Páramo** (dc 10 US$), también conocido como "base Crestones", tiene aspecto de monasterio y puede albergar hasta un máximo de 60 personas en las típicas literas de los dormitorios colectivos. El sencillo edificio de piedra cuenta con un panel solar que proporciona luz eléctrica entre las 18.00 y las 20.00 horas, así como agua caliente esporádica para las duchas (el agua suele estar menos fría por las tardes; es mejor ducharse entonces). En el albergue se puede alquilar una amplia variedad de equipo, como sacos de dormir (1,25 US$), mantas (0,75 US$) y utensilios de cocina (0,75 US$); todas las tarifas se refieren a un día. Las bombonas de *camping* gas cuestan otros 2 US$. Véase "Información" para más detalles sobre cómo hacer la reserva en el albergue.

Cómo llegar y desplazarse

Véase "San Gerardo de Rivas" (p. 333) para más detalles sobre cómo llegar. Enfrente del puesto de los guardaparques, frente a las cabinas El Bosque, parte un servicio de transporte gratuito hasta el inicio del sendero, con salida a las 5.00 horas. Asimismo, a primeras horas de la mañana, varios hoteles ofrecen transporte hasta ese mismo punto para los clientes.

BUENOS AIRES

Este pequeño pueblo se encuentra 64 km al sudeste de San Isidro y 3 km al norte de la Intermericana. Se accede a él por una carretera asfaltada en buen estado, al sur de la factoría Del Monte. Tiene una plaza llena de árboles, un par de bancos, gasolinera, una discoteca y otros servicios.

Buenos Aires, emplazado en el centro de una importante zona productora de piña (por eso está Del Monte), también constituye un punto de entrada a la reserva biológica Dúrika (con pocos visitantes), varias reservas indígenas (Ujarrás, Salitre y Cabagra) hacia el norte y la reserva indígena Boruca hacia el sur, así como el Parque

Internacional La Amistad. Por esta zona no se ven muchos turistas.

Hay un Banco Nacional en la esquina sudeste del parque Central y acaba de abrirse una nueva agencia de viajes, **Geomar Viajes** (☎ 730 0805, 813 7588; geomarviajes@hotmail.com), en el segundo piso de un centro comercial al norte de la ferretería El Pueblo. Sus cordiales propietarios proporcionan todo tipo de información turística local y pueden disponer lo necesario para visitar la reserva indígena Boruca.

En la población también se halla una nueva **oficina de la Fundación Dúrika** (☎ 730 0657; www.durika.org), que administra el albergue y la finca de la reserva biológica del mismo nombre (p. 337). Es posible hacer reservas y contratar medios de transporte. La oficina está situada 400 m al sur y 100 m al este del Banco Nacional.

Dónde dormir y comer

Tanto las **Cabinas Violeta** (i/d 6/8,50 US$; **P**) como **cabinas Fabi** (☎ 730 1110; i/d/tr 8,50/11/13 US$; **P**), en el extremo norte de la población, ofrecen el mismo alojamiento de tipo motel, en habitaciones limpias, de cemento y con duchas de agua fría. Es buena idea preguntar en la **ferretería El Pueblo** (☎ 730 0104), en la esquina noroeste del parque, por las habitaciones en cabinas Violeta.

En la carretera que entra en la localidad y 100 m al norte de la clínica se localizan las **Cabinas Mary** (☎ 730 0187; d/c 7,50/13 US$; **P**), con un simpático propietario y habitaciones aceptables, equipadas con televisor. Al oeste, las **Cabinas Kanajaka** (☎ 730 0207; i/d 8,50/10 US$; **P**), un establecimiento indicado con una señal naranja y roja, cuenta con habitaciones con ventilador, suelo de madera y baño separado con una cortina. Ambas tienen duchas con agua fría.

Fuera del mercado Central se encuentran varias sodas; además, hay una panadería Musmanni en el lado norte.

Cómo llegar y salir

Los autobuses de Gafeso desde San Isidro salen con regularidad hacia Buenos Aires; otra posibilidad sería tomar cualquier autobús con el rótulo Palmar Norte o San Vito y pedir que dejen al viajero en el desvío. Desde ese punto se puede caminar los 3 km que quedan, o bien intentar encontrar un taxi.

Si se viaja desde Buenos Aires hasta San Isidro, San José o San Vito, cabe la posibilidad de esperar los autobuses que recorren la Interamericana. Los que van en dirección sur se detienen enfrente de la soda El Paraíso, alrededor de una hora después de salir de San Isidro; en cambio, los que van en dirección norte se detienen enfrente del restaurante de la Sabana dos horas después de salir de San Vito o Palmar. Algunos pueden estar llenos, sobre todo los festivos y los fines de semana. No hay ninguna marquesina a la vista, de modo que hay que estar visible para que el conductor sepa que debe detenerse.

Los siguientes autobuses (salvo el de San Isidro) salen desde el mercado:

Boruca. 1,25 US$; 1½ h; salidas a las 11.30 y 15.30 .

San Isidro. 1,10 US$; 1 h; salidas desde la terminal Gafeso, enfrente del mercado, en diagonal, a las 5.30, 6.00, 6.30, 7.30, 8.00, 10.00, 11.00, 12.15, 14.00, 14.45 y 17.00. Importante: los autobuses de las 7.30 y las 12.15 no prestan servicio los domingos.

San José (Tracopa). Los autobuses de Neily paran aquí sobre las 9.15 y las 16.30.

RESERVA BIOLÓGICA DÚRIKA

Esta reserva biológica privada de 75 m² se encuentra 17 km al norte de Buenos Aires, en las laderas del cerro Dúrika, en la cordillera de Talamanca, y dentro del Parque Internacional La Amistad. En el interior, destaca la **Finca Anael,** donde viven un par de docenas de personas de un modo más o menos independiente y sostenible. Los miembros de la comunidad están comprometidos con la conservación local. Casi todos son ticos, aunque también hay unos cuantos extranjeros.

La reserva se abrió al turismo en 1992: hay un albergue y las principales actividades son la observación de aves y el excursionismo. Existe una oferta de excursiones de un día, circuitos con noche fuera y salidas para acampar a cataratas cercanas, la Divisoria Continental y haciendas locales. Otra posibilidad es una excursión de seis días con ascenso al cerro Dúrika (3.280 m), en el Parque Internacional La Amistad. Hay una sauna y un pequeño *jacuzzi,* y es posible que impartan clases de yoga, cocina vegetariana y meditación.

Asimismo, los empleados organizan incursiones en la población indígena cabécar de **Ujarrás,** donde venden artículos de artesanía como bolsas de red. No hay mucho

que admirar en la localidad, pero si lo que desea el viajero es echar un vistazo a la vida actual de los indígenas en Costa Rica, es un sitio idóneo. Igual que sucede con las excursiones a cualquier emplazamiento indígena, se recomienda llevar un atuendo conservador y comportarse de forma respetuosa con los habitantes del lugar, solicitando permiso antes de tomar fotografías.

Hay 10 cabañas de varios tamaños con capacidad para entre dos y ocho personas (35 US$ por persona). Todas cuentan con baño y un porche con vistas a la montaña. Las tarifas incluyen comidas vegetarianas biológicas elaboradas con productos cultivados en la zona, muy recomendadas por los lectores; asimismo, el precio comprende algunas caminatas guiadas cortas. Si el viajero se desplaza en automóvil a la finca, por sus propios medios (algo que no se recomienda), es necesario un todoterreno.

Hay tarifas especiales para grupos numerosos, estudiantes (25 US$) y voluntarios (15 US$). Es posible hacer reservas y recabar información en Buenos Aires, en la **oficina de la Fundación Dúrika** (☎ 730 0657; www.durika.org), que también puede gestionar el transporte hasta la reserva (30 US$ para un máximo de cinco pasajeros). Se aconseja hacer la reserva con un mínimo de 10 días de antelación.

El viaje a esta reserva está pensado para viajeros intrépidos.

RESERVA INDÍGENA BORUCA

Se centra en torno al pueblo de **Boruca,** unos 20 km al sur de Buenos Aires. Destaca por ser una de las pocas reservas indígenas con algún tipo de infraestructura (por muy mínima que sea) para recibir visitantes de forma limitada; tal vez sea porque Boruca sólo se encuentra 8 km al oeste de la carretera Interamericana.

Los indígenas borucas son conocidos por sus tallas, entre las que destacan máscaras de madera de balsa, y sus calabazas secas decoradas. Las mujeres emplean telares manuales precolombinos para tejer telas de algodón y cinturones, que en ocasiones es posible adquirir en la población. Los residentes se ganan la vida, fundamentalmente, con la agricultura.

Si el viajero recorre la zona en automóvil por la Interamericana, puede detenerse en la comunidad de Curré, donde una pequeña cooperativa vende productos de artesanía.

Fiestas y celebraciones

La **fiesta de los Diablitos**, de tres días de duración, se celebra en Boruca entre el 31 de diciembre y el 2 de enero, y en Curré, entre el 5 y el 8 de febrero. Unos 50 hombres con máscaras de madera, de aspecto de diablo, y vestidos de arpillera adoptan el papel de los indígenas en su lucha contra los conquistadores españoles. Éstos últimos, representados por un hombre disfrazado de toro, pierden la batalla. Es posible que los borucas obliguen a los visitantes a abonar una tarifa por sacar fotografías y les exijan llevar un pase que indique que han pagado.

Otra festividad, **la fiesta de los Negritos**, que tiene lugar durante la segunda semana de diciembre, conmemora la Virgen de la Inmaculada Concepción, con bailes, trajes extravagantes y música indígena tradicional (tocada, principalmente, con tambores y flautas de bambú).

Dónde dormir y comer

La pulpería de Boruca alquila unas cuantas habitaciones sencillas o ayuda a encontrar un alojamiento si ya está completa, pero no está pensada para el turismo. Posiblemente, la posibilidad más fácil sea el *camping*, aunque también es posible ponerse en contacto con Geomar Viajes, en Buenos Aires, y preguntar también por la oferta de alojamiento.

La población se llena durante la fiesta de los Diablitos y, posiblemente, los residentes buscarán alojamiento al viajero en casa de alguien.

Viajar a Boruca es una experiencia interesante para viajeros con sensibilidad para la cultura (se recomienda vestir de forma discreta), que respeten y valoren el estilo de vida local.

Cómo llegar y salir

Los autobuses (1,25 US$, 1½ h) salen a diario del mercado central de Buenos Aires a las 11.30 y las 15.30 horas en dirección a Boruca, por una carretera de tierra en muy mal estado. Quienes decidan desplazarse en automóvil encontrarán una carretera mejor que sale de la Interamericana unos 3 km al sur de Curré; hay que prestar atención a la señal. Queda a unos 8 km de Boruca; se recomienda llevar un vehículo todoterreno.

PALMAR NORTE Y PALMAR SUR

Es una ciudad llana situada en el centro de la región bananera del valle de Diques y está dividida en dos partes por el río Grande de Térraba y, fundamentalmente, hace las veces de puerta de entrada norte al Parque Nacional Corcovado. Por su situación estratégica entre San Isidro (125 km al norte) y la frontera panameña (95 km al sudeste), Palmar también es un eje de transportes importante para cualquier desplazamiento norte-sur. Palmar Norte tiene bancos, autobuses y hoteles; Palmar Sur alberga el aeropuerto.

A falta de otros atractivos destacables, Palmar es uno de los mejores sitios del país para contemplar las **esferas de piedra**, un legado de las culturas precolombinas; algunas de ellas superan los 2 m de diámetro (véase p. 21 para más detalles). Se encuentran diseminadas por la población, pero las mayores y más impresionantes se localizan enfrente del colegio, un edificio de color melocotón en la Interamericana.

Para trasladarse de Palmar Norte a Palmar Sur, hay que tomar la Interamericana en dirección sur, por el puente del río Grande de Térraba, y a continuación, girar la primera a la derecha pasado el puente.

Información

El **cibercafé** (2 US$/h; ☼ 8.30-18.00 lu-sa), junto a Coopealianza, cuenta con cinco ordenadores aceptables para consultar el correo electrónico. Entre los bancos, cabe destacar el **Coopealianza** (☼ 8.00-17.00 lu-vi, 8.00-12.00 sa), en la Interamericana, que dispone de un cajero automático de la red Cirrus; y el **Banco Popular** (☎ 786 7033), en las cercanías, donde cambian cheques de viaje y dinero en efectivo.

En el mismo complejo se halla **Osa Tours** (☎ 786 6534, 786 7825; catuosa@racsa.co.cr; ☼ 8.00-12.00 y 14.00-18.00), sede del consejo de turismo local, además de un buen sitio para contratar circuitos por la península de Osa.

Dónde dormir y comer

Los sitios que salen más a cuenta para los viajeros con presupuesto reducido se localizan en la Interamericana: **cabinas Tico Alemán** (☎ 786 6232; d US$11, d con aire acondicionado 16 US$; [P] [X]) y **cabinas y restaurante Wah Lok** (☎ 786 6262; i/d 6,25/8,75 US$; [P]); ambos establecimientos ofrecen habitaciones limpias con baño y ventilador.

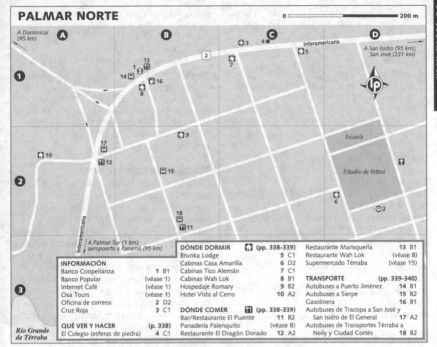

PALMAR NORTE

Brunka Lodge (☎ 786 7944; brunkalodge@costaricense.cr; i/d 8,80/17,50 US$, i/d con aire acondicionado 22/25 US$; 🏊 🍴). De precio medio y situado en la Interamericana, ofrece inmaculados *bungalows* con duchas de agua caliente y televisión por cable. Hay una piscina aceptable y un restaurante concurrido.

Hotel Vista al Cerro (☎ 786 7744, 786 6663; i/d 15/20 US$, con aire acondicionado 24 US$; 🅿 💻). Emplazado en las afueras de la población, al oeste, ofrece 20 habitaciones, seis de ellas con aire acondicionado. Todas están limpias y equipadas con ventilador y una sencilla ducha de agua fría. Completa la oferta un restaurante y acceso a Internet (2 US$/h).

Hospedaje Romary (☎ 786 6459, 786 6300; d 19 US$, tr con aire acondicionado 23 US; 🏊). Emplazado unos 100 m al este de la parada de autobús de Tracopa, a mano derecha, dispone de siete habitaciones limpias y frescas, con baldosas y televisión por cable, además de ducha de agua fría; todas tienen ventilador y algunas, aire acondicionado. Un pequeño apartamento tiene capacidad para un máximo de cuatro personas (las tarifas varían según la duración de la estancia).

Cabinas Casa Amarilla (☎ 786 6251; i sin/con baño 3/6,30 US$, i/d con baño y TV 10/13 US$; 🅿). Las habitaciones de madera, muy sencillas, con cuartos de baño bastante oscuros, están situadas en la población, enfrente del campo de fútbol. Otras más nuevas, de cemento, en la parte trasera, resultan considerablemente más alegres y tienen baño.

El **bar-restaurante El Puente** (platos 2,50-4 US$), en la población, sirve un sabroso arroz con pollo. El **restaurante Marisquería** (platos 3-4 US$), junto al banco Coopealianza, es otra posibilidad popular en la zona, donde preparan buen marisco y muchos platos de arroz.

En la carretera, el **restaurante El Dragón Dorado** (platos 3-5 US$) y el **restaurante Wah Lok** (platos 3-5 US$) elaboran sencilla comida china.

Cómo llegar y salir
AVIÓN
Sansa fleta dos vuelos diarios, ida y vuelta, a San José (66/132 US$ ida/ida y vuelta), mientras que NatureAir fleta uno (73/145 US$).

Los taxis acuden al encuentro de los vuelos que llegan y cobran unos 3 US$ hasta Palmar Norte y 12 US$ hasta Sierpe. Otra posibilidad sería tomar el autobús Palmar Norte-Sierpe, poco frecuente; es posible subir si hay plazas.

AUTOBÚS

Los autobuses a San José y San Isidro paran en el lado este de la Interamericana. Otros autobuses salen enfrente de la panadería Palenquito o el supermercado Térraba, a una cuadra de la calle principal. La oficina de venta de billetes de autobús está dentro de Palenquito.

Ciudad Cortés (Transportes Térraba). 6 autobuses con salida a las 6.30 y a las 18.30.

Dominical. A las 8.00.

Neily (Transportes Térraba). 5.00, 6.00, 7.00, 9.30, 12.00, 13.00, 14.20 y 16.50.

Puerto Jiménez. Sale enfrente del banco Coopealianza a las 8.00, las 11.00 y las 17.00 (estos autobuses tienen origen en San Isidro, por lo que el horario de las paradas es aproximado).

San Isidro. 2,50 US$; 3 h; a las 8.30, 11.30, 14.30 y 16.30.

San José (Tracopa). 4,50 US$; 5 h; a las 5.25, 6.15, 7.45, 10.00, 13.30, 15.00 y 16.45.

Sierpe. 0,75 US$; 1 h; a las 4.30, 7.00, 9.30, 11.30, 14.30 y 17.30.

Uvita. 1,25 US$; 1½ h; a las 12.30.

DE PALMAR NORTE A NEILY

Unos 40 km al sudeste de Palmar Norte, la Interamericana pasa por el cruce de Chacarita. La única carretera que se adentra en la península de Osa deja la Interamericana en este punto y toma dirección sudoeste (véase p. 364).

Unos 15 km después de Chacarita, una carretera señalizada a mano derecha de la Interamericana conduce hasta el albergue Bosque Esquinas (véase más abajo). Si se prosigue 14 km más por la Interamericana se llega a Río Claro, que es la intersección para la carretera a Golfito, en el golfo Dulce. Río Claro tiene gasolinera, varios restaurantes y un par de establecimientos donde alojarse.

El **hotel y restaurante Papili** (☎ 789 9038; i/d 16/25 US$; ✴) cuenta con seis cabinas pequeñas, pulcras y limpias, con ducha de agua caliente, ventilador y aire acondicionado. El propietario dirige el **restaurante** contiguo (platos 2-5 US$), donde elaboran típica comida tica y *pizza*.

En las cercanías, el **hotel, cabinas y restaurante Impala** (☎ 789 9921; i/d 14/20 US$, i/d con aire acondicionado 22/25 US$; Ⓟ ✴) dispone de habitaciones limpias, revestidas de baldosas blancas y con cubrecamas rosas. Todas ellas cuentan con ducha de agua caliente y televisión por cable.

Cualquier autobús entre Neily y Golfito puede dejar al viajero en Río Claro. En el caso de que se vaya hasta Golfito y no se quiera esperar el autobús, suelen circular por la población taxis colectivos semi-regulares que solicitan pasajeros para ese recorrido, que cuesta 1,50 US$ por persona con el vehículo completo.

Albergue Bosque Esquinas

En el pueblo de Gamba, menos de 6 km al sur de la Interamericana y por encima del Parque Nacional Piedras Blancas (que, antiguamente, formaba parte del Parque Nacional Corcovado), se encuentra el **albergue Bosque Esquinas** (☎ 775 0901; www.esquinaslodge. com; cabaña por persona 95 US$; Ⓟ ✴), que recibe financiación australiana. Este proyecto encarna el ecoturismo en su sentido más auténtico: gran parte de los empleados son de La Gamba y los beneficios generados por el establecimiento se reinvierten en proyectos para la comunidad.

Está rodeado de 120 Ha de bosque lluvioso. Hay autobús, barco, caballos y circuitos de excursionismo por el parque y otras zonas.

El establecimiento ofrece 10 cómodas cabañas con duchas privadas con agua caliente, ventiladores y porches. Entre las instalaciones destacan una piscina y un restaurante con vistas de la selva. Todas las tarifas incluyen tres comidas diarias; también hay una oferta de paquetes de varios días, con circuitos incluidos.

El camino de tierra desde la Interamericana hasta el albergue resulta transitable para automóviles normales durante todo el año. Desde el albergue, hay una carretera sin asfaltar que continúa 8 km hasta Golfito; esta ruta es transitable para automóviles normales durante gran parte del año, pero es buena idea comprobarlo antes de partir.

NEILY

A 50 m sobre el nivel del mar, este centro agrícola caluroso y agradable queda a 17 km de Panamá y es testigo de cómo un goteo de personas se abre paso por América Central. Desde esta localidad, los autobuses parten hacia Panamá, el antiguo puerto de Gol-

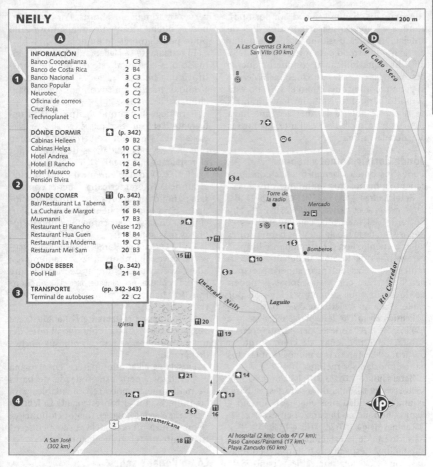

NEILY

0 ————— 200 m

INFORMACIÓN		
Banco Coopealianza	1	C3
Banco de Costa Rica	2	B4
Banco Nacional	3	C3
Banco Popular	4	C2
Neurotec	5	C2
Oficina de correos	6	C2
Cruz Roja	7	C1
Technoplanet	8	C1

DÓNDE DORMIR	⌂	(p. 342)
Cabinas Heileen	9	B2
Cabinas Helga	10	C3
Hotel Andrea	11	C2
Hotel El Rancho	12	B4
Hotel Musuco	13	C4
Pensión Elvira	14	C4

DÓNDE COMER	🍴	(p. 342)
Bar/Restaurant La Taberna	15	B3
La Cuchara de Margot	16	B4
Musmanni	17	B3
Restaurant El Rancho	(véase 12)	
Restaurant Hua Guen	18	B4
Restaurant La Moderna	19	C3
Restaurant Mei Sam	20	B3

DÓNDE BEBER	🍷	(p. 342)
Pool Hall	21	B4

TRANSPORTE		(pp. 342-343)
Terminal de autobuses	22	C2

A Las Cavernas (3 km);
San Vito (30 km)

Río Caño Seco

Escuela

Torre de
la radio

Mercado

Bomberos

Quebrada Neily

Laguito

Río Corredor

Iglesia

Interamericana

A San José
(302 km)

Al hospital (2 km); Coto 47 (7 km);
Paso Canoas/Panamá (17 km);
Playa Zancudo (60 km)

---

fito (p. 372) y en dirección norte, hacia la atractiva y pequeña población de San Vito (p. 343). Por lo demás, esta tranquila ciudad constituye, ante todo, el principal centro de plantaciones de palma de aceite africana, en el valle Coto Colorado, al sur de la localidad. Los residentes en la población la llaman "Villa Neily" o "Ciudad Neily".

Información

Se puede leer el correo electrónico en **Technoplanet** (1,25 US$/h), 200 m al norte del colegio; o en **Neurotec** (1,25 US$/h), al sudoeste del mercado. Hay un hospital público unos 2 km al sur de la localidad, en la Interamericana. Cualquier autobús que vaya a Paso Canoas puede dejar al viajero en ese punto.

El banco Coopealianza, al sudoeste del mercado, tiene un cajero automático de la red Cirrus, que funciona 24 h. En el **Banco de Costa Rica** (🕗 8.00-15.00 lu-vi), cerca de la Interamericana, y el **Banco Popular** (☎ 783 3076; 🕗 8.00-17.00 lu-vi, 9.00-11.30 sa), enfrente del colegio, cambian dólares estadounidenses y cheques de viaje.

Espeleología

Unos 3 km al norte de Neily, en la carretera que va a San Vito (hay que girar en el puente que lleva al río Corredor), hay una red de **cuevas** recién exploradas en una plantación bananera de propiedad privada. En la actualidad, La Purruja Lodge, en Golfito (p. 376), organiza excursiones a la zona para los clientes (35 US$ por persona), aunque es preciso avisar con dos días de antelación. Otra posibilidad sería alquilar un taxi todoterreno para ir hasta allí (6 US$ ida): hay que indicar al conductor que se desea ir a las cavernas de San Rafael. Merece la pena recordar que, como el sitio no está pensado para el turismo, no hay garantías de que esté abierta la puerta o que haya alguien para recibir al visitante; las tarifas de entrada varían.

Dónde dormir, comer y beber

Todos los hoteles tienen duchas con agua caliente a menos que se indique otra cosa.

Hotel Andrea (☎ 783 3784; i/d/tr 19/20/24 US$, i/d/tr/c con aire acondicionado 23/24/26/28 US$; Ⓟ ⚡). Enfrente del mercado, en diagonal, es el mejor sitio de la localidad y las habitaciones salen a cuenta. Son 39, sumamente limpias y revestidas de losetas, tienen un aspecto reluciente y las del piso superior disponen de terraza con vistas; todas disponen de ducha de agua caliente y televisión por cable. Aceptan tarjetas de crédito.

Pensión Elvira (☎ 783 3057; h 5 US$, d con baño 7,50 US$; Ⓟ). Al sudeste del parque, ofrece habitaciones pequeñas, de color turquesa oscuro, que están más o menos limpias; los baños podrían ser mejores.

Hotel Musuco (☎ 783 3048; h sin/con baño 3,50/ 5,50 US$ por persona). Bajando la calle desde Elvira, es una posibilidad más adecuada: limpio y seguro, aunque no lo parezca en exceso.

Cabinas Helga (☎ 783 3146; d 17,40 US$; Ⓟ). Al sudoeste de la estación de autobús, con habitaciones espaciosas y limpias, equipadas con televisión por cable y baño. Sale muy a cuenta.

Cabinas Heileen (☎ 783 3080; i/d 7,50/12 US$; Ⓟ). Al norte del colegio, esta pensión regentada por una familia resulta un tanto oscura, pero está limpia y bien dirigida.

Hotel El Rancho (☎ 783 3060, 783 4210; h 7 US$ por persona; con TV 10 US$, con TV y aire acondicionado 14,50 US$; Ⓟ). Ubicado al norte de la Interamericana, parece un almacén color turquesa. Ofrece 52 habitaciones espartanas con ducha, suelo de linóleo y paredes de madera, que rodean un terreno de grava.

El mejor sitio para comer es la terraza con que cuenta el restaurante del **hotel Andrea** (platos 3,50-5 US$; ⚡ 6.00-22.00), donde sirven abundantes raciones de sabrosa comida. Además, es estupendo para beber una

cerveza y tomar unas bocas. Por las mañanas, es buena idea pedir un apetitoso gallo pinto por algo más de un dólar.

El **restaurante La Moderna** (platos 2-6 US$), situado una cuadra al este del parque, constituye una buena elección. Ofrece variadas comidas ticas y un arroz con pollo para chuparse los dedos.

Para degustar comida china, está el **restaurante Mei Sam** (en el parque Central; platos principales 2-5 US$), que ofrece arroz frito a buen precio; otra posibilidad es decantarse por el **restaurant Hua Guen** (☎ 783 3041; 2,50-6 US$; ⚡ 10.00-00.00), notablemente mejor y situado al sur de la Interamericana. Cuenta con una sala para no fumadores, con aire acondicionado, para que los clientes no pasen calor; el pollo en salsa de cacahuete es uno de los platos más solicitados.

En **La Cuchara de Margot** (norte de la Interamericana) sirven hamburguesas y tentempiés; además, cuenta con un par de mesas al aire libre. En **Musmanni** (al sur del colegio) se encuentran los habituales productos de repostería.

El bullicioso **restaurante El Rancho** (platos 3 US$; ⚡ 11.00-14.00 lu-sa), contiguo al hotel del mismo nombre, es famoso por sus noches de karaoke.

La **sala de billar** que aparece en el mapa es agradable, pero está rodeada de bares de mala muerte, poco recomendables para las mujeres. En el **bar-restaurante La Taberna** (una cuadra al norte del parque), una opción mejor, se encuentra una clientela variada concentrada ante un televisor gigantesco.

Cómo llegar y salir
AVIÓN
Sansa fleta un vuelo diario (71/142 US$ ida/ida y vuelta) que conecta San José y Coto 47, el aeropuerto situado 7 km al sudoeste de Neily. El autobús a Finca 40 tiene una parada junto al aeropuerto (véase más adelante).

AUTOBÚS
Salen de la terminal principal, en la parte este de la población:
Ciudad Cortés. Salidas a las 4.45, 9.15, 12.00, 12.30, 14.30, 16.30 y 17.45.
Finca 40 (aeropuerto). 0,25 US$; 9.15, 11.30, 13.15, 15.15, 16.30 y 18.00.
Golfito. 0,50 US$; 1½ h; 13 salidas diarias desde las 6.00 hasta las 19.30.

Palmar. 4.45, 9.15, 12.00, 12.30, 14.30, 16.30 y 17.45.
Paso Canoas. 0,40 US$; 30 min; 19 salidas diarias desde las 6.00 hasta las 18.00.
Puerto Jiménez. 7.00 y 14.00.
San José (Tracopa). 7 US$; 7 h; a las 4.30, 5.00, 8.30, 11.30 y 15.30.
San Isidro (Tracopa). 4 US$; 7.00, 10.00, 13.00 y 15.00.
San Vito, por Agua Buena (Capul). 1 US$; 2 h; a las 6.00, 7.30, 9.00, 12.00, 13.00, 16.00 y 17.30.
San Vito, por Cañas Gordas (Capul). 1 US$; 2 h; a las 11.00 y 15.00.
Zancudo. A las 9.30 y 14.15.

TAXI
Hay servicios de taxis todoterreno que trasladan a los viajeros a casi cualquier punto. La carrera desde Neily hasta Paso Canoas ronda los 6 US$; hasta Coto 47, sale por 3 US$; y entre Coto 47 y Paso Canoas, cuesta unos 8 US$.

SAN VITO
Esta agradable población de 15.000 habitantes, a 980 m sobre el nivel del mar, proporciona un respiro del calor que hace en las cercanas tierras bajas. San Vito fue fundada por inmigrantes italianos a principios de la década de 1950 y, a vecess, se oye hablar italiano por las calles. De vez en cuando, se ve algún indígena guaymí, con su traje tradicional (los enclaves de estos indígenas cruzan la frontera panameña y se retiran de nuevo sin problemas). La población constituye una buena base para hacer excursiones al jardín botánico Wilson y al Parque Internacional La Amistad, que recibe pocos visitantes.

Durante el trayecto hasta Neily se disfruta de un hermoso paisaje, con espléndidas vistas de las tierras bajas que van disminuyendo a medida que la carretera asciende la abrupta ladera llena de curvas. La carretera es empinada, estrecha y abundan las curvas muy cerradas. También es posible llegar a San Vito desde San Isidro por el valle de Coto Brus, una ruta sumamente pintoresca y menos frecuentada, con fantásticas vistas de la cordillera de Talamanca hacia el norte y de la Fila Costeña, más baja, hacia el sur. La carretera, estrecha y con un descenso abrupto, está pavimentada.

Los dos bancos de la población cambian dólares estadounidenses y abren entre las 8.30 y las 15.30 horas en días laborables. Asimismo, el **centro cultural Dante Alighieri** (enfrente

CÓMO LLEGAR A RÍO SERENO (PANAMÁ)
Al este de San Vito, una carretera poco transitada conduce al puesto fronterizo de Río Sereno, desde donde se puede continuar hasta el pueblo de Volcán, cerca del Parque Nacional Volcán Barú.

Migración (☎ 8.00-18.00) se localiza junto a la comisaría de policía. Tal vez los funcionarios de inmigración panameños pidan a los viajeros un billete de regreso, además de 500 US$ como garantía de solvencia. Sin embargo, no suelen solicitar esto último si el viajero lleva pasaporte de un país del primer mundo y tiene aspecto de contar con un capital razonable.

El lado costarricense carece de servicios para los visitantes, aunque hay un hotel aceptable en Río Sereno, en el lado panameño. Los bancos fronterizos no cambian moneda extranjera, pero es posible pagar con dólares estadounidenses en billetes pequeños. Los autobuses salen de Río Sereno en dirección a Concepción y David con frecuencia regular.

Para más información sobre cómo cruzar fronteras, véase el recuadro en p. 484.

del parque), dispone de información turística e histórica sobre la inmigración italiana, aunque los horarios de apertura son irregulares. Detrás del centro, hay que buscar el *jeep* bombardeado que prestó servicio en Italia durante la Segunda Guerra Mundial.

Una **oficina de los parques del MINAE** (☎ 773 4090; ☽ 9.00-16.00), situada en el extremo norte de la población, proporciona información sobre cómo viajar al Parque Internacional La Amistad (p. 345).

Hay un hospital 1 km al sur del centro de la población.

Puntos de interés y actividades
Cántaros (☎ 773 3760; entrada 0,90 US$; ☽ 9.30-17.00 ma-do), a unos 3 km de camino al jardín botánico Wilson, cuenta con un agradable centro de recreo y una tienda de regalos (se puede entrar en ésta sin pagar la tarifa de entrada). Ubicada en una hermosa cabaña, bien conservada, construida por los primeros pioneros que llegaron a la zona y restaurada en la actualidad, alberga una selección reducida de artesanía local y nacio-

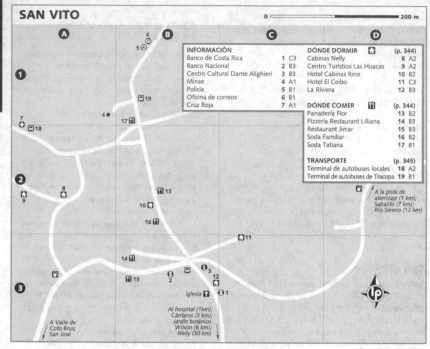

SAN VITO

0 ━━━━ 200 m

INFORMACIÓN		
Banco de Costa Rica	1	C3
Banco Nacional	2	B3
Centro Cultural Dante Alighieri	3	B3
Minae	4	A1
Policía	5	B1
Oficina de correos	6	B1
Cruz Roja	7	A1

DÓNDE DORMIR		(p. 344)
Cabinas Nelly	8	A2
Centro Turístico Las Huacas	9	A2
Hotel Cabinas Rino	10	B2
Hotel El Ceibo	11	C3
La Riviera	12	B3

DÓNDE COMER		(p. 344)
Panadería Flor	13	B2
Pizzería Restaurant Lilliana	14	B3
Restaurant Jimar	15	B3
Soda Familiar	16	B2
Soda Tatiana	17	B1

TRANSPORTE		(p. 345)
Terminal de autobuses locales	18	A2
Terminal de autobuses de Tracopa	19	B1

A la pista de
aterrizaje (1 km);
Sabalito (7 km);
Río Sereno (13 km)

Iglesia

A Valle de
Coto Brus;
San José

Al hospital (1km);
Cántaros (3 km);
Jardín botánico
Wilson (6 km);
Neily (30 km)

nal, escogida con sumo cuidado. Asimismo, destaca un pequeño parque con un lago, varios senderos y un mirador.

Dónde dormir y comer

De no indicarse otra cosa, todas las habitaciones cuentan con baño privado y agua caliente.

Centro Turístico Las Huacas (☎ 773 3115; i/d 8/12,50 US$; **P**). En el lado oeste de la población, su propuesta ofrece habitaciones bonitas y bien conservadas.

Cabinas Nelly (☎ 773 4735; h 6,30 US$ por persona). Al otro lado de la calle, al este de Las Huacas, dispone de oscuras cabañas de madera, que huelen un poco a humedad. Los baños son compartidos y el agua sale tibia en el mejor de los casos.

Hotel Cabinas Rino (☎ 773 3071, tarde-noche 773 4030; i/d 10/17 US$; **P**). Los viajeros elogian estas habitaciones encaladas, agradables y cómodas, que rodean un patio de dos pisos. Está ubicado en la calle principal y todas las habitaciones tienen televisor.

La Riviera (☎ 773 3305; i/d 13,80/25 US$). Junto al centro Dante Alighieri, cuenta con ha-

bitaciones pequeñas, limpias y enmoquetadas, con televisión por cable. Desde las situadas en la parte trasera se disfruta de vistas sensacionales.

Hotel El Ceibo (☎ 773 3025; apapilic@racsa.co.cr; d/tr 35/45 US$; **P**). Situado más al este, es el mejor hotel de la ciudad. Las 40 habitaciones están bien arregladas, además de contar con televisión por cable y ventilador. Algunas ofrecen bonitas vistas de la selva; otras dan al aparcamiento, una visión algo menos pintoresca. En el **bar-restaurante** (platos 4-5 US$) sirven buena comida italiana y tica.

La recomendada **pizzería restaurante Lilliana** (*pizzas* 3-5 US$), al oeste del parque Central, está muy concurrida por residentes en la zona y cuenta con una agradable terraza al aire libre; también sirve sabrosa *pizza*. Tanto en la **soda Familiar** como en la **soda Tatiana** (casados 2 US$ en ambas), situadas en la carretera principal, elaboran comida tica a muy buen precio.

El recomendado **restaurante Jimar** (platos 2-3 US$) tiene una terraza con bonitas vistas donde sirven buenas hamburguesas, casados y bocadillos.

No hay que olvidar la **panadería Flor** (carretera principal), ideal para degustar unos rollos de uva y canela tal vez demasiado dulces pero maravillosos (0,30 US$).

Cómo llegar y salir
AVIÓN
Es posible alquilar un avión ligero que despega de la pista de aterrizaje de San Vito y regresa al mismo punto, 1 km al oeste de la población. Por lo demás, los aeropuertos más cercanos con servicios regulares se encuentran en Coto 47, cerca de Neily, y en Golfito (p. 377).

AUTOBÚS
La terminal principal de Tracopa está ubicada en el extremo norte de la calle principal.
San Isidro. 3.50 US$; 3 h; salidas a las 6.45 y 13.30.
San José. 7 US$; 6 h; 5.00, 7.30, 10.00 y 15.00.

Una terminal de autobuses locales, en el extremo oeste de la población, ofrece servicios de autobuses a Neily y otros destinos:
Agua Caliente. Sale a las 14.00.
Las Mellizas. 9.30, 14.00 y 17.00.
Neily, por Agua Buena (Capul). 1 US$; 2 h; a las 7.00, 7.30, 9.00, 12.00, 14.00 y 17.00.
Neily, por Cañas Gordas (Capul). 1 US$; 2 h; 5.30 y 11.00.
Río Sereno. 7.00, 10.00, 13.00 y 16.00.
Santa Elena. 10.00, 11.30, 14.00, 16.00 y 18.00.

JARDÍN BOTÁNICO WILSON
Unos 6 km (cuesta arriba) al sur de San Vito se encuentra este **jardín botánico** (☎ 773 4004; www.ots.ac.cr; entrada 6 US$; ☸ 8.00-16.00), pequeño, aunque de talla mundial. Con una extensión de 12 Ha y rodeado por 154 Ha de bosque natural, fue fundado por Robert y Catherine Wilson en 1963 y, desde entonces, su colección le ha reportado fama mundial. En 1973, la zona pasó a estar auspiciada por la Organización para Estudios Tropicales (OET) y, en la actualidad, el jardín, muy bien conservado, alberga más de 1.000 géneros de plantas de unas 200 familias.

En tanto que parte de la OET, el jardín desempeña una función científica como centro de investigación. Se protegen especies en peligro de extinción para posibles reforestaciones es en el futuro y los temas relacionados con la conservación, el desarrollo sostenible, la horticultura y la agricultura ecológica constituyen campos de investigación prioritarios. Los estudiantes e investigadores se alojan aquí para utilizar el invernadero y el laboratorio.

Los jardines están bien diseñados, muchas de las plantas se encuentran etiquetadas y puede conseguirse un mapa de los senderos para realizar caminatas autoguiadas. Mientras esté abierto, es posible presentarse en cualquier momento para hacerlas. Las excursiones guiadas para observar la naturaleza (en inglés) cuestan 10/25 US$ por medio día/un día completo y 8/10 US$ a los niños menores de 12 años. Las reservas de las excursiones guiadas y las visitas pueden realizarse a través del portal de Internet de la OET (hay que buscar información en el vínculo "Las Cruces" en el apartado sobre las estaciones biológicas en el portal). Los empleados hablan inglés y español.

Quienes deseen pasar la noche, pueden alojarse si han hecho la reserva con mucha antelación a través del portal de la OET; de lo contrario, hay que considerar el quedarse en San Vito.

Cerca de una docena de cómodas cabañas están equipadas con teléfono, ducha con agua caliente y balcón con estupendas vistas. La tarifa asciende a 62,50 US$ por una doble; los niños menores de 12 años, acompañados de adultos, pagan 25 US$. Los precios incluyen las comidas y la entrada a los jardines.

Cómo llegar y salir
Los autobuses que conectan San Vito con Neily pasan varias veces al día por la entrada del jardín. Hay que asegurarse de que se toma el autobús que cruza Agua Buena; los autobuses que van por Cañas Gordas no se detienen aquí. Un taxi desde San Vito hasta el jardín botánico cuesta 3 US$.

PARQUE INTERNACIONAL LA AMISTAD
Este enorme parque de 1.950 km^2 es, con mucho, la mayor zona única protegida de Costa Rica. Lleva el nombre de "parque internacional" porque se adentra en Panamá cruzando la frontera, donde lo administra de forma independiente. El lado panameño del parque comprende otros 2.070 km^2.

La Amistad, junto con dos parques nacionales contiguos y numerosas reservas indígenas y biológicas, forma parte de un enorme corredor biológico que protege una gran variedad de hábitats tropicales, desde bosque lluvioso hasta páramo; por este motivo, ha atraído la atención de biólogos, ecologistas y conservacionistas de todo el mundo. En 1982, la Unesco lo declaró Reserva de la Biosfera y, en 1983, se le concedió el estatus de Patrimonio Mundial.

El parque acoge la mayor población de tapires de Baird del país, además de osos hormigueros gigantes, las seis especies de felinos neotropicales (jaguar, puma, margay, ocelote, oncilla y jaguarundi) y muchos otros mamíferos comunes. Se han avistado más de 500 especies de aves (más de la mitad del total que hay en Costa Rica), 49 de las cuales sólo existen dentro de la reserva de la biosfera. Asimismo, se han catalogado 115 especies de peces y 215 reptiles y anfibios distintos. Asimismo, existen innumerables especies de insectos.

La cordillera de Talamanca, la columna vertebral del parque, no sólo incluye los picos del macizo Chirripó, sino que también engloba muchas montañas que sobrepasan los 3.000 m de altitud. Con una vegetación muy densa, las laderas del Caribe, al norte, y las laderas del Pacífico, al sur, también quedan protegidas por el parque, aunque sólo se encuentran puestos de guardaparques en el lado del Pacífico.

En el interior del parque, el desarrollo es casi inexistente, lo que significa que los excursionistas quedan a merced de sus propios medios. Resulta difícil caminar por el empinado, denso y húmedo bosque lluvioso; no es recomendable hacerlo sin la ayuda de un guía (véase p. 362).

Orientación e información

Puede obtenerse información en las **oficinas locales del MINAE:** San Vito (☎ 773 4090) San Isidro (☎ 771 3155, 771 4836, 771 5116; Calle 2 entre avs. 4 y 6). Únicamente la oficina de San Vito gestiona las reservas en los albergues del parque y la contratación de guías. La entrada cuesta 6 US$ por día y el *camping*, 2 US$.

La sede central del parque, emplazada en la **estación Altamira** (☎ 200 5355), está atendida en todo momento. Constituye la zona más desarrollada y cuenta con una pequeña sala de exposiciones que cubre la fauna y flora local, una zona de *camping*, duchas y agua potable, luz eléctrica y una torre de observación. Hay varios senderos; algunos de ellos

se abren paso por bosque primario y otros comparten vistas panorámicas o conducen a diminutas comunidades en los límites del parque. Se aconseja llevar pantalones largos, ya que las hierbas pueden llegar hasta la cintura en algunos senderos.

El sendero más largo (20 km) –conocido como el **Valle del Silencio**– sale de la estación Altamira y serpentea hasta llegar a un bosque primario accidentado y virgen, antes de acabar en una zona de *camping* y refugio en la base del cerro Kamuk. La excursión se prolonga entre 8 y 12 horas, siempre y cuando el viajero se encuentre en muy buena forma física. Según dicen, resulta espectacular y cruza una de las zonas más aisladas de toda Costa Rica. Se precisa un guía local para completar el viaje.

El refugio es muy sencillo y proporciona poco más que alojamiento, lavabo, váter y 20 camas tipo litera. Hay llevar el resto del equipo: brújula, sacos de dormir, comida, utensilios de cocina (hornillo y bombonas), velas, linterna, etc.

Hay un puesto de servicio menos utilizado en la estación Santa María de Pittier, unos pocos kilómetros al sur de Altamira, en las laderas del cerro Pittier. Aquí se encuentra otro albergue con literas, para 30 personas, equipado con agua corriente, lavabos y poco más. Igual que sucede con las demás estaciones hay que llevar lo que se pueda necesitar. También destaca un sendero que conecta la estación con Altamira. Es muy recomendable contratar los servicios de un guía.

Dónde dormir y comer

Además de la acampada cerca de los puestos de los guardaparques y los dos refugios ya mencionados, hay dos establecimientos cerca del parque. Véase también "Reserva Biológica Dúrika" (p. 337).

Albergue La Amistad (☎ en San José 289 7667, 200 5037; www.laamistad.com; h 88 US$ por persona). Situado a unos 3 km del pueblo de Las Mellizas (no cerca de Altamira), por un camino de tierra en mal estado, fue el primer albergue que se abrió en la zona. Está ubicado en una combinación de 100 km² de montes y granja biológica que constituye la tercera reserva de Costa Rica por su tamaño. La simpática familia Montero, que lleva generaciones viviendo en la zona, ha realizado una buena labor al equilibrar las necesidades del desarrollo con la protección del medio ambiente. El establecimiento tiene 10 habitaciones dobles de madera noble tropical, siete de ellas con baño (todas las duchas tienen agua caliente). También han montado tres campamentos de tiendas en la selva (con un cuarto en camino) en diferentes altitudes y en distintas zonas de vegetación, lo que permite al visitante realizar una excursión de varios días por la zona sin tener que abandonar la comodidad que supone una cama firme y buena cocina. Cada campamento se encuentra a una distancia aproximada de 7 km. Los empleados transportan las pertenencias de los visitantes de un campamento a otro y sirven comidas en cada uno de ellos; las tiendas son de tamaño natural y tienen acceso directo, además de lavabos y agua corriente. Cabe destacar las excelentes oportunidades de observar aves y la posibilidad de realizar otros circuitos.

Las tarifas incluyen tres comidas diarias y la entrada al parque. Hay electricidad durante la mayor parte del día, pero es aconsejable llevar una linterna. Los autobuses a Las Mellizas pueden dejar al visitante cerca del albergue, aunque los propietarios acudirán a recogerlo si se avisa con antelación. Para reservar, hay que llamar al número de teléfono de San José.

Albergue Monte Amuo (☎ 265 6149; h por persona con 3 comidas 75 US$). Emplazado en 50 Ha que lindan con La Amistad, es otra instalación de calidad situada cerca del parque. Se llega hasta él conduciendo en dirección noroeste desde San Vito, por la carretera del valle de Coto Brus. Unos 4 km después de Río Grande de Térraba (44 km al norte de San Vito), una carretera señalizada conduce hasta Potrero Grande (5 km); Monte Amuo se encuentra 10 km después, por carreteras señalizadas (es necesario llevar un todoterreno). Los alojamientos son cabañas rústicas con duchas privadas de agua caliente. Sólo hay electricidad durante parte de la noche.

Cómo llegar y salir

Casi siempre es posible tomar un taxi todoterreno para que deje al viajero más o menos cerca de las estaciones del parque. Tal vez haya que preguntar un poco por la zona antes de encontrar a alguien que sepa el camino. A pesar de todo, las carreteras (si pueden llamarse así) son muy duras e, incluso, el todoterreno más resistente puede pasar un mal rato. Si se decide conducir por la zona, es aconsejable informarse sobre el estado de las carreteras en la oficina del MINAE en San Vito antes de salir. Es un viaje sólo apto para aventureros con varios días libres.

CÓMO LLEGAR A DAVID (PANAMÁ)

Paso Canoas es el principal punto para cruzar la frontera con Panamá y, por lo general, suele estar bastante concurrido. En el momento de redactar esta guía, el puesto fronterizo estaba en proceso de demolición y reconstrucción. Hasta que finalicen las obras, el servicio de migración costarricense está emplazado en el lado este de la carretera, al norte de la terminal de autobús de Tracopa. Tras obtener un visado de salida, hay que caminar 400 m al este, en dirección al puesto de inmigración panameño, situado en un emplazamiento medio escondido, detrás del Centro de Copias Joamy, 50 m al norte de la carretera. Aquí puede adquirirse la tarjeta de turista (5 US$) necesaria para entrar en Panamá, aunque se sabe que se agotan. Es posible que obliguen al viajero a mostrar un billete de regreso y a demostrar solvencia económica. Con presentar una tarjeta de crédito suele bastar, aunque este puesto fronterizo es famoso por hacer pasar un mal rato a los viajeros que no disponen de una. Desde este punto, docenas de furgonetas se desplazan hasta David, a 1½ h (1,50 US$ por persona).

Si el viajero entra en Panamá conduciendo un vehículo particular (o si entra en Costa Rica desde Panamá), es obligatoria la fumigación del vehículo (3,50 US$). Se aconseja conservar una copia del comprobante, ya que suelen solicitarla en los puestos de control que hay en la carretera. Si el viajero no guarda el comprobante, le obligarán a retroceder a la frontera hasta conseguirlo. La frontera está abierta 24 h. La moneda panameña, el balboa, tiene el mismo valor que el dólar estadounidense y es intercambiable con éste.

Para más información sobre cruce de fronteras, véase p. 484.

A LA ESTACIÓN ALTAMIRA

Desde San Isidro o San Vito, es posible tomar cualquiera de los autobuses que conectan ambas poblaciones y bajarse en la localidad de Guácimo (en algunas guías aparece como "Las Tablas"). Se puede pedir al conductor que avise al viajero cuando llegue el momento de bajarse. Desde Guácimo, dos autobuses diarios se desplazan hasta El Carmen; si el estado de las carreteras lo permite, van directos a la población de Altamira (aunque nunca se sabe). En El Carmen hay una soda y algunas cabinas económicas, en el caso de que, por cualquier motivo, haya que pasar la noche. A partir de aquí, queda un trayecto de 4 km por una carretera de curvas hasta Altamira; desde este punto, se puede seguir la señal del MINAE, cerca de la iglesia, que indica el empinado camino de 2 km hasta el puesto de los forestales.

A LA ESTACIÓN SANTA MARÍA DE PITTIER

Sólo se puede acceder a esta estación durante la época seca. Para llegar a ella, hay que tomar el autobús que sale de San Vito en dirección a Agua Caliente. Si la carretera se encuentra en malas condiciones, algo que resulta bastante probable, puede ser que sólo sea posible llegar hasta Santa Elena; desde ese punto, hay una caminata de 5 km cuesta arriba hasta la estación. No siempre hay empleados, de modo que es importante hacer la reserva en el albergue antes de emprender la marcha.

PASO CANOAS

Esta pequeña población constituye el principal puerto de entrada entre Costa Rica y Panamá y, al igual que muchos puestos fronterizos, carece de todo encanto (Neily, a sólo 17 km de distancia, resulta mucho más agradable). Los hoteles suelen estar llenos de ticos a la caza de una ganga, que buscan ofertas especiales libres de impuestos, sobre todo los festivos y fines de semana. Gran parte de las tiendas y hoteles se localizan en el lado costarricense.

En **Accredit** (8.00-16.30), cerca de migración, cambian cheques de viajes y hay un cajero automático del sistema Visa Plus cerca de la frontera. Las tarifas que se aplican al convertir dólares de EE UU en colones o balboas son aceptables; en cambio, las tarifas para convertir los colones sobrantes en dólares no son tan buenas. En la frontera aceptan colones, aunque dentro de Panamá cuesta bastante deshacerse de ellos.

El **Instituto Panameño de Turismo** (☎ 727 6524; 6.00-23.00), junto al puesto fronterizo panameño, ofrece información para viajar a este país. Si el visitante llega a Costa Rica, puede recabar información turística y mapas (a veces) en una pequeña oficina de ICT junto a la fila de salida en la oficina de inmigración costarricense. Los horarios son irregulares.

Dónde dormir y comer

Los hoteles en Paso Canoas no son especialmente buenos, aunque sí hay algunas

PASO CANOAS

0 — 200 m

A Coto 47;
Neily (17 km);
San José
(319 km)

Interamericana

Tiendas

PANAMÁ

COSTA RICA

A David;
Panamá

Plaza de toros

INFORMACIÓN	
Cajero automático	**1** A1
Báncredito	(véase 2)
Migración y aduanas de Costa Rica	**2** A1
Información turística de Costa Rica	(véase 2)
Instituto Panameño de Turismo	(véase 3)
Migración panameña	**3** B1
Oficina de correos	**4** B1

DÓNDE DORMIR (pp. 348-349)	
Cabinas Hilda	**5** B2
Cabinas Interamericano	**6** B2
Cabinas Jiménez Anexo	**7** B2
Cabinas Jiménez	**8** A2
Cabinas Los Arcos	**9** B1
Cabinas Romy	**10** B2
Hotel Azteca	**11** A2
Hotel Real Victoria	**12** A2

DÓNDE COMER (pp. 348-349)	
Bar-Restaurante Don Julio	**13** A1
Panadería Musmanni	**14** B1
Soda Hilda	(véase 5)

TRANSPORTE (p. 349)	
Autobuses a Neily	**15** B1
Parada de Taxis	**16** B1
Terminal de autobuses de Tracopa	**17** A1

posibilidades aceptables. Todas las duchas de los establecimientos citados a continuación son de agua fría.

Cabinas Romy (☎ 732 1930; d 20 US$; Ⓟ). Las habitaciones nuevas y relucientes, en un edificio amarillo brillante, están impecables; cuentan con suelos revestidos de losetas y baños privados. Todas las puertas de madera presentan tallas decorativas.

Hotel Azteca (☎ 732 2217; h 5 US$ por persona, con aire acondicionado 7,50 US$; 🔃). Ubicado en la parte oeste de la localidad, este establecimiento de calidad, limpio, bien gestionado y de color rojo brillante, ofrece 57 habitaciones con ducha privada. Se encuentra entre los mejores de la población. Las habitaciones más caras tienen aire acondicionado y televisor; hay un restaurante en el mismo establecimiento.

Cabinas Interamericano (☎ 732 2041; i/d 5/10 US$, i/d con aire acondicionado 6,30/15 US$; 🔃). De los más económicos, es el que más sale a cuenta. Las habitaciones son oscuras, pero están limpias y todas tienen duchas.

Hotel Real Victoria (☎ 732 3586; i/d 10/13,75 US$; Ⓟ 🏊). Un sitio seguro, con piscina y habitaciones limpias, equipadas con aire acondicionado y duchas.

Cabinas Jiménez (☎ 732 2258; i/d 9/12 US$, i/d con aire acondicionado 15/18 US$). 18 habitaciones aceptables en una casa de color melocotón, todas con televisor y ducha. El anexo, en un emplazamiento separado, sale algo más económico, pero resulta mucho más lúgubre y sencillo.

Cabinas Hilda (☎ 732 2873; d US$10, d con aire acondicionado 17,50 US$; 🔃). Cuentan con baño, pero huelen a cerrado y son bastante oscuras; la soda contigua está bien.

Cabinas Los Arcos (☎ 732 1632; h 6 US$ por persona; Ⓟ). Situado en un tranquilo extremo de la localidad, dispone de cabinas de hormigón oscuras, un tanto desvencijadas, aunque razonablemente limpias; tienen baño y ventilador.

Las posibilidades para cenar incluyen varias sodas económicas. La mejor es la **soda Hilda** (casados 3 US$), uno de los establecimientos más limpios y agradables, muy adecuado para las familias. En el **bar-restaurante Don Julio** (casados 4 US$), situado en la Interamericana e indicado con un letrero donde se lee "Asador Brunca", elaboran una gran variedad de especialidades ticas y chinas. **Musmanni** (0,30-3,00 US$) ofrece productos de repostería.

Cómo llegar y salir

Los **autobuses de Tracopa** (☎ 732 2119; 7 US$; 8 h) salen hacia San José a las 4.00, 8.00, 9.00 y 15.00. La oficina (o mejor dicho, la ventanilla) está al norte del puesto fronterizo, en el lado este de la calle principal. Los autobuses de los domingos por la tarde suelen llenarse de compradores de fin de semana, por lo que se recomienda adquirir los billetes antes. Los autobuses con destino a Neily (0,40 US$, 30 min) salen desde enfrente de la oficina de correos, por lo menos una vez cada hora entre las 6.00 y las 18.00. Los taxis a Neily cuestan unos 6 US$, y al aeropuerto de Coto 47, unos 8 US$.

Península de Osa y golfo Dulce

La península de Osa, en gran parte inaccesible, acoge las mejores reservas de bosque húmedo tropical de la costa pacífica de América Central y el Parque Nacional Corcovado, con algunas de las maravillas naturales más espectaculares de Costa Rica. Esta zona protegida cautiva a numerosos visitantes que llegan en barco, autobús, automóvil y avión para explorar sus riquezas: desde bandadas de lapas (guacamayos escarlatas) y colonias de monos, hasta huidizos jaguares. Los entusiastas del buceo pueden acercarse a la Reserva Biológica Isla del Caño, unos 20 km al oeste de la península, y nadar en sus aguas cálidas y cristalinas.

La península de Osa protege el golfo Dulce del poderoso Pacífico y atrae a grupos de ballenas y delfines en época de apareamiento y lactancia de sus crías hacia las tranquilas aguas de la bahía. En el extremo meridional, los surfistas se dirigen a Pavones en busca de grandes olas, mientras que los amantes de la playa disfrutan del mar sereno de Zancudo.

Se puede llegar tomando un barco desde Sierpe a bahía Drake y continuar a pie o en barco hasta Corcovado; o viajar en avión, autobús, automóvil o barco desde Golfito a Puerto Jiménez, la mayor población de la zona, y seguir por una accidentada carretera que bordea la península hasta la entrada sudeste del parque nacional en Carate.

PENÍNSULA DE OSA

LO MÁS DESTACADO

- Recorrer el incomparable **Parque Nacional Corcovado** (p. 360)
- Practicar surf en **Pavones** sobre una de las más largas olas izquierdas del continente (p. 383)
- Disfrutar de la soledad de los bosques tropicales montañosos en un *camping* de **Río Nuevo** (p. 365)
- Relajarse en las tranquilas playas de **Zancudo** (p. 381)
- Explorar las maravillas botánicas del **norte del golfo Dulce** (p. 372), sobre todo en la **Casa de Orquídeas** (p. 379)

Casa de Orquídeas ★

Parque Nacional ★ Corcovado

Río Nuevo ★

★ Zancudo

Pavones ★

PENÍNSULA DE OSA

A CORCOVADO POR BAHÍA DRAKE

SIERPE

A casi 30 km del Pacífico, este tranquilo pueblo junto al río Sierpe hierve de actividad cuando los viajeros lo cruzan de camino a bahía Drake. Aquí se pueden alquilar barcos, aunque casi todos los alojamientos de Drake recogen a sus huéspedes en Sierpe.

Vittatus Tours (☎ 786 7016; vittatustouroperator @yahoo.es; ☼ 7.00-19.30) fleta taxis acuáticos y ofrece excursiones de un día a Corcovado (desde 80 US$) y salidas nocturnas para ver cocodrilos (12 US$ por persona).

Dónde dormir y comer

SIERPE

Hotel Margarita (☎ 786 7574; h por persona 5 US$, d con baño 10 US$). Dispone de cuartos sencillos con ducha compartida y agua fría; los dobles son cómodos y tienen un suelo de cerámica muy limpio, aunque el agua no sale con mucha presión.

Hotel Oleaje Sereno (☎ 786 7580; www.oleajesereno. com; d 35 US$, cama adicional 10 US$; P ✷). A sólo una manzana del muelle, cuenta con 10 habitaciones limpias, forradas de linóleo, pintadas de turquesa y provistas de aire acondicionado y ducha con agua caliente. El hotel, que regenta la soda vecina, junto al embarcadero, ofrece servicio de estacionamiento vigilado (2,50 US$ por día) mientras el cliente viaja a Drake. Aceptan tarjetas de crédito.

Estero Azul Lodge (☎ 786 7422; www.sample costarica.com; h por persona con 3 comidas 90-94 US$; P ✷). Situado 2 km al norte de Sierpe, en la carretera de Palmar, este agradable lugar dispone de cinco dormitorios de madera, de estilo safari, con baño recién alicatado, ventilador de techo y patio cubierto con mosquitera. Una habitación, algo más cara, está equipada con aire acondicionado y TV. Patricia Kirk, la copropietaria, es una chef de gran prestigio que cultiva sus propias especias y sirve platos exquisitos en el comedor tropical. El hotel organiza excursiones de pesca, avistamiento de cocodrilos por la noche, piragüismo, submarinismo y senderismo. Cierra de octubre a diciembre.

Eco Manglares Sierpe Lodge (☎ 786 7414; ecociepa@racsa.co.cr; i/d 35/40 US$, cama adicional 11,50 US$; P). Propiedad de una familia, se trata de un alojamiento espacioso y rústico, con cabinas bien decoradas, techo de paja, baño y agua caliente. Ubicado al otro lado del río desde Estero Azul, se accede por un estrecho puente colgante por el que puede pasar un automóvil. Se ofrece todo tipo de actividades: pesca, buceo y turismo; la excursión de un día a Corcovado en barco para seis personas cuesta sólo 200 US$. Dispone de restaurante.

El **Bar/Restaurante Las Vegas** (cerca del muelle), situado junto al Hotel Oleaje Sereno, es muy popular.

POR EL RÍO SIERPE

Sábalo Lodge (☎ 770 1457; www.sabalolodge.com; por persona 55 US$; paquete de 4 días por persona 349 US$). Este alojamiento rústico, que funciona con energía solar, pertenece a una familia y admite un máximo de ocho personas en habitaciones con mosquitera y baño compartido muy limpio. Cerca se hallan un estanque, donde se puede nadar, y un río; resulta ideal para observar la fauna y hacer senderismo. Los almendros silvestres del jardín atraen a los hambrientos guacamayos escarlatas. Los paquetes de varios días comprenden traslado desde Sierpe, alojamiento, paseos a caballo, una excursión a la isla Violín y tres comidas diarias; también se organiza pesca, buceo y submarinismo.

Río Sierpe Lodge (☎ 384 5595; www.riosierpelodge. com; paquete de 4 días por persona 255 US$). Al sur de la isla Violín y a 4 km del mar, cuenta con 17 dormitorios con ducha y agua caliente por energía solar, y otros seis dúplex con un altillo donde se ha colocado la cama. El precio incluye comida, refrescos y el traslado desde Palmar. Se programan excursiones por el campo para avistar pájaros, por los manglares, a Corcovado y a las islas del Caño y Violín; también se organiza buceo, pesca deportiva, submarinismo y acampadas en la selva. Se ofrecen diversos paquetes especializados; los de submarinismo y pesca son bastante caros.

Cómo llegar y salir

AVIÓN

Sólo existen vuelos regulares y chárter a Palmar Sur, que está situado 14 km al norte de Sierpe (véase p. 339).

BARCO

Quienes no tengan concertada con su hotel la recogida en barco deben preguntar en el muelle o dirigirse a Vittatus Tours; se

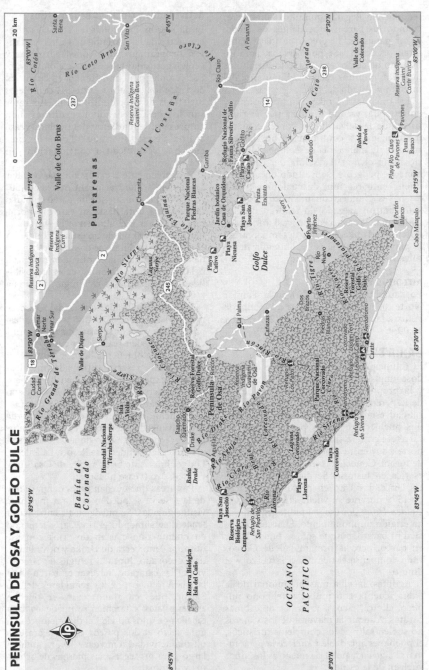

PENÍNSULA DE OSA Y GOLFO DULCE

PENÍNSULA DE OSA

recomienda llegar temprano (8.00-cierre) cuando los barcos procedentes de Drake dejan pasajeros. El precio de ida a bahía Drake es de 15 US$ por persona, para un mínimo de cuatro, y el trayecto dura unos noventa minutos, según el tamaño del motor y el estado del mar.

La travesía a Drake es muy bonita y entretenida, ya que se inicia por el río a través de la selva, luego por el estuario de mangles y a continuación por las corrientes de marea y la desembocadura del río hasta el mar. La salida del río tiene fama de peligrosa, sobre todo en una pequeña embarcación; de cualquier forma las naves grandes con un motor potente y un patrón avezado no tendrán ningún problema. Para acceder a casi todos los hoteles de Drake, hay que desembarcar en la playa, por lo que se recomienda llevar calzado que se pueda mojar.

AUTOBÚS Y TAXI

Los autobuses que se dirigen a Palmar Norte (0,75 US$) salen frente a la Pulpería Fénix a las 5.30, 8.30, 10.30, 13.20, 15.30 y 18.00. Un taxi cuesta unos 12 US$.

BAHÍA DRAKE

El municipio está encajado entre la frondosa jungla del Parque Nacional Corcovado y la propia bahía, en la parte occidental de la península de Osa. En realidad, la localidad está formada por **Drake** y **Agujitas**, dos pueblecitos unidos por una estrecha carretera costera sin asfaltar que circula de norte a sur entre el aeródromo y el campo de fútbol. Conocida como Drake, esta zona es rica en historia. Se dice que sir Francis Drake la visitó en persona en marzo de 1579 durante su vuelta al mundo en el *Golden Hind;* por eso, en punta Agujitas se ha erigido un monumento. El acceso no es fácil ni barato, porque sólo se puede llegar en barco, pero la proximidad de Corcovado compensa el tiempo, el esfuerzo y el dinero.

Agujitas, la villa más meridional de la bahía, cuenta con pulpería, teléfono público, clínica, escuela y un par de cabinas baratas. Aunque la mayoría de los viajeros no suelen salir de los complejos turísticos, el pueblo es agradable y merece la pena tomarse algo en la pulpería mientras los niños vuelven de la escuela.

Actividades y circuitos organizados

En la región, casi todas las agencias ofrecen actividades variadas para los visitantes, programan excursiones parecidas y suelen gestionar la reserva de alojamiento. Existe una gran competencia en cuanto al coste de los circuitos entre los complejos turísticos de precio alto: los más baratos son los de Corcovado Expeditions, una empresa independiente del pueblo (véase al final de este apartado). Todos los precios que se indican a continuación son por persona.

Probablemente la excursión más popular sea la del Parque Nacional Corcovado (50-75 US$), que comprende un paseo en barco de casi una hora hasta su extremo norte, una caminata y el almuerzo; la entrada al parque (8 US$) puede no estar incluida. En el alojamiento donde se contrate, el viajero debe escoger entre la caminata breve y fácil o larga y difícil. También cabe la posibilidad de llegar hasta el refugio de Sirena (100 US$).

La Reserva Biológica Isla del Caño se puede visitar por 55-75 US$ y resulta ideal para **bucear** y hacer **submarinismo.** Los principiantes pueden realizar un curso de cuatro días para obtener la licencia de PADI si realizan una reserva anticipada, mientras que los expertos pueden ir en barco para hacer inmersiones cerca de la isla del Caño y otros lugares por unos 110 US$ con material incluido; también se ofrecen cursos de nivel avanzado. Los mejores alojamientos para practicar este tipo de actividades son el Drake Bay Wilderness Resort, La Paloma Lodge, Jinetes de Osa, Águila de Osa Inn y Pirate Cove (véase p. 356).

Las áreas que quedan fuera del parque y de la reserva se pueden explorar mediante visitas guiadas. Se puede elegir entre hacer **senderismo** subiendo el río Claro, teniendo en cuenta que existen dos ríos con ese nombre (uno cerca de Drake y otro dentro de Corcovado, junto al refugio de Sirena); visitar las cataratas; navegar en barco hasta la isla Violín o por los manglares del río Sierpe, pues en ambos casos se pueden **avistar pájaros;** y también se puede **montar a caballo** por unos 60 US$ al día, siempre con guía salvo en los paseos cortos. Para esta última actividad, conviene llevar pantalón largo para protegerse las piernas de arbustos y garrapatas.

En todos los alojamientos se informa sobre los senderos cercanos que se pueden recorrer sin guía; también se puede optar por pasear por el camino de la playa hasta Corcovado (véase p. 358).

Es posible practicar la **pesca deportiva** desde 35 US$ la hora en barcos pequeños y hasta 800 US$ al día en una embarcación de 9 m totalmente equipada. El mejor establecimiento para pernoctar para los aficionados a la pesca es Águila de Osa, aunque en todos organizan actividades similares. Poor Man's Paradise y el Hotel Ojalá están especializados en áreas de pesca buenas y económicas.

En muchos alojamientos programan **piragüismo** por el río y travesías en **kayak por mar,** como en el Drake Bahía Wilderness Resort, el mejor para estos circuitos.

Otros ofrecen salidas para **avistar ballenas y delfines,** e incluso para nadar junto a estos animales si el viajero se encuentra a gusto flotando en mar abierto; suelen costar unos 100 US$ por persona para un mínimo de cuatro. El mejor lugar para reservar esta excursión es Drake Bahía Wilderness Resort (véase p. 357), pues Shawn Larkin, guía y biólogo marino, contagia a todo el mundo su entusiasmo por estos mamíferos. Larkin reparte su tiempo entre Drake y el pueblo caribeño de Manzanillo investigando las más de 20 especies de delfines y ballenas que pueblan el litoral de Costa Rica para su organización educativa, el **Costa Cetácea Research Institute.** Tanto él como sus colegas han grabado documentales sobre cetáceos, que se pueden ver en el hotel y que regalan a grupos sin ánimo de lucro para darlos a conocer entre los niños.

Resultan muy interesantes los **circuitos nocturnos** (www.thenighttour.com) ofrecidos por la entomóloga Tracie, apodada Señora de los Bichos, y su compañero Víctor. Este recorrido de dos horas (35 US$), en el que se utilizan instrumentos de visión nocturna, es fascinante. Además, una de las áreas de investigación de Tracie es el uso militar de los insectos, y ésta suele explicar curiosidades como el modo en que los estadounidenses emplearon cucarachas en la Guerra de Vietnam. Conviene reservar con mucha antelación, pues los grupos se limitan a seis personas.

PENÍNSULA DE OSA

ZONA DE BAHÍA DRAKE

0 — 2 km

A			**B**		
INFORMACIÓN			Cabinas Las Caletas	16	B2
Clínica	1	C2	Marenco Beach & Rainforest Lodge	17	A3
Teléfono público	(véase 23)		Pirate Cove	18	D2
			Poor Man's Paradise	19	A3
QUÉ VER Y HACER	**(pp. 354-356)**		Rancho Corcovado	20	D2
Corcovado Expeditions	2	C2	Treetop Resort	21	B2
DÓNDE DORMIR	**(pp. 356-358)**		**DÓNDE COMER**	**(p. 356)**	
Aguila de Osa Inn	3	C2	Soda Cuchara de Miriam	(véase 5)	
Bahía Paraíso	4	A3			
Cabinas Bambú Sol	5	D2	**DE INTERÉS**		
Cabinas Bellavista	6	C2	Pulpería y bar	22	C2
Cabinas Jade Mar	7	D2	Pulpería	23	C2
Corcovado Adventures Tent Camp	8	B2	Escuela	24	C2
Delfín Amor Eco Lodge	9	B2	Campo de fútbol	(véase 24)	
Drake Bay Wilderness Resort	10	C2			
Cabinas El Mirador	11	D2			
Guaria de Osa	12	A3			
Hotel Ojalá (Fred's Place)	13	D2			
Jinetes de Osa	14	C2			
La Paloma Lodge	15	C2			

Aeródromo

Río Drake

Al aeródromo, Rancho Quemado y Rincón

Bahía Drake

Playa Cocalito

Punta Aguijitas

Aguijitas

Arrecife

Playa San Josecito

Río Claro

Río Agujas

A Jungle Al's (500 m);
Reserva Biológica Campanario;
Casa Corcovado y
Parque Nacional Corcovado

Corcovado Expeditions (☎ 818 9962, 396 7774; corcovadoexpeditions@hotmail.com) programa viajes de varios días a Corcovado y excursiones a otros destinos.

Más allá del pueblo, por la colina dominada por La Paloma Lodge (véase p. 357), un camino conduce a la pequeña y bonita playa Cocalito. Aunque casi todo el litoral es rocoso, esta calita es apta para el **baño,** aunque se debe evitar cuando la marea está alta.

Dónde dormir y comer

En bahía Drake el alojamiento no resulta barato y, además, el pueblo carece de electricidad, de modo que los sitios más económicos no suelen tener luz por la noche, por lo que conviene llevar linterna. Durante la estación seca, de mediados de noviembre a finales de abril, conviene reservar; los precios indicados a continuación son de temporada alta e incluyen tres comidas al día a menos que se indique lo contrario.

Los teléfonos escasean y casi todos los establecimientos se comunican por radioteléfono o por radio de onda corta; a veces cuesta conectar a la primera, pero hay que insistir. Para informarse sobre otros hospedajes, véase "De bahía Drake a Corcovado" (pp. 358-360).

PRECIO ECONÓMICO Y MEDIO

Hotel Ojalá (Fred's Place; ☎ 380 4763, 815 1080; drake@racsa.co.cr; 50 US$ por persona). En el extremo septentrional del pueblo, a unos 5 km del aeródromo, y conocido como Fred's Place, está especializado en pesca deportiva, pero también programa las excursiones habituales.

Cabinas Jade Mar (☎ 384 6681; 45 US$ por persona). Regentado por una familia y situado en la cima de una colina, ofrece cabinas de madera confortables con baño, ventilador y hamacas en el patio, y cuenta con electricidad de 18.00 a 21.00. Doña Marta, la propietaria, puede arreglar el traslado desde Sierpe.

Cabinas El Mirador (☎ 836 94156, 356 4758; www.mirador.co.cr; 35 US$ por persona). Se trata de un lugar agradable, al que se llega por un camino empinado en el extremo norte de bahía Drake. Tiene ocho habitaciones rústicas de madera con baño y magníficas vistas de la ensenada. No hay electricidad, pero disponen de velas. La familia Elizondo también regenta las nuevas y modestas **Cabinas Bambú Sol** (15 US$ por persona desayuno incl.), en la carretera principal del pueblo. En la **Soda Cuchara de Miriam** (al lado) sirven comidas.

Cabinas Bellavista (☎ 829 1482; 30 US$ 2 comidas incl.). Mientras se elaboraba esta guía, este edificio verde destartalado estaba de reformas y se esperaba su reapertura para mediados de 2004. Está previsto abrir un bar en lo alto de la colina: perfecto para disfrutar de las vistas y una cerveza al atardecer.

Rancho Corcovado (☎ 786 7903; *camping*/h por persona 10/40 US$). La familia González dirige este lugar recién restaurado, que consta de siete cuartos con baño. En cada uno caben entre dos y cuatro personas; también se pueden instalar tiendas de campaña en el jardín con derecho a baño. Hay electricidad por la noche.

Jinetes de Osa (☎ 371 1598, en San José 236 5637, en EE UU 800-317 0333; www.costaricadiving.com; h por persona 65-70 US$). Dispone de nueve dormitorios bien equipados, algunos con vistas de la bahía. Hay otros cuatro más caros y mejores, con ventilador, ducha decorada con bonitos azulejos y agua caliente, y un balcón compartido. Otros tres dormitorios más pequeños (algunos con baño compartido) son igual de acogedores. El hotel está emplazado sobre el agua, el acceso a pie al pueblo es muy cómodo y su bar es estupendo para conocer gente. Aceptan tarjetas de crédito. Jinetes es un centro de buceo de PADI que ofrece cursillos con dos inmersiones en la isla del Caño (85 US$) para obtener el título. Los principiantes pueden optar por el llamado "Curso recreativo" (140 US$), que también incluye dos inmersiones. Se proporciona el equipo.

Pirate Cove (☎ 234 6154, 393 9449, 934 1226; www.piratecovecostarica.com; paquete de 4 días estándar/de lujo 350/400 US$). Dispone de cabinas confortables con balcón y vistas; *bungalows*, más espaciosos, y habitaciones más económicas con baño compartido; no hay electricidad por la noche y los precios son para dos personas. También tiene un concierto con PADI y ofrece submarinismo por la zona, además de todas las excursiones habituales. En su página web aparece una lista muy útil de los puntos de buceo locales.

PRECIO ALTO

Muchos alojamientos de más categoría, que suelen contar con embarcadero en el río, ofrecen paquetes de varios días; generalmente el último día hay que dejar la habitación por la mañana temprano. Los precios incluyen tres comidas al día a menos que se indique lo contrario.

Águila de Osa Inn (☎ 296 2190; www.aguiladeosa. com; paquete de 4 días adultos/menores de 12 años 543/ 275 US$). En la ribera oriental del río Agujas, este lujoso lugar está especializado en pesca deportiva y submarinismo. Sus confortables dependencias tienen suelos de madera resplandecientes y techos altos, y están situados en una ladera sobre su restaurante principal. Las 11 habitaciones estándar y las dos *suites* tienen vistas bonitas, electricidad 24 horas, ventilador, baño de azulejos con agua caliente y preciosas puertas de madera. El confortable y elegante restaurante, con comedor al aire libre, domina la bahía y acoge uno de los bares más animados y con mejores bocas de Drake; las habitaciones quedan lo bastante lejos para que el ruido no moleste a los huéspedes.

Este hotel dispone de barcos de 10 y 11 m para salir de pesca: la de altura cuesta 800 US$ por día (4 personas), la de cabotaje es más barata; en la cocina preparan las capturas a la parrilla o en *sashimi*. También programa submarinismo y excursiones por la zona, además se suelen ver animales increíbles, entre ellos el simpático perro del dueño. Los paquetes incluyen el traslado desde Palmar; aceptan tarjetas de crédito.

Drake Bay Wilderness Resort (☎ 770 8012, en EE UU 561-371 3437; www.drakebay.com; tienda/cabina por persona 65/95 US$, paquete estándar de 4 días por persona 780 US$; 🏊). Regentado por una pareja de tica y estadounidense, Marleny y Herb, disfruta de un magnífico terreno en un extremo de Drake. El viajero puede explorar las lagunas de marea, nadar en el mar o remar a contracorriente por el río Agujas. Se ofrecen todas las excursiones habituales; aquí se encuentran las sedes de Costa Cetácea Research Institute de Shawn Larkin (véase p. 355). El paquete estándar comprende dos visitas guiadas a elegir entre Corcovado, la isla del Caño o los manglares; también cuenta con paquetes especializados de piragüismo, pesca y submarinismo. Este lugar es muy popular entre las familias, ya que dispone de 19 cómodas cabinas, con una o dos camas de matrimonio, ventilador, ducha calentada por energía solar y patio con vistas al mar. En temporada alta (de diciembre a abril) hay varias cabinas más baratas, de tipo tienda, con electricidad y baño compartido. Las comidas, cuyos ingredientes proceden del huerto orgánico de la familia que se puede visitar, se sirven en un comedor comunitario. Se recomiendan los deliciosos rollos de canela y las galletas de chocolate de Marleny. El bar, bien ventilado, es perfecto para contemplar puestas de sol; hay una piscina de agua de mar. Un generador suministra electricidad 24 horas, y dispone de un estupendo servicio de lavandería gratuito de entrega en el mismo día. Se aceptan tarjetas de crédito.

La Paloma Lodge (☎ 239 2801; www.lapaloma lodge.com; paquete de 4 días por persona estándar/de lujo/ de lujo y puesta de sol 825/935/995 US$; 🏊). Muy recomendable, se encuentra encaramado en una ladera exuberante, con una estupenda panorámica del mar y la selva. Para los entusiastas del submarinismo, cuenta con un compresor y una tienda especializada. También tiene un pontón de 11 m que tarda poco en llegar a la isla del Caño y, en la actualidad, es el barco más cómodo de Drake. La piscina goza de vistas al océano, ofrecen circuitos con guías y no se cobra suplemento por los kayaks. Todas las habitaciones son magníficas. Las cuatro estándar, con una agradable brisa marina, están provistas de una cama *queen size,* cubierta con mosquitera, y otra individual; armarios amplios; baño alicatado que se asoma al bosque tropical, y un balcón enorme con hamaca. Además, cuenta con cinco lujosos ranchos, más alejados y espaciosos, con tejado de teja, amplios balcones con vistas y dos pisos; con capacidad para cinco personas, son idóneos para familias. En un precioso comedor, con techo de paja, se sirven comidas excelentes, y al anochecer, en la amplia terraza, cócteles. Hay electricidad 24 horas y se puede concertar un masaje terapéutico con pocas horas de antelación. Todos los precios incluyen el traslado por aire desde San José. Aceptan tarjetas de crédito.

Drake Bay Rainforest Chalet (☎ 382 1619; www. drakebayholiday.com; paquete de 4/7 días por persona 760/1.150 US$, noche adicional por persona 100 US$). Esta lujosa vivienda, espaciosa y moderna, en medio del bosque tropical cuenta con un *spa* muy usado para dos personas, televisión vía satélite y cocina alicatada y totalmente equipada. Si se solicita con antelación, se puede instalar una cama *king-size* con mosquitera, así como dos camas *queen-size*. Los paquetes incluyen billete de ida y vuelta en avión, traslados en taxi y barco desde San José y Sierpe, excursiones guiadas de un día a Corcovado y la isla del Caño, además del

PENÍNSULA DE OSA

famoso circuito nocturno (véase p. 355). El chef ofrece sus servicios por un suplemento. Se exige un mínimo de dos adultos; los niños pagan el 50%.

Cómo llegar y salir

AVIÓN
NatureAir (ida/ida y vuelta 85/170 US$) vuela tres veces al día a San José y Sansa (73/146 US$), dos. Para llegar a bahía Drake desde el aeródromo, que se encuentra 2 km al norte de casi todos los hoteles, se puede tomar un barco (hay que llevar calzado sumergible), un todoterreno o una combinación de ambos. Los establecimientos hoteleros suelen recoger a los huéspedes a pie de pista.

BARCO
Todos los alojamientos ofrecen traslados en barco entre Sierpe y bahía Drake. **Gringo** (☎ 812 4558), **Serrapa** (☎ 384 6681) y **Rafael** (☎ 824 3710) prestan el servicio por 15 US$ por persona (mínimo 2 personas).

AUTOBÚS Y AUTOMÓVIL
La carretera sin asfaltar que comunica Agujitas con Rancho Quemado, una aldea situada al este, continúa hasta Rincón, desde donde se puede ir hacia Puerto Jiménez, al sur, o a la Interamericana, al norte. Es necesario ir en todoterreno y, aun así, la carretera no es practicable en la estación de lluvias (de junio a noviembre). Hay que vadear varios ríos, como el Drake, donde a veces se han quedado atascados algunos vehículos de alquiler (véase p. 488).

Para los que deseen ir por tierra al otro lado de la península, **Cabinas Golfo Dulce** (☎ 775 0244), en Rincón (véase p. 364), dispone de un recio todoterreno de piso alto que se puede reservar.

EXCURSIONISMO
Desde bahía Drake, se tardan unas cuatro o seis horas en recorrer a pie el sendero del litoral hasta el refugio de los guardabosques de San Pedrillo, en el extremo norte de Corcovado. Los excursionistas pueden atravesar el Parque Nacional Corcovado hacia/desde bahía Drake, pero es preciso reservar alojamiento en los refugios del interior del parque (véase p. 361).

Los viajeros que pernocten en Drake y deseen explorar el parque pueden solicitar en su hotel la gestión del traslado a San Pedrillo. Los mochileros que vayan a Drake encontrarán ayuda en cualquier alojamiento para buscar un barco a Sierpe.

DE BAHÍA DRAKE A CORCOVADO
A lo largo del litoral rocoso que se extiende entre Drake y Corcovado aparecen varias ensenadas rodeadas de exuberante bosque tropical. Esta zona es ideal para viajeros que busquen tranquilidad, puesto que no hay pueblos, bares ni discotecas.

El trayecto de bahía Drake a Corcovado por la costa se puede cubrir a pie. Se tardan entre cuatro y seis horas en llegar al refugio de San Pedrillo, desde donde parten senderos que se internan en el parque. El camino litoral atraviesa varias playas, por eso es mejor recorrerlo cuando la marea está baja para evitar encontrarlo cortado y tener que dar la vuelta; conviene informarse antes de partir.

La ruta es fácil en su mayor parte, aunque se presenta más abandonada a medida que se acerca al parque. El trazado sigue la playa o, cuando algún acantilado lo impide, un camino interior paralelo a la costa. En general, este sendero está bastante transitado, así que, si al viajero le parece que hay poca gente, probablemente se haya equivocado de camino; deberá retroceder y volver a intentarlo.

Dónde dormir y comer
A los alojamientos y restaurantes descritos en este apartado se puede llegar en barco desde Sierpe o bahía Drake, o a pie desde Drake. Ninguno de los hoteles dispone de muelle, siempre se fondea junto a la playa.

Los establecimientos que se mencionan a continuación aparecen ordenados según se encuentran desde bahía Drake a Corcovado, en dirección sudeste. No todos cuentan con electricidad; los precios incluyen tres comidas diarias a menos que se indique lo contrario. Se recomienda reservar en temporada alta (de diciembre a abril).

Treetop Resort (☎ en EE UU 310-450 1769, 310-748 6844; www.drakebayresort.com; 65 US$ por persona). Ofrece tres habitaciones rústicas de madera en el edificio principal y una pequeña cabina independiente; todas con ducha y agua fría. La agradable cabina junto a la playa está construida con troncos caídos, lo que supone que no se ha talado el bosque.

Cabinas Las Caletas (☎ 381 4052, 826 1460; www.caletas.co.cr; d/tr/c 120/165/200 US$). Regentado por una familia suizo-tica, se trata de un hotelito íntimo recomendado por los lectores, cuyos dueños, Jolanda y David, son muy hospitalarios. Cuenta con acogedoras cabinas dobles de madera bien equipadas, con baño alicatado, balcón con vistas y hamacas para relajarse. Dispone de electricidad 24 horas, gracias a los paneles solares. Se pueden contratar excursiones.

Delfín Amor Eco Lodge (☎ 394 2632; www.divine dolphin.com; d 85 US$ por persona, paquete de 4 días desde 770 US$). Situado una media hora a pie al oeste de bahía Drake, cuenta con cinco cabinas protegidas con mosquiteras y bien equipadas, con baño. A través de la agencia Divine Dolphin, de los mismos propietarios, se organizan excursiones para avistar delfines, además de otros circuitos. Los paquetes incluyen traslado desde el aeródromo de bahía Drake, una salida para ver cetáceos y otra a la isla del Caño o a Corcovado. Un lector se ha quejado de que este lugar no es totalmente respetuoso con la naturaleza, lo que se confirma por los dos viejos guacamayos que deambulan por el comedor.

Corcovado Adventures Tent Camp (☎ 384 1679; www.corcovado.com; 55 US$ por persona). A menos de una hora a pie de Drake, este agradable lugar, regentado por una familia, ofrece 17 tiendas grandes, dispuestas sobre plataformas, con una cama doble, otra individual y un camastro; algunas tienen tres camas. Cuenta con siete baños y un comedor bar con electricidad 24 horas por energía solar. El precio incluye tablas de *body board* para practicar este deporte en una playa cercana con buenas olas, y material de buceo para disfrutar en la playa San Josecito, a una hora de paseo. Todas las actividades y excursiones habituales están disponibles pagando un suplemento.

Marenco Beach & Rainforest Lodge (☎ 258 1919, en EE UU 800-278 6223, 305-908 4169; www.maren colodge.com; d *bungalow* 75 US$, cama adicional 10 US$). Se encuentra unos 5 km al oeste de bahía Drake y 5 km al norte de Corcovado. Antes funcionaba como estación biológica, pero en la actualidad se ha convertido en una reserva privada de 500 Ha de bosque tropical con 500 Ha sobre un risco que domina el Pacífico. Cuenta con 4 km de senderos, por los que se pueden observar muchas plantas, aves y otros animales que se han visto en Corcovado. Dispone de ocho cabinas pequeñas y 17 *bungalows* más amplios. El alojamiento es rústico, pero los cuartos están bien y tienen

baño. Las comidas son caseras y no están incluidas en el precio. En general, el lugar es agradable, pero el servicio podría mejorar. Se aceptan tarjetas de crédito.

Bahía Paraíso (☎ 538 1414; www.bahiaparaiso.com; tienda de campaña 57 US$ por persona, cabina 65-85 US$, *camping* sin comida 15 US$). El precioso golfo de la playa de San Josecito, idóneo para bucear, acoge este hotel con 17 Ha. Todas las cabinas, limpias y sencillas, tienen mosquiteras, baño con ducha y agua fría, y un patio con hamacas. En el *camping* contiguo, las 12 tiendas totalmente equipadas están colocadas sobre una plataforma y comparten un baño muy limpio. En el comedor, junto a la playa, se sirven platos típicos; los campistas pagan 5 US$ por el desayuno y 8 US$ por la comida y la cena. Hay electricidad desde el anochecer hasta las 22.30. Ofrecen excursiones y paseos a caballo, pero los equinos tienen aspecto cansado. Aceptan tarjetas de crédito.

Guaria de Osa (☎ en EE UU 510-235 4313; www.experientials.org; paquete de 8 días por persona 1.000 US$). Se trata de un alojamiento exquisito de estilo oriental en la playa de San Josecito. Está orientado a grupos que busquen tranquilidad y ofrece programas de yoga, estudio espiritual, y chamanismo, entre otros. El precio comprende el traslado desde Sierpe, excursiones a Corcovado y la isla del Caño y paseos guiados. También se organizan otros circuitos. Se acepta el pago con Paypal (a través de Internet), cheque y giro postal. Todas las reservas deben efectuarse con 60 días de antelación como mínimo.

Poor Man's Paradise (☎ 786 7642; www.mypoor mansparadise.com; *camping*/tienda por persona 7/40 US$, cabina por persona sin/con baño 50/63 US$). Unos 3 km al sur de Marenco, en la playa Rincón; a dos horas del Parque Nacional Corcovado, y unos 20 minutos a pie desde la playa San Josecito, se encuentra la propiedad de Pincho Amaya, un prestigioso pescador deportivo de la zona. Ocho cabinas amuebladas, de tipo tienda, están construidas sobre plataformas de madera; dos comparten el baño y el resto tienen instalaciones privadas. Dispone de sitio para acampar y cuenta con electricidad hasta las 21.00; las comidas para campistas cuestan 7 US$ (desayuno o almuerzo) o 10 US$ (cena). Se pueden contratar excursiones locales, ir a bucear o salir a pescar con el dueño. Aceptan tarjetas de crédito.

Jungle Al's (www.jungleals.com; *camping* por persona 3 comidas incl. 20 US$, paquete de 5 días 610 US$). Este nuevo alojamiento, dirigido a aficionados a la pesca y a campistas, se ubica en la playa. Cuenta con cinco cómodas cabinas de madera, y se alquilan tiendas y material de acampada. Se programan excursiones al parque y salidas para pescar. En breve abrirán un restaurante y un bar junto al mar. Los precios incluyen traslados en avión, taxi o barco desde San José y Sierpe, excursiones por el bosque tropical, material para bucear, tablas de *boogie board,* paseos a caballo por la playa y acceso a la cervecería.

Reserva Biológica Campanario (☎ 258 5778; www.campanario.org; paquete de 4 días 359 US$ por persona). Alberga una estación biológica y varios dormitorios colectivos con ducha, una cocina comedor y cinco grandes tiendas sobre plataformas para dos personas con baño exterior. El complejo principal, con estupendas vistas, se encuentra detrás de una pradera, en la playa; detrás de él se extiende la reserva con 150 Ha y a 155 m sobre el nivel del mar. El paquete básico incluye transporte desde Sierpe, comida, una visita al Parque Nacional Corcovado y un paseo guiado por la reserva. Se pueden contratar otras actividades, como excursiones de varios días, pagando un suplemento. En su página web se ofrece información sobre visitas más largas, cursos y oportunidades para voluntarios o investigadores.

Casa Corcovado (☎ 256 3181, 256 8825, en EE UU 888-896 6097; canal de radio 14; www.casacorcovado.com; paquete de 4 días 855 US$; 🖳). Un trayecto escalofriante conduce a este lugar confortable, con 175 Ha de bosque tropical, en el límite del parque nacional. Un tractor traslada el equipaje y a los huéspedes a las instalaciones principales por una cuesta empinada desde la playa. Desde aquí parten senderos que se adentran en Corcovado, a cuarenta minutos de distancia a pie. La brisa refresca los 14 acogedores *bungalows,* con buenas vistas, que están cubiertos con mosquiteras por todas partes y provistos de ventilador de techo, caja fuerte, un baño alicatado con ducha y agua caliente, y patio con hamacas. El restaurante-bar se asoma al bosque, y se ha instalado una piscina cerca. Hay otra piscina mayor junto a la recepción. A mitad de camino entre el alojamiento y la playa se encuentra el Margarita Sunset Bar, donde preparan hasta 25 tipos distintos de margaritas y desde donde se aprecian increíbles puestas de sol sobre el Pacífico. Los paquetes

incluyen traslado en avión, autobús o barco desde San José, y excursiones a Corcovado y a la isla del Caño. Los menores de 10 años pagan un 25% menos. Dispone de electricidad durante las 24 horas y se aceptan tarjetas de crédito.

RESERVA BIOLÓGICA ISLA DEL CAÑO

Esta isla de 326 Ha se encuentra 17 km al oeste de bahía Drake y constituye el vértice de formaciones rocosas submarinas. La reserva comprende unas 2.700 Ha de mar, cuyas cálidas aguas acogen peces y mamíferos, así como a buceadores y biólogos.

Hasta ahora se han registrado 15 especies de coral y especies animales en peligro de extinción, como una langosta autóctona y una concha gigante. La abundancia de peces atrae a delfines y ballenas, que se pueden ver con frecuencia nadando lejos de la costa. El agua es más clara que en el litoral continental, aunque no llega a ser cristalina, y los submarinistas pueden disfrutar de cuatro puntos de inmersión. Hay una playita que desaparece con la marea alta y que goza de un bello y frondoso telón de fondo. Un sendero conduce hacia el interior a través del bosque tropical hasta una sierra situada a unos 110 m de altitud.

Cerca de la cumbre se descubren varias **esferas de granito** precolombinas. Entre las especies vegetales de madera comercial destacan el palo amarillo, también llamado palo de vaca por la savia blanca que exuda, apta para beber; árboles del caucho; higueras y otros ejemplares tropicales. Aunque se pueden avistar aves costeras y otras especies, la fauna no es tan variada como en el continente.

Está prohibido acampar, y no existe ninguna construcción salvo el refugio del guarda en la playa. La entrada cuesta 6 US$ por persona si se va a visitar la isla y 3,50 US$ al día para los submarinistas. La mayoría de los visitantes llegan en excursiones organizadas desde los alojamientos cercanos.

PARQUE NACIONAL CORCOVADO

Constituye el último gran reducto de bosque tropical húmedo de la vertiente pacífica de América Central y alberga la mayor población de guacamayos escarlatas de Costa Rica, así como más de 500 especies de árboles e innumerables animales, como jaguares, coatíes, tucanes y serpientes. Desde hace mucho tiempo su enorme diversidad biológica atrae a ecologistas y visitantes que se acercan desde Drake y Puerto Jiménez.

Este parque de 42.469 Ha se halla en la esquina sudoeste de la península y acoge como mínimo ocho tipos distintos de hábitat. Por su remota localización, no ha sufrido talas hasta la década de 1960. En 1975 se declaró parque forestal administrado por el Gobierno, no sin polémica, y se detuvo la explotación maderera. Los primeros años supusieron un reto, pues las autoridades, con recursos y personal limitados, tuvieron que enfrentarse a la tala ilegal, la caza furtiva y la extracción de oro, que estaba provocando una erosión grave en ríos y arroyos. Muchos mineros fueron expulsados en 1986, pero algunos siguen trabajando en la clandestinidad, al igual que en la vecina Reserva Forestal Golfo Dulce, donde la minería no es ilegal.

Por desgracia, la caza furtiva sigue siendo un problema, y algunos expertos han advertido de que puede provocar la extinción de los jaguares en 2005. El Gobierno ha reaccionado con policías que patrullan toda la noche, pero esta medida resulta insuficiente y tardía.

Información

En los límites del parque se han instalado tres refugios de guardaparques, en San Pedrillo, La Leona y Los Patos, y un cuarto en la zona central de la costa, en Sirena, donde también hay un aeródromo. Todos los refugios se comunican por senderos y en todos se puede acampar con reserva previa.

El *parking* cuesta 8 US$ al día y acampar, 4 US$ por persona al día; hay instalaciones de agua dulce y aseos, pero no existen albergues ni pensiones. Es imprescindible traer una linterna o una lámpara de queroseno, porque suele estar muy oscuro. Se pueden contratar comidas con antelación (8 US$ desayuno, 11 US$ comida o cena). Los alimentos y el combustible para cocinar deben reservarse como mínimo con quince o treinta días de antelación a través de la **oficina del Área de Conservación Osa** (☎ 735 5036) en Puerto Jiménez. Está prohibido acampar fuera del recinto de los refugios. Sirena cuenta con una estación biológica que aloja a científicos, que tienen prioridad frente a los viajeros. El acceso a algunas zonas está prohibido, y aparecen marcas en los árboles u otros puntos. Un viajero ha comunicado

que en la estación se alquilan canoas para navegar por el río por 5 US$ la hora para cuatro personas como máximo.

Corcovado es el único parque de bosque tropical con largos senderos, por eso despierta el interés de muchos mochileros. Quienes piensen recorrerlo a pie deberán reservar todo con mucha antelación. En los meses lluviosos (de junio a noviembre), hay tramos cerrados al público, como la ruta entre San Pedrillo y La Sirena; se recomienda informarse sobre otras posibles clausuras en la oficina de Puerto Jiménez.

Observación de la fauna y la flora

El parque acoge una gran riqueza animal, en la que destacan guacamayos escarlatas, tapires, cinco tipos de felinos locales, cocodrilos, pecaríes, osos hormigueros gigantes, monos y perezosos. El águila arpía, casi extinta en Costa Rica, cría en parajes remotos de Corcovado, y casi 400 variedades de aves y unas 140 de mamíferos habitan aquí. No obstante, hay que señalar que estas criaturas son difíciles de avistar, por su timidez, capacidad de camuflaje o hábitos nocturnos.

Excursionismo

Uno de los aspectos más interesantes de Corcovado son los senderos de largo recorrido, duros de realizar por la humedad y los insectos. Se aconseja contratar a un guía local que los conozca bien para evitar perderse, ya que en el exuberante bosque tropical lluvioso el viajero no podrá orientarse por el sol ni las estrellas. Otra opción es realizar excursiones en grupos pequeños, pero nunca en solitario, pues existe el riesgo de ser perseguido por pecaríes o ser asaltado por alguna banda de delincuentes.

Conviene viajar durante la estación seca (de diciembre a abril), cuando todavía suele llover, pero todos los senderos están abiertos; en esta época los excursionistas no se encontrarán con enormes barrizales. Las mayores manadas de pecaríes aparecen por el tramo de Sirena a Los Patos, así que se recomienda desviarse unos 2 m de la ruta para evitar los mordiscos en el caso improbable de toparse con un grupo malhumorado.

Se puede caminar en dirección norte, sur o este (véase el mapa, p. 353) y optar por un itinerario alternativo para salir. El tiempo que se indica para cubrir los trayectos es

EXPLORANDO LA NATURALEZA

El bosque tropical es hermoso, los animales son fascinantes y la vegetación, espléndida; pero no hay que olvidar que se trata de naturaleza en estado puro ni subestimar sus peligros. Todas las temporadas, muchos viajeros se lesionan, enferman e incluso mueren en el Parque Nacional Corcovado.

Casi todos los senderistas sufren agotamiento por el calor y deshidratación por no llevar bastante agua y emprender caminatas para las que no están preparados. Resulta habitual que algunos visitantes que no suelen hacer deporte lleguen a la selva para realizar excursiones de 23 km bajo el sol abrasador del Trópico. Esto es una locura: lo ideal es empezar con recorridos cortos de una jornada (de 6 a 8 km) e ir aumentando poco a poco.

Además, el río que hay que atravesar en Sirena es bastante peligroso; de hecho, algunos excursionistas que han intentado cruzarlo con marea alta han sido arrastrados por la corriente, mientras que otros han sufrido ataques de cocodrilos, tiburones toro o serpientes venenosas.

Para los que tengan previsto explorar el Parque Nacional Corcovado, es recomendable contratar un guía, sobre todo si se carece de experiencia en excursiones de este tipo. Los guías conocen el parque y pueden ayudar a ver animales, como los mencionados tiburones toro en el fondo del río. Quizá salga más caro, pero se evitan riesgos innecesarios.

muy pesimista, ya que los senderistas en forma y poco cargados avanzarán más rápido; aunque si se dedica mucho tiempo a observar aves o a tomar fotografías, se tardará más.

DE SAN PEDRILLO A SIRENA

Entre diez y quince horas se tarda en recorrer a pie este trayecto, que está indicado para gente en plena forma. Durante las primeras horas se atraviesa el bosque tropical costero, antes de bajar hacia la playa, donde se complica el camino. El recorrido total cubre 23 km, de los que 18 son por la playa; así que un día caluroso puede resultar muy arduo andar por la arena; conviene llevar sombrero y agua en abundancia, y no excederse.

A lo largo del camino se pasa por una preciosa cascada que se precipita en la playa virgen de Llorona. Unos cientos de metros al sur del salto, un caminito conduce al interior hacia un río y un estanque refrescante para nadar. En este punto hay que vadear el río Llorona. En la playa Corcovado, al cabo de dos o tres horas, también se debe cruzar el río, y, 1 km antes de llegar a Sirena, hay que salvar el río homónimo, cuyas aguas llegan hasta el pecho durante la marea baja; se trata de la mayor corriente de la ruta, donde se congregan tiburones y cocodrilos. No se debe intentar atravesarlo más arriba, pues cada vez es más profundo. Conviene consultar a los guardas de San Pedrillo el horario y

el estado de las mareas antes de partir, y hay que programar la llegada al río Serena para coincidir con la baja.

Los guías del lugar recomiendan realizar esta ruta de Sirena a San Pedrillo; de esta forma, es más fácil adaptarse al horario de las mareas y no quedar inmovilizado. Para ello, se debe salir de Sirena unas dos horas antes de la marea baja.

Este sendero sólo se abre de diciembre a abril, pues las precipitaciones imposibilitan atravesar el río Sirena.

DE LA LEONA A SIRENA

Este itinerario también pasa por la playa. Saliendo de La Leona, se tardan unas seis o siete horas en llegar a Sirena; como siempre, conviene consultar el horario de las mareas porque hay que atravesar varios acantilados que pueden volverse impracticables. Si el viajero va atento, descubrirá sendas hacia el interior, donde a menudo resulta más fácil toparse con mamíferos, aunque también se han visto jaguares por la playa; hay que prestar atención a las huellas.

La distancia total de Carate a Sirena es de unos 16 km, de los cuales una gran parte transcurre por la arena, lo que lo convierte en un tramo sofocante. Conviene llevar agua en abundancia y buscar las partes umbrías del bosque tropical detrás de la playa. También se debe tener cuidado con los cocodrilos al atravesar el río Claro, ya que a estos reptiles les gusta reunirse en las riberas.

PARQUE NACIONAL ISLA DEL COCO

En los primeros minutos de la película *Parque Jurásico,* aparece un helicóptero sobrevolando una isla de frondosa vegetación con abruptas cumbres que descienden sobre aguas cristalinas. Se trata de la isla del Coco, y esa escena dio a conocer el parque nacional más remoto de Costa Rica.

Esta isla se sitúa unos 500 km al sudoeste del continente, en el Pacífico oriental, y a menudo se le denomina "las Galápagos de Costa Rica". El explorador español Joan Cabezas la descubrió en 1526 y en 1541 fue incluida en un mapa por el cartógrafo francés Nicolas Desliens. Es extremadamente húmeda, con una pluviosidad de unos 7.000 mm al año, lo que atrajo la atención de marinos, piratas y balleneros, que paraban en ella para proveerse de agua dulce y cocos. Cuenta la leyenda que un grupo de corsarios enterró aquí un gran tesoro, aunque tras más de 5.000 expediciones no se ha encontrado.

Con un relieve accidentado y una densa vegetación, el punto más alto de la isla es el cerro Iglesias (634 m). Debido a su remota ubicación, se ha desarrollado un ecosistema único, gracias al cual ha sido declarada parque nacional. Más de 70 especies de animales, principalmente insectos, y 70 de plantas son endémicas, y aún no se han registrado todos. Los amantes de los pájaros acuden para ver las colonias de aves marinas, que anidan en los cocoteros. También existen dos variedades de lagartos, tortugas de mar, más de 18 especies de coral, 57 tipos de crustáceos, 3 de delfines y abundantes peces tropicales. Resulta un lugar excelente para practicar submarinismo, la principal actividad de la zona.

Los pobladores que vivían en la isla a finales del s. XIX y principios del s. XX dejaron animales domésticos, como cerdos, cabras, gatos o ratas, que se han transformado en salvajes. En la actualidad, los cerdos representan la mayor amenaza para las especies autóctonas, pues arrancan la vegetación de raíz, provocan la erosión del suelo y contribuyen a la sedimentación en las costas de la isla, dañando los arrecifes de coral; de cualquier forma, la pesca y la caza furtivas suponen una amenaza mayor. El Sistema Nacional de Áreas de Conservación (SINAC) conoce el problema, pero la falta de fondos ha dificultado, si no imposibilitado, la regulación de estas actividades ilegales.

Información y circuitos organizados

En el parque se ha instalado una oficina de información. Para visitarlo es necesario obtener un permiso, que puede gestionar el monitor del curso de buceo que contrate el viajero. Existen algunos senderos, pero está prohibido acampar o pernoctar en la isla, de modo que los visitantes tienen que dormir en sus barcos y pagar 35 US$ diarios por persona si quieren recorrerlo. Normalmente estos viajes se programan para buceadores expertos y con licencia; no se ofrecen clases para principiantes ni diplomas básicos.

En Costa Rica, **Undersea Hunter** (☎ 228 6613, en EE UU 800-203 2120; www.underseahunter.com) está especializado en excursiones de submarinismo de 10 días. El precio habitual desde San José para salidas de 7 jornadas con 3 o 4 inmersiones diarias es de 3.245 US$ por persona, más 35 US$ al día de entrada al parque. También se programan viajes más largos.

Okeanos Aggressor (☎ en EE UU 985-385 2628, en EE UU y Canadá 800-348 2628; www.aggressor.com), propiedad de estadounidenses, también ofrece travesías para bucear de 8 y 10 días en su barco homónimo de 36 m. Por un viaje de 8 días se pagan a partir de 2.795 US$ por persona.

DE LOS PATOS A SIRENA

A diferencia de los otros dos senderos, esta ruta cruza 18 km de bosque tropical y de bosque primario de gran frondosidad. El camino serpentea de forma abrupta durante dos o tres horas por la accidentada selva, pero se allana al llegar a la laguna Corcovado. Allí hay que vadear los ríos Sirena y Pavo antes de alcanzar Sirena. Este último tramo transcurre a través de bosque secundario. El trayecto tiene una duración de unas ocho horas.

Hay que consultar a los guardas los cambios que se hayan producido en el sendero y el estado de los ríos. Para los que no estén interesados en explorar el parque una buena alternativa es la ruta de un día de 6 km desde Los Patos a la laguna Corcovado, que exige pasar dos noches en Los Patos. Quienes salgan a pie del parque por Los Patos pueden pedir a los guardas que llamen un taxi todoterreno para realizar parte del camino.

Cómo llegar y salir

Desde bahía Drake se puede contratar en cualquier hotel la travesía en barco a San Pedrillo o playa Llorona, en la zona norte del parque; también se puede caminar por el bosque tropical desde Drake a San Pedrillo, para lo que se necesitan como mínimo cuatro horas; otra opción consiste en contratar un barco desde Drake a Sirena.

Para acceder al parque desde Puerto Jiménez se puede ir por el norte, desde Los Patos. Hay un autobús diario de Jiménez a La Palma. Desde aquí, se puede tomar un taxi todoterreno o recorrer los 10 km a pie hasta el refugio del guarda. La carretera es practicable para vehículos todoterreno y atraviesa el río unas 20 veces en los últimos 6 km antes de Los Patos. Es fácil pasarse el desvío a la derecha poco antes del refugio, pero los lugareños siempre pueden orientar al viajero.

También se puede acceder desde Puerto Jiménez tomando rumbo sur y luego oeste. Una carretera circula unos 45 km por la península hasta Carate, desde donde se puede entrar en el parque por La Leona. Un taxi todoterreno sale todos los días de Puerto Jiménez (véase p. 369); otra alternativa es alquilar un vehículo.

También se puede llegar por aire hasta el aeródromo de Sirena desde San José, Golfito o Puerto Jiménez. Los vuelos chárter para cuatro pasajeros cuestan a partir de 220 US$.

A CORCOVADO POR PUERTO JIMÉNEZ

DE LA INTERAMERICANA A PUERTO JIMÉNEZ

La Interamericana enlaza con Puerto Jiménez en Chacarita a través de una carretera de 78 km, asfaltada durante 45 km hasta **Rincón.** Este pueblecito cuenta con una pulpería, algunas casas y las **Cabinas Golfo Dulce** (☎ 775 0244; d/tr 18,75 US$, d/tr con baño 21,25 US$; P). Situadas junto a la orilla del mar, detrás de la pulpería, son sencillas, de madera y están bien mantenidas. Los propietarios, que sirven comidas, son muy simpáticos y

ofrecen kayaks para realizar expediciones por el golfo Dulce, un buen sitio para ver delfines y ballenas en la estación seca.

De Rincón parte una carretera llena de socavones en dirección oeste, hacia el Pacífico, que pasa por Rancho Quemado (ignorado en muchos mapas) y sigue hasta bahía Drake. Más allá de Rancho Quemado, la carretera sólo es practicable para todoterrenos de piso alto en la estación seca. Los que deseen viajar por tierra a Drake deben hablar con los encargados de las Cabinas Golfo Dulce y alquilar su todoterreno, que sale por unos 60 US$ por grupo; el trayecto dependerá del estado de la carretera. Los autobuses que circulan entre Puerto Jiménez y San José pueden parar en Rincón.

Después de Rincón, un camino de grava de 33 km conduce a Puerto Jiménez. Unos 9 km al sudeste se halla **La Palma,** donde nace una carretera sin asfaltar hasta el refugio de los guardas de Los Patos. Las mujeres de La Palma han abierto una estupenda oficina turística con recuerdos hechos a mano y café. Se han instalado restaurantes, pulperías y hoteles baratos en los alrededores de un desvío de la carretera principal. De cualquier forma, conviene ir con precaución, puesto que un par de viajeros fueron asaltados en la carretera de La Palma a Los Patos; se recomienda viajar en grupo.

Unos 12 km más allá de La Palma se encuentra **Cañazas** y 4 km después, a la izquierda, se halla **Jardín de Aves Lodge** (www.safariosa.com; *camping* 5 US$ por persona, cabina 25-45 US$ por persona, casa 250 US$ por semana), que dispone de dos cabinas, escondidas en el bosque, con ducha, agua fría y capacidad para seis personas; también cuenta con una ducha compartida con agua caliente y una casa totalmente equipada con cocina y calentador de agua. Este lugar es idóneo para observar los pájaros y desconectar de todo. Los precios varían según la cabina y el número de personas alojadas. Los precios incluyen desayuno y derecho a cocina; se ofrecen comidas por un suplemento. No hay teléfono; sólo se puede reservar por Internet.

Unos 21 km tras La Palma, y 4 km antes de Puerto Jiménez, un desvío a la derecha conduce durante 8 km hasta **Dos Brazos,** dedicado a la minería del oro y la agricultura. Un par de kilómetros más tarde, aparece el **Bosque del Río Tigre** (☎ 383 3905, en Puerto Jiménez 735 5725, en EE UU 888-875 9453; www.osaadventures.com;

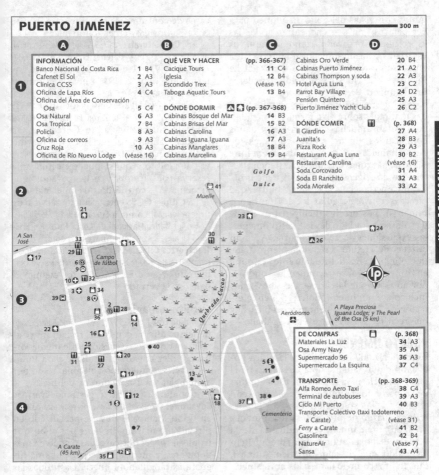

PUERTO JIMÉNEZ

0 ⸻ 300 m

INFORMACIÓN		
Banco Nacional de Costa Rica	1	B4
Cafenet El Sol	2	A3
Clínica CCSS	3	A3
Oficina de Lapa Ríos	4	C4
Oficina del Área de Conservación Osa	5	C4
Osa Natural	6	A3
Osa Tropical	7	B4
Policía	8	A3
Oficina de correos	9	A3
Cruz Roja	10	A3
Oficina de Río Nuevo Lodge	(véase 16)	

QUÉ VER Y HACER		(pp. 366-367)
Cacique Tours	11	C4
Iglesia	12	B4
Escondido Trex	(véase 16)	
Taboga Aquatic Tours	13	B4
DÓNDE DORMIR 🏕 🏠		(pp. 367-368)
Cabinas Bosque del Mar	14	B3
Cabinas Brisas del Mar	15	B2
Cabinas Carolina	16	A3
Cabinas Iguana Iguana	17	B4
Cabinas Manglares	18	B4
Cabinas Marcelina	19	B4

Cabinas Oro Verde	20	B4
Cabinas Puerto Jiménez	21	A2
Cabinas Thompson y soda	22	A3
Hotel Agua Luna	23	C2
Parrot Bay Village	24	D2
Pensión Quintero	25	A3
Puerto Jiménez Yacht Club	26	C2
DÓNDE COMER 🍴		(p. 368)
Il Giardino	27	A4
Juanita's	28	B3
Pizza Rock	29	A3
Restaurant Agua Luna	30	B2
Restaurant Carolina	(véase 16)	
Soda Corcovado	31	A4
Soda El Ranchito	32	A3
Soda Morales	33	A2

PENÍNSULA DE OSA

Golfo Dulce

Muelle

A San José

Campo de fútbol

Quebrada Cacao

Aeródromo

A Playa Preciosa Iguana Lodge; y The Pearl of the Osa (5 km)

Cementerio

A Carate (45 km)

DE COMPRAS 🛍		(p. 368)
Materiales La Luz	34	A3
Osa Army Navy	35	A3
Supermercado 96	36	A3
Supermercado La Esquina	37	C4
TRANSPORTE		(pp. 368-369)
Alfa Romeo Aero Taxi	38	C4
Terminal de autobuses	39	A3
Ciclo Mi Puerto	40	B3
Transporte Colectivo (taxi todoterreno a Carate)	(véase 31)	
Ferry a Carate	41	B2
Gasolinera	42	B4
NatureAir	(véase 7)	
Sansa	43	A4

adultos/menores de 12 88/50 US$). Regentado por los naturalistas Elizabeth Jones y Abraham Gallo, esta reserva particular y alojamiento tiene cuatro habitaciones con vistas al bosque tropical y un baño compartido muy limpio; una cabina cuenta con baño privado. Las duchas disponen de agua caliente. Se pueden contratar paseos a caballo, salidas de piragüismo y de *trekking* al parque nacional y excursiones a Piedras Blancas, pueblo de minería aurífera; para los ornitólogos es excelente. Los precios son por ocupación doble e incluyen tres comidas. El que desee llegar conduciendo necesitará un todoterreno para atravesar el río que hay antes del alojamiento. Los autobuses a Dos Brazos salen del supermercado 96 de

Puerto Jiménez a las 5.15, 11.00 y 16.00; paran a 400 m de este hospedaje, y regresan a Puerto Jiménez a las 6.00, 12.00 y 17.00. Los horarios cambian el fin de semana, así que conviene preguntar.

Antes de entrar en Puerto Jiménez, un desvío de la carretera atraviesa 16 km hasta la aldea de **Río Nuevo.** Unos 2 km más allá del pueblo está **Río Nuevo Lodge** (☎ 735 5407; www.rionuevolodge.com; 50 US$), un popular *camping* recién estrenado, que ofrece excursiones de *trekking* y observación de aves por el bosque primario y secundario, así como paseos a caballo. La red de senderos, que atraviesa la zona poco transitada que limita con el Parque Nacional Corcovado, conduce hasta espectaculares miradores de montaña, algunos con vistas del golfo. Es idóneo para ver pájaros, pues se encuentran todas las especies de Corcovado, como guacamayos escarlatas y tucanes. El alojamiento se sitúa en el punto donde se une la quebrada La Lucha y el río Nuevo, estupendo para darse un chapuzón.

Los huéspedes duermen en grandes tiendas montadas sobre plataformas protegidas, con acceso a duchas de agua fría y baños compartidos. En un rancho con suelo de paja y hamacas se sirve comida casera muy sabrosa. Las zonas comunitarias tienen electricidad de origen solar, pero las tiendas no. La finca pertenece a la familia Aguirre, que ofrece servicio de guías locales (antiguos mineros). Los precios incluyen tres comidas diarias y traslado desde Puerto Jiménez; las excursiones se cobran aparte. Aceptan tarjetas de crédito. Este alojamiento tiene una oficina cerca del Restaurante Carolina en Jiménez. No se recomienda conducir por aquí, ya que la carretera es muy mala incluso con un buen todoterreno; en la estación de lluvias resulta impracticable y hay que recorrer parte del trayecto a caballo.

PUERTO JIMÉNEZ

Con unos 7.000 habitantes, es la única población de un tamaño notable dentro de la península. Hasta la década de 1960 era una de las partes más remotas del país; pero con el inicio de la explotación forestal y el posterior hallazgo de oro en los ríos, Jiménez prosperó rápidamente. La industria de la tala sigue activa, aunque la fiebre aurífera ha cedido ante el sector turístico. Aun así, Puerto Jim (como lo llaman los norteamericanos) conserva un aire de frontera, y, en la actualidad, en lugar de recibir a los mineros durante el fin de semana, los bares acogen a los guías que toman un trago de guaro mientras fanfarronean sobre serpientes, tiburones y caimanes.

Este pueblo sofocante también cuenta con algunas agradables playas, aún aisladas; pero su principal atractivo es el Parque Nacional Corcovado y su oficina de administración e información.

Información

Doña Isabel, de **Osa Tropical** (☎ 735 5062, 735 5722; www.osaviva.com), es la agente de NatureAir y la fuente más fiable y prestigiosa de información sobre rutas por la zona. Se encarga de contratar alojamiento y transporte en la península y en el golfo Dulce.

En **Osa Natural** (☎ 735 5440; www.osanatural. com; ☯ 8.00-21.00) y **Cafenet El Sol** (☎ 735 5717, 735 5718; ☯ 7.00-22.00) se puede acceder a Internet por unos 2 US$ la hora e informan sobre excursiones.

La **oficina del Área de Conservación Osa** (☎ 735 5036, 735 5580; ☯ 8.00-16.00 con descanso para comer) ofrece información sobre Corcovado, la isla del Caño, el Parque Nacional Marino Ballena (véase p. 318) y los parques y reservas de Golfito. Aquí se puede efectuar una reserva para acampar en Corcovado; conviene hacerlo con 15 días de antelación.

La Clínica CCSS cuenta con un servicio de urgencias, así como la **Cruz Roja** (☎ 735 5109).

En el **Banco Nacional de Costa Rica** (☯ 8.30-15.45 lu-vi) se cambian dólares en efectivo. En **Transportes Colectivo** (☎ 735 5539; tonsa@hotmail. com; 200 m al sur de la estación de autobuses) se cambian dólares de EE UU y euros cuando el banco está cerrado.

Circuitos organizados

Escondido Trex (☎ 735 5210; www.escondidotrex.com) tiene una oficina dentro del restaurante Carolina y organiza excursiones de media jornada a diez días de piragüismo para todos los niveles, senderismo con guía, remo por el manglar y avistamiento de delfines.

El naturalista Pruter gestiona **Everyday Adventures** (☎ 353 8619; www.everydaycostarica.com) en Cabo Matapalo y está especializado en piragüismo marino, *trekking* por el bosque tropical, *rappel* por cascadas, cada vez más populares, e incluso en trepar por una higuera estranguladora hueca. Casi todas las actividades cuestan entre 45 y 75 US$. Hay que llamar o reservar por Internet.

Otro guía local muy popular es Cocodrilo Mike Boston de **Osa Aventura** (☎ 735 5670; www. osaaventura.com), un encantador trotamundos irlandés que adora las serpientes, los cocodrilos y los tiburones toro. Mike está especializado en excursiones de aventura de varios días por Osa. No tiene oficina, hay que llamarlo con antelación.

Taboga Aquatic Tours (☎ 735 5265) pertenece al pescador local Marco Loaiciga, que programa estupendas salidas para pescar y bucear. **Cacique Tours** (☎ 735 5440; www.osanatural. com) está dirigido por el afable Óscar Cortés, especializado en rutas por Corcovado para avistar pájaros y de cocodrilos. **Aventuras**

Tropicales (☎ 735 5195, www.aventurastropicales.com) ofrece piragüismo por el golfo Dulce; hay que reservar con antelación.

Dónde dormir

En Semana Santa y la estación seca, los fines de semana los hoteles se llenan, así que conviene reservar. Los precios que se indican corresponden a la temporada alta.

ECONÓMICO

Puerto Jiménez tiene un buen surtido de alojamientos baratos, muchos de los cuales disponen de duchas con agua fría a menos que se indique lo contrario.

Cabinas Oro Verde (☎ 735 5241; 7 US$ por persona). Acogedor, sencillo y limpio, se trata de una buena opción. Todas las cabinas cuentan con baño y ventilador. El gallo vecino a veces despierta a los huéspedes.

Restaurante y Cabinas Carolina (☎ 735 5185; 200 m al oeste del Banco Nacional; d 11,30 US$; ✄). Sus cinco limpias habitaciones dobles cuentan con baño y ventilador; dos de las nuevas están provistas de aire acondicionado.

Cabinas Marcelina (☎ 735 5007; cabmarce@hotmail. com; 15 US$ por persona, d con a.a. 42 US$; ✄). Remodelado en 2002, este establecimiento afiliado a HI (Hostelling Internacional) ofrece cuartos inmaculados alicatados y toallas esponjosas.

Cabinas Bosque del Mar (☎ 735 5681; 8 US$ por persona, d/tr con a.a. 30 US$). Limpias y sencillas, constituyen una opción excelente. Los dormitorios están equipados con ventilador y ducha con agua caliente; los dobles con aire acondicionado son más caros.

Cabinas Brisas del Mar (☎ 735 5012, 735 5028; 8,50 US$ por persona, d con a.a. 30 US$; ✄). Pintado de color celeste, alquila cuartos normales, bien cuidados, con mosquiteras y baño. Los que cuentan con aire acondicionado tienen ducha, agua caliente y bonitos muebles.

Pensión Quintero (☎ 735 5087; 300 m al sur de la parada de autobús; 3 US$ por persona). Sus habitaciones con ventilador y un sencillo baño compartido no son gran cosa, pero salen baratas.

Cabinas Thompson (☎ 735 5140; 5 US$ por persona). Ofrecen dormitorios austeros y algo húmedos con baño. Hay una soda anexa.

Cabinas Iguana Iguana (☎ 735 5158; 7,50 US$ por persona). Sus sobrias cabinas de madera con baño están muy bien cuidadas; hay un pantano y un bar muy popular que dificultan el descanso.

Puerto Jiménez Yacht Club (cerca del muelle) es un *camping* con baños, pero sin taquillas; conviene pedir al propietario que guarde las cosas de valor.

PRECIO MEDIO Y ALTO

Cabinas Puerto Jiménez (☎ 735 5090, en EE UU 609-884 4163; cabinasjimenez@yahoo.com; i/d/tr 15/20/25 US$, d/tr/c con a.a. 40/50/60 US$; P ✄). Los nuevos dueños estadounidenses están restaurando este antiguo establecimiento. Las cabinas más baratas tienen ventilador y ducha con agua fría, aunque las están sustituyendo por otras con agua caliente; las más caras están reformadas y tienen agua caliente, baño recién alicatado, mobiliario robusto y aire acondicionado. Con capacidad para cuatro personas cada una, disponen de muelle particular sobre el golfo.

Lejos del centro urbano se encuentran **Cabinas Manglares** (☎ 735 5002; www.manglares. com; 30 US$ por persona desayuno incl.; P ✄). Se trata de un lugar agradable, regentado por ticos, con ocho habitaciones renovadas y decoradas con telas peruanas, provistas de aire acondicionado, ducha con agua caliente y camas firmes. Detrás hay un manglar estupendo para buscar ranas y otros animales.

Hotel Agua Luna (☎ 735 5393; osanatural.com; i/d 20/40 US$, con TV 25/45 US$, con TV y bañera 40/55 US$; ✄). Cerca del muelle, dispone de cuartos de tres tipos, amplios y con aire acondicionado (bastante ruidoso) y ducha con agua caliente. Los de precio medio tienen televisión por cable, mientras que los más caros cuentan con bañera, teléfono y frigorífico. La decoración es anodina, pero todo está limpio y bien cuidado.

Parrot Bay Village (☎ 735 5180, 735 5748; www. parrotbayvillage.com; d desayuno incl. 95 US$, cama adicional 15 US$; P ✄). Cerca de la playa, se han instalado ocho cabinas amplias e inmaculadas, cubiertas con mosquiteras, y con puertas de madera tallada. Todas disponen de ventilador, aire acondicionado y ducha con agua caliente. Están situadas alrededor de un restaurante-bar al aire libre con buena cocina. Los huéspedes tienen a su disposición una red de voleibol y kayaks. Detrás de las cabinas hay manglares donde habitan cocodrilos. En el establecimiento hay tres barcos para pescar, y se ofrecen paquetes de pesca de varios días, así como otras excursiones. Aceptan tarjetas de crédito.

PENÍNSULA DE OSA

Hay varios alojamientos en playa Preciosa y playa Platanares, unos 5 km al este del aeródromo.

Playa PreciOsa Lodge (☎ 735 5062; www.playa-preciosa-lodge.de; i/d/tr 40/50/60 US$; P). Se trata de un lugar muy popular entre los turistas alemanes, con cuatro *bungalows* circulares con techo de paja, desván, ventilador y balcón con hamacas. Las camas tienen mosquitera, y la comida se cobra aparte, tanto la casera como la de barbacoa en la playa. Desde una plataforma mirador se puede observar la fauna, se puede nadar en el golfo Dulce y después de anochecer se puede contemplar cómo sale la luna por Panamá.

Iguana Lodge (☎ 735 5205; www.iguanalodge.com; 105 US$ por persona; P). Está constituido por cuatro preciosas y ligeras cabinas de curiosa arquitectura, construidas en madera y con dos pisos. Gozan de enormes terrazas, camas cómodas, un baño maravilloso con agua caliente y ducha en el jardín. Los precios incluyen tres sabrosas comidas diarias, servidas bajo un rancho gigantesco con techo de paja, donde el viajero puede relajarse con juegos de mesa y tomar una cerveza. Los propietarios, estadounidenses, tienen hijos; es popular entre las familias. Se pueden contratar todas las excursiones habituales, desde observación de aves hasta *rappel*, así como solicitar masajes, sesiones de acupuntura y clases de salsa.

Pearl of the Osa (www.thepearloftheosa.com; d 76-88 US$; P). Cerca del anterior y del mismo dueño, este sitio playero dispone de ocho bonitos cuartos de vivos colores, algo más baratos que los del Iguana; el precio depende de la orientación del cuarto. El desayuno está incluido y las demás comidas, servidas en el amplio comedor del patio, se pagan aparte. Ofrece las mismas excursiones que el Iguana Lodge.

Dónde comer y beber

Restaurante Carolina (platos 3-8 US$). Constituye el centro neurálgico de Puerto Jiménez. Extranjeros residentes, guías, turistas y lugareños se reúnen aquí para comer, beber, charlar y pasarlo bien. La comida es muy normal y el servicio frío, pero preparan una excelente fuente de yogur, cereales y fruta para desayunar.

Soda El Ranchito (en el campo de fútbol) ofrece un sabroso gallo pinto y ensaladas de fruta colosales, mientras que la **Soda Morales** (☉ 14.00-22.00) cocina un cebiche exquisito. Entre los negocios más baratos se encuentran las sodas Katy y Marly's, junto a la parada principal de autobuses. **Soda Corcovado** (200 m al sur de la terminal de autobuses) prepara muy temprano buenos desayunos a los pasajeros que viajen a Carate en un taxi todoterreno, que para enfrente.

Restaurante Agua Luna (platos 4-6 US$) ofrece gastronomía tica y china con bonitas vistas; constituye un punto de encuentro para los lugareños y, al parecer, se prepara la mejor piña colada de América Central.

Pizza Rock (*pizzas* 3-6 US$) elabora buena *pizza* en horno de leña. Los que busquen más ambiente deben probar **Il Giardino** (platos 4-6 US$; ☉ 10.00-14.00 y 17.00-22.00), un acogedor restaurante con jardín, mobiliario elegante y platos italianos bien preparados.

Se puede optar por probar la cocina mexicana en Juanita's, pero es mejor limitarse a la cerveza.

Iguana Iguana, en las cabinas del mismo nombre, es popular para tomar copas, sobre todo el fin de semana, así como para celebrar la Nochevieja.

Hay varios bares bastante ruidosos y llenos de hombres en la calle principal, frente al restaurante Carolina.

De compras

Sé pueden adquirir alimentos, repelentes de insectos y otros artículos en el **supermercado La Esquina** (cerca del aeródromo) o en el más pequeño **Supermercado 96** (calle principal). La **Osa Army Navy** (☉ 8.00-19.00 lu-sa, 9.00-16.00 do) cuenta con material deportivo y de pesca, tablas de *boogie board*, mosquiteras, navajas, mochilas y artesanía costarricense a precios europeos o estadounidenses. **Materiales La Luz** (☉ lu-sa), una tienda de electricidad de la calle principal, vende sedales, pilas y combustible para acampadas.

Cómo llegar y desplazarse
AVIÓN

Desde/a San José, **Sansa** (☎ 735 5017; ida/ida y vuelta 71/142 US$) tiene tres vuelos diarios y **NatureAir** (☎ 735 5062, 735 5722; en Osa Tropical; 84/168 US$), cuatro. Ambas oficinas cierran el domingo.

Alfa Romeo Aero Taxi (☎ 735 5353) cuenta con vuelos chárter. Una avioneta de cinco plazas vuela a Sirena, al interior de Corcovado (220 US$), a Golfito (100 US$), a Drake

(285 US$) y a San José (607 US$); hay que reservar con dos días de antelación.

BICICLETA
Ciclo Mi Puerto (☎ 735 5297) alquila bicicletas bastante usadas, así que conviene examinarlas antes de llevárselas.

BARCO
El **ferry de pasajeros** (2,50 US$; 1½ h) a Golfito zarpa a las 6.00. **Taboga Aquatic Tours** (☎ 735 5265) fleta taxis acuáticos a Zancudo por 15 US$ por persona, pero se pueden contratar otros recorridos.

AUTOBÚS
La mayor parte llega a la nueva terminal de color melocotón, en la parte oeste del pueblo. Todos pasan por La Palma (23 km), hacia la entrada oriental de Corcovado. Para viajar a San José, hay que comprar los billetes con antelación, pues los autobuses suelen estar llenos.
Neily. 3 US$; 4-6 h; 14.00.
San Isidro. 4 US$; 6 h; 13.00.
San José, a través de San Isidro (Autotransportes Blanco Lobo). 6 US$; 8 h; 5.00 y 11.00.

CAMIÓN Y TAXI
Transporte Colectivo (☎ 735 5539; tonsa@hotmail. com; 200 m al sur de la terminal de autobuses) dispone de un servicio de taxis todoterreno colectivos a Matapalo (3 US$) y Carate (6 US$) en el extremo meridional del parque nacional. Los vehículos salen de la Soda Corcovado a las 6.00 y 13.30, y regresan a las 8.30 y 16.00. A otras horas, se puede contratar un todoterreno por unos 60 US$ hasta Carate, 25 US$ a Matapalo y 100 US$ por el sendero a Drake. **Olman Alaníz Rodríguez** (☎ 735 5270, canal de radio 8) es un conductor recomendado y tiene un camión todoterreno robusto y de piso alto.

DE PUERTO JIMÉNEZ A CARATE
Por una carretera sin asfaltar de 45 km se recorre la punta oeste de la península de Osa hasta Carate, cerca del Parque Nacional Corcovado. Desde Puerto Jiménez se puede llegar a cualquier lugar en taxi normal o en un taxi de línea que cubre el trayecto entre Carate y Puerto Jiménez; pero siempre debe ser un todoterreno, incluso en la estación seca, ya que hay que cruzar ríos un par de veces.

A unos 16 km de Puerto Jiménez se encuentra el bar tropical de moda Buena Esperanza, donde se puede tomar una cerveza fría hasta medianoche o hasta que el ambiente decaiga. A la izquierda y algo alejado de la carretera, 1 km después, se encuentra El Portón Blanco, una puerta de cemento que conduce a unas colinas sobre la costa por malas carreteras que llevan a varios alojamientos pequeños.

Cabo Matapalo
Atrae a surfistas acaudalados que vienen a disfrutar de las olas. En algunos establecimientos se exige una estancia mínima de dos o tres días.

Casa Bambú (☎ en EE UU 512-263 1650; www. casabambu.addr.com; d 125 US$, cama adicional 25 US$, 6 o más personas por semana 1.350 US$). Esta atractiva y rústica casa de madera de dos pisos se sitúa a 100 m de la playa, y en sus tres dormitorios hay una cama de matrimonio con mosquitera, un baño y una ducha al aire libre. Dispone de cocina, comedor, porche techado, ventilador y energía solar. Se sirven comidas en los cuartos a los que se puede llegar andando, y se ofrece servicio de habitaciones.

Encanta La Vida (☎ 735 5678, en EE UU 805-969 4270; www.encantalavida; con 3 comidas 75-87 US$ por persona). El terreno de esta acogedora hacienda ofrece varias opciones: La Casona, el edificio mayor, cuenta con dos pisos, cuatro habitaciones y tres baños; La Pole House dispone de tres dormitorios y dos baños, y la Cabina Honeymoon, una pequeña casita blanca de estilo español para los que van de viaje de novios con cama *queen-size*, salita y mesa. Todas están muy bien cuidadas y tienen hamacas. Hay un acceso a la playa cercano y se ofrecen kayaks para el mar.

Hacienda Bahía Esmeralda (☎ 381 8521; www. bahiaesmeralda.com; con 3 comidas 120 US$ por persona; ⊠). Desde este lugar se puede ir a pie a muchas zonas populares para hacer surf; en su página web aparece toda la información necesaria para practicarlo. Hay dos grandes habitaciones en el edificio principal con baño y ventilador, y tres *bungalows* con terrazas privadas y preciosas vistas; todas las camas son *queen size*. Cuenta con piscina de agua de manantial; los propietarios pueden contratar excursiones de *rafting*, piragüismo y *trekking* por el bosque tropical, y se pueden solicitar sesiones de masaje y yoga.

De Matapalo a Carate

Después de El Portón Blanco y a unos 19 km de Jiménez, existen otros hospedajes muy recomendables.

Ojo del Mar (☎ 735 5062; ojodelmar@yahoo.de; 35-60 US$ por persona). Tres cabañas muy rústicas, con techo de paja y al aire libre pueblan la playa. Los cuartos tienen mosquiteras, baño y jardín. Se sirven comidas y hay una pequeña biblioteca con hamacas. La terraza que mira al mar funciona como aula de yoga. No hay electricidad, así que conviene llevar linterna. El número de teléfono que se indica para efectuar reservas corresponde al de Osa Tropical de Jiménez. El precio incluye desayuno.

Lapa Ríos (☎ en Puerto Jiménez 735 5130; www.laparios.com; i/d/tr con 3 comidas 328/214/206 US$ por persona, menores de 10 años 111 US$; P ☒). Unos cientos de metros después de El Portón Blanco, a la derecha, aparece este lujoso complejo, en plena naturaleza. Ubicado en una reserva natural privada de 400 Ha, combina la suntuosidad con el ambiente rústico tropical; todos los viajeros que hablan del lugar se deshacen en elogios. Dispone de 16 amplios *bungalows* de madera reluciente, diseminados por el lugar. Cada uno está provisto de un gran baño con dos lavabos, agua caliente, electricidad, ventilador, dos camas *queen-size* y ventanas con mosquiteras, y grandes porches. También hay piscina, bar, sala de lectura y un restaurante con vistas impresionantes. Una escalera en espiral sube tres pisos hasta el mirador del tejado. Se ofrecen masajes terapéuticos, excursiones por su extensa red de senderos, actividades como natación, surf, buceo, paseos a caballo y la posibilidad de relajarse en las piscinas de agua de mar situadas a 500 m del hotel. Los propietarios tienen el compromiso de proteger el entorno, y el hotel ha ayudado en la construcción de una escuela para los niños de la zona a través de la Asociación de Educación de Escuela Carbonera, sin ánimo de lucro. Se puede concertar una visita a la escuela o hacer un donativo; en su página web se explica el material que precisan los niños. El hotel tiene una oficina junto al aeropuerto de Puerto Jiménez, y allí organizan todos los traslados. Aceptan tarjetas de crédito.

Bosque del Cabo (☎ 381 4847, en Puerto Jiménez 735 5206; www.bosquedelcabo.com; estándar/de lujo 140/155 US$ por persona; casas de 2/3 dormitorios 260/350 US$; P ☒). Desde Lapa Ríos, un desvío indicado a la izquierda, lleva durante 2 km hasta este alojamiento en plena naturaleza. Su terreno abarca 200 Ha, la mitad de bosque tropical virgen. Cuenta con nueve *bungalows* rústicos, bonitos y con techo de paja, en un risco con vistas al océano, camas cómodas y una ducha calentada por el sol en el jardín. Los *bungalows* están muy distanciados entre sí y tienen vistas al mar o al bosque. Algunos (de cuatro y seis personas) sólo están iluminados por velas, y tienen baño con agua caliente, cocina y energía hidroeléctrica. Las casas se alquilan por tres días como mínimo, y las comidas no están incluidas. Los precios que aparecen son por casa, no por persona, mientras que los precios de los *bungalows* se basan en ocupación doble e incluyen tres comidas diarias. Se pueden contratar excursiones de senderismo y equitación, así como masajes. Aceptan tarjetas de crédito.

El Remanso Rainforest Beach Lodge (☎ 735 5569; www.elremanso.com; 90-154 US$ por persona; P ☒). Emplazado junto al mar, a sólo 20 m después del Bosque del Cabo, a la izquierda, cuenta con alojamientos impecables, construidos con madera de árboles tropicales caídos. Las cabinas de lujo son amplias, tienen suelos de madera relucientes y bonitos adornos y están rodeadas por un pequeño foso que impide la entrada de hormigas; Los dormitorios cuentan con mosquiteras. Todas las casitas y el edificio principal reciben energía solar o hidroeléctrica; los propietarios se enorgullecen de no usar pesticidas. Varias casitas tienen puertas plegables de estilo francés que se abren para disfrutar de las vistas al océano. Entre las actividades que se organizan destacan el *rappel* por cascadas, la escalada a árboles y los paseos guiados por la naturaleza. El precio incluye tres comidas diarias y se aceptan tarjetas de crédito.

CARATE

Este pueblecito, que acoge un aeródromo, una pulpería y unos pocos alojamientos junto al mar, constituye el inicio de la carretera para quienes salen de Corcovado o el final para los que llegan desde Puerto Jiménez. La pulpería, lugar de reunión por antonomasia, atrae a lugareños, viajeros, guías y mineros en busca de buena cerveza.

Quienes se desplacen en automóvil pueden estacionarlo (4,50 US$ por noche) e ir andando hasta un *camping*, que está situado a algo menos de una hora, o al refugio de La Leona (1½ h).

Dónde dormir y comer

A menudo, las comunicaciones pasan por Puerto Jiménez, de forma que se pueden tardar varios días en recoger los faxes, mensajes de teléfono y de correo electrónico; conviene reservar con mucha antelación.

La **pulpería** (15 US$ por persona) tiene cuartos individuales y dobles muy sencillos con ducha y agua fría. Se puede preguntar dónde acampar. Ofrecen comidas.

Terrapin Lodge (☎ 735 5062, 845 7982; correovielka@hotmail.com; 82 US$ por persona; P 🐾). De propiedad tica, se encuentra unos 2 km antes del aeródromo, en el lado derecho, desde Puerto Jiménez. Cinco cabinas cuentan con baño y dos, con vistas al mar. Las habitaciones son pequeñas, sencillas y acogedoras. En sus 8 Ha de terreno hay un estanque y una cascada. Los huéspedes pueden disfrutar de kayaks gratuitos. Se aceptan tarjetas de crédito si se reserva y se paga con antelación a través de Osa Tropical (p. 366), en Jiménez.

Lookout Inn (☎ 735 5431; www.lookout-inn.com; 99 US$ por persona; P 🐾). Algo más cerca del aeródromo, se halla este establecimiento con energía solar, cuatro habitaciones y dos cabinas, todas decoradas con gusto, con puertas de madera tallada a mano y ducha con agua caliente. Hay un mirador muy agradable con vistas al mar y al bosque húmedo tropical, y una piscina de agua caliente; también dispone de bodega, y las comidas se sirven en una terraza exterior con una estupenda panorámica. Se organiza senderismo, piragüismo, pesca y paseos a caballo. La interminable escalinata de madera de la parte de atrás, denominada por el propietario "escalera al cielo", sube por la montaña hasta un sendero que conduce a dos cataratas. El precio incluye tres comidas diarias; se aceptan tarjetas de crédito.

Luna Lodge (☎ 380 5036, 358 5848, en EE UU 888-409 8448; www.lunalodge.com; tiendas/cabinas por persona 88/146 US$; P). Después del aeródromo y detrás de la pulpería, el río Carate se aleja de las colinas boscosas del litoral. Antes de la pulpería, aparece la indicación hacia una empinada pista sólo transitable

en todoterreno, que atraviesa un río y sube 2 km por el valle hasta este impresionante y hermoso centro de retiro. Su ubicación en la ladera ofrece unas vistas fantásticas del bosque tropical con el océano al fondo, en especial desde el restaurante. Las siete amplias y bien decoradas cabinas de madera tienen una enorme ducha en el jardín y un patio privado; las cinco tiendas, bastante apartadas, están provistas de dos camas individuales; el estudio al aire libre de yoga y meditación, en la cima de la colina, es increíble (los horarios de clases y retiros aparecen en su página web), y el *bungalow* de masajes ofrece un entorno igual de fascinante. Las tres comidas diarias se elaboran con ingredientes de la huerta orgánica del hotel, y están incluidas en el precio al igual que las excursiones a las cascadas. Las demás actividades se cobran aparte. Aceptan tarjetas de crédito.

La Leona Eco-Lodge & Tent Camp (☎ 735 5704; www.laleonalodge.com; adultos/menores de 8 años 70/35 US$). Un paseo de media hora por 1 km de playa lleva a este nuevo *camping*. Las trece confortables tiendas están encaramadas en plataformas entre palmeras, orientadas a la playa. Las zonas comunes y la cocina se iluminan por energía solar, pero en las tiendas es necesario usar linterna. Se puede practicar senderismo a lo largo de sus 30 Ha de bosque tropical virgen detrás de los alojamientos, así como observar la abundante fauna y flora de la península. Los huéspedes pueden disfrutar de tablas de *boogie board* gratuitas, y se pueden reservar excursiones guiadas a las cascadas, paseos a caballo y salidas para ver cocodrilos por un suplemento. Los precios se basan en ocupación doble e incluyen tres comidas diarias; se aceptan tarjetas de crédito.

Corvado Lodge Tent Camp (☎ en San José 227 0766, 222 0333; www.corcovadolodge.com; i sin comidas 47 US$, i/d con comidas 87/126 US$). A sólo 500 m del límite sur del Parque Nacional Corcovado y 1,7 km al oeste de Carate por la playa, se encuentra esta propiedad confortable y renovada, que pertenece a Costa Rica Expeditions (véase p. 491). Se trata de un campamento base excelente y un lugar de descanso desde el que explorar Corcovado. El *camping* cuenta con 20 tiendas con baños compartidos, un comedor y una zona de bar/salón. Un pequeño generador suministra corriente sólo al comedor y los baños;

en las tiendas hace falta linterna, y están equipadas con dos camas. Se sirve comida casera, sabrosa y abundante. Enfrente del *camping* se descubre una playa de arena y un sendero empinado que conduce al bosque tropical, a 100 m de distancia, donde se puede pasear por una reserva privada de 160 Ha. Durante las salidas, sean o no guiadas, se puede disfrutar de magníficas vistas y se pueden avistar muchos pájaros y monos. Se organizan paseos a caballo y excursiones de treinta minutos por la reserva hasta una plataforma sobre las copas de los árboles, instalada en un guapinol de 45 m de alto, a la que se puede subir de día/noche (69/125 US$) mediante un sistema de cuerdas y poleas; no se recomienda a personas con vértigo. Los guías han recibido formación sobre la seguridad de la plataforma y son expertos en ecología, avistamiento e identificación de fauna y flora. Resulta una actividad muy popular, por lo que se debe reservar con antelación, aunque el hotel se encarga de cubrir las plazas que pudieran quedar libres. Costa Rica Expeditions ofrece paquetes desde San José.

ZONA NORTE DEL GOLFO DULCE

GOLFITO

Antaño un activo puerto bananero, esta decadente ciudad está siendo lentamente engullida por el cercano bosque tropical. Entre 1938 y 1985 fue sede de la United Fruit Company en la zona meridional de Costa Rica, pero la crisis de los mercados extranjeros, el aumento de los impuestos sobre la exportación, el malestar de los trabajadores y las enfermedades del banano propiciaron que la empresa agrícola se trasladara a tierras más baratas, como Ecuador. Algunas plantaciones ahora obtienen aceite de palma africana, pero la crisis no se ha aliviado, ya que este producto requiere muy poca mano de obra.

En un intento de impulsar la economía, el Gobierno federal construyó una zona franca (depósito libre) en la parte norte de Golfito, aunque para los turistas extranjeros los artículos siguen estando fuertemente gravados. Aun así, los precios son más bajos que en el resto de Costa Rica, lo que atrae

a ticos de todo el país para comprar microondas y televisores en 24 horas. Como consecuencia, los hoteles se llenan los fines de semana, sobre todo cerca de vacaciones.

Los lugareños también se ganan la vida con el turismo que se dirige hacia puntos del golfo Dulce, como Zancudo y Pavones, y la península de Osa. En Golfito no hay playas; la más próxima es playa Cacao, al otro lado de la bahía. La ciudad también atrae a pescadores deportivos que atracan sus embarcaciones, toman cervezas y cuentan sus hazañas, aunque ello no supone ingresos para la economía local porque muchos fondeaderos son de propiedad extranjera.

Para pasar el rato, se recomienda visitar el Refugio Nacional de Fauna Silvestre Golfito (p. 378). Este parque de bosque tropical poco visitado está situado sobre un cerro, cerca de la ciudad y permite disfrutar de las aves y la flora. También el jardín botánico Casa de Orquídeas (p. 379) goza de una espectacular panorámica.

Orientación

Golfito debe su nombre a la pequeña ensenada que se abre al mucho mayor golfo Dulce, en el océano Pacífico, al oeste de Panamá. La ciudad está formada por dos poblaciones alineadas sobre una carretera costera y con un fondo de montañas escarpadas y muy verdes. En la parte meridional se encuentran casi todos los bares, las tiendas y un barrio de prostitución. Warner Brothers eligió este lugar para rodar *Chico Mendes*, la historia real de un cauchero brasileño y sus esfuerzos por conservar el bosque tropical. Entre los escasos restos del decorado se conserva una antigua locomotora a vapor. Cerca de allí se encuentra el Muellecito, del que zarpa un *ferry* diario a Puerto Jiménez.

Al sur aparecen diseminadas las casas de los trabajadores de los bananales, que se caracterizan por su uniformidad industrial.

La parte norte de la ciudad, antigua sede de la United Fruit Company, se conoce como la zona americana y conserva un aire decadente y tropical con mansiones con porche, rodeadas de un bonito paisaje. Algunas de estas casas ofrecen alojamiento barato en la actualidad. El aeropuerto y la zona franca también se encuentran en este extremo.

El puerto está muy bien resguardado y acoge yates extranjeros, embarcaciones de cabotaje, y cargueros, así como barcos taxi y botes de pesca locales.

Información

Land Sea Tours (☎ 775 1614; landsea@racsa.co.cr), en el km 2 de la costa, reserva alojamiento y billetes de Sansa; también es una buena fuente de información inmobiliaria local. Katie Duncan, buena conocedora de Golfito, facilita al viajero todo lo que necesita; también ofrece artesanía guaimí y boruca fabricada por colectivos locales.

Los marineros encontrarán al **capitán del puerto** (☎ 775 0487; ⏱ 7.30-11.00 y 12.30-16.00 lu-vi) frente al gran muelle de Golfito, también llamado muelle Bananero (Banana Company Dock). La oficina de **Migración** (☎ 775 0423; ⏱ 8.00-16.00) está situada lejos del embarcadero, en un edificio de dos plantas sobre la Soda Pavas, cerca de la terminal de autobuses de Tracopa.

Muchos lugares de Golfito se comunican entre sí por radio VHF; así que los que necesiten hablar con alguien deberán pedir prestado el receptor en Land Sea Tours, en el Hotel Las Gaviotas o en uno de los fondeaderos. Otra alternativa es llamar a Doña Isabel, de **Osa Tropical** (☎ 735 5062), en Puerto Jiménez, que puede poner en contacto por radio al viajero con alojamientos del golfo Dulce; no trabaja los domingos.

El mejor lugar para consultar el correo electrónico es **@Internet** (⏱ 8.00-21.00; 1,30 US$ por hora), debajo del Hotel Golfito, con conexión rápida y aire acondicionado. El Hotel Samoa del Sur también ofrece acceso a Internet al público, pero al doble de precio. Se ofrece servicio de lavandería en **Ilona's** (⏱ 8.00-17.00; 2 US$ por kilo) junto al Hotel Delfina.

La atención médica de urgencias se dispensa en el **hospital de Golfito** (☎ 775 0011) y en la consulta del **Dr. Guillermo Torres Álvarez** (☎ 775 2135, 775 0822; ⏱ 9.00-12.00 y 17.00-20.00 lu-vi), en el centro (véase "Consulta médica" en el plano).

El **Banco Coopealianza** (⏱ 8.00-17.00 lu-vi, 8.00-12.00 sa) tiene un cajero automático 24 horas que acepta tarjetas de Cirrus y, en el interior, una oficina de Western Union. En otros bancos locales se cambian dólares de EE UU y cheques de viaje. En la gasolinera, llamada bomba, se cambian dólares estadounidenses siempre que tengan bastantes colones a mano.

Pesca deportiva y navegación

La pesca deportiva constituye una de las grandes atracciones en el golfo Dulce, con operadores que zarpan de aquí y de Zancudo, más al sur. Se puede pescar durante todo el año, pero la mejor época para capturar el pez vela del Pacífico es entre noviembre y mayo.

Banana Bay Marina (☎ 775 0838; www.banan abaymarina.com), dirigida por Bruce Blevins, cuenta con un embarcadero para 155 yates equipados con todo tipo de servicios. Se pueden contratar barcos chárter de 6 a 17 m por un día completo con todo incluido desde 750 US$.

Land Sea Tours (☎ 775 1614; véase "Información", p. 374) ofrece atraque de barcos en el muelle para los que quieran visitar el interior de Costa Rica. También programa salidas de pesca chárter, cuyo precio depende de la duración de la travesía y del tipo de ejemplar que se busque.

Se pueden contratar marineros locales para recorrer el golfo en cualquiera de los muelles (véase p. 377).

Dónde dormir

Hay que tener presente que la zona más próxima al estadio de fútbol es un barrio de prostitución.

ECONÓMICO

Cabinas El Tucán (☎ 775 0553; 5 US$ por persona, con a.a. 14,50 US$; Ⓟ). Está formado por el Hotel Tucán nº 1 y Tucán nº 2. Ambos tienen habitaciones limpias, amplias, con suelo de cerámica y ducha con agua fría. Las más caras están provistas de aire acondicionado y televisión por cable, y en algunas caben de 6 a 10 personas. Resulta una buena opción, sobre todo los cuartos del nº 2, que son más nuevos y agradables. Aceptan tarjetas de crédito.

Cabinas Melissa (☎ 775 0443; 5 US$ por persona). Situadas detrás del Delfina, es una alternativa mucho mejor y una de las más baratas de la ciudad. Sus cabinas, limpias y tranquilas, con baño, se orientan al mar.

Hotel/Restaurante Uno (☎ 775 0061; h por persona 2 US$). Cerca del muelle del *ferry*, este edificio de madera destartalado dispone de cuartos sin ventanas ni ventilador y un deslucido

GOLFO DULCE

ZONA DE GOLFITO

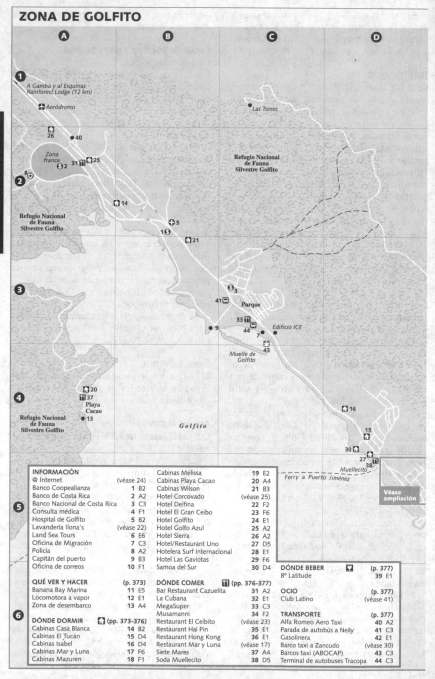

A Gamba y al Esquinas
Rainforest Lodge (12 km)

Aeródromo

Las Torres

26

40

Zona
franca

31 25

2

8

2

14

Refugio Nacional
de Fauna
Silvestre Golfito

5

1

21

Refugio Nacional
de Fauna
Silvestre Golfito

3

3

41

Parque

33

44

7

Edificio ICE

43

9

Muelle de
Golfito

Golfito

20

37
Playa
Cacao

13

Refugio Nacional
de Fauna
Silvestre Golfito

16

15

30

27

38

Muellecito

Ferry a Puerto Jiménez

Véase
ampliación

INFORMACIÓN		
@ Internet	(véase 24)	
Banco Coopealianza	1	B2
Banco de Costa Rica	2	A2
Banco Nacional de Costa Rica	3	C3
Consulta médica	4	F1
Hospital de Golfito	5	B2
Lavandería Ilona's	(véase 22)	
Land Sea Tours	6	E6
Oficina de Migración	7	C3
Policía	8	A2
Capitán del puerto	9	B3
Oficina de correos	10	F1

QUÉ VER Y HACER	(p. 373)	
Banana Bay Marina	11	E5
Locomotora a vapor	12	E1
Zona de desembarco	13	A4

DÓNDE DORMIR	(pp. 373-376)	
Cabinas Casa Blanca	14	B2
Cabinas El Tucán	15	D4
Cabinas Isabel	16	D4
Cabinas Mar y Luna	17	F6
Cabinas Mazuren	18	F1

Cabinas Melissa	19	E2
Cabinas Playa Cacao	20	A4
Cabinas Wilson	21	B3
Hotel Corcovado	(véase 25)	
Hotel Delfina	22	F2
Hotel El Gran Ceibo	23	F6
Hotel Golfito	24	E1
Hotel Golfo Azul	25	A2
Hotel Sierra	26	A2
Hotel/Restaurant Uno	27	D5
Hotelera Surf Internacional	28	E1
Hotel Las Gaviotas	29	F6
Samoa del Sur	30	D4

DÓNDE COMER	(pp. 376-377)	
Bar Restaurant Cazuelita	31	A2
La Cubana	32	E1
MegaSuper	33	C3
Musamanni	34	F2
Restaurant El Ceibito	(véase 23)	
Restaurant Hai Pin	35	E1
Restaurant Hong Kong	36	E1
Restaurant Mar y Luna	(véase 17)	
Siete Mares	37	A4
Soda Muellecito	38	D5

DÓNDE BEBER	(p. 377)	
8° Latitude	39	E1

OCIO	(p. 377)	
Club Latino	(véase 41)	

TRANSPORTE	(p. 377)	
Alfa Romeo Aero Taxi	40	A2
Parada de autobús a Neily	41	C3
Gasolinera	42	E1
Barco taxi a Zancudo	(véase 30)	
Barcos taxi (ABOCAP)	43	C3
Terminal de autobuses Tracopa	44	C3

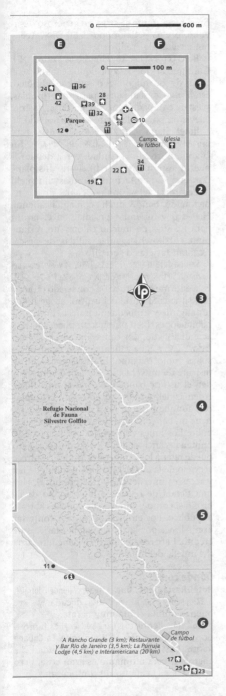

A Rancho Grande (3 km); Restaurante y Bar Río de Janeiro (3,5 km); La Purruja Lodge (4,5 km) e Interamericana (20 km)

baño compartido. Se trata de uno de los sitios más baratos del país; no es una buena elección para las mujeres que viajen solas.

Cabinas Mazuren (☎ 775 0058; 5 US$ por persona). La adorable Doña Luz regenta esta casa segura con siete dormitorios limpios y de diversos tamaños. Son oscuros y de madera, están cuidados y pintados de azul, y tienen ventilador y baño.

Hotelera Surf Internacional (☎ 775 0034; i/d 5/7 US$, d con a.a. 14,50 US$). Oscuro y laberíntico, alquila 22 habitaciones, muchas sin ventana o con un tragaluz, y un fuerte olor a humedad. Las individuales comparten un baño bastante tétrico y las dobles tienen ducha con agua fría; todas cuentan con ventilador. Hay tres con aire acondicionado y ducha con agua caliente, además de un sórdido bar abierto todo el día para quienes deseen desayunar con cerveza. No es recomendable para mujeres que viajen solas.

Hotel Delfina (☎ 775 0043; 5 US$ por persona). Los dormitorios poco ventilados, con un baño diminuto o sin él, se reparten por ruinoso este edificio de madera.

Hotel Golfito (☎ 775 0047; d 10 US$, d con a.a. 21 US$; **P** **⊠**). Las habitaciones dobles de hormigón son austeras, pero tienen camas firmes, ventilador potente y baño; están bien iluminadas. Es muy barato y se halla bien situado, junto al Muellecito.

Cabinas Isabel (☎ 775 1774; i/d 3,50/7 US$). Se alquilan cuartos decentes en un bonito caserón antiguo, que está algo alejado; se pueden contratar circuitos por la zona.

Cabinas Casa Blanca (☎ 775 0124; i/d 5/10 US$). En el extremo norte, regentado por una familia, tiene cabinas limpias de hormigón con ventilador y baño.

Cabinas Wilson (☎ 775 0795; i/d 5/10 US$). Al sur se encuentra este alojamiento sencillo, con ventilador y baño con ducha de agua fría en las habitaciones.

PRECIO MEDIO
Hotel El Gran Ceibo (☎ 775 0403; www.soldeosa. com/granceibo; d/tr 17/21 US$, d con a.a. 28 US$; **P** **⊠** **⊠**). Unos 3 km al sudeste de Golfito, dispone de 15 cuartos modernos, limpios, con ventilador y baño con agua fría, así como 12 cabinas con aire acondicionado y agua caliente; todos tienen televisión por cable y capacidad para cuatro o seis personas. Los cuartos que dan a la piscina son los mejores. Cuenta con un restaurante, El

Ceibito, (véase "Dónde comer", p. 377). Los empleados son simpáticos y ayudan a contratar excursiones. El autobús local de Golfito termina en una parada justo en la puerta, así que es fácil llegar. Aceptan tarjetas de crédito.

Hotel Las Gaviotas (☎ 775 0062; gaviotas@racsa. co.cr; d/tr/c 42/48/54 US$, *bungalow* 84 US$; P ✲ ⚲). Casi enfrente de El Gran Ceibo, en la costa, se trata de un lugar prestigioso y recomendado. Está situado en un jardín tropical con una esfera de granito y tiene un restaurantebar excelente (véase "Dónde comer", en p. 377), dos piscinas y un muelle desde donde se pueden mirar las gaviotas. Los 21 amplios dormitorios con aire acondicionado están provistos de ventilador de techo, televisión por cable, un pequeño patio y un baño muy limpio con azulejos blancos. Los tres *bungalows* con vistas al mar acogen dos dormitorios, dos baños y una cocinita; merecen la pena. Hay una bodega con control de la temperatura; los empleados pueden reservar excursiones de pesca. Aceptan tarjetas de crédito.

Cabinas Mar y Luna (☎ 775 0192; maryluna@racsa. co.cr; i/d/tr 15/17/24 US$, con a.a. 21/23/30 US$; P). Frente a la orilla, están limpias, bien cuidadas y tienen televisión por cable; todas, salvo tres, cuentan con ducha de agua caliente. El restaurante anexo es muy bueno (véase "Dónde comer", p. 377). Aceptan tarjetas de crédito.

La Purruja Lodge (☎ 775 1054, www.purruja.com; d 25 US$, *camping* 2 US$; P). Una encantadora pareja suizo-tica regenta este tranquilo negocio al sudeste del centro. Cuenta con cinco cabinas relucientes con ventilador de techo y ducha. El sociable Walter organiza excursiones al río Coto en barco (25 US$ por persona, máximo 3 personas) para recorrer los manglares y ver la fauna; así como a las cavernas de Neily (35 US$; véase p. 341); esta última hay que reservarla un par de días antes. Se ofrecen comidas, transporte a Golfito y salidas por la península de Osa. El desayuno, incluido en el precio, se sirve en un agradable rancho al aire libre que atrae a muchos pájaros.

Hotel Golfo Azul (☎ 775 0871, 775 0004; golfazul@racsa.co.cr; i/d/tr/c 17/24/30/36 US$; P ✲). En el extremo norte de la ciudad, cuenta con 20 habitaciones grandes, muy limpias, de azulejos blancos y colchas rosas, aire acondicionado y ducha con agua caliente.

En el restaurante se sirve un generoso desayuno, previa petición, por 3,50 US$. Aceptan tarjetas de crédito.

Hotel Corcovado (☎ 775 0505; d/tr 22/29 US$; ✲). Contiguo al Golfo Azul, alquila cabinas sencillas de hormigón con suelo de linóleo; están algo descuidadas, pero muy limpias, y están equipadas con ducha de agua fría, televisión por cable y aire acondicionado.

Hotel Sierra (☎ 775 0666, 775 0336; hotel sierra@racsa.co.cr; i/d 38,50/48 US$; P ✲ ⚲). En la zona norte de la ciudad, cerca del aeropuerto, este moderno edificio de dos plantas tiene 72 habitaciones limpias con suelo de cerámica, televisión por cable, aire acondicionado, baño y ducha con agua caliente. Hay dos estupendas piscinas en el jardín para los días de mucho calor y un restaurante. El hotel organiza salidas de pesca. Aceptan tarjetas de crédito.

Samoa del Sur (☎ 775 0233, 775 0264; www.samoadel sur.com; h 50 US$, vehículo recreativo 10 US$; P ✲ ▯). Esta enorme construcción con tejado piramidal, situada al norte del centro, acoge hotel, restaurante y un pequeño muelle. En sus 14 habitaciones, bien puestas, amplias, con aire acondicionado, dos camas *queen-size*, ventilador, TV y agua caliente caben cuatro personas como máximo. El estacionamiento y disfrute de un vehículo recreativo comprenden el uso de baños y duchas compartidos. Además del restaurante, con comida aceptable, aunque la *pizza* lleva demasiado queso, tiene un bar con mesa de billar, dardos y futbolín. Los lunes y miércoles por la noche se reúnen los aficionados a los dardos; el viajero puede retar a los campeones locales. Se ofrece servicio de lavandería (2 US$ por kg), de fax y acceso a Internet (2,50 US$ por hora). Hay una tienda de regalos e intercambio de libros, así como un museo de conchas abierto al público. Los empleados pueden contratar excursiones por la zona. Aceptan tarjetas de crédito. El barco taxi diario a Zancudo zarpa del muelle del hotel.

Dónde comer

Hotel/Restaurant Uno (véase "Dónde dormir", p. 373; platos 2 US$). Lleva activo décadas y sirve buena comida china muy barata.

Soda Muellecito (en el muelle del *ferry*) es famoso por sus desayunos, al igual que **La Cubana** (casados 3 US$) en el centro de la ciudad. La cocina de esta última no es gran cosa, pero las vistas y el café fuerte compensan.

Restaurant Hai Pin (platos 3-7 US$). Bajando por la misma calle, este lugar limpio y bien iluminado ofrece comida china aceptable.

Restaurant Hong Kong (platos 3-8 US$). Cerca del anterior, parece algo mejor diseñado.

Bar Restaurant Cazuelita (platos 3-6 US$; ⊗ 12.00-13.00 ma-do). En la zona norte, ofrece platos chinos y ticos.

Hotel Las Gaviotas (véase "Dónde dormir", p. 376; comidas desde 8 US$; ⊗ 6.00-22.00). Popular y frecuentado por norteamericanos y europeos, sirve platos caros.

Restaurant Mar y Luna (platos 3-6 US$). En este establecimiento excelente, junto al mar, se cocina pescado sabroso, se bebe cerveza fría y se puede admirar la puesta de sol. El servicio es amable y eficaz.

Restaurant El Ceibito (casados 2,50 US$; ⊗ 6.00-22.00). Anexo al Hotel El Gran Ceibo, pero de propietario distinto, es un sitio agradable con suculenta cocina tica: desde exquisitas tortillas recién hechas a batidos de fruta fresca.

Rancho Grande (platos 5-12 US$). A unos 3 km de la ciudad, este comedor rústico con techo de paja elabora platos ticos en horno de leña. Margarita, la propietaria, es toda una celebridad. Sus horarios son muy variables, así que conviene pasarse por allí de día para avisarle de que se va a cenar.

Restaurant y Bar Río de Janeiro (☎ 775 0509; platos 2-12 US$). Casi 1 km más allá, este agradable bar de carretera tiene una diana de dardos. Su corto y variable menú incluye hamburguesas con queso o filetes por 12 US$, pero hay que preguntar a los empleados, pues no existe carta impresa.

Musmanni ofrece sus habituales productos recién hechos y el MegaSuper vende alimentos y otros artículos.

Dónde beber y divertirse

La mayoría de los viajeros suele quedarse en el bar de su hotel y evita la vida nocturna de Golfito, aunque salir de copas puede resultar interesante. Samoa del Sur, Banana Bay Marina y Las Gaviotas ofrecen la posibilidad de charlar con extranjeros residentes.

El ambiente local es algo duro, sobre todo por el barrio de prostitución próximo al campo de fútbol. El lugar más recomendable es **Latitude 8** (al noroeste del campo de fútbol), de ambiente relajado y clientes estadounidenses (incluso algunas mujeres) que practican la pesca deportiva.

Club Latino (en el extremo norte de la ciudad) es el mejor local para bailar el fin de semana; es muy popular entre los ticos.

Cómo llegar y salir

AVIÓN

El aeropuerto está 4 km al norte del centro. Sansa vuela cuatro veces diarias a/desde San José (71/142 US$ ida/ida y vuelta); NatureAir, una (84/168 US$).

Alfa Romeo Aero Taxi (☎ 775 1515) dispone de avionetas (3 y 5 pasajeros) para vuelos chárter a Puerto Jiménez, al Parque Nacional Corcovado y otros puntos.

BARCO

Existen dos diques para barcos de pasajeros: el Muellecito, el más importante de la zona sur de la ciudad, acoge a marineros autónomos con quienes se puede negociar la tarifa del viaje; y uno más pequeño al norte del muelle Bananero (frente al edificio de ICE), donde se encuentra la **Asociación de Boteros** (ABOCAP; ☎ 775 0357), un grupo de barcos taxi que presta servicios a cualquier parte del golfo Dulce. Los precios varían según el número de pasajeros, la distancia y las condiciones meteorológicas.

Los barcos que se dirigen a playa Cacao zarpan del muelle de ABOCAP, aunque otros salen desde el Muellecito, y cuestan 5 US$ como mínimo, o 1 US$ por persona.

El *ferry* de pasajeros a Puerto Jiménez (2,50 US$, 1½ h) zarpa a las 11.30 desde el Muellecito a diario; pero atención, los chalecos salvavidas escasean. Entre semana, barcos taxi parten a playa Zancudo (3,75 US$, 45 min) desde el muelle de Samoa del Sur sobre las 11.00 y regresan a Golfito a las 7.00 del día siguiente.

En casi todos los casos se desembarca en la playa; así que el viajero debe llevar calzado sumergible.

AUTOBÚS

Salen de diversos puntos de Golfito.

Neily (frente al Club Latino). 0,50 US$; 1½ h; salidas cada hora de 6.00 a 19.00.

Pavones (frente al Muellecito). 3 h; salidas a las 10.00 y 15.00; los horarios varían según el tiempo y la carretera, sobre todo en la estación húmeda.

San José, a través de San Isidro (Tracopa; terminal cercana al muelle Bananero). 5,80 US$; 8 h; salidas a las 5.00 y 13.30.

GOLFO DULCE

Cómo desplazarse

Los autobuses urbanos empiezan su trayecto en el Hotel El Gran Ceibo y suben y bajan por la calle principal de Golfito; el viaje cuesta 0,20 US$.

Quienes no deseen esperar el autobús pueden tomar un taxi colectivo, que recorre el mismo tramo de la calle principal desde el aeropuerto hasta el Hotel El Gran Ceibo. La tarifa fija es 0,60 US$, pero pueden dejar a los pasajeros más allá de El Gran Ceibo por unos 0,50 o 1 US$ más.

Un taxi normal cuesta unos 2 US$ desde el centro al aeropuerto.

PLAYA CACAO

Situada frente a Golfito, las vistas de la bahía, el puerto y el bosque tropical merecen la pena; sin embargo, el agua del mar, aunque no está contaminada como la de la ciudad, no es precisamente cristalina, ya que no se trata del golfo Dulce propiamente dicho y sigue estando cerca de un muelle frecuentado por cargueros.

Cabinas Playa Cacao (☎ en San José 221 1169; www.kapsplace.com; d 40 US$). Cuenta con seis espaciosas cabinas, con mosquiteras, altos techos de paja, suelos de cerámica, ventilador, microondas, frigorífico, cocina y baño. Los propietarios también han instalado una cocina comunitaria totalmente equipada, con vistas al golfo. Este lugar, ubicado en la playa, frente a Golfito, es un sitio tranquilo para disfrutar del puerto antiguo. Las cabinas están regentadas por la atractiva doña Isabel Arias, cuya emprendedora hija Karla es propietaria de Kap's Place en San José.

El restaurante **Siete Mares** (platos 4-8 US$; ☯ 8.00-20.00) es muy popular entre los residentes de Golfito por el ambiente playero, la cerveza, el pescado con ajo y el estupendo cebiche (2,50 US$). Es el lugar ideal para desayunar, comer y cenar por poco dinero. El bar no cierra hasta que se marcha el último cliente.

El traslado en barco desde Golfito, que dura cinco minutos, cuesta 1,30 US$ por persona para un grupo de cuatro o más; los barcos se contratan en el muelle Bananero. También se puede ir a playa Cacao a pie o en automóvil por una carretera sin asfaltar hacia el oeste y luego hacia el sur desde el aeropuerto, a unos 6 km de allí. Se recomienda ir en todoterreno.

REFUGIO NACIONAL DE FAUNA SILVESTRE GOLFITO

Esta pequeña reserva de 2.810 Ha, que abarca gran parte de los abruptos montes que rodean la ciudad, fue creada para proteger el litoral de Golfito. Además de mantener limpias y en movimiento las aguas de la bahía, también ha permitido la conservación de muchas especies vegetales raras e interesantes. Entre ellas destaca una caryodaphnopsis, un género asiático desconocido en América Central, y la yuquilla de ratón, una cicadácea, considerada un fósil vivo, ya que es una de las plantas más primitivas que quedan, muy abundantes antes de la época de los dinosaurios, pero muy escasas en la actualidad.

Otras variedades de interés son las heliconias, las orquídeas, los helechos y los árboles tropicales, como el copal, la ceiba o el capoc, el nogal blanco americano y el palo de vaca.

La vegetación atrae a todo tipo de aves: loros, tucanes, tangaras, quetzales, colibríes y guacamayos escarlatas, aunque la caza furtiva ha ahuyentado a estos últimos. Entre los mamíferos, se han visto pecaríes, pacas, mapaches, coatíes y cuatro tipos de monos.

En la administración del refugio, situada en la oficina del Área de Conservación Osa en Puerto Jiménez (véase p. 366), no suele haber nadie para cobrar los 6 US$ de entrada. Está permitido acampar en el refugio, pero no existen instalaciones; casi todo el mundo se queda en Golfito.

El nivel de pluviosidad es muy elevado: en octubre, el mes más lluvioso, se han registrado más de 700 mm. De enero a mediados de abril suele hacer un tiempo seco.

Cómo llegar y salir

Unos 2 km al sur del centro de Golfito, antes de llegar al Hotel Las Gaviotas, una carretera de grava se dirige al interior, pasa por un campo de fútbol y sube hasta unas torres de radio (Las Torres), a 7 km de distancia y 486 m sobre el nivel del mar. Resulta una buena vía de acceso al refugio, ya que atraviesa casi toda la reserva. Lo más habitual entre los turistas es subir en taxi por la mañana temprano y bajar andando, observando las aves por el camino. Hay algunos senderos que descienden al pueblo, pero en la carretera hay tan poco tráfico que probablemente se ven más animales desde ella que desde los senderos rodeados de vegetación. El descenso dura unas tres horas, en función de la forma física del caminante y de lo que se entretenga mirando los pájaros.

Otra pista muy empinada nace casi enfrente del Hotel Samoa del Sur; pero, aunque el sendero está bien conservado, resulta más fácil dar con él en Golfito. Se trata de una agotadora caminata de unas dos horas que conduce hasta las torres de radio; al llegar, hay que bajar retrocediendo sobre los propios pasos o por la carretera.

También se puede ir a Gamba y al Esquinas Rainforest Lodge (véase p. 340) por una carretera sin asfaltar, que empieza unos 2 km al noroeste de la zona franca y atraviesa parte del refugio nacional, aunque probablemente sea necesario un todoterreno. Un autobús local que va hacia Gamba o al Esquinas se detiene al principio de esta pista; desde allí hay unos 10 km hasta Gamba, así que se puede caminar mientras se contemplan los pájaros.

Por último, hay varios senderos que parten de la carretera hacia playa Cacao. A dos de ellos se llega siguiendo un desvío, a la derecha de la carretera, según se viene desde Golfito, y que conduce a una bifurcación: cada camino lleva a una cascada distinta. Más adelante, en el sendero principal, otro camino de 2 km continúa hasta unas colinas con buenas vistas del golfo Dulce. A menudo, las rutas son difíciles de encontrar, así que conviene informarse antes de partir.

DE LA ZONA NORTE A PLAYA CATIVO

Los barcos taxi suben viajeros por la costa nordeste del golfo Dulce, pasando por playas remotas y acantilados salpicados de alojamientos que se internan en el boscaje. Detrás de la costa, casi siempre aparece el bosque tropical virgen, protegido por el **Parque Nacional Piedras Blancas,** que se puede visitar, aunque carece de instalaciones y los senderos son escasos.

Casa de Orquídeas

Este **jardín botánico** (entrada y visita guiada 5 US$; visita guiada a las 8.30 sa-ju) privado, rodeado de bosque tropical primario, es un paraíso. Las plantas han sido elegidas con mucho acierto y están cuidadas por Ron y Trudy MacAllister, que llevan viviendo en esta remota región desde la década de 1970. Primero plantaron frutales para sobrevivir, pero en seguida se interesaron por otras plantas. Botánicos autodidactas, han reunido una colección maravillosa de frutales tropicales, bromeliáceas, cicadáceas, palmeras, heliconias, plantas ornamentales y más de 100 variedades de orquídeas, que dan nombre a este vergel.

Las visitas guiadas duran unas dos horas y son fascinantes: se anima al visitante a tocar, oler, sentir y probar. Una atracción de temporada es masticar la pulpa que rodea a una "semilla mágica", cuyo efecto es hacer que los limones sepan dulces en vez de ácidos; otra es el olor de la vainilla. También se ven murciélagos colgados de una especie de tienda elaborada con una hoja enorme, así como insectos atrapados por una bromeliácea o por una flor de la antorcha imperial, según la temporada.

La Casa de Orquídeas se encuentra en el extremo occidental de la playa San Josecito y se llega a pie desde cualquiera de sus alojamientos. Si el viajero se hospeda en otro lugar, sólo puede acceder en barco. En todos los alojamientos de la zona se ofrece transporte para los huéspedes, aunque también se puede concertar a través de ABOCAP, la asociación de marineros de Golfito (véase p. 377).

Dónde dormir

Es difícil comunicarse directamente con los establecimientos que se citan a continuación; a veces hay que llamar a una agencia local y pedir una conexión por radio a través del canal 68 o dejar un mensaje. Al llegar, se desembarca en la playa, así que conviene llevar calzado adecuado.

PLAYA SAN JOSECITO

Golfo Dulce Lodge (☎ 821 5398, en San José 232 0400; www.golfodulcelodge.com; por persona estándar/de lujo 95/105 US$; 🌊). Esta propiedad suiza se encuentra a 250 m de una playa rocosa, en el extremo de un terreno de 275 Ha de bosque tropical en gran parte. Los dueños conocen bien la flora y fauna locales y apoyan un proyecto de rehabilitación del gato salvaje. Cuenta con cinco cabinas de lujo individuales, de madera, con un gran porche, mecedora y hamaca; y tres habitaciones estándar, con porches más pequeños, que

GOLFO DULCE

rodean la piscina con agua de un manantial. Todas tienen baño con ducha de agua caliente por placas solares. Se exige una estancia mínima de dos noches y se ofrecen diversos paquetes y excursiones. El barco de Golfito/Puerto Jiménez cuesta 20/30 US$ por persona. Los precios se basan en ocupación doble.

Dolphin Quest (☎ 775 1742; www.dolphinquest costarica.com; i/d *camping* 30/55 US$, cabinas 60/100 US$, casa 70/120 US$). Con 1,5 km de playa y 280 Ha de bosque tropical ofrece una gran intimidad. Las tres cabinas redondas, con techo de madera y capacidad para dos personas, y la casa, para siete, se extienden por 2 Ha de terreno silvestre; también se permite acampar. Se sirven estupendas comidas en un pabellón al aire libre cerca de la playa; muchos ingredientes proceden de un huerto orgánico propio. Las diversas actividades que se organizan se cobran aparte: paseos a caballo, piragüismo, excursiones en motora, un jardín de mariposas, buceo, submarinismo, salidas para ver delfines y senderismo. Tras una presentación de las bellezas y peligros de la selva (10 US$), se pueden realizar distintas rutas de forma gratuita; también se desarrolla un programa de liberación de lapas y otro de intercambio de trabajo para gente cualificada que desee pasar algún tiempo en un barracón. La Casa de Orquídeas se encuentra a un breve paseo por la playa, se ofrece la posibilidad de jugar partidos de fútbol locales, contratar masajes y utilizar una pequeña biblioteca. Se prefiere el pago en efectivo, aunque se aceptan cheques de viaje pagando un suplemento.

PLAYA NICUESA
Playa Nicuesa Rainforest Lodge (☎ 735 5237, en EE UU 866-348 7610; www.nicuesalodge.com; por persona pensión/cabina 130/150 US$). Al norte de la Casa de Orquídeas, se trata de una espectacular reserva privada de bosque tropical, junto al golfo Dulce. El edificio apenas se ve desde el agua, aunque su muelle lo delata, y las cuatro habitaciones así como las cuatro cabinas presentan una decoración exquisita con tejidos indígenas. Todas cuentan con baño, agua caliente, ducha en el jardín y caja fuerte. Las comidas se sirven en un rancho con techo de paja y una barra reluciente. El precio incluye tres comidas diarias elaboradas con ingredientes frescos de la zona, un paseo con guía y el uso de

kayaks y cañas de pescar. Por la propiedad fluye un riachuelo y la electricidad se obtiene por energía solar. Hay varios senderos que se adentran en Piedras Blancas; se organizan paseos guiados por un suplemento, excursiones en barco al anochecer y visitas a la Casa de Orquídeas. Se aceptan tarjetas de crédito, pero con comisión. Este establecimiento permanece cerrado del 1 de octubre al 15 de noviembre.

PLAYA CATIVO
Rainbow Adventures Lodge (☎ en EE UU 800-565 0722, 503-690-7750; www.rainbowcostarica.com; i/d 225/345 US$, buhardilla 250/375 US$, cabinas en la playa 275/395 US$, adultos/niños de 4-10 años adicional 95/80 US$; 🐕). Esta reserva privada de 400 Ha, que limita con el Parque Nacional Piedras Blancas, es ideal para practicar senderismo, bucear y nadar en el mar. Las construcciones de madera combinan lo rústico de sus grandes balcones con la elegancia de los interiores: muebles artesanales, alfombras de seda, antigüedades de principios del s. xx y flores frescas. En el primer piso se sitúa el comedor, la sala de estar y la biblioteca, que tiene aire acondicionado y más de 8.000 publicaciones sobre historia natural en inglés para que los huéspedes puedan relajarse y leer.

En los dos pisos superiores se han instalado habitaciones dobles y una *suite* abuhardillada, con grandes ventanales y hermosas vistas de la selva tropical, la playa y el golfo. Las camas cuentan con mosquiteras y los baños tienen ducha, agua caliente y secador de pelo. La electricidad se obtiene por un sistema hidroeléctrico situado en el recinto. También dispone de dos preciosas cabinas, con dos dormitorios cada una, capacidad para cinco personas, baño y porche.

Además de sus deliciosas comidas a cargo de la excelente cocinera Juana, que elabora un exquisito un flan, el precio comprende cerveza y vino con las comidas, refrescos, tentempiés y transporte a/desde el aeropuerto de Golfito. También se incluye una breve excursión al bosque tropical contiguo, material de buceo y botas para caminar por la selva. Hay servicio de lavandería, una mesa de billar y una bonita piscina con agua de manantial que se vacía a diario. Los directores son muy simpáticos. Se pueden alquilar kayaks y contratar excursiones guiadas, de observación de aves y de pesca.

Se aceptan tarjetas de crédito para pagar el alojamiento, pero las excursiones se abonan en efectivo.

AL NORTE DE PLAYA CATIVO
Caña Blanca Beach & Rainforest Lodge (☎ 813 3803; canablan@racsa.co.cr; 150 US$ por persona). Unos 2 km en barco al norte de playa Cativo y de Rainbow Adventures, se descubre una playita con tres cabinas de madera, bien diseñadas, frescas y cómodas. Cada una tiene un porche espacioso, ducha con agua fría en el jardín y vistas al bosque tropical; está previsto instalar agua caliente. Las cabinas están suficientemente separadas entre sí y los huéspedes tienen acceso a 10 km de senderos por el bosque tropical para ver pájaros y una cascada. Carol, la propietaria, es de San Francisco y cocina exquisitos platos vegetarianos y de pescado. Los precios se basan en ocupación doble y se exige una estancia mínima de tres noches; se pueden negociar tarifas especiales para estancias más largas. Se incluye el transporte desde Puerto Jiménez, tres comidas, entremeses y cócteles de ron, vino con la cena y uso de kayaks y material para bucear. Se pueden concertar otras excursiones. Se aceptan tarjetas de crédito.

ZONA SUR DEL GOLFO DULCE

ZANCUDO
Esta bonita playa de arena oscura, 15 km al sur de Golfito, es popular entre los lugareños, sobre todo en la estación seca cuando escasean las habitaciones individuales. Las olas para practicar surf son suaves, y de noche el agua a veces reluce con bioluminiscencia, diminutas plantas marinas fosforescentes y plancton que brilla si se pasa la mano por el agua, como si fueran luciérnagas submarinas. Hay hoteles dispersos por toda la costa; los habitantes del lugar consideran que la playa está llena con sólo ver a otra persona.

En los manglares que rodean la desembocadura del río se pueden avistar pájaros, cocodrilos y monos, incluso durante el trayecto en barco taxi desde Golfito.

La tienda más grande del pueblo es el **supermercado Bellavista** (frente a Cabinas Tío Froylan),

que cuenta con teléfono público. Cerca de las Cabinas y el Restaurante Tranquilo y Roy's Zancudo Lodge, se encuentra el pequeño supermercado Tres Amigos.

Actividades
La mejor época para la captura del pez vela es de diciembre a mayo, aunque casi todos los meses se pesca algo. La mayor parte de las empresas citadas a continuación ofrecen paquetes de varios días, compuesto por alojamiento en San José, traslados a Zancudo y comidas, o alojamiento y pesca en Zancudo. Se diseñan itinerarios a gusto del cliente.
Arena Alta Sportfishing (☎ 766 0115; www. costaricasailfish.com). Dirigida por Dar Randall, vende paquetes de pesca de tres/siete días para una persona por 3.500/6.480 US$; para dos, por 4.300/7.950 US$.
Golfito Sportfishing (☎ 776 0007; www.costa ricafishing.com). El capitán Bob Baker dispone de paquetes de pesca en alta mar de tres/siete días para una persona por 2.490/4.950 US$; para dos, por 3.970/7.650 US$.
Roy's Zancudo Lodge (☎ 776 0008; www.roys zancudolodge.com). Los paquetes de tres/seis días de pesca con todo incluido para una persona cuestan 2.650/4.480 US$, para dos 4.520/6.830 US$. También gestionan alojamientos (véase p. 383).

Zancudo Boat Tours (☎ 776 0012; www.loscocos. com), dirigida por los dueños de Cabinas Los Cocos, programa travesías en barco de tres y cuatro horas a diversos puntos, como la excursión en motora y piragua por los manglares y el estuario del río Coto (40 US$ por persona). También organiza viajes a la península de Osa (65 US$) y la Casa de Orquídeas (40 US$). Se pueden alquilar kayaks.

En cualquier hotel de la zona se ofrecen **clases de surf** y en el Zancudo Beach Club (véase p. 383), **paseos a caballo.**

Dónde dormir y comer
Los establecimientos se extienden a lo largo de 5 km de playa; así que hay que prepararse para andar mucho. En temporada alta suelen quedar pocas habitaciones disponibles y resulta imprescindible reservar los fines de semana. Casi todos los hoteles cuentan con restaurante y los que se enumeran a continuación se han ordenado según aparecen yendo hacia el sur desde el muelle principal.

Macondo (☎ 776 0157; d/tr 30/36 US$, tr con a.a. 45 US$; P ⚘). Cuenta con cuatro grandes cabinas muy limpias con suelos de cerámica y baño. También hay una terraza muy agradable sobre el jardín, donde se halla un popular **restaurante** italiano (platos 5-10 US$), con platos recién hechos y excelentes capuchinos y café exprés.

Rancho Coquito (☎ 776 0128, 776 0142; 5 US$ por persona). Se trata de un bloque de hormigón con 16 habitaciones sin ventana, pintadas de un verde poco atractivo, con ventilador de techo y ducha con agua fría. Una **soda** (casados 3 US$), con mesa de billar, sirve comidas baratas.

Cabinas Tío Froylan (☎ 776 0128; 7 US$ por persona). Cuartos encalados, sencillos y baratos, con ducha de agua fría y ventilador que atraen a muchos ticos; algunos cuentan hasta con cuatro o cinco camas. Hay un patio con sombra, un jardín, acceso a la playa, un restaurante y una discoteca con mesa de billar. Las noches del fin de semana se oye la música de la discoteca en las habitaciones.

Bar/Cabinas Sussy (☎ 776 0107; i/d 5/10 US$). Unos 15 minutos a pie del muelle, resulta uno de los más baratos del pueblo y ofrece dormitorios limpios, con capacidad hasta para siete personas, y un restaurante. El bar, con mesa de billar, es lugar de encuentro de lugareños y viajeros a última hora de la noche.

Soda Katherine (platos 2-4 US$). Pequeña, típica y ventilada, sólo dispone de cinco mesas, que se llenan de lugareños y visitantes para disfrutar de sus zumos de fruta frescos, gallos pintos y casados.

La Puerta Negra (platos 7-15 US$; ☽ sólo cenas ma-do). Alberto, que es chef, camarero, *maitre* y animador musical, elabora deliciosas cenas de pescado y pasta fresca, acompañadas de botellas de buen vino. Se recomienda pasarse antes de cenar para consultar el plato del día y reservar mesa.

Cabinas Los Cocos (☎ 776 0012; www.loscocos.com; cabina banana/techo de paja 64/70 US$; ℗). Ubicadas en la playa, 1 km al sur del muelle, constituyen la sede de Zancudo Boat Tours, propiedad de Susan y Andrew Robertson. Ambos son artistas, y las esculturas de Andrew, que reflejan su particular ironía, decoran el jardín. Dos de las cabinas, antes casas de una empresa bananera de Palmar, se trasladaron aquí pieza a pieza, se ensamblaron y se restauraron totalmente; tienen capacidad para tres personas. Otras dos cabinas para

cuatro personas, con techo de paja, son algo más caras y cuentan con un bonito diseño, baño, cocinita, agua caliente, frigorífico, ventilador, tablas de *body board* y porche con hamacas; se pueden alquilar por semanas con un 10% de descuento. Las cabinas, que gozan de gran privacidad, disponen de acceso a una playa particular y ducha al aire libre. Susan trabaja como administradora de fincas, así que puede aconsejar a los que busquen alquiler para largas temporadas. La pareja posee dos casonas rústicas que arriendan por semanas o meses.

Cabinas Sol y Mar (☎ 776 0014; www.zancudo.com; *camping* 3 US$, d económica/estándar/de lujo 29/41/46 US$, cama adicional 5 US$; ℗). Al sur de Los Cocos, en la playa, están gestionadas por los simpáticos Rick y Lori, ambos buenas fuentes de información sobre la zona. Tienen cabinas de varios tipos: las más económicas son las pequeñas, mientras que las estándar son mayores y comparten una terraza; un par de cabinas de lujo aisladas ofrecen la máxima intimidad. Todas están decoradas con gusto y tienen una agradable ducha de piedra con agua caliente. El **restaurante** (platos 5-8 US$) ofrece excelente cocina; no hay que perderse la barbacoa nocturna que prepara Rick a base de carne los viernes. Un agradable bar, instalado en un rancho con techo de paja, sirve como punto de encuentro para los extranjeros residentes aquí. Los miércoles y los domingos hay partidas de herradura muy reñidas y los sábados reina el voleibol. Se pueden contratar excursiones de pesca y otras. Se alquila una casa por 750 US$ al mes, pero hay que reservarla con mucha antelación. Aceptan tarjetas Visa.

Latitude 8 (☎ 776 0168; www.latitude8lodge.com; d 60 US$, cama adicional 10 US$; ℗). Estas dos amplias, resplandecientes y bien amuebladas cabinas, conocidas como Ty's Place, cuentan con una enorme ducha con agua caliente, un bonito lavabo floral y refrigerador con agua potable. También dispone de cocina al aire libre y de una parrilla para cocinar junto al mar. Se pueden contratar paquetes de pesca.

Cindy's Cabin (☎ 776 0151; cyndykasket@yahoo.com; d 45 US$; ℗). Se trata de un pequeño *bungalow* blanco, amueblado, con cama *queen-size*. Está muy limpio y presenta una decoración encantadora, pero no está señalizado.

Coloso del Mar (☎ 776 0050; www.coloso-del-mar. com; d 40 US$, cama adicional 3 US$). Cuenta con cuatro cabinas sencillas de madera con ventilador, ducha, agua caliente y un porche amplio. Hay un buen **restaurante** (☼ 7.00-24.00) y un bar acogedor.

Cabinas y Restaurante Tranquilo (☎ 776 0131; 5 US$ por persona, i/d con baño 7,50/12,50 US$). Conocido en la zona como María's Place, alquila habitaciones pequeñas, limpias, unas con ducha compartida de agua fría y otras equipadas con baño. En su agradable terraza restaurante se sirven platos típicos deliciosos.

Zancudo Beach Club (☎ 776 0087; www.zancu dobeachclub.com; d cabina/villa, piso inferior/villa, piso superior 60/50/75 US$; Ⓟ). Gary y Debbie son los responsables de este establecimiento, cercano a la entrada de la playa si se llega en automóvil. Dispone de tres amplias y atractivas cabinas con suelos de cerámica, ducha con agua caliente por placas solares, frigorífico, cafetera, ventilador de techo y patio; en la villa, totalmente nueva, se disfruta de más intimidad. En el **restaurante** (comidas 6 US$, cenas 10-15 US$), que goza de vistas, se sirve excelente cocina internacional, *tex-mex* y asiática, además de *pizzas* y cócteles. En una finca situada en La Virgen, a 7 km, cuentan con una docena de caballos, y se pueden contratar paseos por la montaña y la playa de las 6.00 a las 10.00 y volver al hotel para desayunar (50 US$ por persona). En cuanto al surf, sólo se puede practicar en esta punta de la playa, donde las olas son algo mayores. Aceptan tarjetas de crédito.

Roy's Zancudo Lodge (☎ 776 0008; www.royszan cudolodge.com; 115 US$ por persona; Ⓟ ⊠ ⊠). Al norte del muelle se encuentra uno de los sitios más antiguos de Zancudo, cuyo famoso propietario, Roy Ventura, dispone de 11 barcos de pesca. Su fiel clientela está formada por pescadores que han contribuido a que el establecimiento ostente más de 50 récords mundiales. Los cuartos, limpios y funcionales, tienen aire acondicionado, baño con agua caliente, ventilador y teléfono. Hay una piscina, también con agua caliente, bar y restaurante. Permanece cerrado desde mediados de septiembre a mediados de noviembre por mantenimiento, y el precio incluye tres comidas diarias; se aceptan tarjetas de crédito. Para más información sobre paquetes de pesca, véase "Actividades", p. 381.

Cómo llegar y salir

BARCO

El muelle está cerca del extremo norte de la playa, en el lado interior del estuario (a 1 km o más de muchos hoteles). El barco taxi que se dirige a Golfito entre semana zarpa a las 7.00 de este embarcadero. **Zancudo Boat Tours** (☎ 776 0012; www.loscocos.com), en Cabinas Los Cocos, ofrece servicios particulares de barco taxi a/desde Puerto Jiménez (15 US$ por persona, mínimo tres personas) y Golfito (12,50 US$, mínimo dos personas).

AUTOBÚS

El que viaja a Neily sale de la pulpería cerca del muelle a las 5.30 y el que llega a Golfito parte a las 5.00, cruza en el *ferry* el río Coto Colorado y tarda tres horas. En la época de lluvias a veces se suspende el servicio o cambian los horarios; conviene preguntar antes.

AUTOMÓVIL

También se puede llegar a Golfito conduciendo unos 10 km por la carretera al sur de Río Claro y luego girando a la izquierda en el Bar Rodeo. Después, hay que seguir otros 10 km hasta el *ferry*, que salva el río Coto Colorado, tiene capacidad para tres vehículos (1 US$ por automóvil) y circula todo el día salvo cuando la marea está baja. Desde aquí, 30 km de vías sin asfaltar llevan a Golfito. Si el viajero desea continuar hasta Pavones, debe desviarse a la derecha en el primer gran cruce; es necesario un todoterreno, sobre todo en la estación de lluvias.

TAXI

No existe servicio regular en Zancudo, pero **James Morgan** (southernticotours@yahoo.com) tiene un robusto vehículo y lleva pasajeros a cualquier punto. Rick y Lori, de Sol y Mar, pueden llamarlo o avisarlo por correo electrónico para concertar la recogida.

PAVONES

Unos 15 km al sur de Zancudo está la bahía de Pavón, con algunos de los mejores sitios para practicar **surf** de la costa pacífica de América Central. La denominación Pavones abarca la playa Río Claro de Pavones y punta Banco, 5 km al sudoeste.

La zona de la playa tiene más rocas que punta Banco, con más arena y menos surfistas. La mejor época para practicar este deporte es en la temporada de lluvias, de abril a octubre, cuando las olas son más altas y en una de sus famosas izquierdas largas se puede uno mantener tres minutos. Cuenta la leyenda que la ola pasa tan cerca de la Cantina Esquina del Mar que se puede brindar con cerveza con los surfistas. Los padres de niños pequeños preferirán las playas situadas más al sur, donde las mareas dejan pozas tranquilas para explorar. Para llegar, se necesita un todoterreno todo el año.

Información y actividades

Dirigido por Candyce Speck, en **Arte Nativo** (13.00-17.00 lu-sa), frente al Restaurante Esquina del Mar en medio de la playa, se pueden adquirir obras de arte local y artesanía indígena. **Sea Kings** (dentro de Arte Nativo; seakings@racsa.co.cr) vende y alquila tablas de surf y ofrece reparaciones. Además, se encarga de reservar excursiones en barco y paseos por la selva.

En el **Shooting Star Studio** (www.yogapavones. com), 400 m al sur de la punta, ofrecen clases de yoga y de kárate. Hay que preguntar los horarios.

Los teléfonos no siempre funcionan y tampoco hay bancos.

Dónde dormir y comer

Se han instalado varios establecimientos sencillos para hospedarse y comer a lo largo de la playa.

Cantina Esquina del Mar (☎ 844 9454; 6 US$ por persona; P). Este lugar popular y céntrico, en el corazón de Pavones, ofrece tres habitaciones limpias, cuidadas, bien ventiladas y con vistas increíbles. No dispone de mosquiteras, así que conviene llevar repelente de insectos. El propietario también regenta seis cuartos similares, aunque más tranquilos, al otro lado de la calle. Todos tienen ducha compartida de agua fría. El **restaurante** (platos 3-6 US$; 6.30-21.00) anexo prepara buena cocina y un sándwich de pescado delicioso. El ruido del bar, abierto hasta la 1.00 los fines de semana, dificulta el descanso de los huéspedes.

Café de la Suerte (desayuno 4 US$). Cruzando la carretera se encuentra este restaurante vegetariano que ofrece exquisitos sándwiches de guacamole (3 US$) y platos del día.

Hotel Maureen (8 US$ por persona; P). Sus siete sencillas cabinas están muy limpias y cuentan con ventilador y ducha compartida con agua fría. Mientras se elaboraba esta guía se estaban construyendo tres habitaciones más lujosas con baño y balcón.

Cabinas Willy Willy (15 US$ por persona; P). Doblando la esquina, junto al campo de fútbol, este establecimiento se encuentra detrás de la pulpería homónima. Dispone de tres cabinas de hormigón totalmente nuevas, con ducha, agua fría, suelos de cerámica y aire acondicionado.

Cabinas Mira Olas (☎ 393 7742; www.miraolas. com; d/tr rústica 28/34 US$, d de lujo 45 US$, cama adicional 8 US$, menores de 10 años gratis; P). Una mala carretera y una cuesta empinada por un monte conducen a esta granja de 4,5 Ha, en plena naturaleza y llena de frutales. Situada ceca del río Claro, ofrece la posibilidad de bañarse en las piscinas naturales que se forman. Dos cabinas con techos altos están provistas de cocina, baño y hamacas en el porche; una más pequeña y rústica sale algo más barata. Los simpáticos propietarios organizan paseos a caballo y a pie por la Reserva Indígena Guaimí Conte Burica, entre otras excursiones. La mejor forma de llegar es en vehículo particular.

Casa Siempre Domingo (☎ 820 4709, 775 0932; www.casa-domingo.com; 25 US$ por persona desayuno incl., menores de 12 años gratis; P). Las vistas más increíbles del golfo se disfrutan desde esta lujosa vivienda privada, encaramada en los montes de Pavones. El alojamiento es elegante y sencillo, y los altos techos otorgan un maravilloso aspecto de amplitud. En cuatro de las habitaciones caben hasta cuatro personas y en una, cinco; cuenta con un acogedor cuarto de estar con TV. Para llegar, lo mejor es conducir un vehículo propio.

Cabinas La Ponderosa (☎ 824 4145, en EE UU 954-771 9166; www.cabinaslaponderosa.com; 45 US$ por persona, con a.a. 50 US$; P). Se trata de un lugar excelente, cerca del extremo sur de la playa, a 1,5 km de la punta. Cinco cuartos impolutos está equipados con mosquiteras en las enormes ventanas, electricidad, ventilador, baño con agua caliente, instalado fuera para evitar la humedad, y algunas con aire acondicionado. Los propietarios, muy eficaces y serviciales, Brian, Marshall y Angela, practican surf a diario y contratan paseos a caballo o salidas para pescar. Las cabinas están instaladas en 5 Ha de selva tropical primaria, con senderos bien trazados. Hay un comedor cómodo y una sala de estar con mesa de *ping-pong*, televisión vía satélite y vídeos. Los surfistas que pasen aquí varias semanas pueden solicitar precios especiales para largas estancias.

Sotavento (☎ 391 3468; www.sotaventoplantanal. com; casa Poinsetta 60 US$, casa Vista Grande 80 US$; P). Después del campo de fútbol y cerca del final de la carretera, hay indicaciones de estas dos casas de madera tropical. La arquitectura rústica aprovecha la brisa y las vistas, y cada vivienda tiene camas muy cómodas con mosquiteras, cocina, electricidad e incluso televisión vía satélite en el acogedor salón. Las casas Poinsetta y Vista Grande, de mayor tamaño, se ubican en una plantación de pimienta y cacao, y están gestionadas por el atractivo surfista estadounidense Harry, que fabrica sus propias tablas. A ambas se puede llegar a pie desde la playa, aunque a Vista Grande, encaramada más arriba del monte, se llega más fácilmente en automóvil. Se recomienda ir en grupo para compartir gastos.

Rancho Burica (www.ranchoburica.com; i/d/tr 5/10/15 US$, d con baño 15 US$; P). Al final de la carretera en punta Banco, este rústico y agradable hospedaje está dirigido por holandeses. Cuenta con diversas cabinas limpias, de madera y suelo de hormigón; en algunas caben hasta 20 personas. Las duchas se hallan en el jardín, aunque hay cabinas con baño y balcón. Entre las actividades disponibles se cuentan las excursiones a una catarata y un mirador cercanos, así como buceo, surf, voleibol y paseos a caballo. En una pequeña cocina se sirven desayunos (5 US$) y cenas (7 US$) y en el bar, mucha cerveza y soda. Las hamacas, repartidas por la finca, ofrecen muchas oportunidades de descanso.

Se puede acampar en la playa, pero hay que vigilar las pertenencias, ya que se han producido robos en las tiendas.

Cómo llegar y salir

Se pueden contratar taxis acuáticos privados en **Sea Kings** (en Arte Nativo; seakings@racsa.co.cr) a varios destinos, pero a precio de oro. Un barco a Puerto Jiménez puede costar unos 150 US$. No hay servicio regular de barco.

Dos autobuses diarios viajan a Golfito: a las 5.00 desde el final de la carretera, en Rancho Burica; y a las 12.30 desde la Cantina Esquina del Mar. Los autobuses de Golfito a Pavones parten a las 10.00 y 15.00 desde la parada del Muellecito.

Un taxi todoterreno sale por unos 50 US$ desde Golfito; pero, si el viajero lo prefiere, puede conducir hasta aquí (véase p. 383), ya que a mitad de camino entre el *ferry* y Zancudo, se indica un desvío a la izquierda que lleva a Pavones.

TISKITA JUNGLE LODGE

Sólo 6 km al sur de la Cantina Esquina del Mar, en Pavones, y a 10 km de la frontera con Panamá, se halla esta combinación maravillosa de reserva biológica privada y granja frutícola experimental. Se alza en una ladera muy verde sobre un litoral idílico, en un terreno de 100 Ha de bosque tropical virgen, donde se encuentran piscinas naturales aptas para el baño, formadas por la marea. El resto de la finca se dedica al cultivo de más de 100 variedades de frutas tropicales de todo el mundo, que los huéspedes pueden degustar y con las que se elaboran zumos.

Se han habilitado senderos en los alrededores para realizar excursiones hasta las cascadas y estanques de agua dulce en los que se puede nadar. En las piscinas naturales habitan estrellas y erizos de mar, anémonas, tunicados, cangrejos y todo tipo de conchas.

Los amantes de los pájaros disfrutarán con las 300 especies que se han registrado en esta mezcla de bosque tropical, granja frutícola y zona costera; de hecho, los frutales son especialmente atractivos para aves frugívoras, como loros y tucanes. Por los senderos naturales que se internan en la selva se avistan cotingas de pico amarillo, arasaríes de pico rojo, aves nectarívoras o surucuás de cola bordada; también es frecuente ver monos, perezosos, guantas, coatíes y otros mamíferos, así como insectos y todo tipo de plantas. Se recomienda pedir folletos con información sobre los senderos, las pozas, los cangrejos de tierra y las variedades de mariposas.

Regentado por el conservacionista y buen conversador Peter Aspinall, este alojamiento también supervisa la Fundación Tiskita, creada para proteger los lugares de cría de las tortugas bastardas y que ha ayudado a reintroducir las lapas. La fundación también apoya iniciativas sanitarias y proyectos educativos en escuelas locales, donde trabajan voluntarios que forman a los jóvenes sobre el medio ambiente y los peligros de la caza furtiva. En su página web informan sobre oportunidades de voluntariado.

El viajero se puede hospedar en una de las 16 preciosas y luminosas habitaciones del **Jungle Lodge** (☎ en San José 296 8125; www. tiskita-lodge.co.cr; i/d/tr 145/240/315 US$, menores de 12 años 60 US$; P ⚊). Instaladas en ocho cabinas rústicas y bien cuidadas, todas se asoman al océano Pacífico y cuentan con baño, agua caliente, ducha de piedra en el jardín; una de ellas tiene el baño en el jardín con bonitas vistas del bosque tropical. En la zona de descanso y biblioteca se disfruta de una buena panorámica, y en el comedor se sirven platos caseros. Hay una piscina en la ladera también con vistas. El precio diario incluye las comidas y paseos guiados por el huerto y el bosque tropical. Ofrecen otras excursiones, como vuelos chárter al refugio de Sirena, en el Parque Nacional Corcovado (150 US$ por persona; mínimo dos personas). A disposición de los huéspedes también existen tablas de *body board*, equipo de buceo y alquiler de caballos. Es fundamental reservar y hay que tener presente que se cierra de mediados de septiembre a mediados de octubre.

Se puede llegar en todoterreno, pero muchos huéspedes lo hacen por aire hasta un cercano aeródromo privado, a cinco minutos a pie del alojamiento. También se puede acceder en el autobús de las 15.00, que realiza la ruta de Golfito a Pavones y pasa por la entrada. En su página web, se indica cómo llegar, aunque resulta complicado; también se puede llamar a la oficina de San José para pedir información.

Costa caribeña

Al llegar a la costa caribeña de Costa Rica, los visitantes se encuentran con una agradable sorpresa: han ido a dos países por el precio de uno. Éste es un mundo diferente, donde la selva se encuentra con el mar en un suave arco de playas interrumpido tan sólo por pantanos de manglares y deltas de ríos cuya rica fauna rara vez es molestada.

Más de una cuarta parte de la costa está protegida oficialmente, y el Parque Nacional Cahuita y el refugio Gandoca-Manzanillo guardan los últimos arrecifes de coral vivos. Hay que recorrer pintorescos canales para ir al Parque Nacional Tortuguero, el mini Amazonas de Costa Rica, el lugar del mundo donde nace la mayor cantidad de tortugas verdes, mientras que los aventureros más intrépidos se calzan las botas de goma para recorrer a pie la reserva Hitoy Cerere que, con su paisaje de ensueño cubierto de musgo, es quizá la más lluviosa del sistema.

He aquí uno de los motivos por los que esta costa recibe menos turismo que otras partes del país: seguramente lloverá mientras uno la visita. La estación seca, de febrero a abril, es meramente teórica, sobre todo al norte de Puerto Limón. Por otra parte, también es cierto que el sol brilla todo el año; durante la estación lluviosa de la costa pacífica (de agosto a noviembre), la del Caribe está de algún modo más seca de lo habitual.

La costa es un verdadero crisol de culturas: en Puerto Limón se da la mayor concentración de costarricenses chinos, y, más al sur, las comunidades indígenas de Cocles/Kéköldi, Talamanca Cabécar y Bribrí son algunos de los últimos grupos nativos que quedan en Costa Rica.

La costa del Caribe tiene la población afrocaribeña más numerosa y alegre. Más de un tercio de los habitantes de la región sigue haciendo honor a su patrimonio cultural jamaicano con ritmos de *reggae* y calipso, fabulosos carnavales y marisco exóticamente especiado cocinado en leche de coco, que por sí solo hace que el viaje merezca la pena.

LO MÁS DESTACADO

■ Observar la fauna en el **Parque Nacional Tortuguero** (p. 403), donde hay tortugas, monos y aves a montones.

■ Tomar sobre la tabla de *surf* la poderosa "Salsa Brava" frente a **Puerto Viejo de Talamanca** (p. 422)

■ Pasar el rato en la playa de arena blanca de **Cahuita** (p. 421)

■ Conocer las **reservas indígenas** y visitarlas con ATEC (p. 424)

■ Colaborar en la rehabilitación e investigación del perezoso en **Aviarios del Caribe** (p. 412)

POR LA AUTOPISTA 32 HASTA PUERTO LIMÓN

GUÁPILES Y ALREDEDORES

Esta bonita y próspera ciudad en las estribaciones del norte de la cordillera Central es el centro de transportes de la región bananera de Río Frío. Situada a unos 60 km al nordeste de San José, es la primera población de importancia en la autopista San José-Puerto Limón. En sí misma, la ciudad no ofrece mucho interés pero constituye una buena base para visitar el Teleférico del Bosque Lluvioso (p. 128), situado a 20 km, y tiene un animado mercado agrícola los sábados.

Guápiles está a 1 km de la autopista 32. Sus dos calles principales, paralelas, son de sentido único. En el bucle formado por ellas en el bullicioso centro de la ciudad se halla la mayor parte de los numerosos servicios que ésta ofrece: bancos, grandes tiendas de comestibles, hoteles y restaurantes. No es necesario entrar en la ciudad para ir a Limón o Cariari.

Jardín botánico Las Cusingas

No es el típico **jardín botánico** (☎ 710 2652). Sus propietarios, Jane Segleau y Ulyses Blanco, hacen hincapié en la educación sobre una variedad de cuestiones, como las plantas medicinales, la vida rural costarricense, la conservación, el uso ético de las plantas de valor comercial y otros asuntos relacionados con la naturaleza, en circuitos de dos horas (5 US$), realizados en español o en inglés. En su propiedad de 20 Ha se han registrado 80 especies de plantas medicinales, 80 de orquídeas y 30 de bromeliáceas. Hay varios itinerarios a pie fáciles, cursos, proyectos de investigación y una biblioteca, abierta a los visitantes. Jane es también una experta en *reiki* (sanación natural por imposición de manos) y se pueden concertar masajes.

Hay una rústica **cabina** (c 30 US$; **P**) de dos habitaciones, con una zona de estar y estufa de leña, y se puede comer con la familia de los dueños, avisando con antelación. Hay que reservar tanto para la cabina como para los circuitos guiados.

Para ir al jardín, hay que ir hacia el sur en el Servicentro Santa Clara (en dirección opuesta desde Cariari), y seguir 4 km por una carretera asfaltada llena de baches hasta su entrada, señalizada.

La Danta Salvaje

Es preciso concertar con antelación la visita a esta reserva privada de 410 Ha de bosque lluvioso, **La Danta Salvaje** (☎ 750 0012; www.greencoast.com/ladanta/ladantasalvaje.htm; paquete 3 noches 210 US$ por persona), situada en la ladera del Caribe a 800 m sobre el nivel del mar y contigua al Parque Nacional Braulio Carrillo (p. 127). A este lugar cuajado de cascadas y con un albergue de estilo selvático sólo se puede llegar por una dura pista para vehículos todoterreno, seguida de una caminata de tres horas. Los visitantes tienen que estar en buenas condiciones físicas.

Carece de electricidad, pero tiene retretes con cisterna, duchas de agua caliente y chimenea. El dueño, David Vaughan, organiza visitas guiadas por la apartada reserva una par de veces al mes, para un mínimo de cuatro personas y un máximo de ocho.

Dónde dormir

Aunque las cabinas sencillas para estancias largas de trabajadores son la norma, la ciudad ofrece unos cuantos alojamientos mejores.

Hotel y Cabinas Wilson (☎ 710 2217; i/d 8/12 US$; **P** [X]). Situado a la izquierda según se entra en la ciudad, se trata de un lugar sencillo y limpio, con habitaciones relativamente bien equipadas, con televisión y aire acondicionado.

Hotel Cabinas Lomas del Toro (☎ 710 2934; d 9-15 US$; **P** [X]). Para quienes no deseen entrar en Guápiles, este motel junto a la autopista 32 es impecable, práctico y fácil de encontrar de noche.

Cabinas Irdama (☎ 710 7034/177; i/d 10/13 US$; apt por noche/mes 19/300 US$; **P**). Ofrece 21 habitaciones decentes y claras con ducha de agua fría. Los apartamentos tienen dos camas dobles, cocina americana y ducha templada. Hay una soda anexa, que ofrece comida básica.

Cabinas Quinta (☎ 710 7016; d con ventilador/aire acondicionado 32/42 US$; **P** [X]). De calidad superior a la media, ofrece 10 habitaciones amplias e impecables con televisión por cable, ducha de agua caliente, buenas camas y frigorífico bien provisto. Está en la carretera de Cariari, a la salida de Guápiles. En

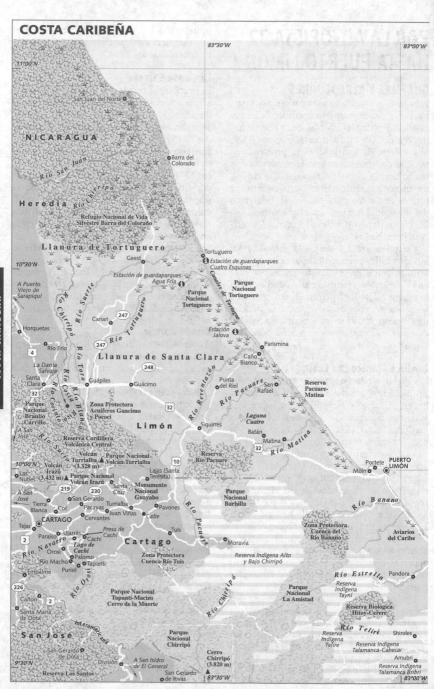

COSTA CARIBEÑA

COSTA CARIBEÑA

NICARAGUA

San Juan del Norte

Barra del Colorado

11°00'N

Río San Juan

Heredia

Río Chirripó

Refugio Nacional de Vida Silvestre Barra del Colorado

Llanura de Tortuguero

10°30'N

Geest

Tortuguero

Estación de guardaparques Cuatro Esquinas

Estación de guardaparques Agua Fría

Parque Nacional Tortuguero

Parque Nacional Tortuguero

Canales de Tortuguero

A Puerto Viejo de Sarapiquí

Río Chirripó

Río Suerte

Cañari

247

Río Tortuguero

Estación Jalova

Parismina

Horquetas

Río Frío

Llanura de Santa Clara

247

Caño Blanco

4

Río Toro

248

San Rafael

Reserva Pacuare-Matina

La Danta Salvaje

Río Costa Rica

Guápiles

Guácimo

Punta del Riel

Río Reventazón

Río Pacuare

Santa Clara

32

Parque Nacional Braulio Carrillo

Río Blanco

Zona Protectora Acuíferos Guácimo y Pococí

Limón

32

Siquirres

Laguna Cuatro

A San José

Río Sucio

Reserva Cordillera Volcánica Central

Batán

Reserva Río Pacuare

Matina

32

Río Matina

10°00'N

Volcán Irazú (3.432 m)

Volcán Turrialba (3.328 m)

Parque Nacional Volcán Turrialba

10

Portete

PUERTO LIMÓN

Las Nubes

Parque Nacional Volcán Irazú

Lajas (Santa Teresita)

Moín

A San José

219

230

Santa Cruz

Monumento Nacional Guayabo

Parque Nacional Barbilla

Río Banano

Tierra Blanca

Cot

Pacayas

San Gerardo

Turrialba

Pavones

Río Pacuare

CARTAGO

Cervantes

Juan Viñas

Catie

Zona Protectora Cuenca del Río Banano

Aviarios del Caribe

Tejar

Paraíso

Ujarrás

Cachí

Tuis

2

Cartago

Moravia

Río Navarro

Presa de Cachí

Lago de Cachí

Reserva Indígena Alto y Bajo Chirripó

Orosi

Palomo

Zona Protectora Cuenca Río Tuis

Río Estrella

Pandora

Río Macho

Tapantí

Reserva Indígena Tayní

Empalme

Purisil

Río Orosi

Parque Nacional La Amistad

Reserva Biológica Hitoy-Cerere

226

Parque Nacional Tapantí-Macizo Cerro de la Muerte

Río Teliré

Shiroles

2

Cañón

Interamericana

Río Chirripó

Reserva Indígena Telire

Reserva Indígena Talamanca-Cabecar

Santa María de Dota

San José

Parque Nacional Chirripó

Amubri

9°30'N

San Gerardo de Dota

Reserva Los Santos

División

A San Isidro de El General

San Gerardo de Rivas

Cerro Chirripó (3.820 m)

Reserva Indígena Talamanca Bribri

83°30'W

83°00'W

0   30 km

82°30'W

11°00'N

10°30'N

MAR
CARIBE

10°00'N

Westfalia   Parque
   Nacional
Penshurst   Cahuita
36   Cahuita
       Playa
Samasati   Puerto Chiquitá
Retreat   Viejo de   Punta
Center   Talamanca   Uva   Punta
Bribri   Mona
     Manzanillo Earth   Refugio Nacional
       Connect   de Vida Silvestre
    Reserva indígena   Gandoca-Manzanillo
    Cocles/KéköLdi
Río Sixaola
Bratsi
         Sixaola   9°30'N
PANAMÁ   Guabito   82°30'W

sus 19 Ha de terrenos hay senderos privados, dos ríos, caballos e incluso un circuito de *motocross*.

Hotel Suerre (☎ 710 7551; www.suerre.com; i/d 87/102 US$, st 130-155 US$; P X X X). Frecuentado por ejecutivos bananeros y otros *vips*, es un lugar relativamente elegante con 50 habitaciones y *suites* con aire acondicionado, espaciosas aunque anodinas. Está 2 km al norte del Servicentro Santa Clara y tiene restaurante, piscina olímpica, dos pistas de tenis, y sauna y *spa* para sus clientes.

Casa Río Blanco (☎ 382 0957; crblanco@racsa.co.cr; i/d/tr 60/72/90 US$ desayuno incl.). Es una pequeña reserva preocupada por el medio ambiente y famosa por sus cinco cabinas colgadas a 20 m de altura sobre el río Blanco, que ofrecen magníficas vistas sobre las copas de los árboles del bosque lluvioso, excelentes para observar aves y otro tipo de fauna. Los interiores, confortablemente rústicos, se iluminan con lámparas de queroseno y el agua de la ducha de los baños privados se calienta por energía solar. Los precios incluyen excursiones guiadas (con botas de goma cortesía de la casa) por senderos privados.

El desvío a Casa Río Blanco está 5 km al oeste de Guápiles, en el lado oeste del puente del río Blanco. Desde allí hay que recorrer unos 1,5 km hacia el sur hasta el lugar. Los autobuses pueden dejar pasajeros en el **Restaurant La Ponderosa** (☎ 710 7144; platos principales 3-10 US$; ☺ 11.00-24.00), 300 m al oeste de la carretera de entrada, y junto a la furgoneta del Ranchito de Hoss, donde la casa se encarga de recogerlos si así se ha acordado. Se pueden tomar unas bocas y una cerveza, o un bisté mientras se espera, bajo la insistente mirada de Ben Cartwright.

Dónde comer
Hay numerosas sodas, panaderías y sitios de comida rápida en la ciudad, además de un enorme **supermercado Más X Menos** (a 200 m de la estación de autobuses; ☺ 9.00-21.00).

Soda Buenos Aires (☎ 710 1768; autopista 32; platos principales 1-3 US$; ☺ 6.00-22.00). A la salida de la ciudad, vale la pena parar en esta soda de gran calidad, con desayunos y café excelentes.

Happy's Pizza (☎ 710 2434; a 100 m de la iglesia católica; platos principales 1-5 US$; ☺ 10.00). En su patio no sólo ofrece *pizza*, sino cualquier tipo de comida rápida.

COSTA CARIBEÑA

Cómo llegar y salir

La terminal de autobuses Guapileños está al sur del centro urbano.

Cariari. 0,30 US$; 20 min; salidas cada 20 min de 6.00 a 22.00.

Puerto Limón vía Guácimo y Siquirres. 2 US$; 2 h; salidas cada hora de 6.30 a 19.00.

Puerto Viejo de Sarapiquí. 1 US$; 45 min; salidas cada 1½ h de 6.00 a 17.00.

San José. 1,50 US$; 1¼ h; salidas cada 30 min de 6.30 a 19.00.

CARIARI

Al norte de Guápiles (la salida está 1 km al este, en el Servicentro Santa Clara), es una población de trabajadores bananeros, de aspecto duro pero con un ambiente festivo cuando se pone el sol y en sus aceras brota un improvisado mercado. Hay una gasolinera, un Banco Nacional y dos estaciones de autobuses, una para los de San José y la otra para los demás, todo a pocas cuadras de la carretera principal.

Los turistas pasan por aquí sobre todo para tomar el barco a Tortuguero (véase esta página), cosa que suele conseguirse sin pasar más de un par de horas en la ciudad. Quienes hayan calculado mal el horario de los autobuses o quieran viajar a primera hora vía Pavona, lo cual exige tomar un autobús a las 6.00, puede que tengan que quedarse a pasar la noche.

Dónde dormir y comer

Hotel Central (☎ 767 6890; h 10 US$ por persona). Lo mejor de Cariari, muy cerca de las terminales de autobús. Tiene unas habitaciones impecables con un pulcro baño compartido con agua caliente, televisión por cable, desayuno continental y balcón sobre la calle. Hay aparcamiento vigilado y puerta de seguridad. Otra de sus ventajas es que Patricia, la dueña, guarda equipajes y coches

---

TRENES BANANEROS

La banana, el principal producto agrícola de exportación de Costa Rica, se cargaba antaño en los trenes de vapor para llevarla a la costa caribeña. Hoy, los camiones han reemplazado a los trenes en el transporte de esta fruta, aunque quedan pequeños tramos de vías para llevar cargamentos de bananas a las tierras bajas del Caribe.

---

mientras se visita Tortuguero, pagando una tarifa. También hace reservas de transporte u hoteles allí, en La Fortuna, Monteverde y cualquier otro punto del país.

Existen también unas cuantas cabinas sencillas frecuentadas sobre todo por los trabajadores; se recomienda preguntar por las tarifas por hora.

Se pueden encontrar varias tentadoras panaderías, comida china en el **Restaurante Chino Fu Kong** (☎ 767 7163; platos principales 3-6 US$; 11.00-21.00, bar abierto más tarde) o casados en una decena de sitios.

Marisquería Acuario (☎ 767 7161; bocas 1,25 US$, platos principales de marisco 3-15 US$; 9.30-24.00). A sólo 100 m de la terminal de autobuses de San José, esta elegante joyita tiene un cómodo bar, un gran cebiche y otros sabrosos platos de pescado y marisco; su especialidad son los camarones.

Cómo llegar y salir

La salida para la carretera de Cariari, muy bien asfaltada, está 1 km al este de Guápiles, junto al Servicentro Santa Clara. Los que vayan a Tortuguero pueden acordar a través de las compañías de barcos dejar sus coches en un aparcamiento gratuito sin vigilancia, mientras que en el Hotel Central se pueden dejar en un aparcamiento vigilado pagando una tarifa diaria.

BARCO

Cariari proporciona el acceso más barato a Tortuguero mediante dos principales compañías de barcos, **Bananero** (☎ 709 8005, 833 1076) y **Viajes Morpho** (☎ 711 0674, 709 8110), pero hay otras que realizan la misma travesía. Hay que llamar con antelación para concertar el transporte hasta Barra o Parismina. Los representantes que hay en las dos estaciones de autobuses de Cariari realizan las reservas para el trayecto en barco de 10 US$ y para el autobús público de 1 US$ hasta los muelles a una velocidad de vértigo.

No se trata de circuitos para observar la fauna, como los viajes de cinco horas y 50 US$ que salen de Moín (véase p. 401). Es un servicio de taxi acuático que usan los habitantes de la zona y, aunque el personal suele conocer la fauna de la zona y reducir la velocidad para poder ver perezosos, monos y caimanes, esto es un plus. Hay que tener en cuenta asimismo que las compañías no tienen transporte de enlace entre

Cariari y los muelles, y dependen del transporte público, que puede ser algo escaso los fines de semana. Quizá haya que recurrir a un taxi (12 US$ por taxi).

Los barcos de Bananero salen de Geest a las 11.30 y a las 15.30 horas todos los días; se pueden organizar con antelación viajes a las 9.00. Viajes Morpho tiene un horario similar. Si se va por Pavona, se pasa la noche en Cariari y se toma un autobús a las 6.30, que deja en Tortuguero suficientemente pronto para recorrer el parque y explorar un poco antes de que anochezca. Viajes Morpho también sale de Pavona a las 14.00 horas.

Los barcos tardan entre una hora y media y cuatro horas desde ambos muelles, según las condiciones; siempre existe una pequeña posibilidad de que no se pueda pasar el río. Desde Tortuguero, se puede tomar un barco de vuelta a Cariari o transbordar a Moín y Limón (30 US$ por persona), conexión que la compañía estará encantada en concertar. Merece la pena reservar con antelación el barco de salida y estar un poco antes por si ha habido *overbooking*.

AUTOBÚS

Hay dos terminales de autobuses, una para los que enlazan directamente con San José, en el extremo sur de la ciudad, y otra para los restantes destinos, más cerca del centro. Los autobuses procedentes de San José (2,75 US$, 3 h) salen de la terminal del Caribe cada hora y media de las 7.00 a las 18.00 horas; hay que salir antes de las 10.30 para tomar una conexión para Tortuguero en el mismo día.

Geest. 1 US$; 40 min; salidas cada hora de 6.00 a 19.00.

Guápiles. 0,30 US$; 20 min; salidas cada 20 min de 6.30 a 22.00.

Pavona. 1 US$; 45 min; salidas cada hora de 7.00 a 18.00.

Puerto Limón. 2,25 US$; 2½ h; salidas 4.30, 8.30, 12.00 y 15.00.

San José. 2,75 US$; 3 h; salidas cada hora de 6.30 a 19.00.

GUÁCIMO

Situado 12 km al este de Guápiles, este pueblo es sede de la **Escuela de Agricultura de la Región Tropical Húmeda** (Earth; ☎ 713 0000; www.earth.ac.cr). Esta universidad privada sin ánimo de lucro atrae a estudiantes de todo el mundo que acuden a ella con la finalidad de investigar la agricultura sostenible en los trópicos. Un programa integral

de cuatro años hace hincapié en la ecología de los ecosistemas, aprendiendo tanto de auténticos granjeros como de acreditados profesores, y en "un espíritu empresarial". Fiel a esta filosofía, ofrece visitas al campus de 3.300 Ha, donde hay varias parcelas experimentales, hectareas de selva y una plantación donde los investigadores continúan la búsqueda de una banana comercial menos dependiente de la química (véase p. 456).

Tanto los circuitos como el alojamiento están gestionados por **Earthbirding** (www.earthbirding.org; h estándar/paquete por persona 106/ 242 US$; ⓟ ⌧ 🖥 ⌧), especializada en localizar algunas de las 350 especies de aves registradas; se puede ir a caballo, en barco por el río o como parte de una excursión guiada a pie. Ofrece también circuitos de historia natural, cultura local y orquídeas. Los paquetes incluyen transporte desde San José, tres comidas de bufé y varios circuitos, además de unas agradables habitaciones con agua caliente y relucientes suelos de madera, mucho mejores que las de otros centros de investigación de Costa Rica.

Costa Flores (☎ 717 6439; ◷ 8.00-19.00). Esta granja de flores tropicales de 120 Ha, que afirma ser la mayor del mundo, es un destino muy popular entre los viajeros que van en el crucero de Limón. Es enorme y sus vistosas flores son suficientemente resistentes como para poder ser enviadas a diferentes países americanos y europeos, proceso que es interesante en sí.

Hotel Restaurant Río Palmas (☎ 760 0330, 760 0305; www.hotelriopalmas; d sin/con aire acondicionado 45/50 US$; ⓟ ⌧ ⌧ ⌧). Unos 600 m al este de Earth, destaca por su excepcional jardín y por el confort de sus habitaciones, equipadas con televisión por cable, ducha de agua caliente y otras comodidades. Es una opción excelente en un lugar tan apartado del mundo.

SIQUIRRES

Esta población ha sido un importante centro de comunicaciones desde principios del s. XX, al estar en la antigua autopista que unía San José con Puerto Limón vía Turrialba, conocida como autopista 10. Cuando ésta fue en gran parte reemplazada en 1970 por la autopista 32 que pasa al norte, más rápida y eficaz, Siquirres se las arregló para estar en su camino y mantener su importancia.

COSTA CARIBEÑA

COSTA CARIBEÑA

Aunque la antigua ruta sea más lenta, tiene mejores panorámicas y está bien para aquellos que dispongan de más tiempo.

Incluso antes de las carreteras, Siquirres gestionaba el cruce más importante del ferrocarril San José-Limón, y no sólo en términos de tonelaje de bananas, que era significativo. En la primera mitad del s. xx, la ciudad marcaba la frontera interior oeste que los negros no podían cruzar sin un permiso especial (véase p. 29). Hasta que la constitución de 1949 prohibió la discriminación racial, los conductores y mecánicos negros intercambiaban aquí sus puestos con sus colegas y se dirigían de vuelta a la provincia de Limón.

Hoy, Siquirres parece seguir marcando el punto en que Costa Rica propiamente dicha se sumerge en el Caribe, y no sólo por la comida. La falta de infraestructuras al este de Siquirres es sutil, pero se nota claramente cuando cobran el doble por un acceso a Internet desesperantemente lento y luego hay que pasarse medio día buscando un cajero automático para pagarlo. Además, también es el punto más al este donde beber agua del grifo se considera seguro para los turistas.

Siquirres es la última población grande en la autopista antes de Puerto Limón, situada 58 km al este. La mayor parte de los turistas pasan sin parar o se detienen en su pequeño pero animado centro, donde hay unos cuantos edificios de aspecto interesante (vale la pena buscar la iglesia redonda), y unos pocos hoteles sencillos y baratos. Es también el principal punto de acceso para los ríos Reventazón y Pacuare (p. 141), aunque, por lo general, es más fácil concertar circuitos de *rafting* en Turrialba (p. 136) y otros lugares.

PUERTO LIMÓN

Es la gran ciudad de la costa caribeña de Costa Rica, lugar de nacimiento de la United Fruit y capital de la provincia de Limón. En muchos sentidos está fuera de la esfera de influencia de San José. Por aquí, los negocios se miden por camiones de bananas, no por autobuses de turistas y, aunque los barcos de cruceros depositan aquí viajeros casi a diario de octubre a mayo, es mejor que los observadores de aves pierdan la esperanza de divisar un quetzal.

La mayoría de los viajeros simplemente van de paso hacia otros destinos, ya que esta ciudad portuaria y trabajadora no es del gusto de todos. Pero para las personas interesadas en la exploración urbana, Limón, como la llama la gente de la zona, es un lugar interesante. Los perezosos en los árboles (supuestamente) y un panorama musical floreciente ayudan a compensar la pintura descascarillada y los creativos artistas de la estafa, mientras que su ruinoso encanto (por decirlo de una manera caritativa) va siendo sustituido lentamente por un crecimiento más moderno, a medida que invierten fondos federales en esta parte del país.

Algunos programas de renovación urbana ya se han implementado, como la ampliación de la zona peatonal desde el mercado hasta el espigón, y hay otras mejoras previstas. Pero tanto Puerto Limón como su provincia tienen una larga y difícil historia de desencuentros con la capital, y sus habitantes dudan de que a su ciudad se le haga la cirugía estética con fondos federales en un futuro próximo.

Historia

Aunque el primer lugar de Costa Rica donde Cristóbal Colón echó el ancla fue la isla Uvita (p. 398), en 1502 y durante tan sólo 17 días, la colonización española comenzó realmente en la costa pacífica. Esto dejó a las playas atlánticas y las poblaciones indígenas protegidas de las incursiones por las casi infranqueables cordilleras Central y de Talamanca. Hasta la década de 1850, los visitantes más frecuentes fueron los piratas, que usaban el puerto natural de aguas profundas de Limón como escondite.

Sin embargo, cuando la producción de café se disparó en el valle Central, el pequeño puerto del río Sarapiquí, enlace histórico entre las plantaciones y el Atlántico, empezó a convertirse en un gravoso cuello de botella para el envío de la mercancía. Por ello, se ideó un plan para construir un gran puerto directamente en el Caribe, con un ambicioso ferrocarril que conectara las tierras altas con el mar. En 1867 fue elegido Limón, un lugar al que sólo se podía acceder a través de 150 kilómetros de densas selvas sin explorar, pantanos infestados de malaria y empinadas laderas montañosas llenas de barro. El Gobierno de Costa Rica decidió subcontratar la realización de la obra.

El neoyorquino Minor Cooper Keith (p. 25), emparentado con empresarios del ferrocarril, se hizo cargo del proyecto, que al final incluyó 300.000 Ha de tierras (el 7% del país) como parte de la compensación para hacer más apetecible el trato. La tarea era enormemente peligrosa, y durante los nueve años que se tardaron en poner los primeros 110 km de vías murieron miles de personas, entre ellas, dos hermanos de Keith. Los habitantes de la región pronto dejaron de ofrecerse para ese trabajo, lo que forzó a la compañía a buscar soluciones imaginativas para completar la plantilla.

Los convictos de EE UU y los chinos con contratos a largo plazo no rescindibles sufrieron unas tasas de mortalidad cercanas al 90%, sobre todo a causa de la malaria. Al final, Keith trajo de Jamaica esclavos recién liberados y sin trabajo, una solución que pareció funcionar. Con todo, el ferrocarril se salió mucho del presupuesto, así que el empresario neoyorquino plantó bananos a lo largo de las vías como fuente de comida barata para sus trabajadores.

La finalización del ferrocarril no acabó con los problemas financieros de Keith, ya que el café y los pasajeros simplemente no podían llenar todos los vagones. En 1878 decidió cargarlos de las bananas que tenía allí al lado y las envió a Nueva Orleans como parte de un experimento desesperado. Pero el éxito fue tan grande que 1900 las bananas habían eclipsado al café como el producto de exportación más lucrativo de Costa Rica. Cuando Keith consolidó la floreciente compañía como United Fruit en 1909, no sólo era multimillonario, sino el hombre más influyente de América Central.

El mundo de los negocios estadounidense interesado en una parcela de "república bananera" prefería una fuerza de trabajo angloparlante y siguió contratando jamaicanos (por entonces ciudadanos británicos con educación y preparación) para todas las cuestiones de la economía bananera en rápida expansión. La United Fruit explotó astutamente las tensiones raciales entre los trabajadores costarricenses y los inmigrantes, con una tabla de salarios de dos escalas según la cual los negros ganaban un poco más. Las fricciones consiguientes minaron con éxito cualquier intento de sindicación, lo que mantuvo los costes bajos, pero esta estrategia dejó también un legado de problemas raciales con los que el país sigue luchando hoy en día.

Presionado por los ticos hispanohablantes para que interviniera, San José empezó a endurecer cada vez más la concesión de visados, una medida que acabó relegando a todos los que tuvieran sangre afrocaribeña en la provincia de Limón: hasta unas rápidas vacaciones requerían permisos difíciles de conseguir. En 1913, cuando una plaga del banano conocida como "mal de Panamá" obligó a cerrar muchas fincas caribeñas, la mayoría de los puestos de trabajo bananeros se desplazaron a la costa pacífica, a donde los trabajadores negros tenían prohibido ir. Sin trabajo y abandonados en la parte menos desarrollada del país, muchos se dedicaron a la agricultura de subsistencia y a la pesca, o se emplearon en plantaciones de cacao. Otros entraron en el partido comunista.

Bajo el nombre de Bloque de Obreros y Campesinos, los antiguos empleados desilusionados de la United Fruit se unieron a los comunistas de toda América Latina para organizar una serie de huelgas contra la compañía, a menudo sangrientas. El movimiento culminó en Puerto Limón en agosto de 1943, con la mayor protesta de la historia de Costa Rica.

Miles de personas organizaron una huelga general: los muelles cerraron, se llamó a las tropas federales, hubo disparos y se mantuvieron negociaciones. Con una victoria de los huelguistas que no se repitió en ningún otro lugar de América Central, la United Fruit capituló, perdonó las deudas que se tuvieran con los almacenes de la compañía y prometió una mejora de las condiciones laborales, pero a los negros no se les dio libertad para viajar o trabajar fuera de la provincia. En 1940, el partido comunista desempeñó un papel decisivo en el derrocamiento del presidente León Cortés Castro, que había hecho su fortuna con las bananas y los ferrocarriles.

Más tarde, el apoyo de Limón fue clave para José Figueres durante la guerra civil de cuarenta días de 1948 y, poco después, el nuevo presidente hizo honor a sus promesas de igualdad ante la ley. Con la constitución de 1949 se permitió a los negros trabajar y viajar libremente por toda Costa Rica, aunque la mayoría eligió quedarse en el Caribe.

COSTA CARIBEÑA

PUERTO LIMÓN

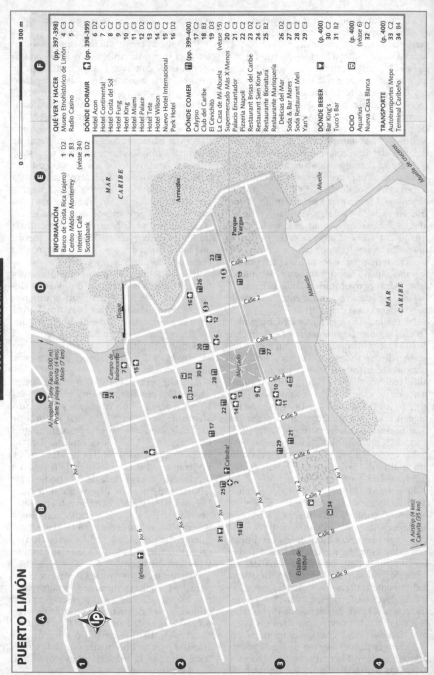

INFORMACIÓN			
Banco de Costa Rica (cajero)	1	D2	
Centro Médico Monterrey	2	B3	
Internet Café	(véase 34)		
Scotiabank	3	D2	

QUÉ VER Y HACER	**(pp. 397-398)**		
Museo Etnohistórico de Limón	4	C1	
Radio Casino	5	C2	

DÓNDE DORMIR	**(pp. 398-399)**		
Hotel Acon	6	D2	
Hotel Continental	7	C1	
Hotel Costa del Sol	8	C3	
Hotel Fung	9	C3	
Hotel King	10	C3	
Hotel Miami	11	C3	
Hotel Palace	12	D2	
Hotel Tete	13	C3	
Hotel Wilson	14	C3	
Nuevo Hotel Internacional	15	C3	
Park Hotel	16	D2	

DÓNDE COMER	**(pp. 399-400)**		
Calypso	17	C2	
Club del Caribe	18	B3	
El Cevichito	19	D3	
La Casa de Mi Abuela	(véase 15)		
Supermercado Más X Menos	20	C2	
Pizzeria Napoli	21	C3	
Palacio Encantador	22	C3	
Restaurant Brisas del Caribe	23	D2	
Restaurante Sien Kong	24	C1	
Restaurante Bionatura	25	B2	
Restaurante Marisquería			
Delicias del Mar	26	D2	
Soda & Bar Mares	27	D2	
Soda Restaurant Meli	28	C2	
Yan's	29	C3	

DÓNDE BEBER	**(p. 400)**		
Bar King's	30	C2	
Tuco's Bar	31	B2	

OCIO	**(p. 400)**		
Aquarius	(véase 6)		
Nueva Casa Blanca	32	C2	

TRANSPORTE	**(p. 400)**		
Autotransportes Mepe	33	C2	
Terminal Caribeño	34	B4	

Aunque se haya borrado la frontera oficial de Siquirres (véase p. 393), la provincia de Limón sigue siendo la más pobre de la nación. Sin embargo, su vasta riqueza cultural está cambiando la situación, a medida que más turistas descubren los encantos caribeños.

Orientación

Las calles no está bien indicadas y en su mayor parte carecen de letreros (véase p. 471). Las calles y avenidas van aumentando de número de uno en uno (calle 1, calle 2, etc.), en lugar de hacerlo de dos en dos, como en casi todas las demás ciudades. El sistema no ha calado en la población y los lugareños dan mejores indicaciones basándose en puntos de referencia como el mercado, el antiguo Radio Casino y el parque Vargas.

La avenida 2 empieza como un paseo peatonal que va desde el espigón pasado el parque Vargas hasta el mercado, donde se convierte en una de las principales calles de la ciudad. En unas cuantas cuadras se concentran varios bancos, bares, restaurantes y hoteles, así como la principal terminal de autobuses.

Información

No hay oficina de turismo. Para informarse sobre circuitos, hay que preguntar en los mejores hoteles o en las tiendas de recuerdos que se encuentran frente al parque Vargas. Entre octubre y mayo, cerca de la terminal de barcos de crucero se encuentran jóvenes emprendedores que ofrecen una serie de circuitos cuyos precios varían enormemente.

ACCESO A INTERNET

Internet Café (☎ 798 0128; 1 US$/h; ☙ 8.00-19.00). Situado en el piso de arriba de la terminal del Caribe; el usuario puede marearse con los gases de los autobuses mientras utiliza alguno de sus cinco ordenadores, bastante rápidos.

ASISTENCIA MÉDICA

Hospital Tony Facio (☎ 758 2222), junto a la costa, en el extremo norte de la ciudad, atiende a toda la provincia. El **Centro Médico Monterrey** (☎ 798 1723, urgencias 297 1010), con varios médicos privados, se encuentra frente a la catedral.

DINERO

Los bancos son una rareza en otros lugares de la costa caribeña, así que se recomienda conseguir aquí todos los colones que se puedan necesitar, se vaya al norte o al sur. Hay varios bancos, pero el **Scotiabank** (☎ 798 0009; esquina av. 3 con calle 2; ☙ 8.30-16.30 lu-vi y 8.30-15.30 sa) es el mejor. Cambia dinero en metálico y cheques de viaje y tiene un cajero automático de Plus y Cirrus que dispensa dólares estadounidenses. El **Banco de Costa Rica** (☎ 758 3166; esquina av. 2 con calle 1) también cambia dólares estadounidenses en metálico.

Peligros y advertencias

En Limón se debe tomar precauciones contra los carteristas durante el día, sobre todo en el mercado. No son raros los atracos, así que de noche es mejor limitarse a las calles principales bien iluminadas, evitando el malecón y el parque Vargas. Se recomienda dejar el coche en aparcamientos vigilados después del anochecer y no dejar en el vehículo ningún objeto que pueda ser remotamente tentador para los posibles ladrones, ya que los robos son frecuentes.

Las mujeres que viajen solas seguramente no se sentirán cómodas andando por ahí después de anochecido, por lo que pueden plantearse el tomar una habitación con televisor; tal vez en este caso merezca la pena pagar algo más por un hotel donde no cobren tarifas por horas.

Puntos de interés y actividades

La atracción principal de la ciudad es el **parque Vargas**, frente al mar, una incoherente extensión de paseos bordeados de bancos bajo una pequeña selva perdida de altas palmeras y flores tropicales, en cuyo centro hay un quiosco de música enternecedoramente decrépito. Destaca por un contingente de perezosos colgando de los árboles; si no se ve ninguno, los niños están encantados de señalar uno por unos 100 colones, un buen precio teniendo en cuenta las tarifas de entrada a los parques. Este umbroso oasis atrae a otro tipo de fauna, como aves migratorias y mariposas de vivos colores, aparte de adolescentes aburridos, oficinistas estresados y algún que otro borrachín.

Desde aquí, se puede ir tierra adentro por la **zona peatonal**, a lo largo de la avenida 2, donde las tiendas todavía venden más

COSTA CARIBEÑA

COSTA CARIBEÑA

herramientas y ropa pre-mamá que recuerdos. También se instalan aquí unos cuantos puestos de venta callejeros; hay que estar ojo avizor a los que venden CD caseros de grupos locales, ya que Limón está cobrando fama por su creciente mundillo de *hip-hop* y fusión de música latina y *reggae*. Se acaba en el colorido **mercado central**, con su bulliciosa actividad y una serie de sodas donde se puede comer por poco dinero. A dos cuadras está el **Museo Etnohistórico de Limón** (calle 4 entre avs. 1 y 2; entrada gratuita), en el segundo piso de la oficina de correos. Cuando se preparaba esta obra estaba cerrado, pero, dado que en pasadas muestras se exponían objetos de la cultura afrocaribeña de la zona y pinturas de renombrados artistas costarricenses, merece la pena comprobar si este museo ha vuelto a abrir.

Desde el parque se puede dar un agradable paseo hacia el norte a lo largo del **malecón,** donde las vistas del rocoso cabo se enmarcan en la orla de olas del Caribe que baten contra el hormigón. Después del anochecer, es un sitio muy popular, pero en absoluto libre del riesgo de atracos.

Aunque Limón carece de playas para bañarse o hacer surf, 4 km al noroeste de la ciudad está la **playa Bonita** (véase p. 400), de arena. Los más aventureros o los surfistas expertos pueden alquilar una embarcación para realizar el trayecto de 1 km (20 min) hasta la **isla Uvita**, un destino poco explotado, con grandes olas y buenas condiciones para la observación de aves.

Fiestas y celebraciones

Limón destaca por el **Día de la Raza** (12 de octubre), también conocido como Día de Colón, que aquí se celebra con un entusiasmo mayor de lo habitual para conmemorar el histórico desembarco de isla Uvita. Miles de visitantes, sobre todo ticos, invaden la ciudad durante este carnaval de desfiles callejeros llenos de color y baile, canciones, bebida y juerga general que dura cuatro o cinco días. Es necesario reservar el hotel con antelación.

El **Festival Flores de la Diáspora Africana,** dedicado a la cultura afrocaribeña, se celebra a finales de agosto. Se centra en Puerto Limón, pero patrocina eventos en toda la provincia y en San José, muestra del patrimonio cultural africano que existe en Costa Rica y en muchas otras partes del mundo.

A él asisten artistas invitados de categoría, como el Harlem Ballet y la Steel Band of Trinidad and Tobago, banda de percusión típica del Caribe. Los invitados se mezclan con los artistas y músicos locales en una gran fiesta, con desfiles, bailes e incluso partidos de *cricket*.

Dónde dormir

Los hoteles de toda la costa del Caribe tienen gran demanda los fines de semana y en vacaciones, cuando los precios suben. Se recomienda reservar con antelación en esos períodos.

ECONÓMICO

En Limón hay numerosos hoteles baratos, diseñados casi siempre pensando en los trabajadores temporeros itinerantes; a veces los utilizan las prostitutas y sus clientes, algo que, sin ser en general peligroso, puede perturbar el sueño. Los que aquí se enumeran están en la franja más saludable del espectro, pero es preferible ver primero una habitación y comprobar la seguridad.

Hotel Palace (☎ 798 2604; calle 2 entre avs. 2 y 3; i/d 11/17 US$). En el segundo piso de lo que algún día fue un hermoso edificio, regentado por una mujer, tiene habitaciones algo ajadas pero recién pintadas, con ducha privada de agua fría y buena seguridad; se recomienda una habitación que dé al balcón. Para grupos, ofrece un "dormitorio de estudiantes" con cinco camas individuales, por 7 US$ por persona.

Hotel King (☎ 758 1033; av. 2 entre calles 4 y 5; i/d 4/8 US$, con baño 8/10 US$). A tan sólo 250 m de la estación de autobús, sus oscuras pero limpias habitaciones, más tranquilas las que dan a la parte trasera, son una buena opción económica.

Hotel Fung (☎ 758 3309; calle 4, frente al mercado; i/d 4/8 US$, con baño 7/11 US$). Las habitaciones sencillas de pintura desconchada están suficientemente limpias, pero tal vez merezca la pena pagar algo más por una ducha privada.

Hotel Costa del Sol (☎ 798 0707; esquina calle 5 y av. 5; sin/con baño 4/5 US$ por persona; **P** **✗**). Una buena opción económica. Acepta tarjetas de crédito para pagar sus pequeñas habitaciones con ventilador; las mujeres seguramente preferirán la que tiene un baño.

Hotel Wilson (☎ 758 5028; av. 3 entre calles 4 y 5; i/d 9/13 US$, d con aire acondicionado 18 US$; **✗**). Personal simpático, habitaciones pequeñas y limpias, todas con baño de agua templada, y un salón de televisión en la parte delantera, lo que puede ser tanto un pro como un contra.

Nuevo Hotel Internacional (☎ 798 0545, 798 7532; av. 5 entre calles 2 y 3; i/d con ventilador 7/11 US$, con aire acondicionado 10/15 US$; P ⊠). Habitaciones razonablemente limpias con tabiques muy delgados y todas con ducha privada de agua caliente, pero sólo algunas con ventanas, por lo que se recomienda preguntar. La misma familia regenta el **Hotel Continental** (en la acera de enfrente), con los mismos precios, pero con habitaciones algo menos confortables; la excepción son las habitaciones 26 y 27, que tienen estupendas ventanas al balcón.

PRECIO MEDIO

En el mismo Limón no hay nada de mucha categoría, aunque estos lugares no están mal en caso de necesidad. Los hoteles realmente buenos están al norte de la ciudad (p. 400), en la carretera de Moín, muy cerca del tramo de playa más bonito de la zona.

Hotel Miami (☎ 758 0490; av. 2 entre calles 4 y 5; i/d 19/28 US$; ⊠). Quizá sea la opción más confortable y segura en Limón. Sus habitaciones rosa agradablemente iluminadas tienen televisión por cable y ventiladores de potencia industrial.

Hotel Tete (☎ 758 1122; av. 3 entre calles 4 y 5; i/d con ventilador 12/20 US$, con aire acondicionado 20/26 US$; P ⊠). Más bonito por dentro que por fuera, sus agradables y limpias habitaciones disponen de agua caliente y aire frío.

Hotel Acon (☎ 758 1010; av. 3 entre calles 2 y 3; i/d 25/30 US$; P ⊠). Habitaciones amplias y limpias, con aire acondicionado, televisor y teléfono. En el segundo piso está una de las discotecas más populares de la ciudad (véase "Locales nocturnos", más adelante).

Park Hotel (☎ 798 0555, 758 3476; av. 3 entre calles 1 y 2; d 40 US$; P ⊠ ⊠). Es lo más cercano a un establecimiento de categoría en el centro de Limón: tiene habitaciones limpias pero anodinas, con techos altos y televisor, aire acondicionado, aparcamiento vigilado y baño privado de agua caliente. Las habitaciones más espaciosas, con vistas al mar y pequeños balcones cuestan 5 US$ más.

Dónde comer

Lo mejor para un viajero de presupuesto ajustado es el **mercado central** (☺ 6.00-20.00 lu-sa), donde hay varias sodas y cantidad de tiendas de alimentos. Hay también un gran **Más X Menos** (☺ 8.00-21.00) cruzando la avenida. Puerto Limón es célebre por su gastronomía china; no hay que perderse el *chop suey*.

Calypso (calle 5 entre avs. 3 y 4; platos principales 1-3 US$; ☺ 10.00-19.00 lu-sa). Contiguo a la peluquería del mismo nombre, ofrece un plato del día (como cazuela de marisco o pollo a la caribeña con arroz) por menos de 2 US$ y deliciosas empanadas por 0, 50 US$.

Soda Restaurant Meli (av. 3 entre calles 3 y 4; comidas 2-4 US$). En el lado norte del mercado, barato y muy popular, sirve montones de arroz frito y casados.

Yan's (av. 2 entre calles 5 y 6; platos principales 1-5 US$; ☺ 11.00-23.30). La aportación de Limón a la comida rápida, sus mesas de formica y el televisor de pantalla grande concuerda mejor con las hamburguesas o los platos de arroz.

Club del Caribe (calle 7 entre avs. 3 y 4; platos principales 3-6 US$). Junto a unos salones de billar, esta acogedora casa de comidas rezuma sabor criollo. Se puede tomar un bol de sopa de hueso de vaca y una cerveza fría por 3 US$.

La Casa de Mi Abuela (platos principales 3-7 US$; ☺ 11.00-23.00). Restaurante chino, está en la planta baja del Nuevo Hotel Internacional (véase más arriba).

Restaurante Bionatura (calle 6 entre avs. 3 y 4; platos principales 2-5 US$; ☺ 8.00-20.00 lu-sa). En una ciudad dominada por las frituras, este nuevo establecimiento destaca por centrarse en sana comida vegetariana, desde ensaladas de frutas frescas hasta hamburguesas vegetales y casados con bisté de soja. Hay una tienda de productos dietéticos al lado.

Restaurante Marisquería Delicias del Mar (av. 3 entre calles 1 y 2; platos principales 3-7 US$; ☺ 7.00-20.00). Un escalón más por encima de las sodas corrientes y molientes, se especializa en cebiche y sopa de camarones.

Restaurant Brisas del Caribe (platos principales 3-5 US$; ☺ 7.00-23.00 lu-vi, 10.00-23.00 sa y do). Las mejores vistas de la ciudad no sólo se tienen sobre las olas; junto al parque, desde las mesas al aire libre se puede observar a la gente por encima de unos grandes platos de comida sencilla elegidos de su larguísima carta. También tienen bufé.

Pizzería Napoli (☎ 758 3371; av. 3 entre calles 4 y 5; platos principales *pizza* grande 10 US$; ☺ 10.00-23.00). En la plaza Caribe, en el piso de arriba, sirve grandes raciones de buena pasta y *pizza* a estudiantes y viajeros de presupuesto ajustado.

COSTA CARIBEÑA

El Cevichito (av. 2 entre calles 1 y 2; platos principales 4 US$). Su patio al aire libre atrae a los agentes de aduanas, que se reúnen aquí a beber cerveza, hablar de fútbol y devorar sabroso pescado al ajo.

Soda y Bar Mares (av. 2 entre calles 3 y 4; platos 3-7 US$; ◷ 9.00-3.00). Recuerda a uno de esos lugares donde Indiana Jones se pondría en contacto con un anticuario de mala pinta: desde luego sirve tragos fuertes, buenas bocas y unos sospechosos platos chinos y casados.

Palacio Encantado (av. 2 entre calles 5 y 6; platos principales 3-9 US$; ◷ 11.00-23.00). Recomendado por su cocina china de calidad, está a un par de cuadras del mercado.

Restaurant Sien Kong (esquina av. 6 y calle 3; platos principales 5-10 US$; ◷ 11.00-22.00). Aunque está algo alejado del centro, merece la pena darse un paseo para probar una de las mejores cocinas chinas de la ciudad.

Dónde beber y locales de ocio

Nadie debe de pasar sed en Limón, vista su amplia selección de bares. Los que están junto al parque Vargas y unas manzanas al oeste son lugares habituales de una serie de personajes costeños: marineros, damas de la noche, empresarios, borrachines y curiosos. Las advertencias habituales para las mujeres que viajan solas aquí se duplican. Tampoco es una ciudad adecuada para beber más de la cuenta, pues conviene mantenerse alerta.

Hay sitios algo más tranquilos como **Soda & Bar Mares** (véase "Dónde comer", p. 399), que tiene un respetable contingente de extranjeros, y el acogedor **Tuco's Bar**, que sirve buenas bocas y cerveza barata a pocas cuadras del anterior. **Bar King's** (calle 3 entre avs. 3 y 4) tiene un inconfundible sabor latino.

Nueva Casa Blanca (esquina calle 4 con av. 4) se llena a partir de las 17.00 horas con una clientela básicamente masculina que va a escuchar *reggae* a todo volumen, a veces en directo. Aquarius es la discoteca de más éxito, que pone salsa, *reggae* y *pop* en diferentes noches.

Cómo llegar y salir

Puerto Limón es el centro de comunicaciones de la costa caribeña.

AVIÓN

La pista de aterrizaje está unos 4 km al sur de la ciudad; un taxi a la estación de autobuses cuesta unos 4 US$ y 10 US$ a Moín.

NatureAir (☎ 220 3054; www.natureair.com; ida/ida y vuelta 66/110 US$) hace escala en Limón en su vuelo San José-Tortuguero.

BARCO

Los cruceros a veces atracan en Limón, pero la mayor parte de los barcos utilizan el puerto de Moín, más importante, unos 7 km al oeste. Para obtener información sobre los barcos a Tortuguero, véase p. 401.

AUTOBÚS

Los autobuses que enlazan con San José, Moín, Guápiles y Siquirres utilizan la **Terminal del Caribe** (av. 2 entre calles 7 y 8), en la parte oeste, a la que se puede ir a pie desde los hoteles. Todos los autobuses que comunican con puntos situados al sur salen de **Autotransportes Mepe** (Mepe; av. 4 entre calles 2 y 4).

Bribrí y Sixaola (Mepe). 2,25 US$; 3 h; 10 autobuses diarios.

Cahuita (Mepe). 1 US$; 1½ h; salidas cada hora de 5.00 a 17.00.

Guápiles (Empresarios Guapileños; Terminal del Caribe). 2 US$; 2 h; salidas cada hora 6.30 a 19.00.

Manzanillo (Mepe). 2,50 US$; 2½ h; salidas a las 6.00, 14.30 y 18.00.

Moín, para barcos a Tortuguero (Tracasa; Terminal del Caribe). 0,25 US$; 20 min; salidas cada hora de las 5.30 a las 18.30.

Puerto Viejo de Talamanca (Mepe). 2 US$; 2 h; salidas cada hora de las 5.00 a las 17.00.

San José (Autotransportes Caribeños; Terminal del Caribe). 3,25 US$; 3 h; salidas cada 30 min de las 5.30 a las 19.00.

Siquirres (Empresarios Guapileños; Terminal del Caribe). 2 US$; 2 h; salidas cada hora de las 6.30 a las 19.00.

AUTOMÓVIL

Si se conduce un coche, hay que tener en cuenta que al sur de Limón sólo hay una gasolinera en la costa, en el cruce al norte de Cahuita.

ALREDEDORES DE PUERTO LIMÓN
Las playas Portete y Bonita

Aunque no sean las mejores playas del Caribe, ambas ofrecen largas franjas de arena al borde del mar, están bien para bañarse y quedan muy cerca de Puerto Limón. La playa Bonita tiene buenas olas y una zona de *picnic*, que resulta preciosa con el telón de fondo tropical. Cerca están los mejores hoteles de la ciudad y casi todos conciertan excursiones a los puntos de interés de la costa.

DÓNDE DORMIR Y COMER

En la carretera entre Limón propiamente dicho y Moín se hallan los mejores alojamientos. Queda bastante lejos de la ciudad, lo que para muchos constituye una ventaja. Los autobuses Limón-Moín dejan pasajeros en los hoteles.

Cabinas Cocori (☎ 758 2930; i/d 34/44 US$; Ⓟ ☒). A unos 4 km de Limón y a 2,5 km del muelle de Moín, coquetas y limpias, con cocina americana, aire acondicionado y frigorífico, son la mejor oferta de la playa.

Hotel Matama (☎ 795 1123, 759 1409; www. matama.com; d sin/con aire acondicionado 46/55 US$; Ⓟ ☒ ☒ ☒). Al otro lado de la carretera, queda un poco más lejos de la playa, pero para compensar, tiene piscina y *jacuzzi* rodeados de jardines tropicales. Algunos de sus baños de agua caliente son como jardines selváticos en miniatura y algunas habitaciones cuentan con cocina americana. El desayuno está incluido.

Hotel Maribú Caribe (☎ 758 4010/543; www.cos taricabureau.com/maribu.htm; i/d 74/85 US$ desayuno incl.; Ⓟ ☒ ☒). A unos 3 km de Puerto Limón, ofrece varios cómodos *bungalows* con aire acondicionado dispuestos sobre una loma, que reciben las brisas del océano y ofrecen buenas vistas, como su restaurante afrocaribeño. Hay piscina y un bar al aire libre.

Cabinas Maeva (☎ 758 2024; moyso@racsa.co.cr; 17/28 US$). Al este del Maribú Caribe, este lugar agradable y tranquilo tiene habitaciones con agua sin calentar. Cuenta con restaurante.

Springfield Restaurant (☎ 758 1203; platos principales 4-9 US$). Junto a la playa, es uno de los de mayor renombre en Limón y se llena hasta los topes por la noche. Sirve platos de marisco y arroz y frijoles de calidad.

Moín

Los visitantes llegan aquí sobre todo para ir en barco por los canales hasta el Parque Nacional Tortuguero o incluso hasta el Refugio Nacional de Vida Silvestre Barra del Colorado. Al norte de Limón siempre han existido vías navegables naturales hasta la Barra del Colorado, pero sólo podían utilizarse en la estación de las lluvias, y aún así, a menudo sólo por canoas pequeñas, que resultaban peligrosas al cruzar los estrechos. En 1974 se completaron los canales que comunicaban el sistema, haciendo innecesario el viaje por mar para dirigirse al norte desde Moín.

Cuando los canales al norte de Moín se atascan de jacintos de agua o troncos, la ruta puede estar temporalmente cerrada.

CIRCUITOS

Si se desea ver más de cerca la abundante fauna de la región, cosa que se recomienda, muchas agencias de todo el país ofrecen circuitos guiados de cinco horas por los canales (unos 60/90 US$ por persona, ida/ida y vuelta) de camino a Tortuguero, con guía naturalista, almuerzo y, a veces, transporte desde San José. Los circuitos suelen ser en sentido Moín-Tortuguero; hay que reservar con antelación si se desea una guía en la otra dirección. En los muelles hay capitanes independientes que proporcionan un servicio de guía similar, con un toque personal.

Estas excursiones suelen formar parte de un viaje organizado que incluye alojamiento, comidas, observación de tortugas (en temporada) y/o una visita guiada en barco por el parque nacional. **Riverboat Francesca Nature Tours** (☎ 226 0986; www.tortuguerocanals.com) ha sido muy recomendada; los paquetes de esta agencia ofrecen alojamiento, comidas y visitas guiadas por el parque a partir de 185 US$ por persona. Véase p. 406 para otras agencias de circuitos.

CÓMO LLEGAR Y SALIR
Barco

Éste es el principal punto de partida de los barcos que van a Tortuguero, y también se puede concertar el transporte de aquí a Parismina y Barra de Colorado, con transbordos a barcos con rumbo a destinos de la costa del Caribe y a las tierras bajas del norte durante la estación de las lluvias. Varias empresas, así como operadores independientes, ofrecen servicios a Tortuguero, que se dividen en dos categorías generales. La primera, la de circuitos, se ha descrito más arriba.

El servicio de taxi acuático lo ofrecen tanto **Bananero** (☎ 709 8005; 833 1076) y **Viajes Morpho** (☎ 711 0674; 709 8110) como varios capitanes independientes a los que se puede abordar con facilidad en los muelles si se va temprano; el viaje directo de dos horas a través de los canales viene a costar 30 US$ por persona. Normalmente, no pueden resistirse a acercarse y parar ante la oportunidad de hacer la foto perfecta, si la fauna lo permite, pero eso es un plus digno de propina.

COSTA CARIBEÑA

Resulta más económico ir a Tortuguero desde Cariari (p. 392) o concertar el viaje a Cariari desde Tortuguero en el momento de llegar. Casi todos los circuitos organizados ofrecen un servicio estándar de ida y vuelta, pero deberían poder enviar a los viajeros que lo deseen a Cariari.

Es necesario tener en cuenta que esto no es una vuelta por Disneylandia. Sobre todo después de fuertes lluvias, los barcos pueden volcar al bordear las desembocaduras de los ríos y se han dado casos de turistas ahogados. Hay que asegurarse de que la embarcación dispone de chalecos salvavidas, y ponérselos. No es broma. (Véase p. 487 para más información sobre el tema.)

Autobús y automóvil

Los autobuses Tracasa salen de Puerto Limón (0,25 US$, 20 min) de la Terminal del Caribe cada hora de 5.30 a 18.30. Se puede aparcar el automóvil hasta el día siguiente en el aparcamiento sin vigilancia del muelle de Moín, pero merece la pena pagar la pequeña tarifa que cobran los hoteles de la zona por usar sus aparcamientos vigilados.

NORTE DEL CARIBE

PARISMINA

En la desembocadura del río del mismo nombre está este pueblo al que sólo se puede llegar en un barco concertado a propósito o en taxi acuático. Los que se toman la pesca en serio ahorran durante años para venir aquí, a Parismina, uno de los lugares más apartados de Costa Rica, ya que entre su abundante fauna se cuentan unos tarpones atlánticos y unos róbalos blancos de campeonato.

La mejor temporada de tarpón es de enero a mediados de mayo, mientras que el róbalo blanco se pesca sobre todo de septiembre a noviembre. Sin embargo, la gente de la zona dice que hay buena pesca durante todo el año porque estos peces no migran. También hay un arrecife costa afuera donde aquellos que deseen un cambio pueden echar el anzuelo a algo diferente y sin duda en el alojamiento elegido se ofrecerán otras opciones.

La mayoría de los visitantes vienen aquí como a un caro retiro pesquero con todo incluido, con excursiones de ecoturismo a Tortuguero opcionales para cónyuges aburridos. Pero hay unas cuantas alternativas económicas interesantes, que pueden reservarse con antelación en la temporada de tortugas. Aunque no tenga tanta fama, ni tanta gente, como las playas de Tortuguero, Parismina es la zona preferida de cría de cientos de tortugas laúd, tortugas verdes y tortugas carey que saben lo que quieren.

Un grupo local, la **Asociación Salvemos Las Tortugas de Parismina** (☎ 390 9963; www.costari caturtles.com), en colaboración con los guardacostas de Costa Rica, ha construido un criadero de tortugas para disuadir al creciente número de furtivos y ladrones de huevos. Los puestos voluntarios de guarda de tortugas cuestan 130 US$ a la semana, incluido el hospedaje con una familia de la zona y todas las comidas; 200 US$ a la semana con clases de español; y un poco más con clases de bailes latinos y/o visitas guiadas. La asociación también concierta alojamientos económicos a otros visitantes.

Dónde dormir y comer

Incluso los alojamientos caros son bastante rústicos.

Alex Periera (*camping* sin/con uso de cocina 2/3 US$ por persona; cabina 5 US$ por persona). Alex, en la ferretería, ofrece zonas protegidas para acampar con acceso a duchas, baños y una cocina por una pequeña cantidad adicional, así como cabinas sencillas.

Asociación Salvemos Las Tortugas de Parismina (☎ 390 9963; www.costaricaturtles.com; i/d 20/30 US$). Aunque los voluntarios tienen preferencia en elegir alojamiento, esta organización concierta para cualquier viajero hospedaje, tres comidas incluidas, con familias de la zona.

Iguana Verde (☎ 393 5481; 10 US$ por persona). Tres limpias habitaciones con baño privado tienen delante una popular panadería y cafetería que sirve sándwiches y otras comidas ligeras. También es un almacén general, alquila kayaks y organiza excursiones guiadas en español o inglés.

Cariblanco Lodge & Doña Esther's Cantina (☎ 393 5481; d 20 US$). Ofrece diez limpias habitaciones de distintos tipos con baño privado y tiene un bar restaurante caribeño con vistas al mar. A veces hay música en directo.

La Rosa Espinoza (☎ 390 9963, 710 1479; elizabet park@hotmail.com; h 12 US$ por persona). Con coquetos jardines y una cerca blanca, ofrece mucho encanto a este precio, además de baños privados y comidas caseras por un precio adicional. Los dueños también conciertan excursiones de pesca.

Jungle Tarpon Lodge (☎ 380 7636, en EE UU 800-544 2261; www.jungletarpon.com; por persona 3 días 1.200-2.000 US$, 7 días 2.400-3.000 US$). Elegantes cabañas con toques de maderas nobles lo convierten en una agradable base para una serie de salidas, en su mayor parte dedicadas al tarpón, aunque se proporciona embarcaciones para quienes prefieran el pargo o el atún. También hay circuitos de ecoturismo en los diversos paquetes que ofrece, todos ellos con comidas y transporte desde San José incluidos.

Caribbean Expedition Lodge (☎ 232 8118; www.costaricasportfishing.com; h por persona 5/7 días 1.345/1.745 US$). Tiene seis cómodas cabinas rústicas diseñadas para tener a los pescadores contentos entre sus salidas en pos de un enorme tarpón. Ofrece varias excursiones guiadas, entre ellas visitas a una plantación bananera de la zona.

Río Parismina Lodge (☎ 229 7597; www.riop.com; i/d 3 días 2.050/3.700 US$, 7 días 3.350/6.200 US$; ✕ ☎). Todo está incluido en este acogedor albergue de pescadores, que ofrece tarifas reducidas y circuitos de naturaleza a quienes no estén interesados en la pesca. Tiene senderos privados por 20 Ha de selva, piscina, *jacuzzi* y, cómo no, excelente pescado y marisco en su restaurante. Los paquetes de pesca con todo incluido (menos las propinas) proporcionan absolutamente todo, hasta una noche en un hotel de primera en San José al principio o al final de la estancia y el enlace aéreo o por tierra con la capital del país.

Cómo llegar y salir

Sólo se accede por barco. Se pueden concertar barcos desde Moín, Cariari o Tortuguero, pero el único servicio regular es a través de Caño Blanco, vía Siquirres. Desde San José, los autobuses de Líneas Nuevo Atlántico salen para Siquirres desde la Terminal Caribe casi cada hora, de 6.30 a 18.00. Se llega a la nueva terminal de autobús que está a dos manzanas de la antigua, donde el **autobús Caño-Aguilar** (☎ 768 8172; 1 US$, 2 h) parte a las 5.00 y a las 12.30, de lunes a viernes; a las 6.00 y a las 14.00 los sábados y domingos; los horarios pueden variar. Los taxis cobran 40 US$.

El diminuto reducto de Caño Blanco tiene una soda y ningún servicio más, así que se recomienda llegar allí antes de las 18.00 horas, cuando sale el último barco (2,50 US$, 15 min) para Parismina. Es mucho más fácil concertar el transporte desde Parismina a Tortuguero y otros destinos que a la inversa.

PARQUE NACIONAL TORTUGUERO

Con 31.187 Ha terrestres y unas 52.000 Ha marinas, es el lugar de cría de tortugas verdes *(Chelonia mydas)* más importante de todo el Caribe. En el mundo existen ocho especies de tortugas marinas; seis anidan en Costa Rica y, de ellas, cuatro ponen sus huevos en Tortuguero.

En estas arenas negras también se creó el movimiento de conservación de las tortugas, la Caribbean Conservation Corporation (CCC) (p. 405). Desde 1955, fecha del primer programa de esta clase en el mundo, realiza seguimientos continuos de las poblaciones de tortugas. Hoy el número de tortugas verdes está aumentando en esta costa, pero disminuye el de la tortuga laúd y la carey.

A pesar de su fama como destino popular de ecoturismo, el Parque Nacional Tortuguero está siendo invadido por ocupantes ilegales, madereros, plantaciones y hasta algunos complejos turísticos. Una carretera ilegal al servicio de estos intereses conecta ahora la zona, a la que oficialmente sólo se puede acceder en barco, a la red de carreteras. A lo largo de algunos canales, tan sólo una estrecha franja de selva oculta esta situación a los turistas que realizan su circuito en barco.

A pesar de ello, los famosos canales de Tortuguero son la introducción perfecta a este importante parque. Creada para conectar una serie de tranquilas lagunas y meandros de ríos, esta maravilla de la ingeniería permitió por fin en 1969 la navegación interior entre Limón y los pueblos costeros en algo más sólido que las piraguas, aunque todavía se ven muchas. Hay vuelos regulares, por supuesto, pero atravesar sin prisas las plantaciones de banano y la selva es una buena pauta para toda la visita.

Las tortugas no son el único atractivo: cuando se pasea por las playas y los embarrados senderos de la selva o se recorren en barco los ríos y canales, los manglares rojos bordean el camino como centinelas que custodian la riqueza de la fauna. Este lugar bulle de vida y se ven iguanas, monos auladores y, a veces, los manatíes en peligro de extinción.

Orientación e información

La oficina central del parque está en **Cuatro Esquinas** (entrada 7 US$; ☉ 8.00-16.00), a pocos minutos andando desde el pueblo de Tortuguero. Tiene mapas, información y acceso a un sendero de naturaleza de ida y vuelta que está embarrado incluso en la estación seca. Este sendero se conecta con un sistema de otros senderos, peor mantenidos, que se internan más en el parque. La **Estación Jalova**, en el canal que hay en la entrada sur del parque, tiene un corto sendero de naturaleza, un baño y agua potable.

"Húmedo" es la palabra más indicada para describir a Tortuguero. Con una precipitación anual de 6.000 mm en la parte norte del parque, es uno de los lugares más lluviosos del país. No existe una estación seca, aunque llueve menos en febrero, marzo y septiembre, por lo que es preciso llevar la ropa y el calzado adecuados. Si hace sol, no se recomienda nadar pues hay fuertes resacas y grandes tiburones. Es imprescindible llevar repelente de insectos.

UNA LENTA Y SEGURA VENCEDORA

Gracias a la información recopilada por la CCC (véase p. 405), los científicos supieron en la década de 1980 que en Tortuguero anidaban anualmente menos de 3.000 tortugas hembra, frente a las decenas de millares de las décadas anteriores. Estos alarmantes datos les ayudaron a convencer a una coalición de agrupaciones públicas y privadas para iniciar unos esfuerzos de conservación a largo plazo para recuperar las tortugas. Hoy, más de 20.000 de estas cachazudas damas se dejan ver en estas orillas para criar durante todo el año.

La historia de la recuperación de la tortuga verde y los proyectos conservacionistas realizados para conseguirlo se cuenta en dos libros de Archie Carr, un herpetólogo que tuvo un destacado papel en la protección de Tortuguero: *The Windward Road: Adventures of a Naturalist on Remote Caribbean Shores* (La ruta de barlovento: Aventuras de un naturalista en remotas orillas del Caribe) y *The Sea Turtle: So Excellent a Fishe* (La tortuga marina: un peje excelente).

Observación de tortugas

Se permite a los visitantes observar de noche a las tortugas de febrero a noviembre (la mejor época es finales de julio y en todo el mes de agosto) para ver cómo desovan y cómo salen las crías del cascarón. La tarifa del parque para los circuitos nocturnos de dos horas es de 5 US$, mientras varios albergues locales cobran entre 10 y 30 US$ por persona. Un guía debe acompañar a todos los visitantes. Los guías de la zona cobran unos 15 US$.

Están prohibidas por ley las luces artificiales, incluidos los *flashes* de las cámaras de fotos, ya que perturban la puesta de huevos y atraen a los depredadores. Varios lectores han informado de que algunos guías han usado linternas potentes para que los visitantes vieran mejor los huevos y las tortugas, lo que desde luego va en contra del propósito primordial del refugio. Si un guía estuviera dispuesto a propasarse en este sentido, los visitantes deberían dejar claro que no son esa clase de turista.

Si no se puede ir durante la época de cría de la tortuga verde, la segunda época mejor es de febrero a julio, cuando llegan pequeños grupos de tortugas laúd para anidar; el pico es de mediados de abril a mediados de mayo. Las carey anidan esporádicamente de marzo a octubre, y a veces se ven también las caguamas o tortugas bobas. Se ven tortugas rezagadas en cualquier mes del año. Sólo la tortuga verde anida en grandes grupos; las otras especies tienden a llegar en solitario.

Observación de otra fauna

Hay grandes oportunidades de observar la fauna tanto desde los escasos senderos del parque como desde los barcos. Suelen verse tres especies locales de monos (aullador, araña y capuchino), perezosos, osos hormigueros y kinkajúes o micos de noche. También se han registrado manatíes, pecaríes, tapires y varios felinos, pero hay que tener mucha suerte para verlos.

También ofrecen gran interés los reptiles y anfibios de la zona. Además de las tortugas marinas, hay siete especies de tortugas de agua dulce. También se pueden ver lagartos, caimanes, cocodrilos y serpientes, incluida la mortífera terciopelo. Aquí se han registrado unas 60 especies de anfibios, entre ellas las diminutas ranas veneno

ZONA DE TORTUGUERO

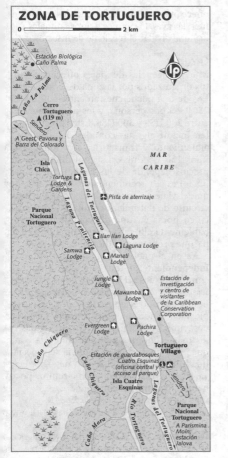

0 _____ 2 km

Estación Biológica
Caño Palma

Caño La Palma

Cerro
Tortuguero
▲ (119 m)

Sendero

A Geest, Pavona y
Barra del Colorado

Isla
Chica

MAR
CARIBE

Tortuga 🏠
Lodge &
Gardens

🛬 Pista de aterrizaje

Laguna Penitencia

Lagunas del Tortuguero

Parque
Nacional
Tortuguero

Ilan Ilan Lodge 🏠

Laguna Lodge 🏠

Samwa 🏠
Lodge

Manatí 🏠
Lodge

Jungle 🏠
Lodge

Mawamba 🏠
Lodge

Estación de
investigación
y centro de
visitantes
de la Caribbean
Conservation
Corporation

Evergreen 🏠
Lodge

Pachira 🏠
Lodge

Caño Chiquero

Tortuguero
Village

Estación de guardabosques
Cuatro Esquinas
(oficina central y
acceso al parque)

Caño Chiquero

Isla Cuatro
Esquinas

Sendero

Parque
Nacional
Tortuguero

A Parismina
Moín,
estación
Jalova

Caño Mora

Río Tortuguero

Lagunas del Tortuguero

de flecha. Entre las más de 400 especies de pájaros hay aves marinas, como fragatas y gaviotines; de ribera, como correlimos y chorlitejos; de río, como martín pescadores, jacanas y anhingas; y de bosque, como colibríes y saltarines.

Hay más de 400 especies de árboles registradas y al menos 2.200 de otras plantas, pero sin duda quedan más por identificar.

Dónde dormir
Cerca de la entrada del parque, el pueblo de Tortuguero (véase más adelante) tiene una amplia oferta de alojamiento.

Hay una **zona de acampada** (2 US$ por persona) junto a la oficina central del parque, con agua potable, duchas y retretes. Sin em-

bargo, no se recomienda en los meses lluviosos (casi todo el año), ya que la zona de acampada puede inundarse.

PUEBLO DE TORTUGUERO
Rodeado de selva y mar protegidos, este mágico lugar es famoso por las hordas de tortugas que se arrastran por sus oscuras arenas para desovar. En "temporada de tortugas", que alcanza su máximo a finales de julio y durante todo agosto, es necesario hacer todas las reservas con mucha antelación.

Sin embargo, una vez que las tortugas están salvo en el mar, tanto el parque como el pueblo parecen desaparecer del mapa. Quizá sea debido a que estas lujuriantes selvas se cuentan entre los más lluviosos de los bosques lluviosos y además no queda muy a mano, ya que sus canales y ríos son la única manera de llegar, a menos que el viajero esté dispuesto a pagar un billete de avión.

Es un destino más apacible que otros de la costa caribeña; al no haber coches, no hay carreteras, y los senderos cubiertos de vegetación que se entrelazan por la alargada y exuberante península son frecuentados por un montón de criaturas salvajes. La línea entre mar y tierra se hace borrosa, y ésta puede ser la razón por la que tantas tortugas marinas, cogidas en una trampa evolutiva entre estos mundos, empiecen sus vidas aquí. Sin duda, por eso originariamente se asentaron tantos pescadores en este lugar, y las recetas que les inspiraron la selva y el océano se siguen sirviendo fielmente por la gente del pueblo.

Información
Casi todos los negocios del pueblo ofrecen información actualizada sobre horarios de transportes, circuitos y guías cualificados para todo, desde expediciones de plantas medicinales hasta excursiones en kayak para grupos. Hay varios centros turísticos de gestión independiente, como **Tortuguero Information** (☎ 709 8955; tortuguero@flysansa.com; frente a la iglesia católica), que reserva vuelos de Sansa, y **Paraíso Tropical Store** (☎ 710 0323), que vende recuerdos y billetes de NatureAir, además de ser el único sitio que cambia cheques de viaje.

La **Caribbean Conservation Corporation** (CCC; ☎ 709 8091; www.cccturtle.org; entrada 1 US$; 🕙 10.00-12.00 y 14.00-17.00 lu-sa, 12.00-17.00 do) gestiona una

COSTA CARIBEÑA

estación de investigación 1 km al norte del pueblo. La estación tiene un pequeño centro de visitantes y un **museo** con todo tipo de cosas relacionadas con las tortugas, entre ellas un breve vídeo (en español o inglés) sobre la historia de la conservación de las tortugas en la zona. Imparte cursos en varios campos de la biología; para información, hay que contactar con la CCC. Los visitantes pueden quedarse en los dormitorios colectivos de la CCC si hay sitio.

De marzo a octubre hay programas de voluntariado para los interesados en ayudar a los científicos a anillar tortugas e investigar. Los voluntarios pagan de 1.400 US$ por 7 días a 2.700 US$ por 21, precios que incluyen la cama en dormitorio compartido, todas las comidas y el transporte desde San José. También hay programas de migración de aves. Son de marzo a mayo y de agosto a octubre; cuestan desde 1.245 US$ por 7 días hasta 1.975 US$ por 21. Estos proyectos son muy populares y se deben reservar con antelación a través de la oficina estadounidense de la CCC.

Actividades
CANOAS
Por todo Tortuguero, al norte de la entrada del parque, hay carteles que anuncian que se alquilan embarcaciones. Se puede alquilar una canoa y remar uno mismo por unos 2 US$ por persona y hora, o ir con guía pagando poco más. Entre los guías recomendados están **Chico** (hay que preguntar en Miss Miriam's) o **Castor Hunter Thomas** (☎ 709 8050; pregúntese en La Caribeña), dos expertos de la zona cuyos circuitos en canoa cuestan 15 US$ por tres o cuatro horas, sin incluir la entrada del parque. Miss Junie's alquila canoas, como varios otros sitios del pueblo. Es la mejor manera de ver la naturaleza, ya que las embarcaciones a motor perturban a los animales, y las canoas permiten meterse por los entresijos del parque.

EXCURSIONISMO
Además de visitar los cursos de agua y las playas del parque, se pueden subir los 119 m del **Cerro Tortuguero**, unos 6 km al norte del pueblo y dentro del Refugio Nacional de Fauna Silvestre Barra del Colorado. Es preciso hacerse con una embarcación y un guía para llegar allí y, luego, caminar durante 45 minutos en el barro y cuesta arriba. Es el punto más alto sobre la costa al norte de Puerto Limón y ofrece buenas vistas de la selva, los canales, el mar, las aves, los monos y otros animales. No hay que olvidar el repelente de insectos.

Circuitos
Muchas agencias de viajes ofrecen circuitos organizados por la zona de Tortuguero. Los de una noche cuestan entre 130 US$ y 250 US$ por persona, y los de dos noches, entre 200 US$ y 300 US$. Estos precios suelen incluir algunas comidas o todas ellas, alojamiento y transporte; el avión cuesta unos 150 US$ más. La gran diferencia de precios depende de los alojamientos y las opciones; es recomendable asegurarse de que el viaje en barco por el río incluye un circuito de naturaleza con guía (dura unas cinco horas en una dirección), pues probablemente allí se vea más fauna que en el parque propiamente dicho.

Ya en el pueblo, hay una amplia oferta independiente de toda suerte de circuitos, como la de **Soda El Muellecito** (frente a la pulpería Super Morpho; platos principales 2-4 US$; ⏰ 6.30-20.00), donde se conciertan excursiones guiadas a pie y en canoa mientras se toma un buen desayuno. A menudo, los mejores guías, y los más económicos, son gente de la zona que pone un cartel que anuncia su especialidad delante de su casa o su negocio. Hay varias empresas que ofrecen circuitos poco habituales y muy recomendados.

Caño Blanco Marina (☎ 259 8216, 256 9444; tucanti@racsa.co.cr). Vuelos a Tortuguero para visitar la selva a lo grande.

Learning Trips (☎ 258 2293, 396 1979; www.costa-rica. us). Especializada en historia natural y social de la región.

Riverboat Francesca Nature Tours (☎ 226 0986; www.tortuguerocanals.com). Fran y Modesto Watson organizan unos circuitos muy recomendados en la embarcación fluvial Francesca.

Tortuguero Wildlife Tours (☎ 833 0827, 392 3201; safari@racsa.co.cr). El biólogo Daryl Loth se encarga de estos excelentes circuitos guiados que incluyen excursiones en barco por los canales (15 US$) y para observación de tortugas marinas (10 US$, julio-octubre). Loth también dirige excursiones guiadas a pie y da conferencias sobre la historia natural de la zona.

Dónde dormir
TORTUGUERO
Hay una amplia oferta de precio económico y medio.

Tropical Lodge (☎ 826 6246; d 15 US$). Lleno de colorido y clásicamente caribeño, situado

COSTA CARIBEÑA

LA COTERC

La Organización Canadiense para la Educación Tropical y la Conservación del Bosque Lluvioso (Canadian Organization for Tropical Education and Rainforest Conservation, Coterc) es un ente sin ánimo de lucro que desarrolla numerosas actividades educativas, de investigación y de conservación en la región. Opera en la Estación Biológica Caño Palma, al norte del cerro Tortuguero y a unos 7 km al norte del pueblo de Tortuguero. Aunque la estación queda dentro del límite sur del Refugio Nacional de Fauna Silvestre Barra del Colorado, el acceso es más fácil desde Tortuguero.

La estación alberga a investigadores, grupos de estudiantes y voluntarios que pagan una tarifa simbólica por el alojamiento y la comida, y colaboran en el mantenimiento de la estación y en los proyectos de investigación. Se aceptan otros huéspedes (turistas de naturaleza) si hay sitio disponible. Los edificios están a 200 m del Caribe, pero separados del mar por un río. Se puede explorar ríos, riachuelos y lagunas, y hay una red de senderos por el bosque lluvioso. Investigadores, voluntarios y turistas se albergan en sencillos dormitorios colectivos con literas y ropa de cama, y las duchas y baños son exteriores. Hay también una zona cubierta con cuatro hamacas, una zona de estudio y una zona de cocina y comedor. El precio es de 65 US$ por persona y día, e incluye tres comidas y el uso de los senderos. Se pueden concertar excursiones guiadas en barco.

Se puede llegar a la estación alquilando una embarcación en Tortuguero. Si se acuerda con antelación, el personal recoge a los viajeros en el aeropuerto o en el pueblo de Tortuguero por 10 US$.

Coterc financia sus programas con las aportaciones de socios y donantes. Los socios reciben el boletín informativo trimestral *Raphia*. Para más información y reservas, hay que ponerse en contacto con **Coterc** (☎ en Canadá 905-831 8809; www.coterc.org). Los visitantes de paso suelen encontrar sitio.

COSTA CARIBEÑA

detrás de Tienda Bambú, tiene coquetas cabinas sobre el río.

Cabinas Tortuguero (☎ 709 8114, 839 1200; h por persona 10 US$). Festivo lugar que cuenta con espaciosas habitaciones de suelos de madera bastante elegantes, bonitos jardines y un montón de hamacas. Su dueña, Bonnie Scott, dirige circuitos de tortugas y canoas y lleva un **restaurante** (desayunos 3 US$, marisco 7 US$).

Cabinas Maryscar (☎ 711 0671; i/d 5/8 US$). Tranquilo, ofrece habitaciones sencillas pero luminosas, algunas con baño privado de agua caliente. Un buen desayuno cuesta 2 US$.

Cabinas Sabina (Edificio verde al este del Mini-Super; d/tr 10/15 US$, d con baño 15 US$). El establecimiento mayor de la ciudad y el último recurso, con 31 destartaladas habitaciones que dan al océano. Se recomiendan las que cuentan con baño propio, ya que hasta el retrete exterior hay un largo paseo.

Cabinas Aracari (☎ en Puerto Limón 798 6059; h 6 US$ por persona). Ofrece habitaciones con suelo de baldosas en las que pueden dormir dos o tres personas a muy buen precio.

Cabinas Miss Miriam (junto al campo de fútbol; i/d 15/20 US$). Una opción de primera, con habitaciones de suelo de baldosas recién puesto, buenas camas y ducha privada; las de arriba tienen balcón y magníficas vistas. Hay un anexo, con habitaciones igualmente cómodas, un poco más cerca de la playa.

Miss Junie's (☎ 711 0684; i/d 17/27 US$ desayuno incl.; paquete de 2 noches por persona 200 US$). En el extremo norte del pueblo, sus limpias habitaciones son confortables y tienen camas grandes, ventiladores y un porche para relajarse. El paquete incluye transporte, un circuito por el parque y, lo mejor de todo, pensión completa. Pero no es el bufé habitual: miss Junie es también la cocinera más famosa de Tortuguero (véase "Dónde comer", p. 409). Para quemar calorías es buena idea alquilar más tarde una canoa (5 US$ por dos horas).

Casa Marbella (☎ 392 3201; frente a la iglesia católica; safari@racsa.co.cr; i/d 35/55 US$). Este B&B es uno de los mejores alojamientos del pueblo, con cuatro habitaciones ventiladas y luminosas con ducha privada calentada por energía solar y un desayuno completo, quizá en el sombreado patio que da al muelle. Su dueño, Daryl Loth, también organiza excelentes circuitos por la zona (p. 406).

COSTA CARIBEÑA

AL NORTE DEL PUEBLO

Los alojamientos que hay al norte del pueblo están dirigidos básicamente a grupos que han contratado paquetes, que suelen incluir transporte desde San José, todas las comidas y un circuito guiado por el parque. Los aparatos de aire acondicionado no duran mucho con esta humedad, por lo que hasta los sitios más caros pueden tener sólo ventiladores. Hay que tener en cuenta que los hoteles de la parte oeste de la laguna carecen de acceso a la playa y a las tortugas. Todos aceptan a gente de paso si no están llenos, pero sólo a los dos primeros se puede ir andando; hay que llamar a los otros para que envíen una embarcación. Los precios por persona se basan en la ocupación doble.

Mawamba Lodge (☎ 293 8181, en San José 223 2421; www.grupomawamba.com; d 98 US$, paquete de 2 noches 252 US$ por persona; ☒). Habitaciones ventiladas y espaciosas, con ventilador y ducha de agua caliente, que dan a un porche con hamacas y mecedoras. Hay una playa y una piscina, pero su principal ventaja es que se puede ir andando al pueblo, cosa que no se puede hacer desde los otros hoteles.

Laguna Lodge (☎ 709 8096, 391 0937; www.lagunalodgetortuguero.com; por persona 55 US$, paquete de 2 noches 243 US$; ▢ ☒). Las habitaciones impecablemente limpias y bien equipadas están talladas en preciosas maderas nobles y los espejos de los baños tienen azulejos a juego con los fantásticos mosaicos que animan los bonitos jardines, sobre todo la piscina. Pero lo más destacado es una sala de conferencias construida según un diseño de Gaudí con motivos de caracolas, azulejos fabulosos, varios acuarios y hasta una pequeña cascada.

Manati Lodge (☎ 383 0330; i/d 25/35 US$). Las habitaciones de este pequeño paraíso están alejadas de todo; hay que asegurarse de encargar las comidas (no incluidas) con antelación.

Ilan Ilan Lodge (☎ 255 2031/262; www.mitour.com; h 40 US$ por persona; paquete de 2 noches 219 US$; ☒). Sus habitaciones, un poco pequeñas, tienen ventilador y están dispuestas alrededor de un patio con jardín algo asilvestrado que los pájaros adoran.

Jungle Lodge (☎ 233 0133; www.grupopapagayo; h por persona con 3 comidas 55 US$, paquete de 2 noches 240 US$; ☒). Lo mejor es su excelente bar al aire libre y la piscina, que tiene unas bonitas vistas, además de una cascada un poco anémica. Las habitaciones son limpias y confortables, aunque algo sencillas para su precio.

Pachira Lodge (☎ 256 2780, 382 2239; www.pachiralodge.com.cr; h por persona 55 US$, paquete de 2 noches 259 US$). Con simpáticos senderos inspirados en los Picapiedra que cruzan sus terrenos ajardinados, es agradable pasear desde su precioso restaurante tipo bufé hasta las habitaciones color pastel en medio del bosque lluvioso, con ventilador y agua caliente. También gestiona el cercano **Evergreen Lodge**, al otro lado de la laguna Penitencia. Tiene más intimidad pero habitaciones más pequeñas, además de su propio **circuito de canopy** (25 US$) para volar entre las copas de los árboles, con nueve cables y dos puentes colgantes, el único que existía en la zona cuando se elaboraba esta obra.

Tortuga Lodge & Gardens (☎ 710 8016, 222 0333; www.costaricaexpeditions.com; i/d 99/119 US$, paquete de 2 noches por persona 379 US$). Fue el primer establecimiento confortable que se construyó en la zona y sigue siendo el más cómodo. Las habitaciones son espaciosas, con mosquiteras, ventiladores de techo y amplios baños alicatados con ducha de agua caliente. Las mecedoras y las hamacas invitan a sentarse en las galerías cubiertas que hay delante de todas las habitaciones. Cuenta con un aireado bar restaurante junto al río y un porche para cenar al borde del agua.

Al otro lado del restaurante, una piscina irregular bordeada de rocas incita al baño, reflejando el lánguido movimiento de los canales. Este establecimiento ha ganado numerosos premios por su apoyo a la comunidad local mediante un desarrollo sostenible, la contratación de personal local y su colaboración en los proyectos de conservación de la zona. El personal y los guías son serviciales y están bien preparados. El hotel está situado en 20 Ha de jardines bien mantenidos, con senderos privados y un tranquilo estanque donde suele haber un caimán que flota perezosamente o un sapo escondido en las cercanías.

Dónde comer

Uno de los placeres poco conocidos de Tortuguero son los gastronómicos, que esperan al viajero que escapa de la lluvia atraído por los humeantes platos de marisco a la caribeña de sus acogedores restaurantes. Para comprar comida está la **pulpería Super Morpho** (☎ 709 8110; ⊕ 6.30-21.00 lu-sa, 8.00-20.00 do).

Darling Bakery (☎ 845 6389; tentempiés 1 US$; ◷ 6.00-20.00). Es un lugar acogedor que sirve pan y pasteles recién hechos cada día, y que son mejores aún si se combinan con buenos cafés.

La Caribeña (☎ 709 8050; frente a la pulpería Super Morpho; platos principales 2-5 US$; ◷ 7.00-21.00). Desayunos y enormes casados tipo soda son su especialidad.

Miss Miriam's (junto al campo de fútbol; platos principales 3-5 US$, langosta 7 US$). Merece la pena tomar una embarcación para ir al pueblo a probar sus estupendos platos, desde el delicioso arroz con frijoles hasta langostas servidas por la simpática miss Miriam.

La Casona (junto al campo de fútbol; platos principales 4-7 US$; ◷ 11.00-22.00). Junto al anterior y también muy recomendado, sirve una ensalada de palmitos cargada de ajo para chuparse los dedos.

Miss Junie's (☎ 711 0684; platos principales 6-10 US$). El restaurante más famoso de Tortuguero. La comida caribeña de calidad tiene la particularidad de que cuanto más tiempo se cuezan a fuego lento en la salsa de coco el marisco, el pescado o la verdura, mejor saben. Por eso merece la pena encargar la comida a primera hora del día, aunque miss Junie pide sólo dos horas en caso de apuro.

Dónde beber

La Culebra, el local nocturno del lugar, está bien para tomar una cerveza al borde del agua y alguna boca. Todo el pueblo está aquí los sábados por la noche.

Punto D'Incontro (☎ 710 6716; ◷ 11.30-cierre), junto al Tropical Lodge, también se llena hasta los topes, sobre todo si hay música en directo.

Cómo llegar y salir

AVIÓN
La pequeña pista de aterrizaje está 4 km al norte del pueblo. **NatureAir** (☎ 710 0323; ida/ida y vuelta 66/125 US$) y **Sansa** (☎ 709 8955; frente a la iglesia católica; tortuguero@flysansa.com; ida/ida y vuelta 60/116 US$) tienen vuelos diarios de enlace con San José. Muchos hoteles conciertan vuelos chárter.

BARCO
La manera más común de ir a Tortuguero es desde Moín (p. 401), donde embarca la mayoría de los viajeros que han contratado circuitos organizados o aquellos que han re-

servado un circuito guiado camino de este parque. Dos empresas, **Viajes Morpho** (☎ 711 0674, 709 8110) y **Bananero** (☎ 709 8005, 833 1076), ofrecen servicio de taxi acuático entre Tortuguero y Moín por unos 30 US$; los independientes cobran precios similares.

Resulta mucho más económico ir desde Cariari (véase p. 392), utilizando el servicio de autobuses a los muelles de Pavona y Geest; las mismas empresas cobran 10 US$ por persona por este trayecto, más corto e igual de pintoresco.

Tortuguero es también un buen sitio para encontrar barcos que vayan a Parismina y Barra del Colorado.

ZONA DE BARRA DEL COLORADO

Con 90.400 Ha que incluyen la zona fronteriza con Nicaragua, el **Refugio Nacional de Vida Silvestre Barra del Colorado** (entrada 6 US$), llamada simplemente Barra en la región, es el más grande de Costa Rica y forma una unidad de conservación regional con el colindante Parque Nacional Tortuguero.

Barra es un lugar mucho más apartado que Tortuguero, más caro y más difícil de visitar. A pesar de sus increíbles posibilidades de observación de fauna, la pesca es todavía la principal causa de ocupación de los hoteles de la zona. Los pescadores van tras el tarpón de enero a junio y tras el róbalo de septiembre a diciembre.

Pero hay buena pesca todo el año. Otras sabrosas presas son la barracuda, la caballa y el jurel, en la costa; el pez sol, el guapote (también conocido como *rainbow bass*) y la machaca, en los ríos. También se puede pescar especies de alta mar como el marlín, el pez vela y el atún, pero para este tipo de pesca es mejor la costa del Pacífico. Los peces pican a decenas en un buen día, por lo que "pescar y soltar" es una importante política de conservación en todos los circuitos de pesca organizados.

La frontera norte del refugio es el río San Juan, en la frontera con Nicaragua. Esta zona fue políticamente problemática durante la década de 1980, lo que contribuyó al aislamiento de la reserva. Hoy muchos residentes son nicaragüenses. Desde que en 1990 disminuyeron las hostilidades entre la Contra y los sandinistas, resulta sencillo desplazarse hacia el norte por el río Sarapiquí y hacia el este por el San Juan, entrando en Nicaragua (p. 410).

COSTA CARIBEÑA

ZONA DE BARRA DEL COLORADO

0 ⸺ 4 km

INFORMACIÓN
C&D Souvenirs   1 D2
Estación
    de guardaparques   2 D2

DÓNDE DORMIR (p. 411)
Casa Mar Lodge   3 C1
Río Colorado Lodge   4 D2
Samay Lagoon Lodge   5 D3
Silver King Lodge   6 D2
Tarponland Cabinas y
    Restaurante   7 D2

Orientación e información

El pueblo de Barra del Colorado se halla
cerca de la desembocadura del río Colorado, que lo divide en Barra del Norte y
Barra del Sur. No hay carreteras. La pista
de aterrizaje está el sur del río, pero la
mayoría de la población vive en la parte
norte. La zona que rodea el pueblo es pantanosa y los desplazamientos se hacen casi
exclusivamente en barco, aunque se puede
caminar un poco alrededor de algunos establecimientos.

El Servicio de Parques Nacionales (SPN)
mantiene una pequeña **estación de guardaparques** (lado sur del río Colorado) cerca del pueblo,
pero que carece de servicios. Desde el aeropuerto, sólo Tarponland y Río Colorado

Lodge (véase p. 411) son accesibles a pie.
A todos los demás hay que ir en barca; si
se ha reservado, habrá un patrón de lancha
esperando en el aeropuerto.

Eddie Brown Silva (☎ 382 3350, 383 6097), natural de Barra, que tiene el récord mundial de
pesca de cubera y otros récords de pesca de
Costa Rica, es muy conocido y demandado
como capitán de pesca.

C&D Souvenirs (☎ 710 6592), junto al aeropuerto, tiene teléfono público y fax, y facilita información turística.

ENTRADA A NICARAGUA

Las excursiones de un día por el río San
Juan y algunas excursiones de pesca por el
mar entran técnicamente en territorio nica-

ragüense. Se recomienda llevar el pasaporte y 9 US$, aunque es poco probable que los visitantes sean parados para comprobaciones de documentación.

San Juan del Norte, el pueblo nicaragüense de la desembocadura del río San Juan, carece de servicios, pero está comunicado con el resto de Nicaragua por barcos no regulares de pasajeros que navegan río San Juan arriba hasta San Carlos, en el lago de Nicaragua. Éste no es un paso oficial de entrada a ninguno de los dos países, pero se puede preguntar en la zona sobre las posibilidades de hacerlo.

Dónde dormir y comer

Los visitantes de Barra del Colorado pueden **acampar** (por persona 2 US$) en el refugio, pero no hay servicios.

Tarponland Cabinas y Restaurant (☎ 710 2141, 710 1271; i/d 30/45 US$, d con pesca deportiva 250 US$; 🛒). Es el lugar más económico para alojarse en Barra. Situado a un corto paseo del aeropuerto, tiene habitaciones de maderas nobles, sencillas pero acogedoras, una piscina y un buen restaurante.

Samay Lagoon Lodge (☎ 384 7047, 390 9068; www.samay.com; paquete de 2 noches por persona 278 US$; ocupación doble; 🛒). Esta opción de precio medio, con un buen bar restaurante, incluye las comidas (con críticas muy favorables), el transporte desde San José y circuitos como excursiones guiadas por los parques y paseos a caballo. Está bien, pero podría arreglarse un poco.

Casa Mar Lodge (☎ 433 8834; www.casamarlodge. com; por persona 3 noches 1.325-1.700 US$, 7 noches 2.675-3.550 US$, vuelo chárter 145 US$ extra). Ofrece lujosas cabinas con ducha de agua caliente de bonitos alicatados y comidas caseras en el marco de un agradable jardín de 2,8 Ha que atrae a bandadas de aves, y éstas a los ecoturistas. Pero el verdadero gancho son las lanchas de potentes motores y, por supuesto, el impresionante tarpón de 75 kg que ha sido portada de muchas revistas de pesca deportiva. Los paquetes incluyen el traslado desde el aeropuerto de Barra del Colorado, la pesca, el alojamiento, las comidas y una barra libre. Se conciertan estancias de distinta duración.

Río Colorado Lodge (☎ 232 4063; www.riocolo radolodge.com; h por persona sin/con pesca 90/360 US$). Construido en 1971, es el más antiguo de la costa caribeña y muy conocido. Los edificios de estilo tropical llenos de recovecos junto a la desembocadura del río están erigidos sobre pilotes, tienen tejados dobles para lograr un frescor natural y galerías cubiertas que son muy oportunas en el bosque lluvioso. Las agradables habitaciones tienen brisa, aire acondicionado y ducha de agua caliente; dos de ellas disponen de acceso para silla de ruedas. Para relajarse tras una jornada de pesca, ofrece una *happy hour* con bebidas a base de ron gratuitas, una zona de estar con mesa de billar y otros juegos, una terraza exterior donde corre la brisa y una sala de vídeo con televisión por satélite. Este es el único establecimiento de categoría desde el que se puede ir andando al aeropuerto y, como consecuencia, grupos de gente de la zona pueden ir por allí a pasar el rato; tiene fama de ser un sitio muy de fiesta, lo que es cierto. La mayoría de los huéspedes son pescadores, aunque los que no lo sean pueden alojarse también. Los paquetes incluyen lanchas, guías bilingües, todas las comidas y transporte.

Silver King Lodge (☎ 381 1403, en EE UU 800-847 3474; silverkinglodge.net; h 144 US$, i/d paquete de 3 días 2.320/3.700 US$, paquete de 5 días 3.600/5.100 US$). Es simplemente el mejor albergue de pesca deportiva de esta costa. Las amplias habitaciones son verdaderamente confortables, con grandes baños y cafetera. Entre otras cosas, hay una piscina con cascada, *jacuzzi* cubierto, un estupendo restaurante y un bar abierto 24 horas con vistas al río y cócteles gratis. Las lanchas y el resto del equipo de pesca son lo último del mercado, pero llevan a pescar en canoa si así se desea. También ofrecen circuitos de naturaleza. Suele estar lleno durante los meses más animados (de mediados de enero a mediados de mayo); conviene reservar con varios meses de antelación para conseguir la fecha deseada. Cierra en julio y diciembre.

Cómo llegar y salir

La manera más fácil de ir a Barra es en avión; Sansa y NatureAir, que hacen escala aquí en sus vuelos diarios a Tortuguero (p. 409), cobran unos 75/125 US$ la ida/ida y vuelta.

No hay un servicio regular de barco a Barra, aunque se puede concertar un servicio desde Tortuguero (50 US$ por barco), Puerto Viejo de Sarapiquí (p. 459; 60 US$ por barco) y Cariari (p. 392). También se puede alquilar una embarcación en Moín, pero es un trayecto largo, así que hay que salir temprano. Casi todos los hoteles pueden recoger aquí a sus clientes. Es necesario llevar el pasaporte, ya que se estará en aguas cercanas a la frontera.

SUR DEL CARIBE

Éste es el corazón de la comunidad afrocaribeña de Costa Rica, donde los jamaicanos que trajo la United Fruit para construir la columna vertebral de la originaria república bananera acabaron por hacer de este país su hogar. Durante más de medio siglo, las comunidades del sur del Caribe llevaron una existencia casi independiente del resto del país, recurriendo a la agricultura y la pesca de subsistencia cuando plagas devastadoras hundieron las plantaciones bananeras, y más tarde, a las fincas de cacao.

En cambio, estas comunidades aún muy jamaicanas encontraron unos buenos vecinos entre las antiguas poblaciones indígenas, englobadas ahora en las cercanas reservas de Cocles/Kéköldi, Talamanca Cabécar y Bribrí. Los dos pueblos, aislados, alejados de los sucesos de la Costa Rica convencional, intercambiaron la sabiduría ancestral de las plantas medicinales, la agricultura y la supervivencia en la selva. Y prosperaron.

Aunque las fronteras raciales cayeron en 1949, la electricidad, las carreteras y los teléfonos llegaron tarde a esta franja perfecta de tierra frente a la playa; sólo hace treinta años, el trayecto de cuatro horas de autobús de San José a Puerto Viejo requería una buena semana de duro viaje. El efecto de este aislamiento es una cultura todavía independiente en gran parte de la Costa Rica convencional, aunque el creciente acceso a las carreteras y otras infraestructuras, así como el rápido crecimiento de la industria turística, están erosionando inexorablemente las singularidades culturales que muchos vienen a conocer.

Pero no hay que preocuparse, aún no han desaparecido; por doquier se oye la música de las islas, el *reggae* y el calipso de las casas y tiendas inunda las calles. La cocina es extraordinaria, el arroz con frijoles más simple está cocido a fuego lento en leche de coco y especias exóticas, y trae a la memoria los sabores de Jamaica y África. Aunque la mayoría de los habitantes habla español, sigue siendo corriente un patuá o inglés criollo algo difícil de descifrar para quienes no estén acostumbrados. Por ejemplo, *"all right"* significa "hola" y *"okay"* significa "adiós", aunque pueden renunciar a tanta poesía en aras de la claridad si se trata de ayudar a un turista confundido.

Mientras tanto, dos de las costas protegidas más bonitas y accesibles del país, el Parque Nacional Cahuita y el Refugio de Vida Silvestre Gandoca-Manzanillo, esperan ansiosos que los visiten.

Peligros y advertencias
El sur del Caribe ha recibido críticas, en general injustas, por su peligro, robos y drogas. Pero como en el resto de Costa Rica, es prudente tomar las precauciones habituales de cualquier zona turística. Se debe echar la llave a la puerta de la habitación y cerrar las ventanas, no dejar nunca las pertenencias sin vigilar en las playas mientras uno se baña ni caminar a solas por las playas de noche. No se debe pagar un servicio por adelantado, ya que quizá no se vuelva a ver a esa persona, y hay que contar siempre las vueltas.

A la mayoría de los lugareños no les gusta que vengan a la zona jóvenes viajeros en busca de drogas. Se debe recordar que comprar drogas es ilegal a la par que peligroso, pues los vendedores pueden ser deshonestos o colaborar con la policía.

AVIARIOS DEL CARIBE
A 1 km del punto donde la autopista costera cruza el río Estrella, 31 km al sur de Limón, se halla este pequeño santuario de fauna, B&B y **centro de investigación del perezoso** (☎ 750 0775; www.ogphoto.com/aviaros; d 80-105 US$; P). En una isla de 88 Ha situada en el delta del Estrella, los dueños han registrado unas 320 especies de aves, y siguen contando. Las habitaciones son espaciosas, tienen ventiladores, camas confortables, colores relajantes, jarrones de flores y baños con agua caliente bien diseñados. Cuando se llama para reservar hay que insistir; puede ser difícil conseguir hablar por teléfono.

El centro ofrece varias excursiones naturalistas, como el recomendado circuito en canoa de tres horas (30 US$) por el delta del

Estrella, que permite acercarse a una serie de aves y otros animales. Hay que buscar monos, caimanes, nutrias de río y, por supuesto, perezosos.

El ahora famoso Butterco, un perezoso que se quedó huérfano, es el rey del lugar. Cuando su madre murió atropellada por un coche, Luis y Judy criaron al pequeño, que tenía sólo unas cinco semanas cuando lo encontraron. Esto desató una verdadera pasión por los perezosos y ahora Aviarios del Caribe tiene un santuario de rescate de estos animales que es a la vez centro de investigación. Esta pasión es palpable, como demuestra que siempre haya aquí unos 10 ejemplares. Las visitas y los circuitos informativos guiados (en inglés) cuestan de 20 a 30 US$. También hay un programa de voluntariado.

Todos los autobuses a Cahuita pueden dejar pasajeros a la entrada de Aviarios del Caribe.

RESERVA BIOLÓGICA HITOY CERERE

Esta **reserva** (☎ 758 5855; entrada 6 US$; 🕑 8.00-16.00) de 9.950 Ha está a 60 km de Limón por carretera, pero sólo a la mitad si se pudiera ir planeando como un buitre. La ruta recorre el valle del río Estrella, donde está muy arraigado el cultivo del banano y el cacao. También hay plantaciones que cultivan otros frutos tropicales.

Aunque no esté muy alejada de la civilización, es una de las reservas más accidentadas y menos visitadas del país. Hay un puesto de guardaparques, pero carece de otros servicios: no hay zonas de acampada ni casetas de información. Un sendero de 9 km sale del puesto de los guardaparques hacia el sur, pero el terreno empinado y resbaladizo, y la densa vegetación hacen que sólo lo puedan seguir los excursionistas más decididos y en mejor forma física. Está permitido hacer excursiones a pie por la reserva; seguir un cauce de agua es la mejor manera de avanzar entre la vegetación. Esta puede ser una de las reservas más lluviosas de toda la red de parques, con precipitaciones anuales de entre 4.000 mm y 6.000 mm, y sus bosques de hoja perenne suelen estar inundados.

No hay razón para ignorar Hitoy Cerere, aunque venga poca gente. Es un lugar fascinante y, al recibir tan pocas visitas, permite observar la selva en una zona poco explorada. La combinación de fuertes precipitaciones y terreno escarpado da lugar a bellos y numerosos arroyos, ríos y cascadas, además del suave tapiz de musgo que es el rasgo distintivo del parque. Sus terrenos se extienden entre 100 m y 1.025 m de altitud en el lado sur del valle del Estrella, rodeados de reservas indígenas.

Cómo llegar y salir

Lo más fácil es ir en automóvil (se recomienda un todoterreno), tomando la salida indicada al oeste en la carretera señalizada que va a Valle de la Estrella y Penhurst, justo al sur del puente sobre el río Estrella. Otra pequeña indicación en la parada de autobús señala una buena pista de tierra de unos 15 km que lleva a la reserva.

También se puede ir en transporte público: en Limón se toma el autobús a Valle de la Estrella y donde acaba la línea de autobús (Fortuna/Finca 6), el viajero puede alquilar un taxi para recorrer el resto del camino y ser recogido a una hora acordada (25 US$). También se pueden concertar taxis y circuitos guiados, con transporte incluido, desde Cahuita.

CAHUITA

Mientras que el vecino Puerto Viejo se está convirtiendo rápidamente en un lugar obligado en cualquier circuito viajero, esta ciudad ha conseguido mantener una relación más relajada con el visitante que descubre la costa caribeña. La zona es preciosa. La poco habitual arena negra, que hace de ciertas playas caribeñas lugares tan calientes y perfectos para la incubación de los huevos de las tortugas, da un toque etéreo y poco común a la playa Negra, que se precia de poseer una bandera azul (véase p. 471) y que resulta estupenda para nadar.

Un itinerario por este agradable paraíso ha de incluir ciertamente, además de la excelente comida y largos ratos disfrutando de playas de calidad, una vuelta por el vecino Parque Nacional Cahuita (p. 421), que está a cinco minutos andando desde lo que podría considerarse el centro. Ahí hay playas aún más perfectas, de arenas bancas en su mayor parte, sin olvidar los senderos por la selva protegida y uno de los dos arrecifes de coral vivos de Costa Rica, excepcionales para bucear de marzo a mayo, en septiembre y en octubre. Además, en esta entrada al

COSTA CARIBEÑA

CAHUITA

A la playa
Westfalia (surf)

0   500 m

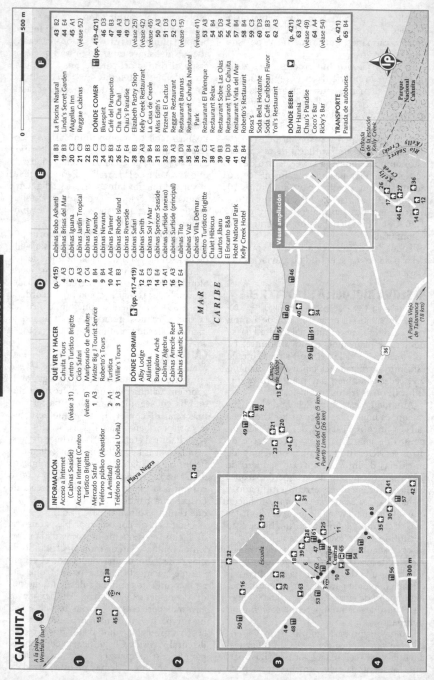

INFORMACIÓN

	(p. 415)
Acceso a Internet	
(Cabinas Seaside)	(véase 31)
Acceso a Internet (Centro	
Turístico Brigitte)	(véase 5)
Mercado Safari	1 A3
Teléfono público (Abastidor	
La Amistad)	2 A1
Teléfono público (Soda Uvita)	3 A3

QUÉ VER Y HACER (p. 415)

Cahuita Tours	4 A3
Centro Turístico Brigitte	5 C3
Ciclo Safari	6 A3
Mariposario de Cahuites	7 C4
Mister Big J Tourist Service	8 B4
Roberto's Tours	9 B4
Turística	10 A4
Willie's Tours	11 B3

DÓNDE DORMIR (pp. 417-419)

Alby Lodge	12 E4
Atlántida	13 C3
Bungalow Aché	14 E4
Cabinas Algebra	15 A1
Cabinas Arrecife Reef	16 A3
Cabinas Atlantic Surf	17 E4
Cabinas Bobo Ashanti	18 B3
Cabinas Brisas del Mar	19 B3
Cabinas Iguana	20 C3
Cabinas Jardín Tropical	21 C3
Cabinas Jenny	22 B3
Cabinas Mambo	23 C3
Cabinas Nirvana	24 C3
Cabinas Palmer	25 B3
Cabinas Rhode Island	26 E4
Cabinas Riverside	27 E4
Cabinas Safari	28 B3
Cabinas Smith	29 A3
Cabinas Sol y Mar	30 B4
Cabinas Spencer Seaside	31 B3
Cabinas Surfside (anexo)	32 B3
Cabinas Surfside (principal)	33 A3
Cabinas Tito	34 D3
Cabinas Vaz	35 B4
Cabinas Villa Delmar	36 E4
Centro Turístico Brigitte	37 C3
Chalet Hibiscus	38 A1
Cuartos Jibaru	39 B3
El Encanto B&B	40 D3
Hotel National Park	41 B4
Kelly Creek Hotel	42 B4

La Piscina Natural	43 B2
Linda's Secret Garden	44 E4
Magellan Inn	45 A1
Reggae Cabinas	(véase 52)

DÓNDE COMER (pp. 419-421)

Bluespirit	46 D3
Café del Parquecito	47 B3
Cha Cha Chal	48 A3
Chau's Paradise	49 C3
Elizabeth Pastry Shop	(véase 25)
Kelly Creek Restaurant	(véase 42)
La Casa de Creole	(véase 45)
Miss Edith's	50 A3
Pizzería El Cactus	51 D3
Reggae Restaurant	52 C3
Restaurant Bananas	(véase 15)
Restaurant Cahuita National	
Park	(véase 41)
Restaurant El Palenque	53 A3
Restaurant Relax	54 B4
Restaurant Sobre las Olas	55 D3
Restaurant Típico Cahuita	56 A4
Restaurant Vista del Mar	57 B4
Roberto's Restaurant	58 B4
Rosa's	59 C3
Soda Bella Horizante	60 D3
Soda Café Caribbean Flavor	61 B3
Yoli's Restaurant	62 A3

DÓNDE BEBER (p. 421)

Bar Hannia	63 A3
Chau's Paradise	(véase 49)
Coco's Bar	64 A4
Ricky's Bar	(véase 54)

TRANSPORTE (p. 421)

Parada de autobuses	65 B4

MAR
CARIBE

Véase ampliación

Playa Negra

A Aviarios del Caribe (5 km);
Puerto Limón (36 km)

Campo
de fútbol

Escuela

Parque
Central

A Puerto Viejo
de Talamanca
(18 km)

36

Río Suárez (Kelly Creek)

Entrada
de la estación
Kelly Creek

Kelly Creek

Parque
Nacional
Cahuita

300 m

0   300 m

parque, la tarifa es "un donativo", en lugar de los 6 US$ de la otra puerta. Y eso es lo que cuesta una buena cena de marisco.

Información

El acceso a Internet, lento en toda la región caribeña, está disponible esporádicamente en algunos negocios y hoteles por unos 3 US$ la hora, como en el **Centro Turístico Brigitte** (☎ 755 0053; www.brigittecahuita.com; 3 US$/h; ☼ 7.00-18.00) y **Cabinas Seaside** (☎ 755 0210/027; spencer@racsa.co.cree; 3 US$/h).

En Cahuita no hay bancos (los más cercanos están en Puerto Limón y Bribrí), pero casi todos los hoteles y las empresas de circuitos aceptan dólares estadounidenses. **Mercado Safari** (☼ 6.00-16.00) cambia dólares estadounidenses y canadienses, euros, francos suizos, libras inglesas y cheques de viaje, aunque cobra una comisión elevada.

Peligros y advertencias

Cahuita tiene cierta mala fama, sobre todo por los muy publicitados asesinatos de dos mujeres estadounidenses en 2000. Los autores del crimen están cumpliendo largas condenas en la cárcel y Cahuita, en todo caso, es más segura que muchos otros destinos de la costa caribeña. Por supuesto, se deben tomar las precauciones normales, pero sin preocuparse demasiado; lo peor que le puede suceder a la mayoría de los visitantes es que les hagan una pésima oferta de marihuana educadamente. No obstante, hay que tener cuidado con el dinero.

Las mujeres deben saber que la ciudad goza de una cierta reputación de amor libre y no hay duda de que algunas viajeras vienen aquí en busca de una aventura rápida. Deben estar preparadas para pagar lo que consuma su caballero en la ciudad y llevar (¡y usar!) sus propios preservativos. Los visitantes varones quedan muy bien si les compran flores a sus novias mientras estén en Cahuita.

Puntos de interés

Desde el pueblo se puede ir andando a tres **playas.** En el extremo noroeste está la **playa Negra**, larga, de oscuras arenas y con bandera azul ecológica (para más información, véase p. 471). Para algunos, se nada mejor en la playa de arena negra que en la de arena

blanca que hay a la entrada del parque nacional (véase p. 421), aunque es mejor preguntar sobre el estado de ambas. Detrás de ésta última, un sendero lleva a través de la selva a una tercera playa de arena situada a 6 km, separada de las anteriores por un cabo rocoso frente al que hay un arrecife de coral adecuado para bucear. Se han registrado robos a plena luz del día en las dos playas más cercanas a la ciudad, por lo que es buena idea dejar las pertenencias, incluido el pasaporte hasta la mochila, en Mister Big J Tourist Service (véase más abajo) por 4 US$ al día.

El **mariposario de Cahuita** (☎ 750 0361; entrada 7 US$; ☼ 9.00-16.00) es un jardín bien cuidado por el que se puede pasear entre mariposas y simpáticas orugas como la *Papilio toas*, que saca unos cuernecillos rojos cuando la dueña, Françoise, la acaricia. Los recorridos pueden realizarse en español, inglés, francés y alemán, lenguas en las que también están las descripciones de los residentes. La hermosa fuente rodeada de bancos de madera maravillosamente tallada constituye un lugar agradable para relajarse.

Actividades y circuitos

Varios sitios alquilan equipos y conciertan circuitos. La mejor temporada de buceo es de marzo a mayo y de septiembre a noviembre. Se aconseja darse una vuelta para ver las mejores ofertas de precios; los que aquí se enumeran pueden cambiar según la estación y el tamaño del grupo.

Centro Turístico Brigitte (☎ 755 0053; www.brigittecahuita.com), también un buen alojamiento, (véase p. 419), se especializa en paseos a caballo (3/6 h 30/40 US$ por persona) y organiza también excursiones de pesca, clases de surf, circuitos guiados a pie y casi todo los demás. Brigitte también ofrece acceso a Internet, alquiler de bicicletas (1 US$ por 1 h) y servicio de lavandería.

Mister Big J Tourist Service (☎ 755 0328; ☼ 8.00-19.00) está dirigido por el gran "J", mister Joseph Spencer, un hombre que lleva años organizando recorridos por la zona a caballo, a pie y en embarcaciones. Para los grupos más grandes hay ofertas de paseos guiados a caballo por la playa (30 US$ por 3 h) o a una cascada privada; excursiones de buceo en el Parque Nacional Cahuita (20 US$ por 3 h); expediciones de pesca (45 US$) y todo tipo de caminatas con guía.

ARRECIFES DE CORAL

Los monos y otros animales de la selva no son la única fauna interesante del Parque Nacional Cahuita. Mar adentro, frente a la punta Cahuita, a una distancia entre 200 m y 500 m, se halla el mayor arrecife de coral vivo de Costa Rica (aunque muy pequeño si se lo compara con la enorme barrera coralina de Belice, por ejemplo). Los corales son diminutos animales filtradores (cnidarios o, más comúnmente, celentéreos) que forman colonias y depositan un esqueleto de carbonato de calcio como sustrato para la colonia viviente. Estos esqueletos crecen a lo largo de milenios y forman los corales. Las capas exteriores de los corales están vivas pero, como se alimentan por filtración, dependen de la circulación de aguas limpias y de nutrientes sobre su superficie.

Desde que en las últimas décadas mejoraron las comunicaciones con las regiones costeras del Caribe, se ha talado mucho y la consiguiente falta de árboles en las laderas ha causado un aumento de la erosión. La tierra suelta es arrastrada por las lluvias a los barrancos, luego a los ríos y, finalmente, al mar. Cuando llega al arrecife coralino, los suelos erosionados son sólo diminutas partículas de barro, del tamaño exacto para obstruir el mecanismo de filtrado de estos animales, que mueren y, con ellos, el arrecife vivo.

Tras la deforestación, las tierras a menudo se dedican al cultivo del banano u otros frutales. Éstos se tratan con pesticidas que, a su vez, son arrastrados por las aguas hasta el mar y pueden dañar a los animales que deben pasar cantidades relativamente grandes de agua a través de su aparato filtrador para extraer los nutrientes necesarios.

El terremoto de 1991, que tuvo su epicentro cerca de la costa caribeña, también afectó negativamente al arrecife. La línea costera se elevó más de un metro, con lo que parte del coral quedó expuesto y murió. De todas formas, otra parte del arrecife ha sobrevivido y sigue siendo el principal del país.

Es importante no pisar ni tocar los corales. Un arrecife no es un montón de rocas de colores sino un hábitat vivo, como un río, un lago, un bosque o un pantano. Los bancos coralinos proporcionan una base sólida para que crezcan animales como las esponjas o las anémonas, así como un refugio para una amplia comunidad de peces y otros organismos, como pulpos, cangrejos, algas, briozoos y muchos otros. En este arrecife se han identificado unas 35 especies de coral, además de 140 de moluscos (caracoles, almejas, mejillones y pulpos), 44 de crustáceos (langostas, cangrejos, camarones y percebes), 128 de algas y 123 de peces. Muchas de estas especies aparentemente insignificantes representan eslabones importantes en varias cadenas alimenticias. De este modo, la tala de árboles tiene el potencial de causar daños mayores y menos previsibles que la simple destrucción del bosque lluvioso.

Los meses más secos en las tierras altas (de febrero a abril), cuando es menor el aporte de los ríos al mar, se consideran los mejores para bucear y ver el arrecife. En otros meses las aguas suelen estar más turbias.

La mejor manera de ir al arrecife es alquilar una embarcación en Cahuita y bucear desde ella.

También organiza excursiones de uno o dos días a Tortuguero; su precio varía según el alojamiento.

Roberto's Tours (☎ 755 0117) organiza excursiones de buceo de cuatro horas (15 US$) y excursiones para ver delfines (25 US$) por el parque nacional. Pero por lo que más destaca es por la pesca deportiva. El crucero de cuatro horas cerca de la costa en pos de caballas y cuberas cuesta 35 US$ por persona (mínimo dos). Ocho horas de pesca en alta mar en busca de tarpones, atunes y peces vela son 300 US$ por persona (mínimo dos). Además, al acabar la dura jornada, Roberto puede hacer que cocinen

las capturas para la cena en su restaurante, muy recomendado.

Willie's Tours (☎ 843 4700; williestours@hotmail.com) está dirigido por Willie, que habla alemán e inglés. Está especializado en excursiones a un pueblo bribrí (35 US$), donde presenta a una familia que conoce desde hace años y luego visita un jardín de mariposas, una granja de iguanas y una cascada. También ofrece excursiones de 72 horas a la isla panameña de Bastimentos (130 US$), interesante para quien tenga el visado a punto de caducar.

Cahuita Tours (☎ 755 0000/101; cahuitat@racsa. co.cr), una de las agencias más antiguas del lugar, ofrece excursiones guiadas a pie para

COSTA CARIBEÑA

bucear (25 US$) en el parque y excursiones de pesca tradicional (65 US$) en una canoa por el arrecife, entre otras. También tiene oficina de Western Union. Otra agencia es **Turística Cahuita** (☎ 755 0071; dltacb@racsa.co.cr).

La **Asociación Talamanqueña de Ecoturismo y Conservación** (ATEC; véase p. 422), con sede en Puerto Viejo de Talamanca, ofrece excursiones guiadas a pie por las antiguas plantaciones de cacao y por el bosque lluvioso de Cahuita, resaltando el modo de vida afrocaribeño y la historia natural.

Dónde dormir

Hay dos zonas para alojarse. Dentro de la ciudad, los hoteles suelen ser más económicos y ruidosos y estar más cerca de los numerosos restaurantes y el parque nacional. Al noroeste de la ciudad, en la playa Negra, hay hoteles más caros y unas cuantas cabinas agradables, que son más íntimas y apacibles pero que tienen una oferta más limitada de restaurantes, a menos que se recorran uno o dos kilómetros hasta la ciudad.

ECONÓMICO

No faltan alojamientos en la ciudad y a lo largo de la playa Negra. En su mayor parte son limpios y sencillos, dirigidos a viajeros que se contenten con una ducha fría y una decoración centrada en las mosquiteras. Hay unos pocos establecimientos algo más lujosos escondidos en la selva.

Cabinas Smith (☎ 755 0068; i/d/tr 12/15/18 US$; P). Recomendado, es mucho mejor de lo que su simple fachada aparenta. Las habitaciones, limpias y recién pintadas, dan a un agradable jardín.

Cabinas Vaz (☎ 755 0218; i/d 15/20 US$). Una buena opción. Habitaciones impecables y bonitas con buenas camas; son más tranquilas las de la parte de atrás.

Cuartos Jibaru (no tiene teléfono; 7 US$ por persona). Llevado por una familia, no es un lugar refinado, pero ofrece habitaciones con ventilador, limpias y oscuras, y baño compartido con mucha gente por poco dinero.

Cabinas Surfside (☎ 755 0246; evadarling1930 @yahoo.com; d sin vistas 18 US$, i/d 20/25 US$; P). Las habitaciones más baratas de bloques de hormigón están limpias, tienen ventilador y baño privado de agua caliente alrededor de un bonito patio; las que son un poco más caras dan hacia el borde del agua. Ofrece cocina compartida y aparcamiento.

Reggae Restaurant & Cabinas (☎ 755 0515; i/d 15/20 US$, apt 35 US$, *camping* 4,50 US$ por persona ; P). Un poco fuera del camino trillado, estas cabinas enfrente de la playa Negra tienen enormes ventanas, duchas de agua fría y mosquiteras. También hay duchas frías para quienes acampan.

Cabinas Atlantic Surf (☎ 755 0116; i/d/tr 20/25/30 US$; P). Encantador, ofrece seis agradables habitaciones de madera con porches semiprivados, para variar de la construcción de bloques de hormigón que domina en muchos hoteles de Cahuita. Tienen ventiladores, ducha de agua caliente y, cómo no, hamacas.

Cabinas Brisas del Mar (☎ 755 0011; h 10 US$ por persona). Relucientes habitaciones con agua caliente y toques hogareños que rodean unas jardines deliciosamente descuidados, donde hay loros y hamacas.

Cabinas Rhode Island (☎ 755 0264; d/tr 12/15 US$; P). Habitaciones de buen tamaño, razonablemente limpias, con cómodas butacas y ducha de agua fría situadas alrededor de un aparcamiento cubierto de hierba.

Cabinas Villa Delmar (☎ 755 0392/75; i 12 US$, d 18-30 US$; P). Ofrece diez habitaciones de diversos tamaños y características, desde una individual diminuta hasta un apartamento con aire acondicionado y cocina completa en el que pueden dormir seis personas. Los cuartos están limpios y en su mayor parte son espaciosos, y además no están muy lejos de la calle principal.

Cabinas Jenny (☎ 755 0256; d 20-25 US$, persona adicional 5 US$; P). A tan solo un tiro de piedra de las olas, este lugar sencillo tiene estupendas vistas desde los porches y bonitas habitaciones con agua caliente; las de arriba cuestan un poco más, pero son más grandes e íntimas.

Cabinas Seaside (☎ 755 0210/027; spencer@racsa. co.cr; d 16-20 US$; P). Con hamacas colgadas bajo los cocoteros frente a las cabinas con originales murales y baños estupendos, es un buen sitio para relajarse y charlar o, simplemente, mirar el ir y venir de las olas. Las habitaciones de arriba son aún mejores y la mitad de ellas tienen agua caliente.

Cabinas Bobo Ashanti (☎ 755 0128, 829 6890; tr 21 US$; P). Las habitaciones salen a buen precio si se logra llenar las camas en este lugar con sabor de *reggae*, que tiene hamacas para echar la siesta y una cocina exterior sencilla con frigorífico para prepararse comidas sin gastar mucho.

Cabinas Palmer (☎ 755 0046; cabinaspalmer@racsa. co.cr; i/d 15/25 US$ desayuno incl.). Recomendado, ofrece 13 habitaciones cómodas e impolutas con baño privado, y un cuidado porche elevado sobre el jardín donde cuelgan hamacas. Dos ventajas más: en el lugar están **Elizabeth Pastry Shop** (comidas ligeras 3-5 US$; ☺ 6.00-19.00), con soleadas mesas y excelentes tentempiés, y **Centro Oasis Massage Therapy** (25 US$/h), para darse un masaje relajante.

Cabinas Safari (☎ 755 0405; i/d/tr/c 15/18/22/25 US$). Habitaciones básicas y bien cuidadas, con algunos adornos algo rebuscados, todas con ventilador. Sus amables propietarios ofrecen aparcamiento y cambio de moneda. Merece la pena pagar 2 US$ más por sus grandes desayunos. Al lado, los mismos propietarios llevan los **Cuartos Jabiru** (por persona 7 US$), siete sencillas habitaciones con baños compartidos.

Linda's Secret Garden (☎ 755 0327; i/d 18-30 US$; (P)). El jardín es realmente lindo, como la cocina exterior compartida y las espaciosas y bien decoradas habitaciones con agua caliente.

Cabinas Algebra (☎ 755 0057; i/d 18/33 US$; (P) (💻)). Pintado de colores brillantes, tiene simpáticas habitaciones con cocina americana y ducha de agua caliente; ciertamente está alejado del mundanal ruido. El **Restaurant Bananas** (comidas 5-10 US$), in situ, sirve buenos platos criollos. Está a unos 2 km de la ciudad, pero se puede concertar el transporte con antelación.

Cabinas Nirvana (☎ 755 0110; d 20-35 US$). En la zona de la playa Negra, es un buen alojamiento económico con variadas opciones. Construido por un simpático italiano, todas sus bonitas cabinas de madera tienen ducha privada de agua caliente, ventilación cruzada y ventiladores de pie. Hay dos cabinas pequeñas, dos medianas (una de ellas con cocina americana) y otra más grande para cuatro personas con cocina americana. Aunque está escondido en una carretera lateral a unos centenares de metros de la playa, el coral sobresale entre la hierba de su prado.

La Piscina Natural (no tiene teléfono; d 20 US$; (P)). Esta joya está a unos 2 km del pueblo, pero vale la pena darse un paseo o tomar un taxi. Las habitaciones son sencillas y muy bien arregladas, pero lo verdaderamente especial es su fabuloso parque frente a un tramo de playa increíblemente hermoso, por no hablar

de la mejor mesa de *picnic* de todo Cahuita. Tampoco está mal la cuidada piscina natural que da nombre al complejo, que tiene también un bar donde corre la brisa.

Cabinas Tito (☎ 755 0286; www.cabinastito; i/d 20/25 US$ desayuno incl.; (P)). Rodeado de enormes jardines, sus habitaciones claras decoradas en mimbre con toques de selva y mosquiteras dan ambiente a este lugar, que es una buena opción. Además, hay una pequeña finca bananera en su mismo terreno.

Cabinas Arrecife Reef (☎ 755 0081; d 20-25 US$; (P) (🦎)). Sus habitaciones sencillas pero confortables tienen ventiladores silenciosos y ducha de agua caliente; desde el sombreado porche, donde sopla la brisa, hay buenas vistas marinas. También tiene una piscinita rodeada de hamacas.

Se puede acampar en el Parque Nacional Cahuita (p. 421) o al norte de la ciudad en el Reggae Restaurant & Cabinas. También se puede preguntar en Chau's Paradise, al otro lado de la calle.

PRECIO MEDIO

Cabinas Jardín Tropical (☎ 755 0033; jardintropical @racsa.co.cr; cabinas 30 US$, casa 50 US$; (P)). Es tranquilo y apartado, agradable. Alquila dos bonitas cabinas con agua caliente, ventiladores, frigorífico y hamacas en el porche; también ofrece una casa más grande.

Hotel National Park (☎ 755 0244; i/d/tr 20/30/ 35 US$, f 60-100 US$; (P) (✕) (🦎)). Casi a la entrada del Parque Nacional Cahuita, las habitaciones más baratas tienen preciosos revestimientos y porches de maderas nobles; las mejores vistas son las del segundo piso. Las habitaciones familiares son excepcionales, con dormitorios independientes, cocina completa, televisión y aire acondicionado. Cuenta con un popular restaurante anexo (véase p. 420).

Cabinas Mambo (☎ 375 0723; jardintropical@racsa. co.cr; d/tr 30/40 US$). Cuatro habitaciones realmente bonitas con enormes y preciosas duchas de agua caliente y un relajante porche de maderas nobles es lo que ofrece este establecimiento llevado por las mismas personas que el Jardín Tropical, arriba mencionado.

Cabinas Iguana (☎ 755 0005, 355 1326; www.cabinas-iguana.com; d 17 US$, cabinas 25-60 US$; (P) (🦎)). Tiene tres buenas habitaciones con ducha compartida de agua templada. Aún mejores son las otras habitaciones y cabinas que pueden albergar de dos a cuatro personas, con baño privado, agua caliente y cocina americana. La piscina es coquetona y también ofrece intercambio de libros, unos cuantos senderos y pilas donde lavarse la ropa.

Centro Turístico Brigitte (☎ 755 0053; www.brigittecahuita.com; i/tr 28/39 US$; P ⏰). Las pequeñas individuales son bastante sencillas, pero las habitaciones más grandes tienen aire acondicionado y frigorífico. El **restaurante** (platos principales 5 US$; ⏰ 7.00-12.00) sirve sólo desayunos.

Hotel y Restaurante Kelly Creek (☎ 755 0007; www.hotelkellycreek.com; d 58 US$, persona adicional 10 US$; P ⏰ ⏰). Junto a la entrada al Parque Nacional Cahuita, ofrece cuatro agradables y espaciosas habitaciones con grandes duchas de agua caliente alicatadas en blanco. Cada habitación está en una esquina y tiene persianas de tablas de madera que proporcionan una luz y una ventilación cruzada excelentes. Los techos altos mantienen fresco el hotel. También hay un buen restaurante (véase "Dónde comer").

Alby Lodge (☎ 755 0031; albylodge@racsa.co.cr; d 30-50 US$ desayuno incl.; P). Situado cerca del hotel Kelly Creek, este estupendo lugar regentado por alemanes tiene un agradable parque con simpáticas cabinas de madera de techo vegetal construidas sobre pilotes. Todas tienen techos altos, ducha de agua caliente, ventilador, mosquiteras y porche con una hamaca.

Bungalows Aché (☎ 755 0119; www.bungalowsache.com; i/d/tr 40/45/50 US$; P). Preciosos, amplios y de madera, tienen todas las comodidades, como una jarrita eléctrica, frigorífico, agua caliente y mosquiteras. Uno de los *bungalows* está adaptado para personas en silla de ruedas.

PRECIO ALTO

El Encanto B&B (☎ 755 0113; www.elencantobedandbreakfast.com; i/d 54/64 US$, apt 87 US$, casa con desayuno saludable incl. 147 US$; P). Muy acogedor, llevado por los encantadores artistas francocanadienses Pierre y Patricia, está situado en un parque cuidadosamente dispuesto, con estatuillas y rincones que reflejan el espíritu creativo y apacible de los dueños. Hay un pabellón de estilo asiático con hamacas y sillones en el que se dan clases de yoga; también dan masajes. Dispone de una sala de meditación utilizable de 5.30 a 6.30, y de nuevo por la tarde.

Los sugestivos *bungalows* de madera disponen de agua caliente, ventilador de techo y patio privado. Tanto el apartamento de dos habitaciones como la casa de tres dormitorios tienen una cocina completamente equipada. La sala de desayuno con los lados abiertos puede usarse durante el día. A la hora de cobrar las bebidas se fían de lo que diga el consumidor, y hay televisión por cable si alguien siente verdadera necesidad. Los dueños pueden poner en contacto a los viajeros con varios buenos guías locales.

Chalet Hibiscus (☎ 755 0021; www.hotels.co.cr/hibiscus.html; d 40-50 US$, chalés 100-120 US$; P ⏰). Las habitaciones dobles son excelentes, con mosquiteras, ducha de agua caliente y detalles artísticos. Los chalés son realmente fabulosos: de dos pisos, tienen cocina completa y el más caro, un *jacuzzi*. Entre otras cosas, hay una piscina y una sala de juegos con mesa de billar.

Atlántida Lodge (☎ 755 0115/213; www.atlantida.co.cr; i/d 53/66 US$; P ⏰ ⏰ ⏰). Con una bonita piscina y un buen restaurante, sus 30 habitaciones rodeadas de agradables jardines disponen de ventilador y ducha de agua caliente. Está silvado a 1 km de la ciudad; el personal recoge allí a los clientes que hayan reservado. También conciertan transporte desde San José a través de Fantasy Bus (25 US$).

Magellan Inn (☎ 755 0035; magellaninn@racsa.co.cr; d desayuno incl. 75 US$, persona adicional 12 US$; P ⏰ ⏰). Unos 2 km al noroeste de Cahuita, en el extremo norte de la playa Negra, este elegante establecimiento de categoría está un poco alejado de la ciudad, pero compensa el esfuerzo. Sus confortables habitaciones tienen alfombras orientales sobre los suelos de madera; dan a un bien diseñado jardín formado por un antiguo arrecife coralino que tiene en medio una coqueta piscina. El restaurante **La Casa de Creole** (platos principales 7-20 US$; ⏰ 18.00-21.00 lu-sa) tiene una buena cocina francesa de fusión que concede particular importancia al marisco. Se recomiendan las gambas *a la martiniquaise*, que llevan una salsa caramelizada de ajo y jengibre.

Dónde comer

Restaurante y Café del Parquecito (desayunos 3-5 US$; ⏰ 6.30-12.00). Los madrugadores y los amantes de las creps se reúnen aquí para despertarse tomado granola *(muesli)*, buen café y unas de las creps más maravillosas y grandes del mundo, rellenas de fruta fresca y muchas otras cosas.

Soda Café Caribbean Favor (platos principales 2-5 US$; 6.00-21.00). Muy frecuentado y con unos precios excelentes, está especializado en buenos platos clásicos ticos al estilo caribeño, sobre todo zumos naturales y arroz y frijoles.

Reggae Restaurant (platos principales 4-9 US$; 7-11.00 y 12.00-21.00). Platos clásicos de soda caribeña, desde los económicos casados hasta la especialidad de la casa, camarones en salsa de coco. A veces hay música en directo.

Bluespirit (pastas 5-7 US$, marisco 9-15 S$). Lleno de encanto, sobre una pequeña y resguardada playa, ofrece buenas barbacoas y platos italianos clásicos, así como piñas coladas. Para una cena romántica, se puede pedir una mesa en el patio suavemente iluminado al borde de la playa. Tiene previsto ofrecer helado casero. Hay tres *bungalows* excelentes en la misma orilla por unos 20 US$ por persona.

Miss Edith's (platos 7-12 US$; 8.00-22.00). Sin duda, es el restaurante más famoso de la ciudad y posiblemente el mejor. Aquí, a medida que las personas se van ganando el respeto de la comunidad, se las llama *miss* o *mister* seguido del nombre de pila; de ahí miss Edith. Es de rigor venir a probar su deliciosa comida caribeña, que se debe encargar; no hay que perderse las patatas en salsa de ajos.

Restaurant El Palenque (platos 5-8 US$). Prepara sabrosos platos vegetarianos, además de pescados y carnes, elaborados al estilo criollo del Caribe, suavemente especiado, a veces con coco o mango. También tienen casados.

Yoli's Restaurant (platos principales 3-7 US$; 10.00-22.00). Los fabulosos precios de su comida bien hecha y saludable (hay que tomarse una dosis de su jugo de noni, una panacea cultivada en Costa Rica) serían razón suficiente para recomendar este sitio, pero el toque colombiano de las fajitas y otros platos lo hacen aún más interesante.

Cha Cha Cha! (platos principales 6-9 US$; 12.00-22.00 ma-do). En un porche de esquina de una antigua casa de listones de madera pintada de azul, este sugestivo restaurante ofrece una recomendada "cocina del mundo". Sus platos bien preparados van desde el pollo sacudido jamaicano a la cocina *tex-mex*; siempre hay un plato del día vegetariano

y el *tofu* puede sustituir cualquier ingrediente. De fondo hay música del mundo y *jazz*.

Roberto's Restaurant (755 0117; pescado y marisco 3-8 US$; 7.00-22.00). Propiedad de uno de los mejores guías de pesca (véase p. 416) de la región, la frescura de la materia prima está garantizada. El viajero podrá comprobarlo probando el pargo rojo en leche de coco (7 US$). El restaurante emplea ingredientes de agricultura biológica siempre que sea posible y no sirve preparados artificiales como Coca Cola, así que hay que conformarse con zumos naturales.

Pizzería El Cactus (*pizzas* 8 US$, otros platos principales 6-12 US$; 17.00-cierre). En una carretera lateral al noroeste del centro, sirve *pizzas* (que son para tres personas), pastas y barbacoas, pescados, mariscos y carnes.

Soda Bella Horizonte. En el extremo noroeste de la ciudad, esta popular soda playera sirve pan, pasteles y empanadas recién hechos y tiene mesas a la orilla del mar. Es un buen sitio para refrescarse con la brisa.

Restaurante National Park (casados 3-5 US$, marisco 8-15 US$; 11.00-22.00). Junto a la entrada del Parque Nacional Cahuita, es el que tiene mejores vistas entre los de la ciudad; además, sirve buenos bistés y camarones.

Restaurante Vista del Mar (pescado 3-6 US$; 11.00-22.00). Al otro lado de la calle, este chino recomendado hace un pollo en salsa de jengibre excelente.

Chau's Paradise (755 0421; platos principales de marisco 6-10 US$; 11.00-cierre). Merece la pena hacer una breve excursión a la playa para disfrutar la captura del día cocinada a fuego lento en la salsa Chau con especias. Este restaurante-bar al aire libre también tiene mesa de billar y *reggae* o calipso en directo algunas noches. Además, la mujer de Chau hace las manos en su contiguo salón de manicura.

Kelly Creek Restaurant (platos 8-10 US$; 18.30-cierre ju-ma). Junto a la entrada del parque, en el Kelly Creek Hotel, este lugar recomendado está especializado en paella (9 US$ por persona, mínimo dos) y otros platos típicos de España, elaborados por sus dueños españoles.

Restaurant Relax (platos 4-8 US$; 11.00-cierre mi-lu). Junto a platos de marisco, sirve pastas a un precio económico y picantes fajitas cortesía de sus dueños italomexicanos.

Restaurant Típico Cahuita (platos principales 4-8 US$, marisco 5-15 US$; 8.00-cierre). A una cuadra de la calle principal, este espacioso lugar bajo una palapa ofrece de todo, desde un buen arroz hasta langosta al peso y cangrejos de roca importados.

Dónde beber

Aunque en tono menor, Cahuita posee sin duda algunos lugares estupendos para tomarse unas copas e incluso escuchar música en directo.

Cocos Bar, en el centro de la ciudad, tiene un buen bar para charlar, pero retumba al son de la música *disco* caribeña o la noche de salsa de vez en cuando. **Ricky's Bar** (☎ 755 0228; ☼ 13.00-24.00 aprox.), al lado, tiene sitios para sentarse fuera y una buena pista de baile. Enloquece las noches de los miércoles y los sábados a las 21.00, cuando los grupos musicales salen a escena.

Bar Hannia, a una cuadra del anterior, es más tranquilo. A un breve paseo de las arenas de la playa Negra están **Rosa's,** donde se puede tomar cerveza y escuchar música relajadamente, y **Chau's Paradise** (véase p. 420), con calipso en directo y buen marisco.

Cómo llegar y salir

Todos los autobuses tienen su salida y llegada en el parque central.

Puerto Limón/San José (Autotransportes Mepe). 0,75/5 US$; 1½/4 h; salidas a las 7.00, 8.00, 9.30, 11.30 y 16.30, autobús adicional a las 14.00 los fines de semana.

Puerto Viejo de Talamanca y puntos al sur. 1 US$; 30 min; salidas cada hora de las 7.00 a las 21.30; tres continúan hasta Manzanillo y el resto hasta Bribrí/Sixaola.

Cómo desplazarse

La mejor manera de desplazarse por los sosegados puntos de interés de Cahuita es a pie o en bicicleta, que se puede alquilar en **Ciclo Safari** (☎ 755 0013/20; bicicletas h/día 1/6 US$; ☼ 7.00-18.00), cuyo personal también cambia moneda, alquila equipos de buceo (4,50 US$ por día) y concierta taxis. Si se prefiere que el esfuerzo lo haga un motor, **Cahuita Center** (☎ 379 9974, 755 0045) alquila *scooters* por 10 US$ cada hora, con casco y gasolina incluidos.

PARQUE NACIONAL CAHUITA

Este pequeño parque de 1.067 Ha es uno de los más visitados de Costa Rica. Las razones para ello son muy simples: un acceso fácil y hoteles cercanos combinados con atractivas playas, un arrecife de coral y un bosque húmedo costero donde es bastante

PARQUE NACIONAL CAHUITA

fácil observar especies tropicales, como por ejemplo el perezoso.

Se suele entrar al parque desde el extremo sudeste del pueblo de Cahuita, por la entrada de la estación Kelly Creek en la que se da un donativo voluntario. Hace unos años, el fuerte aumento de la tarifa de los parques nacionales a 15 US$ (ahora se ha reducido a 6 o 7 US$), puso en pie de guerra a la gente del Cahuita, que temía que los viajeros se negaran a desembolsar tal cantidad para ir a la playa y se fueran a otra parte. Así que los habitantes del pueblo cerraron la taquilla de la entrada del parque y animaron a los visitantes a usar la playa gratis. Según René Castro, el entonces ministro de Recursos Nacionales, ¡todo era culpa de los viajeros de bajo presupuesto consumidores de drogas! Hay que tener en cuenta que en la entrada de Puerto Vargas hay que pagar 6 US$.

Nada más entrar en el parque, se ve una playa de arenas blancas de 2 km que bordea una bahía que se curva suavemente hacia el este. En los primeros 500 m hay carteles que avisan de que es peligroso bañarse,

COSTA CARIBEÑA

pero pasado este tramo las olas son más suaves y no hay peligro. (No es prudente irse a nadar sin guardar la ropa; conviene ir con un amigo. Cerca de la entrada, Mister Big J Tourist Service guarda objetos de valor en cajas de seguridad individuales por 1 US$ al día.)

Un cabo rocoso conocido como Punta Cahuita separa esta playa de la siguiente, Playa Vargas. Al final de Playa Vargas se halla el puesto de guardaparques de Puerto Vargas. Dista unos 7 km de Kelly Creek si se va por un sendero que atraviesa la selva costera detrás de las playas y el cabo. El sendero acaba en la punta sur del arrecife, donde se encuentra con una carretera asfaltada que lleva al puesto de los guardaparques. A veces, el sendero sigue la playa; otras, pasa a unos 100 m de la arena. Hay que vadear un río hacia el final de la primera playa y el agua puede cubrir hasta el muslo con marea alta. En Punta Cahuita se puede bucear (véase recuadro en p. 416).

Información

La **estación Kelly Creek** (entrada por donativo; ☿ 6.00-17.00) está junto al pueblo de Cahuita, mientras que a 1 km por la autopista 32 se ve bien señalizada la **estación Puerto Vargas** (entrada 6 US$; ☿ 8.00-16.00), por la que se debe entrar si se va a acampar. En Kelly Creek, nadie impide la entrada a pie fuera de los horarios indicados.

Está permitido **acampar** (2 US$ por persona) en Playa Vargas, que está a 1 km del puesto de guardaparques de Puerto Vargas; se puede ir en coche. En el centro de administración que hay en medio de la zona de *camping*, hay duchas al aire libre, agua potable y letrinas.

PUERTO VIEJO DE TALAMANCA

Es uno de esos lugares extraordinarios que da miedo estropear con una encarecida recomendación en una guía de viaje, un cóctel inequívocamente caribeño de playas maravillosas, surf espectacular y ambiente tranquilo y relajado, animado con el mejor panorama musical, de vida nocturna y de restaurantes de la costa. Es demasiado turístico, y está lleno de extranjeros que viven allí, pero es realmente impresionante si se puede dejar de lado un momento la idea de estar en contacto con "la verdadera Costa Rica", que está también aquí, aunque hay que buscarla.

Puerto Viejo es, sin duda, un pueblo fiestero. Pero hay apacibles *bungalows* y playas solitarias esparcidos por la carretera de Manzanillo, si se prefiere observar la fauna protegida en el refugio Gandoca-Manzanillo (véase p. 438) y luego ir al pueblo a desmadrarse en la Noche de *Reggae* del Bambú (véase p. 432). Gracias a la recién asfaltada carretera entre las dos poblaciones, la bicicleta es el modo mejor de desplazarse, una actividad más que contribuye a hacer el ambiente aún más atractivo.

Debe tenerse en cuenta que a medida que crece el turismo, con él crece también una industria casera de vendedores de drogas e insistentes revendedores. La mayoría de la gente es estupenda, pero un solo imbécil es suficiente para echar a perder unas vacaciones. Hay que mantenerse alerta a altas horas de la noche, elegir un alojamiento propio (¡y usar la caja fuerte del hotel!) y no olvidar que vale más un gramo de precaución que medio kilo de hierba.

Información
ACCESO A INTERNET

Se puede acceder a la Red desde varios sitios, pero todos ellos son caros y lentos.
ATEC (véase "Oficinas de turismo", p. 424). Cobra algo más, pero factura por minuto, no por medias horas.
Internet Cafe (☎ 750 0633; 2 US$/h; ☿ 9.00-21.00). Máquinas algo más rápidas que las de Videomundo.
Videomundo Internet (☎ 750 0653; 2 US$/h; ☿ 7.00-22.00). Ofrece descuentos significativos si se piden períodos largos de tiempo, lo que es más práctico dada la desesperante lentitud de sus ordenadores.

LAVANDERÍAS

Lavandería Flash & Book Trade (☎ 750 0467; lavar y doblar 6 US$; ☿ 9.00-17.00). Se puede dejar la ropa y tomar un buen libro.
Lavandería Puerto Viejo (no tiene teléfono; lavado 3 US$, secado 3 US$; ☿ 7.00-19.00 lu-sa, 10.00-14.00 do). Ofrece autoservicio o, pagando un extra, servicio completo.

DINERO

Aunque el Banco de Costa Rica prevé abrir frente al Mercado el Buen Precio, el banco más cercano cuando se preparaba esta obra era el de Bribrí (véase p. 441). En el pueblo se puede probar en uno de estos dos sitios:
Cabinas Almendras (☎ 750 0235). Cambia euros, dólares canadienses y estadounidenses, y libras esterlinas cobrando una comisión del 1%, que es del 2,5% para los cheques de viaje.

PUERTO VIEJO DE TALAMANCA

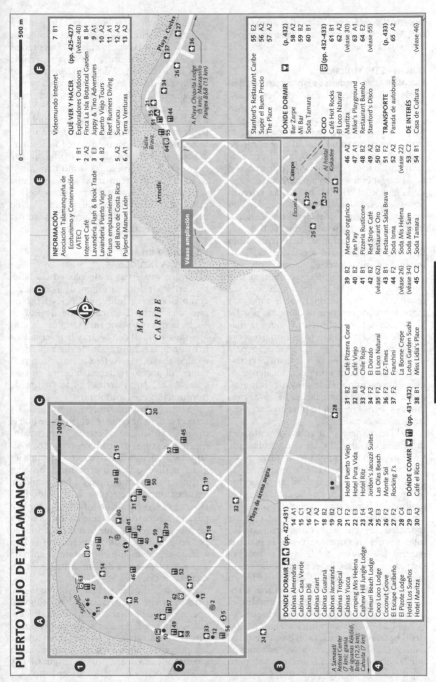

COSTA CARIBEÑA

MAR CARIBE

Playa de arena negra

Playa Cocles

A Samasati
Retreat Center
(7 km); granja
de iguanas Bribri
Brbri (12,5 km);
Cahuita (7 km)

A Playa Chiquita Lodge
(5 km); Manzanillo
(15 km); Pangea B&B (13 km)

0   500 m
0   200 m

INFORMACIÓN
Asociación Talamanqueña de Ecoturismo y Conservación (ATEC)	1 B1
Internet Café	2 A2
Lavandería Flash & Book Trade	3 E3
Lavandería Puerto Viejo	4 B2
Futuro emplazamiento del Banco de Costa Rica	5 A2
Pulpería Manuel León	6 A1
Videomundo Internet	7 B1

QUÉ VER Y HACER (pp. 425-427)
Exploradores Outdoors	(véase 40)
Finca La Isla Botanical Garden	8 B4
Juppy & Tino Adventures	9 A1
Puerto Viejo Tours	10 A2
Reef Runners Diving	11 A1
Sucurucu	12 A2
Terra Venturas	13 A2

DÓNDE DORMIR (pp. 427-431)
Cabinas Almendras	14 A1
Cabinas Casa Verde	15 C1
Cabinas Diti	16 A2
Cabinas Grant	17 A2
Cabinas Guaraná	18 B2
Cabinas Jacaranda	19 B2
Cabinas Tropical	20 C2
Cabinas Yucca	21 F2
Camping Mis Helena	22 F3
Cashew Hill Jungle Lodge	23 E4
Chimuri Beach Lodge	24 A3
Coco Loco Lodge	25 E3
Coconut Grove	26 F2
El Escape Caribeño	27 F2
El Pizote Lodge	28 C4
Hotel Los Sueños	29 E3
Hotel Maritza	30 A2
Hotel Puerto Viejo	31 B2
Hotel Pura Vida	32 B3
Hotel Ritz	33 A2
Jordon's Jacuzzi Suites	34 F2
Las Olas Beach	35 E3
Monte Sol	36 F2
Rocking J's	37 F2

DÓNDE COMER (pp. 431-432)
Café el Rico	38 B1
Café Pizzeria Coral	39 B2
Café Viejo	40 B2
Chile Rojo	41 B1
El Dorado	42 B2
El Loco Natural	(véase 62)
EZ-Times	43 B1
Franchini	44 F2
La Bonne Crepe	(véase 26)
Lotus Garden Sushi	(véase 34)
Miss Lidia's Place	45 C2
Mercado orgánico	46 A2
Pan Pay	47 A1
Pizzería Rusticone	48 B2
Red Stripe Café	49 A2
Restaurant Oro	50 B2
Restaurant Salsa Brava	51 F2
Soda Isma	52 A2
Soda Mis Helena	(véase 22)
Soda Miss Sam	53 C2
Soda Tamara	54 B1

Stanford's Restaurant Caribe	55 E2
Super el Buen Precio	56 A2
The Place	57 A2

DÓNDE DORMIR (p. 432)
Bar Zarpe	58 A2
Mi Bar	59 B2
Soda Tamara	60 B1

OCIO (pp. 432-433)
Café Hot Rocks	61 B1
El Loco Natural	62 A2
Maritza	46 A2
Mike's Playground	63 A1
Restaurant Bambú	64 E2
Stanford's Disco	(véase 55)

TRANSPORTE (p. 433)
Parada de autobuses	65 A2

DE INTERÉS
Casa de Cultura	(véase 46)

Salsa Brava

Arrecife

Campo

Escuela

Véase ampliación

Al Hostal Kiskadee

COSTA CARIBEÑA

Pulpería Manuel León. "El Chino" cobra una comisión del 1,5% por cambiar euros y dólares estadounidenses, y más si se trata de cheques de viaje.

OFICINAS DE TURISMO
Asociación Talamanqueña de Ecoturismo y Conservación (ATEC; ☎ 750 0191, 750 0398; atecmail@racsa. co.cr; www.greencoast.com/atec.htm; ⏱ 8.00-21.00, según planeamiento). La sede central de esta valiosa y progresista organización es el lugar indicado para informarse sobre la cultura y el medio ambiente de la zona; la oficina dispone de gran cantidad de folletos con información turística general y el personal puede contestar la mayor parte de las preguntas. Ofrecen libros sobre la cultura, la naturaleza y las aves de la región, así como tarjetas telefónicas internacionales y **acceso a Internet** (2 US$/h).

ATEC, organización de bases sin ánimo de lucro, se creó en la década de 1980. Su finalidad es promover el turismo con sensibilidad medioambiental de manera que beneficie a la población local y mejore sus comunidades. El personal puede informar tanto sobre los problemas causados por las plantaciones bananeras como sobre la manera de concertar una visita a una reserva indígena cercana. ATEC no es una agencia de circuitos de viajes, pero sí organiza visitas a lugares de la zona con guías locales. Casi todas las excursiones implican caminatas, desde las relativamente fáciles hasta las más difíciles, pero también se pueden hacer excursiones a caballo.

Si el viajero desea visitar las comunidades indígenas cercanas, puede pedir guías que se centren en un campo particular, desde plantas medicinales hasta artesanos de la zona; también se puede visitar la granja de iguanas de Bribrí, donde éstas se crían legalmente para carne, o una espectacular cascada que hay cerca. Se puede enfocar todo tipo de excursiones de acuerdo con los intereses del visitante, sean éstos la historia natural, la observación de aves (se han registrado más de 350 especies en la zona y un grupo informó haber visto 120 especies en una excursión de 2 días), las culturas afrocaribeñas, los temas medio ambientales, el *trekking* y la aventura, el buceo o la pesca.

Aunque estas excursiones no son demasiado baratas, los precios son bastante razonables. La idea es cobrar al viajero menos que las grandes empresas de circuitos, pero pagar a los guías más de lo que cobrarían trabajando para esas empresas. Un porcentaje de las tarifas se dedica al apoyo de las actividades de las comunidades. Los precios empiezan a partir de 20 US$ por persona para las excursiones de media jornada, las caminatas de observación de aves por la mañana temprano y los paseos nocturnos. Las excursiones de un día cuestan unos 30 US$; también hay otras que incluyen pasar la noche, cuyos precios dependen de la comida y el alojamiento que necesite el viajero. Los grupos de actividades al aire libre son de seis personas como máximo.

ATEC puede organizar charlas sobre una serie de cuestiones locales por unos 45 US$ por grupo. También concierta comidas en casas de la zona a varios precios, según la comida requerida.

Puntos de interés
RESERVAS INDÍGENAS
Hay varias reservas indígenas en las laderas caribeñas de la cordillera de Talamanca, como la Reserva Indígena Cocles/Kéköldi, que baja hasta la costa al este de Puerto Viejo; la reserva Talamanca Cabécar, la más apartada y difícil de visitar, y la reserva Bribrí, donde la aculturación de sus habitantes es algo mayor y se tolera mejor a los visitantes. El acceso se debe concertar con un guía: ATEC (más arriba) es la fuente de información más completa.

Varias empresas ofrecen circuitos a las reservas, pero hay que tener presente que el modo de funcionar de ciertas empresas inquieta a algunos de los indígenas. Los visitantes son bienvenidos, ya que a muchos les gustaría diversificar su economía con algo distinto del banano. Pero en la actualidad, los operadores de circuitos han creado tensiones pues, según se ha informado, no han pagado con parte del billete de los turistas a los guías indígenas, que han trabajado sólo por las propinas; y otros operadores se han saltado directamente el pago de la entrada a la reserva, que se destina a financiar las escuelas locales.

Estos circuitos se siguen recomendando, pero conviene que el viajero haga saber al operador que prefiere cuidar todos estos detalles, aunque el circuito salga un poco más caro. Es importante saber que la mayoría de los indígenas visten ropa moderna y hablan español además de sus propias lenguas, y hay que pedir permiso antes de hacer fotos.

FINCA LA ISLA BOTANICAL GARDEN

Al oeste del pueblo se encuentra la **Finca La Isla Botanical Garden** (☎ 750 0046; www.greencoast.com/garden.htm; entrada 2 US$; ☺ 10.00-16.00 vi-lu), una granja tropical en activo en la lleva más de una década cultivando especias locales, frutas tropicales y plantas ornamentales. Una parte de la granja se ha cuidado como jardín botánico, donde también se pueden observar aves y otra fauna (en especial perezosos y ranas veneno de flecha). Tiene una zona de *picnic*. Hay un circuito informativo guiado (en inglés) que cuesta 5 US$ e incluye entrada, cata de frutas y, como broche final, un vaso de zumo casero; también se puede comprar un folleto de 2 US$ para hacer una visita autoguiada.

Actividades

SURF

Kurt Van Dyke, dueño del Hotel Puerto Viejo (véase p. 428) del pueblo, es un experto en surf local y muchos surfistas se quedan en su establecimiento. La conocida Salsa Brava, en el arrecife frente al Stanford's Restaurant Caribe, tiene fama de ser la mejor ola del país. En esta zona, el arrecife está a poca profundidad y si se pierde la ola, uno se puede estampar, tabla incluida, contra él: no es una prueba para principiantes.

FESTIVAL DE MÚSICA Y ARTE DEL CARIBE SUR

Organizado por Wanda Patterson, dueña del Playa Chiquita Lodge, este **festival** (☎ 750 0062; wolfbiss@racsa.co.cr) llena las noches de los fines de semana de marzo y abril con una oferta ecléctica, oriunda de la costa caribeña: actúan artistas de calipso, *jazz*, *reggae*, pero también de música celta, y hasta clásica; Saltan a escena grupos de danza con sabor jamaicano y africano; y se proyectan películas y cortos producidos en Costa Rica. Es un evento dirigido a las familias.

Las fechas del festival varían, pero suelen ser los fines de semana de marzo y abril (durante unas cinco semanas antes de Semana Santa) y las funciones tienen lugar en el Playa Chiquita Lodge (p. 429). Las entradas cuestan 5 US$ y los ingresos se destinan a programas musicales para niños de la costa del Caribe sur.

Casi igual de impresionantes son las olas no tan peligrosas de la playa Cocles, a unos 2 km al este del pueblo (zona conocida como *Beach Break* por un restaurante local), o las de *The Barge* ("La barcaza", a veces llamada "Escuelas" porque en tiempos la tenían a la vista los estudiantes distraídos), que en realidad se trata de los restos cubiertos de hierba del antiguo muelle, cerca de la estación de autobús. Al norte de Cahuita, las playas Negra y Westfalia también son buenas para el surf. Para los muy aventureros, un trayecto en lancha de 20 minutos desde Puerto Limón a la isla Uvita les pone en el camino para un surf serio. Es buena idea preguntar por otros lugares y por las condiciones del momento.

Las olas suelen estar mejor de diciembre a marzo, y hay una mini temporada de surf en junio y julio. De finales de marzo a mayo, así como en septiembre y octubre, es cuando el mar está más calmado.

En el pueblo hay varias escuelas de surf más o menos independientes que cobran unos 25 US$ por hora de clase y en general dejan quedarse con la tabla todo el día. Rocking J's es uno de los sitios que dan clases. Puerto Viejo no es el mejor lugar para que los auténticos principiantes se inicien en este deporte, ya que la costa pacífica tiene olas más pequeñas y más fáciles de controlar, pero a los que tengan alguna experiencia les vendrán bien los consejos de los lugareños antes de enfrentarse a las grandes olas. No es mal negocio, si se tiene en cuenta que alquilar una tabla cuesta entre 10 US$ y 15 US$ al día en varios lugares del pueblo.

SUBMARINISMO Y BUCEO

Las aguas de Cahuita a Manzanillo están resguardadas por los únicos arrecifes vivos de Costa Rica, que forman un santuario protegido de forma natural, donde habitan unas 35 especies de coral y más de 400 especies de peces, sin mencionar los delfines, tiburones y, a veces, las ballenas. En general, la visibilidad bajo el agua es mejor cuando el mar está en calma; es decir, cuando está mal para practicar surf, está bien para bucear. Los mejores arrecifes se encuentran en Cahuita, Punta Uva y junto a Manzanillo, siendo este último el que tiene una mayor variedad de coral y fauna.

SALSA BRAVA

Es la rompiente más poderosa de Costa Rica, sólo para surfistas expertos y peligrosa incluso para ellos. Toma su nombre del montón de "salsa" que "sirve" sobre el afilado arrecife que se halla a escasa profundidad y que no deja de cobrarse su tributo a la diversión en piel, tablas y huesos rotos. Hay un par de puntos de salida y los recién llegados que esperan por las inmediaciones para tomar el popular *North Peak* (pico norte) deberían tener presente que en este pueblo hay mucha gente que ha renunciado a la comida de mamá y al supermercado sólo por *surfear* esta ola con regularidad. No hay que ponerse en su camino.

En cierto sentido, fue la Salsa Brava la que colocó a Puerto Viejo de Talamanca en el candelero. Aunque la discriminación hacia la población negra, mayoritaria en el Caribe sur, fue desterrada oficialmente en 1949, pequeños lujos como las carreteras asfaltadas, la electricidad y las líneas de teléfono tardaron más en llegar aquí que al resto de Costa Rica. La mayoría de los turistas, nacionales y extranjeros, sigue prefiriendo las playas de la costa pacífica, más accesible y desarrollada.

Pero los surfistas son una raza aparte y hace treinta años no los disuadían ni los traqueteantes autobuses y las destartaladas canoas que los arrastraban con sus tablas durante un viaje de una semana (eso si el autobús no se quedaba atascado en el barro un par de noches) desde San José hasta este por entonces apartado lugar. Para acomodar a estos seres inquebrantables y resueltos a cumplir su misión, los desconcertados lugareños al principio les abrieron sus casas y, más tarde, cabinas sencillas y sodas.

Tras los jinetes de las olas llegaron otros intrépidos exploradores, ansiosos de ver los amaneceres alzarse sobre unas costas perfectas y unas olas monstruosas. Los lugareños, que a esas alturas ya *surfeaban* en las mejores, desarrollaron encantados una infraestructura turística de base para que todo el mundo estuviera contento: pura vida.

Y aunque hoy día los visitantes disfrutan de acceso a Internet, buenos restaurantes y una carretera asfaltada que ha reducido drásticamente el tiempo del viaje, la magnificencia de la Salsa Brava y las olas de su séquito siguen atrayendo a Puerto Viejo a una bronceada tropa.

Así que, si alguien se pregunta cómo se consiguió esta maravillosa mezcla de cultura caribeña y turismo en medio de tantas bellezas naturales, debe pedir una cerveza en el Stanford y ver a la ola llegar y romper.

Se pueden concertar excursiones de buceo en Cahuita, Puerto Viejo y Manzanillo, a veces combinadas con excursiones guiadas al Parque Nacional Cahuita o a la reserva Gandoca-Manzanillo.

Reef Runners (☎ 750 0480; arrecifes55@hotmail. com; ☾ 7.00-20.00) ofrece lecciones de submarinismo de varios niveles. Los cursos de introducción cuestan desde 75 US$ por tres horas y las inmersiones desde una lancha con una/dos bombonas cuestan 40/60 US$. No se necesita un certificado PADI –se puede obtener una licencia temporal de 35 US$–, pero por 285 US$ se puede conseguir aquí ese certificado. En Manzanillo, **Aquamor Talamanca Adventures** (p. 437), que ha colaborado en la coordinación de la investigación del arrecife y en la compilación de datos sobre las cercanas comunidades de delfines, también ofrece excursiones y cursos de submarinismo, kayak en aguas abiertas y buceo.

NATACIÓN

La zona más segura para nadar es la playa Negra, excelente también para hacer *body board*, o las piscinas marinas naturales que están frente a la Pulpería Manuel León y Stanford's. A unos 10 km al este por la carretera principal se hallan unas de las playas más bellas que puedan imaginarse, de esas que cuando salen las películas hacen dudar si están generadas por ordenador. Aquí es donde se produce el verdadero encuentro de la selva con el mar, donde las preciosas playas de arena (más bien estrechas en marea alta) reciben las caricias de las pequeñas olas, perfectas para nadar y hacer *body board*, y las palmeras que las bordean se mecen en la brisa. Además, es posible ver tucanes, monos y perezosos, como en cualquier otro punto del país.

Un fabuloso trayecto en bicicleta al este del pueblo es ir a **Punta Uva**, una pequeña península con una gruta natural que tiene algunas de las mejores playas. Cuenta con buenos restaurantes y cabinas perfectas para los viajeros de presupuesto ajustado. Aquí ondea la preciada bandera azul (véase p. 471), al igual que en las playas Negra, Cocles, Chiquita y en el extremo este del refugio Gandoca-Manzanillo.

No se recomienda nadar al este de Manzanillo hasta Punta Mona, una excursión a pie de tres a cuatro horas, debido a las fuertes resacas. Es preciso ser cautos en todas las playas, sobre todo si hay olas altas, y preguntar en cualquier establecimiento del lugar si no se está seguro de las condiciones de esa playa en particular.

'RAFTING'

Desde Puerto Viejo es fácil ir (hay dos horas hasta el punto de salida) al río Pacuare (p. 141), cortesía de **Exploradores Outdoors** (☎ 222 6262; www.exploradoresoutdoors.com), una empresa recomendada que tiene una taquilla frente al Café Viejo. El descenso por el Pacuare, de Clase III-IV (88 US$ por persona) es una excursión de un día muy popular. Se sale a las 6.30 y se vuelve a las 16.30, e incluye buenas comidas. También organiza excursiones más atrevidas o alejadas por los ríos Pacuare y Reventazón, como la de dos días de aventuras haciendo noche en su confortable *camping*.

Esta empresa puede recoger a los clientes en su hotel, tanto en Puerto Viejo como en San José, llevarlos a hacer *rafting* y luego transportarlos, gratis, a la otra ciudad.

Circuitos

En general, los operadores turísticos requieren un mínimo de dos personas para cualquier excursión y estos precios son por persona. Los grupos más grandes pueden negociar descuentos.

Terra Aventuras (☎ 750 0750/489; www.terraventuras.com; ☺ 8.00-19.00) está a una cuadra de la terminal de autobuses. Ofrece excursiones haciendo noche en Tortuguero (90 US$), caminatas guiadas (35 US$), buceo en Cahuita (40 US$), circuitos de delfines en Manzanillo (40 US$), *rafting* (85 US$) y más cosas, además de su propio circuito de *canopy* (40 US$), de 2,1 km, con de 18 plataformas y un columpio a lo Tarzán.

Puerto Viejo Tours (☎ 750-0411, 755 0082; ☺ 7.00-19.00 ma-do), cerca de la parada de autobús, ofrece alquiler de coches, billetes de Fan-

LOCURA EN LA PARADA DE AUTOBÚS

El viajero debe estar preparado para ser recibido en la terminal de autobuses de Puerto Viejo por un tropel de lugareños con maravillosas ofertas hoteleras. Algunos son personas honradas que representan a sus establecimientos, pero otros son capaces de decir lo que sea con tal de llevar al viajero al hotel que les pague una comisión más alta. Pueden decirle que el sitio que había elegido está lleno de ratas o, ¡qué casualidad!, este nuevo amigo representa precisamente a ese sitio y, por desgracia, está completo. No hay que creérselo todo. Si se tienen dudas sobre el hotel, es mejor pedir ver la habitación antes de decidir quedarse.

tasy Bus y diversas excursiones, de buceo (40 US$), caminatas guiadas (unos 20 US$; 60 US$ por el refugio Gandoca-Manzanillo), recorridos por las reservas indígenas bribríes (de 45 US$ a 60 US$), paseos a caballo (400 US$), *rafting* (de 75 US$ a 85 US$) y encuentros con delfines (50 US$). También vende impermeables baratos.

En **Juppy & Tino Adventures** (☎ 750 0621/761; juppytinoadventures@yahoo.com) se puede alquilar un kayak (hora/día 5/18 US$) o concertar un circuito guiado en kayak por el refugio Gandoca-Manzanillo o la Reserva Indígena Talamanca (60 US$). También ofrece circuitos guiados a pie (35 US$), buceo (40 US$), observación de delfines (40 US$) y una excursión a pie a la cascada Bribrí (35 US$).

Sucurucu (☎ 841 5578; ☺ 8.00-18.00) les gustará a los que estén hartos de centros turísticos disfrazados de reserva natural, aunque no reciclen, o de circuitos de *canopy* que son sólo un empacho de verde. Ofrece un circuito guiado de cuatro horas en ruidosos todoterrenos (i/d 70/50 US$ por persona) por fabulosas montañas y selvas, en el que a veces se puede ver alguna fauna, siempre que sea sorda. También alquila *scooters* (3/24 h 15/30 US$), un buen modo de desplazarse por las localidades de playa; hay que ser mayor de 18 años y dejar un pasaporte, una tarjeta de crédito o un depósito de 200 US$.

Dónde dormir

La calidad de los alojamientos en Puerto Viejo es casi universalmente elevada y

COSTA CARIBEÑA

hasta los lugares más sencillos, además de ser limpios y confortables, suelen tener cierto estilo y un apacible lugar exterior donde leer cuando el tiempo no acompaña. Para los que deseen algo más sofisticado, la escasa oferta de establecimientos de lujo, en su mayor parte decepcionantes, se compensa con la serie de preciosos *bungalows* que hay entre Puerto Viejo y Manzanillo.

Durante la temporada alta de Costa Rica, de diciembre a abril, vacaciones de Navidad, Semana Santa y el Carnaval caribeño en agosto, rigen los precios de temporada alta aquí indicados y es necesario reservar en los sitios más frecuentados. Casi todos los establecimientos ofrecen tarifas de temporada baja y muchos permiten acampar en sus terrenos.

ECONÓMICO

El agua fría es la norma en los establecimientos de esta categoría, aunque habría que poner el aire acondicionado a tope para que apeteciera darse una ducha de agua caliente. La mayoría de los hoteles cuenta con mosquiteras o ventiladores; el aire de un ventilador sobre la cama espanta los mosquitos.

La selección de la autora para esta franja de precios, Rocking J's, se describe en el recuadro de la p. 429.

Cabinas Jacaranda (☎ 750 0069; www.cabinas jacaranda; i/d 15/22 US$, i/d con baño 25/30 US$; Ⓟ). En la tierra de las cabañas construidas rápidamente en hormigón, este colorido lugar rodeado de flores demuestra que el toque personal y el cuidado de los detalles dan más sensación de lujo que un baño privado. Más sugerente de la media, cada habitación decorada individualmente tiene algo de magia, aunque el agua caliente, los preciosos jardines y la cocina compartida hacen que merezca la pena.

Hotel Puerto Viejo (☎ 750 0620; h sin/con baño 6/9 US$ por persona; d con aire acondicionado 25 US$; tienda 3,50 US$; Ⓟ 🍴 🖳). "Sin zapatos, sin camisa, sin problemas", habitaciones limpias y funcionales con ducha de agua caliente, cocina compartida y terminales de Internet. Las tablas de surf se pueden colgar en la zona de recepción y la conversación gira alrededor de las grandes olas, tema en el que el propietario, Kurt Van Dyke, es un respetado experto local.

Hotel Ritz (☎ 750 0176; d/c 10/20 US$). Quizá sea mejor ver antes la habitación, porque

es un hotel sencillo, pero tiene mucha personalidad gracias a Vicente, su propietario desde hace años, que es un gran conocedor de la historia de este antiguo puerto tan interesante.

Cashew Hill Jungle Lodge (☎ 750 0256; cashew hilllodge.co.cr; tr 25 US$). En una hectárea de terreno, este establecimiento recomendado tiene dos cabinas con duchas compartidas de agua caliente, patio cubierto, hamacas y cocina compartida. Tiene previsto construir unos *bungalows* más grandes.

Las Olas Beach (☎ 750 0424; masterservicios@yahoo. com; d/tr/c 30/40/50 US$, tiendas por persona 3,75 US$; Ⓟ). Se pueden mirar cómo rompen las grandes olas desde la hamaca del porche de la más bien rústica habitación o desde el arenoso sitio donde se ha puesto la tienda.

Hotel Los Sueños (☎ 750 0369; hotellossuenos @hotmail.com; i/d 10/20 US$; Ⓟ). Algo alejado de la animación pero todavía en el pueblo, este limpio y acogedor lugar regentado por suizos ofrece cuatro apacibles habitaciones con ventilador y mosquitera, que comparten dos buenos baños con ducha de agua caliente y un bonito porche.

Cabinas Diti (☎ 750 0311; i/d 10/14 US$). Las habitaciones son estándar aunque están bien. Tiene anexos un alquiler de bicicletas (2,50 US$ por día) y una tienda de ropa y recuerdos.

Hotel Pura Vida (☎ 750 0002; www.hotelpuravida. com; i/d 15/19 US$, i/d con baño 25/30 US$). Simpático y limpio, dispone de 10 habitaciones decentes con ventiladores. Las que carecen de baño tienen lavabo y hay duchas compartidas de agua caliente en el vestíbulo. Cuenta con una cocina para uso de los huéspedes, aparcamiento y un agradable jardín donde pasar el rato.

Cabinas Grant (☎ 758 2845, 750 0292; laborables/fines de semana 10/15 US$ por persona; Ⓟ). Habitaciones decentes, algunas para seis personas, con baños de agua fría, ventiladores, porches y zona de aparcamiento cerrada con llave. El **restaurante** (desayunos 3,25 US$, otras comidas 4-9 US$; ⏲ 7.00-22.00) anexo tiene una larga carta de marisco y platos clásicos, que incluyen sabrosas ensaladas como la de aguacate con gambas al estilo caribeño.

Cabinas Guaraná (☎ 750 0244; www.cabinas guarana.com; i/d/tr 23/33/40 US$; Ⓟ) ofrece una espaciosa cocina compartida, además de numerosos toques personales, agua caliente, ventilador de techo, escritorios y balcones

COSTA CARIBEÑA

SELECCIÓN DE LA AUTORA

Económico

Rocking J's (☎ 750 0657; www.rockingjs.com; tienda/alquiler de tienda 4/6 US$, hamaca 5 US$, dc/d 7/20 US$, casa en el árbol 60 US$; [P]). Esta meca de los mochileros ofrece un "hotel de hamacas" con sábanas, almohadas y mosquiteras, alquiler de tiendas, habitaciones privadas (algunas con espejos en el techo), cocina compartida, seguridad rigurosa, sala de televisión con 300 películas y fogatas en la playa. Puede ser divertido escalar 30 m hasta la casa en el árbol, sencilla pero totalmente equipada (montaplatos incluido), pero tal vez lo más increíble del lugar sean los mosaicos: hay material de bellas artes a disposición de los clientes con inquietudes artísticas. El resultado es impresionante; los baños compartidos son excelentes y las áreas comunes, increíbles. Merece la pena darse un masaje en la playa (de 15 US$ a 30 US$) como indulgente excusa para dar un vistazo a todo ello. J's también alquila kayaks (5 US$ por hora) y bicicletas (4 US$ por día).

Precio medio

Playa Chiquita Lodge (☎ 750 0408; www.playachiquitalodge.com; d 55 US$ desayuno incl., persona adicional 12 US$; casa por noche/semana 60/275 US$; [P]). Al este de Puerto Viejo, es algo más que el típico albergue idílico frente a la playa. Situado en un tranquilo tramo de la playa Chiquita, sus dueños, Wolf Bissinger y Wanda Paterson, lo han concebido en función de las necesidades de la comunidad. Wanda es un miembro activo de la misma y organiza el Festival de Música y Artes (p. 425). Las habitaciones con ventiladores de techo y baño privado son sencillas, pero espaciosas y diseñadas con gusto. Cualquiera puede reservar una comida de "estilo caribeño con influencias internacionales" entre 6 US$ y 10 US$ (vale la pena). Se conciertan circuitos y se dan masajes a 40 US$ la hora. Hay que preguntar por el árbol de la lluvia (cenízaro); cerca tiene una casa totalmente equipada de cuatro habitaciones.

Precio alto

Viva (☎ 750 0089; www.puntauva.net; d noche/semana 175/500 US$; [P] [✳]). Hay muchos *bungalow*s de lujo en la selva entre Puerto Viejo de Talamanca y Manzanillo, pero estas cabinas elegantemente construidas son algo especial. Son enormes casas de maderas nobles totalmente equipadas, con ducha alicatada de agua caliente, cocina, dos dormitorios y una veranda alrededor, dispuestas en un jardín semiformal con una campo de *croquet* (alquilan mazo y pelotas), junto a la playa.

con hamacas. Tiene algunas habitaciones accesibles en silla de ruedas, además de una estupenda casita en un árbol en la parte de atrás que vale la pena explorar.

Chimuri Beach Lodge (☎ 750 0119; chimuribeach @racsa.co.cr; d/c 35/40 US$; [P]). Mauricio Salazar, una autoridad local en cultura indígena, dirige este establecimiento situado en una zona residencial en la parte este de Puerto Viejo, junto a la playa de arena negra. Las cabinas están aisladas y tienen baño privado, cocina, ducha de agua caliente y porche.

Cabinas Yucca (☎ 750 0285; cabinas-yucca@yahoo. de; i/tr 25/30 US$; [P]). Sus impecables y bien diseñadas habitaciones dan al océano. En temporada alta, Christel, su dueña, sirve desayunos en el patio techado.

Cabinas Almendras (☎ 750 0235/46; flchwg@racsa. co.cr; i 20 US$, d sin/con aire acondicionado 35/50 US$, apt 55 US$, persona adicional 10 US$; [P] [✳]). Confor-

table, céntrico, con aparcamiento vigilado y televisión por satélite en las habitaciones dobles, mucho más grandes. Tiene tres apartamentos para seis personas con cuartos separados y pequeñas cocinas.

Monte Sol (☎ 750 0098; montesol@racsa.co.cr; d 20 US$; [P]). Cabinas sencillas y con estilo, alejadas del ruido de la carretera principal. Las duchas privadas tienen agua caliente y hay agua filtrada gratis a disposición de los clientes.

Coconut Grove (☎ 750 0093; i/d 15/20 US$, i/d/tr con baño 20/25/30 US$; [P]). Sus preciosas habitaciones son agradables y limpias, con agua caliente, mosquiteras, ventiladores y hamacas con vistas a la calle; las que cuentan con baño privado están mejor. Debajo tienen dos extras: una magnífica zapatería y **La Bonne Crepe** (creps 1-2 US$; ☻ 7.00-21.00), con sofisticados cafés y unas creps deliciosas y baratas para empezar el día.

Camping Mis Helena (☎ 750 0580; espacio para tienda 5 US$, alquiler de tienda 6 US$). Fuera del centro, este sosegado *camping* está más dirigido a las familias y cuenta con una zona protegida en caso de lluvia. Tiene la ventaja de que aquí está la excelente **soda Mis Helena** (platos principales 2-4 US$; ☽ 7.00-18.00 ma-do), que sirve baratos platos tico-caribeños y unas sopas del día hechos en cocina de leña, que están mejor regados con un especiado refresco de jengibre casero.

Varios hoteles ofrecen *camping*, como el Rocking J's, con lugares de acampada cubiertos, y Las Olas Beach, con zonas de arena junto al mar. También *camping* en el Refugio Gandoca-Manzanillo (véase p. 438).

PRECIO MEDIO
Playa Chiquita Lodge (véase recuadro en p. 429) es la selección de la autora para esta banda de precios.

Pangea B&B (☎ 759 9204; pangeacr@racsa.co.cr; h por persona desayuno incl. 35 US$; Ⓟ). Oculto entre maravillosos jardines dentro del Refugio Nacional de Vida Silvestre Gandoca-Manzanillo, es un pequeño *bed and breakfast* respetuoso con el medio ambiente donde merece la pena quedarse. Tiene dos coquetas habitaciones rodeadas de exuberantes jardines y emplea básicamente productos de agricultura biológica cultivados en sus terrenos, y pescado y marisco recién pescado en la zona, aunque hay que encargar las comidas con antelación. La amable dirección proporciona guías locales para el refugio y la zona.

Hotel Maritza (☎ 750 0003; sin/con baño 15/30 US$ por persona). Sus habitaciones con baño verdaderamente estupendas quizá sean más confortables, pero las más antiguas, recubiertas de paneles de madera, son más acogedoras. De todas formas, lo mejor es la zona exterior donde se cuelgan las hamacas.

Cabinas Casa Verde (☎ 750 0015; www.cabinasca saverde.com; i/d 28/32 US$, i/d con baño 45/52 US$; Ⓟ). Unos senderos de losetas que atraviesan unos jardines encantadores donde cuelgan hamacas llevan a 14 habitaciones relucientes, bellamente pintadas, con ventiladores de techo, mosquiteras, porches y hamacas. Alquilan bicicletas (6 US$ por día) y sirven desayunos todos los días excepto los lunes.

Cabinas Tropical (☎ 750 0283; www.cabinastropical. com; i/d 25/30 US$; Ⓟ ⊠ ▣). Las ocho habitaciones impolutas con mosquitera, amplia ducha privada de agua caliente, buen desayuno y frigorífico son sólo parte de su atractivo; su afable dueño alemán, Rolf, ha escrito e ilustrado guías en alemán de plantas y frutos de América Central. Dirige caminatas por la selva para observadores de aves desde el amanecer hasta las 11.00 (30 US$ por persona, mínimo tres personas, desayuno incluido).

Coco Loco Lodge (☎ 750 0281; www.cocolocolodge. de; i/d 30/35 US$; Ⓟ ▣). En el extremo más tranquilo del pueblo, ofrece cinco *bungalows* con agua caliente emplazados en amplios y agradables terrenos. Se puede desayunar por 5 US$. Se habla inglés y alemán.

El Escape Caribeño (☎ 750 0103; www.escapeca ribeno.com; i/d 45/55 US$; Ⓟ ▣). A unos 500 m al este del pueblo, este lugar recomendado tiene una serie de *bungalows* con ventilador, baño privado de agua caliente, frigorífico, bar y porche con hamacas. En casi todos pueden dormir de una a cuatro personas, pero uno tiene siete camas en dos dormitorios, muy adecuado para estudiantes o familias grandes. En el jardín hay un rancho donde se puede desayunar (se paga aparte). Se habla italiano, francés y alemán.

El Pizote Lodge (☎ 750 0227; pizotelg@racsa.co.cr; d estándar 56 US$, d bungalows 76-90 US$; Ⓟ ▣). Es un lugar relativamente confortable, situado a 1 km al oeste del pueblo, en una tranquila carretera secundaria. Las habitaciones son amplias y limpias, mientras que los *bungalows* de madera con baño privado son más bonitos y reservados. Está emplazado en un jardín y alquilan bicicletas, caballos y equipo para bucear; también ofrecen excursiones en barco y de buceo.

Jordon's Jacuzzi Suites (☎ 750 0232; i/d 70/80 US$; Ⓟ ▣). Sus sencillas pero elegantes cabinas de estilo japonés tienen *jacuzzi*. Para redondear el ambiente, el vecino **Lotus Garden Sushi** (☽ 15.00-23.00) ofrece como plato del día todo el *sushi* que se quiera por 14 US$.

PRECIO ALTO
Viva, la selección de la autora para esta banda de precios, se describe en el recuadro de p. 429.

Samasati Retreat Center (☎ 750 0315; www. sama sati.com; i/d 90/69 US$ por persona; i/d con baño y comidas 162/107 US$). Emplazado en una exuberante ladera al norte de Puerto Viejo, este bonito y bien construido centro de retiro goza de amplias vistas de la costa; el pueblo apenas se divisa abajo a lo lejos. En su espaciosa sala de reunión/meditación al aire libre se ofrecen programas diarios de diferentes técnicas. Hay un calendario de eventos especiales y se dan clases de yoga, *bodywork*, plantas medicinales y nutrición, entre otras cosas. Sus sabrosas comidas vegetarianas se sirven estilo bufé en una terraza de madera con vistas al mar. Hay nueve *bungalows* privados con frescas paredes de tela mosquitera y una casa con cinco habitaciones que comparten cuatro baños, todos ellos con ducha de agua caliente. Una clase de yoga (abierta para todos) cuesta 12 US$; una sesión de meditación, 5 US$; y un masaje, 60 US$. Ofrece paquetes y descuentos para estancias largas, y también pueden concertar circuitos por la zona. El centro de retiro está señalizado 1 km al norte de la bifurcación de la carretera principal, donde ésta se divide en la que va al sudeste hacia Puerto Viejo y la que va al oeste hacia Bribrí. De ahí sale un camino de 1 km que lleva hasta la entrada, desde donde hay 1,6 km hasta el centro.

Dónde comer

Con el panorama gastronómico más impresionante de la costa, Puerto Viejo ofrece una alternativa al viajero que se sienta empachado de casados (aunque hay multitud de sodas estupendas que sirven gallos en abundancia), con destacados lugares de cocina asiática e italiana. La buena cocina suele tener un precio alto, pero también hay muchos sitios buenos y económicos.

Lo mejor para comprar comestibles es el **Super del Buen Precio** (6.30-20.30). No hay que perderse el semanal **mercado orgánico** (6.00-18.00 sa), donde los vendedores y cultivadores venden productos típicos de la región, como la manzana de agua, roja y con forma de pera, una delicia no demasiado dulce difícil de encontrar en otros lados.

Café El Rico (8.00-16.00). Sirve un café muy rico, incluso granizado, junto con su ligero desayuno y almuerzos. Como extra, ofrece un capuchino gratis mientras se lava la ropa (5 US$ por carga) in situ. Además, también alquilan bicicletas.

Pan Pay (comidas ligeras 2-4 US$; 7.00-19.00 ju-ma). Otro lugar excelente para tomar un buen café cargado, acompañado de la mejor repostería del pueblo (vale la pena probar los cruasanes de chocolate), además de sándwiches, *quiches* y otras delicias.

Soda Miss Sam (platos principales 2-6 US$). Quizá la soda más recomendada del lugar, lleva años impresionando a propios y extraños con sus sabores caribeños y su afamado arroz con frijoles.

Franchini (platos principales 3-6 US$; 7.00-4.00). Tras una noche bebiendo y bailando, es buena idea ir a este lugar célebre por su pollo frito, buen marisco y ricos desayunos. A menudo permanece abierto toda la noche.

Café Pizzería Coral (750 0051; desayunos 2-3 US$, *pizzas* 4-6 US$; 7.00-12.00 y 17.30-21.30 ma-do). Sus saludables desayunos y su pan integral de la casa lo han convertido en un clásico local que sirve también gran variedad de excelentes *pizzas*, incluidas las vegetarianas o de marisco.

Miss Lidia's Place (platos principales 2-6 US$). Otro lugar muy recomendado que tiene todos los platos clásicos de las sodas, pero al estilo caribeño, con un amplia gama de opciones vegetarianas.

Soda Tamara (desayunos 2-4 US$, marisco 6-10 US$; 7.00-22.00). Simpático establecimiento muy frecuentado para desayunar mirando a la calle y para comer marisco durante todo el día; no hay que perderse el pan de coco. También alquila cabinas.

Red Stripe Café (7.00-22.00). Cerca de la terminal de autobuses, una pareja surfista muy en la onda lleva este establecimiento recomendado donde se sirven buenos desayunos, zumos frescos, *falafel*, panes y pasteles. Pero su especialidad son los helados caseros con ingredientes de la tierra; vale la pena probar el sorbete de limoncillo o el helado de café.

EZ-Times (platos principales US$ 5-9; 10.00-2.30). Un paraíso para los que se pasan la vida en la playa por su *pizza*, pasta, ensaladas y música en directo los viernes.por la noche. Si al viajero le apetece quedarse en el *bungalow,* se puede llamar para pedir comida con entrega a domicilio ¡hasta las 2.30!

The Place (platos principales 3-7 US$; 11.00-22.00). Aunque sus admiradores locales adoran sus *curries* y la bien surtida carta vegetariana, el personal asegura que los platos del día escritos con tiza en el tablero son siempre lo mejor.

Pizzería Rusticone (platos principales 4-7 US$; 11.00-cierre). Pequeña y rústica, es muy elogiada por su excelente *pizza*.

Restaurant Oro (platos principales 4-10 US$). Sosegado, con una estupenda zona de mesas para sentarse en el exterior y un ambiente relajante, sirve platos típicos y marisco fresco a muy buen precio.

El Dorado (platos 3-6 US$; 11.00-cierre). Para tomar una hamburguesa o marisco (véase también "Dónde beber" más adelante).

El Loco Natural (platos principales 4-8 US$; 18.00-23.00). Se puede saborear comida vegetariana y otros platos saludables con un toque caribeño en este café musical y tienda de regalos y artesanía situado en un segundo piso con vistas a la calle. Es un lugar estupendo para pasar el rato a cualquier hora y tiene música en directo a las 20.30 horas los jueves y sábados.

Chile Rojo (platos principales 6-10 US$; 12.00-22.00). Este pequeño restaurante, muy recomendado, se llena hasta los topes de clientes atraídos por su cocina tailandesa, de Oriente Medio y otros lugares de Asia. Merece la pena esperar el tiempo que sea por sus *curries*.

Stanford's Restaurant Caribe (platos principales 5-14 US$; 8.00-22.00). Los que han seguido viniendo aquí durante décadas se maravillan de lo poco que ha cambiado este punto de referencia local: la cerveza sigue estando fría; el marisco, fabuloso; y las vistas, absolutamente perfectas.

Restaurant Salsa Brava (750 0241; platos principales 6-12 US$; 11.00-23.00). Recomendado, su especialidad es el marisco y la cocina a la parrilla al aire libre en un ambiente íntimo. El dueño promete que el puesto de zumos volverá con sus característicos desayunos saludables.

Café Viejo (750 0817; platos principales 6-15 US$; 11.00-cierre). Elegante, pequeño y algo caro, este buen restaurante italiano destaca por su pasta fresca magníficamente preparada y sus buenos cócteles. Su ambiente selecto y romántico lo convierte en el lugar apropiado para quedar si se quiere impresionar a alguien.

Dónde beber

A menudo, los restaurantes se metamorfosean en divertidos bares una vez despejadas las mesas. Se puede ir a la **Soda Tamara** (véase "Dónde comer", p. 431) para ver pasar a la gente tomando una cerveza o al **Café Viejo** para ser vistos tomando un elaborado cóctel. **Mi Bar**, básicamente una hilera de asientos pintados de brillantes colores ocupados por personajes igual de pintorescos en una

estrecha barra cerca de la oficina de correos, es también un buen lugar.

El Dorado (11.00-cierre), es más sosegado y relajado que muchos otros bares del la localidad. Tiene la única mesa de billar del pueblo.

Bar Zarpe (11.00-2.30). No es muy refinado, pero las puestas de sol que se ven desde este céntrico establecimiento son espectaculares y hay calipso en directo los sábados por la noche.

Ocio

Como cabe esperar de un lugar tan en la onda, hay cantidad de sitios a los que ir después de la puesta de sol. Puerto Viejo se convierte en una clase totalmente diferente de paraíso una vez anochecido.

CINE

Cine Playa Cocles (750 0128, 750 0507). En Cabinas El Tesoro (véase más adelante), esta popular pantalla grande proyecta una selección de películas *camp*, de culto y clásicas, además de muchos éxitos de taquilla de Hollywood, todos los días a las 19.00 horas; la entrada es gratuita, pero cada mesa debe consumir un mínimo de 4,50 US$ en cerveza o comida. Los fines de semana hay sesión especial infantil a las 17.30.

Café Hot Rocks (750 0525; comidas 3-8 US$; 11.00-2:30). Proyecta buenas películas gratis casi todas las noches bajo una gran carpa en el centro del pueblo, donde también tocan grupos de calipso, *reggae* y *rock*, a menudo nuevos. Se recomienda probar la especialidad de la casa: ponen en la mesa un hornillo de granito y las carnes y verduras elegidas, para que el cliente mismo se las haga a la plancha.

MÚSICA EN DIRECTO Y SALAS DE BAILE

Restaurant Bambú. Humilde establecimiento de sándwiches y aperitivos durante el día, ha dado fama a Puerto Viejo porque permanece abierto hasta altas horas de la madrugada los lunes y viernes para su Noche de *Reggae*; los *dj* no paran, y de toda a costa llega gente con ganas de fiesta para pasarse la noche entera bailando.

Mike's Playground. Más conocido como Johnny's, su nombre durante años, el baile se desata sobre todo los jueves, cuando los *dj* pinchan *reggae*, *hip-hop*, salsa y demás, y los dueños hacen fogatas en la playa.

Cabinas El Tesoro (☎ 750 0128/507) ha estado ofreciendo en su bar restaurante una "noche de micrófono abierto" todos los jueves durante 300 semanas seguidas.

Aunque los surfistas que llevan tiempo acudiendo a este local dicen que el bar con las mejores vistas del lugar no ha cambiado en treinta años, los sábados la disco del **Stanford's** se convierte en el sitio más animado para bailar de la localidad.

Maritza (p. 430) ofrece calipso en directo los domingos por la tarde y en **El Loco Natural** hay a veces música suave también en directo.

Cómo llegar y salir

Los autobuses tienen su salida y llegada en la parada principal del pueblo, junto a la playa.

Bribrí/Sixaola. 0,50/2,50 US$; 30 min/1½ h; salidas a las 6.15, 8.15, 9.15, 11.15, 14.00, 14.30, 17.15, 17.30 y 19.30.

Cahuita/Puerto Limón. 1/1,10 US$; 30 min/1½ h; a las 6.00, 9.00, 11.45, 13.45, 16.00, 16.30, 17.00 y 17.30.

Manzanillo. 1,20 US$; 30 min; a las 7.15, 16.00 y 19.15.

San José. 5,50 US$; 4¼ h; a las 6.00, 10.00, 13.30 y 15.30.

Cómo desplazarse

Los lugares que alquilan bicicletas aparecen y desaparecen, pero siempre suele haber varios ofreciendo sus servicios. Hay que buscar los carteles y darse una vuelta para comprobar la calidad de las bicicletas, ya que el óxido suele hacer estragos rápidamente en la costa, y para informarse de los precios. ATEC ofrece información sobre alquiler de caballos.

AL ESTE DE PUERTO VIEJO DE TALAMANCA

La carretera de 13 km que sale hacia el este desde Puerto Viejo fue asfaltada por primera vez en 2003, lo que redujo drásticamente el tiempo del recorrido en coche o bicicleta que pasa junto a las playas de arena y las puntas rocosas, las pequeñas comunidades de Punta Uva y Manzanillo, y atraviesa parte de la Reserva Indígena Cocles/Kéköldi y acaba en el Refugio Nacional de Vida Silvestre Gandoca-Manzanillo.

La carretera se sigue considerando propiedad de los que circulan sin motor y si se conduce un coche hay que extremar las precauciones de noche, ya que hay ciclistas y peatones que se desplazan entre los diferentes bares, restaurantes y hoteles. El autoestop es muy corriente en este tramo, pero no hay que olvidar que se corre un riesgo, pequeño pero real, cada vez que se levanta el dedo para parar un vehículo (véase p. 489).

Esta carretera sigue más o menos la línea de la costa, y a lo largo del camino se hallan unos cuantos sitios donde comer y dormir. El asfalto sin duda inspira a los constructores ansiosos por abalanzarse sobre estos terrenos de primer orden y al menos un centro turístico ha sido acusado de crear una laguna artificial empleando dinamita. Afortunadamente para los monos, jabalíes y otra fauna del lugar, el extremo sur de la carretera entra dentro del refugio Gandoca-Manzanillo, que tiene reglas aún más estrictas que el resto de los terrenos frente a las playas.

Es conveniente recordar que en Costa Rica todas las playas son de dominio público y, si bien se puede impedir legalmente el paso por senderos que atraviesen propiedades privadas para llegar al rincón de paraíso soñado bordeado de palmeras, la arena está a disposición de todos.

Puntos de interés y actividades

Los atractivos de la región son el surf, la arena, la observación de fauna y los intentos de adquirir un buen bronceado entre un chaparrón y otro. La **playa Cocles** es famosa por el surf y su organizado sistema de socorristas, que ayudan a neutralizar los peligros de sus frecuentes resacas, mientras que **Punta Uva** ofrece las playas mejores y más seguras para nadar. Las playas de **Manzanillo** tienen resacas fuertes pero, al ser parte del **Refugio Nacional de Vida Silvestre Gandoca-Manzanillo** (p. 438), son un buen lugar para la observación de fauna. Una excursión al refugio, a pie o para bucear, será sin duda lo mejor de cualquier visita.

El **mariposario** (☎ 750 0086; adultos/niños menores de 10 años 5 US$/gratis; ☼ de la salida a la puesta de sol), en Punta Uva, es un granja de mariposas poco corriente y sólo secundariamente una atracción turística; no hay ningún despliegue informativo, por ejemplo. Es un centro de reproducción en el que se crían anualmente unas 70 especies de mariposas, entre ellas cuatro especies que según ellos no existen en cautividad en ningún otro sitio del mundo: *Prepona, Filaetinias, Mintorio e Inmanius*. Los que se ven depende de la época del año. Lydia, la bióloga que dirige el proyecto, puede dirigir interesantes recorridos guiados si se solicita previamente.

Dónde dormir y comer
PLAYA COCLES

Conocida por sus grandes olas, empieza a 1,5 km de Puerto Viejo, satisface las necesidades de los viajeros de presupuesto ajustado (con tabla) y está salpicada de sodas buenas y económicas que sirven abundantes comidas típicas. También se puede comer en uno de los mejores restaurantes del país y retirarse a una cabina de maderas nobles en una selva privada.

Cabinas El Tesoro (☎ 750 0128; www.puertoviejo. net; dc 9 US$, h 10-20 US$ por persona; P ⊠ 💻) tiene una variada gama de alojamientos, desde el sencillo *surf lodge* con baño compartido y literas, hasta otros dormitorios colectivos y habitaciones privadas de distintas características, además de dos *suites* (55 US$) con aire acondicionado y televisor. Este recomendado lugar ofrece café durante todo el día, acceso gratuito a Internet y cocina compartida. Además, proyecta películas en pantalla grande todas las noches a las 19.00 horas y hay música en directo los miércoles. Y, por supuesto, también está la playa.

La Isla Inn (☎ 750 0109; islainn@racsa.co.cr; d 40 US$, persona adicional 10 US$, aire acondicionado 20 US$; P). Hermosas habitaciones nuevas, con vistas y un mobiliario sorprendentemente bonito, hecho con los tablones levemente curvados que se desechan en el procesamiento industrial de la madera, para una encantadora estancia a la orilla del mar.

Cabinas Garibaldi (☎ 750 0101; d/tr 8/12 US$; P). Muy frecuentado por los surfistas, tiene habitaciones razonablemente limpias con baño privado y vistas al mar.

Cabinas Beach Break (☎ 750 0326; d 32 US$ P). Tiene unas habitaciones bastante sencillas para su precio, pero está justo enfrente de unas olas fabulosas y, además, alquila tablas.

Cariblue (☎ 750 0518; www.cariblue.com; d 79 US$, bungalow 93 US$, casa desayuno incl. 190 US$; P 🐾). Este complejo, levantado en unos preciosos jardines con piscina, tiene nueve cabinas con ventiladores, agua caliente y techos altos que las mantienen ventiladas, silenciosas y frescas. Cuatro espaciosos *bungalows* de maderas nobles con baño (cada uno con un mosaico diferente de baldosas) tienen porche y hamaca. En la casa pueden dormir

siete personas: tiene dos dormitorios, dos baños y cocina.

Azania Bungalows (☎ 750 0540; www.azania-costa rica.com; i/d con desayuno 58/68 US$; P). Espaciosos *bungalows* para cuatro personas con techumbre vegetal, altillo, porche con hamacas y baño de agua caliente, todo ello escondido en una hermosa selva ajardinada.

La Costa de Papito (☎ 750 0704; www.greencoast. com/papito.htm; d 48-60 US$, persona adicional 8 US$; P). Para relajarse en el lujo *rasta* mientras se reflexiona sobre una sosegada filosofía de la vida. Ofrece cinco *bungalows* grandes de maderas nobles con dos camas dobles, mesas talladas, porches, techos altos y ventiladores, y ducha de agua caliente alicatada con artísticas baldosas; dos *bungalows* más pequeños tienen una cama. Todos dan a un parque selvático cuajado de esculturas. Pagando un recargo de 5 US$ sirven el desayuno en la mesa (o hamaca) del porche del cliente, una forma agradable de empezar el día. También alquilan bicicletas, *body boards* y equipo de buceo.

Río Cocles Cabinas (☎ 750 0142; riococles@racsa. co.cr; d/bungalow 30/85 US$; P). Las habitaciones son todas estupendas, con agua caliente, ventiladores y en un entorno agradable, pero el fabuloso *bungalow*, para cuatro personas, es excepcional.

Bungalow & Rooms Yaré (☎ 750 0106; www.hotel yare.com; d 40-60 US$, cabinas 90-100 US$; P). Entre las playas Cocles y Chiquita, los pasajes cubiertos de enredaderas conectan las imaginativas habitaciones y cabañas de altos techos pintadas de colores, algunas de ellas con cocina. De noche, el aire se llena del croar de las ranas, que desde la selva circundante atraviesa el complejo y llega hasta el agradable **restaurante** (platos principales 3-6 US$; ✆ 7.00-21.00).

Casa Camarona (☎ 283 6711, 750 0151; www.cos taricabureau.com/casacamarona.htm; i/d 45/70 US$, con aire acondicionado 13 US$; P ⊠). Situado junto a la playa, moderno y sombreado, tiene 18 habitaciones con baño privado alicatado y pequeño patio privado. Un sendero que atraviesa el arbolado jardín lleva a la playa, que cuando se elaboraba esta obra poseía la preciada bandera azul.

El Rinconcito Peruano (platos principales 3-9 US$; ✆ 12.00-22.00 mi-do). Para variar un poco, este restaurante peruano es conocido por su cebiche de corvina, pero también se enorgullece de sus salsas, más picantes de lo normal, y su marisco fresco preparado por encargo.

COSTA CARIBEÑA

La Pecora Nera (☎ 750 0490; platos principales 10 -15 US$; ☯ 11.00-cierre, lu. cerrado en temporada baja). Posiblemente la mejor cocina de la zona, este lugar muy recomendado no es en absoluto ostentoso. Ofrece *carpaccio* de carambola y camarones, pasta fresca, carnes y marisco preparados por su afable chef italiano Ilario. No tiene carta, es el chef o un camarero quien viene a la mesa, pregunta qué le apetece al cliente y le sugiere los platos. Se puede regar la comida con vino importado de Italia y añadir un aperitivo o un postre. La velada saldrá cara, pero habrá merecido la pena.

PLAYA CHIQUITA
No queda claro dónde acaba la playa Cocles y dónde empieza la Chiquita, pero la sabiduría convencional aplica ese nombre a una serie de playas que están entre 4 y 7 km al este de Puerto Viejo.

Cabinas Olé Caribe (☎ 750 0455; c 36 US$; Ⓟ). Está más alejado de la playa que otros hoteles, pero sus bonitas y limpias habitaciones con ventiladores resultan muy económicas si se pueden llenar la cama doble y la litera.

Villas del Caribe (☎ 750 0202, en San José 233 2200; www.villascaribe.net; d 92 US$; Ⓟ). El más lujoso de esta playa. Tiene una decena de bonitos apartamentos frente a la playa (todos pueden albergar hasta cinco personas), con vistas al mar, habitaciones independientes, ducha de agua caliente, cocina completa, barbacoa en el exterior y ventilador. Es también un lugar excelente para concertar visitas a las cercanas reservas indígenas.

Cabinas Slothclub (☎ 750 0358; d 20 US$, con cocina 25 US$; Ⓟ). Cinco limpias cabinas de madera con maravillosas vistas, acceso a la playa y arrecife para bucear enfrente.

Cabinas Yemanya (☎ 750 0110; www.yemanya.tk; c 30 US$, casita por mes 350 US$). Este lugar sencillo está razonablemente limpio, tiene duchas de agua fría, una cocina al aire libre y buen ambiente, con pequeños senderos que atraviesan una selva salvaje sin ajardinar que llega hasta la puerta de la cabina.

Hotel Punta Cocles (☎ 750 0338; www.punta cocles; d 81 US$; Ⓟ Ⓧ Ⓚ ▢ ▣). Moderno y algo anodino, tiene todas las comodidades, como piscina, *jacuzzi*, restaurante, sala de juegos, área infantil de juegos y actividades, lo que lo hace muy popular entre las familias y los viajes organizados.

Kashá (☎ 750 0205; www.costarica-hotelkasha. com; 76 US$; Ⓟ ▣). Aunque son bonitas y muy cómodas, sus pequeñas habitaciones con ventiladores y ducha de agua caliente son bastante estándar, excepto los baños, verdaderas obras de arte. El mobiliario es fabuloso. También lo que rodea el edificio es maravilloso, con piscina y *jacuzzi*, y el **Magic Ginger Restaurant** (platos principales 5-10 US$; ☯ 6.00-22.00 ma-do), que sirve cocina francesa para *gourmets*; se recomienda probar la ensalada de jengibre o el salmón a la parrilla.

Miraflores Lodge (☎ 750 0038; www.miraflores lodge.com; dc/d 10/46 US$, persona adicional 10 US$). Los dormitorios colectivos, para cuatro personas, son sencillos y limpios, y tienen acceso a la cocina compartida al aire libre; las ocho habitaciones privadas, con frigorífico, agua caliente, hamacas y una bonita decoración están escondidas en el hermoso parque. Su dueña, Pamela Carter, vive en la zona desde 1988 y ha ido financiando la construcción del hotel cultivando y vendiendo flores exóticas. Conoce bien la flora y la fauna local y organiza excursiones para visitar a familias granjeras bribríes o profesionales de la medicina indígena. Ofrece una serie de interesantes talleres de curación y cultura local. El desayuno (incluido) consiste en fruta del tiempo cultivada in situ. Se recomienda reservar.

Bar y Restaurante Elena Brown (☎ 750 0265; platos principales 4-7 US$; ☯ 8.00-23.00). Las dotes culinarias de la familia Brown impresionan cada vez con los afamados pargos, platos de camarones y grandes desayunos de Elena. El arroz con frijoles levanta pasiones. El bar es animado, con un televisor grande, y a veces hay música en directo.

Shawandha Lodge (☎ 750 0018; www.shawand halodge.com; d desayuno incl. 105 US$, persona adicional 22 US$; Ⓟ Ⓚ). De categoría, tiene 10 espaciosos y aireados *bungalow*s, con fabulosos mosaicos en el baño, rasgo que parece representar un movimiento cultural menor en este tramo de la costa. El elegante **restaurante** (platos principales 5-14 US$; ☯ 7.00-21.30) franco-caribeño añade gracia *flambée* y condimentos provenzales a los platos clásicos del Caribe.

PUNTA UVA
Esta zona se halla unos 7 km al este de Puerto Viejo y es conocida por poseer las mejores playas para nadar de la región, cada una mejor que la anterior, salpicadas de alojamientos que van desde opciones bonitas y

económicas hasta extravagancias memorables. También vale la pena parar a darse un tranquilo chapuzón o probar la cerveza La Jungla, fabricada aquí por la primera micro cervecera de la región.

Tree House (☎ 750 0706; www.costaricatreehouse. com; casa 99 US$; **P**). Entre los alojamientos más enigmáticos de la zona esta "casa en el árbol", construida ingeniosamente alrededor de un sangrio vivo con maderas nobles encontradas (no cortadas), en ella pueden dormir seis personas. Hay una casa de la playa similar para cinco personas, con una arquitectura asimismo impresionante, aunque sin fotosíntesis, que tiene duchas de agua caliente, acceso a la playa y linda con una granja de iguanas (p. 437). Se recomienda reservar.

Cabinas Itaitá Villas (☎ 750 0414; labvaeo@racsa. co.cr; d 41 US$; **P**). Sus enormes habitaciones, con vistas panorámicas y una alegre decoración, tienen unos porches estupendos para disfrutar de la brisa marina.

Selvin's Cabins (no tiene teléfono; d sin/con baño 10/14 US$, d con cocina 20 US$; **P**). Las habitaciones sencillas con un ambiente sereno, pegadas a la playa, son sólo parte de la experiencia: Selvin pertenece a la numerosa familia Brown, conocida por su encanto y sus ojos fuera de lo corriente, que han atraído tanto el interés romántico como el científico. Aún más encantador, el **restaurante-bar** (platos principales 4-12 US$; ☾ 8.30-20.00 mi-do), considerado uno de los mejores de la zona, está especializado en gambas, langosta y pollo al estilo caribeño.

Albergue Walaba (☎ 750 0147; desde 10 US$ por persona). Este sitio genial es realmente sencillo, pero sus coloridas habitaciones y los dormitorios colectivos decorados como un refugio *hippy* en su propia jungla, además de una práctica cocina al aire libre, le confiere una indiscutible personalidad.

Viva (☎ 750 0089; www.puntauva.net; d por noche/ semana 175/500 US$; **P**). Véase la selección del autor, p. 429.

Ranchito Beach Restaurant (☎ 759 9048; platos principales 3-8 US$; ☾ 10.00-18.00). Frente a una playa estupenda para nadar bordeada de palmeras, este sosegado lugar cuenta con un bar con techumbre vegetal y unas cuantas mesas románticas esparcidas aquí y allá bajo sus propias *palapas*. Cócteles de fruta, *pizzas*, pasta fresca y, por supuesto, pescado (pruébese el *carpaccio* de marlín, 6 US$) se sirven felizmente a clientes en bañador y con los pies llenos de arena.

Cabinas Ángela (☎ 759 9092; i/d 10/16 US$, con cocina 15/23 US$). No es lo más sofisticado, pero Ángela (que habla inglés, alemán y español) ha mantenido sus cuatro espaciosas cabinas limpias desde hace décadas; además tienen agua caliente y están enfrente de la playa.

Cabinas Morpho (☎ 759 9044; cabinas 50 US$; **P**). Son dos encantadoras casas más antiguas que parecen diseñadas para estancias largas. Cada una de ellas tiene dos pisos para tres personas (pueden añadirse camas), cocina, televisor, mosquitera, balcón y encanto caribeño a raudales.

Bar y Marisquería Arrecife (☎ 759 9200; platos de marisco y pescado 4-10 US$; ☾ 7.00-21.00) es un bar playero acariciado por la brisa y especializado en la captura del día, que queda muy a mano de las dos cabinas anteriores.

Dos establecimientos vecinos se dedican sobre todo a los grupos de viajes organizados: el **Hotel Suerre** (☎ 759 9065; www.suerre. com; d 95 US$; **P** ☒ ☏), de hormigón color mostaza, y el **Hotel Las Palmas** (☎ 759 9090; www.minotelcr.com; d 90 US$; **P** ☒ ☏), con habitaciones ligeramente mejores y de hormigón naranja, cuentan con todos los lujos –piscinas, restaurantes elegantes, vistas de la playa– sin parecer lujosos en absoluto.

MANZANILLO

Este idílico destino se ha mantenido durante largo tiempo fuera de los caminos mas trillados, ya que hasta 2003 se podían tardar 45 minutos en coche o autobús desde Puerto Viejo de Talamanca, debido a que la carretera de 13 km estaba llena de baches y rodadas. Sin embargo, con la carretera asfaltada, el trayecto se ha reducido a 15 minutos; además, recorrer ese fabuloso tramo a lo largo de playas de ensueño bordeadas de palmeras se ha convertido en una alternativa agradable.

Aunque algunos temen que un acceso más fácil atraiga demasiados turistas desde Puerto Viejo de Talamanca, la zona sigue siendo una de las más intocadas de la costa, gracias a la sensibilidad ecológica de sus habitantes y al establecimiento en 1985 del Refugio Nacional de Vida Silvestre Gandoca-Manzanillo, que actualmente engloba el pueblo e impone normas estrictas sobre un ulterior desarrollo turístico de la región.

GALLINA DE PALO

A medida que la costa caribeña se calienta todos los años en febrero y marzo, unas orondas iguanas verdes se disponen a poner sus huevos, de los que saldrá una nueva generación de jóvenes reptiles que reinen en la selva. Al mismo tiempo, los chavales del lugar ansiosos de darse un festín salen armados de hondas, con la esperanza de llevarse una suculenta "gallina de palo" a la mesa familiar. Aunque cazar iguanas esté ahora prohibido por ley federal, excepto para los indígenas, algunos lugareños creen que legalmente siguen teniendo derecho a una iguana al año. Los resultados de estas cacerías tradicionales han sido devastadores.

Según Edsart Besier, un conservacionista holandés que fundó **Iguanaverde** (☎ 750 0706; www. iguanaverde.com) en 2001, quedan sólo entre 500 y 2.000 iguanas verdes en el sur del Caribe, como mucho un tercio de lo que los investigadores de la Universidad Nacional de Costa Rica consideran una población estable. La especie se encuentra desde el norte de México hasta el interior de América del Sur, pero es cada vez más escasa en todo ese ámbito. El cambio climático y la pérdida de su hábitat, junto con las barbacoas, han contribuido a la crisis.

Iguanaverde, que empezó recogiendo huevos y reptiles en peligro de extinción con el MINAE, dispone ahora de un recinto de 800 m² lleno de árboles y plantas de las que prefieren las iguanas en la selva. Besier ha criado y soltado estos animales en este refugio protegido, a menudo con la ayuda de escolares de la zona que a la vez se instruyen sobre la difícil situación de las iguanas. Besier, que básicamente ha financiado el proyecto de su bolsillo, ofrece a los simpatizantes la oportunidad de adoptar una iguana por 15 US$, lo que da derecho a un certificado y a actualizaciones de los datos del programa por correo electrónico. Cuando se realizaba esta obra, tenía pensado ofrecer recorridos públicos (adultos/niños 8/5 US$) de las instalaciones al menos dos días a la semana; se recomienda llamar para obtener detalles.

COSTA CARIBEÑA

La vida salvaje, no la nocturna, es el principal atractivo en este tramo final de la carretera, donde la gente madruga para admirar la belleza envuelta en niebla de la selva, el pantano y el mar mientras Puerto Viejo todavía baila. (Aunque Manzanillo tiene sus momentos, gracias a Maxi's.) Las playas están impolutas y son de postal, pero debe tenerse en cuenta que en el tramo que va desde el Almonds & Coral Lodge hasta Punta Mona hay resacas potencialmente letales. Se advierte seriamente a los bañistas que sean conscientes de ello.

Deportes acuáticos

Aquamor Talamanca Adventures (☎ 759 9012; aquamor@racsa.co.cr), regentado por la familia tico-estadounidense Larkin, es un sitio de submarinismo único, dedicado en igual medida a la conservación y al ocio. Cobran desde 30 US$ por una inmersión con una botella en la playa hasta 55 US$ por una inmersión en lancha con dos botellas; las tarifas incluyen equipamiento y guía. Los cursos para el certificado PADI en mar abierto cuestan unos 300 US$. El alquiler de kayaks para excursiones por mar y por río cuesta 6 US$ por hora y el de equipo de buceo, 8 US$ por día. Ofrecen varios descuentos en todas las aventuras de un día completo o pasando una noche fuera, de kayak, submarinismo, *camping* y buceo. Las excursiones de observación de delfines en lancha o kayak valen entre 25 US$ y 55 US$. Muchos guías hablan español además de inglés.

Es también un buen lugar al que ir en busca de información general sobre el refugio, con un tablón de anuncios donde aparecen artículos y sugerencias para disfrutar del parque y el arrecife, además de los numerosos programas de conservación de la costa. Aquí pueden enterarse de más detalles los interesados en la **Talamanca Dolphin Foundation** (☎ 759 0715/612; www.dolphinlink. org), fundación dedicada al estudio y preservación de los delfines de la zona mediante programas para promover el apoyo a estos animales, como un recorrido de cuatro días con todo incluido (380 US$).

Dónde dormir y comer

Maxi's Restaurant y Cabinas (☎ 759 9073; de lujo/básicas c 35/15 US$; [P]). Punto de referencia de la localidad, junto a la entrada del parque, está regentado por una familia y ofrece dos grupos de cabinas. Las de la parte antigua son habitaciones rústicas con agua fría, bastante destartaladas aunque limpias y acogedoras; las habitaciones nuevas, más bonitas, con levisor, agua caliente y frigorífico, están un poco más atrás. **Maxi's Soda** (platos principales 2-3 US$; ☾ 6.00-cierre) y la renombrada **marisquería y bar** (pescados y marisco 4-10 US$; ☾ 12.00-22.00 por lo menos), ofrecen casados de pargo rojo nada caros y langosta fresca al peso, todo ello rematado con buenos cócteles, colorido local y música en directo de vez en cuando, además de ser un lugar ideal para enterarse del estado de los senderos y de los guías de la zona disponibles.

Cabinas y Soda Las Veraneras (☎ 759 9050; i/d con ventilador 10/17 US$, con aire acondicionado 12/20 US$; Ⓟ ⋈). En una tranquila zona residencial, sus pequeñas pero bonitas habitaciones tienen agua fría y ventiladores o aire acondicionado, agua caliente y televisor. Una habitación familiar para cinco personas tiene cocina (50 US$). Su agradable **soda** (desayunos 2 US$, otras comidas 4-8 US$; ☾ 7.00-21.00) sirve platos clásicos ticos y caribeños y, cuando hay, platos del día de langosta.

Cabinas Something Different (☎ 759 9014/97; i/d/c 15/30/35 US$; Ⓟ). Habitaciones nuevas y espaciosas con agua caliente, cafetera, frigorífico, minibar y porches delanteros perfectos para ver pasar a los perezosos. Las pequeñas habitaciones individuales carecen de extras, aunque sí tienen agua caliente.

Pangea B&B (☎ 759 9204; pangeacr@racsa.co.cr; h por persona desayuno incl. 35 US$; Ⓟ). Véase "Dónde dormir", en "Puerto Viejo de Talamanca" (p. 430).

Congo Bongo (☎ 7599016; mvleevwenzegueld@wxs. nl; d/c 50/80 US$; Ⓟ). Cuatro casas completamente equipadas –con dormitorios arriba, cocina, ventilador, balcón y hamacas– enclavadas en 7 Ha ganadas a lo que fuera una plantación de cacao, ahora ganada por la jungla, con varios senderos privados como el que lleva a la playa.

Almonds & Corals Lodge Tent Camp (☎ en San José 272 2024; www.almondsandcorals.com; i/d/tr 81/65/53$ por persona; Ⓟ ⋈). Poco corriente, ofrece confortables tiendas en plataformas elevadas de madera que cuentan con comodidades como mosquiteras, ventiladores, luces, mesas y hamacas. En el *lodge* se puede **comer** (desayunos 9 US$, otras comidas 14-16 US$) en plan familiar y hay duchas de agua caliente, retretes y piscina. Ofrecen caminatas guiadas, alquiler de bicicletas, paseos a caballo y para observar aves, y alquilan todo

tipo de equipamiento deportivo. El entorno está sin urbanizar y lleno de fauna silvestre: los insectos y las ranas se oyen toda la noche y los monos aulladores hacen de despertador al amanecer. Tanto huéspedes como visitantes pueden pagar 30 US$ por caminar por los senderos privados y ver el jardín de mariposas que hay allí mismo.

El Colibrí Lodge (☎ 759 9036; www.elcolibrilodge. fr.fm; d 75 US$; Ⓟ). Románticamente diseñado, sus seis luminosas y confortables habitaciones se abren a una terraza rodeada de jardines llenos de interesantes insectos y de las aves de brillantes colores que los adoran. Por 5 US$ se puede tomar el desayuno aquí o en la habitación, antes de recorrer el sendero de 300 m que lleva a la playa.

Carnes Cuca 2 (☾ 5.00-21.00) es una pequeña tienda de alimentación donde comprar todo lo necesario para un *picnic*.

Soda Rinconcito Alegre (casados 2-5 US$; ☾ 7.00-19.00). Pintado con desenfado, sirve casados de pescado y marisco (se recomienda probar el de marlín), espaguetis y platos de arroz con una sonrisa.

Restaurante Manzanillo (platos principales de pescado y marisco 4-8 US$; ☾ 11.00-cierre). Buen marisco en este sitio cordial y nada caro alejado de la calle principal.

Cómo llegar y salir

Hay tres autobuses diarios entre Cahuita y Manzanillo, vía Puerto Viejo de Talamanca. Para ir a Bribrí y Sixaola hay que cambiar de autobús en Puerto Viejo.

REFUGIO NACIONAL DE VIDA SILVESTRE GANDOCA-MANZANILLO

Relativamente nuevo y llamado Regama para abreviar, protege cerca del 70% de la costa sur del Caribe, desde el sudeste de Manzanillo hasta la frontera con Panamá. Sus 5.013 Ha de tierra a las que se suman más de 4.436 Ha de mar lo convierten en un lugar de excepción a la hora de explorar olas y territorios.

Se creó en 1985, con unas condiciones especiales para la gente que ya vivía aquí, y la parte de tierra más seca acoge una enorme variedad de especies en varios hábitats, el menor de los cuales no es la tierra de cultivo. En tiempos fue una región cultivadora de cacao que resultaba productiva, pero después de una devastadora plaga, el monocultivo dio paso a un mosaico de fincas, ranchos y jungla invasora. El pequeño pueblo de Manzanillo está dentro de los límites del refugio, en el que también hay bosque lluvioso y algunas de las **playas** más bellas del Caribe, resguardadas por cabos rocosos.

Información

En la casa verde de madera que hay a la entrada del pueblo, la oficina del **MINAE** (☎ 759 9901; ☻ 8.00-16.00) resulta mucho más útil que la media: tiene mapas del refugio, así como información sobre estado de los senderos, observación de tortugas y guías de la zona. Aquí es donde se paga para acampar. Aquamor Talamanca Adventures (p. 437) también tiene información sobre el refugio. Un libro de fotos excelente de la flora y la fauna locales, incluida la gente que vive aquí, comentadas en español e inglés, es *Refugio Nacional de Vida Silvestre Gandoca-Manzanillo*, de Juan José Puccí, que se puede adquirir en la zona y por Internet.

Puntos de interés y actividades

EXCURSIONISMO Y BUCEO

Hay un sendero costero de 5,5 km que va de Manzanillo a la punta Mona, que se considera más segura para nadar y bucear que otras playas más cercanas al pueblo. Al sur del sendero hay un pantano poco corriente de 400 Ha donde crecen las palmas yolillo y los sajos, uno de los más extensos del país. Otro sendero más difícil sale al oeste de Manzanillo y bordea el pantano por el sur, para seguir hasta la pequeña comunidad de **Gandoca**, situada a unos 9 km. A menos que los visitantes conozcan bien la flora y la fauna del lugar, merece la pena pagar el modesto coste de un guía de la zona, aunque los excursionistas expertos pueden seguir el sendero de la punta Mona sin guía.

La parte marina del parque cobija uno de los dos arrecifes coralinos vivos del país; el otro está a pocos kilómetros, en Cahuita. Los arrecifes, que comprenden cinco tipos diferentes de coral, empiezan más o menos a 1 m de agua y se extienden a lo largo de 5 km formando una barrera coralina que, aunque utilizada por los pescadores de la zona desde hace largo tiempo, sólo recientemente ha sido descubierta por los investigadores. Es fácil concertar una excursión en barco para adentrarse en medio de este colorido mundo submarino o empezar a bucear frente a la costa para ver grupos de unas 400 especies diferentes de peces y crustáceos que habitan en este acuario natural de corales. Si hay suerte, se pueden ver además delfines o ballenas.

OBSERVACIÓN DE FAUNA

La variada vegetación y la apartada situación del refugio atraen a multitud de aves tropicales; se han registrado avistamientos hasta de la rara águila arpía. Se puede ver otros pájaros como el loro frentirrojo, el saltarín de capa roja y el tucán de pico castaño, entre muchos otros. Es un lugar estupendo para observar aves; un voluntario contaba que bandadas de tucanes pasaban por encima mientras su equipo fotografiaba una tribu de monos que había en dos árboles. La zona también es famosa por las migraciones de rapaces, cuando en otoño más de un millón de aves sobrevuela la zona.

Pasada la punta Mona, protegiendo un banco natural de ostras, se halla el único pantano de manglar rojo del Caribe costarricense. En el cercano estuario del Gandoca hay un lugar de desove del tarpón atlántico y se han visto caimanes y manatíes. El tapir centroamericano o danta, en peligro de extinción, también se encuentra en este terreno húmedo y de vegetación densa.

Las tortugas marinas, especialmente las laúd pero también las verdes, las carey y las caguamas o bobas, anidan en las playas entre la punta Mona y el río Sixaola. Las tortugas laúd anidan de marzo a julio, con un máximo en abril y mayo. Se están realizando esfuerzos en la zona para preservar estos lugares de anidamiento, ya que el crecimiento de la población humana en la zona ha hecho aumentar el robo de huevos de tortuga y ha contribuido a la disminución de la población local de estos animales.

La **Asociación Nacional de Asuntos Indígenas** (ANAI; ☎ 759 9100; www.anaicr.org) es una organización que trabaja con la gente del lugar para proteger las tortugas marinas. Durante la temporada de tortugas, su bien preparado personal está siempre disponible en sus oficinas de Gandoca, a las que se puede llegar con una caminata de tres a cinco horas o un duro trayecto en coche vía Bribrí; en otros momentos es mejor llamar con antelación. Quienes estén interesados en la conservación de las tortugas marinas pueden trabajar como voluntarios para recopilar datos de nidos y tamaños, patrullar las playas y cambiar de sitio los huevos que corran peligro de ser destruidos por las mareas altas o los depredadores. El voluntariado implica jornadas largas de trabajo no remunerado, calor y humedad y la oportunidad de ayudar a las tortugas marinas mientras se conoce una zona apartada de Costa Rica. Los interesados deben ponerse en contacto con ANAI (☎ en San José 277 7549; tortugas@racsa. co.cr; Apartado 170-2070, Sabanilla de Montes de Oca, San José, Costa Rica). También se puede escribir a su oficina de EE UU, 1176 Bryson City Rd, Franklin, NC 28734, para solicitar información. Si no se puede ser voluntario, los donativos son bien recibidos.

Circuitos y guías

Sin duda, el viajero puede explorar el refugio por su cuenta, pero sin un guía se perderá la increíble variedad plantas medicinales, aves y otros animales. La mayoría de los guías de la zona cobran entre 20 US$ y 30 US$ por persona por caminatas de cuatro a cinco horas, según el tamaño del grupo. Si resulta imposible ponerse en contacto con los guías por teléfono, se puede preguntar en Maxi's. Hay que estar preparado para mojarse y ponerse perdido de barro, y no olvidar los prismáticos.

Florentino Grenald (☎ 759 9043, 841 2732), que trabajó como administrador de la reserva, ha sido muy recomendado para recorridos de observación de aves y naturaleza. **Ricky Alric** (☎ 759 9020) también ha recibido grandes elogios y está especializado en aves y plantas medicinales. **Abel Bustamonte** (☎ 759 9043) es otro guía recomendado. Un capitán de barco, Willie Burton, hace recorridos en barco y de buceo desde Manzanillo. En la zona también se pueden alquilar caballos.

ATEC, en Puerto Viejo de Talamanca (véase p. 422), ofrece una serie de circuitos por el refugio, como excursiones de un día o haciendo noche, a pie, a caballo o en barco.

Dónde dormir y comer

El alojamiento de los voluntarios de la ANAI comprende desde el *camping* hasta el hospedaje con familias del lugar; se requiere una estancia mínima de siete días y los voluntarios deben contribuir al coste del alojamiento y la comida (de 7 US$ a 15 US$ por día, según el nivel de confort deseado). El proyecto se lleva a cabo cada año de primeros de marzo a finales de junio, y hay que pagar 30 US$ de inscripción y capacitación.

ANAI también tiene programas de seguimiento con voluntarios con base en la reserva Cocles/Kéköldi, con alojamiento en su oficina de Hone Creek cerca de Puerto Viejo de Talamanca. Este proyecto se realiza durante las migraciones de marzo a junio y de agosto a diciembre; la inscripción cuesta 160 US$ y el alojamiento 150 US$ al mes.

Finalmente, ANAI lleva acabo un proyecto de experimentación agroforestal y de cultivos cerca de la Finca Lomas, donde pueden alojarse los voluntarios por 90 US$ al mes, más 160 US$ de inscripción única. La mayoría de los voluntarios se quedan de uno a cuatro meses.

Punta Mona (www.puntamona.org; 5 km al sur de Manzanillo; dc 20 US$ por persona, 3 comidas incl; 🖳) es un experimento único en diseño de permacultivo y modo de vida sostenible que cubre unas 40 Ha. Se cultivan más de 200 variedades de frutas y verduras, que componen el 85% de sus abundantes comidas vegetarianas, que también se pueden adquirir separadamente por 6 US$.

Puede visitarse Punta Mona con un circuito guiado (6 US$ por persona), quedarse a pasar la noche como huésped o, si se ha concertado con antelación y se desea trabajar, realizar tareas de voluntariado por 200 US$ al mes, que incluyen habitación y comidas. Los alojamientos son bastante sencillos, pero con vistas inigualables: la playa y la selva sólo son accesibles a pie o en barco.

Es buena idea ponerse en contacto con Punta Mona por correo electrónico antes de llegar, así el personal puede organizar la recogida en una embarcación desde Manzanillo (10 US$ por persona en ambos sentidos para los huéspedes, 15 US$ por persona como parte de un circuito para un mínimo de tres personas, o una caminata de 2 km desde Gandoca, al sur de Puerto Viejo de Salamanca, en el otro lado del parque.

Está permitido acampar a cambio de un donativo (se sugiere 3 US$ por persona), pero no hay ningún servicio organizado a menos que se sea voluntario de la ANAI. Según se ha informado, lo mejor es acampar en la playa, ya que hay menos insectos

COSTA CARIBEÑA

y más brisa. También hay zonas de *camping* junto a la entrada de Gandoca; además, el pueblo tiene un par de sodas y cabinas. Sin embargo, la mayoría de los visitantes hace excursiones de un día y se quedan entre Manzanillo y Puerto Viejo.

Cómo llegar y salir

La reserva Gandoca-Manzanillo es accesible desde Manzanillo por senderos o en barco.

BRIBRÍ

Desde Cahuita, este agradable pueblecito se encuentra de camino a Sixaola y la frontera panameña, al final de una carretera costera asfaltada, aunque llena de baches. Desde Bribrí, una carretera de gravilla de 34 km lleva a la frontera. Es una población animada y alegre, con poco que ofrecer al turista ocasional si no es un puñado de buenos restaurantes, unos pocos alojamientos y el banco más cercano a Puerto Viejo (Banco Nacional de Costa Rica), aunque esto puede cambiar.

Bribrí es el centro de las comunidades indígenas de las montañas de Talamanca. Aunque queda muy a mano de estos interesantes pueblos y de una estupenda cascada, es más fácil llegar a todos esos lugares con circuitos organizados desde Cahuita o Puerto Viejo.

Las comunidades indígenas sólo ahora están empezando a aceptar este tipo de turismo y se están organizando para obtener una parte más grande del pastel, y es que, por el momento, no siempre les llega algo del dinero del turismo (p. 424). De todas formas, a 1 km de la parada de autobús, **Artesanías Bribrí** (8.00-16.00) ha comenzado a organizar circuitos por Timotheo y Carlos Jackson; para más información, hay que pasarse por allí o preguntar por la zona.

El Ministerio de Salud gestiona una clínica en Bribrí que atiende tanto a Puerto Viejo como a las comunidades de los alrededores.

Dónde dormir y comer

En Bribrí hay un par de alojamientos sencillos, un supermercado de buen tamaño y algunos restaurantes, como la apreciada panadería Musmanni. Los alojamientos suelen llenarse en días de mercado (lunes y martes).

Cabinas El Piculino (751 0130; d 7-20 US$; P). Sus 15 limpias y agradables habitaciones tienen ducha privada de agua caliente, y algunas, televisión y aire acondicionado. La misma familia lleva una recomendada **soda** (platos principales 2-3 US$; 7.00-22.00 lu-sa) que sirve una deliciosa sopa consomé de pollo y buenos platos de arroz.

Complejo Turístico Mango (751 0054/155; i/d/tr/c 7/10/12/14 US$; P). Habitaciones sencillas de distintas configuraciones, algunas con agua caliente, junto a una gran restaurante en las afueras del pueblo.

Delicias de Mi Tierra (platos principales 2-5 US$; 6.00-21.00 lu-sa). No hay que perderse este lugar completamente abierto y popular, cercano a la terminal de autobuses, con una comida local de calidad.

Soda Restaurante Bribrí (platos principales 2-5 US$; 5.00-17.00 lu-sa). Algo más lujoso, además de servir buenos casados, gallos y unos plátanos fritos muy recomendados, es un lugar excelente para preguntar sobre circuitos a pueblos indígenas.

Cómo llegar y salir

Los autobuses que van o vienen de Sixaola suelen parar frente al Restaurante Bribrí. Los que van al norte continúan a Puerto Viejo de Talamanca y Cahuita.

SIXAOLA

Es el final de la carretera en lo que a Costa Rica se refiere. Sixaola constituye una frontera de segundo orden para pasar a Panamá, ya que la mayoría de los turistas extranjeros que viajan por tierra prefieren cruzar la frontera por el Paso Canoas en la Interamericana. Sin embargo, este paso fronterizo es más relajado y muy popular entre los extranjeros que viven en Costa Rica pero que carecen de visado de residencia y se toman las requeridas 72 horas de vacaciones en las preciosas islas panameñas de Bocas del Toro.

Sixaola tiene su centro en el Mercado Internacional de Sixaola, nombre lleno de optimismo que designa una plaza de grava donde se encuentran los taxis, la parada de autobús, un puñado de sodas y varias tiendecitas que venden una amplia gama de botas de goma. Está a unas dos cuadras del paso fronterizo.

Para más detalles sobre el cruce de la frontera en este punto, véase el recuadro "Cómo llegar a Garabito y Bocas del Toro (Panamá)", en p. 442.

CÓMO LLEGAR A GUABITO Y BOCAS DEL TORO (PANAMÁ)

Con su reputación de uno de los pasos fronterizos más relajados de Costa Rica, Sixaola es muy popular entre los que se embarcan en unas "vacaciones de visado" de tres días a las islas de Bocas del Toro. El pintoresco archipiélago de islas cubiertas de selva tiene más de una decena de playas donde hay de todo, desde las ranitas rojas hasta tortugas laúd o un *set* en ruinas de *Survivor* (Superviviente), un *reality show*, además de una serie de alojamientos a los que se puede llegar en taxi acuático. Un auténtico paraíso.

Hay que llegar a Sixaola lo más temprano posible; la frontera está abierta de 7.00 a 17.00 horas (de 8.00 a 18.00 horas en Guabito, Panamá, que va una hora por delante de Costa Rica), un lado u ambos pueden cerrar para almorzar alrededor de las 13.00 horas. Se empieza cruzando el alto puente metálico sobre el río Sixaola, se para en **Migración** (☎ 754 2044) para rellenar el papeleo. Los automóviles (4 US$) pueden cruzar aquí, pero suele haber una larga espera. Las tarifas para entrar a Panamá varían mucho según la nacionalidad del viajero; la más frecuente es de 5 US$, que deben pagarse en dólares estadounidenses.

La entrada a Costa Rica es gratis. Si piden que se muestre un billete de vuelta y no se tiene, se puede comprar un billete de autobús (5 US$) en la farmacia. Hay que comprobar que en migración hayan puesto el sello de visado.

Guabito carece de hoteles o bancos, pero tiene taxis (3 US$) a Changuinola, donde hay un par de hoteles si uno se queda tirado. Se puede tomar otro taxi a Finca 60 (1 US$), donde se puede ir en taxi acuático (9 US$) a Bocas del Toro, en Isla Colón.

Bocas tiene una amplísima gama de hoteles y restaurantes, desde una cama sencilla sobre el agua en **Tranquilo Inn** (no tiene teléfono; h sin/con baño privado 5/7 US$ por persona), detrás del recomendado restaurante indio Om Café, hasta el lujoso **Swan's Cay Hotel** (☎ 757-9090; www.swanscayhotel.com; d 60-90 US$; ✗ ✗), con toda clase de comodidades y paquetes de submarinismo.

La isla sin coches de Bastimentos (lancha taxi 2 US$) es aún más relajada, con alojamientos excelentes y nada caros como el sitio para dormir más económico de las islas, **Magic Beach** (no tiene teléfono; a 1,2 km de Bastimentos; hamacas 2 US$, espacio para tienda por persona 2 US$, alquiler de tienda 4 US$) en la apenas urbanizada Wizard Beach, a una caminata de media hora, fabulosa y empinada, del pueblo. Las otras islas también ofrecen amplias oportunidades de exploración.

Dónde dormir y comer

Hay peores sitios donde quedarse tirado si ya han cerrado en inmigración: los alojamientos y restaurantes son sencillos, pero sin duda aceptables para el viajero de presupuesto ajustado. Con todo, se recomienda estar aquí lo más temprano posible y llegar a Changuinola, a un trayecto de 3 US$ en taxi desde la ciudad fronteriza panameña de Guabito.

Hotel Doris (☎ 754 2207; i/d 5/7 US$). Sus habitaciones razonablemente bien cuidadas, con baño compartido de agua fría, ventiladores y mosquiteras, están encima del bar, que tiene karaoke los lunes por la noche. Está a una cuadra de la calle principal, girando en el Castañeda DiscoBar.

Hotel Imperio (☎ 754 2289; d sin/con baño 7/9 US$). Más limpio y más tranquilo, su principal ventaja es su situación, justo frente al puesto de control de la policía.

Soda Martha (platos principales 2-4 US$; ☯ 5.00-17.30). En pleno Mercado Internacional, este diminuto establecimiento prepara buenos casados y un excelente pollo en salsa con arroz.

Soda Navi (platos principales 2-4 US$; ☯ 6.00-21.00). A la vuelta de la esquina, agradable y con adornos de ganchillo, sus especialidades son pintos y casados de pescado frito.

Restaurante Las Cabinas (platos principales 2-5 US$; ☯ 7.00-21.30). Es el de más categoría en Sixaola, con lindos manteles a cuadros, pollo frito y comida para llevar.

Cómo llegar y salir

Todos los autobuses paran en el Mercado Internacional. Todos los autobuses para San José o Puerto Limón paran en Bribrí y Cahuita, pero sólo algunos pasan por Puerto Viejo.

Puerto Limón. 2,50 US$; 3 h; salidas siete veces al día.

San José. 7 US$; 5 h; salidas a las 6.00, 10.30, 13.30 y 15.30.

Tierras bajas del norte

Quienes estén preocupados por la posibilidad de que la "auténtica" Costa Rica se esté enredando en una creciente maraña de cables de tirolina deben acercarse a esta escarpada región, donde es más probable que los lugareños sepan mejor cómo ensillar un caballo que el tipo de cambio que se aplica entre el dólar y el colón.

La principal actividad económica de esta región es la agraria. Por eso, desde las laderas atlánticas de la cordillera central hasta las fértiles llanuras tropicales que se extienden hasta la frontera con Nicaragua, los agricultores miman la tierra roja para obtener productos de primera necesidad, como el maíz y los frijoles. Sin embargo, lo que genera más beneficios es el arroz, la caña de azúcar y el ganado.

En las zonas más aisladas, sobre todo cerca de Nicaragua, durante la temporada de lluvias se inundan vastas praderas, creando pantanos y lagos efímeros que definen el ecosistema; y con la crecida de los ríos, barcos de fondo plano surcan las vías fluviales. Aunque los intereses del hombre hayan devorado gran parte de este mundo, se han protegido zonas pantanosas en el Refugio Nacional de Vida Silvestre Caño Negro. En estas tierras es posible observar las estaciones a medida que el río Frío, un riachuelo con meandros, crece hasta convertirse en un mar de criaturas que esperan el regreso del caluroso verano.

Este territorio posee una densidad de población baja y pocos servicios para turistas. La pequeña ciudad de Puerto Viejo de Sarapiquí, rodeada de una exuberante selva, constituye la excepción, ya que se trata de un centro regional, con estupendos servicios de autobús y barco, además de una gran variedad de alojamientos. Además, los alrededores permiten realizar espeleología en las cuevas Venado, practicar *rafting* y visitar Caño Negro.

Los turistas extranjeros no suelen adentrarse en esta área, a pesar de las fascinantes oportunidades de aventura que ofrece, como la ruta en barco hasta Nicaragua a través del río, lo que permite explorar la última frontera de Costa Rica.

LO MÁS DESTACADO

- Observar aves de rapiña y espátulas jugueteando en el **Refugio Nacional de Vida Silvestre Caño Negro** (p. 450)
- Recorrer en canoa el **río San Juan,** la remota frontera entre Costa Rica y Nicaragua (p. 460)
- Visitar la **Estación Biológica La Selva** (p. 462), uno de los centros de investigación tropical más famosos del país
- Balancearse en el puente colgante de 267 m de longitud que conecta el **Centro Neotrópico Sarapiquís** (p. 457) y el **Tirimbina Rainforest Center**
- Olvidarse de los jardines de mariposas y observar arañas y murciélagos en las espectaculares **cuevas Venado** (p. 448)

TIERRAS BAJAS DEL NORTE

CARRETERA 126 A SAN MIGUEL

Existen cuatro vías principales de acceso a las tierras bajas del norte. La más importante se dirige hacia el norte por la carretera 126 desde San José y pasa por Heredia, Vara Blanca y la catarata La Paz antes de llegar a San Miguel; más adelante se describe esta ruta desde Vara Blanca. Otra posibilidad sería tomar la carretera 141 y cruzar Alajuela y Grecia hasta Ciudad Quesada (San Carlos); desde ese punto, se continúa hacia el norte, hasta Muelle de San Carlos, o bien hacia el nordeste, hasta Aguas Zarcas y otros puntos más alejados. Véase desde San Miguel hasta la zona de Caño Negro (p. 450) para más detalles sobre los destinos a los que permiten acceder estas dos rutas. La última posibilidad implica desplazarse hacia el norte por la carretera 4 desde Santa Clara, pasando por Horquetas, hasta Puerto Viejo de Sarapiquí (véase p. 461). Todas las rutas exploran la zona sudeste de las tierras bajas trazando un círculo, sin desandar el camino.

Los autobuses con origen en San José se dirigen a Puerto Viejo de Sarapiquí por la carretera 126.

VARA BLANCA Y ALREDEDORES

La espectacular carretera 126 es una de las preferidas de las empresas turísticas. Tras salir de Heredia, se continúa por encima de un paso en la cordillera Central, entre el volcán Poás hacia el oeste y el volcán Barva hacia el este (véase p. 127). La carretera de montaña, empinada y repleta de curvas, asciende más de 2.000 m antes de alcanzar la diminuta comunidad de Vara Blanca.

Unos 2 km después del punto más alto se localiza el desvío a Poasito y al volcán Poás, seguido de un vertiginoso descenso con hermosas vistas. Los grupos de turistas o quienes se desplacen con su propio vehículo pueden detenerse a tomar fotografías o disfrutar de las aves propias de altitudes medias y elevadas.

En una curva muy cerrada, unos 8 km al norte de Vara Blanca, un puente cruza el río La Paz; a mano izquierda, destaca una espectacular panorámica de la catarata La Paz (véase p. 122). A mano derecha, en dirección norte, es posible contemplar otros saltos de agua, en el valle del río La Paz, que pronto confluye con el del río Sarapiquí.

COLONIA VIRGEN DEL SOCORRO Y ALREDEDORES

Unos 6 km después de la catarata La Paz se halla un desvío que conduce hacia la colonia Virgen del Socorro, una pequeña comunidad al otro lado del río. Esta carretera, que quizá requiera un todoterreno, es famosa entre los amantes de los pájaros, ya que se pueden avistar especies poco comunes. Un bosque, un río, los claros y los cambios de altitud propician la diversidad biológica en este lugar.

Apenas 1 km al norte de Virgen del Socorro, una carretera de tierra en mal estado lleva a la atractiva **laguna Hule**. Esta ruta de 9 km sólo resulta transitable para vehículos normales durante la época seca, pero en los meses húmedos es necesario un todoterreno. Este lago, resto de un cráter volcánico, se sitúa en medio de un exuberante bosque tropical húmedo, que desaparece conforme el viajero se aleja del lago.

Unos 7 km al norte del desvío de Virgen del Socorro, la carretera se bifurca en San Miguel: en dirección oeste, hasta Ciudad Quesada, a unos 35 km por una carretera asfaltada; y hacia el norte, hasta Puerto Viejo de Sarapiquí, al nordeste.

DE SAN MIGUEL A LOS CHILES

Las plantaciones de papaya y la selva acompañan al viajero en la ruta de San Miguel a Muelle, que serpentea sin parar; los conductores deben prestar mucha atención a las señales, pues en ocasiones están cubiertas de vegetación. No obstante, en cuanto aparecen las fincas de caña de azúcar, cultivo predominante en la zona, la carretera se convierte en un tramo largo, recto y por lo general muy caluroso, que cruza las tierras bajas hasta el puesto fronterizo de Los Chiles.

VENECIA Y ALREDEDORES

En dirección occidental, la carretera se acerca al límite norte de la cordillera Central y ofrece vistas ocasionales de las tierras

TIERRAS BAJAS DEL NORTE

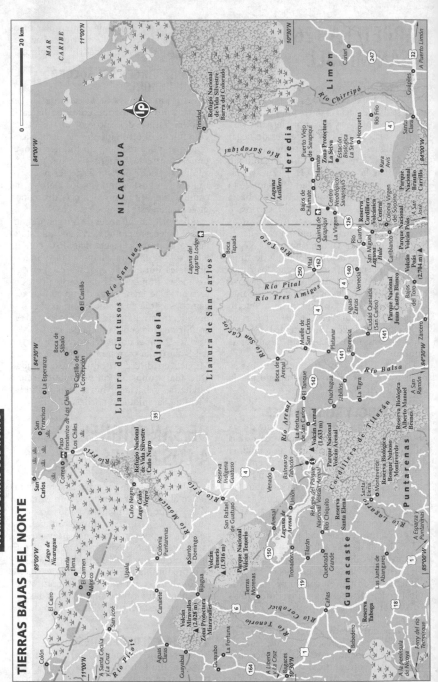

bajas del norte. Unos 14 km al oeste de San Miguel, por esta vía, se localiza Venecia, donde el "castillo medieval" de **Torre Fuerte Cabinas** (☎ 472 2424; i/d 9/15 US$; P 🏖), de visita obligada, cuenta con habitaciones limpias y sencillas con baño. La aldea de Río Cuarto está ubicada a medio camino entre San Miguel y Venecia; desde ese punto, una pista que conduce al sudeste pasa por una hermosa **catarata** cercana a Bajos del Toro, cruza el Parque Nacional Juan Castro Blanco y prosigue hasta Zarcero (véase p. 119).

LAGUNA DEL LAGARTO LODGE

Se trata de uno de los sitios más aislados del país (☎ 289 8.163; www.lagarto-lodge-costa-rica.com; i/d 43/57 US$, i/d con baño 53/70 US$, desayuno 6 US$, otras comidas 12 US$), rodeado de 1.300 Ha de bosque tropical húmedo virgen, y constituye casi una leyenda entre los amantes de las aves. Las habitaciones sencillas, pero agradables, resguardadas, algunas con baño, tienen ventilador y una gran galería. Los paquetes turísticos incluyen transporte desde San José, todas las comidas y circuitos guiados.

La mayor parte de las 500 Ha que conforman la finca es bosque tropical, aunque también existe una zona pantanosa y otra de laguna; hay canoas para explorarlas. También cabe destacar los 10 km de senderos y la posibilidad de organizar paseos a caballo y excursiones en barco por la frontera nicaragüense. Es uno de los puntos donde puede avistarse el guacamayo verde, cada vez menos frecuente y objeto de un estudio sobre el terreno.

Para llegar en automóvil, hay que tomar la carretera asfaltada hasta Pital, al norte de Aguas Zarcas, y seguir 29 km por una pista aceptable hasta la diminuta comunidad de Boca Tapada; desde allí, quedan 7 km hasta el albergue, que está señalizado. Los autobuses que llegan desde San José (4,30 US$, 5 horas) salen de la terminal Atlántico Norte dos veces al día y enlazan con Boca Tapada, donde recogen a los viajeros si lo han solicitado con antelación. El albergue también puede ocuparse del transporte desde San José (ida y vuelta) si se abona una tarifa de 90 US$ por persona (mínimo 2 personas).

MUELLE DE SAN CARLOS

Este pequeño pueblo, ubicado en un cruce, se conoce como Muelle; porque, al parecer, a pesar de ser tierra de caña de azúcar, el nombre de Cañas ya se había utilizado para otra localidad. El bonito paisaje queda deslucido por las enormes instalaciones para procesar el azúcar y por los lentos camiones que lo transportan; se recomienda precaución al conducir. Tiempo atrás, este lugar fue un importante muelle, de ahí la infraestructura naviera que posee, ya que constituye el punto más interior desde donde el río San Carlos resulta navegable.

Muelle es el punto ideal para echar un vistazo al mapa y decidir adónde ir. En el cruce de la carretera 4, que conecta Ciudad Quesada y Upala, con la carretera 35, que se prolonga entre San José y Los Chiles, se encuentra una gasolinera abierta 24 horas. Desde la carretera 4 se puede alcanzar fácilmente la 32, principal arteria de la costa caribeña. Si al viajero le cuesta decidirse, una gran variedad de alojamientos, bien situados vaya donde vaya, le permitirá pasar la noche.

Dónde dormir y comer

Cabinas Beitzy (☎ 469 9153; i/d 7/11 US$; P). Sencillo y situado en el cruce, ofrece habitaciones limpias con ducha y agua fría; una posibilidad aceptable sólo para dormir.

La Quinta (☎ 475 5260, 475 5921, 817 9679; i/d 30/35 US$; P 🏊). Unos 5 km al sur de Muelle, en la diminuta comunidad de Platanar, ofrece un ambiente de B&B gracias a las antigüedades que lo decoran, la piscina con un pequeño tobogán y la sauna. Está dirigido por los Ugalde, una agradable pareja tica que impartió clases durante varios años en EE UU. Los jardines suelen estar llenos de pájaros, y, en la parte trasera, hay un pequeño río donde pueden distinguirse peces y caimanes.

Hotel La Garza (☎ 475 5222; d 80 US$; P ✗ 🏊). Lujoso y cerca de Platanar, está emplazado en una hacienda lechera y plantación de cítricos de 60 Ha, con vistas al río Platanar y al volcán Arenal. Cuenta con un jardín al que se accede por un elegante puente colgante peatonal y 12 *bungalows* de madera reluciente, con un gran porche, ventilador de techo, teléfono y baño. Dispone de pistas de tenis, baloncesto y voleibol, además de 4 km de senderos particulares, una piscina y *jacuzzi*. Las comidas se sirven en el edificio de la hacienda contigua (9 US$ desayuno, 15 US$ comida o cena). La oferta incluye varios circuitos y paseos a caballo por los extensos terrenos (25/40 US$ 2/4 horas).

Tilajari Resort Hotel (☎ 469 9091; www.tilajari.com; i/d desayuno incl. 92/104 US$, st desayuno incl. 104/114 US$, 12 US$ cama adicional; P ✗ ✗ ☐ ☒). Este lujoso complejo, antiguo club de campo, está rodeado de terrenos ajardinados y ofrece numerosos circuitos dentro de una corta distancia. Las habitaciones, muy cómodas y situadas en modernos edificios, cuentan con ducha, agua caliente, ventilador en el techo y teléfono; las *suites* disponen de sala de estar, TV y nevera. Todas presentan terraza y algunas, vistas al río San Carlos. Unas cuantas habitaciones y algunos senderos particulares están adaptados para personas en silla de ruedas. Entre otras instalaciones, cabe destacar las piscinas, pistas de tenis y frontenis, el restaurante, la sauna, el balneario y un **jardín de mariposas** (entrada 3 US$). Asimismo, permiten acceder a una reserva privada de bosque tropical de 400 Ha, con varias rutas, y realizar paseos a caballo. Cuanta más gente se una a un grupo, más económica salen las excursiones, entre las que destacan la del **volcán Arenal y los manantiales de aguas termales de Tabacón** (1/2/3 personas 120/60/50 US$ por persona), las **cuevas Venado** (1/2/3 personas 90/45/30 US$ por persona) y las **salidas en barco, con guía, a Caño Negro** (mínimo 2 personas 75 US$ por persona). Por último, es posible practicar *rafting*, navegar en kayak u otras actividades, todas ellas abiertas a quienes no se alojen en el hotel, siempre que se avise con antelación. El complejo se localiza 800 m al oeste del desvío, en Muelle, en la carretera que conduce a Ciudad Quesada.

Restaurante-bar La Subasta (☎ 467 8087; principales 3-7 US$; ☒ 11.00-23.00). Ubicado en el cruce y con vistas a unos toriles, sirven cerveza fría y grandes casados. Hay un pequeño supermercado contiguo.

ZONA DE SAN RAFAEL DE GUATUSO

A pesar de estar rodeada de selva montañosa, gozar de vistas del volcán y ofrecer un fácil acceso a las cuevas Venado, a 15 km, y a la pequeña población de Guatuso, que en algunos mapas aparece como San Rafael, sigue siendo discreta y no ha perdido el carácter local. Esta comunidad de 7.000 personas se encuentra en el río Frío, 19 km al nordeste de Nuevo Arenal (véase p. 216) por una aceptable carretera de tierra; o 40 km al noroeste de La Fortuna (véase p. 199) por una vía asfaltada con una estupenda panorámica del activo volcán Arenal hacia el sur.

Cuevas Venado

Unos 4 km al sur de Venado, por una buena pista, las **cuevas Venado** (☎ 478 8071; entrada 7 US$; ☒ 7.00-16.00) constituyen una popular atracción los días lluviosos; puede organizarse una excursión de un día desde La Fortuna, San José u otras poblaciones por 45-65 US$ por persona, con transporte y comida. Sale más barato si el viajero las visita por su cuenta, pero el autobús resulta poco práctico.

Las grutas, un laberinto de ocho cámaras de brillante piedra caliza, dejan impresionada a mucha gente, y en ellas es habitual encontrar arañas gigantes, murciélagos, humedad y lodo. Un guía conduce a los visitantes y se introduce por estrechas rendijas, señalando formaciones rocosas y comentando los parecidos que suscitan.

Es posible ir sin reserva, aunque es recomendable efectuarla para no tener que esperar hasta que se forme un grupo. Para el recorrido se proporciona un guía, linternas, cascos y unas duchas después; por lo que se aconseja llevar ropa de repuesto. Allí mismo se ha instalado una pequeña soda y en Venado, unos cuantos lugares agradables para tomar un tentempié, pero no hay alojamientos.

El autobús de las 13.00, que sale de Ciudad Quesada, deja a los visitantes sobre las 14.00 ante una dura cuesta de 4 km que desemboca en la entrada de la cueva; ese mismo autobús pasa a las 16.00 de regreso, así que hay que darse prisa. Un taxi desde Guatuso cuesta entre 15 y 20 US$.

Dónde dormir y comer

Hay varias cabinas sencillas y limpias en San Rafael de Guatuso, utilizadas en ocasiones por trabajadores que pasan temporadas largas; igualmente, destaca una buena selección de sodas y tiendas.

Cabinas Milagro (☎ 464 0037; i/d 6/8 US$; P). Este establecimiento tranquilo y dirigido por una familia en las afueras de la población, es una opción de precio económico. Desde el centro, hay que pasar la iglesia en dirección al puente sobre el río Frío y girar a la derecha al dejar el campo de fútbol. Las habitaciones tienen ducha con agua fría y ventilador.

Cabinas Tío Henry (☎ 464 0344; h por persona 9 US$; P ✗). Los dormitorios grandes, limpios y con aire acondicionado, resultan relativamente lujosos; además, cuentan con televisión por cable y ducha con agua caliente. La recepción se halla en la tienda de piensos y consultorio veterinario de la puerta contigua; los empleados organizan circuitos para grupos numerosos solicitándolo con antelación.

Cabinas El Bosque (☎ 464 0335; i/d con ventilador 7/11 US$, i/d con a.a. 10/15 US$; **P** **✗**). Un poco al norte de la localidad, los 10 cuartos están aseados, son sencillos y alguno está equipado con televisión por cable; además, hay un aparcamiento cerrado.

Soda La Macha (☎ 464 0393; principales 3 US$; ✆ 6.00-21.00). Situada en la calle principal, enfrente de la parada del autobús, no disponen exactamente de carta, sino que hay que indicar las preferencias en cuanto a casados y gallos, y lo preparan al momento; cocinan todo en horno de leña.

Restaurante El Turista (☎ 464 1000; principales 2-4 US$; ✆ 6.00-22.00). A pesar del nombre, los lugareños abarrotan esta económica soda por el café y las generosas raciones de arroz y de comida tica tradicional. Está en la calle principal, cerca de la parada del autobús.

Rancho Ukurin (☎ 464 0308; principales 4-8 US$; ✆ 11.00-22.00). Se paga un poco más por cenar en este atractivo restaurante al aire libre, que se halla tras el puente sobre el río Frío, de camino a Upala; también es un buen sitio para disfrutar de una cerveza.

Cómo llegar y salir

Guatuso se encuentra en la carretera 4, a unos 40 km de Upala, en el noroeste, y de Muelle, en el sudeste. Los autobuses salen aproximadamente cada dos horas en dirección a Tilarán o Ciudad Quesada, un destino muy frecuente; algunos continúan hasta San José.

UPALA

Situada 9 km al sur de la frontera nicaragüense, en el extremo noroeste de las tierras bajas del norte, se trata de una pequeña y próspera población, que presta servicios a unas 15.000 personas y constituye un centro industrial para la ganadería y el cultivo de arroz locales. Está conectada con la Interamericana por una excelente carretera y autobuses regulares; además, disfruta de cierta opulencia visible. Muchos visitantes son hombres de negocios costarricenses, de modo que los alojamientos resultan agradables. La oferta de restaurantes, reducida pero selecta, se concentra en torno a una plaza cubierta de césped, que también sirve de campo de fútbol. Un carril para bicicletas, que discurre desde la plaza hasta el hospital, atrae a los aficionados al *jogging* por las mañanas.

La localidad carece de interés turístico, salvo para los extranjeros que desean visitar Caño Negro antes de cruzar la frontera en Los Chiles. A pesar de todo, merece la pena encontrar alguna excusa para disfrutar de una relajada tarde en este oasis de la cultura sabanera costarricense.

Dónde dormir

Las habitaciones tienden a llenarse entre semana, de modo que se aconseja llamar antes, sobre todo si el viajero va a llegar entrada la noche. Las duchas cuentan con agua fría, pero seguramente no supone un problema para el viajero.

Cabinas Ebenezer (☎ 837 6920; h por persona 8 US$; **P**). Bajando por el carril de bicicletas desde la población, este cómodo lugar dispone de habitaciones sencillas con ventilador y baño.

Cabinas del Norte (h 5 US$). Con un ambiente peculiar, más propio de una película, estas cabinas de cemento disfrutan de una ubicación práctica encima de la terminal de autobuses.

Hotel Rosita (☎ 470 0198; i/d 7/11 US$; **P**). Al otro lado del puente, es sencillo, pero está mucho más limpio y resulta más cómodo que el anterior.

Hotel Upala (☎ 470 0169; i/d con ventilador 9/12 US$, i/d con a.a. 12/15 US$; **P** **✗**). Es posible ver los partidos de fútbol desde el porche de sus impolutos dormitorios, con ducha, agua fría, ventilador y televisión por cable. El propietario es agradable y la recepción está abierta las 24 horas.

Cabinas Maleku (☎ 470 0142; i/d con ventilador 10/16 US$, i/d con a.a. 16/21 US$; **P** **✗**). Los cuartos, grandes y de techos altos, cuentan con muebles rústicos; destacan unas estupendas mecedoras de Sarchí y un enorme aparato de televisión por cable.

Dónde comer

El animado mercado, detrás de la terminal de autobuses, abre temprano y dispone de varias sodas agradables que preparan deliciosos gallos, empanadas (de carne o pollo) y muchas otras cosas; asimismo, hay varios restaurantes chinos y puestos de alimentación.

Soda Norma (☎ 819 7048; platos principales 2-4 US$; 🕒 6.30-21.00). Con mesas al aire libre que dan al parque, es un local de primera categoría, donde sirven deliciosos casados con guarnición.

Rancho Don Horacio (☎ 470 0905; platos principales 5-7 US$; 🕒 11.00-22.00). Al salir de la plaza y con mucho más ambiente, este romántico restaurante cuenta con manteles rojos, luces bajas y un agradable bar; la especialidad de la casa es la carne.

Heladería Baloons (☎ 470 0041; helado 0,75 US$; 🕒 8.00-21.00). Después de comer, es buena idea tomar un helado y relajarse.

Restaurante Buena Vista (☎ 470 0063; platos principales 3-6 US$; 🕒 11.00-21.00). Este animado negocio donde es posible comer un sabroso *chow mein* y arroz frito con camarones, hace honor a su nombre, con una fantástica panorámica sobre el río.

Rancho Verdún (enfrente del hospital; platos principales 3-7 US$; 🕒 11.00-tarde). A las afueras de la población, cocinan exquisita y jugosa carne de vaca; en caso de ser vegetariano, se puede disfrutar de una cerveza.

Bajando un poco la calle, la **discoteca Waka's** (🕒 21.00-tarde) ofrece baile, fiestas *rave* y, en ocasiones, música en directo; en cambio, el bar El Mundo resulta más adecuado para charlar.

Cómo llegar y salir

Upala está conectada con la Intermericana, al norte de Cañas, por la carretera 6, una excelente vía asfaltada; también se une con La Fortuna y la laguna de Arenal a través de la carretera 4, con algo más de baches. Una pista, muy accidentada, aunque normalmente transitable para todo tipo de vehículos, rodea el Refugio Nacional de Vida Silvestre Caño Negro de camino a Los Chiles, el paso fronterizo oficial con Nicaragua.

Otras carreteras de tierra cruzan la frontera nicaragüense, a 9 km, pero no son entradas oficiales en Costa Rica o Nicaragua. En ocasiones, hay un control de pasaportes junto al puente, en el extremo sur de Upala, según se llega desde San Rafael de Guatuso, y otro cerca de Canalete si se viene por la Interamericana, en la carretera asfaltada desde Cañas. Hay que asegurarse de tener la documentación a mano.

La terminal de autobuses está al lado del parque; una **taquilla de venta de billetes** (🕒 4.30-5.15 y 7.30-13.00, 18.45-20.00 lu-sa) ofrece información y guarda equipajes por 1 US$. Los taxis se concentran fuera de la terminal de Upala, junto al parque.

Caño Negro. 1 US$; 1 h; salidas 11.00 y 16.00.
Los Chiles. 2 US$; 2 h; 5.00 y 16.00.
San José, a través de Cañas. 5,50 US$; 4 h; 5.00, 14.00 y 16.30.
San José, a través de Ciudad Quesada/San Carlos. 5,50 US$; 4 h; 9.00 y 15.30.

REFUGIO NACIONAL DE VIDA SILVESTRE CAÑO NEGRO

Debido a su ubicación relativamente remota, aunque en los últimos años la situación ha cambiado gracias a la mejora de las carreteras, este refugio de 102 km² lleva tiempo siendo frecuentado por pescadores de caña para capturar al escurridizo róbalo de 40 kg, salvo desde abril hasta finales de julio cuando se inicia la época de veda (un buen momento para regatear en los alojamientos), y por los amantes de los pájaros, que acuden desde enero hasta finales de marzo para avistar anhingas, espátulas rosadas, cigüeñas, patos y garzas reales, así como la mayor colonia de cormoranes oliváceos del país y el zanate, que sólo anida con regularidad en este lugar. Durante la época seca, desciende el nivel del agua y, como consecuencia, las aves y los peces se concentran en lugares cercanos, ideales para tomar fotografías o pescar. Entre enero y marzo, la densidad de ejemplares aumenta cuando llegan las grandes bandadas de aves migratorias.

El refugio también suscita interés entre quienes realizan actividades ilegales de exploración maderera, cazadores furtivos y *okupas,* aunque suelen mantenerse al otro lado del parque, alejados de la entrada oficial y de los guardas forestales. A pesar de todo, en la zona se han avistado pumas, jaguares y tapires con más frecuencia que en otros refugios.

El río Frío define el paisaje. Durante la estación húmeda, se convierte en un lago de 800 Ha y durante los meses secos, desde enero hasta finales de abril, se reduce, el nivel de agua desciende y deja de ser navegable. Hacia el mes de abril, casi desaparece por completo, hasta que empiezan las lluvias de mayo.

POR FAVOR, ¿PODRÍAN MOSTRAR EL AUTÉNTICO CAÑO NEGRO?

En la actualidad, gracias a la mejora de las carreteras, docenas de operadores turísticos están en disposición de ofrecer excursiones relativamente económicas a Caño Negro desde todo el país. Existe mucha competencia y ciertos empresarios han ideado cómo ahorrar unos cuantos dólares recortando lo fundamental, para empezar, la tarifa de entrada de 6 US$. Aparentemente, esos tipos llevan a los visitantes a una propiedad privada pantanosa que, según dicen, es preciosa, está repleta de fauna y flora, y abundan las excursiones en barco, pero *no es* Caño Negro.

Si el viajero quiere estar seguro de visitar el auténtico refugio protegido, debe reservar la excursión poniéndose en contacto con un operador de confianza. Y, en el caso de que acabe en otro sitio, sería interesante que preguntara al operador turístico dónde se encuentra y enviara la información por correo electrónico a Lonely Planet. Nos gustaría saberlo.

Durante la estación seca, sólo puede accederse desde la comunidad de Caño Negro; sin embargo, cuando suben las aguas es posible llegar en barco desde Los Chiles o Puerto Viejo de Sarapiquí. Asimismo, durante esos meses, hay senderos para realizar excursiones a pie o a caballo, aunque es más probable que el visitante pase gran parte de su estancia en el agua.

Orientación e información

El refugio forma parte del Área de Conservación Arenal-Huetar Norte y se accede a él en barco. Cerca del acceso, lo que sería el muelle, se localiza la diminuta comunidad de Caño Negro, que no dispone de tiendas, bancos ni gasolinera, aunque sí cuenta con una **oficina del MINAE** (☎ 471 1309; ⏱ 8.00-16.00), donde se abona la entrada (4 US$).

Es posible conseguir información y concertar circuitos en el **puesto de los guardaparques** (☎ 471 1309; ⏱ 8.00-16.00), emplazado en el muelle. Además de gestionar el refugio, los guardas constituyen puntos de referencia para guías locales y varios proyectos de la comunidad, como el jardín de mariposas montado por una asociación local de mujeres (ASOMUCAN). Se puede acampar (2 US$ por persona) junto al río o pernoctar en la caseta de los guardas por 6 US$ reservando con antelación. Hay duchas, agua fría y es posible encargar comidas.

Es buen idea contratar de forma anticipada guías locales para ir de pesca y realizar recorridos ecológicos en la **oficina subregional** (☎ 460 6484, 460 0644) de Los Chiles, además de en la Soda La Palmera, las Cabinas Martín Pescador (propiedad de los guías Carlos y Antonia Saquera, muy recomendados; también alquilan caballos) y muchas empresas de la población. Otros guías de confianza son Elgar Ulate y Vicente Mesa. Por lo general, es posible encontrar guía (10-20 US$ por hora) si se avisa con antelación, aunque pueden estar ocupados en los momentos de máxima afluencia de visitantes durante las temporadas de pesca y observación de aves.

Circuitos organizados

No resulta práctico explorar el lugar por cuenta propia, de modo que la mayoría de la gente acude en viaje organizado desde La Fortuna (véase p. 199) o San José; es posible concertar circuitos similares en cualquier hotel de categoría que haya en 150 km. Suelen orientarse hacia la observación de fauna y flora; es aconsejable reservar con tiempo durante la temporada de aves (desde enero hasta finales de marzo). Los visitantes que deseen practicar pesca deportiva deben acudir a los hoteles o contratar un guía local al llegar.

La clave es llegar al refugio muy temprano cuando los animales aún están activos; por eso, merece la pena pagar un poco más por una excursión con noche incluida que pone en marcha a los viajeros a primera hora. Quienes se alojen en la población casi pueden disfrutar del refugio ellos solos al amanecer, pues los que llegan en barco desde Puerto Viejo de Sarapiquí y Los Chiles aparecen a las 9.00.

Dónde comer y dormir

Existen varias posibilidades económicas en la localidad, así como alojamientos más agradables en la carretera, algo más abajo. En general, son bastante rústicos y la mayor parte se orienta a la pesca. A continuación aparecen ordenados en función de la distancia con respecto al parque; ninguno se sitúa a más de 1,5 km del muelle.

TIERRAS BAJAS DEL NORTE

Soda La Palmera (☎ 816 3382; platos principales 3-10 US$; ⊙ 6.00-21.00). Agradable y emplazada a la entrada del refugio, sirve comida tica y pescado fresco, que puede ser la captura personal del día. Los empleados contratan a guías locales para organizar salidas a pescar (10 US$ por hora, máximo 3 personas) o circuitos ecológicos (40 US$, 2 h, máximo 3 personas), aunque es posible combinar ambos. En temporada alta, conviene reservar.

Cabinas Martín Pescador (☎ 471 1369; 10 US$ por persona; Ⓟ). A unos 100 m del centro de la ciudad, están limpias, son bastante rústicas y ofrecen baño compartido. Los propietarios, Carlos y Antonio Sequera, son guías recomendados y capitanes de barco. Antonio alquila caballos y un tercer hermano, Napoleón Sequera, también guía, está casi jubilado. Las excursiones naturalistas o de pesca, de dos horas y para un máximo de cinco personas, cuestan 40 US$.

Caño Negro Natural Lodge (☎ 471 1426; www.cano negrolodge.com; i/d desayuno incl. 91/102 US$; Ⓟ ⓧ). Encaramado en un terreno que, con la crecida, se convierte en una isla del río Frío, este establecimiento regentado por una familia ofrece paquetes que incluyen excursiones ecológicas o de pesca, caminatas guiadas y salidas en bicicleta de montaña. Las habitaciones, razonablemente lujosas, cuentan con ducha, agua caliente y ventilador de techo; están distribuidas en torno a una agradable piscina, un *jacuzzi* y una sala de juegos. El restaurante está abierto al público y los pescadores con caña suelen acudir para disfrutar de una cerveza o un tentempié.

Club de pesca Caño Negro (☎ 471 1021; www.welco metocostarica.com; d desayuno incl. 55 US$; Ⓟ ⓧ). Ubicado en un huerto de mangos y cidros junto al lago, está orientado a la pesca. El restaurante prepara el tarpón y el róbalo que se capturan en las salidas organizadas a lugares secretos donde la pesca es óptima. Tras un duro día, apetece relajarse en sus limpios y luminosos dormitorios con ventilador de techo, ducha y agua caliente. Es posible contratar cualquier combinación de barco, guías y equipo de pesca, además de kayaks y caballos (10 US$ por hora) en la bien surtida tienda de aparejos de pesca. También hay un **restaurante** (platos principales 7-12 US$; ⊙ 7.00-9.00, 12.00-14.30 y 18.00-20.30) especializado en pescado.

Caño Negro Villas (☎ 471 1023, 471 2053; www. canonegrovillas.com; d 50 US$, c cabina 100 US$; Ⓟ). Propiedad de españoles, ofrece cómodos *bungalows* con cocina y barbacoa. Está rodeado por 32 Ha de una antigua finca, objeto de reformas; ya que una parte está volviendo a la selva, aunque quedan pequeñas parcelas de piñas, bananas y árboles en peligro de extinción. Varios kilómetros de senderos particulares atraviesan el terreno y el dueño programa circuitos por el parque para observar aves, aunque puede organizar salidas a pescar si el huésped lo desea.

Cómo llegar y salir

El pueblo de Caño Negro y el acceso al parque se localizan en la accidentada carretera que conecta Upala con Los Chiles, transitable para todo tipo de vehículos durante la época seca. Los autobuses diarios, desde Upala (véase p. 449) y desde Los Chiles (véase esta página), pasan por la entrada del refugio; durante la época de lluvias, es posible tomar un barco desde Los Chiles.

LOS CHILES

Unos 70 km al norte de Muelle, con un calor sofocante por una carretera asfaltada que atraviesa plantaciones de caña de azúcar, y otros 3 km por un camino polvoriento, de tierra roja y lleno de baches, al sur de la frontera nicaragüense, se encuentra esta pequeña y tranquila localidad agrícola y pesquera. Con 8.000 habitantes, no está considerada la mayor atracción turística de Costa Rica.

La húmeda localidad, que se extiende alrededor de un campo de fútbol de césped y de las descuidadas orillas del tranquilo río Frío, resulta bastante agradable en comparación con las poblaciones fronterizas. En sus orígenes, fue poblada por gente que se dedicaba al tráfico fluvial por el cercano río San Juan, gran parte del cual constituye la frontera de Nicaragua con Costa Rica. Desde que el ferrocarril y la carretera se convirtieron en las principales arterias del comercio, el puerto ha prestado servicio a barcos de pesca y turismo a pequeña escala, aunque no ha perdido el ritmo propio de todo cruce fronterizo internacional.

En este lugar se puede disfrutar de la pintoresca aventura que es navegar hasta Caño Negro en un pequeño barco con motor a primeras horas de la mañana, o hasta Nicaragua en una travesía de una o dos horas, cruzando una frontera poco visitada por turistas extranjeros, que suelen ir por Peñas

Blancas (véase p. 196). De cualquier forma, se recomienda verificar que la documentación está en orden, ya que no son más permisivos por tratarse de un punto apartado; por lo demás, no suele haber problemas.

En la década de 1980, Los Chiles se hallaba en una importante ruta de abastecimiento de la contra nicaragüense y también se estableció una fuerte presencia militar estadounidense. Hasta 1990, el cruce estaba cerrado excepto para ciudadanos costarricenses y nicaragüenses, aunque actualmente puede salvarlo cualquiera. Aún se considera un poco sospechoso, de modo que hay abundantes controles en las carreteras y ríos; hay que llevar el pasaporte a mano.

Información y orientación

El último tramo de la carretera 35 acoge unos cuantos restaurantes, una oficina de correos, una gasolinera y la **oficina del MINAE** (☎ 460 6484; 🕑 8.00-16.00 lu-vi), en el lado derecho de la vía principal, que se adentra en la población; es posible que esta oficina disponga de información sobre Caño Negro. Si se continúa en dirección norte hasta pasar Los Chiles por una pista llena de baches, el viajero se encontrará en tierra de nadie, de camino a un cruce fronterizo que probablemente no esté permitido utilizar.

Los conductores deben poner rumbo al oeste, atravesando la población, para llegar al centro de la ciudad y a los muelles del río Frío, cerca de la estación de autobuses. En el Banco Nacional, cerca del parque central y campo de fútbol, cambian dinero. Quienes se dirijan a Nicaragua deben pasar por la oficina de **Migración** (☎ 471 1223; 🕑 8.00-17.00), unos 100 m al este del parque, de camino al muelle.

Circuitos organizados

Aunque es posible contratarlos a Caño Negro desde sitios más prácticos, utilizar Los Chiles como base permite adentrarse temprano en el río, lo que permitirá ver más fauna y flora que los visitantes que llegan desde La Fortuna y San José. El puerto también constituye un buen campamento para explorar el lago de Nicaragua.

Rancho Tulipán (☎ 471 1414; cocas34@hotmail.com). Además de ser un agradable alojamiento, ofrece excursiones, entre las que destaca la de Caño Negro (60 US$ para 2 personas, 20 US$ persona adicional) de tres horas. Los empleados pueden ocuparse de gestionar el transporte y alojamiento en Nicaragua y cualquier otro punto.

Cabinas Jabirú (☎ 471 1055). Dirigidas por Manfred Vargas Rojas, que lleva un tiempo en la zona, programa el habitual recorrido por Caño Negro así como circuitos por Medio Queso, una cercana reserva privada, donde se puede montar a caballo, conocer las técnicas agrícolas tradicionales y degustar una típica comida campestre. Otras excursiones guiadas con acampada se desarrollan por las islas del lago de Nicaragua.

En el embarcadero también es posible contratar capitanes de barco para que acompañen a los visitantes en el ascenso por el río Frío durante la época seca y en el camino al lago Caño Negro durante la temporada de lluvias, además de a San Carlos, en Nicaragua. Las travesías en barco, que duran entre tres y cuatro horas, cuestan 45-80 US$ para un grupo pequeño, según el tamaño y tipo de embarcación.

Viajes y excursiones Cabo Rey (☎ 471 1251, 839 7458) proporciona servicio de barcos hasta el refugio (45 US$ por grupo), además de desplazarse hasta El Castillo y las islas Solentiname, en Nicaragua; se suele encontrar al propio Cabo en el muelle.

Dónde dormir y comer

No hay ninguna tienda de comestibles en la población, aunque un par de mercados bien surtidos permitirán salir del paso.

Rancho Tulipán (☎ 471 1414; cocas34@hotmail.com; i/d desayuno 25/30 US$). Se trata del hotel más agradable de la localidad y cuenta con habitaciones más bien grandes y cómodas, con aire acondicionado, ducha y agua caliente, además de una agencia de viajes; se encuentra en un emplazamiento práctico, a unos pasos de la oficina de Migración y los muelles. Su **restaurante** (platos principales 3-7 US$; 🕑 7.00-22.00) es popular por los abundantes desayunos, así como por la lubina y los platos chinos, muy recomendados.

Cabinas Jabirú (☎ 471 1055; i/d 7/9 US$; P 💻). Ubicadas cerca de la terminal de autobuses, económicas y de las mejores de su categoría, ofrece cuartos espaciosos y limpios, con televisión por cable; el acceso a Internet cuesta 2 US$ por hora.

Hotel Río Frío (☎ 471 1127; h por persona 3 US$). Los anticuados dormitorios con tablas de madera dispuestos en fila, con agua fría y ducha compartida en un extremo, se mantienen

CÓMO LLEGAR A SAN CARLOS (NICARAGUA)

Aunque existe una carretera de tierra en mal estado, de 14 km, que conecta Los Chiles con San Carlos (Nicaragua), se requiere un permiso especial para utilizar este cruce, reservado normalmente a empleados del estado. Mucha gente cruza en barco, que puede alquilarse con facilidad en Los Chiles. Hay que realizar primero todos los trámites necesarios en la oficina de **Migración** (☎ 471 1223; ☯ 8.00-17.00), 100 m al oeste del muelle, que también constituye la primera parada al entrar desde Nicaragua.

Un servicio regular de barcos (7 US$, 1½ h) sale a diario de Los Chiles, a las 13.00 y 16.00, con servicios adicionales a las 11.00 y 14.30 si hay mucha demanda. Los barcos desde San Carlos, rumbo a Los Chiles zarpan puntualmente, a las 10.30 y 13.30, con barcos adicionales en función de las necesidades. En Nicaragua cobran una tarifa de entrada de 5 US$ antes de las 11.00; y entre 7 y 9 US$ después. Las tarifas deben abonarse en dólares estadounidenses.

Los funcionarios de la frontera suelen mostrarse pacientes con los viajeros que realizan excursiones de un día al lago de Nicaragua o a El Castillo y es probable que no les cobren nada por entrar en el país, aunque no es seguro. Se recomienda llevar el pasaporte y unos cuantos dólares estadounidenses, por precaución.

Desde San Carlos, que posee una gama de servicios similar a la de Los Chiles, es posible contratar el transporte en autobús, barco o avión hasta Managua, Granada y otros destinos nicaragüenses. Para más información sobre el cruce de fronteras, véase el recuadro (p. 484).

impolutos en este hospedaje económico y muy sencillo. Los nuevos propietarios tienen intención de reformarlo un poco.

Restaurante El Parque (☎ 471 1373, 471 1090; principales 3-5 US$; ☯ 6.00-21.00). De toda confianza, tal vez sea el lugar donde los autobuses llevan a comer a sus viajeros: hay que probar el pollo a la plancha o el filete con salsa de champiñones. La cafetería, con autoservicio, tiene mucho éxito entre los madrugadores aficionados a las aves.

El **Restaurante Central** (principales 2-5 US$; ☯ 7.00-22.00), en las cercanías, acoge a una clientela más local.

Cómo llegar y salir

Es posible alquilar un avión hasta una pista de aterrizaje cercana, pero actualmente no hay servicio regular de pasajeros.

Por lo general, los conductores suelen llegar desde Muelle por la carretera 35, unos 70 km sin curvas, donde los camiones hacen caso omiso de las señales que prohíben circular a más de 40 km por hora, salvo cuando se encuentran con los vehículos que transportan caña de azúcar a 20 km por hora. Más pintoresca, aunque más dura, resulta la pista que discurre durante 50 km hasta Upala, por Caño Negro, transitable para automóviles normales durante la estación seca.

Es importante recordar que no se puede cruzar la frontera por Los Chiles sin un permiso especial expedido en San José.

Todos los autobuses salen de la parada situada en la calle principal, frente al parque, y llegan a ese mismo punto.

Ciudad Quesada. 2,25 US$; 2 h; 12 salidas diarias desde las 5.00 hasta las 19.15.

San José. 4 US$; 5 h; salidas 5.30 y 15.30.

Upala, a través de Caño Negro. 2,25 US$; 2½ h; salidas 5.00 y 14.00.

El servicio regular de barcos se limita a cruzar la frontera nicaragüense (7 US$) y a distintas excursiones de un día por la zona. Sin embargo, cuando el nivel de las aguas sube, es posible alquilar embarcaciones que lleven a Caño Negro (unos 65 US$), Barra del Colorado y Tortuguero (250-300 US$), así como a otros puntos con fondeadero en el nordeste de Costa Rica.

DE SAN MIGUEL A PUERTO VIEJO DE SARAPIQUÍ

La carretera al norte de San Miguel desciende 12 km hasta La Virgen, en el corazón de las tierras bajas del norte, que no se debe confundir con la colonia Virgen del Socorro, mencionada anteriormente. La carretera, llana en este tramo, discurre por terrenos agrícolas durante 13 km más hasta

Bajos de Chilamate, desde donde prosigue 6 km hasta Puerto Viejo de Sarapiquí.

Los autobuses que conectan San José o Ciudad Quesada con Puerto Viejo de Sarapiquí constituyen el principal medio de transporte público en esta ruta.

LA VIRGEN

Esta diminuta población, enclavada en las frondosas orillas del bravo y pintoresco río Sarapiquí, realiza un espectacular descenso por la ladera atlántica, desde unas tierras altas azotadas por el viento hasta el bosque tropical húmedo. Lleva mucho tiempo siendo un centro comercial del plátano; no obstante, en los últimos años los habitantes han diversificado sus actividades.

En la actualidad, constituye la base de varias empresas de *rafting* de aguas bravas, que ofrecen buenos precios por las intensas emociones del río Sarapiquí; no son tan emocionantes como las del Pacuare, pero sirven para acelerarle el corazón al visitante. Además, también es posible realizar descensos en kayak.

Casi todos los turistas contratan excursiones de un día desde San José o La Fortuna, con comida y transporte incluidos, lo que incrementa su precio hasta 20-30 US$. Otra posibilidad es alojarse en La Virgen y disfrutar de un destino original, aunque demasiado turístico, donde hasta los alojamientos más modestos se enorgullecen de sus impecables vistas del río.

Otra ventaja son los tres hoteles de lujo al este de la localidad que añaden interesantes atracciones: museos, senderos e, incluso, un yacimiento arqueológico; quienes no se alojen en ellos pueden disfrutar de todo abonando la tarifa.

Información

Casi todos los negocios de La Virgen están junto a la carretera, como la gasolinera, el Banco Nacional con un cajero automático abierto las 24 horas, un par de supermercados pequeños y muchos bares. **Internet Café** (☎ 761 1107; 1,25 US$ por hora; ☼ 8.00-21.00 lu-sa, 14.00-21.00 do) cuenta con ordenadores bastante rápidos.

Puntos de interés y actividades
EXCURSIONES POR EL RÍO SARAPIQUÍ
Es posible recorrerlo durante todo el año, aunque desde julio hasta finales de diciembre se considera la mejor época. Se puede concertar una salida para hacer *rafting* avisando con poco tiempo de antelación, pero se aconseja reservar por lo menos dos días antes. Varios operadores turísticos de San José, como Costa Rica Expeditions, Horizontes y Ríos Tropicales, organizan excursiones (véase "Cómo desplazarse", p. 491).

Se han establecido tres descensos básicos, ofrecidos por varias empresas, para un mínimo de 9-10 años. Los precios varían entre unas agencias y otras; los que aparecen a continuación son la media. La sección "Chilamate clase I-II", para principiantes, constituye un descenso suave, apto para niños y para observar la fauna y flora. "Bajo Sarapiquí clase III-IV" (45-50 US$ por persona, 3 h), con escala cerca de La Virgen, resulta una excursión estimulante para viajeros en buena forma sin experiencia en aguas bravas. El descenso "Alto Sarapiquí clase IV-V" (75 US$, 5 h) ofrece 14 km por aguas bravas para quienes busquen emociones fuertes.

Sarapiquí Outdoor Center (☎ 761 1123; sarapiquioutdoor@hotmail.com) es una empresa consolidada, gestionada por una familia, que ofrece excursiones de calidad para practicar *rafting*, además de *camping* y estupendos alojamientos económicos.

Aguas Bravas (☎ 292 2072, 229 4837; www.aguasbravas.co.cr), además de programar salidas para hacer *rafting* desde La Virgen, San José y La Fortuna, también organiza paseos a caballo y circuitos en bicicleta. Las literas en sencillos dormitorios colectivos con baño compartido están destinadas principalmente a aficionados a las aguas bravas, aunque si quedan plazas, es posible dormir abonando 8 US$ por persona.

Aventuras del Sarapiquí (☎ 766 6768; www.sarapiqui.com), en Puerto Viejo, y **Pozo Azul Adventures** (☎ 438 2616, 761 1360) también organizan el mismo tipo de expediciones.

SERPENTARIO
Este **recinto** (☎ 761 1059; adultos/estudiantes 5/3 US$; ☼ 9.00-18.30), recién estrenado y ubicado en la carretera principal, permite contemplar unos 60 reptiles y anfibios, como ranas venenosas, ya que los pequeños terrarios todavía no están muy llenos de follaje.

Las estrellas de esta atracción, regentada por una familia, son una pitón birmana de 80 kg, una anaconda que parece pequeña

EL VERDADERO COSTE DE LAS BANANAS Beth Penland

El cultivo de la banana, la segunda industria más importante del país (después del turismo) se inició en 1878, cuando Minor C. Keith, el empresario estadounidense contratado para construir el ferrocarril al Atlántico (véase p. 25), plantó los primeros esquejes panameños con el fin de obtener comida barata para los obreros. De modo sorprendente, el dulce cultivo tuvo mucho éxito en EE UU y, tras la conclusión de las obras del ferrocarril en 1890, se inició su apogeo.

Inversores extranjeros, en su mayoría, compraron y desbrozaron las tierras que acabarían convirtiéndose en la "costa bananera". En 1909, Keith consolidó sus empresas creando la United Fruit, un imperio que influiría en el destino de América Central durante los siguientes cincuenta años.

La industria ha tenido profundas consecuencias en el medio ambiente de Costa Rica, al crear un monocultivo sumamente lucrativo que, desde una perspectiva histórica, ha sido propenso a las plagas de parásitos y otras enfermedades, como las de principios del s. xx, que diezmaron las plantaciones bananeras de toda las tierras bajas del norte y la costa caribeña. Para combatir esto y garantizar la cosecha, los agricultores emplean métodos muy destructivos desde el punto de vista ecológico.

Por ejemplo, cuando aún están en el árbol, las bananas se envuelven en bolsas de plástico azules impregnadas de productos petroquímicos que las protegen de las plagas al mismo tiempo que aceleran la maduración. Aunque la ley exige que los agricultores se deshagan de las bolsas, suelen acabar en los arroyos y en los canales de las fincas. Las bolsas constituyen un contaminante que puede matar a la fauna y flora de modo directo, por asfixia, o de modo indirecto, al contaminar con productos químicos. Además, las aguas de escorrentía, procedentes de las fincas, libres de algas y de cualquier otra maleza que pudiera detener de forma natural una grave erosión, se enriquecen con fertilizantes que, a menudo, propician el crecimiento de algunas plantas, lo que puede arrebatar espacio y luz a organismos menos capaces de utilizar los fertilizantes por sí mismos. Estos productos sintéticos también pueden afectar a los seres humanos.

Existen, como mínimo, 280 pesticidas autorizados por el Gobierno para uso en cultivos frutícolas, cinco de los cuales están catalogados por la Organización Mundial de la Salud (OMS) como "sumamente peligrosos". Los propietarios de las plantaciones y las empresas químicas se han enfrentado a demandas judiciales interpuestas por más de 24.000 trabajadores latinoamericanos

sólo en comparación, y Lydia, la fabulosa propietaria, que puede ejercer de guía improvisada y sacar de las jaulas a algunas serpientes para darles abrazos y dejar que los visitantes tomen fotografías. Definitivamente el mural exterior es muy llamativo.

Dónde dormir y comer

Sarapiquí Outdoor Center (☎ 761 1123; sarapiqui outdoor@hotmail.com; *camping* por persona 4 US$, h por persona 8 US$; P). Las excelentes parcelas de acampada dan al río y constituyen el centro de un proyecto paisajístico con duchas y baños que haría palidecer a los mayas. Las habitaciones, sencillas y con un precio correcto, también ofrecen vistas al río desde algunas ventanas. Hay una cocina comunitaria y una terraza cubierta en caso de lluvia. Además de salidas para hacer *rafting*, los propietarios organizan paseos a caballo y caminatas guiadas hasta una catarata cercana.

Rancho Leona (☎ 841 5341; www.rancholeona.com; dc 9 US$). Los alojamientos menos habituales de la población se localizan en un tramo de río especialmente apto para tomar fotografías. Unos sencillos dormitorios colectivos tienen ducha que funciona por energía solar, acceso a un baño caliente y un agradable albergue. El tranquilo establecimiento también ofrece una zona común con vistas al río, donde todos los visitantes pueden encargar comidas ligeras (3-7 US$), como ensaladas y nachos. Asimismo, en función de las preferencias, es posible concertar **salidas en kayak** (desayuno incl. 75 US$ por persona; 6 h) y caminatas guiadas. Pero la razón que impulsa a detenerse en este lugar es la extravagante vidriera del propietario, elaborada con la técnica del *copper foil*, inventada por Louis Comfort Tiffany. En el taller, en el mismo sitio, constituye una deslumbrante exhibición de colgantes de vidrio, ventanas y, sobre todo, pantallas para lámparas, que se fabrican por encargo.

por los efectos del dibromocloropropano (DBCP), una sustancia que se ha relacionado con defectos de nacimiento, daños en los tejidos y esterilidad masculina. Aunque en 1977, se prohibió en EE UU, el país donde se fabricaba, se estuvo utilizando en esta zona hasta 1990.

En Costa Rica, el derecho a unas condiciones laborales aceptables está protegido por la Declaración de los Derechos Humanos, pero no incluye la protección ante toxinas peligrosas. Los trabajadores tuvieron que elevar peticiones a los tribunales estadounidenses para luchar contra los productores y distribuidores de DBCP. Aunque en 2002 los tribunales nicaragüenses obligaron a las empresas estadounidenses a indemnizar con 490 millones de dólares a 583 trabajadores afectados por el DBCP, un representante de Dow Chemical calificó la decisión de "imposible de cumplir"; por eso, los casi 9.000 trabajadores costarricenses que aseguran haberse quedado estériles siguen esperando una compensación.

Las condiciones laborales de muchos trabajadores siguen siendo deficientes: son frecuentes los salarios de 4 US$ por 11 horas de trabajo diarias, sobre todo entre los indígenas de la costa caribeña, que carecen de regulación; y Costa Rica no es precisamente un país del Tercer Mundo, como pueden constatar los viajeros con presupuesto reducido. Según dicen, los esfuerzos por sindicar a los trabajadores, también protegidos por las leyes federales, han acabado con los representantes sindicales en una lista negra. El paraquat, un herbicida prohibido en siete países europeos por estar relacionado con problemas como vista borrosa, daños en los tejidos e incluso muerte, sigue utilizándose a un ritmo de 65 kg anuales por trabajador.

A finales de la década de 1990, una coalición de organizaciones empezó a certificar bananas como productos de "Comercio justo"; estas frutas con etiqueta de primera calidad suelen cultivarse en pequeñas explotaciones y las compañías deben demostrar que pagan salarios de subsistencia y ofrecen a los trabajadores una mínima protección frente a los productos agroquímicos. Este creciente interés en la responsabilidad social ha conseguido que corporaciones estadounidenses como Chiquita Brands trabajen con auditores como Rainforest Alliance, European Good Agriculture Practices y Social Accountability International para cumplir los criterios laborales, de derechos humanos y de seguridad alimentaria.

A pesar de los esfuerzos realizados a favor del cambio, los daños ecológicos provocados por el cultivo de la banana se harán patentes en toda Costa Rica. Por suerte, parece ser que el crecimiento socioeconómico y el crecimiento sostenible de la industria van por buen camino.

Restaurante y Cabinas Tía Rosita (☎ 761 1032, 761 1125; principales 2-5 US$; i/d/tr 7/11/17 US$; ◷ 8.00-21.00; Ⓟ). No sólo es la soda más recomendada de la localidad, con excelentes espaguetis, chiles rellenos y platos de pescado, sino que también alquilan cuatro cabinas, limpias y preciosas, con ducha, agua caliente, TV y ventilador. Los camioneros son clientes habituales de las habitaciones y del restaurante.

Hotel Claribel (☎ 761 1190; d 16 US$; Ⓟ). Sus cuartos, sencillos y bastante grandes, resultan más cómodos que los de sitios más económicos; además, están equipados con televisión por cable, ducha y agua caliente.

Restaurante La Costa (☎ 761 1117; principales 3-8 US$; ◷ 11.00-21.00). En el extremo este de la localidad, son especialistas en platos de marisco al estilo chino.

Restaurante Mar y Tierra (☎ 761 1603; principales 3-10 US$). Una de las posibilidades más concurridas en La Virgen para disfrutar de una agradable cena es esta marisquería y asador; los platos de camarones salen algo más caros, pero valen la pena.

DE LA VIRGEN A PUERTO VIEJO DE SARAPIQUÍ

Este hermoso tramo de la carretera 4 alberga algunos de los establecimientos más bonitos del país, que no sólo constituyen excelentes alojamientos de lujo, sino que también permiten a quienes no se alojen en ellos disfrutar de actividades poco habituales y senderos particulares abonando una tarifa. Cualquier autobús entre La Virgen y Puerto Viejo de Sarapiquí puede dejar al viajero en la entrada de los hoteles; un taxi desde La Virgen (o de Puerto Viejo a Selva Verde) sale por 4-6 US$.

Centro Neotrópico Sarapiquís

Unos 2 km al este de La Virgen se localiza este proyecto de ecoturismo único

(☎ 761 1004; www.sarapiquis.org; i/d estándar 81/97 US$, i/d de lujo 90/110 US$; P ✕). Es mucho más que un montón de habitaciones de madera noble, con detalles lujosos, baño que se calienta por energía solar y terraza privada. Se trata de viviendas similares a palenques, con techo de paja que imitan un pueblo precolombino del s. XV.

No es necesario estar alojado para disfrutar de sus atracciones más destacadas: el **parque arqueológico Alma Ata,** el **jardín botánico Chesters Field** y el **Museo de las Culturas Indígenas** (adultos/niños mayores de 8 años/menores de 8 años 19/10 US$/gratis; ☽ 9.00-17.00). Se han descubierto petroglifos y restos de cerámica en Alma Ata, donde se están excavando unas 70 tumbas de indios guatusos, también llamados malekos, y, aunque no cuenta con ninguna pirámide espectacular, resulta fascinante. El museo describe la historia del bosque tropical húmedo y de su relación con el ser humano mediante expositores y vídeos. En un **restaurante** en el mismo recinto (platos principales 7-20 US$; ☽ 7.00-14.00 y 17.00-21.00) elaboran platos con especias y flores comestibles, propias de la cocina indígena; muchos vegetales se cultivan allí.

Los jardines también se enorgullecen de poseer la mayor colección de plantas medicinales de Costa Rica. Por último, tras la visita al museo se entra en el **Tirimbina Rainforest Center** (☎ 761 1418; www.tirimbina.org), una reserva de 300 Ha a la que se accede por dos puentes colgantes, de 267 y 111 m, que cruzan el río Sarapiquí. A mitad de camino, una escalera de caracol desciende hasta una gran isla en medio del caudal. La reserva cuenta con más de 6 km de senderos, algunos de los cuales están pavimentados o revestidos de maderos.

La Quinta de Sarapiquí

Unos 5 km al norte de La Virgen, este agradable **albergue** (☎ 761 1300, 761 1052; www.laquintasarapiqui.com; i/d/tr 58/70/81 US$; P ⛱), regentado por una familia y situado a la orilla del río Sardinal, cuenta con caminos por una selva ajardinada que conectan hermosos *bungalows* y cenadores con techo de paja, frescos e ideales para relajarse, con hamacas y catálogos de fauna y flora. Todas las habitaciones están provistas de terraza, ventilador de techo, ducha y agua caliente; cuatro de ellas están adaptadas para personas en silla de ruedas.

La propietaria, Beatriz Gámez, se muestra muy activa en cuestiones medioambientales y ayuda en la Cámara de Turismo de Sarapiquí (CANTUSA), cuyos esfuerzos se dirigen a equilibrar la preservación del entorno y el turismo. Entre las actividades que pueden realizarse, destaca la natación en la piscina o en el río, donde se halla un estupendo estanque natural, paseos a caballo, pesca, excursiones en barco, salidas en bicicleta de montaña y observación de aves. También es posible pasar un rato en el gran **mariposario** o salir de excursión por el sendero "Tierra de ranas", donde se avistan con frecuencia estos anfibios venenosos. La pesca y los paseos a caballo son gratuitos para los clientes del hotel. Finalmente, se puede comer en el precioso **restaurante** (platos principales 8-13 US$).

En **La Galleria** (entrada 8,50 US$, gratis para clientes del hotel), dentro de la finca, se expone una colección de objetos regionales y otra de insectos, como la machaca, famosa por poseer un veneno con un extraño antídoto: las mujeres mordidas por esta extraña criatura debían hacer el amor en 24 horas; de lo contrario morían.

Las inusitadas muestras sobre historia de Costa Rica presentan un mayor interés, ya que están formadas por artilugios indígenas y algunas copias de importantes hallazgos arqueológicos. La colección de reliquias de la época colonial española resulta también impresionante, al reunir antigüedades adquiridas por los propietarios, así como reliquias familiares. La bisabuela de Gámez se carteaba con el famoso poeta nicaragüense Rubén Darío. La tarifa permite el acceso a los senderos de la propiedad y a los jardines, pero no a la piscina.

Selva Verde

En Chilamate, unos 7 km al oeste de Puerto Viejo, esta antigua hacienda es en la actualidad un **elegante albergue** (☎ 766-6800, desde EE UU 800-451 7111; www.selvaverde.com; i/d/tr/c con 3 comidas 90/144/180/196 US$, niños de 12-15 años 37 US$). Alojarse en una habitación supone un ahorro de 24 US$, que equivale al precio de tres comidas en el bufé del restaurante.

El agradable complejo está ubicado en 200 Ha de terreno arbolado, con 45 habitaciones dobles, rústicas, pero muy cómodas, con ducha y agua caliente. Hay grandes terrazas comunitarias con hamacas y vistas de la selva. Este establecimiento, que colabora con Elderhostel, una compañía turística para mayores de 55 años (véase p. 491), ofrece posibilidades educativas, circuitos guiados y otras diversiones interesantes, muchas de las cuales están abiertas a quienes no se hospeden en el hotel abonando una tarifa.

Asimismo, destacan varios kilómetros de rutas para hacer senderismo, que cruzan los terrenos y se adentran en el bosque húmedo premontano; cabe la posibilidad de conseguir un mapa de los senderos o contratar un guía del hotel (15 US$ por persona, 3 h). También hay un jardín de plantas medicinales y un **mariposario** (entrada 5 US$, gratis para clientes del hotel).

Resultan interesantes los circuitos en barco por el río Sarapiquí para practicar *rafting* o navegar en canoa con monitor; también es posible contratar paseos a caballo con guías locales (20 US$, 2-3 h).

La familia Holbrook, propietaria del negocio, también financia el Sarapiquí Conservation Learning Center, una institución sin ánimo de lucro que los clientes del hotel pueden visitar, además de comprar artesanía, charlar con gente de la zona y, tal vez, dar un donativo.

PUERTO VIEJO DE SARAPIQUÍ Y ALREDEDORES

Esta población, en la confluencia de los ríos Puerto Viejo y Sarapiquí, constituyó el puerto más importante de Costa Rica. Los barcos cargados de café surcaban el Sarapiquí hasta la frontera nicaragüense, para poner después rumbo al este en el río San Juan hasta el mar. Cuando los ferrocarriles construidos en la década de 1880 conectaron el resplandeciente y nuevo Puerto Limón con el resto del país, el viejo muelle quedó un tanto atrasado.

A pesar de la distancia que lo separa de Nicaragua, Puerto Viejo, cuyo nombre completo lo distingue de Puerto Viejo de Talamaca, en la costa caribeña; parece una población fronteriza de la selva, un tanto sórdida, propia de una película de cine negro. Migraciones se encuentra cerca del pequeño embarcadero de madera; en ocasiones, los nicaragüenses que llegan de paso lo eluden, y comparten el río con pescadores locales y aficionados a las aves. Quienes busquen aventuras pueden descender por el río en piraguas con motor.

No hay época seca, aunque desde finales de enero hasta principios de mayo es el período menos húmedo; la parte positiva es que, cuando llueve, hay menos mosquitos.

En el Banco Popular, que cuenta con un cajero automático, cambian dinero. **Internet Sarapiquí** (☎ 766 6223; ☼ 8.00-22.00) se localiza en el extremo occidental de la localidad. Asimismo, **Souvenir Río Sarapiquí** (☎ 766 6727), en la calle principal, ofrece información sobre circuitos de observación de aves, kayaks, *rafting* de aguas bravas y tirolina.

Actividades

Las de carácter medioambiental tienen mucho éxito. El guía local Alex Martínez, propietario de la Posada Andrea Cristina B&B (véase p. 460), dirige un **centro de ecoturismo** (☎ 766 6265; ☼ 8.00-15.00), orientado a actividades de conservación y circuitos de observación de fauna y flora, haciendo hincapié en las aves. También es posible contratar transporte y efectuar reservas; además informan sobre las oportunidades de voluntariado en la región que merecen la pena.

Dónde dormir y comer

La zona se enorgullece de poseer una amplia gama de alojamientos, desde literas económicas situadas en la población, para trabajadores de las plantaciones que realicen estancias largas, hasta extraordinarios albergues en las afueras, los más exclusivos de los cuales se concentran en la carretera a La Virgen (véase p. 455). Algunos establecimientos se concentran en la zona norte de Puerto Viejo y hay uno en la localidad fluvial de Trinidad, en la frontera nicaragüense.

En Puerto Viejo de Sarapiquí se halla un **supermercado Palí** (extremo oeste; ☼ 8.00-21.00) y varias sodas, como la excelente **Soda Judith** (principales 2-4 US$; ☼ 6.00-19.00), a una manzana de la carretera principal, donde sirven café, copiosos desayunos y empanadas. Los complejos turísticos suelen incluir algunas comidas, o todas, como parte de sus ofertas.

ECONÓMICO

Mi Lindo Sarapiquí (☎ 766 6281; i/d 12/20 US$; ℗). Ubicado en el lado sur del campo de fútbol, ofrece las habitaciones económicas más agradables de la localidad: sencillas, pero amplias y limpias, con ducha, agua caliente y ventilador. El **restaurante** (principales 4-9 US$;

8.00-22.00), en el mismo sitio, es más bien lujoso y sirve buen marisco.

Cabinas Restaurante Monteverde (☎ 766 6236; i/d 4/8 US$ P). Los dormitorios, bastante oscuros y deslucidos, son los más económicos de la población; el restaurante contiguo tiene unos precios igual de reducidos y sirve una estupenda comida tica tradicional.

Hotel Gonar (☎ 766 6055; h por persona sin/con baño 4/8 US$). Encima de la ferretería Almacén Gonar, ofrece 18 cuartos con escasos muebles, pero con ventilador; algunos disponen de ducha con agua fría.

Trinidad (sin teléfono, reservas ☎ en San José 213 0661, 259 1679; i/d 15/20 US$). Situado en el río San Juan, en la comunidad de Trinidad, este alojamiento barato se encuentra enfrente del puesto fronterizo nicaragüense. Sólo puede accederse a él en barco (5 US$); zarpa a las 11.00 desde el muelle principal de Puerto Viejo de Sarapiquí (a 35 km) y regresa a las 14.00. Es un rancho en funcionamiento, con varias cabinas rústicas, con capacidad para tres personas y baño. Es posible degustar comidas caseras (4-8 US$), además de alquilar caballos y contratar circuitos en barco en el mostrador.

PRECIO MEDIO

Hotel El Bambú (☎ 766 6359; www.elbambu.com; i/d desayuno continental incl. 53/64 US$; P ⓢ). Situado en el centro y bien indicado, se trata del mejor establecimiento de Puerto Viejo, con habitaciones repletas de agradables detalles y muy limpias. Hay un balcón que da a la calle y una gran piscina. El **restaurante** (7.00-22.00; principales 4-10 US$), grande y moderno, está muy concurrido.

Posada Andrea Cristina B&B (☎ 766 6265; cabinas por persona, copiosos desayunos caseros incl. 20 US$). Casi 1 km al oeste del centro y dirigido por una familia, dispone de seis cabinas pequeñas y tranquilas en el jardín, con ventilador, baño y agua caliente. El propietario, Alex Martínez, es un guía excelente y encantador, además de un apasionado conservacionista. Llegó a la zona hace treinta años, cuando era un cazador joven y aguerrido que exploraba lo que por entonces era selva virgen. Fue testigo de su rápida destrucción en manos del hombre y cambió su filosofía: en la actualidad, es guardabosque voluntario y colabora en la detención de cazadores furtivos. Asimismo, contribuyó a la fundación de la Asociación para el Bienestar Ambiental de Sarapiquí

TIERRAS BAJAS DEL NORTE

RUMBO A NICARAGUA *Rob Rachowiecki*

Descender navegando el río Sarapiquí y el río San Juan constituye un viaje memorable. Si el nivel de las aguas es bajo, es posible contemplar cocodrilos tomando el sol en las orillas. En cambio, si las aguas están altas, las tortugas de río salen para disfrutar del sol subiéndose a troncos; además, hay aves por todas partes. Al norte de Puerto Viejo, casi todo el territorio está constituido por pastos con pocos árboles. Sin embargo, al acercarse a la frontera nicaragüense, se van viendo más zonas boscosas. A lo mejor el viajero tiene la suerte de avistar monos, iguanas o tal vez una serpiente enrollada en la rama de un árbol.

Durante el viaje que realicé, el capitán del barco apagó el motor repentinamente, lo que me obligó a volverme para ver qué pasaba. El capitán sonreía y chillaba, pero hasta que la piragua no se abrió paso lentamente hasta la orilla que quedaba detrás de un árbol, no pude ver a un oso levantando la cabeza para ver qué sucedía. Cómo se las apañó para ver que la mancha de color marrón verdoso en un árbol, debido a un alga que crece en el pelaje del animal, era un perezoso es uno de los misterios de viajar con un campesino de vista aguda.

Continuamos bajando hasta la confluencia del Sarapiquí con el San Juan, donde nos detuvimos para visitar a un anciano pescador, un indio misquito llamado Leandro. Aseguraba tener 80 años, pero su arrugado cuerpo tenía la vitalidad de un hombre de 40. Rebuscando en la bolsa de hierba tejida que llevaba en el fondo de la frágil piragua, nos vendió langosta de río fresca, para acompañar la cena de esa noche.

La frontera oficial que separa Nicaragua de Costa Rica es la orilla sur del San Juan, de modo que, técnicamente, se entra en Nicaragua si se recorre el río. Históricamente, esta red fluvial ha constituido una importante puerta de entrada desde el Caribe hasta el corazón de América Central. En la actualidad, permanece alejada de los circuitos turísticos y permite al viajero contemplar una combinación de bosque tropical, ranchos, fauna y flora, antiguas zonas de guerra, otras deforestadas y algunas protegidas.

(ABAS), dedicada a la protección del entorno y a la educación. Alex dirige un centro de ecoturismo en el mismo sitio (véase p. 455) y resulta una gran fuente de información sobre temas medioambientales.

Los Cuajipales (☎ 283 9797, 766 6608; *camping* por persona 10 US$, h por persona 17-25 US$; P). Emplazado unos 3 km al norte de la localidad, por una carretera de grava en buen estado, este complejo rústico está orientado a turistas ticos. Se diseñaron cómodas cabañas con techo de paja, con capacidad para un máximo de cinco personas, siguiendo técnicas de los indios huetares, que las mantienen frescas de modo natural; la televisión por cable y las duchas con agua fría resultan menos auténticas. Todas las tarifas incluyen las comidas en el elegante, aunque informal, restaurante, además de acceso a la extravagante piscina, mesas de *ping-pong* y billar, 4 km de senderos privados y un estanque con tilapias.

El Gavilán (☎ 766 6743; www.gavilanlodge.com; i/d desayuno incl. 52/58 US$; P). Situado en una reserva de 100 Ha, unos 4 km al nordeste de Puerto Viejo, esta antigua hacienda ganadera está volviendo a la selva de un modo gradual. Los amantes de las aves pueden observarlas en los bonitos jardines, desde el porche de las amplias cabinas que cuentan con una gran ducha, agua caliente y ventilador; algunas tienen vistas al río. Los terrenos presentan 5 km de senderos y un buen restaurante, además de un agradable *jacuzzi* al aire libre para relajarse después de una caminata. Los paquetes organizados de varios días incluyen comidas, circuitos y transporte desde San José.

La gran atracción son los circuitos en barco: descensos cortos por el río Sarapiquí (15 US$ por persona, mínimo 2 personas, 2 h), salidas de un día por el río San Juan (280 US$, máximo 3 personas) y excursiones con noche incluida en Barra del Colorado o Tortuguero (400 US$ ida, varias personas). La oferta se completa con la posibilidad de realizar *rafting*, paseos a caballo y excursiones al volcán Arenal.

Un taxi o barco desde Puerto Viejo cuesta 4 US$. Hay un desvío señalizado en la carretera 4, a unos 2 km de la localidad.

Cómo llegar y salir

Puerto Viejo de Sarapiquí ha sido un centro de transportes más tiempo de lo que Costa Rica lleva siendo un país; por consiguiente, se accede fácilmente por importantes carreteras asfaltadas con origen en San José, la costa caribeña y otros puntos. Hay una parada de taxis enfrente de la terminal de autobuses; los taxis pueden llevar a los visitantes hasta los establecimientos cercanos y la Estación Biológica La Selva (véase p. 458) por entre 3 y 6 US$.

AUTOBÚS

En la **terminal de autobuses** (☎ 233 4242; 5.00-19.00), enfrente del parque, venden billetes y guardan mochilas (1,30 US$).

Ciudad Quesada/San Carlos, a través de La Virgen (Empresarios Guapileños). 1 US$; 3 h; salidas 5.30, 9.00, 14.00, 15.30 y 19.30.

Guápiles (Empresarios Guapileños). 1 US$; 1 h; 8 salidas diarias entre las 6.20 y las 18.00.

San José (Autotransportes Sarapiquí). 2,30 US$; 1½ h; salidas 5.00, 7.30, 11.30 y 16.30.

BARCO

El pequeño puerto presta servicios regulares al hospedaje Trinidad, en la localidad del mismo nombre (véase p. 460); también es posible recurrir a capitanes de barco autónomos y contratar el transporte a cualquier punto del río si las condiciones meteorológicas lo permiten. Las salidas cortas cuestan unos 10 US$ por persona y hora, para un grupo de cuatro personas; o 20 US$ por hora para una sola persona. Los viajes a Tortuguero o Barra del Colorado (ida y vuelta) salen por unos 350 US$ en un barco con capacidad para cinco personas.

SUR DE PUERTO VIEJO DE SARAPIQUÍ

Tras visitar la interesante zona de Puerto Viejo de Sarapiquí, se puede regresar a San José por la carretera del este. Unos 4 km al sudeste de Puerto Viejo, esa vía pasa por la entrada de la Estación Biológica La Selva, y 15 km después se localiza el pueblo de Horquetas; desde este punto, quedan 15 km para llegar al proyecto de conservación del bosque tropical húmedo y al albergue Rara Avis.

Desde Horquetas, la carretera asfaltada continúa unos 17 km por plantaciones de bananas hasta la carretera 32, que conecta San José con la costa caribeña. La ruta hasta la capital atraviesa el Parque Nacional Braulio Carrillo.

ESTACIÓN BIOLÓGICA LA SELVA

Esta **estación** (☎ 766 6565; laselva@sloth.ots.ac.cr; h por persona sin/con baño 67/78 US$; Ⓟ), que no debe confundirse con Selva Verde, en Chilamate, no es un hospedaje, aunque es posible alojarse en ella si se reserva con antelación. Está abarrotada de científicos y estudiantes universitarios que utilizan los laboratorios, muy bien equipados, las parcelas experimentales, el herbario y la biblioteca. Las habitaciones son sencillas, con ventilador y literas (unas cuantas disponen de camas dobles), y las tarifas incluyen todas las comidas y caminatas guiadas.

La Selva está dirigido por la **Organización para Estudios Tropicales** (OET; ☎ 240 6696; www.ots. ac.cr), un consorcio creado en 1963 para liderar la educación, la investigación y el uso sensato de los recursos naturales tropicales; muchos ecologistas famosos han impartido clases aquí. Dos veces al año, la OET ofrece un agotador curso de ocho semanas, destinado a estudiantes de ecología, además de otros cursos más y viajes de estudios a los que es posible apuntarse.

La zona protegida por La Selva está constituida por 1.513 Ha de bosque húmedo premontano, gran parte del cual no ha sufrido alteraciones. Hacia el sur, linda con las 476 Ha del Parque Nacional Braulio Carrillo, lo que crea un área lo suficientemente grande como para acoger una gran biodiversidad. Se han identificado más de 430 especies de aves, además de 120 tipos de mamíferos, 1.900 variedades de plantas vasculares (sobre todo de la familia de la orquídea, el filodendro, el café y las leguminosas), además de miles de insectos.

Excursionismo

Es necesario reservar las expediciones guiadas (20/40 US$ por persona para 4/8 noches, niños a mitad de precio; salidas diarias 8.00 y 13.30), que cruzan el puente y se adentran por 50 km de senderos bien trazados a través de la selva; algunos están adaptados para personas en silla de ruedas. Está prohibido hacer excursiones sin guía, aunque sí se permite pasear un poco después del circuito guiado. Es recomendable reservar las populares salidas de observación de aves, programadas a las 6.00 y a las 19.00, según la demanda. Los beneficios que generan las actividades se destinan a financiar el centro de investigación.

No importa la época en que se visite La Selva, lo más probable es que esté lloviendo. Es fundamental llevar ropa impermeable y calzado adecuado para caminar por el lodo. También resultan esenciales el repelente de insectos y el agua embotellada.

Cómo llegar y salir

Los autobuses públicos entre Puerto Viejo y río Frío/Horquetas pueden dejar al viajero a 2 km de la entrada de La Selva, que se sitúa a unos 3 km de Puerto Viejo, donde puede tomarse un taxi por unos 3 US$.

Los lunes, la OET fleta autobuses (10 US$) desde San José; hay que hacer la reserva al organizar la visita y tener presente que los estudiantes y los investigadores tienen prioridad.

RARA AVIS

Esta **reserva privada** (☎ 764 3131; www.rara-avis. com; Ⓟ), constituida por 1.335 Ha de bosque tropical a una altura elevada y situada en las laderas nororientales de la cordillera Central, sólo resulta accesible para visitantes dispuestos a pasar la noche aquí y realizar el ascenso en tractor durante tres horas, por una empinada colina repleta de barro.

Rara Avis fue fundado por Amos Bien, un estadounidense que llegó a Costa Rica como estudiante de biología en 1977. El territorio, que linda con el extremo este del Parque Nacional Braulio Carrillo, no tiene una auténtica época seca. Ofrece excelentes posibilidades de observar aves tropicales, con más de 350 especies avistadas hasta la fecha. Suelen verse muchos mamíferos, como monos, coatíes, osos hormigueros y pacas. Los visitantes pueden adentrarse en los senderos solos o decantarse por una caminata guiada incluida en el precio del alojamiento. Una excursión muy demandada consiste en recorrer el sendero corto que lleva hasta **La Catarata,** un salto de agua de 55 m que abre una impresionante brecha en la selva.

Los alojamientos, aunque bonitos, son rústicos; la mayor parte carece de electricidad, aunque las lámparas de queroseno y los cielos estrellados forman una combinación agradable. Los precios de las habitaciones, que incluyen todas las comidas, el transporte y una caminata guiada, pueden parecer elevados: el emplazamiento aislado es el causante, pues implica que hay que transportar montaña arriba, desde Horquetas, a visitantes, alimentos y guías.

En los bosques hay unas **cabinas** (45 US$ por persona), muy sencillas, con capacidad para cuatro personas y baño compartido, con agua fría; en cambio, las habitaciones más completas, en **La Catarata** (i/d/tr 70/130/165 US$), cuentan con ducha privada, agua caliente y un balcón con vistas al bosque tropical. La **Cabina River-Edge** (i/d 85/150 US$), la más agradable, está provista de electricidad que funciona por energía solar, agua caliente

y habitaciones individuales. Queda a diez minutos caminando del edificio principal.

Como el acceso requiere mucho tiempo y resulta difícil, se recomienda pasar dos noches. Los autobuses salen de San José (4 US$; 4 horas) desde la terminal Atlántico Norte a las 7.00; los empleados acudirán a buscar al visitante a Horquetas, donde hay un almacén para el equipaje adicional, para emprender después el famoso ascenso en tractor. También es posible concertar el ascenso en todoterreno o a caballo; ambas posibilidades exigen caminar los últimos 3 km.

TIERRAS BAJAS DEL NORTE

Datos prácticos

ALOJAMIENTO

En Costa Rica las posibilidades de alojamiento van desde los hoteles situados en magníficos complejos turísticos de lujo con todo incluido, hasta cuartos destartalados, cuyo precio, por económico que sea, puede parecer excesivo. Además, dado el ingente número de hoteles que existe, es difícil llegar a una ciudad y no encontrar alojamiento.

En las ciudades turísticas, el viajero encontrará muchas cabinas, término que engloba sitios económicos y de precio medio. Los apartoteles, con habitaciones como las de un hotel pero con cocina, suelen salir más baratos para estancias de una semana y un mes.

En esta guía se dan los precios de temporada alta (diciembre-abril), pero muchos establecimientos bajan sus precios en la estación de lluvias. En algunas ciudades populares los precios se mantienen inalterados durante todo el año, mientras que en otras de la costa también aumentan los precios en la temporada alta de junio a julio, cuando llegan en manada los viajeros del hemisferio norte. Durante la Semana Santa y la semana anterior a Navidad y Año Nuevo se suben los precios que figuran en este libro. Para esas épocas se aconseja reservar con dos meses de antelación. También conviene hacer reservas por adelantado los fines de semana de las vacaciones escolares de enero y febrero.

LO BÁSICO

- **Electricidad.** La corriente es de 110 V AC a 60 Hz y los enchufes son de dos clavijas planas.

- **Periódicos y revistas.** El periódico de mayor difusión es *La Nación* (www.nacion.co.cr), seguido de *Al Día* (tabloide), *La República* y *La Prensa Libre* (www.prensalibre.co.cr). *Esta Semana* es el mejor semanario de noticias en español. El *Tico Times* (www.ticotimes.net), semanario en inglés, sale los viernes por la tarde.

- **Televisión.** Las cadenas locales ofrecen una mezcla de noticias, espectáculos de variedades y telenovelas. Abunda la televisión por cable y satélite, para no perderse la CNN, los vídeos franceses o las noticias japonesas.

- **Radio.** 107.5FM es la emisora en inglés, y ofrece los éxitos del momento y las noticias de la BBC.

- **Sistemas de vídeo.** Los vídeos que se venden usan el sistema de grabación NTSC (el mismo que en EE UU).

- **Pesos y medidas.** Se emplea el sistema métrico decimal.

Si se viaja desde otra parte de América Central, hay que tener en cuenta que los precios en Costa Rica en general serán muy superiores a los del resto de la zona. En el recuadro "Regateo" se dan más detalles sobre precios.

'Bed and Breakfast' (B&B)

Casi desconocidos en Costa Rica en la década de 1980, los *bed and breakfast* han proliferado por todo el país, con una gama de precios de medio a alto. La **B&B Association** (☎ 289 8638; www.savethemanatee.com/B&B/bandb. shtml; crnow@amnet.co.cr) ayuda a reservar B&B en todo el país.

'Camping'

Muchos ticos (costarricenses) recurren al *camping* para disfrutar de las ciudades de la costa más caras. En la mayor parte de los destinos hay al menos uno, y de no ser así, muchos hoteles económicos fuera de San José alojan a los campistas en sus espacios. Suelen contar con aseos y ducha de agua fría, y pueden estar abarrotados y ser muy ruidosos. También hay zonas de acampada en muchos parques nacionales; se aconseja llevar comida y provisiones.

Acampar puede ser todo un reto en cualquier sitio por los muchos mosquitos. Si uno no quiere arriesgarse a ser devorado por ellos, debe llevar algún repelente. Además, en las zonas remotas es difícil encontrar combustible, por lo que conviene aprovisionarse en San José, y también en el Cemaco (p. 104) de Escazú. Los precios de acampada que figuran en de esta guía son por persona y noche.

Albergues

Hay algunos albergues de Hostelling International (HI), pero en Costa Rica la oferta suele ser bastante cara. En la mayor parte, el precio oscila entre 11 y 40 US$ por persona. El Hostal Toruma (p. 93) de San José es miembro de HI y puede reservar en todos los albergues de esta red.

Por todo el país hay muchos albergues independientes a un precio bastante menor que los de HI. Hay varios en San José, Manuel Antonio, Puerto Viejo de Talamanca y Tamarindo. El viajero de presupuesto muy reducido también encontrará habitaciones baratas en hoteles sencillos.

> ### SEGURIDAD EN LOS HOTELES
>
> Los hoteles entregan las llaves de la habitación, pero conviene cerrar bolsas y maletas con candado, no dejar objetos de valor, dinero ni documentos en la habitación ni en carteras abiertas. Los hoteles más caros disponen de caja de seguridad donde se puede guardar dinero y el pasaporte. En establecimientos sencillos, es aconsejable llevarse con uno las cosas de valor.

Hoteles

Antes de decidir alojarse en un hotel, conviene ver la habitación –y el baño–, sobre todo en los sitios económicos.

ECONÓMICOS

En general, la categoría de económicos de esta guía abarca establecimientos donde una habitación doble cuesta hasta 30 US$. Los sitios más baratos suelen tener baño compartido, aunque en algunas ciudades alejadas de las rutas turísticas se puede conseguir una doble con baño privado por 10 US$. Hay que tener presente que en algunos lugares de categoría más baja, el baño "privado" consiste en un compartimiento en un rincón de la habitación. En los mejores sitios económicos, las habitaciones suelen contar con ventilador y baño privado con o sin agua caliente. En los hoteles más económicos, es frecuente que las habitaciones sean habitáculos cuyos tabiques no llegan al techo.

El agua caliente de las duchas suele proceder de calentadores (llamados con cariño "ducha suicida costarricense"). Pese a la idea negativa que de esto pueda deducir el viajero, son totalmente seguros, con la condición de que no se juegue con ellos mientras están en marcha. El agua sale caliente si no se abre el grifo en exceso.

PRECIO MEDIO Y ALTO

Los hoteles de precio medio suelen costar entre 30 y 80 US$, excepto en San José. Sus habitaciones son más cómodas que las de los económicos, con baño privado y agua caliente, ventilador o aire acondicionado y hasta televisión por cable. Los mejores organizan excursiones y muchos tienen su propio restaurante o bar, piscina o *jacuzzi*. Muchos de esta categoría ofrecen cocina

RESERVAS CON TARJETA

Algunos hoteles exigen que se confirme la reserva mediante tarjeta de crédito. Antes de hacerlo, hay que tener en cuenta que algunos de los de mayor categoría piden un pago del 50 al 100% en el momento de reservar. Por desgracia, las normas no son muy claras en muchos hoteles.

A veces, cuando el viajero cree que está reservando la habitación, en realidad la está pagando anticipadamente. Técnicamente, se pueden cancelar las reservas y recuperar el dinero si se avisa con el tiempo suficiente. También en este caso conviene informarse de las normas del hotel sobre cancelaciones. En Costa Rica es mucho más fácil reservar que cancelar, y además, muchos hoteles cargan un 7% si se usa tarjeta. Antes de hacer una reserva, hay que tener muy claros todos estos detalles.

También es aconsejable pedir que el hotel confirme la reserva por fax o correo electrónico. Es habitual que los hoteles reserven más plazas de las que disponen, por lo que, si no se tiene esa confirmación, uno se puede quedar en la calle.

americana o completa, por lo que son una buena opción para familias.

Debido a la demanda popular, muchos establecimientos han instalado televisor en las habitaciones. Se puede pensar que es una buena idea ver algún programa local, pero hay que tener en cuenta que las paredes son delgadas en extremo, de modo que el cliente oirá también el televisor del vecino.

Todo lo que pase de 80 US$ se considera de precio alto e incluye establecimientos con todo incluido, los hoteles de cadena o de negocios, y una red de hoteles más íntimos y selectos, albergues forestales y B&B de categoría. Muchos de ellos ofrecen comodidades como bañera con agua caliente, terraza privada, televisión por cable, aire acondicionado (algunos), además de conserje y servicios de excursiones y *spa*.

La mayor parte de los hoteles de precio medio y alto cargan un 16,39% de impuestos, que se ha procurado incluir en los precios. Hay que tener en cuenta que muchos hoteles cobran por persona, no por habitación, por lo que conviene enterarse bien de los precios. Véase también el recuadro de esta página.

Un buen sitio donde encontrar establecimientos más pequeños e independientes es la **Costa Rica Innkeepers Association** (☎ 441 1157; www.costaricainnkeepers.com).

ACTIVIDADES
'Puenting'

Para todos aquellos a quienes unas vacaciones no les parezcan completas sin un buen salto de cabeza desde un puente, **Tropical Bungee** (☎ 248 2212, 383 9724; www.bungee.co.cr; un salto 60 US$), en San José, organiza esta actividad en el puente del río Colorado desde 1992.

Circuitos de 'canopy'

Son ya muchos los que saben que la vida en la selva tropical se desarrolla en el dosel (*canopy*) del bosque, la parte más alta de las copas del arbolado. Pero con unos árboles de 30 a 60 m de altura, al ser humano medio le es muy difícil observar qué ocurre ahí arriba. Para conseguirlo, hay que participar en los circuitos del dosel de la selva o *canopy tours*.

Algunas empresas han construido pasarelas elevadas entre los árboles por las que se puede transitar a pie. Las más conocidas son SkyWalk (p. 158), cerca de Monteverde, y Rainmaker (p. 295), cerca de Quepos. También se puede ascender al dosel del bosque en una especie de telesquí o teleférico. Se recomienda el Rainforest Aerial Tram, cerca de Braulio Carrillo (p. 128), o el más pequeño Aerial Adventures de Monteverde (p. 157).

Otras empresas especializadas han construido plataformas en los inmensos árboles. Al visitante se le iza mediante un cabrestante a 20 m o más, hasta el dosel, donde aguarda a que la fauna se balancee a su alrededor (algo que ocurre a menudo). Buenos sitios son la Hacienda Barú Coast (p. 312) y el Corcovado Lodge Tent Camp (p. 371). Conviene llevar prismáticos.

Y, por supuesto, no hay nada como deslizarse a gran velocidad a través de la selva. En los circuitos de tirolina, el aventurero se sujeta con un arnés a un sistema de cables y poleas que le permite pasar de una torre a otra. Los operadores lo venden como una forma excelente de contemplar la naturaleza, pero hay que contar con ver los árboles como si fueran coles al pasar zumbando y a toda velocidad.

Una de las mejores experiencias de tirolina es la de SkyTrek (p. 157) en Monteverde. El Original Canopy Tour (véase el recuadro "La batalla del *canopy*", p. 157) organiza recorridos en diversos lugares. En casi todas las ciudades hay un operador independiente dispuesto a complacer a quienes desean emular a Tarzán.

Las tirolinas no carecen de riesgo. Hay viajeros que han resultado heridos y, en un par de casos, han muerto. Conviene ir con operadores recomendados y asegurarse de que se facilita un arnés seguro con dos cuerdas para sujetarse al cable (una de seguridad), casco y guantes.

Submarinismo y buceo

La cantidad y variedad de la flora y fauna marinas es el gran atractivo del país. En general, la peor visibilidad del agua se produce en los meses lluviosos, cuando los ríos crecen y, al llegar a su desembocadura, enturbian el mar. En esa época, es mejor alejarse un poco de la costa en barca hasta lugares de aguas más claras.

El agua está templada: entre 24°C y 29°C en la superficie, con una termoclina a unos 20 m por debajo de ella, donde desciende a 23°C. Si se va por la superficie, se puede prescindir del traje de neopreno.

Para los buceadores, hay muchas zonas costeras con famosos arrecifes. Los lugares más frecuentados son Manzanillo (p. 436), la isla del Caño (p. 351) e Isla Tortuga (p. 262).

Para estos deportes se recomienda sacar permiso con antelación. Se puede obtener información en la **Federación Española de Actividades Subacuáticas** (FEDAS; ☎ 93 200 67 69, www.fedas.es) o en la **Professional Association of Diving Instructors** (PADI; ☎ en EE UU 949-858 7234, 800-729 7234, www.padi.com). **Divers Alert Network** (☎ en EE UU 800-446 2671, 919-684 2948; www.diversalertnetwork.org) es una entidad sin ánimo de lucro que facilita seguros y evacuación médica de urgencia.

Pesca

En la pesca deportiva, la modalidad de "pescar y soltar" es muy popular, aunque se guarda algún pescado para comer o como trofeo.

En el interior, abunda la pesca en ríos y lagos. Se recomiendan el río Savegre, cerca de San Gerardo de Dota, para la trucha (p. 326) y la laguna de Arenal (p. 214) para el guapote (róbalo arco iris de América Central). Los operadores locales informan sobre la temporada de veda.

En el mar se puede pescar siempre. En general, la costa del Pacífico tiene menos vida de septiembre a noviembre, cuando se pesca mejor en la parte sur, mientras que la caribeña la tiene menor en junio y julio.

Las especies más buscadas son el tarpón y el róbalo en el Caribe, y el pez vela y el marlín negro en el Pacífico. En la costa del Caribe los lugares más concurridos son Barra del Colorado (p. 409) y Tortuguero (p. 403); y en el Pacífico, Playa Flamingo (p. 232), Playa Carrillo (p. 258), Quepos (p. 295), Golfito (p. 372), Zancudo (p. 381) y Puerto Jiménez (p. 366).

Es interesante la revista **Costa Rica Outdoors** (☎ 800-308 3394; www.costaricaoutdoors.com), con información sobre viajes de aventura y en especial sobre pesca.

Excursionismo y senderismo

Para excursiones y *trekking* de largo recorrido es mejor la estación seca. En el Parque Nacional Corcovado (p. 360), en la temporada de lluvias los ríos no se pueden vadear y se cierran los senderos. La ascensión al Cerro Chirripó (p. 333) es más difícil con la lluvia y el desnudo paisaje ofrece poca protección. Para más detalles sobre *trekking*, véase p. 44.

Es imprescindible llevar sombrero, crema de protección solar, repelente de insectos y mucha agua, y retirar siempre los propios desperdicios. Los parques tienen pocos recursos para recoger la basura, por lo que hay que hacerles el favor, a ellos y al medio ambiente, de llevarse la propia al salir del parque.

Se han denunciado atracos y hurtos en algunos parques, concretamente en Carara (p. 282), Braulio Carrillo (p. 127) y en la carretera de La Palma a Los Patos (p. 364) cerca de Corcovado. Se recomienda ir en grupo o en excursión guiada. Sobre otras precauciones, véase "Peligros y advertencias" en la p. 470.

Paseos a caballo

En cualquier parte hay alguien que los organiza. Los precios oscilan entre 25 US$ por una o dos horas y 100 US$ por día completo. También se organizan excursiones con noche y caballos de carga incluidos. Si no se ha montado nunca a caballo, conviene no empezar con un paseo de una semana, y limitarse a dos o tres horas, para no lamentar graves escoceduras. Además, quienes pesen más de 100 kg no pueden esperar que los pequeños caballos locales les lleven muy lejos.

Con la creciente demanda de esta actividad, algunos propietarios sin escrúpulos abusan de los caballos. Antes, el camino de La Fortuna o Monteverde (o al revés) era testigo de tales abusos, con unos caballos sobrecargados y obligados a pasar por caminos embarrados y vadear ríos sumergidos hasta el pecho. Hoy, parece que la situación ha mejorado. (Para más detalles, véase p. 168.) Antes de contratar conviene pedir que se muestre el estado de los animales.

En muchas ciudades de la costa se puede montar a caballo por la playa. Los guías de algunas de ellas (como Playa Tamarindo, p. 237) permiten que personas con poca o ninguna experiencia galopen por playas abarrotadas. No es difícil encontrar otras zonas de playa aisladas. Conviene asegurarse de que el guía sea respetuoso en este sentido.

Se agradecerá que los viajeros sigan recomendando a los buenos especialistas (y denunciando a los malos).

Viajes en globo

El globo es aún algo nuevo en Costa Rica. 'Serendipity Adventures' (p. 492) tiene tres puntos de despegue: Arenal, Turrialba y Naranjo (al oeste de Sarchí). Algunos viajes sólo son posibles con corrientes de aire favorables.

Bicicleta de montaña

Algunas agencias especializadas de Costa Rica y EE UU organizan excursiones de varios días en bicicleta de montaña por todo el país, tanto en zonas de montaña como de playa (para detalles, véase p. 45). Las agencias locales facilitan el equipo, pero las estadounidenses exigen al viajero que se lleve el suyo.

La mayor parte de las compañías aéreas admiten bicicletas bien embaladas, y conviene que lo estén porque es posible que se manejen con poco cuidado. Otras pueden cobrar una tasa especial por transportarlas. La normativa es muy variada, por lo que conviene informarse.

En casi todas las ciudades turísticas se alquilan bicicletas, pero el estado del equipo varía. Se recomienda llevar casco y botella

de agua propios. Por una cuota de 5 US$ al mes, **Trail Source** (www.trailsource.com) informa sobre recorridos por toda Costa Rica y todo el mundo.

'Rafting' y kayak

Los meses entre junio y octubre se consideran los mejores para el *rafting*, pero algunos ríos ofrecen condiciones excelentes todo el año.

Se aconseja a los *rafters* que lleven protector solar, ropa de repuesto, bolsa sumergible para la cámara y sandalias de río. Las normas de las agencias son pocas, por lo que conviene asegurarse de que el guía esté versado en cuestiones de seguridad y sepa de primeros auxilios.

El descenso de río en kayak se puede organizar junto con el *rafting* si se tiene experiencia, y en el mar se puede practicar todo el año.

En el capítulo *Transporte* (p. 490) se relacionan los operadores especializados. En el de *Viaje de Aventura* hay más información detallada sobre destinos (p. 46).

Surf

La mayor parte de líneas aéreas aceptan tablas de surf bien embaladas en fundas acolchadas. Sin embargo, en las líneas nacionales es más complicado. Las aceptan (con una tasa adicional), pero deben medir menos de 2,1 m. Si el avión va lleno, es posible que la tabla se quede en tierra por limitaciones de peso.

Las agencias especializadas de muchas de las ciudades donde se practica el surf alquilan tablas largas y cortas, reparan desperfectos, imparten clases y organizan excursiones. Jacó (p. 285), Tamarindo (p. 237), Nosara (p. 250) y Puerto Viejo de Talamanca (p. 422) son buenos enclaves para la práctica de este deporte.

Para más información, incluido un mapa del surf, véase p. 48.

Observación de aves y de flora y fauna

Los parques nacionales y las muchas reservas privadas son ideales para observar la flora y fauna. En este sentido, tal vez el mejor sitio sea la península de Osa (p. 350). El Parque Nacional Santa Rosa (p. 190), Tortuguero (p. 403) y Caño Negro (p. 450) son buenos para ese tipo de observación. Las zonas próximas a Cerro de la Muerte (p. 327) y las reservas cerca de Santa Elena (p. 172) son buenos lugares para algún quetzal. En la p. 38 se muestra un mapa de las zonas protegidas de Costa Rica.

El mejor momento para ver a los animales es a primeras horas de la mañana y últimas de la tarde, ya que en las horas de calor del mediodía muchos animales descansan. Unos prismáticos, aunque sean baratos, mejorarán la capacidad de observación del viajero. Y mejor aún si se contrata a un buen guía, un gasto que merece la pena. Para obtener más detalles sobre operadores, véase p. 491.

'Windsurf'

La laguna de Arenal es el núcleo indiscutible del *windsurf* del país. De diciembre a marzo, los vientos soplan fuerte y constantes, a una media de 20 nudos en la estación seca, con frecuentes vientos máximos de 30, y raros son los días en calma. Las aguas del lago mantienen una temperatura de entre 18°C y 21°C todo el año, con olas de hasta 1 m. Más información en la p. 219.

Para encontrar aguas más cálidas (pero vientos menos constantes), se puede ir a Puerto Solely en la bahía Salinas (p. 195).

HORARIO COMERCIAL

Los restaurantes suelen abrir a las 7.00 horas y sirven cenas hasta las 21.00, pero en zonas más alejadas el horario puede ser bastante más corto. Para consultar otros horarios comerciales, véase la cubierta interior de este libro.

En esta guía, si no se especifica lo contrario, se supone que las actividades y los restaurantes abren todos los días.

VIAJAR CON NIÑOS

Los menores de 12 años tienen un descuento del 25% en los vuelos nacionales, y los bebés de menos de dos años no pagan (si van sentados en la falda de sus padres). Los niños mayores de 3 años pagan billete completo en los autobuses. Las agencias de alquiler de automóviles no siempre tienen asientos para niño, por lo que se recomienda llevar uno.

Muchos hoteles de categoría media y superior tienen precios reducidos para menores de 12 años si comparten habitación con sus padres. Los de mayor categoría disponen de cunas y actividades infantiles.

Si se viaja con bebés, conviene llevar pañales desechables y pomadas de casa, o comprarlos en San José. En las zonas rurales puede resultar más difícil encontrarlos, aunque en muchas ciudades tienen pañales de tela, más respetuosos con el medio ambiente. Se aconseja también llevarse aspirina infantil, termómetro y, claro está, el juguete favorito.

Entre los mejores destinos para familias con niños están las muchas comunidades costeras, en especial Jacó (p. 285) y Manuel Antonio (p. 306), en la parte central de la costa del Pacífico, y también Sámara en la península de Nicoya (p. 255). Otras actividades populares son sencillas excursiones en barca en La Virgen (p. 455) o cerca de Cañas (p. 174). Para algunas actividades en la capital, véase la p. 70 del capítulo de San José.

CLIMA

Pese a su reducida superficie, Costa Rica tiene un clima muy diverso. En las montañas hace frío, el bosque lluvioso es húmedo y frío también, San José y la Meseta Central gozan de una eterna primavera, mientras que las costas del Pacífico y del Caribe son mucho más sofocantes todo el año. (Conviene ir preparado para algún que otro día horrible.)

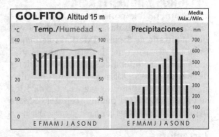

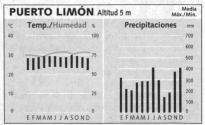

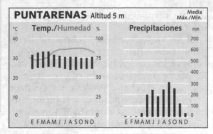

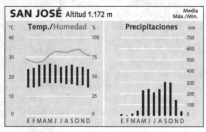

ADUANA

Todos los mayores de 18 años pueden entrar al país 5 l de vino o bebidas alcohólicas y 500 g de tabaco elaborado (400 cigarrillos o 40 puros). Se pueden entrar cámaras, prismáticos y equipos de acampada, buceo y otros deportes. Oficialmente sólo se permiten 6 carretes de fotografía, pero raramente se exige. No suele haber problemas para entrar artículos de uso personal.

PELIGROS Y ADVERTENCIAS

Es recomendable consultar el apartado de "recomendaciones para el viajero" de la web del **Ministerio de Asuntos Exteriores de España** (www.mae.es), así como la "guía para el viajero" de la **Secretaría de Relaciones Exteriores de México** (www.sre.gob.mx/delviajero/). Los últimos informes sobre los viajes a Costa Rica se encuentran en la página web del **US State Department** (travel.state.gov/travel_warnings.html).

Terremotos

Costa Rica se asienta en el borde de unas activas placas tectónicas, por lo que el riesgo de terremotos es muy elevado. Los últimos de importancia se produjeron en 1990 (7,1 en la escala de Richter) y 1991 (7,4), o el reciente de noviembre de 2004. Son frecuentes otros movimientos y temblores menores, en especial en la península de Nicoya, que cortan carreteras y derriban el tendido telefónico.

Si al viajero le sorprende un temblor de ese tipo, el mejor resguardo es en el marco de las puertas. Si se está en la calle, no conviene arrimarse a las paredes ni a los postes de teléfono.

Peligros del excursionismo

Los excursionistas que se adentran en la selva deben ir preparados. Ante todo, no hay que hacer más de lo que se puede. Si el viajero no suele andar más que de la nevera al televisor, no debe empezar con una caminata de 20 km. Hay muchos caminos de 3 y 5 km ideales para aquellos que no están habituados a las caminatas.

Se aconseja llevar mucha agua, incluso en excursiones cortas, ya que al andar se suda y la deshidratación acecha. En Corcovado muere al menos una persona al año debido al calor en la abrasadora senda de San Predillo a Sirena (p. 361). También hay excursionistas que se pierden en los bosques, por lo que es conveniente llevar mapas, comida y brújula, además de informar a alguien sobre el lugar al que se va para que, si hace falta, se pueda acotar la zona de búsqueda.

Además, hay que ser precavido con los animales. Las serpientes más venenosas de América Central, la terciopelo o *fer-de-lance* (la "mina costarricense") y la matabuey o cascabel muda son muy agresivas. Los cocodrilos habitan en muchos estuarios y a los tiburones toro les gusta merodear por la desembocadura del río Sirena en Corcovado.

Pero no hay razón para la paranoia. La mayoría de animales no pretenden meterse con el viajero más de lo que éste quiera meterse con ellos, pero atacarán si se sienten amenazados. Un guía será de ayuda, ya que sabrá cómo observar a los animales sin que se enfaden. Para reducir el riesgo de mordedura de serpientes, se aconsejan unas buenas botas.

Peligros del mar

Aproximadamente 200 personas mueren ahogadas al año en las aguas de Costa Rica, 90% de ellas debido a la corriente de resaca, una fuerte corriente que arrastra al bañista hacia dentro del mar.

Muchas de estas muertes se deben a que el bañista se asusta y batalla hasta quedar exhausto. Si se entra en una corriente hay que

¿QUÉ DIRECCIÓN ES ÉSTA?

Algunas ciudades importantes de Costa Rica tienen las calles con sus correspondientes nombres, pero hay pocas señalizaciones y es difícil dar con un tico que sepa en qué calle se encuentra. Cuando facilitan direcciones, todos emplean referencias: una dirección puede estar 200 m al sur y 150 al este de una iglesia. Una cuadra son 100 m, de modo que "250 metros al sur" significa "2½ cuadras al sur", sea cual sea la distancia. Las iglesias, parques, edificios de oficinas, restaurantes y concesionarios de automóvil son las referencias más habituales, pero a veces no le sirven de nada al extranjero que, para empezar, no sabe dónde está el concesionario de Subaru. Peor aún, los ticos usan referencias que ya no existen. En San Pedro, en las afueras de San José, todavía se habla de una antigua higuera ("el antiguo higuerón") para indicar algunas direcciones.

¿Confundido? Hay que acostumbrarse...

dejarse flotar, no hacer esfuerzos y dejar el oleaje le aleje a uno de las grandes olas, hasta donde el mar está más calmado, y luego, nadar en paralelo a la playa hasta que las olas le devuelvan a ella.

Algunas playas están contaminadas por basura o, peor aún, por aguas residuales u otro tipo de vertidos. En la actualidad, las autoridades locales cuidan de las playas, y las más limpias están señalizadas con una bandera azul (la Bandera Azul Ecológica que concede una Comisión del ICT).

Descenso de ríos

Esta actividad puede revestir especial peligro en las épocas de fuertes lluvias, ya que las crecidas a veces vuelcan las balsas. Los buenos operadores sabrán si las condiciones son seguras antes de partir; en la p. 492 se relacionan algunos.

Robos y atracos

El mayor peligro para el viajero son los robos, sobre todo por parte de carteristas. En general, Costa Rica es más segura que sus países vecinos, lo cual no significa que se pueda bajar la guardia. Algunos consejos generales que se deben poner en práctica son los siguientes:

- en las zonas públicas, llevar la mochila a la espalda, no llevar muchas joyas, y no guardar nunca la cartera en un bolsillo trasero.
- llevar siempre encima el pasaporte y el dinero, preferiblemente en un bolsillo interior o en un cinturón-cartera, que nada tiene de moderno ni de estético, pero funciona.
- no poner la mochila u otra bolsa con documentos importantes en la rejilla del autobús ni perderla de vista en la playa.
- no dejar pertenencias de ningún tipo en el coche aparcado, ni por unos minutos.
- llevar cheques de viaje o tarjetas de crédito. Los primeros se pueden reembolsar en caso de pérdida o robo; las segundas, cancelar y emitir de nuevo.
- llevar fotocopias de los documentos importantes (pasaporte, visado, billetes de avión, números de serie de los cheques de viaje) en alguna parte que no sea en los propios documentos.

Más preocupante es el número creciente de atracos a mano armada en San José y zonas de muchos turistas. Véase "Peligros y advertencias" (p. 64) para saber qué barrios evitar. En el campo se aconseja no ir solo por zonas aisladas por la noche. Siempre es más seguro viajar en grupo.

Se aconseja a las mujeres que viajen solas que eviten las zonas de prostitución y las cantinas sólo para hombres (para más información, véase p. 479).

En caso de robo o atraco, las denuncias (para reclamar al seguro) se presentan en el **Organismo de Investigación Judicial** (OIJ; ☎ 222 1365; Av. 6 entre calles 17 y 19, San José) de la Corte Suprema de Justicia. En las ciudades más importantes hay comisarías donde ayudan al viajero en estos casos; no obstante, es muy improbable que la policía consiga recuperar lo robado. Según la ley, el consejo de turismo está obligado a representar ante los tribunales al turista extranjero víctima de algún delito relacionado con su condición de tal. Antes de partir, conviene registrarse en el Instituto Costarricense de Turismo (ICT) en San José (p. 64). En la cubierta interior de esta guía figuran los números de urgencias.

VIAJEROS CON DISCAPACIDADES

Viajar de forma independiente es difícil para quien tenga problemas de movilidad.

Las leyes costarricenses amparan la igualdad de oportunidades para personas discapacitadas, pero sólo se aplican a negocios nuevos o remodelados y su cumplimiento no se exige con rigor. Por eso, son pocos los hoteles y restaurantes equipados con lo necesario para el uso de silla de ruedas. Muchos no tienen rampas, y las puertas de las habitaciones o el baño no suelen ser lo bastante anchas para aquélla.

En el exterior, las calles y aceras están mal pavimentadas y llenas de baches, por lo que el uso de la silla de ruedas, en el mejor de los casos, resulta incómodo y frustrante. Tampoco se puede acceder en silla de ruedas a los autobuses públicos, y la mayor parte de los parques nacionales y atracciones turísticas al aire libre no disponen de recorridos para sillas de ruedas. Excepciones notables son el Volcán Poás (p. 120), INBio (p. 125) y el Rainforest Aerial Tram (p. 128).

En Costa Rica, **Vaya con Silla de Ruedas** (☎ 391 5045; www.gowithwheelchairs.com) ofrece excursiones especiales para viajeros con silla de ruedas. La empresa dispone asimismo de furgonetas especiales y sus equipos cumplen las normas de accesibilidad internacionales.

En España, la **Federación ECOM** (☎ 93 451 55 50, fax 93 451 69 04, ecom@ecom.es, www.ecom.es; Gran Via de les Corts Catalanes 562, principal 2ª, 08011 Barcelona) aborda, entre otros asuntos de interés para discapacitados, el turismo accesible. Por su parte, **Viajes 2000** (☎ 91 323 25 23; paseo de la Castellana 228, 28002 Madrid), agencia de viajes perteneciente a la Organización Nacional de Ciegos de España (ONCE), dispone de información sobre accesibilidad en hoteles, restaurantes y otros lugares, en las ciudades que se deseen visitar. En Argentina, la **Fundación Turismo para Todos** (☎ /fax 5411 4662 7456, info@turismoaccesible.com.ar; Julián Aguirre 1995, B1686- EVG Hurlingham) es una ONG que trabaja en la mejora del ocio relacionado con el turismo en general y con discapacitados en particular, (seguridad y calidad turística, turismo accesible y otros) y dispone de **representación en Costa Rica** (San Isidro, ☎ 771 7482). En EE UU, **Accessible Journeys** (www.disabilitytravel.com) puede organizar viajes a Costa Rica para personas con discapacidades.

DESCUENTOS

Quienes tengan carné internacional de estudiante o de alguna universidad que imparta estudios de cuatro años normalmente tienen derecho a descuentos en museos o excursiones guiadas. No sirven los carnés de escuelas de idiomas.

EMBAJADAS Y CONSULADOS
Embajadas y consulados de Costa Rica

Para una relación completa de embajadas, entrar en la **página web del Ministerio de Relaciones Exteriores y Culto** (www.rree.go.cr) y pulsar "Viajando al Exterior".

Principales embajadas y consulados de Costa Rica en el extranjero:

Argentina (☎ 1-4815 0072/ 4814 1660; Av. Santa Fe 1460, 3er piso, C.P. 2023, Buenos Aires)

Chile (☎ 334 9486/ 334 9480; calle Zurich 255, Depto. 85, Las Condes, Santiago)

Colombia (☎ 1-636 2681/ 623-0205; Carrera 8, nº 95-48, Santa Fé de Bogotá)

Bolivia (☎ 122 793 201; calle 15, nº 100, esquina Clemento Inofuentes, Calacoto, La Paz)

Brasil (☎ 61-328 2219; SRTVN 701, conjunto C, ala A, salas 308/310, Ed. Centro Empresarial Norte, Asa Norte, Brasilia D.F.)

Ecuador (☎ 2-225 4945; calle Rumipamba 692, entre av. Amazonas y República, 1er piso, 5º, Ecuador)

EE UU (☎ 202-234 2945; 2112 S St NW, Washington, DC 20008)

El Salvador (☎ 264 3863/ 5; 85 Av. Sur y calle Cuscatlán nº 4415, Colonia Escalón San Salvador, El Salvador)

Honduras (☎ 232 1768; Residencial El Triángulo, Lomas del Guijamo, calle 3451, Tegucigalpa)

España (☎ 91 345 9622; Paseo de la Castellana 164, No 17A, Madrid 28046)

México (☎ 55-525 7765/ 6; calle Río Poo nº 113, Colonia Cuactémoc, entre Río Pánuco y Lerma, México D.F.)

Nicaragua (☎ 270 3779/ 266 3986; de la Estatua de Montoya, 200 m hacia el lago y 200 m al norte, callejón Zelaya, Managua)

Panamá (☎ 264 2980/ 264 2937; calle Samuel Lewis, Edificio Plaza Omega, 3º, cerca del Santuario Nacional, Panama City)

Perú (☎ 264 2999/ 264 2711; calle Baltasar La Torre 828, San Isidro, Lima)

Venezuela (☎ 12-267 1104; Av. San Juan Bosco de Altamira, entre 1 y 2 Transversales, Edificio For You, P.H. Urbanización Altamira, Caracas)

Embajadas y consulados en Costa Rica

La mejor hora para ir es por la mañana. Todas las siguientes están en San José. Para información sobre visados, véase p. 478.

Argentina (☎ 234 6520/ 234 6270; 400 m sur de MacDonald's, casa esquinera mano dcha., ed. de dos plantas, Curridabat)

Bolivia (☎ 296 4590/ 296 3747; de la Iglesia de Loreto de Pavas 300 m norte y 15m oeste, casa blanca de dos pisos a mano dcha., Rohrmoser)

Brasil (☎ 295 6875; Paseo Colón, Edificio Torre Mercedes, 6º piso)

Chile (☎ 224 1547; de la tercera entrada de los Yoses 300 m sur y 50 m este)

Colombia (☎ 283 6871/ 283 68 61; de Taco Bell San Pedro 175 m oeste, casa a mano dcha. color naranja, Barrio Dent)

Ecuador (☎ 232 1503/ 231 5813; de las oficinas del INS en Pavas, 100 m norte, 25 m oeste y 75 m norte, casa blanca de dos pisos)

EE UU (☎ 220 3939; carretera a Pavas frente al Centro Comercial del Oeste)

El Salvador (☎ 257 7855; 500 m al norte y 25 m al oeste del concesionario Toyota del paseo Colón)

España (☎ 222 1933; calle 32 entre paseo Colón y av. 2)

Guatemala (☎ 283 2557; carretera a Curridabat, 500 m al sur y 30 m al este de Pops)

Honduras (☎ 234 9502/ 231 1642; 250 m al este, 200 m al norte y otros 100 m al este de la Universidad Las Veritas)

México (☎ 257 0633; av. 7ª nº 1371, 75 m al este de Casa Amarilla)

Nicaragua (☎ 222 2373; av. Central 2540 entre calles 25 y 27, Barrio La California)

Panamá (☎ 281 2442/ 280 1570; 200 m al sur y 25 m al este desde el antiguo higuerón, San Pedro)

Perú (☎ 225 9145/ 225 1575; Heladería Pops 100 m este, 325 m norte, Freses, Curridabat)

Venezuela (☎ 225 8810/ 225 5813; 5ª entrada de Los Yoses, 100 m sur y 50 m oeste)

URGENCIAS

En la cubierta interior figuran los números de urgencias, pero es posible que no sirvan para algunas partes remotas del país. En San José (p. 64), el ICT facilita un útil folleto con números de urgencias actualizados para cada región.

FIESTAS Y CELEBRACIONES

Las siguientes son fiestas importantes de Costa Rica:

ENERO/FEBRERO

Fiesta de Santa Cruz (mediados de enero). Se celebra en Santa Cruz de Nicoya (p. 245), con procesión, rodeo, corrida de toros, música, bailes y un concurso de belleza.

Fiesta de los diablitos (31 de diciembre-2 de enero en la Reserva Indígena Boruca; 5-8 de febrero en Curré; p. 338). Durante la fiesta los hombres lucen máscaras del diablo de madera tallada y otras de yute para rememorar la lucha entre indios y españoles. En esta versión, pierden los españoles.

MARZO

Día del boyero (segundo domingo del mes). Se celebra un desfile en Escazú (p. 97) en honor a los carreteros.

Día de san José (día 19). Es el patrón de la capital.

JUNIO

Día de san Pedro y san Pablo (día 29). Celebraciones con procesión en los pueblos que llevan estos nombres.

JULIO

Fiesta de la Virgen del Mar (mediados de julio). Se celebra en Puntarenas (p. 279) y en Playa del Coco (p. 223), con vistosas regatas y desfiles de barcas.

Día de Guanacaste (día 25). Se celebra la anexión de Guanacaste, antes perteneciente a Nicaragua. Hay un rodeo en Santa Cruz.

AGOSTO

Virgen de los Ángeles (día 2). Se celebra la patrona con una gran procesión desde San José a Cartago.

NOVIEMBRE

Día de los muertos (día 2). Las familias visitan los cementerios y se celebran procesiones en honor de los difuntos.

DICIEMBRE

La Inmaculada Concepción (día 8). Importante festividad religiosa.

GASTRONOMÍA

Los platos principales en sitios económicos sencillos suelen costar menos de 5 US$ y entre 5 y 12 US$ en los de precio medio. En los de precio alto, es habitual que sobrepasen los 12 US$. En muchos de los no económicos se carga un 23% en concepto de venta e impuestos.

Para más información, véase *Comida y bebida* (p. 50).

COMUNIDAD HOMOSEXUAL

La situación del viajero homosexual va cambiando y es mejor que en la mayor parte de los países centroamericanos. Las relaciones homosexuales entre adultos (de 18 años de edad en adelante) no son ilegales, pero la mayoría de los costarricenses sólo aceptan la discreción.

No hace mucho hubo actuaciones perjudiciales. En 1998 se canceló una fiesta de gays y lesbianas por la enérgica oposición del clero católico. La Iglesia también forzó la prohibición de un circuito para homosexuales a Manuel Antonio y alentó el boicot a un hotel de la costa que alojaba a un grupo gay. La situación tomó un cariz conflictivo en 1999, cuando el ministro de Turismo declaró que el país no debía ser el destino del turismo sexual o de los gays. La comunidad gay dejó clara su oposición al turismo sexual y que vincular éste con el turismo gay era una tergiversación y una difamación. Entonces, la postura oficial de Costa Rica fue declarar que no se discrimine ni se fomente el turismo gay.

Afortunadamente, los gays y lesbianas de Costa Rica han logrado algunos avances. En la década de 1990, la Corte Suprema se pronunció en contra del acoso de la policía a los locales nocturnos gays y garantizó la asistencia médica a las personas enfermas de sida o portadoras del VIH. Y en junio de 2003, la primera fiesta del orgullo gay reunió a más de 2.000 personas en San José.

Fuera de los establecimientos gay, no son aconsejables las manifestaciones públicas de afecto.

Puntos de encuentro

En San José, entre los hoteles gays o respetuosos con la comunidad homosexual están el Hotel Kekoldi (p. 73), la pensión Joluva (p. 72) y Colours (p. 79). Además, la asociación Agua Buena ofrece estancias prolongadas (p. 95).

El complejo turístico del Pacífico de Manuel Antonio es un centro de vacaciones gay bastante popular. Algunos hoteles recomendados son La Plantación (p. 303) y Hotel La Mariposa (p. 303).

En San José hay una buena serie de locales nocturnos, desde sitios de encuentro a animadas discotecas y lugares más íntimos (p. 86).

Organizaciones y recursos

Una buena fuente de información es **Gay Costa Rica** (www.gaycostarica.com), que ofrece información actualizada sobre vida nocturna, viajes y muchos contactos.

La página web de la principal organización activista de Costa Rica, **Cipac** (☎ 280 7821; www.cipacdh.com), también es un buen recurso así como la **Asociación de Derechos Humanos Agua Buena** (☎ 234 2411; www.aguabuena.org). Esta meritoria organización sin ánimo de lucro ha luchado incansablemente por una

asistencia médica justa para las personas con sida o portadoras del VIH.

En los bares gays de San José (p. 86) se pueden encontrar la revista *Gente 10* y la publicación mensual *Gayness* (en inglés).

Tiquicia Travel (☎ 256 9682; www.tiquiciatravel. com; Condominios Pie Montel, La Uruca en San José) programa estancias en hoteles respetuosos con los homosexuales.

En España hay varias agencias especializadas en viajes para gays y lesbianas, que ofrecen tours por Costa Rica: **Lambda Viajes** (☎ 3491 532 78 33; www.guiagay.com/lambdaviajes/index. asp) y **Rainbow Viajes** (☎ 3493 452 05 04; www.ra inbowviajes.com). En EE UU, **Toto Tours** (☎ en EE UU 800-565 1241, 773-274 8686; www.tototours.com), especialista en viajes gays, organiza excursiones regulares a Costa Rica, entre otros destinos. La **Asociación Internacional de Viajes para Gays y Lesbianas** (IGLTA; ☎ en EE UU 800-448 8550, 954-776 2626; www.iglta.org) tiene una lista de cientos de agencias de viaje y operadores turísticos de todo el mundo.

VACACIONES

En Costa Rica, las vacaciones nacionales o días feriados se toman muy en serio. Cierran los bancos, los organismos públicos y un buen número de tiendas. Los transportes públicos y los hoteles se llenan. Lo mismo ocurre en muchas fiestas (véase 473).

Día de Año Nuevo. 1 de enero.

Semana Santa. Marzo o abril. Jueves y Viernes Santos son fiesta, pero muchos negocios cierran toda la semana. Los bares cierran del jueves al domingo y está prohibido vender alcohol; jueves y viernes no funcionan los autobuses.

Día de Juan Santamaría. 11 de abril. Fiesta en honor del héroe nacional que murió luchando contra William Walker en 1856; las principales celebraciones tienen lugar en Alajuela, su ciudad natal.

Día del trabajo. 1 de mayo.

Día de la madre. 15 de agosto. Coincide con la fiesta católica de la Asunción.

Día de la Independencia. 15 de septiembre.

Día de la Raza. 12 de octubre.

Navidad. 25 de diciembre. El 24 suele ser fiesta no oficial.

Última semana de diciembre. Fiesta no oficial entre Navidad y Año Nuevo. Cierran los negocios y los hoteles se llenan.

SEGURO DE VIAJE

Es muy útil suscribir una póliza de seguro que cubra los gastos médicos, así como posibles pérdidas o robos, cancelaciones o retrasos. Si es posible, lo mejor es un seguro de cobertura elevada, pues algunas pólizas excluyen actividades consideradas de cierto riesgo, como deportes de aventura, submarinismo, motociclismo, esquí, montañismo e incluso senderismo.

Hay modalidades de seguro en las que la compañía se hace cargo directamente de los gastos médicos, pero en otras el cliente debe pagar por adelantado y reclamar el importe más tarde; en ese caso, hay que solicitar y guardar todos los justificantes del gasto realizado. Es importante verificar que la cobertura contemple el transporte en ambulancia y la repatriación por vía aérea.

Se aconseja hacer copia de todo lo relativo al seguro, por si se pierden los originales. Para información sobre seguro médico, véase la p. 493, y para el de automóviles, la p. 487.

ACCESO A INTERNET

Para acceder a la propia cuenta de correo electrónico desde un *cibercafé* hay que recordar tres datos: el nombre del servidor de correo entrante (POP o IMAP), el nombre de la cuenta y la contraseña. Con esos datos uno puede acceder a su correo electrónico desde cualquier ordenador conectado a la Red y a Internet.

En Costa Rica abundan los *cibercafés* y, en general, es fácil tener acceso a Internet barato y rápido para consultar el correo electrónico. El precio normal en San José es de 1 o 2 US$ por hora, un poco superior en otras ciudades grandes, y hasta 5 US$ en lugares remotos. Si no se tiene correo electrónico vinculado a una página web, **ekit** de Lonely Planet (www.ekno.lonelyplanet. com) ofrece servicio gratis.

Llevar un ordenador portátil resulta estupendo para mantenerse en contacto con familiares y amigos, pero puede haber problemas si el voltaje eléctrico es diferente o si el módem resulta incompatible, cosa que sólo se descubre al intentar la conexión.

Quienes viajen con portátil y módem observarán que los hoteles de mayor categoría tienen conectores telefónicos RJ-11 semejantes a los de EE UU. Sin embargo, es probable que el servidor que uno tenga no posea números locales, ya que el acceso a la Web lo gestiona un monopolio del Estado. Esto exige disponer de una cuenta con la agencia estatal de telecomunicaciones, **Racsa** (☎ 800-628 3427; www.racsa.co.cr).

CUESTIONES LEGALES

El viajero ha de ser consciente del tipo de ayuda que le podrá prestar su propia embajada en caso tener de problemas. En general no cabe esperar demasiado si él mismo ha provocado la situación. Puesto que está sometido a la legislación del país en el que se encuentra, la embajada no intervendrá en su favor si ha sido encarcelado por cometer un acto delictivo en dicho país, incluso aunque esa acción sea legal en su país de origen.

En muchas ciudades costeras, la policía suele hacer la vista gorda al consumo ocasional de marihuana. Sin embargo, en Costa Rica las penas por posesión de drogas, aunque sea en pequeñas cantidades, son mucho más severas que en Europa y EE UU. Los acusados a menudo se pasan muchos meses en la cárcel antes de ser juzgados y, de ser condenados, las penas son de varios años.

La prostitución es legal para las mayores de 18 años. Las prostitutas poseen una tarjeta que acredita que han pasado una revisión médica, pero no conviene fiarse de ellas.

Si se es víctima de algún delito, se aconseja denunciarlo (para detalles, véase p. 471).

Conductores y accidentes

Los conductores deben llevar pasaporte y permiso de conducir. En caso de accidente, se aconseja llamar enseguida a la policía para que levante atestado (necesario para el seguro) o atienda a los heridos. No mover los vehículos hasta que no se levante el atestado y no hacer declaración alguna si no es a agentes de la ley. A los heridos sólo los debe mover personal médico.

Vigilar el coche hasta que llegue la policía y luego llamar a la compañía de alquiler de automóviles para saber dónde llevarlo (no

---

EDAD LEGAL

- Para conducir: 18
- Para votar: 18
- Para casarse: 15
- Para beber alcohol: 18
- Mínima para relaciones heterosexuales consentidas: 18. El sexo con menores de 18 años es ilegal y las penas son severas.
- Mínima para relaciones homosexuales consentidas: no existe edad legal, pero no se aconseja el sexo con nadie menor de 18 años.

se debe reparar por cuenta propia). Si en el accidente hay heridos o muertos, se puede ir a la cárcel o quedar retenido en el país mientras se solucionan las cuestiones legales.

En la cubierta interior de este libro figuran los números de urgencias.

MAPAS

Un mapa excelente es *Costa Rica*, a escala 1:330.000 elaborado por **International Travel Map** (ITMB; www.itmb.com; 530 W Broadway, Vancouver, BC, V5Z 1E, Canadá) y que se puede obtener en cualquier parte del mundo. Incluye un recuadro de San José y acaba de publicar una edición sumergible.

El **Instituto Costarricense de Turismo** (ICT; p. 64) publica un mapa de Costa Rica a escala 1:700.000, con un plano del centro de San José a escala 1:12.500 en el reverso. Se dan gratis en las oficinas de ICT.

En las oficinas del **Instituto Geográfico Nacional** (IGN; ☎ 257 7798; Calle 9 entre Avs 20 y 22, San José; ◷ 7.30-12.00 y 13.00-15.00 lu-vi) y en las librerías de San José venden mapas topográficos de dicho Instituto (p. 59). Se aconseja no confiar en encontrar mapas para senderistas en los puestos de guardaparques y las oficinas de los parques nacionales. En Internet, **Maptak** (www.maptak.com) tiene mapas de las siete provincias de Costa Rica.

La **Fundación Neotrópica** (www.neotropica.org) ha publicado un mapa a escala 1:500.000 de los parques nacionales y otras zonas protegidas. Se puede adquirir en las librerías de San José.

DINERO
Cajeros automáticos

Cada vez hay más cajeros automáticos. La red más común es Visa Plus, pero en San José y ciudades turísticas o grandes y más desarrolladas hay cajeros de la red Cirrus, que aceptan la mayoría de tarjetas extranjeras.

Algunos cajeros facilitan dólares. Otros (por ejemplo en el Banco Nacional) sólo aceptan tarjetas de sus clientes.

Efectivo y moneda

La moneda de Costa Rica es el colón (por Cristóbal Colón). Su símbolo es ¢ y hay billetes de 500, 1.000, 5.000 y 10.000 colones; las monedas son de 5, 10, 20, 25, 50 y 100. Las más antiguas son de color plata, y las nuevas, doradas.

Las excursiones, entradas a los parques, hoteles y artículos caros se pueden pagar con dólares. La comida, el autobús y pequeños artículos hay que pagarlos con colones.

Tarjetas

Los titulares de tarjetas de crédito o débito pueden comprar colones y en algunos casos dólares en ciertos bancos. Algunos hoteles de precio medio y la mayoría de precio alto aceptan tarjetas, al igual que los buenos restaurantes y algunas agencias de viaje. Todas las de alquiler de coches las aceptan.

Visa es la tarjeta más aceptada, MasterCard, menos, y muy poco American Express (Amex). Algunos hoteles cargan un 7% si se usa tarjeta, además de los impuestos estatales y de servicios. Se aconseja comprobar bien las condiciones y los precios (para más información, véase p. 466).

Cambio de divisas

Todos los bancos cambian dólares americanos, y algunos, euros. Con otras monedas, es más difícil. En la mayoría de los bancos hay unas colas larguísimas, en especial en los estatales (Banco Nacional, Banco de Costa Rica, Banco Popular). Pero no cobran comisión. Los bancos privados (Banex, Banco Interfin, Scotiabank) suelen ser más rápidos. Conviene asegurarse de que los billetes de dólar estén en buen estado, para que el banco los acepte.

En los hoteles y las agencias de viaje es aún más rápido y cómodo cambiar divisas, aunque algunos sólo lo hacen con sus clientes y muchos cargan unas comisiones exageradas. No es aconsejable cambiar moneda en la calle, excepto quizá en las zonas fronterizas. No se ofrecen mejores precios, y hay mucho chanchullo.

Conviene llegar a Costa Rica provisto de dólares, llevar el pasaporte al ir a cambiar moneda y no salir del país con demasiados colones; en la frontera o el aeropuerto es difícil cambiar por un valor superior a los 50 US$.

Propinas

Es costumbre dar de 0,50 a 1 US$ de propina al botones o al portero por servicio, y a la gobernanta (1 US$ por día en los hoteles de precio alto, y menos en los económicos). Al conductor de las excursiones se le puede dar la mitad de lo que se le dé al guía. Evidentemente, la propina dependerá de la calidad del servicio.

No se suele dar propina a los taxistas, excepto en servicios especiales.

Cheques de viaje

La mayoría de bancos y oficinas de cambio cambian cheques de viaje con una comisión de entre 1% y 3%. Muchos hoteles también los aceptan, pero conviene informarse porque no ocurre así en todos. Se prefieren los cheques de viaje en dólares. Puede ser difícil o imposible cambiar cheques de otras monedas.

Los cheques de Amex son los más fáciles de cambiar en Costa Rica. En caso de pérdida o robo, llamar a **Amex** (☎ 800-012 0039) para que los reemita.

FOTOGRAFÍA

En Costa Rica los artículos fotográficos son caros y hay poca variedad de películas, pero en San José y las ciudades turísticas se encuentran las más habituales de Kodak. Antes de comprar, se aconseja fijarse en la fecha de caducidad.

Se aconseja resguardar las películas de los aparatos de rayos X, especialmente intensos, del aeropuerto internacional de San José.

Si se quiere fotografiar a personas (en especial comunidades indígenas), siempre hay que pedir permiso primero y no hay que molestarse si se deniega.

CORREOS

Las cartas por avión a Europa y América del Norte cuestan en torno a 0,24/0,29/0,31 US$ por los primeros 20 g. La tarifa para envío de paquetes es 6,75 US$ por kilo. Los mejores hoteles venden sellos y franquean las cartas y las principales ciudades cuentan con oficina de correos.

Se puede recibir correo en la oficina de correos principal de las grandes ciudades. El de San José hay que dirigirlo a: (Destinatario), c/o Lista de Correos, Correo Central, San José, Costa Rica.

Conviene usar sólo nombre y un apellido, pues si se usan dos, la carta se puede extraviar. Desde Europa las cartas suelen llegar en unas dos semanas y desde Amé-

rica del Norte algo menos (una semana). Las oficinas guardan el correo 30 días desde su recepción; hay una tasa de 0,20 US$ por carta. Para recoger el correo se exige la identificación fotográfica y sólo se entrega el que lleve el nombre de quien lo solicita.

No conviene recibir paquetes, ya que se retienen en la aduana y para retirarlos es preciso pagar unos aranceles exagerados y se exige mucho papeleo.

DE COMPRAS
Bebidas alcohólicas

Las compras más habituales son *Ron Centenario*, el licor de café *Café Rica* y también el guaro, el aguardiente local. Todos se encuentran en las tiendas libres de impuestos del aeropuerto, supermercados y bodegas de todo el país.

Cerámica

También la cerámica es un recuerdo popular que se puede encontrar en las tiendas de regalo de toda Costa Rica. El mejor sitio es Guaitil (p. 246).

Café

El café quizá sea el artículo turístico más popular. Se puede conseguir en las tiendas de regalos, el mercado Central de San José (p. 87) y cualquier supermercado.

Artesanía

Entre los artículos de madera tropical hay ensaladeras, platos, tablas de trinchar, joyeros y toda una variedad de tallas y objetos de decoración. En Biesanz Woodworks en Escazú se puede encontrar piezas de exquisita factura (p. 104). Toda la madera procede de especies cultivadas expresamente en fincas, así que el viajero no debe preocuparse de que esa ensaladera que tanto le gusta haya supuesto una tala indiscriminada.

Un recuerdo típico y exclusivo de Costa Rica son las réplicas de vivos colores de las tradicionales carretas de bueyes que se fabrican en Sarchí (p. 116).

Entre la artesanía de cuero destacan las mecedoras de madera y cuero que se ven en muchos establecimientos turísticos. Como el asiento y el respaldo son de cuero, se pueden plegar para transportarlas, dos en un mismo paquete, que se factura como equipaje en el avión.

REGATEO

El flujo constante de tráfico turístico internacional significa que la tradición latinoamericana de regatear está desapareciendo en Costa Rica. En las zonas turísticas, sobre todo, los precios de los hoteles son fijos y no se pueden negociar. (Algunos empresarios se molestan si se intenta hacerlo). En hoteles más pequeños del interior aún se acepta esa costumbre.

Sin embargo, en los mercados al aire libre se puede regatear, así como en algunos taxis cuando se contratan largos recorridos. En general, los ticos reaccionan bien ante los buenos modales y las preguntas educadas. No conviene poner precio al servicio que se pida, de lo contrario no se obtendrá.

VIAJEROS EN SOLITARIO

Costa Rica es un buen destino para quienes viajen solos. Hay albergues económicos con cocina compartida que favorece la relación social, además de un gran número de escuelas de idiomas, excursiones y organizaciones de voluntariado que ofrecen la oportunidad de conocer a gente.

Sin embargo, no es aconsejable emprender largos recorridos por los bosques solo (p. 362). Véase también "Mujeres viajeras" en p. 479.

TELÉFONO

Hay teléfonos públicos por toda Costa Rica, y se pueden adquirir tarjetas Chip o Colibrí de 1.000, 2.000 y 3.000 colones. Las Chip se insertan en el teléfono sin más. Con las Colibrí (las más comunes) hay que marcar un número gratuito (☎ 199) y un código de acceso. Las instrucciones están en inglés o español. Son las preferidas de los viajeros porque se pueden utilizar en cualquier teléfono y se pueden adquirir casi en cualquier parte: supermercados, farmacias, quioscos, pulperías (tiendas de comestibles) y tiendas de regalos.

Las llamadas internacionales más baratas son mediante tarjeta. El coste por minuto de la llamada es aproximadamente de 0,80 US$ a Europa y 0,55 US$ a América del Norte. Para llamadas internacionales hay que marcar "00" seguido del código del país y el número. Los teléfonos de pago no pueden recibir llamadas internacionales.

Conviene asegurarse de que nadie observe cómo se marca el código personal. Ha habido casos de viajeros cuyo número de acceso ha sido utilizado por ladrones.

Para llamar a Costa Rica desde el extranjero, hay que marcar el código internacional (☎ 506) y luego el número de siete dígitos En la cubierta interior de esta guía figuran otros números importantes.

HORA LOCAL

Costa Rica va seis horas por detrás de la Hora del Meridiano de Greenwich (GMT). No hay cambios de hora para aprovechar la luz solar.

LAVABOS PÚBLICOS

Hay pocos, pero la mayoría de restaurantes y cafeterías dejan usar los suyos por un reducido precio (entre 0,25 y 0,50 US$). En las estaciones de autobuses y otros edificios públicos importantes hay aseos, también de pago.

Se recomienda llevar consigo papel higiénico pues en los lavabos públicos no siempre se encuentra. No conviene echarlo en el váter, ya que las tuberías suelen ser deficientes y con poca presión, excepto en los mejores hoteles y edificios. Se puede tirar al cubo de la basura que hay en todos los baños.

OFICINAS DE TURISMO

El Instituto Costarricense de Turismo (ICT) tiene dos oficinas en la capital (p. 64). No hay que esperar información de especial interés sobre viajes. La función de sus empleados es decir que todo es bueno.

Sin embargo, el ICT facilita gratis mapas, horarios y rutas de autobuses e información sobre la situación de las carreteras del interior. Para información, es aconsejable la llamativa página web del ICT, en inglés (www.visitcostarica.com), o en EE UU llamar al **número gratuito del ICT** (☎ 800-343 6332) para conseguir folletos.

VISADOS

A los ciudadanos con pasaporte de los siguientes países se les permite una estancia de 90 días sin visado: España y la mayor parte de los países de Europa, Argentina, Brasil, Panamá, Paraguay, Puerto Rico, Uruguay y EE UU.

Los de Bolivia, Chile, El Salvador, Guatemala, Honduras, México y Venezuela pue-

---

COMUNICACIONES CON COSTA RICA

Algunos lectores comentan que los mensajes telefónicos, de fax y correo electrónico pueden quedar sin respuesta una semana o más. La razón es que la remota ubicación de muchos hoteles y refugios obliga a que alguien se acerque a la ciudad más próxima para recogerlos (algo que quizá se haga una vez a la semana, o menos).

Es habitual que las telecomunicaciones se interrumpan a causa del mal tiempo, así que tal vez habrá que intentar más de una vez conseguir comunicar y que alguien conteste. Algunos teléfonos no aceptan llamadas internacionales (aunque no suele ser éste el caso de los hoteles).

Hay que tener paciencia y continuar intentándolo.

---

den permanecer 30 días sin visado. Los de otros países, como Colombia, Ecuador, Nicaragua o Perú necesitan el visado de una embajada o un consulado costarricenses. En la p. 472 figura una lista de embajadas, pero suele cambiar con frecuencia. Para la información más reciente, se puede consultar las páginas web del ICT (www.visitcostarica.com), de la **embajada costarricense** (www.costarica-embassy.org) o del Ministerio de Relaciones Exteriores y Culto (www.rree.go.cr).

La información que aparece en este apartado es especialmente susceptible de sufrir cambios, por lo que Lonely Planet insiste en que cada uno de estos contenidos se verifique sistemáticamente con la embajada o el consulado correspondientes antes de partir.

Prórroga del visado

Prorrogar la estancia autorizada de 30 o 90 días supone un complicado trámite que requiere mucho tiempo. Es mucho más fácil salir del país 72 horas y luego regresar. De no hacerlo así, hay que ir a la Oficina de **Migración** (☎ 220 0355; ⏲ 8.00-16.00) en San José, frente al Canal 6, unos 4 km al norte del parque La Sabana. Los requisitos para las prórrogas cambian, por lo que hay que calcular que se requerirán varios días laborables.

MUJERES VIAJERAS

Para la mayoría de las mujeres que viajan a Costa Rica toda la molestia que pueden recibir por parte de los hombres del lugar se reduce a algún piropo o silbidito. Pero conviene señalar que, en general, los ticos piensan que las extranjeras son de moral más laxa y más fáciles de conquistar que las ticas. Suelen piropear a las mujeres solas, en especial a las rubias, y no están exentas de ello las que viajan en grupo. La mejor forma de abordar la situación es hacer como las costarricenses: ignorarlo por completo. A las que se oponen con firmeza a las insinuaciones verbales no deseadas se las suele respetar.

En las pequeñas ciudades de montaña, la forma de vestir es muy conservadora. Las mujeres raramente llevan pantalón corto, y prefieren los tejanos, pantalones largos o falda, aunque se están imponiendo los *tops* que dejan el vientre al descubierto. En la playa se pueden utilizar bañadores diminutos, pero no se acepta el *topless* ni el nudismo.

Como con cualquier parte del mundo, existe la posibilidad de agresión y violación. Conviene tomar las precauciones habituales: evitar ir sola por lugares solitarios o por la calle de noche, y huir del autostop. Hay que tener cuidado de no tomar taxis "pirata" sin licencia (los autorizados son de color rojo y llevan distintivos), pues se han denunciado agresiones a mujeres por parte de esos taxistas.

Y otra cosa más prosaica, pero importante: la mayoría de farmacias dispensan anticonceptivos sin receta, pero es difícil encontrar tampones en las zonas rurales, por lo que conviene llevarlos de casa o comprarlos en San José.

El **Centro Feminista de Información y Acción** (Cefemina; ☎ 224 3986; www.cefemina.or.cr), en San Pedro, es la principal organización feminista de Costa Rica. Publica un boletín y ofrece información y asistencia a las viajeras.

TRABAJO

Para conseguir un empleo hay que obtener permiso de trabajo, un proceso largo y difícil. El trabajo remunerado más fácil es el de profesor de español en algún centro de idiomas, que anuncian cursos en la prensa local. Los naturalistas o guías fluviales pueden encontrar trabajo en refugios privados o en operadores de viaje de aventura. De estos trabajos sólo conviene esperar salarios de supervivencia.

Voluntariado

Hay muchas posibilidades de voluntariado por todo el país:

Asociación ANAI (☎ 224 3570, 750 0020; www.anaicr. org). Centrada en la región de Talamaca, se encarga de la conservación de la biodiversidad a la vez que del desarrollo socio-económico.

Asociación de Voluntarios para el Servicio en las Áreas Protegidas de Costa Rica (ASVO; ☎ 233 4989, www.asvocr.com). Tiene programas de trabajo de 30 días en los parques nacionales. Los voluntarios pagan 14 US$ al día por las comidas, y se exige una estancia mínima de 15 días.

Asociación para la Conservación del Mono Tití (ASCOMOTI ☎ 224 5703; www.ascomoti.org). Programas de voluntariado, de uno a tres meses, dirigidos a la conservación de la biodiversidad.

Coordinadora Pastoral Aborígen (☎ 270 1312; www.coopa.org). Actividad para recuperar y fortalecer la cultura aborigen.

Programa de Voluntariado del Área de Conservación Arenal Tempisque (☎ 695 5180; www.acarenal tempisque.org). Conservación de los recursos naturales de la región de Guanacaste y alrededores.

Programa Voluntarios para la Conservación del Ambiente (Provca; ☎ 395 0412, 222 7549; www. provca.cjb.net). Ofrece estancias de dos semanas en los parques nacionales; el precio es de 12 US$ por día.

Habitat for Humanity (☎ 447 2330; www.habitat costarica.org). Respetado grupo internacional que tiene proyectos de cohesión de comunidades en todo el país.

Reserva Biológica Bosque Nuboso Monteverde (☎ 645 5122, www.cct.or.cr). Programas de voluntariado mínimo de dos semanas y máximo de tres meses, con estancia pagada y comida por $10 diarios.

Otras organizaciones buscan voluntarios que hablen inglés. Entre ellas, la Caribbean Conservation Corporation (p. 405), Génesis II (p. 323) y Ascomoti (p. 304).

Transporte

CÓMO LLEGAR Y SALIR

LLEGADA AL PAÍS

Hay gente que llega a Costa Rica por mar, a veces en viajes organizados para pescar, o bucear, o como parte de una parada de crucero; otros acuden en autobús desde los países vecinos; pero, la inmensa mayoría aterriza en el aeropuerto internacional de San José.

La entrada en Costa Rica no suele plantear problemas, salvo por alguna cola; ya que no hay que pagar tasas. A los ciudadanos de algunos países se les exige visado, un documento que no se puede tramitar en la frontera. Para más información sobre visados, véase p. 478.

Pasaporte

Para entrar en Costa Rica todo el mundo necesita pasaporte. Antes los estadounidenses podían viajar al país con una partida de nacimiento; sin embargo, a finales de 2003 se cambio la ley y en la actualidad sólo se admiten viajeros cuyo pasaporte se encuentre en vigor seis meses como mínimo después de la fecha del viaje.

Billete de salida del país

Oficialmente para acceder a Costa Rica, los viajeros deben poseer un billete de ida y vuelta; pero esta norma no siempre se cumple. Quienes entran por tierra pueden comprar uno de salida de la compañía de autobuses TICA, que cuenta con oficinas en Managua (Nicaragua) y en Ciudad de Panamá.

AVIÓN
Aeropuertos y líneas aéreas

Los vuelos internacionales aterrizan en el aeropuerto Juan Santamaría, 17 km al noroeste de San José, en la ciudad de Alajuela. Recientemente el aeropuerto Daniel Oduber de Liberia (p. 181) ha empezado a recibir también vuelos internacionales de EE UU, sobre todo de Delta Airlines, procedentes de Atlanta (Georgia). Este aeropuerto es cómodo para las personas que visiten la península de Nicoya.

Costa Rica está bien conectada por tierra con otros países de América Central y del Sur, así como con EE UU. La compañía nacional Lacsa, que forma parte del consorcio de líneas aéreas centroamericanas del Grupo TACA, llega a numerosos puntos de EE UU y América Latina, incluso a Cuba. La Administración Federal de Aviación nor-

TRANSPORTE

ADVERTENCIA

La información de este capítulo está particularmente sujeta a cambios: los precios de los viajes internacionales son imprevisibles, las rutas varían constantemente, los horarios se alteran, las ofertas especiales aparecen y desaparecen, y la normativa de los visados se modifica. Lo mejor es hablar directamente con la compañía aérea o con el agente de viajes para obtener información pormenorizada de las condiciones del billete. También se debe ser consciente de las exigencias de seguridad para los vuelos internacionales, y estar advertido de la "letra pequeña" y los extras inesperados, tan abundantes en la industria turística.

En conclusión, merece la pena que el viajero recoja información de diferentes compañías y agencias de viajes antes de decidirse a gastar el dinero. Los datos de este capítulo deben tomarse únicamente como una referencia; no sustituyen a una búsqueda personal actualizada.

TRANSPORTE

teamericana ha pedido a las autoridades de aviación costarricenses que cumplan con las normas de seguridad internacionales.

Las siguientes compañías vuelan a/desde Costa Rica; la dirección de sus oficinas en San José se detallan en la p. 88.

Air Madrid (☎ 296 4559; www.airmadrid.com; código línea aérea NM)

America West Airlines (sin oficina en Costa Rica; ☎ en EE UU 480-693 6718; www.americawest.com; código de compañía aérea HP)

American Airlines (☎ 257 1266; www.aa.com; código de compañía aérea AA)

Avianca. Véase SAM/Avianca.

Continental (☎ 296 4911; www.continental.com; código de compañía aérea CO)

COPA (☎ 222 6640; www.copaair.com; código de compañía aérea CM)

Cubana de Aviación (☎ 221 7625, 221 5881; www. cubana.cu; código de compañía aérea CU)

Delta (☎ 256 7909, pulsar 5 para reservas; www.delta. com; código de compañía aérea DL)

Grupo TACA (☎ 296 0909; www.taca.com; código de compañía aérea TA)

Iberia (☎ 257 8266; www.iberia.com; código de compañía aérea IB)

Lacsa. Véase Grupo TACA.

Mexicana (☎ 295 6969; www.mexicana.com; código de compañía aérea MX)

SAM/Avianca (☎ 233 3066; www.avianca.com; código de compañía aérea AV)

TACA. Véase Grupo TACA.

United Airlines (☎ 220 4844; www.united.com; código de compañía aérea UA)

US Airways (sin oficina en Costa Rica; ☎ gratuito de reservas en Costa Rica 800-011 0793, 800-011 4114; www. usairways.com; código de compañía aérea EE UU)

Billetes

Conviene comprarlos con más de veintiún días de antelación para obtener mejores precios. Suelen ser más caros en la temporada alta costarricense, entre diciembre y abril, sobre todo en diciembre y enero; en Navidad y Año Nuevo son prohibitivos.

Desde Costa Rica

El mejor sitio para comprar o reservar billetes es San José, tanto en las oficinas de las líneas aéreas (p. 88) como en agencias de viajes (p. 64) o en las empresas de circuitos organizados de zonas turísticas: Quepos (p. 295), Jacó (p. 285) y Liberia (p. 183). En los hoteles de lujo suele haber mostradores donde ayudan a tramitar los viajes.

TASA DE EMBARQUE

En todos los vuelos internacionales hay que pagar una tasa de embarque de 26 US$, que debe abonarse en efectivo (en dólares de EE UU, en colones o en ambos). En el aeropuerto Juan Santamaría se puede realizar el pago con tarjeta de crédito; además, el Banco de Costa Rica cuenta con un cajero de Plus junto al mostrador de tasas.

Desde otros países de América Central y América Latina

Las compañías American Airlines, Continental, Delta y United Airlines ofrecen conexiones con Costa Rica; pero el Grupo TACA es el que más vuelos suele programar en estas rutas.

Desde España

Iberia y Air Madrid son las únicas compañías que cuentan con vuelos directos desde Madrid a San José, aunque también viajan a Costa Rica con escala en Miami. Otras empresas realizan paradas en alguna ciudad de América del Sur, como Caracas, Bogotá, o La Habana.

Entre las agencias que operan en España se encuentran:

Asuaire (☎ 3491-598 03 67; www.asuaire.com)

De Viaje (☎ 3491- 577 98 99; www.deviaje.com)

Exotis Viajes (☎ 3493- 412 63 99; www.exotisviatges. com)

Lastminute (www.es.lastminute.com)

Viajes Costa Rica (☎ 3491- 448 51 75; www.viajes costa-rica.com)

Desde Estados Unidos

Más de un tercio de los vuelos que se dirigen a Costa Rica proceden de EE UU, así que encontrar uno directo desde Houston, Miami o Nueva York es bastante fácil. Los horarios y precios suelen ser competitivos, de modo que con sólo comparar las ofertas se puede conseguir un billete barato.

Para hacer reservas, se recomiendan visitar las siguientes agencias y páginas de Internet:

American Express Travel Services (☎ 800-346 3607; www.itn.com)

Cheap Tickets (www.cheaptickets.com)

Exito Latin America Travel Specialists (☎ 800-655 4053; www.exitotravel.com)

Expedia (www.expedia.com)
Hotwire (www.hotwire.com)
Lowestfare.com (www.lowestfare.com)
Orbitz (www.orbitz.com)
STA Travel (☎ 800-781 4040; www.statravel.com)
Tico Travel (☎ 800-493 8426; www.ticotravel.com)

POR TIERRA Y RÍO
Autobús
Costa Rica limita por tierra con Nicaragua y Panamá, y muchos viajeros de presupuesto ajustado entran al país en autobús, ya que existen buenas comunicaciones entre las capitales centroamericanas y es más barato que viajar en avión.

Si se cruza la frontera en un autocar internacional, hay que tener en cuenta que el recorrido sale algo más caro que si se toma un autobús local hasta allí, se atraviesa y luego se toma otro vehículo local. Sin embargo, merece la pena hacerlo con una empresa internacional, ya que conocen los trámites para salvarla sin problemas e informarán al viajero de lo que necesita. Algunos viajeros han contado que intentaron ahorrar dinero utilizando autobuses locales y que al llegar a la frontera tuvieron que volver a la capital para conseguir un visado.

En la frontera no suele haber problemas si el viajero lleva la documentación en regla. Los que se trasladen en un autobús internacional deben bajarse y mostrar los papeles en ambos puestos fronterizos. Los conductores esperan hasta el último pasajero.

Para los que opten por los autobuses locales, es aconsejable llegar a los puestos fronterizos temprano para evitar las colas. Los autobuses de vuelta suelen pasar por la tarde. Véase el recuadro "Cruce de fronteras" (pp. 484-485).

Automóvil y motocicleta
El coste del seguro, combustible y permisos para cruzar la frontera hacen más caro el viaje en automóvil que en avión. Además, la cantidad de documentos que hay que tramitar para entrar en coche en Costa Rica desde otros países disuade a los viajeros, que prefieren comprar o alquilar un vehículo una vez dentro. Aun así, muchos aventureros emprenden el trayecto por la Interamericana cada año.

Para entrar en Costa Rica en automóvil, es necesario:

- registro y prueba de propiedad en vigor,
- permiso de conducir en vigor o permiso internacional de conducir (véase p. 487),
- matrícula en vigor,
- certificado reciente de inspección técnica de vehículos (no es imprescindible pero nunca sobra),
- pasaporte y
- fotocopias de todos los documentos por si se pierden los originales.

Un viajero que realizó este trayecto recomienda llegar a la frontera al final de la mañana o a mediodía, ya que los camiones de carga suelen colapsarla por la mañana temprano.

A veces, los funcionarios pueden ser muy celosos en el examen de un vehículo, así que hay que asegurarse de no transgredir ninguna norma de seguridad o el conductor tendrá que pagar una multa alta para pasar. Antes de salir, conviene comprobar que:

- los faros delanteros y traseros, y los intermitentes funcionan correctamente,
- la rueda de repuesto se encuentra en buen estado,
- cuenta con un bidón para almacenar combustible,
- dispone de una caja de herramientas bien surtida con correas, difíciles de encontrar en América Central y
- lleva bengalas de socorro, triángulos de avería y un extintor.

Otra alternativa es enviar el coche por barco desde Miami a Costa Rica. Los precios oscilan entre 750 y 850 US$, y varían según el tamaño del automóvil y el destino; resulta más barato embarcarlo hasta Puerto Limón. Para más detalles, hay que dirigirse a **Latii Express International** (☎ en EE UU 800-590 3789, 305-593 8929; www.latiiexpress.com).

Los seguros de otros países no están reconocidos en Costa Rica, así que hay que suscribir una póliza, que se puede tramitar en la frontera; cuesta unos 15 US$ al mes. Además, se debe pagar un impuesto de circulación y los extranjeros no pueden vender su automóvil en Costa Rica. Los que tengan que salir del país sin el vehículo deben dejarlo en un almacén de aduanas en San José.

TRANSPORTE

CRUCE DE FRONTERAS

Los extranjeros que entran en Costa Rica no tienen que pagar, salvo si lo hacen en automóvil, por el que deberán abonar una tasa de 22 US$. Para más información sobre visados, véase p. 478.

Nicaragua – de Sapoá a Peñas Blancas

Se trata del puesto fronterizo con más tráfico entre Nicaragua y Costa Rica. Situado en la Interamericana, casi todos los viajeros que llegan por tierra desde Nicaragua entran en Costa Rica por este punto. Está abierto de 6.00 a 20.00 todos los días a ambos lados: aunque, conviene tener en cuenta que el servicio de autobuses local termina por la tarde.

Tica Bus (☎ en Managua 222 6094), Nica Bus (☎ en Managua 228 1374) y TransNica (☎ en Managua 278 2090) fletan autobuses a diario a Costa Rica. El billete cuesta entre 10 y 12 US$, y el viaje dura nueve horas. Desde Rivas (37 km al norte de la frontera) parten dos autocares cada hora hacia Sapoá entre las 5.00 y 16.30. Existen servicios regulares de Peñas Blancas (en el lado costarricense) a La Cruz, Liberia y San José.

Las oficinas de inmigración de ambos países están separadas casi por 1 km; casi todo el mundo cruza la frontera en autobús o en automóvil particular, aunque también se puede alquilar un cochecito de golf (2 US$) o ir andando. En Costa Rica no se cobra a los visitantes, pero en Nicaragua sí: los que salen de Nicaragua pagan 2 US$, y los que entran deben pagar 7 US$ hasta las 12.00; después de esa hora deben abonar 9 US$. Esta es el único paso oficial entre Nicaragua y Costa Rica que se puede salvar conduciendo. Todas las tasas se pagan en dólares de EE UU.

Peñas Blancas no es un pueblo, así que carece de alojamientos. Para más información sobre cómo cruzar la frontera, véase el recuadro de la p. 197.

Nicaragua – de San Carlos a Los Chiles

Rara vez los extranjeros eligen esta ruta, aunque no presenta ningún problema. La única pega es que no se puede atravesar por tierra, por lo que no se puede acceder en automóvil; sino que hay que hacerlo en barco. El acuerdo internacional entre los dos países exige que el número de barcos que cruce la frontera en uno y otro sentido sea equitativo. A veces hay que esperar varias horas en una cola para conseguir plaza en un barco. En realidad, esto ocurre pocas veces, porque casi nadie utiliza este puesto fronterizo. Tres veces diarias zarpan los *ferries* (7 US$; 1½ h) de San Carlos (Nicaragua) hacia el sur por el río Frío a Los Chiles. Además, se pueden contratar embarcaciones particulares en el muelle ENAP de San Carlos. Hay una carretera que sigue la orilla sur del río San Juan (Nicaragua) hasta Los Chiles, pero está reservada a los funcionarios federales. Los viajeros no pueden entrar en Costa Rica por aquí y menos conduciendo un vehículo; por tanto, sólo queda la vía fluvial.

Los que viajen a Costa Rica no deben olvidarse de pedir el sello de salida, que cuesta 2 US$, en la oficina de Migración de San Carlos, 50 m al oeste del muelle. Los que vayan a Nicaragua tendrán que pagar una tasa superior a 5 US$. Para más información, véase "Los Chiles", p. 453.

Panamá – paso Canoas

Este puesto fronterizo, situado en la Interamericana, constituye el punto de entrada y salida de Panamá más frecuentado; no cierra nunca. El cruce en cualquier sentido no suele presentar problemas si los documentos del viajero están en orden. Pero no hay que olvidarse de obtener el sello de salida en la oficina de Migración de Panamá antes de entrar en Costa Rica; la entrada en este país es gratuita. Se recomienda a los viajeros sin vehículo particular que lleguen de día, pues los autobuses dejan de circular poco después del anochecer. A los que viajen en su automóvil les conviene llegar a final de la mañana cuando ya han pasado casi todos los camiones.

Los autobuses de Tica Bus (☎ en Ciudad de Panamá 262 2084) circulan de Ciudad de Panamá a San José (23 US$; 15 h) y pasan por este puesto fronterizo. En David, Tracopa fleta un autocar diario desde la terminal principal hasta San José (9 US$; 9 h). Aquí también se encuentran autocares que salen hacia el paso Canoas (1,50 US$; 1½ h) cada 10 minutos de 4.00 a 20.00.

Los que vayan a Panamá tendrán que pagar 5 US$ por una tarjeta de turista. Para más detalles, véase paso Canoas, p. 347.

Panamá – de Guabito a Sixaola

Situado en la costa caribeña, este cruce es bastante tranquilo y fácil de salvar. La población del lado panameño es Guabito.

La frontera está abierta de 8.00 a 18.00 en Panamá y de 7.00 a 17.00 en Costa Rica; en Panamá hay una hora menos. En ambos lados los funcionarios cierran para comer a las 13.00, lo que significa que durante unas dos horas es difícil cruzar con rapidez. Se recomienda llegar a Sixaola temprano; aunque hay un par de sitios para pernoctar, conviene evitarlos. Antes de atravesar el puente, hay que pasar por Migración (☎ 754 2044) para realizar los trámites. Los vehículos tienen que esperar mucho para pasar la frontera por este punto. Puede ser divertirlo ir por el puente a pie, siempre y cuando no se tenga vértigo.

En la terminal La Piquera, en Changuinola (16 km al sur de la frontera), hay que tomar un autobús a Guabito (0,70 US$; menos de 30 min), que parte cada 45 minutos entre las 7.00 y 19.45. Pero el viajero no tendrá tiempo suficiente para cruzar a menos que se suba a un autobús a media tarde.

Para más detalles sobre cómo atravesar esta frontera, véase Sixaola, p. 442.

Panamá – de Río Sereno a San Vito

Este paso de la cordillera de Talamanca casi nunca se utiliza. En el pueblecito panameño de Río Sereno hay un hotel y un sitio para comer; en el lado costarricense no hay nada. Existen autobuses regulares desde Concepción y David, en Panamá, hasta Río Sereno (también en el lado panameño) todos los días. Después de atravesar la frontera, se puede tomar un autobús local para San Vito.

Para más información, véase San Vito, p. 343.

POR MAR

Muchos cruceros, que atracan en Caldera, en el Pacífico (cerca de Puntarenas, p. 277), o en Moín, en el Caribe (cerca de Puerto Limón, p. 394), permiten a los pasajeros dar una vuelta por el país de forma rápida; también se puede llegar en yate particular.

CÓMO DESPLAZARSE

AVIÓN
Vuelos regulares

Las compañías aéreas nacionales de Costa Rica son **NatureAir** (☎ 220 3054; www.natureair. com) y **Sansa** (☎ 221 9414; www.flysansa.com); la última está ligada al Grupo TACA.

Ambas tienen aviones de pasajeros, con capacidad para 14-19 pasajeros, en los que sólo se admiten 12 kg de equipaje por persona. Si la aeronave está completa, la tabla de surf o los palos de golf no son admitidos, así que el viajero tendrá que pagar exceso de equipaje. Los vuelos de NatureAir despegan del aeropuerto Tobías Bolaños, a 8 km del centro de San José, en la zona residencial de Pavas. Los de Sansa salen del edificio azul situado a la derecha de la terminal internacional del aeropuerto Juan Santamaría. Los aviones, al ser pequeños, sufren muchas sacudidas; por eso, no se recomiendan a gente con miedo a volar. Hay poco espacio y la demanda es muy alta en la estación seca, así que los billetes deben reservarse y pagarse con antelación.

Los horarios cambian constantemente y los retrasos son frecuentes debido al mal tiempo; por tanto, no se aconseja tomar un vuelo nacional con poco tiempo de conexión con el internacional de vuelta a casa.

Todos los trayectos nacionales parten y terminan en San José. Aunque el mapa de rutas aéreas muestre viajes entre Puerto Jiménez y Golfito, hay que andarse con ojo; puesto que los vuelos de ambos puntos pueden ser directos a San José. En temporada alta, los precios de ida oscilan entre 50 US$ a Quepos y 85 US$ a bahía Drake. En este capítulo, se indican los precios de temporada alta.

Desde San José el viajero se puede trasladar a bahía Drake, Barra del Colorado, Golfito, Liberia, Coto 47/Neily, Palmar Sur, playa Nosara, playa Sámara/Carrillo, playa Tamarindo, Puerto Jiménez, Quepos, Tambor y Tortuguero.

TRANSPORTE

TRANSPORTE

RUTAS AÉREAS NACIONALES

0 ⎯⎯⎯⎯⎯ 80 km

NICARAGUA

Los Chilles

Barra del Colorado

MAR CARIBE

Liberia

Tortuguero

Playa Flamingo

Parismina

Playa Tamarindo

Puerto Limón

Playa Nosara

SAN JOSÉ

Sámara/ Carrillo

Punta Islita

Tambor

Jacó

Quepos

Sixaola

OCÉANO PACÍFICO

Palmar Sur

San Vito

Bahía Drake

Golfito

PANAMÁ

Coto 47

Sirena

Puerto Jiménez

Carate

Tiskita Jungle Lodge

— Vuelos programados en temporada alta de Sansa o NatureAir
- - - Algunos vuelos de conexión de Sansa o NatureAir
○ Algunos aeropuertos para aviones chárter ligeros
Vuelos sujetos a cambios, sobre todo en temporada baja

Vuelos chárter

En el aeropuerto Tobías Bolaños se pueden alquilar avionetas de tres o cuatro plazas para llegar a cualquier parte del país. Cuestan a partir de 300 US$ por hora y la mayor parte de los trayectos duran entre 40 y 90 minutos. Hay que pagar la vuelta y cuentan con muy poco espacio para equipaje.

En muchas agencias de viajes reservan vuelos chárter, pero también se pueden contratar directamente. Para más información sobre estas empresas, véase San José (p. 89), Golfito (p. 377) y Puerto Jiménez (p. 368).

BICICLETA

Se pueden alquilar de montaña y de playa en las poblaciones turísticas, por unos 8-15 US$ diarios. Algunas empresas organizan circuitos en bicicleta por Costa Rica (véase p. 45).

BARCO

Hay *ferries* que cruzan el golfo de Nicoya para comunicar la costa central pacífica con la punta meridional de la península de Nicoya. El **Ferry Coonatramar** (☎ 661 1069; 1,60 US$, automóviles 11 US$) conecta el puerto de Puntarenas con playa Naranjo. El **Ferry Peninsular** (☎ 641 0515; 1,60 US$, automóviles 11 US$) navega entre Puntarenas y Paquera, donde se puede tomar un autobús a Montezuma.

En el golfo Dulce, en la costa meridional pacífica, un *ferry* diario de pasajeros enlaza Golfito con Puerto Jiménez en la península de Osa y, entre semana, un taxi acuático va y viene de playa Zancudo. Otro pequeño transbordador presta servicios en el río Coto Colorado, en la carretera Golfito–playa Zancudo. Al otro lado de la península de Osa, hay taxis acuáticos entre bahía Drake y Sierpe.

En el Caribe también existe un servicio diario de autobús y barco de Cariari a Tortuguero y viceversa. Existen barcos entre Moín, cerca de Puerto Limón, y Tortuguero. Un taxi acuático conecta cada día Puerto Viejo de Sarapiquí con Trinidad, en el río San Juan, en territorio nicaragüense, por lo que es necesario llevar pasaporte. Se puede encontrar transporte por barco en cualquiera de dichas poblaciones hacia Barra del Colorado.

Los trayectos no están exentos de percances. En diciembre de 2003, dos turistas europeos se ahogaron cuando el barco entre Moín y Tortuguero naufragó a causa del mal tiempo. Nadie llevaba chaleco salvavidas; algunas embarcaciones no suelen disponer de ninguno y las que los tienen los almacenan en la cubierta delantera, así que de poco sirven en caso de emergencia. Conviene comprobar que los barcos cuentan con el material necesario y hacerse con un chaleco durante el viaje; no se debe navegar con mal tiempo.

AUTOBÚS
Autobuses locales

Constituyen el mejor medio de transporte, aunque lento, para recorrer Costa Rica. Están en todas partes, son frecuentes y baratos: el trayecto nacional más largo que sale de San José cuesta menos de 9 US$.

San José es el centro de transportes del país (véase p. 89), pero no cuenta con ninguna estación central. Las oficinas están diseminadas por la ciudad: algunas empresas de autocares han instalado grandes terminales donde venden billetes, mientras que otras disponen de poco más que una parada, a veces sin indicar, en la que se encuentra un encargado con un bloc, sentado en una silla.

Suele haber plazas para todo el mundo, y, si no hay, basta con apretarse un poco más. La excepción son los días anteriores y posteriores a un festivo, sobre todo en Semana Santa, así como los viernes por la noche, sábados por la mañana, y los domingos por la tarde y noche; no hay servicio de jueves a sábado antes del Domingo de Pascua. Los autobuses son de dos tipos: directo y normal/colectivo. En teoría, los primeros efectúan menos paradas; sin embargo, los conductores de Costa Rica se detienen para recoger a todo el que lo solicite, de modo que se paga más por un servicio inexistente. En cuanto a los segundos, se reconocen en seguida por su desesperante lentitud.

Los trayectos de más de cuatro horas suelen incluir una parada de descanso, ya que los vehículos no disponen de aseo. El espacio no sobra, así que los que lleven equipaje deben vigilarlo en el maletero y comprobar que no se lo han entregado "por accidente" a otra persona en las paradas intermedias. Es recomendable llevar siempre los documentos importantes. Son frecuentes los robos de los paquetes colocados en los estantes superiores.

Los horarios son aproximativos; algunas rutas no han cambiado en años, mientras que otras varían con regularidad. En la mayor parte de los casos, los horarios de vivos colores expuestos en las paredes de la estación no tienen nada que ver con la realidad. Siempre hay que preguntar en la taquilla la hora de salida, y, si no hay nadie, a las señoras de la limpieza, que suelen conocerlos, aunque sean reticentes a mostrarlos. Para facilitar las cosas, se recomienda comprarles primero papel higiénico y luego preguntar por el horario.

Quienes tomen un autobús desde cualquier punto de la carretera deben llegar pronto al lugar. Las horas de salida son aproximadas y, si el autobús llega antes de tiempo, se marchará. También conviene llevar el importe del billete preparado.

Para obtener información sobre las salidas desde San José, se recomienda visitar la oficina del ICT (p. 64) y conseguir una copia actualizada de los horarios; asimismo, se puede pedir en hoteles y agencias de viajes. El folleto *"Hop on the Bus"* (*Súbase al autobús*), editado por la **agencia de viajes Exintur** (☎ 232 8774; www.exintur.com/costarica/hopon. html), recoge la localización de las paradas, así como horarios de salida a los destinos más importantes.

Furgonetas

Una alternativa a los autobuses son las furgonetas para turistas de **Fantasy Bus de Grayline** (☎ 220 2126; www.graylinecostarica.com) e **Interbus** (☎ 283 5573; www.interbusonline.com). Ambas ofrecen transporte por carretera desde San José a los destinos más solicitados y a otros muchos; en sus páginas web publican listas completas. Los precios oscilan entre 17 US$ para viajar a San José y Puntarenas y 38 US$, a Monteverde. Estos servicios recogen a los viajeros en el hotel y se pueden reservar por Internet, en agencias de viajes y hoteles locales. Las furgonetas son rápidas, cómodas, tienen aire acondicionado y están herméticamente cerradas, así que los pasajeros se perderán el ambiente exterior, pero tampoco serán asediados por los vendedores de cebiche y plátano frito.

AUTOMÓVIL Y MOTOCICLETA

Los permisos de conducir de casi todos los países se aceptan en Costa Rica un máximo de noventa días. En muchos lugares también aceptan el carné de conducir internacional (IDP), emitido por la asociación de automovilistas del país de origen. Al cabo de noventa días, es necesario adquirir un permiso costarricense. La mayoría de los viajeros llegan en avión a Costa Rica y luego alquilan un automóvil o, en algunos casos, una motocicleta. Para los que piensen entrar en Costa Rica conduciendo, véase p. 483.

La gasolina y el gasoil se encuentran con facilidad en las abundantes estaciones de servicio, abiertas las 24 horas, de la Interamericana. El litro de gasolina suele costar 0,65 US$. En las zonas más alejadas, el combustible suele ser más caro y a veces se vende en barril en las pulperías; normalmente se anuncian los locales que disponen de gasolina. Es difícil encontrar piezas de repuesto, sobre todo para vehículos con sistemas electrónicos sofisticados y de control de emisiones. Los antiguos todoterreno Toyota se ven por todas partes y resulta fácil encontrar talleres que los arreglen.

Alquiler

Casi todas las agencias se encuentran en San José y las poblaciones turísticas de la costa del Pacífico (Tamarindo, Jacó y Quepos). En ningún caso los alquileres son baratos, así que compensa invertir en un todoterreno para viajes largos, sobre todo en la estación de lluvias cuando la conducción por ríos es indispensable. Los vehículos normales son inútiles en casi todas las carreteras; incluso si éstas no están muy mal, el viaje puede durar el doble. Casi todos los vehículos de alquiler tienen cambio de marchas manual.

Para alquilar un automóvil se exige permiso de conducir en vigor, tarjeta de crédito de amplia aceptación y pasaporte. La edad mínima para llevarlo a cabo es 21 años. Cuando se reserva un vehículo, hay que pedir confirmación por escrito. Conviene examinarlo detenidamente por si tiene algún desperfecto y asegurarse de que figura en el contrato. Si sufre una avería, hay que llamar a la compañía de alquiler y no arreglarlo por cuenta propia, ya que las empresas no reembolsen los gastos si no se ha pedido una autorización previa.

Un todoterreno cuesta desde 450 US$ por semana y un turismo, 270 US$; ambos con kilometraje ilimitado (aquí llamado "libre"). El seguro sale por unos 12-20 US$ más al

día y es obligatorio, pues no se aceptan pólizas extranjeras. Incluso con el seguro, se cobra una franquicia alta (unos 1.500 US$), pero se puede pagar un suplemento (unos 10 US$ al día) para prescindir de ella. El seguro no cubre daños por agua, así que se debe conducir con extrema precaución; véase "Cómo atravesar ríos", p. 489). Algunas agencias ofrecen descuentos si se realizan las reservas a través de Internet. Las oficinas del aeropuerto cobran una tasa del 12% sobre el precio normal.

Los ladrones reconocen los automóviles alquilados sin dificultad, y los robos abundan. *Nunca* se debe dejar nada a la vista en un automóvil estacionado; se recomienda sacar el equipaje del maletero por las noches. En muchos hoteles hay aparcamientos; por eso, se recomienda dejar el coche en un parking vigilado, nunca en la calle.

Se pueden alquilar motocicletas, incluso Harleys, en San José (p. 92) y Escazú (p. 97); las scooter, las de motocross y las ATV de cuatro ruedas, en Monteverde, Tamarindo y Montezuma.

Estas son las empresas más populares:
Adobe (☎ 259 4242; www.adobecar.com)
Álamo (☎ 233 7733; www.alamocostarica.com)
Avis (☎ 239 2806; www.avis.co.cr)
Dollar (☎ 443 2950; wwwdollarcostarica.com)
Toyota (☎ 258 5797; www.toyotarent.com)

Peligros y estado de la carretera

En general, para conducir por Costa Rica hay que tener nervios de acero (véase p. 11). El estado de las carreteras oscila entre las bastante buenas (la Interamericana) y las pasables (el resto); incluso las buenas pueden sufrir desprendimientos de tierra, riadas repentinas y niebla. Casi todas son de un solo carril, carecen de arcén y tienen muchos baches; otras son caminos de barro que escalan montañas y atraviesan ríos.

Durante los trayectos es habitual toparse con ciclistas, algún vehículo averiado, ganado, camiones muy lentos o un carro de bueyes tras una curva. En algunos tramos, sin previo aviso, pueden aparecer badenes (muertos, según los lugareños) para reducir la velocidad. Después de huracanes, terremotos y fuertes tormentas, los retrasos son comunes.

Casi todas las carreteras, salvo las próximas a las poblaciones turísticas más importantes, están mal señalizadas y es frecuente tener que parar para pedir indicaciones. Siempre se debe consultar el estado de la carretera antes de partir, sobre todo en la estación de lluvias; muchas vías se convierten en impracticables en esa época.

Normas de tráfico

En las carreteras principales, el límite de velocidad es de 100 km/h o inferior; en las secundarias, de 60 km/h o menos. La policía de tráfico utiliza radares y pone multas por exceso de velocidad y por no llevar el cinturón de seguridad abrochado. Está prohibido entrar en un cruce a menos que se pueda salir de él sin pararse o girar a la derecha con el semáforo en rojo. En los cruces sin señalizar, hay que ceder el paso al automóvil de la derecha.

Las multas se pagan en el banco, como se indica en la propia sanción. En el caso de automóviles alquilados, la compañía puede encargarse de hacerlo. A las multas se añade un 30% de impuestos, que se destinan a organizaciones benéficas infantiles.

Los importes oscilan entre 150 US$ por conducir 40 km/h sobre el límite de velocidad, 70 US$ por saltarse un semáforo en rojo y 15 US$ por no llevar el cinturón de seguridad. La policía no tiene derecho a pedir dinero ni puede confiscar un automóvil a menos que el automóvil carezca de matrícula, el conductor se niegue a mostrar su documentación, esté ebrio o implicado en un grave accidente. (Para más información sobre qué hacer en caso de accidente, véase "Cuestiones legales", p. 475).

Si los automóviles que conducen en sentido contrario al del viajero le echan las luces, significa que hay un problema en la carretera o radares más adelante. Hay que reducir la velocidad inmediatamente. Los vehículos de la policía (utilitarios o furgonetas) son azules con las puertas blancas y tienen una pequeña luz roja en el techo; también utilizan motocicletas blancas o rojas.

AUTOESTOP

Dado que no es totalmente seguro en ningún país, Lonely Planet no lo recomienda. Los viajeros que opten por practicarlo deben tener en cuenta que corren riesgos. Siempre

CÓMO ATRAVESAR RÍOS

Todo el mundo ha visto alguna vez anuncios de todoterrenos o furgonetas SUV que cruzan ríos a toda velocidad... Nada más lejos de la realidad.

Quienes conduzcan por Costa Rica terminarán cruzando un río tarde o temprano. Por desgracia, hay demasiados viajeros que se inspiran en la forma de conducir que ven por televisión y cada año los ticos tienen que ayudar a sacar muchos vehículos atascados en el agua.

Para conducir por el agua se deben seguir estas reglas.

1ª regla: Conducir sólo un vehículo todoterreno, ya que para salir de una cuenca fluvial empinada y cubierta de grava se necesita la tracción a las cuatro ruedas. Nunca cruzar un río en un turismo: puede parecer de Perogrullo, pero se hace constantemente; además, los motores se inundan con facilidad.

2ª regla: Comprobar la profundidad del agua antes de meter el vehículo. Para cruzar con una furgoneta SUV de alquiler normal (una Kia Sportage o similar), el agua no debe llegar más arriba de la rodilla. En un vehículo más robusto (Toyota 4-Runner o equivalente), el agua puede llegar hasta el pecho. Si no se está seguro, es mejor preguntar a un lugareño.

3ª regla: Las aguas tienen que estar tranquilas. Si el agua está encrespada, con crestas blancas, no hay que meterse. No sólo se inundará el motor, sino que la fuerza de la corriente podría arrastrar el automóvil.

4ª regla: Conducir muy despacio. Los taxistas de Costa Rica amasan fortunas remolcando a turistas que piensan que lanzarse a un río a toda velocidad es la mejor manera de atravesarlo. Craso error. La presión de conducir por un río demasiado rápido hace que el agua vaya directa al motor, anegando el sistema eléctrico. Hay que mantener una presión constante sobre el acelerador de forma que el tubo de escape no se llene de agua, pero hay que ir despacio.

5ª regla: Es mejor pecar de exceso de prudencia. El seguro de las agencias de alquiler de automóviles de Costa Rica no cubre los daños provocados por agua; así que, quien hunde el vehículo paga.

es mejor hacerlo en parejas y avisar a alguien del destino previsto. Las mujeres que vayan solas deben ser aún más prudentes; conviene hablar con los ocupantes del automóvil para hacerse una idea de su disposición y hacer autoestop en lugares como una gasolinera, tienda, comisaría o un restaurante, donde el viajero pueda refugiarse si no le gusta el aspecto del conductor potencial. Lo más aconsejable es parar camionetas descapotables, pues no hay que encerrarse en un automóvil con desconocidos.

En las carreteras principales de Costa Rica, por donde pasan muchos autobuses, no es habitual el autoestop, mientras que en las secundarias rurales es más común. Para detener un automóvil, los lugareños hacen un gesto de saludo en vez que poner el pulgar hacia arriba. El viajero siempre debe preguntar cuánto le debe al conductor al llegar a su destino, aunque es posible que se rechace su oferta o, por el contrario, que se le pida compartir gastos de gasolina.

TAXI
Se consideran una forma de transporte público en las zonas remotas que carecen de buenos servicios de transporte. Se pueden contratar por una hora, medio día o el día entero, así como por un precio fijo por trayecto.

Como los taxímetros no se emplean en trayectos largos, conviene fijar el precio antes de partir. Las tarifas varían según el estado de la carretera y el mal tiempo en los sitios de difícil acceso. El viajero puede encontrar desde sencillos y oxidados utilitarios hasta todoterrenos con aire acondicionado y todas las comodidades. En ocasiones, se trata de camionetas con asientos en la parte trasera. En casi todas las poblaciones hay al menos un taxi con licencia, pero en algunos pueblos aislados sólo los coches de particulares ofrecen el servicio; hay que preguntar en las pulperías.

Un automóvil con conductor puede costar igual o menos que el alquiler de un día, y permite que sea alguien que conoce las carreteras el que se encargue de conducir mientras el viajero disfruta del paisaje.

TRANSPORTE LOCAL
Autobús
Los locales circulan principalmente por San José, Puntarenas, Golfito y Puerto Limón, conectando las zonas urbanas con la periferia. Casi todos los autobuses locales recogen pasajeros por la calle y las carreteras principales. Para saber dónde se sitúa la parada, hay que preguntar a la gente del lugar. Los vehículos suelen ser autobuses escolares reconvertidos, importados de EE UU; ir abarrotados de gente sudorosa, y costar unos 0,25 US$.

Taxi
En San José, tienen taxímetro (llamado maría), pero muchos taxistas evitan utilizarlos, (aunque sea ilegal), sobre todo si su pasajero no habla español. Fuera de San José, casi ningún taxi lo lleva y los precios suelen acordarse con antelación; se admite el regateo hasta cierto punto (véase p. 478). En algunas poblaciones, como Manuel Antonio y Golfito, existen los colectivos, con un sistema según el cual los taxistas acogen pasajeros por un precio fijo de unos 0,50 US$ para llevarlos de un extremo de la población al otro. Este servicio cada vez es más difícil de encontrar en Manuel Antonio, donde los extranjeros parecen reacios a compartir el transporte.

En las zonas rurales, a menudo los taxis son todoterrenos. Un trayecto de diez minutos suele costar unos 2 US$. No se deja propina a menos que ayuden con el equipaje u ofrezcan un servicio por encima de la media.

CIRCUITOS
El Instituto Costarricense de Turismo (ICT) ha reconocido más de 200 operadores, en su mayor parte con sede en San José. Muchas empresas están especializadas en viajes de naturaleza y aventura con guías prestigiosos. Casi todas aceptan reservas desde el extranjero.

Además de éstas, muchas agencias de EE UU organizan circuitos por Costa Rica para quienes deseen realizar viajes de aventura que exijan itinerarios especiales y mucho material (piragüismo, acampada, etc.), para quienes que no quieran planificar nada o para grupos de particulares que prefieran itinerarios a medida.

También existen empresas que organizan recorridos para homosexuales (véase p. 474) y para discapacitados (véase p. 472).

Itinerarios y actividades
Casi todas las empresas que se citan a continuación ofrecen circuitos de historia natural o de aventura para principiantes.

DESDE COSTA RICA

Ecole Travel (☎ 223 2240; www.ecoletravel.com). Para más información, véase p. 70.

Green Tortoise Adventure Travel (☎ 838-7677, en EE UU 800-807 8647; www.greentortoise.com). Viajes de acampada económicos.

Green Tropical Tours (☎ 229 4192, 380 1536, www.greentropical.com).

Swiss Travel Service (☎ 282 4898; www.swisstravelcr.com). Véase San José, p. 70.

DESDE ESTADOS UNIDOS

Abercrombie & Kent (☎ en EE UU 630-954 2944, 800-554 7016; www.abercrombiekent.com)

Adventure Center (☎ en EE UU 510-654 1879, 800-228 8747; www.adventurecenter.com)

Ecotour Expeditions (☎ en EE UU 401-423 3377, 800-688 1822; www.naturetours.com)

Elderhostel (☎ en EE UU 978-323 4141, 877-426 8056; www.elderhostel.org). Viajes para mayores de 55 años; se admiten acompañantes más jóvenes.

International Expeditions (☎ en EE UU 205-428 1700, 800-633 4734; www.internationalexpeditions.com)

Wilderness Travel (☎ en EE UU 510-558 2488, 800-368 2794, www.wildernesstravel.com)

Wildland Adventures (☎ en EE UU 206-365 0686, 800-345 4453; www.wildland.com)

Itinerarios a medida

Además de las empresas con sede en EE UU mencionadas, muchas de Costa Rica también programan recorridos a gusto del cliente.

Costa Rica Connection (☎ en EE UU 805-543 8823, 800-345 7422; www.crconnect.com)

Costa Rica Experts (☎ en EE UU 773-935 1009, 800-827 9046; www.costaricaexperts.com)

Holbrook Travel (☎ en EE UU 352-377 7111, 800-451-7111; www.holbrooktravel.com). Véase también Selva Verde, p. 458.

Preferred Adventures (☎ en EE UU 651-222 8131, 800-840 8687; www.preferredadventures.com)

Historia natural

Todas las agencias con oficina en Costa Rica llevan mucho tiempo en activo, han sido recomendadas por los lectores y reservan desde excursiones tranquilas hasta rafting o expediciones por la selva virgen más remota. Véase también "Observación de aves", a continuación.

Costa Rica Expeditions (☎ 257 0766, 222 0333; www.costaricaexpeditions.com)

Costa Rica Rainforest Outward Bound (☎ 278 6058, en EE UU 800-676 2018; www.crrobs.org). Cursos de aventura de varios días para obtener créditos académicos o por pura diversión.

Costa Rica Sun Tours (☎ 296 7757; www.crsuntours.com)

Expediciones Tropicales (☎ 257 4171; www.costaricainfo.com)

Horizontes (☎ 222 2022; www.horizontes.com)

Observación de aves

DESDE COSTA RICA

Birding Costa Rica (☎ 229 5922; www.birdscostarica.com). Muy recomendada, diseña itinerarios especiales para avistar pájaros y programa excursiones de aventura y senderismo a medida.

Costa Rica Sun Tours. Véase "Historia natural", anteriormente.

DESDE ESTADOS UNIDOS

Condor Journeys & Adventures. Véase "Itinerarios y actividades", p. 490.

Elderhostel. Véase "Itinerarios y actividades", p. 490.

Circuitos en barco

Se pueden contratar en cualquier población costera. Destacan los recorridos por el golfo de Nicoya (véase Puntarenas, p. 279; islas próximas a bahía Gigante, p. 262) y el golfo Dulce (véase p. 377). También son populares los del canal de Tortuguero (p. 401). Véanse algunos de los riesgos descritos en p. 487.

Los más aventureros deben consultar "'Rafting' y kayak" en p. 492.

Submarinismo

Las empresas siguientes tienen sede en EE UU; Undersea cuenta con oficina en Costa Rica.

JD's Watersports (☎ en EE UU 970-356 1028, 800-477 8971, www.jdwatersports.com). Véase también p. 284.

Okeanos Aggressor (☎ en EE UU 985-385 2628, en EE UU 800-348 2628; www.aggressor.com). Véase el recuadro, p. 363.

Undersea Hunter (☎ 228 6613, en EE UU 800-203 2120; www.underseahunter.com). Véase el recuadro, p. 363.

Pesca

Estas agencias, instaladas en EE UU, ofrecen viajes de pesca deportiva.

JD's Watersports. Véase "Submarinismo", en esta página.

Rod & Reel Adventures (☎ en EE UU 800-356 6982; www.rodreeladventures.com)

TRANSPORTE

TRANSPORTE

Excursionismo y bicicleta de montaña
DESDE COSTA RICA

Aventuras Naturales (☎ 225 3939, 224 0505, en EE UU 800-514 0411; www.toenjoynature.com)

Coast to Coast Adventures (☎ 280 8054; www.ctocadventures.com). Desde excursiones breves hasta viajes de aventura de costa a costa durante catorce días.

Ocarina Expeditions (☎ 229 4278; www.ocarinaexpeditions.com). También organiza paseos a caballo.

DESDE ESTADOS UNIDOS

Backroads (☎ en EE UU 510-527 1555, 800-462 2848; www.backroads.com). Programa *rafting*.

Serendipity Adventures (☎ en EE UU 734-995 0111, 800-635 2325, en Costa Rica 558 1000; www.serendipityadventures.com). Excursiones en globo, *rafting,* escalada y piragüismo.

Motociclismo
DESDE COSTA RICA

Wild Rider (☎ 258 4604; www.wild-rider.com). Véase San José, p. 92.

Harley Davidson Rentals (☎ 289 5552; www.mariaalexandra.com). Véase Escazú, p. 97.

DESDE ESTADOS UNIDOS

MotoDiscovery (☎ en EE UU 800-233 6564, 830-438 7744; www.motodiscovery.com) organiza itinerarios por toda América Central, como uno anual desde el río Grande de México al Canal de Panamá; la empresa traslada en barco las motos de los participantes desde Costa Rica a Houston y los viajeros vuelven en avión.

'Rafting' y kayak
Navegar por los ríos Pacuare, Reventazón, Corobicí, Chirripó y Sarapiquí uno o varios días es una opción. Para más información, véase p. 46.

DESDE COSTA RICA

Muchas empresas están especializadas en kayak y rafting, aunque también plantifican otras actividades.

Amigo Tico Complete Adventure Tours (☎ 777 2812; www.amigotico.com)

Aventuras Naturales. Véase "Excursionismo y bicicleta de montaña", en esta página.

Coast to Coast Adventures. Véase "Excursionismo y bicicleta de montaña", en esta página.

Costa Rica Expeditions. Véase "Historia natural", p. 491.

Exploradores Outdoors (☎ 280 9544; www.exploradoresoutdoors.com)

H2O Adventures (☎ 777 4092; www.aventurash2o.com)

Ríos Tropicales (☎ 233 6455; www.riostropicales.com)

Safaris Corobicí (☎ 669 6191; www.nicoya.com)

Sarapiquí Aguas Bravas (☎ 292 2072; www.aguas-bravas.co.cr)

DESDE ESTADOS UNIDOS

Estas agencias ofrecen actividades especiales además de circuitos sobre naturaleza.

BattenKill Canoe Ltd (☎ en EE UU 802-362 2800, 800-421 5268; www.battenkill.com). Para expertos en piragüismo.

Mountain Travel Sobek (☎ en EE UU 510-594 6000, 888-687 6235; www.mtsobek.com). Especializada en kayak por mar, *rafting* por ríos, etc.

Surf
Estas dos empresas tienen sede en EE UU.

Pura Vida Adventures (☎ en EE UU 415-465 2162; www.puravidaadventures.com). Sólo para mujeres.

Tico Travel (☎ en EE UU 800-493 8426; www.ticotravel.com)

Salud Dr. David Goldberg

Quienes viajen a América Central deben tener cuidado con las infecciones transmitidas por alimentos o mosquitos. La mayor parte de estas enfermedades no pone en peligro la vida de nadie, pero puede arruinar un viaje. Además de vacunarse debidamente, es importante llevar un buen repelente de insectos y vigilar lo que se come y se bebe.

ANTES DE PARTIR

Antes de abandonar el país de origen, el viajero debe comprobar que su estado de salud es bueno y, si su estancia en el extranjero va a ser larga, no estará de más una visita al dentista. Si usa gafas o lentes de contacto, es buena idea incluir en el equipaje unas de repuesto con su receta, así como líquidos para las lentillas, por si no se encontraran fácilmente en el país de destino.

Si se toma habitualmente una medicina, es aconsejable llevar las dosis necesarias, pues podría ser difícil de conseguir; el envase puede ser útil para mostrar el nombre del genérico en caso de necesitar comprarla. También es buena idea llevar una receta o una carta del médico que demuestre la necesidad de la medicación. En el caso de necesitar jeringuillas o agujas, también hay que llevar una carta del médico donde se constate su necesidad.

Las vacunas deben planificarse con tiempo suficiente, porque algunas no son efectivas hasta transcurridas dos semanas, de modo que es aconsejable acudir al médico ocho semanas antes de emprender el viaje. Es importante llevar un Certificado Internacional de Vacunación (conocido como "folleto amarillo"), donde aparecen todas las vacunas administradas al viajero. Es obligatorio para los países que exigen la vacunación contra la fiebre amarilla.

En cualquier caso, hay que consultar con el médico o los centros de vacunación. Para más información se puede llamar al teléfono 914 021 663 (Servicio de Vacunación Internacional del Ministerio de Sanidad y Consumo) o consultar la página web del Ministerio de Asuntos Exteriores (www.mae.es).

SEGURO

Muchos médicos y hospitales esperan que se pague en efectivo, con independencia de si se dispone de un seguro médico para viajes. En el caso de contraer una enfermedad que ponga en peligro la vida del viajero, seguramente éste querrá que lo trasladen a un país con un buen sistema sanitario. Como puede costar miles de dólares, antes de partir hay que comprobar que el seguro cubra esta eventualidad. En el sitio web del **Departamento de Estado de EE UU** (www.travel.state.gov/medical.html) aparece una lista de evacuaciones médicas y compañías que ofrecen seguros de viajes.

Si el seguro no cubre los gastos médicos originados en el extranjero, se aconseja considerar una ampliación que contemple anulación del viaje o del vuelo, pérdida de efectos personales, enfermedades o accidentes; a ser posible, debería prever un vuelo de regreso en caso de urgencia médica (para más información, véase el "Subway" del sitio web de Lonely Planet (www.lonelyplanet.com/subwwway). Asimismo, es recomendable averiguar si la póliza efectúa los pagos directamente a los proveedores o reembolsa los gastos a los asegurados con posterioridad.

SALUD

VACUNAS RECOMENDADAS

No se exigen vacunas obligatorias para entrar en Costa Rica, aunque se recomiendan algunas:

Vacuna	Recomendada para	Dosis	Efectos secundarios
hepatitis A	todos los viajeros	1 dosis antes del viaje, refuerzo seis-doce meses después	molestias en el lugar de la inyección, dolor corporal
fiebre tifoidea	todos los viajeros	4 capsulas por vía oral en días consecutivos	dolor abdominal náuseas, sarpullido
hepatitis B	viajeros en estrecho contacto con la población durante largos períodos	3 dosis en un período de seis meses	molestias en el lugar de la inyección, décimas de fiebre
tétanos-difteria	todos los viajeros que no se han puesto un refuerzo en los últimos diez años	1 dosis dura diez años	molestias en el lugar de la inyección
sarampión	viajeros nacidos depués de 1956 vacunados una sola vez	1 dosis	fiebre, sarpullido, dolores articulares, reacciones alérgicas
varicela	viajeros que no hayan padecido la enfermedad	2 dosis en un mes de diferencia	fiebre, varicela leve

SALUD

BOTIQUÍN

- Acetaminofén (Tilenol) o aspirina
- Esparadrapo de tela o papel
- Antiinflamatorios (ibuprofeno)
- Pomadas antibacterianas (Bactroban) para cortes y quemaduras
- Antibióticos
- Antidiarreicos (loperamida)
- Antihistamínicos (para fiebre del heno y otras reacciones alérgicas)
- Vendas, gasas, rollos de gasa
- Repelente contra insectos para la piel, que contenga DEET
- Pastillas de yodo (para purificar el agua)
- Sales de rehidratación oral
- Insecticida con permetrina, para rociar ropa, tiendas y mosquiteras
- Navaja
- Tijeras, imperdibles, pinzas
- Pomada con esteroides o cortisona (para las urticarias y otras reacciones alérgicas)
- Protector solar
- Jeringas y agujas estériles
- Termómetro

INFORMACIÓN EN LA RED

Internet ofrece un montón de consejos sobre cuestiones sanitarias en los viajes. Para buscar más información, el sitio web de **Lonely Planet** en inglés (www.lonelyplanet.com/weblinks/wlheal.

htm) constituye un buen comienzo. Dos sitios web bien documentados son Centers for Disease Control and Prevention (www.cdc.gov) y la **Organización Mundial de la Salud** (www.who.int/ith/), que publica un magnífico libro titulado *Viajes internacionales y salud* revisado anualmente y disponible en la Red de manera gratuita.

Otros sitios web de interés en español son un hospital virtual (www.worldwidehospital.com/h24h/salyvi.htm), dos páginas dirigidas a las personas que padecen alguna enfermedad (www.cdc.gov/spanish/vih/pubs/brochure/s_travel.htm) y (www.travelprice.es/ES_ES/guide/health/) y la web de **Viajar Sano** (www.viajarsano.com) que ofrece información sobre precauciones sanitarias a la hora de viajar; incluye recomendaciones y consejos prácticos según el país de destino.

Por lo general, antes de partir, se recomienda consultar los consejos que proporciona el Gobierno del país de origen en su sitio web.

Argentina (www.msal.gov.ar)
Chile (www.minsal.cl)
Colombia (www.minproteccionsocial.gov.co)
EE UU (www.cdc.gov/travel/)
España (www.msc.es/salud/exterior/consejos/centros/home.htm), con información, consejos y mapa de centros de vacunación por comunidades autónomas
México (www.salud.gob.mx)
Venezuela (www.msds.gov.ve)

OTRAS LECTURAS

El folleto *La salud también viaja,* distribuido por el Ministerio de Sanidad y Consumo español, proporciona información útil sobre aspectos relativos al ámbito sanitario en los viajes.

Si se proyecta viajar por zonas remotas durante mucho tiempo, es más especializado *Salud y viajes: manual de consejos prácticos* de Manuel Corachán (editorial Masson, Barcelona, 1993). Incluye recursos para problemas que se pueden plantear durante el viaje por distintas zonas geográficas, y dedica un capítulo específico a la tercera edad y los discapacitados. También es interesante *Médico de bolsillo* de Stephen Bezruchka (editorial Desnivel, Madrid, 1995), pequeño, cómodo y fácil de consultar, que proporciona el apoyo necesario para disfrutar de los viajes sin temor a imprevistos.

En inglés, y publicada por Lonely Planet, la guía de bolsillo *Healthy Travel (Central & South America)* contiene información útil y práctica. Recogen planificación del viaje, primeros auxilios, información sobre enfermedades e inmunización, así como consejos sobre cómo actuar si alguien enferma durante el viaje. *Travel with Children,* de la misma editorial, contiene consejos para la salud de los más pequeños.

DURANTE EL TRAYECTO

TROMBOSIS VENOSA PROFUNDA

Cabe la posibilidad de que, durante los viajes en avión, se formen trombos (trombosis venosa profunda) en las piernas debido a la inmovilidad prolongada; cuanto más largo sea el desplazamiento, mayor es el riesgo. Aunque muchos trombos se reabsorben sin problemas, algunos pueden desprenderse y migrar hasta los pulmones por los vasos sanguíneos, donde pueden provocar complicaciones muy peligrosas.

El principal síntoma de esta enfermedad es hinchazón o dolor en el pie, tobillo o pantorrilla, normalmente sólo en un lado, aunque no siempre. Cuando los trombos migran a los pulmones, pueden causar dolor en el pecho y dificultades para respirar. Los viajeros que presenten estos síntomas deben solicitar asistencia médica de inmediato.

REMEDIOS TRADICIONALES

A continuación se enumeran algunos para dolencias relacionadas con los viajes.

Problema	Tratamiento
jet lag	melatonina
mareo	jengibre
prevención de picaduras de mosquito	aceite de eucalipto

Para prevenir el desarrollo de la trombosis venosa profunda en vuelos largos, es aconsejable caminar por la cabina, contraer los músculos de las piernas mientras se está sentado, beber abundantes líquidos y evitar el alcohol y el tabaco.

'JET LAG' Y MAREO

El *jet lag* aparece cuando se cruzan más de cinco husos horarios y se produce porque muchas funciones del cuerpo humano (como la temperatura, el pulso, el vaciado de la vejiga y los intestinos) están reguladas por ciclos internos de 24 horas. Provoca insomnio, fatiga, malestar y náuseas, y para evitarlo, se aconseja beber muchos líquidos (sin alcohol) e ingerir comidas ligeras. Al llegar al destino, conviene exponerse a la luz del sol natural y adaptar los horarios (comidas, sueño, etc.) tan pronto como sea posible.

Los antihistamínicos como el dimenhidrinato (Dramamina) y meclizina (Antivert, Bonine) suelen constituir el primer recurso para tratar el mareo, pero su principal efecto secundario es la somnolencia. Una alternativa natural es el jengibre, que a mucha gente le funciona muy bien.

EN COSTA RICA

ASISTENCIA MÉDICA Y PRECIO

En casi todas las ciudades importantes puede obtenerse una buena asistencia médica, aunque la cobertura en zonas rurales puede verse restringida. En caso de urgencia, debe telefonearse a:

CIMA San José (☎ 208 1000; autopista Próspero Fernández, San José). 500 m al oeste del peaje en la carretera de Santa Ana

Clínica Bíblica (☎ 257 0466, 257 5252; calle 1 con av. 14, San José)
Hospital Nacional de Niños (☎ 222 0122; calle 14 con av. Central, San José). Sólo para menores de 12 años
Poison Center (☎ 223 1028)
Ambulancias de la Cruz Roja (☎ 911, en San José 221 5818)
Hospital San Juan de Dios (☎ 257 6282; calle 14 con av. Central, San José)

Para conseguir una lista exhaustiva de médicos, dentistas y hospitales, puede recurrirse a la embajada de EE UU (www.us embassy.or.cr). En caso de embarazo, es aconsejable consultar este sitio web para encontrar ginecólogo.

Casi todas las farmacias están bien provistas y los farmacéuticos están autorizados a prescribir medicación. Si el viajero se medica, debe asegurarse de conocer el nombre genérico (científico), ya que muchos medicamentos se venden con nombres distintos en Costa Rica. Entre las farmacias que abren las 24 horas cabe destacar:
Farmacia Clínica Bíblica (☎ 257 5252; calle 1 con av. 14, San José)
Farmacia Clínica Católica (☎ 283 6616; Guadalupe, San José)
Farmacia El Hospital (☎ 222 0985)

ENFERMEDADES INFECCIOSAS
Enfermedad de Chagas
Se trata de una infección parasitaria transmitida por insectos triatominos de la familia *Reduviidae*, que viven en las grietas de las paredes y en los tejados de viviendas que no reúnen las condiciones mínimas de habitabilidad. En Costa Rica, los casos se concentran en Alajuela, Liberia y Puntarenas. El insecto deposita sus excrementos en la piel humana al picar, normalmente por la noche. Una persona se infecta cuando, sin darse cuenta, restriega los excrementos y éstos se introducen en una herida abierta. Al cabo de una semana aparece una fuerte inflamación de color violeta; en sus primeras fases puede tratarse, pero si se deja sin curar puede llegar a producir la muerte años después. La enfermedad de Chagas es muy poco frecuente en viajeros. Sin embargo, si se duerme en una casa de construcción deficiente, sobre todo de barro, adobe o paja, hay que asegurarse de protegerse con una mosquitera y un buen insecticida. Se deben tomar precauciones contra los insectos (véase "Malaria", p. 497).

Dengue (fiebre quebrantahuesos)
Es una infección vírica que se da en América Central y, en Costa Rica, todos los años se producen brotes que afectan a miles de personas. La enfermedad se transmite por los mosquitos del género *Aedes aegypti*, que pican durante el día y suelen encontrarse cerca de las residencias humanas, a menudo en el interior. Acostumbran a criar en recipientes de agua artificial, como jarras, barriles, cubos, cisternas, bidones de metal y neumáticos viejos. En consecuencia, el dengue prolifera en entornos urbanos muy poblados.

Suelen aparecer síntomas similares a los de la gripe, como fiebre, dolores musculares, dolores de cabeza, náuseas y vómitos, seguidos de un sarpullido. En la mayor parte de los casos el dengue se resuelve sin problemas transcurridos unos días; los casos graves suelen manifestarse en niños menores de 15 años que lo padecen por segunda vez.

No hay tratamiento, salvo tomar analgésicos como acetaminofeno/paracetamol y beber líquidos. Los casos graves pueden requerir hospitalización para la administración de sueros intravenosos y cuidados médicos. No hay vacuna; la piedra angular de la prevención son las medidas de protección contra los insectos (véase p. 499).

Hepatitis A
Tras la diarrea, es la segunda infección más frecuente relacionada con viajes. Se trata de una infección vírica del hígado que suele contraerse por ingesta de agua, comida o hielo contaminados, aunque el contacto directo con personas infectadas también constituye otro medio de transmisión. Se dan casos en todo el mundo, pero se registra una mayor incidencia en países en desarrollo. Los síntomas son fiebre, malestar, ictericia, náuseas, vómitos y dolores abdominales. Muchos casos se resuelven sin complicaciones, aunque a veces, causa graves daños en el hígado. Dado que no hay tratamiento, es indispensable la atención médica, descansar, beber líquido, hacer comidas ligeras y evitar alimentos grasos.

La vacuna resulta segura y efectiva. Si se administra un refuerzo entre seis y doce meses después, dura un mínimo de diez años. Es imprescindible ponérsela antes de viajar a Costa Rica. Como no hay garantías de que no entrañe riesgos para las mujeres embarazadas y los menores de 2 años, debe administrárseles una inyección de gamma-globulina como sustituto. Las personas que hayan padecido hepatitis A no deben tomar bebidas alcohólicas hasta seis meses después de que ésta se haya superado, pues el hígado necesita tiempo para recuperarse.

Hepatitis B

Es una enfermedad infecciosa que se da en todo el mundo, aunque es más frecuente en los países en desarrollo. Suele contraerse por transmisión sexual o por exposición a sangre infectada, normalmente durante transfusiones de sangre o por contacto con jeringuillas contaminadas. La vacuna sólo se recomienda a los viajeros que vayan a pasar una estancia larga (más de seis meses), que tengan previsto vivir en zonas rurales o mantener un contacto físico estrecho con la población local. Asimismo, resulta recomendable para cualquiera que prevea una posible necesidad de atención médica, dental u otros tratamientos, sobre todo si se van a necesitar transfusiones o inyecciones.

La vacuna de la hepatitis B no entraña riesgos y resulta muy efectiva. Sin embargo, se necesitan tres inyecciones para obtener inmunidad total. En la década de 1980, varios países incluyeron esta enfermedad en la lista de vacunas rutinarias que se administran a los escolares, de modo que muchos adultos jóvenes ya están protegidos.

VIH y sida

Contraer el virus de inmunodeficiencia humana (VIH) puede desembocar en el síndrome de inmunodeficiencia adquirida (sida). Se dan casos en todos los países de América Central, de modo que hay que asegurarse de utilizar preservativo en las relaciones sexuales y de que las agujas utilizadas para vacunas, acupuntura, tatuaje o *piercing* están esterilizadas. En cuanto a las transfusiones de sangre, hay que asegurarse de que existe completa garantía de que ésta ha sido analizada previamente.

Si el sistema sanitario del país que se visita no ofrece esa garantía, y el viajero necesita ponerse una inyección, lo mejor será exigir que destapen una jeringuilla nueva delante de él; incluso puede considerar el llevarse jeringuillas y agujas en el botiquín.

Leishmaniasis

La incidencia de esta enfermedad se localiza en las montañas y selvas de todos los países de América Central y la transmite la mosca de la arena (género *Phlebotomus*), un insecto con un tercio del tamaño de los mosquitos. Muchos casos se detectan en bosques recién desbrozados o en zonas de crecimiento secundario. La mayor incidencia se concentra en Talamanca. En Costa Rica, suele limitarse a la piel y genera úlceras de crecimiento lento en las partes del cuerpo que quedan al descubierto. Con todo, es posible que se produzcan infecciones más graves en personas afectadas por el VIH. No hay vacuna; para protegerse, se debe adoptar las mismas precauciones que para los mosquitos (p. 499), salvo que la mosquitera debe tener una malla más fina (mínimo de 18 agujeros en 2,5 cm).

Leptospirosis

Se contrae por exposición al agua contaminada por la orina de animales infectados. Quienes practiquen *rafting* de aguas bravas corren un riesgo particularmente elevado. En Costa Rica, se dan muchos casos en Limón, Turrialba, San Carlos y Golfito. También se tiene constancia de afectados entre los residentes de Puerto Limón que se han bañado en arroyos de la zona. Es posible que se produzcan brotes en época de inundaciones, cuando el exceso de aguas residuales puede contaminar los acuíferos. Los síntomas iniciales, parecidos a los de una gripe leve, suelen remitir sin mayores complicaciones pasados unos días, con o sin tratamiento. Sin embargo, una minoría de casos se complica con icteria o meningitis. No existe vacuna, aunque es posible minimizar el riesgo manteniéndose alejado de las aguas dulces que puedan estar contaminadas. En el caso de participar en actividades de alto riesgo, como canotaje, en una zona donde se esté produciendo un brote, se recomienda tomar 200 mg de doxiciclina como medida preventiva. Si finalmente acaba desarrollándose la enfermedad, el tratamiento consiste en 100 mg de doxiciclina dos veces al día.

Malaria

Hay constancia de ella en todos los países de América Central. Se transmite por picaduras de mosquito, normalmente al atardecer. El síntoma principal consiste en fiebre muy alta, escalofríos, sudoración, dolor de cabeza, dolores corporales, debilidad, vómitos o diarrea. Los casos graves pueden afectar al sistema nervioso central y producir ataques, confusión, coma y muerte.

Se recomienda tomar pastillas contra la malaria en las provincias de Alajuela, Limón (salvo la ciudad de Limón), Guanacaste y Heredia. El mayor riesgo se concentra en los cantones de Los Chiles (provincia de Alajuela) y Matina, y en Talamanca (provincia de Limón).

En Costa Rica, el principal fármaco que se utiliza es la cloroquina, en una dosis semanal de 500 mg; se empieza una o dos semanas antes de llegar al país y se continúa durante el viaje y cuatro semanas después de la partida. La cloroquina no entraña riesgo alguno, es económica y resulta efectiva. Los efectos secundarios, por lo general, suelen ser leves y consisten en náuseas, molestia abdominal, dolor de cabeza, mareos, visión borrosa o picores. No son nada frecuentes las reacciones más graves.

La protección contra las picaduras de mosquito tiene la misma importancia que tomar las pastillas (véase más adelante), ya que ningún medicamento resulta efectivo al cien por cien.

Si no se tiene acceso a asistencia médica mientras se viaja, se recomienda llevar pastillas de reserva para una automedicación de urgencia; sólo debe hacerse si resulta imposible acudir a un médico y se desarrollan síntomas que hagan pensar en malaria, como fiebre elevada. Una posibilidad es tomar cuatro pastillas de Malarone una vez al día, durante tres días. Si el viajero empieza a automedicarse, debe tratar de encontrar un médico lo antes posible.

Si se tiene fiebre al llegar a casa, hay que acudir a un médico, ya que los síntomas de la malaria pueden no manifestarse hasta meses después.

Rabia

Es una infección del cerebro y la médula espinal que casi siempre resulta fatal. El virus de la rabia se aloja en la saliva de los animales infectados y, normalmente, se transmite por su mordedura, aunque también puede provocarla la contaminación de una herida cutánea con saliva infectada.

La rabia se da en todos los países de América Central. Sin embargo, sólo se tiene constancia de dos casos en Costa Rica en los últimos treinta años. Por consiguiente, la vacuna sólo se recomienda para viajeros en situaciones de riesgo muy elevado, como espeleólogos o personas que estén en contacto con animales.

Todas las mordeduras y arañazos de animales deben limpiarse inmediatamente y a fondo, con grandes cantidades de agua y jabón. Asimismo, hay que ponerse en contacto con las autoridades sanitarias locales para determinar si es necesario algún tratamiento adicional (véase p. 499, "Mordeduras de animales").

Fiebre tifoidea

Se contrae al ingerir alimentos o agua contaminados por la *Salmonella typhi*. Prácticamente en todos los casos se tiene fiebre y también se manifiesta con dolor de cabeza, malestar, dolores musculares, mareos, pérdida de apetito, náuseas y dolores abdominales; es posible que se padezca diarrea o estreñimiento. Entre las posibles complicaciones, cabe destacar perforación o sangrado intestinal, confusión, delirio o (pocas veces) coma.

A menos que se prevea comer siempre en hoteles y restaurantes importantes, es buena idea vacunarse contra la fiebre tifoidea. La vacuna suele administrarse por vía oral, pero también está disponible en inyección. Ninguna está aprobada para uso en menores de 2 años.

El fármaco más utilizado para combatir la enfermedad suele ser un antibiótico de quinolona como la ciprofloxacina (Cipro) o levofloxacina (Levaquin), que llevan muchos viajeros para tratar la diarrea. Sin embargo, en caso de automedicarse, quizá sea necesario medicarse también para tratar la malaria, ya que los síntomas de ambas enfermedades suelen resultar imposibles de distinguir.

DIARREA

Para combatirla, hay que evitar el agua del grifo a menos que se haya hervido, filtrado o desinfectado por medios químicos (pastillas de yodo). Sólo deben comerse frutas o verduras frescas si están cocinadas o peladas; asimismo, hay que mostrarse cauteloso con los productos lácteos que puedan contener leche sin pasteurizar y ser muy selectivo al adquirir alimentos en puestos callejeros.

Si se acaba desarrollando una diarrea, hay que beber abundantes líquidos, preferiblemente una solución de rehidratación oral que contenga muchas sales y azúcares. Unas cuantas deposiciones líquidas no requieren tratamiento, pero si se empiezan a tener más de cuatro o cinco diarias, es recomendable empezar a tomar antibióticos (por lo general, quinolona) y un agente antidiarreico (loperamida). Si la diarrea sangra, persiste más de setenta y dos horas o se acompaña de fiebres, escalofríos o dolores abdominales agudos, es imprescindible acudir a un médico.

RIESGOS MEDIOAMBIENTALES
Mordeduras de animales

No es recomendable acariciar, tocar o alimentar animales, salvo aquellos domésticos que se sepa que están libres de enfermedades infecciosas. Muchas heridas de animales están relacionadas con la tentativa de tocarlos o alimentarlos.

Cualquier mordedura o rasguño de un mamífero debe lavarse de inmediato y a fondo, con grandes cantidades de agua y jabón; a continuación, se aplicará un antiséptico, como yodo o alcohol. Es fundamental ponerse en contacto con las autoridades sanitarias locales para posibles tratamientos posteriores a la exposición a la rabia, ya se esté vacunado o no contra esta enfermedad. También puede ser aconsejable empezar a tomar antibióticos, porque las heridas causadas por mordeduras y arañazos de animales se infectan a menudo. Una de las quinolonas más nuevas, como la levofloxacina (Levaquin), que muchos viajeros llevan para combatir la diarrea, sería una elección adecuada.

Picaduras de mosquito

No importa lo mucho que se proteja uno, las picaduras de mosquito forman parte de la experiencia de todos los viajeros. Aunque puedan producirse brotes ocasionales de dengue (véase p. 496) en Costa Rica, la mayor preocupación que suscitan las picaduras suele ser la incomodidad que producen por los picores.

La mejor prevención es permanecer cubierto: llevar pantalones largos, manga larga, gorro y zapatos (mejor que sandalias). Por desgracia, las temperaturas sofocantes de Costa Rica pueden complicarlo, de modo que la mejor medida posible es invertir en un buen repelente de insectos, preferiblemente uno que contenga DEET (también puede adquirirse en Costa Rica). Debe aplicarse en la piel que permanezca al descubierto y sobre la ropa, evitando los ojos, la boca, los cortes, las heridas y la piel irritada.

En general, los adultos y los niños mayores de 12 años pueden utilizar preparados que contengan entre 25 y 35% de DEET, cuyos efectos suelen durar unas seis horas. Los niños entre 2 y 12 años deben emplear preparados que no contengan más del 10% de DEET, aplicados en pequeñas cantidades, que proporcionan unas tres horas de protección. Se han dado casos de toxicidad neurológica debido al DEET, sobre todo en niños, pero parecen ser poco frecuentes y estar relacionados con un uso excesivo. Los compuestos que contengan DEET no deben aplicarse a menores de 2 años.

Los repelentes para insectos que contengan productos botánicos, como aceite de eucalipto y de soja, resultan efectivos, aunque sólo proporcionan entre una y media y dos horas de protección.

Un artículo práctico para todos los viajeros es una mosquitera que pueda colgarse en la cama (junto con algunas chinchetas y clavos). Muchos hoteles de Costa Rica carecen de ventanas o biombos, por lo que una mosquitera evitará problemas. El tamaño de la malla debe ser menor de 1,5 mm.

El anochecer es el momento más crítico para los mosquitos, de modo que hay que tomar precauciones cuando empieza a ponerse el sol.

Mordedura de serpiente

Costa Rica constituye el hábitat de todo tipo de serpientes venenosas y cualquier incursión en zonas boscosas lleva aparejada un riesgo, aunque muy ligero, de mordedura.

La mejor prevención es llevar zapatos recios, cerrados, o botas y permanecer atento al sendero. A las serpientes les gusta salir a los caminos despejados, así que es aconsejable tener cuidado por dónde se pisa (para más información sobre la labaria y la surucucú de Costa Rica, véase la sección especial *Guía de la fauna*).

SALUD

En caso de ser mordido por una serpiente venenosa, hay que poner a la víctima en reposo, mantener inmovilizada la zona de la mordedura y acudir al centro médico más cercano. No deben hacerse torniquetes, pues ya no son recomendables.

Sol

Para protegerse de una excesiva exposición solar, se aconseja evitar el sol en las horas centrales del día, llevar gafas de sol y sombrero de ala ancha, y además aplicarse crema protectora con factor 15 como mínimo, tanto UVA como UVB. El protector debe aplicarse generosamente en todas las partes del cuerpo que queden al descubierto, unos treinta minutos antes de la exposición. Debe repetirse la aplicación tras nadar o realizar actividades que requieran esfuerzo físico. Los viajeros también deben beber abundantes líquidos y evitar el ejercicio agotador con temperaturas elevadas.

Agua

En Costa Rica la del grifo no ofrece garantías: la mejor opción es comprar agua embotellada. Si se dispone de medios, un enérgico hervor de un minuto constituye la forma más efectiva para purificar el agua. A altitudes superiores a 2.000 m, el hervor debe prolongarse tres minutos. Otra posibilidad sería desinfectar el agua con pastillas de yodo: hay que añadir un 2% de tintura de yodo a un litro de agua (cinco gotas en agua clara, 10 gotas en agua turbia) y dejarlo reposar 30 minutos. Si el agua está fría, tal vez se necesite más tiempo.

VIAJAR CON NIÑOS

Por lo general, no resulta peligroso que niños y embarazadas viajen a Costa Rica. Sin embargo, como no está aprobado el uso de algunas de las vacunas mencionadas anteriormente en niños o durante el embarazo, estos viajeros deben tomar precauciones y no beber agua del grifo ni consumir alimentos o bebidas sospechosos. Asimismo, al viajar con niños, hay que asegurarse de que estén al corriente de la vacunación rutinaria. A veces, resulta adecuado administrar a los niños algunas vacunas un poco antes de visitar un país en desarrollo. Hay que consultar al pediatra.

Por último, en caso de embarazo, hay que tener presente que si se desarrollan complicaciones en el extranjero, como un parto prematuro, la calidad de la asistencia médica puede no ser comparable con la del país de origen.

Véase p. 469 para información general sobre viajar con niños.

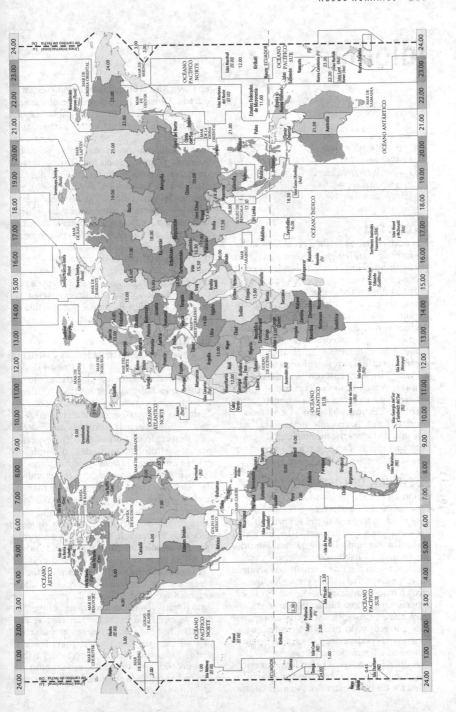

Idioma

TICOS Y TICAS

Los costarricenses reciben el curioso sobrenombre de ticos debido precisamente a una particularidad lingüística: la tendencia en el habla común a usar con excesiva frecuencia el sufijo diminutivo –ico, como en chiquitico o ahoritica. Se dice que fueron los nicaragüenses quienes bautizaron a sus vecinos con este apelativo, aunque lo cierto es que los ticos lo consideran muy suyo, haciéndolo extensivo y empleándolo para crear nuevos nombres que hacen referencia a Costa Rica y su entorno (Tiquicia, Ticolandia). Por ello, no es de extrañar que el viajero oiga palabras tan llamativas como Ticobús, Ticotour, Ticobar, Tico News, y muchas otras, hecho que demuestra hasta qué grado el costarricense ha logrado construir una identificación nacional a partir de una sencilla expresión popular.

EL ESPAÑOL DE COSTA RICA

Como en el resto de los países centroamericanos, el castellano es la lengua oficial del país, aunque en su forma dialectal se aprecian ciertas variaciones que despiertan la curiosidad en hablantes peninsulares y de otras latitudes americanas. El habla costarricense es melodiosa, suave, repleta de formalismos arcaicos y rica en un cierto léxico vernacular, que en otros lugares han caído en desuso. En líneas generales, el viajero hispanohablante encontrará que en Costa Rica se habla un español muy correcto y, lo más importante, que se entiende a la perfección, ya que es un lenguaje con pocas alteraciones fonéticas.

A diferencia de otros países latinoamericanos, donde el visitante tiene que esforzarse los primeros días para entender a su interlocutor, en Costa Rica el buen entendimiento está asegurado. Quizá el rasgo fonético más característico, que destaca en el habla de los habitantes de la meseta Central, es la pronunciación de la "r", que se tiende a "arrastrar" hasta asimilarla con su versión anglosajona. Además, al igual que en toda Latinoamérica de habla castellana, no existe una diferenciación entre los sonidos "s" y "z" (seseo), y se tiende a relajar la dicción de las consonantes "j" y "g". Aparte de estas salvedades, el visitante no apreciará ninguna "rareza" fonética, hecho que sin duda facilitará la comprensión y comunicación con los lugareños. Sin embargo, desde el punto de vista prosódico, el turista se deleitará con un español muy cadencioso, donde casi nunca se sustituyen o se omiten sonidos, y que por sus características se asemeja en algo al español que se habla en Colombia o en las islas Canarias.

EL TRATAMIENTO

Si en algo se diferencia la lengua castellana que se habla en el país al del resto de los hispanoparlantes, es en el tratamiento de cortesía. Es habitual que los ticos aludan a la segunda persona gramatical con un "usted" o un "vos", quedando el tuteo relegado. Aunque lo más común es que "usted" esté destinado al tratamiento entre personas de distinto rango o edad, o donde no existe confianza entre los interlocutores, es curioso encontrar un uso muy extendido del "usted" entre familiares (hermanos, hijos y padres, novios o esposos). Y es que este término también está revestido de cierto trato de cariño respetuoso, que se hace muy entrañable una vez que se asume que no es sólo un pronombre que indica distancia entre el emisor y el receptor.

El voseo, sin embargo, es un indicador de cercanía, de confianza, muy extendido entre amigos. Además, desde el punto de vista lingüístico es un fenómeno muy especial, ya que en Latinoamérica, sólo se encuentra un uso del voseo tan popular en Costa Rica, Argentina y Uruguay. Los expertos lo consideran un reducto del habla más arcaica que, debido al aislamiento de este país durante la colonia, pudo mantener casi sin variaciones.

Consecuencia también de este aislamiento histórico y geográfico es la riqueza del léxico, en donde encontramos verbos tan curiosos como socar, que significa "apretar", actualmente en desuso. También el visitante se sorprenderá con la imaginación lingüística a la hora de crear vocablos: chinear (mimar), canfín (queroseno) o tútile (italiano) son términos únicos que sólo existen en el país y cuyas etimologías forman parte del anecdotario popular.

EL INGLÉS, LA SEGUNDA LENGUA

La influencia política y económica de Estados Unidos ha sido decisiva para que el inglés sea, sin duda, la segunda lengua más hablada. Sin embargo, también ha sido muy importante la presencia de una amplia población angloparlante afincada en la costa atlántica desde el siglo XIX. Desde Tortuguero hasta Puerto Viejo, toda la vertiente del Caribe está habitada por descendientes de jamaicanos que hablan su lengua criolla.

Asimismo, el creciente turismo en los últimos años ha dado pie a que las nuevas generaciones de costarricenses tengan una sólida formación en idiomas, sobre todo en inglés.

Las ventajas de este solapado bilingüismo son evidentes; aunque sus consecuencias en el deterioro del español también lo son. Anglicismos como chequear (revisar, de *to check*), queque (bizcocho, de *cake*), overol (mono, traje de trabajo, de *over all*), chance (oportunidad, de *to chance*) se han castellanizado con el tiempo, y ya parecen expresiones comunes frente a otras irrupciones más recientes, como counter (mostrador) o mall (centro comercial), que se oyen a veces con tanta frecuencia que pueden consternar al purista del idioma.

OTRAS LENGUAS VERNÁCULAS

Aparte del criollo, parecido al patuá o creole, que se habla con fuerza en la costa caribeña, las lenguas indígenas que existen en Costa Rica son muy pocas, debido en gran parte a la exigua población nativa. Entre las que aún permanecen vivas, todas ellas de origen chibcha, la más importante es el bri bri, aunque el turista tendrá que adentrarse en la selva de la cordillera de Talamanca para poder apreciarla. Sin embargo, en las palabras de uso diario podemos encontrar numerosas reminiscencias dialectales (tanto de origen chibcha como nahualt) que permanecen sobre todo en algunos topónimos tales como Irazú, Escazú o Poás, animales (tepezcuintle), frutas y comidas (jocote, pozol), u objetos domésticos (metate, mecate).

FRASES FRECUENTES

Es posible oír alguna de las siguientes expresiones y frases hechas, muy utilizadas entre ticos, y a las que a veces es difícil encontrar un sentido literal:

¿Me regala la cuenta? – *¿Me trae la cuenta?*
El verbo "regalar" se utiliza como fórmula de cortesía para pedir algo.

¿Me hace un campito? – *¿Me deja sitio?*
"Campo" es sinónimo de "sitio".

¿Me presta el baño? – *¿Puedo utilizar el servicio?*
Al igual que "regalar", "prestar" es un verbo más amable para pedir o solicitar algo o algún servicio.

No le ofrezco – *No hay, no tengo.*
Otra de las muchos circunloquios que se utilizan para evitar frases cortas y secas, que no se consideran corteses.

Ahí nomasito – *Aquí al lado, muy cerca.*
Expresión muy utilizada en el campo, que es probable que el turista oiga cuando pida una dirección.

Cara de barro – *Descarado, confianzudo.*
Expresión vulgar utilizada en las zonas urbanas.

Pura vida – *Bien, de acuerdo, vale.*
Es unas de las expresiones más típicas de Costa Rica, que reflejan la cordialidad de sus gentes.

¡Idiay qué, mae? – *¿Qué pasa, tío?*
La interjección "idiay" equivale a "¿qué pasa?", "¿y entonces?".

Tuanis – *Estupendo, bien.*
Probablemente proviene del inglés "too nice".

Así mismo, hay palabras que los ticos expresan con frecuencia y que se detallan a continuación (véase también "Glosario general" más adelante):

beneficio – instalaciones donde se recolecta, seca y procesa el café
bomba – gasolinera
carajillo/a – niño/a
carro – coche
colocho/a – relativo al pelo rizado
colón – moneda nacional a la que también se le designa como peso
corrongo – gracioso, bonito, coqueto
chapulín – además de tractor, niño o adolescente que vive en la calle

china – 1. niñera. 2. planta de la alegría, que crece silvestre
chinche – cucaracha negra y plana que, al aplastar, desprende muy mal olor.
chinga – colilla de cigarro
chingo,-a – desnudo/a
cholo,-a – moreno/a
chumeco,-a – negro/a
chupón – biberón
chuzo – pelo liso
enagua – falda
fajar(se) – esmerarse
fregar – molestar
garuba – llovizna
gato – persona de ojos claros
goma – resaca, malestar causado por el exceso de alcohol
güila – niño (despectivo)
guineo – plátano muy pequeño
juma – borrachera
jupa – cabeza
macho/a – rubia/rubio
mae/maje – forma apelativa que equivale al tío/tía en España
manejar – conducir
palo – árbol
parqueo – aparcamiento
purruja – mosquito pequeño y muy molesto, que suele atacar a la hora del atardecer en climas calientes

saco – chaqueta, blaizer
salado/estar salado – tener mala suerte
ruco – caballo
tapis – trago, copa
torta – metedura de pata
valija – maleta
veranera – bunganvilla
zacate – hierba, césped

Por último, las siguientes son equivalencias de términos castellanos, de los cuales en Costa Rica se utilizan los primeros en detrimento de los segundos:

arete – irar
cobija – manta
brincar – saltar
feriado – fiesta
fósforo – cerillas
jalea – mermelada
majar – pisar
manejar – conducir
papa – patata
plata – dinero
potrero – prado
quebrar – romper
reservación – reserva
tomar – beber

Glosario

Véase p. 55 en *Comida y bebida* para consultar palabras y expresiones relacionadas con la comida y la bebida.

ABAS – Asociación para el Bienestar Ambiental de Sarapiquí.

ACT – Área de Conservación Tempisque.

agutí – mamífero roedor *(Dasyprocta punctata)* de una familia afín a la del cobayo, propio de América Central y Meridional, desde México y las Antillas hasta el norte de Argentina, que vive en regiones de selva y cerca de los cultivos. También se le llama guatusa o guatuza.

anhinga – ave acuática que vive en ríos y lagos de América.

ASCOMOTI – Asociación para la Conservación del Mono Tití.

ASCONA – Asociación Costarricense para la Conservación de la Naturaleza.

ASOPARQUE – Asociación para el Desarrollo del Parque Nacional Marino Ballena.

bagel – panecillo redondo con un agujero en el centro.

bomba – gasolinera; poesía breve divertida; bomba.

CENAC – Centro Nacional de la Cultura.

cerro – en América Latina, montaña de gran altura.

Chepe – apodo cariñoso para José, empleado también para referirse a San José, la capital.

chunche – cosa, objeto.

coatí – mamífero plantígrado, americano, de cabeza alargada y hocico estrecho con nariz muy saliente y puntiaguda, orejas cortas y redondeadas, y pelaje largo y tupido. Tiene uñas fuertes y encorvadas que le sirven para trepar a los árboles.

colón – moneda de Costa Rica.

cruda – se emplea para referirse a una resaca, malestar por haber bebido en exceso.

cuadraciclo – vehículo todoterreno.

cucaracha – bebida alcohólica muy fuerte.

encomienda – paquete postal; también paquete enviado por algún medio de transporte, generalmente en autobús.

epífito – se dice de un vegetal que vive sobre otra planta, sin alimentarse a expensas de ésta, como los musgos y líquenes.

finca – plantación, propiedad agrícola.

guaco – ave del orden de las falconiformes, con el cuerpo negro y el vientre blanco.

guanacaste – árbol tropical de la familia de las mimosáceas, de fruto no comestible, con forma de oreja, de color café oscuro lustroso y con semillas pequeñas y durísimas. La madera se utiliza para la ebanistería y la construcción.

guapinol – curbaril, árbol de la familia de las papilionáceas, propio de América tropical, de unos siete metros de altura, con copa espesa, tronco rugoso, flores en ramillete, de color amarillo claro, y fruto en vaina pardusca con varias semillas. Su madera, dura y rojiza, se emplea en ebanistería.

guaria morada – orquídea de color fucsia, que se ha convertido en la flor nacional.

guardaparque – guarda forestal del sistema del parques nacionales.

guatusa o **guatuza** – *coatí*.

ICE – Instituto Costarricense de Electricidad.

ICT – Instituto Costarricense de Turismo; proporciona información turística.

IGN – Instituto Geográfico Nacional; publica mapas topográficos de Costa Rica.

josefino/a – persona nacida o residente en San José.

lapa – nombre que se da en Costa Rica al guacamayo.

maje – en argot, entre hombres, significa "tío".

manatí – mamífero sirenio de hasta cinco metros de longitud, cabeza redonda, cuerpo muy grueso y piel cenicienta y velluda de tres a cuatro centímetros de espesor. Tiene los miembros torácicos en forma de aletas terminadas por manos, y tan desarrollados, que sirven a la hembra para sostener a sus crías mientras maman. Vive cerca de las costas del Caribe y en los ríos de aquellas regiones.

maría – taxímetro.

marimba – instrumento parecido al xilófono.

MINAE – Ministerio de Ambiente y Energía; se encarga de administrar el sistema de parques nacionales.

OIJ – Organismo de Investigación Judicial, Tribunal Supremo.

OTS / OET – Organization for Tropical Studies (Organización para Estudios Tropicales).

palacio municipal – edificio del ayuntamiento.

panga – embarcación ligera a motor.

parche curita – tirita, apósito adherente con una gasa para pequeñas heridas.

páramo – hábitat de las tierras altas frías caracterizado por una vegetación de arbustos y matorral, común en los Andes de Colombia, Ecuador y Perú , así como en algunas zonas de Costa Rica.

pecarí – mamífero paquidermo, cuyo aspecto es el de un jabato de seis meses, sin cola, con cerdas largas y fuertes, colmillos pequeños y una glándula en lo alto del lomo, de forma de ombligo, que segrega una sustancia fétida. Vive en los bosques de América del Sur.

perezoso – mamífero del orden desdentados que se caracteriza por ser muy lento en sus desplazamientos y que pasa la mayor parte del tiempo en las copas de los árboles. En Costa Rica abundan dos tipos de perezosos: el de dos dedos (*Choleopus hoffmani*) y el de tres dedos (*Bradypus variegatus*).

pizote – coatí de nariz blanca.

PLN – Partido de Liberación Nacional.

pulpería – tienda de comestibles.

PUSC – Partido Unidad Social Cristiana.

roja – término empleado para referirse al billete de 1.000 colones, que es rojo.

sabanero – vaquero de la provincia de Guanacaste.

salado – desafortunado, que tiene mala suerte.

SINAC – Sistema Nacional de Áreas de Conservación.

soda – establecimiento modesto donde se venden o sirven comidas y bebidas, por lo general más pequeño que un restaurante.

tapir – mamífero de Asia y América del Sur, del orden de los perisodáctilos, del tamaño de un jabalí, con cuatro dedos en las patas anteriores y tres en las posteriores, y la nariz prolongada en forma de pequeña trompa. Su carne es comestible.

tepezcuintle – mamífero roedor (*Agouti paca*) parecido al agutí, pero con varias franjas de pintas blancas en los costados.

tico/a – coloquial, costarricense.

tuanis – bueno, excelente.

upe – expresión utilizada en el campo al llegar a casa, para hacer saber a todo el mundo que se ha llegado.

USGS – US Geological Survey.

zancudo – mosquito.

Zonas de vida de Holdridge – sistema de clasificación desarrollado en la década de 1960 por el botánico estadounidense L. H. Holdridge que emplea el clima, la altitud y la latitud para definir 116 zonas medioambientales naturales distintas, cada una con un tipo particular de vegetación.

Entre bastidores

ESTE LIBRO

Esta es la traducción de la sexta edición de *Costa Rica*, escrita por Carolina A. Miranda, que también ha coordinado la obra, y por Paige R. Penland. Asimismo han colaborado David Lukas, que redactó el capítulo *Medio ambiente* y la *Guía de fauna y flora*; Bridget Crocker, que se ocupó del recuadro sobre deportes acuáticos, y el doctor David Goldberg, que elaboró el capítulo *Salud*.

AGRADECIMIENTO DE LOS AUTORES

Carolina A. Miranda. Pura vida a mis colegas de Costa Rica: Andrés y Adrián del Hostel Pangea en Chepe; a Lance y Chris de Rainbow Adventures, en el golfo Dulce; a Rick y Lori (¡y Morgan!) de Sol y Mar, en Zancudo; a mi compañera de viaje Misha Shulman (te debo mucho); a "Jungle" Jerry y Walter del albergue Río Nuevo; a Herb, Marleny y Co de Drake Bay Wilderness Resort; a los Lipworth del mirador de la playa Tortuga y a Anja de Villas Macondo, en Tamarindo. Un agradecimiento en voz muy alta para LP (en SF y Oz), y para EB y Big Chile de NYC por no impedirnos abusar de la impresora, además de para Joey B. por revisar los capítulos. Muchas gracias a los Mirandas en OC y a Ed Tahaney, mi marido/editor/terapeuta, que me ayudó a resistir largos días (y noches) durante este proyecto.

Paige R. Penland. En primer lugar, hay que quitarse el sombrero ante Rob Rachowiecki, autor de las primeras cinco ediciones. Gracias también a David Zin-

garelli, por otro trabajo de toda una vida, y también a Carolina Miranda y Alex Hershey, por su paciencia y orientación, además de al diligente equipo de producción que mezcló los materiales en bruto hasta obtener este estupendo producto final. Gracias a todos aquellos que me han tendido una mano a lo largo del recorrido, especialmente a Andrés Poveda, por ponerme en el camino de un buen inicio; a Frederico Castro, por sacar mi ordenador de la aduana; y a Walter y Sonny, por su generosa hospitalidad. No podría haber hecho esto sin mi madre, Wanda Olson, o mi hermana, Beth Penland, que redactó un par de recuadros ricos en potasio. Y unas gracias extra especiales, *danke* y *dziekuje barolzo* al equipo de Agua Buena: Richard, Milka, Julian, Joana, Cathi y, sobre todo, Colin (de no ser por ti, habría sucumbido pronto al cansancio de la tirolina).

VERSIÓN EN ESPAÑOL

GeoPlaneta, que posee los derechos de traducción y distribución de las guías Lonely Planet en los países de habla hispana, ha adaptado para sus lectores los contenidos de este libro.

Lonely Planet y GeoPlaneta quieren ofrecer al viajero independiente una selección de títulos en español; esta colaboración incluye, además, la distribución en España de los libros de Lonely Planet en inglés, francés e italiano, así como un sitio web, www.lonelyplanet.es, donde el lector encontrará amplia información de viajes y las opiniones de los viajeros.

HISTORIA DE LONELY PLANET

La historia da comienzo con un típico viaje de aventureros: el periplo en 1972 de Tony y Maureen Wheeler a través de Europa y Asia hasta Australia. En aquellos años no se disponía de información útil sobre viajes por tierra, así que Tony y Maureen publicaron la primera guía Lonely Planet para satisfacer una demanda creciente.

Desde una mesa de cocina primero, y después desde un minúsculo despacho de Melbourne (Australia), Lonely Planet se ha convertido en la mayor editorial independiente de viajes del mundo, una empresa internacional con delegaciones en Melbourne, Oakland (Estados Unidos), Londres (Gran Bretaña) y París (Francia).

Hoy las guías Lonely Planet abarcan el mundo entero. La lista de libros no para de crecer y se dispone de información en soportes y medios muy variados. Algunas cosas no han cambiado: el objetivo principal sigue siendo ayudar al viajero amante de la aventura a llegar a su destino, explorar el planeta y comprenderlo mejor.

Lonely Planet cree que los viajeros pueden hacer una contribución positiva a los países que visitan si respetan las comunidades que los acogen y se gastan el dinero con sensatez.

ENTRE BASTIDORES

AGRADECIMIENTOS

Gracias a los viajeros que consultaron la última edición en inglés y escribieron a Lonely Planet para enviar información, consejos útiles y anécdotas interesantes:

A Ida Aasterud, Avishai Abrahami, Paula Adam, Rich Adam, Justin Adame, Christa Adams, Chris Addy, Phyllis Adkinson, Petra Aepli, Margaret Ambrose, Paula Anderson, Barney Andrews, Sue y Scott Applin, F. R. Arnold, Sylvia Atsalis, Brooke Azie B Juan Carlos Badilla Rojas, Liz y Harry Baerlocher, Kate Bailey, Radim Bajgar, Rini Bakx, C. Banares, Joy Banares, Itai Bar, Shifi Bar, Adrian Bardon, Doug Barnet, Julie Baron, Ingeborg Bassant, Ursina Baumann, Susan Baus, David Beach, Sylvie Bechard, Earl Bellamy, Davide y Romina Bennici, Jairo Bermúdez, Paula Bermúdez, Marna Berry, Jenny Berzai, Buzz Betny, Andy Bily, Clint y Carly Blackbourn, Carol Blackburn, Lisa Blaire, Victoria Blake, Lien Blanken, Pat Bliss, David Blum, Marcel Bokhorst, Matthieu Bonnard, Laetitia Bonnet, David Boren, Jen Bouchet, Tom Boyd, Elizabeth Branstetter, Karin Branzell, Lilian Bravo, Ainsley Bristowe, Gage Brogan, Eric Brouwer, Ryan y Mandi Brown, Corina Browne, Tom Bruininkx, Dani Brunner, Andrea Bryson, David Buck, Maggie Buck, Peter Burghouts, Scott Burner, Colleen Byers C Hernán Cornejo Caballero, Arlene Calandria, Alana Callagy, Justin Callison, Emel Cambel, Tamara Cameron, Olegario Cantos, Doug Capelin, Silvia Carballo, Jenny Carson, Lee Carter, Franco Caruso, Israel Castanedo Oporta, Omar Castro, Ashlee Caswell, Kate Chang, Chris Chapman, Jill Chatanow, Derek Cheesebrough, Rob Chisholm, David Clayton, Matthew Clements, Ben Cohen, Shirley Cohn, Joy Coker, Konrad Collao, Christine Cooper, Leonardo Cordero, Paola Cordero Salazar, Barb Crane, Nicolas Cremers, Mathieu Crevier, Karina Csolty D Hila Dagan, Zoe Dagan, Robarn Danzman, Chandra Davda, Stuart Davis, Hannah Dawson, Luc De Clerck, Albert de Haas, Paula de Man, Maribel de Maya, Wouter de Ridder, Pierre de Somer, Katherine Degenaar, Louis Dell, Sevda Demirci, Axelle d'Epenoux, Keith Derman, Elaine Desorcy, Eve Diamond, Chris Diaz, Julie DiBiase, John Dillard, Gina DiMaggio, Sylvia Disco, Emma Ditrinco, Katharina Dlhos, Scott Dobson, Eva Domínguez, Seema Dosaj, Ian y Lita Drever, Jane Drewry, Jean Duggleby, Kate Dunnells, Laura Dzubin E Todd Edgar, Nils Elvemo, Margaret Epler, Renate Erlacher, Scott Espie, Malcolm Etherington, Caroline Evans, Katie Eyer F Nichole Fane, Tim Ferguson, Francesca Ferrari, Heather Finlay, Nick Fisher, William Fisher, Steve Fisk, Dan Fitzgerald, Jan Fitzgerald, Rick Fleischman, Robert Forbes, Gabi Ford, Jed Fowler, Zachary Fox, Shannon Freix, Carol Froese, Laura Fuller, Liz Fuller G Regan Gage, Clara Gallego, Angie Gammage, Tawnya Ganfield, Sandra Garin, Susan Garvey, Guro Gasmann Rogstad, Markus Gasplmayr, Diane Gedye, Elaina Gentilini, Isabelle George, Vanessa Gérard-Lemieux, Rainer Germann, Jolanda van Gerwen, Larry Gillispie, Lee Gimpel, Tim Gittins, Pete Goldie, Ángela González, María González-Beato, Wessel Gossink, Judith Gottesman, Celine Goyette, Lisa Graham, Scott Graham, Oliver Grandin, Ross Greek, Tamara Griffioen, Dawn Grillo, Jasper Groos, Stephen Gross, Amit Gruber, Collard Gruene, Linda Gubler, Jan Gudell, Arantxa Guereña, Sabine Günther, Svent Gustav, Pamela Gutiérrez, Karin Gygax, Roger Gygli H Marita Hagen, Bernard Hager, Adam Hall, Jim Hamilton, Marisa Haralson, Yair Harel, Sandy Hart,

Toryalai Hart, Arno Harteveld, Kati Hays, Paul Head, Karin Heemskerk, Michael Heffernan, David Hellmer, Laurie Henry, Melissa Herbert, Iván Hervoso Candia, Erik Hink, Skye Hitt, Camilla Hjorne, Laura Hodge, Jessica Hodgkins, Kristel Hoebers, Axel Hofer, Allison Hoffman, Terese Holm, Chris Holmes, Bryan Huang, Jamie Hubble, Ton-Tijn Hulleman, Rommie Huntington, Marissa Hutter, John y Ae Hyland I Sarah Ice, Natalie Ihr, Elaine Illoso, Margret van Irsel, Bovey Isabelle, Janice Israel J Jeremy Jaeger, Abby James, Marianne Jaschke, Jan Jasiewicz, Susie Jefferis, Angelica Jekel, Jeffrey G. Jensen, Christopher Johnson, Laura Johnson, Jordan Jones, Lyndsey Jordan, Harriet Joslin, Frank J. Joyce K Nadine Kaschak, Shlomit Yust Katz, Yariv Kav, Lorraine Kaye, Dorien Kelly, Justin Kelly, Karen Kelly, Amanda Kennedy, Kyle Kepner, Deb Klipper, Kirjten Kluivers, Frank Knab, Shelley Knakoske, Michael Knox, Florence Koenderink, Olivier Koenig, Mart Kok, Sanne Kok, Sandra Kolodziej, Roberto Kopper,

---

LA OPINIÓN DEL LECTOR

Las cosas cambian: los precios suben, los horarios varían, los sitios buenos empeoran y los malos se arruinan. Por lo tanto, si el lector encuentra los lugares mejor o peor, recién inaugurados o cerrados hace tiempo, le agradeceremos que escriba para ayudar a que la próxima edición sea más útil y exacta. Todas las cartas, postales y correos electrónicos se leen y se estudian, garantizando de esta manera que hasta la mínima información llegue a los redactores, editores y cartógrafos para su verificación. Se agradece cualquier información recibida por pequeña que sea. Quienes escriban verán su nombre reflejado en el capítulo de agradecimientos de la siguiente edición.

Puede ocurrir que determinados fragmentos de la correspondencia de los lectores aparezcan en nuevas ediciones de las guías Lonely Planet, en el sitio web de Lonely Planet, así como en la información personalizada. Se ruega a todo aquel que no desee ver publicadas sus cartas ni que figure su nombre, que lo haga constar.

Toda la correspondencia debe enviarse, indicando en el sobre Lonely Planet/ Actualizaciones, a la siguiente dirección de geoPlaneta en España:

Av. Diagonal 662-664, 6ª planta. 08034 Barcelona

También puede remitirse un correo electrónico a la dirección siguiente: viajeros@ lonelyplanet.es

Para información, sugerencias y actualizaciones, se puede visitar la página web:
www.lonelyplanet.es

Phillip Koza, Paul Krause, Vladimir Krull **L** Tom y Beverly Lachenman, David Lacy, David Laderman, Lorri Lamb, Ad Landheer, Jacqueline Lans, Keri LaRocque, David Lawrence, Mike Lawson, Michele Lebascle, Cis Lebour, Carole Lee, Gloria Lee, Hans Leenen, Vanessa y Lucas Leonardi, Chris Leurs, J. J. Levesque, Curt Lewis, Mervyn Lewis, Ruth y Neil Libby, Christian Liechti, Lauren Liesman, Jolande Lindenberg, Devora M. Liss, Stu Lloyd, Terrie Lootens, Katherine Love, Laird Lucas, Stuart Lustig **M** Sherry MacDonald, Penny MacInnes, John Mackenzie, Brenda Madunic, François Malaise, David Maldin, Charles Maliszewski, Laura Manganotti, Ashley Mangham, Pat Manion, Paul Mantia, George Margellos, Barbara Marrero, Jost Maurin, Alain Mauris, Esteban Mazzoncini, Kristine McCaffrey, Ralph B. McCuen, Peta McDougall, Sandra McGirr, Steve Mckay, Hanita Mekuz, Martin Mels, Miriam Merino, Michael Mesiano, Ingrid Metselaar, Colleen Meyer, Kristen Meyer, Sarah Meyer, John Michelotti, Jonny Millar, Jacob Miller, Michell Miscisin, Anna Mitchell, Carolyn Mo, Diego Molina, Nate Monnig, Roberto Montero Z., Tom Moore, Alison Moran, Melinda Moreaux, Sonja Morf, N. Morris, Craig Morrison, Michele Morrissey, Anne Moses, Steve Mosseau, Isabelle Mouret, Andrew Mulder, Bryan M. Muntzer, Shannon Murphy, Erika Murray, Kate Murray, Anita Mutis Arcila **N** Margreet Nagel, Gregg Nakano, Maite Navarrete, Sharon Nelmes, Menkin Nelson, Isabel Neto, Merete Nielsen, Shanti Nijhowne, Tracy Nishida, Sharon Noach, William Núñez **O** Maya Offemberg, Rowan Ogden, Jessica Olesh, Meghan O'Malley, Krysti Orella, Pablo Ortiz, Karina Osgood, Eline Otto, David Oudermans **P** Paul Pagani, Luis Carlos Palazuelos, Mary Palisoul, Jessie Passa, Dylan Passmore, Liz Paton, Scott Pearson, Frank Pellegrom, Mindi Pelletier, Lissette Penny, Sabina Pensek, Amanda Pérez, Georgio Perversi, Peter Petras, Sonja Pfefferkorn, John Phippen, Cuong Pho, Armand Piette, Arani Pillai, Keri Pink, Simone Pizzi, Don L. Platt, Nitzan Pollak, Krystina Poludnikiewicz, Tina Poppy, Gladys Portela, Scott Porter, Jocelyn Potter, Aaron Powell, A. Praet-Havshush, Michel Prevo, Christoph Prinz, Paul Proulx, Ellen Psychas, Sara Pugach, Lander Purvis, Trey Pyfer **Q** Brian Quinn, Cate Quinn **R** Michael Radtke, Heather Rafferty, Jurgen Rahmer, Gregg Ramshaw, Marisa Raphael, Mauricio Rascon, Rebecca Raworth, Ine Reijnen, Markus Reischl, Richard Remsberg, Rick Reno, Meloney Retallack, Cory Reynolds, Harmony Reynolds, Jamie Rezmovits, Lisa Reznik, Angela Ribbon, Steve Richardson, Steve Rickard, Chris Ridley, Steve Rock, Hilda y Erika Rodgveller, Betty Rodríguez, Dennis Rogers, Luis Roges, Janie Rommel-Eichorn, Ylona Rood, Joelle Roos, Jocelyn Roper, Eva-Johanna Rosa, Jennifer Rose, Jeffrey Rosebaum, Alessandro Rossi, Yuval Roth, Dan Ruff, Claudia Russell, Cathy Russo, Rob Rustenburg **S** Aaron Sagers, Malin Sahlen, Lucy Sanderson, Annette van Sant, Rupesh Santoshi, Theresia Sauter-Bailliet, Peter A. Sawtell, Laura Sawyer, Peter Schaefer, Paul Schippers, Allan Schlittler, Georgia Schneider, Alexandra Schoolmeesters, Rob Schroeder, Thijs Schwartz, Rick Schwolsky, Jared Scott, Molly Seaverns, Alice Segal, Anastasia Selby, Claudia Senecal, Scott Serfas, Wendy Serrano-Matte, Audra Sexton, Gavin Sexton, Mansi Shah, Larry Shamash, Erek Sherwood, Zac y Wendy Shinar, Stanley Sie, Veronika Siebenkotten, Tomas Simons, Rebecca Singer, Karen Skibo, Colin Smith, Giles Smith, Lance Smith, Nuyens Sofie, Holger Sørensen, Colin Sorenson, Bernardo Sottomayor, Emily Spencer, Toby Sprunk, Jakke St. Clair, Maaike Staal, Jennifer Steinberg, Gabriel Steinhardt, Ed Steinschneider, Anouhk Sterken, Richard Stewart, Brook Stone, Anne Marit Storodegard, Heather Story, Ian C. Story, Wolfram Strempfer, Ron Strikker, Jeff Stuart, Carey Suckow, Judith Sullivan, Gerwin Sweep, Michael Swisher, Chris Sylvia **T** Leah Tai, Neta Talmor, Marcela Tamayo, Texas Tea, Alexander Teal, Marcel y Mara ten Cate, Ellen ter Braak, Marc Tétreau, Lucy Thackery, Janice Theriault, Anahid Thomas, Michael Thomas, Heather Thomas, Peter Thornley, Craig Tompkins, Frank Tool, Sarah Topp, Lindsay Tossberg, Christopher Trench, Gerhild Trübswasser, Lukas Tschupp **U** Gabriel Umana **V** Ricardo Valdes, Roderick van de Weg, Mike van de Wouw, F. J. van der Ploeg, Tanja van Dijk, Ludo van Hijfte, Ayca van Ingen Schenau, Wouter van Lonkhuyzen, Elise van Vliet, Rose Van Winkle, Viola van Wonderen, Liselotte van Wunnik, Gualtiero Vietti, Peter Villain, Manuel Villanueva, Céline Villeneuve, Rolf Von Behrens **W** Roberto WaChong, Claudia Waibel, Victoria Waimey, Rob Walker, Emma Louise Walmsley, Katrin Wanner, Peter Ward, Maika Watanabe, Eleanor Watkin Jones, Matthew Watson, Sandra Waumans, Keith Webb, Jenny Webster, Sybille Wegler, Janet y Mike Weidinger, Vanessa Weigall, Robin Weiss, Kimberly Welch, Jonas Wernli, Greg Wesson, Jeanne Wheeler, Isabel White, Juday White, Sherri Wierzba, Rolf Wietlisbach, Denise Wilder, Justin Wilkinson, Ron Wille, James J. Williams, Merlin Williams, Karin Wipraechtiger, Alec Wohlgroth, Susanne Wolf, Wayne Woo, John Wood, Joanna Woolf, Bernie Wright, Charlotte Wright, Marie Wright, Margery Wurster, Irene Wyndham **Y** Jim Yaeger, Udi Yanku, Stephanie Young, John Yu **Z** Lynn Zamora, Melissa Zanetich, Sara Zdeb, Jacek Zielinski, Jacques Zimmerman, Titia Zuidersma

RECONOCIMIENTOS

Muchas gracias por el permiso de reproducción a © Mountain High Maps 1993 Digital Wisdom, Inc. Beth Penland e Ileana Castro.

Índice

La **negrita** indica los mapas

ÍNDICE

ÍNDICE

La **negrita** indica los mapas

La **negrita** indica los mapas

ÍNDICE

LEYENDA DE LOS MAPAS
RED DE CARRETERAS

Autopista	Pista
Autovía	Sentido único
Ctra. principal	Ctra. sin asfaltar
Ctra. secundaria	Calle peatonal / cuesta
Ctra. local	Túnel
Callejón	Sendero
En construcción	Camino

TRANSPORTE

Ferry	Tren subterráneo
Metro	Tranvía
Tren	

HIDROGRAFÍA

Río, arroyo	Arrecife
Agua estacional	Canal
Pantano	Agua
Manglar	

FRONTERAS

Internacional	Regional, suburbana
Estatal, provincial	Muralla antigua
En litigio	Acantilado
Parque marino	

ÁREAS DELIMITADAS

Aeropuerto	Bosque
Zona de interés	Tierra
Playa, desierto	Zona peatonal
Edificio	Parque
Campus	Reserva
Cementerio cristiano	Deporte
Cementerio (otro tipo)	Zona urbana

POBLACIÓN

✪ CAPITAL (NACIONAL)	◉ CAPITAL (ESTATAL)
○ Gran ciudad	○ Ciudad mediana
○ Ciudad pequeña	○ Pueblo, aldea

OTRA SIMBOLOGÍA

Qué ver y hacer
- Playa
- Templo budista
- Castillo, fortaleza
- Templo cristiano
- Monumento
- Museo; galería de arte
- Natación
- Templo, ruinas
- Surf
- Inicio de sendero
- Zoo, reserva de aves

Dónde comer
- Dónde comer

Dónde beber
- Dónde beber
- Café

Ocio
- Ocio

De compras
- Comercio

Dónde dormir
- Alojamiento
- Camping

Transporte
- Aeropuerto
- Puesto fronterizo
- Estación de autobús
- Parada de taxis

Otros
- Zona de aparcamiento
- Zona de picnic

Información
- Banco, caj. aut.
- Embajada / consulado
- Hospital / médico
- Información
- Acceso a Internet
- Gasolinera
- Oficina de correos
- Teléfono
- Lavabos públicos

Geografía
- Puesto de observación
- Montaña, volcán
- Parque nacional
- Altitud

OFICINAS DE GEOPLANETA Y LONELY PLANET

geoPlaneta
Av. Diagonal 662-664, 6º. 08034 Barcelona
fax 93 496 70 11
www.geoplaneta.com • viajeros@lonelyplanet.es

Lonely Planet Publications (Oficina central)
Locked Bag 1, Footscray, Melbourne, VIC 3011, Australia
☎ 61 3 8379 8000 • fax 61 3 8379 8111
(Oficinas también en Reino Unido y Estados Unidos)
www.lonelyplanet.com • talk2us@lonelyplanet.com.au

Costa Rica
2ª edición en español – 2005
Traducción de *Costa Rica*, 6ª edición – 2004

Dirección editorial: Olga Vilanova
Coordinación editorial: María García Freire
Edición: Álex Mitrani, Carmen Sánchez
Traducción: Delia Álvarez, Gemma Andújar, Roc Filella, Inés Pérez, Jorge Rizzo
Realización: Advanced Creativity Communication S. C. P., Cristian Sánchez

Editorial Planeta, S.A.
Av. Diagonal 662-664. 08034 Barcelona (España)
Con la autorización para la edición en español de Lonely Planet Publications Pty Ltd A.B.N. 36 005 607 983, Locked Bag 1, Footscray, Melbourne, VIC 3011, Australia

Fotografías de cubierta (Lonely Planet Images): mariposa heliconio *(Philaethria dido)* en el Parque Nacional Corcovado (Costa Rica), Tom Borden (anterior); campesino con su carro de bueyes trabajando los campos, Soncin Gerometta (posterior). La mayor parte de las fotografías de este libro están disponibles con licencia de Lonely Planet Images: www.lonelyplanetimages.com.

ISBN 84-08-05622-0
Depósito legal: B.5.423-2005

Textos y mapas © Lonely Planet 2004
Fotografías según se relaciona en cada imagen © 2004
Edición en español 2005 © Editorial Planeta, S.A.

Impresión: Hurope, S.L.
Encuadernación: Roma, S.L.
Printed in Spain – Impreso en España

Reservados todos los derechos. Ninguna parte de esta publicación puede ser reproducida en sistema alguno ni transmitida por ninguna forma ni medio electrónico, mecánico, fotocopia, grabación u otros, excepto breves extractos para reseñas, sin permiso escrito del editor, propietario del copyright.

LONELY PLANET y el logotipo de Lonely Planet son marcas registradas por Lonely Planet en la Oficina de Patentes y Marcas de EE UU y otros países.

Lonely Planet no autoriza el uso de ninguna de sus marcas registradas a establecimientos comerciales tales como puntos de venta, hoteles o restaurantes. Por favor, informen de cualquier uso fraudulento a www.lonelyplanet.com/ip.